Bibl Santel Pe Levr Ar Skritur Sakr

Le Gonidec

BIBL SANTEL

PE

LEVR AR SKRITUR SAKR.

BIBL SANTEL

PE

LEVR AR SKRITUR SAKR

LEKEAT E BREZOUNEK

GANT ANN

AOTROU LE GONIDEC.

EIL LEVR.

E SAN-BRIEK,

MOULET E TI L. PRUD'HOMME.

—

1866.

LEVR

AR PROFED ISAIAS.

I. PENNAD.

Tamallou ha gourdrouzou a-énep Jéruzalem.

1. Gwélidigez Isaias, mâb Amos, en
deûz gwélet diwar-benn Juda ha Jé-
ruzalem, é deisiou Ozias, Joatan,
Ac'haz, hag Ézéc'hias, rouéed Juda.
2. Sélaouit, éñvou, ha klev, douar,
râg ann Aotrou en deûz komzet. Bu-
galé em eûz maget, hag em eûz savet :
hôgen hi hô deûz va disprizet.
3. Ann éjenn a anavez hé berc'hen,
hag ann azen kraou hé vestr : Israel
n'en deûz két va anavézet, ha va fobl
n'en deûz két poellet.
4. Gwâ ar vrôad péc'her, ar bobl
karget a fallagriez, ar wenn zrouk,
ar vugalé fall : dilézet hô deûz ann
Aotrou, drouk-komzet hô deûz gañt
sañt Israel, distrôet iñt war hô c'hlz.
5. War béléac'h é skôinn-mé ac'ha-
noc'h hiviziken, c'houi péré a laka
gwall war wall? Pép penn a zô môré-
duz, ha pép kaloun doaniuz.
6. Adalek kaloun ann trôad bété
lein ar penn, n'eûz nétrâ a iac'h enn-
hañ : glâz, bloñs, gouli tanuz, péhini
n'eo két bét liénet, war béhini n'eûz
két bét lékéat a louzou, ha n'eo két
gwalc'het gañd éôl.
7. Hô touar a zô didud, hô keriou
a zô losket gañd ann tân : ann diavé-
sidi a wast hô prô dira-z-hoc'h, ha
dismañtret é vézô, ével eur vrô dis-
pennet gañd ann énébourien.
8. Ha merc'h Sion a vézô dilézet
ével eul lôg skourrou enn eur winiek,
ével eur gôdôer enn eur park ko-
kombrou, hag ével eur géar rôet d'ar
gwastadur.
9. Ma n'en défé Aotrou ann arméou
miret d'é-omp tûd eûz hor gwenn, é vi-
jemb bét ével Sodom, é vijemp deûet
da véza héñvel out Gomorra.
10. Sélaouit gér ann Aotrou, priñ-
sed Sodom, rôit skouarn da lézen hon
Doué, pobl Gomorra.
11. Da bétrâ eo d'in al lôd brâz a
viktimou-zé a gennigit d'in ; émé ann
Aotrou ? A-walc'h em eûz : na garann
két sakrifisou hô tourzed, na lard hô
tropellon, na goad al leûéou, ann ein
hag ar bouc'hed.
12. Pa zeûec'h dira-z-oun, piou en
deûz goulennet é vé kémeñt-sé enn
hô taouarn, évit moñd é leûren va
zempl ?
13. Na gennigit mui a zakrifiz d'in
enn aner : argarzuz eo ann ézañs d'in.
N'hellann mui gouzañvi hô loariou-
névez, hô sabbatou, hag hô kwéliou
all ; fallagr eo hô strolladou.
14. Hô lidou eûz ar c'heñta eûz ar
miz, hag hô kwéliou all a gasaann em
éné : da véac'h iñt d'in, na hellann
mui hô c'houzañvi.
15. Pa astennod hô taouarn, é tis-
trôinn va daoulagad diouz-hoc'h : ha

pa baottod hô pédennou, na zélaouinn
kéd ouz-hoc'h ; râg hô taouarn a zô
leûn a c'hoad.
16. En em walc'hit, bézit glân,
tennit a zirâk va daoulagad drougiez
hô ménosiou : éhanit ôber drouk ;
17. Deskit ôber ar mâd : klaskit ar
varn, skoazellit néb a zô mañtret,
bézit reiz é-kéñver ann emzivad, di-
fennit ann iñtañvez.
18. Ha deûit, ha rendaélit ouz-in,
émé ann Aotrou : pa vé hô péc'héjou
ével skarlek, é teûiñt da véza gwenn
ével ann erc'h ; ha pa veñt rûz ével
ann tané, é véziñt kann ével ar gloan
ar gwenna.
19. Mar fell d'é-hoc'h va sélaoui, é
tebrot madou ann douar.
20. Ma na fell két d'é-hoc'h, ha ma
hégit ac'hanoun, ar c'hlézé a zismañ-
trô ac'hanoc'h ; râg génou ann Aotrou
en deûz hé lavaret.
21. Pénaoz ar géar féal, ha leûn a
reizded ef-hi deûet da véza eur plac'h
fall ? Ar reizded a choumé enn-hi ;
hôgen bréma al lazerien.
22. Da arc'hañt a zô trôet é kenn :
da win a zô bét kemmeskel gañd dour.
23. Da briñsed a zô disléal, hag
eiled al laéronn : holl é karoñt ar
rôou, hag é eñklaskoñt ar gounidou :
na varnoñt két ann emzivad, ha ké-
fridi ann iñtañvez na zeû két étrézég
enn-hô.
24. Râk-sé ann Aotrou, Doué ann
arméou, ar c'hré cûz a Israel, en deûz
lavaret : Allaz, en em zizoania a rinn
ô stourmi out va énébourien ; en em
veñji a rinn cûz va heskinerien.
25. Va dourn a asteuninn war-n-od,
da c'hlana a rinn eûz da genn, hag é
tenninn ann holl stéan a zô enn-od.
26. Hag é likiinn a-névez da varne-
rien ével ma iñt bét keñt, ha da gu-
zulierien ével ma oañt gwéchall :
goudé-zé é vézi hanvet kéar ann dén
reiz, bourc'h ann dén léal.
27. Gañd ar varn é vézô dasprénet
Sion, ha gañd ar reizded é vézô sa-
vet a névez.
28. Ar ré zrouk hag ar ré fallagr a
vézô dispennet enn eunn taol ; hag ar
ré hô deûz dilézet ann Aotrou a vézô
kaset-da-nétra.
29. Mézékéet é véziñt gañd ann ido-
lou da béré hô dévézô gréat sakrifi-
sou : hag é rusiot gañd al liorsou hô
pôa dilennet ;
30. Râk doñd a réôt ével eur wézen
déro a bchini é kouéz ann déliou, hag
ével eul liors hép dour.
31. Hô nerz a vézô ével stoup séac'h,
hag hô labour ével eunn elven dân :
kregi a rai ann tân enn-hô enn eunn
taol, ha na vézô dén évid hé vouga.

—

II. PENNAD.

Distôlet é vézô ti Jakob.

1. Ar gér a wélaz Isaias, mâb Amos,
diwar-benn Juda ha Jéruzalem.
2. Enn deisiou divéza, ménez ti ann
Aotrou a vézô aozet war lein ar mé-
nésiou, hag é savô dreist ar c'hre-
c'hiennou, hag ann holl vrôadou a
bulô étrézég enn-hañ.
3. Ha kalz a boblou a iélô, hag a la-
varô : Deûit, ha piñomp war vénez
ann Aotrou, ha da dî Doué Jakob ;
hag héñ a zeskô d'é-omp hé heñchou,
hag é valéimp enn hé raveñchou ; râg
al lézen a zeûi er-méaz eûz a Zion,
ha gér ann Aotrou eûz a Jéruzalem.
4. Hag héñ a varnô ar vrôadou, hag
a damallô meûr a bobl ; hag hi a c'hô-
féliô souc'hiou gañd hô c'hlézéier, ha
filc'hier gañd hô gwafiou : eur vrôad
na zavô két hé c'hlézé oud eur vrôad
all, n'en em zeskiñt mui d'ar stourm.
5. Tî Jakob, deûit, ha baléomp é
goulou ann Aotrou.
6. Râk distôlet éc'h eûz da bobl, ti
Jakob ; ô véza ma iñt leûn ével gwé-
chall, ha ma hô deûz bét diouganc-
rien ével ar Filistined, ha ma iñt en
em éréet out bugalé a-ziavéaz.
7. Hô douar a zô leûn a arc'hañt
hag a aour, hag hô zeñzoriou a zô
diveñt :
8. Hô douar a zô leûn a gézek, hag
hô c'hirri a zô diniver, hag hô douar
a zô leûn a idolou. Azeûlet hô deûz
labour hô daouarn, ar péz hô dôa
gréat gañd hô biziad hô-unan.
9. Hag ann dén en deûz stouet, hag

ar brasa dén a zô en em vuéléet; na zistol két éta d'ézhô.

10. Kéa ébarz ar méan, ha kûz é toullou ann douar, a zirâk aoun ann Aotrou, ha gloar-hé veûrded.

11. Daoulagad ann dén rôk a vézô vuéléet, hag uc'helded ar ré vrâz a vézô izéléet; ann Aotrou hép-kén a vézô uc'héléet enn deiz-zé.

12. Râk deiz Aotrou ann arméou *a vézô* war ann holl ré rôk, ha war ar ré valc'h, ha war ann holl ré zichek; hag hi a vézô vuéléet;

13. Ha war ann holl wéz-sedr eûz al Liban uc'hel hag éeun, ha war ann holl zerô eûz a Vasan:

14. Ha war ann holl vénésiou uc'hel, ha war ann holl grec'hiennou sounn:

15. Ha war ann holl douriou uc'hel, ha war ann holl vuriou kré:

16. Ha war ann holl listri eûz a Darsis, ha war gémeñt a zô kaer da wélout.

17. Hag uc'helded ann dén a vézô izéléet, ha balc'hder ar ré vrâz a vézô vuéléet, hag ann Aotrou hép-kén a vézô uc'héléet enn deiz-zé.

18. Hag ann holl idolou a vézô brévet.

19. Hag hi a iélô é kéviou ar rec'hier, hag é toullou ann douar, a zirâg aoun ann Aotrou, ha gloar hé veûrded, pa zavô évit skei war ann douar.

20. Enn deiz-zé ann dén a zistolô hé idolou arc'hañt, hé skeûdennou aour, ar gôzed hag al lôgôd-dall, hô dôa gréat évid hô azeûli.

21. Hag héñ a iélô é faouton ar vein, hag é kéviou ar rec'hier, a zirâg aoun ann Aotrou, ha gloar hé veûrded, pa zavô évit skei war ann douar.

22. Ébanit éta ouc'h ann dén-zé, péhini en deûz hé halan enn hé zifron, râg Uc'hel-meûrbéd eo war a grédeur.

—

III. PENNAD.

Ann Aotrou a damall rogeñtez ha fougé merc'hed Sion.

1. Râk chétu ann trec'her, Aotrou ann arméou a denn eûz a Jéruzalem hag eûz a Juda, ar galoun hag ann nerz, holl vagadur ar bara, hag holl vagadur ann dour;

2. Ann dén kalounek, hag ann dén a vrézel, ar barner, hag ar profed hag ann diouganer, hag ann dén kôz;

3. Ar priñs war hañter-kañt, hag ann dén eûz a eunn dremm-énoruz, hag ar c'huzulier, hag ar mécherour ar gwiziéka, hag ar prézéger ann hélavara.

4. Bugalé a rôinn d'ézhô da briñsed, ha tûd laosk a aotrounió anézhô.

5. Hag ar bobl en em zispac'hô; hag ann dén *a zavô* a-énep ann dén, hag ar miñoun a-énep hé viñoun; ar bugel a zavô a-énep ann dén kôz, hag ann dén displéd a-énep ann dén nobl.

6. Pép-hini a gémérô hé vreûr ganet é-tí hé dâd, *ô lavarout*: Dilad éc'h eûz, béz da briñs d'é-omp; dindân da zourn éma ann dismañtr-zé.

7. Hag héñ a respouñtô enn deiz-zé, ô lavarout: N'ounn kéd eul louzaouer; hag em zi-mé n'eûz na bara na dilad; n'am likiit kéd da briñs war ar bobl.

8. Râk daré eo Jéruzalem da gouéza, ha Juda da véza diskaret: râg hô zéôd hâg hô ôberiou *a zô savet* a-éneb ann Aotrou, évid héga daoulagad hé veûrded.

9. Doaré hô dremm a rô testéni enn hô énep: hag hi hô deûz embannet hô féc'hed ével Sodom, ha n'hô deûz két hé guzet. Gwâ hô éné, râk distolet eo d'ézhô hô drouk.

10. Livirit d'ann dén reiz *gédal* ar mâd, ô véza ma kutulô frouez hé ôberiou.

11. Gwâ ann dén fallagr enn hé wall; râg gôbr hé zaouarn a zeûi d'ézhañ.

12. Va fobl a zô bét dibourc'het gañd hé breizerien, hag ar gragez hô deûz hé aotrouniet: Va fobl, ar ré a lavar ez oud gwenvidik, az touell, hag a dorr heñt da gamméjou.

13. Ann Aotrou a zô savet évit barna; saved eo évit barna ar boblou.

14. Ann Aotrou a varnô da geñta hénaoured ha priñsed hé bobl; râk

c'houi hoc'h eûz dêbret ar winien, ha dibourc'h ar paour a zô enn hô tl.

15. Pérâg é mac'hit-hu va fobl, hag é vloñsit-hu penn ar béorien, émé ann Aotrou, Doué ann arméou.

16. Hag ann Aotrou en deûz lavaret : O véza ma eo savet merc'hed Sion, ma hô deûz baléet hô gouzoug astennet, oc'h ôber arouésiou gañd hô daoulagad, ha gañd hô daouarn, ô valéa gañd évez, hag ô kerzout gañt rôgoni :

17. Ann Aotrou a lakai moal pennou merc'hed Sion, hag a lakai hô bléô da gouéza.

18. Enn deiz-zé ann Aotrou a lamô digañt-hô hô boutou kaer, hag hô hañter loariou,

19. Hô c'helc'hennou, hô rouédouperlez, hô lagadennou-bréac'h, hag hô c'hoéfou,

20. Hô liamennou-bléô, hô éréouléron, hô chadennou aour, hô boéstou louzou, hag hô lagadennou-skouarn,

21. Hô bizou, hag ar vein-talvouduz a gouéz diwar hô zâl,

22. Hô saéou kaer, hô skerbou, hô liénach kaer, hag hô broudou,

23. Hô mellézourou, hô hivizou kaer, hô talédou, hag hô saéou skañv.

24. Hag é léac'h c'houés-vâd hô dévézô fléar, é léac'h gouriz hô dévézô eur gorden, é léac'h bléô rodellet eur penn moal, hag é léac'h eur c'horfkenn eur zaé-reûn.

25. Ar oazed ar ré gaéra a gouézô dindân ar c'hlézé, hag ar ré gréva anézhô er stourm.

26. Dôriou *Sion* a vézô er c'hañv hag enn daérou, hag hi a azézô war ann douar dismañtret.

IV. PENNAD.

Gwenn ann Aotrou a vézô énoret.

1. Enn deiz-zé seiz grég a gémérô eunn ozac'h, hag a lavarô : Hor bara a zebrimp, hag hon dilad a wiskimp ; ra vézô galvet hép-kén da hanô war-n-omp, hag hon dieûb eûz ann dismégañs.

2. Enn deiz-zé, gwenn ann Aotrou a vézô uc'héléet hag énoret, ha frouez ann douar a vézô gorréet, hag ar ré a vézô bét dieûbet eûz a Israel a vézô laouénéet.

3. Ha chétu pétrâ a vézô : kémeñd hini a vézô bét dilézet é Sion, hag a vézô choumet é Jéruzalem, a vézô hanvet sañt, kémeñd hini a vézô bét skrivet hé hanô é-toucz ar ré véô é Jéruzalem :

4. Goudé ma en dévézô ann Aotrou glanet saotrou merc'hed Sion, ha gwalc'het ar goad a zô enn hé c'hreiz, gañd eur spéred a reizded, hag eur spéred a véôder.

5. Hag ann Aotrou a lakai da zével war holl vénez Sion, hag el léac'h ma eo azeûlet, eur goabren dével héd ann deiz, ha skéd eur flamm béô héd ann nôz ; râg héñ a warézô hé c'hloar é pép léac'h.

6. Hé dabernakl a vézô da zishéol d'é-omp é-pâd grouéz ann deiz, ha da wasked, ha da vôden a-énep ann arné hag a-énep ar glaô.

V. PENNAD.

Dizanaoudégez bugalé Israel.

1. Kana a rinn d'am muia-karet kanaouen va c'har-nés évid hé winien. Va muia-karet en dôa eur winien war eur grec'hen zrûz ha frouézuz.

2. Eur c'harz a réaz war hé zrô, hag ô tennaz ar vein anézhi, hag é plañtaz enn-hi gwini dilennet, hag é savaz eunn tour é-kreiz, hag é réaz eur waskel enn-hi ; hag héñ a c'hédé é rôjé barrou mâd, ha na rôaz némét rézin c'houéz.

3. Baéma éta, c'houi tûd Jéruzalem, ha c'houi tûd Juda, bézit da varnerien étré mé ha va gwinien.

4. Pétrâ em eûz-mé dléet da ôber ouc'h-penn d'am gwinien, ha n'em eûz két gréat d'ézhi ? Pérâg em eûzmé gédet é rôjé barrou mâd, ha n'é deûz rôet némét rézin c'houéz ?

5. Hôgen bréma é tiskouézinn d'éhoc'h pétrâ a rinn d'am gwinien : di-

framma a rinn hé garz, hag hi a vézô
gwastet. Diskara a rinn hé môger,
hag hi a vézô mac'het.
6. Hé lâkaad a rinn da véza dilézet;
na vézô két divéget, na vézô két kaéet;
hag é savô ann dréz hag ann drein
war hé zrô; hag é c'hourc'hémenninn
d'ar c'hoabr na léziñt két a c'hlaô da
gouéza war-n-ézhi.
7. Gwinien Aotrou ann arméou eo
ti Israel; ha tûd Juda a zô hé wenn
hétuz-brâz. Ha mé a c'hédé é rajé
traou reiz, ha chétu fallagriez: hag
ann écunder, ha chétu garm.
8. Gwâ c'houi, péré a stroll ti ouc'h
ti, hag a stâg park ouc'h park, kén
na vézô eñk al léac'h d'é-hoc'h; ha
choum a rit-hu hoc'h-unan é-kreiz
ann douar?
9. Kémeñt-sé a zô deûet d'am diskouarn,
émé Aotrou ann arméou: al
lôd brâz a diez-zé, *ann tiez-zé* ker
brâz ha ker kaer a vézô dizûd, ha na
choumô dén é-béd enn-hô.
10. Râg eur c'héfer gwini na rôi
néméd eul léstradig *gwin*, ha trégoñt
boézellad hâd na rôiñt némét tri boézellad.
11. Gwâ c'houi, péré a zâv diouc'h
ar miñtin évid en em rei d'ar vésveñti,
hag évid éva bétég ar pardaez, kén na
véz tommet d'é-hoc'h gañd ar gwin.
12. Ann délen, al liren, ann daboulin,
ar sutel, hag ar gwin en em gav
enn hô panvézou; ha na zellit két oud
ôber ann Aotrou, ha na arvéstit két
ôberiou hé zaouarn.
13. Râk-sé va fobl a zô bét kaset é
sklavérez, ô véza n'en dôa két bét a
wiziégez; hag ar ré vrâz anézhô a zô
marô gañd ann naoun, hag al lôd
brâz a zô bét dizéc'het gañd ar séc'hed.
14. Râk-sé ann ifern en deûz lédanéet
hé gôv, ha digoret hé c'hénou
kémeñd ha ma hellé, hag hé dûd galloudek,
hag hé dûd dister, hag ar ré
brudet-brâz, hag ar ré énoréta a ziskennô
enn-hañ.
15. Hag ann dûd holl a blégô, hag
ar ré vrâz a vézô vuéléet, ha daoulagad
ar ré rôk a vézô izéléet.
16. Hag Aotrou ann arméou a vézô
gorréet enn hé varn, hag ann Doué
sañtel a vézô sañtélet enn hé reizded.
17. Neûzé ann ein a beûrô hervez
hô reiz, hag ann diavésidi eñ em vagô
enn distrôiou a vézô deûet da véja
strujuz.
18. Gwâ c'houi, péré a denn ar fallagriez
gañt kerdin ar gwanded, hag
ar péc'hed ével tennou eur c'harr.
19. C'houi péré a lavar: Ra hastô,
ra zeûi hép dalé hé ôber, évit ma her
gwélimp; ra dôstai, ha ra zeûi kuzul
sañt Israel, ha ra anavézimp anézhañ.
20. Gwâ c'houi, péré a lavar pénaoz
ann droug a zô mâd, hag ar mâd a zô
drouk; péré a rô ann dévalien évit
goulou, hag ar goulou évit tévalien;
péré a rô ar c'houervder évit c'houékder,
hag ar c'houékder évit c'houervder.
21. Gwâ c'houi, péré a zô fûr d'hô
taoulagad hoc'h-unan, hag a zô poellek
war hô ménô-hu.
22. Gwâ c'houi, péré a zô galloudek
évid éva gwin, ha tûd kré évid en em
vezvi;
23. C'houi péré évit rôou a zidamall
ann dén fallagr, hag a denn d'ann dén
reiz hé reizded hé-unan.
24. Râk-sé ével ma krôg ann tân er
c'hôlô, ha ma eo dévet gañd ar flamm
béô, ével-sé é vézô dévet hô grisien,
hag hô gwenn a biñô ével poultr; ô
véza ma hô deûz disprizet lézen Aotrou
ann arméou, ha ma hô deûz
drouk-komzet gañt gér sañt Israel.
25. Dré-zé eo savet frouden ann
Aotrou a-énep hé bobl, en deûz astennet
hé zourn war-n-ézhañ, hag en
deûz skôet gañt-hañ; hag ar ménésiou
hô deûz krénet, hag hô c'horfoumarô
a zô bét *taolet* ével teil é-kreiz
leûriou-kéar. Goudé kémeñt-sé né két
habaskéet hé frouden, râg astennet
eo c'hoaz hé zourn.
26. Hag héñ a zavô hé arouéz é
penn eur bobl pell-brâz, hag a c'houibanô
étrézég enn-hañ eûz a benn ar
béd; hag ar bobl-zé a zeûi buhan.
27. Na glemmô na gañd ar skuizder,
na gañd al labour, na gouskô,
na na vôrédô, ha na dennô két hé
c'houriz diwar hé zargreiz, ha na
dortô két unan eûz a éréou hé voutou.
28. Hé zaésiou a zô lemm, hag hé

holl warégou a zô steñet. Karn treid hé gézek a zô ével bili, ha rôdou hé girri ével err ann arné.

29. Héñ a iudô ével eul léou ; iuda a rai ével léonédigou ; skrija a rai, hag é krogô enn hé breiz ; hé gâs a rai, ha na vézô dén évid hé denna diout-hañ.

30. Hag héñ en em daolô war Israel enn deiz-zé gañt garmou héñvel out trouz ar môr ; oud ann douar é sellimp, ha na wélimp némét tévalien ha glac'har, ha na vézô goulou é-béd enn eunn dévalien ker brâz.

—

VI. PENNAD.

Isaias a wél Doué enn hé c'hloar.

1. Er bloaz é péhini é varvaz ar roué Ozias, é wéliz ann Aotrou azézet war eunn trôn uc'hel-meûrbéd ; hag ar péz a oa dindân-hañ a leûnié ann templ.

2. Ar sérafined a oa enn hô sâ a-zioue'h d'ézhañ : c'houéac'h askel en dôa pép-hini anézhô : gañd diou é kuzeñt hé benn, gañd diou é kuzeñt hé dreid, ha gañd diou é nicheñt.

3. Hag é c'harmeñt ann eil oud égilé, hag é lavareñt : Sañt, sañt, sañt, eo ann Aotrou, Doué ann arméou, ann douar holl a zô leûn eûz hé c'hloar.

4. Ha postou ann ôr a oé horellet, ker skiltr oa ar garm-zé, hag ann tî a oé leûn a vôged.

5. Neûzé é liviriz : Gwâ mé, ô véza ma ounn tavet, ô véza ma ounn eunn dén hag a zô saotret hé vuzellou, ha ma choumann é-kreiz eur bobl hag a zô ivé saotret hé vuzellou, hag em eûz gwélet ar Roué, Aotrou ann arméou, gañt va daoulagad va-unan.

6. Hag unan eûz ar sérafined a nichaz étrézég enn-oun, hag eur vilien danuz enn hé zourn, en dôa kéméret gañd eur gével diwar ann aoter.

7. Hag héñ a stokaz gañt-hi out va génou, hag a lavaraz : Chétu é deûz stoket-hi oud da vuzellou, hag é vézô lamet da fallagriez hag é vézô glanet da béc'hed.

8. Hag é kleviz mouéz ann Aotrou a lavaraz : Piou a gasinn-mé ? Ha piou a iélô évid-omp ? Ha mé a lavaraz : Chétu mé, kâs ac'hanoun.

9. Hag héñ a lavaraz : Kéa, ha lavar d'ar bobl-zé : O klevout, klevit, ha na boellit két ; ô kwélout, gwélit, ha na anavézit két.

10. Dall kaloun ar bobl-zé, ha pounnéra hé ziskouarn, ha serr hé zaoulagad, gañd aoun na wélché gañd hé zaoulagad, na glevché gañd hé ziskouarn, ha na boelché gañd hé galoun, na zistrôjé ouz-in, ha na zeûjenn d'hé iac'haat.

11. Ha mé a lavaraz : Bété pégeit, Aotrou ? Hag héñ a lavaraz : Kén na vézô glac'haret ha goullô ar c'heriou, hag ann tiez dizûd, ha ma vézô deûet ar vrô ével eunn distrô.

12. Ann Aotrou a gasô pell ann dûd, hag al lôd tûd a vézô bét dilézet é-kreiz ar vrô, a greskô é niver. (T).

13. Déoget é vézô c'hoaz, hag é tistrôi *oud ann Aotrou*, hag en em ziskouézô brâz ével ann térébiñt, hag ével ann derven a astenn kaer hé skourrou : hag ar wenn a vézô choumet enn-hi a vézô eur wenn zañtel.

—

VII. PENNAD.

Eur werc'hez a c'hanô eur mâb hanvet Emmanuel.

1. É deisiou Ac'haz, mâb Joatan, mâb Ozias, roué Juda, Rasin roué Siria, ha Faséé, mâb Romélias, roué Israel, a biñaz étrézé Jéruzalem, évit stourmi out-hi ; hôgen na helchoñt két hé c'hémérout.

2. Hag é oé rôet da anaout da di David pénaoz ar Siria é dôa gréat kévrédigez gañd Éfraim ; ha kaloun *Ac'haz*, ha kaloun hé bobl a oé horellet, ével ma eo horellet gwéz ar c'hoajou gañd ann avel.

3. Hag ann Aotrou a lavaraz da Isaias : Kéa da ziambrouga Ac'haz, té ha Jasub da vâb, péhini a zô choumet

d'id, é penn ar c'han-dour eûz al lenn uc'héla, war-heñt park ar c'hommer.
4. Ha lavar d'ézhañ : Gwél ma tavi ; n'az péz kéd a aoun, ha na spouñtet két da galoun râg ann daou benn kéftân divôgéduz-zé, râk buanégez ha frouden Rasin, roué Siria, ha mâb Romélias :
5. O véza ma eo dispac'het ouz-id ar Siria, Éfraim, ha mâb Romélias, ô lavarout :
6. Piñomp a-énep Juda, stourmomp out-hañ, trec'homp-béñ, ha lékéomp mâb Tabéel da roué enn hé greiz :
7. Ével-benn é lavar ann Aotrou Doué : Na zavô két, ha kémeñt-sé na c'hoarvézô két.
8. Hôgen Damas a vézô c'hoaz penn ar Siria, ha Rasin penn Damas : hag a-benn pemp ploaz ha tri-ugeñt, Éfraim a éhanô da véza eur bobl.
9. Ha Samari a vézô penn Éfraim, ha mâb Romélias penn Samari. Ma na grédit két, na viot két startéet.
10. Hag ann Aotrou ô komza bépréd oud Ac'haz, a lavaraz :
11. Goulenn eunn arouéz d'id digañd ann Aotrou da Zoué, pé eûz a wéled ann douar, pé eûz ann uc'héla eûz ann éñv.
12. Hag Ac'haz a lavaraz : Na c'houlenninn két, ha na demptiinn két ann Aotrou.
13. Hag *Isaias* a lavaraz : Sélaouit éta, tî David : Ha nébeûd co d'é-hoc'h béza heskinet ann dûd, ma fell d'é-hoc'h ivé heskina va Doué ?
14. Râk-sé ann Aotrou hé unan a rôi eunn arouéz d'é-hoc'h. Chétu é eñgéheûtô eur werc'hez, hag é c'hanô eur mâb, a vézô hanvet Emmanuel.
15. Ann amann hag ar mél a zebrô, ken na wézô disteûrel ann drouk ha dilenna ar mâd.
16. Râg abarz ma wézô ar bugel disteûrel ann drouk, ha dilenna ar mâd, é vézô dilézet ann douar a gaséez enn abek d'hô daou roué.
17. Ann Aotrou a zigasô war-n-oud, ha war da bobl, ha war tî da dâd, gañd *armou* roué ann Assiried, deisiou ha n'iñt két bét deûet abaoé ar rann eûz a Éfraim diouc'h Juda.
18. Chétu pétrâ a vézô enn deiz-zé : Ann Aotrou a c'houibanô étrézég ar geliénen a zô er penn pella eûz a steriou ann Éjipt, hag étrézég ar wénanen a zô é douar Assur.
19. Hag hi a zeûi, hag a ziskuizô holl é frouden ann traoñiennou, hag é kéviou ar rec'hier, ha war ann holl wézigou, hag ann holl doullou.
20. Enn deiz-zé ann Aotrou a gasô, ével eunn aotén gôpret, ar ré a zô enn tû all d'ar ster, ha roué ann Assiried, évit touza ar penn, ha bléô ann treid, hag ann holl varô.
21. Chétu pétrâ a vézô enn deiz-zé : eunn dén a vagô eur vioc'h ha diou zañvadez ;
22. Ha gañd al lôd brâz a léaz a rôiñt, é tebrô amann ; râk néb a vézô choumet é-kreiz ar vrô na zebrô némét amann ha mél.
23. Chétu pétrâ a vézô enn deiz-zé : el lec'hiou holl é péré éz oa mil kéfgwini, *a dalié* mil péz arc'hañt, na vézô némét drein ha dréz.
24. Gañt saésiou ha gañt gwarégou éz éor di ; râk na vézô némét drein ha dréz er vrô holh.
25. Hag ann holl vénésiou péré a oa bét c'houennet gañd ar wiñed, na vézô mui énô a aoun râg ann drein hag ann dréz : é péb léac'h é peûrô ann éjenned, hag é vézô gwélet eul lôd brâz a zéñved.

VIII. PENNAD.

Na helleur két énébi out barn Doué.

1. Hag ann Aotrou a lavaraz d'in : Kémer eul levr brâz, ha skriv ennhañ gañt lizérennou ann dûd : Kémer buhan ann dibourc'hou, kémer buan ar preiz.
2. Hag é kémériz daou dést féal, Urias ar bélek, ha Zac'harias, mâb Barac'hias :
3. Hag é tôstaiz oud ar brofédez, hag hi a eñgéheñtaz, hag a c'hanaz eur mâb. Hag ann Aotrou a lavaraz d'in : Galv-héñ ; kémer buan ann dibourc'hou, kémer buan ar preiz.
4. Râg abarz ma wézô ar bugel

gervel hé dâd hag hé vamm, é vézô skrapet galloud Damas, ha dibourc'hou Samari, é-raok roué ann Assiried.

5. Hag ann Aotrou a gomzaz c'hoaz ouz-in, ô lavarout :

6. O véza ma en deûz ar bobl-zé distolet douréier Siloé, péré a réd ézjoul, ha ma eo bét gwell gañt-hañ sével gañt Rasin, ha gañt mâb Romélias :

7. Râk-sé chétu ann Aotrou a gasô war-n-ézhô douréier brâz hag herruz ar ster, roué ann Assiried gañd hé holl c'hloar : hag hi a zavô a bép tû dreist hé gân, hag a rédô enn tû all d'hé c'hlañou holl,

8. Hag ô liva dré-holl, é treûzô Juda, hag éz ai bépréd, kén na vézô dour béteg ar gouzouk. Hag hi a astennô hé diou-askel, hag a c'hôlôi da zouar holl, ô Emmanuel.

9. En em strollit, poblou, hag é viot trec'het; sélaouit, holl boblou a bell : En em grévait, hag é viot trec'het, en em c'hourizit, hag é viot trec'het.

10. Kémérit kuzul, hag é vézô bévézet; rôid ursou, ha na véziñt két sévénet; râg éma Doué gan-é-omp.

11. Râg ével-henn en deûz komzet ann Aotrou ouz-in; ô terchel ac'hanoun gañd hé zourn gallouduz en deûz va desket, gañd aoun na gerzchenn é heñt ar bobl-zé, hag en deûz lavaret d'in :

12. Na livirit két : Dispac'h ; râk kémeñd a lavar ar bobl-zé eo dispac'h; n'hô pézet kéd a aoun râg ar péz a ra aoun d'ézhô, ha na spouñtit két.

13. Sañtélit Aotrou ann arméou hé-unan : ra vézô héñ hoc'h aoun hag hô spouñt :

14. Hag héñ a vézô da zañtélidigez d'é-hoc'h; ha da véan fazi, ha da garreg a harz évid ann daou dî a Israel; ha da spî ha da gollidigez évid ar ré a choum é Jéruzalem.

15. Ha kalz anézhô a vézô stoket, hag a gouézô, hag a vézô brévet, hag a vézô dalc'het er rouéjou, hag a vézô paket.

16. Liamm va zesténi, siell va lézen é-touez va diskibien.

17. Ha mé a c'hortozô ann Aotrou, péhini a gûz hé zremm ouc'h ti Jakob, hag é keñdalc'hinn er géd-zé.

18. Chétu mé hag ar vugalé en deûz rôet ann Aotrou d'in, da arouéz ha da vurzud enn Israel, a-berz Aotrou ann arméou a choum war vénez Sion.

19. Ha pa liviriñt d'é-hoc'h : Éñvorit ar gelc'hierien hag ann diouganerien, péré a zoroc'h enn hô strôbinellou : Eur bobl hag héñ na éñvor két hé Zoué, évid ar ré véô d'ar ré varô ?

20. Ha keñtoc'h d'al lézen, ha d'ann desténi. Ma na gomzoñt két hervez ar gér-zé, na vézô két a c'houlou miñtin évit-hô.

21. Ével tréménidi é véziñt war ann *douar;* kouéza a raiñt, hag hô dévézô naoun; hag enn hô naounégez é savô droug enn-hô, hag é villigiñt hô roué hag hô Doué, hag é selliñt ouc'h kréac'h.

22. Hag hi a zellô ouc'h ann douar, ha chétu ar c'hlac'har, hag ann dévalien, ar fillidigez, hag ann añken, hag ann amc'houlou a heûliô anézhô, ha na helliñt két tec'hout diouc'h ar reûsiou-zé.

IX. PENNAD.

Reûsiou a dlé kouéza war Israel.

1. Er penn keñta é oé skañvéet douar Zabulon, ha douar Néftali : ha d'ann divez é oé pounnéréet war heñd ar mòr enn tu all d'ar Jourdan, Galiléa ar brôadou.

2. Ar bobl a valéé enn dévalien en deûz gwélet eur goulou-brâz : saved eo ar goulou, évid ar ré a choumé é brô skeûd ar marô.

3. Paottet éc'h eûz ar vrôad, ha n'éc'h eûz két kresket al lévénez. En em laouénaad a raiñt dira-z-od ével ma en em laouénéeur er médérez, ével ma trideur goudé ann tréac'h, pa ranneur ann dibourc'hou.

4. Râk torret éc'h eûz géô hé véac'h, ha gwialen hé skoaz, ha gwalen hé heskiner, ével é deiz Madian.

5. Râg ann holl zibourc'hou kémé-

ret gañt rustóni ha gañt trouz, hag ann dilad saotret gañt goad, a vézó taolet enn tân, hag a zeûi da voéd d'ar flamm.

6. Râg eur Bugel a zô Ganet d'é-omp, hag eur Mab a zô bét róet d'é-omp, hag hé briñsélez a zô bét arouézet war hé skoaz: hag héñ a vézó hanvet Estlammuz, Kuzulier, Doué, Kré, Tâd ann amzer da zoñt, Priñs ar péoc'h.

7. Mui-oc'h-vui en em astennó hé c'halloud, hag ar péoc'h a vézó dizivez; war drôn David, ha war hé rouañtélez éc'h azézó; évit ma hé c'hrévai, ha ma hé startai er varn hag er reizded, a vréma ha da vikenn; oaz Aotrou ann arméou a rai kémeñt-sé.

8. Ann Aotrou en deûz kaset hé c'hér da Jakob, ha war Israel eo kouézet.

9. Ann holl bobl her gwézó, Éfraim, hag ar ré a choum é Samari, péré a lavar gañt balc'hder hag é brazoni hô c'haloun:

10. Ann tiez brikennou a zô kouézet, hôgen ni hô savó gañt mein bén; ar skaô-grac'h hô deûz trouc'het, hôgen ni a lakai gwéz-sedr enn hô léac'h.

11. Ann Aotrou a lakai da zével a-énep *Israel* énébourien Rasin, hag a lakai da zoñd enn eur rumm brâz hé holl énébourien:

12. Ar Siried eûz ar sâv-héol, hag ar Filistined eûz ar c'hûs-héol; hag hi a zigoró hô génou évit louñka Israel. Goudé kémeñt-sé né két c'hoaz habaskéet hé frouden, hôgen bépréd eo astennet hé zourn.

13. Hag ar bobl né két distróet étrézég ann hini a skóé gañt hañ, ha n'hô deûz két eñklasket Aotrou ann arméou.

14. Hag ann Aotrou a skéjó diouc'h Israel ar penn hag al lôst, ar skourr kré hag ar vroennen, enn hévélep deiz.

15. Ann dén kôz hag ann dén énoruz, hen-nez eo ar penn; hag ar profed a zesk ar gevier, hen-nez eo al lôst.

16. Neûzé ar ré a c'halv ar bobl-zé euruz, a zeûi da véza touellerien: hag ar ré a vézó galvet euruz, a gouézó el louñk.

17. Râk-sé n'en em laouénai két ann Aotrou war hé dûd-iaouañk; ha n'en dévézó kéd a druez oud hé emzivaded hag hé iñtañvézed; râk pilpouzed ha tûd fall iñt holl, ha na lavar hô génou némét traou diskiañt. Goudé kémeñt-sé né két c'hoaz habaskéet hé frouden, hôgen bépréd eo astennet hé zourn.

18. Râg ar fallegriez é deûz losket ével tân, hag hi a zévó ann dréz hag ann drein: en em eñtana a rai é-kreiz eur c'hoad stañk, hag é savó eun c'h kréac'h *ével* korveñtennou môged.

19. Ann douar a vézó strafilet gañt buanégez Aotrou ann arméou; ar bobl a zeûi ével boéd ann tân; ann dén na espernó két hé vreûr.

20. Trei a rai a zéou, hag en dévézó naoun; dibri a rai a gleiz, ha n'en dévézó két hé walc'h; pép-hini a louñkó hé vréac'h hé-unan; Manasez Éfraim, hag Éfraim Manasez, hag hi war-eunn-drô a-énep Juda.

21. Goudé kémeñt-sé né két c'hoaz habaskéet hé frouden, hôgen bépréd eo astennet hé zourn.

X. PENNAD.

Israel a zistrôi étrézég ann Aotrou.

1. Gwâ ar ré a râ lézennou fallagr, hag ar ré a skriv traou direiz,

2. Évit mac'ha ar béorien er varn, évit gwaska war ar ré wana eûz va fobl; évit kémérout ann iñtañvez ével preiz, hag évid dibourc'ha ann emzivaded.

3. Pétrà a réot-hu é deiz ann emwél, é deiz ar c'hlac'har a zeûi a bell? Étrézé piou é klaskot-hu skoazel? Ha péléac'h é tilézot-hu hô kloar?

4. Évit na blégot két dindân ar chadennou, ha na gouézot két é-touez ar ré varó. Goudé kémeñt-sé né két c'hoaz habaskéet hé frouden, hôgen bépréd eo astennet hé zourn.

5. Gwâ Assur, héñ eo gwalen ha bâz va frouden; enn hé zourn eo em eûz lékéat va buanégez.

6. Étrézég eur gwall vróad é kasinn

anézhañ, hag a-énep pobl va frouden é kémenninn d'ézhañ moñt, évit ma tibourc'hô anézhañ, ma preizô anézhañ, ha ma flastrô anézhañ dindân hé dreid évcl fañk ar ruiou.

7. Hôgen héñ na brédériô két kémeñt-sé, né kéd hen-nez a vézô ménoz hé spéred ; hé galoun na c'hoañtai néméd ar gwastérez, néméd al lazérez eûz a galz a vrôadou.

8. Râg héñ a lavarô :

9. Va friñsed ha n'iñt-hi két kenaliez a rouéed ? Ha né két Kalan ével C'harkamis, hag Émat ével Arfad ? Ha né két Samari ével Damas ?

10. Ével ma en deûz skrapet va dourn rouañtélésiou ann idolou, ével-sé é skrapinn ar skeûdennou a azeûleur é Jéruzalem hag é Samari.

11. Ha na hellinn-mé két ôber ékéñver Jéruzalem hag hé skeûdennou, ével ma em eûz gréat é-kéñver Samari hag hé idolou ?

12. Chétu pétrâ a c'hoarvézô : Pa en dévézô ann Aotrou sévénet hé holl ôberiou war vénez Sion, hag é Jéruzalem, é emwélinn frouez kaloun balc'h ar roué Assur, ha gloar uc'hellded hé zaoulagad.

13. Râk lavaret en deûz : Gañt nerz va dourn em eûz hé c'hréat, ha gañt va furnez em eûz hé boellet ; harzou ar boblou em eûz lennet, hô friñsed em eûz dibourc'het, hag ével eunn dén galloudek em eûz diframmet ar rouéed diwar hô zrônou.

14. Ha va dourn en deûz kavet ével eunn neiz ar ré gréva eûz ar boblou ; hag ével ma tastenneur ar viou a zô bét dilézet, ével-sé em eûz strollet ann douar holl ; ha dén n'en deûz fiñvet hé askel, na digoret hé c'hénou, na lavaret gér.

15. Ha fougéa a râ ar vouc'hal a-éneb ann hini a drouc'h gañt-hi ? Ha dispac'ha a râ ann hesken oud ann hini a zach anézhi ? Ével ma zavché ar wialen a-éneb ann hini a zâv anézhi, ha ma tispac'hché ar vâz, pétrâ-bennâg n'eo néméd eunn tamm koat.

16. Râk-sé ann tréc'her, Aotrou ann arméou, a gasô ann treûdder é-touez hé ré lard ; ha dindân hé c'hloar é krogô eunn tân ével eunn tân-gwall.

17. Goulou Israel a vézô eun tân, hag hé Zañt er flamm ; hag enn hévélep deiz é vézô tanet ha losket spern ha dréz *Assur*.

18. Gloar hé goajou, hag hé barkou c'houék a vézô bévézet, adaleg ann éné bétég ar c'horf ; hag héñ hé-unan a dec'hô spouñtet-brâz.

19. Hag ar gwéz a vézô choumet enn hé goajou a vézô éaz hô nivéri, ken nébeûd a vézô anézhô ; eur bugel a hellô skriva ann niver anézhô.

20. Chétu pétrâ a c'hoarvézô enn deiz-zé : Ar ré a vézô choumet eûz a Israel, hag ar ré eûz a dî Jakob a vézô tec'het, n'en em harpiñt mui war ann hini a skôé war-n-ézhô ; hôgen en em harpa a raiñt war ann Aotrou, sañt Israel, gañt gwirionez.

21. Ann dilerc'h a zistrôi, dilerc'h Jakob, émé-vé, étrézég ann Doué kré.

22. Râg ha pa vé da bobl, ô Israel, ker paot ha tréaz ar môr, ann dilerc'h anézhô a zistrôi ; ann dilerc'h bihan-zé a skuljô gañt founder ar reizded.

23. Râg ann Aotrou, Doué ann arméou, a rai eunn dismañtr hag eur c'hrennadur brâz é-kreiz ann holl zouar.

24. Râk-sé chétu pétrâ a lavar ann Aotrou, Doué ann arméou : Va fobl péhini a choum é Sion, n'az péz két a aoun râg Assur ; gañd eur wialen é skôi war-n-od, hag hé vâz a zavô war-n-od war heñt ann Éjipt.

25. Hôgen c'hoaz eunn nébeût, c'hoaz eunn nébeûdik, ha va buanégez ha va frouden a gastizô anézhô enn abek d'hô gwallou.

26. Hag Aotrou ann arméou a zavô war-n-ézhañ hé skourjez, ével ma skôaz gwéchall gañt Madian é-tâl méan Oreb, hag ével ma savaz hé walen war ar môr, é savô ivé anézhi war heñt ann Éjipt.

27. Chétu pétrâ a c'hoarvézô enn deiz-zé : Tennet é vézô hé véac'h diwar da ziskoaz, hag hé iéô diwar da c'houzouk, hag ar iéô-zé a vreinô gañd ann éôl.

28. Doñd a rai da Aiat, dré Vagron é tréménô ; hé bakadou a lézô é Mac'hmas.

29. Enn eur réd é tréméniñt, é

Gaba ec'h arzaôiñt : Rama a grénô, Gabaat-Saul a dec'hô.

30. Rô da glevout da vouéz, merc'h Gallim, grit ma vézô klévet bété Laisa, ha bétég Anatol ar paour.

31. Médéména a zô éat-kuit ; tùd Gabim, en em strollit.

32. C'hoaz eunn deiz, hag é vézô é Nobé : héja a rai hé zourn war vénez merc'h Sion, krec'hien Jéruzalem.

33. Chétu ann trec'her, Aotrou ann arméou, a dorrô al léstrik enn hé frouden, hag ar ré uc'hel a gorf a vézô diskaret, hag ar ré vrâz a vézô vuéléet.

34. Hag ar c'hoajou ar ré stañka a vézô diskaret gañd ann houarn; hag al Liban gañd hé *wéz* uc'hel a gouézô.

—

XI. PENNAD.

Diwar-benn ganédigez ar C'hrist.

1. Hag eur walen a zavô eûz a c'hrisien Jessé, hag eur vleûen a greskô war hé c'hrisien.

2. Ha spéred ann Aotrou a arzavô war-n-ézhañ, ar spéred a furnez hag a boell, ar spéred a guzul hag a ners, ar spéred a wiziégez hag a zoujañs Doué

3. Ha spéred doujañs ann Aotrou a leûniô anézhañ. Na varnô két diouc'h gwéled ann daoulagad, ha na damallô két diouc'h kleved ann diskouarn :

4. Hôgen héñ a varnô ar béorien gañt reizded, hag a ziwallô gañd éeunder ar ré gûñ war ann douar : gañt gwalen hé c'hénou é skôi ann douar, ha gañt c'houéz hé vuzellou é lazô añn dén fallagr.

5. Ar reizded a vézô da c'houriz d'hé zigroazel, hag ar féaldéd da c'houriz d'hé zargreiz.

6. Ar bleiz a choumô gañd ann oan : al léonpard a c'hourvézô gañd ar menn-gavr : al leûé, al léon hag ann dañvad a choumô kévret, hag eur bugélik hô bléniô.

7. Al leûé hag ann ours a beûrô kévret : hô menned a éc'hoazô kévret : hag al léon, ével ann éjenn a zebrô kôlô.

8. Ar bugel oud ar vroun a c'hoariô war doull ann aspik : hag ann hini a vézô bét dizounet a lakai hé zourn é kéô ar bazilik.

9. Na noaziñt két, ha na laziñt két war va holl vénez sañtel : râg ann douar a zô leûn eûz a wiziégez ann Aotrou, ével ar môr eûz ann douréier gañt péré eo leûn.

10. Enn deiz-zé grisien Jessé a vézô da arouéz d'ar boblou ; ar brôadou a bédô anézhañ, hag hé véz a vézô meûleûduz :

11. Chétu pétrâ a c'hoarvézô enn deiz-zé : Ann Aotrou a astennô c'hoaz hé zourn évit kaout ar ré euz hé bobl, a vézô bét choumet war-lerc'h ann Assiried, hag ann Éjipt, ha Fétros, hag ann Étiopia, hag Elam, ha Sennaar, hag Émat, hag énézi ar môr.

12. Sével a rai hé arouéz é-touez ar brôadou, hag é strollô ar ré eûz a Israel a oa bét tec'het ; hag é c'hrounnô eûz a bévar c'horn ann douar ar ré eûz a Juda a oa bét skiñet.

13. Hérez Éfraim a vézô kaset-danétra, hag énébourien Juda a vézô dispennet ; Éfraim na bérézô mui out Juda, ha Juda na stourmô mui oud Éfraim.

14. Nicha a raiñt war vôr war získoaz ar Filistined, preiza a raiñt kévret bugalé ar sâv-héol. Sével a raiñt hô dourn war Édom ha war Voab, ha bugalé Ammon a zeñtô out-hô.

15. Ann Aotrou a wastô téôd môr ann Éjipt, hag é sâvô hé zourn war ar ster, hag é c'houézô kré war-n-ézhi : hag héñ hé rannô é seiz gouer, enn hévélep doaré ma helliñt hé zreûzi hep tenna hô boutou.

16. Hag eunn heñt a vézô enn-hi évit ar ré eûz va fobl a vézô tec'het diouc'h ann Assiried, ével ma oé kavet évid Israel, enn deiz é péhini é piñaz eûz a zouar ann Éjipt.

—

XII. PENNAD.

Kanaouen a drugarez évid arm dieûb eûz a Israel hag eûz a Juda.

1. Hag enn deiz-zé é liviri : Da

veûli a rann, ô Aotrou, ô véza ma
oud buanékéet ouz-in; habaskéet eo
da frouden, hag éc'h eûz va dic'hla-
c'haret.
2. Chétu Doué eo va Salver, gañt
fisiañs é rinn pép tra, ha n'em bézô
két a aoun; râg ann Aotrou eo va
ners, ha va gloar, ha deûet eo da zil-
vidigez d'in.
3. Tenna a réôd dour gañt lévénez
eûz a feuñteûniou ar Salver.
4. Hag é léverrot enn deiz-zé:
Meûlit ann Aotrou, ha galvit hé hanô;
rôit da anaout hé ôberiou é-touez ar
boblou; hô pézet koun pénaoz eo
uc'hel hé hanô.
5. Kanit d'ann Aotrou ô véza ma
en deûz gréat traou brâz-meûrbéd:
rôit da anaout kémeñt-sé dré ann
douar holl.
6. Trid ha meûl, ti Sion; râk brâz
eo sañt Israel enn da greiz.

—

XIII. PENNAD.

Gwastadur Babilon gañd ar Védied.

1. Béac'h Babilon, a zô bét gwélet
gañd Isaias, mâb Amos.
2. Savid ann arouéz war ar ménez
koabrek, uc'hélait hô mouéz, savit hô
tourn, m'az ai ann duged dré ar per-
sier.
3. Va uršiou em eûz rôet d'ar ré em
eûz sañtélet; galvet em eûz em bua-
négez va ré gré, péré a drid em gloar.
4. Eunn trouz brâz *a zô* war ar mé-
nésiou, ével eûz a eul lôd brâz a dûd;
trouz mouésiou kalz a rouéed, hag a
vrôadou strollet kévret: Aotrou ann
arméou en deûz rénet ann holl vrézé-
lidi-zé.
5. Deûet iñt eûz ar brôiou pell, eûz
a benn ar béd; ann Aotrou ha bin-
viou hé frouden a zispennô ar vrô
holl.
6. Iudit, râk tôst eo deiz ann Ao-
trou; ar gwastadur a zeûi a berz ann
Aotrou.
7. Râk-sé ann holl zaouarn a vézô
gwévet, hag holl galounou ann dûd a
vézô teûzet,
8. Hag a vézô brévet. Ar glizi hag
ar gloasiou a zalc'hô anézhô; ével eur
c'hrég é gwilioud é véziñt poaniet;
gañt saouzan é sellô ann eil oud égilé;
hô fennou a vézô ével pa veñt dévet
gañd ann tân.
9. Chétu deiz ann Aotrou a zeû,
hag héñ kriz, ha leûn a frouden, a
vuanégez hag a zrouk, évit lakaad dí-
dûd ann douar, ha brévi ar béc'herien
a zô war-n-ézhañ.
10. Stéred ann éñv ar ré skédusa
na skiñiñt mui hô goulou; ann héol
pa savô a vézô gôlôed a dévalien, hag
al loar na rôi mui hé goulou.
11. Mé a emwélô gwallou ar béd,
ha direizded ar ré fallagr; lakaad a
rinn da éhanâ rogoni ar ré zifeiz, hag
é vuélinn rogoni ar ré gré.
12. Dibaotoc'h é vézô ann dén égéd
ann aour; talvoudusoc'h é vézô égéd
ann aour ar glana.
13. Dreist-sé é horellinn ann éñv;
hag ann douar a fiñvô eûz hé léac'h,
enn abek da zroug Aotrou ann ar-
méou, hag enn abek da zeiz hé vua-
négez hag hé frouden.
14. Hag hi a vézô ével eunn demm
a dec'h, hag ével eunn dañvad, ha na
gâv dén évid hé zigas; pép-hini a zis-
trôi étrézég hé bobl, pép-hini a de-
c'hô war-zû hé vrô.
15. Kémeñd hini a vézô kavet *enn-
hi*, a vézô lazet; ha kémeñd hini a
zeûi *enn-hi*, a vézô diskaret gañd ar
c'hlézé.
16. Hô bugalé a vézô friket dirâg
hô daoulagad; hô ziez a vézô preizet,
hag hô gragez a vézô gwallet.
17. Lakaad a rinn da zével out-hô
ar Védied, péré na glaskiñt két a ar-
c'hañt, ha na c'hoañtaiñt két a aour;
18. Hôgen laza a raiñt ar vugaligou
gañd hô saésiou; n'hô dévézô két a
druez oud ar ré a vézô c'hoaz é kôv
hô mamm; hag hô lagad na espernô
két ar ré névez-ganet.
19. Hag ar Vabilon-zé ker brudet
é-touez ar rouañtélésiou, gloar vrâz
ar C'haldéed, a vézô diskaret, ével ma
tiskaraz ann Aotrou Sodom ha Go-
morra.
20. Didûd é choumô da-vikenn, ha
na vézô két savet a-névez a-héd ar

c'hañtvédou ; ann Arabia na zavô két énô hé delt, hag ar véserien na éc'hoaziñt két énô.

21. Hôgen al loéned c'houéz en em dennô énô, hag hô ziez a vézô leûn a aéred ; hag ann aotruzed a choumô énô, hag ann diaouled a zañsô énô.

22. Ar c'houenned a iudô enn hé ziez kaer, hag ar môr-gragez a choumô enn hé ziez dudiuz.

—

XIV. PENNAD.

Dismañtr roué Babilon.

1. Tôst eo ann amzer-zé, hag hé deisiou n'iñt két pell. Râg ann Aotrou a rai trugarez é-kéñver Jakob, hag a rai c'hoaz eunn dilenn é Israel, hag hô lakai da éhana enn hô douar hôunan. Ann diavésiad en em unanô gañt-hô, hag hi en em frammô out ti Jakob.

2. Ar boblou hô c'hémérô, hag hô digasô enn hô brô ; ha ti Israel hô dévézô da vévellou, ha da vitisien é douar ann Aotrou ; hag ar ré hô dôa hô c'héméret a vézô da sklaved d'ézhô, hag ar ré hô dôa hô aotrouniet a zeûi dindân hô galloud.

3. Chétu pétrâ a c'hoarvézô enn deiz-zé : Pa en dévézô Doué rôet éhan d'id enn da labour, enn da vaskérez, hag er sklavérez dindân péhini é oaz keñt,

4. É kéméri ar barabolen-mañ aénep roué Babilon, hag é liviri : Pétrâ eo deûet ann heskiner-zé, pénaoz eo éhanet ar gwiriou a zavé ?

5. Torret eo bét gañd ann Aotrou bâz ar ré fallagr, gwalen ann heskinerien,

6. Péhini enn hé frouden a skôé war ar boblou gouliou dibaréuz, a lékéa ar brôadou dindân hé béli, hag hô heskiné gañt krisder.

7. Ann douar holl a zô bréma enn éhan hag enn tâv ; el lévénez hag enn tridérez éma.

8. Ar sapr hag ar gwéz-sedr a zô en em laouénéet ivé diwar da benn : Abaoé ma oud kousket, émé-z-hô, na zeû dén évid hon trouc'ha.

9. Ann ifern hé-unan a zô bét kéflusket pa oud deûet enn-hañ ; al lañgouincien en deûz lékéat da zével ouz-id. Holl briñsed ann douar, holl roué'd ar brôadou a zô savet diwar hô zrônou.

10. Hag hi holl a gomzô ouz-id, hag a lavarô : Ha té a zô bét gouliet kerkoulz ha ni, ha deûet oud héñvel ouz-imp ?

11. Da rôgoni a zô bét taolet enn iferniou ; da c'horf-marô a zô kouézet ; dindân-od é vézô ann tartouzed, hag ar préñved a vézô da vallin d'id.

12. Pénaoz oud-dé kouézet eûz ann éñv, Lusifer, té péhini a zavé diouc'h ar miñtin ? Pénaoz oud-dé kouézet d'ann douar, té péhini a c'houlié ar brôadou ?

13. Té péhini a lavaré enn da galoun : Mé a biñô enn éñv, dreist stéred Doué é savinn va zrôn ; war vénez ar gévrédigez éc'h azézinn, é kéñver avel ann hañter-nôz.

14. Piña a rinn war ar goabrou ar ré uc'héla, hag é vézinn héñvel oud ann Uc'hel-meûrbéd.

15. Ha koulskoudé oud bét taolet enn ifern, é gwéled ar poull.

16. Ar ré az gwélô, a zellô ouz-id, ha goudé m'hô dévézô da arvestet, *é liviriñt :* Hag hen-nez eo ann dén en deûz strafilet ann douar, en deûz spouñtet ar rouañtélésiou,

17. En deûz lékéat ar béd didûd, en deûz diskaret hé gérion, en deûz dalc'het er vac'h ar ré en dôa kéméret er brézel ?

18. Holl rouéed ar brôadou a zô bét kousket er c'hloar, pép-hini enn hé dî hé-unan.

19. Hôgen té a zô bét taolet pell diouc'h da véz, ével eur c'héf didalvez ha saotret, ha grounnet é-touez ar ré a zô bét lazet gañd ar c'hlézé, é véziñt diskennet é gwéled ar poull, ével eur c'horf brein.

20. N'az pézô két eur béz ével unan anézhô, ô véza ma éc'h eûz gwastet da zouar, ha ma éc'h eûz lazet da bobl ; gwenn ar ré fallagr na vézô két galvet da vikenn.

21. Aozit hé vugalé d'ar marô enn
abek da fallagriez hô zadou ; na zaviñt
két, n'hô dévézô két ann douar é di-
gouéz, ha na leûniñt két a geriou
gorré ar béd.
22. Sével a rinn enn hô énep, émé
Aotrou ann arméou ; ha mé a gollô
hanô Babilon, hag hé dilerc'hiou, hag
hé gwenn, hag hé bugalé, émé ann
Aotrou.
23. Ann heûreûchined a likiinn da
choum enn-hi, é poullou dour é trôinn
anézhi ; hé skuba a rinn, hag é tao-
linn hé skubien er-méaz, émé Aotrou
ann arméou.
24. Aotrou ann arméou en deûz
touet, ô lavarout : Évei ma em eûz
mennet é c'hoarvézô ; ar péz em eûz
lékéat em penn a vézô gréat.
25. Ann Assiried a vrévinn em
douar, hag é mac'hinn anézhô war va
ménésiou : hag *Israel* a hejô ar iéô
hô dôa lékéat war-n-ézhañ, hag ar
béac'h hô dôa lékéat war hé ziskoaz.
26. Chétu pétrâ em eûz mennet di-
war-benn ann douar holl, chétu pérâg
em eûz astennet va dourn war ann
holl vrôadou.
27. Râg Aotrou ann arméou eo en
deûz hé reizet : ha piou a hellô hé zis-
lébéri ? Astennet en deûz hé zourn :
ha piou a zistrôi anézhañ ?
28. Er bloaz é péhini é varvaz ar
roué Ac'haz, é c'hoarvézaz ar béac'h-
mañ.
29. N'en em laouéna két, douar ar
Filistined, ô véza ma eo torret ar wia-
len a skôé war-n-od : râg eûz a wenn
ann aer é teûi eur bazilik, hag hé
wenn-hén a louñkô al laboused.
30. Hag ar ré geñta-ganet é-touez
ar béorien a vézô maget, hag ar béo-
rien a arzaôô gañt fisiañs ; ha mé a
lakai da zizéc'ha da wenn gañd naoun,
hag a lazô ann dilerc'h ac'hanod.
31. Iûd, pors ; garm, kéar ; dismañ-
tret eo holl vrô ar Filistined : râg eûz
ann hañter-nôz é teû ar môged, ha
n'eûz dén a gémeñt a helfé tec'hout
diouc'h hé armé.
32. Ha pétrâ a vézô respouñtet da
gannaded ar vrôad-zé ? Pénaoz en
deûz ann Aotrou diazézet Sion, ha ma
lakai péorien bé bobl hé géd enn-hañ

XV. PENNAD.

Dismañtr ar Voabited.

1. Béac'h Moab. O véza ma eo bét
diskaret Ar-Moab a-zoug ann nôz,
ha ma eo tavet, ô véza ma eo bét dis-
karet mûr Moab a-zoug ann nôz, *ha*
ma eo tavet.
2. Ti *ar roué* ha Dibon a zô piñet
d'al lec'hiou uc'hel évit gwéla diwar-
benn Nabo ha Médaba ; iudet é deûz
Moab : en em zivlevet iñt holl ; touzet
hô deûz holl hô barô.
3. Er ruiou iñt éat gañt séier da
c'houriz : war ann tôennou ha war al
leûriou kéar eo bét klévet hô iûd hag
hô gwélvan.
4. Hesébon hag Éléalé a c'harmô ;
hô mouéz a vézô klevet bété Jasa ; ar
ré galounéka eûz a Voab a c'harmô
war géméñt-sé ; garmi a raiñt enn-hô
hô-unan.
5. Va c'haloun a c'harmô étrézé
Moab ; hé skôrou a dec'hô bété Ségor,
ével eunn ounner tri-bloaz ; piña a
raiñt enn eur wéla dré grée'hien Luit,
hag é heñt Oronaim é rôiñt da gle-
vout garm hô glac'har.
6. Râk douréier Nemrim a zeûi ével
eunn distrô ; ar géot a zizéc'hô, al
louzou a wévô, hag ann holl iéot glaz
a iélô-da-nétra.
7. Hervez brasder hô ôber é vézô
hô c'hastiz ; bété froud ann halek é
véziñt kaset.
8. Râg garm Moab a iélô enn-drô
d'hé harzou ; hé iûd a iélô bété Gal-
lim, hag hé garm bété puñs Élim.
9. Râk douréier Dibon a vézô leûn
a c'hoad ; râk kâs a rinn ouc'h-penn
war Dibon ; léoned a iélô war-lerc'h
ar ré a dec'hô eûz a Voab, hag ann
dilerc'h eûz ar vrô-zé.

—

XVI. PENNAD.

Kaléder ar Voabited.

1. Aotrou, kâs ann oan trec'her ann
douar, eûz a véan ann distrô da vénez
merc'h Sion.

2. Ha chétu pétrâ a c'hoarvézô : Èvel eul labous a dec'h, hag èvel labousédigou a nich er-méaz eûz hô neiz, èvel-sé é vézô merc'hed Moab pa dreûziñt ann Arnon.
3. En em guzul, en em stroll, kémer da grésteiz cur skeûd kenn du hag ann nôz ; kûz ar ré a dec'h, ha na ziskul két ar ré a gildrô.
4. Va zec'herien a choumô gan-éz : Moab, béz da zigémer d'ézhô a zirâg hô beskiner ; râg ar poultr en deûz kavet hé zivez, ar fallagr a zô éat-da-nétra ; néb a vac'hé ann douar a zô diaézet.
5. Eunn trôn a vézô aozet eun drugarez, hag héñ a azézô war-n-ézhañ er wirionez é telt David, évit barna ha klaskout ar varn, ha rei da bép-hini ar péz a zô reiz.
6. Balc'hder Moab hon eûz klevet ; balc'h-meûrbed eo ; hé valc'hder, hé rogoni, hé frouden a zô brasoc'h égéd hé ners.
7. Râk-sé é iudô Moab out Moab ; ann holl a iudô : d'ar ré a laka hô fisiañs enn hô muriou brikennou, rôit da anaout hô gouliou.
8. Râk faboursiou Hesébon a zô didûd, hag aotrounez ar brôadou hô deûz gwastet gwinien Sabama ; hé skourrou a zô en em astennet bété Jazer ; kildrôet hô deûz enn distrô ; hag ar ré eûz hé greskou a zô choumet hô deûz treûzet ar môr.
9. Râk-sé é léñvinn hag é wélinn gañt Jazer gwinien Sabama ; da zoura a rinn, Hesébon, hag Eléalé, gañt va daérou, ô véza ma iñt en em daolet gañd eur garm brâz war da winiennou ha war da barkou-éd.
10. Na vézô gwélet mui a lévénez nag a dridérez er mésiou frouézuz, na vézô klevet mui a jolori er gwiniennou ; ar ré a oa boazet da waska ar gwin, n'her gwaskiñt mui ; lakaad a rinn da dével mouéz ar waskerien.
11. Râk-sé va c'hôv a zonô diwar-benn Moab èvel eunn délen, ha va bouzellou diwar-benn hé mûr brikennou.
12. Ha chétu pétrâ a c'hoarvézô : Pa vézô skuiz Moab ô véza bét d'hé lec'hiou uc'hel, éz ai enn hé zañtuar hé-unan évit pédi, ha na dalvézô két d'ézhañ.
13. Hen-nez eo ar gér en deûz lavaret ann Aotrou diwar-benn Moab abarz bréma.
14. Ha bréma é komz ann Aotrou, ô lavarout : A-benn tri bloaz, é doaré bloavésiou ar gôpraérien, é vézô lamet hé c'hloar digañt Moab ha digañt hé holl bobl péger paot-bennâg co ; nébeûd a dûd a choumô anézhô, ha c'hoaz é véziñt gwân.

XVII. PENNAD.

Dismañtr Damas.

1. Béac'h Damas. Chétu Damas né vézô mui eur géar ; hag hi a vézô èvel eur bern mein eûz a eunn ti diskaret.
2. Keriou Aroer a vézô dilézet gañd ann tropellou ; hag hi a éc'hoazô énô, ha na vézô dén évid hô c'hâs-kuit ac'hanô.
3. Ar skoazel a vézô tennet da Éfraim, hag ar rouañtélez da Zamas ; ha dilerc'h ar Siried a vézô èvel gloar bugalé Israel, émé Aotrou ann arméou.
4. Chétu pétrâ a vézô enn deiz-zé : Gloar Jakob a vézô dislébéret, hag hé gorf lard a zeûi da véza treûd.
5. Hag héñ a vézô héñvel oud ann hini a ia da bennaoui é amzer ar médérez, hag a zastum ann tamoézennou-ed gañd hé vréac'h : héñvel é vézô oud ann hini a glask tamoézennou-ed é traoñien Rafaim.
6. Ar péz a choumô anézhañ a vézô èvel eur bôd rézin enn eur winien, hag èvel pa gutulieur ann olived, é choum daou pé dri é penn eur skourr, pé pévar pé bemp é penn ar wézen, émé ann Aotrou, Doué Israel.
7. Enn deiz-zé ann dén a stouô dirâg hé Grouer, hag hé zaoulagad a zellô out Sañt Israel.
8. Ha na stouô mui dirâg ann aoteriou en dôa gréat gañd hé zaouarn ; ha na zellô mui oud ar c'hoajou hag oud ann templou en dôa savet gañd hé viziad.

9. Enn deiz-zé hé gerion kré a vézô
dilézet évcl eunn arar, hag évcl ann
édou a oé dilézet dirâk bugalé Israel;
ha té a vézô didûd,
10. O véza ma éc'h cûz añkounac'héet
Doué da Zalver, ha n'éc'h eûz
két bét a goun eûz da warézer gallou-
dek; râk-sé é plañti plañtennou mâd,
hag éc'h hadi had a-ziavéaz brô.
11. Enn deiz m'az pézô plañtet, é
kreskô évcl gwini-c'houéz, ha diouc'h
ar miñtin é vleûñô da hâd; é deiz ar
médérez na zastumi nétrâ, hag é vézi
glac'haret-brâz.
12. Gwâ al lôd brâz a boblou, a zô
héñvel out trouz eur môr brâz; hag
ar mouésiou savaruz a zô héñvel out
trouz douréier brâz.
13. Safari a rai ar boblou évcl trouz
douréier dic'hlannet, ha *Doué* a grôzô
anézhô, hag hi a dec'hô pell; hag hi
a vézô skiñet évcl poultr ar ménésiou
dirâg ann avel, hag évcl eur gour-
veñten dirâg ann arné.
14. Diouc'h ar pardaez é oañt saou-
zanet; diouc'h ar miñtin na véziñt
mui. Chétu lôd ar ré hô deûz hor
gwastet, ha darvoud ar ré hô deûz
hor preizet.

XVIII. PENNAD.

Dismañtr ann Étiopia.

1. Gwâ ann douar a ra trouz gañd
hé ziou-askel, a zô enn tû all da ste-
riou ann Étiopia;
2. A gâs hé gannaded war ar môr,
ha war listri broenn war ann douréier.
Jit, élez skañv, étrézég eur vrôad di-
reizet ha diroget; étrézég eur bobl
eûzuz, eûzuz dreist ar ré all; étrézég
eur vrôad a c'hortoz hag a zô mac'het,
hag a zô skrapet hé douar gañd ar
sterion.
3. Holl dûd ar béd, c'houi péré a
choum war ann douar, pa vézô savet
ann arouéz war ar ménésiou, c'houi
hé gwélô, hag a glevô soun ar c'horn-
boud:
4. Râk chétu pétrâ en deûz lavaret
ann Aotrou d'in: Choum a rinn enn
éhan, hag ec'h arvestinn eûz al léac'h é
péhini émounn, évcl eur c'houlaouen
ker skléar hag *ann héol* da grésteiz
hag ével eur goabren gliz é amzer ar
médérez.
5. Râg abarz ar médérez é vleûñô
bépréd, hag é kellidô héb éogi: hag
hé skourrouigou a vézô trouc'het gañd
ar falc'h; hag ar péz a vézô choumet,
a vézô skéjet ha taolet pell.
6. Hag hi a vézô lézet da evned ar
ménésiou, ha da loéned ann douar:
hag ann evned a choumô war-n-ézhô
a-héd ann hañv, hag holl loéned ann
douar a c'hoañvô war-n-ézhô.
7. Enn amzer-zé é vézô digaset eur
rô da Aotrou ann arméou gañd eur
bobl dirannet ha diroget; gañd eur
bobl heûzuz dreist ar ré all; gañd eur
vrôad a c'hédé, a c'hédé hag a oa ma-
c'het; a zô bét dic'hlannet ar sterion
war hé douar: el léac'h ma eo galvet
hanô Aotrou ann arméou, war vénez
Sion.

XIX. PENNAD.

Ann Éjipt gourdrouzet ha dieûbet.

1. Béac'h ann Éjipt. Chétu ann Ao-
trou a biñô war eur c'hoabren skañv,
hag a iélô enn Éjipt: hag idolou ann
Éjipt a vézô horellet dira-z-hañ, ha
kaloun ann Éjipt a deûzô enn hé
c'hreiz.
2. Lakaad a rinn ann Éjiptianed da
zévcl oud ann Éjiptianed; ar breûr a
stourmô oud ar breûr, ar miñoun oud
ar miñoun, ar géar oud ar géar, ar
rouañtélez oud ar rouañtélez.
3. Spéred ann Éjipt a iélô-da-gét
enn hé c'hreiz, ha mé a ziskarô hé
foell; hag hi a c'houlennô kuzul di-
gañd hô idolou, hô diouganerien, hô
c'helc'hierien, hag hô strôbinellerien.
4. Lakaad a rinn ann Éjipt étré
daouarn eunn Aotrou kriz, hag eur
roué kré a drec'hô anézhô, émé ann
Aotrou, Doué ann arméou.
5. Ar môr en em gavô dizour, hag
ar ster a zeûi da véza séac'h hag hesk.
6. Ar steriou a zeûi da hesk; ar
c'haniou

c'hanioù a zeûi-da-nétra, hag a zize-
c'hô : ar c'hors hag ar broenn a wéñvô.
7. Aoz ar c'houérioù a zizec'hô er
vammen ; ann holl hadoù a-héd hô
aod a zizec'hô, a wévô, hag a iélô-
da-nétra.
8. Ar beskéterien a vézô glac'haret ;
ar ré holl péré a daol ann higen er ster
a skulô daérou ; ar ré a steñ hô roué-
joù war-c'horré ann douréier, a vézé-
vellô.
9. Ar ré a labouré al lin, a gribé
anézhañ, hag a réa gañt-hañ neûd
moan, a vézô mézékéet.
10. Al lec'hioù douret a zeûi da
hesk ; hag ar ré holl péré a réa poul-
loù évit paka pésked.
11. Diskiañt eo priñsed Tanis ; ar
guzulierien fûr-zé da Faraon hô deûz
rôet eur c'huzul diskiañt. Pénaoz é
livirit-hu da Faraon : Mâb ar ré fûr
ounn, mâb ar rouanez kôz ?
12. Péléac'h éma bréma da ré fûr ?
Ra rôiñt da anaoud d'id, ra ziouga-
niñt d'id pétrâ a venn Aotrou ann ar-
méoù diwar-benn ann Éjipt ?
13. Diskiañt eo deûet da véza priñ-
sed Tanis ; digalounékéet eo priñsed
Memfis ; touellet eo bét gañt-hô ann
Éjipt, ners hé boblou.
14. Ann Aotrou en deûz kemmesket
enn hé c'hreiz eur spéred a abafder ;
hag hi hô deûz lékéat ann Éjipt da
horella enn hô holl ôberioù, ével ma
horell eunn dén mézô pa zislouñk.
15. Ha na wézô két ann Éjipt pétrâ
da ôber, nag ar penn nag al lôst, nag
ar ré gré nag ar ré zister.
16. Enn deiz-zé ann Éjiptianed a
vézô ével gragez ; saouzani a raiñt,
spouñtet-brâz é véziñt, pa wéliñt Ao-
trou ann arméou oc'h héja hé zourn
war-n-ézhô ;
17. Douar Juda a vézô da spouñt
d'ann Éjipt ; piou-bennâg en dévézô
koun eûz a Juda, a grénô gañd ar
gwél eûz ar péz en dévézô mennet
Aotrou ann arméou enn hé énep.
18. Enn deiz-zé é vézô pemp kéar
é douar ann Éjipt a gomzô iéz Ka-
naan, hag a douô dré Aotrou ann ar-
méou ; unan anézhô a vézô hanvet
kéar ann héol.
19. Enn deiz-zé é vézô eunn aoter
d'ann Aotrou é-kreiz douar ann Éjipt,
hag eur peûlvan d'ann Aotrou war hé
harzou.
20. Eunn arouéz é vézô hag eunn
desténi da Aotrou ann arméou é douar
ann Éjipt. Râg hi a c'harmô étrézég
ann Aotrou enn abek d'hô heskiner,
hag héñ a gasô d'ézhô eur salver hag
eur gwarézer, a zieûbô anézhô.
21. Hag ann Aotrou a vézô anavézet
gañd ann Éjipt, hag ann Éjiptianed
a anavézô ann Aotrou enn deiz-zé ;
hag hi a azeûlô anézhañ gañd hosti-
vou ha rôou ; hô gwéstlou a gennigiñt
hag a rôiñt d'ézhañ.
22. Hag ann Aotrou a skôi war ann
Éjipt eur gouli, hag hé iac'hai ; hi a
zistrôi oud ann Aotrou, hag héñ a ha-
baskai out-hô, hag hô iac'hai.
23. Enn deiz-zé é vézô eunn heñt
eûz ann Éjipt d'ann Assiria ; hag ann
Assiried a iélô enn Éjipt, hag ann
Éjiptianed enn Assiria ; hag ann Éjip-
tianed a vézô dindan béli ann Assiried.
24. Enn deiz-zé Israel a vézô da
drédé d'ann Éjiptian ha d'ann Assi-
riad ; ar vennoz a vézô é-kreiz ann
douar,
25. En deûz benniget Aotrou ann
arméou, ô lavarout : Benniget eo ann
Éjipt va fobl, hag ann Assiria, labour
va daouarn, hag Israel va digwéz.

XX. PENNAD.

Sklavérez ann Éjiptianed hag ann Étiopied.

1. Er bloaz é péhini Tartan, kaset
gañt Sargon, roué ann Assiried, a
zeûaz da Azot, a stourmaz out-hi,
hag hé c'héméraz :
2. Enn amzer-zé ann Aotrou a gom-
zaz oud Isaias, mâb Amos, ô lavarout :
Kéa, ha tenn ar zac'h diwar da zar-
greiz, ha diwisk da voutou eûz da
dreid. Hag héñ a réaz ével-sé, hag a
iéaz noaz ha divoutou.
3. Hag ann Aotrou a lavaraz : Ével
ma en deûz baléet va servicher Isaias
noaz ha divoutou, da arouéz ha da
vurzud eûz ar péz a dlé da c'hoarvé-

zout a-benn tri bloaz gañd ann Éjipt
ha gañd ann Étiopia :
4. Ével-sé roué ann Assiried a zi-
zougô eûz ann Éjipt hag eûz ann
Étiopia eul lôd brâz a sklaved, ia-
ouañk ha kôz, noaz ha divoutou,
noaz-gân é méz ann Éjipt.
5. Hag hi a vézô spouñtet, ha mé-
zékéet, dré m'hô dôa lékéat hô géd
war ann Étiopia, hag hô gloar war
ann Éjipt.
6. Hag ar ré a choumô enn énézen-
zé a lavarô enn deiz-zé : Chétu éta
pétrâ é oa hor géd, ar ré é péré é oa
hor fisiañs, évid hon dieûbi dirâk
roué ann Assiried ; ha pénaoz é bel-
limp-ni tec'hout ?

—

XXI. PENNAD.

Dismañtr Babilon. Dismañtr ann Étiopia.

1. Béac'h distrô ar môr. Ével ma teû
kourveñtennou gañd avel ar c'hrés-
teiz, ével-sé é teû eûz ann distrô, eûz
a eur vrô heûzuz.
2. Eur wélédigez galet a zô diskle-
riet d'in : néb à oa disléal, a zô dis-
léal bépréd ; néb a oa gwaster, a zô
gwaster bépréd. Piñ, Élam ; grounn,
Médiad ; lékéat em eûz da c'hana hé
holl geinvanou.
3. Râk-sé va bouzellou a zô leûn a
c'hlac'har ; diroget eo va dargreiz ével
hini eur c'hrég é gwilioud ; pa glevann
ounn spouñtet, pa wélann ounn stra-
filjet.
4. Fatet eo va c'haloun, va spéred a
zô gôlôet a dévalien : Babilon va muia-
karet a zô deûet da spouñt d'in.
5. Laka ann daol ; arvest eûz ar wéré
ar ré a zebr hag a év : savit, priñsed,
kémérit hô tirennou.
6. Râk chétu pétrâ en deûz lavaret
ann Aotrou d'in : Kéa, ha laka eur
géder, péhini a lavarô kémend ha ma
wélô.
7. Hag hé-mañ a wélaz eur c'harr
rénet gañd daou zén, unan piñet war
eunn azen, hag égilé war eur c'hañ-
val ; hag héñ a lekéaz évez brâz oud
ar péz a wélé.
8. Neûzé é c'harmaz *ével eul* léon :
War c'héd émounn évid ann Aotrou,
hag é choumann em zâ héd ann deiz ;
war va diwall émounn, hag é chou-
mann em zâ héd ann nôzvésiou.
9. Hag unan eûz ann daou zén a
réné ar c'harr a gomzaz, hag a lava-
raz : Kouézet eo, kouézet eo Babilon,
hag holl skeûdennou hé douéed a zô
brévet oud ann douar.
10. C'houi va dournérez, c'houi mi-
pien va leûr, chétu é roann da anaout
d'é-hoc'h ar péz em eûz klevet gañd
Aotrou ann arméou, Doué Israel.
11. Béac'h Duma. Béz' é c'harmeur
étrézég enn-oun eûz a Zeir : Géder,
pétrâ éc'h eûz-té gwélet enn nôz-mañ ?
Géder, pétrâ éc'h eûz-té gwélet enn
nôz-mañ ?
12. Hag ar géder a lavaraz : Deûet
eo ar miñtin hag ann nôz ; mar klas-
kit, klaskit ; distrôit, deûit.
13. Béac'h war ann Arabia. Diouc'h
ar pardaez é kouskot er é'hoat, é ra-
veñchou Dédanim.
14. C'houi péré a choum é douar ar
c'hrésteiz, digasid dour d'ar ré hô
deûz séc'hed ; digasit bara d'ar ré a
dec'h.
15. Râg hi a dec'h dirâg ar c'hlé-
zéier, dirâg ar c'hlézé noaz, dirâg ar
warek steñet, dirâg ar stourm grisiaz :
16. Râk chétu pétrâ en deûz lavaret
ann Aotrou d'in : Eur bloaz c'hoaz,
ével bloaz eur gôpraer, ha gloar Sé-
dar a vézô tennet diout-hañ.
17. Hag ann dilerc'h eûz a waré-
gerien Sédar a vibanai ; râg ann Ao-
trou, Doué Israel, en deûz komzet.

—

XXII. PENNAD.

Jéruzalem grounnet gañd ann Assiried.

1. Béac'h traoñien ar wélédigez.
Pérâg é piñez-té ével-sé enn eur
rumm brâz war ann tôennou ?
2. Kéar leûn a zafar, kéar leûn a
dûd, kéar laouen ; ar ré a zô bét lazet

enn-od, n'iñt két bét lazet gañd ar
c'hlézé, n'iñt két marô er brézel.
3. Da holl briñsed a zô bét tec'het
kévret; gañt krisder iñt bét chaden-
net; ar ré holl a zô bét kavet, a zô bét
éréet kévret, pétrà-bennâg ma oañt
tec'het pell.
4. Râk-sé em eûz lavaret: Pellait
diouz-in; mé a wélô gañt c'houerv-
der; n'en em likit két é poan da zic'h-
lac'hari ac'hanoun diwar-benn dis-
mañtr merc'h va fobl.
5. Râk chétu deiz al lazérez, ha
deiz ar mac'hérez, ha *deiz* ann daé-
rou, *a gâs* ann Aotrou, Doué ann ar-
méou é traoñien ar wélédigez; héñ
péhini a dreûz ar vûr, hag a ziskouéz
hé c'hloar war ar ménez.
6. Élam a gémer hé droñs, hag a
aoz hé girri évid hé varc'heien; tenna
a râ hé dirennou diouc'h ar vôger.
7. Ha da wella draoñiennou a vézô
leûn a girri, hag ar varc'héien a zia-
zézô hô c'hamp oud da bors.
8. Ha tôen Juda a vézô dizôlôet,
hag enn deiz-zé é wéli skiber armou
ti ar c'hoajou.
9. C'houi a wélô odéou kéar David,
ha pénaoz éz eûz kalz anézhô; ha
c'houi a zastumô douréier al lenn
izéla;
10. Nivéri a réot tiez Jéruzalem,
hag é tiskarot lôd eûz hé ziez évit
krévaat hé mûr.
11. Eur poull-dour a réot étré diou
vôger é-tâl al lenn kôz; ha na zavot
két hô taoulagad étrézég ann hini en
deûz hé gréat, ha na zellot két a bell
oud ann hini en deûz hé savet.
12. Hag enn deiz-zé ann Aotrou,
Doué ann arméou, hô kalvô d'ar gwél-
van ha d'ar garm, da douza hô penn,
ha d'en em c'houriza gañt séier-*reûn*:
13. Ha chétu en em rôot d'al lévé-
nez ha d'ar cholori, é lazot leûéou, é
lazot tourzed, é tebrot kik, hag éc'h
évot gwin: Debromp, hag évomp,
émé-c'houi; râk war-c'hoaz é varvimp.
14. Hag Aotrou ann arméou a rôaz
d'in da glevout ar geriou-mañ: Ar
fallagriez-zé na vézô két distolet d'é-
hoc'h, kén na varvot, émé ann Ao-
trou, Doué ann arméou.
15. Chétu pétrà a lavar ann Aotrou,
Doué ann arméou: Kerz, kéa da ga-
vout ann hini a choum enn tabernakl,
Sobna préfed ann templ, hag é liviri
d'ézhañ:
16. Pétrà a réz-té amañ, pé piou a
zô gan-éz-té amañ? Ma éc'h eûz toull-
let eur béz évid-od amañ, ma éc'h eûz
toullet eur béz kaer enn eul léac'h
uc'hel, eunn tabernakl d'id er méan.
17. Chétu ann Aotrou a lakai da zi-
zougen ac'hann, ével ma tizougeur
eur c'hilek, kéméret é vézi gañt-hañ
ével ma kéméreur eur vañtel.
18. Da guruni a rai gañd eur guru-
nen a c'hlac'har; da deûrel a rai ével
eur bellen enn eur park lédan hag
éc'hon; énô é varvi, hag énô é vézô
karr da c'hloar, mézégez ti da Aotrou.
19. Da gâs a rinn kuit eûz al léac'h
é péhini émoud; da denna a rinn eûz
da garg.
20. Chétu pétrà a vézô enn deiz-zé:
Gervel a rinn va servicher Éliakim,
mâb Helkias;
21. Ha gañd da zaé é wiskinn anéz-
hañ, ha gañd da c'houriz é krévainn
anézhañ, hag enn hé zourn é likiinn
da véli; hag héñ a vézô ével da dâd
da dûd Jéruzalem, ha da di Juda.
22. Ha mé a lakai war hé skoaz al-
c'houéz ti David; hag héñ a zigorô,
ha na vézô dén évit serra; serra a rai,
ha na vézô dén évid digeri.
23. Hé zañka a rinn ével eur peûl
enn eul léac'h stard, hag héñ a vézô
eunn trôn a c'hloar évit ti hé dâd.
24. Holl c'hloar ti hé dâd a vézô
skourret out-hañ, listri a bép doaré,
binviouigou a bép doaré, adaleg ar
c'hôpou bété binviou ar c'hiniaded.
25. Enn deiz-zé, émé Aotrou ann
arméou, é vézô tennet ar peûl a oa
bét sañket enn eul léac'h stard; hag
héñ a vézô torret ha diskaret, ha ké-
meñd a vézô skourret out-hañ a iélô-
da-nétra, râg ann Aotrou en deûz
komzet.

XXIII. PENNAD.

Dismañtr Tir hag hé gwellaen.

1. Béac'h Tir. Iudit, listri ar môr;

râk diskaret eo al léac'h a bébini é
oañt boazet da zoñt : eûz a zouar Ké-
tim é teûiô hô dismañtr.

2. Tavit, c'houi péré a choum enn
énézen : marc'hadourien Sidon a
dreûzé ar môr évit leûnia da bor-
siou.

3. Ann hadou a zeû da greski gañt
douréier brâz ann Nil, éd ar ster a oa
da voéd d'ézhi ; hag hi a zô deûet da
varc'hallac'h ar brôadou.

4. Az péz méz, ô Sidon : râg ar môr,
ners ar môr en deûz lavaret : n'em
eûz két eñgéheñtet, ha n'em eûz két
ganet ; n'em eûz két maget paotred-
iaouañk, n'em eûz két savet plac'hed-
iaouañk.

5. Pa vézô klevet kémeñt-sé enn
Ejipt diwar-benn Tir, é vézô gwélvan.

6. Treûzit ar môriou ; iudit, c'houi
péré a choum enn énézen.

7. Ha né két boun-nez ar géar-zé a
veûlac'h kémeñt, péhini a fougéé gañd
hé hénañded enn deisiou keñt ? Hé
zûd a zô éat war-droad pell-brâz er
brôiou a-ziavéaz.

8. Piou en deûz mennet kémeñt-sé
a-énep Tir péhini a zougé ar guru-
nen, péhini é doa priñsed da varc'ha-
dourien, hag ar ré vrudéta eûz ann
douar da werzerien ?

9. Aotrou ann arméou eo en deûz
mennet kémeñt-sé, évid diskara holl
c'hloar ar ré rôk, hag évit vuélaat ar
ré vrudéta eûz ann douar.

10. Treûz da zouar ével eur ster,
merc'h ar môr ; n'eûz mui a c'houriz
enn-drô d'id.

11. Astennet en deûz ann Aotrou
hé zourn war ar môr, ar rouañtélésiou
en deûz horellet ; a-énep Kanaan en
deûz rôet hé c'hourc'hémenn, évit ma
vézô brévet hé ré gréva.

12. Hag héñ en deûz lavaret : Gwer-
c'hez péhini a dlé béza gwallet, merc'h
Sidon, na fougéi mui ; saô ha kéa dré
vôr bété Kétim ; ha na gavi két zô-
kén a éhan énô.

13 Chétu douar ar C'haldéed ; n'eûz
két bét a bobl héñvel out-hô ; ann As-
siried eo hô deûz hé ziazézet ; ar ré
gréva anézhô a zô bét kaset é sklavé-
rez ; hô ziez a zô bét diskaret ; gwastet
holl iñt bét.

14. Iudit, listri ar môr, râg hô ners
a zô kaset-da-nétra.

15. Chétu pétrâ a vézô enn deiz-zé :
E añkounac'h é vézi, ô Tir, a-héd dék
vloaz ha tri-ugeñt, ével deisiou eur
roué ; hôgen goudé dék vloaz ha tri-
ugeñt é teûiô Tir ével eur c'hrek-fall
hag a gân.

16. Kémer eunn délen, trô-war-drô
kéar, grek-fall lékéeat enn añkou-
nac'h : kân kaer, kân aliez, évit ma
vézô koun ac'hanod.

17. Ha chétu pétrâ a c'hoarvézô
goudé dék vloaz ha tri-ugeñt : Ann
Aotrou a emwélô Tir hag hé digasô
d'hé c'heñta gwerzidigez ; hag hi en
em wallô adarré gañd ann holl rouañ-
télésiou a zô war ann douar.

18. Hag hé gwerzou, hag hé gôprou
a vézô gwéstlet d'ann Aotrou ; na vé-
ziñt két lékéat a dû nâg enn eunn
teñzor ; hôgen béz' é véziñt holl évid
ar ré a choum dirâg ann Aotrou, évit
ma tebriñt hô gwalc'h, ha ma véziñt
gwisket bépréd.

XXIV. PENNAD.

Droug a dlé kouéza war ar Judéa.

1. Chétu ann Aotrou a lakai ann
douar didûd, hé lakai enn noaz, a
drôi hé zoaré, hag a skiñô ar ré a
choum enn-hañ.

2. Neûzé ar bélek a vézô ével ar
bobl ; ann aotrou ével ar mével ; ann
itroun ével ar vatez ; ann hini a werz
ével ann hini a brén ; ann hini a gé-
mer ével ann hini a rô war gampi ;
ann hini a dlé ével ann hini a c'houl-
lenn ar péz a zô dléet d'ézhañ.

3. Dismañtret é vézô ann douar ;
preizet é vézô ; râg ann Aotrou en
deûz hé lavaret.

4. Gwéla a râ ann douar, hag é teûz,
hag é teû da fallaat ; teûzi a râ ar béd,
hag ar ré vrâz é-touez ar bobl a zeû
da fallaat.

5. Hag ann douar a zô saotret gañd
ar ré a choum enn-hañ ; râg hi hô
deûz torret al lézennou, hô deûz trôet
ar gwir, hô deûz kaset-da-gét ar gé-
vrédigez *a dlié padout* da-vikenn.

6. Râk-sé ar valloz a louñkô ann douar, hag ar ré a choum enn-hañ en em rôi d'ar péc'hed ; dré-zé ar ré a labour anéhañ a vézô tûd diskiañt, ha na choumô enn-hañ német nébeûd a dûd.
7. Ar veñdem a wél, ar winien a falla ; hag ar ré holl a oa laouen a galoun a zô enn daérou.
8. Éhanet eo lévénez ann tabouli-nou, na gleveur mui trouz ar cholori, tavet eo soun c'houék ann délen.
9. Na éviñt mui ar gwin ô kana ; ar braoued a zeûiô da véza c'houerô da néb a évô.
10. Diskaret eo ar géar a fougé ; hé holl diez a zô serret, ha na'z â dén enn-hô.
11. Garm a vézô er ruou diwar-benn ar gwin ; ann holl lévénez a iélô ébiou ; dudi ann douar a dréménô.
12. Didûd é vézô kéar, hag hé dôriou a vézô diskaret.
13. Hag ar péz a choumô a dûd é-kreiz ann dûd, é-kreiz ar boblou, a vézô évei al lôd bihan a olived a choum war ar gwéz pa iñt bét héjet, hag ével ar rézin *a gaveur* goudé ma eo gréat ar veñdem.
14. Ar ré-zé a zavô hô mouéz, hag a ganô meûleûdi, hag a c'harmô eûz a greiz ar môr, pa vézô énoret ann Aotrou.
15. Râk-sé énorit ann Aotrou er gélénadurésiou ; *meûlit*, é énézi ar môr, hanô ann Aotrou, Doué Israel.
16. Eûz a benn ar béd hon eûz klévet meûleûdiou, gloar ann dén reiz. Ha mé em eûz lavaret : Al lavar-kuzet a zô évid-oun, al lavar-kuzet a zô évid-oun, gwâ mé ; torret eo al lézen gañt-hô, gañd disléalded eo torret gañt-hô.
17. Ar spouñt, ar poull hag al lindâg a zô évid-oud, té péhini a choum war ann douar.
18. Chétu pétrâ a c'hoarvézô : Ann hini a vézô lékéat da déc'hout gañd ar spouñt, a gouézô er poull, hag ann hini a vézô en em dennet eûz ar poull, a vézô dalc'het el lindâg : râk lennou ann éñv a vézô digoret, ha diazézou ann douar a vézô horellet.
19. Gañt rogou é vézô roget ann douar, gañt lorrou é vézô torret ann douar, gañd horellou é vézô horellet ann douar.
20. Gañd héjou é vézô héjet ann douar ével eunn dén mézô ; eûz hé léac'h é vézô tennet ével eunn telt a oa bét savet évid ann nôz ; hé fallagriez a vec'hiô war-n-ézhañ ; kouéza a rai, ha na zavô mui.
21. Chétu pétrâ a c'hoarvézô : Enn deiz-zé éc'h enwélô ann Aotrou ann arméou diwar-laez a zô enn éñvou, ha rouanez ar béd a zô war ann douar.
22. Hag hi a vézô strollet enn eur strollad ével eunn horden er poull ; hag é véziñt dalc'het énô er vâc'h : ha goudé kalz a zeisiou é véziñt enwélet.
23. Neûzé al loar a rusiô, hag ann héol a dévalai, pa rénô Aotrou ann arméou war vénez Sion, hag é Jéruzalem, ha p'en dévézô diskouézet hé c'hloar dirâg hé hénaoured.

XXV. PENNAD.

Ar Profed a veûl Doué eûz hé varnédigézou.

1. Aotrou, va Doué oud ; da énori a rinn, hag é veûlinn da hanô ; ô véza ma éc'h eûz gréat burzudou, ha ma eo gwir da vénosiou peûr-baduz. Amen.
2. Râg enn eur bern-mein éc'h eûz lékéat ar géar ; dismañtret eo ar géar gré ; ann diavésidi a zô deûet da choum enn-hi, évit ma éhanô da véza kéar, ha na vézô bikenn assavet.
3. Râk-sé eur bobl kré a veûlô ac'hanod, kéar ar brôadou heûzuz a zoujô ac'hanod,
4. O véza ma oud deûet da ners ar paour, ners ann dén añkéniet enn hé c'hlac'har ; bé zigémer enn arné, hé zishéol er c'hrouéz : râg gweñt ar ré c'halloudek *a zô* ével eunn arné en em daol oud eur vôger.
5. Ével ar c'hrouéz enn eul léac'h séac'h, é vuéli safar ann diavésidi : lakaad a ri da zizec'ha nested ar ré gré, ével gañd ar c'hrouéz dindân eunn amzer gôlôet a c'hoabr.

6. Hag Aotrou ann arméou a aozô d'ann holl boblou war ar ménez-zé eur banvez lard, eur banvez gwin, a gik leùn a zùn hag a vel, a win c'houék ha dilec'hid.

7. Hag héñ a dorrô war ar ménez-zé ar chaden a éréé ann holl boblou, hag al lien a oa bét steûet enn-drô d'ann holl vrôadou.

8. Louñka a rai ar marô da-vikenn: hag ann Aotrou Doué a zec'hô ann daérou enn daoulagad holl, hag héñ a lamô diwar c'horré ann douar dismégañs hé bobl; râg ann Aotrou eo en deûz hé lavaret.

9. Hag *hé bobl* a lavarô enn deiz-zé: Chétu hen-nez eo hon Doué; hé c'hortozet hon eûz, hag é tieûbô ac'hanomp. Héñ eo ann Aotrou; hé c'hortozet hon eûz; tridet hon eûz, hag omb en em laouénéet enn hé zilvidigez.

10. Râk dourn ann Aotrou a arzaoô war ar ménez-zé; ha Moab a vézô brévet dindan-hañ, é vel ma eo brévet ar c'hôlô dindân ar c'harr.

11. Hag héñ a astennô hé zaouarn dindan-hañ é vel ma astenn ann neûñier *hé zaouarn* évit neûñi; hag ann Aotrou a vuélô hé valc'hder, oc'h hé vrévi étré hé zaouarn.

12. Hag héñ a zispennô da vuriou uc'hel, hag hô diskarô, hag hô zaolô d'ann douar é vel poultr.

—

XXVI. PENNAD.

Kanaouen diwar-benn dieûb pobl Juda.

1. Enn deiz-zé é vézô kanet ar ganaouen-mañ é douar Juda: Sion eo hor géar gré; ar salver a vézô ar vûr hag ar geñt-vur anézhi.

2. Digorit ann ôriou, m'az ai ébarz eur vrôad reiz, hag a vir ar wirionez.

3. Ar fazi kôz a zô éat ébiou; ar péoc'h a viri, ar péoch, ô véza ma hon eûz lékéat hor géd enn-od.

4. Lékéat hoc'h eûz hô kéd enn Aotrou da-vikenn, enn Aotrou Doué kré hépréd.

5. Râg héñ a drec'hô ar ré a choum el léac'h uc'hel; ar géar valc'h a vuélai; hé vuélaad a rai bétég ann douar, hé lakaad a rai da stléja bétég er poultr.

6. Ann troad a vac'hô anézhi, treid ar paour, kamméjou ann davañteien.

7. Raveñt ann dén reiz a zô éeun, heñd ann dén reiz hé lakai da valéa râg-éeun.

8. Da c'hortozet hon eûz, Aotrou, é raveñt da varnédigézou; da hanô ha da éñvor eo c'hoañt ann éné.

9. Va éné en deûz da c'hoañtéet a-zoug ann nôz; diouc'h ar miñtin é klaskinn ac'hanod a greiz va spéred ha va c'haloun. P'az pézô gréat da varnédigézou war ann douar, ar ré a choum er béd a zeskô ar reizded.

10. Hor bézet truez oud ann dén fallagr, ha na zeskô két ar reizded; traou fallagr en deûz gréat é douar ar zéñt, ha na wélô két gloar ann Aotrou.

11. Aotrou, sâv da zourn, ha mir out-hô na wéliñt; ra wélô ar boblou hérézuz, ha r'hô dévézô méz; ra vézô louñket da énébourien gañd ann tân.

12. Aotrou, té a rôi d'é-omp ar péoc'h; râk té eo éc'h eûz gréat hon holl ôberiou enn-omp.

13. Aotrou hon Doué, mistri hô deûz hor perc'hennet hép-z-oud; grâ n'hor bézô mui a goun néméd eûz da hanô.

14. Grâ na asbévô két ar ré varô, ha na assavô két al laõgouineien; râk évit-sé eo éc'h eûz hô emwélet, éc'h eûz hô brévet, éc'h eûz kollet ann éñvor anézhô.

15. Gwarézet éc'h eûz ar vrôad-zé, Aotrou, gwarézet éc'h eûz ar vrôad-zé; ha n'oud két bét énoret? Hé astennet éc'h eûz bété penn ar béd.

16. Aotrou, enn hô añken é eñklaskiñt ac'hanod, gañd da gélen hô likii da zistrei ouz-id.

17. Ével eur c'hrég pébiou é deûz eñgéheñtet, ha pa eo daré da c'houilioudi, a c'harm-kaer gañd hé gweñtlou; ével-sé omp deûet dira-z-oud, Aotrou.

18. Eñgéheñtet hon eûz, hag ével é poan-vugalé omb bét, hag hon eûz ganet avel. N'hon eûz két gréat a zilvidigez war ann douar; ha dré-zé né

két bét diskaret ar ré a choum war
ann douar.
19. Da ré varô a asbévô, va ré lazet
a assavô ; dihunit ha meûlit, c'houi
péré a choum er poultr ; râg eur gliz
goulaouek eo da c'hliz, hag é tispenni
douar al lañgouineien.
20. Kéa, va fobl, kéa enn da gampr,
ha serr ann ôriou war-n-od ; en em
guz évid eunn nébeûd amzer, kén na
vézô éat va frouden ébiou.
21. Râg ann Aotrou a ia da voñd er-
méaz eûz hé léac'h, évid emwélout
fallagriez ar ré a choum war ann
douar enn hé énep ; hag ann douar a
ziskouézô ar goad a zô bét skulet war-
n-ézhañ, ha na c'hôlôi mui ar ré lazet
a zô bét kuzet enn-hañ.

—

XXVII. PENNAD.

Kastiz ar priñs a waské bugalé Israel.

1. Enn deiz-zé ann Aotrou a em-
wélô gañd hé glézé kalet, brâz ha
kré, Léviatan ann aer spék, Léviatan
ann aer widiluz ; hag héñ a lazô ar
môr-varc'h a zô er môr.
2. Enn deiz-zé ar winien c'houék a
ganô hé veûleûdi.
3. Mé eo ann Aotrou a vir anézhi ;
hé doura a rinn bépréd ; gañd aoun
na vé gwallet, é virann anézhi nôz-
deiz.
4. N'en em rôann két d'ar vuané-
gez ; hôgen mar teû eur ré da stourmi
ouz-in ével eur spernen hag eunn
dréan, é kerzinn war-n-ézhañ, hag é
likiinn ann tân enn-hañ.
5. Hag héñ a éréô va ners ? Ra
c'houlennô ar péoc'h digan-éñ, ra rai
ar péoc'h gan-éñ.
6. Grisiou Jakob a zavô ; Israel a
vleûñvô hag a gellidô, hag hi a leûniô
gorré ar béd a frouez.
7. Ha skôet en deûs-héñ gañt-hañ
ével ma en deûz skôet gañd ar ré hô
deûz hé heskinet? Pé ha lazet en deûs-
héñ ével ma en deûz lazet ar ré hô
deûz hé lazet ?
8. Pa vézô distolet zô-kén, é varnô
anézhañ gañd habaskded ha gañd
azaouez ; ann doaré a glaskô da zioun-
laad hé vuanégez, pa vézô-hi ar groué-
zusa da wélout.
9. Dré-zé éta é vézô distolet hé fal-
lagriez da di Jakob ; hag ann holl
frouez a vézô ann distol eûz hé bé-
c'hed ; pa en dévézô torret holl vein
hé aoter ével mein râz, ha pa en dé-
vézô diskaret ann holl goajou hag ann
holl demplou.
10. Râg ar géar gré a vézô dismañ-
tret, ar géar gaer a vézô kuitéet ; di-
lézet é vézô ével eunn distrô ; énô é
peûrô al leûéou ; énô é c'hourvéziñt,
hag é tebriñt géot.
11. Hô éd a zizéc'hô hag a vézô ma-
c'het dindân ann treid ; merc'hed a
zeûi, hag a zeskô anézhô ; râg ar bobl-
zé né két fûr ; ha dré-zé ann hini en
deûz hé c'hréat, n'en dévézô két a
druez out-hañ, hag ann hini en deûz
hé zoaréet, na drugarézô két anézhañ.
12. Ha chétu pétrâ a c'hoarvézô :
Enn deiz-zé ann Aotrou a skôi adaleg
aoz ar ster bété froud ann Éjipt, ha
c'houi, bugalé Israel, a vézô strollet
a-unanou.
13. Ha chétu pétrâ a c'hoarvézô :
Ar c'horn-boud a zonô-kaer, ar ré a
oa bét tec'het a zistrôi eûz a zouar
ann Assiried, hag ar ré a oa bét har-
luet a zistrôi eûz ann Éjipt, hag hi a
azeûlô ann Aotrou war ar ménez
sañtel é Jéruzalem.

—

XXVIII. PENNAD.

Dismañtr rouañtélez Éfraim.

1. Gwâ ar gurunen a rogeñtez, mez-
vierien Éfraim, ar vleûen vresk, hé
c'hloar hag hé zudi, ar ré a choum é
lein ann draoñien drûz, ar ré a horell
gañd ar gwin.
2. Chétu ann Aotrou kré ha galloû-
dek *a vézô* ével eur c'hazarc'h berruz ;
ével eur gourveñten a dorr pép-trâ,
ével eunn dic'hlann dour, en em skiñ
war eur vrô éc'hon, hag a c'hôlô pép-
trâ.
3. Kurunen a rogeñtez mezvierien

Éfraim a vézô mac'het dindân ann treid.

4. Hag ar vleûen vresk-zé, gloar ha dudi ann hini a choum é lein ann draoñien drûz, a vézô béñvel oud eur frouez a zô éok keñt égét ré ann diskar-amzer ; ann hini her gwél, her c'hémer enn hé zourn, hag hen debr kerkeñt.

5. Enn deiz-zé Aotrou ann arméou a vézô eur gurunen a c'hloar, hag eur vôden a zudi évid ann dilerc'h eûz hé bobl :

6. Hag eur spéred a reizded évid ann hini a vézô azézet évit barna, ha ners ar ré a zistrôi eûz ar brézel d'ar porz.

7. Ar ré-mañ ivé gañd ar gwin n'hô deûz két anavézet ar wirionez ; ker mezô iñt ma horelloñt. Ar bélek hag ar profed a zô diwiziek gañd ar vézveñti, bévézet iñt gañd ar gwin, ker mezô iñt ma horelloñt, na anavézoñt két ar wélédigez, na ouzoñt mui pétrâ eo ar varn.

8. Ann holl daoliou a zô leûn a zislouñk hag a louzdoni, ha n'eûz léac'h' é-béd dizaotr.

9. Da biou é rôi *ann Aotrou* ar wiziégez eûz hé lézen ? Da biou é rôi ar poell eûz hé c'hér ? D'ar vugalé névezdizounet, d'ar ré névez-tennet diouc'h ar vroun.

10. Râk desk, desk c'hoaz ; desk, desk c'hoaz : gortoz, gortoz c'hoaz ; gortoz, gortoz c'hoaz, eunn nébeûd amañ ; eunn nébeûd amañ.

11. Râg enn eunn doaré all, enn eur iéz all é komzô oud ar bobl-zé ;

12. Héñ péhini en dôa lavaret d'ézhañ : Amañ éma va éhan, diskuizit ac'hanoun, amañ éma va fréskadurez ; ha né két fellet d'ézhô hé zélaoui.

13. Hôgen ann Aotrou a lavarô d'ézhô : Desk, desk c'hoaz ; desk, desk c'hoaz ; gortoz, gortoz c'hoaz : gortoz, gortoz c'hoaz ; eunn nébeûd amañ ; eunn nébeûd amañ : évit m'az aiñt, ha ma kouéziñt a-c'houen, ha ma véziñt brévet, ma kouéziñt er spi, ha ma véziñt paket.

14. Râk-sé sélaouit gér ann Aotrou, goapaérien, c'houi péré a zeû da aotrounia war va fobl a zô é Jéruzalem.

15. Râk lavaret hoc'h eûz : Kévrédigez hon eûz gréat gañd ar marô, tréménet hon eûz marc'had gañd ann ifern. Pa zeûi ar skourjez ével eur froud, na gouézô két war-n-omp, ô véza ma hon eûz lékéat hor géd war ar gaou, ha ma hon eûz ar gaou da warézer.

16. Râk-sé ann Aotrou Doué a lavar ével-henn : Chétu é likiinn da ziazez da Zion eur méan, eur méan arnodet, kornek, talvoudus-brâz, a vézô eunn diazez stard ; néb a gréd na hastet két.

17. Lakaad a rinn eur poéz d'ar varnédigez, hag eur veñt d'ar reizded ; hag ar c'hazarc'h a zispennô géd ar gaou, hag ann douréier a gasô gañthô ar warez anézhañ.

18. Hô kévrédigez gañd ar marô a vézô torret, hag hô marc'had gañd ann ifern na vézô két startéet ; pa zeûi ar skourjez ével eur froud, é viot mac'het gañt-hi.

19. Kerkeñt ha ma teûi, hô kasô gañt-hi : râg hi a dréménô diouc'h ar miñtin, hag *a gerzô* nôz-deiz ; hag ar c'hlac'har hép-kén a rôi ar poell eûz ar péz a glévit.

20. Kenn eñk eo ar gwélé, mar kouéz unan d'ann traoñ ; ker striz eo ar ballen, na hell két gôlei daou zén.

21. Râg ann Aotrou a zavô, ével ma réaz war vénez ar rannou : buanékaad a rai, ével ma réaz é traoñien Gabaon, évit ma rai hé ôber, hé ôber a ziavéaz ; évit ma rai hé ôber, hé ôber ker pell diout-hañ.

22. Ha bréma na rit két a c'hoab, gañd aoun n'en em startché hô chadennou ; râg ann Aotrou, Doué ann arméou, en deûz rôet da glévout d'in pénaoz é rai eunn dispenn hag eur rann brâz war ann douar.

23. Rôit skouarn, ha sélaouit va mouéz ; likiid évez ha sélaouit va lavar.

24. Ha na arô két ann arer héd ann deiz évid hada, ha na zigorô két, ha na c'houennô két hé zouar ?

25. Pa en dévézô hé gompézet, ha na hadô két enn-hañ git ha koumin ; ha na lakai két enn-hañ gwiniz, hag heiz, ha mell, ha charoñs, pép-hini enn hé léac'h hag enn hé reiz ?

26. Râg hé Zoué en deûz rôet d'éz-

hañ ar poell, hag en deûz hé zesket.

27. Râk na vac'heur két ar gît gañd
ar bégou houarn ; na dréméneur két
rôdou ar c'harr war ar c'houmin :
hôgen ar gît a zourneur gañd eur
wialen, hag ar c'houmin gañd eur vâz.

28. Ann *éd* bara a vréveur : hôgen
ann hini a vac'h anézhañ n'her mac'h
két bépréd ; n'hen trémen két bépréd
dindân rôdou ar c'harr, ha na vrév
két bépréd ar c'hôlô gañd ar bégou
houarn.

29. Ha kémeñt-sé a zeû diouc'h ann
Aotrou, Doué ann arméou, évid dis-
kouéza hé guzul brâz, ha rei da anaout
hé reizded estlammuz.

XXIX. PENNAD.

Dismañtr Jéruzalem hag ar Judéa.

1. Gwâ Ariel, Ariel, ar géar out pé-
hini é stourmaz David. Likiid eur
bloaz war eur bloaz, hag hé lidou a
vézô tréménet.

2. Mé a c'hrounnô Ariel, hag hi a
vézô trist ha glac'haret ; hag hi a vézô
évid-oun ével *ann aoter* Ariel.

3. Eur c'helc'h a rinn enn-drô d'id ;
kréou a zavinn a-énep d'id ; saviou-
douar a rinn évit stourmi ouz-id.

4. Vuéléet é vézi ; *ével* eûz a zindân
ann douar é komzi, ha da lavar a zeûi
ével eûz ar poultr ; da vouéz ô toñd
eûz ann douar a vézô héñvel oud hini
eur strôbineller, ha da lavar ô toñd
eûz ar poultr na vézô néméd eur so-
roc'h.

5. Hag ann niver eûz ar ré a skiñô
ac'hanod, a vézô ével poultr munud ;
hag al lôd brâz eûz ar ré a aotrouniô
ac'hanod, a vézô ével ar plouz a ia
ébiou ; ha kémeñt - sé a c'hoarvézô
war-eunn-taol.

6. Gañd Aotrou ann arméou é vézô
emwélet é-kreiz ar c'hurunou, ar gré-
nou-douar, trouz brâz ar c'hourveñ-
tennou hag ann arnéou, ha flammou
eunn tan gwastuz.

7. Al lôd brâz a boblou péré a vézô
savet oud Ariel, péré hô dévézô bré-
zélékéet out-hi, hô dévézô hé groun-
net, hag hô dévézô hé zrec'het, a vézô
ével eunn huvré hag eur wélédigez-
nôz.

8. Hag ével eunn dén naounék oc'h
huvréa pénaoz é tebr ; hôgen pa eo
dihunet, eo goullô hé éné ; hag ével
eunn dén sec'hedik oc'h huvréa pé-
naoz éc'h év ; hôgen pa eo dihunet,
eo c'hoaz skuîz ha sec'hedik, ha goullô
hé éné ; ével-sé é vézô al lôd brâz a
boblou péré hô dévézô brézélékéet
out ménez Sion.

9. Bézit saouzanet ha souézet, lus-
kellit hag horellit ; bézit mezô, ha
nann gañd ar gwin ; horellit, ha nann
gañd ar vézveñti.

10. Râg ann Aotrou a skulô war-n-
hoc'h eur spéred a vôréd ; serra a rai
hô taoulagad : gôlei a rai hô proféded
hag hô priñsed, péré a wél gwélédi-
gésiou.

11. Hag ann holl wélédigésiou a
vézô d'é-hoc'h ével geriou eul levr
siellet, a vézô rôet da eunn dén a oar
lenna, ô lavarout : Lenn-héñ ; hag
héñ a lavarô : N'hellann két, râk
siellet eo.

12. Hag é vézô rôet al levr da eunn
dén ha na oar két lenna ; hag é vézô
lavaret d'ézhañ : Lenn ; hag héñ a la-
varô : Na ouzonn két lenna.

13. Râk-sé ann Aotrou en deûz la-
varet : O véza ma tôsta ar bobl-zé
ouz-in a c'henou, ma énor ac'hanoun
gañd hé vuzellou, hôgen ma éma hé
galoun pell diouz-in, ha ma toujoñt
ac'hanoun gañt lézennou ha gourc'hé-
mennou ann dûd :

14. Râk-sé é rinn c'hoaz é-kéñver
ar bobl-zé eunn dra souézuz, eur bur-
zud brâz hag estlammuz ; furnez ar ré
fûr a vézô kollet, ha poell ar ré boel-
lek a vézô kuzet.

15. Gwâ c'houi péré en em denn é
dounder hô kalounou, évit kuza da
Zoué hô ménésiou ; c'houi péré a râ
hoc'h ôberiou enn amc'houlou, hag a
lavar : Piou hor gwél, ha piou hon
anavez ?

16. Fallagr eo ar ménoz-zé d'é-
hoc'h. Ével ma teûjé ar pri da zével
oud ar pôder, ha ma lavarché al la-
bour d'ann hini en deûz hé labouret :
N'éc'h euz két va gréat ; ha ma lavar-

ché al léstr d'ann hini en deûz hé zoa-
réet : N'éc'h eûz kéd a boell.

17. Ha na vézô két trôet abarz né-
meûr al Liban enn eur gompézen,
hag ar gompézen enn eur c'hoat ?

18. Enn deiz-zé ar ré vouzar a glevô
geriou al levr-mañ, ha daoulagad ar
ré zall a wélô é-kreiz ann amc'houlou
hag ann dévalien.

19. Ar ré gûñ en em laouénai mui-
oc'h-vui enn Aotrou, hag ar ré baour
a dridô é sañt Israel :

20. O véza ma eo bét dispennet ann
hini a waské war-n-ézhô, ma eo bét
kaset-da-nétra ar goapaer, ha ma eo
bét skéjet ar ré holl péré a vélé évid
ôber fallagreiz :

21. Ar ré a lékéa ann dûd da béc'hi
gañd hô geriou, a aozé spiou d'ar ré
a damallé anézhô é-tâl ar porz, hag a
belléé enn aner diouc'h ar ré reiz.

22. Râk-sé ann Aotrou, péhini en
deûz dasprénet Abraham, a lavar da
dl Jakob : Na vézô mui mézékéet Ja-
kob, hag hé zremm na rusiô mui :

23. Hôgen pa wélô hé vugalé, la-
bour va daouarn, ô veûli va hanô enn
hé greiz, é veûlô ivé sañt Jakob, hag
éc'h énorô Doué Israel :

24. Hag ar ré a oa faziet hô spéred
a vézô skleréet, hag ar grôzerien a
zeskô al lézen.

XXX. PENNAD.

Dispennadur énébourien Juda.

1. Gwâ c'houi, bugalé argiluz, émé
ann Aotrou, péré a râ ratosiou hép-z-
oun ; péré a soz steûennou, ha né két
dré va spéred ; péré a laka péc'hed
war béc'hed :

2. Péré a ia da ziskenni enn Éjipt
hép goulenni kuzul digan-éñ ; ô la-
kaad hô kéd é skoazel Faraon, hag hô
fisiañs é skeûd ann Éjipt.

3. Ha skoazel Faraon a vézô da véz
d'é-hoc'h, hag hô fisiañs é skeûd ann
Éjipt da zismégañs d'é-hoc'h.

4. Râk da briñsed a zô bét éat da
Danis, ha da gannaded bétég Hanez.

5. Hôgen saouzanet-brâz iñt bét *pa
hô deûz gwélet* ar bobl-zé, péhini na
hellé két hô skoazella ; péhini na hellé
rei d'ézhô na ners na ken-ners, ha na
oa d'ézhô néméd da véz ha da zismé-
gañs.

6. Sammet *eo* hô loéned *évid moñd*
étrézég ar c'hresteiz. Enn eunn douar
a c'hlac'har hag a añken *éz éoñt*, a
béhini é teû al léon hag al léonez,
ann aer-viber hag ar bazilik-nich ; hi
a zoug hô madou war gein kézek, hag
hô zeñzoriou war gein kañvaled, évid
eur bobl ha na hellô két hô skoazella.

7. Râk skoazel ann Éjipt a vézô
gwân ha didalvez ; dré-zé em eûz gar-
met diwar-benn kémeñt-sé : Balc'hder
hép-kén a gavi énô ; éhan.

8. Bréma éta skrîv war ar beûz, ha
laka-héñ buan enn eul levr, évit ma
vézô enn deiz divéza da desténi peûr-
baduz.

9. Râg eur bobl eo hag a hég ac'ha-
noun ; bugalé gaouiad iñt, bugalé ha
na fell két d'ézhô sélaoui lézen Doué ;

10. Péré a lavar d'ar ré a wél : Na
wélit két ; ha d'ar ré a zell : Na zellit
két évid-omp oud ar péz a zô reiz ;
livirit traou hétuz d'é-omp, gwélit fa-
ziou évid-omp.

11. Pellait diouz-omp ann heñt ;
distrôit diouz-omp ar raveñt ; ra éhanô
sañt Israel d'en em ziskouéza d'é-omp.

12. Râk-sé chétu pétrâ a lavar sañt
Israel : O véza ma hoc'h eûz distolet
ar gér-zé ; ma hoc'h eûz lékéat hô kéd
war ann drouk-komz ha war ar safar,
ha ma oc'h en em harpet war-n-ézhô :

13. Râk-sé ar fallagriez-zé a gouézô
war-n-hoc'h ével eur vôger uc'hel,
péhini ô véza skarret, hag ô tiougani
diskar, a gouéz enn-eunn-taol, pa na
grédet két é oa daré da gouéza.

14. Ha brévet eo, ével eul léstr pri
a dorreur gañd strif, hép ma choum
anézhañ eunn darbôd hép-kén hag a
vé mâd da gémerout tân eûz ann oa-
led, pé da buñsa [illegible] banné dour eûz
a eur poull.

15. Râg ével-henn é lavar ann Ao-
trou Doué, sañt Israel : Mar tistrôit
ha mar choumit é péoc'h, é viot sal-
vet : enn tâv hag er géd é vézô hô
ners. Ha né két fellet d'é-hoc'h *sélaoui
anézhañ*.

16. Hag hoc'h eûz lavaret : É nép doaré ; ha ni a dec'hô war varc'h ; râk-sé hoc'h eûz tec'het. War gézeg eskuit é piñimp : râk-sé ar ré a iélô war hô lerc'h, a iélô c'hoaz buanoc'h.

17. Eunn dén hép-kén a spouñtô mil ac'hanoc'h ; ha pemp anézhô hô lakai da déc'hout ; kén na viot dilézet ével gwern eul léstr war eur ménez, hag ével eur bannier war eur grec'hien.

18. Râk-sé ann Aotrou a c'hortoz ac'hanoc'h évid hô trugarézi ; hag héñ en em'uc'hélai ô trugarézi ac'hanoc'h ; râg eunn Doué a reizded eo ann Aotrou. Euruz ar ré holl péré a laka hô géd enn-hañ.

19. Râk pobl Sion a choumô é Jéruzalem, hebana a rî da wéla ; da drugarézi a rai ; kerkeñt ha ma en dévézô klévet klemm da vouéz, é respouñtô d'id.

20. Hag ann Aotrou a rôi d'é-hoc'h bara a añken, ha dour a c'hlac'har ; lakaad a rai pénaoz da gélenner n'az ai két kuit a zira-z-od, ha ma wélô da zaoulagad da geñtélier.

21. Ha da ziskouarn a glevô hé vouéz pa c'harmô adré d'id. Hé-mañ eo ann heñt, kerz enn-hañ ; ha na zistrô nag a zéou nag a gleiz.

22. Neûzé é selli ével traou dizañtel lamennou da idolou arc'hañt ha gwiskou da skeûdennou aour ; hag é tistoli anézhô ével lien saotret gañd ann amzeriou : Kéa er-méaz, a liviri d'ézhô.

23. Glaô a vézô rôet d'as hâd, é pé léac'h-bennâg m'az pézô hadet ; da zouar a rôi kalz a éd gañt péhini é rî bara mâd ; enn amzer-zé ann ein a gavô kalz a beûri enn da barkéier.

24. Ha da éjenned ha da ézen iaouañk, péré hô deûz labouret da zouar, a zebrô édou a bép seurt, ével ma véziñt bét nizet war al leûr.

25. War bép ménez, war bép krec'hien uc'hel é vézô gwélet gouerioù ô rédek, enn deiz é péhini é vézô bét lazet kalz a dûd, ha ma vézô kouézet ann touriou.

26. Goulou al loar a vézô ével goulou ann héol, ha goulou ann héol a vézô seiz gwéach brasoc'h, ével goulou seiz deiz kévret, enn deiz é péhini é liammô ann Aotrou gouli hé bobl, ha ma iac'hai hé c'hlâz.

27. Chétu hanô ann Aotrou a zeû a bell ; brâz é vézô hé frouden, ha diez da c'houzañvi : leûn eo hé vuzellou a vuanégez, hag hé déôd a zô ével eunn tân dévuz.

28. Hé c'houéz a zô ével eur froud dic'hlannet, hag a ia bétég ar gouzouk évit kâs ar brôadou da-nétra, hag évit terri gwesken ar fazi a zalc'hé karvanou ar boblou.

29. Kana a réot neûzé ével é nôzvez eur gwél lîd ; hô kaloun a vézô laouen, ével ann hini a gerz diouc'h son ar zutel, évit piña war vénez ann Aotrou, étrézé kré Israel.

30. Hag ann Aotrou a lakai da glevout gloar hé vouéz, hag a ziskouézô spouñt hé vréac'h gañt gourdrouzou hé frouden, gañt flamm eunn tân dévuz ; hag héñ a dorrô *pép-trà* gañd ar gourveñtennou, ha gañd ar c'hazarc'h kalet ével ar vein.

31. Assur, skôet gañd hé walen, a grénô diouc'h mouéz ann Aotrou.

32. Ar walen a dréménô, hag a zeûi da véza stard ; ann Aotrou hé lakai da arzaôi war-n-ézhañ diouc'h son ann daboulinou hag ann télennou ; hag enn eur stourm téar é trec'hô anézhô.

33. Pell zô eo bét aozet Tofet ; aozed eo gañd ar roué ; doun eo hag éc'hon ; kalz a dân hag a geûneûd a vâg ; c'houézaden ann Aotrou ével eur froud soufr hé laka da dana.

XXXI. PENNAD.

Dieûb Jéruzalem.

1. Gwâ ar ré a ziskenn enn Éjipt évit klaskout skoazel, a laka hô géd enn hô c'hézek, hag hô fisiañs enn hô c'hirri, ô véza ma hô deûz kalz anézhô ; hag enn hô marc'heien, ô véza ma iñt kré-brâz ; ha n'hô deûz két lékéat hô fisiañs é sañt Israel, ha n'hô deûz két eñklasket ann Aotrou.

2. Hôgen héñ péhini a zô fûr, en deûz digaset ann drouk, hag en deûz sévénet hé c'hér Sével a rai out tî ar

gwall dûd, hag out skoazel ar ré a râ fallagriez.

3. Eunn dén eo ann Éjipt, ha né kéd eunn Doué: hé gézek a zô kig, ha n'iñt két spéred. Ann Aotrou a astennô hé zourn, hag ar skoazeller a vézô diskaret; hag ann hini a c'houlenné skoazel a gouézô gañt-hañ; hag hi holl kévret a vézô kaset-da-nétra.

4. Râk chétu pétrâ en deûz lavaret ann Aotrou d'in: Ével pa iûd eul léon pé eul léonik oc'h en em deûrel war hé breiz, ha mar teû eul lôd brâz a vésérien d'hé ziarbenna, ha né két spouñtet oc'h hô c'hlevout, ha né két saouzanet oc'h hô gwélout; ével-sé é tiskennô Aotrou ann arméou évit stourmi war vénez Sion, ha war hé c'hrec'hien.

5. Ével al labous a nich, ével-sé Aotrou ann arméou a warézô Jéruzalem; hé gwarézi a rai, hé dieûbi a rai; ébiou ez ai, hag é vézô da Zalver d'ézhi.

6. Distrôit ouc'h *Doué*, bugalé Israel, a greiz *hô kaloun*, ével ma oac'h pelléet diout-hañ.

7. Râk-sé en deiz-zé, pép-hini ac'hanoc'h a zistolô hé idolou arc'hañt, hag hé idolou aour, hoc'h eûz gréat gañd hô taouarn évit pec'hi.

8. Hag Assur a gouézô dindân ar c'hlézé, nann klézé eunn dén; eur c'hlézé a louñkô anézhañ, ha na vézô két klézé eunn dén; tec'hout a rai, ha na vézô két dirâg ar c'hlézé; hag hé dûd-iaouañk a baéô gwiriou.

9. Hé holl ners a iélô ébiou gañd hé spouñt: hag hé briñsed a dec'hô gañd hô saouzan. Ével-sé é lavar ann Aotrou, péhini en deûz hé dân é Sion, hag hé fourn é Jéruzalem.

XXXII. PENNAD.

Gwastadur ar Judéa. Hé gwellaen.

1. Chétu é rénô ar roué gañt reizded, hag é aotrounió ar briñsed gañt barnédigez.

2. Ann dén-zé a vézô ével eur gwasked oud ann avel, hag eur vôden oud ann arné; ével gouerion dour enn eunn douar séac'h, ha skeûd eur roc'h uc'hel enn eunn douar skarnilet.

3. Daoulagad ar ré a wélô na véziñt két tévaléet, ha diskouarn ar ré a glevô a zélaouô.

4. Ha kaloun ar ré ziskiañt a boellô ar wiziégez, ha téôd ar gaged a gomzô téar ha fréaz.

5. Ann dén diskiañt na vézô mui galvet priñs: hag ann toueller na vézô mui hanvet brâz.

6. Râg ann dén diskiañt a lavarô traou diboell, hag hé galoun a rai fallagriez, évit peûr-ôber ann drouk a guzé, évit komza oud ann Aotrou gañt trubardérez, évit lakaad da fata éné ann dén naounek, ha lémel ann dour digañd ann dén en deûz sec'hed.

7. Armou ann toueller a zô drouk; râg héñ a glask ijinou évit kolla ar ré vuel gañd eul lavar gaou, pa gomz ar paour hervez ar reizded.

8. Hôgen ar priñs a vennô ével eur priñs, hag héñ en em startai war ann duged.

9. Savit, gragez pinvidik, ha sélaouit va mouéz; merc'hed dizaouzan, rôit skouarn d'am lavar.

10. Goudé deisiou hag eur bloaz, merc'hed dizaouzan, c'houi a vézô reûstlet; peûr-c'hréat eo ar veñdem, na vézô mui a védérez.

11. Krénit, gragez pinvidik, bézit er reûstl, merc'hed dizaouzan; en em ziwiskit, hô pézet méz, likit séier enn-drô d'hô targreiz.

12. En em c'hlac'harit war hoc'h askré, war hô touar strujuz, war hô kwiniennou frouézuz.

13. Ann drein hag ann dréz a c'hôlôi parkou va fobl; ha pégement ouc'hpenn *é c'hôlôiñt-hi* ann tiez a lévénez eûz ar géar dudiuz-zé?

14. Hé ziez kaer a vézô dilézet; hé zûd paot a iélô-kuit; eunn dévalien vrâz a c'hôlôi hé c'héviou da-vikenn. Ann azéned c'houéz a c'hoarió *énô*, ann trôpellou a beûró *énô;*

15. Kén na ziskennô ar spéred warn-omp eûz ann éñv; ma teûi ann distrô da véza eunn douar strujuz, ha ma vézô trôet ann douar strujuz enn eur c'hoat.

16. Ar varn a choumô enn distrô, hag ar reizded a arzavô enn eunn douar strujuz.
17. Ar péoc'h a vézô labour ar reizded, hag ann tâv hen heûliô, hag ar c'hréd *a badô* da-vikenn.
18. Va fobl a arzaoô é kaerded ar péoc'h, dindân teltou dizaouzan, enn eunn arzaô a binvidigez.
19. Hôgen ar c'hazarc'h a gouézô war ar c'hoat, hag ar géar a vézô vuéléet-brâz.
20. Euruz oc'h, c'houi péré a hâd war ann holl zouréier, hag a gâs di troad ann éjenn hag ann azen.

XXXIII. PENNAD.

Dispennadur énébourien Juda.

1. Gwâ té, péhini a breiz, ha na vézi-dé két preizet ivé? Ha té, péhini a zisprîz, ha na vézi-dé két disprizet ivé? P'az pézô peûr-breizet, é vézi preizet: pa vézi skulz ô tisprizout, é vézi disprizet.
2. Aotrou, az péz truez ouz-omp; râk da c'hortozet hon eûz; béz da vréac'h d'é-omp diouc'h ar miñtin, ha da zilvidigez é amzer ar c'hlac'har.
3. Gañt mouéz ann éal eo bét tec'het ar boblou, ha gañt skéd da veûrded eo bét skiñet ar brôadou.
4. Dastumet é vézô hô tibourc'hou, ével ma tastumeur ar c'houiled, gañt péré é leûnieur ar poullou.
5. Diskouézet en deûz ann Aotrou hé veûrded, ô véza ma choum el léac'h uc'hel; leûniet en deûz Sion a varn hag a reizded.
6. Ar feiz a rénô enn da amzer; ar furnez hag ar wiziégez a vézô madou ar zilvidigez; doujañs ann Aotrou a vézô hé deñzor.
7. Ar ré diwar ar méaz péré a wélô kémeñt-sé a c'harmô, ar gannaded a béoc'h a wélô gañt c'houervder.
8. Dilézet eo ann heñchou, na dréméneur muî dré ar raveñchou, torret eo gañt-hañ ar gévrédigez, diskaret eo ar c'heriou, n'en deûz azaouez é-béd évid dén.
9. Er gwélvan hag er fillidigez éma ann douar; reûstlet ha direizet eo al Liban: eunn distrô eo deûet Saron da véza; Basan hag ar C'harmel a zô bét gwastet.
10. Bréma é savinn, émé ann Aotrou; bréma é tiskouézinn va meûrded, bréma é rôinn da anaout va galloud.
11. Grouéz a eñgéheñtot, hag é c'hanot kôlô; hoc'h alan *a vézô ével* eunn tân hag a zévô ac'hanoc'h.
12. Ar boblou a vézô héñvel oud al ludu a choum war-lerc'h ann tân, hag oud eur bôd spern a lékéeur enn tân.
13. Klévit pétrâ em eûz gréat, choui péré a zô pell, hag anavézit va ners, choui péré a zô tôst.
14. Ar béc'herien a zô bét spouñtet é Sion, ann heuz a zô bét kroget er bilpouzéd; piou ac'hanoc'h a hellô choum enn tân loskuz? Piou ac'hanoc'h a badô er flammou peûr-baduz?
15. Néb a valé er reizded, hag a gomz er wirionez; néb a zistol ar madou deûet é gaou, a vir hé zaouarn diouc'h pép rô, a stañk hé ziskouarn out pép lavar a c'hoad hag a zerr hé zaoulagad gañd aoun na welché ann drouk.
16. Hen-nez a choumô é léc'hiou uc'hel; é rec'hier kré hag uc'hel en em dennô; bara a vézô rôet d'ézhañ, na zioueró két a zour.
17. Hé zaoulagad a wélô ar roué enn hé gaerded; hi a zellô oud ann douar a bell.
18. Da galoun a éñvorô hé spouñt. Péléac'h éma ann dûd gwiziek? Péléac'h éma ann hini a boézé geriou al lézen? Péléac'h éma mestr ar vugalé?
19. Na wéli két eur bobl her, eur bobl dichek enn hé gomsiou; enn hévélep doaré na helli két poella lavar hé iéz, péhini n'eûz furnez é-béd.
20 Sell out Sion, kéar hol lidou; da zaoulagad a wélô Jéruzalem, kéar piñvidik, telt ha na hellô két béza, dizouget enn eul léac'h all; ann tachou a starta anézhi na véziñt tennet bikenn, hag ar c'herdin a zalc'h anézhi na véziñt két torret.
21. Râg énô hép-kén é tiskouézô ann Aotrou hé veûrded; ann douréier

a rédo énô enn eur c'hân lédan hag éc'hon ; al listri roéñvek na drémé-niñt két dré énô, hag ar galé brâz na vézô két gwélet énô.

22. Râg ann Aotrou a zô hor barner, ann Aotrou a zô hol lézenner, ann Aotrou a zô hor roué ; héñ eo a zavé-tai ac'hanomp.

23. Da gerdin en em laoskô, ha na helliñt két reûdi ; da wern a vézô enn eunn hévélep doaré, na helli mui steña da wéliou. Neûzé é vézô rannet ann dibourc'hou brâz a vézô bét gréat ; ar ré gamm hô dévézô hô lôd eûz ann dibourc'hou.

24. Ann hini a vézô tôst na lavarô két : Klañv ounn ; ar bobl a choumô enn-hi en dévézô ann diskarg eûz hé fallagriez.

—

XXXIV. PENNAD.

Dismañtr ann Iduméa.

1. Tôstait, brôadou, ha sélaouit ; ha c'houî poblou, likid-évez ; ra zélaouô ann douar ha kémeñd a zô enn-hañ, ar béd ha kémeñd a zoug.

2. Râk buanégez ann Aotrou *a gouézô* war ann holl vrôadou, hag hé frouden war hô holl arméou ; hô dispenna a rai, lakaad a rai hô laza.

3. Hô ré-lazet a vézô taolet-kuit, hag é savô fléar eûz hô c'horfou-marô : ar ménésiou a zeûi da danavaat gañd hô goad.

4. Hag holl stéred ann éñvou a wéñvô, hag ann éñvou en em rodellô évél eul levr ; hag hi holl a gouézô, évél ma kouéz déliou ar winien hag ar fiézen.

5. Râk va c'hlézé a zô en em vezviet enn éñv ; chétu é tiskennô war ann Iduméa, ha war eur bobl a lazinn, évid diskouéza va barnédigez.

6. Klézé ann Aotrou a zô leûn a c'hoad : lardet eo gañt goad ann ein hag ar bouc'hed, gañt goad ann tourzed ar ré larta ; râg ann Aotrou en deûz aozet eur sakrifiz é Bosra, hag eul lazérez brâz é douar Édom.

7. Ann unikorned a ziskennô gañt-hô, hag ann tirvi gañd ar ré c'hallou-déka anézhô ; ann douar en em vezviô gañd hô goad, hag ar parkou en em lardô gañd hô lard.

8. Râk deûet eo deiz veñjañs ann Aotrou, hag ar bloaz a varnédigez évit Sion.

9. Hé froudou a drôi é pég, hag hé boultr é soufr ; hag hé douar é pég leskédik.

10. Na varvô két *hé dân* na nôz na deiz, hé môged a biñô da-vikenn ; a-rumm-é-rumm é vézô glac'haret, na dréménô dén dré-z-hi a-béd ar c'hañt-védou.

11. Ar boñgors hag ann heûreûchin a zalc'hô anézhi ; ann ibis hag ar vrân a choumô enn-hi. Ann Aotrou a astennô hé linen war-n-ézhi évid hé c'has-da-nétra hag ar c'hompézer évid hé dispenna.

12. Hé zûd-nobl na choumiñt mui énô ; hôgen hi a c'halvô eur roué, hag hé holl briñsed a iélô-da-nétra.

13. Ar spern hag al linad a zavô enn hé ziéz, hag ann askol enn hé c'hréou ; da wélé é vézô d'ann aéred, ha da beûrvann d'ann otruzed.

14. Ann diaouled hag ann azéned-tirvi en em gavô énô, al loéned-vlévek a c'harmô ann eil oud égilé ; énô é c'hourvézô ar môr-c'hrég, hag é kavô hé éc'hoaz.

15. Enô é rai ann heûreûc'hin hé doull, hag é vagô hé heûreûc'hined bihan ; kleûza a rai war hô zrô, hag é tommô anézhô dindan-hañ ; énô en em strollô ar skouled, hag en em ba-riñt.

16. Klaskit gañd évez é levr ann Aotrou, ha lennit ; na fallô hini eûz ar ré-mañ, na choumô két unan héb en em gavout ; râg ar péz a zô deûet er-méaz eûz va génou a zô bét gour-c'hémennet gañt-hañ, hag hé spéred eo en deûz hô strollet.

17. Héñ eo a rai hô lôd d'ézhô, hag hé zourn a rannô ar vrô étré-z-hô gañt meñt ; da-vikenn é piaouiñt anézhi, a-rumm-é-rumm é choumiñt enn-hi,

—

XXXV. PENNAD.

Gwellaen ar Judéa.

1. Ann douar didûd ha-diheñt en em laouénai, hag ann distrô a dridô, hag a vleûvô ével al lili :
2. Hégina ha kellida a rai ; gañt lévénez ha meûleûdigez é tridô : gloar al Liban a vézô rôet d'ézhañ, kaerded ar C'harmel ha Saron ; hi hô-unan a wélô gloar ann Aotrou, ha skéd hon Doué-ni.
3. Krévait ann daouarn laosk, ha nerzit ann daoulin diners.
4. Livirit d'ar ré digaloun : Krévait, ha n'hô pézet két a aoun ; chétu hô Toué a rôi da bép-hini hervez hé zellid ; ann Aotrou hé-unan a zeûi hag a zieûbô ac'hanoc'h.
5. Neûzé é vézô digoret daoulagad ar ré zall, ha diskouarn ar ré vouzar a glevô.
6. Neûzé ann dén kamm a lammô ével eur c'harv, ha téôd ar ré vûd a vézô diéreet ; râg ann douréier a zavô enn distrô, hag ar frouden enn dizarempred.
7. Ann douar krâz a drôi enn eul lenn, hag ann douar séac'h é feûnteûniou dour. Er c'héviou é péré keñt é choumé ann aéred, é savô ar c'hors hag ar broen glâz.
8. Énô é vézô eur raveñt hag eunn heñt, hag a vézô hanvet ann heñt sañtel ; ann dén saotr na drémênô két dré-z-hañ, hag eunn heñt éeun é vézô d'é-hoc'h, enn hévélep doaré na faziô két enn-hañ ar ré ziskiañt.
9. Na vézô két a léon énô, na biñô két enn-hañ a loen ferô, ha na choumô két énô ; ar ré a vézô bét dieûbet a gerzô dré-z-hañ.
10. Ar ré a vézô bét dasprénet gañd ann Aotrou a zistrôi, hag a zeûi da Zion ô kana hé veûleûdiou ; hag eûl lévénez peûr-baduz a vézô war hô fennou ; ann dudi hag al lévénez a choumô gañt-hô, ar c'hlac'har hag ar c'hlemvan a dec'hô diout-hô.

—

XXXVI. PENNAD.

Sennachérib a gerz a-éneb ar Judéa.

1. Er pévarzékved bloaz eûz a rén Ézéc'hias, é piñaz Sennachérib, roué ann Assiried, a-éneb ann holl geriou kré eûz a Juda, hag héñ hô c'héméraz.
2. Ha roué ann Assiried a gasaz Rabsasez eûz a Lac'his da Jéruzalem gañd eunn armé vrâz a-éneb ar roué Ézéc'hias ; hag héñ a arzaôaz é-tâl sân al lenn uc'hela é heñt park ar c'hommer.
3. Neûzé Éliasim, mâb Helsias, péhini a oa mestr ann ti, ha Sobna ar skrivañer, ha Joahé, mâb Asaf ann dieller, a zeûaz d'hé gavout.
4. Ha Rabsasez a lavaraz d'ézhô : Livirit da Ézéc'hias : Chétu pétrâ a lavar ar roué brâz, roué ann Assiried : É pé fisiañs en em rôez-té ?
5. Gañt pé guzul pé gañt pé nerz é fellid en em zével em énep ? War biou é lékéez da fisiañs pa belléez diouz-in ?
6. Chétu é lékéez da fisiañs war ann Éjipt, war ar vâz gorsen-zé péhini a zô torret, péhini a iélô é dourn ann hini a harpô hé zourn war-n-ézhi, hag a dreûzô anézhañ ; ével-sé é rai Faraon é-kéñver ar ré holl a lakai hô fisiañs enn-hañ.
7. Ma lévérez d'in : Enn Aotrou, hon Doué, é lékéomb hor fisiañs ; ha né két hen-nez a béhini en deûz Ézéc'hias diskaret al lec'hiou uc'hel hag ann aoteriou, ô lavaroud da Juda ha da Jéruzalem : Dirâg ann aoter-zé éc'h azeûli ?
8. Ha bréma en em rô d'am Aotrou, roué ann Assiried, hag é rôinn d'id daou vil varc'h, mar gellez kavout étouez da bobl tûd a-walc'h évit piña war-n-ézhô :
9. Pénaoz é helli-dé énébi oud ann distéra rénér eûz a gériou-kré va Aotrou ? Ma lékéez da fisiañs enn Éjipt, enn hé girri, hag enn hé varc'heien ;
10. Ha deûet ounn-mé er vrô-mañ, évid hé dispenna, héb urs ann Aotrou ? Ann Aotrou en deûz lavaret d'in : Piñ er vrô-zé, ha dispenn-hi.

11. Neûzé Éliasim, ha Sobna, ha Joahé a lavaraz da Rabsasez : Komz oud da dûd é Siriack; râk ni a oar ann iéz-zé. Hôgen na gomz két ouzomp é Judaek, pa glev ar bobl a zô war ar vûr.

12. Ha Rabsasez a lavaraz d'ézhô : Hag étrézé da vestr hag étrézég ennod en deûz va c'haset va mestr évit lavarout kément-mañ? Ha né két keñtoc'h étrézég ann dûd-zé péré a zô savet war ar vûr, évit na zébriñt két hô mon, ha na éviñt két hô zroaz gan-é-hoc'h?

13. Ha Rabsasez a zavaz, hag a c'harmaz gañd eur vouéz gré é Judaek, hag a lavaraz : Sélaouit gériou ar roué brâz, roué ann Assiried.

14. Ével-henn é lavar ar roué : Na douellet két Ézéc'hias ac'hanoc'h, râk na hellô két hô tieûbi.

15. Ha na lakaet két Ézéc'hias ac'hanoc'h da gaout fisiañs enn Aotrou, ô lavarout : Ann Aotrou hon dieûbô, na gouézô két ar géar-mañ étré daouarn roué ann Assiried.

16. Na zélaouit két Ézéc'hias; râg ével-henn é lavar roué ann Assiried : Grît kévrédigez gan-éñ, ha deûit d'am c'havout, ha debrit pép-hini eûz hô kwinien hoc'h-unan, ha pép-hini eûz hô fiézen hoc'h-unan, hag évit pép-hini dour hô feuñteun hoc'h-unan,

17. Kén na zeûinn, ha na gasinn ac'hanoc'h enn eunn douar hénvel oud hô touar, eunn douar a éd hag a win, eunn douar a vara hag a winiennou.

18. Na reûstlet két Ézéc'hias ac'hanoc'h, ô lavarout : Ann Aotrou hon dieûbô. Hag hini eûz a zouéed ar brôadou en deûz-héñ dieûbet hô douar eûz a zaouarn roué ann Assiried?

19. Péléac'h éma doué Emat hag Arfad? Péléac'h éma doué Séfarvaim? Hag hi hô deûz dieûbet Samari eûz va dourn?

20. Piou é-touez ann holl zouéed eûz ar brôiou-zé en deûz dieûbet hé zouar eûz va dourn, ma tieûbô ann Aotrou Jéruzalem eûz va dourn?

21. Hag hi a davaz, ha na respouñtaz gér out-hañ. Râg ar roué en dôa gourc'hémennet d'ézhô, ô lavarout : Na respouñtit két d'ézhañ.

22. Neûzé Éliasim, mâb Helsias, péhini a oa mestr ann tî, ha Sobna ar skrivañer, ha Joahé, mâb Asaf ann dieller, a zistrôaz étrézég Ézéc'hias hag hô dilad roget, hag hi a rôaz da anaout d'ar roué gériou Rabsasez.

—

XXXVII. PENNAD.

Éal ann Aotrou a zispenn armé Sennachérib.

1. Pa glevaz ar roué Ézéc'hias kément-sé, é rogaz hé zilad, é lékéaz eur sac'h war hé drô, hag éz éaz é tî ann Aotrou.

2. Hag héñ a gasaz Éliasim, péhini a oa mestr ann tî, ha Sobna ar skrivañer, hag ar ré gôsa eûz ar véleien, gôlôet a zéier, étrézég Isaias ar profed, mâb Amos.

3. Hag hi a lavaraz d'ézhañ : Ével-henn é lavar Ézéc'hias : Eunn deiz a eñkrez, a damall, a zrouk-prézek eo hé-mañ; râg ar vugalé a zô daré da véza ganet, ha n'eûz két a ners awalc'h évit gwilioudi.

4. Ann Aotrou da Zoué en dévézô klévet héb arvar gériou Rabsasez, péhini a zô bét kaset gañt roué ann Assiried hé vestr, évid drouk-prézégi oud ann Doué béô, hag évid hé gunuc'ha gañt lavariou en deûz klévet ann Aotrou, da Zoué : gorré éta da béden évid ar ré a choum a zilerc'h.

5. Ha servicherien ar roué Ézéc'hias a iéaz étrézég Isaias.

6. Hag Isaias a lavaraz d'ézhô : Ann dra-mañ a léverrot d'hô mestr : Ével-henn é lavar ann Aotrou : N'hô pézet két a aoun râg ar gériou hoc'h eûz klévet, gañt péré servicherien roué ann Assiried hô deûz va beskinet.

7. Chétu mé a gasô war-n-ézhañ eur c'houéz, hag héñ a glevô eur c'hélou, hag a zistrôi d'hé vrô; ha mé hé lakai da vervel gañd ar c'hlézé enn hé vrô.

8. Rabsasez éta a zistrôaz war hé c'hiz, hag a iéaz da gavout roué ann Assiried péhini a stourmé out Lobna;

râk

râk klévet en dôa pénaoz ó oa éat-kuit eûz a Lac'his.

9. Hag héñ a glévaz pénaoz Taraka, roué Étiopia, a oa en em lékéat enn heñt évit stourmi out-hañ; pa glévaz kémeñt-sé, é kasaz kannaded étrézég Ézéc'hias, ô lavarout :

10. Chétu pétrà a leverrot da Ézéc'hias, roué Juda : Na douellet két ac'hanod da Zoué, é péhini é lékéez da fisiañs, na lavar két : Na gouézô két Jéruzalem étré daouarn roué ann Assiried.

11. Chétu té éc'h eûz klévet pétrà hô deûz gréat rouéed ann Assiried d'ann holl vrôiou hô deûz dispennet; ha té a helfé béza dieûbet?

12. Douéed ar brôadou hag hi hô deûz dieûbet ar boblou a zô bét dispennet gañt va zadou, Gozam, hag Haram, ha Résef, ha mipien Éden, péré a oa é Talassar?

13. Péléac'h éma roué Émat, ha roué Arfad, ha roué kéar Séfarvaim, Ana hag Ava?

14. Hag Ézéc'hias a géméraz al lizer eûz a zourn ar gannaded, hag hé lennaz; hag héñ a biñaz da dì ann Aotrou, hag a astennaz anézhi dirâg ann Aotrou.

15. Hag Ézéc'hias a bédaz ann Aotrou, ô lavarout :

16. Aotrou ann arméou, Doué Israel, té péhini a zô azézet war ar Gérubined; té hép-kén eo Doué holl rouañtélésiou ann douar; té eo éc'h eûz gréat ann êñv hag ann douar.

17. Dinaou, Aotrou, da skouarn, ha sélaou : digor, Aotrou, da zaoulagad, ha gwél, ha sélaou ann holl c'hériou en deûz digaset Sennachérib évid drouk-prézégi oud ann Doué béô.

18. Gwir eo, Aotrou, pénaoz rouéed ann Assiried hô deûz gwastet ar boblou hag hô douarou,

19. Ha ma hô deûz taolet hô douéed enn tân; râk né oañt két douéed, hôgen labour daouarn ann dûd, koat ha méan; hag hi hô deûz hô brévet.

20. Bréma éta, Aotrou, hon Doué, dieûb ac'hanomp eûz hé zourn, évit ma anavézô holl rouañtélésiou ann douar, pénaoz n'eûz Aotrou all é-bed néméd-od.

21. Neûzé Isaias, mab Amos a gasaz étrézég Ézéc'hias, évit lavaroud d'ézhañ : Évei-henn é lavar ann Aotrou, Doué Israel : O véza ma éc'h eûz pédet ac'hanoun diwar-benn Sennachérib, roué ann Assiried;

22. Chétu amañ ar gér en deûz lavaret ann Aotrou diwar hé benn : Ar werc'hez merc'h Sion é deûz va zisprizet ha da c'hoapéet; merc'h Jéruzalem é deûz héjet hé fenn adré d'id.

23. Piou éc'h eûs-té goapéet? Out piou éc'h eûs-té drouk-prézéget? A-énep piou éc'h eûs-té savet da vouéz, ha savet da zaoulagad balc'h? A-énep sañt Israel.

24. Dré zourn da zervicherien éc'h eûz goapéet ann Aotrou, hag éc'h eûz lavaret : Gañd al lôd brâz eûz va c'hirri ounn piñet war lein ar ménésiou, war gribel al Liban; trouc'het em eûz hé wéz-sedr uc'hel, hag hé wéz-sapr kaer; éad ounn béteg ar penn uc'héla eûz hé gribel, ha koajou hé vésiou strujuz.

25. Kleûzet em eûz, hag em eûz évet dour, hag em eûz dizec'het gañt roudou va zreid ann holl c'houériou dalc'het gañt saviou-douar.

26. Ha n'éc'h eûs-té két klévet pénaoz eo mé em eûz gréat ann traou-zé pell-zô? Aozet iñt bét gan-éñ enn deisiou kôz; ha bréma hô c'hasann da benn. ô tiskara ar c'hrec'hiennou a stourm ann eil oud égén, hag ar c'hériou-kré.

27. Tûd ar c'hériou-zé a zô bét spouñtet ha mézékéet, ével pa veñt bét dizourn; deûet iñt ével ar foenn a lékéeur war ar parkou, ével ar géotpeûri, hag ével al louzou a zâv war ann toennou, péhini a zec'h abarz ma eo daré.

28. Gwézet em eûz péléac'h é choumez, a béléac'h é teûez, ha péléac'h éz éez; anavézet em eûz da frouden em énep.

29. Pa eo savet da frouden em énep, eo piñet da rogeñtez bété va diskouarn; lakaad a rinn éta eur minouer war da frî, hag eur wesken enn da c'hénou; hag é kasinn ac'hanod dré ann bévéleb heñt dré béhini oud deûet.

30. Hôgen chétu ann arouéz d'id : Debr hevléné ann traou a zavô anézhô

hô-unan, hag enn eil vloaz en em vag gañt frouez ; hôgen enn trédé bloaz, hadit, ha médit, ha plañtit gwinien-nou, ha debrit ar frouez anézhô.

31. Hag ar péz a vézô tec'het ha choumet eûz a dì Juda, a daolô hé c'hrisiou d'ann-traouñ, hag a rôi hé frouez ouc'h-kréac'h.

32. Râk lôd a dec'hô eûz a Jéruzalem, ha lôd all a vézô dieûbet eûz a Zion ; oaz Aotrou ann arméou eo a rai kémeñt-sé.

33. Râk-sé chétu pétrà a lavar ann Aotrou diwar-benn roué ann Assiried : N'az ai két er géar-zé, ha na daolô két hé zaésiou out-hi ; na stourmô két out-hi gañd ann diren, ha na rai két a gleûsiou war hé zrô.

34. Dré ann heñt dré béhini eo deûet é tistrôi, ha n'az ai két er géar-zé, émé ann Aotrou.

35. Gwarézi a rinn ar géar-zé, hag é tieûbinn anézhi enn-abek d'in, hag enn-abek da Zavid, va zervicher.

36. Neûzé éal ann Aotrou a iéaz erméaz, hag a skôaz war bemp mil dén ha naô-ugeñt é kamp ann Assiried. Hag ar ré a zavaz miñtin-mâd a wélaz ar c'horfou-marô.

37. *Goudé-zé* Sennachérib a zilec'haz, a iéaz-kuit hag a zistrôaz war hé gîz ; hag hén a choumaz é Niniva.

38. Hag é c'hoarvézaz pénaoz pa édô oc'h azeûli é templ Nesroc'h, hé Zoué, Adramélec'h ha Sarasar, hé vipien, a lazaz anézhañ gañd hô c'hlézeier ; hag hì a dec'haz étrezé brô Ararat. Hag Asarhaddon, hé vâb, a rénaz enn hé léac'h.

—

XXXVIII. PENNAD.

Kléñved Ézéc'hias. Hé ganaouen.

1. Enn deisiou-zé Ézéc'hias a oé klañv ha daré da vervel ; hag Isaias ar profed, mâb Amos, a iéaz d'hé gavout, hag a lavaraz d'ézhañ : Évelhenn é lavar ann Aotrou : Laka reiz enn da dì, râk té a varvô, ha na vévi mui.

2. Hag Ézéc'hias a drôaz hé zaoulagad oud ar vôger, hag a bédaz ann Aotrou,

3. O lavarout : Az péz koun, Aotrou, mé az péd, pénaoz em eûz kerzet dirazod er wirionez, ha gañd eur galoun c'houék, ha pénaoz em eûz gréat kémeñd a zô mâd dirâk da zaoulagad. Hag Ézéc'hias a skuJaz daélou drûz.

4. Hag ann Aotrou a gomzaz oud Isaias, ô lavarout :

5. Kéa, ha lavar da Ézéc'hias : Évelhenn é lavar ann Aotrou, Doué David da dâd : Klevet em eûz da béden, ha gwélet em eûz da zaélou : pemzék vloaz a likiinn c'hoaz war da zeisiou.

6. Da denna a rinn eûz a zaouarn roué ann Assiried ; dieûbi a rinn ivé ar géar-zé, hag é warézinn anézhi.

7. Hôgen hou-mañ eo ann arouéz a rô ann Aotrou d'id pénaoz é sévénô ar gér en deûz rôet d'id.

8. Lakaad a rinn skeûd ann héol, péhini a zô diskennet eûz a zék daez war gadran Ac'haz, da zistrei kémeñd all war hé gîz. Hag ann héol a biñaz a-névez eûz a zék daez dré béré é oa diskennet.

9. Skrid Ézéc'hias, roué Juda, goudé ma oa bét klañv, ha ma oa bét paréet eûz hé gléñved.

10. Lavaret em eûz : É-kreiz va deisiou éz ann étrézé dôriou ar béz : klasket em eûz dilerc'h va bloavésiou.

11. Lavaret em eûz : Na wélinn két ann Aotrou Doué é douar ar ré véô. Na wélinn mui dén é-touez ar ré a choum er béd.

12. Va choumadur a zô éat ébiou ; rodellet eo a zira-z-oun ével telt eur mesaer. Trouc'het eo va buez ével neûd ar gwiader ; pa édô c'hoaz enn hé dérou, eo bét trouc'het ; diouc'h ar miñtin bétég ar pardaez am likii da vond-da-nétra.

13. Bétég ar miñtin é c'hédenn ; râg ével eul léon en deûz brévet va holl eskern ; diouc'h ar miñtin bétég ar pardaez am likii da vond-da-nétra.

14. Ével ar wennélien viban é c'harminn, ével ar goulm éc'h hirvoudinn : skuizet eo bét va daoulagad ô sellout ouc'h-kréac'h. Aotrou, gwall c'hlac'haret ounn, respouñt évid-oun.

15. Pétrà a livirinn-mé, pé pétrà a

responntô d'in, pa eo hén en deûz
gréat kémeñt-sé? Lakaad à rinn da
drémónout dira-z-od holl vloavésiou
va buez é c'houervder va éné.
16. Aotrou, mar d-eo ével-sé é vé-
veur, mar d-éma enn traou-zé buez
va spéred ; é kastizi ac'hanoun, hag é
rôi ar vuez d'in.
17. Ar chouervded ar brasa a zô bét
trôet é péoc'h ; hôgen té éc'h eûz mi-
ret out va éné na vé kaset-da-nétra ;
taolet éc'h eûz adré da gein va holl
béc'héjou.
18. Râg ar béz na énorô két ac'ha-
nod, hag ar marô n'az meûlô két : ar
ré a ziskenn er poull na c'hediñt két
da wirionez.
19. Ar ré véô, ar ré véô eo a énorô
ac'hanod, ével ma rann hiriô va-unan ;
ann tâd a rôi da anaout da wirionez
d'hé vugalé.
20. Aotrou, dieûb ac'hanoun, hag é
kanimp hor c'hanaouennou é holl zei-
siou hor buez é tí ann Aotrou.
21. Hag Isaias a c'hourc'hémennaz
ma vijé kéméret eul lôd brâz a fiez,
ha ma vijeñt lékéat é palastr war hé
c'houli, évid hé baréa.
22. Hag Ézéc'hias a lavaraz : Pétrâ
a vézô da arwéz d'in ma piñinn da dí
ann Aotrou ?

XXXIX. PENNAD.

Ézéc'hias a ziskouéz hé deñzoriou da gannaded roué Babilon.

1. Enn amzer-zé Mérodac'h Bala-
dan, mâb Baladan, roué Babilon, a
gasaz eul lizer ha traou kaer da Ezé-
c'hias, ô véza m'en dôa klévet pénaoz
é oa bét klañv, hag é oa bét paréet.
2. Ézéc'hias a zigéméraz anézhô
gañt lévénez, hag a ziskouézaz d'ézhô
kambr al louzou, ann aour hag ann
arc'hañt, hag ann traou c'houés-vâd,
hag ann éoliou ar ré wella, hag hé
holl arrébeûri kaer, ha kémeñd a oa
enn hé deñzoriou. Na oé nétrâ enn hé
dí nag é kémeñd a oa enn hé véli, na
ziskouézaz d'ézhô.
3. Neûzé ar profed Isaias à iéaz da
gavout ar roué Ézéc'hias, hag a lava-
raz d'ézhañ : Pétrâ hô deûz lavaret
ann dûd-zé, hag a béléac'h iñd-hi
deûet étrézég enn-od ? Hag Ézéc'hias
a lavaraz : Eûz a eur vrô bell iñd
deûet d'am c'havout, eûz a Vabilon.
4. Hag *Isaias* a lavaraz : Pétrâ hô
deûs-hi gwélet enn da dí ? Hag Ézé-
c'hias a lavaraz : Kémeñd a zô em zí
hô deûz gwélet : n'eûz nétrâ em teñ-
zoriou a gémeñt n'am eûz diskouézet
d'ézhô.
5. Hag Isaias a lavaraz da Ézéc'hias :
Sélaou gér Aotrou ann arméou.
6. Chétu é teûi ann deisiou é péré
é vézô tennet kémeñd a zô enn da dí,
hag é vézô kaset da Vabilon ann holl
deñzoriou hô deûz dastumet va dadou
bété vréma ; na vézô lézet nétrâ, émé
ann Aotrou.
7. Hag é vézô kéméret eûz da vu-
galé, eûz ar ré a zô deûet ac'hanod,
eûz ar ré éc'h eûz ganet, évid hô la-
kaad da spazéien é palez roué Babilon.
8. Hag Ézéc'hias a lavaraz da Isaias :
Mâd eo ar gér en deûz lavaret ann
Aotrou. Hag hén a lavaraz *c'hoaz* :
Ra vézô hép-kén ar péoc'h hag ar wi-
rionez a-héd va deisiou.

XL. PENNAD.

Disklériadur ann Aotrou. Hé reûrded, hé c'halloud.

1. Dic'hlac'harit, dic'hlac'harit, va
fobl, émé hô Toué.
2. Komzit out kaloun Jéruzalem,
ha livirit d'ézhi pénaoz eo leûn hé
drougiez, ha distaolet hé fallagriez
diwar-n-ézhi ; ha pénaoz é deûz digé-
méret eûz a zourn ann Aotrou diou
wéach kémeñd all évid hé béc'héjou.
3. Mouéz ann hini a léñv enn distrô :
Aozit heñd ann Aotrou ; grit ma vézô
éeun gwéñodennou hon Doué enn
distrô.
4. Pép traoñien a vézô uc'héléet, ha
pép ménez a vézô izéléet ; ar péz a zô
gwâr a vézô éeunet ; hag ann heñchou
garô a vézô kompézet.

5. Gloar ann Aotrou en em zis-
kouézô, ha pép kig a wélô ivé pénaoz
eo génou ann Aotrou en deûz komzet.
6. Eur vouéz é deûz lavaret : Garm.
Ha mé em eûz lavaret : Pétrâ a c'har-
minn-mé ? Pép kik a zô géot, ha pép
gloar ével bleûñ ar parkou.
7. Gwévet eo ar géot, hag ar bleûñ
a zô kouézet, râk spéred ann Aotrou
en deûz c'houézet war-n-ézhañ. Evit-
gwir ar bobl a zô géot.
8. Gwévet eo ar géot, hag ar bleûñ
a zô kouézet ; hôgen gér hon Aotrou
a choum da-vikenn.
9. Piñ war eur ménez uc'hel, té pé-
hini a brézég ann aviel da Zion. Sâv
da vouéz gañt ners, té péhini a brézég
ann aviel da Jéruzalem ; sâv-hi, ha
n'az péz két a aoun. Lavar da gériou
Juda : Chétu hô Toué :
10. Chétu ann Aotrou Doué a zeûi
enn hé c'halloud, hag hé vréac'h a
drec'hô ; chétu hé c'hôbr gañt-hañ,
hag hé labour dira-z-hañ.
11. Ével eur mésaer é kasô hé zéñ-
ved da beûri ; gañt *ners* hé vréac'h
é strollô hé ein, hag héñ hô savô oud
hé askré hag a zougô ann dañvadézed
leûn.
12. Piou en deûz meñtet ann dou-
réier enn hé vôz, hag en deûz poézet
ann éñvou gañd hé balf ? Piou en deûz
dalc'het tolzen ann douar gañt tri biz,
ha poézet ar ménésiou gañt poésiou,
hag ar c'hrec'hiennou gañd eur va-
lañs ?
13. Piou en deûz skoazellet spéred
ann Aotrou ? Pé piou a zô bét da alier
d'ézhañ, hag en deûz diskouézet *eunn
drâ* d'ézhañ ?
14. Piou en deûz hé guzuliet, hag
hé zesket, ha diskouézet d'ézhañ ra-
veñt ar reizded, ha desket d'ézhañ ar
wiziégez, ha diskouézet d'ézhañ heñt
ar furnez ?
15. Chétu ar brôadou a zô ével eur
banné dour *a gouéz* eûz ar zâl, hag
ével eur c'hreûnennik enn eur valañs ;
chétu ann énézi a zô ével eur boul-
trennik.
16. Hag al Liban na vézô két a-
walc'h évit lakaad ann tân, hag hé
loéned na véziñt két a-walc'h évid
ôber eur sakrifiz.
17. Ann holl vrôadou a zô dira-z-
hañ ével pa na veñt két, hag héñ a
zell anézhô ével nétrâ, ével ar goullô.
18. Out piou éta é réot-hu Doué
héñvel ? Ha pé skeûden a zavot-hu
d'ézhañ.
19. Ar gôf hag héñ na rai két d'éz-
hañ eur skeûden deûz ? Ann orféber-
aour hag héñ n'hen doaréô két enn
aour, hag ann orféber arc'hañt é tao-
lennou arc'hañt ?
20. Ar méchérour fûr a zilenn eur
c'hoat kré ha divreinuz ; lakaad a râ
hé skeûden enn hévélep doaré na ho-
rellô két.
21. Ha n'hoc'h eûs-hu két gwézet ?
Ha n'hoc'h eûs-hu két klévet ? Ha n'eo
két bét rôed da anaoud d'é-hoc'h ada-
leg ar penn-keñta ? Ha n'hoc'h eûs-hu
két poellet pénaoz eo bét diazézet ann
douar ?
22. Héñ eo a azez war voul ann
douar, hag a zell ével kiljeien-raden
ar ré a choum war-n-ézhañ ; héñ eo
en deûz lédet ann éñvou ével nétrâ,
hag en deûz hô steñet ével eunn telt
évit choum dindan-hañ.
23. Héñ eo a gâs-da-nétra ar ré a
enklask ann traou kuzet, hag a laka
da nétrâ barnérien ann douar.
24. Hag ivé hô c'héf né két bét plañ-
tet, né két bét hadet, n'en deûz két
taolet hé c'hrisiou enn douar ; enn-
eunn-taol en deûz c'houézet war-n-
ézhô, hag hi a zô bét dizec'het, hag
eur gourveñten é deûz hô skiñet ével
kôlô.
25. Out piou hoc'h eûs-hu va hévé-
lébékéet, ha va c'heidet, émé ar Sañt ?
26. Savit hô taoulagad d'ann néac'h,
hag arvestit piou en deûz krouet ann
traou-zé ; hag a gâs hô armé enn heñt
dré niver, hag hô galv holl dré hô
hanô, hép ma choum hini war-lerc'h,
ker brâz eo hé veûrded, hé ners, hag
hé c'halloud.
27. Pérâg é lévérez, ô Jakob, pérâg
é lévérez, ô Israel : Kuzet eo va heñt
ouz ann Aotrou, ha va barn a ia ébiou
d'am Doué ?
28. Ha na ouzoud-dé két, ha n'éc'h
eûs-té két klévet pénaoz Doué eo ann
Aotrou peûr-baduz, péhini en deûz
krouet harzou ann douar ; péhini na

skulz két, na labour két, ha na rô két
da anaoul hé furnez?

29. Héñ eo a rô ners d'ar ré skulz;
hag héñ eo a gresk ann ners hag ar
c'hréfder d'ar ré a zô gwân.

30. Ann dûd-iaouaňk a skulz, hag
a falla; ar baotred-iaouaňk a zeû da
fata.

31. Hôgen ar ré a laka hô géd enn
Aotrou, a névézô hô ners, hag a gé-
mérô diou-askel ével ann er; hi a
rédô, ha na skuiziñt két; hi a gerzô,
ha na fallaiñt két.

—

XLI. PENNAD.

Dieûb Israel. Dismañtr Babilon.

1. Ra davô dira-z-onn ann énézi,
ra névézô ar brôadou hô ners; ra dôs-
taiñt, ha ra gomziñt; déomp kévret
d'ar varn.

2. Piou en deûz lékéat ann dén reiz
da zével eûz ar sâv-héol, hag hé c'hal-
vet da voñt war hé lerc'h? Lékéat en
deûz ar brôadou da bléga dira-z-hañ,
hag ar rouéed en deûz lékéat dindân
hé véli; hô lakaad a rai da bléga din-
dân hé glézé ével poultr; hô lakaad a
rai da déc'hout dirâg hé, warek ével
ar c'hôlô a ia gañd ann avel.

3. Moñd a rai war hô lerc'h, é péoc'h
é tréménô, ha na vézô két gwélet rou-
dou hé dreid.

4. Piou en deûz doaréet ha gréat
kémeñt-sé, ha galvet ar brôadou ada-
leg ar penn-keñta? Mé eo ann Aotrou,
mé eo ar cheñta hag ann divéza.

5. Ann énézi hô deûz gwélet, hag a
zô bét spouñtet; harzou ann douar a
zô bét saouzanet; tôstéet eo *ar* boblou,
en em strollet iñt.

6. Pép-hini a gen-nerzô hé nésa,
hag a lavarô d'hé vreûr: Kréva.

7. Néb a labour gañd ann arem a
skô gañd ar morzol, hag a framm
goudé-zé, hag a lavar: Frammet-mâd
é vézô; neûzé é starta gañt tachou
évit na horellô két.

8. Hôgen té, Israel, va servicher,
té, Jakob, péhini em eûz dilennet,
gwenn Abraham va miñoun;

9. Té péhini em eûz kéméret eûz a
benn ann douar, hag em eûz galvet
eûz a eur vrô bell, ha da béhini em
eûz lavaret: Va zervicher oud; da zi-
lennet em eûz, ha n'em eûz két da
zilézet.

10. N'az péz két a aoun, râg gan-éz
émounn; na zistrô két eûz da heñt,
râk mé eo da Zoué; da grévéet em
eûz, da gen-nerzet em eûz; ha dourn
va dén-reiz en deûz da zigéméret.

11. Chétu é vézô mézékéet ha lékéat
da rusia, ar ré holl péré a stourmé
ouz-id. Ar ré a énébé ouz-id, a zeûi-
da-gét, hag a vézô dispennet.

12. Klaskoût a ri ar ré a zô en em
zavet enn da énep (T), ha n'hô c'havi
két: ar ré a vrézélékai ouz-id, a zeûi-
da-gét ha da-nétrâ.

13. Râk mé eo ann Aotrou, da Zoué,
a gémer da zourn, hag a lavar d'id:
N'az péz kéd a aoun, râk da skoazellet
em eûz.

14. N'az péz kéd a aoun, prév Jakob,
na té, Israel, a zô *ével* marô: mé eo
em eûz da gen-nerzet, émé ann Ao-
trou, ha sañt Israel eo da zaspréner.

15. Da lakaad a rinn da véza ével
eur c'harr névez évit mac'ha *ann éd*,
gañt bégou ha deñt houarn; mac'ha
ha brévi a ri ar ménésiou; hag é
poultr é likii ar c'hrec'hiennou.

16. Hô niza a ri, hag ann avel hô
c'hasô gañt-hañ, hag ar gourveñten
hô skiñô; hôgen té a drídô enn Ao-
trou, té en em laouénai é sañt Israel.

17. Ann dûd diének hag ar ré baour
a glask dour, ha na gavont két; hô
zéôd a zizec'h gañd ar sec'hed. Hôgen
mé eo ann Aotrou, hag é klevinn out-
hô; mé eo Doué Israel, ha n'hô dilé-
zinn két.

18. Lakaad a rinn stériou da zével
war lein ar c'hrec'hiennou, ha feuñ-
teûniou é-kreiz ar mésiou; trei a rinn
ann distrô é lennou dour, hag ann
douar diheñt é gouériou réd.

19. Lakaad a rinn da greski enn
distrô ar sedr, ar spern, ar mirt, hag
ann olivézen. Lakaad a rinn da zével
kévret enn distrô ar sapr, ann évlec'h,
hag ar beûz;

20. Évit ma wéliñt, ha ma wéziñt,
ha ma venniñt, ha ma poelliñt pénaoz

dourn ann Aotrou en deûz gréat kémeñt-sé, ha sañt Israel en deûz hé grouet.

21. Deûit da lavaroud hô preûd, émé ann Aotrou ; ma hoc'h eûz eunn dra gré-bennâg, digasit-héñ, émé roué Jakob.

22. Deûeñt, ha diouganeñt d'é-omp ar péz a dlé da c'hoarvézout ; rôit da anaout ann traou keñt ; nî a lakai évez a-galoun-vâd oud hô stâd divéza, ha c'houi a rôi da anaout d'é-omp ar péz a dlé da c'hoarvézout.

23. Diouganit d'é-omp ar péz a dlé da c'hoarvézout enn amzer da zoñt, évit ma wézimp pénaoz oc'h douéed ; grîd ivé mâd pé zrouk mar gellit, ha nî a gomzô, hag a wélô kévret.

24. Chétu c'houi a zô deûet eûz a nétrâ, hag hoc'h ôber a zeû eûz ar péz n'eo két ; ar fallagriez eo é deûz hô tilennet.

25. Hé lékéat em eûz da zével eûz ann hañter-nôz, hag héñ a zeûi eûz ar sâv-héol ; gervel a rai va hanô, hag é sellô ar ré vrâz ével prî ; hag héñ hô mac'hô ével ma eo mac'het ar prî gañd ar pôder.

26. Piou en deûz diouganet kémeñt-sé d'é-omp adaleg ar penn-keñta, évit ma her gwézimp, hag adaleg ann derou évit ma livirimp : Reiz oud ? N'eûz hini ac'hanoc'h a gémeñt a rô da anaout ann traou deûet pé da zoñt ; n'eûz dén en défé hô klevet.

27. Héñ eo a lavarô da-geñta da Zion : Chétu hî ; ha mé a rôi eunn aviéler da Jéruzalem.

28. Ha mé cm eûz sellet, ha n'em eûz kavet hini enn hô zouez a gémeñt en défé poell, nag a respouñtché eur gér.

29. Chétu hî holl a zô fallagr, ha didalvez hô ôberiou ; hô skeûdennou n'iñt néméd avel ha goullô.

XLII. PENNAD.

Eurusded ar boblou dindan rén salver Israel.

1. Chétu va servicher ; hé zigémérout a rinn ; va dilennet é péhini em eûz lékéat va holl garañtez ; lékéat cm eûz va spéred war-n-ézhañ, hag héñ a embannô ar varn d'ar brôadou.

2. Na c'harmô két, n'en dôvézô azaouez é-béd évid dén, ha na vézô két klévet hé vouéz er-méaz.

3. Na dorrô két ar gorsen diskaret, ha na vougô kéd ar boulc'hen a zivôgéd ; er wirionez é rôi ar varn.

4. Na vézô na trist, na téar, kén na lakai ar varn war ann douar ; hag ann énézi a c'hédô hé lézen.

5. Ével-henn é lavar ann Aotrou Doué, péhini en deûz krouet ann éñvou, hag en deûz hô lédet ; péhini en deûz startéet ann douar, ha kémeñd a gresk enn-hañ ; péhini en deûz rôet ar c'houéz d'ar bobl a zô war-n-ézhañ, hag ar spéred d'ar ré a gerz war-n-ézhañ.

6. Mé eo ann Aotrou em eûz da c'halvet er reizded, em eûz da gémérét dré da zourn, hag em eûz da viret ; hag em eûz da rôet da gévrédigez ar bobl, ha da c'houlou ar brôadou,

7. Évit ma tigori daoulagad ar ré zall, ma tenni eûz ar chaden ar ré chadennet, ma likii er-méaz eûz ar vac'h ar ré a zô azézet enn dévalien.

8. Mé eo ann Aotrou ; hen-nez eo va hanô. Na rôinn két va gloar da eunn all, na va meûleûdi da skeûdennou kizellet.

9. Ar péz a zô bét diouganet da geñta, a zô bét sévénet ; chétu mé a ziougan traou nôvez ; abarz ma véziñt sévénet, hô rôinn da anaout d'é-hoc'h.

10. Kanit d'ann Aotrou eur ganaouen névez, *embannit* hé veûleûdi eûz a benn ann douar, c'houi péré a ziskenn war ar môr, ha war hé holl c'horré ; c'houi, énézi, ha c'houi péré a choum enn-hô.

11. Ra zavô hô mouéz ann distrô hag ar c'hériou ; enn tiez é choumô Sédar ; meûlit *ann Aotrou*, c'houi péré a choum er réc'hier, garmit eûz a lein ar ménésiou.

12. Gloar ann Aotrou a embanniñt, hag é veûliñt anézhañ enn énézi.

13. Ann Aotrou a iélô er-méaz ével eunn dén kré ; ével eunn dén-a-vrézel é kreskô hé oaz ; héñ a iouc'hô, héñ

a c'harmô; tréac'h é vézô d'hé énébourien.

14. Tavet em eûz bétég-henn, dilavar hag habask ounn bét; ével eur c'hrég é gwilioud é klemminn; dismañtra, dispenna a rinn pép-trà.

15. Ar ménésiou hag ar c'hrec'hiennou a likiinn da véza ével eul léac'h distrô, hag é wévinn hô holl c'héot; é énézi é trôinn ar steriou, hag é tizec'hinn al lennou.

16. Ar ré zall a gasinn enn eunn heñt ha na anavézoñt két: hag hô lakaad a rinn da gerzout dré raveñchou ha na anavézoñt két; lakaad a rinn ann dévalien da drei é goulou dira-z-hô, hag ann traou kamm é traou éeun. Kémeñt-sé a zévéninn enn hô c'héñver, ha n'hô dilézinn két.

17. Ar ré a laka hô fisiañs é skeûdennou kizellet a iélô war hô c'hîz; gôlôet é véziñt a véz, hi péré a lavar da skeûdennou teûzet: C'houi eo hon douéed.

18. Tûd vouzar, klevit, tûd zall, digorid hô taoulagad, ha gwélit.

19. Piou a zô dall, ma n'eo va servicher? Ha bouzar, ma n'eo ann hini da biou em eûz kaset va c'hannaded? Piou a zô dall, ma n'eo ann hini a zô en em werzet hé-unan? Piou a zô dall, ma n'eo servicher ann Aotrou?

20. Té péhini a wél kémeñd a draou, ha na arvesti két? Té péhini a zigor da ziskouarn, ha na glévi két?

21. Fellet eo bét gañd ann Aotrou é teûjé *hé bobl* d'hé énori, da veûli hé lézen, ha d'hé uc'hélaat meûrbéd.

22. Hôgen ar bobl-zé a zô bét dismañtret ha gwastet; é rouéjou ann dûd iaouañk iñt bét paket, hag é gwéled ar bac'hiou iñt bét kuzet; é sklavérez iñt bét kaset, ha dén n'en deûz hô dieûbet; preizet iñt bét, ha dén n'en deûz lavaret: Distol.

23. Piou ac'hanoc'h a glev kémeñtmañ, a laka évez, hag a gréd enn traou da zoñt?

24. Piou en deûz lézet Jakob é preiz, hag Israel é diwisk? Ha né két ann Aotrou hé-unan a-énep piou hon eûz péc'het? Râk né két fellet d'ézhô kerzout enn hé heñchou, ha señti oud hé lézen.

25. Râk-sé en deûz skulet war-n-ézhañ hé vuanégez hag hé frouden, hag eur gwall vrézel; lékéat en deûz ann tân war hé drô hép ma wié; hé zévet en deûz hép ma poellé.

XLIII. PENNAD.

Dismañtr Babilon. Dieûb Israel.

1. Ha bréma chétu pétrà a lavar ann Aotrou, péhini en deûz da grouet, ô Jakob, péhini en deûz da c'hréat, ô Israel: N'az péz kéd a aoun; râk da zasprénet em eûz, da c'halvet em eûz dré da hanô; d'in oud.

2. Pa dreûzi ann douréier, é vézinn gan-éz, hag ar steriou n'az gôlôiñt két; pa gerzi dré ann tân, na vézi két dévet, hag ar flamm n'az loskô két:

3. Râk mé eo ann Aotrou, da Zoué, sañt Israel, da Zalver; rôet em eûz ann Éjipt, ann Étiopia ha Saba évid da zaspréna.

4. Abaoé ma oud deûet da véza énoruz dira-z-oun, ha meûleûduz, em eûz da garet; hag é rôinn ann dûd évid-od, hag ar boblou évid da vuez.

5. N'az péz két a aoun, râg gan-éz émounn: eûz ar sâv-héol é tigasinn da hâd, hag eûz ar c'hûs-héol é strollinn ac'hanod.

6. Mé a lavarô d'ann hañter-nôz: Rô; ha d'ar c'hrésteiz: Na harz két; digas va mipien a bell, ha va merc'hed eûz a bennou ann douar.

7. Ha kémeñd-hini a c'halv va hanô, évit va gloar eo em eûz hô c'hrouet, em eûz hô doaréet, em eûz hô gréat.

8. Kâs er-méaz ar bobl dall, ha daoulagad d'ézhañ; ar bobl bouzar, ha diskouarn d'ézhañ.

9. R'en em strollô ann holl vrôadou, r'en em zastumô ann holl boblou: piou enn hô touez en deûz diouganet kémeñt-sé, ha rôet da anaout d'é-omp ar péz a zô bét c'hoarvézet keñt? Rôeñt hô zestou, diskouézeñt ar wirionez; hag é véziñt sélaouet, hag é vézô lavaret d'ézhô: Gwir *eo*.

10. C'houi eo va zestou, émé ann Aotrou, ha va zervicher em eûz di-

lennet; évit ma wiot, ha ma krédot, ha ma poellot pénaoz eo mé va-unan a zô : em raok n'eûz két bét-doaréet a zoué, ha na vézô két war va lerc'h.

11. Mé eo, mé eo ann Aotrou, ha n'eûz két a zalver hép-z-oun.

12. Mé eo em eûz diouganet, hag em eûz salvet : rôet em eûz da glevout, ha n'eûz két bét *a zoué* a-ziavéaz enn hô touez; c'houi eo va zestou, émé ann Aotrou, ha mé eo Doué.

13. Mé eo a zô adaleg ar pennkeñta, ha dén na hell tenna ar péz a zô em dourn. Mar grann eunn dra, piou a harzô ouz-in?

14. Ével-henn é lavar ann Aotrou, hô taspréner, sañt Israel : Enn abek d'é-hoc'h em eûz kaset da Vabilon, hag em eûz diskaret hé holl harzou, hag ar C'haldéed, péré a lékéa hô fisiañs enn hô listri.

15. Mé eo ann Aotrou, hô sañt, krouer Israel, hô roué.

16. Ével-henn é lavar ann Aotrou, péhini en deûz gréat eunn heñt er môr, hag eur raveñt é douréier froud;

17. Péhini en deûz digaset ar c'hirri hag ar c'hézek, ann armé hag hé holl ners; hôgen gourvézet iñt kévret, ha na zaviñt mui; mouget ha lazet iñt bét ével eur boulc'hen.

18. N'hô pézet két a goun eûz ann traou keñt, ha na likiid kéd a évez oud ann traou kôz.

19. Chétu éz ann da ôber traou névez : bréma é téraouiñt, ha c'houi hô anavézô. Eunn heñt a rinn enn distrô, hag é likiinn steriou da rédek enn eûr vrô né helleur két moñd ébars.

20. Al loéned férô, ann éréveñt hag ann otruzed a veûlô ac'hanoun, ô véza ma em eûz rôet dour el lec'hiou distrô, ha steriou el lec'hiou né helleur két tostaat out-hô (r), évit ma rôjenn da éva d'am pobl, d'ann hini em eûz dilennet.

21. Ar bobl-zé em eûz doaréet évidoun, va meûleûdi a embannô.

22. N'éc'h eûz két va galvet, Jakob; n'oud két bét skuiz ouc'h va servicha, Israel.

23. N'éc'h eûz két kenniget d'in tourzed da zakrifiz-losk, na n'éc'h eûz két va énoret gañd da viktimou; n'em eûz két da rediet da genniga hostivou d'in, n'em eûz két rôet ar boan d'id da glask ézañs.

24. N'ec'h eûz két préñet d'in louzou-c'houés-vâd gañd da arc'hañt, n'éc'h eûz két va leûniet gañt lard da hostivou. Hôgen va lékéat éc'h eûz da sklâv gañd da béc'héjou, poan éc'h eûz gréat d'in gañd da fallagriézou.

25. Mé eo, mé eo va-unan a zistol diwar-n-oud da fallagriézou enn abek d'in, ha n'em bézô mui a goun eûz da béc'héjou.

26. Digas ann éñvor d'in, hag é vreûtaimp kévret; lavar ma éc'h eûz eunn dra évid en em zidamallout.

27. Da dâd keñta en deûz péc'het, ha da lézennérien a zô bét dizeñt em c'héver.

28. Râk-sé em eûz diskouézet saotr priñsed ar sañtuar, em eûz rôet Jakob d'ar marô, hag Israel d'ar vézégez.

XLIV. PENNAD.

Meûrded Doué. Distervez ann idolou.

1. Ha bréma sélaou, Jakob va servicher, ha té, Israel péhini em eûz dilennet.

2. Ével-henn é lavar ann Aotrou, péhini en deûz da c'hréat ha da zoaréet, ha da skoazellet adalek kôv da vamm : n'az péz két a aoun Jakob, va servicher, na té, péhini a zô ker reiz, hag em eûz dilennet.

3. Râk mé a skuljô ann douréier war *douar* séac'h, hag ar steriou war ann *douar* dizec'het; skulja a rinn va spéred war da wenn, ha va bennoz war da géf.

4. Hag hî a greskô é-toucz ar géot, ével ann halek war harz ann douréier réd.

5. Unan a lavarô : D'ann Aotrou ounn; eunn all en em veûlô gañd hanô Jakob; eunn all a skrivô gañd hé zourn : D'ann Aotrou *ounn;* hag héñ a gémérô hanô Israel.

6. Ével-henn é lavar ann Aotrou, Doué Israel, hag hé zaspréner, Aotrou

ann arméou : Mé eo ar c'heñta, ha mé
eo ann divéza, ha n'eûz Doué all é-
béd néméd-oun.
7. Piou a zô héñvel ouz-in ? Ra
c'halvô, ha ra ziouganô ; ra zisplégô
reiz ar béd, hag ar péz em eûz gréat
ádaleg ar penn-keñta é-kéñver va fobl;
ra ziouganô d'ézhô ann traou da zeñt,
hag ar péz a dlé da c'hoarvézout.
8. N'hô pézet két a aoun, ha na
vézit két saouzanet : a neûzé em eûz
rôet da anaout kémeñt-sé d'é-hoc'h,
hag em eûz hé ziouganet; c'houi éo
va zestou ; hag eunn Doué all a zô
néméd-oun, hag eur c'hrouer ha na
anavézann két ?
9. Ar ré holl péré a ra idolou n'iñt
nétrâ, hag ar ré vrûdéta anézhô a vézô
didalvez évit-hô ; hag hi a zô tést hô-
unan enn hô méz, pénaoz *hô idolou*
na wéloñt, na na boelloñt.
10. Piou a zoaré eunn doué, hag a
deûz eur skeûden ha n'eo mâd da né-
trâ ?
11. Chétu ar ré holl a rô lôd eûz al
labour-zé a vézô mézékéet ; râg ar ré
hô grâ n'iñt némét tûd ; r'en em strol-
liñt, ra zaviñt holl, hag é véziñt
spouñtet, hag é véziñt mézékéet ké-
vret.
12. Ar gôf a labour gañd al lim :
lakaad a râ *ann houarn* er glaou, hag
é toaré anézhañ gañd ar morzol ;
gañd holl ners hé vréac'h é labour :
naoun en dévézô kén na zielc'ho, na
évô két a zour, hag é fatô.
13. Ar béner-koad a astenn hé li-
nen ; hô zoaréa a ra gañd ar vouc'hal ;
hé éeuna a ra gañd ar skouér, ha gañd
ar c'hompez é rô ann drô d'ézhañ ;
ôber a ra skeûden eunn dén, hag ar
c'haéra ma hell, hag hel laka enn eul
lôgel.
14. Ar gwéz-sedr a ziskar ; eur
c'hlastennen a gémer, pé eur wézen
dérô a oa savet é-touez gwéz ar c'hoat,
pé eur wézen bin a oa bét plañtet
gañd eur ré, hag a zô bét maget gañd
ar glaô.
15. Da ôber tân d'ann dén iñt mâd ;
hé-unan en deûz kéméret lôd anézhô
évit tomma ; lôd en deûz lékéat enn
tân évit poaza hé vara ; gañd ann di-
lerc'h é râ eunn doué, hag éc'h azeûl
anézhañ ; ar skeûden en deûz kizellet,
hag héñ a stou dira-z-hi.
16. Gañd ann hañter eûz ar c'hoat
en deûz gréat tân, gañt lôd eûz ann
hañter all en deûz poazet kik ha da-
révet iod, kén n'en deûz bét hé walc'h,
tommet en deûz, hag en deûz lavaret :
Mâd, tomm eo d'in, tân mâd em eûz
gréat.
17. Gañd ann dilerc'h anézhañ en
deûz gréat eunn doué hag eur skeû-
den kizellet ; stouet en deûz eo dira-z-
hi, hé azeûlet en deûz, hag hé fédet,
ô lavarout : Dieûb ac'hanoun, râk va
Doué oud.
18. Na ouzoñt, na na boelloñt *nétra :*
kenn téô eo hô zévalien, na wél két
hô daoulagad, ha na boell két hô c'ha-
loun.
19. Na zistrôoñt két d'hô-unan ; na
ouzoñt, na na vennoñt da lavarout :
Tân em eûz gréat gañd ann hañter ;
war hé c'hlaou em eûz poazet bara,
poazet em eûz kik em eûz debret ; ha
gañd ann dilerc'h é rinn eunn idol ?
Hag é stouinn dirâg eur c'héf koat ?
20. Lôd *eûz ar c'hoat* a zô éat é
ludu, hag hé galoun diskiañt a azeûl
égilé, ha na zieûb két hé éné hé-unan,
ha na lavar két : *Labour* va dourn
n'eo néméd eur gaou.
21. Az péz koun eûz a gémeñt-mañ,
Jakob hag Israel, râk va zervicher
oud ; da c'hréat em eûz, va zervicher
oud, Israel, na añkounac'ha két ac'ha-
noun.
22. Lamet em eûz da fallagriézou
ével eur goabren, ha da béc'héjou
ével eur vrumen ; distrô étrézég enn-
oun, râk da zasprénet em eûz.
23. Meûlit, éñvou, râg ann Aotrou
en deûz gréat trugarez ; tridit pennou
ann douar ; embannit hé veûleûdi,
ménésiou, koajou hag hoc'h holl wéz ;
râg ann Aotrou en deûz dasprénet
Jakob, ha lékéat en deûz hé c'hloar
enn Israel.
24. Ével-henn é lavar ann Aotrou,
péhini en deûz da zasprénet, péhini
en deûz da zoaréet é kôv da vamm :
Mé eo ann Aotrou a râ pép-trâ, a as-
tenn ann éñvou va-unan, a starta ann
douar, ha dén gan-éñ.
25. *Mé eo* a laka da véza didalvez

arouésiou ann diouganérien ; a laka da ziskiañta ann divinerien ; a ziskar skiañt ar ré fûr ; hag a laka hô gwiziégez da drei é folleñtez.

26. Mé eo a zéven gér hé zervicher, hag a gâs da benn kuzul hé gannaded ; a lavar da Jéruzalem : Tûd a zeûiô enn-oud ; ha da geriou Juda : Savet é viot a-névez, hag é savinn hô tizeriou ;

27. A lavar d'al louñk : Béz séac'h, hag é tizec'hinn hé steriou ;

28. A lavar da Zirus : Va méser oud, hag é sévéni va holl ioul ; a lavar da Jéruzalem : Savet é vézi a-névez ; ha d'ann templ : Diazézet é vézi *a névez.*

XLV. PENNAD.

Ann Aotrou anavézet gañd ann holl vróadou.

1. Évei-henn é lavar ann Aotrou da Zirus va C'hrist, em eûz kémérct dré hé zourn, évit lakaad da bléga dira-z-hañ ar brôadou, ha lakaad ar rouéed da drei hô c'hein ; évit digeri ann ôriou dira-z-hañ, ha na vézô serret pors é-béd.

2. Mé a iélô enn da raok ; tûd rôk ann douar a vuélinn ; ar persier arem a dorrinn, hag ar sparsou houarn a vrévinn.

3. Rei a rinn d'id ann teñzoriou kuzet, hag ar ré guzéta ; évit ma wézi pénaoz eo mé ann Aotrou, Doué Israel, péhini en deûz da c'halvet dré da hanô.

4. Enn abek da Jakob va zervicher, ha da Israel va dilennet, em eûz da c'halvet dré da hanô ; da les-hanvet em eûz ha n'éc'h eûz két va anavézet.

5. Mé eo ann Aotrou, ha n'eûz hini all é-béd : n'eûz kén Doué némédoun ; da c'hourizet em eûz, ha n'éc'h eûz két va anavézet,

6. Évit ma wézô ann holl, adaleg ar sâv-héol, bétég ar c'hus-héol pénaoz n'eûz Doué é-béd néméd-oun. Mé eo ann Aotrou, ha n'eûz két eunn all,

7. Péhini a zoaré ar goulou, hag a ra ann dévalien, a râ ar péoc'h, hag a ra ar poaniou ; mé eo ann Aotrou a râ kémeñt-sé.

8. Eñvou, skuḷit hô kliz diouc'h kréac'h, ha ra gouézô ann dén-reiz é-giz glaô eûz ar c'hoabr : ra zigorô ann douar, ha ra lakai da ziwana ar salver ; râ zavô kévret ar reizded. Mé eo ann Aotrou em eûz hé grouet.

9. Gwâ ann dén a éneb oud hé grouer, héñ péhini n'eo néméd eul léstr prî. Hag ar prî a lavar d'ar pôder : Pétrâ a réz-té ? Hag hép daouarn eo bét gréat da labour ?

10. Gwâ ann hini a lavar d'hé dâd : Pérâg éc'h eûs-té va eñgéheñtet ? Ha d'hé vamm : Pérâg éc'h eûs-té va ganet ?

11. Évei-henn é lavar ann Aotrou, sañt Israel, hag ann hini en deûz hé c'hréat : Grît goulennou ouz-in diwarbenn ann traou da zoñt, grît gourc'hémennou d'in é-kéñver va bugalé, hag é-kéñver labour va daouarn.

12. Mé eo em eûz gréat ann douar, ha mé eo em eûz krouet ann dén warn-ézhañ ; va daouarn hô deûz astennet ann éñvou, ha d'hô holl armé em eûz gourc'hémennet.

13. Mé eo a zavô anézhañ évid ar reizded, hag a lakai hé holl heñchou da véza éeun ; héñ a zavô va c'héar, hag a zieûbô va sklaved, hag hép gôbr na rôou, émé ann Aotrou, Doué ann arméou.

14. Évei-henn é lavar ann Aotrou : Labourerien ann Éjipt, ha marc'hadourien ann Étiopia, ha tûd brâz Saba a zeûi d'az kavout, hag hi a vézô d'id ; war da lerc'h é teûiñt, gañd chadennou oud hô daouarn é kerziñt ; stoui a raiñt dira-z-od, hag é pédiñt ac'hanod, ô lavarout : N'eûz a Zoué némét gan-éz, ha n'eûz Doué all é-béd néméd da hini.

15. Té eo évit-gwir ann Doué kuzet, Doué Israel, ar Salver.

16. Ar ré hô deûz gréat fazi a zô bét mézékéet, hag hi holl hô deûz rusiet ; éat iñt kévret gôlôet a véz.

17. Israel a zô bét salvet gañd ann Aotrou gañd eur silvidigez peûr-baduz : na viot két mézékéet, ha na rusiot két a-héd ar c'hañtvédou.

18. Râg évei-henn é lavar ann Ao-

trou péhini en deûz krouet ann éñvou, ann Doué péhini en deûz krouet ann douar, en deûz hé zoaréet, en deûz hé c'hréat : n'en deûz két hé grouet enn-aner ; évit ma choumc'hé tûd war-n-ézhañ en deûz hé c'hréat. Mé eo ann Aotrou, ha n'eûz hini all é-béd.
19. N'em eûz két komzet é-kûz, enn eul léac'h téval eûz ann douar. N'em eûz két lavaret da wenn Jakob : Klaskit ac'hanoun enn-aner ; mé eo ann Aotrou a rô da anaout ar reizded, hag a embann ann éeunder.
20. En em strollit, ha deûit, ha tôstait kévret, c'houi péré a zô bét savétéet é-touez ar brôadou ; diwiziek eo ar ré péré a zâv hô c'hizelladur koat, hag a béd eunn doué ha na hell két hô savétéi.
21. Kélennit, ha deûit, hag en em guzulit kévret ; piou en deûz rôet da anaout kémeñt-sé adaleg ar pennkeñta, ha piou en deûz hé ziouganet keñt ? Ha né két mé ann Aotrou, ha Doué all a zô néméd-oun ? Mé eo ann Doué reiz, ha n'eûz Salver é-béd néméd-oun.
22. Trôid ouz-in eûz a holl bennou ann douar, hag é viot salvet ; râk Doué ounn, ha n'eûz hini all é-béd.
23. Dré z-oun va-unan em eûz touet, ar gér a reiz-zé a zô éat er-méaz eûz va génou, ha na zistrôi mui :
24. Pénaoz pép glin a blégô dira-zoun, ha pép téôd a douô dré-z-oun.
25. Ha *pép-hini* a lavarô : Eûz ann Aotrou é teû va reizded ha va ners ; ar ré holl péré a énébé out-hañ a zeûi étrézeg enn-hañ, hag a vézô mézékéet.
26. Enn Aotrou a vézô didamallet ha meûlet holl wenn Israel.

—

XLVI. PENNAD.

Ann Aotrou eo ar gwir Zoué hép-kén.

1. Torret eo bét Bél, brévet eo bét Nabô : hô skeûdennou a zô bét lékéat war loéned ha war gézek ; ar péz a zougac'h a zô skûizuz ker pounner eo.
2. Torret ha brévet iñt bét kévret : n'hô deûz két gellet savétei ar ré hô dougé, hag ar ré-mañ a zô bét lékéat é sklavérez.
3. Sélaouit ac'hanoun, tî Jakob, ha c'houi holl zilerc'h Israel, c'houi péré a zougann aba ma oc'h ganet, adalek kôv hô mamm.
4. Mé hô tougô c'hoaz va-unan kén na viot kôz, mé hô tougô kén na vézô gwenn hô pléô ; mé em eûz hô kréat, ha mé hô tougô ; mé hô tieûbô.
5. Out piou hoc'h eûs-hu va lékéat da vézâ héñvel, ha va c'heidet, ha va hévélébékéet ? Piou hoc'h eûs-hu lékéat héñvel ouz-in ?
6. C'houi a denn aour eûz hô ialc'h, hag a boéz arc'hañt gañd ar valañs, hag a gémer eunn orféber, évid ôber eunn doué ; ma vézô stouet dira-zhañ, ha ma vézô azeûlet.
7. Hé lakaad a réoñt war hô diskoaz, hé zougen a réoñt, hag é lékéoñt anézhañ enn hé léac'h ; hag héñ a choum énô hép fiñva ; hôgen pa c'harmiñt out-hañ, na glevô két ; ha pa véziñt glac'haret, n'hô dieûbô két.
8. Hô pézet koun eûz a gémeñt-sé, hag hô pézet méz ; distroit enn hô kaloun, tûd fallakr.
9. Eñvorit ar c'hañtvédou keñt, pénaoz ounn Doué, ha n'eûz Doué all é-béd néméd-oun, ha n'eûz hini héñvel ouz-in.
10. Mé eo a ziougan adaleg ar pennkeñta, ar péz a dlé c'hoarvézont da zivéza, ha pell araok ar péz ha né két c'hoarvézet c'hoaz, ô lavarout : Va c'huzul a vézô stard, ha va holl ioulou a vézô sévénet.
11. Mé a c'halvô eunn evn eûz ar sâv-héol, ha dén va ioul eûz a eur vrô bell ; hé lavaret em eûz, hag hé sévéninn ; hé lékéat em eûz em penn, hag her grinn.
12. Sélaouit ac'hanoun, tûd kalet a galoun, c'houi péré a zô pell diouc'h ar reizded.
13. Tôstéet em eûz va reizded, na vézô két daléet, ha va zilvidigez na vézô két gourzézet. Ar zilvidigez a likiinn é Sion, ha va gloar enn Israel.

—

XLVII. PENNAD.

Dismañtr rouañtélez Babilon.

1. Diskenn, azez er poultr, ô plac'h-iaouañk merc'h Babilon, azez war ann douar. N'eûz mui a drôn évid-od, merc'h ar C'haldéed, ha na vézi mui galvet bouk ha kizidik.

2. Trô ar méan-vilin, ha mâl ar bleûd; diskouéz da benn noaz, dizôlô da ziskoaz, kerz da zivesker enn-noaz, treûz ar steriou.

3. Da vézégez a vézô dizôlôet, da zismégañs a vézô gwélet; en em veñji a rinn, ha dén na harzô ouz-in.

4. Hon daspréner, péhini a zô hé hanô Aotrou ann arméou, sañt Israel *a raiô ann traou-zé holl* (M).

5. Azez, ha tâv, ha kéa enn am-c'houlou, merc'h ar C'haldéed; râk na vézi mui galvet itroun ar rouañtélésiou.

6. Droug a oa savet enn-oun out va fobl, distolet em bôa va digwéz, hô lékéat em bôa étré da zaouarn. N'ec'h eûz két gréat a drugarez enn hô c'héñver, gwall bounnéréet éc'h eûz da iéô war ar ré gôz;

7. Hag éc'h eûz lavaret: Da itroun é vézinn da-vikenn. N'éc'h eûz két mennet war gémeñt-sé, ha né két deûet da zivez da goun d'id.

8. Sélaou éta bréma, té péhini a zô kizidik, a choum er fisiañs, hag a lavar enn da galoun: Mé a zô, ha n'eûz hini dreist-oun. Nâ zeûinn két da véza iñtañvez, ha na vézinn két hep bugalé.

9. Hôgen ann daou dra-zé a gouézô war-n-od war-eunn-drô enn eunn deiz, ar bréc'hañder hag ann iñtañvélez; ann holl boaniou a gouézô war-n-od, enn abek d'al lôd brâz eûz da strobinellou, hag enn abek da galéder da strobinellerien.

10. Enn da zrougiez oud en em fisiet, hag éc'h eûz lavaret: N'eûz dén a gémeñt am gwél; gañd da furnez, ha gañd da wiziégez oud bét touellet; ha lavaret éc'h eûz enn da galoun: Mé a zô, ha n'eûz hini dreist-oun.

11. Doûd a rai ann drouk war-n-od, ha na wézi két a béléac'h é teûi; kouéza a rai war-n-od eur reûz, ha na helli két harpa out-hañ; mac'het é vézi war-eunn-drô gañd eur boan ha na anavézez két.

12. Sâv gañd da strôbinellerien, ha gañd al lôd brâz eûz da strôbinellou, da béré oud en em rôet gañt kémeñd a striv adalek da iaouañktiz; *ha gwél* hag hi a vézô talvoudek d'id, *ha gwél* ha té a vézô kréoc'h a gémeñt-sé.

13. Skuizet oud bét gañd al lôd brâz eûz da guzulierien. Ra zavô bréma ann diouganerien péré a zellé oud ann éñv, a arvesté ar stéred, hag a nivéré ar misiou, évid diougani d'id ann traou da-zoñt, ha ra zavétaiñt ac'hanod.

14. Chétu iñt deûet ével kôlô; ann tân en deûz hô losket; na zieûbiñt két hô énéou eûz ar flamm grisias; na choumô két a c'hlaouñout péhini moñd da domma, nag a dân évid azéza enn hé géñver.

15. Chétu pétrâ a zeûi ann holl draou-zé da béré é oaz en em rôet gañt kéméñd a striv; ar varc'hadourien péré hô dôa gréat kéfridi gan-éz adalek da iaouañtiz a iélô pép-hini d'hé dû, ha na choumô hini évid da zieûbi.

XLVIII. PENNAD.

Dieûb Israel.

1. Sélaouit kémeñt-mañ, ti Jakob, c'houi péré a zô galvet dré ann hanô a Israel, hag a zô savet eûz a zouréier Juda, c'houi péré a dou dré hanô ann Aotrou, hag hoc'h eûz koun eûz a Zoué Israel, nann er wirionez, nag er reizded.

2. Râg eûz ar géar zañtel hô deûz kéméret hô hanô, hag en em harpet iñt war Zoué Israel, péhini a zô hé hanô Aotrou ann arméou.

3. Ann traou keñt em eûz diouganet a neûzé, hag hi a zô deûet er-méaz eûz va génou, ha mé em eûz hô rôet da glévout: enn-eunn-taol iñt bét gréat gan-éñ, hag hi a zô bét sévénet.

4. Râk mé a wié pénaoz oud kalet, pénaoz da c'houzoug a zôével eur varren houarn, ha da dâl évei arem.
5. Hé ziouganet em eûz d'id a neûzé; hé rôet em eûz da anaout d'id abarz mā teûjé, gañd aoun na lavarjez : Va idolou eo hô deûz gréat kémeñt-sé, va skeûdennou kizellet, va skeûdennou teûzet eo hô deûz gourc'hémennet kémeñt-sé.
6. Kémeñd éc'h eûz klévet, gwél-hi boll; hôgen, c'houi, ha diouganet boc'h eûz? Traou névez a rôinn da anaout d'id bréma, traou kuzet, ha na anavézez két.
7. Bréma hô grann, ha nann a geñt: na oañt két abarz ann deiz-mañ, ha n'az pôa két klévet hanô anézhô, gañd aoun na lavarjez : Chétu mé hô gwié.
8. N'éc'h eûz két hô c'hlévet, n'éc'h eûz két hô anavézet, ha né két digoret da skouarn a vréma; râk mé a oar évit-gwir pénaoz é vézi eunn dén fallakr; hag adalek kôv da vamm em eûz da c'halvet torrer va lézen.
9. Enn abek d'am hanô é pellainn va frouden; hag em meûleûdi é likiinn eur vesken d'id, gañd aoun na varvchez.
10. Chétu em eûz da c'hlanet enn tân; nann ével ann arc'hañt; da zilennet em eûz é fournigel ar baoureñtez.
11. Enn abek d'in, enn abek d'in her grinn, évit na vézô két droukprézéget ouz-in; ha na rôinn két va gloar da eunn all.
12. Sélaou ac'hanoun, Jakob, ha té, Israel, péhini a c'halvann; mé eo, mé eo ar c'heñta, ha mé eo ann divéza.
13. Va dourn eo en deûz diazézet ann douar, va dourn déou eo en deûz meñtet ann éñvou; mé hô galvô, hag hi a zavô kévret.
14. En em strollit holl, ha sélaouit: Piou anézhô en deûz diouganet kémeñt-sé? Ann Aotrou en deûz hé garet; hé ioul a rai é Babilon, hag hé vréac'h *é-vézô* war ar C'haldéed.
15. Mé eo, mé eo em eûz komzet, hag em eûz hé c'halvet; hé zigaset em eûz, hag éeunet eo bét hé heñt.
16. Tôstait ouz-in, ha sélaouit ann dra-mañ : Adaleg ar penn keñta n'em eûz két komzet é-kûz; enn amzer ma eo c'hoarvézet, édounn énô; ha bréma ann Aotrou Doué hag hé spéred en deûz va c'haset.
17. Ével-henn é lavar ann Aotrou da zaspréner, sañt Israel : Mé eo ann Aotrou, da Zoué, a zesk d'id ann traou talvouduz, a rén ac'hanod enn heñt é péhini é kerzez.
18. A-ioul az pijé heûliet va gourc'hémennou; da béoc'h a vijé deûet ével eur ster, ha da reizded ével koummou ar môr.
19. Da wenn a vijé deûet ével ann tréaz, ha frouez da gorf ével hé viliigou; na vijé két hét dispennet, hag hé hanô na vijé két bét lamet a ziraz-oun.
20. Id er-méaz eûz a Vabilon, techid diouc'h ar C'haldéa; tridit ha rôid da anaout ar c'hélou-zé; embannit-hô bété penn ar béd. Livirit: Ann Aotrou en deûz dasprénet Jakob hé zervicher.
21. N'hô deûz két bét séc'hed enn distrô, pa en deûz hô digaset; tennet en deûz dour évit-hô eûz ar méan; faoutet eo bét ar méan gañt-hañ, hag ann dour a zô rédet.
22. N'eûz kéd a béoc'h évid ar ré fallagr, émé ann Aotrou.

XLIX. PENNAD.

Ar Mési distolet gañd Israel, ha kaset d'ar broadou.

1. Sélaouit, énézi; ha likiid évez, poblou a-bell : Ann Aotrou en deûz va c'halvet abaoé ma ounn ganet; adalek kôv va mamm en deûz bét koun enn-oun.
2. Ével eur c'hlézé lemm en deûz lékéat va génou; gañt skeûd hé zourn en deûz va gwarézet, va lékéat en deûz ével eûr zaez dilennet; enn hé drouñs en deûz va c'huzet.
3. Hag hén en deûz lavaret d'in : Va zervicher oud, Israel, ha mé en em veûlô enn-od.
4. Ha mé em eûz lavaret : Enn-aner em eûz labouret, héb abek hag enn-

aner em eûz dislébéret va ners ; râk-
sé va barn a zô gañd ann Aotrou, ha
gôbr va labour gañt va Doué.

5. Ha bréma é lavar ann Aotrou,
péhini en deûz va doaréet adalek kôv
va mamm da zervicher d'ézhañ, évit
ma tigasinn Jakob a-névez étrézég
enn-hañ, ha pétrâ-bennâg n'en em
unan két Israel gañt-hañ, mé a vézô
meûlet dirâg ann Aotrou, ha va Doué
a zeûi da véza va ners.

6. Hag héñ a lavaraz : Nébeûd eo é
vijez da zervicher d'in évit lakaad da
zével breûriézou Jakob, hag évit la-
kaad da zistrei ouz-in dilerc'hiou Is-
rael. Chétu é rôann ac'hanod da c'hou-
lou d'ar brôadou, évit ma vézi va sil-
vidigez bété pennou ann douar.

7. Ével-henn é lavar ann Aotrou,
daspréner Israel, hag hé zeñt, ouz
ann éné disprizet, ont sklâv ann dre-
c'herien : Ar rouéed a wélô, hag ar
briñsed a zavô, hag hi a stouô enn
abek d'ann Aotrou, péhini a zô bét
féal, ha da zañt Israel, péhini en deûz
da zilennet.

8. Ével-henn é lavar ann Aotrou :
Enn amzer vâd em eûz klévet ouz id,
hag é deiz ar zilvidigez em eûz da
gen-nerzet ; da viret em eûz, hag em
eûz da rôet da gévrédigez d'ar bobl,
évit ma savchez ann douar, ha m'ez
pijé ann digwésiou skiñet.

9. Évit ma lavarchez d'ar ré a oa er
vâc'h : Id er-méaz ; ha d'ar ré a oa enn
amc'houlou : Bézit goulaouet. War
ann heñchou é peûriñt, hag enn holl
gompézennou é vézô hô feûrvan.

10. N'hô dévézô két naoun, n'hô dé-
vézô két séc'hed, hag ar c'hrouéz hag
ann héol na gouézô két war-n-ézhô :
râg ann hini en deûz truez out-hô hô
rénô, hag hô c'hasô da éva é feuñteû-
niou ann douréier.

11. Ha mé a lakai va holl vénésiou
enn heñt, ha va ravéñchou a vézô
uc'héléet.

12. Chétu hi a zeûi a bell ; lôd eûz
ann hañtez-nôz, lôd eûz ar c'hûs-héol,
ha lôd all eûz ar c'hrésteiz.

13. Kanit, ênvou, trid, douar, meû-
lit, ménésiou ; râg ann Aotrou en
deûz frealzet hé bobl, truez en deûz
bét oud hé béorien.

14. Ha Sion é deûz lavaret : Ann
Aotrou en deûz va dilézet, ann Ao-
trou en deûz va añkounac'héet.

15. Hag eur c'hrég a hell añkoun-
nac'haad hé bugel ; hag hi n'é dévézô
két a druez out mâb hé c'hôv ? Ha pa
zeûfé-hi d'hé añkounac'haat, na añ-
kounac'hainn két ac'hanod.

16. Chétu em eûz da skrivet em
dourn : da vuriou a zô bépréd dira-
z-oun.

17. Ar ré a dlé da zével a-névez a
zô deûet ; ar ré a zispennê, hag a skiñé
ac'hanod, a zô éat er-méaz ac'hanod.

18. Saô da zaoulagad enn-drô d'id,
ha gwél : ar ré-zé holl en em stroll,
hag a zeû d'az kavout : *Ével ma* ounn
béô, émé ann Aotrou, é wiski ar ré-
mañ holl ével eur zaé, hag é likii
anézhô war da drô ével eur c'hrég.

19. Râk da lec'hiou didûd, da le-
c'hiou distrô, ha da zouar gwastet a
vézô ré eñk évid ar ré a choumô enn-
hô ; hag ar ré a louñké ac'hanod a
déc'hô pell.

20. Bugalé da heskder a lavarô
c'hoaz oud da ziskouarn : Eñk eo al
léac'h-mañ d'in ; grâ eul léac'h éc'hon
d'in ma chouminn enn-hañ.

21. Ha té a lavarô enn da galoun :
Piou en deûz ganet ar ré-mañ d'in,
ha mé hesk, ha na c'hanenn két, ha
mé divrôet, ha sklâv ? Piou en deûz
maget ar ré-mañ, ha mé dilézet ha
va-unan ; a béléac'h iñt-hi deûet ?

22. Ével-henn é lavar ann Aotrou
Doué : Chétu éc'h astenninn va dourn
d'ar brôadou, hag é savinn va arouéz
dirâg ar boblou ; hag hi a zigasô da
vipien étré hô divrec'h, hag a zougô
da verc'hed war hô diskoaz.

23. Ar rouéed a vézô da vagérien
d'id, hag ar rouanézed da vagérézed
d'id ; hi a azeûlô ac'hanod ô lakaad
hô génou oud ann douar, hag a lipô
poultr da dreid. Ha té a wézô pénaoz
éo mé ann Aotrou, ha pénaoz ar ré a
laka hô géd enn-oun na véziñt két
mézékéet.

24. Ha béz' é helleur tenna hé breiz
dioud eunn dén kré, pé dieûbi hé
sklâv dioud eunn dén galloudek ?

25. Hôgen ével-henn é lavar ann
Aotrou : Ar ré a oa bét preizet gañd

ann déu kré a vézó tennet diout-hañ,
hag ar ré a oa bét lékéat da sklaved
gañd ann dén galloudek, a vézô dieû-
bet. Ar ré hô dôa da varnet a varninn,
ha da vugalé a zieûbinn.

26. Ha mé a lakai da énébourien
da zibri hô c'hig hô-unan, ha d'en em
vezvi gañd hô goad hô-unan, ével
gañt gwin c'houék : ha pép kik a wézô
pénaoz eo mé ann Aotrou da Zalver,
ha da zaspréner kré, ô Jakob.

L. PENNAD.

Dismañtr énébourien ar Mési.

1. Ével-henn é lavar ann Aotrou :
Pétrâ eo ar skrid-rann-zé, gañt péhini
em eûz kaset-kuit da vamm ? Pé piou
eo ar c'hrédour-zé d'in da bébini em
eûz hô kwerzet ? Chétu enn abek d'hô
fallagriézou oc'h bét gwerzet, hag enn
abek d'hô kwallou em eûz kaset-kuit
hô mamm.

2. Râk deûet ounn, ha na va dén ;
galvet em eûz, ha dén n'en deûz va
c'hlevet. Ha berréet, ha bihanéet eo
va dourn, évit na helfenn mui hô tas-
préna ? Ha n'em eûz mui ann ners
d'hô tieûbi ? Chétu gañt va gourdrouz
é likiinn ar môr da véza hesk, hag é
tizec'hinn ar steriou ; ar pesked a
vreinô hép donr hag a varvô gañd ar
sec'hed.

3. A dévalien é wiskinn ann éñvou,
hag ével eûz a eur sac'h é c'hôlôinn
anézhô.

4. Ann Aotrou en deûz rôet d'id
eunn téôd gwiziek, évit ma hellinn
harpa gañd ar gér ann hini a zô skuîz,
diouc'h ar miñtin é sâv ac'hanoun,
diouc'h ar miñtin é sâv va skouarn,
évit ma sélaouinn anézhañ ével eur
mestr.

5. Ann Aotrou Doué en deûz digo-
ret va skouarn, ha n'em eûz két éné-
bet out-hañ ; n'ounn két bét éat war
va c'hiz.

6. Va c'horf em eûz rôet d'ar ré a
skôé gan-éñ, ha va divoc'h d'ar ré a
zaché war va barô ; n'em eûz két dis-
trôet va daoulagad dioud ar ré a gu-
nuché ac'hanoun, hag a skôpé ouz-in.

7. Ann Aotrou Doué eo va skoa-
zeller ; râk-sé n'ounn két bét mézé-
kéet ; rôet em eûz va dremm ével eur
méan ar c'haléta, hag é ouzonn pé-
naoz na vézinn két mézékéet.

8. Tôst eo ann hini a zidamall ac'ha-
noun, piou a énébô ouz-in ? Kerzomp
kévret, piou eo va énébour ? Ra dôs-
tai ouz-in.

9. Chétu ann Aotrou Doué a zô da
skoazeller d'in : piou a damallô ac'ha-
noun ? Chétu hi holl a vreinô ével di-
lad ; gañd ann tartouz é véziñt débret.

10. Piou ac'hanoc'h a zouj ann Ao-
trou, hag a zélaou mouéz hé zervi-
cher ? Ann hini a valé enn dévalien,
ha n'en deûz két a c'houlou, ra lakai
hé c'héd é hanô ann Aotrou, ha r'en
em harpô war hé Zoué.

11. Chétu c'houi holl hoc'h eûz
c'houézet tân, hoc'h eûz lékéat flam-
mou da zével enn-drô d'é-hoc'h ; ba-
leit é goulou hô tân, hag er flammou
hoc'h eûz lékéat da zével ; gañt va
dourn eo bét gréat kémeñt-sé d'é-
hoc'h ; enn hô klac'hariou é kouskot.

LI. PENNAD.

Jéruzalem dic'hlac'haret.

1. Sélaouit ac'hanoun, c'houi péré
a heûl ar reizded, hag a glask ann
Aotrou ; arvestit ar méan a béhini
oc'h bét trouc'het, hag ar poull doun
a bébini oc'h bét tennet.

2. Arvestit Abraham hô tâd, ha Sara
péhini é deûz hô kanet ; râg hé c'hal-
vet em eûz hé-unan, hé venniget em
eûz, hag hé gresket em eûz.

3. Dré-zé ann Aotrou a zic'hlac'harô
Sion, hag a zic'hlac'harô hé holl zizé-
riou ; héñ a drôi hé zistrô enn eul
léac'h dudiuz, hag hé léac'h didûd
enn eul liors d'ann Aotrou. Kavet é
vézô enn-hi al lévénez hag al lid, ann
trugarézou hag ar c'hanaouennou a
veûleûdi.

4. Sélaouit ac'hanoun, va fobl ; va

brôad, rôit skouarn d'in.; râg al lézen
a zeûi ac'hanoun, ha va barn a vézô
da c'houlou ha da éhan d'ar boblou.

5. Tôst eo va dén-reiz, er-méaz eo
deûet va Zalver, ha va divrec'h a
varnô ar boblou ; ann énézi a c'hor-
tezô ac'hanoun, hag a lakai hô géd
em bréac'h.

6. Savit hô taoulagad étrézég ann
éñv, hag izélait-hô étrézég ann douar :
râg ann éñv a ziaézô ével ar môged,
hag ann douar a iélô é poultr ével eur
zaé ; hag ar ré a choum war-n-ézhañ
a iélô-da-nétra ével-t-hañ ; hôgen va
zilvidigez a vézô peûr-baduz, ha va
reizded a vézô dizivez.

7. Sélaouit ac'hanoun, c'houi péré
a anavez ar reizded ; c'houi, va fobl,
péré hoc'h eûz va lézen enn hô kalou-
nou ; n'hô pézet két a aoun râk dis-
mégañs ann dûd, ha na zoujit két hô
drouk-prézégou.

8. Râg ével eur zaé é véziñt débret
gañd ar préñved, ével ar gloan é vé-
ziñt kriñet gañd ann tartouz ; hôgen
va zilvidigez a vézô peûr-baduz, ha
va reizded a badô da vikenn.

9. Sâv, sâv, kémer da ners, bréac'h
ann Aotrou ; sâv ével enn deisiou kôz,
ével é penn ar béd. Ha né két té éc'h
eûz skôet gañd ann dén rôk, hag éc'h
eûz glazet ann aérouañt ?

10. Ha né két té eo éc'h eûz dizé-
c'het ar môr, ha douréier al louñk
brâz ; éc'h eûz gréat eunn heñt é
gwéled ar môr, évit ma trémenché
ar ré éz pôa dieûbet.

11. Ével-sé ar ré a vézô bét daspré-
net gañd ann Aotrou, a zistrôi, hag
hi a zeûi da Zion enn eur gana ; eul
lévénez peûr-baduz a vézô war hô
fennou, al lid hag al laouénidigez a
vézô gañt-hô, ar hoan hag ar c'hein-
van a dec'hô diout-hô.

12. Mé, mé va-unan eo a zizoaniô
ac'hanoc'h : piou oud-dé évit m'az pé
aoun rag eunn dén marvuz, râk mâb
ann dén a zizéc'hô ével ar géot ?

13. Ha té éc'h eûz añkounachéet
ann Aotrou da grouer, péhini en deûz
astennet ann éñvou, ha diazézet ann
douar ? Hag éc'h eûz krénet bépréd
dirâk frouden ann hini a heskiné
ac'hanod, hag a oa daré d'az kolla :
péléac'h éma bréma frouden da hes-
kiner ?

14. Ann hini a gerz da zigéri a zeûi
abarz némeûr, n'hô lézô két da vervel
bétég ann divéza, hag hé vara na
ziouérô két.

15. Râk mé eo ann Aotrou, da Zoué,
péhini a géflusk ar môr, hag a laka ar
c'hoummou da zével : Aotrou ann ar-
méou eo va hanô.

16. Lékéat em eûz va gériou enn
da c'hénou, ha dindân skeûd va dourn
em euz da warézet, évit ma plañti
ann éñvou, ma tiazézi ann douar, ha
ma liviri da Zion : Va fobl oud.

17. Dihun, dihun, sâv, Jéruzalem,
té péhini éc'h eûz évet eûz a zourn
ann Aotrou kôp hé vuanégez : bété
gwéled kôp ar mored éc'h eûz évet,
bétég al lec'hid éc'h eûz sunet.

18. Eûz ann holl vugalé é deûz ga-
net, n'eûz hini a géméñt a harpé
anézhi : hag eûz ann holl vugalé é
deûz maget, n'eûz hini a géméñt a
astenfé hé zourn d'ézhi.

19. Daou dra zô hag a gouézô war-
n-od : piou en dévézô truez ouz-id ?
Ar gwastadur, hag ann dismañtr, ann
naounégez, hag ar c'hlézé : piou a
zic'hlac'harô ac'hanod ?

20. Da vugalé a zô kouézet ; gour-
vézet iñt é penn ar ruou ével eunn
tarô gouéz enn eul lindâg : gwalc'het
iñt bét gañt buanégez ann Aotrou,
gañt kélen da Zoué.

21. Râk-sé sélaou kéméñt-mañ,
paour kéaz ; hag en em vezv ; nann
gañt gwin.

22. Ével-henn é lavar ann trec'her,
ann Aotrou, da Zoué, péhini a stour-
mô évid hé bobl : Chétu é tenninn
eûz da zourn kôb ar môred, kôp va
buanégez éc'h eûz évet bétég al le-
c'hid ; na évi mui anézhañ hivizi-
kenn.

23. Hôgen mé hé lakai étré daouarn
ar ré hô deûz da vuéléet, hag hô deûz
lavaret d'as éné : Stou, m'az aimp
ébiou ; lékéat éc'h eûz da gorf ével
eunn douar, hag ével eunn heñt d'ann
dréménidi.

—

LII. PENNÂD.

LII. PENNAD.

Gloar ha vuelded ar Mési.

1. Sâv, sâv, Sion, gwisk da ners, gwisk saéou da c'hloar, Jéruzalem, kéar ar Sañt: râk na dréménô mui dré-z-oud dén dienwad na dén dic'hlan é-béd.
2. Deûz er-méaz eûz ar poultr, sâv: azez, Jéruzalem: torr chadennou da c'houzoug, ô sklavez merc'h Sion.
3. Râg ével-henn é lavar ann Aotrou: Évit nétrâ oc'h bét gwerzet, hag héb arc'hañt é viot dasprénet.
4. Râg ével-henn é lavar ann Aotrou Doué: Va fobl a ziskennaz gwéchall enn Ejipt, évit choum énô: hag Assur en deûz hé wasket héb abek.
5. Hôgen bréma pétrâ a dléann-mé da ôber, émé ann Aotrou, pa eo kaset tûd va fobl er-méaz héb abek? Hô dréc'herien a wall-gas anézhô enn eunn doaré direiz, émé ann Aotrou, hag héd ann deiz é trouk-prézégoñt gañt va hanô.
6. Râk-sé é anavézô va fobl va hanô enn deiz-zé; ha mé péhini a gomzé gwéchall, chétu mé bréma.
7. Péger kaer eo treid ann hini a ziougan hag a brézég ar péoc'h; a ziougan ar mâd, a brézég ar zilvidigez, hag a lavar da Zion: Da Zoué a rénô!
8. Da c'héderien a gomzô; sével a raiñt hô mouéz, hag é veûliñt kévret; râg hi a wélô gañd hô daoulagad pénaoz en dévézô ann Aotrou distrôet Sion.
9. En em laouénait, ha meûlit kévret, distrôiou Jéruzalem, ô véza m'en deûz ann Aotrou dic'hlac'haret hé bobl, ha dasprénet Jéruzalem.
10. Ann Aotrou en deûz diskouézet hé vréac'h sañtel dirâg ann holl vrôadou; hag holl harzou ann douar a wélô silvidigez hon Doué-ni.
11. It kuit, it kuit, it er-méaz ac'hanô, na likiid hô tourn war nétrâ a ve saotret; it er-méaz eûz hé c'hreiz, en em c'hlanit, c'houi péré a zoug listri ann Aotrou.
12. Râk n'az éot két er-méaz enn dispac'h, na gerzot két enn tec'h: râg ann Aotrou a iélô enn hô raok, ha Doué Israel hô strollô.
13. Chétu va servicher a vézô poellek; héñ en em c'horréô, hag en em zavô, hag a vézô brâz-meûrbed.
14. Ével ma eo bét saouzanet meûr a hini diwar da benn, ével-sé é vézô dic'hloar da wélout dirâg ann dûd, hag enn eunn doaré displéd dirâk bugalé ann dûd.
15. Héñ a zourô kalz a vrôadou, ar rouéed a zerrô hô génou dira-z-hañ: râg ar ré da béré né oa két bét diouganet, her gwélô, hag ar ré n'hô dôa két bét klévet hanô anézhañ, hen arvestô.

—

LIII. PENNAD.

Gloasiou ha maró ar C'hrist.

1. Piou en deûz krédet d'hol lavar? Ha da biou eo bét diskleriet bréac'h ann Aotrou?
2. Sével a rai dirâg *ann Aotrou* ével eur vrousgwézen, hag ével eur c'hrisien a zeû eûz a eunn douar séac'h: n'en deûz na kaerded, na géned; hé wélet hon eûz, ha né oa nétrâ a gaer enn-hañ, a géméñt a rôjé c'hoañt d'é-omp d'hé wélout.
3. Eunn dén displéd eo, hag ann distéra eûz ann dûd, eunn dén a c'hlac'har, hag a oar pétrâ eo gouzañvi; ével kuzet eo hé zremm; disprizet eo, ha n'hon eûz két hé anavézet.
4. Kéméret en deûz évit-gwir hon doaniou, hag hor glac'hariou en deûz douget: ha ni hon eûz hé zellet ével eunn dén lovr, ével eunn dén skôet gañd Doué ha vuéléet.
5. Hôgen héñ a zô bét gôlôet a c'houliou enn abek d'hor fallagriézou; brévet eo bét enn abek d'hor gwallou; kastiz hor péoc'h a zô kouézet war-n-ézhañ, ha gañd hé vlonsou omb bét iac'héet.
6. Nî holl a zô en em faziet ével déñved war hon heñt; pép-hini ac'hanomp a zô bét kildrôet; hag ann Aotrou en deûz hé garget eûz hor gwallou holl.

7. Kenniget eo bét, ô véza ma eo
bét fellet gañt-hañ; ha n'en deûz két
digoret hé c'hénou; ével eunn dañvad
da laza eo bét kaset, hag ével eunn
oan mûd eo bét rôet d'ann touzer, ha
na zigorô két hé c'hénou.
8. Goudé ann añken, goudé ar varn
eo bét savet; piou a zanévellô hé
wenn? Râg héñ a zô bét rannet eûz a
zouar ar ré véô; enn abek da béc'hé-
jou va fobl em eûz skôet war-n-ézhañ.
9. Hag héñ a rôi ar ré fallagr évid
hé véz, hag ann hini pinvidik évid hé
varô; ô véza n'en deûz két gréat a
fallagriez, ha n'eûz két bét a drôidel
enn hé c'hénou.
10. Hag eo bét fellet gañd ann Ao-
trou hé vrévi enn hé wander; mar rô
hé éné évid ar péc'hed, é wélô hé
wenn ô padout pell; hag ioul ann
Aotrou a zévénô enn hé zourn.
11. Héñ a wélô ar frouez eûz a boan
hé éné, hag héñ en dévézô hé walc'h.
Ével ma eo reiz va servicher, é tida-
mallô meûr a hini gañd hé wiziégez;
hag héñ a zougô hô fallagriézou.
12. Râk-sé é rôinn d'ézhañ da lôd
kalz a dûd; hag héñ a rannô ann di-
wiskou gañd ar ré gré, ô véza ma en
deûz rôet hé éné d'ar marô, ha ma eo
bét nivéret é-touez ann dûd fallagr;
ha ma en deûz douget péc'héjou eûl
lôd brâz a dûd, ha ma en deûz pédet
évit ar ré a dorr al lézen.

LIV. PENNAD.

Kévrédigez ann Aotrou gañt Jéruza-lem.

1. En em veûl, grég vréc'hañ, pa
na c'hanez két: en em veûl ha kân,
pa na wilioudez két: râg ann hini a
zô dilézet é deûz mui a vugalé, égéd
ann hini é deûz eunn ozac'h, émé ann
Aotrou.
2. Astenn léac'h da delt, ha lédana
ar c'hrec'hin a c'hôlô da deltou; na
zelé két: hirra da gerdin, ha stard
da dachou.
3. Râk té a iélô a zéou hag a gleiz:
da wenn é dévézô ar brôadou da zi-
gwéz, hag a iélô da choum er c'hé-
siou didûd.
4. N'az péz kéd a aoun, râk na vézi
két mézékéet, ha na zeûi két da rusia:
n'az pézô kéd a véz, râg añkouna-
c'haad a ri dismégañs da iaouañktiz,
ha n'az pézô mui a goun eûz a vézégez
da iñtañvélez.
5. Râg ann hini en deûz da c'hréat
a vézô da vestr d'id: Aotrou ann ar-
méou eo hé hanô; ha da zaspréner eo
Sañt Israel; Doué ann douar holl é
vézô galvet.
6. Râg ann Aotrou en deûz da c'hal-
vet ével eur c'hrég dilézet, ha gla-
c'haret a spéred, ével eur c'hrég a zô
bét kaset-kuit adaleg hé iaouañktiz,
émé da Zoué.
7. Évid eunn nébeûd amzer em eûz
da zilézet, ha gañd eunn drugarez
vrâz é strollinn ac'hanod.
8. Distrôet em eûz va daoulagad
diouz-id évit némeûr, é amzer va
buanégez; hôgen gañt truez em eûz
sellet oûz-id da-vikenn, émé ann Ao-
trou, da zaspréner.
9. Gréat em eûz évid-od ar péz em
eûz gréat é amzer Noé. Ével ma em
eûz touet pénaoz na zigaschenn mui
douréier Noé war ann douar: ével-sé
em eûz touet pénaoz na vuanékafenn
mui enn da énep, ha na damallfenn
mui ac'hanod.
10. Râg ar ménésiou a vézô késlus-
ket, hag ar c'hrec'hiennou a grénô;
hôgen va zrugarez n'en em dennô két
diouz-id; ha na vézô két horellet ké-
vrédigez va féoc'h, émé ann Aotrou
péhini en deûz truez ouz-id.
11. Paour kéaz, péhini a zô bét ker
pell horellet gañd ann arné, hép dic'h-
lac'har é-béd; chétu mé a zavô da
vein enn hô reiz, hag a zizézô ac'ha-
nod gañt safirou.
12. Sével a rinn da gériou kré gañt
jasp (T), da bersier gañt mein kizellet,
ha da holl harzou gañt mein dilennet.
13. Da holl vugalé a vézô desket
gañd ann Aotrou: hag hi hô dévézô
kalz a béoc'h.
14. Er reizded é vézi diazézet: pel-
laad a ri diouc'h ar mañtr, hép m'az
pézô aoun ra-z-hañ, ha diouc'h ar
spouñt, ô véza na dôstai két ouz-id.

15. Chétu é teûi tûd da choum enn-od, ha na oañt két gan-éñ ; hag ar ré a ioa divrôidi évid-od, en em unvanô gan-éz.

16. Mé eo em eûz gréat ar gôf péhini a c'houéz ann tân er glaou, évid ôber ar binviou a béré en deûz ézomm évid hé labour ; mé eo em eûz gréat al lazer évid dispenna pép-trâ.

17. Kéméñd arm a vézô bét gréat enn da énep n'az ai két râg-eunn ; ha té a varnô kémeñt téôd a zavô enn da énep er varn. Hen-nez eo digwéz servichérien ann Aotrou ; hag hô reizded dira-z-ouñ, émé ann Aotrou.

LV. PENNAD.

Ann Aotrou a c'halv ann holl d'ar feiz.

1. C'houi holl péré hoc'h eûz séc'hed, deûit étrézég ann douréier ; c'houi péré n'hoc'h eûz két a arc'hañt, hastit, prénit ha debrit ; deûit, prénit héb arc'hañt, hag hép kemm é-béd, ar gwin hag al léaz.

2. Pérâg é likit-hu hoc'h arc'hañt er péz ha na hell két rei bara, hag hô labour er péz ha na hell két gwalc'ha ? Sélaouit ac'hanoun, ha débrit ar péz a zô mâd, hag hoc'h éné en em lardô el lévénez.

3. Dinaouit hô skouarn, ha deûit étrézég enn-oun ; sélaouit, hag é vévô hoc'h éné : ha mé a rai gan-é-hoc'h eur gévrédigez peûr-baduz, hag a startai trugarézou David.

4. Chétu em eûz hé rôet da dést d'ar boblou, da réner ha da gélenner d'ar brôadou.

5. Chétu é c'halvi eur vrôad, ha na anavézez két ; hag ar brôadou ha na anavézé két ac'hanod, a rédô étrézég enn-od, enn abek d'ann Aotrou, da Zoué, ha da Zañt Israel, ô véza ma en deûz da veûlet.

6. Klaskit ann Aotrou, eñdra ma hell béza kavet ; galvit-héñ, eñdra ma éma tôst.

7. Ra zilézô ann dén difeiz hé heñt, hag ann dén fallagr hé vénosiou, ha ra zistroi étrézég ann Aotrou ; hag héñ a rai trugarez enn hé géñver ; hag étrézég hon Doné, râg héñ a zô daré da drugarézi :

8. Râk va ménosiou n'iñt két hô ménosiou, hag hoc'h heñchou n'iñt két va heñchou, émé ann Aotrou.

9. Râg ével ma éma ann éñvou uc'héloc'h égéd ann douar, ével-sé va heñchou a zô uc'héloc'h égéd hoc'h heñchou, ha va ménosiou uc'héloc'h égéd hô ménosiou.

10. Hag ével ma 'tiskenn ar glaô hag ann erc'h diouc'h ann éñv, ha na zistrôoñt mui dî ; hôgen, ma touroñt ann douar, m'az éoñt dreist-hañ, m'hel lékéoñt da gellida, da rei hâd d'ann hader, ha bara da zibri :

11. Ével-sé é rai va gér, ann hini a iélô er-méaz eûz va génou ; na zistrôi két étrézég enn-oun difrouez ; hôgen ôber a rai ar péz a fellô d'in, hag é sévénô ann traou évit péré em eûz hé gaset.

12. Râg el lévénez éz éot-kuit, hag er péoc'h é viot kaset. Ar ménésiou hag ar c'hrec'hiennou a ganô kanaouennou a veûleûdi dira-z-hoc'h, hag holl wéz ar vrô a stlakô ével ma hô défé daouarn.

13. É léac'h al lavañd é savô ar sapr, hag é léac'h al linad é kreskô ar mirtr ; hag ann Aotrou a vézô brûdet gañd hé hanô, ha gañd eunn arouéz peûr-baduz, ha na vézô bikenn diverket.

LVI. PENNAD.

Gourdrouzou a-éneb Israel.

1. Ével-henn é lavar ann Aotrou : Mirid ar varn, ha grid ar reizded : râg abars némeûr é teûi va zilvidigez, hag en em ziskouézô va reizded.

2. Gwenvidig eo ann dén a râ kémeñt-sé, ha mâb ann dén péhini a heûl ann dra-zé : péhini a vir ar sabbat héb hé zaotra, hag a ziwall na rajé hé zaouarn droug é-béd.

3. Ha na lavaret két ann diavésiad, péhini a vézô en em rôet d'ann Aotrou : Ann Aotrou en deuz va rannet,

va diframmet dioud hé bobl; ha na
lavaret két ar spâz : Chétu mé a zô
eur c'héf krin.
4. Râgével-henn é lavar ann Ao-
trou d'ar spazéien : D'ar ré a vir va
deisiou sabbat, a zilenn ar péz a iou-
lann, hag a zalc'h va c'hévrédigez,
5. É rôinn eul léac'h em zi hag é-
kreiz va môgériou ; hag eunn hanô a
vézô gwelloc'h égét mipien ha mer-
c'hed ; eunn hanô peûr-baduz a rôinn
d'ézhô, ha na vézô bikenn kollet.
6. Ma en em rô bugalé ann diavé-
siad d'ann Aotrou, ma azeûlont anéz-
hañ, mar karont hé hanô, ha mar bé-
zont servichérien d'ézhañ ; kémend
hini a virô ar sabbat, héb hé zaotra,
hag a zalc'hô va c'hévrédigez,
7. É tigasinn anézhô war va ménez
sañtel, hag é laouénainn anézhô é tî
va féden. Ar sakrifisou hag ann hos-
tivou a gennigint war va aoter a vézô
hétuz d'in : râk va zi a vézô galvet tî
ar béden évid ann holl boblou.
8. Chétu pétrâ a lavar ann Aotrou
Doué, péhini a stroll ar ré skiñet eûz
a Israel : Strolla a rinn c'hoaz out-hañ
ar ré en em strollô gañt-hañ.
9. Loéned ar parkou, loéned ar
c'hoajou, deûit holl da louñka.
10. Hé évésidi a zô dall holl ; diwi-
ziek iñt holl ; chàs mûd iñt péré na
helloñt két harza, péré a wél teûsiou,
a gousk, hag a gâr ann huvréou.
11. Chàs divézet iñt, péré n'iñt
morsé gwalc'het ; mésérien iñt, péré
n'hô deûz poell é-béd : pép-hini a zis-
trô enn hé heñt ; pép-hini a glask hé
c'hounid, adaleg ar brasa bétég ar
bihana.
12. Deûit, evomp, hag en em vez-
viomp ; ha bézet war-c'hoaz ével hi-
riô, ha c'hoaz ouc'h-penn.

—

LVII. PENNAD.

Ann Aotrou a zigasô ar péoc'h war ann douar.

1. Ann dén reiz a varv, ha dén na
laka évez enn hé galoun. Ann dûd
trugarézuz a zô tennet er-méaz, râk
n'eûz dén a gémeñt en défé poell ; râg
ann dén reiz a zô bét tennet er-méaz
évit pellaad diouc'h ann drougiez.
2. Ra zeûi ar péoc'h ; râ c'hourvézô
enn hé wélé ann hini en deûz baléet
enn heñt éeun.
3. Deûit amañ, bugalé ann diouga-
nérez, gwenn ann avoultrer hag ar
c'hrék-fall.
4. A biou hoc'h eûs-hu gréat goab ?
Diwar benn piou hoc'h eûs-hu digoret
hô kénou, hag astennet hô téôd ? Ha
n'oc'h-hu két bugalé ar gwall, gwenn
ar gaou ?
5. C'houi péré a glask hô tizoan enn
hô touéed dindân ann holl wéz dé-
liaouuz, péré a lâz hô pugaligou er
frouden, dindân ar réc'hier uc'hél ?
6. É mein ar froud éc'h eûz lékéat
da fisiañs ; énô éma da lôd : braoued-
kennig éc'h eûz skulet war-n-ézhô,
sakrifisou éc'h eûz gréat d'ézhô ; ha
na zavô két a zroug enn-oun diwar-
benn kémeñt-sé ?
7. War eur ménez uc'hel-brâz éc'h
eûz lékéat da wélé ; hag oud piñet di
évit laza hostivou.
8. Adré ann ôr, adré ar postou éc'h
eûz lékéat da idolou ; râg en em zizô-
lôet oud dira-z oun, hag éc'h eûz di-
gémérct ann avoultrer ; lédanéet eo
da wélé gan-éz, hag éc'h eûz gréat
kévrédigez gañt-hô : karet éc'h eûz hô
gwélé, é péléac'h-bennâg ma éc'h eûz
hé wélet.
9. En em lardet oud évit plijoud
d'ar roué, kalz louzou-c'houés-vâd
éc'h eûz lékéat enn-drô d'id. Da gan-
naded éc'h eûz kaset pell, ha bétég
ann ifern oud en em vuéléet.
10. El lôd brâz eûz da heñchou oud
bét skuizet ; ha n'éc'h eûz két lavaret :
Ébana a rinn : ar vuézégez éc'h eûz
kavet gañd da zourn ; râk-sé n'éc'h
eûz két va fédet.
11. Râk piou éc'h eûs-té bét aoun,
évit béza lavaret gévier, évit béza va
añkounac'héet, hép menna enn da ga-
loun ? O véza ma tavann, ha ma ounn
ével pa na wélchenn két, éc'h eûz va
añkounac'héet.
12. Mé a embannô da reizded, ha
da ôberiou na dalvézint két d'id.

13. Pa c'harmi, ra zeûi d'az dieûbi ar ré éc'h eûz strollet; hôgen ann avel hô skiñô holl, eur c'houézaden hô c'hasô-kult. Hôgen ann hini a laka hé fisiañs enn-oun, en dévézô ann douar é digwéz, hag a biaouô va ménez sañtel.

14. Ha mé a lavarô : Grîd eunn heñt, aozid ann heñt, en em dennit diwar ar raveñt, tennid ar sparlou diwar heñt va fobl.

15. Râg évei - henn é lavar ann Uc'hel-meûrbéd, ann *Doué* brâz péhini a choum er beûr-badélez, hag en deûz da hanô ar Sañt: El léac'h uc'hel-meûrbéd, el léac'h sañtel é choumann, ha gañd ar spéred vuel ha keûziek; évit rei ar vuez d'ar spéred vuel, évit rei ar vuez d'ar galoun keûziek.

16. Râk na strivinn két da-vikenn, ha na vuanékainn két bétég ann divez: râg ar spérédou a zô deûet er-méaz ac'hanoun, ha mé eo em eûz gréat ann énéou.

17. Enn abek d'hé fallagriez ha d'hé bizoni ounn buanékéet, hag em eûz skôet gañt-hañ : en em guzet ounn dira-z-hañ em buanégez, hag héñ a zô éat évei eur ribler é heñt hé galoun.

18. Hé heñchou em eûz gwélet, hag em eûz hé iac'héet; hé zigaset em eûz, hé fréalzet em eûz, héñ hag ar ré a wélé diwar hé benn.

19. Krouet em eûz ar péoc'h, frouez va muzellou, ar péoc'h d'ann hini a zô pell, ha d'ann hini a zô tôst, émé ann Aotrou, hag em eûz hé iac'héet.

20. Hôgen ar ré fallagr a zô évei eur môr diboell, péhini na hell két sioulaat, hag a léd hé goummou leûn a éon hag a fañk.

21. N'eûz kéd a béoc'h évid ar ré fallagr, émé ann Aotrou Doué.

LVIII. PENNAD.

Ann ôberiou a drugarez eo réd da zévéni.

1. Garm, ha na éhan; sâv da vouéz évei eur c'horn-boud; embann d'am bobl hé wallou, ha da dl Jakob hé béc'héjou.

2. Râk bemdez é klaskoñt ac'hanoun, hag é fell d'ézhô anaout va heñchou, évei eur vrôad é dévijé heûliet ar reizded, ha né dévijé két dilézet barnédigez hé Doué : kuzul é c'houlennoñt digan-éñ diwar-benn barnédigézou ar reizded; béz' é fell d'ézhô tôstaad ouc'h Doué.

3. Pérâg hon eûz-ni iunet, *émé-z-hô*, ha n'éc'h eûz két sellet *ouz-omp?* Hon eûz-ni vuéléet hon énéou, ha n'éc'h eûz két hé wézet? Chétu enn deiz é péhini é iunit en em gav hoc'h ioul, hag é c'houlennit kémeñd a zô dléet d'é-hoc'h.

4. Chétu é iunit évit breûdou ha reñdaélou, hag é skôit didruez gañd hô tourn. Na iunit két évei ma hoc'h eûz gréat bété vréma, ô lakaad da glévout hô karm kenn uc'hel.

5. Hag hen-nez eo ar iûn em eûz dilennet, ma wahô eunn dén hé éné héd eunn deiz? Ma kroummô hé benn évei eur c'helc'h, ma c'hourvézô war ar sâc'h ha war al ludu? Ha kémeñt-sé a c'halvit eur iûn, hag eunn deiz hétuz d'ann Aotrou?

6. Ar iûn em eûz dilennet ha né két keñtoc'h hé-mañ? Torr chadennou ar fallagriez, diskarg bec'hiou ar ré a zô mac'het; kâs dieûb ar ré a zô é sklavérez, ha torr ann holl c'héviou.

7. Rann da vara gañd ann hini en deûz naoun, ha digas enn da dl ar ré baour, hag ar ré zivrôet; pa wéli eur ré enn-noaz, gwisk-héñ, ha na zispriz két da gik da-unan.

8. Neûzé da c'houlou a darzô évei goulou-deiz, hag é teûi buan da véza iac'h; da reizded a gerzô enn da raok, ha gloar ann Aotrou az dilennô.

9. Neûzé é c'halvi, hag ann Aotrou a zélaouô ouz-id; é c'harmi, hag é lavarô : Chétu mé. Mar tennez ar chaden eûz da zargreiz, ma éhanez da astenna da viz, ha da gomza enn eunn doaré dizéréad:

10. Mar ken-nerzez a-galoun-vâd ann hini en deûz naoun, mar fréalzez ar ré c'hlac'haret, da c'houlou a zavô enn dévalien, ha da dévalien a vézô évei ar c'hrésteiz.

11. Ann Aotrou a rôi d'id éhan bépréd, hag a leûniô da éné gañd hé skédou, hag a lardô da eskern; hag é vézi ével eul liors douret bépréd, hag ével eur feuñteun é péhini na ziouér két ann dour.

12. Al lec'hiou enn-od péré a vézô didûd pell a vézô, a zeûi da véza leûn a zitez; té a zavô diazézou kalz brôadou; ha té a vézô galvet saver girsier, hag aozer raveñtou évid ann éhan.

13. Ma na gerzez két é deiz ar sabbat, ma na réz két da ioul em deiz sañtel, mar galvez ar sabbat eunn éhan dudiuz, eunn deiz sañtel hag hétuz d'ann Aotrou, mar mirez anézhañ hép heûlia da heñchou, hép klaskout da ioul, hép komza enn-aner:

14. Neûzé é kavi da zudi enn Aotrou, ha mé az gorréô dreist ar péz a zô ann uc'héla war ann douar, hag é rôinn d'id évid en em vaga digwéz Jakob da dâd; râg génou ann Aotrou en deûz komzet.

—

LIX. PENNAD.

Péc'héjou Israel a vir na vézô dicûbet.

1. Chétu né két berréet dourn ann Aotrou, évit na hellfé két dieûbi, ha né két pounnéréet hé skouarn, évit na hellfé két klévout.

2. Hôgen hô fallagriézou eo hô deûz lékéat eur rann étré c'houi hag hô Toué, hag hô péc'héjou eo hô deûz kuzet hé zremm diouz-hoc'h, évit na zélaouô két ouz-hoc'h.

3. Râg hô taouarn a zô saotret gañd ar goâd, hag hô piziad gañd ar fallagriez; hô muzellou hô deûz lavaret gévier, hag hô téôd gwall gompsiou.

4. N'eûz dén a c'halv ar reizded, nag a varn gañt gwirionez; hôgen lakaad a réoñt hô fisiañs é nétrâ, ha na lévéroñt némét gévier: ar c'hlac'har a eñgéheñtoñt, hag ar fallagriez a c'hanoñt.

5. Viou aspik hô deûz dozvet, ha gwiad-kefnid hô deûz gwéet. Néb a zébrô eûz hô viou, a varvô; ha ma hô lékéeur da wiri, é savô eur bazilik anézhô.

6. Hô lien na rai két a zilad d'ézhô; n'en em c'hôlôiñt két gañd hô labour; râk didalvez eo hô ôberiou, hag eul labour a fallagriez eo labour hô daouarn.

7. Hô zreid a réd étrézeg ann droug, hag hi a hast da skuja ar goad dinam. Ménosiou didalvez eo hô ménosiou; gwastadur ha gwask n'eûz kén enn hô heñchou.

8. Na anavézoñt két heñt ar péoc'h, ha n'eûz két a reizded enn hô c'hammêjou; raveñchou trôidelluz hô deûz en em c'hréat; piou-bennâg a gerz enn-hô na anavez két ar péoc'h.

9. Râk-sé ar varnédigez a bella diouz-omp, hag ar reizded na hell két hon tizout; ar goulou a c'hortozemp, ha chétu ann dévalien; ar skéd, hag é valéomp enn amc'houlou.

10. Pafala a réomp a-héd ar môgériou ével tûd-zall, toulbaba a réomp ével pa vemp dilagad; en em steki a réomp da grésteiz ével pa vé nôz, enn dévalien émomp ével tûd-varô.

11. Iuda a réomp ével oursed, grougousa hag hirvoudi a réomp ével koulmed; ar varn a c'hortozemp, ha né két deûet; ar zilvidigez, hag eo pelléet diouz-omp.

12. Râk paottet eo hor fallagriézou dira-z-oud, hag hor péc'héjou hô deûz tésténiet enn hon énep; râg hor gwallou a zô gan-é-omp, hag hor fallagriézou a anavézomp.

13. Péc'het hon eûz, gévier hon eûz lavaret a-éneb ann Aotrou; distrôet omp, évit na gerzchemp két war-lerc'h hon Doué, ô gwall-gomza, ô terri hé lézen; eñgéheñtet hon eûz, hag hon eûz ganet eûz hor c'haloun gériou gaou.

14. Ar varnédigez é deûz trôet hé c'hein d'é-omp hag ar reizded a zô éat pell: râk diskaret eo bét ar wirionez el leûr-géar, hag ann éeunded n'en deûz két gellet moñd enn-hi.

15. Hag ar wirionez a zô bét añkounac'héet; bag ann hini a zô en em dennet diouc'h ann drouk a zô bét mac'het; hag ann Aotrou en deûz hé wélet; hag eo bét drouk dira-z-hañ, ô véza na oa mui a reizded.

16. Hag héñ a wélaz pénaoz na oa
mui a zén ; hag é oé souézet ô véza na
zavé hini enn hé énep ; hag hé vréac'h
hé-unan a zieûbaź anézhañ, hag hé
reizded hé-unan a gen-nerzaz anézhañ.
17. Râg héñ en deûz gwisket ar reiz-
ded ével eunn hobrégon, hag ar zil-
vidigez ével eunn tôk-houarn ; ével
eur zaé é wisk hé veñjañs, ével gañd
eur vañtel en em c'hôlô gañd hé oaz.
18. En em veñji a rai, kastiza a rai
enn hé vuanégez ar ré a stourm out-
hañ, ôber a rai d'hé énébourien ar péz
a zellézoñt, disteûrel a rai d'ann énézi
hervez hô ôberiou.
19. Ar ré a zô war-zû ar c'hûs-héol,
a zoujô hanô ann Aotrou, hag ar ré a
zô war-zû ar sâv-héol, hé c'hloar ; pa
zeûi ével eur ster c'harô lusket gañt
spéred ann Aotrou ;
20. Pa zeûi eûz a Zion eunn das-
préner, d'ar ré eûz a Jakob péré a
zistrôi eûz hô fallagriez, émé ann
Aotrou.
21. Chétu ar gévrédigez a rinn gañt-
hô, émé ann Aotrou ; va spéred, pé-
hini a zô enn-od, ha va gériou, péré
em eûz lékéat enn da c'hénou, n'az
aiñt két kuît eûz da c'hénou, nag eûz
a c'hénou da wenn, nag eûz a c'hé-
nou gwenn da wenn, émé ann Aotrou,
da vikenn.

LX. PENNAD.

Gloar iliz ann Aotrou.

1. Sâv, lûc'h, Jéruzalem ; râk deûed
eo da c'houlou, ha gloar ann Aotrou
a zô savet war-n-od.
2. Râk chétu ann dévalien a c'hôlô
ann douar, hag ann amc'houlou ar
boblou ; hôgen ann Aotrou a zavô
war-n-od, hag hé c'hloar a vézô gwé-
let enn-od.
3. Hag ar brôadou a valéô enn da
c'houlou, hag ar rouéed é skéd da zâv.
4. Saô da zaoulagad enn-drô d'id,
ha gwél ; ar ré-zé holl en em stroll,
hag a zeû d'az kavout ; da vipien a
zeûi a bell, ha da verc'hed a zavô a
bép tû d'id.
5. Neûzé é wéli, hag é vézô brâz da
lévénez ; da galoun a vézô souézet hag
a dridô, pa drôi étrézég enn-od ma-
dou brâz ar môr, pa zeûi pinvidigézou
ar brôadou d'az kavout.
6. Eul lôd brâz a gañvaled a c'hôlôi
ac'hanod, drémédaled Madian hag
Éfa. Ar ré holl eûz a Zaba a zeûi, ô
kâs d'id aour hag ézañs, hag oc'h em-
banna meûleûdiou ann Aotrou.
7. Holl zéñved Sédar en em strollô
enn-od, tourzed Nabajot a zervichô
d'id ; kenniget é véziñt war va aoter
a drugarez, ha mé a leûniô a c'hloar
ti va meûrded.
8. Piou eo ar ré-mañ péré a nich
ével koabrennou, hag ével koulmed
a zistrô d'hô c'houldri ?
9. Râg ann énézi a c'hortoz ac'ha-
noun, ha listri ar môr ivé pell-zô,
évid digas da vugalé a bell, hag hô
arc'hañt hag hô aour gañt-hô, é hanô
ann Aotrou da Zoué, ha sañt Israel,
péhini en deûz da garget a c'hloar.
10. Bugalé ann diavésidi a zavô da
vuriou, hag hô rouéed é zervichô
ac'hanod : râg em buanégez em eûz
skôet gan-éz, hag em madélez em
eûz bét truez ouz-id.
11. Da bersier a vézô digor bépréd ;
na véziñt serret na deiz na nôz, évit
ma vézô digaset d'id pinvidigézou ar
brôadou, ha ma teûi hô rouéed d'az
kavout.
12. Râg ar vrôad hag ar rouañtélez
ha na zervichô két ac'hanod a iélô-da-
nétra ; hag ar brôadou-zé a vézô gwas-
tet ével eunn distrô.
13. Gloar al Liban a zeûi enn-od,
ar sapr, hag ar beûz, hag ivé ar gwéz-
pin, évit kiñkla léac'h va sañtuar ; ha
mé a lakai da véza énoret léac'h va
zreid.
14. Bugalé ar ré hô dôa da vuéléet
a zeûi d'az kavout enn eur stôui, hag
ar ré holl péré a zrouk-komzé gan-éz
a azeûlô roudou da dreid, hag a
c'halvô ac'hanod kéar ann Aotrou,
Sion sañt Israel.
15. O véza ma oud bét dilézet, ha
kaséet, ha na drémêné dén dré-z-oud,
é likiinn ac'hanod é gloar enn holl
gañtvédou, hag é lévénez enn holl
rummou.

16. Té a zunô léaz ar brôadou, ha
gañt bronnou ar rouéed é vézi maget;
ha té a wézô pénaoz eo mé ann Ao-
trou a zieûb ac'hanod, ha kré Jakob
a zasprén ac'hanod.
17. É léac'h arem é tigasinn aour,
hag é léac'h houarn é tigasinn ar-
c'hañt; hag é léac'h koad, arem, hag
é léac'h mein, houarn; lakaad a rinn
ar péoc'h da réna war-n-od, hag ar
reizded da vleña ac'hanod.
18. Na vézô mui klévet a fallagriez
enn da zouar, nag ann dismañtr, nag
ar mâc'h enn da harzou; ann dieûb a
vézô enn-drô d'as muriou, hag ar
veûleûdi é-tâl da bersier.
19. N'az pézô mui ann héol évid da
c'houlaoui a-héd ann deiz, na goulou
al loar évid da skléraat; hôgen ann
Aotrou a vézô d'id da c'houlou peûr-
baduz; ha da Zoué a vézô da c'hloar.
20. Da héol na guzô mui, ha da loar
na zigreskô mui; râg ann Aotrou a
vézô d'id da c'houlou peûr-baduz, ha
deisiou da c'hlac'har a vézô éat ébiou.
21. Da bobl a vézô tûd reiz holl;
hez' hô dévézô ann douar da-viken, *hi
zô* ar wenn péhini em eûz plañtet, la-
bour va daouarn évit va meûli.
22. Ann distéra a zeûi da vil, hag
ar bihana da eur vrôad ar gréva: mé
ann Aotrou a rai kéméñt-sé enn-eunn-
taol enn hé amzer.

LXI. PENNAD.

Prézégérez ann Aviel.

1. Spéred ann Aotrou *a zô* war-n-
oun; dré-zé en deûz va éôliet ann
Aotrou; va c'haset en deûz évit pré-
zégi ann aviel d'ar ré gûñ, évit ia-
c'haad ar ré a zô mañtret hô c'haloun,
ha diougani hô diéréadur d'ar skla-
ved, hag ann dieûb d'ar ré a zô er
bac'hiou.
2. Évid diougani bloavez trugarézuz
ann Aotrou, ha deiz veñjañs hon Doué;
évid dic'hlac'hari ar ré a léñv:
3. Évit prédéria ar ré eûz a Zion
péré a wél; ha rei d'ézhô eur gurunen
é léac'h ludu, éôl lévénez é léac'h gla-
c'har, eur wisk a veûleûdi é léac'h eur
spéred a añken; hag é vézô galvet
enn-hi tûd galloudek er reizded, plañ-
tennou ann Aotrou, évid hé veûli.
4. Hag hi a leûniô a ziez al lec'hiou
a oa didûd pell a ioa, hag a assavô
ann dizériou kôz; névézi a raiñt ar
c'hériou dilézet ha gwastet a bell
amzer.
5. Ann diavésidi a zavô hag a vésô
hô tropellou; ha bugalé ann diavésidi
a vézô da arérien ha da winiérien d'é-
hoc'h.
6. Hôgen c'houi a vézô galvet bé-
léien ann Aotrou; servicherien hon
Doué é viot hanvet; gañt madou ar
brôadou é viot maget, hag hô meûr-
ded a vézô da c'hloar d'é-hoc'h.
7. É léac'h ar véz daou-blég hô lé-
kéa da rusia, hi a veûlô hô lôd; râk-
sé é piaouiñt enn hô douar eur gôbr
daou-blég, hag hi hô dévézô eul lé-
vénez peûr-baduz;
8. Râk mé eo ann Aotrou péhini a
gâr ar reizded, hag a gasa ar skrâb er
sakrifis; er wirionez é likiinn hô ôbe-
riou, hag eur gévrédigez peûr-baduz
a rinn gañt-hô.
9. Hô gwenn a vézô anavézet é-
mesk ar brôadou, hag hô c'hreskou
é-touez ar boblou: ar ré holl péré hô
gwélô, hô anavézô évit béza ar wenn
a zô bét benniget gañd ann Aotrou.
10. Gañd eul lévénez vrâz en em
laouénainn enn Aotrou, ha va éné a
dridô em Doué: râk va gwisket en
deûz gañt gwiskou ar zilvidigez, va
gôlôet en deûz gañt mañtel ar reizded,
ével eur pried kiñklet gañd eur gu-
runen, hag ével eur bried kaéréet
gañd hé bragéérézou.
11. Râg ével ma laka ann douar hé
hâd da zével, hag ével ma laka eul
liors hé hâd da hégina, ével-sé ann
Aotrou Doué a lakai da hégina hé
reizded hag hé veûleûdi dirâg ann
holl vrôadou.

LXII. PENNAD.

Gloar Jéruzalem. Péoc'h Israel.

1. Na davinn két enn abek da Zion,

na éhaninn két enn ábek da Jéruzalem, kén n'en em ziskouézô hé dén reiz ével eur skéd, kén na loskô hé Salver ével eur c'hleûzeur.

2. Ar brôadou a wélô da zén reiz, hag ann holl rouéed da zén brudet: eûz a eunn banô névez é vézi galvet, a vézô bét rôet d'id gañt génou ann Aotrou.

3. Eur gurunen a c'hloar é vézi é dourn ann Aotrou, hag eunn taled a roué é dourn da Zoué.

4. Na vézi mui galvet ann dilézet; ha da zouar na vézô mui galvet ann dismañtret; hôgen té a vézô galvet va muia-karet, ha da zouar *ann douar* a zô pobl enn-hañ; râg ann Aotrou en deûz lékéat hé garañtez enn-od ha da zouar a vézô leûn a dûd.

5. Ann *ozac'h* iaouañk a choumô gañd ar plac'h-iaouañk *hé c'hrég*, ha da vugalé a choumô enn-od. Ann ozac'h en em laouénai gañd hé c'hrég, ha da Zoué en em laouénai gan-éz.

6. War da vuriou, Jéruzalem, em eûz lékéat gwarded; na daviñt bikenn nag enn deiz, nag enn nôz; c'houi péré hoc'h eûz koun eûz ann Aotrou, na davit két,

7. Ha na rôit két a béoc'h d'ézhañ, kén na startai Jéruzalem, ha n'hé lakai da veûleûdi war ann douar.

8. Touet en deûz ann Aotrou dré hé zourn déou, ha dré hé vréac'h kré: na rôinn mui da éd d'as énébourien évid en em vaga, ha bugalé ann diavésidi na éviñt mui da win, péhini en deûz rôet kémeñd a boan d'id.

9. Hôgen ar ré hô deûz dastumet *da éd*, a zebrô anézhañ, hag a veûlô ann Aotrou, hag ar ré hô deûz kutulet *da win*, a évô anézhañ em leûrennou sañtel.

10. Tréménit, tréménit dré ar persier, aozit ann heñt évid ar bobl, kompézit ann heñt, tennid ar vein, ha savid ann arouéz d'ar boblou.

11. Chétu ann Aotrou a rô da glévout kémeñt-mañ bétég harzou ann douar. Livirit da verc'h Sion: Chétu é teû da Zalver: chétu éma hé c'hôbr gañt-hañ, hag hé ôber dira-z-hañ.

12 Hag hi a vézô galvet ar bobl sañtel, ar ré zasprénet gañd ann Aotron. Ha té a vézô galvet ar géar glasket, ha nann *ar géar* dilézet.

—

LXIII. PENNAD.

Trugarézou ann Aotrou é-kéñver Israel.

1. Piou eo hé-mañ a zeû eûz a Édom, gañd hé zilad livet eûz a Vosra? Hé-mañ péhini a zô kaer enn hé zaé, hag a valé gañt kalz a ners. Mé eo, a gomz hervez ar reiz, hag a stourm évit savétei.

2. Pérâg éta eo rûz da zaé, ha da zilad beñvel oud ré ann hini a vac'h ar gwin er waskel?

3. Va-unan em eûz mac'het ar gwin, ha né oa hini eûz ar boblou gan-éñ; hô mac'het em eûz em frouden, hô gwasket em eûz em buanégez; hag hô goad a zô bét striñket war va zaé, hag eo bét saotret gan-éñ va holl zilad.

4. Râk deiz ar veñjañs a zô em c'haloun, bloaz va dasprénadurez a zô deûet.

5. Sellet em eûz enn-drô d'in, ha na oa dén évit va skoazella; klasket em eûz, ha na oa dén évit va c'hen-nerza; ha va bréac'h va-unan é deûz va dieûbet, ha va frouden va-unan é deûz va skoazellet.

6. Ha mé em eûz gwasket ar boblou em frouden, hag em eûz hô mezviet em buanégez, hag em eûz diskaret hô ners d'ann douar.

7. Koun em bézô eûz a drugarézou ann Aotrou; meûli a rinn ann Aotrou évit kémeñd en deûz gréat enn hor c'héñver, évid ann holl vadou en deûz rôed da dî Israel, en deûz skulet warn-ézhañ hervez hé vadélez, hag hervez al lôd brâz eûz hé drugarézou.

8. Hag héñ en deûz lavaret: Koulskoudé va fobl eo; bugalé dinac'h iñt; hag héñ a zô deûet da Zalver d'ézhô.

9. Enn hô holl c'hlac'har né két bét glac'haret, hag ann éal a zô dira-z-hañ en deûz hô dieûbet: enn hé garañtez hag enn hé drugarézou en deûz hô dasprénet; hô douget en

deûz, hô c'horréet en deûz é péb amzer.

10. Hôgen hi hô deûz hé héget, hag hô deûz glac'haret spéred hé Zañt; hag héñ a zô deûet da énébour d'ézhô hag en deûz stourmet out-hô.

11. Hôgen koun a zô deûet d'ézhañ eûz a zeisiou keñt Moizez hag hé bobl. Péléac'h éma ann hini en deûz hô zennet eûz ar môr gañt meserien hé dropel? Péléac'h éma ann hini en deûz lékéat enn hô c'hreiz spéred hé Zañt?

12. Péhini en deûz kéméret Moizez dré hé zourn déou, *hag en deûz hé harpet* gañt bréac'h hé veûrded; péhini en deûz rannet ann douréier enn hô raok, évid ôber d'ézhañ eunn hanô peûr-baduz:

13. Péhini en deûz hô c'haset a-dreûz d'al louñk, ével eur marc'h enn distrô ha na strébo két.

14. Ével eul loen a ziskenn er gompézen, en deûz hé rénet spéred ann Aotrou; évelsé éc'h eûz rénet da bobl, évid ôber d'id eunn hanô a c'hloar.

15. Sell eûz ann éñv, ha gwél eûz da dl sañtel, hag eûz *a drôn* da c'hloar. Péléac'h éma da oaz ha da ners? Péléac'h éma da garañtez vrâz ha da drugarézou? En em deûrel a réoñt war-n-oun.

16. Râk té eo hon tâd; hag Abraham n'en deûz két hon anavézet, hag Israel n'en deûz két gwézet piou é oamp; *hôgen* té, Aotrou, a zô hon tâd, hag hon dasprénér; ha peûrbaduz eo da hanô.

17. Pérâg, Aotrou, éc'h eûs-té holl lékéat da fazia diwar da heñchou; hag éc'h eus-té kalédet hor c'haloûnou, évit na zoujemp két ac'hanod? Distrô, enn abek d'as servichérien, da vreûriézou da zigwéz.

18. Ével nétrâ hô deûz piaouet da bobl sañtel; hon énébourien hô deûz mac'het da zañtuar.

19. Deûet omp, ével *ma oamp* er penn-keñta pa na oaz két da Aotrou d'é-omp, ha pa na oa két galvet da hanô war-n-omp.

—

LXIV. PENNAD.

Péden évit goulenni dieûb Israel.

1. A-ioul é rogfez ann éñvou, hag é tiskennfez; ar ménésiou a zinaoufé dira-z-od.

2. Teûzi a rajeñt ével war eunn tân grisiaz; ann douréier a zeûjé ével tân, évit ma vijé brudet da hanô é-touez da énébourien, ha ma krénché ar brôadou dira-z-od.

3. Pa rí da vurzudou, na hellimp két hô gouzañvi; diskennet oud, hag ar ménésiou a zô bét dinaouet dira-z-od.

4. Adaleg ar penn-keñta ann dûd n'hô deûz két klevet, ar skouarn n'é deûz két sélaouet, al lagad n'en deûz két gwélet, néméd-od, ô Doué, ar péz éc'h eûz aozet évid ar ré a c'hortoz ac'hanod.

5. Diambrouget éc'h eûz ar ré a oa el lévénez, hag a zévéné ar reizded; enn da heñchou, hi hô dévézô koun ac'hanod. Chétu té a zô savet droug enn-od, ô véza ma hon eûz péc'het; er péc'hed omb bét bépréd, hôgen salvet é vézimp.

6. Ha ni holl a zô deûet ével eunn dén dic'hlan, hag hon holl reizdédou a zô héñvel out lien ar misiou; hag ével ann délien omp kouézet holl, hag hor fallagriézou hô deûz hor c'haset gañt-hô ével eunn avel.

7. N'eûz dén a gémeñt a c'halvché da hanô, a zavché hag en em stagfé ouz-id. Kuzet éc'h eûz da zremm ouz-omp, hag éc'h eûz hor brévet enn-abek d'hor fallagriez.

8. Hôgen bréma, Aotrou, té eo hon tâd, ha ni n'omp némét pri: té eo éc'h eûz hor gréat, ha labour da zaouarn omb holl:

9. Na zavet két eunn drouk brâz enn-od, Aotrou, ha n'az péz mui a goun eûz hor fallagriez; sell ouz-omp, da bobl omb holl.

10. Kéar da zañt a zô deûet ével eunn distrô; Sion a zô didûd, Jéruzalem a zô glac'haret.

11. Tí hor sañtélédigez, hag hor gloar, é péhini hô deûz da vcûlet hon

tadou, a zô bét dévet gañd ann tân, hag hon holl draou kaer a zô bét dispennet.

12. Goudé-zé, Aotrou, ha té en em zalc'hô c'hoaz ? Ha té a davô, hag a c'hlac'harô ac'hanomp gañd diboell ?

—

LXV. PENNAD.

Galvidigez ar Jeñtiled. Dilerc'h ar Iuzevien miret.

1. Ar ré béré na lékéañt két hô fréder enn-oun, hô deûz va c'hlasket ; ar ré béré na glaské két ac'hanoun, hô deûz va c'havet. Lavaret em eûz : Chétu mé, chétu mé, da eur vrôad péhini na c'halvé két va hanô.

2. Astenned em eûz va daouarn héd ann deiz étrézég eur bobl diskrédik, péhini a gerz enn eunn heñt ha né két mâd, oc'h heûlia hé vénosiou ;

3. Étrézég eur bobl, péhini a ra dira-z-oun ar péz a dlé va argadi ; péhini a lâz hostivou el liorsou, hag a râ sakrifisou war aotériou brikennou ;

4. Péhini a choum-er bésiou, hag a gousk é templou ann idolou ; a zebr kik môc'h, hag a laka eur braoued dizañtel enn hé listri ;

5. Péhini a lavar : Pella diouz-in, na dôsta két ouz-in, râk dic'hlan oud. Hi a vézô eur môged é deiz va frouden, enn tân hag a loskô héd ann deiz.

6. Chétu eo skrivet dira-z-oun : na davinn két, hôgen rôet ha distolet é vézô gan-éñ war hô askré.

7. Hô fallagriézou-c'houi, ha fallagriézou hô tadou kévret, émé ann Aotrou, péré hô deûz gréat sakrifisou war ar ménésiou, hag hô deûz va mézékéet war ar c'hrec'hiennou ; hag é veñtinn hô ôberiou keñt enn hô askré.

8. Ével-henn é lavar ann Aotrou : É-c'hiz, pa gaveur eur c'hreûnen gaer enn eur bôd-rézin, é lévéreur : na wall két anézhi, râk bennoz a zô war-n-ézhi ; ével-sé é rinn é-kéñver va zervicherien, n'hô c'hollinn két holl.

9. Eûz a Jakob é likinn eur wenn da zével, hag eûz a Juda *unan* a biaouô va ménésiou ; hag ar ré em bézô dilennet hô dévézô é digwéz *ann douar-zé*, ha va zervicherien a choumô énô.

10. Ar mésiou a vézô da barkou d'ann déñved, ha traoñien Ac'hor da éc'hoaz d'ar zaoud, da ré va fobl, péhini en dévézô va c'hlasket.

11. Hôgen c'houi, péré hoc'h eûz dilézet ann Aotrou, péré hoc'h eûz añkounac'héet va ménez sañtel, péré hoc'h eûz savet eunn daol da zouéez ar madou, hag a skûl braoued-kennig war-n-ézhi ;

12. Mé hô lakai da gouéza dindân ar c'hlézé, hag holl é varvot el lazérez-zé ; ô véza ma em eûz galvet, ha n'hoc'h eûz két respouñtet, ma em eûz komzet, ha n'hoc'h eûz két klévet ; ma hoc'h eûz gréat ann drouk dirâg va daoulagad, ha ma hoc'h eûz dilennet ar péz ha na fellé két d'in.

13. Râk-sé ével-henn é lavar ann Aotrou Doué : Chétu va zervichérien a zebrô, ha c'houi hô pézô naoun : chétu va zervichérien a évô, ha c'houi hô pézô séc'hed ;

14. Chétu va zervichérien en em laouénai, ha c'houi a vézô mézékéet ; chétu va zervichérien a veûlô, hag a dridô enn hô c'haloun, ha c'houi a c'harmô é glac'har hô kaloun, hag a iudô é mañtr hô spéred.

15. Ha c'houi a zilézô hoc'h hanô ével eunn *touadel* d'am ré-zilennet ; hag ann Aotrou Doué az lazô, hag a rôi eunn hanô all d'hé zervichérien.

16. Ann hini a vézô benniget enn hanô-zé war ann douar, a vézô benniget é Doué ar wirionez ; hag ann hini a douô war ann douar, a douô é hanô Doué ar wirionez ; râg ann añkéniou keñt a vézô lékéat enn añkounac'h, hag a vézô kuzet dirâk va daoulagad.

17. Râk mé a grouô éñvou névez, hag eunn douar névez ; ha na vézô mui a goun eûz ar ré geñta, ha na zeûiñt mui er spéred.

18. Hôgen en em laouénaad a réot, hag é tridot da-vikenn ez péz a grouinn ; râk mé a ia da groui Jéruzalem enn tridérez, hag hé bobl el lévénez.

19. Ha mé a dridô é Jéruzalem,
hag en em laouénai em pobl; ha na
vézô mui klévet enn he c'hreiz a
glemvan nag a c'harm.
20. Na vézô mui énô á vugel a né-
beûd a zeisiou, nag a gôziad ha na
leûniô két hé zeisiou; râg ar bugel a
gañt vloaz a varvô, hag ar péc'her a
gañt vloaz a vézô milliget.
21. Hi a zavô tiez, hag a choumô
enn-hô; hi a blañtô gwini, hag a ze-
brô hé frouez.
22. Na zaviñt két a di, évit ma chou-
mô eunn all enn-hañ; na blañtiñt két,
évit ma tebrô eunn all; hôgen deisiou
va fobl a vézô kenn hir ha deisiou ar
wézen, ha labour hô daouarn a vézô
hir-baduz.
23. Va ré-zilennet na labouriñt két
enn-aner, ha na c'haniñt két enn añ-
ken; râg gwenn-henniget ann Aotrou
é véziñt, hag hô bugalé-bihan gañt-hô.
24. C'hoarvézoud a rai pénaoz abarz
ma c'harmiñt, é klévinn out-hô ha pa
gomziñt c'hoaz, mé hô sélaouô.
25. Ar bleiz hag ann oan a beûrô
kévret, al léon hag ann éjenn a zebrô
kôlô; hag ar poultr a vézô da voéd
d'ann aer; na raiñt két a zroug, ha
na laziñt két war va boll vénez sañtel,
émé ann Aotrou.

LXVI. PENNAD.

Kastiz ar ré-fallagr. Galvidigez ar Jeñtiled.

1. Ével-henn é lavar ann Aotrou:
Ann éñv eo va c'hador, hag ann douar
skabel va zreid: pé dl a zafot-hu d'in?
Ha péhini eo léac'h va arzaô?
2. Va dourn eo en deûz gréat ké-
meñt-sé, hag iñt bét gréad boll, émé
ann Aotrou: out piou é sellinn-mé,
néméd oud ar paour-kéaz, a zô mañ-
tret hé galoun, hag a grén pa gom-
zann.
3. Ann hini a lâz eunn éjenn, *a zô*
évcl ann hini a lazché eunn dén; ann
hini a rô ar marô da eunn oan, *a zô*
évcl ann hini a dorr hé benn da eur
c'hi; ann hini a ra eur braoued-ken-
nig d'in, *a zô* évcl ann hini a gennigfé
goad eunn houc'h. Ann hini a zeû da
goun d'ézhañ dévi ézañs, *a zô* évcl
ann hini a azeûl eunn idol-beonâg.
Kémeñt-sé holl hô deûz dilennet enn
hô heñchou, hag hô éné en deûz ka-
vet hé zudi er fallagriézou-zé.
4. Ha mé ivé a lakai va dudi oc'h
ober goab anézhô, hag é tigasinn war-
n-ézhô ar péz a réa aoun d'ézhô; râg
galvet em eûz, ha dén n'en deûz res-
pouñtet d'in; komzet em eûz, ha n'hô
deûz két va sélaouet; hôgen hi hô
deûz gréat ann drouk dirâk va daou-
lagad, hag hô deûz dilennet ar péz
ha na fellé két d'in.
5. Sélaouit gér ann Aotrou, c'houi
péré a grén pa gomz; hô preûdeûr
péré a gasa ac'hanoc'h, hag hô tispriz
enn abek d'am hanô, hô deûz lavaret:
Ra ziskouézô ann Aotrou hé c'hloar,
ha ni hé gwélô enn hô lévénez; hôgen
hi a vézô mézékéet.
6. Mouéz eur bobl *a glevann* eûz a
géar, eur vouéz eûz ann templ, mouéz
ann Aotrou a rô d'hé énébourien ar
péz a zellézoñt.
7. Abarz ar gweñtrou é deûz gwi-
lioudet; abarz ma oa deûet amzer ar
gwilioud, é deûz ganet eur mâb.
8. Piou en deûz biskoaz klévet eunn
hévélep trâ? Piou en deûz gwélet
eunn dra héñvel oud ann dra-mañ?
Ann douar hag héñ a rô hé frouez
enn eunn deiz? Pé eur bobl holl hag
héñ a vézô ganet war-eunn-taol, ô
véza ma é deûz gwilioudet Sion, ha
ma é deûz ganet hé bugalé?
9. Mé péhini a laka ar ré all da
c'hénel, ha na c'haninn két, émé ann
Aotrou? Mé péhini a rô d'ar ré all ar
galloud da c'hénel, ha bréc'hañ é vé-
zinn, émé ann Aotrou da Zoué?
10. En em laouénait gañt Jéruza-
lem, ha tridit gañt-hi, c'houi holl péré
a gâr anézhi: en em laouénaid holl
gañt-hi, c'houi péré a léñv diwar hé
fenn:
11. Évit ma ténot hé brounou, ha
ma tennot anézhô eur fréalzidigez
vrâz; évit ma c'hôrôot, ha ma kafot
hô tudi enn hé gloar brâz-meûrbéd.
12. Râg évcl-henn é lavar ann Ao-
trou: Chétu mé a lakai da rédek war-

n-ézhi ével eur ster a béoc'h, ha gloar
ar brôadou ével eur froud dic'hlannet:
hé déna a réol ; oud hé bronn é tougô
ac'hanoc'h, ha war hé barlen é tor-
lôtô ac'hanoc'h.
13. Ével ma torlôt eur vamm hé
mâb, ével-sé é fréalzinn ac'hanoc'h,
hag é viot fréalzet é Jéruzalem.
14. C'houi a wélô ann traou-zé, hag
hô kaloun en em laouénai ; hag hoc'h
eskern a gellidô ével ar géot : hag
ann Aotrou a ziskouézô hé c'halloud
d'hé zervicherien, hag hé frouden
d'hé énébourien.
15. Râk chétu ann Aotrou a zeûi
é-kreiz ann tân, hag hé girri ével eur
gourventou ; évid diskouéza hé frou-
den enn hé vuanégez, hag hé grôz é-
kreiz ar flammou tân.
16. Râg enn tân ha gañd ar c'hlézé
é varnô ann Aotrou pép kik, hag ann
Aotrou a lazô eul lôd brâz.
17. Ar ré a grédé en em zañtéla,
hag en em c'hlana enn hô liorsou, ô
serra ann ôrion war-n-ézhô ; ar ré a
zebré kik môc'h, ha lôgôd, ha traou
all ker louz, a vézô dispennet kévret,
émé ann Aotrou.
18. Hôgen mé a zeû évid dastumi
hô ôberiou hag hô ménosiou, évid hô
strolla gañd ar boblou eûz ann holl
iézou ; hag hi a zeûi, hag a wélô va
gloar.
19. Ha mé a lakai eunn arouéz enn
hô zouez, hag é kasinu eûz ar ré a
vézô bét salvet, étrézég ar brôadou,
enn tû all d'ar môr, d'ann Afrika, d'al
Lidia, d'al lec'hiou ma tenneur gañd
ar warek, d'ann Italia, d'ar Gresia,
d'ann énézi pell, d'ar ré ha n'hô deûz
két klévet hanô ac'hanoun, ha n'hô
deûz két gwélet va gloar. Hag hi a rôi
da anaout va gloar d'ar brôadou.
20. Hag hi a zigasô hoc'h holl vreû-
deûr eûz a douez ann holl vrôadou
ével eur rô d'ann Aotrou, war gézek,
war girri, war létériou, war vuled,
war garrosiou, étrézé va ménez sañtel
Jéruzalem, émé ann Aotrou, ével pa
zigas bugalé Israel eur rô enn eul
léstr glân da dî ann Aotrou.
21. Ha mé a géméro eûz anézhô da
véleien ha da lévited, émé ann Ao-
trou.
22. Râg ével ma sâv dira-z-oun ann
éñvou névez, hag ann douar névez a
rann, émé ann Aotrou : ével-sé é savô
hô kwenn hag hoc'h hanô.
23. Béz' é vézô ivé eur goél all péb
miz, hag eur sabbat all péb sizun :
pép kig a zeûi da azeûli dira-z-oun,
émé ann Aotrou.
24. Hag hi a iélô er-méaz, hag a
wélô korfou-marô ar ré a oa savet em
énep ; hô fréñv na varvô két, hag hô
zân na vougô két ; ha pép-hini hô
gwélô hé walc'h.

LEVR

AR PROFED JÉRÉMIAS.

I. PENNAD.

Diougan dismañtr Jéruzalem hag ar Judéa.

1. Gerion Jérémias, màb Helsias, eûz ar véleien a ioa é Anatot, é douar Beñjamin.

2. Gér ann Aotrou a zeûaz d'ézhañ é deisiou Josias, màb Amon, roué Judas, enn trizékved bloaz eûz hé rén.

3. Doñd a réaz c'hoaz é deisiou Joakim, màk Josias, roué Juda, bété divez ann unnékved bloaz eûz a Zédésias, màb Josias, roué Juda, bété dizougadur Jéruzalem, er pempved miz.

4. Ha gér ann Aotrou a zeûaz ennoun, ô lavarout :

5. Diageñt ma toaréiz ac'hanod é kòv da vamm, em eûz da anavézet ; ha diageñt ma teûjez er-méaz eûz a gôv da vamm, em eûz da zañtélet, hag em eûz da rôet da brofed é-touez ar brôadou.

6. Ha mé a lavaraz : A, a, a, Aotrou-Doué ; chétu na ouzoun két komza, ô véza ma ounn eur bugel.

7. Hag ann Aotrou a lavaraz d'in : Na lavar két : Eur bugel ounn ; râk da bé léac'h-bennâg m'az kasinn, éz i ; ha kémeñd a c'houre'hémínn d'id, a liviri.

8. N'az péz kéd a aoun ra-z-hô ; râk mé a zô gan-éz évid da zieûbi, émé ann Aotrou.

9. Hag ann Aotrou a astennaz hé zourn, hag hé stokaz out va génou : hag ann Aotrou a lavaraz d'in : Chétu em eûz rôet va gériou enn da c'hénou.

10. Chétu em eûz da lékéat hiriô war ar brôadou, ha war ar rouañtélésiou, évid diframma, ha dispenna, ha kolla, ha skiña, ha sével, ha plañta.

11. Ha gér ann Aotrou a zeûaz ennoun, ô lavarout : Pétrâ a wélez-té, Jérémias ? Ha mé a lavaraz : Eur wialen évésiek a wélann.

12. Hag ann Aotrou a lavaraz d'in : Gwélet mâd éc'h eûz, râg évésaad a rinn war va gér évit ma vézô sévénet.

13. Ha gér ann Aotrou a zeûaz ennoun eunn eil wéach, ô lavarout : Pétrâ a wélez-té ? Ha mé a lavaraz : Eur pôd leûn a dân a wélann, hag béñ ô toñd eûz ann bañter-nôz.

14. Hag ann Aotrou a lavaraz d'in : Ann droug a zeûiô eûz ann bañter-nôz war holl dûd ann douar.

15. Râk chétu é c'halvinn holl dûd rouañtélésiou ann bañter-nôz, émé ann Aotrou ; hag hi a zeûi, hag a lakai pép-hini hé drôn é-tâl persier Jéruzalem, ha war holl drô hé muriou, ha dirâg holl gériou Juda.

16. Ha mé a lavarô gañt-hô va barnou war holl zrougiez ar ré hô deuz va dilézet, hô deûz dévet ézañs dirâk douéed all, hag hô deûz azeûlet labour hô daouarn hô-unan.

17. Té éta, laka da c'houriz enn-drô

d'id, sâv, ha lavar d'ézhô kémeñd a
chourc'hémennann d'id. N'az péz két
a aonn ra-z-hô, râk mé a rai pénaoz
na vézô két spouñtuz hô dremm d'id.
18. Râk mé a laka ac'hanod hiriô
ével (T) eur géar gré, ével eur peûl
houarn, ével eur vur arem, war ann
douar holl, é-kéñver rouéed Juda,
hag hé briñsed, hag hé véleien, ha
pobl hé zouar.
19. Hag hi a stourmô ouz-id, ha
na véziñt két tréac'h d'id; ô véza ma
ounn gan-éz, évid da zieûbi, émé ann
Aotrou.

II. PENNAD.

Dalleñtez ar bobl Israel.

1. Ha gér ann Aotrou a zeûaz enn-
oun, ô lavarout:
2. Kéa, ha garm é diskouarn Jéru-
zalem, ô lavarout: Ével-henn é lavar
ann Aotrou: Koun em eûz bét ac'ha-
nod; truez em eûz bét oud da iaouañk-
tiz, hag oud ar garañtez am bôé évid-
od p'az kéméniz da c'hrég, pa zeûjoud
war va lerc'h enn distrô, enn eunn
douar ha na oa két bét hadet.
3. Israel a zô bét gwéstlet d'ann Ao-
trou; préveûdi hé frouez eo; kémeñd
hini a louñk anézhañ a ra eunn tor-
fed; droug a gouézô war-n-ézhô, émé
ann Aotrou.
4. Sélaouit gér ann Aotrou, ti Jakob,
ha c'houi holl dûd ti Israel.
5. Ével-henn é lavar ann Aotrou:
Pé fallagriez hô deûz kavet hô tadou
enn-oun, pa iñt pelléet diouz-in, pa
hô deûz kerzet war-lerc'h ann didal-
védigez, hag iñd deûet didalvez hô-
unan?
6. Ha n'hô deûz két lavaret: Pé-
léac'h éma ann Aotrou, péhini en
deûz hôl lékéat da biña eûz a zouar
ann Éjipt; péhini en deûz hor c'haset
dré ann distrô, a-dreûz da eunn douar
didûd ha diheñt, a-dreûz da eunn
douar séac'h, ha skeûden ar marô, a-
dreûz da eunn douar dré béhini n'eo
kerzet dén, é péhini n'eo choumet
dén?
7. Hô lékéat em eûz da voñt enn
eunn douar strujuz-meûrbéd, évit ma
tebrfac'h hé frouez, hag hé holl va-
dou; ha pa oc'h bét éat enn-hañ, hoc'h
eûz saotret va douar? Ha gréat eûz
va digonéz eûl léac'h a argarzidigez.
8. Ar véleien n'hô deûz két lavaret:
Péléac'h éma ann Aotrou? Hag ar ré
a zalc'h al lézen n'hô deûz két va ana-
vézet; hag ar vésérien hô deûz va
gwallet; hag ar brofédêd hô deûz
diouganet é *hanô* Baal, hag hô deûz
heûliet ann idolou.
9. Râk-sé é teûinn c'hoaz é barn
gan-é-hoc'h, émé ann Aotrou, hag é
strivinn oud hô pugalé.
10. Tréménit é énézi Sétim, ha
gwélit; kasit da Zédar, hag évésait
mâd; ha gwélit hag éz eûz énô eunn
dra héñvel;
11. Hag hi hô deûz kemmet hô
douéed, péré évit-gwir n'iñt két
douéed; ha koulskoudé va fobl en
deûz kemmet hé c'hloar évid eunn
idol.
12. O éñvou, skrijit gañd estlam di-
war-benn kémeñt-sé; dôrioù ann éñv,
bézit mañtret, émé ann Aotrou.
13. Râk daou zroug en deûz gréat
va fobl: va dilézet hô deûz, mé feuñ-
teun ann dour béô, ha toullet hô deûz
évit hô puñsou dour glaô; puñsou
skarret, péré na helloñt két derc'hel
ann dour.
14. Ha sklâv eo Israel, pé mâb eur
sklav? Pérâg éta eo deûet da breiz?
15. Al léoned a zô en em daolet war-
n-ézhañ enn eur iuda, hag enn eur
c'harmi; enn eunn distrô hô deûz lé-
kéat hé zouar; hé geriou a zô bét dé-
vet, ha na choum dén enn-hô.
16. Bugalé Menfis ha Tafnez hô
deûz da wallet bétég ar penn.
17. Ha né két bét c'hoarvézet ké-
meñt-sé gan-éz, ô véza ma éc'h eûz
dilézet ann Aotrou da Zoué, enn am-
zer ma réné ac'hanod enn da heñt?
18. Ha bréma pétrâ a fell d'id é heñt
ann Éjipt, éva dour lagennek? Ha
pétrâ a fell d'id é heñt ann Assiried,
éva dour ar ster?
19. Da zrougiez az tamallô, ha da
hérez a zavô enn da énep. Gwéz ha
gwél pénaoz eo fall ha c'houerô d'id

béza dilézet ann Aotrou da Zoué, ha
béza dizouj diouz-in, émé ann Aotrou,
Doué ann arméou.
20. Adaleg ar penn-keñta éc'h eûz
torret va iéô, éc'h eûz dispennet va
chadennou, hag éc'h eûz lavaret : Na
zervichinn két, hag ével eur c'hrég
fall oud en em zaotret war bép kre-
c'hien uc'hel, ha dindân pép gwézen
deliaouek.
21. Hôgen mé em eûz da blañtet
ével eur winien dilennet, deûed holl
eûz a had mâd. Pénaoz éta oud-dé
trôet évid-oun enn eur blañten fall,
gwinien a-ziavéaz ?
22. Ha pa en em walc'hfez gañt
nitr, ha pa lakajez gañt-hañ kalz a
louzou borit, é véri saotret dira-z-oun
enn da fallagriez, émé ann Aotrou
Doué.
23. Pénaoz é lévérez : N'ounn két
saotret, n'em eûz két kerzet war-lerc'h
Baal ? Gwél da gammèjou enn drao-
nien, ha gwéz pétrà éc'h eûz gréat ;
ével eur réder skañv a gerz buan enn
hé heñt.
24. Ann azen-c'houéz boazet enn
distrô, é ioul hé galoun a vûs c'houéz
ann hini a gâr ; nétrâ na hell hé zis-
trei. Kémeñd hini hé c'hlaskô-hi, n'hô
dévézô kéd a boan ; enn bé misiou é
kaviñt anézhi.
25. Mir oud da droad n'az ai enn-
noaz, hag oud da c'houzouk n'en dé-
vézô séc'hed. Ha té éc'h eûz lavaret :
Kollet eo ar géd gan-éñ ; bikenn n'her
grinn ; râg ann diavésidi a garann-
kaer, hag éz inn war hô lerc'h.
26. Ével ma eo mézékéet eul laer
pa eo paket, ével-sé eo bét mézékéet
tî Israel, hì, hô rouéed, hô friñsed,
hô béléien, hag hô proféded ;
27. Péré hô deûz lavaret d'ar c'hoat :
Va zâd oud ; ha d'ar méan : Va ganet
éc'h eûz : trôed hô deûz hô c'hein
d'in, ha nann hô dremm ; hag é amzer
hô añken é liviriñt : Saô, ha dieûb
ac'hanomp.
28. Péléac'h éma da zouéed, péré
éc'h eûz gréat évid-od ? Ra zaviñt ha
ra zieûbiñt ac'hanod é amzer da añ-
ken ; râk kenn aliez a zouéed hag a
gériou éz pôa, ô Juda.
29. Pérâg é fell d'é-hoc'h doñd é
barn gan-éñ ? Holl hoc'h eûz va di-
lézet, émé ann Aotrou.
30. Enn-aner eo em eûz skôet gañd
hô pugalé, n'hô deûz két digéméret
ar c'hélen ; hô klézé en deûz louñket
hô proféded ; ével eul léon gwaster eo
hô kwenn.
31. Klévit gér ann Aotrou : Hag
eunn distrô ounn deûet évid Israel,
pé eunn douar divézad ? Pérâg éta en
deûz lavaret va fobl : Moñd a réomp
kuit, na zeûimp mui étrézég enn-od ?
32. Hag añkounac'haad a râ eur
plac'h-iaouañk hé braveñtésiou, pé
eur c'hrég hé gouzougen ? Ha kouls-
koudé va fobl en deûz va añkouna-
c'héet pell-amzer.
33. Pérâg é fell d'id diskonéza é vé
mâd da heñt, évit klaskout va c'ha-
rañtez, pa éc'h eûz desket d'ar ré all
da heñchou ar ré falla ;
34. Hag eo bét kavet enn da zaouarn
goad ann énéou paour ha dinam ? Né
két er bésiou em eûz hô c'havet, hô-
gen el lec'hion a béré em eûz gréat
mének keñt.
35. Hag éc'h eûz lavaret : Dibec'h
ha dinam ounn, ha dré-zé distrô da
frouden diouz-in. Chétu-éta éz ann é
barn gan-éz, pa éc'h eûz lavaret :
N'em eûz két péc'het.
36. Pégen disprizet oud deûet da
véza, ô voñd adarré enn da heñchou !
Mézékéet é vézi gañd ann Éjipt, ével
ma oud bét mézékéet gañd ann As-
siria.
37. Râk doñd a ri er-méaz anézhi,
da zaouarn war da benn ; ô véza ma
vrévô ann Aotrou da fisiañs, ha na
denni gounid é-béd anézhañ.

—

III. PENNAD.

Framm ann daou di eûz a Israel hag eûz a Juda.

1. Peûrvuia é lévéreur : Ma en deûz
eunn dén kaset-kuit hé c'hrég, ha
mar teû hou-mañ, goude béza éat-
kuit diout-hañ, da gémérout eunn
ozac'h all, hag héñ a zistrôi c'hoaz
gañt-hi ? Ha na vézô két sellet ar

c'hrég-zé

c'hrég-zé ével dic'hlan ha saotret? Hôgen té a zô en em zaotret gañt kalz eûz da orgédérien ; koulskoudé distrô étrézég enn-oun, émé ann Aotrou, ha mé az tigémérô.

2. Saô da zaoulagad ouc'h-kréac'h, ha gwél péléac'h n'oud két en em wallet ; azézet é oaz enn heñchou, ô c'hortozi anézhô ével ma rà eul laer enn distrô ; hag éc'h eûz saotret ann douar gañd da louzdoni ha da zrougiézou.

3. Râk-sé eo bét dalc'het dour ann éñv, hag ar glaô divézad né két kouézet ; tàl eur c'hrég-fall a zô deûet d'id, ha né két fellet d'id rusia.

4. Hôgen bréma galv ac'hanoun, *ha lavar :* Va zâd, té eo réner va iaouañktiz.

5. Ha droug é vézô enn-od bépréd? Ha da-vikenn é padô ? Chétu éc'h eûz lavaret, hag éc'h eûz gréat drouk, kémeñd ha ma éc'h eûz gellet.

6. Hag ann Aotrou a lavaraz d'in é amzer ar roué Josias : Ha n'éc'h eûz-té két gwélet ar péz é deûz gréat Israel ann dispac'hérez ? Hi a zô éat war bép krec'hen uc'hel, ha dindân pép gwézen deliaouek, hag énô eo en em zaotret.

7. Ha mé a lavaraz, goudé ma é doé gréat kémeñt-sé : Distrô étrézég enn-oun ; hag hi né két distrôet.

8. Ha Juda, ar c'hanazez, hé c'hoar, a wélaz pénaoz, ô véza ma oa en em zaotret Israel, ann dispac'hérez, eo em bôa hé c'haset-kuit, ha rôet d'ézhi ar skrid-rann ; Juda, ar c'hanazez, hé c'hoar, n'é dôé két a aoun, hôgen moñd a réaz kuit, hag en em zaotraz-hi ivé.

9. Hag hi é deûz saotret ann douar gañd ann diroll eûz hé louzdoni ; hag eo bét en em wallet gañd ar méan ha gañd ar c'hoat.

10. Ha goudé kémeñt-sé Juda, ar c'hanazez, hé c'hoar, né két distrôet étrézég enn-oun a greiz kaloun, hôgen dré c'hénou, émé ann Aotrou.

11. Hag ann Aotrou a lavaraz d'in : Israel ann dispac'hérez, é deûz didamallet hé éné, é-skoaz Juda ar c'hanazez.

12. Kéa, ha garm ar c'homziou-mañ war-zû ann hañter-nôz, ha lavar : Distrô, Israel ann dispac'hérez, émé ann Aotrou, ha na zistrôinn két va daoulagad diouz-hoc'h ; râk sañt ounn, émé ann Aotrou, ha na vézô két a zroug enn-onn da-vikenn.

13. Koulskoudé anavez da fallagriez, ô véza ma oud bét disléal é-kéñver ann Aotrou da Zoué ; ma éc'h eûz skiñet da heñchou gañd ann diavésidi dindân pép gwézen deliaouek, ha n'éc'h eûz két sélaouet va mouéz, émé ann Aotrou.

14. Trôit, bugalé, ha distrôit *ouz-in*, émé ann Aotrou ; râk mé a zô hô kwâz ; hag é tigémérinn ac'hanoc'h, pried eûz ar géar, ha daou eûz ann tiégez : hag hô likiinn da voñt é Sion.

15. Hag é rôinn d'é-hoc'h mésérien hervez va c'haloun, péré a rôi d'é-hoc'h da voéd ar wiziégez hag ar gélénadurez.

16. Ha pa viot paottet, ha pa viot kresket war ann douar enn deisiou-zé, émé ann Aotrou, na liviriñt mui : *Chétu* arc'h kévrédigez ann Aotrou ; na zistrôi mui er spéred, n'hô dévézô mui a goun anézhi ; na vézô két em-wélet ; ha na vézô két gréat mui.

17. Enn amzer-zé é c'halviñt Jéruzalem trôn ann Aotrou ; hag é vézô strollet enn-hi ann holl vrôadou é hanô ann Aotrou, é Jéruzalem, ha na valéiñt mui war-lerc'h direizded hô gwall galoun.

18. Enn deisiou-zé éz ai ti Juda étrézé ti Israel, hag hi a zeûi kévret eûz a zouar ann hañter-nôz, d'ann douar em eûz rôet d'hô tadou.

19. Hôgen mé em eûz lavaret : Pénaoz é likiinn-mé ac'hanod é-touez va bugalé, hag é rôinn-mé d'id eunn douar hétuz, digouéz kaer arméou ar brôadou ? Hag em eûz lavaret : Té a c'halvô ac'hanoun da dâd, ha na éhani mui da zoñt war va lerc'h.

20. Hôgen ével ma tispriz eur c'hrég ann hini a gar anézhi, ével-sé ti Israel en deûz va disprizet, émé ann Aotrou.

21. Eur vouéz a zô bét klévet enn heñchou, gwélvanou hag hirvoudou bugalé Israel ; ô véza ma iñt bét fallagr enn hô heñt, ha ma hô deûz

añkounac'héet ann Aotrou hô Doué.
22. Trôit, bugalé, ha distrôit *ouzin*, ha mé hô iac'hai eûz hô trougiézou. Chétu ni a zeû étrézég enn-od; râk té eo ann Aotrou hon Doué.
23. É-gwirionez ar c'hrec'hiennou hag al lôd-brâz eûz ar ménésiou n'iñt némed gévier; évit-gwir silvidigez Israel a zô enn Aotrou hon Doué.
24. Ar vézégez é deûz louñket labour hon tadou enn hor iaouañktiz, hag hô déñved, hag hô saoud, hag hô mipien, hag hô merc'hed.
25. Enn hor mézégez é kouskimp, ha gañd hon dismégañs é vézimp gôlôet; ô véza ma hon eûz péc'het a-éneb ann Aotrou hon Doué, ni hag hon tadou, adaleg hor iaouañktiz bétég ann deiz a hiriô, ha n'hon eûz két sélaouet mouéz ann Aotrou, hon Doué.

IV. PENNAD.

Reûsiou daré da gouéza war Jéruzalem.

1. Mar trôez, Israel, émé ann Aotrou, distrô ouz-in. Mar tennez da wallou a-zira-z-oun, na vézi két kéflusket.
2. Ha té a douô : Béô eo ann Aotrou, gañt gwirionez, ha gañt barnédigez, ha gañt reizded ; hag ar brôadou a vennigô anézhañ, hag hé veûlô.
3. Râg ével-henn é lavar ann Aotrou da dûd Juda ha Jéruzalem : Névézit hô touar-éhan, ha na hadit két war ann drein.
4. Bézit emwadet d'ann Aotrou, ha tennit pôd-mézen hô kalounou, tûd Juda, tûd Jéruzalem ; gañd aoun na darzché va buanégez ével tân, ha na zeûjé da leski, hép ma helled hé mouga, enn abek da zrougiez hô ménosiou.
5. Embannit é Juda, ha rôid da glevout é Jéruzalam, komzit, ha sonit ar c'horn-boud dré ann douar ; garmit kaer, ha livirit : En em strollit, ha déomp er c'hériou kré.
6. Savit ar bannier é Sion. En em grévait, ha na arzaôit két, râk mé a zigasô drouk eûz ann hañter-nôz, hag eur gwastadur brâz.
7. Saved eo al léon eûz hé géô, ha diskolper ar brôadou a zô enn hé zâ ; éad eo er-méaz eûz hé vrô, évit lakaad da zouar enn eunn distrô ; da gériou a vézô dismañtret, hép ma choumô dén enn-hô.
8. Dré-zé likiit gourizou-reûn war hô trô, gwélit ha iouc'hit ; râk buanégez froudennuz ann Aotrou né két distrôet diwar-n-omp.
9. Hag enn deiz-zé, émé ann Aotrou, kaloun ar roué, ha kaloun ar briñsed a vézô mañtret ; ar véléien a vézô spouñtet, hag ar broféded a vézô saouzanet.
10. Ha mé a lavaraz : Allas, allas, allas, Aotrou Doué ! Ha touellet éc'h eûz éta ar bobl-mañ, ha Jéruzalem, ô lavarout : Ar péoc'h hô pézô ; ha chétu ar c'hlézé a ia da doulla bétég hô éné.
11. Enn amzer-zé é vézô lavaret d'ar bobl-mañ ha da Jéruzalem : Eunn avel leskidik *a c'houéz* é heñchou distrô merc'h va fobl, nann évit niza nag évit skarza.
12. Eunn avel leûn a zeûi ac'hanô étrézeg enn-oun ; ha neûzé é rôinn da anaout d'ézhô va barnou.
13. Chétu é savô ével eur c'hoabren ; hé girri *a vézô* ével eunn arné ; hé gézek *a vézô* skañvoc'h égéd ann éred ; gwâ ni ; râg gwastet omp.
14. Gwalc'h da galoun a zrougiez, Jéruzalem, évit ma vézi salvet : bété pégeit é choumô enn-od ar gwall vénosiou ?
15. Râg eur vouéz a rô kelou eûz a Zan, hag a rô da anaout ann idol a zô war vénez Éfraim.
16. Livirid d'ar brôadou : chétu eo bét klévet é Jéruzalem pénaoz é teû gwarded eûz a eur vrô bell, péré en em daolô gañt garmou brâz war gériou Juda.
17. Ével diwallerien ar parkou é raiñt ann drô anézhi ; ô véza é deûz va héget, émé ann Aotrou.
18. Da heñchou ha da vénosiou hô deûz gréat kémeñt-sé d'id ; da zrougiez eo, péhini a zô c'houerô, hag a ia bété da galoun.
19. Va c'hôv, va c'hôv a zô leûn a

c'hlac'har, va c'haloun a zô kéflusket enn-oun ; na davinn két, râk va éné en deûz klévet son ar c'horn-boud ha garm ann emgann.

20. Reûz war reûz a zô bét galvet, hag ann douar holl a zô bét gwastet : enn-eunn-taol eo bét diskaret va zeltou, hag hô c'hrec'hin.

21. Bété pégeit é wélinn-mé tûd ô tec'hout, hag é klevinn-mé son ar c'horn-boud ?

22. O véza ma eo diskiañt va fobl, ha n'en deûz két va anavézet ; tud diboell ha direiz iñt ; fûr iñt évid ôber ann drouk, hôgen na ouzoñt két ôber ar mâd.

23. Sellet em eûz oud ann douar, ha chétu é oa héñ goullô, ha dizoaré ; hag oud ann éñvou, ha na oa két a c'houlou enn-hô.

24. Gwélet em eûz ar ménésiou, hag hi a gréné ; hag ann holl grec'hiennou, hag hi a oa kéflusket.

25. Sellet em eûz, ha na oa dén é-béd ; hag holl evned ann éñv a oa éat-kuit.

26. Sellet em eûz, hag ann douar frouézuz a zô deûet é vel eunn distrô ; hag hé holl gériou a vézô diskaret dirâg ann Aotrou, dirâk frouden hé vuanégez.

27. Râgével-benn é lavar ann Aotrou : Didud é vézô ann douar ; koulskoudé n'hé zispenninn két a-grenn.

28. Ann douar a wélô, hag ann éñvou a vézô é kañv a-ziouc'h, ô véza ma em eûz lavaret : Mennet em eûz, ha n'em eûz két a geûz, ha n'ounn két distrôet diout-hañ.

29. Diouc'h trouz ar varchéien hag ar warégerien eo tec'het kéar holl ; el lec'hiou ar ré c'harva iñd en em dennet, war ar rec'hier iñt piñet ; ann holl gériou a zô dilézet, ha na choum dén enn-hô.

30. Hôgen té pa vézi gwastet, pétrâ a ri ? Ha pa en em wiskfez gañt tané, ha pa en em giñklfez gañt kiñklérézou aour, ha pa livchez da zaoulagad gañt liou dû, enn-aner eo en em gempenfez : ar ré az karé a zisprizô ac'hanod, hag a glaskô da vuez.

31. Râk klévoud a rann eur vouéz ével eûz a eur c'hrég é gwilioud, roget gañd ar gweñtrou ; mouéz merc'h Sion daré da vervel, hag a astenn hé daouarn, *ô lavarout :* Gwâ mé, ô véza ma falla va éné gañd al lazérez.

V. PENNAD.

Ann Aotrou a rébech da vugalé Israel hô diskrédoni.

1. Id dré holl ruou Jéruzalem, ha gwélit, hag arvestit, ha klaskit enn holl leûriou-kéar, ha c'houi a gavô eunn dén en em rén gañt reizded, hag glask a ar wirionez ; ha mé a drugarézô anézhi.

2. Ma lévéroñt ivé : Béô eo ann Aotrou ; é gaou é touiñt.

3. Da zaoulagad, Aotrou, a zell oud ar wirionez : skôet éc'h eûz gañt-hô, ha n'iñt két bét poaniet ; hô brévet éc'h eûz, ha né két fellet d'ézhô digémérout ar c'hélen : lékéat hô deûz hô dremmou kalétoc'h égéd ar méan, ha né két fellet d'ézhô distrei.

4. Hôgen mé em eûz lavaret : Martézé n'eûz néméd ar béorien a zô diskiañt, na anavézoñt két heñt ann Aotrou, na barn hô Doué.

5. Moñd a rinn éta da gavout ar ré vrâz, hag é komzinn out-hô ; râg hi a anavez heñt aun Aotrou, ha barn hô Doué. Ha chétu ar ré-zé hô deûz torret kévret ha gwasoc'h ar iéô, ha dispennet ar chadennou.

6. Râk-sé léon ar c'hoat a dagô anézhô, bleiz ar pardaez a skrapô anézhô, al léonpard a spiô hô c'heriou ; kéméñd-hini a iélô er-méaz anézhô, a vézô paket ; râk paottet eo hô fallagriézou, krévéet eo hô drougiézou.

7. Goudé-zé pénaoz éc'h hellinn-mé béza trugarézuz enn da géñver ? Da vugalé hô deûz va dilézet, hag hi a dou dré ar ré ha n'iñt két douéed ; hô gwalc'h em eûz rôet d'ézhô, hag hi a zô kouézet enn avoultriez, hag a zô éat d'en em zirolla é tî eur c'hrég fall.

8. Deûet iñt ével kézek a réd hag a c'houirin war-lerc'h ar c'hézékenned ; pép-hini a réd war-lerc'h grég hé nésa.

9. Ha na gastizinn két kémeñt-sé, émé ann Aotrou ? Ha n'en em veñjinn két eûz a eur vrôad ker gwall ?

10. Piñit war bé muriou, ha diskarit-hô ; hôgen n'hé c'hollit két a-grenn ; tennit hé c'hreskou, râk n'iñt két d'ann Aotrou.

11. Râk ti Israel ha ti Juda a zô en em savet em énep, émé ann Aotrou.

12. Dinac'het hô deûz ann Aotrou, hag hi hô deûz lavaret : N'éma két héñ ; na zeûi droug é-béd war-n-omp ; na wélimp nag ar c'hlézé nag ann naounégez.

13. Ar broféded hô deûz komzet enn éar, ha né két bét respouñtet d'ézhô : hôgen chétu pétrâ a c'hoarvézô gañt-hô.

14. Ével-henn é lavar ann Aotrou, Doué ann arméou : O véza ma hoc'h eûz komzet ével-sé, é likiinn va c'homziou ével tân enn da c'hénou, hag ar bobl-zé ével koat ; hag héñ hô dévô.

15. Chétu mé a zigasô war-n-hoc'h, ti Israel, eur bobl a bell, émé ann Aotrou ; eur bobl galloudek, eur bobl kôz, eur bobl ha na anavézi két hé iéz, ha na wézi két pétrâ a lavarô.

16. Hé droñs *a vézô* ével eur béz digor ; kré *é véziñt* holl.

17. Héñ a zebrô da édou ha da vara ; héñ a louñkô da vipien ha da verc'hed ; héñ a lazô da zéñvéd ha da zaoud : héñ a wastô da winiennou ha da fiézennou ; héñ a ziskarô gañd ar c'hlézé da geriou kré, é péré é lékéez da fisiañs.

18. Hôgen enn deisiou-zé, émé ann Aotrou, n'hô tispenninn két a-grenn.

19. Ma livirit : Pérâg ann Aotrou, hon Doué, en deûs-héñ gréat kémeñt-sé d'é-omp ? É liviri d'ézhô : Ével ma hoc'h eûz va dilézet, ha ma hoc'h eûz servichet douéed a-ziavéaz enn hô touar hoc'h-unan, ével-sé é servichot diavésidi enn eunn douar ha na vézô két d'é-hoc'h.

20. Embannit kémeñt-sé é ti Jakob, rôit-héñ da glévout da Juda, ô lavarout :

21. Sélaou, pobl diskiañt ha dibell : c'houi péré hoc'h eûz daoulagad, ha na wélit két ; hoc'h eûz diskouarn, ha na glévit két.

22. Ha na zoujot-hu két ac'hanoun, émé ann Aotrou ; ha na grénot-hu két dira-z-oun ? Mé péhini em eûz lékéat ann tréaz da harzou d'ar môr, lézen peûr-baduz, dreist péhini n'az ai két ; hé goummou en em géfluskô, ha na helliñt két *moñt pelloc'h* ; stambouc'ha a raiñt, ha n'az aiñt két ébiou.

23. Hôgen ar bobl-zé é deûz eur galoun diskrédik ha dispac'huz ; en em dennet iñt, hag iñt éat-kuit.

24. Ha n'hô deûz két lavaret enn hô c'haloun : Doujomp ann Aotrou, hon Doué, péhini a rô d'é-omp enn hé amzer ar glaô keñta hag ann divéza, hag a rô d'é-omp péb bloaz eunn éost founnuz.

25. Hô fallagriézou hô deûz distrôet kémeñt-sé ; hag hô péc'héjou hô deûz miret na rajenn vâd d'hé-hoc'h :

26. Râg é-touez va fobl eo en em gavet tûd-fallagr, péré a añtell lasou ével labouséterien, hag a aoz lingadou ha rouéjou évit paka tûd.

27. Ével ma eo leûn eur stoker a laboused, ével-sé hô ziez a zô leûn a douel ; dré-zé é teûoñt da véza brâz ha pinvidik.

28. Lard iñt ha téô ; moñd a réoñt dreist va lézen enn eur gwall zoaré. Na zifennoñt két ann iñtañvez, na rénoñt két ann emzivad, ha na varnoñt két gañt reizded ar béorien.

29. Ha na gastizinn két ann traou-zé, émé ann Aotrou ? Ha n'en em veñjô két va éné eûz a eur vrôad ker fallagr ?

30. Traou souézuz hag argarzuz a zô bét gréat war ann douar.

31. Ar broféded a ziougané gévier, hag ar véléien a stlaké hô daouarn enn eur veûli ; ha va fobl a gavé mâd kémeñt-sé ; hôgen pétrâ a c'hoarvézô gañt-hañ enn divez ?

VI. PENNAD.

Dismañtr Jéruzalem ha Juda.

1. En em grévait, bugalé Beñjamin, é-kreiz Jéruzalem ; sonit ar c'hornboud é Tékua ; ha savit ar bannier

war Vétakara ; râg eunn drong a wéleur war-zû ann hañter-nôz, hag eunn dimañtr brâz.

2. Oud eur c'hrég kaer ha kizidik em eûz hévélébékéet merc'h Sion.

3. Ar vésérien a zeûi d'hé c'havout gañd hô zropellou ; hô zeltou a zaviñt war hé zrô ; ha pép-hini a lakai da beûri ar ré a vézô dindân hé zourn.

4. Aozit ar brézel out-hi ; savit, ha piñomp out-hi é-kreiz ann deiz : gwâ nî, ô véza ma izéla ann deiz, ha ma eo hirréet ar skeûd war ar pardaez.

5. Savit, ha piñomp a-zoug ann nôz, ha diskaromp hé ziez.

6. Râg évei-henn é lavar Aotrou ann arméou : Trouc'hid ar c'hoajou ha grid eur sav-douar war-drô Jéruzalem ; kéar va emwél eo ; leûn eo a wallou.

7. Evel ma rô eur feuñteun dour ién, évei-sé é rô-hi eunn drougiez ién ; fallagriez ha gwastérez a gleveur ennhi ; gwandériou ha gouliou a zâv bépred étrézég enn-oun.

8. En em gélenn, ô Jéruzalem, gañd aoun n'en em denché va éné diouz-id ; gañd aoun n'az lakajenn da véza eunn distrô hag eunn douar didud.

9. Évei-henn é lavar Aotrou ann arméou : Bétég ann divéza bôden é vézô kutulet Israel, évei eur winien ; kâs da zourn trô-war-drô évei ar veñdémour, ha laka enn da baner.

10. Out piou é komzinn-mé, ha piou a bédinn-mé d'am sélaoui ? Chétu eo dienwadet hô diskouarn, ha na helloñt két klevout ; chétu eo deûet disprizuz d'ézhô gér ann Aotrou, ha na fell két d'ézhô hé zigémérout.

11. Râk-sé ounn leûn eûz a frouden ann Aotrou, hag em eûz béac'h oc'h hé gouzañvi ; skûl-hi war ar vugalé a zô war ar ruou, ha war strollad ann dûd-iaouañk kévret ; hag ann ozac'h a vézô kéméret gañd ar c'hrég, ann dén-kôz gañd ann hini leûn a zeisiou.

12. Hag hô ziez a drémênô da ré all, hag hô farkou hag hô gragez ivé : râk mé a astennô va dourn war ar ré a choum war ann douar, émé ann Aotrou.

13. Râg adaleg ar bihana bétég ar brasa, holl en em rôoñt d'ar bizoni ; hag adaleg ar profed bétég ar bélek, pép-hini a douell mar gell.

14. Hag hî a louzaoué gouli merc'h va fobl gañt mézégez, ô lavarout : Péoc'h, péoc'h ; ha na oa két a béoc'h.

15. Mézékéet iñt bét, ô véza ma hô deûz gréat traou argarzuz : pé geñtoc'h ar véz n'é deûz két hô mézékéet, ha n'hô deûz két gwézet pétrâ é oa rusia ; râk-sé é kouéziñt é-touez ar ré a varvô : é amzer hô emwéligidez é kouéziñt, émé ann Aotrou.

16. Évei-henn é lavar ann Aotrou : Savit war ann heñchou, ha gwélit, ha goulennit é-touez ann heñchou kôz péhini eo ann heñt mâd ; ha kerzid enn-hañ ; ha c'houi a gavô fréskadurez d'hoc'h énéou. Hag hî hô deûz lavaret : Na gerzimp két.

17. Ha mé em eûz lékéat war-nhoc'h gédérien, *ô lavarout* : Sélaouit son ar c'horn-boud. Hag hî hô deûz lavaret : Na zélaouimp két.

18. Râk-sé sélaouit, brôadou, hag anavézit, tûd strollet, pétrâ a rinn d'ézhô.

19. Sélaou, douar : Chétu mé a zigasô drougou war ar bobl-zé, frouez hé vénosiou ; ô véza n'hô deûz két sélaouet va gériou, ha ma hô deûz distolet va lézen.

20. Pérâg é kasit-hu d'in ézañs eûz a Zaba, ha louzou-c'houés-vâd eûz ar brôiou-pell ? Hô sakrifisou n'iñt két hétuz d'in, ha na garann két hô viktimou.

21. Râk-sé évei-benn é lavar ann Aotrou : Chétu mé a gasô reûsiou war ar bobl-zé ; ann tadou a gouézô gañd ar vugalé, ann amézek a varvô gañd hé amézek.

22. Évei-henn é lavar ann Aotrou : Chétu é teû eur bobl eûz a zouar ann hañter-nôz ; hag eur vrôad vrâz a zavô eûz a harzou ann douar.

23. Gañt saésiou hag eunn diren en em gannô ; kriz eo ha didruez ; hé vouéz a rai trouz évei ar môr ; hag hî a biñô war hô c'hézek, évei tûd daré d'ar brézel, enn da énep, ô merc'h Sion.

24. Ar vrûd anézhô hon eûz klévet, hag hon daouarn a zô dinerzet ; ar c'hlac'har a zô bét krôget enn-omp,

évei ma krôg ar gweñtrou enn eur c'hrég é gwilioud.
25. N'az it két er-méaz er parkou, na gerzit két dré ann heñchou ; râk klézé ann énébour a zô da spouñt trô-war-drô.
26. Merc'h va fobl, gwisk ar zaé-reûn, hag en em c'hôlô a ludu : gwél gañt c'houervder, ével eur vamm a wél diwar-benn hé mâb penn-her ; râg ar gwaster a gouézô enn-eunn-taol war-n-omp.
27. Da rôet em eûz da arnod kré war va fobl ; té hô anavézô, hag a arnodô hô heñchou.
28. Ar briñsed anézhô a zô ivé dis-trôet eûz hô heñt ; enn touellérez é valéoñt, arem hag houarn iñt ; saotret iñt holl.
29. Didalvez eo bét ar végin ; enn tân eo bét bévézet ar plouñ, enn-ancr eo en deûz teûzet ann teûzer ; né két bét bévézet hô drougiézou.
30. Galvit-hô arc'hañt distolet, râg ann Aotrou en deûz hô distolet.

VII. PENNAD.

Ann Aotrou a zifenn out Jérémias na bédô évid ar bobl.

1. Chétu ar c'homziou a zeûaz da Jérémias dioud ann Aotrou, ô lavarout :
2. Choum enn da zâ é-tâl dôr ti ann Aotrou ; prézég ar gér-mañ énô, ha lavar : Sélaouit gér ann Aotrou, holl dûd Juda, c'houi péré a zô éat dré ann ôriou-zé évid azeûli ann Aotrou.
3. Ével-benn é lavar Aotrou ann arméou, Doué Israel : Gwellait hoc'h heñchou hag hoc'h ôberiou : ha mé a choumô gan-é-hoc'h el léac'h-zé.
4. Na likiit két hô fisiañs é gériou a c'hévier, ô lavarout : Templ ann Aotrou, templ ann Aotrou, templ ann Aotrou eo.
5. Râk ma reizit mâd hoc'h heñchou, hag hoc'h ôberiou ; mar grid eur varn vâd étré eunn dén hag hé nésa ;
6. Ma na waskit két ann diavésiad, ann emzivad, hag ann iñtañvez ; ma na skuljt két ar goad dinam el léac'h-mañ, ha ma na heuljt két ann douéed a-ziavéaz, enn hô reûz hoc'h-unan :
7. Mé a choumô gan-é-hoc'h el léac'h-mañ, enn douar em eûz rôet d'hô tadou a-vikenn ha da-vikenn.
8. Chétu c'houi a lakai hô fisiañs é gériou a c'hévier, ha na dalvéziñt két d'é-hoc'h.
9. C'houi a laer, c'houi a lâz, c'houi a ra avoultriez, c'houi a dou é gaou, c'houi a rô braoued-kennig da Vaal, hag a heûl douéed a-ziavéaz, péré na anavézit két :
10. Hag oc'h deûet, hag oc'h en em lékéat dira-z-oun enn ti-mañ, é péhini é c'halveur va hanô ; hag hoc'h eûz lavaret : Salved omp, pétrâ-bennâg ma hon eûz gréat ar fallagriézou-zé.
11. Hag eur c'héô laéroun eo va zi, é péhini eo bét galvet va hanô dira-z-hoc'h ? Mé eo, mé eo a zô ; mé eo em eûz hô kwélet, émé ann Aotrou.
12. Id d'am léac'h-mé é Silô, é péléac'h em bôa lékéat va hanô er penn-keñta ; ha gwélit pétrâ em eûz gréat d'ézhi enn abek da zrougiez va fobl a Israel.
13. Ha bréma, ô véza ma hoc'h eûz gréat kémeñt-sé, émé ann Aotrou ; *ô véza* ma em eûz komzet ouz-hoc'h ô sével diouc'h ar miñtiñ ; ma em eûz komzet, ha n'hoc'h eûz két klévet ; *ô véza* ma em eûz hô kalvet, ha n'hoc'h eûz két respouñtet,
14. É rinn é-kéñver ann ti-mañ, é péhini eo galvet va hanô, hag é péhini é likiid hô fisiañs, hag é-kéñver al léac'h em eûz rôet d'é-hoc'h ha d'hô tadou, ével ma em eûz gréat é-kéñver Silo.
15. Hag é taolinn ac'hanoc'h a zira-z-oun, ével ma em eûz taolet hoc'h holl vreûdeûr, holl wenn Éfraim.
16. Té éta, na béd két évid ar bobl-zé, na veûl, na na béd ac'hanoun évit-hô, ha na éneb két ouz-in ; râk na zélaouinn két ouz-id.
17. Ha na wélez-té két pétrâ a râ ar ré-zé é kériou Juda, hag é leûriou-kéar Jéruzalem.
18. Ar vugalé a zastum ar c'heûneûd, hag ann tadou a énaoû ann

tân, hag ar gragez a skùl druzôni *war doaz*, évit ôber kouiñou da rouanez ann éñv, évid ôber sakrifisou da zouéed a ziavéaz, ha va lakaad da héga.

19. Ha mé eo a hégoñt, émé ann Aotrou? Ha né két hi hô-unan, ô tigas ar véz war hô fenn?

20. Râk-sé ével-henn é lavar ann Aotrou: Va frouden ha va buanégez a zô savet war al léac'h-zé, war ann dûd, ha war al loéned, ha war wéz ar parkou, ha war frouez ann douar; leski a rai *ével tân*, ha na vézô két mouget.

21. Ével-henn é lavar Aotrou ann arméou, Doué Israel: Likid hô loéned-losket war hô viktimou, ha débrit kik.

22. Râk n'em eûz két lavaret, na gourc'hémennet d'hô tadou, enn deiz ma hô zennig eûz ann Éjipt, henniga d'in loéned-losket ha viktimou.

23. Hôgen chétu pétrâ em eûz gourc'hémennet d'ézhô ô lavarout: Sélaouit va mouéz, ha mé a vézô hô Toué, ha c'houi a vézô va fobl; ha baléit enn holl heñchou em eûz kémennet d'é-hoc'h, évit ma teûi pép mâd d'é-hoc'h.

24. Hôgen n'hô deûz két sélaouet, n'hô deûz két dinaouet hô skouarn: baléet hô deûz enn hô ioulou, hag é diroll hô gwall galoun; hag hi a zô éat enn hô c'hiz, ha nann enn hô raok,

25. Adaleg ann deiz é péhini eo éat hô zadou er-méaz eûz a vrô ann Éjipt, bété vréma. Ha mé em eûz kaset d'é-hoc'h va holl zervicherien ar broféded bemdez ô sével diouc'h ar miñtin; hô c'haset em eûz.

26. Hag hi n'hô deûz két va sélaouet, n'hô deûz két dinaouet hô skouarn; hôgen kalédet hô deûz hô fenn, ha gwasoc'h hô deûz gréat égéd hô zadou.

27. Ha té a lavarô kémeñt-sé d'ézhô, ha n'as sélaouiñt két; hô gervel a ri, ha na respouñtiñt két d'id.

28. Ha té a lavarô d'ézhô: Chétu ar vrôad péhini n'é deûz két sélaouet mouéz ann Aotrou hé Doué, ha n'é deûz két digéméret ar c'hélenn; ar feiz a zô éat ébiou, er-méaz eo éat eûz hô génou.

29. Touz da vléô, ha taol-hi; ha garm war al lec'hiou uc'hel: râg ann Aotrou en deûz distolet, ha dilézet brôad hé frouden.

30. Râk bugalé Juda hô deûz gréat drouk dira-z-oun, émé ann Aotrou. Lékéat hô deûz hô argarzidigézou enn ti é péhini é oa galvet va hanô, évid hé zaotra.

31. Savet hô deûz léc'hiou uc'hel Tofet, péhini a zô é traoñien mâb Ennom, évit leski hô mipien hag hô merc'hed enn tân; ar péz n'em eûz két gourc'hémennet, na mennet em c'haloun.

32. Râk-sé chétu é teûi ann deisiou, émé ann Aotrou, é péré na vézô mui galvet Tofet, na traoñien mâb Ennom; hôgen traoñien al lazérez; hag hi a vésiô é Tofet, ô véza na vézô léac'h all é-béd.

33. Ha korfou marô ar bobl-zé a vézô da voéd da laboused ann éñv, ha da loéned ann douar; ha na vézô dén évid hô c'hâs-kuit.

34. Ha mé a lakai da éhana é kériou Juda, hag é leûriou-kéar Jéruzalem, ar vouéz a lid, hag ar vouéz a lévénez, mouéz ar pried, ha mouéz ar bried. Râg ann douar holl a vézô glac'haret.

VIII. PENNAD.

Dismañtr ar Judéa.

1. Enn amzer-zé, émé ann Aotrou, é taoliñt eskern rouéed Juda, hag eskern hé briñsed, hag eskern ar véleien, hag eskern ar broféded, hag eskern ar ré a choumé é Jéruzalem, er-méaz eûz hô béz.

2. Hag hi hô skiñô oud ann héol, hag oud al loar, hag oud holl armé ann éñvou, hô deûz kaset, hô deûz servichet, war heûl péré hô deûz baléet, hô deûz eñklasket, hag hô deûz azeûlet. Na véziñt két dastumet ha na véziñt két bésiet; da deil é véziñt war-c'horré ann douar.

3. Hag ar ré holl péré a vézô chounet eûz ar gwall wenn-zé, péré em bézô distolet ha dilézet, a zilennô

keñtoc'h ar marô égéd ar vuez, émé Aotrou ann arméou.

4. Ha té a lavarô d'ézhô : Ével-henn é lavar ann Aotrou : Néb a zô kouézet, ha na assavô mui ? Ha néb a zô trôet diwar hé heñt, ha na zistrôiô mui ?

5. Pérâg éta eo trôet diouz-in ar bobl-zé eûz a Jéruzalem, gañd eur gasoni ken dalc'huz ? En em rôet iñt d'ar gévier, ha né két fellet d'ézhô distrei.

6. Hô sélaouet em eûz, hô arvestet em eûz ; hini anézhô na gomz hervez ar reiz ; hini anézhô na râ pinijen eûz hé béc'hed, ô lavarout : Pétrâ em eûzmé gréat ? Holl é trôoñt war-zû hô gwall-ioulou ével eur marc'h a ia gañd err d'ar stourm.

7. Ar skoul a anavez hé amzer enn éñv ; ann durzunel, ar gwennéli hag ar zigouñ a oar é pé amzer é tléoñt moñd ébiou ; hôgen va fobl n'en deûz két anavézet barn ann Aotrou.

8. Pénaoz é livirit-hu : Fûr omp, ha lézen ann Aotrou a zô gan-é-omp ? Pluen gaouiad ar skribed n'é deûz skrivet némét gévier.

9. Ar ré fûr a zô karget a vez ; spouñtet ha paket iñt ; râg gér ann Aotrou hô deûz distolet, ha n'eûz furnez é-béd enn-hô.

10. Râk-sé é rôinn hô gragez d'ann diavésidi, hag hô farkou é digwéz da ré all ; râg adaleg ar bihana bétég ar brasa é klaskoñt hô gounid ; adaleg ar profed bétég ar bélek, holl é réoñt gaou.

11. Hag hi a fellé d'ézhô enn hô méz iac'haat gouliou merc'h va fobl, ô lavarout : Péoc'h, péoc'h ; pa na oa két a béoc'h.

12. Méz hô deûz, ô véza ma hô deûz gréat traou argarzuz ; hag ouc'h-penn n'hô deûz két bét a véz, ha n'hô deûz két rusiet : dré-zé é kouéziñt é-mesk ar ré a vézô dispennet, é amzer hô emwél é véziñt dispennet, émé ann Aotrou.

13. Hô strolla a rinn kévret, émé ann Aotrou. Na vézô két a rézin oud ar gwini, na vézô két a fiez oud ar gwéz-fiez, ann déliou a gouézô : hag ar péz em bôa rôet d'ézhô a iélô ébiou.

14. Pérâg é choumomp-ni azézet ? En em strollit ha déomp er c'heriou kré, ha tavomp énô ; râg ann Aotrou, hon Doué, en deûz hol lékéat da sével, hag en deûz rôet d'é-omp dour bésti da éva, ô véza ma hon eûz péc'het a-éneb ann Aotrou.

15. Ar péoc'h a c'hortozemp, ha n'eo deûet nétrâ a vâd : amzer ar barédigez, ha chétu ar spouñt.

16. Eûz a Zan é kléveur froñellérez hé gézek, horellet eo ann douar holl gañd ar vouéz hag ann trous eûz hé vrézélidi ; râg hi a zô deûet, hag hô deûz louñket ann douar, ha kémeñd a zô enn-hañ ; ar géar, hag ar ré a choumé enn-hi.

17. Râk chétu é kasinn ouz-hoc'h aéred, baziliked, out péré n'eûz két a vréou ; hag hi a zañtô ac'hanoc'h, émé ann Aotrou.

18. Va glac'har *a zô* dreist *pép* glac'har, va c'haloun *a zô* gwéñvet ennoun.

19. Chétu mouéz merc'h va fobl a c'harm eûz a eur vrô bell ; ha n'éma két ann Aotrou é Sion, ha n'éma két hé roué enn-hi ? Pérâk éta hô deûs-hi va lékéat da vuanékaat gañd hô skeûdennou, hag hô gwandériou a-ziavéaz ?

20. Tréménet eo ar médérez, éat eo ann hañv ébiou, ha ni n'omp két dieûbet.

21. Brévadur merc'h va fobl a vrév ac'hanoun, glac'haret ounn, ar spouñt a zô krôget enn-oun.

22. Ha n'eûz két a valzam é Galaad ? Ha n'eûz két a vézek énô ? Pérâg éta né két serret kleizen merc'h va fobl ?

—

IX. PENNAD.

Reûsiou a dlé kouéza war ar Judéa.

1. Piou a rôiô dour d'am penn, hag eur feuñteun a zaérou d'am daoulagad ? Hag é wélinn nôz-deiz war vugalé merc'h va fobl a zô bét lazet.

2. Piou am lakai da gavout enn distrô, eunn herbec'h d'ann ergerzérien, évit ma tilézinn va fobl, ha ma pel-

laïnn dioul-hô ? Râg avoultrérien iñt holl, eur vagad gwallérien.

3. Hag hi hô deûz steñet hô zéôd ével eur wareg a c'hévier, ha nann a wirionez ; en em grévéet iñt war ann douar, râk moñd a réoñt a zroug é droug, ha n'am anavézoñt két, émé ann Aotrou.

4. R'en em virô pép-hini eûz hé nésa, ha na fisiet hini enn hé vreûr ; râk pép breûr a ziarbenn *hé vreûr*, ha pép miñoun a valé enn touellérez.

5. Pép-hini a rà goab eûz hé vreûr, ha na lévéroñt két ar wirionez : râg desket hô deûz hô zéôd da lavarout gévier ; poelladi a réoñt da ôber fallagriez.

6. Éma da dí é-kreiz ann touellérez ; enn hô zouellérez hô deûz dinac'het va anaout, émé ann Aotrou.

7. Râk-sé ével-henn é lavar Aotrou ann arméou : Chétu é teûzinn hag é arnodinn anézhô ; râk pétrâ all a rinnmé é-kéñver merc'h va fobl ?

8. Eur zaez lemm eo hô zéôd, touellérez a lavar ; hô génou a gomz a béoc'h gañd hô miñoun, hag é-kûz é aozoñt spiou d'ézhañ.

9. Ha na emwélinn két ar ré-zé, émé ann Aotrou ? Ha na en em veñjô két va éné eûz a eur vrôad ker fallagr ?

10. War ar ménésiou é savinn gwélvan ha keinvan, ha glac'har war al lec'hiou dudiuz eûz ann distrô ; ô véza ma iñt bét losket, ha na drémen mui dén dré énô, ha na gléveur mui mouéz hô ferc'hen ; adaleg evned ann éñv bété léoned *ann douar*, *holl* iñt tec'het, *holl* iñt éat-kuit.

11. Berniou grouan a rinn eûz a Jéruzalem, ha kéviou d'ann aéred ; kériou Juda a likiinn da véza dismañtret, ha na choumô dén enn-hô.

12. Piou eo ann dén fûr, a boellô kémeñt-mañ, ha da biou é helleur rei da glévout gér génou ann Aotrou, évit ma hé embannô ; pérâg eo bét dismañtret ann douar-zé, ha ma eo bét losket ével eunn distrô, ha na drémen dén dré énô ?

13. Hag ann Aotrou a lavaraz : O véza ma hô deûz dilézet va lézen, em bôa rôet d'ézhô, ha n'hô deûz két sélaouet va mouéz, ha n'hô deûz két baléet enn-hi ;

14. Hôgen ma hô deûz kerzet da heûl direizted hô c'haloun, ha da heûl Baal, ével ma hô deûz hé zesket gañd hô zadou.

15. Râk-sé ével-henn é lavar Aotrou ann arméou, Doué Israel : Chétu mé a voétô ar bobl-zé gañd huélen-c'houérô, hag a rôiô da éva d'ézhañ dour béstl.

16. Ha mé hô skiñô é-mesk brôadou ha na anavézeñt két hi nag hô zadou ; hag é kasinn ar c'hlézé war hô lerc'h, kén na véziñt dispennet.

17. Ével-henn é lavar Aotrou ann arméou, Doué Israel : Arvestit, ha galvit ar gwélérézed évit ma teûiñt ; ha kasit étrézég ar ré fura anézhô ma teûiñt buhan.

18. Hasteñt, ha saveñt keinvan warn-omp ; ra zeûiô daérou eûz hon daoulagad, ha ra virédô dour eûz a groc'hen hon daoulagad,

19. Râk klévet eo bét eur vouéz a geinvan eûz a Zion : Pénaoz omp-ni bét dismañtret, ha mézékéet enn doaré-zé ? O véza ma hon eûz dilézet hon douar, ô véza ma eo bét diskaret hon tiez.

20. Sélaouit éta, gragez, gér ann Aotrou ; rôit skouarn da lavar hé c'hénou ; deskit keinvan d'hô merc'hed, ha glac'har ann eil d'ébén ;

21. Râk piñet eo ann añkou dré hor prénestrou, éad eo enn hon tiez, évit laza hor bugalé vihan er ruou, hag hon tud-iaouañk é leûriou-kéar.

22. Komz : Ével-henn é lavar ann Aotrou : Korfou-marô ann dûd a gouézô ével teil war-c'horré ann douar, hag ével ma kouéz ann drammou éd war-lerc'h ar védérien, hép ma tastum dén anézhô.

23. Ével-henn é lavar ann Aotrou : Na fougéet két ann dén fûr gañd hé furnez, ha na fougéet két ann dén kré enn hé grévder, ha na fougéet két ann dén pinvidik enn hé binvidigez.

24. Hôgen néb a fougéô, fougéet é kémeñt-mañ : gouzout hag anaout pénaoz eo mé ann Aotrou, a ra trugarez, ha barnédigez, ha reizted war ann douar ; râk kémeñt-sé a zô hétuz d'in, émé ann Aotrou.

25. Chétu é teûiô ann deisiou, émé
ann Aotrou, é péré é emwélinn ké-
meñd-hini a zô emwadet.
26. Ann Éjipt, ha Juda, hag Édom,
ha bugalé Ammon, ha Moab, hag ar
ré holl péré a douz hô bléô, hag a
choum enn distrô; râg ann holl vrôa-
dou-*zé* a zô dienwad: hôgen holl vu-
galé Israel a zô dienwad a galoun.

—

X. PENNAD.

Na dléeur da zouja nag arouésiou ann éñv nag ann idolou.

1. Sélaouit ar gér en deûz lavaret
ann Aotrou diwar hô penn, ti Israel.
2. Evel-henn é lavar ann Aotrou:
Na zeskit két heñchou ar brôadou;
ha n'hô pézet két a aoun râg arouésiou
ann éñv, évet ma hô deûz aoun ar
brôadou;
3. Râk didalvez eo lézennou ar bo-
blou; râg eur c'hizeller a drouc'h eur
wézen er c'hoat gañd ar vouc'hal;
4. Gañd arc'hañt hag aour é vrava
anézhi; hé startaad a râ gañt tachou
ha gañd ar morzol, évit na fralô két.
5. É doaré eur wézen-balmez iñt
gréat, ha na gomzoñt két; réd eo hô
dougen, râk na helloñt két kerzout;
n'hô pézet két éta a aoun ra-z-hô, râk
na helloñt ôber na mâd na drouk.
6. N'eûz hini héñvel ouz-id, Aotrou;
té a zô brâz, ha brâz eo da hanô é ners.
7. Piou na zoujô két ac'hanod, ô
roué ar brôadou? Râk d'id eo ar skéd:
é-touez ann holl ré fûr eûz ar brôa-
dou, hag enn hô holl rouañtélésiou
n'eûz hini héñvel ouz-id.
8. Keñdrec'het é véziñt ével tûd foll
ha diskiañt; kélennadurez hô gwander
eo hô c'héf.
9. Eûz a Darsis é tigaseur folleenou
arc'hañt, hag aour eûz a Ofaz; labour
ann orféber, ha dourn ann teûzer;
gwisket iñt gañt mézer glâz ha limes-
tra; labour ann orfébérien *iñt* holl.
10. Hôgen ann Aotrou *eo* ar gwir
Zoué; héñ *eo* ann Doué béô, hag ar
Roué peûr-baduz; hé vuanégez a laka
ann douar da gréna; hag ar brôadou
na helloñt két gouzañvi hé c'hour-
drouz.
11. Ével-henn éta é léverrot: Ann
douéed péré n'hô deûz két gréat ann
éñvou hag ann douar, ra vézoñt dis-
pennet diwar ann douar, hag eûz a
zindân ann éñvou.
12. Héñ eo en deûz gréat ann douar
gañd hé ners, en deûz startéet ar béd
gañd hé furnez, en deûz astennet ann
éñvou gañd hé boell.
13. Gañt trouz hé vouéz é laka kalz
douréier da gouéza war ann douar,
hag é sâv ar c'hoabr eûz a bennou
ann douar; ar foeltr a laka da drei é
glaô, hag é tenn ann avel eûz hé deñ-
zoriou.
14. Diskiañt eo ann holl dûd-zé enn
hô gwiziégez, mézégez ar c'hizeller eo
ar skeûden; ô véza ma eo eunn dra
c'hqou ar péz en deûz kizellet, ha n'eûz
két a éné enn-hañ.
15. Eunn dra wân eo, hag eul la-
bour a laka da c'hoarzin; é amzer ar
wélédigez éz aiñt-da-gét.
16. Lôden Jakob né két héñvel oud
ar ré-mañ; râg héñ eo en deûz doa-
réet pép-trâ: Israel eo gwalen hé zi-
gwéz; Aotrou ann arméou eo hé hanô.
17. Stroll eûz ann douar da vézégez,
té péhini a vézô grounnet.
18. Râg ével-henn é lavar ann Ao-
trou: Chétu é taolinn pell ar wéach-
mañ ar ré a chonm enn douar-mañ;
ha mé hô eñkrézô enn hévélep doaré
na vézô kavet hini anézhô.
19. Gwâ mé em reûz! Gloazuz-brâz
eo va gouli. Hôgen lavaret em eûz:
Va c'hléñved eo, hé zougen a rinn.
20. Va zelt a zô bét diskaret, hé
holl gerdin a zô bét torret; va bugalé
a zô éat-kuit diouz-in, ha n'iñt mui;
n'eûz mui dén évit steña va zelt, hag
évit sével va c'hrec'hin.
21. Râg ar vésérien hô deûz em-
bréget enn eunn doaré diskiañt, ha
n'hô deûz két klasket ann Aotrou;
dré-zé iñt bét diboell, hag hô holl
zéñved a zô bét skiñet.
22. Chétu é teû eunn trouz brâz,
hag eur gwall géflusk eûz a zouar ann
hañter-nôz; évit ma lakai kériou Juda
ével eunn distrô, ha ma choumô ann
aéred enn-hô.

23. Mé a oar, Aotrou, pénaoz heñt ann dén na zalc'h két diout-hañ: ha pénaoz né két dré-z-hañ hé-unañ é valé, hag é kerz ann dén.

24. Kastiz ac'hanoun, Aotrou, hôgen enn da reizded, ha nann enn da frouden, gañd aoun n'am c'haschez-da-gét.

25. Skûl da frouden war ar brôadou péré n'hô deûz két da anavézet, ha war ar broviñsou péré n'hô deûz két galvet da hanô: râg hi hô deûz débret Jakob, hag hô deûz hé louñket; hé gaset hô deûz da-gét, ha kaset hé skéd da-nétrà.

XI. PENNAD.

Doué a zifenn da Jérémias na bédô évit Juda hag évit Jéruzalem.

1. *Chétu* gér ann Aotrou da Jérémias, ô lavarout:

2. Sélaouit gériou ar gévrédigezmañ, ha komzit out tûd Juda, hag oud ar ré a choum é Jéruzalem,

3. Ha livirit d'ézhô: Ével-henn é lavar ann Aotrou, Doué Israel: Milliget ra vézô ann dén, ha na zélaouô két gériou ar gévrédigez-mañ,

4. Em eûz gréat gañd hô tadou, enn deiz é péhini em eûz hô zennet eûz ann Éjipt, eûz ar fourn houarn, ô lavarout: Sélaouit va mouéz, ha grit kémeñd a c'hourc'hémenninn d'éhoc'h; ha c'houi a vézô da bobl d'in, ha mé a vézô da Zoué d'é-hoc'h;

5. Évit ma sévéninn a-névez al lé em eûz gréat d'hô tadou, pénaoz é rôinn d'ézhô eunn douar, é péhini é redô al léaz hag ar mél,ével ma c'hoarvez biriô. Ha mé a respouñtaz: Ével-sé bézet gréat, Aotrou.

6. Hag ann Aotrou a lavaraz d'in: Embann ar gériou-mañ é kériou Juda, hag er-méaz eûz a Jéruzalem, ô lavarout: Sélaouit gériou ar gévrédigezmañ, ha mirit-hô.

7. Râk pédet stard em eûz hô tadou, enn deiz é péhini em eûz hô zennet eûz a zouar ann Éjipt, bétég-henn; hô fedet stard em eûz diouc'h ar miñtin, ô lavaront: Sélaouit va mouéz:

8. Ha n'hô deûz két sélaouet, ha n'hô deûz két dinaouet hô skouarn; hôgen pép-hini anézhô en deûz kerzet é gwallégez hé galoun saotr; hag em eûz digaset war-n-ézhô holl c'hériou ar gévrédigez-mañ, em eûz gourc'hémennet d'ézhô ma rajeñt, ha n'hô deûz két gréat.

9. Hag ann Aotrou a lavaraz d'in: Eunn dispac'h a zô bét savet é-touez tûd Juda ha tûd Jéruzalem.

10. Distrôet iñt da fallagriézou keñt hô zadou, péré né két bét fellet d'ézhô sélaoui va gériou. Ar ré-mañ ivé a zô éat war-lerc'h douéed a-ziavéaz, hag hô deûz hô azeûlet; tî Israel ha tî Juda hô deûz torret ar gévrédigez em bôa gréat gañd hô zadou.

11. Râk-sé ével-henn é lavar ann Aotrou: Chétu mé a zigasô war-n-ézhô drougou, diout péré na belliñt két tec'hout; hag hi a c'harmô étrézég enn-oun, ha na zelaouinn két out-hô.

12. Ha kériou Juda, ha tûd Jéruzalem a iélô, hag a c'harmô étrézég ann douéed da béré é kennigoñt sakrifisou; hag ar ré-mañ n'hô dieûbô két é amzer hô eñkrez.

13. Râk ker paot ha da gériou é oa da zouéed, ô Juda; ha ker paot ha ruou Jéruzalem é oa da aotériou a vézégez, da aoteriou évid ôber sakrifisou da Vaal.

14. Té éta, na béd két évid ar bobl-zé, na zâv két da c'harm ha da béden évit-hô: râk na zélaouinn két out-hô é amzer hô garm étrézég enn-oun, é amzer hô eñkrez.

15. A béléac'h é teû ma en deûz gréat va muia-karet kalz gwallou em zi? Hag ar c'hik sañtel a lamô diouz-id da zrougiez, é péhini é fougéez?

16. Eur wézen-olived strujuz, kaer, frouézuz, koañt, en deûz ann Aotrou galvet da hanô; hôgen out trouz hé vouéz, eunn tân brâz a zô kroget enn-hi, hag hé skourrou a zô bét dévet.

17. Râg Aotrou ann arméou péhini en deûz da blañtet, en deûz lavaret drouk war-n-od, enn abek da wallou, tî Israel ha tî Juda, hô deûz gréat enn

hô éneb hô-unan, évit va bégà, oc'h ôber sakrifisou da Vaal.

18. Hôgen te, Aotrou, éc'h eûz diskouézet d'in *hô ménosiou*, hag em eûz hô anavézet. Neûzé éc'h eûz rôet d'in da anaout hô gwall-ioulou.

19. *Ha mé a oa* ével eunn oan kûñ, a gaseur d'al lazérez ; ha né anavézenn két hô ménosiou em énep, pa lavareñt : Lékéomp koat enn hé vara, ha dispennomp anézhañ eûz a zouar ar ré véô, ha na vézô mui a goun eûz hé hanô.

20. Hôgen té, Aotrou ann arméou, péhini a varn gañt reizded, hag a furch enn digroazel hag er c'halounou, diskouéz d'in da veñjañs enn hô énep : râk d'id em eûz danévellet va c'héfridi.

21. Râk-sé ével-henn é lavar ann Aotrou da dûd Anatot, péré a glask da vuez, hag a lavar : Na ziougan két é hanô ann Aotrou, gañd aoun na varvchez dré hon daouarn.

22. Râk-sé ével-henn é lavar Aotrou ann arméou : Chétu mé a emwélô anézhô ; ann dûd-iaouañk a varvô gañd ar c'hlézé, hô mipien hag hô merc'hed a varvô gañd ann naoun.

23. Ha na choumô nétra enn hô goudé (T) ; râk droug a gasinn war dûd Anatot, er bloaz é péhini é emwélinn anézhô.

XII. PENNAD.

Ar Profed a glemm diwar-benn eûrvâd ar ré fallagr.

1. Gwirion oud, ô Aotrou, ma strivann ouz-id ; hôgen ra livirinn d'id ann traou reiz-mañ : Pérâg éz â da vâd heñt ar ré fallagr ; pérâg ar ré a dorr da lézen, hag a râ fallagriez, iñt-hi euruz é pép trâ ?

2. Hô plañtet éc'h eûz, hag hi hô deûz taolet grisien ; kreski a réoñt, hag é tougoñt frouez ; tôst oud eûz hô génou, ha pell eûz hô digroazel.

3. Hôgen té, Aotrou, éc'h eûz va anavézet, éc'h eûz va gwélet, hag éc'h eûz arnodet va c'haloun étrézég ennod ; stroll-hi ével eunn tropel a gaseur d'al lazérez ; ha sañtéla anézhô é deiz hô lazérez :

4. Bété pégeit é wélô ann douar, hag é tizec'hô géot ann holl barkou enn abek da zrougiez ar ré a choum enn-hañ ? Al loéned hag ann evned a zô éat-da-gét, ô véza ma hô deûz lavaret : Na wélô két hon divez.

5. Ma éc'h eûz bét kémeñd a boan ô voñd enn eur rédek war-lerc'h ar ré a gerzé war droad, pénaoz é helli-dé tizout ar ré a zô war varc'h ? Mar d-oud dizaouzan enn eunn douar a béoc'h, pénaoz é ri-dé oud herder ar Jourdan ?

6. Râk da vreûdeûr hô-unan, ha ti da dâd, hô deûz ivé stourmet ouz-id, hag hô deûz garmet war da lerc'h a boéz penn ; na gréd két d'ézhô, ha pa gomzcheñt ouz-id gañd habaskded.

7. Kuitéet em eûz va zi, dilézet em eûz va digwéz ; lézet em eûz ann hini a garenn ével va éné étré daouarn hé énébourien.

8. Va digwéz a zô deûet em c'héñver ével eul léon er c'hoat ; iudet en deûz ouz-in ; râk-sé em eûz hé gaséet.

9. Hag eunn evn briz eo va digwéz d'in ? Hag eunn evn livet dré holl eo ? Deûit, en em strollit, holl loéned ann douar, hastit d'hé louñka.

10. Eul lôd brâz a vésérien hô deûz dispennet va gwinien, mac'het hô deûz va lôd ; lékéat hô deûz al lôden a garenn kémeñt, ével eunn distrô eûzus.

11. Hé gwastet hô deûz, hag hi é deûz léñvet étrézég enn-oun ; mañtret-brâz eo ann douar holl, ô véza n'eûz hini a géméñt a vijé poellek a galoun.

12. Ar wastérien a zeûi dré ann holl heñchou eûz ann distrô, râk klézé ann Aotrou a wastô holl eûz ann eil penn d'égilé eûz ann douar ; na vézô két a béoc'h da gik é-béd.

13. Gwiniz hô deûz hadet, hag hi a védô drein ; eunn digwéz hô deûz bét, ha n'hô dévézô gounid é-béd diouthañ ; c'houi a gollô hoc'h holl frouez, enn abek da vuanégez ha da frouden ann Aotrou.

14. Ével-henn é lavar ann Aotrou a-énep d'am holl amézéien fall, péré

a laka hô dourn war ann digwéz em
eûz lôdennet gañt va fobl a Israel :
Chétu mé a dennô anézhô er-méaz eûz
hô douar, hag a dennô ti Juda eûz hô
zouez.
15. Ha pa em bézô hô zennet er-
méaz, é tistrôinn out-hô, hag é tru-
garézinn anézhô ; hag hô digasinn
adarré, pép-hini enn hé zigwéz, ha
pép-hini enn hé zouar.
16. Hag ével-henn é c'hoarvézô :
Ma en em geñtélioñt, ha mar teskoñt
heñchou va fobl, ha mar touoñt dré
va hanô, béô eo ann Aotrou, ével ma
hô deûz desket d'am pobl toui dré
Vaal ; é véziñt savet é-touez va fobl.
17. Ma na zélaouoñt két, é tifram-
minn ar vrôad-zé bétég ar c'hrisien,
hag é kollinn anézhi, émé ann Aotrou.

XIII. PENNAD.

Jérémias a erbéd ar Iuzevien da ôber pinijen.

1. Ével-henn é lavaraz ann Aotrou
d'in : Kéa, ha prén évid-od eur gouriz
lien, ha laka-héñ war da zargreiz, ha
n'hel likii két enn dour.
2. Hag é préniz eur gouriz hervez
lavar ann Aotrou, hag hel likiiz war
ann dargreiz.
3. Hag ann Aotrou a gomzaz eunn
eil wéach ouz-in, ô lavarout :
4. Kémer ar gouriz éc'h eûz prénet,
hag a zô war da zargreiz ; saô ha kéa
étrézég ann Eufratez ha kûz-héñ énô
é toull eur méan.
5. Ha mé a iéaz hag a guzaz anéz-
hañ enn Eufratez, ével m'en dôa ann
Aotrou hé c'hourc'hémennet d'in.
6. Ha goudé ma oé tréménet kalz
deisiou, é lavaraz ann Aotrou d'in :
Saô ha kéa étrézég ann Eufratez ; ha
tenn ac'hanô ar gouriz em bôa gourc-
c'hémennet d'id da guza énô.
7. Hag éz iz étrézég ann Eufratez,
hag é kleûziz, hag é tenniz ar gouriz
eûz al léac'h é péhini em bôa hé gu-
zet ; ha chétu é oa brein ar gouriz,
enn hévélep doaré na oa mui mâd da
nétrâ.
8. Hag ann Aotrou a gomzaz ouz-in,
ô lavarout :
9. Ével-henn é lavar ann Aotrou :
Ével-sé é likiinn da vreina rogoni
Juda, ha rogoni vrâz Jéruzalem.
10. Ar bobl drouk-zé, péré na fell
két d'ézhô sélaoui va gériou, péré a
gerz é diroll hô c'haloun, hag a ia
war-lerc'h doued a-ziavéaz, évid hô
servicha hag hô azeûli ; hag hi a vézô
héñvel oud ar gouriz-zé, péhini n'eo
mâd da nétrâ.
11. Râg ével ma en em stag eur
gouriz war-drô da zargreiz eunn dén,
ével-sé em bôa unanet ouz-in holl di
Israel, hag holl di Juda, émé ann
Aotrou, évit ma vijeñt d'in da bobl,
ha da hanô, ha da veûleûdi, ha da
c'hloar ; ha n'hô deûz két sélaouet.
12. Té a lavarô éta d'ézhô ar gér
mañ : Ével-henn é lavar ann Aotrou,
Doué Israel : Péb brôk a vézô leûniet
a win. Hag hi a lavarô d'id : Ha na
ouzomp-ni két pénaoz é vézô leûniet
péb brôk a win ?
13. Ha té a lavarô d'ézhô : Ével-
henn é lavar ann Aotrou : Chétu mé
a leûniô a vézveñti holl dûd ann
douar-zé, hag ar rouéed eûz a wenn
David péré a zô azézet war hé drôn,
hag ar véleien, hag ar brofédéd, hag
ar ré holl a choum é Jéruzalem.
14. Mé hô skiñô, *hag a rannô* ar
breûr diouc'h ar breûr, hag ar vugalé
diouc'h ann tadou, émé ann Aotrou ;
na espernninn két, na zistolinn két, na
drugarézinn két ; hôgen kolla a rinn.
15. Klévit, ha sélaouit, ha pa stam-
bouc'hit két, râg ann Aotrou en deûz
komzet.
16. Rôit gloar d'ann Aotrou, hô
Doué, abarz ma tigasô ann dévalien,
hag abarz ma stokô hô treid oud ar
ménésiou lusennuz. C'houi a c'hortozô
ar goulou, hag héñ hé drôiô é skeûd
ar marô hag é tévalien.
17. Ma na zélaouit két kémeñt-sé,
va éné a wélô é-kûz war hô rogeñ-
tez ; gwéla-dourek a rai, ha va daou-
lagad a skulô daérou, ô véza ma vézô
kaset tropel ann Aotrou é sklavérez.
18. Lavar d'ar roué, ha d'ar rouanez :
En em vuélait, azézit ; râk kurunen
hô kloar a zô kouézet diwar hô penn.

19. Kériou ar c'hrésteiz a zô serret, ha-n'eûz dén évid hô digéri ; Juda holl a zô dizouget é sklavérez.

20. Savit hô taoulagad, ha sellit oud ar ré a zeû eûz ann hañter-nôz, é péléac'h éma ann tropel a zô bét rôet d'id, ann tropel ker karet gan-éz.

21. Pétrâ a liviri-dé, pa emwélô ac'hanod? Râk té eo éc'h eûz hô desket enn da énep, ha diskouézet d'ézhô pénaoz stourmi ouz-id ; ha n'az pézô két neûzé gloasiou, ével eur c'hrég é gwilioud?

22. Ma lévérez enn da galoun : Pérâg eo c'hoarvézet kémeñt-sé d'in? Enn abek d'al lôd brâz eûz da fallagriézou eo, eo bét dizôlôet da vézégez, hag eo bét saotret da zeûliou.

23. Ma hell eunn Etiopiad kemma hé groc'hen, hag eul léoupard hé liou briz, c'houi ivé a hellô ôber-vâd, p'hô pézô desket ôber ann drouk.

24. Ha mé hô skiñô ével ar c'hôlô a zô kaset enn distrô gañd ann avel.

25. Chétu da lôd, chétu da lôden, émé ann Aotrou, ô véza ma éc'h eûz va añkounac'héet, ha ma éc'h eûz fiziet er gévier.

26. Râk-sé em eûz savet da zilad war da benn, hag eo bét gwélet da vézégez,

27. Da avoultriézou, da zirollou, ha gwall da c'hadélez ; war ar c'hréc'hiennou, er parkou em eûz gwélet da fallagriézou. Gwâ té, Jéruzalem! Ha na vézi bikenn glân war va lerc'h? Bété pégeit?

XIV. PENNAD.

Péden Jérémias é hanô ar bobl.

1. Gér ann Aotrou a zeûaz da Jérémias diwar-benn ar zec'hor.

2. Daéraoui a râ ar Judéa, hag hé fersier a zô diskaret d'ann douar, hag hi dû holl, ha garm Jéruzalem a zô piñet.

3. Ar ré vrâz hô deûz kaset ar ré vihan d'ann dour ; hag hi a zô deûet évit puñsa ; n'hô deûz két kavet a zour, hag hi hô deûz digaset hô listri goullô. Mézékéet ha glac'haret iñt bét, ha gôlôet eo hô fenn gañt-hô.

4. Al labourérien pa wéloñt sec'hder ann douar, ha pénaoz na gouéz két a c'hlaô, a zô mézékéet-brâz, hag a c'hôlô hô fenn.

5. Ar garvez é deûz alet er park, hag eo lézet hé c'harvik gañt-hi, ô véza na oa két a c'héot.

6. Ann azéned c'houéz a biñ war ar rec'hier, hag a zic'houéz ann éar ével aérévéñt ; gwévet eo hô daoulagad, ô véza n'eûz két a c'héot.

7. Mar teû hor fallagriézou da desténia enn hon énep, distol-hi diwar-n-omp, Aotrou, enn abek d'as hanô : râk brâz eo hon dispac'hiou ; péc'het hon eûz enn da énep.

8. Géd Israel, hag hé zalver é amzer ann eñkrez, pérâg oud-dé ével eunn diavésiad enn douar-*mañ*, hag ével eunn ergerzer a zistrô évit nébeût *enn eunn hostaléri?*

9. Pérâg é vézi-dé ével eunn dén kañtréer, pé ével eunn dén kré ha na hell két dieûbi? Hôgen té, Aotrou, a zô enn hon touez, ha da hanô a zô galvet war-n-omp : na zilez két ac'hanomp.

10. Ével-henn é lavar ann Aotrou d'ar bobl-zé, péhini a gâr fiñva hé dreid, ha na arzaô két, ha né két hétuz d'ann Aotrou : Bréma é teûiô da goun d'ézhañ hô fallagriézou, hag héñ a emwélô hô féc'héjou.

11. Hag ann Aotrou a lavaraz d'in : Na béd két ac'hanoun évit ma rinn vâd d'ar bobl-zé.

12. Ha pa iunféñt, na zélaouinn két oud hô fédennou ; ha pa gennigféñt d'in sakrifisou-losk, ha viktimou, n'hô digémérinn két : râg gand ar c'hlézé, ha gañd ann naoun, ha gañd ar vosen é tispenninn anézhô.

13. Ha mé a lavaraz : A, a, a, Aotrou Doué; ar brofédet a lavar d'ézhô : Na wélot két ar c'hlézé, ha na zeûiô két ann naounégez enn hô touez ; hôgen ann Aotrou a rôiô d'é-hoc'h eur gwir béoc'h el léac'h-mañ.

14. Hag ann Aotrou a lavaraz d'in : Gévier hô deûz diouganet ar brofédet em hanô. N'em eûz két hô c'haset, n'em eûz rôet gourc'hémenn é-béd

d'ézhô, ha n'em eûz két komzet out-hô; gwélédigésiou gaou, darvoudou gwân, trôidellou ha touellérézou hô c'haloun hô-unan eo é liouganoñt d'é-hoc'h.

15. Râk-sé ével-henn é lavar ann Aotrou diwar-benn ar broféded péré a ziougan em hanô, péré n'em eûz két kaset, hag a lavar: Ar c'hlézé hag ann naounégez na véziñt két enn douar-mañ: gañd ar c'hlézé hag ann naounégez é vézô dispennet ar broféded-zé.

16. Hag ar boblou da béré hô dé-vézô diouganet, a vézô taolet é ruou Jéruzalem enn abek d'ann naounégez ha d'ar c'hlézé, ha na vézô dén évid hô bésia, nag hi, nag hô gragez, nag hô mipien, nag hô merc'hed: râk mé a skulô war-n-ézhô hô droug hô-unan.

17. Hag é liviri d'ézhô ar gér-man: Va daoulagad a skûl daérou nôz-deiz, ha na éhanoñt két; ô véza ma eo bét brévet gañd eur brévadur brâz ar werc'hez, merc'h va fobl, ha ma eo gwall zroug hé gouli.

18. Mar d-ann er-méaz er parkou, chétu *é kavann* tûd lazet gañd ar c'hlézé; ha mar d-ann ébarz ar géar, chétu é wélann ré all dislébéret gañd ann naounégez. Ar broféded hag ar véléien a zô bét kaset-ivé enn eunn douar ha na anavézeñt két.

19. Ha distolet ha dilézet eo Juda gan-éz? Hag argarzuz eo deûet Sion d'as éné? Pérâg éta éc'h eûz-té skôet war-n-omp, enn hévélep doaré n'eûz iéc'hed é béd évid-omp? Ar péoc'h a c'hortozemp, ha n'eo deûet nétrâ a vâd; hag amzer ar barédigez, ha chétu ar strafil.

20. Ni a anavez, Aotrou, hor gwallou, ha fallagriézou hon tadou, ô véza ma hon eûz péc'het enn da énep.

21. N'hol lez két da gouéza er vézégez enn abek d'as hanô, na daol két a zismégañs war-n-omp, ni trôn da c'hloar. Az péz koun, ha na laka két da véza didalvez ar gévrédigez éc'h eûz gréat gan-é-omp.

22. Ha béz' éz eûz hini é-touez skeûdennou ar broadou a rôfé glaô? Pé ar goabrou hag hi a hell rei ann douréier? Ha né két té eo ann Aotrou hon Doué, a c'hortozomp? Râk té eo éc'h eûz gréat kémeñt-sé.

—

XV. PENNAD.

Ar Profed a béd évit-hañ hé-unan. Doué a fréalz anézhañ.

1. Hag ann Aotrou a lavaraz d'in: Ha pa zavché Moizez ha Samuel dira-z-oun, na drôjé két va c'haloun étrézég ar bobl-zé; taol anézhô a zira-z-oun, ha r'az aiñt kuit.

2. Ma lévéroñt d'id: M'az aimp? Té a lavarô d'ézhô: Ével-henn é lavar ann Aotrou: Piou-bennâg d'ar marô, d'ar marô; piou-bennâg d'ar c'hlézé; d'ar c'hlézé; piou-bennâg d'ann naounégez, d'ann naounégez; piou-bennâg d'ar sklavérez, d'ar sklavérez.

3. Ha mé a gasô pévar zra out-hô, émé ann Aotrou: ar c'hlézé évid hô laza, ar chas évid hô diskolpa, hag evned ann éñv, ha loéned ann douar évid hô dispenna hag hô louñka.

4. Ha mé hô rôiô da frouden holl rouañtélésiou ann douar; enn abek da Vanasez, mâb Ezéc'hias, roué Juda, évid kémeñd en deûz gréat é Jéruzalem.

5. Râk piou en dévézô truez ouz-id, Jéruzalem? Piou en em zoaniô enn abek d'id? Pé piou a bédô évit kaout da béoc'h?

6. Va dilézet éc'h eûz, émé ann Aotrou; distrôet oud war da giz. Mé a astennô va dourn war-n-od, hag a zispennô ac'hanod; skuiz ounn oc'h da erbédi.

7. Ha mé a skiñô anézhô gañd ar gweñter bétég harzou ann douar; lazet ha dispennet eo va fobl gan-éñ; ha koulskoudé n'iñt két distrôet eûz hô henchou.

8. Paottoc'h eo lékéat hô iñtañvézed gan-éñ égét tréaz ar môr: kaset em eûz war-n-ézhô eunn énébour, en deûz lazet é-kreiz ann deiz ar vamm hag ar vugalé; eur spouñt brâz em eûz taolet war hô c'hériou.

9. Ann hini é dôa ganet seiz *gwéach* a zô deûet da véza gwân, fatet eo hé

éné : kuzet eo ann héol évit-hi, pa é oa c'hoaz deiz ; méz é deûz, rusia a rà hag ar *vugalé* a choumô d'ézhi a rôinn d'ar c'hlézé dirâg hô énébourien, émé ann Aotrou.

10. Gwâ mé, va mamm ; pérâg éc'h eûz-té va ganet, mé eunn dén a zael, eunn dén a reûst enn douar holl? N'em eûz két rôet a arc'hañt war gampi, ha dén n'en deûz rôet d'in arc'hañt war gampi ; hag ann holl a villig ac'hanoun.

11. Hag ann Aotrou a lavaraz d'in : Enn divez é teûiô vâd d'id ; mé az skoazellô é amzer ar c'hlac'har, hag é amzer ar reûst a-énep da énébourien.

12. Hag ann houarn a heil en em gemmeski gañd houarn ann hañternôz, ha gañd ann arem?

13. Da vadou ha da deñzoriou a rôinn d'ar preiz, enn da holl harzou, hép gôbr é-béd, enn abek d'ann niver eûz da béc'héjou.

14. Mé a zigasô da énébourien eûz a eunn douar ha na anavézez két : râk kroget eo tân va frouden, ha war-n-hoc'h é loskô.

15. Té a oar, Aotrou, az péz koun ac'hanoun, hag emwél ac'hanoun, ha diwall ac'hanoun dionc'h ar ré a zeû d'am heskina ; n'am digémer két enn da habaskded ; gwéz pénaoz eo évidod em eûz gouzañvet dismégañs.

16. Da lavariou em eûz kavet, hag em eûz hô louñket ; ha da c'her a zô deûet da zudi ha da lévénez d'am c'haloun : râk da hanô a zô bét galvet war-n-oun, ô Aotrou, Doué ann arméou.

17. N'ounn két bét azézet é strolladou ar c'hoariérien, ha n'ounn két en em fougéet évit béza bét dindân da zourn ; va-unan ounn bét azézet, ô véza ma éc'h eûz va leûniet a c'hourdrouzou.

18. Pérâk va foan ef-hi deûet da véza peûr-baduz? Ha va gouli da véza dic'héd, hép ma helleur hé baréa? Deûed eo em c'héñver ével douréier touelluz é péré n'helleur két fisiont.

19. Râk-sé ével-henn é lavar ann Aotrou : Mar tistrôez, é tistrôinn ac'hanod, hag é vézi stard dira-z-onn ; ha mar rannez ar péz a zô talvouduz brâz eûz ar péz a zô disléber, é vézi ével va génou-mé ; hi a zistrôiô étrézég enn-od, ha té na zistrôi két étrézég enn-hô.

20. Ha mé a lakai ac'hanod é-kéñver ar bobl-zé ével eur vôger arem ha kré ; hi a stourmô ouz-id, ha n'az trec'hiñt két ; râk mé a zô gan-éz, évid da warézi, ha da zieûbi, émé ann Aotrou.

21. Ha mé az tennô eûz a zaouarn ar ré zroug, hag a zasprénô ac'hanod eûz a zourn ar ré gré.

XVI. PENNAD.

Ann Aotrou a zifenn oud ar Profed na zimézô.

1. Ha gér ann Aotrou a zeûaz étrézég enn-oun, ô lavarout :

2. Na géméri két a c'hrég, ha n'az pézô két a vipien nag a verc'hed el léac'h-mañ.

3. Râg ével-henn é lavar ann Aotrou diwar-benn ar vipien hag ar merc'hed a zô ganet el léac'h-mañ, ha diwar-benn hô mammou péré hô deûz hô ganet, ha diwar-benn hô zadou a wenn péré iñt bét ganet er vrô-zé :

4. Eûz a veûr a gléñved é varviñt. Na vézô két gwélet war-n-ézhô, ha na véziñt két bésiet ; ével teil é véziñt war c'horré ann douar ; gañd ar c'hlézé ha gañd ann naounégez é véziñt bévézet ; hag hô c'horfou-marô a vézô da voéd da evned ann éñv, ha da loéned ann douar.

5. Râg ével-henn é lavar ann Aotrou : N'az â két é tî ar banvez, n'az â két évit gwéla, nag évid hô dizoania ; râk tennet em eûz va féoc'h digañd ar bobl-zé, émé ann Aotrou, va zruez ha va zrugarézou.

6. Hag hi a varvô er vrô-zé brâz ha bihan ; na véziñt két bésiet ha na vézô két gwélet war-n-ézhô ; dén n'en em zidrouc'hô, pé en em voalai évit-hô.

7. Na vézô két rannet a vara enn hô zouez évid dizoania ann hini a wélô war eunn dén marô, na vézô két rôet

da

da éva enn eur c'hôp d'ézhô évid hô dizoania diwar-benn hô zâd pé hô mamm.

8. N'az à két é ti ar banvez, da azéza gañt-hô évid dibri hag éva.

9. Râg évet-henn é lavar Aotrou ann arméou, Doué Israel : Chétu mé a dennô eûz al léac'h-zé dirâg hô taoulagad, hag enn hô deisiou, mouéz al lid, ha mouéz al lévénez, mouéz ar pried, ha mouéz ar bried.

10. Ha pa rôi da anaout ann holl c'hériou-zé d'ar bobl-mañ, hag é livirint d'id : Pérâg en deûs-héñ ann Aotrou lavaret ann holl zrouk brâz-zé diwar hor penn? Pétrâ eo hor fallagriez? Pé béc'hed hon eûz ni gréat a-énep ann Aotrou, hon Doué?

11. Té a lavarô d'ézhô : O véza ma hô deûz hô tadou va dilézet, émé ann Aotrou ; ma hô deûz kerzet war-lerc'h douéed a-ziavéaz, ma hô deûz hô servichet hag hô azeûlet, ma hô deûz va dilézet, ha n'hô deûz két miret va lézen.

12. Hôgen c'houi-hoc'h eûz gréat c'hoaz gwasoc'h égéd hô tadou : râk chétu pép-hini ac'hanoc'h a valé warlerc'h diroll hé wall galoun, ha na zélaou két ac'hanoun.

13. Ha mé hô taôlô eûz ann douarmañ, enn eur vrô ha na anavezit két, na c'houi nag hô tadou ; hag énô é servichot nôz-deiz doućed a ziavéaz, péré na rôiñt éhan é-béd d'é-hoc'h.

14. Râk-sé chétu é teû ann deisiou, émé ann Aotrou, é péré na vézô lavaret mui : Béô eo ann Aotrou, péhini en deûz tennet bugalé Israel eûz a zouar ann Éjipt :

15. Hôgen : Béô eo ann Aotrou, péhini en deûz tennet bugalé Israel eûz a zouar ann hañter-nôz, hag eûz ann holl vrôiou é péré em bôa hô zaolet ; ha mé hô digasô adarré enn douar em eûz rôet d'hô zadou.

16. Chétu mé a gasô kalz a beskétérien, émé ann Aotrou, hag hi a beskétô anézhô ; ha goudé-zé é kasinn d'ézhô kalz a hémolc'hidi a hémolc'hô anézhô eûz a bép ménez, eûz a bép krec'hien, hag eûz a géviou ar réc'hier.

17. Râg béz' éma va daoulagad war hô holl heñchou ; n'iñt két kuzet dirazoun, hag hô fallagriez né két bét kuzet a-zirâk va daoulagad.

18. Ha da geñta é rôinn d'ézhô daou c'hémeñt all évid hô fallagriézou hag hô féc'héjou ; ô véza ma hô deûz saotret va douar gañt fléar hô idolou, ha ma hô deûz leûniet va digwéz gañd hô fallagriézou.

19. O Aotrou, va ners, ha va c'hréfder, ha va herberc'h é deiz ann eñkrez ; ar brôadou a zeûiô étrézég ennod eûz a harzou ann douar, hag a lavarô : Gwir eo pénaoz hon tadou n'hô deûz bét némét gaou ha gwander, péré a zô bét didalvez d'ézhô.

20. Hag ann dén a rai douéed évithañ hé-unan, hag hi n'iñt két douéed?

21. Chétu éta é tiskouézinn d'ézhô ar wéach-mañ, é tiskouézinn d'ézhô va dourn, ha va galloud ; hag hi a wézô pénaoz ann Aotrou eo va hanô.

—

XVII. PENNAD.

Euruz eo ann hini a laka hé fisiañs é Doué.

1. Péc'hed Juda a zô skrivet gañd eur bluen houarn hag eunn ivin diamañt ; kizellet eo war daolen hô c'haloun, ha war gorniou hô aoteriou.

2. O véza ma hô deûz hô bugalé dalc'het koun eûz hô aoteriou, eûz hô c'hoajou brâz, eûz hô gwéz deliouuz, eûz hô ménésiou huel,

3. Eûz hô sakrifisou er parkou : é rôinn d'ann dismañtr da ners, ha da holl deñzoriou, ha da lec'hiou huel, enn abek d'as péc'héjou, dré da holl harzou.

4. Té a c'houmô da-unan, hép da zigwéz, em bôa rôet d'id ; da lakaad a rinn da zervicha da énébourien enn eunn douar ha na anavézez két ; râk lékéat hoc'h eûz da gregi eunn tân em frouden, hag a loskô da-vikenn.

5. Evel-henn é lavar ann Aotrou : Milliget eo ann dén a laka hé fisiañs énn dén, hag en em c'hra eur vréac'h kik : hag a denn hé galoun diouc'h ann Aotrou.

6. Râg héñ a vézô ével brûg enn distrô, ha na wélô két pa zeûiô ar mâd ; hôgen héñ a choumô er zec'hor enn distrô, enn eunn douar a bili ha didud.

7. Benniget eo ann dén a laka hé fisiañs enn Aotrou, hag a vézô ann Aotrou da c'hêd d'ézhañ.

8. Hag héñ a vézô héñvel oud eur wézen plañtet war ann douréier, hag a astenn hé grisiou étrézég al leizded, ha na vézô két saouzanet pa zeûiô ar c'hrouéz ; hé délien a vézô glâz, ha na vézô két é préder é amzer ar zec'hor ha na éhanô bikenn da rei frouez.

9. Direiz eo kaloun ann holl dûd, ha dic'houiliuz ; piou hé anavez ?

10. Mé eo ann Aotrou a furch ar galoun, hag a arnod ann digroazel ; a rô da bép-hini hervez hé heñchou, hag hervez frouez hé vénosiou.

11. *Ével ma* c'hôr ar glujar *viou* ha n'é deûz két dozvet, *ével-sé ar fallagr* a zastum madou gañd direizted ; é hañter hé zeisiou é tilézô anézhô, hag enn hé zivez é vézô diskiañt.

12. Trôn ar c'hloar a zô savet adaleg ar penn-keñta ; léac'h hor sañtélédigez eo.

13. O Aotrou, géd Israel, ar ré holl a zilez ac'hanod, a vézô mézékéet ; ar ré a bellai diouz-id, a vézô skrivet war ann douar, ô véza ma hô deûz dilézet ann Aotrou, feuñteun ann douréier a vuez.

14. Iac'ha ac'hanoun, Aotrou, hag é vézinn iac'h ; dieûb ac'hanoun, hag é vézinn dieûbet ; râk té eo va meûleûdi.

15. Chétu hi a lavar d'in : Péléac'h éma gér ann Aotrou ? Deûet.

16. Hôgen mé n'ounn két bét strafilet, oc'h heûlia ac'hanod ével va méser ; ha n'em eûz két c'hoañtéet deiz ann dén ; té her goar. Ar péz a zô deûet er-méaz eûz va muzellou, a zô bét éeun dira-z-od.

17. Na véz két da spouñt d'in, té va géd é deiz ann eñkrez.

18. Ra vézô mézékéet ar ré a heskin ac'hanoun, ha na vézinn két mézékéet-mé : ra véziñt spouñtet-hi, ha na vézinn két spouñtet-mé : kâs warn-ézhô eunn deiz a eñkrez, ha mac'h anézhô gañd eur mac'hadur daouc'hémeñt.

19. Ével-henn é lavaraz ann Aotrou d'in : Kéa, ha choum enn da zâ é-tâl porz bugalé ar bobl, dré béhini rouéed Juda a ia hag a zeû, hag é-tâl holl bersier Jéruzalem :

20. Ha lavar d'ézhô : Sélaouit gér ann Aotrou, rouéed Juda, hag holl Juda, hag holl dûd Jéruzalem, péré a ia ébarz dré ar persier-mañ.

21. Evel-henn é lavar ann Aotrou : Mirit hoc'h énéou, ha na zougit két a véc'hiou é deiz ar sabbat, ha n'hô c'hasit két ébarz dré bersier Jéruzalem.

22. Ha na zougit két a véc'hiou erméaz eûz hô tiez é deiz ar sabbat, ha na rit labour é-béd ; hôgen sañtélit deiz ar sabbat, ével ma em eûz hé c'hourc'hémennet d'hô tadou.

23. Hôgen n'hô deûz két sélaouet, ha n'hô deûz két dinaouet hô skouarn ; kalédet hô deûz hô fenn, évit n'am c'hleviñt két, ha na zigémeriñt két va c'hélen.

24. Hag ével-henn é c'hoarvézô : Mar sélaonit ac'hanonn, émé ann Aotrou, ha ma na zougit két a véc'hiou dré bersier ar géar-mañ é deiz ar sabbat, ha mar sañtélit deiz ar sabbat, hép ôber labour é-béd,

25. Éz ai dré bersier ar géar-zé rouéed ha priñsed péré a azézô war drôn David hag a biñô war girri ha war gézek, hi hag hô friñsed, tûd Juda, hag ar ré a choum é Jéruzalem ; hag ar géar-zé a vézô tudet da-vikenn.

26. Hag é teûiô tûd eûz a gériou Juda, ha diwar drô Jéruzalem, hag eûz a zouar Beñjamin, hag eûz ar c'hompézennou, hag eûz ar ménésiou, hag eûz ar c'hrésteiz, péré a gasô hostivou ha viktimou, ha boéd-kennigou, hag ézañs ; hag hô c'hasô é gwéstl é tì ann Aotrou.

27. Hôgen ma na zélaouit két ac'hanoun, ô sañtéla deiz ar sabbat, hép dougen béc'hiou, hag hô lakaad da voñt dré bersier Jéruzalem é deiz ar sabbat ; mé a lakai ann tân enn hé fersier ; hag héñ a zevô tiez Jéruzalem, ha na vougô két.

XVIII. PENNAD.

Dispac'h a-énep Jérémias.

1. Ar gér-mañ a zeûaz dioud ann Aotrou da Jérémias, ô lavarout :
2. Saô, ha diskenn da dî eur pôder, hag énô é klévi va geriou.
3. Hag é tiskenniz da dî eur pôder, hag hén a labouré war hé rôd.
4. Hag al léstr prî a réa gand hé zaouarn, a dorraz, hag héñ a réaz gañt-hañ eul léstr all, ével ma kavaz-mâd hé ôber.
5. Ha gér ann Aotrou a zeûaz étrézég enn-oun, ô lavarout :
6. Ha na.bellinn-mé két ôber ac'hanoc'h, ével ar pôder-zé, tî Israel, émé ann Aotrou ? Chétu ével ma éma ar prî é dourn ar pôder, ével-sé émoc'h c'houi em dourn, tî Israel.
7. P'am bézô komzet a-éneb eur vrôad pé a-éneb eur rouañtélez, évid hé dic'hrisienna, hag hé dispenna, hag hé c'hâs-da-gét ;
8. Mar grâ ar vrôad-zé pinijen eûz ann drouk évit péhini em bôa hé gourdrouzet, em bézô keûz ivé va-unan eûz ann drouk em bôa mennet ôber d'ézhi.
9. P'am bézô komzet é-gounid eur vrôad pé eur rouañtélez, évid hé sével hag hé startaat ;
10. Mar grâ drouk dirâk va daoulagad, ha ma na zélaou két va mouéz, em bézô keûz eûr ar mâd em bôa mennet ôber d'ézhi.
11. Lavar éta bréma da dûd Juda, ha d'ar ré a choum é Jéruzalem : Ével-henn é lavar ann Aotrou : Chétu mé a aoz droug enn hoc'h énep hag a zoaré ménosiou ouz-hoc'h : ra zistrôiô pép-hini eûz hé wall heñt, hag éeunit hoc'h beñchou hag hoc'h ôberiou.
12. Hag hî hô deûz lavaret : Dic'héd omp deûet : war heûl hor ménosiou hon-unan éz aimp, ha pép-hini ac'hanomp a rai hervez direizted hé galoun.
13. Râk-sé ével-henn é lavar ann Aotrou : Goulennit digañd ar brôadou : Piou en deûz klévet traou kenn argarzuz hag ar ré é deûz gréat gwerc'hez Israel ?
14. Ann erc'h hag héñ a hell dilézel ménésiou al Liban ? Pé ann douréier frésk a réd *war ann douar* hag hî a hell béza kaset da hesk ?
15. Koulskoudé va fobl en deûz va añkounac'héet, oc'h ôber sakrifisou gwân, oc'h en em vouñta enn hô heñchou, hag é raveñchou ar c'hañtvédou kôz, hag ô kerzout enn-hô dré eunn héñt dibleûstret,
16. Évid tenna ann eñkrez war hô douar, hag eur c'houiban peûr-baduz. Kéméñd-hini a dréménô dré-z-hañ, a vézô saouzanet, hag a hejô hé benn.
17. Ével eunn avel loskuz é skiñinn anézhô dirâg hô énébour ; va c'hein, ha nann va daoulagad a drôinn out-hô é deiz hô c'holl.
18. Hag hî a lavaraz : Deûit, ha mennomp ménosiou a-énep Jérémias : râk na zionérô két a vélek évid al lézenn, a zén fûr évid ar c'huzul, a brofed évid ar gér : deûit, ha skôomp war-n-ézbañ gañd hon téód, ha na lékéomb évez é-béd oud hé holl c'hériou.
19. Laka évez ouz-in, Aotrou, ha sélaou mouéz va énébourien.
20. Hag ann droug a rôeur évid ar mâd, pa doulloñt eur béz évit va éné? Az péz koun pénaoz ounn bét savet dira-z-od, évit goulenn vâd évit-hô, hag évid distrei da frouden diwar-n-ézhô.
21. Râk-sé rô hô bugalé d'ann naoun, ha laka-hi da gouéza dindân ar c'hlézé : ra zeûiô hô gragez hép hô bugalé, ha da iñtañvézed : ra vézô hô ézéc'h lékéat d'ar marô, ra vézô hô zûd-iaouañk lazet gañd ar c'hlézé er brézel.
22. Ra vézô klévet garm ô toñd eûz hô ziez, râk té a zigasô al laer war-n-ézhô war-eunn-taol ; ô véza ma hô deûz kleûzet eur poull évit va faka, hag hô deûz kuzet lindagou dindân va zreid.
23. Hôgen té, Aotrou, a oar ann holl guzuliou hô deûz gréat em énep évit va lazа ; na zistol két hô fallagriez d'ézhô, ha na denn két hô féc'héjou a zira-z-od ; ra véziñt diskaret dira-z-od, dispenn-hi é amzer da frouden.

XIX. PENNAD.

Pôd pri torret gañt Jérémias.

1. Ével-henn é lavar ann Aotrou : Kéa, ha kémer eur pôd pri gréat gañd eur pôder, ha *kás gan-éz* eûz a hénaoured ar bobl, hag eûz a hénaoured ar véléien :

2. Ha kéa er-méaz étrézé traoñien mâb Ennom, péhini a zô râg-éeun da borz ar bôdérez-pri : hag énô é prézégi ar gériou a livirinn d'id ;

3. Hag é liviri : Sélaouit gér ann Aotrou, rouéed Juda, ha tûd Jéruzalem : Ével-henn é lavar Aotrou ann arméou, Doué Israel : Chétu mé a gasô war al léac'h-mañ eunn eñkrez ker brâz, ma voudô hé ziskouarn da gémeñd hini a glévô hanô anézhañ.

4. O véza ma hô deûz va dilézet, ha lékéat al léac'h-mañ da zaotr, ô kenniga sakrifisou da zouéed a-ziavéaz, ha na anavézeñt két, nag hi, nag hô zadou, na rouéed Juda ; ha ma hô deûz leûniet al léac'h-mañ a c'hoad ar ré zinam :

5. Ha ma hô deûz savet lec'hiou huel da Vaal, évit leski hô bugalé enn tân é sakrifiz da Vaal ; ar péz n'em eûz két gourc'hémennet d'ézhô, a béhini n'em eûz két komzet, ha né két bét savet em c'haloun.

6. Râk-sé chétu é teû ann deisiou, émé ann Aotrou, é péré na vézô mui hanvet al léac'h-mañ Tofet, na traoñien mâb Ennom, hôgen traoñien al lazérez.

7. Bévézi a rinn el léac'h-mañ kuzul Juda ha Jéruzalem, ha mé hô dispenuô gañd ar c'hlézé dirâg hô énébourien, ha gañd dourn ar ré a glaskô hô buez : hag é rôinn hô c'horfoumarô da voéd da evned ann éñv, ha da loéned ann douar.

8. Er zaouzan hag er c'houiban é likiinn ar géar-mañ : kémeñd hini a dréménô ébiou d'ézhi a vézô saouzanet, hag a c'houibanô diwar-benn hé holl c'houlioo.

9. Hô boéta a rinn gañt kig hô mipien, ha gañt kig hô merc'hed ; pép-hini a zebrô ivé kig hé viñoun é-pâd ar grounnadur, pa véziñt eñket ha gourizet gañd hô énébourien, ha gañd ar ré a glaskô hô buez.

10. Neûzé é torri ar pôd dirâg ann dûd a iélô gan-éz ;

11. Hag é liviri d'ézhô : Ével-henn é lavar Aotrou, ann arméou : Ével-sé é vrévinn ar bobl-zé, hag ar géar-zé, évél ma eo brévet ar pôd pri, ha na hell mui doñd d'hé stad geñta ; hag hi a vézô bésiet é Tofet, ô véza na vézô mui léac'h all é-bed évit bésia.

12. Ével-sé é rinn d'al léac'h-zé, émé ann Aotrou, ha d'ar ré a chourm enn-hañ ; hag é-c'hiz Tofet é likiinn ar géar-zé.

13. Tiez Jéruzalem ha tiez rouéed Juda a vézô dic'hlan évél Tofet ; ann holl diez war lein péré hô deûz kenniget sakrifisou da holl armé ann éñv, hag hô deûz skulet braoued-kennigou da zouéed a-ziavéaz.

14. Hôgen Jérémias a zeûaz eûz a Dofet, é péléac'h en dôa ann Aotrou hé gaset évit diougani, hag en em lékéaz enn hé zâ é porched ti ann Aotrou, hag é lavaraz d'ann holl bobl :

15. Évél-henn é lavar Aotrou ann arméou, Doué Israel : Chétu mé a gasô war ar géar-mañ, ha war hé zréfiou, ann holl zrougou am eûz lavaret enn hô énep, ô véza ma hô deûz kalédet hô fenn, évit na zélaoueheñt két va gériou.

XX. PENNAD.

Jérémias a zô lékéat er vâc'h dré urs Fassur.

1. Fassur, mâb Emmer ar bélek, péhini a oa da briñs é ti ann Aotrou, a glévaz Jérémias ô tiougani enn doaré-zé.

2. Ha Fassur a skôaz gañt Jérémias ar profed, hag a lékéaz hé gâs d'ar vâc'h, a ioa out pors huéla Beñjamin, é ti ann Aotrou.

3. Hag añtrônôz da c'houlou-deiz Fassur a lékéaz tenna Jérémias eûz ar vâc'h. Ha Jérémias a lavaraz d'ézhañ : Ann Aotrou na c'halv mui ac'ha-

nod Fassur, hôgen spoañt a bép tû.

4. Râgével-henn é lavar ann Aotrou : Chétu mé a rôiô ac'hanod d'ar spoañt, té ha da holl viñouned ; hag hi a vézô dispennet gañt klézé hô énébourien, ha té her gwélô gañd da zaoulagad ; hag holl Juda a rôinn étré daouarn roué Babilon ; hag héñ hô dizougô da Vabilon, hag hô lazô gañd ar c'hlézé.

5. Rei a rinn ivé holl vadou ar géarmañ, hag hé holl c'honnid, hag hé holl draou talvouduz, hag holl deñzoriou rouéed Juda a réinn étré daouarn hô énébourien ; hag hi hô freizô, hag hô c'hémérô, hag hô dizougô da Vabilon.

6. Ha té, Fassur, ha kémeñd hini a zô enn da dî, a iélô é sklavérez ; da Vabilon é teûi, hag énô é varvi, hag énô é vézi bésiet, té ha da holl viñouned, da béré éc'h eûz diouganet gévier.

7. Va douellet éc'h eûz, Aotrou, ha touellet ounn bét ; kréoc'h égéd-oun oud bét, hag oud bét tréac'h d'in ; da vézégez ounn deûet héd ann deiz ; holl é réoñt goab ac'hanoun.

8. Râk pell zô é komzann, é c'harmann a-éneb ar fallagriez, hag é tiouganann ann dismañtr ; ha gér ann Aotrou a zô deûet d'in da vézégez ha da c'hoapérez héd ann deiz.

9. Hag em eûz lavaret : Na rinn mui a véneg anézhañ, ha na gomzinn mui enn hé hanô ; hôgen deûet eo em c'haloun ével eunn tân loskuz, a zô en em zerret em eskern ; hag ounn fatet, ô véza na hellenn mui hé c'houzañvi.

10. Râk kalz kunuc'hennou em eûz klévet, ha gériou spouñtuz trô-wardrô : Heskinit-héñ, heskinomp-héñ ; hag ar ré holl péré a oa é péoc'h gan-éñ, ha bépréd em c'hichen, *a lavarô :* Touellomp-héñ mar gellomp, ha ni a vézô tréac'h d'ézhañ, hag a dennô veñjañs anézhañ.

11. Hôgen ann Aotrou a zô gan-éñ ével eur brézéliad kré ; râk-sé ar ré a heskin ac'hanoun a gouézô ; ha na véziñt két tréac'h d'in. Mézékéet-brâz é véziñt, ô véza n'hô deûz két poellet ar vézégez peûr-baduz, ha n'az ai bikenn da-nétra.

12. Ha té, Aotrou ann arméou, péhini a arnod ann dén reiz, hag a wél ann digroazel hag ar galoun, grâ ma wélinn, mé az péd, ar veñjañs a denni anézhô ; râg enn-od em eûz lékéat va c'héfridi.

13. Kanit d'ann Aotrou, meûlit ann Aotrou ; ô véza ma en deûz tennet éné ar paour eûz a zaouarn ar ré zrouk.

14. Milliget ra vézô ann deiz é péhini ounn bét ganet ; ha na vézet két benniget ann deiz é péhini é deûz va mamm va ganet.

15. Milliget ra vézô ann dén en deûz digaset kélou d'am zâd, ô lavarout : Eur mâb a zô ganet d'id ; ével pa vé bét eunn abeg a lévénez évit-hañ.

16. Ra vézô ann dén-zé ével ar c'hériou en deûz dismañtret ann Aotrou, hép keûz é-béd : ra glévô garm diouc'h ar miñtin, ha iudérez d'ar c'hrésteiz ;

17. O véza n'en deûz két va lazet abarz ma oann ganet, évit ma teûjé va mamm da véz d'in, ha ma eñgéheñtché hé c'hôv-hép génel bikenn.

18. Pérâg ounn-mé deûet er-méaz eûz a gôv va mamm, évit gwélout poan ha gloaz, hag évit ma vézô bévézet va deisiou er vézégez ?

XXI. PENNAD.

Traou a lavar ann Aotrou da dûd Jéruzalem évit savétei hô buez.

1. Ar gér-mañ a iéaz da Jérémias digañd ann Aotrou, pa gasaz ar roué Sédésias étrézég enn-hañ Fassur, mâb Melc'hias, ha Sofonias, mâb Maasias ar bélek, ô lavarout :

2. Goulenn kuzul digañd ann Aotrou évid-omp ; râk Nabukodonosor, roué Babilon, a stourm ouz-omp ; ma rai ann Aotrou burzudou enn hor gounid, ével ma eo boazet da ôber, ha ma pellai hé-mañ diouz-omp.

3. Ha Jérémias a lavaraz d'ézhô : Ével-henn é lévérrot da Zédésias :

4. Ével-henn é lavar ann Aotrou Doué Israel : Chétu mé a zistrôiô ann armou brézel a zô étré hô taouarn, ha

gañt péré é stourmit out roué Babilon,
hag oud ar C'haldéed, péré a c'hrounn
ac'hanoc'h trô-war-drô d'hô murioù;
ha mé hô strollô é-kreiz ar géar-mañ.
5. Ha mé va-unan a stourmô ouz-
hoc'h gañd eunn dourn astennet, gañd
eur vréac'h gré, gañt frouden, gañd
drouk, gañd eur vuanégez vrâz.
6. Ha mé a skôiô war ar ré a choum
er géar-mañ; ann dûd hag al loéned
a varvô gañd eur vosen vrâz.
7. Ha goudé-zé ann Aotrou a lava-
raz: Mé a rôiô Sédésias, roué Juda,
hag hé zervicherien, hag hé bobl, hag
ar ré eûz ar géar-zé a vézô bét dilézet
gañd ar vosen, gañd ar c'hlézé, ha
gañd ann naounégez, é dourn Nabu-
kodonosor roué Babilon, hag é dourn
hô énébourien, hag é dourn ar ré a
glask hô buez; hag héñ a skôiô gañt-
hô gañd ar c'hlézé, héb habaskded,
hép truez, hép trugarez.
8. Hag é liviri d'ar bobl-zé: Ével-
henn é lavar ann Aotrou: Chétu mé a
laka dira-z-hoc'h heñd ar vuez, hag
heñd ar marô.
9. Néb a choumô er géar-zé, a varvô
gañd ar c'hlézé, ha gañd ann naou-
négez, ha gañd ar vosen; hôgen piou-
bennâg a vézô éat er-méaz, hag a
vézô tec'het étrézég ar C'haldéed, péré
a c'hrounn ac'hanoc'h, a vévô; hag
ével eur preiz é vézô d'ézhañ hé éné.
10. Râk lékéat em eûz va dremm
oud ar géar-zé évid ann droug, ha
nann évid ar mâd, émé ann Aotrou:
étré daouarn roué Babilon é vézô
rôet, hag héñ hé loskô gañd ann tân.
11. Ha da dî roué Juda, *é liviri*:
Sélaouit gér ann Aotrou.
12. Tî David, ével-henn é lavar ann
Aotrou: Rôit hô parnou diouc'h ar
miñtin, ha tennit néb a zô mac'het
eûz a zourn ar mac'her: gañd aoun
na zeûjé va frouden er-méaz ével tân,
ha na loskché, hép ma helled hé
mouga, enn abek da zrougiez hoc'h
ôbériou.
13. Chétu mé a zeû d'az kavout, té
péhini a zô diazézet enn eunn drao-
ñien ha war eur roc'h stard, émé ann
Aotrou; c'houi péré a lavar: Piou a
drec'hô ac'hanomp? Ha piou a zeûiô
enn hon tiez?
14. Ha mé a emwélô ac'hanoc'h
hervez frouez hoc'h ôbériou, émé ann
Aotrou; hag é likiinn ann tân enn hé
c'hoat, hag héñ a loskô pép trâ war
hé zrô.

—

XXII. PENNAD

Ann Aotrou a erbéd Joakim hag hé bobl da viroud ar reizded.

1. Ével-henn é lavar ann Aotrou:
Diskenn da dî roué Juda, ha lavar
d'ézhañ ar gér-mañ.
2. Hag é liviri: Sélaou gér ann Ao-
trou, roué Juda, péhini a zô azézet
war drôn, David, té, ha da zervichê-
rien, ha da bobl, a zeû ébarz dré ar
persier-zé.
3. Ével-henn é lavar ann Aotrou:
Grît barnédigez ha reizded, ha tennit
néb a zô mac'het eûz a zourn ar ma-
c'her; na eñkrézit két ann diavésiad,
nag ann emzivad, nag ann iñtañvez,
ha n'hô mac'hit két gañd direizded;
ha na skuìit két ar goad dinam el
léac'h-mañ.
4. Râk mar sévénit ar gér-zé enn
hoc'h ôbériou, é treménô dré bersier
ann tî-zé rouéed eûz a wenn David a
azézô war hé drôn, a biñô war girri
ha war gézek, hî hag hô zervichérien,
hag hô fobl.
5. Hôgen ma na zélaouit két ar gé-
riou-mañ, dré-z-oun va-unan hen
touann, émé ann Aotrou, ann tî-mañ
a vézô ével eunn distrô.
6. Râg ével-henn é lavar ann Ao-
trou diwar-benn tî roué Juda: Galaad
oud d'in ha penn al Liban; da lakaad
a rinn da eunn distrô, ha da gériou
da véza didûd.
7. Mé a zañtélô enn da énep ann
hini a lazô da dûd, héñ hag hé ar-
mou; hî a ziskarô da wéz-sedr kaer,
hag hô zaolô enn tân.
8. Ha kalz brôadou a drémênô dré
ar géar-zé; hag ann eil a lavarô d'é-
gilé: Pérâg en deûs-héñ ann Aotrou
gréat ével-sé é-kéñver ar géar vrâz-zé?
9. Hag é vézô respouñtet d'ézhô:
O véza ma hô deûz dilézet kévrédigez

ann Aotrou, hô Doué, ma hô deûz azeûlet douéed a-ziavéaz, ha ma hô deûz hô servichet.

10. Na wélit két war ann hini a zô marô, ha na skujit két a zaérou war-n-ézhañ; hôgen gwélit dourek war ann hini a ia er-méaz, râk na zistrôiô mui, ha na wélô mui brô hé c'hanédigez.

11. Râg évei-henn é lavar ann Aotrou da Zellum, mâb Josias, roué Juda, péhini a rénaz e léac'h Josias hé dâd, hag a zô éat er-méaz eûz al léac'h-zé: na zistrôiô mui di.

12. Hôgen el léac'h é péhini em eûz lékéat hé zizougen, énô é varvô, ha na wélô mui ar vrô-mañ.

13. Gwâ ann hini a zâv hé di gañd direizded, hag hé gampron gañt gwall; hag a vâc'h hé viñoun héb abek, ha na zistol két d'ézhañ hé c'hôbr;

14. Péhini a lavar: Sével a rinn évid-oun eunn ti éc'hon, ha kamprou lédan; péhini a zigor kalz prénestrou, hag a râ koadachou gwéz-sedr, hag hô liv gañt tané.

15. Ha réna a ri *gwelloc'h*, ô véza en em geidez oud eur wézen-sedr? Da dâd ha n'en deûz-hen két débret hag évet, ha gréat barnédigez ha reizded, ha kémeñt-sé évid hé vâd?

16. Kéfridi ar paour hag ann tavañtek en deûz barnet enn hé c'hounid; ha né két ô véza ma en deûz va anavézet, émé ann Aotrou?

17. Hôgen da zaoulagad ha da galoun *na glaskoñt néméd* ar bizoni, skuja ar goad dinam, drouk-komza, ha rédeg étrézég ar gwall-ôberiou.

18. Râk-sé évei-henn é lavar ann Aotrou diwar-benn Joakim, mâb Josias, roué Juda: Na wéliñt két anézhañ, *ô lavarout*: O va breûr! ô va c'hoar! Na geinvaniñt két war-n-ézhañ, ô lavarout: O roué! ô brasder!

19. É béz ann azen é vézô bésiet; brein é vézô taolet er-méaz eûz a hersier Jéruzalem.

20. Piñ war al Liban, ha garm: Sâv da vouéz é Basan, ha garm étrézég ar ré a ia ébiou, râg ar ré az karé a zô bét brévet.

21. Komzet em eûz ouz-id enn da founder; hag éc'h eûz lavaret: Na zélaouinn két. Hen-nez eo bét da heñt adalek da iaouañktiz, na zélaouchez két va mouéz.

22. Da holl vésérien a rufiô ann avel, hag ar ré az karé a iélô é sklavérez; ha neûzé é vézi mézékéet, hag é teûi da rusia eûz da holl zrougiez.

23. Té péhini a zô azézet war al Liban, hag a râ da neiz er gwéz-sedr, péger brâz é vézô da glemmou, pa zeûiô gweñtrou d'id, évei gweñtrou eur c'hrég é gwilioud?

24. *Évei ma* ounn béô, émé ann Aotrou; ha pa vé Jékonias, mâb Joakim roué Juda, évei eur walen war va dourn déhou, é tenninn anézhañ ac'hanô.

25. Ha mé az rôiô étré daouarn ar ré a glask da vuez, hag étré daouarn ar ré râk dremm péré é spouñtez, étré daouarn Nabukodonosor, roué Babilon, hag étré daouarn ar C'haldéed.

26. Ha mé az kasô, té ha da vamm péhini é deûz da c'hanet, da eur vrô a-ziavéaz, é péhini n'oc'h két bét ganet; hag énô é varvot:

27. Ha na zistrôiñt mui d'ar vrô étrézé péhini é huanad hô éné, gañd ar c'hoañt da zistrei di.

28. Ha né két eur pôd pri torret ar Jékomias-zé? Ha né két eul léstr hép talvoudégez é-béd? Pérâg ef-hén bét distolet, héñ hag hé wenn, hag iñt-hi bét kaset da eur vrô ha na anavézeñt két?

29. Douar, douar, douar, sélaou gér ann Aotrou.

30. Evel-henn é lavar ann Aotrou: Skriv pénaoz ann dén-zé a vézô difrouez, ha na zeûiô nétrâ da vâd d'ézhañ a-héd hé zeisiou: râk na zeûiô két eûz hé wenn eunn dén hag a azézô war drôn David, nag en dévézô hivizikenn béli é-béd é Juda.

—

XXIII. PENNAD.

Gourdrouzou a-éneb ar fals broféded.

1. Gwâ ar vésérien a zispenn hag a zirog déñved va feûrvan, émé ann Aotrou.

2. Râk-sé ével-henn é lavar ann Aotrou, Doué Israel, d'ar vésérien a rén va fobl : C'houi hoc'h eûz skiñet va déñved, hô distolet hoc'h eûz, ha n'hoc'h eûz két hô emwélet ; chétu mé a emwélô ac'hanoc'h enn abek da zrougiez hoc'h ôbériou, émé ann Aotrou.

3. Ha mé a strollô ann dilerc'h eûz va déñved, eûz ann holl vrôiou é péré em bézô hô harluet ; hag hô likiinn da zistrei d'hô farkou ; hag hi a greskô hag a baottô.

4. Lakaad a rinn war-n-ézhô mésérien, hag hô mesô ; na véziñt mui enn aoun hag er spouñt ; ha na ziouérô hini anézhô, émé ann Aotrou.

5. Chétu é teû ann deisiou, émé ann Aotrou, é péré é likiinn da zével da Zavid eur wenn reiz ; eur roué hag a rénô, hag a vézô fûr, hag a rai barnédigez ha reizded war ann douar.

6. Enn deisiou-zé é vézô dieûbet Juda, hag Israel a choumô gañt fisiañs ; hag hé-mañ eo ann hanô a rôiñt d'ézhañ : Ann Aotrou hor reiz.

7. Râk-sé chétu é teûiô ann deisiou, émé ann Aotrou, ha na vézô mui lavaret : Béô eo ann Aotrou, péhini en deûz tennet bugalé Israel eûz a vrô ann Éjipt :

8. Hôgen : Béô eo ann Aotrou, péhini en deûz tennet ha digaset gwenn ti Israel eûz a zouar ann hañter-noz, hag eûz ann holl vrôiou é péré em bôa hô distolet ; hag hi a choumô enn hô brô hô-unan.

9. D'ar broféded : Brévet eo bét va c'haloun enn-oun, va holl eskern hô deûz krénet : deûet ounn ével eunn dén mezô, hag ével eunn dén leûn a win, dirâg ann Aotrou, ha dirâg hé c'hériou sañtel.

10. Râk leûn eo ann douar a avoultrérien, râg ann douar a léñv dirâg al léou ; séac'h eo deûet mésiou ann distrô ; droug eo bét hô réd, ha direiz hô galloud.

11. Râg ar profed hag ar bélek a zô en em zaotret ; hag em zi em eûz kavet hô droug, émé ann Aotrou.

12. Râk-sé hô heñt a vézô ével eur riskaden enn dévalien : bouñtet é véziñt, hag é kouéziñt kévret ; râk mé a gasô droug war-n-ézhô, é bloaz va emwél, émé ann Aotrou.

13. É proféded Samari em eûz gwélet ann diboell : hi a ziouganè é *hanô* Baal, hag a douellé va fobl a Israel.

14. Gwélet em eûz proféded Jéruzalem héñvel oud avoultrérien, hag oc'h heûlia heñt ar gévier ; hag hi hô deûz startéet dourn ar ré zroug, évit na zistrôjé két pép-hini eûz hé zrougiez ; deûet iñd holl évid-oun ével Sodoma, hag ar ré a choum enn-hi ével Gomorra.

15. Râk-sé ével-henn é lavar Aotrou ann arméou d'ar broféded : Chétu mé a voétô anézhô gañt vuélen, hag a zourô anézhô gañt béstl ; râg eûz a broféded Jéruzalem eo deûet ar saotr war ann douar holl.

16. Évêl-henn é lavar Aotrou ann arméou : Na zélaouit két gériou ar broféded a ziougan d'é-hoc'h, hag a douell ac'hanoc'h : gwélédigez hô c'haloun hô-unan a lévéroñt, ha nann eûz a c'hénou ann Aotrou.

17. Hi a lavar d'ar ré a wall-gomz ac'hanoun : Ann Aotrou en deûz lavaret : Ar péoc'h hô pézô ; ha d'ar ré holl péré a valé é direizted hô c'haloun hô-unan, hô deûz lavaret : Na c'hoarvézô két a zroug gan-é-hoc'h.

18. Râk piou a zô bét é kuzul ann Aotrou, hag en deûz hé wélet, hag en deûz klévet hé c'hér ? Piou en deûz lékéat évez oud hé c'hér, hag en deûz hé zélaouet ?

19. Chétu korveñten buanégez ann Aotrou a zeû er-méaz, ann arné a darz hag a gouézô war benn ar ré fallagr.

20. Na zistrôiô két frouden ann Aotrou, kén n'en dévézô gréat, kén n'en dévézô peûr-c'hréat mennoz hé galoun : enn deisiou divéza é poellot hé guzul.

21. Na gasenn két ar broféded-zé, hag hi a rédé ; na gomzenn két out-hô, hag hi a ziouganè.

22. Ma vijeñt bét savet em c'huzul, ha ma hô dévijé rôet da anaout va gériou d'am pobl, em bijé béprêd hô distrôet eûz hô heñt fall, hag eûz hô gwall vénosiou.

23 Ha Doné a dôst ounn-mé, émé

ann Aotrou? Ha nann Doué a bell?
24. Mar kuz eunn dén enn amc'houlou, ha n'hor gwélann-mé két, émé ann Aotrou? Ha na leûniann-mé két ann éñv hag ann douar, émé ann Aotrou?
25. Klévet em eûz ar péz hô deûz lavaret ar brofeded, péré hô deûz diouganet gévier em hanô, ô lavarout: Huvréet em eûz, huvréet em eûz.
26. Bété pégeit é vézô ar ménoz-zé é kaloun ar brofeded a ziougan touellérézou hô c'haloun hô-unan?
27. Ar ré-zé a fell d'ézhô lakaat va fobl da añkounac'haat va hanô enn abek d'hô huvréou, a zanévell pép-hini d'hé nésa; ével ma hô deûz hô zadou añkounac'héet va hanô enn abek da Vaal.
28. Ar profed en deûz bét eunn huvré, ra zanevellô eunn huvré: hag ann hini en deûz bét *klévet* va gér, ra lavarô va gér gañt gwirionez; hag héñvel eo ar c'hôlô oud ar gwiniz, émé ann Aotrou?
29. Ha né két va gérioù ével tân, émé ann Aotrou, hag ével eur morzol a dorr ar méan?
30. Râk-sé chétu mé *a zeû* étrézég ar brofeded, émé ann Aotrou; péré a laer va gériou pép-hini d'hé nésa.
31. Chétu mé *a zeû* étrézég ar brofeded, émé ann Aotrou, péré a guña hô zéôdou, hag a lavar: Ann Aotrou a lavar.
32. Chétu mé *a zeû* étrézég ar brofeded, péré hô deûz huvréou a c'hévier, émé ann Aotrou, hag a zanévell anézhô, hag a douell va fobl gañd hô gévier, ha gañd hô burzudou; pétrâbennâg n'em eûz két hô c'haset, na gourc'hémennet nétrâ d'ézhô, hag ével-sé n'hô deûz gréat vâd é-béd d'ar bobl-mañ, émé ann Aotrou.
33. Mar grâ ar goulenn-mañ ouz-id ar bobl-zé, pé eur profed, pé eur bélek, ô lavarout: Pétrâ eo béac'h ann Aotrou? E liviri d'ézhô: C'houi eo ar béac'h; hag ével-sé hô tistolinn, émé ann Aotrou.
34. Hag ar profed hag ar bélek, hag ar bobl a lavarô: Béac'h ann Aotrou; mé a emwélô ann dén-zé hag hé dl.
35. Ével-henn é léverrot pép-hini d'hé nésa, ha pép-hini d'hé vreûr: Pétrâ en deûz respouñtet ann Aotrou? Ha pétrâ en deûz lavaret ann Aotrou?
36. Ha na vézô mui gréat a véneg eûz a véac'h ann Aotrou; râk béac'h pép-hini a vézô hé c'hér hé-unan; ô véza ma hoc'h eûz gwallet gériou ann Doué béô, Aotrou ann arméou, hon Doué-ni.
37. Ével-henn é liviri d'ar profed: Pétrâ en deûz respouñtet ann Aotrou d'id? Ha pétrâ en deûz lavaret ann Aotrou?
38. Hôgen ma livirit: Béac'h ann Aotrou; râk-sé ével-henn é lavar ann Aotrou: O véza ma hoc'h eûz lavaret ar gér-mañ: Béac'h ann Aotrou; ha ma em eûz kaset étrézég enn-hoc'h, évit lavarout: Na livirit két: Béac'h ann Aotrou;
39. Râk-sé chétu mé a gémérô hag a zougô ac'hanoc'h, hag a zilézô ac'hanoc'h, hag ar géar em eûz róet d'éhoc'h ha d'hô tadou, *hag hô* taolinn a zira-z-oun.
40. Ha mé hô lakai da vézégez peûrbaduz, ha da zismégañs peûr-baduz, ha na vézô bikenn añkounac'héet.

XXIV. PENNAD.

Gwélédigez diou gést fiez.

1. Ann Aotrou a ziskouézaz d'in; ha chétu diou gést leûn a fiez lékéat dirâk templ ann Aotrou, goudé m'en dôa Nabukodonosor, roué Babilon, dizouget Jékonias, mâb Joakim, roué Juda, hag hé briñsed, hag ar vañsounérien, hag ar gôfed, eûz a Jéruzalem, hag hô c'haset da Vabilon.
2. Enn unan eûz ar c'héstou éz oa fiez eûz ar ré wella, ével ma en em gav peûr-vuia ar fiez eûz ar prédkeñta; hag er gést all éz oa fiez gwall fall, ha na helled két hô dibri, ker fall é oañt.
3. Neûzé ann Aotrou a lavaraz d'in: Pétrâ a wélez-té, Jérémias? Ha mé a lavaraz: Fiez; fiez mâd, eûz ar ré

wella, ha fiez fall, gwall fall, na ha helleur két hô dibri, ker fall iñt.

4. Ha gér ann Aotrou a zeûaz étrézég enn-oun, ô lavarout :

5. Ével-henn é lavar ann Aotrou, Doué Israel : Ével ma eo mâd ar fiezzé, ével-sé éc'h anavézinn da vâd dizougadur Juda, ar ré em eûz kaset eûz al léac'h-zé da vrô ar C'haldéed.

6. Ha mé a lakai va daoulagad war-n-ézhô gañd habaskded, hag hô digasô adarré er vrô-mañ ; ha mé hô zavô, ha n'hô dispenninn két ; ha mé hô flañtô, ha n'hô diskolpinn két.

7. Ha mé a rôiô d'ézhô eur galoun, évit ma anavéziñt pénaoz eo mé ann Aotrou ; hag hi a vézô da bobl d'in, ha mé a vézô da Zoué d'ézhô ; ô véza ma tistrôiñt étrézég enn-oun a greiz hô c'haloun.

8. Hag ével ar fiez fall, ha na helleur két hô dibri, ker fall iñt, ével-sé, émé ann Aotrou, é rôinn Sédésias, roué Juda, hag hé briñsed, hag ann dilerc'h eûz a Jéruzalem, péré a oa er géar-mañ, hag a choumô é douar ann Éjipt ;

9. Ha mé hô rôiô d'ann heskin ha d'ann eñkrez é holl rouañtélésiou ann douar, da zismégañs, da zorc'hen, da lavar-trôet, ha da valloz enn holl lec'hiou é péré em bézô hô distolet.

10. Ha mé a gasô war-n-ézhô ar c'hlézé, ann naounégez hag ar vosen ; kén na véziñt dispennet diwar ann douar em bôa rôet d'ézhô, ha d'hô zadou.

XXV. PENNAD.

Dék vloaz ho tri-ugeñt a sklavérez.

1. Gér péhini a oé lavaret da Jérémias diwar-benn holl bobl Juda er pévaré bloaz eûz a Joakim, mâb Josias, roué Juda, péhini eo ar c'heñta eûz a Nabukodonosor, roué Babilon,

2. Hag a oé rôet da anaout gañd ar profed Jérémias da holl bobl Juda, ha d'ar ré holl a choumé é Jéruzalem, ô lavarout :

3. Abaoé ann trizékved bloaz eûz a Josias, mâb Ammon, roué Juda, bétég ann deiz-mañ ; tri bloaz war-n-ugeñt-zô ; eo deûet gér ann Aotrou étrézég enn-oun, hag em eûz hé rôet da anaout d'é-hoc'h ô sével diouc'h ar miñtin, hag ô komza ouz-hoc'h ; ha n'hoc'h eûz két sélaouet.

4. Hag ann Aotrou en deûz kaset étrézég enn-hoc'h hé holl brofédèd hé zervichérien, ô sével diouc'h ar miñtin évid hô c'hâs ; ha n'hoc'h eûz két hô zélaouet, ha n'hoc'h eûz két dinaouet hô tiskouarn évid hô zélaoui,

5. Pa hô deûz lavaret : Ra zistrôi pép-hini ac'hanoc'h eûz hé wall heñt, hag eûz hé vénosiou fallagr, hag é choumot a-gañtved-é-kañtvéd enn douar en deûz rôet ann Aotrou d'é-hoc'h ha d'hô tadou.

6. Ha n'az it két war-lerc'h douéed a-ziavéaz, évid hô zervicha hag hô azeûli ; ha na hégit két va buanégez gañd ôberiou hô taouarn, ha na c'hlac'harinn két ac'hanoc'h.

7. Ha n'hoc'h eûz két va zélaouet, émé ann Aotrou ; hôgen va héget hoc'h eûz gañd obériou hô taouarn ha gañd hô trougiez.

8. Râk-sé ével-henn é lavar Aotrou ann arméou : O véza n'hoc'h eûz két sélaouet va gériou ;

9. Chétu mé a gasô, hag a gémérô holl vrôadou ann hañter-nôz, émé ann Aotrou, ha Nabukodonosor, roué Babilon, va zervicher : ha mé hô digasô a-éneb ann douar-mañ, hag a-éneb ar ré a choum enn-hañ, hag a-éneb ann holl vrôadou a zô war hé drô ; ha mé hô lazô, hag hô lakai da spouñt, ha da zorc'hen, ha da eunn distrô peûr-baduz.

10. Ha mé a lakai da éhana enn hô zouez mouéz al lid, ha mouéz al lévénez, mouéz ar pried, ha mouéz ar bried, trouz ar vréô, ha goulou ar c'hleûzeur.

11. Hag ann holl zouar-zé a zeûiô da eunn distrô, ha da zaouzan ; hag ann holl vrôadou-zé a zervichô roué Babilon a-héd dék vloaz ha tri-ugeñt.

12. Ha pa vézô peûr-leûniet ann dék vloaz ha tri-ugeñt, é emwélinn roué Babilon, hag ar vrôad-zé, émé ann Aotrou, enn abek d'hô fallagriez, ha

douar ar C'haldéed ; hag é likiinn anézhañ da eunn distrô peûr-baduz.

13. Ha mé a zigasô war ar vrô-zé va holl c'hériou, kémeñd em eûz lavaret enn hé énep, kémeñd a zô skrivet el levr-mañ, kémeñd en deûz diouganet Jérémias a-éneb ann holl vrôadou :

14. O véza ma hô deûz servichet anézhañ, pétrâ-bennâg ma'z oañt poblou brâz, ha rouéed brâz ; ha mé a rôiô d'ézhô hervez hô ôbériou, hag hervez labour hô daouarn.

15. Râg évél-henn é lavar Aotrou ann arméou, Doué Israel : Kémer eûz va dourn ar c'hôp eûz a wîn va frouden, hag é rôi eûz anézhañ da éva d'ann holl vrôadou étrézé péré az kasinn.

16. Hag hi a évô, hag a vézô strafilet, hag a gollô hô skiañt, pa wéliñt ar c'hlézé a gasinn enn hô zouez.

17. Ha mé em eûz kéméret ar c'hôp eûz a zourn ann Aotrou, hag em eûz rôet eûz anézhañ da éva d'ann holl vrôadou étrézé péré en deûz ann Aotrou va c'haset ;

18. Da Jéruzalem, ha da gériou Juda, ha d'hé rouéed, ha d'hé briñsed : évid hô lakaad da eunn distrô, da zaouzan, ha da zorc'hen, ha da valloz évél ma en em gav hiriô :

19. Da Faraon, roué ann Éjipt, ha d'hé zervichérien, ha d'hé briñsed, ha d'hé holl bobl ;

20. Ha d'ar ré holl gwitibunan ; da holl rouéed brô ann Aosited, ha da holl rouéed brô ar Filistined, ha da Askalon, ha da C'haza, ha da Akkaron, ha d'ar ré a zô ô choum enn Azot ;

21. Ha d'ann Iduméa, ha da Voab, ha da vugalé Ammon ;

22. Ha da holl rouéed Tir, ha da holl rouéed Sidon, ha da rouéed brô ann énézi, a zô enn tû all d'ar môr ;

23. Ha da Zédan, ha da Déma, ha da Vuz, ha d'ar ré holl a douz hô bléô ;

24. Ha da holl rouéed ann Arabia, ha da holl rouéed ar c'hûs-héol, péré a choum enn distrô ;

25. Ha da holl rouéed Zambri, ha da holl rouéed Élam, ha da holl rouéed ar Védied ;

26. Ha da holl rouéed ann hañternôz, a dôst hag a bell, ann eil goudé égilé ; ha d'ann holl rouañtélésiou a zô war c'horré ann douar ; ha roué Sésac'h a évô war hô lerc'h.

27. Ha té a lavarô d'ézhô : Évelhenn é lavar Aotrou ann arméou, Doué Israel : Évit, ha mezvit, ha dislouñkit, kouézit, ha na zavit két dirâg ar c'hlézé a gasinn enn hô touez.

28. Ha ma na fell két d'ézhô kéméroud ar c'hôp eûz da zourn évid éva, é liviri d'ézhô : Évél-henn é lavar Aotrou ann arméou : Éva, éva a réot.

29. Râk chétu é téraouinn eñkrézi ar géar é péhini é oa galvet va hanô, ha c'houi évél pa véc'h dinam a choumfé digastiz ? Na choumot két digastiz ; râk mé a ia da c'hervel ar c'hlézé war ar ré holl a choum war ann douar, émé Aotrou ann arméou.

30. Ha té a ziouganô d'ézhô ar gériou-zé, hag é liviri d'ézhô : Ann Aotrou a iudô eûz al léac'h uc'hel, hag é lakai da glévoud hé vouéz eûz hé dl sañtel ; iuda, iuda a rai war hé skéd ; eur garm kévret a loskô a-éneb ar ré holl a choum war ann douar, é-c'hiz ma ra ar ré a wask ar rézin.

31. Eat eo ann trouz bétég harzou ann douar ; râg ann Aotrou a ia é barn gañd ar brôadou ; héñ hé-unan a varnô pép kik ; d'ar c'hlézé em eûz rôet ar ré fallagr, émé ann Aotrou.

32. Évél-henn é lavar Aotrou ann arméou : Chétu droug a zeûiô eûz a eur vrôad da eur vrôad all ; hag eur gorveñten vrâz a zavô eûz a bennou ann douar.

33. Ar ré a vézô lazet gañd ann Aotrou enn deiz-zé a vézô *gourvézet* war ann douar, eûz ann eil penn d'égilé anézhañ. Na vézô két gwélet warn-ézhô, na véziñt két dastumet, na véziñt két bésiet ; évél teil é véziñt lédet war ann douar.

34. Iouc'hit, mésérien, ha garmit ; en em c'hôlôit a ludu, c'houi blénérien va déñved ; râk peûr-leûniet eo hô teisiou, é péré é viot lazet, é viot skiñet, hag é kouézot évél listri talvouduz-brâz.

35. Ar vésérien na helliñt két téc'hout, ha blénérien ann déñved na véziñt két dieûbet.

36. *Klévet é vézô* mouéz ha garm ar vésérien, ha iouc'hadennou blénérien ann déñved; râg ann Aotrou en deûz gwastet hô feûrvanou.

37. Parkéier ar péoc'h à zô tavet dirâg buanégez ha frouden ann Aotrou.

38. Dilézet en deûzével eul léon hé herberc'h, râg hô douar a zô bét dismañtret gañt buanégez ar goulm, gañt buanégez ha frouden ann Aotrou.

—

XXVI. PENNAD.

Klaskout a réer laza Jérémias.

1. Er penn-keñta eûz a rén Joakim, mâb Josias, roué Juda, é teûaz ar gér-mañ d'in a berz ann Aotrou, ô lavarout:

2. Ével-henn é lavar ann Aotrou: Sâv é porched ti ann Aotrou, ha lavar da boll dûd kériou Juda, péré a zeû évid azeûli é ti ann Aotrou, ann holl c'hériou em eûz gourc'hémennet d'id da lavaroud d'ézhô; ha na lam két eur gér;

3. Évit ma wélinn hag hi a zélaouô hag a zistroiô (T) eûz hô gwall heñt; évit m'am bézô keûz va-unan eûz ann droug em bôa mennet ôber d'ézhô, enn abek da zrougiez hô ôbériou.

4. Hag é liviri d'ézhô: Ével-henn é lavar ann Aotrou: Ma na zélaouit két ac'hanoun, ô valéa em lézen, em eûz rôet d'é-hoc'h,

5. O Sélaoui gériou ar broféded va zervicherien, em eûz kaset d'é-hoc'h, ô sével diouc'h ar miñtin, hag oc'h hô réna, ha n'hoc'h eûz két hô zélaouet.

6. É likiinn ann ti-mañ ével Silo, hag é rôinn ar géar-mañ da valloz da holl vrôadou ann douar.

7. Ar véléien, hag ar broféded, hag ann holl bobl a glévaz Jérémias ô lavarout ar gériou-zé é ti ann Aotrou.

8. Ha p'en dôé Jérémias peûr-lavaret kémeñd en dôa ann Aotrou gourc'hémennet d'ézhañ ma lavarché d'ann holl bobl, ar véléien, hag ar broféded, hag ann holl bobl a grogaz enn-hañ, ô lavarout: Ra varvô, ra varvô.

9. Pérâg en deûs-héñ diouganet é hanô ann Aotrou, ô lavarout: Ével Silo é vézô ann ti-mañ; hag ar géarmañ a vézô dismañtret, ha na choumô dén enn-hi? Hag ann holl bobl en em strollaz a-énep Jérémias é ti ann Aotrou.

10. Pa glévaz priñsed Juda kémeñtsé, é piñchoñt eûz a di ar roué da di ann Aotrou, hag éc'h azézchoñt é-tâl porz névez ti ann Aotrou.

11. Hag ar véléien hag ar broféded a gomzaz oud ar briñsed, hag oud ann holl bobl, ô lavarout: Barn a varô a zô dléet d'ann dén-zé, ô véza ma en deûz diouganet a-éneb ar géar-mañ, é-c'hiz ma hoc'h eûz klévet gañd hô tiskouarn hoc'h-unan.

12. Ha Jérémias a gomzaz oud ann holl briñsed, hag oud ann holl bobl, ô lavarout: Ann Aotrou en deûz va c'haset, évit ma tiouganchenn d'ann ti-mañ, ha d'ar géar-mañ, ann holl c'hériou hoc'h eûz klévet.

13. Gwellait éta bréma hoc'h heñchou hag hoc'h ôbériou, ha sélaouit mouéz ann Aotrou, hô Toué; hag ann Aotrou en dévézô keûz eûz ann droug en deûz lavaret enn hoc'h énep.

14. Hôgen mé, chétu émounn étré hô taouarn; grid em c'héñver ével ma kavot mâd ha reiz:

15. Hôgen gwézit hag anavézit pénaoz mar lazit ac'hanoun, é tennot ar goad dinam war-n-hoc'h hoc'h-unan, war ar géar-mañ, ha war ar ré a choum enn-hi: râg gwir eo pénaoz en deûz ann Aotrou va c'haset étrézég enn-hoc'h, évit ma rôjenn da glévout kémeñt-sé d'é-hoc'h.

16. Neûzé ar briñsed hag ann holl bobl a lavaraz d'ar véléien ha d'ar broféded: Né két dléet barn a varô d'ann dén-zé; râg é hanô ann Aotrou hon Doué en deûz komzet ouz-omp.

17. Lôd eûz a hénaoured ar vrô a zavaz, hag a gomzaz out strollad ar bobl, ô lavarout:

18. Mic'héas eûz a Vorasti a ziouganaz é deisiou Ézéc'hias, roué Juda, hag a lavaraz da holl bobl Juda: Ével-henn é lavar Aotrou ann arméou:

Sion a vézô aret ével eur park ; hag enn eur bern mein é vézô lékéat Jéruzalem ; ha ménez ann ti enn eur c'hoat huel.

19. Ha barnet é oé-hén d'ar marô gañd Ézéc'hias, roué Juda, ha gañt Juda holl ? Ha n'hô dóé két a aoun râg ann Aotrou, ha na bédchoñt két ann Aotrou, ha n'en dóé két a geûz ann Aotrou eûz ann droug en dôa lavaret enn hô énep ? Dré-zé é réomp eunn drouk brâz a-éneb hon énéou.

20. Béz' é oé c'hoaz eunn dén hag a ziouganaz é hanô ann Aotrou ; Urias, mâb Séméias eûz a Gariatiarim ; hag hén en dôa diouganet a-éneb ar géarmañ, hag a-éneb ar vrô-mañ, kémeñd en deûz lavaret Jérémias.

21. Hag ar roué Joakim, hag hé briñsed, hag ar ré c'halloudeg holl *eûz hé léz*, ô véza klévet kémeñt-sé, ar roué a fellaz d'ézhañ hé lakaad da vervel. Hôgen Urias her c'hlévaz, en doé aoun, a dec'haz, hag a iéaz enn Éjipt.

22. Hag ar roué Joakim a gasaz tûd enn Éjipt, Elnatan mâb Ac'hobor, ha tûd gañt-hañ enn Éjipt.

23. Hag hi a zigasaz Urias eûz ann Éjipt, hag a gasaz anézhañ dirâg ar roué Joakim, pébini a lazaz anézhañ gañd ar c'hlézé, hag a réaz teûrel hé gorf-marô é bésiou ann dûd dister.

24. Dourn Ahikam, mâb Safan, a oé éta gañt Jérémias, évit na vijé két rôet étré daouarn ar bobl, évit béza lazet gañt-hô.

—

XXVII. PENNAD.

Ann Aotrou a c'hourc'hémenn da roué Juda, ha da galz rouéed all en em lakaad dindan galloud Nabukodonosor.

1. Er penn-keñta eûz a rén Joakim, mâb Josias, roué Juda, é teûaz ar gér-mañ da Jérémias a berz ann Aotrou, ô lavarout :

2. Ével-henn é lavar ann Aotrou d'in : Grâ éréou ha chadennou évid-od ; ha laka-hi enn-drô d'as gouzouk.

3. Hag é kasi anézhô da roué Édom, ha da roué Moab, ha da roué bugalé Ammon, ha da roué Tir, ha da roué Sidon, dré zourn ar gannaded a zô deûet da Jéruzalem étrézé Sédésias, roué Juda.

4. Hag é c'hourc'hémenni d'ézhô lavarout kémeñt-mañ d'hô mistri : Ével-henn é lavar Aotrou ann arméou, Doué Israel : Ével-henn é léverrot d'hô mistri :

5. Me eo em eûz gréat ann douar, hag ann dûd, hag al loéned a zô war-c'horré ann douar, gañt va nerz brâz, ha gañt va bréac'h astennet : hag hé rôet em eûz da néb zô bét kavet mâd gan-éñ.

6. Bréma éta em eûz lékéat ann holl zouarou-zé étré daouarn Nabukodosor, roué Babilon, va zervicher ; rôet em eûz ivé d'ézhañ loéned ar mésiou, évit ma véziñt dindân hé c'halloud.

7. Hag ann holl vrôadou a blégô dindân-hañ, ha dindân hé vâb, ha dindân mâb hé vâb ; kén na vézô deûet hé amzer, hag amzer hé rouañtélez : ha kalz brôadou, ha rouéed brâz a blégô dindân-hañ.

8. Hôgen kémeñt brôad ha kémeñd rouañtélez ha n'en em lakai két dindân galloud Nabukodonosor, roué Babilon, ha piou-bennâg na blégô két hé c'houzoug dindân géô roué Babilon, mé a emwélô ar vrôad-zé gañd ar c'hlézé, gañd ann naounégez, ha gañd ar vosen, éme ann Aotrou, kén n'em bézô hô lékéat-da-nétra dindân hé zourn.

9. C'houi éta, na zélaouit két hô proféded, nag hô diouganérien, nag hoc'h huvréérien, nag hô kelc'hiérien, nag hô strôbinellérien, péré a lavar d'é-hoc'h : Na gouézot két dindan béli roué Babilon.

10. Râg hi a ziougan gévier d'é-hoc'h, évid hô lakaad da voñt pell diouc'h hô prô, évid hô tisteûrel hag hô kâs-da-nétra.

11. Hôgen ar vrôad a blégô hé gouzoug dindân géô roué Babilon, hag en em lakai dindân hé c'halloud ; mé hé lézô enn hé brô, émé ann Aotrou ; hag hi a labourô anézhi, hag a chou-mô enn-hi.

12. Ha mé a gomzaz out Sédésias, roué Juda, hervez ann holl c'hériou-zé ô lavarout : Plégid hô kouzoug dindân géô roué Babilon, hag en em likiit dindân hé c'halloud hag bini hé bobl, hag é vévot.

13. Pérâg é varvot-hu, té ha da bobl gañd ar c'hlézé, gañd ann naounégez, ha gañd ar vosen, ével m'en deûz lavaret ann Aotrou diwar-benn ar vrôad ha na vézô két bét fellet d'ézhi en em lakaad dindân galloud roué Babilon ?

14. Na zélaouit két gériou ar broféded, a lavar d'é-hoc'h : Na gouézot két dindân galloud roué Babilon ; râg gévier a lévéroñt d'é-hoc'h,

15. O véza n'em eûz két hô c'haset, émé ann Aotrou ; hag hi a ziougan em hanô é gaou ; évid hô tisteûrel, hag hô kas-da-gét, c'houi, hag ar broféded a ziougan d'é-hoc'h.

16. Ha mé a gomzaz ivé oud ar véléien, hag oud ar bobl-mañ, ô lavarout : Ével-henn é lavar ann Aotrou : Na zélaouit két gériou hô proféded, péré a ziougan d'é-hoc'h, ô lavarout : Chétu listri tî ann Aotrou a zistrôiô abarz némeûr eûz a Vabilon ; râg hi a ziougan gévier d'é-hoc'h.

17. Na zélaouit két éta anézhô, hôgen en em likiit dindân galloud roué Babilon, évit ma vévot. Pérâg é vé rôet ar géar-mañ da cunn distrô ?

18. Ha mar d-iñt proféded, ha mar d-éma gér ann Aotrou enn-hô, ra barziñt oud Aotrou ann arméou, évit n'az ai két al listri a zô choumet é tî ann Aotrou, hag é tî roué Juda, hag é Jéruzalem, da Vabilon.

19. Râg ével-henn é lavar Aotrou ann arméou diwar-benn ar peûliou, hag ar môr, hag ar steûdennou, hag al listri all a zô choumet er géar-mañ ;

20. Péré n'iñt két bét kaset gañt Nabukodonosor, roué Babilon, pa zizougaz Jéc'honias, mâb Joakim, roué Juda, eûz a Jéruzalem da Vabilon, hag ar ré-geñta holl eûz a Juda hag eûz a Jéruzalem.

21. Râg ével-henn é lavar Aotrou ann arméou, Doué Israel diwar-benn al listri a zô choumet é tî ann Aotrou ; hag é tî roué Juda ha Jéruzalem.

22. Da Vabilon é véziñt dizouget, hag énô é choumiñt bétég ann deiz é péhini é emwélinn anézhô, émé ann Aotrou, hag é rinn hô digas adarré, hag hô lakaad enn hô léac'h keñta.

—

XXVIII. PENNAD.

Ar fals prôfed Hananias.

1. C'hoarvézoud a réaz er bloaz-zé, er penn-keñta eûz a rén Sédésias, roué Juda, er pévaré bloaz, er pempved miz, pénaoz Hananias, mâb Azur, profed eûz a C'habaon, a gomzaz ouzin é tî ann Aotrou, dirâg ar véléien, hag ann holl bobl, ô lavarout :

2. Ével-henn é lavar Aotrou ann arméou, Doué Israel : Torred eo bét gan-éñ géô roué Babilon.

3. C'hoaz daou vloaz, ha mé a lakai da zigas adarré el léac'h-mañ holl listri tî ann Aotrou, en deûz kéméret Nabukodonor, roué Babilon, eûz al léac'h-mañ, hag en deûz dizouget da Vabilon.

4. Ha Jéc'honias, mâb Joakim, roué Juda, hag ar ré holl a zô bét dizouget eûz a Juda, ha kaset da Vabilon, a likiinn da zistrei el léac'h-mañ, émé ann Aotrou ; râk mé a dorrô géô roué Babilon.

5. Neûzé Jérémias, ar profed, a lavaraz da Hananias ar profed, dirâg ar véléien, ha dirâg ann holl bobl, a ioa enn hé zâ é tî ann Aotrou ;

6. Hag ar profed Jérémias a lavaraz : Amen, bézet gréat ével-sé gañd ann Aotrou ; ra zévénô ann Aotrou ar gériou éc'h eûz diouganet, évit ma vézô digaset al listri da dî ann Aotrou, ha ma tistrôi el léac'h-mañ ar ré holl a zô bét dizouget da Vabilon.

7. Hôgen sélaou ar gér a livirinn, évit ma her c'hlévi, ha ma vézô klévet gañd ann holl bobl :

8. Ar broféded a zô bét em raok hag enn da raog adaleg ar penn-keñta, hô deûz diouganet a-énep kalz brôiou, hag a-énep rouañtélésiou brâz, ar brezel, ann eñkrez, ann naounégez.

9. Mar teû eur profed da ziougani

ar péoc'h ; pa vézô sévénet hé lavar, é vézô gwézet hag hen zô ann Aotrou en deûz hé gaset é gwirionez.

10. Neûzé Hananias, ar profed, a dennaz ar chaden eûz a gerc'hen Jérémias ar profed, hag hé zorraz.

11. Hag Hananias ô komza dirâg ann holl bobl, a lavaraz : Evel-henn é lavar ann Aotrou : Enn doaré-zé é torrinn géô Nabukodonosor, roué Babilon, a-benn daou vloaz, out kerc'hen ann holl vrôadou.

12. Ha Jérémias ar profed a iéaz enn hé heñt. Hôgen goudé m'en dôé Hananias, ar profed, torret ar chaden a ioa out kerc'hen Jérémias ar profed, é teûaz gér ann Aotrou da Jérémias, ô lavarout :

13. Kéa, ha lavar da Hananias : Evel-henn é lavar ann Aotrou : Chadennou prenn éc'h eûz torret; hôgen té a rai enn hô léac'h chadennou houarn.

14. Râg évél-henn é lavar Aotrou ann arméou, Doué Israel : Eur géô houarn em eûz lékéat war chouk ann holl vrôadou-zé, évit ma vézint dindân béli Nabukodonosor, roué Babilon, hag hi a vézô dindân hé véli : hag ouc'h-penn em eûz rôet d'ézhañ loéned ar mésiou.

15. Neûzé Jérémias, ar profed, a lavaraz da Hananias, ar profed : Sélaou, Hananias : ann Aotrou n'en deûz két da gaset, ha té éc'h eûz lékéat ar bobl-mañ da fisiout er gévier.

16. Râk-sé évél-henn é lavar ann Aotrou : Chétu mé a dennô ac'hanod diwar-c'horré ann douar ; hévléné é varvi : ô véza ma éc'h eûz komzet a-éneb ann Aotrou.

17. Hag Hananias, ar profed, a varvaz er bloaz-zé, er seizved miz.

—

XXIX. PENNAD.

Gourdrouzou a-éneb ar fals broféded.

1. Chétu amañ gériou al lizer a gasaz Jérémias, ar profed, eûz a Jéruzalem d'ann dilerc'h eûz a bénaoued ann dizougadur, ha d'ar véléien, ha d'ar broféded, ha d'ann holl bobl, en dôa dizouget Nabukodonosor eûz a Jéruzalem da Vabilon :

2. (Goudé ma oé éat Jéc'honias ar roué, hag ar rouanez, hag ar spazéien, ha priñsed Juda ha Jéruzalem, hag ar vañsounérien hag ar gôfed er-méaz eûz a Jeruzalem :)

3. Dré zourn Elasa, mâb Safan, ha Gamarias, mâb Helsias, a oé kaset da Vabilon gañt Sédesias, roué Juda, étrézé Nabukodonosor, roué Babilon, ô lavarout :

4. Evel-henn é lavar Aotrou ann arméou, Doué Israel, d'ann holl zizougadur em eûz dizouget eûz a Jéruzalem da Vabilon :

5. Savit tiez, ha choumit enn-hô ; plañtit liorsou, ha débrit ar frouez anézhô.

6. Kémérit gragez, ha ganit mipien ha merc'hed : ha rôit gragez d'hô mipien, ha rôit ézec'h d'hô merc'hed, ha ganeñt-hi mipien ha merc'hed ; ha paottit azé, ha na zigreskit két.

7. Klaskit ivé péoc'h ar géar, é péhini em eûz lékéat hô tizougen ; ha pédit ann Aotrou évit-hi ; râg enn hé féoc'h éma hô péoc'h.

8. Râg évél-henn é lavar Aotrou ann arméou, Doué Israel : Na vézit két touellet gañd hô proféded a zô enn hô touez, na gañd hô tiouganerien ; ha na likiit két a évez oud ann huvréou hoc'h eûz huvréet ;

9. O véza ma tiouganoñt gévier d'éhoc'h em hanô ; ha n'em eûz két hô c'haset, émé ann Aotrou.

10. Râg évél-henn é lavar ann Aotrou : Pa vézô éat ébiou dék vloaz ha tri ugeñt é Babilon, é emvélinn ac'hanoc'h ; hag é sévéninn ar gér mâd em eûz rôet d'é-hoc'h oc'h hô lakaad da zistrei el léac'h-mañ.

11. Râk mé a oar ar ménosiou a vennann war-n-hoc'h, émé ann Aotrou, ménosiou a béoc'h, ha nann a eñkrez, évit rei d'é-hoc'h divez hag habaskded.

12. Ha c'houi a c'halvô ac'hanoun, hag éz éot-*kuit;* ha c'houi a bédô ac'hanoun, ha mé a glevô ouz-hoc'h.

13. C'houi a glaskô ac'hanoun, hag em c'hléfot, pa glaskot ac'hanoun a greiz hô kaloun.

14. Hag é vézinn kavet gan-é-hoc'h, émé ann Aotrou ; ha mé a lakai da zisirei hô sklaved, hag a strollô ac'hanoc'h eûz a greiz ann holl vrôadou, hag eûz ann holl lec'hiou é péré em bôa hoc'h harluet, émé ann Aotrou : hag hô likiinn da zistrei eûz al léac'h, é péhini em bôa lékéat hô tizougen.

15. O véza ma hoc'h eûz lavaret : Ann Aotrou en deûz lékéat proféded da zével d'é-omp é Babilon.

16. Râg évei-henn é lavar ann Aotrou d'ar roué a zô azézet war drôn David, ha d'ann holl bobl a choum er gêar-zé, d'hô preûdeûr, péré n'iñt két éat gan-é-hoc'h enn dizougadur.

17. Évei-henn é lavar Aotrou ann arméou : Chétu é kasinn enn hô énep ar c'hlézé, ann naounégez, hag ar vosen : ha mé hô lakai da véza évei fiez fall, péré na hellcur két da zibri, ker fall iñt.

18. Ha mé a heskinô anézhô gañd ar c'hlézé, ha gañd ann naounégez, ha gañd ar vosen : ha mé a rôi anézhô da hek da holl rouañtélésiou ann douar ; ha da valloz, ha da zaouzan, ha da c'houiban, ha da vézégez d'ann holl vrôadou, é péré em eûz hô kaset,

19. O véza n'hô deûz két sélaouet va gériou, émé ann Aotrou, em eûz kaset d'ézhô, gañd ar broféded va zervichérien, péré a zô savet diouc'h ar miñtin, pa em eûz hô c'haset ; ha n'hoc'h eûz két hô zélaouet, émé ann Aotrou.

20. Hôgen sélaouit gér ann Aotrou, c'houi holl péré em eûz dizouget eûz a Jéruzalem da Vabilon.

21. Évei-henn é lavar Aotrou ann arméou, Doué Israel da Ac'hab, mâb Kolias, ha da Sédésias, mâb Maasias, péré a ziougan gévier d'é-hoc'h em hanô : Chétu mé a lakai anézhô étré daouarn Nabukodonosor, roué Babilon ; hag héñ a lazô anézhô dirâg hô daoulagad.

22. Hag ar ré holl a zô bét dizouget eûz a Juda da Vabilon, a gémérô diout-hô *abek* da doui évei-hen (*M*), ô lavarout : Ra rai ann Aotrou d'id, évei ma réaz da Zédésias ha da Ac'hab, a fritaz roué Babilon war ann tân :

23. O véza m'hô dôa gréat folleñtez enn Israel, m'hô dôa gwallet gragez hô miñouned, ha m'hô dôa lavaret em hanô traou gaou, ha n'em bôa bét gourc'hémennet d'ézhô : ha mé eo ar barner hag ann tést, émé ann Aotrou.

24. Ha da Zéméias, ann Néhélamitad, é liviri :

25. Évei-henn é lavar Aotrou ann arméou, Doué Israel : O véza ma éc'h eûz kaset enn da hanô da-unan lizéri d'ann holl bobl a zô é Jéruzalem, ha da Zofonias, mâb Maasias, ar bélek, ha d'am holl véleien, ô lavarout :

26. Ann Aotrou en deûz da lékéat da vélek é léac'h Joiada, ar bélek, évit ma vézi da benn é tî ann Aotrou, war gémeñt dén diskiañt a ziouganô, hag hé lakaad er c'héfiou hag er vâc'h.

27. Pérâg éta bréma n'éc'h eûz két tamallet Jérémias eûz a Anatot, péhini a ziougan d'é-hoc'h ;

28. Ha péhini ouc'h-penn en deûz kaset étrézég enn-omp da Vabilon, ô lavarout : Pell é padô ; savit tiez, ha choumit enn-hô ; plañtit liorsou, ha débrit ar frouez anézhô.

29. Sofonias, ar bélek, a lennaz éta al lizer-zé dirâk Jérémias, ar profed :

30. Neûzé é teûaz gér ann Aotrou da Jérémias, ô lavarout :

31. Kâs étrézég ann holl zizougadur, ô lavarout : Évei-henn é lavar ann Aotrou diwar-benn Séméias, ann Néhelamited : O véza ma en deûz diouganet Séméias d'é-hoc'h, ha n'em bôa két hé gaset ; ha ma en deûz hô lékéat da fisiout er gévier,

32. Râk-sé évei henn é lavar ann Aotrou : Chétu mé a emwélô Séméias, ann Néhélamitad, hag hé wenn ; na azézô hini eûz hé dûd é-kreiz ar boblmañ, ha na wélô két ar mâd a rinn d'am pobl, émé ann Aotrou, ô véza ma en deûz lavaret traou gaou a-éneb ann Aotrou.

—

XXX. PENNAD.

Distrô eûz a Israel hag eûz a Juda.

1. Ar gér-mañ a zeûaz da Jérémias a berz ann Aotrou, ô lavarout :

2.

2. Ével-henn é komz ann Aotrou, Doué Israel, ô lavarout : Skrîv évid-od enn eul levr ann holl c'hérion em eûz lavaret d'id.

3. Râk chétu é teû ann deisiou, émé ann Aotrou, ma likiinn da zistrei di-zougadur va fobl a Israel hag a Juda, émé ann Aotrou : ha mé bô lakai da zistrei d'ann douar em bôa rôet d'hô zadou ; hag hi a berc'hennô anézhañ.

4. Hag ar geriou-mañ eo deûz lavaret ann Aotrou diwar-benn Israel ha Juda :

5. Râg ével-henn é lavar ann Aotrou : Eunn trouz heûzuz hon eûz klévet ; ar spouñt, ha n'eûz két a béoc'h.

6. Goulennit hag it da wélout hag ar oazed a zô ô c'hénel (T) ; pérâg éta é wélann-mé ann boll oazed hô douarn war hô digroazel, ével eur c'hrég é gwilioud, ha pérag eo trôet hô boll zremmou é mélénadur ?

7. Allas ! péger brâz é vézô ann deiz-zé ; na vézô hini héñvel out-hañ ; eunn amzer a eñkrez é vézô évit Jakob ; hôgen dieûbet é vézô anézhañ.

8. Râg enn deiz-zé, émé Aotrou ann arméou, é torrinn ar géô a zô war da c'houzouk ; brévi a rinn da chadennou, hag ann diavésidi na aotrouniiñt mui ac'hanod :

9. Hôgen hi a zervichô ann Aotrou, hô Doué, ha David hô roué, a likiinn da zével d'ézhô.

10. Hôgen n'az péz két a aoun, ô Jakob va zervicher, émé ann Aotrou, na spouñt két, ô Israel : râk chétu mé az tieûbô eûz ar vrô bell, ha da wenn eûz a zouar hô sklavérez ; ha Jakob a zistrôiô, hag a arzaôô, hag a gavô pép mâd, ha na vézô den évid hé spouñta.

11. Râg gan-éz émounn, émé ann Aotrou, évid da zieûbi ; dispenna a rinn ann holl vrôadou é-touez péré em eûz da skiñet : hôgen té n'az tispenninn két ; hôgen da gastiza a rinn gañt barnédigez, évit na vézi két dinam dirâk da zaoulagad da-unan.

12. Râg ével-henn é lavar ann Aotrou : Da zrouk ne belleur ket gwellaat d'ézhañ (T) ; da c'houli a zô gwallfall.

13. N'eûz dén a oufé hé liénenna ével ma vé réd ; didalvez eo al louzou a raed évid da baréa.

14. Ar ré holl az karé hô deûz da anavézet, ha na glaskoñt mui ac'hanod ; ével eunn énébour em eûz skôet gan-éz, gañt krizder em eûz da gastizet, enn abek d'al lôd brâz eûz da fallagriézou, ha d'as kaléder er péc'hed.

15. Pérâg é c'harmez-té diwar-benn da vrévadur ? Dibaréuz eo da boan ; enn abek d'al lôd brâz eûz da fallagriézou, ha d'as kaléder er péc'hed em eûz gréat kémeñt-sé d'id.

16. Koulskoudé ar ré holl péré a louñk ac'hanod, a vézô louñket ; da holl énébourien a vézô kaset é sklavérez ; ar ré a wast ac'hanod, a vézô gwastet, ha da holl breizérien a rôinn d'ar preiz.

17. Râk mé a gasô ar gleizen d'id, hag a baréô da c'houliou, émé ann Aotrou. Ann dilézet hô deûz da c'halvet, ô Sion ; houn-nez eo, *émé-z-hô*, péhini n'é deûz hini évid hé eñklaskout.

18. Ével-henn é lavar ann Aotrou : Chétu mé a lakai da zistrei ar ré a oa é sklavérez dindân teltou Jakob ; ha mé em bézô truez oud hé diez ; hag ar géar a vézô savet a-névez war hé ménez, hag ann templ a vézô diazézet a-névez ével ma oa keñt.

19. Hag ar veûleudi a zeûiô er-méaz eûz hô génou, hag ar c'hanaouennou laouen ; ha mé hô faottô, ha na zigreskiñt két ; ha mé hô énorô, ha na véziñt két dislébéret.

20. Hô bugalé a vézô ével keñt, hag hô strollad a choumô stard diraz-oun ; ha mé a emwélô ar ré holl a heskin anézhô.

21. Hag hé réner a zeûiô anézhañ ; hag eur priñs a vézô ganet enn hé greiz ; ha mé hô stagô, hag héñ a dôstai ouz-in ; râk piou eo ann hini a hell staga hé galoun, ha tôstaad ouz-in, émé ann Aotrou ?

22. Ha c'houi a vézô va fobl, ha mé a vézô hô Toné.

23. Chétu korveñtou ann Aotrou, hé frouden, hag hé arné a ia da gouéza, ha da arzaôi war benn ar ré fallagr.

24. Ann Aotrou na zistrôiô két hé

vuanégez hag hé frouden, kén n'en dévézô gréat ha peûr-c'hréat ménosiou hé galoun : enn deiz divéza hô foellot.

—

XXXI. PENNAD.

Gwelladur Israel ha Juda.

1. Enn amzer-zé, émé ann Aotrou, é vézinn Doué holl vreûriézou Israel, hag hi a vézô da bobl d'in.

2. Ével-henn é lavar ann Aotrou : Va fobl péhini a oa choumet warlerc'h ar c'hlézé, en deûz kavet grâs enn distrô : Israel a iélô d'hé éhan.

3. Pell zô eo en em ziskouézet ann Aotrou d'in. Gañd eur garañtez peûrbaduz em eûz da garet : dré-zé em eûz da zidennet gañt trugarez.

4. Mé az savô adarré, hag é vézi savet, ô gwerc'hez Israel : en em ziskouéza a ri adarré diouc'h trouz ann taboulinou, baléa a ri é-kreiz ar c'hoariérien binviou.

5. Plañta a ri adarré gwiniennou war vénésiou Samaria ; ar blañtérien a blañtô, ha na raiñt két ar veñdem kén na vézô deûet ar préd :

6. Râk doñd a rai ann deiz, é péhini é c'harmô ann diwallérien war vénez Éfraim : savit, ha piñomp da Zion étrézég ann Aotrou hon Doué.

7. Râg évcl-henn é lavar ann Aotrou : Tridit gañt lévénez, ô Jakob, c'hoarzit é penn ar brôadou ; grit trouz, ha kanit, ha livirit : Dieûb, Aotrou, da bobl, dilerc'h Israel.

8. Chétu mé hô digasô eûz a zouar ann hañter-nôz, hag hô strollô eûz a bennou ann douar ; enn hô zouez é vézô ann den dall hag ann den kamm, ar c'hrég vrazez, hag ar c'hrég é gwilioud, hag é tistroiñt amañ enn eunn engroez brâz.

9. Enn eur wéla é teûiñt, hag enn drugarez é tigasinn anézhô ; hô c'hâs a rinn a-dreûz d'ar froudou dour dré eunn heñt éeun, ha na strébotiñt két enn-hañ ; râk deûed ounn da dâd da Israel, hag Éfraim eo va c'heñtaganet.

10. Brôadou, sélaouit gér ann Aotrou, hag embannit-héñ enn énézi ar ré bella, ha livirit : Ann hini en deûz skiñet Israel, a strollô anézhañ : hag héñ a ziwallô anézhañ évei ma tiwall eur méser hé zéñved.

11. Râg ann Aotrou en deûz dasprénet Jakob, hag hé dennet en deûz eûz a zoarn ann hini a oa tréac'h d'ézhañ.

12. Hi a zeûiô, hag a veûlô *Doué* war vénez Sion : hag hi a rédô enn eur rumm brâz étrézé madou ann Aotrou, étrézég ar gwiniz, hag ar gwin, hag ann éôl, ha menned ann déñved hag ar zaoud ; hag hô éné a zeûiô évei eul liors douret, ha n'hô dévézô mui a naoun.

13. Neûzé ar plac'h-iaouañk en em laouénai out soun ar binviou, hag ar baotred-iaouañk kévret gañd ar ré gôz ; trei a rinn hô glac'har é lévénez, hô fréalzi a rinn, ha goudé hô doan é laouénainn anézhô.

14. Gwalc'ha ha larda a rinn éné ar véléien ; ha va fobl a vézô karget gañt va madou, émé ann Aotrou.

15. Ével-henn é lavar ann Aotrou : Léñv a zô bét klévet ouch-kréac'h, klemvanou, hirvoudou ha gwélvanou. Rachel péhini a wél d'hé bugalé, ha na venn két béza dic'hlac'haret, ô véza n'émiñt mui.

16. Ével-henn é lavar ann Aotrou : Ra éhanô da vouéz ô léñva, ha da zaoulagad ô wéla ; râk da ôbériou hô dévézô hô gôbr, émé ann Aotrou ; hag hi a zistrôiô eûz a zouar hô énébour.

17. Géd a zô enn da zivez, émé ann Aotrou ; ha *da* vugalé a zistrôiô d'hô brô.

18. Klévet, klévet em eûz Éfraim pa eo bét dizouget : va c'hélennet éc'h eûz, hag ounn bét desket, évei eunn tarô iaouañk dizoñ ; distrô ac'hanoun, hag é tistrôinn ouz-id ; râk té *eo* ann Aotrou, va Doué.

19. Râg goudé ma éc'h eûz va lékéat da zistrei, em eûz gréat pinijen ; ha goudé ma éc'h eûz va c'hélennet, em eûz skôet war va morzed. Mézékéet ounn bét, rusiet em eûz, ô véza ma em eûz douget dismégañs va iaouañktiz.

20. Ha né két Éfraim eur mâb énoruz d'in ? Ha né két eur bugel téner? Évcl-sé pétrâ-bennâg ma em eûz komzet enn hé énep, em bézô c'hoaz koun anézhañ. Râk-sé va c'haloun a zô en em reûstlet em c'hreiz diwar hé benn ; truez, truez em bézô out-hañ, émé ann Aotrou.

21. Grâ eur wéré d'id, sâv bernioù meiu d'id ; reiz da galoun enn heñt éeun é péhini éc'h eûz baléet ; distrô, plac'h-iaouañk Israel, distrô d'as kériou-zé.

22. Bété pégeit é vézi enn dudi hag enn diroll, merc'h riblérez ? Râg ann Aotrou en deûz krouet eunn dra névez war ann douar : EUR VAOUEZ GWERC'HEZ A GELC'HIÔ EUR GWAZ DÉN-DOUÉ (M).

23. Evel-henn é lavar Aotrou ann arméou, Doué Israel : C'hoaz é liviriñt ar gér-mañ é douar Juda, hag enn hé gériou, p'am bézô hô lékéat da zistrei eûz hô sklavérez : R'az pennigô ann Aotrou, héñ kaerded ar reizded, hag ar ménez sañtel.

24. Ha Juda a choumô enn-hañ, hag hé holl gériou kévret, ar gounidéien hag ar vésérien.

25. Râg ann éné a oa skulz em eûz mezviet, hag ann hini en dôa naoun em eûz gwalc'het.

26. Evel-sé ounn bét dihunet évet eûz va c'housk ; sellet em eûz, ha va c'housk a zô bét c'houék d'in.

27. Chétu é teû ann deisiou, émé ann Aotrou, é péré éc'h hadinn ti Israel ha ti Juda gañd hâd tûd, ha gañd hâd loéned.

28. Hag ével ma em eûz beliet warn-ézhô évid hô dic'hrisienna, hag hô diskolpa, hag hô skiña, hag hô c'holla, hag hô eñkrézi : ével-sé é velinn warn-ézhô évid hô zével, hag hô flañta, émé ann Aotrou.

29. Enn deisiou-zé na liviriñt mui : Ann tadou hô deûz dêbret rézin treñk, ha deñt ar vugalé a zô bét kloc'het.

30. Hôgen pép-hini a varvô enn hé fallagriez hé-unan ; mar tebr eur ré rézin treñk, é vézô kloc'het hé zeñt hé-unan.

31. Chétu é teûiô ann deisiou, émé ann Aotrou, é péré é rinn eur gévrédigez névez gañt ti Israel ha gañt ti Juda :

32. Nann ével ar gévrédigez á rîz gañd hô zadou, enn deiz é péhini hô c'hémériz dré hô dourn évid hô zenna er-méaz eûz a zouar ann Éjipt, kévrédigez a zô bét torret gañt-hô ; ha mé em eûz hô zrec'het, émé ann Aotrou.

33. Hôgen chétu ar gévrédigez a rinn gañt ti Israel goudé ann deisiou-zé, émé ann Aotrou : Mé a rôiô va lézen enn hô c'hreiz, hag a skrivô anézhi enn hô c'haloun ; ha mé a vézô da Zoué d'ézhô, hag hi a vézô da bobl d'in.

34. Ha na zeskô mui pép-hini hé nésa, ha pép-hini hé vreûr, ô lavarout : Anavez ann Aotrou ; râg hi holl a anavézô ac'hanoun adaleg ar bihana bétég ar brasa, émé ann Aotrou ; râk mé a drugarézô hô fallagriez, ha n'am bézô mui a goun eûz hô féc'hed.

35. Ével-henn é lavar ann Aotrou, péhini a rô ann héol da c'houlou évid ann deiz, hag a reiz al loar hag ar stéred da c'houlou évid ann nôz ; péhini a géflusk ar môr, hag a laka hé goummou da ôber trouz ; Aotrou ann arméou eo hé hanô.

37. Ével-henn é lavar ann Aotrou : Mar gelleur meñta ann éñvou bétég ann uc'héla, ha c'houilia diazézou ann douar bétég ann izéla ; mé ivé a zistolô holl wenn Israel, enn abek da géméñd hô deûz gréat, émé ann Aotrou.

38. Chétu é teû ann deisiou, émé ann Aotrou, ma vézô savet ar géarmañ d'ann Aotrou, adalek tour Hanaméel bété porz ar c'horn.

39. Hag al linen veñt a vézô douget c'hoaz pelloc'h râg éeun war grec'hien Gareb : hag é kelc'hiô Goata,

40. Hag holl draoñien ar c'horfoumarô, hag al ludu, hag holl léac'h ar marô, bété froud Sédron, ha bété korn porz ar c'hézek war-zû ar sâvhéol, *a zô* sañtel d'ann Aotrou ; na vézô két diskarct, na vézô mui dispennet bivizikenn.

—

XXXII. PENÑAD.

Jérémias a brén eûr park enn arouéz eûz ann distrô eûz ar sklavérez.

1. Ar gér mañ a zeûaz da Jérémias digañd ann Aotrou, enn dékved bloaz eûz a Zédésias, péhini a oa ann tri-ouec'hved bloaz eûz a Nabukodonosor.

2. Neûzé armé roué Babilon a c'hrounné Jéruzalem, ha Jérémias ar profed a oa serret é porched ar vâc'h a ioa é tî roué Juda.

3. Râk Sédésias, roué Juda, en dôa lékéat hé zerra énô, ô lavarout : Pérâg é tiouganez, ô lavarout : Ével henn é lavar ann Aotrou : Chétu mé a rôiô ar géar-mañ étré daouarn roué Babilon : hag héñ hé c'hémérô ;

4. Ha Sédésias, roué Juda, na de-c'hô két diouc'h dourn ar C'haldéed ; hôgen rôet é vézô étré daouarn roué Babilon ; hag hé c'hénou a gomzô oud hé c'hénou, hag hé zaoulagad a wélô hé zaoulagad :

5. Hag héñ a gasô Sédésias da Vabilon ; hag hé-mañ a vézô énô kén na emwélinn anézhañ, émé ann Aotrou ; hôgen ha pa stourmfac'h oud ar C'haldéed, na zeûiô nétrâ a vâd d'é-hoc'h.

6. Ha Jérémias a lavaraz : Gér ann Aotrou a zô deûet étrézég enn-oun, ô lavarout :

7. Chétu Hanaméel, mâb Sellum da éoñtr, a zeû étrézég enn-od, ô lavarout : Prén évid-od va fark a zô é Anatot ; râk d'id eo ar gwir d'hé bréna ével ar c'har nésa.

8. Hag Hanaméel, mâb va éoñtr, a zeûaz étrézég enn-oun é porched ar vâc'h, hervez gér ann Aotrou, hag a lavaraz d'in : Prén va fark a zô é Anatot é douar Beñjamin ; râk d'id eo gwir ann digwéz, ha té eo ann nésa évid hé gaout. Neûzé é poelliz pénaoz é oa gér ann Aotrou.

9. Ha mé a brénaz digañd Hanaméel, mâb va éoñtr, ar park a ioa é Anatot ; hag é rôiz d'ézhañ ann arc'hañt diouc'h ar poéz, seiz sikl, ha dék *péz* arc'hañt.

10. Ha mé a skrivaz enn eul levr, hag hé ziellaz, hag a géméraz testou ; hag é poéziz ann arc'hañt enn eur valañs.

11. Hag é kémériz al levr a brén, hag héñ siellet gañd ar reizou hag ann aotréou, hag ar siellou a-ziavéaz.

12. Hag é rôiz al levr a brén da Varuc'h, mâb Néri, mâb Maasias, dirâg Hanaméel, *mâb* va éoñtr, dirâg ann testou, a oa skrivet *hô hanô* el levr a brén, ha dirâg ann holl Iuzévien a oa azézet é porched ar vâc'h.

13. Hag é c'hourc'hémenniz da Varuc'h dira-z-hô, ô lavarout :

14. Ével-henn é lavar Aotrou ann arméou, Doué Israel : Kémer al levriou-zé, al levr a brén-zé a zô siellet, hag al levr-zé péhini a zô digor ; ha laka-hi enn eul lestr prî, évit ma helliñt choum meûr a zeiz.

15. Râg ével-henn é lavar Aotrou ann arméou, Doué Israel : Perc'hennet é vézô c'hoaz tiez, ha parkou, ha gwiniennou enn douar-mañ.

16. Ha goudé m'am bôé rôet al levr a brén da Varuc'h, mâb Néri, é pédiz ann Aotrou, ô lavarout :

17. Allas, allas, allas, Aotrou Doué ; chétu té éc'h eûz gréat ann éñv hag ann douar gañd da c'halloud brâz, ha gañd da vréac'h astennet : n'eûz nétrâ di-z d'id :

18. Té a râ trugarez é-kéñver meûr a vil, hag a zistol fallagriez ann tadou é askré hô bugalé hô goudé. Té a zô kré, brâz ha galloudek ; Aotrou ann arméou eo da hanô.

19. Brâz *oud* enn da guzul, ha diboelluz enn da vénoz ; da zaoulagad a zô digor war holl heñchou bugalé Adam, évit rei da bép-hini hervez hé heñchou, hag hervez frouez hé vénosiou.

20. Té éc'h eûz lékéat arouésiou ha burzudou é douar ann Éjipt bété vréma, hag enn Israel, hag é-touez ann dûd, hag éc'h eûz gréad d'id eunn hanô, ével ma eo hiriô.

21. Té éc'h eûz tennet da bobl Israel eûz a zouar ann Éjipt, gañd arouésiou, ha gañt burzudou, ha gañd eunn dourn kré, ha gañd eur vréac'h astennet ha gañd eur spouñt brâz.

22. Té éc'h eûz rôet d'ézhô ann

doaar-mañ, ével m'az pôa touet d'hô zadou é rôjez d'ézhô eunn douar é péhini é redlé al léaz hag ar mél.

23. Hag hi a zô éat ébarz, hag hô deûz hé biaouet; hôgen n'hô deûz két señtet oud da vouéz, ha n'hô deûz két baléet enn da lézen; n'hô deûz két gréat kémeñd ez pôa gourc'hémennet d'ézhô da ôber; hag ann holl zrougou-zé a zô digwézet gañt-hô.

24. Chétu co bét savet kréou a-éneb ar géar évid hé c'hémérout; hag ar géar a zô bét rôet étré daouarn ar C'haldéed a stourm out-hi, gañd ar c'hlézé, hag ann naounégez, hag ar vosen; ha kémeñd éc'h eûz lavaret a zô bét c'hoarvézet, ével ma her gwélez da-unan.

25. Ha té a lavar d'in, ô Aotrou Doué: Prén eur park gañd arc'hañt, ha kémer testou; pétrâ-bennâg ma eo rôet ar géar-mañ étré daouarn ar C'haldéed.

26. Neûzé é teûaz gér ann Aotrou da Jérémias, ô lavarout:

27. Chétu mé eo ann Aotrou, Doué ann holl gik; ha nétrâ n'eo diez d'in?

28. Râk-sé ével-henn é lavar ann Aotrou: Chétu mé a lakai ar géar-mañ étré daouarn ar C'haldéed, hag étré daouarn roué Babilon, hag hi hé c'hémérô.

29. Hag ar C'haldéed a zeûi, hag a stourmô oud ar géar-mañ; hag hi a lakai ann tân enn-hi, hag hé loskô, kerkoulz hag ann tiez war lein péré é réad sakrifisou da Vaal, ha boéd-kennigou da zouéed a-ziavéaz évit va héga.

30. Râk bugalé Israel, ha bugalé Juda hô deûz gréat ann drouk dira-z-oun adaleg hô iaouañktiz; bugalé Israel péré bété vréma n'hô deûz éhanet da héga ac'hanoun gañd ôberiou hô daouarn, émé ann Aotrou.

31. Râg ar géar-zé é deûz lékéat da zével va frouden ha va buanégez, abaoé ann deiz é péhini hô deûz hé savet, bétég ann deiz-zé é péhini é tispenninn anézhi a zira-z-oun,

32. Enn abek da zrougiez Israel, ha bugalé Juda hô deûz gréat évit va héga, hi hag hô rouéed, hag hô friñsed, hag hô bélcien, hag hô proféded, ha tûd Juda, hag ar ré a choumé é Jéruzalem.

33. Trôet hô deûz hô c'hein d'in é léac'h trei hô daoulagad; pa zeskenn anézhô diouc'h ar miñtin, ha pa hô c'hélennenn, né két fellet d'ézhô va zélaoui, na digémérout va c'hélen.

34. Lékéat hô deûz hô idolou enn ti é péhini é c'halveur va hanô évid hé zaotra.

35. Savet hô deûz da Vaal lec'hiou uc'hel, péré a zô é traoñien Ennom, évit kenniga hô mipien hag hô merc'hed da Voloc'h; pétrâ bennâg n'em eûz két hé c'hourc'hémennet d'ézhô, ha n'eo két deûet em c'haloun é rajeñt ar fallagriez-zé, hag é tougcheñt Juda d'ar péc'hed.

36. Ha bréma goudé kémeñt-sé, chétu pétrâ a lavar ann Aotrou, Doué Israel, diwar-benn ar géar-zé, péhini a livirit a vézô rôet étré daouarn roué Babilon, gañd ar c'hlézé, ha gañd ann naounégez, ha gañd ar vosen.

37. Chétu mé a strollô anézhô eûz ann holl vrôiou é péré em eûz hô c'haset em frouden, em buanégez hag em drouk brâz; ha mé hô digasô adarré d'al léac'h-mañ, hag hô lakai da choum enn-hañ gañt pép fisiañs.

38. Hag hi a vézô da bobl d'in, ha mé a vézô da Zoué d'ézhô.

39. Ha mé a rôiô d'ézhô eunn hévélep kaloun, hag eunn hévéleb heñt, évit ma toujiñt ac'hanoun enn holl zeisiou, ha ma teûi vâd d'ézhô, ha d'hô bûgalé war hô lerc'h.

40. Eur gévrédigez peûr-baduz a rinn gañt-hô, ha na éhaninn két da ôber vâd d'ézhô: ha mé a lakai va doujañs enn hô c'haloun, évit na bellaiñt két diouz-in.

41. Ha mé en em laouénai enn-hô, p'am bézô gréat vâd d'ézhô: hag é likiinn anézhô enn douar-mañ é gwirionez a greiz va c'haloun, hag a greiz va éné.

42 Râg ével-henn é lavar ann Aotrou: Ével ma em eûz digaset ann holl zrouk brâz-zé war ar bobl-mañ, ével-sé é tigasinn war-n-ézhô ann holl vadou a ziouganann d'ézhô.

43. Hag hi hô dévézô parkou enn douar-mañ; pétrâ-bennâg ma livirit-

c'houi eo deûet évei eunn distrô, ô véza n'eûz choumet enn-hañ na dén, na loen, ha ma eo bét lékéat étré daouarn ar C'haldéed.

44. Parkou a vézô prénet gañd ar-c'hañt, hag a vézô skrivet el levr, hag a vézô siellet dirâk testou, é douar Beñjamin, ha trô-war-drô Jéruzalem, é kériou Juda, é kériou ar ménésiou, é kériou ar c'hompézennou, hag é kériou ar c'hrésteiz; ô véza ma hô likiinn da zistrei eûz hô sklavérez, émé ann Aotrou.

XXXIII. PENNAD.

Kellid névez eûz a wenn David.

1. Gér ann Aotrou a zeûaz eunn eil wéach da Jérémias, pa édô c'hoaz serret é porched ar vâc'h, ô lavarout:

2. Évei-henn é lavar ann Aotrou, péhini her grai, péhini hen doaréô, péhini hen aozô; ann Aotrou eo hé hanô:

3. Garm étrézég enn-oun, ha mé a zélaouô ouz-id: ha mé a rôi da anaout d'id traou brâz ha stard, ha na ouzoud két anézhô.

4. Râg évei-henn é lavar ann Aotrou, Doué Israel, da diez ar géarmañ, ha da diez roué Juda, péré a zô bét diskaret, ha d'ar c'hréou, ha d'ar c'hlézé,

5. Diwar-benn ar ré a zeû évit stourmi oud ar C'haldéed, hag évid hô leûnia a c'horfou-marô, ann dûd em eûz skôet em frouden hag em buanégez, goudé béza kuzet va dremm ouc'h ar géar-zé, enn abek d'hô drougiez holl.

6. Chétu mé a zigasô d'ézhô ar gleizen hag ar iéc'hed: hag a zisklériô d'ézhô pénaoz é tiéoñt gouleuni ar péoc'h hag ar wirionez.

7. Ha mé a lakai da zistrei sklaved Juda, ha sklaved Jéruzalem: hag é savinn anézhô évei er penn-keñta.

8. Hô glana a rinn eûz hô holl fallagriézou, hag eûz ar péc'héjou hô deûz gréat em énep: hô drugaréza a rinn eûz ann holl wallou dré béré hô deûz va dilézet ha va disprizet.

9. Ha béz' é vézô da hanô-*mâd*, ha da lévénez, ha da veûleûdi, ha da lid dirâg holl vrôadou ann douar, ann holl vadou a gléviñt em bézô gréat enn hô c'héñver: hag hi a vézô spouñtet ha saouzanet gañd ann holl vadou, hag ann holl béoch a rôinn d'ézhô.

10. Évei-henn é lavar ann Aotrou: Klevet é vézô adarré (el léac'h-mañ, a zô, émé c'houi, eunn distrô, ô véza n'eûz enn-hañ na dén, na loen; é keriou Juda, hag é leûriou-kéar Jéruzalem, péré a zô dismañtret, didûd, divrôiz ha diloéned),

11. Mouéz al lid, ha mouéz al lévénez, mouéz ar pried, ha mouéz ar bried, mouéz ar ré a lavarô: Meûlit Aotrou ann arméou, râk mâd eo ann Aotrou, râk peûr-baduz eo hé drugaréz; *mouéz* ar ré a zougô hô gwéstlou é ti ann Aotrou: râk mé a lakai da zistrei sklaved ann douar-mañ évei er penn-keñta, émé ann Aotrou.

12. Évei-henn é lavar Aotrou ann arméou: El léac'h-mañ, péhini a zô divrôiz, didûd ha diloéned, hag enn hé holl gériou, é vézô adarré lôgou évid ar vésérien a gasô ann tropellou d'ann éc'hoaz.

13. É kériou ar ménésiou, hag é kériou ar c'hompézennou, hag er c'hériou a zô war-zû ar c'hrésteiz, hag é brô Beñjamin, ha trô-war-drô Jéruzalem, hag é kériou Juda, é tréménô adarré ann déñved dindân dourn ann hini hô nivérô, émé ann Aotrou.

14. Chétu é teû ann deisiou, émé ann Aotrou, ma sévéninn ar gér mâd em eûz rôet da dî Israel ha da dî Juda.

15. Enn deisiou-zé, hag enn amzer-zé é likiinn da gellida eûz a Zavid eur c'hollid a reizded; hag héñ a rai barnédigez ha reizded war ann douar.

16. Enn deisiou-zé é vézô dieûbet Juda, ha Jéruzalem a choumô gañt fisiañs; ha chétu ann hanô a rôiñt d'ézhañ: Ann Aotrou, hor reiz.

17. Râg évei-henn é lavar ann Aotrou: Na vézô két gwélet kéf David héb eunn dén, a vézô azézet war drôn ti Israel.

18. Ha na vézô két gwélet gwenn

ar véléien hag al Lévited héb eunn dén dira-z-oun, a gennigô sakrifisoulôsk, ha sakrifisou-boéd, hag a lazô bemdez viktimou *dira-z-oun*.

19. Ha gér ann Aotrou a zeûaz étrézé Jérémias, ô lavarout :

20. Évei-henn é lavar ann Aotrou : Mar gelleur terri ar gévrédigez em eûz gréat gañd ann deiz, hag âr gévrédigez em eûz gréat gañd ann nôz, évit na vézô na deiz na nôz enn hé amzer ;

21. É vézô gellet ivé terri ar gévrédigez em eûz gréat gañd David va zervicher, évit na zeûi két diout-hañ eur mâb péhini a rénô war hé drôn, ha Lévited, ha béléien da vinistred d'in.

22. Évei na helleur két nivéri stéred ann éñv, na meñta tréaz ar môr ; évei-sé é kreskinn gwenn David, va zervicher, hag al Lévited va ministred.

23. Ha gér ann Aotrou a zeûaz étrézé Jérémias, ô lavarout :

24. Ha n'éc'h eûz két gwélet pénaoz é komz ar bobl-zé, ô lavarout : Ann diou wenn en dôa dilennet ann Aotrou, a zô bét dispennet ; disprizet eo va fobl gañt-hô, ha n'eo mui éveI eur vrôad dira-z-hô.

25. Évei-henn é lavar ann Aotrou : Ma né két stard ar gévrédigez em eûz gréat gañd ann deiz ha gañd ann nôz, al lézennou em eûz rôet d'ann éñv ha d'am douar ;

26. É tistolinn ivé gwenn Jakob ha David va zervicher, ha na gémérinn két eûz hé géf priñsed eûz a wenn Abraham, Izaak ha Jakob ; râk mé a lakai da zistrei hô sklaved, hag a rai trugarez enn hô c'héñver.

—

XXXIV. PENNAD.

Gourdrouzou ann Aotrou enn abek da zisléalded hé bobl.

1. Gér a zeûaz da Jérémias diouc'h ann Aotrou (pa édo Nabukodonosor roué Babilon, hag hé holl armé, hag ann holl rouañtélésiou eûz ann douar, péré a oa dindân hé c'halloud, hag ann holl boblou, ô vrézélekaat out Jéruzalem, hag oud hé holl gériou) ô lavarout :

2. Évei-henn é lavar ann Aotrou, Doué Israel : Kéa, ha komz out Sédésias, roué Juda, ha lavar d'ézhañ : Évei-henn é lavar ann Aotrou : Chétu mé a lakai ar géar-mañ étré daouarn roué Babilon, péhini a lakai ann tân enn-hi.

3. Ha té da-unan na dec'hi két dioutbañ ; hôgen évit-gwir é vézi kéméret, ha lékéat étré hé zaouarn ; da zaoulagad a wélô daoulagad roué Babilon, hag hé c'hénou a gomzô oud da c'hénou, hag é Babilon éz i.

4. Koulskoudé sélaou gér ann Aotrou, ô Sédésias, roué Juda. Évelhenn é lavar ann Aotrou d'id : Na varvi két gañd ar c'hlézé,

5. Hôgen é péoc'h é varvi : dévet é vézô évid-od louzou-c'houés-vâd, évei ma eo bét dévet évid da dadou ar rouéed keñt a zô bét enn da raok : hag hi a râi da gaoñ *ô lavarout* : Allas, ô Aotrou ! Râk mé em eûz lavaret ar gér-zé, émé ann Aotrou.

6. Ha Jérémias, ar profed, a lavaraz ann holl c'hériou-zé da Zédésias, roué Juda é Jéruzalem.

7. Koulskoudé armé roué Babilon a stourmé a-énep Jéruzalem, hag a-énep ann holl gériou eûz a Juda a oa choumet, a-énep Lac'his, hag a-énep Azéc'ha ; râg eûz a gériou kré Juda, ar ré-mañ a oa choumet c'hoaz.

8. Ar gér-mañ a zeûaz da Jérémias diouc'h ann Aotrou, goudé m'en dôé ar roué Sédésias gréat unvaniez gañd ann holl bobl eûz a Jéruzalem, oc'h embanna :

9. Ma kasché-kuit pép-hini hé vével hag hé vatez, Hébréad hag Hébréadez, hag hi dieûb : ha na zeûjeñt mui da gaout galloud war-n-ézhô, pa oañt iuzévien évei-t-hô, ha breûdeûr d'ézhô.

10. Pa glévaz ann holl briñsed hag ann holl bobl pénaoz ô oa unvaniez évit ma kasché-kuit pép-hini hé vével hag hé vatez, hag hi dieûb, ha na dlieñt mui kaout béli war-n-ézhô, é sélaouchoñt, hag hô c'haschoñt-kuit.

11. Hôgen goudé-zé hi a drôaz, hag

a zigasaz adarré ar vévellou hag ar mitisien hô dôa kaset-kuit, hag hi dieûb, hag hô lékéaz adarré da vévellou ha da vitisien.

12. Hag ar gér-mañ a zeûaz da Jérémias diouc'h ann Aotrou, ô lavarout :

13. Ével-henn é lavar ann Aotrou, Doué Israel : Mé em eûz gréat kévrédigez gañd hô tadou, enn deiz é péhini em eûz hô digaset eûz a zouar ann Éjipt, eûz a dî ar sklavérez, ô lavarout :

14. A-benn seiz vloaz, kaset pép-hini hé vreûr Hébréad, a vézô bét gwerzet d'ézhañ : goudé m'en dévézô servichet anézhañ a-héd c'houec'h vloaz, kaset anézhañ kuit, hag héñ dieûb. Hôgen hô tadou n'hô deûz két va zélaouet, ha n'hô deûz két dinaouet hô diskouarn.

15. Ha c'houi a oa trôet hiriô *étrézég enn-oun,* hag hô pôa gréat ar péz a oa reiz dirâk va daoulagad, oc'h embanna pénaoz pép-hini a zieûbché hé viñoun ; ha c'houi hoc'h eûz gréat ann unvaniez-zé dira-z-oun, enn tî war béhini é c'halveur va hanô.

16. Hôgen c'houi a zô distrôet, hag hoc'h eûz saotret va hanô, ô tigas adarré pép-hini hé vével hag hé vatez, hô pôa kaset-kuit, hag hi dieûb hag enn hô béli hô-unan ; hag hoc'h eûz hô lékéat adarré da vévellou ha da vitisien.

17. Râk-sé évet-henn é lavar ann Aotrou : N'hoc'h eûz két va zélaouet, évit rei ann dieûb pép-hini d'hé vreûr, ha pép-hini d'hé viñoun : chétu mé a embann ann dieûb d'é-hoc'h, émé ann Aotrou, étrézég ar vosen, hag étrézég ann naounégez ; hag é rôinn ac'hanoc'h da gêflusk dré holl rouañtélésiou ann douar.

18. Ha mé a rôiô ann dûd hô deûz torret va c'hévrédigez, péré n'hô deûz két miret gériou ar gévrédigez hô deûz gréat dira-z-oun, goudé béza trémémet étré rannou al leûé hô dôa trouc'het é diou lôdea :

19. Priñsed Juda, ha priñsed Jéruzalem, ar spazéien, hag ar véléien, hag ann holl bobl eûz ar vrô péré hô deûz tréménet étré rannou al leûé ;

20. Mé hô rôiô étré daouarn hô énébourien, hag étré daouarn ar ré a glask hô buez : hag hô c'horfou-marô a vézô da voéd da evned ann éñv ha da loéned ann douar.

21. Ha mé a rôiô Sédésias, roué Juda, hag hé briñsed, étré daouarn hô énébourien, hag étré daouarn ar ré a glask hô buez, hag étré daouarn arméou roué Babilon, péré a zô pelléet diouz-hoc'h.

22. Chétu mé her gourc'hémenn, émé ann Aotrou, hag hô likiinn da zistrei oud ar géar-mañ ; hag hi a stourmô out-hi, hag a gémérô anézhi, hag a zevô anézhi gañd ann tân : hag é likiinn kériou Juda ével eunn distrô, ha na choumô dén enn-hô.

XXXV. PENNAD.

Léalded ar Réc'habited.

1. Gér a zeûaz da Jérémias diouc'h ann Aotrou, é deisiou Joakim, mâb Josias, roué Juda, ô lavarout :

2. Kéa da dî ar Réc'habited, ha komz out-hô, ha laka-hi da voñd é tî ann Aotrou, enn unan eûz a gamprou ann teñzor, hag é rôi d'ézhô gwin da éva.

3. Ha mé a géméraz Jézonias, mâb Jérémias, mâb Habsanias, hag hé vreûdeûr, hag hé holl vipien, hag holl diad ar Rec'habited.

4. Hag é likiiz anézhô da voñd é tî ann Aotrou, é kambr mipien Hanan, mâb Jégédélias dén Doué, é-tâl kambr ar briñsed, a-ziouc'h kambr Maasias, mâb Sellum, péhini a ioa diwaller ar porched.

5. Hag é likiiz dirâk bugalé tî ar Réc'habited pôdou leûn a win ha kôpou ; hag é liviriz d'ézhô : Évit gwin.

6. Hôgen hi a lavaraz : Na évimp két a win ; râk Jonadab, mâb Réc'hab, hon tâd, en deûz gourc'hémennet d'é-omp, ô lavarout : Na évot két a win, c'houi, nag hô pugalé da-vikenn :

7. Na zafot két a diez, ha na hadot két a éd, ha na blañtôt két a wini, ha

n'hô pézô két anézhô; hôgen dindan teltou é choumot héd hô teisiou, évit ma vévot pell-amzer war-c'horré ann douar, é péhini émoc'h ével diavésiôi.

8. Señtet hon eûz éta oul mouéz Jonadab, mâb Réc'hab, hon tâd, é kémeñd en deûz gourc'hémennet d'é-omp, ha n'hon eûz két ével a win é holl zeisiou hor buez, na ni, nag hor gragez, nag hor mipien, nag hor merc'hed:

9. Ha n'hon eûz két savet a diez évit choum enn-hô, ha n'hon eûz bét d'é-omp na gwini, na parkou, nag éd:

10. Hôgen choumet hon eûz dindan teltou, hag hon eûz señtet out kémeñd en deûz gourc'hémennet d'é-omp Jonadab hon tâd.

11. Hôgen pa eo piñet Nabukodonosor, roué Babilon, enn hor brô, hon eûz lavaret: Deûit, ha déomp da Jéruzalem, a zirâg armé ar C'haldéed, hag a zirâg armé ar Siried; hag omp choumet é Jéruzalem.

12. Ha gér ann Aotrou a zcûaz da Jérémias, ô lavarout:

13. Ével-henn é lavar Aotrou ann arméou, Doué Israel: Kéa, ha lavar da dûd Juda, ha d'ar ré a choum é Jéruzalem: Ha na zigémerrot két ar c'hélen évit señti out va gériou, émé ann Aotrou?

14. Gériou Jonadab, mâb Réc'hab, dré béré é c'hourc'hémennaz d'hé vugalé na évcheñt két a win, a zô bét heûliet; hag hi n'hô deûz két évet a win bétég ann deiz-mañ, ô véza ma hô deûz señtet out gourc'hémenn hô zâd; hôgen mé em eûz komzet ouzhoc'h, ô sével diouc'h ar miñtin évit komza, ha n'hoc'h eûz ket señtet ouz-in.

15. Kaset em eûz d'é-hoc'h va holl zervichérien ar brofêded; ô sével diouc'h ar miñtin, em eûz hô c'haset, hag em eûz lavaret: Distrôit pép-hini eûz hô kwall heñchou, ha gwellait hoc'h ôbériou; na heûlit két ann doûéed a-ziavéaz ha na azeûlit két anézhô; ha c'houi a choumô enn douar em eûz rôet d'é-hoc'h ha d'hô tadou; hôgen n'hoc'h eûz két dinaouet hô skouarn, ha n'hoc'h eûz két va zélaouet.

16. Ével-sé bugalé Jonadab, mâb Réc'hab, hô deûz sévénet stard ar gourc'hémenn en dôa rôet hô zâd d'ézhô: hôgen ar bobl-mañ n'en deûz két señtet ouz-in.

17. Râk-sé ével-henn é lavar Aotrou ann arméou, Doué Israel: Chétu mé a zigasô war Juda, ha war ar ré holl a choum é Jéruzalem, ann holl zroug em eûz diouganet enn hô énep, ô véza ma em eûz komzet out-hô, ha n'hô deûz két va zélaouet; ma em eûz hô galvet, ha n'hô deûz két respouñtet d'in.

18. Ha Jérémias a lavaraz da diad ar Réc'habited: Ével-henn é lavar Aotrou ann arméou, Doué Israel: O véza ma hoc'h eûz señtet out kémenn Jonadab hô tâd, ma hoc'h eûz miret hé holl erhédou, ha ma hoc'h eûz gréat kémeñd en dôa gourc'hémennet d'é-hoc'h:

19. Râk-sé ével-henn é lavar Aotrou ann arméou, Doué Israel: Na éhanô két gwenn Jonadab, mâb Réc'hab, da rei tûd péré a zavô dira-z-oun da-vikenn.

XXXVI. PENNAD.

Ar roué Joakim a laka da zévi levr diouganou Jérémias.

1. Er pévaré bloaz eûz a Joakim, mâb Josias, roué Juda, é teûaz ar gér-mañ da Jérémias diouc'h ann Aotrou, ô lavarout:

2. Kémer eul levr rodellet, ha skriv enn-hañ ann holl c'hériou em eûz lavaret d'id a-éneb Israel ha Juda, hag a-éneb ann holl vrôadou, adaleg ann deiz é péhini em eûz komzet ouz-id, adalek deisiou Josias bétég ann deiz-mañ,

3. Evit pa glevché tî Juda ann holl zrougou a vennenn da zigas war-n-ézhô, é tistrôjé pép-hini anézhô eûz hé wall heñchou; hag é tistolchenn d'ézhô hô fallagriez hag hô féc'hed.

4. Jérémias a chalvaz éta Baruc'h, mâb Nérias; ha Baruc'h a skrivaz enn eûl levr rodellet, eûz a c'hénou Jéré-

mias, ann holl c'hériou en dôa lavaret
ann Aotrou d'ézhañ.
5. Ha Jérémias a c'hourc'hémennaz
da Varuc'h, ô lavarout : Mé a zô ser-
ret, ha na hellann két mond da dl ann
Aotrou.
6. Kéa ébarz, té, ha lenn eûz al levr
éc'h eûz skrivet eûz va génou, kom-
ziou ann Aotrou, dirâg ar bobl, é tl
ann Aotrou, enn deiz iûn; ha dirâg
holl dûd Juda, a zeû eûz hô c'hériou,
é lenni ivé.
7. Martézé en em daoliñt d'ann
douar dirâg ann Aotrou évid hé bédi;
râk brâz eo ar frouden hag ann drouk
gañt péré en deûz komzet ann Aotrou
oud ar bobl-zé.
8. Ha Baruc'h, mâb Nérias, a réaz
kémeñd en dôa gourc'hemennet d'ez-
hañ Jérémias ar profed; hag é lennaz
eûz al levr gériou ann Aotrou é tl ann
Aotrou.
9. Er pempved bloaz eûz a Joakim,
mâb Josias, roué Juda, enn naved
miz, é oé embannet eur iun dirâg ann
Aotrou d'ann holl bobl eûz a Jéruza-
lem, ha d'al lôd brâz a dûd a zeûé eûz
a gériou Juda da Jéruzalem.
10. Neûzé Baruc'h a lennaz eûz al
levr gériou Jérémias, é tl ann Aotrou,
é kambr Gamarias, mâb Safan ar skri-
vañer, er porched uc'héla, oud dôr ar
pors névez eûz a dl ann Aotrou, dirâg
ann holl bobl.
11. Pa glevaz Michéas, mâb Gama-
rias, mâb Safan, holl c'hériou ann
Aotrou *skrivet* el levr-zé ;
12. É tiskennaz da dl ar roué é
kambr ar skrivañer; hag énô é oa
azézet ann holl briñsed : Élisama ar
skrivañer, ha Dalaias, mâb Séméïas,
hag Elnatan, mâb Ac'hobor, ha Ga-
marias, mâb Safan, ha Sédésias, mâb
Hananias, hag ann holl briñsed.
13. Ha Michéas a rôaz da anaoud
d'ézhô ann holl c'hériou en dôa klévet
Baruc'h ô lenna eûz al levr-zé dirâg
ar bobl.
14. Neûzé ann holl briñsed a gasaz
étrézé Baruc'h Judi, mâb Natanias,
mâb Sélémias, mâb Chusi, evit lava-
rout : Kémer enn da zourn al levr eûz
a béhini éc'h eûz lennet dirâg ar bobl,
ha deûz. Baruc'h, mâb Nérias, a gé-
méraz éta al levr enn hé zourn, hag
a iéaz étrézég enn-hô.
15. Hag hi a lavaraz d'ézhañ : Azez,
ha leun ann dra-zé dira-z-omp. Ha
Baruc'h a lennaz dira-z-hô.
16. Hôgen pa glevchoñt ann holl
c'hériou-zé é sellchoñt gañt saouzan
ann eil oud égilé, hag é léverchoñt
da Varuc'h : Nl a dlé rei da anaout
ann holl c'hérion-zé d'ar roué.
17. Hag hi a réaz ar goulenn-mañ
out-hañ, ô lavarout : Danéwell d'é-
omp pénaoz éc'h eûz skrivet ann holl
c'hériou-zé eûz hé c'hénou.
18. Ha Baruc'h a lavaraz d'ézhô :
Héñ a lavaré d'in eûz hé c'hénou ann
holl c'hériou-zé ével pa hô lennché ;
ha mé hô skrivé el levr gañt liou.
19. Hag ar briñsed a lavaraz da
Varuc'h : Kéa, hag en em guzit, té ha
Jérémias ; ha na wézet dén péléac'h é
viot.
20. Hag hi a iéaz da gavout ar roué
er porched, goudé béza lézet al levr
é miridigez é kambr Élisama ar skri-
vañer : hag é rôjoñt da anaout d'ar
roué kémeñd hô dôa klévet.
21. Hag ar roué a gasaz Judi da
gerc'hout al levr : hag hé-mañ, ô véza
hé géméret é kambr Élisama ar skri-
vañer, hé lennaz dirâg ar roué, ha
dirâg ann holl briñsed a oa enn hô
zâ enn-drô d'ar roué.
22. Hôgen ar roué a oa azézet enn
hé di goañv, enn naved miz : hag eur
glaouier leûn a dân a oa dira-z-hañ.
23. Ha pa en dôé lennet Judi teir
pé béder bajen, ar roué hô zrouc'haz
gañt koñtel ar skrivañer, hag hô zao-
laz enn tân, a oa er glaouier, ha
goudé-zé al levr holl ; kén na oé dévet
a-grenn er glaouier.
24. Ar roué hag hé zervichérien na
oeñt két spouñtet, ha na rogchoñt két
hô dilad, pa glevchoñt ann holl c'hé-
riou-zé.
25. Koulskoudé Elnatan, ha Da-
laias, ha Gamarias a fellaz d'ézhô mi-
roud oud ar roué na zevché al levr;
hôgen na zélaouaz két anézhô.
26. Hôgen ar roué a c'hourc'hé-
mennaz da Jérémiel, mâb Amélech,
ha da Zaraias, mâb Ezriel, ha da Zé-
lémias, mâb Abdéel, ma krôgcheñt é

Baruc'h ar skrivañer, hag é Jérémias ar profed. Hôgen ann Aotrou a guzaz anézhô.

27. Hôgen gér ann Aotrou a zeûaz da Jérémias ar profed, goudé m'en dôa devet ar roué al levr, hag ann holl c'hériou en dôa skrivet Baruc'h eûz a c'hénou Jérémias; hag é lavaraz d'ézhañ :

28. Kémer eul levr all, ha skriv enn-hañ ann holl c'hériou keñt, a oa el levr keñta, en deûz dévet Joakim, roué Juda.

29. Hag é liviri da Joakim roué Juda : Ével-henn é lavar ann Aotrou : Té éc'h eûz dévet al levr-zé, ô lavarout : Pérâg éc'h eûz-té skrivet enn-hañ, oc'h embanna, pénaoz é teûiô abarz némeûr roué Babilon, hag é tismañstrô ar vrô-mañ, ha na lézô enn-hañ béô na dén, na loen ?

30. Râk-sé ével-henn é lavar ann Aotrou a-énep Joakim, roué Juda : Na zeûiô eûz hé wenn hini a gémeñt a azézô war drôn David ; hag hé gorf-marô a vézô taolet dindân ar c'hrouéz a-zoug ann deiz, ha dindân ar réô a-zoug ann nôz.

31. Ha mé a emwélô anézhañ, hag hé wenn, hag hé zervichérien, enn abek d'hô fallagriézou, hag é tigasinn war-n-ézhô, ha war ar ré a choum é Jéruzalem, ha war dûd Juda, ann holl zroug am eûz diouganet d'ézhô, ha n'hô deûz két va zélaouet.

32. Jérémias a géméraz éta eul levr all, hag hé rôaz da Varuc'h, mâb Nérias ar skrivañer, péhini a skrivaz enn-hañ eûz a c'hénou Jérémias ann holl c'hériou a oa el levr en dôa dévet enn tân Joakim roué Juda ; ha c'hoaz é lékéaz kalz gériou, ha na oa két el levr keñta.

—

XXXVII. PENNAD.

Jérémias a zô lékéat er vâc'h.

1. Ar roué Sédésias, mâb Josias, a rénaz é léac'h Jékonias, mâb Joakim : Nabukodonosor, roué Babilon, en dôa hé lékéat da roué é brô Juda.

2. Hôgen na zeñtaz két héñ, nag hé zervichérien, na pobl ar vrô, out gériou ann Aotrou, en dôa lavaret dré c'hénou Jérémias ar profed.

3. Hag ar roué Sédésias a gasaz Juc'hal, mâb Sélémias, ha Sofonias, mâb Maasias, ar bélek, étrézé Jérémias ar profed, ô lavarout : Péd évid-omp ann Aotrou, hon Doué.

4. Hôgen Jérémias a valéé dieûb é-kreiz ar bobl : râk né oa két bét c'hoaz lékéat er vâc'h. Koulskoudé armé Faraon a zeûaz er-méaz eûz ann Éjipt ; hag ar C'haldéed, péré a stourmé out Jéruzalem, ô véza klévet ar c'hélou-zé, a déc'haz diouc'h Jéruzalem.

5. Ha gér ann Aotrou a iéaz étrézé Jérémias ar profed, ô lavarout :

6. Ével-henn é lavar ann Aotrou, Doué Israel : Ével-henn é léverrot da roué Juda, péhini en deûz hô kaset étrézég enn-oun, évit goulenn ali digan-éñ : Chétu armé Faraon a zô deûet da ger-nerz d'é-hoc'h, a zistrôiô d'ann Éjipt hé vrô.

7. Hag ar C'haldéed a zistrôiô ; hag a stourmô a-énep ar géar-mañ : hag hi hé c'hémérô, hag a lakai ann tân enn-hi.

8. Ével-henn é lavar ann Aotrou : Na douellit két hoc'h énéon, ô lavarout : Ar C'haldéed a iélô hag a bellai diouz-omp ; râk n'az aiñt két kuit.

9. Râg ha pa hô pijé dispennet holl armé ar C'haldéed, a stourm ouz-hoc'h, ha ma vijé choumet unan-bennâg anézhô hag hi glazet, pép-hini anézhô a zeûjé er-méaz eûz hé delt, hag é lakajeñt ann tân er géar-mañ.

10. Pa oa en em dennet armé ar C'haldéed eûz a zirâk Jéruzalem, gañd aoun râg armé Faraon,

11. Jérémias a iéaz er-méaz eûz a Jéruzalem, évit moñd da vrô Beñjamin, ha ranna énô hé vadou dirâk tûd ar vrô.

12. Pa oé erruet out porz Beñjamin, ann hini a ziwallé ann ôr d'hé drô, hanvet Jérias, mâb Sélémias, mâb Hananias, a grogaz é Jérémias ar profed, ô lavarout : Té a dec'h étrézég ar C'haldéed.

13. Ha Jérémias a lavaraz d'ézhañ :

Né két gwir, na dec'hann két étrézég ar C'haldéed. Hôgen Jérias na zélaouaz két Jérémias ; kregi a réaz enn-hañ, hag her c'hasaz dirâg ar briñsed.

14. Ar briñsed péré hé dôa droug a-énep Jérémias, a lékéaz hé ganna, hag hé c'hâs er vâc'h a ioa é tl Jonatan ar skrivañer ; râg héñ eo a oa da vérer war ar vâc'h.

15. Jérémias éta ô véza bét lékéat enn eur vac'h zoun ha téval, a choumaz énô meûr a zervez.

16. Hôgen ar roué Sédésias a gasaz évid hé denna ac'hanô ; hag héñ a réaz goulennou out-hañ é-kûz enn hé dî hé-unan, hag a lavaraz d'ézhañ : Ha *béz' éz* eûz gér a berz ann Aotrou ? Ha Jérémias a lavaraz : Béz' éz eûz ; hag *évei-henn* é lavar : Etré daouarn roué Babilon é vézi rôet.

17. Ha Jérémias a lavaraz d'ar roué Sédésias : Pé zroug em eûz mé gréat enn da énep, a-énep da zervichérien, pé a-énep da bobl, ma ounn bét lékéat er vâc'h ?

18. Péléac'h éma hô proféded, péré a ziouganê d'hé-hoc'h, ô lavarout : Na zeûiô két roué Babilon enn hoc'h énep, nag a-éneb ar vrô-mañ ?

19. Sélaou éta ac'hanoun bréma, mé az péd, Aotrou va roué : Ra vézô hétuz va féden dira-z-od, ha na laka két va c'hâs adarré da vac'h tl Jonatan ar skrivañer, gañd aoun na varvchenn énô.

20. Ar roué Sédésias a c'hourc'hémennaz éta ma vijé lékéat Jérémias é porched ar vâc'h ; ha ma vijé rôet d'ézhañ bemdez eunn dorz vara, gañt boéd all, kén na vijé débret ann holl vara eûz a géar ; ha Jérémias a choumaz é porched ar vâc'h.

XXXVIII. PENNAD.

Jérémias a rô ali da Zédésias d'en em lakaad étré daouarn ar C'haldéed.

1. Hôgen Safatias, mâb Matan, ha Gédésias, mâb Fassur, ha Juc'hal, mâb Sélémias, ha Fassur, mâb Melc'hias, hô dôa klévet ar gériou en dôa lavaret Jérémias d'ann holl bobl, ô lavarout :

2. Évei-henn é lavar ann Aotrou : Piou-bennâg a choumô er géar-mañ a varvô gañd ar c'hlézé, ha gañd ann naounégez, ha gañd ar vosen ; hôgen néb en em dennô étrézég ar C'haldéed, a vévô ; hag hé éné a vézô dieûb ha béô.

3. Évei-henn é lavar ann Aotrou : Ar géar-mañ a vézô rôet évit-gwir étré daouarn armé roué Babilon ; hag héñ hé c'hémérô.

4. Neûzé ar briñsed a lavaraz d'ar roué : Laka da laza ann dén-zé, ni az péd ; a-ratoz é teû da wana daouarn ann dûd a vrézel a zô choumet er géar-mañ, ha daouarn ann holl bobl, ô komza out-hô enn doaré-zé. Râg ann dén-zé na glask két eûr-vâd ar bobl-mañ, hôgen hé reûz.

5. Hag ar roué Sédésias a lavaraz : Chétu éma-héñ étré hô taouarn ; râk né vé két reiz é tinac'hfé ar roué eunn dra-bennâg ouz-hoc'h.

6. Hi éta a géméraz Jérémias, hag a daolaz anézhañ é bâc'h zoun Melc'hias, mâb Amélec'h, a ioa é porched ar vâc'h ; hag hi a ziskennaz Jérémias gañt kerdin er vâc'h zoun, é péhini né d-a két a zour, hôgen fañk, ha Jérémias en em gavaz er fañk.

7. Hôgen Abdémélec'h Étiopiad, spâz é tl ar roué, a glévaz pénaoz hô dôa lékéat Jérémias er vâc'h zoun : ar roué a oa neûzé war hé drôn é-tâl porz Beñjamin.

8. Hag Abdémélec'h a zeûaz erméaz eûz a dl ar roué ; hag a gomzaz out-hañ, ô lavarout :

9. Aotrou, va roué, ann dûd-zé péré hô dôa gréat kémeñd a zrouk da Jérémias ar profed hô deûz c'hoaz gréat gwasoc'h d'ézhañ, ô teûrel anézhañ er vâc'h zoun, évit ma varvô énô gañd ann naoun ; râk n'eûz mui a vara é kéar.

10. Neûzé ar roué a c'hourc'hémennaz da Abdémélec'h ann Étiopiad, ô lavarout : Kémer ac'hann gan-éz trégoñt dén, ha tenn Jérémias ar profed eûz ar vâc'h zoun, abarz ma varvô.

11. Abdémélec'h éta ô véza kéméret ann dûd-zé gañt-hañ, a iéaz é tl ar

roué, dindân kambr ann arrébeûri : hag é kéméraz ac'hanô tammou kôz vézer, ha dilad diamzéret, hag hô c'hasaz da Jérémias er vâc'h zoun gañt kerdin.

12. Hag Abdémélec'h ann Étiopiad a lavaraz da Jérémias : Laka ann tammou kôz vézer, hag ann dilad diamzéret-zé dindân da ziou-gazel, hag enn-drô d'ar c'herdin ; ha Jérémias a réaz ével-sé.

13. Hag hi a zachaz anézhañ gañt kerdin, hag a dennaz anézhañ eûz ar vâc'h zoun ; ha Jérémias a choumaz é porched ar vâc'h.

14. Neûzé ar roué Sédésias a gasaz étrézé Jérémias ar profed, hag hel lékéaz da zoñt é-tâl ann trédé dôr a ioa é tî ann Aotrou ; hag ar roué a lavaraz da Jérémias : Eunn dra a c'houlennann digan-éz ; na gûz nétrâ ouz-in.

15. Hôgen Jérémias a lavaraz da Zédésias : Mar tiouganann d'id, ha na likii két va laza? Ha ma rôann kuzul d'id, ha té a zélaouô ac'hanoun?

16. Hôgen ar roué Sédésias a douaz é-kûz da Jérémias, ô lavarout : Ével ma eo béô ann Aotrou, en deûz gréat eunn éné enn-omp, é touann pénaoz n'az lazinn két, ha na rôinn két ac'hanod étré daouarn ann dûd-zé péré a glask da vuez.

17. Ha Jérémias a lavaraz da Zédésias : Ével-henn é lavar Aotrou ann arméou, Doué Israel : Mar d-éez étrézé priñsed roué Babilon, é vévô da éné, ha na vézô két dévet ar géar-mañ ; ha té, ha da diad a vézô savéteet.

18. Hôgen ma n'az éez két étrézé priñsed roué Babilon, é vézô rôet ar géar-mañ étré daouarn ar C'haldéed : hag hi hé dévô gañd ann tân ; ha té na déc'hi két diouc'h hô daouarn.

19. Hag ar roué Sédésias a lavaraz da Jérémias : Eñkrézet onnn enn abek d'ar Iuzévien a zo téc'het étrézég ar C'haldéed ; aoun em eûz na venn lékéat étré hô daouarn, ha na rajeñt goab ac'hanoun.

20. Hôgen Jérémias a lavaraz : Na likiiñt két ac'hanod étré daouarn ar ré zé. Sélaou, mé az péd, gér ann Aotrou, a rôann da anaout d'id ; mâd é vézô d'id, ha da éné a vézô béô.

21. Hôgen ma na fell két d'id moñd er-méaz, chétu ar gér en deûz diskouézet ann Aotrou d'in :

22. Chétu ann holl c'hragez a vézô choumet é tî roué Juda, a vézô kaset da briñsed roué Babilon ; hag hi a lavarô : Ann dûd a béoc'h-zé hô deûz da douellet, ha da dréc'het ; soubet hô deûz da dreid er fañk hag el liñkr, hag hô deûz da zilézet.

23. Ha da holl c'hragez, ha da vugalé a vézô kaset d'ar C'haldéed : ha na déc'hi két diouc'h hô daouarn, râk kéméret é vézi gañt roué Babilon ; hag héñ a zévô ar géar-mañ.

24. Neûzé Sédésias a lavaraz da Jérémias : Na wézet dén ar gériou-zé, ha na varvi két.

25. Hôgen mar klev ar briñsed pénaoz em eûz komzet ouz-id ; mar teûoñt d'az kavout, ha da lavarout d'id : Danével d'é-omp pétrâ éc'h eûz lavaret d'ar roué ; na gûz nétrâ ouz-omp, ha na lakaimp két da laza ; ha pétrâ en deûz lavaret ar roué d'id ;

26. É liviri d'ézhô : Mé em eûz pédet ar roué ô stoui dira-z-hañ, n'am c'hasché két adarré da dî Jonatan, é péléac'h é varvchenn.

27. Ann holl briñsed a zeûaz éta da gavout Jérémias, hag a réaz goulennou out-hañ : hag héñ a gomzaz outhô hervez m'en dôa gourc'hémennet ar roué d'ézhañ ; hag hi a lézaz anézhañ é péoc'h ; râk na oa bét klévet nétrâ.

28. Ha Jérémias a choumaz é porched ar vâc'h, bétég ann deiz é péhini é oé kéméret Jéruzalem ; râk kéméret é oé Jéruzalem.

XXXIX. PENNAD.

Kéméret eo Jéruzalem. Sédésias a dec'h, hag a zô paket.

1. Eun naved bloaz eûz a Zédésias, enn dékved miz, é teûaz Nabukodonosor, roué Babilon, hag hé holl

armé dirâk Jéruzalem, hag a stourmaz out-hi :

2. Hag enn unnékved bloaz eûz a Zédésias, er pévaré miz, enn naved *deiz* eûz ar miz, é oé gréat eunn difreûz é kéar.

3. Hag holl briñsed roué Babilon a iéaz ébarz, hag a azézaz war ar porz kreiz : Nérégel, Séréser, Sémégarnabu, Sarsac'him, Rabsarez, Nérégel, Séréser, Rébmag, hag holl 'briñsed all roué Babilon.

4. Pa wélaz anézhô Sédésias roué Juda, hag ann holl vrézélidi, é tec'hchoñt : hag hi a iéaz er-méaz eûz a géar a-zoug ann nôz, dré heñt garz ar roué, ha dré ar porz a oa étré ann daou vur, hag éz éjoñt war heñt ann distrô.

5. Hôgen armé ar C'haldéed a iéaz war hô lerc'h ; hag hi a bakaz Sédésias é kamp distrô Jériko ; hag ô véza hé géméret é kaschoñt anézhañ da Nabukodonosor, roué Babilod, é Réblata, a zô é brô Émat ; hag hé-mañ a zougaz hé varn.

6. Ha roué Babilon a lazaz mipien Sédésias é Réblata, dirâg hé zaoulagad : roué Babilon a lazaz ivé ann holl dud nobl eûz a Juda.

7. Tenna a réaz hé zaoulagad da Zédésias, hag é lékéaz eur chaden enn-drô d'ézhañ, évid hé gâs da Vabilon.

8. Ar C'haldéed a zévaz ivé gañd ann tân tî ar roué, ha tiez ar bobl, hag a ziskaraz muriou Jéruzalem.

9. Nabuzardan, penn ann armé, a zizougaz é Babilon ar ré eûz ar bobl a oa choumet é kéar, hag ar ré a oa tec'het étrézég héñ, hag ann dilerc'h eûz ar bobl a oa choumet.

10. Nabuzardan, penn ann armé, a lézaz é brô Juda ar ré baour eûz ar bobl, ar ré n'hô dôa nétrâ ; hag é rôaz d'ézhô gwini ha puñsou enn deiz-zé.

11. Hôgen Nabukodonosor, roué Babilon, en dôa gourc'hémennet da Nabuzardan, penn ann armé, diwarbenn Jérémias, ô lavarout :

12. Kémer-héñ, ha laka évez out-hañ, ha na ra droug é-béd d'ézhañ ; hôgen grâ enn hé géñver ével ma karô.

13. Nabuzardan, penn ann armé, a gasaz éta, hag ivé Nabusezban, ha Rabsarez, ha Nérégel, ha Séréser, ha Rebmag, hag holl briñsed roué Babilon,

14. A gasaz ivé étrézé Jérémias, évid hé denna eûz a borched ar vâc'h ; hag é lékéjoñt anézhañ étré daouarn Godolias, mâb Abikam, mâb Safan, évit m'az ajé enn eunn tî, ha ma choumché é-touez ar bobl.

15. Hôgen gér ann Aotrou a oa deûet da Jérémias, pa édo serret é porched ar vâc'h, ô lavarout :

16. Kéa, ha komz oud Abdémélec'h ann Étiopiad, ô lavarout : Ével-henn é lavar Aotrou ann arméou, Doué Israel : Chétu mé a zigasô war ar géar-mañ kémeñd em eûz lavaret diwar hé fenn é droug, ha nann é mâd : hag héñ a vézô sévénet dirâk da zaoulagad enn deiz-zé.

17. Ha mé az tieûbô enn deiz-zé, émé ann Aotrou ; ha na vézi két lékéat étré daouarn ann dûd râk péré éc'h eûz aoun.

18. Hôgen mé az tennô hag az tieûbô, ha na gouézi két dindân ar c'hlézé, hôgen da éné a vézô savétéet, ô véza ma éc'h eûz lékéat da fisiañs ennoun, émé ann Aotrou.

—

XL. PENNAD.

Ar Iuzévien péré a oa bét tec'het en em zastum adarré.

1. Gér a zeûaz da Jérémias a berz ann Aotrou goudé ma oé laosket é Rama gañt Nabuzardan, penn ann armé, pa dennaz ar chaden a oa war hé drô é-kreiz ann eñgroez eûz ar ré a gased er-méaz eûz a Jéruzalem hag eûz a Juda, évid hô dizougen da Vabilon.

2. Penn ann armé a géméraz éta Jérémias, hag a lavaraz d'ézhañ : Ann Aotrou da Zoué en deûz lavaret ann drouk-mañ a-éneb ar géar-zé,

3. Hag en deûz hé gaset da benn. Ann Aotrou en deûz gréat ével m'en

dôa lavaret, ô véza ma hoc'h eûz péc'het a-énep ann Aotrou, ha n'hoc'h eûz két sélaouet hé vouéz ; hag al lavar-zé a zô bét sévénet war-n-hoc'h.

4. Bréma éta chétu em eûz tennet ar chaden a oa oud da zaouarn ; mar fell d'id doñt gan-éñ da Vabilon, deûz ; ha mé a lakai évez ouz-id ; hôgen ma na fell két d'id doñt gan-éñ da Vabilon, choum. Chétu ann douar holl a zô dira-z-od ; dilenn, ha kéa el léac'h ma kiri.

5. Pa na fell két d'id doñt gan-éñ, choum é tî Godolias, mâb Ahikam, mâb Safan, da béhini en deûz roué Babilon rôet ar galloud war gériou Juda ; choum éta gañt-hañ é-kreiz ar bobl ; pé kéa el léac'h ma kiri. Penn ann armé a rôaz ivé d'ézhañ boéd ha rôou, hag hé laoskaz da voñt.

6. Neûzé Jérémias a iéaz dà gavout Godolias, mâb Ahikam, é Masfat, hag a choumaz gañt-hañ é-kreiz ar bobl a oa bét lézet er vrô.

7. Pa glévaz priñsed ann armé, péré a oa skiñet dré ar vrô, hi hag hô zûd, pénaoz en dôa roué Babilon lékéat ar vrô dindân galloud Godolias, mâb Ahikam, ha pénaoz en dôa erbédet d'ézhañ ar goazed, hag ar merc'hed, hag ar vugalé eûz ar ré baoura eûz ar bobl, péré na oañt két bét dizouget da Vabilon,

8. É teûjoñt étrézé Godolias é Masfat : Ismahel, mâb Natanias, ha Johanan, ha Jonatan, mipien Karéé, ha Saréas, mâb Tanéhumet, ha mipien Ofi péré a ioa eûz a Nétofat, ha Jérémias, mâb Maac'hati, hi hag hô zûd.

9. Ha Godolias, mâb Ahikam, mâb Safan, a douaz d'ézhô, ha d'hô zûd, ô lavarout : N'hô pézet két a aoun ô servicha ar C'haldéed, choumit er vrô, ha servichit roué Babilon, hag ervâd en em géfot.

10. Chétu mé a choum é Masfat, évit sévéni kémennou ar C'haldéed a zô kaset étrézég enn-omp ; hôgen c'houi, dastumit ar gwin, hag ann éd, hag ann éôl, ha likit-hô enn hô listri, ha choumit er c'hériou é péré émoc'h ô choum.

11. Pa glévaz ivé ann holl Iuzévien, péré a oa é Moab, hag é-touez bugalé Ammon, hag enn Iduméa, hag enn holl vrôiou, pénaoz en dôa roué Babilon lézet eunn dilerc'h er Judéa, ha pénaoz en dôa hô lékéat dindân béli Godolias, mâb Abiham, mâb Safan ;

12. Ann holl Iuzévien-zé, émé-vé, a zistrôaz eûz ann holl lec'hiou é péré é oañt bét tec'het, hag é teûjoñt da vrô Juda étrézé Godolias é Masfat ; hag hi a zastumaz eul lôd brâz a win hag a éd.

13. Hôgen Johanan, mâb Karée, hag holl briñsed ann armé, péré a oa bét skiñet dré ar vrôiou, a zeûaz da gavout Godolias é Masfat,

14. Hag a lavaraz d'ézhañ : Gwéz pénaoz Baalis, roué bugalé Ammon, en deûz kaset Ismahel, mâb Natanias, évid da laza. Hôgen Godolias, mâb Abikam, na grédaz két d'ézhô.

15. Neûzé Johanan, mâb Karéé, a gomzaz é-kûz out Godolias é Masfat, ô lavarout : Mé a iélô hag a skoi gañd Ismahel, mâb Natanias, hép gouzout da zén, gañd aoun na zeûjé d'az laza, ha na vé skiñet ann holl Iuzévien a zô en em strollet enn-drô d'id, ha na vé dispennet ann dilerc'h eûz a Juda.

16. Hôgen Godolias, mâb Ahikam, a lavaraz da Johanan, mâb Karée : Na ra két kémeñt-sé ; râg gaou eo ar péz a lévérez diwar-benn Ismahel.

—

XLI. PENNAD.

Ismahel a lâz Godolias.

1. C'hoarvézoud a réaz er seizved miz, pénaoz Ismahel, mâb Natanias, mâb Élisama, eûz a wenn ar roué, ha gañt-hañ priñsed eûz a léz ar roué, ha dék dén all, a zeûaz étrézé Godolias, mâb Ahikam, da Masfat, hag a zébraz énô bara kévret é Masfat.

2. Hag Ismahel, mâb Natanias, a zavaz, hag ann dék dén a ioa gañthañ ; hag é skôjoñt gañt Godolias, mâb Abikam, mâb Safan, gañd ar c'hlézé ; hag hi a lazaz ann hini a oa bét lékéat da benn war ar vrô gañt roué Babilon.

3. Ismahel a lazaz ivé ann holl Iu-

zévien a oa gañt Godolias é Masfat, hag ar C'haldéed en em gavaz énô, hag ar vrézélidi.

4. Hôgen enn eil zeiz goudé ma oé lazet Godolias, pa na wié c'hoaz dén,

5. É teûaz tûd eûz a Zichem, eûz a Zilo, hag eûz a Zamaria, hag hi pévarugeñd dén, touzet hô barô, roget hô dilad, hag hi skejet hô dremm; hag hi hô dôa enn hô daouarn rôou, hag ézañs, évid hô c'henniga é ti ann Aotrou.

6. Ismahel, mâb Natanias, a iéaz er-méaz eûz a Vasfat évid hô diambrouga; hag héñ a iéa enn eur wéla; ha pa en em gavaz gañt-hô, é lavaraz d'ézhô: Deûit étrézé Godolias, mâb Ahikam.

7. Ha pa oeñd deûet da greiz kéar, Ismahel, mâb Natanias, hag ann dûd a oa gañt-hañ, hô lazaz, hag hô zaolaz é-kreiz eur poull.

8. Hôgen enn hô zouez en em gavaz dék dén, péré a lavaraz da Ismahel: Na lâz két ac'hanomp; râk ni hon eûz teñzoriou enn hor parkéier, ha gwiniz, hag heiz hag éôl, ha mél. Hag héñ a éhanaz, ha n'hô lazaz két gañd hô breûdeûr.

9. Ar poull é péhini é taolaz Ismahel korfou-marô ar ré holl en dôa lazet enn abek da C'hodolias, eo ann hini en dôa gréat ar roué Asa enn abek da Vaasa, roué Israel; hen-nez eo a leûniaz Ismahel, mâb Natania, gañd ar ré én dôa lazet.

10. Hag Ismahel a gasaz é sklavérez ar ré eûz ar bobl a choumé é Masfat; merc'hed ar roué, hag ann holl bobl a oa choumet é Masfat, péré a oa bét erbédet gañt Nabuzardan, penn ann armé, da C'hodolias, mâb Ahibam; hag Ismahel, mâb Natanias, hô c'héméraz, hag en em lékéaz enn heñt évit mond étrézé bugalé Ammon.

11. Hôgen Johanan, mâb Karée, hag holl briñsed ann armé a oa gañthañ a glévaz ann holl zroug en dôa gréat Ismahel, mâb Natanias.

12. Hag ô véza kéméret gañt-hô ann holl dûd-a-vrézel, éz éjoñt évit stourmi oud Ismahel, mâb Natanias; hag hi a gavaz anézhañ é-harz ann douréier brâz a zô é Gabaon.

13. Pa wélaz ann holl bobl a oa gañd Ismahel, Johanan hag holl briñsed ar vrézélidi a oa gañt-hañ, en em laouénéchoñt.

14. Hag ann holl bobl en dôa kaset Ismahel eûz a Vasfat, a zistrôaz, hag a iéaz da gavout Johanan, mâb Karée.

15. Hôgen Ismahel, mâb Natanias, a déc'haz gañt dék dén a zirâk Johanan, hag en em dennaz étrézé bugalé Ammon.

16. Johanan, mâb Karée, hag holl briñsed ar vrézélidi a oa gañt-hañ, a géméraz éta ann dilerc'h eûz ar bobl, en dôa kaset gañt-hañ Ismahel, mâb Natanias, eûz a Vasfat, goudé m'en dôa lazet Godolias, mâb Ahikam; ar vrézélidi tûd kalonnek, hag ar gragez, hag ar vugalé, hag ar spazéien, en dôa digaset eûz a C'habaon.

17. Hag hi a iéaz, hag a arzaôaz eunn nébeûd é Chamaam, a zô tôst da Vétléhem, abarz ma en em lakajeñt enn heñt évid mond enn Éjipt,

18. Ha tec'houd diouc'h ar C'haldéed; râg hi hô dôa aoun ra-z-hô, ô véza m'én dôa Ismahel, mâb Natanias, lazet Godolias, mâb Abikam, da béhini en dôa roué Babilon rôet ar galloud war vrô Juda.

—

XLII. PENNAD.

Ar Iuzévien a béd Jérémias da c'houlenn ali digañd ann Aotrou.

1. Neûzé holl briñsed ar vrézélidi, ha Johanan, mâb Karéé, ha Jézonias, mâb Osaias, hag ar ré eûz ar bobl adaleg ar vihana bétég ar vrasa, a dôstaaz,

2. Hag a lavaraz da Jérémias ar profed: Sélaou hon erbéd; ha péd évid-omp ann Aotrou, da Zoué, hag évid ann dilerc'h-mañ; râg eûz a galz omp deûet da nébeût,ével ma her gwélez gañd da zaoulagad da-unan:

3. Évit ma rôiô da anaout d'é-omp ann Aotrou, da Zoué, ann heñt dré béhini é tléomp kerzout, hag ar péz a dléomp da ôber.

4. Ha Jérémias, ar profed, a lavaraz d'ézhô : Hô klévet em eûz ; chétu éz ann da bédi ann Aotrou, hô Toué, hervez hô kériou ; kémeñt gér en dévézô lavaret d'in a rôinn da anaout d'é-hoc'h ; na guzinn nétrâ ouz-hoc'h.

5. Hag hi a lavaraz da Jérémias : Ra vézô tést ann Aotrou étré-z-omp eûz hor gwirionez hag eûz hol léalded, ma na réomp két kémeñd en dévézô ann Aotrou, da Zoué, gourc'hémennet d'id da lavaroud d'é-omp.

6. Pé é vézô mâd, pé é vézô drouk, é señtimp out mouéz ann Aotrou, hon Doné, étrézé péhini é kasomp ac'hanod, évit ma teûiô vâd d'é-omp goudé m'hor bézô sélaouet mouéz ann Aotrou, hon Doué.

7. A-benn dék dervez é teûaz gér ann Aotrou da Jérémias.

8. Hag héñ a c'halvaz Johanan, mâb Karéé, hag holl briñsed ar vrézélidi a oa gañt hañ, hag ann holl bobl adaleg ar vihana bétég ar vrasa :

9. Hag é lavaraz d'ézhô : Ével-henn é lavar ann Aotrou, Doué Israel, étrézé péhini hoc'h eûz va c'haset, évit ma lakajenn gañt vuelded hô pédennou dira-z-hañ.

10. Mar choumit enn éhan er vrô-mañ, é savinn ac'hanoc'h, ha n'hô tiskarinn két ; hô plañta a rinn, ha n'hô tic'hrisienninn két : râg habaskéet ounn war ann droug em eûz gréat d'é-hoc'h.

11. N'hô pézet két a aoun râk roué Babilon, hô laka da spouñta : n'hô pézet két a aoun ra-z-hañ, émé ann Aotrou ; râk mé a zô gan-é-hoc'h, évid hô tieûbi, hag hô tenna eûz hé zaouarn.

12. Va zrugarez a rôinn d'é-hoc'h, hag em bézô truez ouz-hoc'h, hag hô likiinn da choum enn hô prô.

13. Hôgen ma livirit c'houi : Na choumimp két er vrô-mañ, ha na zélaouimp két mouéz ann Aotrou, hon Doué ;

14. Ha ma livirit c'hoaz : N'her graimp két ; hôgen da vrô ann Éjipt éz aimp, é péléac'h na wélimp kéd a vrézel, ha na glévimp két soun ar c'horn-boud, ha na c'houzañvimp két ann naounégez ; hag énô é choumimp.

15. Râk-sé sélaouit bréma gér ann Aotrou, c'houi dilerc'h Juda. Ével-henn é lavar Aotrou ann arméou, Doué Israel : Mar trôit hô taoulagad étrézég ann Éjipt, ha m'az id di évit choum énô :

16. Ar c'hlézé hô lakai da spouñta, a skôi war-n-hoc'h é brô ann Éjipt ; hag ann naounégez a zigas kémeñd a bréder d'é-hoc'h, en em stagô ouz-hoc'h enn Éjipt, hag énô é varvot.

17. Ar ré holl péré hô dévézô trôet hô diaoulagad évid moñd d'ann Éjipt, ha choum enô, a varvô gañd ar c'hlézé, ha gañd ann naounégez, ha gañd ar vosen : na choumô hini anézhô, ha na déc'hô hini diouc'h ann droug a zigasinn war-n-ézhô.

18. Râg ével-henn é lavar Aotrou ann arméou, Doué Israel : Ével ma eo eñtanet va frouden ha va droug a-énep ar ré a choumé é Jéruzalem ; ével-sé éc'h eñtanô va droug ouz-hoc'h, pa viot éat enn Éjipt : ha c'houi a vézô da argarzidigez, ha da zaouzan, ha da valloz, ha da gunuc'hen : ha na wélot bikenn mui ar vrô-mañ.

19. Chétu gér ann Aotrou, diwar hô penn, dilerc'h Juda : Na d-it két enn Éjipt. Hervez m'am eûz lavaret d'é-hoc'h hirio, gwézit

20. Hoc'h eûz touellet hoc'h énéou, pa hoc'h eûz va c'haset étrézég ann Aotrou, hon Doué, ô lavarout : Péd évid-omp ann Aotrou, hon Doué, ha rô da anaoud d'é-omp kémeñd en dévézô lavaret ann Aotrou, hon Doué, ha ni her grai.

21. Hé rôet em eûz da anaout d'é-hoc'h hiriô, ha n'hoc'h eûz két sélaouet mouéz ann Aotrou, hô Toué, enn holl draou évit péré en deûz va c'haset étrézég enn-hoc'h.

22. Gwézit éta bréma, ha gwézit évit-gwir pénaoz é varvot gañd ar c'hlézé, ha gañd ann naounégez, ha gañd ar vosen, el léac'h é péhini eo bét fellet d'é-hoc'h moñt évit choum enn-hañ.

XLIII. PENNAD.

Ar bobl a gas Jérémias gañt-hañ enn Éjipt.

1. Chétu pétrâ a c'hoarvézaz, goudé m'en dôé peûr-gomzet Jérémias oud ar bobl, ha m'en dôé rôet da anaout d'ézhô ann holl c'hériou évit péré en dôa ann Aotrou, hô Doué, hé gaset étrézég enn-hô :

2. Azarias, mâb Osaias, ha Johanan, mâb Karée, hag ann holl dûd rôk, a lavaraz da Jérémias : Gévier a lévérez ; ann Aotrou, hon Doué, n'en deûz két da gaset évit lavarout d'*é-omp* : N'az éot két d'ann Éjipt évit choum énô.

3. Hôgen Baruc'h, mâb Nérias, eo a geñtraou ac'hanod enn hon énep, évid hol lakaad étré daonarn ar C'hal-déed, lakaad hol laza, pé hon dizougen da Vabilon.

4. Ha Johanan, mâb Karéé, hag holl briñsed ar vrézélidi, hag ann holl bobl, na zélaouchoñt két mouéz ann Aotrou, évit ma choumcheñt é brô Juda.

5. Hôgen Johanan, mâb Karée, hag holl briñsed ar vrézélidi, a géméraz gañt-hô ann holl dûd eûz a Juda, a oa distrôet eûz ann holl vrôadou é-touez péré é oañt bét skiñet keñt, évit ma choumcheñt é brô Juda.

6. Ar goazed, hag ar merc'hed, hag ar vugalé, ha merc'hed ar roué, hag ar ré holl a oa bét lézet gañt Nabuzardan, priñs armé *ar C'haldéed*, gañt Godolias, mâb Ahikam, mâb Safan, ha Jérémias ar profed, ha Baruc'h, mâb Nérias.

7. Hag hi a iéaz é brô ann Éjipt, ô véza n'hô dôa két señtet out mouéz ann Aotrou ; hag é teûjoñt bété Tafnis.

8. Ha gér ann Aotrou a zeûaz da Jérémias é Tafnis, ô lavarout :

9. Kémer mein brâz enn da zourn, ha kûz-hi er wareg a zô dindân ar vôger brikennou oud dôr Faraon é Tafnis, dirâk tûd Juda ;

10. Hag é liviri d'ézhô : Ével-henn é lavar Aotrou ann arméou, Doué Israel : Chétu mé a gasô hag a géméro Nabukodonosor, roué Babilon, va zervicher ; hag é likiinn hé drôn war ar vein-zé em eûz kuzet ; hag héñ a ziazézô kador hé c'halloud war-n-ézhô.

11. Doñd a rai, hag é skôi war vrô ann Éjipt : gañd ar marô d'ar ré *a zellez* ar marô, gañd ar sklavérez d'ar ré *a zellez* ar sklavérez, gañd ar c'hlézé d'ar ré *a zellez* ar c'hlézé.

12. Dévi a rai gañd ann tân templou douéed ann Éjipt ; hô leski a rai, hag é kasô ar ré-mañ é sklavérez : en em wiska a rai gañt brô ann Éjipt, ével ma wisk eur méser hé vañtel ; hag é tistrôi ac'hanô é péoc'h.

13. Brévi a rai skeûdennou tí ann héol, a zô é brô ann Éjipt ; hag é levô gañd ann tân templou douéed ann Éjipt.

XLIV. PENNAD.

Jérémias a rébech hô idolatri d'ar Iuzévien a zô enn Éjipt.

1. Gér a zeûaz dré Jérémias d'ann holl Iuzévien, a choumé é brô ann Éjipt, é Magdalo, hag é Tafnis, hag é Memfis, hag é douar Faturez, ô lavarout :

2. Ével-henn é lavar Aotrou ann arméou, Doué Israel : C'houi hoc'h eûz gwélet ann holl zroug em eûz digaset war Jéruzalem, ha war holl gériou Juda ; chétu iñt dilézet hirió, ha na choum dén enn-hô ;

3. Enn abek d'ann drougiez gañt péhini hô deûz héget va buanégez, ô voñd da ôber sakrifisiou da zouéed aziavéaz, ha na anavézeñt két, nag hi, na c'houi, nag hô tadou.

4. Ha mé em eûz kaset étrézég ennhoc'h va zervichérien ar broféded, ô sével diouc'h ar miñtin, oc'h hô c'hâs. hag ô lavarout : Na rît két ann droukzé, péhini a gasaann.

5. Hag hi n'hô deûz két sélaouet, ha n'hô deûz két dinaouet hô skouarn, évid distrei eûz hô drougiez hag évit éhana da ôber zakrifisou da zouéed a-ziavéaz.

6. Hag eo bét c'houézet va droug ha va frouden ; hag hi hô deûz dévet

kériou Juda, ha leûriou-kéar Jéruza-
lem; hag hi a zô deûet da zistrô ha
da zilez ével ma iñt brémañ.

7. Ha bréma chétu pétrâ a lavar
Aotrou ann arméou, Doué Israel:
Pérâg é rit-hu eunn drouk ker brâz
a-éneb hoc'h énéou, ô lakaad da ver-
vel, enn hô kreiz, hag é-kreiz Juda,
ar goazed, ar merc'hed, ar vugalé,
hag ar ré a zô oud ar vronn, évit na
choumô hini ac'hanoc'h:

8. Oc'h héga ac'hanoun gañd ôbé-
riou hô taouarn, oc'h ôber sakrifisou
da zouéed péré na anavez két brô
ann Éjipt, é péhini oc'h éat évit
chounn enn-hi: évit ma viot dispen-
net enn-hi, ha ma viot da valloz, ha
da vézégez da holl vrôadou ann
douar?

9. Hag añkounac'héet hoc'h eûz
droug hô tadou, ha droug rouéed
Juda, ha droug hô gragez, hag hô
troug hoc'h-unan, ha droug hô kra-
gez, hô deûz gréat é brô Juda, hag é
leûriou-kéar Jéruzalem?

10. N'iñt két en em c'hlanet bétég
ann deiz-mañ; n'hô deûz két va dou-
jet, ha n'hô dedz két baléet é lézen
ann Aotrou, nag er c'hémennou em
eûz rôet dira-z-hoc'h, ha dirâg hô
tadou.

11. Râk-sé ével-henn é lavar Aotrou
ann arméou, Doué Israel: Chétu mé
a drôi va daoulagad ouz-hoc'h évid
ann drouk, hag a zispennô Juda holl.

12. Mé a géméré dilerc'h Juda, péré
hô deûz trôet hô dremm évit moñd é
brô ann Éjipt, ha choum énô: hag hi
a vézô dispennet holl é brô ann Éjipt:
kouéza a raiñt dindân ar c'hlézé ha
dindân ann naounégez, hag é véziñt
dispennet adaleg ar vihana bétég ar
vrasa; gañd ar c'hlézé ha gañd ann
naounégez é varviñt; hag hi a vézô
da argarzidigez, ha da zaouzan, ha
da valloz, ha da vézégez.

13. Ha mé a emwélô tûd brô ann
Éjipt, ével ma em eûz emwélet ré
Jéruzalem, gañd ar c'hlézé, ha gañd
ann naounégez, ha gañd ar vosen.

14. Ha na déc'hô hini, ha na chou-
mô hini eûz ann dilerc'h eûz ar Iuzé-
vien, péré a zô éat évit choum é brô
ann Éjipt; ha na zistrôiô hini é brô
Juda, war-zû péhini éma savet hô
énéou, gañd ar c'hoañt da zistrei ha
da choum enn-hi: râk na zistrôiô
néméd ar ré a déc'hô.

15. Neûzé ann holl oazed, péré a
wié pénaoz hô gragez a réa sakrifisou
da zouéed a-ziavéaz, hag ann holl
verc'hed péré a oa stañk énô, hag ann
holl bobl a choumé enn Éjipt, é Fa-
turez, a respouñtaz out Jérémias, ô
lavarout:

16. Na zelaouimp két diouz-id ar
gér éc'h eûz lavaret d'é-omp é hanô
ann Aotrou:

17. Hôgen ni a zévénô ar gér a zô
deûet er-méaz eûz hor génou, oc'h
ôber sakrifisou da rouanez ann éñv,
hag ô kenniga d'ézhi gwéstlou, ével
ma hon eûz gréat ni, hag hon tadou,
hor rouéed, hag hor priñsed, é kériou
Juda, hag é leûriou-kéar Jéruzalem;
ha ni hon eûz bét hor gwalc'h a vara;
ervâd omb bét, ha n'hon eûz gwélet
droug é-béd.

18. Hôgen abaoé ma hon eûz éha-
net da ôber sakrifisou da rouanez ann
éñv, ha da genniga gwéstlou d'ézhi,
omb bét enn diénez eûz a bép-trâ,
hag omb bét dispennet gañd ar c'hlézé
ha gañd ann naounégez.

19. Mar gréomp sakrifisou da roua-
nez ann éñv, ha mar kennigomp
gwéstlou d'ézhi; hag hép grâd hon
ézec'h eo é réomp gwéstel évit-hi,
éc'h azeûlomp anézhi, hag é kenni-
gomp gwéstlou d'ézhi?

20. Neûzé Jérémias a gomzaz oud
ann holl bobl, oud ar goazed, oud ar
merc'hed, hag oud ar ré holl hô dôa
lavaret kémeñt-sé d'ézhañ, ô lava-
rout:

21. Ha n'en deûz két bét a goun
ann Aotrou eûz ar sakrifisou hoc'h
eûz gréat é kériou Juda, hag é leû-
riou-kéar Jéruzalem, c'houi hag hô
tadou, hô rouéed hag hô priñsed, ha
pobl ar vrô? Ha né két piñet bétég
hé galoun?

22. Ann Aotrou na hellé mui gou-
zañvi hô trougiez, nag ar fallagriézou
hoc'h eûz gréat; râk-sé eo deûet hô
touar é mañtr, é saouzan, é malloz,
hag hép dén, ével ma eo enn deiz-
mañ.

23. Dré-zé, ô véza ma hoc'h eûz
gréat sakrifisou d'ann idolou, ma
hoc'h eûz péc'het a-éneb ann Aotrou,
n'hoc'h eûz két sélaouet hé vouéz,
ha n'hoc'h eûz két baléet enn hé lé-
zen, enn hé gémennou hag enn hé
désténiou : dré zé eo c'hoarvézet ann
droug-zé d'é-hoc'h, ével ma c'hoarvéz
hiriô.
24. Hôgen Jérémias a lavaraz d'ann
holl bobl ha d'ann holl verc'hed : Sé-
laouit gér ann Aotrou, c'houi holl
dûd Juda a zô é brô ann Éjipt.
25. Ével-henn é lavar Aotrou ann
arméou, Doué Israel : C'houi hag hô
kragez hoc'h eûz komzet, hag hô
taouarn hô deûz sévénet gériou hô
kénou, ô lavarout : Sévénomp ar
gwéstlou hon eûz gréat ; gréomp sa-
krifisou da rouanez ann ênv, ha ken-
nigomp gwéstlou d'ézhi : sévénet eo
bét hô kwéstlou gan-é-hoc'h, ha star-
téet iñt bét gañd oc'h ôberiou.
26. Rák-sé sélaouit gér ann Aotrou,
holl Juda, péré a choum é brô ann
Éjipt : chétu mé em eûz touet dré va
hanô brâz, émé ann Aotrou, pénaoz
na vézô mui galvet va hanô gañt gé-
nou dén iuzéô é-béd é holl vrô ann
Éjipt, ô lavarout : Béô eo ann Aotrou.
27. Chétu mé a véjô war-n-hoc'h
enn drouk, ha nann er mâd : hag
holl dûd Juda péré a zô enn Éjipt, a
vézô lazet gañd ar c'hlézé ha gañd
ann naounégez, kén na véziñt dis-
pennet holl.
28. Hag ar ré a déc'hô diouc'h ar
c'hlézé, hag a zistrôiô eûz a vrô ann
Éjipt da vrô Juda, a vézô dibaot ;
hag holl zilerc'h Juda, a zô éat é brô
ann Éjipt évit choum énô, a wézô
péhini a vézô sévénet, pé va gér, pé
hô hini.
29. Ha chétu ann arouéz a rôann
d'é-hoc'h, émé ann Aotrou, pénaoz
éc'h emwélinn ac'hanoc'h el léac'h-zé ;
évit ma wiot pénaoz é vézô sévénet
enn droug ar gériou em eûz diouganet
enn hoc'h énep.
30. Ével-henn é lavar ann Aotrou :
Chétu mé a lakai Faraon Éfréé étré
daouarn hé énébourien, étré daouarn
ar ré a glask hé vuez ; ével ma em
eûz lékéat Sédésias, roué Juda, étré
daouarn Nabukodonosor, roué Babi-
lon, hé énébour, péhini a glaské hé
vuez.

XLV. PENNAD.

Diougan diwar-benn Baruc'h.

1. Gér a lavaraz Jérémias ar profed
da Varuc'h, mâb Nérias, goudé m'en
dôé skrivet ar gériou-zé eûz a c'hé-
nou Jérémias enn eul levr, er pévaré
bloaz eûz a Joakim, mâb Josias, roué
Juda, ô lavarout :
2. Ével-henn é lavar ann Aotrou,
Doué Israel ouz-id, Baruc'h :
3. Té éc'h eûz lavaret : Gwâ mé a
zô reûzeûdik, râg ann Aotrou en deûz
digaset d'in gloaz war c'hloaz ; skuîz
ounn bét ô keina, ha n'em eûz két
kavet a éhan.
4. Ével-henn é liviri d'ézhañ, émé
ann Aotrou : Chétu mé a ziskarô ar ré
em eûz savet ; ha mé a zic'hrisiennô
ar ré em eûz plañtet, hag *é kollinn*
ann holl zouar-mañ.
5. Ha té a glaskfé eunn dra-bennâg
a vrâz évid-od ? Na glask két : râk
chétu mé a zigasô drouk ann holl gik,
émé ann Aotrou ; ha mé a zavétei da
vuez, é pé léac'h-bennâg m'az í.

XLVI. PENNAD.

Diwar-benn dismañtr ann Éjipt gañt Nabukodonosor.

1. Gér ann Aotrou a zeûaz da Jéré-
mias ar profed a-éneb ar brôadou,
2. A éneb ann Éjipt, a éneb armé
Faraon-Nec'has, a oa out ster Eufra-
tez é C'harkamis, a oé dispennet gañt
Nabukodonosor, roué Babilon, er pé-
varé bloaz eûz a Joakim, mâb Josias,
roué Juda.
3. Aozit hô skoédou hag hô tiren-
nou, ha kerzit d'ar brézel.
4. Stelnit ar c'hézek ; ha piñit *war
varc'h*, marc'heien ; likiit hô tokou-
houarn, likiid da lugerni hô kwafiou,
gwiskit hoc'h harnézou.

5. Pétrà éta ? Hô gwélet em eûz hag hi spouñtet, hag ô trei hô c'hein, hag ar ré galounéka anézhô a zô lazet : er reûsil é tec'hoñt hép sèlloud war hô lerc'h : éma ann heûz a bép tû, émé ann Aotrou.

6. Na grédet két ann eskuila *gellout* tec'hi, nag ar c'hréva gellout en em zavétei ; war-zû ann hañter-nôz out ster Eufratez iñt bét tréc'het, iñt bét diskaret.

7. Piou eo hen-nez a zâv ével eur ster ; hag a c'houéz ével koummou ar stériou.

8. Ann Éjipt a zâv é doaré eur ster, chouéza a rà ével koummou ar stériou, hag é lavar : Mé a biñô, hag a c'hôlôi ann douar ; mé a gollô ar géar, hag ar ré a choum enn-hi.

9. Piñit war varc'h, ha rédit war hô kirri : ra gerzô ar ré galounek, ann Étiopied hag al Libied péré a zoug skoédou, hag al Libied péré a gémer hag a daol saésiou.

10. Râg hé-mañ eo deiz ann Aotrou Doué, ann arméou, deiz ar veñjañs é péhini en em veñjô eûz hé énébourien ; ar c'hlézé a lounkô, hag en dévézô hé walc'h, hag a vezvô gañd hô goad : râk viktim ann Aotrou, Doué ann arméou, eo é brô ann hañtez-nôz é-tâl ster Eufratez.

11. Piac'h - iaouañk, merc'h ann Ejipt, piñ da C'halaad, ha kémer rousin ; enn aner é likii kalz a louzou, na vézô két a iéc'hed évid-od.

12. Ar brôadou hô deûz klévet da zismégañs, ha da urc'hérez en deûz leûniet ar vrô : râg ann hini kré a zô en em daolet war ann hini kré, hag hi hô-daou a zô kouézet.

13. Gér a lavaraz ann Aotrou da Jérémias ar profed, diwar ma teûjé Nabukodonosor, roué Babilon, ha ma skôjé war vrô ann Éjipt.

14. Embannit enn Éjipt, ha rôit da glévoud é Magdalo, ha likiid da skiltra é Memfis hag é Talfnis, ha livirit : Sâv, hag en em aoz ; râg ar c'hlézé en deûz louñket ar péz a oa enn-drô d'id.

15. Pérâg eo bét kouézet marô da ré-gré ? N'iñt két bét choumet enn hô sà, ô véza ma en deûz ann Aotrou hô diskaret.

16. Lékéat en deûz kalz anézhô da gouéza, hag hi a zô bét kouézet ann eil war égilé, hag hô deûz lavaret : Savomp, ha distrôomp étrézég hor bobl, hag étrézég ar vrô é péhini omb bét ganet, diràk klézé ar goulm.

17. Rôit ann hanô-mañ da Faraon, roué ann Éjipt : Ar reûstl en deûz digasel ann amzer.

18. Béô ounn, émé ar roué a zô hanvet Aotrou ann arméou : ével ma sâv ann Tabor dreist ar ménésiou, hag ar C'harmel a ziouc'h ar môr, Nabukodonosor a zeûiô.

19. O merc'h a choum enn Éjipt, aoz ar péz a dlé béza mâd d'id enn da zizougadur ; râk Memfis a zeûi ével eunn distrô ; dilézet é vézô, ha na choumô dén enn-hi.

20. Eunn ounner goañt ha kaer eo ann Éjipt ; eûz ann hañter-nôz é teûiô hé keskiner.

21. Ar vrézélidi a baéé hag a oa enn hé c'hreiz ével leûéou a lardeur, hô deûz trôet, hô deûz tec'het, hép gellout choum stard ; ô véza ma oa deûet ann amzer é péhini é tlieñt béza lazet, é péhini é tlieñt béza emwélet.

22. Hé vouéz a rai trouz ével arem ; râg hi a zeûi gañd eunn armé ; ha gañt bouc'hili é teûiñt, ével évid diskara gwéz.

23. Trouc'ha a raiñt hé goat, péhini a zô brâz-meûrbéd, émé ann Aotrou : paottoc'h é véziñt égéd ar c'hiléienraden ; râk diniver é véziñt.

24. Mézékéet eo merc'h ann Éjipt ; lékéad eo étré daouarn pobl ann hañter-nôz.

25. Aotrou ann arméoù, Doué Israel, en deûz lavaret : Chétu mé a emwélô trouz Aleksañdria, ha Faraon, hag ann Éjipt, hag hé zouéed, hag hé rouéed, ha Faraon, hag ar ré a laka hô fisiañs enn-hañ.

26 Ha mé hô lakai étré daouarn ar ré a glask hô buez, hag étré daouarn Nabukodonosor, roué Babilon, hag étré daouarn hé zervichérien ; ha goudé - zé é vézô ével enn deisiou keñt, émé ann Aotrou.

27. Hôgen n'az péz kéd a aoun, té Jakob va zervicher, ha na spouñt két, té Israel ; râk chétu é tieûbinn ac'ha-

nod a bell, hag é *tenninn* da wenn eûz a vrô da sklavérez ; ha Jakob a zistrôiô, hag a arzaôô, hag a iélô da vâd ; ha na vézô hini évid hé spouñta.

28 Ha té Jakob va zervicher, n'az péz két a soun, émé ann Aotrou ; râg gan-éz émounn ; râk mé a zispennô ann holl vrôadou, é-touez péré em eûz da zistolet : hôgen té, n'az dispenninn két ; hôgen é kastiziinn ac'hanod gañd habaskded, hag éc'h esperninn ac'hanod, ével pa vijez dinam.

—

XLVII. PENNAD.

Dismañtr brô ar Filistined.

1. Gér ann Aotrou a zeûaz da Jérémias ar profed, a-éneb ar Filistined, abarz ma oé kéméret Gaza, gant Faraon.

2. Ével-henn é lavar ann Aotrou : Chétu ann douréier a zâv eûz ann hañter-nôz, hag hi a vézô ével eur froud dic'hlann, a c'hôlôi ann douar, ha kémeñd a zô enn-hañ, ar géar ha kémeñd a choum enn-hi ; ann dûd a c'harmô, hag ar ré *holl* a vézô war ann douar a iudô,

3. Enn abek da dronz hé armou hag hé vrézélidi, enn abek da géflusk hé girri, hag al lôd brâz eûz hô rôdou. Ann tadou n'hô deûz két sellet oud hô bugalé, ker gwan é oa hô daouarn ;

4. O véza ma eo deûet ann deiz é péhini é vézô dispennet ann holl Filistined, ha ma vézô kaset-da-gét Tir ha Sidon, ha kémeñd a oa deûet va skoazel ; râg ann Aotrou en deûz gwastet ar Filistined, dilerc'h énézi ar C'happadosia.

5. Gaza zô deûet da véza moal (T) ; tavet eo Askalon, hag ann dilerc'h eûz hé draoñien ; bété pégeit en em skéji-dé ?

6. O klézé ann Aotrou, bété pégeit na arzaôi két ? Distrô enn da c'houin, iéna, ha tâv.

7. Pénaoz éc'h arzaôfé, pa en deûz ann Aotrou rôet hé c'hourc'hémenn d'ézhañ a-éneb Askalon, hag a-énep aod ar môr, ha ma en deûz lavaret d'ézhañ pétrâ da ôber.

—

XLVIII. PENNAD.

Diougan a-énep Moab.

1. Ével-henn é lavar Aotrou ann armćou, Doué Israel diwar-benn Moab : Gwâ war Nabo, râg gwastet eo bét ha mézékéet ; kéméret eo bét Kariataim : mézékéet eo bét, krénet é deûz ar géar gré.

2. N'en em veûlô mui Moab eûz a Hesébon ; hi hô deûz mennet droug enn hé énep. Deûit, ha dispennomp-hi eûz a douez ar boblou ; tével éta a ri, hag ar c'hlézé a iélô war da lerc'h.

3. Eur garm *a zav* eûz a Oronaim : eur gwastadur, hag eunn dispennadur brâz.

4. Dispennet eo Moab ; deskit d'hé vugaligou ôber garmou.

5. Enn eur geina é piño dré grec'hien Luit ; ô véza ma hô deûz klévet ann énébourien hé iudérez é dinaou Oronaim.

6. Tec'hit, savéteit hoc'h énéou, ha bézit ével ar brûg enn distrô.

7. Râg ô véza ma éc'h eûz lékéat da fisiañs enn da gériou kré hag enn da deñzoriou, é vézi ivé kéméret : ha Kamas a iélô é sklavérez, hag hé véléien, hag hé briñsed ivé.

8. Ar preizer a zeûi é pép kéar ; kéar é-béd na vézô espernet ; ann traoñiennou a vézô preizet, ar c'hompézennou a vézô gwastet ; râg ann Aotrou en deûz lavaret kémeñt-sé.

9. Rôit bleûñ da Voab, râg é-kreiz hé skéd éz ai-kuit ; hé gériou a vézô didûd, ha na bellô dén choum enn-hô.

10. Milliget *ra vézô* ann hini a râi labour ann Aotrou gañd disléalded : ha milliget *ra vézô* ann hini a zistrôi hé glézé diouc'h ar goad.

11. Strujuz eo bét Moab adaleg hé iaouañktiz, hag eo bét arzaôet war hé lec'hid ; né két bét dinaouet eûz a eul léstr enn eul léstr all, ha né két

bét dizouget er-méaz : rak-sé eo choumet hé vlàz gañt-hañ, ha né két bét névézet hé c'houés.

12. Ràk-sé chétu é teû ann deisiou, émé ann Aotrou, ma kasinn d'ézhañ tûd a zireizô hag a fennô hé bôdou; hé ziskara a raiñt hé-unan ; goullô a raiñt hé listri, hag é torriñt hé bôdou.

13. Ha Moab a vézô mézékéet gañt Kamos, ével ma eo bét mézékéet tí Israel gañt Bétbel, é péhini en dôa lékéat hé fisiañs.

14. Pénaoz é livirit-hu : kré omp, ha tûd kalounek évid ar brézel?

15. Gwastet eo bét Moab, hag hé gériou a zô bét dével ; hag ann dilenn eûz hé dûd-iaouañk a zô bét lazet, émé ar roué, en deûz da hanô Aotrou ann arméou.

16. Tôst eo dispennadur Moab da zoñt ; ha buban é teûi hé zrouk.

17. Fréalzit-héñ, c'houi holl péré a zô war hé drô, c'houi holl péré a anavez hé hanô, livirit : Pénaoz eo bét torret ar walen gré, ar vàz a c'hloar?

18. Diskenn eûz da c'hloar, hag azez war ar zec'hed, merc'h a choum é Dibon : ràg ann hini en deûz gwastet Moab a biñ enn-od, hag a ziskarô da gériou kré.

19. En em zalc'h war ann heñt, ha sell, merc'h a choum é Aroer : grà goulennou oud ann hini a dec'h, ha lavar d'ann hini a ia-kuit : Pétrà a zô c'hoarvézet?

20. Mézékéet eo Moab, ô véza ma eo bét tréc'het ; iudit, ha garmit : embannit é Arnou pénaoz eo bét gwastet Moab.

21. Hag ar varn a zô deûet war ar mésiou ; war Hélon, ha war Jasa, ha war Méfaat,

22. Ha war Zibon, ha war Nabo, ha war dí Déblataim,

23. Ha war Gariataim, ha war Vetgamul, ha war Vetmaou,

24. Ha war Gariot, ha war Vosra, ha war gériou brô Moab, a bell hag a dôst.

25. Korn Moab a zô bét torret, hag hé vréac'h a zô bét brévet, émé ann Aotrou.

26. Mezvit-héñ, ô véza ma eo savet a-éneb ann Aotrou. Saotra a rai dourn Moab enn hé zislouñk, hag héñ a zeûi da c'hoapérez.

27. Ràg goab éc'h eûz gréat eûz a Israel, ével pa vé bét kavet é-touez al laéroun : enn abek d'ar péz éc'h eûz lavaret enn hé énep, é vézi kaset é sklavérez.

28. Kuitait ar c'hériou, ha choumit é-touez ar réc'hier, tûd Moab ; ha bézit ével ar goulm a rà hé néiz enn toullou ar ré uc'héla.

29. Klevet hon eûz rogeñtez Moab : gwall rok eo : hé uc'helded, hé rogoni, hag hé valc'hder, hag herder hé galoun.

30. Hé vugad a anavézann, émé ann Aotrou : ha pénaoz né két kévatal hé nerz *d'hé vugad*, ha ma eo bét hé striv enn tû all d'hé c'halloud.

31. Ràk-sé é wélinn war Voab, hag é c'harminn étrézé Moab holl, hag é keininn gañd ann dûd a choum enn da vuriou brikennou.

32. Mé a wélô war-n-od, gwinien Sabama, ével ma em eûz gwélet war Jazer ; da greskou hô deûz treûzet ar môr, bété môr Jazer iñd deûet ; war da védérez, ha war da veñdem eo en em stlapet ar preizer.

33. Al lévénez hag al lîd a zô bét kaset-kuit eûz ar c'hompézennou drûz, hag eûz a vrô, Moab ; miret em eûz na rédché ar gwin er gwaskollou ; ar ré a waské ar rézin na ganiñt mui hô c'hanaouen.

34. Eûz a Hésébon bétég Éléalé ha Jasa, hô deûz garmet gañd eur vouéz gré, hag eûz a Zégor bétég Oronaim, ével eunn ounner tri-vloaz ; douréier Nemrim a zeûi ivé da véza fall.

35. Ha mé a gasô kuit eûz a Voab, émé ann Aotrou, ann hini a réa hé gennigou war al lec'hiou uc'hel, hag ann hini a réa sakrifisou d'hé zouéed.

36. Ràk-sé va c'haloun a huanadô étrézé Moab ével eur zutel ; va c'haloun a huanadô étrézé tûd hé muriou brikennou ével eur zutel ; ô véza ma hô deûz gréat enn tû all d'hô galloud, iñt bét kollet.

37. Ràk pép penn a vézô moal, ha péb barô a vézô touzet ; pép dourn a vézô éreet, ha war bép kein é vézô eur zaé-reûn.

38. War holl dôennou Moab, hag enn hé leûriou-kéar na vézô némét gwélvan : râk brévet eo Moab gan-éñ évet eul léstr didalvez, émé ann Aotrou.

39. Pénaoz eo bét trec'het-hi hag é deûz iudet? Pénaoz é deûz Moab soublet hé fenn, hag eo mézékéet? Ha Moab a vézô da c'hoapérez, ha da skouér évid ar ré holl a zô war hé zrô.

40. Évél-henn é lavar ann Aotrou : Chétu é nichô évél eunn er, hag é lédô hé ziou-askel étrézé Moab.

41. Kéméret eo Kariot, ha kéméret eo hé c'hréou ; ha kaloun ar ré gréva eûz a Voab a vézô enn deiz-zé évél kaloun eur c'hrég é gwilioud.

42. Ha Moab a éhanô da véza eur bobl ; ô véza ma eo en em vugadet a-éneb ann Aotrou.

43. Ar spouñt, ar poull, hag al lindâg *a zô savet* war-n-od, ô dén Moab, émé ann Aotrou.

44. Néb a déc'hô diouc'h ar spouñt a gouézô er poull ; ha néb a zavô eûz ar poull, a vézô paket el lindâg ; râk mé a zigasô war Voab bloaz hô emwél, émé ann Aotrou.

45. Ar ré a déc'hé diouc'h al lindâg a zô arzaôet é skeûd Hesébon ; hôgen ann tân a zô deûet er-méaz eûz a Hesébon, hag ar flamm eûz a greiz Séon, hag en deûz louñket lôd eûz a Voab, ha kern bugalé ann dispac'h.

46. Gwâ té, Moab ; kollet oud, pobl Kamos ; râk da vipien ha da verc'hed a zô bét kaset é sklavérez.

47. Hôgen mé a zigasô Moab eûz ar sklavérez enn deisiou divéza, émé ann Aotrou. Bétég amañ *éma* barn Moab.

—

XLIX. PENNAD.

Diougan a-éneb Ammon, ann Iduméa, Damas, ha ré all.

1. Diwar-benn bugalé Ammon. Évél-henn é lavar ann Aotrou : Hag Israel n'en deûs-héñ két a vugalé? Pé n'en deûs-héñ két a héred? Pérâg éta en deûs-héñ Melkom perc'hennet Gal évél hé zigwéz ; ha ma eo éat hé bobl da choum enn hé gériou?

2. Râk-sé chétu é teûi deisiou, émé ann Aotrou, é péré é likiinn da glévout trouz brézel war Rabbat da vugalé Ammon, hag hi a zeûi da eur bern mein, hag hé merc'hed a vézô dévet gañt ann tân, hag Israel a zeûi da vestr d'ar ré hô dôa hé vestroniet, émé ann Aotrou.

3. Iûd, Hesébon, ô véza ma eo bét gwastet Hai : garmit, merc'hed Rabbat, likiit séier-reûn da c'houriz : gwélit ha rédit enn-drô d'ar c'haéou ; ô véza ma vézô kaset Melkom é sklavérez, ha gañt-hañ hé véléien hag hé briñsed.

4. Pérâg é fougéez-té gañd da draoñiennou? Divéret eo da draoñien, merc'h kizidik, té pébini'en em fisié enn da deñzoriou, hag a lavaré : Piou a zeûi étrézég enn-oun?

5. Chétu mé a zigasô ar spouñt war-n-od, émé ann Aotrou, Doué ann arméou, râg ar ré holl a zô war da drô ; ha c'houi a vézô skiñet pép-hini enn hé dû ; ha na vézô dén évit strolla ar ré a déc'hô.

6. Ha goudé-zé é likiinn bugalé Ammon da zistrei eûz ar sklavérez, émé ann Aotrou.

7. Diwar-benn ann Iduméa. Évél-henn é lavar Aotrou ann arméou : Ha n'eûz mui a furnez é Téman? Diguzul eo hé vugalé, didalvez eo hô furnez.

8. Tec'hit ha trôit hô kein ; diskennit é gwéled ann douar, tûd Dédan ; râk digaset em eûz war Ésaû deiz hé goll, deiz hé emwél.

9. Ma vijé deûet beñdemourien étrézég enn-od, ha n'hô dévijé két lézet d'id eur bod-rézin-bennâg? Ma vijé deûet laéroun enn nôz, ha n'hô dévijé két kéméret ar péz hô dévijé kavet mâd?

10. Hôgen mé em eûz dizôlôet Ésaû, hag em eûz diskouézet ar péz a guzé, ha na hellô mui hé guza ; hé wenn, hag hé vreûdeûr, hag hé amézéien a vézô gwastet, ha na vézô mui.

11. Dilez da emzivaded : mé hô lakai da véva ; ha da iñtañvézed a lakai hô fisiañs enn-oun.

12. Râg èvel-benn é lavar ann Aotrou : Chétu ar ré ha na oa két hô barn éva eûz ar c'hôp, a évô, a évô anézhañ ; ha té a vijé lézet èvel *pa vijez* dinam ? Na vezi két *lézet èvel* dinam, hôgen éva, éva a ri.

13. Râk dré-z-oun va-unan em eûz touet, émé ann Aotrou, pénaoz Bosra a zeûi èvel eûl léac'h didûd, da vézégez, ha da zistrô, ha da valloz : hag hé holl c'hériou a zeûi da lec'hiou didûd da-vikenn.

14. Eur vouéz em eûz klévet a berz ann Aotrou, hag eur c'hannad a zô bét kaset étrézég ar brôadou, *évit lavarout :* En em strollit, ha deûit enn hé éneb-hi, ha savomp évid ar brézél.

15. Râk chétu mé em eûz da lékéat bihan é-touez ar brôadou, hag astud étré ann dûd.

16. Da rogoni ha balc'hder da galoun hô deûz da douellet, té péhini a choum é kéviou ar réc'hier, hag a striv évit tizout lein ar grec'hien : ha p'az pé savet da neiz kenn uc'hel hag ann er, mé az diframmô ac'hanô, émé ann Aotrou.

17. Ann Iduméa a vézô didûd. Kémend hini a dréménô dré-z-hi a vézô saouzanet, hag a rai goab eûz hé holl c'houliou.

18. Èvel ma eo bét dispennet Sodom ha Gomorra, hag hé amézégézed, émé ann Aotrou ; na choumô dén énô, mâb ann dén na boblô két anézhi.

19. Chétu èvel eul léon a zavô eûz a herder ar Jordan oud *hé c'hériou* ker kaer ha ker kré ; râk mé hé lakai da rédek buhan étrézég enn-hi ; ha piou a vézô dilennet évit kâs out-hi ? Râk piou a zô héñvel ouz-in ? Ha piou a harzô ouz-in ? Ha piou eo ar méser-zé a éneb out va dremm ?

20. Râk-sé sélaouit dézô ann Aotrou, en deûz kéméret diwar-benn Édom, hag ar vénosiou en deûz mennet diwar-benn tûd Téman : Ia, ar ré zistéra eûz ann tropel hô lakai da déc'hout, hag a ziskarô gañt-hô hô holl ziez.

21. Trouz hô dismañtr en deûz lékéat ann douar da gréna : trouz hô garm a zô bét klévet er môr Rûz.

22. Chétu èvel eunn er a zavô, hag a nichô, hag a lédô hé ziou-askel étrézé Bosra : ha kaloun ar ré gréva eûz ann Iduméa a vézô enn deiz-zé èvel kaloun eur c'hrég é gwilioud.

23. Diwar-benn Damas. Émat hag Arfad a zô reûstlet ; ô véza ma hô deûz klévet eur gwall gélou : tûd ann arvor a zô bét kéflusket : kenn nec'het iñt, n'hô deûz két gellet kéméroud éhan.

24. Digalounékéet eo Damas, trôed eo oud ann tec'h, ar spouñt a zô kroget enn-hi : ann eñkrez hag ar gloasiou a zalc'h anézhi èvel eur c'hrég é gwilioud.

25. Pénaoz hô deûs hi dilézet eur géar ker meûleûdus, eur géar kenn dudius ?

26. Hé zûd-iaouañk a gouézô enn hé leûriou-kéar ; hag hé holl vrézélidi a davô enn deiz-zé, émé Aotrou ann arméou.

27. Ha mé a lakai ann tân é mûr Damas, hag héñ a zévô kestel Bénadad.

28. Diwar-benn Sédar, ha diwar-benn rouañtélésiou Asor, a zô bét dispennet gañt Nabukodonosor, roué Babilon. Èvel-benn é lavar ann Aotrou : Savit, ha piñit a-énep Sédar, ha gwastit bugalé ar sâv-héol.

29. Hô zeltou hag hô zropellou a gémériñt ; hô zinellou, hag hô holl listri, hag hô c'hañvaled a skrapiñt évit-hô : hag hi a c'halvô spouñt war-n-ézhô a bép tû.

30. Tec'hit, rédit buan, en em guzit é gwéled ann douar, tûd Asor, émé ann Aotrou ; râk Nabukodonosor, roué Babilon, en deûz kéméret dézô enn hoc'h énep, ha mennet ménosiou ouzhoc'h.

31. Savit kévret, ha piñit oud eur vrôad a zô é péoc'h, hag a choum héb aoun, émé ann Aotrou ; n'hô deûz na doriou, na sparlou ; hô-unan é choumoñt.

32. Hag hô c'hañvaled a vézô d'ar skrâp, hag hô lôd brâz a loéned d'ar preiz : ha mé hô skiñô dré bép gweñt, hi péré a drouc'h hô bléô é rouñd : ha mé a zigasô ar marô war-n-ézhô eûz hô holl harzou, émé ann Aotrou.

33. Hag Asor a zeûi da dî d'ann

aérévent, hag a vézô didûd da-vikenn : na choumô dén énô, ha mâb ann dén na boblô két anézhi.

34. Gér a zeuaz a berz ann Aotrou da Jérémias ar profed, er penn keñta eûz a rén Sédésias, roué Juda, ô lavarout :

35. Ével-henn é lavar Aotrou ann arméou : Chétu mé a dorrô gwareg Élam, hag hô ners brâz.

36. Ha mé a zigasô war Élam pévar weñt eûz a bévar c'horn ann éñv : ha mé hô skiñô dré ann holl weñtou-zé ; ha na vézô brôad é-béd é péhini n'en em dennô ar ré a dec'hô eûz a Élam.

37. Ha mé a lakai Élam da gréna dirâg hé énébourien, ha dirâg ar ré a glask hô buez : ha mé a zigasô war-n-ézhô ann drouk, va buanégez ha va frouden, émé ann Aotrou : ha mé a gasô ar c'hlézé war hô lerc'h, kén n'em bézô hô c'haset-da-nétra.

38. Ha mé a zavô va zron é Élam, hag a gollô hô rouéed hag hé briñsèd, émé ann Aotrou.

39. Hôgen enn deisiou divéza, mé a lakai da zistrei sklaved Élam, émé ann Aotrou.

L. PENNAD.

Diougan a-éneb Babilon.

1. Gér a lavaraz ann Aotrou diwar-benn Babilon, ha diwar-benn brô ar C'haldéed, dré Jérémias ar profed.

2. Embannit é-touez ar brôadou, ha rôit da glevout ; savid ann arouéz, diouganit, ha na guzit két ; livirit : Kéméret eo bét Babilon, mézékéet eo hô skeûdennou, trec'het eo hô idoleu.

3. Râg eun vrôad a zâv out-hi eûz ann hañter-nôz, hag a lakai hé brô ével eunn distrô ; ha na choumô enn-hi na dén na loen ; hag hi a zô tec'het, hag a zô éat-kuit.

4. Enn deisiou-zé, hag enn amzer-zé, émé ann Aotrou, bugalé Israel, ha bugalé Juda a zeûi kévret : hi a gerzô, hag a zeûi enn eur wéla ; hag a glaskô ann Aotrou, hô Doué.

5. Hi a c'houlennô ann heñd da Zion ; étrézég énô é vézô trôet hô daoulagad. Hi a zeûi, hag a rai eur gévrédigez peûr-baduz gañd ann Aotrou, péhini na vézô bikenn añkounac'héet.

6. Va fobl a zô deûet *ével* eunn tropel diañket : hô mésérien hô deûz hô zouellet, hag hô lékéat da gildrei er ménésiou ; eûz ar ménésiou iñd éat enn traoñiennou, añkounac'héet eo bét gaût-hô léac'h hô éhan.

7. Kémeñd hini en deûz hô c'havet, en deûz hô louñket ; hag hô énébourien hô deûz lavaret : N'hon eûz két gréat a zrouk ; râg hi hô deûz péc'het a-éneb ann Aotrou, kaerded ar reizded, a-éneb ann Aotrou, géd hô zadou.

8. Téc'hît eûz a greiz Babilon, hag îd er-méaz eûz a vrô ar C'haldéed ; ha bézit ével ar menned-gerv é penn ann tropel.

9. Râk chétu mé a lakai da zével hag a zigasô a-éneb Babilon, eul lôd brâz a boblou eûz a zouar ann hañter-nôz ; hag hi en em aozô évit stourmi out-hi, hag hé c'hémérô ; hô saésiou a vézô ével saésiou eunn dén kré ha kriz, na zistrôiñt két dilaz.

10. Hag ar C'haldéa a vézô é preiz ; ha kémeñd hini a wastô anézhi a binvidikai, émé ann Aotrou.

11. O véza ma hoc'h eûz tridet, ha ma hoc'h eûz gwall gomzet, ô skrapa va digwéz ; ô véza ma oc'h en em lédet ével leûéou war ar géot, ha ma hoc'h eûz bléjet ével tirvi.

12. Hô mamm a vézô mézékéet-meûrbéd, ann hini é péhini oc'h bét ganet a vézô lékéat hevel oud ar poultr ; chétu é vézô ann divéza é-touez ar brôadou, eunn distrô, diheñt ha dizour.

13. Buanégez ann Aotrou hé lakai da véza didûd, hag ével eunn distrô é vézô holl ; kémeñd hini a dréménô dré Vabilon a vézô saouzanet, hag a rai goab eûz hé c'houliou.

14. En em aozit a-éneb Babilon a bép tû, c'houi holl péré a steñ ar warek ; stourmid out-hi, na espernit két ar saésiou ; râg hi é deûz péc'het a-éneb ann Aotrou.

15. Garmit out-hi, a bép-tu ; rei a ra

he daouarn, diskaret eo hé diazézou, kouézet eo hé muriou, râk veñjañs ann Aotrou a zô deûet; en em veñjit anézhi; ével ma é deûz gréat, grîd d'ézhi.

16. Dispennit eûz a Vabilon ann hini a hâd, hag ann hini a zalc'h ar fals é amzer ar médérez; a zirâk klézé ar goulm pép-hini a zistrôi étrézég hé bobl, pép-hini a déc'hô d'hé vrô.

17. Eunn tropel skiñet eo Israel; al léoned hô deûz hé gaset-kuit; roué Assur en deûz hé louñket da geñta; ha Nabukodonosor, roué Babilon, péhini eo bét ann divéza, en deûz hé ziaskournet.

18. Râk-sé ével-henn é lavar Aotrou ann arméou, Doué Israel: Chétu mé a emwélô roué Babilon hag hé vrô, ével ma em eûz emwélet roué Assur:

19. Ha mé a zigasô Israel d'al léac'h é péhini é choumé; hag héñ a beûrô er C'harmel, hag é Basan, hag hé éné en em walc'hô war vénez Éfraim ha Galaad.

20. Enn deisiou-zé hag enn amzerzé, émé ann Aotrou, é vézô klasket fallagriez Israel, hag hi na vézô mui; ha péc'hed Juda, hag héñ na vézô két kavet; râk mé a vézô trugarézuz ékéñver ar ré em bézô dilézet.

21. Piñ war vrô ar faézérien, hag emwél ar ré a choum enn-hi; diskar, ha lâz ar ré a zô war hô heûl, émé ann Aotrou; ha grâ kémeñd em eûz gourc'hémennet d'id.

22. Trouz brézel *a zô* er vrô, hag eunn eñkrez brâz.

23. Pénaoz eo bét torret ha brévet morzol ann douar holl? Pénaoz eo bét trôet Babilon enn eunn distrô étouez ar brôadou?

24. Lindagou em eûz añtellet ouzid, hag oud két paket, ô Babilon, hép gouzoud d'id, té a zô bét kavet ha paket, ô véza ma éc'h eûz béget ann Aotrou.

25. Ann Aotrou en deûz digoret hé deñzor, hag en deûz tennet anézhañ armou hé vuanégez, râg ann Aotrou, Doué ann arméou, en deûz ézomm anézhô a-éneb brô ar C'haldéed.

26. Deûit enn hé énep eûz a harzou ar béd, digorit évit ma teûi ar ré a dlé hé mac'ha; tennit ar vein eûz ann heñt, ha bernit-hô, lazit-hi, kén na choumô nétra enn-hi.

27. Dispennit hé holl dûd kré, ra ziskenniñt d'al lazérez; gwa hi, râk deûet eo hô deiz, amzer hô emwél.

28. *Béz' é kléveur* mouéz ar ré a déc'h, hag ar ré a ia-kuit eûz a vrô Babilon, évid embanna é Sion veñjañs ann Aotrou, hon Doué, veñjañs hé dempl.

29. Embannit d'ar ré holl péré a denn gañd ar warek, ma teûiñt aéneb Babilon. Savit enn hé éneb a bép tû, ha na déc'hô hini; distolit d'ézhi hervez hé ôberiou; grîd enn hé c'héñver ével ma é deûz gréat; ô véza ma eo bét savet a-éneb ann Aotrou, a-énep Sañt Israel.

30. Râk-sé hé zûd-iaouañk a gouézô enn hé leûriou-kéar; hag hé holl vrézellidi a davô enn deiz-zé, émé ann Aotrou.

31. Chétu mé a zeû étrézég enn-od, ô dén rok, émé ann Aotrou, Doué ann arméou, ô véza ma eo deûet da zeiz, amzer da emwél.

32. Diskaret é vézô ann dén rok hag héñ a gouézô, ha na vézô dén évid hé assével; ha mé a lakai ann tân enn hé gériou, hag héñ a zévô pép-trâ war hé drô.

33. Ével-henn é lavar Aotrou ann arméou: Bugalé Israel ha bugalé Juda a c'houzañv ann drouk-komz kévret; kémeñd hini en deûz hô c'hémérot, a zalc'h anézhô, ha na fell két d'ézhañ hô leûskel da voñt.

34. Hô daspréner a zô kré, Aotrou ann arméou eo hé hanô; héñ a varnô hag a zifennô anézhô; spouñta a rai ann douar, reûstla a rai ar ré a choumô é Babilon.

35. Ar c'hlézé *a zô* war ar C'haldéed, émé ann Aotrou, ha war dûd Babilon, ha war hé briñsed, ha war hé dûd fûr.

36. Ar c'hlézé war hé diouganérien, péré a vézô diskiañt; ar c'hlézé war hé dûd kré, péré hô dévézô aoun.

37. Ar c'hlézé war hé c'hézek, ha war hé c'hirri, ha war ann holl bobl a zô enn hé c'hreiz; hag hi a zeûi

évei gragez : ar c'hlézé war hé zeñ-
zoriou, hag hi a vézó preizet.
38. Ar zec'hor a zeûi war hé dou-
réier, hag hi a zizec'hô ; ô véza ma
eo eur vrô a idolou kizellet, ha ma
lékéoñt hô gloar é traoù disneûz.
39. Râk-sé ann éréveñt a choumô
enn-hi, gañd ar fauned péré en em
vag gañt fiez ; ann aotruzed a choumô
ivé énô ; na vézô mui a dûd enn-hi
da-vikenn, ha na vézô két assavet héd
ann holl rummou.
40. Ével ma en deûz ann Aotrou
diskaret Sodom ha Gomorra, hag ar
c'hériou war hô zrô, émé ann Aotrou ;
na choumô dén énô, ha mâb ann dén
na boblô két anézhi.
41. Chétu eur bobl a zeû eûz ann
hañter-nôz, eur vrôad vrâz ha kalz
rouéed a zâv eûz a bennou ann douar.
42. Hô gwareg hag hô ziren a gé-
mérout ; kriz iñt ha didruez ; hô
mouéz a rai trouz ével ar môr ; war
hô c'hézek é piñiñt enn da énep,
merc'h Babilon, ével eunn dén daré
évid ar brézel.
43. Roué Babilon en deûz klévet
hanô anézhô, hag hé zaouarn a zô
deûet dinerz ; ann añken a zô krôget
enn-hañ, hag ar gweñtrou ével eur
c'hrég é gwilioud.
44. Chétu ével eul léon a zavô eûz
a herder ar Jordan oud hé c'hériou
ker kaer ha ker kré ; râk mé hé lakai
da rédek buhan étrézég enn-hi ; ha
piou a vezô dilennet évit kâs out-hi ?
Râk piou a zô héñvel ouz-in ? Ha
piou a harzô ouz-in ? Ha piou eo ar
méser-zé a éneb out va dremm ?
45. Râk-sé sélaouit dézô ann Ao-
trou, en deûz gréat enn hé spéred a-
énep Babilon ; hag ar ménosiou en
deûz mennet diwar-benn brô ar C'hal-
déed ; ar ré vihana eûz ann tropel hô
lakai da déc'hout, hag a zispennô
gañt-hô hô c'hériou.
46. Gañt trouz sklavérez Babilon eo
eo bét kéflusket ann douar, hag hé
garm a zô bét klévet é-touez ar
brôadou.

LI. PENNAD.

*Kémenn rôet gañt Jérémias da Za-
raias pa'z éa da Vabilon.*

1. Ével-henn é lavar ann Aotrou :
Chétu mé a lakai da zével war Vabi-
lon, ha war ar ré a choum enn-hi,
péré hô deûz savet hô c'haloun em
énep, ével eunn avel a vosen.
2. Ha mé a gasô a-éneb Babilon
nizérien, péré a nizô anézhi, hag a
wastô hé brô ; râg hi a zeûi out-hi a
bép tu é deiz hé eñkrez.
3. Na steñet két hé warek néb a zô
boazet d'hé steña ; ha na géméret két
hé hobrégon ; na espernit két hé zûd-
iaouañk ; lazit hé holl vrézélidi.
4. Ar ré varô a gouézô é brô ar
C'haldéed, hag hi a vézô gouliet enn
hé froviñsou,
5. O véza n'eo két bét dilézet Israel
ha Juda gañd hô Doué, Aotrou ann
arméou : ha ma en deûz Sañt Israel
leûniet hô brô a wallou.
6. Tec'hid eûz a greiz Babilon, ha
dieûbit pép-hini hô puez ; na davit
két war hé fallagriez ; râk amzer veñ-
jañs ann Aotrou eo, hag héñ a zistolô
d'ézhi hervez hé dellid.
7. Eur c'hôp aour é dourn ann Ao-
trou eo Babilon, hag héñ en deûz
mezviet ann douar holl ; ar brôadou
hô deûz évet eûz hé win, ha dré-zé
iñt bét kéflusket.
8. Kouézet eo buhan Babilon, hag
eo bét brévet ; iudit war-n-ézhi ; likiit
balzam war hé gouli, évit gwélout
hag hi a iac'hai.
9. Louzaouet eo bét Babilon gan-é-
omp, ha né két bét iac'héet ; dilézomp-
hi, ha déomp pép-hini d'hor brô ; râg
hé barn a zô éat bétég ann éñvou,
saved eo dreist ar c'hoabr.
10. Hor reizded en deûz diskouézet
ann Aotrou : deûit, hag embannomp
é Sion labour ann Aotrou, hon Doué.
11. Lemmit hô saésiou, leûñit hô
troñsou ; savet eo bét gañd ann Ao-
trou spéred rouéed ar Védied ; hag
hé véoz eo ma kollô Babilon, ô véza
ma eo deûet veñjañs ann Aotrou,
veñjañs hé dempl.

12. Savit ann arouéz war vuriou Babilon; kreskit hé diwall. Savid diwallerien, aozit spiou; råk mennet eo deûz ann Aotrou, ha gréat en deûz kémeñd en dôa diouganet a-énep tûd Babilon.

13. Té péhini a choum war ann dourèier vràz, hag éc'h eûz kémeñd a deñzoriou, da zivez a zô deûet, c'hoarvézet eo da zispennadur.

14. Aotrou ann arméou en deûz touet dré-z-hañ hé unan: Lakaad a rinn ann dûd da gouéza war-n-od ével biskouled; hag hi en em laouénai oc'h da zispenna.

15. Héñ eo en deûz gréat ann douar gañd hé ners, en deûz aozet ar béd gañd hé furnez, hag en deûz léûet ann éñvou gañd hé boell.

16. Diouc'h trouz hé vouéz, ann dourèier en em zastum enn éñv; héñ a zastum ar c'hoabr eûz a benn ar béd, hag a laka ann arné da gouéza é glaô; héñ a denn ann avel eûz hé deñzoriou.

17. Diskiañt eo pép dén gañd hé wiziégez; mézégez ar c'hizeller eo ar skeûden, ô véza ma eo eunn dra c'haou ar péz en deûz kizellet, ha n'eûz két a éné enn-hañ.

18. Labouriou gwân iñt, hag a laka da c'hoarzin; é amzer ar wélédigez éz aiñt-da-nétra.

19. Lôden Jakob né két héñvel oud ar ré-mañ: râg héñ eo en deûz gréat pép-trâ, hag Israel eo gwalen hé zigwéz: Aotrou ann arméou eo hé hanô.

20. Té eo ar morzol gañt péhini é vrévinn ann armou a vrézel ha gan-éz é vrévinn ar brôadou, ha gan-éz é lispenninn ar rouañtélésiou;

21. Ha gan-éz é vrévinn ar marc'h hag ar marc'hek; ha gan-éz é vrévinn ar c'harr hag ar c'harréner:

22. Ha gan-éz é vrévinn ann ozac'h hag ar c'hrég: ha gan-éz é vrévinn ar c'hôziad hag ar bugel; ha gan-éz é vrévinn ar paotr-iaouañk hag ar plac'h-iaouañk:

23. Ha gan-éz é vrévinn ar méser hag hé dropel; ha gan-éz é vrévinn al labourer hag hé denn; ha gan-éz é vrévinn ar pennou-brô hag ar pennou-kéar.

24. Ha mé a zistolô da Vabilon ha da holl dûd ar C'haldéa ann holl zroug hô deûz gréat é Sion, dirâg hô taoulagad, émé ann Aotrou.

25. Chétu mé a ia d'az kavout, ménez bosennuz, émé ann Aotrou, té péhini a zaotr ann douar holl; ha mé a astennô va dourn war-n-od, hag é tiframminn ac'hanod eûz a greiz ar réc'hier, hag é likiinn ac'hanod da eur ménez losk.

26. Ha na vézô két tennet ac'hanod a véan korn nag a véan diazez; hôgen kollet é vézi da-vikenn, émé ann Aotrou.

27. Savid ar bannier war ann douar; sonid ar c'horn-boud é-touez ar brôadou; aozid ar brôadou enn hé éneb-hi; galvid enn hé éneb rouéed Ararat, Menni hag Assénez, strollit Tafsar enn hé éneb-hi: digasid ar c'hézek ker paot hag ar biskouled blévek.

28. Aozid enn hé éneb-hi ar brôadou, rouéed ar Média, hé duged, hag hé holl bennou-brô, hag ann holl zouar dindân hé béli.

29. Hag ann douar a vézô kéflusket ha spouñtet: râk ménoz ann Aotrou a zavô a-éneb Babilon, évit lakaat brô Babilon da zistrô ha da léac'h didûd.

30. Ar ré gré eûz a Vabilon a zô en em dennet eûz ar stourm, er c'hériou kré iñt choumet; hô ners a zô éat-da-nétrâ, ével gragez iñt deûet, hô ziez a zô bét losket, hô barrennou a zô bét torret.

31. Ar rédérien a ziarbennô ar rédérien, hag ar gannaded a ziarbennô ar gannaded, évit rei da anaout da roué Babilon, pénaoz eo kéméret hé géar eûz ann eil benn d'égilé,

32. Pénaoz eo bét skrapet ar gwéviou, ha lékéat ann tân er gwerniou; ha pénaoz ar vrézélidi a zô saouzanet.

33. Râg ével-henn é lavar Aotrou ann arméou, Doué Israel: Merc'h Babilon *a zô* ével eul leûr: deûed eo ann amzer d'hé mac'ha; eunn nébeût c'hoaz, hag é teûi amzer hé médérez.

34. Nabukodonosor, roué Babilon, en deûz va gwastet, en deûz va débret; va lékéat en deûz ével eul léstr

goullô ; va louñket en deûz évei eunn aerouañt : leûniet en deûz hé gôv gañd ar péz em bôa a c'houéka ; ha. va c'haset en deûz kuit.

35. Ar fallagriez a zô bét gréat ouz-in hag out va c'hik, *ra gouézô* war Vabilon, émé merc'h Sion : ha va goàd *ra gouézô* war dûd ar C'haldéa, émé Jéruzalem.

36. Râk-sé évei-henn é lavar ann Aotrou : Chétu mé a varnô da géfridi, hag a veñjô ac'hanod ; lakaad a rinn hé môr da besk, hag é tizéc'hinn hé douréler.

37. Ha Babilon a zeûi évei berniou mein, hag ann érévent a choumô enn-hi ; da zaouzan ha da c'hoapérez é vézô, dré ma vézô didûd.

38. Iuda a raiñt évei léoned, héja a raiñt hô moué évei al léonédigou.

39. Enn hô grouéz hô likiinn da éva, ha mé hô mezviô, évit ma vôrédiñt, ha ma kouskiñt eûz a eunn hun peûr-baduz, ha na zaviñt mui, émé ann Aotrou.

40. Mé hô digasô évei ein d'al lazérez, hag évei tourzed gañd menned-gevr.

41. Pénaoz eo bét kéméret Sésac'h, pénaoz eo bét skrapet ar géar goañta eûz ann douar holl ? Pénaoz eo deûet da zaouzan Babilon é-touez ar brôadou ?

42. Piñet eo ar môr war Babilon, gôlôet eo bét gañd al lôd brâz eûz hé goummou.

43. Spouñtuz eo deûet hé c'hériou, eunn douar hep tiez hag hep tûd, eunn douar é péhini na choum dén, ha dré péhini na drémen két mâb ann dén.

44. Ha mé a emwélô Bel é Babilon, hag é tenninn eûz hé c'hénou ar péz en dôa louñket ; hag ar brôadou na gaougiñt mui war hé drô, râk muriou Babilon a gouézô.

45. Deûit er-méaz eûz hô c'hreiz, ô va fobl ; évit ma tieûbô pép hini hé éné eûz a vuanégez hag eûz a frouden ann Aotrou.

46. N'en em laosket két hô kaloun, ha na spouñtit két gañd ar brudou a vézô klévet war ann douar ; eur vrud a zeûi enn eur vloaz, hag eur vrud enn eur vloaz all : ar fallagriez a vézô er vrô ; ann trec'her a zavô war ann tréc'her.

47. Râk-sé chétu eo deûet ann deisiou é péré éc'h emwélinn skeûdennou kizellet Babilon ; é péré a vézô mézékéet hé holl brô hag a gouézô enn hé c'hreiz hé holl dûd lazet.

48. Neûzé ann éñv hag ann douar ha kémeñd a zô enn-hô, a veûlô *Doué* diwar-benn Babilon, ô véza ma teûi preizérien war-n-ézhi eûz ann hañter-nôz, émé ann Aotrou.

49. Évei ma en deûz lazet Babilon kalz a dûd enn Israel, évei-sé é vézô lazet kalz a dûd eûz a Vabilon enn douar holl.

50. C'houi péré a dec'h diouc'h ar c'hlézé, deûit ha na arzaôit két ; hô pézet koun a bell eûz ann Aotrou, ha ra zeûi Jéruzalem enn hoc'h éñvor.

51. Mézékéet omp, ô véza ma hon eûz klévet ann dismégañs ; ar vézégez é deûz gôlôet hor penn, ô véza ma eo deûet ann diavésidi da gâs-da-gét sañtuar tí ann Aotrou.

52. Râk-sé chétu é teû ann deisiou, émé ann Aotrou, é péré éc'h emwélinn hé skeûdennou kizellet, é péré a vézô klévet ô c'harmi er vrô holl ann dûd gouliet-brâz.

53. Ha pa vijé savet Babilon bétég ann éñv, ha pa é divijé startéet hé ners el lec'hiou ar ré uchéla, diouz-in é teûi ar ré hé diskarô, émé ann Aotrou.

54. Eur garm brâz *a gléveur* eûz a Vabilon, hag eunn dispennadur brâz eûz a vrô ar C'haldéed :

55. O véza ma en deûz ann Aotrou gwastet Babilon, ha ma en deûz lékéat da éhana hé moués. gré ; ar c'hoummou anézhô a drouzô évei douréier brâz ; hô moués a rai troaz.

56. Râk deûed eo ar preizer war-n-ézhi, da lavaroud eo, war Vabilon ; hag hé zûd kré a zô bét kéméret : hô gwareg a zô bét torret ; râg ann Aotrou péhini a zô eur veñjer kré, a zistolô d'ézhi hervez hé ôberiou.

57. Ha mé a vezviô hé friñsed. hag hé zûd fûr, hag hé duged, hag hé bleñérien, hag hé zûd kré ; hag hí a gouskô eûz a eunn hun peûr-baduz,

ha na zihuniñt két, émé ar roué en deûz da hanô Aotrou ann arméou.

58. Ével-henn é lavar Aotrou ann arméou : Muriou lédan Babilon a vézô diskaret bétég hô diazez ; hag hô fersier ken uc'hel a vézô dévet ; hag ôberiou kémeñd all a boblou hag a vrôadou a vézô kaset-da-gét, ha dévet, ha bévézet.

59. Gér a c'hourc'hémennaz Jérémias ar profed, da Zaraias, mâb Nérias, mâb Maasias, p'az éa gañt Sédésias, roué Juda, da Vabilon, er pévaré bloaz eûz hé rén ; hôgen Saraias a oa unan eûz ar ré geñta eûz ar proféded.

60. Ha Jérémias a skrivaz enn eul levr ann holl zroug a dlié da c'hoarvézout war Vabilon ; kémeñd a oa bét skrivet a-éneb Babilon.

61. Ha Jérémias a lavaraz da Zaraias : Pa vézi deûet da Vabilon, hag ez pézô gwélet, hag ez pézô lennet ann holl c'hériou-mañ,

62. É liviri : Té, Aotrou, eo éc'h eûz komzet oud al léac'h-mañ évid hé zispenna ; évit na choumô ennhañ na dén na loen, ha ma teûi da eunn distrô peûr-baduz.

63. Ha p'az pézô peûr-lennet al levr-mañ, é stagi out-hañ eur méan, hag é taoli anézhañ é-kreiz ann Eufratez.

64. Hag é liviri : Ével-sé é vézô gwélédet Babilon, ha na zavô mui a zindân ann añken a zigasinn war-n-ézhi ; hag hi a vézô kaset-da-gét. Bétég-henn éma gériou Jérémias.

—

LII. PENNAD.

Jéruzalem a zô grounnet ha kéméret gañt Nabukodonosor.

1. Sédésias en dôa eur bloaz war-n-ugeñt pa zeûaz da réni ; hag unnék vloaz é rénaz é Jéruzalem ; hé vamm a oa hanvet Amital, merc'h Jérémias, eûz a Lobna.

2. Hag héñ a réaz ann drouk dirâg ann Aotrou, é kémeñd ha m'en dôa gréat Joakim,

3. O véza ma oa frouden ann Aotrou war Jéruzalem ha war Juda, kén n'en dévijé hô distolet a zira-z-hañ : ha Sédésias en em zavaz a-énep roué Babilon.

4. Hôgen enn naved bloaz eûz hé rén, enn dékved miz, enn dékvez *deiz* eûz ar miz, chétu pétrâ a c'hoarvézaz : Nabukodonosor, roué Babilon, héñ hag hé holl armé, a zeûaz a-énep Jéruzalem ; hag hi a c'hrounnaz anézhi, hag a zavaz kestel war hé zrô.

5. Hag ar géar a oé grounnet bétég ann unnékved bloaz eûz a rén Sédésias.

6. Hôgen er pévaré miz, enn naved *deiz* eûz ar miz, é krôgaz ann naounégez é kéar ; ha na oa mui a voéd évit tûd ar vrô.

7. Ha pa oé gréat eunn difreûz é kéar, ann holl vrézélidi a déc'haz, hag a iéaz er-méaz eûz a géar a-zoug ann nôz, dré heñt ar porz a zô étré diou vur, hag a gâs da c'harz ar roué (râg ar C'haldéed a c'hrounné kéar trô-war-drô) ; hag hi a iéaz-kuit dré ann heñt a gâs d'ann distrô.

8. Hôgen armé ar C'haldéed a iéaz war-lerc'h ar roué ; hag hi a bakaz Sédésias enn distrô a zô war harz Jériko ; hag ar ré holl a oa gañt-hañ a déc'haz diout-hañ.

9. Goudé m'hô dôé kéméret ar roué, é kaschoñt anézhañ da roné Babilon, é Réblata a zô é brô Émat, hag héñ a varnaz anézhañ.

10. Ha roué Babilon a lékéaz laza mipien Sédésias dira-z-hañ ; lakaad a réaz ivé laza holl briñsed Juda é Réblata.

11. Hag héñ a dennaz hé zaoulagad da Zédésias, hag a chadennaz anézhañ : ha roué Babilon hér c'hasaz da Vabilon, hag hel lékéaz enn eur vac'h bété deiz hé varô.

12. Hôgen enn naoñtékved bloaz eûz a rén Nabukodonosor, roué Babilon, er pempved miz, enn dékved *deiz* eûz ar miz, é teûaz Nabuzardan, priñs ann armé, péhini a c'hourc'hémenné é Jéruzalem dré urs roué Babilon.

13. Hag héñ a zévaz ti ann Aotrou, ha ti ar roué, hag holl diez Jéruzalem, hag ann holl diez vrâz.

14. Hag holl armé ar C'haldéed a oa gañt priñs ar vrézélidi, a ziskaraz ann holl vuriou a oa trô-war-drô Jéruzalem.

15. Neûzé Nabuzardan, priñs ann armé, a zizoûgaz da Vabilon ar ré baoura eûz ar bobl a oa choumet é kéar, hag ar ré a oa bét tec'het étrézé roué Babilon, hag ann dilerc'h eûz ar bobl.

16. Hôgen Nabuzardan, priñs ann armé, a lézaz eûz ar ré baoura eûz ar vrô ar winiennérien hag ar c'hounideien.

17. Ar C'haldéed a dorraz ivé ar peûliou arem a ioa é tì ann Aotrou, hag ar steûdennou, hag ar môr arem, a ioa é tì ann Aotrou; hag hi a gasaz ann holl arem-zé da Vabilon.

18. Kâs a réjoñt ivé ar pôdou, hag ar feriérigou, hag al lirennou, hag ar fiolennou, hag al listri-brév, hag ann holl listri arem a ioa évid ar zervich.

19 Priñs ann armé a géméraz ivé ar pôdou-dour, hag ann ézañsouérou, hag ar pilligou, hag ar c'haotériou, hag ar gañtolériou, hag al listri brév, hag ann tasou, lôd enn aour ha lôd enn arc'hañt:

20. Hag ann daou beûl, hag ar môr, hag ann daouzék éjenn a oa da zôl d'ézhañ, péré en dôa gréat ar roué Salomon évit tì ann Aotrou; na ouzeur két ar poéz eûz a arem ann holl listri-zé.

21. Unan eûz ar peûliou-zé en dôa triouec'h ilinad a uc'helder; eur rizen a zaouzég ilinad a oa war hé drô; ann tevder anézhañ a oa eûz a bévar meûtad; hag ann diabarz a oa goullo.

22. Pép peûl en dôa eur penn arem. Penn unan anézhô en dôa pemb ilinad a uc'helder; ha rouéjou, hag avalougranad a c'hôlôé anézhañ trô-war-drô, hag hi holl enn arem. Hag ann eil beûl a oa héñvel, hag hé avalougranad ivé.

23. C'houézeg aval-granad ha pévarugeñt a oa a-ispil; kañt aval-granad a ioa enn-holl, hag hi strôbet gañd eur roued.

24. Priñs ann armé a géméraz Saraias, ar bélek-brâz, ha Sofonias, ann eil-vélek, hag ann tri diwaller eûz ar porched.

25. Kéméroud a réaz c'hoaz eûz a géar eur spâz, péhini a oa da benn war ar vrézélidi; ha seiz dén eûz ar ré a oa bépréd dirâg ar roué hag a oé kavet é kéar: ha 'skrivañer-brâz ann armé, péhini a reizé ar soudardez névez; ha tri-ugeñt dén eûz a bobl ar vrô, hag a oé kavet é-kreiz ar géar.

26. Nabuzardan, priñs ann armé, a géméraz ar ré-mañ, hag hô c'hasaz étrézé roué Babilon é Réblata.

27. Ha roué Babilon a skôaz gañthô, hag hô lazaz é Réblata é brô Emat: ha Juda a oé dizouget er-méaz eûz hé vrô.

28. Chétu amañ ar bobl a zizougaz Nabukodonosor. Er seizved bloaz, tri mil tri war-n-ugeñt Iuzéô:

29. Enn triouec'hved bloaz eûz a Nobukodonosor, heñ a zizougaz eûz a Jéruzalem eiz kañt daou ha trégoñt dén:

30. Enn trédé bloaz war-n-ugeñt eûz a Nabukodonosor, Nabuzardan, priñs ann armé, a zizougaz seiz kañt pemp ha daou-ugeñt Iuzéô: hag ann dud holl *a oé* éta eûz a bévar mil c'houec'h kañt.

31. Hôgen er seizved bloaz ha trégoñt goudé ma oa bét dizouget Joac'hin, roué Juda, enn daouzékved miz, er pempved deiz war-n-ugeñt eûz ar miz, Evilmérodac'h, roué Babilon, er bloaz *keñta* eûz hé rén, a assavaz penn Joac'hin, roué Juda, hag a dennaz anézhañ eûz a di ar vâc'h.

32. Hag héñ a gomzaz ervâd outhañ, hag a zavaz hé drôn dreist trônou ar rouéed a oa gañt-hañ é Babilon.

33. Hag héñ a névézaz ann dilad en dôa er vâc'h, hag é lékéaz anézhañ da zibri hé voéd dira-z-hañ é holl zeisiou hé vuez.

34. Roué Babilon a reizaz ar péz a vijé rôet d'ézhañ évid hé voéd ha davikenn; hag é oé rôet bétég hé varô, é holl zeisiou hé vuez.

KEINVANOU JÉRÉMIAS.

KEINVANOU JÉRÉMIAS.

Goudé ma oé bét kaset Israel é
sklavérez, ha ma oé choumet Jéruza-
lem didûd, Jérémias, ar profed, a
azézaz enn eur wéla, hag a réaz ar
geinvanou-mañ war Jéruzalem; hag
oc'h huanadi é c'houervder hé galoun,
hag oc'h hirvoudi, é lavaraz:

—

I. PENNAD.

Ar profed ô wéla war zismañtr Jéruzalem.

ALEPH.

1. Pénaoz ar géar-zé péhini a oa kel
leûn bobl, ef-hi azézet hé-unan; *pé-
naoz* itroun ar broadou ef-hi deûet
ével eunn iñtañvez; *pénaoz* priñsez
ar broviñsou ef-hi dalc'het da *baéa* ar
gwiriou?

BETH.

2. Héd ann nôz é deûz skulet daé-
rou, hag hé daérou a zô bét *kouézet*
war hé divôc'h: n'eûz hini eûz ar ré
a garé a gémeñt a zisoañfé anézhi; hé
holl viñouned hô deûz hé disprizet,
hag a zô deûet da énébourien d'ézhi.

GHIMEL.

3. Merc'h Juda a zô éat-kuit enn-
akek d'hé glac'har, ha d'hé gwall skla-
vérez: bét eo ô choum é-touez ar
broadou, ha n'é deûz két kavet a éhan;
hé holl heskinérien hô deûz hé faket
enn heñt-striz.

DALETH.

4. Ruou Sion a wél, ô véza na zeû
mui dén d'hé lidou; hé holl persier a
zô dispennet; hé béléien a hirvoud;
hé flac'hed-iaouañk glac'haret, hag
hi hé-unan leûn a c'houervder.

HÉ.

5. Hé énébourien a zô savet dreist-
hi, hé heskinérien a zô deûet da véza
pinviñik; ô véza ma en deûz ann Ao-
trou hé barnet enn-abek d'al lôd brâz
eûz hé fallagriézou; hé bugalé a zô
bét kaset é sklavérez é-raog ann hes-
kiner.

VAV.

6. Holl skéd merc'h Sion a zô bét
tennet diout-hi; hé friñsed a zô deûet
ével tourzed péré na gavoñt két a
beûri; hag hi a zô éat diners é-raog
ann hini a iéa war hô lerc'h.

ZAIN.

7. Jéruzalem é deision hé glac'har
hag hé gwallérez é deûz bét koun eûz
ar péz é dôa bét a wella ena deisiou
keñt, pa gouézé hé fobl étré daouarn
ann énébourien, hép ma oa dén évid
hé gen-nerza; hé énébourien hô deûz
hé gwélet, hag hô deûz gréat goap
euz hé deision sabbat.

HETH.

8. Eur péc'hed brâz é deûz gréat
Jéruzalem, râk-sé eo deûet da véza
kildrô. Ar ré holl a énoré anézhi, hô
deûz hé disprizet, ô véza ma hô deûz
gwélet hé mézégez; hôgen hi é deûz
distrôet hé fenn enn eur geina.

TETH.

9. Hé hudurez *a zô* oud hé zreid,

ha n'é deûz két bét a goun eûz hé divez ; gwall zistéréet eo bét, ha dén n'en deûz bé dizoaniet. Arvest, Aotrou, va glac'har, râg uc'héléet eo ann énébour.

IOD.

10. Ann énébour en deûz lékéat hé zourn war ar péz é dôa a wella : ô véza ma é deûz gwélet ô toñd enn hé sañtuar, brôadou éz pôa gourc'hémennet n'az ajeñt két enn da strollad.

CAPH.

11. Hé fobl holl a hirvoud hag a glask hé vara ; rôet hô deûz kémeñd hô dôa a wella, évid ar boéd hô dôa ézomm. Gwél, Aotrou, hag arvest, pégen dister ounn deûet da véza.

LAMED.

12. O c'houi holl, péré a drémen dré ann heñt, arvestit ha gwélit hag éz eûz eur c'hlac'har héñvel out va glac'har ; ô véza m'en deûz ann Aotrou va veñdachet, ével ma en deûz lavaret é deiz hé frouden.

MEM.

13. Eûz ann néac'h en deûz kaset tân em eskern, hag en deûz va c'hastizet : rouéjou en deûz steñet out va zreid, hag en deûz va lékéat da gouéza a-c'houen ; va lékéat en deûs da véza trist ha glac'haret héd ann deiz.

NUN.

14. Géô va fallagriézou é deûz va mac'het ; évol chadennou iñt deûet enn hé zourn, hag hô lékéat en deûz war va chouk ; disléberet eo bét va ners ; va lékéat en deûz ann Aotrou enn eunn dourn a béhini na hellinn két en em denna.

SAMECH.

15. Ann Aotrou en deûz tennet eûz va c'hreiz ann holl ré vrâz : galvet en deûz em énep ann amzer, é péhini é tlié brévi va ré zilennet. Ann Aotrou en deûz gwasket hé-unan ar waskel évid ar plac'h-iaouañk, merc'h Juda.

AÏN.

16. Râk-sé é wélann, hag é skûl daérou va lagad ; râg ann hini a dlié va dizoania ha rei eur vuez névez d'in, a zô éat pell diouz-in ; va bugalé a zô en em gollet, ô véza ma eo deûet va énébour tréac'h d'in.

PHE.

17. Sion é deûz astennet hé daouarn, ha dén n'en deûz bé dizoaniet ; ann Aotrou en deûz gourc'hémennet da énébourien Jakob, ma teûjeñt out-hañ a bép tû ; Jéruzalem a zô deûet enn hô zouez ével eur c'hrég saotret gañd hé misiou.

SADE.

18. Reiz eo ann Aotrou, râk didennet em eûz hé frouden ô tizeñti oud hé c'hér. Sélaouit, mé hô péd, holl boblou, ha gwélit va glac'har ; va flac'hed-iaouañk, ha va faotred-iaouañk a zô bét kaset é sklavérez.

COPH.

19. Va miñouned em eûz galvet, hag hi hô deûz va touellet : va béléien ha va zûd-kôz a zô bét bévézet er géar, eñdra ma klaskeñt boéd évit ken-nerza hô buez.

RES.

20. Gwél, Aotrou, péger glac'haret ounn : kéflusket eo va bouzellou ; direizet eo va c'haloun enn-oun, ô véza ma ounn leûn a c'houervder ; ar c'hlézé a lâz er-méaz, ha skeûden ar marô a zô enn ti.

SIN.

21. Klévet hô deûz pénaoz ec'h hirvoudenn, ha dén n'en deûz va dizoaniet ; va holl énébourien hô deûz klévet méneg eûz va reûz, hag hi a zô en em laouénéet, ô véza ma eo té éc'h eûz hé grêat. Hôgen pa zeûi deiz va dizoan, hi a zeûiô héñvel ouz-in.

THAU.

22. Ra zeûi hô holl zrougiez dira-z-od : ha veñdach-hi ével ma éc'h eûz va veñdachet enn-abek d'am fallagriézou holl : râk hirvoudi a rann kalz, ha glac'haret-brâz eo va c'haloun.

—

II. PENNAD.

Jérémias a erbéd Sion da geina bépréd.

ALEPH.

1. Pénaoz en deûz ann Aotrou gôlôet a dévalien enn hé frouden merc'h Sion : hag en deûs-héñ taolet eûz ann éñv d'ann douar *merc'h* Israel ker skéduz, ha n'en deûs-héñ két bét a goun é deiz hé frouden eûz a skabel hé dreid ?

BETH.

2. Diskaret en deûz ann Aotrou kémeñd a ioa kaer é Jakob, ha n'en deûz espernet nétrâ : dismañtret en deûz enn hé frouden kestel merc'h Juda, hag en deûz hô diskaret d'ann douar ; saotret en deûz hé rouañtélez hag hé friñsed.

GHIMEL.

3. Torret en deûz enn hé frouden holl c'halloud Israel : tennet en deûz adré hé zourn déou a zirâg ann énébour ; lékéat en deûz da gregi é Jakob évei eur flamm tân a zév a bép tû.

DALETH.

4. Steñet en deûz hé wareg évei eunn énébour ; startéet en deûz hé zourn déou évei eur stourmer : lazet en deûz kémeñd a ioa kaer da wélout é telt merc'h Sion : évei tân en deûz skulet hé vuanégez.

HE.

5. Ann Aotrou a zô deûet évei eunn énébour : diskaret en deûz Israel, diskaret en deûz hé vuriou : dispennet en deûz hé gréou ; ha leûniet en deûz a vuelded ar oazed hag ar merc'hed é Juda.

VAV.

6. Diskaret en deûz hé delt évei eur c'harz ; freûzet en deûz hé dabernakl. Ann Aotrou en deûz lékéat enn añkounac'h é Sion ar gwéliou hag ann deisiou sabbat ; lékéat en deûz ar roué hag ar bélek é dismégañs hag é buanégez hé frouden.

ZAÏN.

7. Distolet en deûz ann Aotrou hé aoter, milliget en deûz hé zañtuar ; muriou hé douriou en deûz lékéat étré daouarn hé énébourien : garmet hô deûz é ti ann Aotrou, évei enn eunn deiz lîd.

HETH.

8. Ann Aotrou en deûz mennet diskara mûr merc'h Sion ; lédet en deûz hé linen, ha n'eñ deûz két tennet hé zourn, kén na vijé dispennet holl : râk-sé ar vur geñta, hag ann eil vur a zô bét diskaret.

THETH.

9. Hé fersier a zô bét sañket enn douar. Torret ha brévet en deûz hé barrou ; hé roué hag hé friñsed a zô é-touez ar brôadou ; n'eûz mui a lézen, hag hé froféded n'hô deûz bét mui a wélédigez digañd ann Aotrou.

IOD.

10. Hénaoured merc'h Sion a zô azézet war ann douar, hag hô deûz tavet ; ludu hô deûz taolet war hô fenn ; saéou-reûn hô deûz lékéat war hô zaé ; plac'hed Jéruzalem a zalc'h hô fenn soublet étrézég ann douar.

CAPH.

11. Va daoulagad a zô falléet gañd ann daérou, va bouzellou a zô bét reûstlet ; kouézet eo va avu d'ann douar, *pa em eûz gwélet* dismañtr merc'h va fobl, *pa em eûz gwélet* ar vugalé vihan hag ar ré oud ar vroun ô kouéza marô war al leuriou-kéar.

LAMED.

12. Hi a lavaré d'hô mammou : Péléac'h éma ann éd hag ar gwin ? Pa gouézeñt gañd ann naoun évei pa vijeñt bét glazet war al leûriou-kéar ; pa rôeñt hô éné war askré hô mammou.

MEM.

13. Oc'h pétrâ é likiinn éz oud hével ? (T) Pé out piou éc'h hévélébékainn ac'hanod, merc'h Jéruzalem ? Out pétrâ é kemminn ac'hanod, ha pénaoz é tizoaninn ac'hanod, ô plac'h-

iaouañk, merc'h Sion? Râk da zismañtr a zô brâz é vel ar môr; piou a louzaouô ac'hanod?

NUN.

14. Da broféded hô deûz gwélet évid-od traou gaou ha diskiañt, ha n'hô deûz két dizôlôet da fallagriez, évit da zougen d'ar binijen: hôgen hi hô deûz gwélet évid-od sorc'hennou gaou ha divec'hiou.

SAMECH.

15. Kémeñd hini a dréméné dré ann heñt a stlaké gañd hô daouarn; c'houibanet hô deûz, hejet hô deûz hô fenn war verc'h Jéruzalem; hag houn-nez eo, émé-z-hô, ar gêar ker kaer-zé, a oa lévénez ann douar holl?

PHE.

16. Da holl énébourien hô deûz digôret hô génou war-n-od: c'houibanet hô deûz, skriñet hô deûz hô deñt, hag hi hô deûz lavaret: Ni *hé* louñkô; chétu amañ ann deiz a c'hortozemp; *hé* gavet hon eûz, *hé* wélet hon eûz.

AÏN.

17. Gréat en deûz ann Aotrou ar péz en dôa mennet; sévénet en deûz ar gér en dôa gourc'hémennet enn deisiou keñt; dismañtret en deûz, ha n'en deûz két espernet; lékéat en deûz da énébour d'en em laouénaat diwar da benn; savet en deûz korn da heskinérien.

SADE.

18. Garmet é deûz hô c'haloun étrézég ann Aotrou war vuriou merc'h Sion. Skûl daérouével eur froud, azoug ann deiz hag ann nôz; na rô két a éhan d'id, ha na davet két mâb da lagad.

COPH.

19. Saô, meûl enn nôz, é penn ar béliou; skul da galoun ével dour dirâg ann Aotrou; saô da zaouarn étrézég enn-hañ évid éné da vugaligou, péré a zô bét kouézet gañd ann naoun é penn pép rû.

RES.

20. Arvest, Aotrou, ha gwél piou éc'h eûz beñdémiet ével-sé. Ha dibri a rai ar gragez hô frouez, bugaligou eûz a eur raouen a héd? Hag é sañtuar ann Aotrou é vézô lazet ar bélek hag ar profed?

SIN.

21. Ar bugel hag ann dén-kôz a zô gourvézet war ann douar el leûrioukéar. Va flac'hed-iaouañk ha va faotred-iaouañk a zô kouézet dindân ar c'hlézé; hô lazet éc'h eûz é deiz da frouden; skôet éc'h eûz, hép truez é-béd.

THAU.

22. Galvet éc'h eûz, ével enn eunn deiz gouél-lid, *túd* a bép tû évit va spouñta, ha n'en deûz gellet téc'hout den, na n'éo bet lézet, é deiz frouden ann Aotrou (M): ar ré em bôa savet, hag em boa maget a zô bét bévézet gañt va énébour.

III. PENNAD.

Jérémias a erbéd bugalé Juda da zistrei oud ann Aotrou.

ALEPH.

1. Mé eo ann dén a wélaz va reûz gañt gwalen hé frouden.

ALEPH.

2. Va rénet en deûz, hag en deûz va c'haset enn dévalien, ha nann er goulou.

ALEPH.

3. Trôet ha distrôet en deûz hé zourn war-n-oun héd ann deiz.

BETH.

4. Kôséet en deûz va c'hroc'hen ha va c'hik: brévet en deûz va eskern.

BETH.

5. *Tiez* en deûz savet enn-drô d'in: va c'helc'hiet en deûz a vésti hag a boan.

BETH.

6. Va lékéat en deûz é lec'hiou téval, ével ar ré a zô marô da-vikenn.

GHIMEL.

7. Savet en deûz mogériou em énep, évit miroul na'z inn er-méaz ; pounnérést en deûz va chadennou.

GHIMEL.

8. Pa em eûz garmet étrézég ennhañ, pa em eûz hé bédet, en deûz distolet va féden.

GHIMEL.

9. Serret en deûz va heñchou gañt mein pévar-c'hornek, freûzet en deûz va raveñchou.

DALETH.

10. Deûet eo évid-oun ével ennn ours é spi ; ével eul léon enn eul léac'h kuzet.

DALETH.

11. Freûzet en deûz va raveñchou, va brévet en deûz ; er mañtr en deûz va dilézet.

DALETH.

12. Hé wareg en deûz steñet, ha va lékéat en deûz ével eur gwenn évid ar saésiou.

HE.

13. Kaset en deûz enn digroazel saésiou hé droñs.

HE.

14. Da c'hoapérez ounn deût d'am bobl holl, ha da abeg hô c'hanaouennou héd ann deiz.

HE.

15. Va leûniet en deûz a c'houervder, va mézviet en deûz gañd huélenc'houerô.

VAV.

16. Va holl zeñt en deûz torret, gañt ludu en deûz va maget.

VAV.

17. Pelléet eo ar péoc'h diouc'h va éné, añkounac'héet em eûz pép mâd.

VAV.

18. Ha mé em eûz lavaret : Éma deûet va divez, kollet eo va géd enn Aotrou.

ZAÏN.

19. Az pés koun eûz va faoureñtez hag eûz va reûz, eûz ann huélenc'houérô hag eûz ar vésll.

ZAÏN.

20. Ar c'houn-zé a c'houmô em éñvor, ha va éné en em zistérai enn-oun.

ZAÏN.

21. A gémeñt-sé em bézô koun em c'haloun, ha dré-zé é c'hédinn.

HETH.

22. Dré zrugárézou ann Aotrou eo n'omp két bét peûr-gollet : râg hé vadélésiou n'iñt két bét fallet d'é-omp.

HETH.

23. Bép miñtin hô névézez, brâz eo da féalded.

HETH.

24. Va lôden eo ann Aotrou, émé va éné ; râk-sé é c'hedinn anézhañ.

THETH.

25. Mâd eo ann Aotrou d'ar ré a laka hô géd enn-hañ, d'ann éné a glask anézhañ.

THETH.

26. Mâd eo gédal war-daô silvidigez Doué.

THETH.

27. Mâd eo d'ann dén dougen ar géô adaleg hé iaouañktiz.

IOD.

28. Azéza a rai hé-unan, hag é tavô ; ô véza ma en deûz hé lékéat war-nézhañ.

IOD.

29. Lakaad a rai hé c'hénou er poultr, évit gwélout hag heu en dévézô géd ével-sé.

IOD.

30. Hé vôc'h a astennô da néb a skôi gañt-hañ, en em vezvi a rai gañt mézéger.

CAPH.

31. Râg ann Aotrou na zistolô két ac'hanomp da-vikenn.

CAPH.

32. Râk ma en deûz hon distolet,

en dévézô ivé truez ouz-omp hervez hé holl drugarézou.

CAPH.

33. Rák n'en deûz két vuéléet aioul, na distolet da-vikenn bugalé ann dúd.

LAMED.

34. N'en deûz két mac'het dindán hé dreid holl boblou ann douar a zô é sklavérez.

LAMED.

35. Na zinac'h két ar varn d'ann dén a zô dirág ann Uc'hel-meûrbéd.

LAMED.

36. Ann Aotrou na gell két eunn dén oc'h hé varn'a a-éneb ar reiz.

MEM.

37. Piou eo ann hini en deûz lavaret é vé gréat eunn dra, ma n'en deûz két hé c'hourc'hémennet ann Aotrou?

MEM.

38. Ha na zeû két ann droug hag ar mâd eûz a c'hénou ann Uc'hel-meûrbéd?

MEM.

39. Pérag éc'h hiboud ann dén héd hé vuez, ann dén a c'houzañv enn abek d'hé béc'héjou?

NUN.

40. C'houiliomp, hag eñklaskomp hon heñchou, ha distrôomp étrézég ann Aotrou.

NUN.

41. Savomp hor c'halonon hag hon daouarn étrézég ann Aotrou war-zû ann éñvou.

NUN.

42. Fallagriez hon eûz gréat, hag hon eûz digaset da vuanégez war-n-omp; rák-sé oud deûet da véza didruez.

SAMECH.

43 En em gôzet oud enn da frouden, hag éc'h eûz skôet war-n-omp; hon lazet éc'h eûz, ha n'éc'h eûz két hon espernet.

SAMECH.

44. Eur goabren éc'h eûz lékéat dira-z-od, évit na drémenché két hor péden.

SAMECH.

45. Va lékéat éc'h eûz é-kreiz ar boblou *ével eul louzaouen* dic'hrisiennet ha distolet.

PHE.

46. Hon holl énébourien hô deûz digoret hô génou enn hon énep.

PHE.

47. Ann diougan a zô deûet da spouñt d'é-omp, da lindág ha da zismañtr.

PHE.

48. Va lagad en deûz skuJet froudou dour, ô wélout dismañtr merc'h va fobl.

AÏN.

49. Va lagad a zô bét glac'haret, ha n'eo két bét tavet, ô véza ne oa két a éhan:

AÏN.

50. Kén na zelché ha na wélché ann Aotrou eûz ann éñvou.

AÏN.

51. Va lagad en deûz bévézet va éné; enn abek da holl verc'hed va c'héar.

SADE.

52. Va énébourien héb abek hô deûz va c'hémérel, ével eul labous er gwénaéri.

SADE.

53. Kouézet eo va buez er poull, hag hi hô deûz lékéat eur méan war-n-oun.

SADE.

54. Eur froud dour hô deûz taolet war va fenn: hag em eûz lavaret: Marô ounn.

COPH.

55. Da hanô em eûz galvet, ô Aotrou, eûz ar poull donna.

COPH.

56. Va mouéz éc'h eûz klevet; na zistrô két da skouarn diouc'h va huanadou ha va garmou.

COPH.

57. Tôstéet oud bét enn deiz é pé-

hini em ... da c'hwelvet; lavaret éc'h eûz : N'az péz két a aoun.

RES.

58. Barnet éc'h eûz, Aotrou, kéfridi va éné, dasprénet éc'h eûz va buez.

RES.

59. Gwélet éc'h eûz, Aotrou, hô fallagriez em énep : barn da-unan va barn.

RES.

60. Gwélet éc'h eûz hô holl frouden, hô holl vénosiou em énep.

SIN.

61. Klevet éc'h eûz, Aotrou, hô c'hunuc'hennou, hag hô holl vénosiou em énep;

SIN.

62. Muzellou ar ré a zâv ouz-in, hag ar péz a vennoñt em énep héd ann deiz.

SIN.

63. Sell out-hô pa iñt azézet, pé pa iñt enn hô sâ; mé eo hô c'hân.

THAU.

64. Rô d'ézhô hô gôbr, Aotrou, hervez labour hô daouarn.

THAU.

65. Rei a ri d'ézhô tiren ar galoun gañd da labour.

THAU.

66. Hô heskina a ri enn da frouden, hag é tispenni anézhô eûz a zindân ann éñvou, ô Aotrou.

IV. PENNAD.

Keinvan diwar-benn dismañtr Jéruzalem.

ALEPH.

1. Pénaoz ef-héñ deûet téñval ann aour, ef-héñ trôet hé liou ker kaer, pénaoz int-hi taolet mein ar sañtuar é penn ann holl leûriou-kéar?

BETH.

2. Pénaoz bugalé Sion péré a oa ker skéduz, ha gôlôet a aour ar glana, iñt-hi bét sellet ével listri prî, labour daouarn ar pôder?

GHIMEL.

3. Al loéned gouez hô deûz dizôlôet hô bronnou, ha rôet da zéna d'hô loénédigou : merc'h va fobl a zô kriz, ével ann otruz enn distrô.

DALETH.

4. Téôd ar bugel oud ar vronn a zô bét stâg oud hé staoñ gañd ar zec'hed; ar vugalé hô deûz goulennet bara, ha na oa dén évid hé drouc'ha d'ézhô.

HÉ.

5. Ar ré en em vagé gañt traou c'houék, a zô marvet er ruou; ar ré a zebré é-kreiz ar mouk, hô deûz briatéet ann teil.

VAU.

6. Brasoc'h eo deûet fallagriez merc'h va fobl égét péc'hed Sodom, péhini a zô bét dismañtret enn-eunn-taol, hép ma savaz dourn é-béd war-n-ézhi.

ZAÏN.

7. Hé Nazaréed a oa gwennoc'h égéd ann erc'h, glanoc'h égéd al léaz, ruzoc'h égéd ann olifañt kôz, kaéroc'h égéd ar safir.

HETH.

8. Duoc'h eo deûet hô dremm égéd ar glaou, ha na anavézeur két anézhô er ruou; stâg eo hô c'hroc'hen oud hô eskern; gwévet eo, ével koat eo deûet.

THETH.

9. Gwell eo bét d'ar ré a zô bét lazet gañd ar c'hlézé, égéd d'ar ré a zô bét lazet gañd ann naounégez : râg ar ré-mañ a zô bét marvet dré hirr amzer, bévézet gañt fraosdder ann douar.

IOD.

10. Daouarn ar c'hragez truézek hô deûz poazet hô bugalé hô-unan : deûet iñt da voéd d'ézhô é dismañtr merc'h va fobl.

CAPH.

11. Ann Aotrou en deûz leûniet hé frouden, skuilet en deûz hé vuanégez hag hé zroug; lékéat en deûz da grégi

eunn tan é Sion, péhini a zô bét bévézet bétég ann diazez anézhi.

LAMED.

12. Rouéed ann douar hag ar ré holl a choumé er béd, n'hô dévijé két krédet pénaoz énébourien Jéruzalem hag ar ré a gasé anézhi, a vijé trémenet dré hé fersier ;

MEM.

13. Enn abek da béc'héjou hé frofôded, ha da fallagriézou hé béléien, péré hô deûz skulet enn hé c'hreiz goâd ann dûd reiz.

NUN.

14. Kantréet hô deûz ével tûd zall dré ar ruou, en em zaôtret iñt er goâd ; ha pa na helleñt két mérout, é saveñt hô dilad.

SAMECH.

15. Téc'hit, tûd saotret, a lavaré ar ré all d'ézhô (r) ; tec'hit, it-kuit, na stokit két ouz-omp : râg hi a zô en em reñdaélet hag a zô bét strafilet ; lavaret hô deûz é-touez ar brôadou : Na choumô mui enn hô c'hreiz.

PHE.

16. Dremm ann Aotrou en deûz hô skiñet, na zellô mui out-hô : n'hô deûz két bét a zoujañs évit ar véléien, nag a druez é-keñver ar ré gôz.

AÏN.

17. Pa oamp c'hoaz *enn eur bobl* (n), hon daoulagad a zô két skuiz ô c'hédal ken-nerz enn-aner, ô sellout-piz oud eur vrôad ha na hellé két hon dieûbi.

SADE.

18. Risklet hô deûz hor c'hammé-jon ô kerzoud dré hor ruou : tôstéet eo hon divez ; leûniet eo hon deisiou, râk deûet eo hon divez.

COPH.

19. Buanoc'h eo bét hon heskinérien égét ered ann éñv ; éat iñt war hon lerc'h war ar ménésiou, lindagou hô deûz steñet d'é-omp enn distrô.

RES.

20. Spéred hor génou, ar C'hrist, ann Aotrou a zô bét paket enn abek d'hor péc'héjou ; hag hon eûz lavaret d'ézhañ : Dindân da skeûd é vévimp é-touez ar brôadou.

SIN.

21. Tric, hag en em laouéna, merc'h Édom, té péhini a choum é douar Hus : bétég enn-od é teûi ivé ar c'hôp ; mezviet é vézi, ha lékéat enn noaz.

THAU.

22. Peûr-gastizet eo da fallagriez, merc'h Sion ; *ann Aotrou* n'az tizougô mui : amwéloud a rai da fallagriez, merc'h Édom ; dizolei a rai da béc'héjou.

V. PENNAD.

Pédenn ar profed Jérémias.

1. Az péz koun, Aotrou, eûz ar péz a zô c'hoarvézet gan-é-omp : arvest ha gwél hon dismégañs.
2. Hon digwéz a zô tróet d'ar ré eûz a vrô all, hag hon tiez d'ann diavésidi.
3. Da emzivaded omp deûet hép tâd, ével iñtañvézed eo hor mammou.
4. Hon dour a évemp gañt arc'hañt ; hér é paéemp hor c'heûneûd.
5. Béc'hiet eo bét hor chouk, hép rei éhan d'ar ré a ioa skuiz.
6. Ann dourn hon eûz róet d'ann Éjiptianed ha d'ann Assiried, évit kaout hor gwalc'h a vara.
7. Hon tadou hô deûz péc'het, ha n'iñt mui : ha ni a zoug *poan* hô fallagriézou.
8. Sklaved hô deûz aotrouniet war-n-omp : ha n'eûz bét dén évid hon dieûbi eûz hô daouarn.
9. Mond a réomp da glask bara évid-omp, dirâg ar c'hlézé, é gwall hor buez, enn distrô.
10. Hor c'hroc'hen a zô deûet dû ével eur fourn, gañd garvder ann naoun.
11. Gwallet hô deûz ar c'hragez é Sion, hag ar plac'hed-iaouañk é kériou Juda.
12. Ar briñsed hô deûz krouget

gañd hô daouarn hô-unan ; n'hô deûz két doujet dremm ar ré gôz.

13. Gwall-c'hréat hô deûz é-keñver ar baotred-iaouañk : hag ar vugalé a zô bét diskaret dindân ar c'hoat.

14. N'eûz mui a dûd kôz é-tâl ar persier, nag a dûd iaouañk é strolladou ar ganérien.

15. Diaézet eo lévénez hor c'haloun ; hor c'hanaouennou a zô trôet é keinvanou.

16. Kouézet eo ar gurunen diwar hor penn : gwâ ni, râk péc'het hon eûz.

17. Râk-sé eo deûet trist hor c'haloun, dré-zé eo tévaléet hon daoulagad ;

18. O véza ma eo bét dispennet ménez Sion, ha ma réd al lern dré-z-hañ.

19. Hôgen té, Aotrou, a badô da-vikenn ; da drôn a choumô a rumm é rumm.

20. Pérâg éc'h añkounac'hii - dé ac'hanomp da-vikenn, hag é titézi-dé ac'hanomp a-héd eûl lôd brâz a zeisiou ?

21. Distrô ac'hanomp, Aotrou, étrézég enn-od, hag é tistrôimp ; névez hon deisiou ével er penn-keñta.

22. Hôgen hon distolet éc'h eûz pell ; brâz eo da frouden enn hon énep.

LEVR

AR PROFED BARUC'H.

I. PENNAD.

Iuzévien Babilon a gås levr Baruc'h da re Jéruzalem.

1. Chétu gériou al levr a skrivaz Baruc'h, måb Nérias, måb Maasias, måb Sédésias, måb Sédei, måb Helsias, pa édo é Babilon.

2. Er pempved bloaz, er miz *keñta*, er seizved deiz eûz ar miz, enn amzer ma oé kéméret Jéruzalem gañd ar C'haldéed, ha ma lékéjoñt ann tân enn-hi,

3. Baruc'h a lennaz gériou al levr-zé dirâk Jéc'honias, måb Joakim, roué Juda, ha dirâg ann holl bobl a zeûé da zélaoui lenna al levr-zé,

4. Ha dirâg ar ré vrâz, ha mipien ar rouéed, ha dirâg ann hénaoured, ha dirâg ar bobl, adaleg ar bihana bétég ar brasa, eûz ar ré holl a chou-mé é Babilon, é-tâl ster Sodi.

5. Hag ar ré hé glevé a wélé, a iuné, hag a bédé dirâg ann Aotrou.

6. Arc'hañt a zastumchoñt, hervez ma hellaz pép-hini anézhô hé ôber;

7. Hag é kaschoñt anézhañ da Jéruzalem da Joakim ar Bélek-*brâz*, måb Salom, ha d'ar véleien all, ha d'ann holl bobl en em gavaz gañt-hañ é Jéruzalem,

8. Enn amzer ma oa bét rôet d'ezhañ listri templ ann Aotrou, péré a oa bét tennet eûz ann templ, évid hô digas adarré é douar Juda, ann dekved deiz eûz a viz Sivan: al listri arc'hañt eo a oa bét lékéat da ôber gañt Sédésias, måb Josias, roué Juda;

9. Goudé m'en dôa Nabukodonosor, roué Babilon, kéméret Jékonias, ar briñsed hag ann holl ré vrâz, ha pobl ar vrô, ha m'en dôa hô c'haset éréet eûz a Jéruzalem da Vabilon.

10. Hag é lékéjoñt da lavarout *da ré Jéruzalem*: Chétu é kasomp d'éhoc'h arc'hañt: prénit gañt-hañ loéned, hag ézañs greûnek, ha kennigithô é sakrifiz, évid ar péc'hed, war aoter ann Aotrou hon Doué:

11. Ha pédit évit buez Nabukodonosor, roué Babilon, hag évit Baltassar hé våb, évit ma vézô hô deisiou war ann douar ével deisiou ann éñv.

12. Ra rôi ann Aotrou ners d'éomp, ha ra sklérai hon daoulagad, évit ma vévimp dindân skeûd Nabukodonosor, roué Babilon, ha dindân skeûd Baltassar hé våb, ha ma servichimp anézhô pell-amzer, ha ma kavimp grâs dira-z-hô.

13. Pédit ivé ann Aotrou, hon Doué, évid-omp, ô véza ma hon eûz péc'het a-éneb ann Aotrou hon Doué, ha n'eo két distrôet hé frouden diwar-n-omp bété vréma.

14. Lennit al levr-zé, hon eûz kaset d'é-hoc'h, évit béza rôet da anaout é templ ann Aotrou, enn deiz lîd, hag enn deiz déréad:

15. Hag é léverrot : D'ann Aotrou hon Doué eo ar reizded, hôgen d'é-omp-ni eo ar vézégez a c'hôlô hon dremm, ével ma her gwéleur enn deiz-mañ é-kéñver Juda ha tûd Jéruzalem,

16. Hag hor rouéed, hag hor priñsed, hag hor béleien, hag hor profé-ded, hag hon tadou.

17. Péc'het hon eûz dirâg ann Aotrou, hon Doué ; n'hon eûz két krédet enn-hañ, ha n'hon eûz két fisiet enn-hañ.

18. N'hon eûz két pléget d'ézhañ, ha n'hon eûz két sélaouet mouéz ann Aotrou hon Doué, évit baléa hervez ar gourc'hemennou en deûz rôet d'é-omp.

19. Adaleg ann deiz é péhini en deûz tennet hon tadou eûz a vrô ann Éjipt, bétég ann deiz-mañ, omb bét diskrédik é-kéñver ann Aotrou hon Doué : hag enn hon diroll, omp pelléet diout-hañ, évit na glevchemp két hé vouéz.

20. Râk-sé eo bét kouézet war-n-omp kalz a reûsiou hag a vallosiou, en dôa diouganet ann Aotrou dré c'hénou Moizez hé zervicher, péhini en deûz tennet hon tadou eûz ann Éjipt, évit rei d'é-omp eunn douar é péhini é tiredé gouériou léaz ha mél, ével ma eo anat hiriô.

21. Ha n'hon eûz két sélaouet mouéz ann Aotrou hon Doué, hervez holl lavariou ar broféded en deûz kaset d'é-omp.

22. Ha pép-hini ac'hanomp en deûz heûliet hé wall-ioul, ha drougiez hé galoun, ô kéêla douéed a-ziavéaz, hag oc'h ôber ann drouk, dirâg ann Aotrou hon Doué.

—

II. PENNAD.

Ar Iuzévien a anavez pénaoz ann droug a c'houzañvoñt a zó ar c'hastiz dléed d'hô féc'héjou.

1. Râk-sé ann Aotrou hon Doué en deûz sévénet hé c'hér, en dôa lékéat da lavarout d'é-omp, ha d'hor barnérien, péré hô deûz barnet Israel, ha d'hor rouéed, ha d'hor priñsed, ha da Israel holl ha da Juda ;

2. Pénaoz é tigasché ann Aotrou war-n-omp drougou ker brâz, n'eûz két bét gwélet héñvel out-hô dindân ann éñv, ével ma eo bét c'hoarvézet é Jéruzalem, hervez ma eo skrivet é lézen Moizez,

3. Ma tebrché eunn dén kig hé vâb ha kig hé verc'h.

4. Hag ann Aotrou en deûz hô lékéat étré daouarn ann holl rouéed a zô enn-drô d'é-omp, évit béza da c'hoab d'ann dûd, ha da skouér a reûz é-touez ann holl boblou é-kreiz péré en deûz hor skiñet.

5. Ha nî a zô bét sklaved é léac'h béza bét mistri, ô véza ma hon eûz péc'het a-éneb ann Aotrou hon Doué, ha n'hon eûz két señtet oud hé vouéz.

6. D'ann Aotrou hon Doué eo ar reizded ; hôgen d'é-omp-ni ha d'hon tadou eo ar vézégez a c'hôlô hon dremm, ével ma her gwéleur enn deiz-mañ.

7. Râg ann Aotrou en dôa diouganet ann holl zroug a zô deûet da gouéza war-n-omp.

8. Ha n'hon eûz két lékéat hor péden dirâk dremm ann Aotrou hon Doué, évit ma en em denché pép-hini ac'hanomp eûz hé wall heñchou.

9. Râk-sé ann Aotrou en deûz beilet war ann drougou, hag en deûz hô digaset war-n-omp ; ô véza ma eo gwirion ann Aotrou enn hé holl ôberiou, é kémeñt en deûz gourc'hémennet d'é-omp :

10. Ha nî n'hon eûz két sélaouet hé vouéz, évit baléa é kélennou ann Aotrou en deûz rôet ha lékéat dira-z-omp.

11. Hôgen bréma, Aotrou, Doué Israel, péhini éc'h eûz tennet da bobl eûz a zouar ann Éjipt gañd eunn dourn kré, gañd arouésiou ha burzudou, gañd da c'halloud brâz, gañd da vréac'h uc'hel, hag éc'h eûz gréat d'id eunn hanô *brâz* ével ma eo anat enn deiz-mañ :

12. Péc'het hon eûz ; gwall ôberiou hon eûz gréat ; ar fallagriez hon eûz gréat, Aotrou hon Doué, a-énep da holl c'hourc'hémennou reiz.

13. Distrô da vuanégez diwar-n-
omp, ô véza ma omp choumet nébeût
é-kreiz ar brôadou é péré éc'h eûz
hor skiñet.
14. Sélaou, Aotrou, oud hor péden-
nou, hag oud hor garmou, ha dieûb
ac'hanomp eûn abek d'id ; hà laka
ac'hanomp da gavout gràs dirâg ar ré
hô deûz hon dizouget amañ :
15. Évit ma wézô ann douar holl
pénaoz eo té ann Aotrou hon Doué,
ha pénaoz Israel hé wenn a zô hanvet
da bobl.
16. Sell ouz-omp, Aotrou, eûz da
di sañtel ; dinaou da skouarn, ha sé-
laou ouz-omp.
17. Digor da zaoulagad, ha gwél
pénaoz né két ar ré varô péré a zô er
béz, hag a zô bét rannet hô éné di-
gañd hô c'horf, a rôi énor ha gloar
d'ann Aotrou :
18. Hôgen ann éné eo péhini a zô
doaniet enn abek d'ann droug en deûz
gréat, péhini a zô kroummet ha gwé-
vet, gañd hé zaoulagad er morc'hed ;
ann éné naouneg eo a rôi d'id, Ao-
trou, ann énor hag ar c'hloar.
19. Râk né két oc'h en em harpa
war reizded hon tadou é réomb hor
péden, hag é c'houlennomp da dru-
garez, ô Aotrou hon Doué ;
20. Hôgen ô véza ma éc'h eûz kaset
ouz-omp da vuanégez ha da frouden,
ével ma ez pôa hé ziouganet dré c'hé-
nou da zervicherien ar broféded, ô
lavarout :
21. Ével-henn é lavar ann Aotrou :
Soublit hô skoaz hag hô chouk, hag
en em likiit dindan galloud roué Ba-
bilon, hag é choumot azézet enn
douar em eûz rôet d'hô tadou.
22. Ma na zélaouit két mouéz ann
Aotrou, hô Doué, ha ma na blégit két
da roué Babilon, mé hô lakai da voñd
er-méaz eûz a gériou Juda, hag er-
méaz eûz a Jéruzalem.
23. Tenna a rinn digan-é-hoc'h
ar c'hanaouennou c'houék, ar c'hân
laouen, mouéz ar pried, ha mouéz ar
bried, ha na choumô két enn hô touar
a lerc'hiou anat é vé bét tud enn-hô.
24. Hag ô véza n'hô deûz két hon
tadou sélaouet da vouez, ha n'hô deûz
két pléget da roué Babilon, éc'h eûz
sévénet ar gériou ez pôa diouganet
dré c'hénou da zervic'herien ar bro-
féded, ô lakaat da zizougen er-méaz
eûz hô léac'h eskern hor rouéed, hag
eskern hon tadou.
25. Ha chétu hô deûz gouzañvet
grouéz ann héol ha réô ann nôz ; hag
eul lôd brâz anézhô a zô marô é gwall
boaniou, gañd ann naoun, ha gañd ar
c'hlézé, hag er-méaz eûz hô brô.
26. Lékéat éc'h eûz ivé ann templ é
péhini é oa pédet da hanô, er stâd ma
her gwéleur hiriô, enn abek da falla-
griez ti Israel ha ti Juda.
27. Ha koulskoudé éc'h eûz gréat
enn hor c'héñver, Aotrou hon Doué,
hervez da holl vadélez, hag hervez
da drugarez vrâz ;
28. Ével ma éc'h eûz hé lavaret dré
c'hénou Moizez da zervicher, enn deiz
ma éc'h eûz gourc'hémennet d'ézhañ
skriva da lézen évit bugalé Israel,
29. O lavarout : Ma na zélaouit két
va mouéz, al lôd brâz-zé a dûd a vézô
trôet enn eunn niver bihan é-touez ar
brôadou é-kreiz péré em bézô hô
skiñet :
30. Râk mé a oar pénaoz ar bobl-zé
na zélaouô két ac'hanoun ; râg eur
bobl eo a zô kalet hé benn. Hôgen
distrei a rai enn-hañ hé-unan é douar
hé sklavérez :
31. Hag hi a wézô pénaoz eo mé
ann Aotrou, hô Doué. Eur galonn a
rôinn d'ézhô, hag é poelliñt ; ha dis-
kouarn, hag é kleviñt.
32. Va meûli a raiñt é douar hô
sklavérez, ha va hanô a zeûiô da gonn
d'ézhô.
33. Dilézel a raiñt hô c'haléder hag
hô drougiézou, ô véza ma hô dévézô
koun eûz a heñt hô zadou, péré hô
deûz péc'het em énep.
34. Hag é asgalvinn anézhô enn
douar em boa rouet é rôjenn da Abra-
ham, da Izaak ha da Jakob : hag hi a
vézô mistri énô : hag é paottinn anéz-
hô, ha na zigreskiñt mui.
35. Ober a rinn gañt-hô eur gévré-
digez all a vézô peûr-baduz, évit ma
vézinn da Doué d'ézhô, ha ma véziñt
da bobl d'in : ha na likiinn mui bu-
galé Israel, va fobl, da voñd er-méaz
eûz ann douar em eûz rôet d'ézhô.

III. PENNAD.

Ar Iuzévien a c'houlenn bépréd trugarez ann Aotrou. Diougan é-kenver ar C'hrist.

1. Bréma éta, Aotrou holl-c'halloudek, Doué Israel, ann éné enn añken hag ar spéred enn eñkrez a c'harm étrézég enn-od.

2. Sélaou, Aotrou, hag az péz truez ouz-omp, ô véza ma oud eunn Doué trugarézuz : grâ trugarez enn hor c'heñver, ô véza ma hon eûz péc'het dira-z-od.

3. Té péhini a zô azézet da-vikenn, hag hol lézel a ri-dé da véza kollet er vuez-mañ ?

4. Aotrou holl-c'halloudek, Doué Israel, sélaou bréma péden ré varô Israel, ha bugalé ar ré hô deûz péc'het dira-z-od, péré n'hô deûz két sélaouet mouéz ann Aotrou hô Doué, hag hô deûz didennet ann drouk-zé war-n-omp.

5. N'az péz mui a goun eûz a fallagriézou hon tadou : hôgen az péz koun enn amzer-mañ eûz da zourn hag eûz da hanô :

6. Râk té oa ann Aotrou hon Doué, hu da veûli a raimp, ô Aotrou :

7. Pa eo évit sé éc'h eûz lékéat ann doujañs ac'hanod enn hor c'halounou, évit ma c'halvimp da hanô, ha ma veûlimp ac'hanod enn hor sklavérez, ô tistrei diouc'h fallagriez hon tadou, péré hô deûz péc'het dira-z-od.

8. Ha chétu émomp hiriô er sklavérez-mañ, é péhini éc'h eûz hor skiñet, évit béza da zorc'hen, ha da argarzidigez, ha da *skouér eûz ar boan dléet d'ar* péc'hed, hervez holl fallagriézou hon tadou, péré a zô bét pelléet dioud-id, ô Aotrou hon Doué.

9. Sélaou, Israel, kémennou ar vuez; dinaou da skouarn, évit ma teski ar poell.

10. A bétrâ é teû, ô Israel, ma oud bréma é brô da énébourien ?

11. Ma oud deûet da gôsaat enn eunn douar a-ziavéaz, ma oud en em zaotret gañd ar ré varô, ha ma oud sellet ével ar ré a ziskenn er béz ?

12. O véza ma éc'h eûz dilézet feuñteun ar furnez eo.

13. Râk m'az pijé baléet é heñt ann Aotrou, é vijez chommet enn eur péoc'h stard ha peûr-badus.

14. Desk péléac'h éma ar poell, péléac'h éma ann ners, péléac'h éma ar skiañt, évit ma wézi enn hévélep amzer péléac'h éma ann hir-hoal, hag ar boéd, ha goulou ann daoulagad, hag ar péoc'h.

15. Piou en deûz kavet léac'h *ar furnez ?* Ha piou a zô éat enn hé teñzoriou ?

16. Péléac'h éma bréma priñsed ar broadou, péré a aotrounié war loéned ann douar ?

17. Péré a c'hoarié gañt laboused ann éñv,

18. Péré a zastumé enn hô teñzoriou ann arc'hañt hag ann aour é péré é laka ann dûd hô holl fisiañs, hag a c'hoañtaoñt enn eunn doaré direiz ? Péré a labouré ann arc'hañt gañt kalz a bréder, hag a réa gañt-hañ ôbériou kaer ?

19. Danétra iñt bét kaset, hag iñt diskennet d'ann ifernou, ha ré all a zô bét savet enn hô léac'h.

20. Ann dud-iaouañk hô deûz gwélet ar goulou, hag iñt chommet war ann douar : hôgen n'hô deûz két anavézet heñt ar wiziégez,

21. Ha n'hô deûz két poellet hé raveñtou ; hô bugalé n'hô deûz két hé digéméret ; pell-brâz diout-hi iñt en em dennet :

22. Né két bét klevet é douar Kanaan, ha né két bét gwélet é Téman.

23. Mipien Agar péré a glask eur poell a zeû eûz ann douar, hañtérourien Merra ha Téman, ar gélaouérien, hag ar ré a eñklask eur poell hag eur skiañt névez, n'hô deûz két anavézet heñt ar furnez, ha n'hô deuz két kavet hé raveñchou.

24. O Israel, péger braz eo ti Doué, péger éc'hon eo léac'h hé gers !

25. Brâz eo, ha n'en deûz két a harzou ; uc'hel eo ha diveñt.

26. Énô eo bét al lañgouinéien ker brudet, péré a oa adaleg ar penn-keñta, tûd ker braz, péré a oa gwiziek é-keñver ar brézel.

27. Ann Aotrou n'en deûz két hô dilennet, ha n'hô deûz két kavet heñt ar furnez : râk-sé eo iñt bét kollet.

28. Hag ô véza n'hô deûz két bét ar furnez, iñt bét kollet gañd hô diboell.

29. Piou a zô bét piñet enn éñv, hag en deûz hé digéméret, pé en deûz hé digaset eûz a greiz ar c'hoabr?

30. Piou en deûz treûzet ar môr, hag en deûz hé c'havet? Hag eo bét gwell gañt-hañ hé digas gañt-hañ égéd ann aour ar glana?

31. Dén na anavez hé heñchou, dén na eñklask raveñchou ;

32. Hôgen ann hini a oar pep-trâ a anavez anézhi : hé c'havet en deûz gañd hé boell, hén péhini en deûz starteet ann douar da-vikenn, hag en deûz hé leûniet a loéned hag a anévaled :

33. Héñ péhini a gâs ar goulou, hag a ia, a c'halv anézhañ, hag é señt out-hañ enn eur gréna.

34. Ar stéred hô deûz roet hô goulou pép-hini enn hé léac'h, hag iñt en em laouénéet.

35. Galvet iñt bét, hag hô deûz lavaret : Chétu ni ; hag hi hô deûz luc'het a ioul vâd évid ann hini en deûz hô c'hrouet.

36. Hen-nez eo hon Doué ; hag hini all é-béd na vézô kavet klôk dira-z-hañ.

37. Héñ eo en deûz kavet holl heñchou ar c'hélen, hag en deûz hô diskouézet da Jakob hé zervicher ha da Israel hé viñoun.

38. Goudé-zé eo bét gwélet war ann douar, hag en deûz komzet gañd ann dûd.

—

IV. PENNAD.

Jéruzalem a léñv war goll hé vugalé a zô bét kaset é sklavérez.

1. Hé-mañ eo levr gourc'hémennou Doué, hag al lézen a badô da-vikenn. Kémeñd hini a virô anézhi a dizô ar vuez ; hag ar ré hé dilézô, a gouézô er marô.

2. Distrô, Jakob, ha kémer-hi : balé enn hé heñt oud hé skéd, hag out sklerder hé goulou.

3. Na rô két da c'hloar da eunn all, na da c'halloud da eur vrôad a-ziavéaz.

4. Euruz omb, Israel, ô véza ma en deûz disklériet Doué d'é-omp ar péz a zô hétuz d'ézhañ.

5. Béz kalounek, ô pobl Doué, éñvor Israel.

6. Gwerzet oc'h bét d'ar brôadou, hôgen na viot két kollet a-grenn. Lékéat oc'h bét étré daouarn hoc'h énébourien ô véza ma hoc'h eûz didennet war-n-hoc'h buanégez ha frouden Doué.

7. Argadet hoc'h eûz ouz-hoc'h ann Doué peûr-baduz péhini en deûz hô krouet, ô kenniga sakrifisou d'ann diaoulou, ha nann da Zoué.

8. Añkounac'héet hoc'h eûz ann Doué en deûz hô maget, hag hoc'h eûz doaniet Jéruzalem hô magérez.

9. Râg gwélet é deûz buanégez Doué a zeûé da gouéza war-n-hoc'h, hag é deûz lavaret : Sélaouit, tûd Sion, Doué en deûz digaset d'in eur c'hlac'har vrâz :

10. Va fobl, va mipien ha va merc'hed a wélann er sklavérez, é péhini iñt bét kaset gañd ann Doué peûrbaduz.

11. Hô maget em bôa el lévénez, hô gwélet em eûz ô voñt er gwélvan hag enn doan.

12. N'en em laouenéet dén ô wélout ac'hanoun iñtañvez ha mañtret : gañt eul lôd brâz ounn bét dilézet, enn abek da béc'héjou va bugalé, ô véza ma iñt bét distrôet diouc'h lézen Doué.

13. N'hô deûz két anavérez hé varnédigézou ; n'hô deûz két baléet é heñchou gourc'hémennou Doué ; ha n'hô deûz két rénet hô c'haméjou gañt reizded é raveñchou ar wirionez.

14. Ra zeûi tûd Sion, ha ra arvestiñt sklavérez va mipien ha va merc'hed, é péhini iñt bét kaset gañd ann Doué peûr-baduz.

15. Râk digaset en deûz out-hô eur vrôad a bell, gwall dûd, eûz a eunn iéz dizanaf ;

16. Péré n'hô deûz két bét a azaouez

évid ar ré gôz, nag a druez évid ar ré iaouañk, péré hô deûz lamet digañd ann iñtañvez ar péz a garé ar muia, hag hô deûz hé mañtret ô skrapa digañt-hi hé bugalé.

17. Évid-oun-mé pénaoz é helfenn-mé hô skoazella ?

18. Hôgen ann hini en deûz digaset ann drouk-zé war-n-hoc'h eo, a zieûbô ac'hanoc'h eûz a zaouarn hoc'h énébourien.

19. Kerzit, va bugalé, kerzit : évid-oun-mé é chouminn va-unan.

20. Tennet em eûz va zaéou a lid, gwisket em eûz eur sac'h, eur zaé a béden. hag é c'harminn étrézég ann Uc'hel-Meûrbéd a-héd va deisiou.

21. Bézit kalounek, va bugalé, ha garmit étrézég ann Aotrou ; hag hén hô tennô eûz a zaouarn ar briñsed, hoc'h énébourien.

22. Râk bépréd em eûz gédet hô tieûb ; hag ann hini a zô sañt am laka da véza laouen, gañd ar gwél eûz ann drugarez a skulô war-n-hoc'h hor Salver peûr-baduz.

23. Hô kwélet em eûz ô voñt-kuit er gwélvan hag enn hirvoud : hôgen ann Aotrou hô tigasô d'in gañd dudi ha gañt lévénez da-vikenn.

24. Râg ével m'hô deûz ar brôiou enn-drô da Zion gwélet ar sklavérez é péhini oc'h bét kaset gañd Doué, é wéliñt ivé ann dieûb a gasô Doué d'é-hoc'h, ô tigas war-n-hoc'h eur c'hloar vrâz hag eur skéd peûr-baduz.

25. Va bugalé, gouzañvit gañd habaskded ar vuanégez a zô kouézet war-n-hoc'h : râk da énébour en deûz da heskinet ; hôgen abarz némeûr é wéli hé zismañtr, hag é piñi war hé chouk.

26. Va bugalé téner hô deûz kerzet é heñchou garô : râk kaset iñt bét ével eur vañden déñved é preiz d'hô énébourien.

27. Bézit kalounek, va bugalé : garmit étrézég ann Aotrou : râg ann hini en deûz hô rénet, en dévézô koun ac'hanoc'h.

28. Hô spéred en deûz hô touget da fazia ô tistrei diouc'h Doué ; hôgen ô trei a-névez étrézég enn-hañ, é kéélot anézhañ gañd dék kwéach mui a véôder.

29. Râg ann hini en deûz digaset ann drouk-zé war-n-hoc'h, a rôi d'é-hoc'h eul lévénez peûr-baduz, oc'h hô tieûbi.

30. Béz kalounek, Jéruzalem : râg ann hini en deûz rôet eunn hanô *kaer* d'id eo a béd ac'hanod.

31. Ar ré zrouk péré hô deûz da heskinet, a vézô kaset-da-gét ; hag ar ré a zô en em laouénéet eûz da zismañtr, a vézô kastizet.

32. Ar c'hériou é péré eo bét sklaved da vugalé, a vézô kastizet ; hag ivé ann hini é deûz digéméret da vugalé ;

33. Râg ével ma eo en em laouénéet eûz da zismañtr, ével ma eo bét enn dudi eûz da lamm, ével-sé é vézô glac'haret-brâz gañd hé dismañtr hé-unan.

34. Garmou hé lévénez a vézô mouget, goudé hé dudi é teûi ann daélou.

35. Ann Doué peûr-baduz a lakai da gouéza tân war-n-ézhi er c'hañtvédou da zoñt, hag a-héd kalz a amzer é choumô ann diaoulou enn-hi.

36. Sell, Jéruzalem, étrézég ar sâv-héol, ha gwél al lévénez a gâs Doué d'id.

37. Râk chétu da vugalé éz pôa gwélet ô voñt-kuit évit béza skiñet é meûr a léac'h, a zistrô kévret hervez gér ann *Doué sañtel*, adaleg ar sâv-héol bétég ar c'hûs-héol ; hag hi a veûl Doué gañt lévénez.

—

V. PENNAD.

Ar profed a c'hourc'hémenn da Jéruzalem na wélô mui, hag a ziougan distrô ar sklaved.

1. Diléz, Jéruzalem, da zaé a gaoñ hag a c'hlac'har, ha gwisk ar skéd hag ann énor eûz ar c'hloar peûr-baduz a zeû d'id digañd Doué.

2. Doué a wiskô d'id *ével* diou zaé a reizded (a), hag a lakai war da benn eur mitr a énor peûr-baduz.

3. Râk Doué a ziskouézô d'ar ré

holl a zô dindân ann éñv ar skéd en dévézô lékéat enn-od.

4. Hé-mañ eo ann hanô a rôi Doué d'id da-vikenn : Péoc'h ar reizded, hag énor ar feiz.

5. Saô, Jéruzalem, ha choum enn da zà : sell étrézég ar sàv-héol, ha gwél da vugalé péré a zistrô kévret, hervez gér ann *Doué* sañtel, adaleg ar sàv-héol bétég ar c'hûs-héol ; hag hi a veûl Doué gañt lévénez.

6. Pa iñt éat kuit diouz-id, iñt bét kaset war droad gañd hô énébourien ; hôgen pa hô lakai ann Aotrou da zistrei, é véziñt douget gañd énor, ével bugalé tonket d'eur rouantélez.

7. Râk Doué en deûz lékéat énnâ hé benn izélaat ann holl vénésiou uc'hel, hag ar rec'hier peûr-baduz, ha leûnia ann traoñiennou évit lakaat kompez ann douar, ma kerzô buan Israel évit gloar Doué.

8. Ar c'hoajou ivé hag ann holl wéz c'houés-vàd, a zishéoliô Israel gañt gourc'hémenn Doué.

9. Râk Doué a zigasô Israel gañt lévénez, gañt goulou hé veûrded, gañd hé drugarez, hag ar reizded a zeû diout-hañ.

VI. PENNAD.

Jérémias a ziougan pénaoz ar Iuzévien sklaved é Babilon a zistrôi goudé seiz gwenn.

Diskriv al lizer a gasaz Jérémias d'ar Iuzévien sklaved, a dlié roué ar Vabilonied da gàs da Vabilon, évit rei da anaout d'ézhô ar péz en dôa Doué gourc'hémennet d'ezhañ da lavarout d'ézhô.

1. Enn abek d'ar péc'héjou hoc'h eûz gréat dirak Doué, é viot kaset da sklaved da Vabilon gañt Nabukodonosor, roué ar Vabilonied.

2. Pa viot éta é Babilon, é choumot énô pell amzer, hag a-héd meûr a vloaz, bétég ar seizved gwenn ; ha goudé-zé hô likiin da zoñt ac'hanô é péoc'h.

3. Hôgen bréma, é c'houi a wélô é Babilon douéed aour hag arc'hañt, ha mein, hâ koat, a zougeûr war ann diskoaz, hag a zô doujet-brâz gañd ar brôadou.

4. Likiid évez na heûliac'h ôberiou ann diavésidi-zé, hâ na zoujac'h ann *douéed-zé*, ha na zeûjé ann doujañs-zé d'hô touella.

5. Pa wélot éta eûl lôd brâz a dûd araog hag adré oc'h azeûli *ann douéed-zé*, livirit enn hô kaloun : Té eo, Aotrou, a dléeur da azeûli.

6. Râk va éal a zô gan-é-hoc'h, ha mé va-unan a ziwallô hô pucz.

7. Téôd ann douéed-zé a zô bét bénet gañd ar c'hizeller ; ar ré c'hôlôet a aour pé a arc'hañt n'hô deûz némed ann doaré ; ha na helloñt két komza.

8. Ével ma kiñkleur eur plac'h-iaouañk a gâr ar kiñklérézou, ével-sé goudé ma eo gréat ann douéed-zé, é kiñkleur anézhô gañd aour.

9. Douéed ann dûd-zé hô deûz évit-gwir kurunennou aour war hô fenn ; hô béleien a denn ann aour hag ann arc'hañt diout-hô, hag hô mir évit-hô hô-unan.

10. Eûz ann aour-zé é rôoñt da dud c'hadal, hag é kiñkloñt merc'hed fall (m) gañt-hô ; ha goudé ma iñt bét arôet d'ézhô gañd ar merc'hed fall (m), é kiñkloñt a-névez gañt-hô hô douéed.

11. Ann douéed-zé na helloñt két en em ziwallout diouc'h ar merkl hag ar préñved.

12. Goudé ma hô deûz hô gwiskét gañd eur zaé limestra, é torchoñt hô dremm, enn abek d'al lôd brâz a boultr a zâv enn-drô d'ézhô.

13. Unan anézhô a zoug eur walen roué ével eunn dén *brâz*, ével barner eur vrô ; ha na hellfé két lakaad da vervel ann hini a wall-aozché anézhañ.

14. Eunn all en deûz enn hé zourn eur c'hlézé pé eur vouc'hal ; hôgen na hell két en em ziwallout gañt-hô nag er brézel na diouc'h al laéroun. Dré géméñt-sé eo anat d'é-hoc'h pénaoz n'iñt két douéed.

15. N'hô doujit két éta : ével ma eo didalvez eur pôd torret gañd eunn dén, ével-sé eo ann douéed-zé.

16. Pa hô lékéeur enn eunn ti, ar

poultr

pouitr a zàv eûz a dreid ar ré a zeû ébarz a c'hôlô hô daoulagad.

17. Evel eunn dén péhini en deûz gwallet eur roué a zô serret dindân kalz a zôriou, pé évél eur c'horf-marô diskennet enn eur béz, évél-sé béleien ann doućed-zé hô serr dindân kalz a botaļou hag a voraļou, gañd aoun na veñt skrapet gañd al laéroun.

18. Kleûzeûriou a énaouoñt dira-z-hô, hag eul lôd brâz: hôgen na wéloñt hini anézhô: évél treûstou iñt enn eunn tî.

19. Ann dûd a lavar pénaoz ann aéred péré a zô ganet eûz ann douar, a lip kaloun ann doućed-zé, pa eo gwir pénaoz iñt debret, hi hag hô saéou, hép ma her merzoñt.

20. Dû é teû hô dremm gañd ar môged a zàv enn tî é péhini émiñt.

21. Ar c'haouenned, ar gwévélied hag al labouséd all a nich war hô fennou, hag ar c'hisier *a réd* war hô c'horfou.

22. Anavézit éta dré-zé pénaoz n'iñt két doućed; ha na zoujit két anézhô.

23. Ann aour gañt péhini iñt gréat n'eo néméd évid ann doaré. Ma na denneur két ar merkl diout-hô, na luc'hiñt két: ha pa iñt bét teûzet, n'hô deûz két hé verzet.

24. Kér iñt bét prénet, pétrâ-bennâg na oa két a vuez enn-hô.

25. War ziskoaz *ar ré all* iñt douget, ô véza n'hô deûz két a dreid; *évél-sé* é tiskouézoñt d'ann dûd hô dinerzded. Ra vézô éta gôloet a véz ar ré a azeûl anézhô.

26. Mar kouézoñt d'ann douar, na zaviñt két anézhô hô-unan: ha ma n'hô dalc'heur két éeun, na chonmiñt két enn hô zâ; évél da ré varô eo réd dougen d'ézhô ar rôou.

27. Hô béleien a werz hô hostivou, hag a râ anézhô ar péz a garoñt; gragez ar ré-mañ a gémer ivé ar péz a fell d'ézhô, hép rei lôd d'ar ré glañv na d'ar ré baour.

28. Ar merc'hed névez-gwilioudet, hag ar ré a zô hô misiou gañt-hô, a laka hô daouarn war hô sakrifisou. Pa ouzoc'h éta dré-zé pénaoz n'iñt két doućed, na zoujit két anézhô.

29. Pérâg éta iñt-hi galvet doućed? O véza ma kennig ar merc'hed rôou d'ann doućed arc'hañt, hag aour, ha koat;

30. O véza ma eo azézet hô béleien enn hô zemplou, hag hi gwisket gañt saéou roget, hô fenn hag hô barô touzet, ha noaz *ha dizôlô* hô fenn.

31. Iuda a réoñt étrézég hô doućed évél enn eur banvez kaoñ.

32. Hô bélein a denn hô zaéou digañt-hô, évit gwiska gañt-hô hô gragez hag hô bugalé.

33. Mar gra eur ré drouk d'ézhô, pé mar gra vâd, na helloñt két hé zisteûrel: na helloñt két lakaad eunn dén da roué, na tenna ar gurunen diwar hé benn.

34. Na helloñt két ivé rei ar madou, na disteûrel ann drouk. Ma en deûz gréat eur ré eur gwéstl d'ézhô, ha ma n'en deûz két hé zévénet, na raiñt droug é-béd d'ézhañ évit sé.

35. Na zieûboñt dén eûz ar marô, ha na dennoñt két ann dén dinerz eûz a zaouarn ann dén galloudek.

36. Na rôoñt két ar gwéled d'ann dén dall, ha na denneñt két eunn dén eûz ar reûz.

37. N'hô dévézô két a druez oud ann iñtañvez, ha na raiñt két a vâd d'ann emzivaded.

38. Ann doućed-zé a zô héñvel oud ar vein a denneur eûz a eur ménez; doućed koat, mein, aour, hag arc'hañt iñt. Ar ré a azeûl anézhô a vézô gôloet a véz.

39. Pénaoz éta é helleur hô sellout hag hô gervel évél doućed?

40. Ar C'haldéed hô-unan a vézéka anézhô: râk pa glevoñt pénaoz éz eûz eunn dén péhini a zô mûd ha na hell két komza, é kennigoñt anézhañ da Vel, hag é c'houlennoñt digañthañ *enn-aner* m'hel lakai da gomza;

41. Evel pa helfé merzout ar ré n'hô deûz két a fiñv: évél-sé pa venniñt gañt poell, é tiléziñt hô-unan anézhô; râk difiñv eo hô doućed.

42. Merc'hed a wéleur azézet er ruou, hag hi kerdin enn-drô d'ézhô, ô tévi eskern olived.

43. Ha pa zeû unan anézhô da véza kaset gañd eunn tréméniad-bennâg évit kouska gañt-hañ, hou-mañ a ré-

bech d'ann bini a zô enn hé c'hichen pénaoz né két bét kavet ével-t-hi dellézeg a énor, ha pénaoz né két bét torret hé c'horden.

44. Kémeñd a réeur é-kéñver ann douéed-zé n'iñt némét traou gaou. Pénaoz éta é helleur da grédi, pé da lavarout éz iñt douéed?

45. Gañt kizellérien koat hag aour iñt bét gréat. N'iñt kén néméd ar péz a fell d'ar véleien é veñt.

46. Ar gizellérien hô-unan péré a râ anézhô, na vévoñt két pell. Pénaoz éta é helfé hô labour béza douéed?

47. Lézel a réoñt d'ar ré a zeû hô-goudé traou gaou ha mézuz.

48. Ével-sé mar teû eur brézel, pé eur reûz-bennâg all, ar véléien a venn enn-hô hô-unan péléac'h éz aiñt da guza gañd hô douéed.

49. Pénaoz éta é hell béza sellet ével douéed ar ré na helloñt két en em zieûbi eûz ar brézel, na tec'hout diouc'h ar reûsiou?

50. Râg ô véza n'iñt némét koat gôlôet gañd aour ha gañd arc'hañt, ann holl vrôadou hag ann holl rouéed a anavézô pelloc'h pénaoz iñt traou gaou. Gwélet é vézô anat pénaoz n'iñt két douéed, hôgen labour daouarn ann dûd, é péhini n'eûz nétrâ a Zoué.

51. Ac'hanô eo anat pénaoz n'iñt két douéed, hôgen labour daouarn ann dûd, é labour péré n'eûz nétrâ a Zoué.

52. Na rôoñt két a roué da eur rouañtélez, ha na skuloñt két ar glaô war ann dûd.

53. Na lakaiñt két da ôber barnédigez, na zieûbiñt két ar brôiou diouc'h ann diboell; ô véza na helloñt nétrâ, kén nébeûd hag ar brini *a nich* étré ann éñv hag ann douar.

54. Mar krôg ann tân é ti ann douéed koat, arc'hañt hag aour, hô béleien a dec'hô hag a vézô dieûbet: hôgen hi a vézô losket é-kreiz *ar flammou* ével treûstou *ann ti*.

55. Na énébiñt két ond eur roué er brézel. Pénaoz éta é helleur hô anaout évid douéed?

56. Ann douéed koat, mein, aour hag arc'hañt-zé n'em em zieûbiñt két eûz a zaouarn al laéroun hag ar skarzérien. Ann dûd péré a zô kréoc'h égét-hô,

57. A skrapô digañt-hô ann aour, ann arc'hañt, hag ann dilad a c'hôlô anézhô, hag a iélô-kuit, hép ma hellô ar ré-mañ en em ziwallout.

58. Gwell eo éta béza eur roué a ziskouéz hé c'halloud, pé eul léstr talvouduz enn eunn ti, péhini a zô hétuz d'hé berc'hen, pé dôr eunn ti péhini a vir hag a ziwall ar péz a zô enn-hañ, égét béza unan eûz ann douéed gaou-zé.

59. Ann heol, al loar, hag ar stéred a lûc'h hag a zô talvouduz d'*ann dûd*; hag hi a zeñt *ouc'h Doué*.

60. Al luc'had a zô anat-brâz pa en em ziskouézoñt; ann avel a c'houéz enn holl vrôiou.

61. Ar c'hoabr pa c'hourc'hémenn Doué d'ézhô en em astenna war ar béd holl, a râ ar péz a zô gourc'hémennet d'ézhô.

62. Ann tân kaset diouc'h-kréac'h évit leski ar ménésiou hag ar c'hoajou, a râ ar péz a zô bét gourc'hémennet d'ézhañ. Hini eûz ann douéed-zé n'eo héñvel oud ar ré-mañ, nag é kaerded, nag é ners.

63. Na dleeur éta na krédi, na lavarout pénaoz iñt douéed, pa na helloñt nag ôber barnédigez, nag ôber mâd pé zrouk d'ann dûd.

64. Pa ouzoc'h éta pénaoz n'iñt két douéed, ne zoujit két anézhô.

65. Na raiñt bikenn na mâd, na drouk d'ar rouéed.

66. Na ziskouézoñt két enn éñv ann arouésiou évid ar boblou. Na luc'hiñt két ével ann héol, na c'houlaouiñt két ével ar loar.

67. Al loéned a zô gwelloc'h égéd ann douéed-zé, pa helloñt tec'hout dindân eunn dôen, ha klaskout ar péz a zô mâd évit-hô.

68. Anad eo éta évid-omp pénaoz n'iñt két douéed: râk-sé n'hô doujit két.

69. Râg ével ma lékéeur é-kreiz ar c'houlourdrennou eur spouñtal, ha na hell két hô diwallout, ével-sé eo hô douéed koat, arc'hañt, hag aour.

70. Héñvel iñt oud ar spern gwenn

a zô enn eur park, war béhini é teû ann holl lâbouzed da arzaôi. Hô douéed koat, aour, hag arc'hañt a zô c'hoaz héñvel oud eur c'horf-marô a daoleur enn eul léac'h dû ha téñval.

71. Ar préñved ô skriña ann dilad tané ha limestra a zô war-n-ézhô, a ziskouéz a-walc'h pénaoz n'iñt két douéed. Hi hô-unan a zô débret gañt-hô ; ha dré-zé é teûoñt da vézégez d'ar vrô holl.

72. Gwell eo eunn dén reiz péhini n'en deûz két a idolou ; ràg ann dis-mégañsou a bellai diout-hañ.

LEVR

AR PROFED ÉZÉKIEL.

I. PENNAD.

Gwélédigez geñta Ézékiel.

1. C'hoarvézoud a réaz enn trégoñtved bloaz, er pévaré *miz*, er pempved *deiz* eûz ar miz, pénaoz, pa édoun étouez ar sklaved é-tâl ster C'hobar, é tigoraz ann éñvou, hag é wéliz gwélédigésiou Doué.

2. Er pempved *deiz* eûz ar miz, hen-nez eo ar pempved bloaz eûz a zizougadur ar roué Joac'him,

3. É teûaz gér ann Aotrou da Ézékiel ar bélek, mâb Euzi, é brô ar C'haldéed, é-tâl ster C'hobar : hag énô dourn ann Aotrou a zeûaz war-n-ézhañ.

4. Ha mé a arvestaz, ha chétu eur gorveñten avel a zeûé eûz ann hañter-nôz ; hag eur goabren vrâz hag eunn tân war hé zrô, hag eur skéd trô-war-drô : hag eûz hé greiz, da lavaroud eo eûz a greiz ann tân, é doaré goularz :

5. Hag enn hé greiz éz oa bévélédigez pévar anéval : ha chétu hô doaré : oud eunn dén é oañt héñvel.

6. Pép-hini anézhô en dôa péder dremm ha péder askel.

7. Hô zreid a oa éeun, ha kaloun hô zreid ével kaloun treid eul leûé, hag hi a stérédenné ével ann arem al luc'husa.

8. Daouarn dén a ioa dindân hô diou-askel er pévar zu ; hag hi hô dôa pép-hini péder dremm ha péder askel.

9. Diou-askel ann eil a oa frammet oud diou-askel égilé. Na zistrôeñt két pa gerzeñt ; hôgen pép-hini anézhô a iéa râg-énep dira-z-hañ.

10. Hôgen chétu hô doaré : dremm eunn dén ha dremm eul léon hô doa hô févar enn tu déou ; dremm eunn éjenn hô févar enn tû kleiz, ha dremm eunn er hô févar a-ziouc'h.

11. Hô dremmou hag hô diou-askel en em astenné a-ziouc'h ; diou eûz hô askellou en em unané ann eil gañd ébén, hag ann diou all a c'hôlôé hô c'horfou.

12. Pép-hini anézhô a gerzé râg-éeun d'ézhañ ; moñd a réañt el léac'h ma hô c'hasé herr ar spéred ; ha na zistrôeñt két pa gerzeñt.

13. Hag ann anévaled a ioa diouc'h hô doaré ével glaou béô, hag ével kleûzeûriou. Béz' é wéled é-kreiz ann anévaled ô rédek flammou tân, ha luc'hed ô toñd er-méaz eûz ann tân.

14. Hag ann anévaled a iéa hag a zeûé, é doaré al luc'hed a lugern.

15. Pa zellenn oud ar pévar anéval, é wéliz eur rôd war ann douar enn hô c'hichen, pébini é dôa péder dremm.

16. Ar gwél eûz ar rôdou, hag hô labour, a oa héñvel oud ar môr : héñvel é oañt hô féder ann eil oud ébén ; hag ar gwél hag al labour

anézhô, ével pa vijé eur rôd é-kreiz eur rôd.

17. Hô févar rann a iéa kévret, ha na zistrôeñt két pa gerzeñt.

18. Ar veñt hag ann uc'helder eûz ar rôdou a oa beûzuz da wélout; hag ann holl gorf anézhô hô féder a oa leûn a lagadou trô-war-drô.

19. Ha pa gerzé ann anévaled, é kerzé ivé ar rôdou enn hô c'heñver; ha pa zavé ann anévaled diouc'h ann douar, é savé ivé ar rôdou kévret.

20. É pé léac'h-bennâg m'az éa ar spéred, ha ma zavé ar spéred, é savé ivé ar rôdou, oc'h hé heûlia. Râg ar spéred a vuez a oa er rôdou.

21. P'az éañt éz éañt, ha pa arzaôeñt é arzaôeñt; ha pa zaveñt diouc'h ann douar, é savé ivé ar rôdou kévret, oc'h hô heûlia: râg ar spéred a vuez a oa er rôdou.

22. A-ziouc'h pennou ann anévaled *éz oa* eunn ebr, é doaré striñk beûzuz, hag en em astenné a-ziouc'h d'hô fennou.

23. Dindân ann ebr-zé éz oa éeun hô askellou, ann eil-ré dirâk ré égilé; unan anézhô a guzé hé gorf gañd diou eûz hé askellou, hag égile hé guzé enn hévélep doaré.

24. Ha mé a glevé trouz hô askellou, ével trouz douréier brâz, ével mouéz Doué diwar-laez: pa gerzeñt é oa ével trouz eul lôd brâz a dûd, ével trouz eunn armé; ha pa arzaôeñt, é laoskeñt hô askellou.

25. Râk pa zeûé eur vouéz eûz ann ebr, a ioa a-ziouc'h d'hô fenn, é arzaôeñt hag é laoskeñt hô askellou.

26. Ha war ann ebr-zé, a ioa a-ziouc'h d'hô fenn, *éz oa* ével doaré eunn trôn héñvel oud eur méan safir, ha war ann trôn ével doaré eunn dén *azézet* war-n-ézhañ.

27. Ha mé a wélaz ével doaré goularz, hag ével tân, enn diabarz hag enn-drô d'ézhañ: adaleg hé zigroazel hag uc'héloc'h, hag adaleg hé zigroazel hag izéloc'h, é wéliz ével doaré eunn tân a luc'hé trô-war-drô.

28. Ével ar wareg a wéleur er c'hoabr enn eunn deiz glavek; ével-sé é oa ar goulou a luché trô-war-drô.

II. PENNAD.

Ann Aotrou a lavar da Ézékiel komza hép aoun.

1. Houn-nez eo ar wélédigez em boé eûz a zoaré gloar ann Aotrou: ha pa hé gwéliz, é kouéziz war va génou, hag é kléviz eur vouéz a gomzé ouz-in, hag a lavaraz d'in: Mâp dén, sâv war da dreid, hag é komzinn ouz-id.

2. Hag ar spéred goudé béza komzet ouz-in a iéaz enn-oun, hag a zavaz ac'hanoun war va zreid: hag é kléviz anézhañ ô komza ouz-in,

3. Hag ô lavarond d'in: Mâb dén, mé az kâs étrézé bugalé Israel, eur vrôad argiluz, a zô en em dennet diouz-in: hi hag hô zadou hô deûz torret bétég ann deiz-mañ, ar gévrédigez em bôa gréat gañt-hô.

4. Bugalé a benn kalet, hag a galoun dizoñvuz eo ar ré étrézé péré az kasann; lavar d'ézhô: Ével-henn é lavar ann Aotrou Doué,

5. Évit gwélout hag hi a zélaouô hag a éhanô; râg eunn ti héguz eo: ha ma wéziñt pénaoz éz eûz eur profed enn hô zouez.

6. Hôgen té, mâb dén, n'az péz két a aoun ra-z-hô, ha na spouñt két râg hô lavarioù: râg ar ré gañt péré émoud, a zô tûd diskrédik, ha dispac'herien; gañt kruged é choumez: N'az péz két a aoun rag hô gériou, ha na spouñt két râg hô zremmou râg eunn ti héguz eo.

7. Va gériou a liviri éta d'ézhô, *évit gwélout* hag hi a zélaouô hag a éhanô; râk tûd héguz iñt.

8. Hôgen té, mâb dén, sélaou kémeñd a livirinn d'id, ha na véz két héguz, ével ma eo héguz ann ti-zé: digor da c'hénou ha debr kémeñd a rôann d'id.

9. Ha mé a arvestaz, ha chétu eunn dourn a oé kaset étrézég enn-oun, é péhini édo eul levr rodellet; hag héñ a zirodellaz anézhañ dira-z-oun; lizérennou a ioa enn diabarz hag enn diavéaz; skrivet é oa war-n-ézhañ keinvanou, ha kanaouennou, ha mallosiou.

III. PENNAD.

Ézékiel a wél a-névez gloar ann Aotrou.

1. Hag héñ a lavaraz d'in : Mâb dén, debr kémeñd a gavi : debr al levr-zé ha kéa da gomza out bugalé Israel.

2. Ha mé a zigoraz va génou, hag héñ a lékéaz ac'hanoun da zibri al levr-zé.

3. Hag héñ a lavaraz d'in : Mâb dén, da gôv à zébrô, ha da vouzellou a vézô leûniet gañd al levr a rôann d'id. Ha mé hé zébraz ; hag héñ a zeûaz em génou c'houék ével ar mél.

4. Hag héñ a lavaraz d'in : Mâb dén, kéa étrézé ti Israel, ha rô da anaout va gériou d'ézhô.

5. Râk né két oud eur bobl a zô diez hé lavar, ha dianaf hé iéz, az kasann ; hôgen out ti Israel.

6. N'az kasann két étrézé kalz poblou, a zô diez hô lavar, ha dianaf hô iéz, a béré na helfez két klévout al lavariou. Ha pa gasfenn ac'hanod étrézé tûd enn doaré-zé, é sélaoufeñt ac'hanod.

7. Hôgen ar ré eûz a di Israel na fell két d'ézhô da zélaoui, ô véza na fell két d'ézhô va zélaoui : râg holl di Israel a zô garô a dâl ha kalet a galoun.

8. Chétu em eûz lékéat da zremm da véza startoc'h égéd hô dremm, ha da dâl kalétoc'h égéd hô zâl.

9. Ével ann diamañt hag ével ar bili em eûz lékéat da dâl da véza ; n'az péz két a aoun ra-z-hô, na spouñt két dirâg hô dremm ; ô véza ma eo eunn ti héguz.

10. Hag héñ a lavaraz d'in : Mâb dén, laka enn da galoun ann holl c'hériou a lavarann d'id, ha sélaou anézhô gañd da ziskouarn.

11. Kéa da gavout tûd ann dizougadur, bugalé da bobl ; komz out-hô, ha lavar d'ézhô : Ével-henn é lavar ann Aotrou Doué. Martézé é sélaouiñt hag éc'h ébaniñt.

12. Hag ar spéred a grogaz ennoun, hag é kléviz a-dré d'in ar vouézmañ gañd eunn trouz brâz : Benniget ra vézô gloar ann Aotrou eûz hé léac'h.

13. Hag *é kléviz* ivé trouz ann anévaled a skôé hô askellou ann eil oud ébén, ha trouz ar rôdou a iéa warlerc'h ann anévaled, ha trouz eur c'héflusk brâz.

14. Ar spéred a zavaz ivé ac'hanoun, hag am c'hasaz gañt-hañ ; ha mé a iéaz, va spéred leûn a c'houervder hag a vuanégez ; hôgen dourn ann Aotrou a oa gan-éñ, hag a grévéé ac'hanoun.

15. Ha mé a zeûaz el léac'h ma édô ar sklaved, é-tâl eur bern éd névez-trouc'het, étrézeg ar ré a choumé war aod ster C'hobar ; hag éc'h azéziz el léac'h ma oañt azézet ; hag é choumiz énô enn eur geinvani a-héd seiz dervez.

16. Hôgen pa oé tréménet ar seiz dervez, é teûaz gér ann Aotrou étrézég enn-oun, hag é lavaraz :

17. Mâb dén, da rôet em eûz da évésiad war di Israel ; ar gér a glévi eûz va génou, hag hé rôi da anaout d'ézhô eûz va fers.

18. Pa livirinn d'ann dén fallagr : Mervel, mervel a ri ; ma n'her rôez két da anaout d'ézhañ, ma na gomzez két out-hañ évit ma tistrôi eûz hé wall heñt, ha mar bév ; ann dén fallagr-zé a varvô enn hé fallagriez ; hôgen hé c'hoad a c'houlenninn digañd da zourn.

19. Hôgen ma éc'h eûz rôet da anaout *va gér* d'ann dén fallagr, ha ma na zistrô két eûz hé fallagriez, hag eûz hé wall heñt ; heñt a varvô enn hé fallagriez : hôgen té ez pézô dieûbet da éné.

20. Mar tistrô eunn dén reiz eûz hé reizded, ha mar grâ fallagriez ; é likiinn eur méan-fazi dira-z-hañ : hag héñ a varvô, ô véza n'éc'h eûz két rôet da anaout d'ézhañ *va gér* ; enn hé béc'hed é varvô, ha na vézô mui a éñvor eûz ann traou reiz en dévézô gréat ; hôgen hé c'hoad a c'houlenninn digañd da zourn.

21. Hôgen mar rôez da anaout d'ann dén reiz pénaoz na dlé két péc'hi, ha ma na béc'h két-héñ ; héñ a

vévô, ô véza ma éz pézô hé aliet ; ha
té ez pézô dieûbet da éné.
22. Ha dourn ann Aotrou a zavaz
war-n-oun, hag hén a lavaraz d'in :
Saô, ha kéa er mésiou, hag énô é
komzinn ouz-id.
23. Ha mé a zavaz, hag a iéaz er
mésiou, ha chétu gloar ann Aotrou a
zavaz énô, ével ar c'hloar a wéliz é-
tâl ster C'hobar ; ha mé a gouézaz
war va génou.
24. Hag ar spéred a zeûaz enn-oun,
hag a zavaz ac'hanoun war va zreid ;
hag hén a gomzaz ouz-in, hag as la-
varaz d'in : Kéa, hag en em zerr enn
da dl.
25. Ha té, mâb dén, chétu chaden-
nou a zô aozet évid-od, hag hi as érêô
gaňt-hô ; ha na helli két en em denna
diout-hô.
26. Ha mé a lakai da zéôd da staga
oud da staoñ ; hag é teûi da véza mûd,
ével eunn dén ha na damall hini ; ô
véza ma eo eunn ti béguz.
27. Hôgen p'am bézô komzet ouz-
id, é tigorinn da c'hénou, hag é liviri
d'ézhô : Ével-henn é lavar ann Aotrou
Doué : Néb a zélaou, sélaouet ; ha néb
a éhan, éhanet ; ô véza ma eo eunn ti
béguz.

IV. PENNAD.

*Ar profed a ziougan gaňd arwésiou
dishéñvel ar reûsiou a dlé kouéza
war Jéruzalem.*

1. Ha té, mâb dén, kémer gan-éz
eur vriken ; laka-hi dira-z-od, ha
roudenn war-n-ézhi kéar Jéruzalem.
2. Hag é toaréi eur sich enn hé
énep, hag é savi kréou, hag a ri sa-
vennou douar, hag eur c'hamp, ha
binviou brézel trô-war-drô.
3. Kémer ivé gan-éz eur billig
houarn, ha laka-hi ével eur vur
houarn étré té hag ar géar : ha té a
zellô out-hi gaňd eunn dremm stard,
hag hi a vézô grounnet, ha té hé
grounnô : eunn rouéz eo évit ti Israel.
4. Ha té a gouskô war da gostez
kleiz, hag é likii war-n-ézhañ falla-
griézou ti Israel, évid ann holl zeisiou
a-zoug péré é kouski war-n-ézhañ,
hag é kéméri war-n-od hô fallagriézou.
5. Rôet em eûz éta d'id bloasiou hô
fallagriézou, a-zoug dék deiz ha naoñ-
tek-ugeñt : hag é tougi fallagriézou ti
Israel.
6. Ha p'az pézô sévénet kémeñt-
mañ, é kouski eunn eil wéach war da
gostez déou ; hag é kéméri war-n-od
fallagriézou ti Juda a-zoug daou-ugeñt
deiz : eunn deiz eo a rôann d'id, eunn
deiz, émé-vé, évit pep bloaz.
7. Ha té a drôi da zaoulagad out
sich Jéruzalem ; ha da vréac'h a vézô
astennet : ha té a ziouganô out-hi.
8. Chétu em eûz lékéat chadennou
enn-drô d'id ; ha na drôi két eûz ann
eil gostez war égilé, kén na vézô sé-
vénet deisiou da zich.
9. Kémer ivé évid-od gwiniz, hag
heiz, ha fâ, ha fer, ha mell, ha piz-
lôgôd : ha laka-hi enn eul léstr, ha
grâ gaňt-hô baraou évid-od, évid ann
holl zeisiou a zoug péré é kouski war
da gostez. Dibri a ri anézhô a-héd dék
deiz ha naoñték-ugeñt.
10. Ar péz a zébri bemdez a boézô
ugeñt sikl ; a amzer é amzer é tebri
anézhañ.
11. Diouc'h gôr éc'h évi ivé dour,
ar c'houec'hved lôden eûz a eunn hin ;
a amzer é amzer éc'h évi anézhañ.
12. Ar péz a zébri a vézô ével bara
heiz poazet dindân al ludu ; hé c'hôlei
a ri gaňd ar mon a zeû eûz ann dén
dira-z-hô.
13. Hag ann Aotrou a lavaraz :
Ével-sé é tébrô bugalé Israel hô bara
saotret é-touez ar brôadou étrézé péré
é kasinn anézhô.
14. Ha mé a lavaraz : A, a, a, Ao-
trou Doué, chétu va éné né két bét
saotret ; adalek va bugaléach bété
vréma n'em eûz két debret a loen
marô anézhañ hé-unan, na diroget
gaňd loéned all ; na kik dic'hlan é-
béd n'eo ést em génou.
15. Hag hén a lavaraz d'in : Chétu
é rôann d'id beûzel é léac'h mon dén
hag é ri da vara gaňt-hañ.
16. Hag hén a lavaraz d'in : Mâb
dén, chétu mé a dorrô bâz ar bara é
Jéruzalem, hag hi a zebrô bara diouc'h

ar poéz, hag enn nec'h; hag hi a évô
dour diouc'h ar gôr, hag enn eñkrez.
17. Évit pa ziouériñt bara ha dour,
ma kouézô ann eil é divrec'h égilé,
ha ma tizec'hiñt enn hô fallagriézou.

—

V. PENNAD.

Arwésiou névez eûz a reûsiou Jéruzalem.

1. Ha té, mâb dén, kémer gan-éz
eunn aoten lemm, évit touza ar bléô:
kémer-hi, ha kâs-hi war da benn ha
war da vara; kémer ivé eur poéz hag
eur valañs évid hô ranna.
2. Eunn drédéren a loski enn tân
é-kreiz kéar, kén na vézô sévénet deisiou
ar sich; eunn drédéren a géméri,
hag a drouc'hi gañd ann aoten trô-war-drô
kéar; ann drédéren all a
daoli oud ann avel, ha mé a ìélô war
hô lerc'h gañd eur c'hlézé noaz.
3. Hag eûz ar ré-zé é kéméri eunn
niver bihan, hag é éréi anézhô war
véven da vañtel.
4. Eûz ar ré-zé é kéméri adarré,
hag é taoli anézhô é kreiz ann tân,
hag é loski anézhô enn tân; hag
ac'hanô é savô tân war holl dì Israel.
5. Ével-henn é lavar ann Aotrou
Doué: Houn-nez eo ar Jéruzalem,
em bôa lékéat é-kreiz ar brôadou, hag
hô douarou war hé zrô.
6. Hag hi é deûz disprizet va barnédigézou,
hag a zô deûet fallagroc'h
égéd ar brôadou; torret é deûz va
c'hélennou, gwasoc'h égéd ar brôiou
war hé zrô: râk distaolet hô deûz va
barnédigézou, ha n'hô deûz két baléet
em c'hélennou.
7. Râk-sé ével-henn é lavar ann
Aotrou Doué: O véza ma oc'h éat *é
drougiez* dreist ar baôadou a zô war
hô trô, ô véza n'hoc'h eûz két baléet
em c'hélennou, ha n'hoc'h eûz két
gréat va barnédigézou, ha n'hoc'h eûz
két gréat hervez barnédigézou ar
brôadou a zô war hô trô;
8. Râk-sé ével-henn é lavar ann Aotrou
Doué: Chétu mé a zeûi étrézég
enn-od, hag a rai va-unan va barnédigézon
enn da greiz dirâg ar brôadou.
9. Ha mé a rai enn-od ar péz n'em
eûz gréat biskoaz, ha na rinn bikenn
mui enn doaré-zé, enn abek d'as holl
fallagriézou.
10. Dré-zé ann tadou a zebrô hô
bugalé enn da douez, hag ar vugalé
a zebrô hô zadou; ha mé a rai va barnédigézou
enn-od, hag a skiñô da zilerc'hiou
é péb avel.
11. Râk-sé *ével-ma* ounn béô, émé
ann Aotrou Doué: ô véza ma éc'h eûz
saotret va sañtuar gañd da holl wallou,
ha gañd da holl fallagriézou; mé
ivé az brévô; va lagad na espernô két
ac'hanod, ha n'am bézô két a druez
ouz-id.
12. Eunn drédéren ac'hanod a varvô
goñd ar vosen, hag a vézô bévézet
gañd ann naoun enn da greiz; eunn
drédéren all a gouézô dindân ar c'hlézé
enn-drô d'id: ann drédéren all a skiñinn
é péb avel, hag é tenninn ar
c'hlézé war hô lerc'h.
13. Ha mé a leûniô va frouden, hag
a lakai va buanégez da arzaôi war-n-ézhô,
hag é vézinn dizoaniet; hag hi
a wézô pénaoz eo mé ann Aotrou,
hag em eûz komzet em oaz, p'am bézô
leûniet va buanégez out-hô.
14. Ha mé az lakai da eunn distrô,
ha da vézégez d'ann holl vrôadou a
zô enn-drô d'id, dirâk kémeñd hini a
iélô ébiou.
15. Hag é teûi da vézégez, ha da
valloz, da skouér, ha da spouñt évid
ar brôadou a zô enn-drô d'id, p'am
bézô gréat va barnédigézou war-n-od
em frouden, em buanégez, hag enn
drouk brâz a zavô enn-oun.
16. Mé eo ann Aotrou em eûz komzet:
Pa gasinn war-n-ézhô gwall zaésiou
ann naounégez, péré a vézô marvel,
hag a gasinn évid hô tispenna;
pa strollinn ann naounégez war-n-hoc'h,
hag é torrinn bâz ar bara enn
hô touez;
17. Pa gasinn war-n-hoc'h ann
naounégez, hag al loéned ar ré grisa
évid hô lakaad da vervel; pa dréménô
ar vosen hag ar goad dré-z-od, hag é
kasinn ar c'hlézé war-n-od; mé eo
ann Aotrou em eûz komzet.

VI. PENNAD.

Dismañtr Jérusalem gañd ar c'hlézé, ann naounégez hag ar vosen.

1. Ha gér ann Aotrou a zeûaz d'in, ô lavarout :
2. Mâb dén, trô da zaoulagad étrézé ménésiou Israel, ha diougan diwar hô fenn,
3. Ha lavar : Ménésiou Israel, sélaouit gér ann Aotrou Doué : Évelhenn é lavar ann Aotrou Doué d'ar ménésiou, ha d'ar c'hrec'hiennou, ha d'ar rec'hier, ha d'ann traoñiennou : Chétu é tigasinn ar c'hlézé war-n-hoc'h, hag é tispenninn hô lec'hiou-uc'hel.
4. Diskara a rinn hoc'h aoteriou, hag é vrévinn hô skeûdennou ; ha mé hô lakai da gouéza marô dirâg hoc'h idolou.
5. Léda a rinn korfou-marô bugalé Israel dirâg hô skeûdennou ; hag é skiñinn hoc'h eskern enn-drô d'hoc'h aoteriou.
6. Enn holl vrôiou é péré é choumit, ar c'hériou a vézô didûd, al lec'hiou-uc'hel a vézô freûzet ha diskaret ; hoc'h aotériou a gouézô hag a vézô brévet ; hoc'h idolou a éhanô *da véza azeûlet*, hô templou a vézô diskaret, hag hoc'h ôberiou a vézô kasetda-gét.
7. Hag eul lazérez tûd a vézô enn hô touez ; ha c'houi a wézô pénaoz eo mé ann Aotrou.
8. Lôd ac'hanoc'h a virinn eûz ar ré a vézô bét tec'het diouc'h klézé ar brôadou, p'am bézô hô skiñet dré ar brôiou.
9. Hag ar ré ac'hanoc'h a vézô bét dieûbet, hô dévézô koun ac'hanoun é-touez ar brôadou gañt péré é véziñt bét kaset é sklavérez ; ô véza ma vañtrinn hô c'haloun gadal a oa pelléet diouz-in ; hag hô daoulagad a oa en em zaotret gañt hô idolou : hag hi en em zihétô hô-unan enn-abek d'ann droug hô dévézô gréat enn hô holl fallagriézou.
10. Hag hi a wézô pénaoz eo mé ann Aotrou, ha pénaoz n'em eûz két lavaret enn-aner é rajenn ann drouk-zé.
11. Ével-henn é lavar ann Aotrou Doué : Skô war da zourn, ha skô gañd da droad, ha lavar : Gwâ ann holl fallagriézou, hag ann holl wallou eûz a dî Israel, râg hi a vézô diskaret gañd ar c'hlézé, gañd ann naounégez, ha gañd ar vosen.
12. Ann hini a zô pell, a varvô gañd ar vosen : ann hini a zô tôst, a vézô skôet gañd ar c'hlézé ; hag ann hini a vézô choumet, hag a vézô strôbet, a varvô gañd ann naoun : ha mé a walc'hô va frouden war-n-ézhô.
13. Ha c'houi a wézô pénaoz eo mé ann Aotrou, pa vézô korfou hô tûd lazet é-kreiz hoc'h idolou, enn-drô d'hoc'h aoteriou, war bép krec'hien uc'hel, war lein ann holl vénésiou, dindân pép gwézen hir, dindân pép derven bodek, el lec'hiou a béré é savé ann ézañs a zeveñt dirâg hô holl idolou.
14. Ha mé a astennô va dourn war-n-ézhô ; hag é likiinn ann douar da véza gwastet ha dilézet, adalek distrô Déblata, el lec'hiou holl é péré é choumeñt ; hag hi a wézô pénaoz eo mé ann Aotrou.

VII. PENNAD.

Diwar-benn dismañtr douar Israel.

1. Ha gér ann Aotrou a zeûaz d'in, ô lavarout :
2. Ha té, mâb dén, ével-henn é lavar ann Aotrou, Doué douar Israel : Ann divez a zeû, doñd a râ ann divez war bévar c'horn ann douar.
3. Bréma eo deûet da zivez, hag é kasinn va frouden war-n-od ; hag é varninn ac'hanod hervez da heñchou ; hag é likiinn da gouéza war-n-od da holl fallagriézou.
4. Va lagad na espernô két ac'hanod, ha n'am bézô két a druez ; hôgen lakaad a rinn da heñchou war-n-od, ha da fallagriézou a vézô enn da greiz ; ha c'houi a wézô pénaoz eo mé ann Aotrou.

5. Évet-henn é lavar ann Aotrou Doué : Eur c'hlac'har a zeû, chétu é teû eur c'hlac'har.

6. Ann divez a zeû, doñd a rà ann divez ; bela a rà ouz-id ; chétu é teû.

7. Ann dismañtr a zeû war-n-od, té péhini a choum war ann douar ; ann amzer a zeû, tòst éma deiz al lazérez, ha nann gloar ar ménésiou.

8. Bréma é skulinn a dòst va buanégez war-n-od, hag é walc'hinn va frouden ouz-id ; da varna a rinn hervez da heñchou, hag é likiinn da boéza war-n-od da holl wallou.

9. Va lagad na espernò két, ha n'am bézò két a druez ; hôgen lakaad a rinn da heñchou war-n-od, ha da fallagriézou a vézò enn da greiz ; ha c'houi a wézò pénaoz eo mé ann Aotrou, mé péhini a skò.

10. Chétu ann deiz, chétu eo deûet ; kouézet eo ann dismañtr ; bleûñeet eo ar walen, diwanet eo ar rogeñtez.

11. Ann drougiez a zò savet war walen ar fallagriez ; na zeûi két anézhò, nag eûz ar bobl, nag eûz hô zrouz ; ha n'hô dévézò két a éhan.

12. Deûet eo ann amzer, tôstaad a rà ann deiz ; néb a brén, n'en em laouénaet két ; ha néb a werz, n'en em c'hlac'haret két ; râk savet eo ar vuanégez war hé holl bobl.

13. Râg ann hini a werz na zistròiò két d'ar péz a werz, ha pa veñt c'hoaz béò ; râg ar wélédigez diwar-benn ann dûd holl na zistròiò két war hé c'hiz ; hag ann dén na grévai két é fallagriez hé vuez.

14. Sonit gañd ar c'horn-boud, r'en em aozò ann holl, hôgen n'az ai bini d'ann emgann : râk va buanégez *a zò savet* war ar bobl holl.

15. Ar c'hlézé enn diavéaz ; ar vosen hag ann naounégez enn diabarz ; néb a vézò er park, a varvò gañd ar c'hlézé ; ha néb a vézò é kéar, a vézò bévézet gañd ar vosen ha gañd ann naounégez.

16. Ar ré anézhò a déc'hò a vézò dieûbet ; hag hi a vézò war ar ménésiou ével koulmed ann traoñiennou, bépréd ò kréna er gwél eûz hô fallagriez.

17. Daouarn ann holl a zeùi da véza laosk, hag ann dour a rédò bed-da-bed daoulin ann holl (m).

18. Saéou-reûn a wiskiñt, hag é véziñt gòlòet a spouñt ; ar véz a vézò war bép dremm, ha moal é vézò penn ann holl.

19. Hò arc'hañt a vézò taolet erméaz, hag hò aour a vézò ével teil. Hò arc'hañt nag hò aour na helliñt két hò dieûbi é deiz frouden ann Aotrou : na walc'hiñt két hò éné, ha na leûñiñt két hò c'hòv ; ò véza ma iñt da wall-skouér gañd hò fallagriez.

20. Brayeñtez hò c'helc'hennou hò deûz lékéat évit maga hò balc'hder, hag hò deûz gréat gañt-hò skeûdennou hò argarzidigézou hag hò idolou : dré-zé hé rôinn d'ézhò ével eunn dra dic'hlan ;

21. Hé rei a rinn da breiz étré daouarn ann diavésidi, ha da skrap d'ar ré fallagr eûz ann douar, hag hi hé zaotrò.

22. Distrei a rinn va daoulagad diout-hò, hag hi a wallò va zañtuar : skrapérien a iélò enn-hañ, hag hi hé zaotrò.

23. Laka eunn divez ; râk leûn eo ann douar a varniou goaduz, hag ar géar leûn a fallagriez.

24. Digas a rinn ar ré falla eûz ar bròadou, hag hi a géméré hò ziez ; lakaad a rinn da éhana balc'hder ar ré c'halloudek hag hò sañtuarou a vézò skrapet.

25. Pa zeûi ann eñkrez, é klaskiñt ar péoc'h, ha n'her c'haviñt két.

26. Reûz war reûz a zeûi, ha kélou war gélou ; klask a raiñt gwélédigez digañd eur profed ; al lézen a iélò-danétra er bélek, hag ar c'huzul enn hénaoured.

27. Ar roué a skulò daérou, hag ar priñs a vézò glac'haret - bràz, ha daouarn pobl ann douar a grénò. Hervez hò heñchou é rinn d'ézhò, hag hervez hò barniou é varninn anézhò ; hag hi a wézò pénaoz eo mé ann Aotrou.

VIII. PENNAD.

Ézékiel a wél é spéred ann argarzidigézou a réeur é templ Jéruzalem.

1. Chétu pétrâ a c'hoarvézaz er c'houec'hved bloaz, er c'houec'hved miz, er pempved *deiz* eûz ar miz; édoun azézet em zi, hag hénaoured Juda a oa azézet dira-z-oun, ha dourn ann Aotrou Doué a gouézaz énô war-n-oun.

2. Hag é selliz, ha chétu unan é doaré tân; adaleg hé zigroazel hag izéloc'h, tân; hag adaleg hé zigroazel hag uc'héloc'h é doaré skéd, heñvel out goularz.

3. Hag é wéliz ével eunn dourn a grogaz enn-oun dré vléô va fenn; hag ar spéred a c'horréaz ac'hanoun étré ann douar hag ann éñv, hag a gasaz ac'hanoun da Jéruzalem enn eur wélédigez Doué, é-tâl ann ôr a-ziabarz, a zellé oud ann hañter-nôz, el léac'h ma oa lékéat idol ann oaz, évid héga oaz *ann Aotrou.*

4. Ha chétu *édô* énô gloar Doué Israel, hervez ar wélédigez em bôa bét war ar méaz.

5. Hag héñ 'a lavaraz d'in: Mâb dén, saô da zaoulagad étrézég heñt ann hañter-nôz. Hag é saviz va daoulagad étrézég heñt ann hañter-nôz; ha chétu *e wéliz* war-zû hañter-nôz dôr ann aoter, idol ann oaz, a ioa er porched.

6. Hag héñ a lavaraz d'in: Mâb dén, ha té a wél pétrâ a râ ar ré-zé, ann argarzidigézou brâz a ra amañ tî Israel, évit va lakaad da bellaad diouc'h va zañtuar? Ha mar trôez adarré, é wéli argarzidigézou brasoc'h.

7. Hag héñ a gasaz ac'hanoun oud dôr ar porched; hag é selliz, hag é wéliz eunn toull er vôger.

8. Hag héñ a lavaraz d'in: Mâb dén, toull ar vôger, ha p'am bôé toullet ar vôger, é wéliz eunn ôr.

9. Hag héñ a lavaraz d'in: Kéa ébarz, ha gwél ar gwall argarzidigézou a râ ar ré-zé azé.

10. Moñd a riz ébarz, hag é wéliz a bép doaré aéred ha loéned, hag argarzidigez tî Israel; hag ann holl idolou-zé a oa piñtet war ar vôger trô-war-drô.

11. Ha dék dén ha tri-ugeñt eûz a hénaoured tî Israel a oa enn hô sâ dirâg ann traou piñtet-zé; ha Jézonias, mâb Safan, a oa enn hô c'hreiz; pép-hini anézhô en dôa eunn ézañsouer enn hé zourn; ha môged ann ézañs a zavé enn éar.

12. Hag héñ a lavaraz d'in: Évit-gwir é wélez, mâb dén, ar péz a râ hénaoured tî Israel enn amc'houlou, *ar péz a râ* pép-hini anézhô é-kûz enn hé gampr; râg hi a lavar: Ann Aotrou n'hor gwél két; ann Aotrou en deûz dilézet ann douar.

13. Hag héñ a lavaraz d'in: Trô adarré, hag é wéli gwasoc'h argarzidigézou égéd ar ré a râ ar ré-mañ.

14. Hag héñ a gasaz ac'hanoun oud dôr tî ann Aotrou, a zellé oud ann hañter-nôz: ha chétu é oa énô gragez azézet, hag a wélé *diwar-benn marô* Adonis.

15. Hag héñ a lavaraz d'in: Kémeñt-sé a wélez, mâb dén: trô adarré, hag é wéli gwasoc'h argarzidigézou égéd ar ré-mañ.

16. Hag héñ a lékéaz ac'hanoun da voñt é diabarz porched tî ann Aotrou: ha chétu é wéliz oud dôr templ ann Aotrou, étré ar porched hag ann aoter, war-drô pemp dén war-n-ugeñt, a dróé hô c'hein out templ ann Aotrou, hag hô daoulagad oud ar sâv-héol; évid azeûli ar sâv-héol.

17. Hag héñ a lavaraz d'in: Kémeñt-sé a wélez, mâb dén; ha skañv eo da dî Juda béza gréat ann argarzidigézou-zé, béza leûniet ann douar a fallagriez, ha béza trôet évit va heskin? Ha chétu é lékéoñt eur skourr oud hô difron.

18. Râk-sé éc'h aozinn anézhô em frouden; va lagad n'hô espernô két, ha n'am bézô két a druez out-hô; ha pa c'harmiñt out va diskouarn gañd eur vouéz gré, na zélaouinn két anézhô.

IX. PENNAD.

Ar ré n'hô deûz két eunn arouéz war hô zâl a varvô.

1. Hag héñ a c'harmaz out va diskouarn gañd eur vouéz gré, ô lavarout : Ar ré a dlé emwélout kéar a zô tôst, ha pép-hini en deûz enn hé zoorn eunn arm da laza.

2. Ha chétu c'houec'h dén a zeûaz eûz a heñt ann ôr uc'héla, péhini a zell oud ann hañter-nôz : ha pép-hini enn hé zourn eunn arm da laza : eunn dén a oa ivé enn hô c'hreiz, a oa gwisket gañt lien lîn, hag a zougé oud hé zargreiz eur pôd-liou évit skriva : hah hî a iéaz ébarz, hag a choumaz enn hô zâ dirâg ann aoter arem.

3. Ha gloar Doué Israel a zavaz diwar ar c'hérubin war béhini édô, *hag a zeûaz* war dreûzou *dôr* ann tî ; hag hî a c'halvaz ann dén a oa gwisket gañt lien lîn, hag a zougé oud hé zargreiz eur pôd-liou évit skriva.

4. Hag ann Aotrou a lavaraz d'ézhañ : Trémen a-dreûz kéar, dré greiz Jéruzalem, ha merk eunn thau war zâl ar ré a geinvan hag en em c'hlac'har diwar-benn ann holl argarzidigézou a réeur enn hé c'hreiz.

5. Ha mé hé glévaz ô lavarout d'ar ré all : Id a-dreûz kéar war hé lerc'h ha skôit ; na espernet két hô lagad, ha n'hô pézet két a druez.

6. Lazit bétég ann divéza ar ré gôz, ar paotred-iaouañk, ar plac'hed-iaouañk, ar vugalé hag ar gragez ; hôgen na lazit két kémeñd hini war béhini é wélot ann thau ; ha déraouit dré va zañtuar. Déraoui a réjoñt éta dré ann dûd kôz a ioa dirâg ann tî.

7. Hag héñ a lavaraz d'ézhô : Saotrit ann tî, ha leûnit al leûren gañd ar ré lazet ; îd er-méaz. Hag hî a iéaz er-méaz hag a skôaz gañd ar ré a oa é kéar.

8. Ha pa oé peûr-c'hréat al lazérez, é chonmiz énô ; hag ô véza en em daolet war va dremm, é c'harmiz enn eul lavarout : Allaz, allaz, allaz, Aotrou Doué ! Hag évél-sé éta é kolli holl zilerc'h Israel, ô skula da frouden war Jéruzalem.

9. Hag héñ a lavaraz d'in : Fallagriez tî Israel ha tî Juda a zô brâz dreist-penn ; gôlôet eo ann douar a c'hoad, leûn eo kéar a wall ; râg hi hô deûz lavaret : Ann Aotrou en deûz dilézet ann douar, hag ann Aotrou n'hor gwél két.

10. Râk-sé va lagad na espernô két, ha n'em bézô két a druez ; hô heñt a likiinn da gouéza war hô fennou.

11. Ha chétu ann dén a oa gwisket gañt lien lîn, hag a zougé oud hé zargreiz eur pôd-liou, a gomzaz hag a lavaraz : Gréat em eûz ével m'az pôa gourc'hémennet d'in.

X. PENNAD.

Ann hini a oa gwisket gañt lien lîn a gémer glaou tân, hag hé daol war Jéruzalem.

1. Neûzé é selliz, hag é wéliz enn ebr a oa a-ziouc'h da benn ar Gérubined, ével eur méan safir, hag ével doaré eunn trôn.

2. Hag héñ a gomzaz oud ann dén a oa gwisket gañt lien lîn, hag a lavaraz d'ézhañ : Kéa é-kreiz ar rôdou a zô dindân ar Gérubined, ha kémer leiz da zourn eûz ar glaou tân a zô étré ar Gérubined, ha skûl-héñ war ar géar. Hag héñ a iéaz dira-z-oun.

3. Ar Gérubined a ioa enn hô zâ enn tû déou eûz ann tî p'az éaz ann dén ébarz ; hag eur goabren a leûniaz al leûren a-ziabarz.

4. Ha gloar ann Aotrou a zavaz diwar ar c'hérubin, *hag a zeûaz* war dreûzou *dôr* ann tî ; hag ar goabren a leûniaz ann tî, hag al leûren a oé leûniet gañt skéd gloar ann Aotrou.

5. Tronz askellou ar Gérubined a glévéd bétég el leûren a-ziavéaz, évelmouéz Doué holl-c'halloudek pa gomz.

6. Ha p'en dôé gourc'hémennet d'ann dén a oa gwisket gañt lien lîn, ô lavarout : Kémer tân eûz a greiz ar rôdou a zô étré ar Gérubined ; héñ a

iéaz, hag a choumaz enn hé zâ dirâg unan eûz ar rôdou.

7. Hag eur C'hérubin a astennaz hé zourn eûz a greiz ar Gérubined, étrézég ann tân a ioa étré ar Gérubined : hag é kéméraz, hag é rôaz é daouarn ann hini a oa gwisket gañt lien tân ; hag hé-mañ ô véza hé géméret a iéaz er-méaz.

8. Hag é oé gwélet é doaré dourn eunn dén er Gérubined, dindân hô askellou.

9. Neûzé é selliz, hag é wéliz péder rôd é-tâl ar Gérubined, eur rôd é-tâl eur C'hérubin, hag eur rôd é-tâl eur C'hérubin all ; hôgen ar rôdou a ioa héñvel oud ar méan krisolit;

10. Hag hô féder é oañt héñvel ; é vel pa vé eur rôd enn eur rôd all.

11. Ha pa valéeñt, é kerzeñt war bévar zû ; ha na zistrôeñt két pa gerzeñt ; hôgen p'az éa ann hini geñta war eunn tû, ar ré all a iéa war hé lerc'h, ha na zistrôeñt két.

12. Korf ar péder rôd, hô gouzoug, hag hô daouarn, hag hô askellou, hag hô c'helc'hiou, a oa leûn a lagadou trô-war-drô.

13. Hag hén a c'halvaz dira-z-oun ar rôdou-zé, *ar rôdou* skañv.

14. Hôgen pép-hini anézhô en dôa péder dremm ; ann dremm geñta, dremm eur C'hérubin ; ann eil zremm, dremm eunn dén ; ann drédé, dremm eul léon, hag ar bévaré, dremm eunn er.

15. Hag ar Gérubined en em c'horréaz : ann hévélep anévaled oa, em bôa gwélet é-tâl ster C'hobar.

16. Pa valéé ar Gérubined, ar rôdou a gerzé ivé enn hô c'héñver ; ha pa zavé ar Gérubined hô askellou évid en em c'horréa diouc'h ann douar, na arzaôé két ar rôdou, hôgen enn hô c'héñver édoñt bépréd.

17. Pa arzaôé ar ré-mañ, é arzaôeñt ; ha pa en em c'horréeñt, en em c'horréeñt : râg ar spéred a vuez a oa enn-hô.

18. Ha gloar ann Aotrou a iéaz er-méaz eûz a dreûzou *dôr* ann templ ; hag a savaz war ar Gérubined.

19. Hag ar Gérubined ô sével hô askellou en em c'horréaz diouc'h ann douar dira-z-oun ; ha p'az éjoñt-kuit, ar rôdou a iéaz ivé war hô lerc'h ; hag hi a arzaôaz war dreûzou dôr ti ann Aotrou war-zû ar sâv-héol ; ha gloar Doué Israel a oa war-n-ézhô.

20. Ann hévéleb anévaled eo em bôa gwélet dindân Doué Israel, é-tâl ster C'hobar ; hag anaoud a riz pénaoz é oa Kérubined.

21. Pép-hini anézhô en dôa péder dremm, ha pép-hini péder askel, ha doaré dourn eunn dén dindân hô askellou.

22. Doaré hô dremmou a oa héñvel oud ann dremmou em bôa gwélet é-tâl ster C'hobar ; hag ivé hô sell, hag ann err gañt péhini é kerzeñt râg-énep d'ézhô.

—

XI. PENNAD.

Diougan a-énep ar ré a zisprizé gourdrouzou ar brofédet.

1. Neûzé ar spéred a c'horréaz ac'hanoun, hag am zougaz étrézé dôr ar sâv-héol eûz a di am Aotrou, péhini a zell oud ann héol pa zâv : ha chétu éz oa é-tâl ann ôr pemp dén war-nugeñt : hag é wéliz enn hô c'hreiz Jézonias, mâb Azur, ha Feltias, mâb Banaias, priñsed ar bobl.

2. Hag héñ a lavaraz d'in : Mâb dén, ar ré-zé eo ann dûd a venn fallagriez, hag a rô gwall guzuliou er géar-mañ,

3. O lavaront : Ha né két savet hon tiez pell-zô ? Hi eo ar gaoter, ha ni eo ar c'hik.

4. Râk-sé diougan diwar hô fenn, diougan, mâb dén.

5. Ha spéred ann Aotrou a grogaz enn-oun, hag a lavaraz d'in : Komz : Evel-henn é lavar ann Aotrou : Evel-henn hoc'h eûz lavaret, ti Israel ; ha mé a anavez ménosiou hô kaloun.

6. Kalz a dûd hoc'h eûz lazet er géar-mañ, hag hé ruou hoc'h eûz leûniet a gorfou-marô.

7. Râk-séével-henn é lavar ann Aotrou Doué : Ar ré hoc'h eûz lazet, hag hoc'h eûz astennet enn hé c'hreiz,

ar ré-zé eo ar c'hik, hag hi eo ar gaoter; ha mé hô tennô eûz hô c'hreiz.
8. Râg ar c'hlézé hoc'h eûz aoun, hag ar c'hlézé a zigasinn war-n-hoc'h, émé ann Aotrou Doué.
9. Hô kâs a rinn eûz hé c'hreiz, hô lakaad a rinn étré daouarn ann énébourien, hag é rinn va barnou war-n-hoc'h.
10. Dindân ar c'hlézé é kouézot; é harzou Israel é varninn ac'hanoc'h; ha c'houi a wézô pénaoz eo mé ann Aotrou.
11. *Ar géar-zé* na vézô két da gaoter évid-hoc'h, na viot két da gig enn hé c'hreiz; é harzou Israel é varninn ac'hanoc'h.
12. Ha c'houi a wézô pénaoz eo mé ann Aotrou: ô véza n'hoc'h eûz két baléet em c'hélennou, ha n'hoc'h eûz két sévénet va barnédigézou; hôgen ma hoc'h eûz heûliet barnédigézou ar brôadou a zô war hô trô.
13. Ha pa ziouganenn, Feltias, mâb Banaias, a varvaz ha mé a gouézaz war va dremm, hag a c'harmaz gañd eur vouéz gré, ô lavarout: Allaz, allaz, allaz, Aotrou Doué; kâs a réz éta da-nétra dilerc'h Israel?
14. Ha gér ann Aotrou a zeûaz étrézég enn-oun, ô lavarout:
15. Mâb dén, da vreûdeûr, da vreûdeûr, da géreñt, hag holl dî Israel, eo ar ré holl da béré tûd Jéruzalem hô deûz lavaret: It pell diouc'h ann Aotrou; d'é-omp eo bét rôet ann douar é kers.
16. Râk-sé ével-henn é-lavar ann Aotrou Doué: Pétrâ-bennâg ma em eûz hô c'haset ker pell é-touez ar brôadou, hag em eûz hô skiñet é meûr a vrô; koulskoudé é sañtélinn ann niver bihan anézhô er brôiou é péré iñt bét éat.
17. Lavar éta: Ével-henn é lavar ann Aotrou Doué: Hô strolla a rinn eûz a greiz ar boblou; hô krounna a rinn eûz ar brôiou é péré oc'h bét skiñet; hag é rôinn d'é-hoc'h douar Israel.
18. Hag hi a iélô dî, hag a dennô diout-hi ann holl wallou hag ann holl argarzidigézou.
19. Eunn hévélep kaloun a rôinn d'ézhô, eur spéred névez a likiinn enn hô c'hreiz: tenna a rinn eûz hô c'hig ar galoun véan, hag é rôinn d'ézhô eur galoun kik:
20. Évit ma valéiñt em c'hélennou, ma viriñt va barnédigézou, ha ma hô sévéniñt; ma véziñt da bobl d'in, ha ma vézinn da Zoué d'ézhô.
21. É kéñver ar ré a béré ar galoun a valé er gwallou hag enn argarzidigézou, é likiinn da gouéza hô héñt war hô fenn, émé ann Aotrou Doué.
22. Hag ar gérubined a zavaz hô askellou, hag ar rôdou gañt-hô: ha gloar Doué Israel a oa war-n-ézhô.
23. Ha gloar ann Aotrou a biñaz eûz a greiz kéar hag en em arzaôaz war ar ménez a zô é sâv-héol kéar.
24. Hag ar spéred a c'horréaz ac'hanoun, hag a gasaz ac'hanoun é gwélédigez, gañt spéred Doué, er C'haldéa, étrézég ar bobl a oa é sklavérez; hag ar wélédigez em bôa bét, a bellaaz diouc'h va spéred.
25. Hag é liviriz d'ar ré a oa é sklavérez, kémeñd en dôa diskouézet enn Aotrou d'in.

XII. PENNAD.

Rébechou ann Aotrou a-éneb ar ré a grédé pénaoz gourdrouzou ar broféded na vijeñt két sévénet kerkeñt.

1. Ha gér ann Aotrou a zeûaz d'in, ô lavarout:
2. Mâb dén, é-kreiz eunn tî héguz é choumez; daoulagad hô deûz évit gwélout, ha na wéloñt két; diskouarn hô deûz évit klévout, ha na glevoñt két; ô véza ma eo eunn tî héguz.
3. Té éta, mâb dén, aoz d'id binviou évid ann dizougadur, ha dizoug anézhô dira-z-hô é-kreiz ann deiz; en em zizougen a ri ivé da-unan eûz da léac'h da eul léac'h all dira-z-hô, évit gwélout ma lakaiñt évez ô véza ma eo eunn tî héguz.
4. Lakaad a ri er-méaz dira-z-hô é-kreiz ann deiz da arrébeûri, ével arrébeûri a zizougadur; ha té da-unan

a iélô er-méaz war ar pardaez dira-z-hô, ével eunn dén a ia er-méaz évid ann dizougadur.
5. Toull dira-z-hô môger da dî, ha kéa er-méaz dré-z-hañ.
6. Douget é vézi war ann diskoaz dira-z-hô, enn dévalien é vézi kaset er-méaz; da zremm a guzi, évit na wéli két ann douar; râk da arouéz em eûz da rôet da dî Israel.
7. Ober a rîz éta ével m'en dôa gourc'hémennet ann Aotrou d'in; kâs a rîz va arrébeûri er-méaz é-kreiz ann deiz, ével arrébeûri a zizougadur; ha diouc'h ar pardaez é toulliz ar vôger gañt va dourn hag éz iz er-méaz enn dévalien, douget war ann diskoaz dira-z-hô.
8. Ha diouc'h ar miñtin é teûaz gér ann Aotrou étrézég enn-onn, ô lavarout:
9. Mâb dén, ti Israel, ann ti héguz, ha n'en deûz két lavaret d'id: Pétrâ a réz-té?
10. Lavar d'ézhô: Ével-henn é lavar ann Aotrou Doué: Ar béac'h-mañ a gouézô war ar priñs a zô é Jéruzalem, ha war holl dî Israel a zô enn hô c'hreiz.
11. Lavar: Mé eo hoc'h arwéz; ével ma em eûz gréat, é vézô gréat d'ézhô; enn dizougadur hag er sklavérez éz aiñt.
12. Ar priñs a zô enn hô c'hreiz a vézô douget war ann diskoaz hag a iétô er-méaz enn dévalien; ar vôger a doulliñt évid hé lakaad er-méaz; gôlôet é vézô hé zremm, évit na wélô két hé lagad ann douar.
13. Ha mé a steñô va rouéjou war-n-ézhañ; hag héñ a vézô paket em rouéjou: ha mé hé gasô da Vabilon, é douar ar C'haldéed; hag héñ n'her gwélô két, hag a varvô énô.
14. Ha mé a skiñô é pép tû ar ré holl a zô war hé drô; ar ré a zô da gen-nerz d'ézhañ, hé holl vrézélidi; ha mé a dennô ar c'hlézé war hô lerc'h.
15. Hag hi a wézô pénaoz eo mé ann Aotrou, p'am bézô hô skiñet étouez ar brôadou, ha p'am bézô hô feltret dré ar brôiou.
16. Miroud a rinn eul lôd bihan anézhô diouc'h ar c'hlézé, diouc'h ann naounégez ha diouc'h ar vosen; évit ma tanévelliñt hô holl wallou d'ar brôadou é-touez péré éz aiñt; ha ma wéziñt pénaoz eo mé ann Aotrou.
17. Ha gér ann Aotrou a zeûaz d'in, ô lavarout:
18. Mâb dén, debr da vara enn eñkrez, hag év da zour gañt hast ha gañd doan.
19 Hag é liviri da bobl ann douarmañ: Ével-henn é lavar ann Aotrou Doué diwar-benn ar ré a choum é Jéruzalem, é brô Israel: Enn nec'h é tebriñt hô bara, hag er rec'h éc'h éviñt hô dour; évit ma vézô glac'haret ar vrô-zé gañd hé lôd brâz a dûd, enn abek da fallagriez ar ré holl a choum enn-hi.
20. Ar c'hériou a zô poblet bréma a vézô dismantret, hag ann douar a vézô didûd; ha c'houi a wézô pénaoz eo mé ann Aotrou.
21. Ha gér ann Aotrou a zeûaz d'in, ô lavarout:
22. Mâb dén, pétrâ eo al lavarkuzet-zé a zô gan-é-hoc'h é douar Israel, ô lavarout: Ann deisiou a vézô gourzézet, ha pép gwélédigez a iélô-da-gét?
23. Râk-sé lavar d'ézhô: Ével-henn é lavar ann Aotrou Doué: Lakaad a rinn da éhana al lavar-kuzet-zé, ha na vézô mui lavaret enn Israel; hôgen lavar d'ézhô pénaoz é tôsta ann deisiou, hag é vézô *sévénet* pép gwélédigez.
24. Râg ar gwélédigésiou na véziñt mui gwân, nag ann diouganou arvaruz é-kreiz bugalé Israel.
25. Râk mé ann Aotrou a gomzô; ha kémeñd em bézô lavaret a vézô sévénet, ha na vézô mui gourzézet, hôgen enn hô teisiou, ti héguz, é liviriñn hag é sévéninn va gér, émé ann Aotrou Doué.
26. Ha gér ann Aotrou a zeûaz d'in, ô lavarout:
27. Mâb dén, chétu é lavar ti Israel: Ar wélédigez a wél hé-mañ a zô pell-brâz; diougani a ra évid eunn amzer bell.
28. Râk-sé lavar d'ézhô: Ével-henn é lavar ann Aotrou Doué: Na vézô

mui gourzézet va gériou, hôgen kémeñd em eûz lavaret, a vézô sévénet, émé ann Aotrou Doué.

XIII. PENNAD.

Gwd ar gaou-broféded hag ar gaou-brofédézed.

1. Ha gér ann Aotrou a zeûaz d'in, ô lavarout:

2. Mâb dén, diougan da broféded Israel, péré a ziougan; ha lavar d'ar ré a ziougan diouc'h hô c'haloun: Sélaouit gér ann Aotrou:

3. Ével-henn é lavar ann Aotrou Doué: Gwâ ar broféded diskiañt, a heûl hô spéred hô-unan, ha na wél nétrâ.

4. Ével lern enn distrô eo da broféded, ô Israel.

5. N'oc'h két bét savet a-énep: n'hoc'h eûz két bét savet eur vur évit tî Israel, évid derc'hel stard enn emgann é deiz ann Aotrou.

6. Traou gwân a wéloñt, ha gévier a ziouganoñt, ô lavarout: Ann Aotrou en deûz lavaret: Petrâ-bennâg n'en deûz két ann Aotrou hô c'haset, é keñdalc'hoñt d'ar pêz hô deûz lavaret.

7. Ha né két gwân ar wélédigez hoc'h eûz bét; ha né két gévier ann diouganou a rit? Pa livirit: Ann Aotrou en deûz lavaret; pa n'em eûz két komzet.

8. Râk-sé ével-henn é lavar ann Aotrou: O véza ma hoc'h eûz lavaret traou gwân, ha ma hoc'h eûz gwélet gévier; chétu é teûann d'hô kavout, émé ann Aotrou Doué.

9. Va dourn a boézô war ar broféded a wél traou gwân, hag a ziougan gévier; n'en em gaviñt két é kuzul va fobl, ha na véziñt két skrivet é levr tî Israel, ha n'az aiñt két é douar Israel; ha ç'houi a wézô pénaoz eo mé ann Aotrou Doué.

10. O véza ma hô deûz touellet va fobl, ô lavarout: Péoc'h, ha n'eûz kéd a béoc'h: pa zavé-béñ eur vôger, hî a lifré anézhi gañt prî hép kôlô.

11. Lavar d'ar ré a lifr hép kemmesk, pénaoz é kouézô; râk doñd a rai eur glaô dic'hlann, hag é kasinn mein brâz a vac'hô anezhi, hag eunn avel arnéuz hé diskarô.

12. Ha pa vézô kouézet ar vôger, ha na vézô két lavaret d'é-hoc'h: Péléac'h éma al lifr gañt péhini hoc'h eûz hé lifret?

13. Râk-sé ével-henn é lavar ann Aotrou Doué: Lakaad a rinn da zével avel ann arné em frouden, hag eur glaô dic'hlann a gouézô em broez; ha mein brâz em buanégez, évid diskara pép-trâ.

14. Ha mé a ziskarô ar voger hoc'h eûz lifret hép kemmesk; ha mé a lakai anézhi hével ha par d'ann (T) douar, hag é vézô gwélet hé diazez; diskaret é vézô-hi, hag béñ a gouézô dindan-hi; ha c'houi a wézô pénaoz eo mé ann Aotrou.

15. Leûnia a rinn va frouden war ar vôger, ha war ar ré a lifr anézhi hép kemmesk; hag é livirinn d'é-hoc'h: N'éma mui ar vôger, nag ar ré hô deûz hé lifret.

16. Proféded Israel, péré a ziougan diwar-benn Jéruzalem, hag a wél évit-hi gwélédigézou a béoc'h; ha n'eûz két a béoc'h, émé ann Aotrou Doué.

17. Ha té, mâb dén, laka da zremm a-énep merc'hed da bobl, péré a ziougan eûz hô c'haloun hô-unan; ha diougan diwar hô fenn,

18. Ha lavar: Ével-henn é lavar ann Aotrou Doué: Gwâ ar ré a c'hrî torchennouigou évit lakaad dindân pép ilin; hag a râ pennou-gwélé évit lakaad dindân penn ann dûd a bép oad, évit hoala ann énéou; ha pa hô deûz hoalet énéou va fobl, a lavar eo béô hô énéou.

19. Hag hî hô deûz lékéat da c'haou va gériou dirâk va fobl, évid eunn dournad heiz, hag eunn tamm bara, ô laza ann énéou ha na oañt két marô, hag ô keñderc'hel béô ann énéou ha na oañt két béô, ô lavarout gévier d'am pobl, péhini a grédé ar gévier.

20. Râk-sé ével-henn é lavar ann Aotrou Doué: Chétu mé a zeû étrézég hô torchennouigou, gañt péré éc'h hoalit ann énéou ével pa nicheñt:

étré

étré hô livrec'h é roginn anézhô ; hag é lézinn da voñt ann énéou hô pôa hoalet, ann énéou a dlié da nicha.

21. Régi a rinn hô pennou-gwélé, hag é tieûbinn va fobl eûz hô taouarn ; ha na véziñt mui ével eur preiz étré hô taouarn ; ha c'houi a wézô pénaoz eo mé ann Aotrou.

22. O véza ma hoc'h eûz glac'haret kaloun ann dén reiz gañd hô kévier, pa na c'hlac'harenn két anézhañ ; ha ma hoc'h eûz krévéet daouarn ar ré fallagr, évit na zistrôiñt két eûz hô gwall heñt, ha na véviñt két.

23. Râk-sé na wélot mui traou gwân, ha na diouganot mui ; râk mé a dennô va fobl eûz hô taouarn ; ha c'houi a wézô pénaoz eo mé ann Aotrou.

—

XIV. PENNAD

Hiniennou zô espernet étré tùd Jéruzalem.

1. Neûzé lôd eûz a hénaoured Israel a zeûaz d'am c'havout, hag a azézaz dira-z-oun.

2. Ha gér ann Aotrou a zeûaz d'in, ô lavarout :

3. Mâb dén, ann dûd-zé hô deûz lékéat hô hudurez enn hô c'halonou, hag hô fallagriez a zô bépréd dirâg hô daoulagad : pétrâ éta a respouñtinn d'ar goulennou a raiñt ouz-in ?

4. Râk-sé é komzi out-hô, hag é liviri d'ézhô : Ével-henn é lavar ann Aotrou Doué : Kémeñd dén eûz a dl Israel, en deûz lékéat hé hudurez enn hé galoun, hag en deûz dalc'het hé fallagriez dirâg hé zaoulagad, hag a zeûi da gavout ar profed, évit gouzoud dré-z-hañ pétrâ a liviriun ; mé ann Aotrou a respouñtô d'ézhañ hervez hé holl hudurézou ;

5. Évit ma vézô paket tl Israel enn hé galoun, dré béhini iñt pelléet diouz-in, évid heûlia hô holl idolou.

6. Râk-sé lavar da dl Israel : Ével-henn é lavar ann Aotrou Doué : Distrôit, ha pellait diouc'h hoc'h idolou, ha distrôit hô taoulagad diouc'h hoc'h holl zaotrou.

7. Râk piou-bennâg eûz a dl Israel, pé eûz ann diavésidi névez trôet gañt tûd Israel, a vézô pelléet diouz-in, en dévézô lékéat hé idolou enn hé galoun, en dévézô startéet hé wall fallagriez a-énep hé zremm, hag a zeûi da gavout ar profed évid ôber eur goulenn digan-éñ dré-z-hañ ; mé ann Aotrou a respouñtô d'ézhañ dré-z-oun va-unan.

8. Sével a rinn va daoulagad war ann dén-zé, hag é likiinn anézhañ da skouér, ha da c'hoapérez, hag é tispenninn anézhañ eûz a greiz va fobl ; ha c'houi a wézô pénaoz eo mé ann Aotrou.

9. Ha mar teû eur profeñ da fazia, pa lavarô eur gér ; mé ann Aotrou eo em bézô lékéat ar profed-zé da fazia ; ha mé a astennô va dourn war-n-ézhañ, hag a zispennô anézhañ eûz a greiz va fobl a Israel.

10. Hag hi a zougô hô fallagriez. Ével ma eo fallagriez ar goulenner, ével-sé ivé é vézô fallagriez ar profed :

11. Évit na bellai mui tl Israel diouz-in, ha n'en em zaotrô mui enn hé holl wallou : hôgen ma véziñt d'in da bobl, ha ma vézinn d'ézhô da Zoué, émé Aotrou ann arméou.

12. Ha gér ann Aotrou a zeûaz d'in, ô lavarout :

13. Mâb dén, pa béc'hô eur vrô em énep, oc'h ôber gwallou, é astenninn va dourn war-n-ézhi, é torrinn gwalen hé bara, é kasinn enn-hi ann naounégez, hag é lazinn ann dûd hag al loéned.

14. Ha mar béz ann tri dén-mañ enn hô zouez, Noé, Daniel, ha Job, é tieûbiñt hô énéou gañd hô éeunder hô-unan, émé Aotrou ann arméou.

15. Mar kasann er vrô-zé loéned férô évid hé gwasta ; ha mar teû da véza diheñt, ô véza na drémen dén dré-z-hi enn abek d'al loéned :

16. Ha pa vé ann tri dén-zé enn-hi ; *ével ma* ounn béô, émé ann Aotrou Doué, na zieûbiñt na mipien, na merc'hed ; hôgen hi hô-unan a vézô dieûbet ; hag ar vrô a vézô dispennet.

17. Pé mar tigasann ar c'hlézé war ar vrô-zé, ha ma lavarann d'ar c'hlé-

zé : Treûz ar vrô-zé ; ha ma lazann ann dûd hag al loéned :

18. Ha pa vé ann tri dén-zé enn hé c'hreiz ; *ével ma* ounn béô, émé ann Aotrou Doué, na zieûbiñt na mipien, na merc'hed ; hôgen hi hô-unan a vézô dieûbet.

19. Pé mar kasann ar vosen war ar vrô-zé, ha mar skulann va frouden war-n-ézhi er goâd, ô tispenna enn-hi ann dûd hag al loéned :

20. Ha pa vé Noé, ha Daniel, ha Job enn hé c'hreiz ; *ével ma* ounn béô, émé ann Aotrou Doué, na zieûbiñt na mipien, na merc'hed ; hôgen hi a zieûbô hô énéou hô-unan gañd hô éeunder.

21. Koulskoudé ével-henn é lavar ann Aotrou Doué : Mar kasann kévret a-énep Jéruzalem va feder barn ar ré wasa, ar c'hlézé, hag ann naounégez, hag al loéned ferô, hag ar vosen, évit laza enn-hi ann dûd hag al loéned :

22. Hiniennou a choumô enn-hi koulskoudé hag a vézô dieûbet, hag a gasô er-méaz hô mipien hag hô merc'hed ; chétu hi a zeûi d'hô kavout, ha c'houi a wélô hô heñchou hag hô ôbériou, hag é viot dic'hlac'haret diwar-benn ann droug em bézô kaset war Jéruzalem, hag ann holl eñkrez em bézô digaset war-n-ézhi.

23. Hô tic'hlac'hari a raiñt, pa wélot hô heñchou hag hô ôbériou ; ha c'houi a anavézô pénaoz né két héb abeg em bézô gréat kémeñt-sé enn hé énep, émé ann Aotrou Doué.

XV. PENNAD.

Túd Jéruzalem lékéat hével oud ar c'hoat gwini.

1. Ha gér ann Aotrou a zeûaz d'in, ô lavarout :

2. Mâb dén, pétrâ a vézô gréat eûz ar c'hoat gwini, é-touez ann holl goajou, hag ann holl wéz a zô er c'hoajou ?

3. Ha béz' é helleur kéméroud eûz hé goat évid ôber eul labour-bennâg, pé ôber eunn hibil gañt-hañ, évit lakaad eunn dra a-zistribil out-hañ ?

4. Chétu é rôeur anézhañ da voéd d'ann tân ; ann tân a losk ann daou benn anézhañ, hag ar c'hreiz a zô lékéat é ludu ; ha mâd é vézô da ôber eunn dra-bennâg ?

5. Pa oa krenn, né oa mâd da nétrâ ; pa vézô bét losket ha dévet gañd ann tân, ha mâd é vézô da eul labour-bennâg ?

6. Râk-sé ével-henn é lavar ann Aotrou Doué : Ével ma em eûz rôet ar c'hoat gwini, é-touez gwéz ar c'hoajou, d'ann tân évit béza dévet, ével-sé é rinn da dûd Jéruzalem.

7. Ha mé a lakai va dremm enn hô énep ; doñt a raiñt er-méaz eûz ann tân, hag ann tân hô bévézô ; ha c'houi a wézô pénaoz eo mé ann Aotrou, p'am bézô lékéat va dremm enn hô énep,

8. Ha p'am bézô lékéat hô douar da véza diheñt ; ô véza ma iñt bét gwallérien, émé ann Aotrou Doué.

XVI. PENNAD.

Dizanaoudégez ha gwallou all Jéruzalem.

1. Ha gér ann Aotrou a zeûaz d'in, ô lavarout :

2. Mâb dén, rô da anaout da Jéruzalem hé argarzidigézou ;

3. Hag é liviri : Ével-henn é lavar ann Aotrou Doué da Jéruzalem : Da c'hrisien ha da wenn a zeû eûz a zouar Kanaan ; da dâd a oa Amorréad, ha da vamm Sétéadez.

4. Pa oud bét ganet, é deiz da c'hanédigez, né két bét trouc'het da végel ; n'oud két bét gwalc'het gañd dour évid da nétaat, na glanet gañt c'hoalen, na gôlôet gañt trésiou.

5. Lagad é-béd n'en deûz bét truez ouz-id, évid ôber enn da génver unan eûz ann traou-zé, ha diskouéza hé drugarez d'id ; hôgen taolet oud bét war c'horré ann douar gañd dispriz da éné, enn deiz é péhini oud bét ganet.

6. Hôgen ô tréménout ébiou d'id, az kwéliz fiastret dindân ann treid

enn da c'hoad; hag é liviriz d'id pa oaz enn da c'hoad : Bév, émé-vé, bév enn da c'hoad.

7. Da lékéat em eûz da greski ével géot ar parkéier ; kresket éc'h eûz ; brâz oud deûet, hag ével eur vaouez klôk ; da zivronn a zô bét c'houézet, ha da vléô a zô bét savet; ha té a oa enn noaz, ha leûn a véz.

8. Tréméned ounn ébiou d'id, hag em eûz sellet ouz-id ; ha chétu da amzer a oa ével amzer ann hini a dlié béza karet ; ha mé em eûz astennet va mañtel war-n-od, hag em eûz gôlôet da vézégez. Ha mé em eûz touet d'id ; hag eur gévrédigez em eûz gréat gan-ez, émé ann Aotrou Doué ; ha té a zô deûet d'in.

9. Da walc'het em eûz enn dour, da nétéet em eûz eûz ar goad a oa ouz-id ; hag em eûz da lardet gañd éôl.

10. Da wisket em eûz gañd *eur zaé* marellet, da arc'hennet em eûz gañt *boutou* limestra ; da c'hourizet em eûz gañt lin moan, da c'hôlôet em eûz gañd *dilad* kaer.

11. Gañt kiñklérézou kaer em eûz da vravéet ; lagadennou em eûz lékéat oud da zivrec'h, hag eur gelc'hen oud da c'houzouk.

12. Eur giñklérez em eûz rôet d'id évid da dâl, ha lagadennou évid da ziskouarn, hag eur gurunen gaer war da benn.

13. Kiñklet oud bét gañd aour hag arc'hañt ; gwisket oud bét gañt lin moan, gañt seiz ha gañt mézer marellet ; bleûñ gwiniz, ha mél, hag éôl éc'h eûz debret ; kaer-brâz oud deûet da véza, ha da rouanez oud deûet.

14. Ha brudet-brâz eo bét da hanô é-touez ar brôadou, enn abek d'as kéned ; ô véza ma oaz deûet kaer-brâz gañd ar géned em boa lékéat enn-od, émé ann Aotrou Doué.

15. Hag ô lakaad da fisiañs enn da gaerded, oud en em rôet d'ar c'hadélez enn da hanô, hag oud en em zaotret gañd kémeñd a dréméné, évit béza d'ézhô.

16. Kéméret éc'h eûz ivé eûz da zilad, hag éc'h eûz hô griet évid ôber d'id lec'hiou uc'hel ; hag en em rôet oud war-n-ézhô d'ar c'hadélez, ével n'eo bét biskoaz ha na vézô bikenn.

17. Kéméret éc'h eûz ivé da giñklérézou, *gréat* gañt va aour, ha gañt va arc'hañt em bôa rôet d'id ; hag éc'h eûz gréat gañt-hô skeûdennou goazed ; hag en em rôet oud gañt-hô d'ar c'hadélez.

18. Kéméret éc'h eûz ivé da zilad marellet, hag éc'h eûz hô gôlôet gañt-hô ; ha va éôl, ha va louzou-c'houés-vâd éc'h eûz lékéat dira-z-hô.

19. Va bara, em bôa rôet d'id, ar bleûñ-gwiniz hag ann éôl, hag ar mél, gañt péré em eûz da vaget, éc'h eûz lékéat dira-z-hô ével eur sakrifiz a c'houés vâd ; *ével-sé* éc'h eûz gréat, émé ann Aotrou Doué.

20. Kéméret éc'h eûz ivé da vipien, ha da verc'hed, ez pôa ganet évid-oun ; hag éc'h eûz hô c'henniget évit béza dispennet. Ha biban eo da c'hadélez ?

21. Lazet éc'h eûz va bugalé, hag oc'h hô c'henniga d'ézhô, éc'h eûz hô dilézet gañt-hô.

22. Ha goudé da holl argarzidigézou ha da c'hadélézou, n'éc'h eûz két bét a gouu eûz a zeisiou da iaouañktiz, pa oaz enn noaz, ha leûn a véz, ha flastret enn da c'hoad.

23. Ha goudé da holl zrougiez eo bét c'hoarvézet (gwâ, gwâ té, émé ann Aotrou Doué),

24. Ma éc'h eûz savet évid-od eul léac'h hudur, ha ma éc'h eûz gréat évid-od war bép leûr-kéar eunn ti a c'hadélez.

25. É penn pép heñt éc'h eûz savet arouéz da c'hadélez ; argarzuz eo bét lékéat gan-éz da c'héned ; lédet éc'h eûz da dreid gañt pép tréméniad, hag éc'h eûz paottet da c'hadélézou.

26. En em rôet oud d'ar c'hadélez gañt mipien ann Éjipt da amézeien, péré hô deûz korfou brâz ; hag éc'h eûz paottet da c'hadélézou évit va héga.

27. Hôgen chétu mé a astennô va dourn war-n-od, hag a lamô digan-éz da zidamallidigez ; da rei a rinn da frouden merc'hed ar Filistined péré a gasa ac'hanod, ha péré a zeû da rusia eûz da wall heñt.

28. En em rôet oud ivé d'ar c'ha-

délez gañt mipien ann Assiried, ô véza n'ez pôa két bét c'hoaz da walc'h; ha goudé ma oud bét en em rôet d'ar c'hadélez-zé, n'éc'h eûz két bét c'hoaz da walc'h.

29. Hag éc'h eûz paottet da c'hadélez é douar Kanaan gañd ar C'haldéed; ha n'éc'h eûz két bét c'hoaz da walc'h.

30. Pénaoz é c'hlaninn-mé da galoun, émé ann Aotrou Doué, pa éc'h eûz gréat kémeñt-sé, ével eur c'hrég gadal ha divézet?

31. Râg eul léac'h hudur éc'h eûz savet é penn péb heñt, hag eunn ti a c'hadélez éc'h eûz gréat war bép leûrkéar; n'oud két bét ével eur c'hrekfall (M), péhini a zispriz ar péz a gennigeur d'ézhi, évit kreski hé gôbr;

32. Hôgen ével eur c'hrég avoultr, péhini a glask diavésidi, hag a bella diouc'h hé ozac'h.

33. D'ann holl merc'hed fall (M) é rôeur gôbr; hôgen té éc'h eûz rôet gôbr d'ar ré holl a garé ac'hanod: ha té a réa rôou d'ézhô, évit ma teûjeñt a bép tû d'az kavout, évid en em rei d'ar c'hadélez gan-éz.

34. Ével-sé eo bét c'hoarvézet ennod enn da c'hadélézou ann éneb eûz ar péz a c'hoarvez er merc'hed *all*; ha na vézô két a c'hadélez héñvel oud da hini; râg ô véza rôet ar gôbr, é léac'h hé zigémérout, éc'h eûz gréat ann énep *d'ar ré all.*

35. Râk-sé, grek-fall (M), sélaou gér ann Aotrou.

36. Ével-henn é lavar ann Aotrou Doué: O véza ma éc'h eûz feltret da arc'hañt, ha ma éc'h eûz diskuliet da vézégez enn da c'hadélézou gañd ar ré a gérez, ha gañd idolou da argarzidigézou é goad da vipien, éc'h eûz rôet d'ézhô;

37. Chétu mé a strollô ar ré holl a garé ac'hanod, ha gañd péré oud en em zaotret; hag ar ré holl éc'h eûz karet, gañd ar ré holl éc'h eûz kaséet; ha mé hô strollô holl enn da énep a bép tû; hag é likiinn enn noaz da vézégez dira-z-hô, hag hi a wélô da holl hudurez.

38. Da varna a rinn ével ann avoultrérézed, hag ar ré a skûl ar goad; ha lakaad a rinn da skula da c'hoad er frouden hag er warizi.

39. Da rei a rinn étré hô daouarn; hag hi a freûzô da léac'h-hudur, hag a ziskarô da di a c'hadélez; tenna a raiñt da zilad digan-éz, skrapa a raint da giñklérézou; hag hi az lézô enn noaz ha leûn a véz.

40. Digas a raiñt enn da éneb eul lôd brâz a dûd, hag é labéziñt ac'hanod gañt mein, hag é laziñt ac'hanod gañd hô c'hlézéier.

41. Dévi a raiñt ivé da diez gañt tân, hag hi a rai war-n-od barnédigézou dirâk kalz a verc'hed; ha té a éhanô da ôber gadélésiou; ha na rôi mui a c'hôbr.

42. Va droug ouz-id a éhanô; va oaz en em dennô diouz-id; arzaôi a rinn, ha na vuanékainn mui,

43. O véza n'eo két deûet a goun d'id eûz a zeisiou da iaouañktiz, ha ma éc'h eûz va héget é kémeñt-sé; râk-sé em eûz rôet da heñchou war da benn, émé ann Aotrou Doué; ha n'em eûz két gréat hervez da wallou enn da holl argarzidigézou.

44. Chétu pép-hini a lavarô diwar da benn al lavar-kuzet-mañ: Ével ma é oa ar vamm, éma ar verc'h.

45. Merc'h da vamm oud, péhini é deûz dilézet hé ozac'h hag hé bugalé; ha c'hoar da c'hoarézed oud, péré hô deûz dilézet hô ézec'h hag hô bugalé; Sétéadez eo hô mamm, Amorréad eo hô tâd

46. Da c'hoar héna eo Samaria, hi hag hé merc'hed, péré a choum oud da zourn kleiz; ha da c'hoar iaouañka eo Sodoma hag hé merc'hed, péré a choum oud da zourn déou.

47. N'éc'h eûz két hép-kén baléet enn hô heñchou, ha gréat ann hévélep gwallou; hôgen dreist-hô oud éat tôst-da-vâd enn da holl heñchou.

48. *Ével ma* ounn béô, émé ann Aotrou Doué, n'é deûz két gréat Sodoma da c'hoar hag hé merc'hed, ével ma éc'h eûz gréat, té ha da verc'hed.

49. Chétu pétrâ eo bét fallagriez Sodoma da c'hoar: ar balc'hded; paodder ar bara hag eûz a bép-trâ; hag hô éhan, ha hini hô merc'hed;

ha na astenneñt két hô dourn d'ann ézommek ha d'ar paour.

50. Hag hi a zô bét savet, hag hô deûz gréat hô argarzidigézou dira-z-oun ; ha mé em eûz hô dispennet, évcl ma éc'h eûz hé wélet.

51. Samaria n'é deûz két gréat ann hañter eûs da béc'héjou : hôgen hô zrec'het éc'h eûz gañd da wallou ; ha didamallet éc'h eûz da c'hoarézed gañd ann holl argarzidigézou éc'h eûz gréat.

52. Doug éta da véz, pa éc'h eûz trec'het da c'hoarézed gañd da béc'héjou, oc'h ôber gwasoc'h égét-hô ; râk didamallet iñt gan-éz ; béz éta mézékéet ha doug da véz, pa éc'h eûz didamallet da c'hoarézed.

53. Koulskoudé mé hô lakai enn hô reiz geñta, hag a lakai da zistrei sklaved Sodoma hag hé merc'hed, ha sklaved Samaria, hag hé merc'hed ; da lakaad a rinn ivé da zistrei enn hô c'hreiz ;

54. Évit ma tougi da véz, ha ma vézi mézékéet gañt kémeñt éc'h eûz gréat, évid hô dizoania.

55. Ha da c'hoar Sodoma hag hé merc'hed a zistrôi d'hô reiz kôz ; ha Samaria hag hé merc'hed a zistrôi d'hô reiz kôz ; ha té ha da verc'hed a zistrôi d'hô reiz kôz.

56. N'eo két bét deûet hanô Sodoma da c'hoar eûz da c'hénou, é deiz da valc'hded,.

57. Abarz ma oé disklériet da zrougiez ; évcl ma eo bét enn amzer-zé é péhini oud deûet eunn abeg a c'hoapérez évit merc'hed Siria, ha merc'hed ar Filistined, a zô trô-war-drô d'id.

58. Da wallou ha da véz éc'h eûz douget, émé ann Aotrou Doué.

59. Râg évcl-henn é lavar ann Aotrou Doué : Ha mé a rai d'id évcl ma éc'h eûz gréat, pa éc'h eûz disprizet al lé, ha torret ar gévrédigez.

60. Ha goudé-zé é teûi da goun d'in eûz ar gévrédigez em bôa gréat gan-éz é deisiou da iaouañktiz ; hag é rinn gan-éz eur gévrédigez peûrbaduz.

61. Neûzé é teûzi da goun d'id eûz da heñchou, hag é vézi mézékéet, pa zigéméri gan-éz da c'hoarézed gôsa, gañd ar ré iaouañka ; ha mé hô rôi da verc'hed d'id, ha nann dré da gévrédigez da-unan.

62. Ha mé a stardô va c'hévrédigez gan-éz ; ha té a wézô pénaoz eo mé ann Aotrou ;

63. Évit m'az pézô koun, ha ma vézi mézékéet, ha na helli mui digeri da c'hénou gañd da vez, pa vézinn deûet da habaskaat, ha da zisteûrel d'id kémeñd éc'h eûz gréat, émé ann Aotrou Doué.

XVII. PENNAD.

Lavar-kuzet ann daou er hag ar winien.

1. Ha gér ann Aotrou a zeûaz d'in, ô lavarout :

2. Mâb dén, kennig eur lavar-gôlôet, ha danével eûl lavar-kuzet diwar-benn ti Israel.

3. Hag é liviri : Évcl-henn é lavar ann Aotrou Doué : Eur pikol er, *péhini en dôa* diou-askel brâz, hag eur c'horf hir, gôlôet a blû a bép liou, a zeûaz war al Liban, hag a géméraz boéden eur wézen-sedr.

4. Diskolpa a réaz penn ar skourrou, hag é tizougaz anézhañ é brô Kanaan, hag é lékéaz anézhañ enn eur géar a varc'hadourien.

5. Hag héñ a géméraz eûz a hâd ar vrô, hag a lékéaz anézhañ enn douar da wenn, évit ma startajé hé c'hrisiou war ann doureier brâz : hag é plañtaz anézhañ war c'horré *ann douar*.

6. Ha pa oé diwanet, é kreskaz enn eur winien lédan, hôgen izel enn hé zaol ; hag hé skourrou a zellé oud ann *er* ; hag hé grisiou a oa dindanhañ. Doñd a réaz éta da winien, hag é tougaz koat ha frouez, hag é tigasaz kreskou névez.

7. Hag é oé gwélet eunn er all, hag héñ brâz, gañt diou-askel brâz, ha gôlôet a blû ; ha chétu ar winien-zé é dôé ann dosré da gâs hé grisiou étrézeg enn-hañ, ha da astenn'a hé skourrou étrézég enn-hañ, évid hé zoura *gañd ann dour a zeûé* dré añchou hé blañten.

8. Enn eunn douar mâd war galz a
zouréier eo plañtet ; évit ma taolô
koat, ma tougô frouez, ha ma teûi da
véza eur winien vrâz.
9. Lavar : Évél-henn é lavar ann
Aotrou Doué : Hag hi éta a zeûi da
vâd ? Ha na ziframmô két hé grisiou-
hi, ha na ziskarô két hé frouez-hi, ha
na lakai két hé holl daoliou-hi da zi-
zéc'ha, ha da wévi, ha gañd eur
vréac'h gré, ha gañd eur bobl paot
eo é tiframmô hé grisiou-hi ?
10. Chétu hi a zô plañtet ; hag hi
éta a zeûi da vâd ? Pa vézô bét skôet
gañd eunn avél loskuz, ha na zizéc'hô
két ? Ha na wévô két é-kreiz dourcier
hé añchou ?
11. Ha gér ann Aotrou a zeûaz d'in,
ô lavarout :
12. Lavar d'ann ti héguz : Ha na
ouzoc'h-hu két pétrâ eo kémeñt-sé ?
Lavar *neûzé* : Chétu roué Babilon a
zeû da Jéruzalem ; hag béñ a gémérô
ar roué hag hé briñsed, hag hô c'hasô
gañt-hañ da Vabilon.
13. Hag héñ a gémérô *unan* eûz a
wenn ar roué, hag a rai kévrédigez
gañt-hañ ; hag hel lakai da ôber lé ;
hag é kémérô ar ré gré eûz ar vrô ;
14. Évit ma vézô vuel ar rouañ-
télez-zé, ha n'en em c'horréô két ;
hôgen ma choumô enn hé gévrédigez,
ha ma hé mirô.
15. Hé-mañ ô sével a-énep d'ezhañ
a gasaz kannaded da *roué* ann Éjipt,
évit ma rôjé d'ézhañ kézek, ha kalz a
dûd. Hag héñ a zeûi da vâd ? Néb en
deûz gréat enn doaré-zé, hag héñ a
vézô dieûbet ? Néb en deûz torret ar
gévrédigez, hag héñ a hellô tec'hout ?
16. *Évél ma* ounn béô, émé ann
Aotrou Doué, é vézô kaset hé-unañ
da vrô ann hini en dôa hé lékéat da
roué, gañt péhini en dôa gréat kévré-
digez ; hag en deûz hé zorret ; hag
héñ a varvô é-kreiz Babilon.
17. Ha Faraon na zeûi két gañd
eunn armé vrâz, hag eur bobl paot
évit brézélékaat enn hé énep ; oc'h
ôber kréou, hag ô sével késtel, é lazô
kalz a dûd.
18. Râk disprizet en deûz hé lé, ha
torret hé gévrédigez, ha chétu en deûz
rôet hé zourn ; ha pétrâ-bennâg ma en
déûz gréat kémeñt-sé, na dec'hô két.
19. Râk-sé évél-henn é lavar ann
Aotrou Doué : *Évél ma* ounn béô, al
lé en deûz disprizet, hag ar gévré-
digez en deûz torret, a likiinn war hé
benn.
20. Astenna a rinn va c'hidel war-
n-ézhañ, hag é vézô paket em roué-
jou ; hag é tigasinn anézhañ da Vabi-
lon, hag énô é varninn anézhañ, enn
abek d'ann drougiez gañt péhini en
deûz va disprizet.
21. Hé holl dec'herien gañd hé holl
armé a gouézô dindân ar c'hlézé ; hag
ann dilerc'h anézhô a vézô skiñet é
péb avel ; ha c'houi a wézô pénaoz eo
mé ann Aotrou em eûz komzet.
22. Évél-henn é lavar ann Aotrou
Doué : Mé a gémérô boéden eûz a eur
wézen-sedr uc'hel, hag hé likiinn ;
terri a rinn eûz a vék hé skourrou
eunn embouden, hag é plañtinn anéz-
hi war eur ménez uc'hel ha dreist ar
ré all.
23. War vénez uc'hel Israel é plañ-
tinn anézhi, hag hi a daolô eur c'hresk,
hag a rôi frouez, hag a zeûi da eur
wézen-sedr brâz : hag al labouséd holl
a choumô dindan-hi, hag ann evned
holl a rai hô neiz dindan skeûd hé
skourrou.
24. Hag holl wéz ar vrô-zé a wézô
pénaoz eo mé ann Aotrou péhini em
eûz vuéléet ar wézen uc'hel, hag em
eûz gorroet ar wézen izel ; em eûz
dizéc'het ar wézen c'hlâz, ha lékéat
da zeliaoui ar wézen zéac'h. Mé eo
ann Aotrou, em eûz hé lavaret, hag
hé c'hréat.

XVIII. PENNAD.

Pép hini en dévézô hérvez hé ôberiou.

1. Ha gér ann Aotrou a zeûaz d'in,
ô lavarout :
2. Pérâg hoc'h eûs-hu trôet ar ba-
rabolen-mañ é brô Israel, ha lékéat
da lavar-paot, ô lavarout : Ann tadou
hô deûz débret rézin c'hlâz, ha deñt
ar vugalé a zô bét kloc'het ?
3. Évél ma ounn béô, émé ann Ao-

trou Doué, ar barabolen-zé na vézô
muiével eur lavar-paot enn Israel.
4. Chétu ann holl énéou a zô d'in :
ével éné ann tâd, éma éné ar mâb
d'in ; ann éné a béc'hô a varvô hé-
unan.
5. Mar d-eo eunn dén gwirion ; mar
gra hervez ann éeunder hag ar wi-
rionez ;
6. Ma na zebr két war ar ménésiou,
ma na zâv két hé zaoulagad war ido-
lou ti Israel ; ma na wall két grég hé
nésa, ha ma na dôsta két oud hé c'hrég
hé-unan, pa éma hé misiou gañt-hi :
7. Ma na zoan dén ; mar tistol hé
westl d'hé zléour ; ma na skrâp nétrâ
dré ners ; ma rô eûz hé vara da néb
en deûz naoun, hag eûz hé zilad da
néb a zô enn noaz.
8. Ma na brést két war gampi, ha
ma na gémer két muioc'h égét n'en
deûz rôet ; mar tistrô hé zourn eûz ar
fallagriez, ha ma rô eur gwir varn
étré eunn dén hag eunn dén *all* :
9. Mar balé em c'hélennou, ha mar
mir va barnédigézou évid ôber ar wi-
rionez : hen-nez a zô gwirion, hag a
vévô évit-gwir, émé ann Aotrou Doué.
10. Mar gân-héñ eur mâb hag a
vézô laer, hag a skulô ar goad, hag a
rai unan eûz ar wallou-zé ;
11. Ha pa n'hô grajé két holl ; hô-
gen mar zebr war ar ménésiou, mar
saotr grég hé nésa ;
12. Mar glac'har ann ézommek hag
ar paour, mâr skrâb dré ners, ma na
zistrô két ar gwéstl, mar sâv hé zaou-
lagad étrézég ann idolou, mar grâ ar-
garzidigézou ;
13. Mar rô war gampi, ha mar ké-
mer ouc'h-penn : hag héñ a vévô ? Na
vévô két ; pa en dévézô gréat ann
holl draou argarzuz-zé, é varvô, hag
hé c'hoad a vézô war-n-ézhañ hé-
unan.
14. Mar gân-héñ eur mâb, péhini ô
wélout ann holl wallou en dévézô
gréat hé dâd, a vézô spouñtet, ha na
rai két ével-t-hañ ;
15. Péhini na zebrô két war ar mé-
nésiou, na zavô két hé zaoulagad
étrézég idolou ti Israel, na na wallô
két grég hé nésa.
16. Péhini na c'hlac'har dén, na
zalc'h két ar gwestl, na skrâp két dré
ners, a rô eûz hé vara da néb en deûz
naoun, hag a wisk néb a zô enn noaz ;
17. Péhini a zistrô hé zourn eûz a
bép direiz é-kéñver ar paour, na rô
két war gampi, ha na gémer két
ouc'h-penn, a heûl va barnédigézou,
hag a valé em c'hélennou ; hen-nez na
varvô két é fallagriez hé dâd ; hôgen
béva a rai.
18. Hé dâd péhini en deûz drouk-
komzet, péhini en deûz gwasket hé
vreûr ha gwall-c'hréat é-kreiz hé bobl,
chétu eo marô enn hé fallagriez.
19. Hag é livirit : Pérâg ar mâb
n'en deûz két douget fallagriez ann
tâd ? O véza ma en deûz gréat ar mâb
hervez ar varn hag ar reiz, ma en
deûz miret va holl gélennou, ha ma
en deûz hô sévénet ; râk-sé é vévô.
20. Ann éné en dévézô péc'het, a
varvô hé-unan ; ar mâb na zougô két
fallagriez ann tâd, hag ann tâd na
zougô két fallagriez ar mâb ; reizded
ann dén reiz a vézô war-n-ézhañ, ha
fallagriez ar fallagr a vézô war-n-
ézhañ.
21. Hôgen mar grâ ar fallagr pinij-
jen eûz ann holl béc'héjou en deûz
gréat, ha mar mir va holl gélennou,
ha mar grâ barnédigez ha reizded ; é
vévô évit-gwir, ha na varvô két.
22. N'am bézô mui a goun eûz ar
fallagriézou en dôa gréat ; er reizded
en dévézô gréat é vévô.
23. Hag iouli a rann-mé marô ar
fallagr, émé ann Aotrou Doué, pé
geñtoc'h ma tistrôi eûz hé heñchoù,
ha ma vévô ?
24. Hôgen mar tistrô ann dén reiz
dioud hé reizded, mar grâ ar falla-
griez, ha ma heûl ann argarzidigézou
a râ peûrvuia ann dén fallagr, hag
héñ a vévô ? Ann holl reizdédou en
dôa gréat a vézô añkounac'héet ; enn
hé wall hag enn hé béc'hed é varvô.
25. Hag é livirit : Né két reiz heñd
ann Aotrou. Sélaouid éta, ti Israel :
ha né két reiz va heñt, pé geñtoc'h
ha né két fall hoc'h heñchou-c'houi ?
26. Râk pa zistrôi ann dén reiz
dioud hé reizded, ha pa rai ar falla-
griez, é varvô enn-hô ; enn direizded
en dévézô gréat é varvô.

27. Ha pa zistrôi ann dén fallagr dioud ar fallagriez en dévézô gréat, ha pa rai barnédigez ha reizded; hén a rôi ar vuez d'hé éné.

28. O véza éta m'en dévézô évéséet, ha ma vézô distrôet dioud ann holl fallagriézou en dévézô gréat, é vévô évit-gwir, ha na varvô két.

29. Ha bugalé Israel a lavar: Né két reiz hend ann Aotrou. Ha né két reiz va heñchou, ti Israel; pé geñtoc'h ha né két fall hoc'h heñchou-c'houi?

30. Râk-sé, tî Israel, mé a varnô pép-hini hervez hé heñchou, émé ann Aotrou Doué. Distrôit, ha grît pinijen eûz hoc'h holl fallagriézou; hag ar fallagriez na vézô két da goll d'é-hoc'h.

31. Taolit pell diouz-hoc'h ann holl wallou hoc'h eûz gréat, ha grît d'é-hoc'h eur galoun névez, hag eur spéred névez; ha pérâg é varvot, ti Israel?

32. Râk na ioulann két marô ann hini a varvô, émé ann Aotrou Doué: Distrôit *étrézég enn-oun,* ha bévit.

XIX. PENNAD.

Rouéed Juda lékéat hévél oùt léonédigou, ha Jéruzalem, oud eur winien.

1. Ha té, kémer kaoñ war briñsed Israel,

2. Ha lavar: Pérâg da vamm péhini a zô eul léanez é deûs-hi gourvézet é-touez al léoned, hag é deûs-hi maget hé ré vunud é-kreiz al léonédigou?

3. Hag hî é deûz digaset unan eûz hé léonédigou, hag hén a zô deûet da léon; desket en deûz da baka preiz, ha da zibri tûd.

4. Ar brôadou hô deûz klévet banô anézhañ; ha né két hép gouliou digañt-hañ hô deûz hé baket: hag hî hô deûz hé zigaset da vrô ann Éjipt goudé béza hé chadennet.

5. Pa wélaz hî pénaoz é oa deûet diners, hag é oa kollet hé géd, é kéméraz eunn *all* eùz hé léonédigou, hag a lékéaz anézhañ da léon.

6. Hé-mañ a gerzé é-touez al léoned, hag a zeûaz da léon; deski a réaz da baka preiz ha da zibri tûd.

7. Deski a reaz da ôber iñtañvézed, ha da lakaad didûd ar c'hériou; hag ann douar, ha kémeñd a oa enn-hañ a oé añkéniet gañt trouz hé iudérez.

8. Neûzé brôadou ar broviñsou en em strollaz enn hé éneb a bép tû; hag hi a daolaz hô rouéjou war-n-ézhañ, hag hé bakaz, naun hép gouliou digañt-hañ.

9. Hag hi a lékéaz anézhañ enn eur gaoued, ha goudé béza hé chadennet, é kaschoñt anézhañ da roué Babilon; hag é oé lékéat enn eur vac'h, évit na vijé klévet mui hé iudérez war vénésiou Israel.

10. Da vamm a zô ével eur winien a zô bét plañtet enn da c'hoad a-ziouc'h ann dour; hé frouez hag hé c'hoat a zô bét kresket gañd ann dourcier vrâz.

11. Hag ar gwialennou kré a zô bét savet diout-hi a zô deûet da walennou d'ar briñsed, hag hé zaol a zô bét savet é-kreiz hé skourrou; hag huelbrâz eo en em wélet é-touez al lôd brâz eûz hé skourrou.

12. Hag hi a zô bét dic'hrisiennet gañt buanégez, ha taolet oud ann douar; hag eunn avel loskuz é deûz dizéc'het hé frouez; hé gwialennou kré a zô deûet da véza gwân ha séac'h; ann tân en deûz hé losket.

13. Ha bréma eo bét treûz-plañtet enn distrô, enn eunn douar dihefit ha dizour.

14. Hag eunn tan a zô savet eûz a wialen hé skourrou, péhini en deûz louñket hé frouez; ha na oé mui ennhi a wialen gré da walen d'ar briñsed. Eur c'haoñ eo hag eûr c'haoñ é vézô.

XX. PENNAD.

Ann Aotrou a rébech d'hé bobl hé idolatri.

1. Er seizved bloaz, er pempved *miz,* enn dékved *deiz* eûz ar miz, é teûaz lôd eûz a hénaoured Israel,

évit goulenn kuzul digañd ann Aotrou ; hag hi a azézaz dira-z-oun.

2. Ha gér ann Aotrou a zeûaz d'in, ô lavarout :

3. Màb dén, komz oul hénaoured Israel, ha lavar d'ézhô : Ével-henn é lavar ann Aotrou Doué : Ha n'oc'h két deûet c'houi évid ôber goulennou digan-éñ? *Ével ma* ounn béô, émé ann Aotrou Doué, na respouñtinn két d'é-hoc'h.

4. Mar barnez anézhô, màb dén, mar barnez anézhô ; diskouéz d'ézhô argarzidigézou hô zadou.

5. Ha lavar d'ézhô : Ével-henn é lavar ann Aotrou Doué : Enn deiz é péhini é tilenniz Israel, hag é saviz va dourn évit gwenn ti Jakob, hag en em ziskouéziz d'ézhô é douar ann Éjipt, hag é saviz va dourn évit-hô, ô lavarout : Mé eo ann Aotrou hô Toué ;

6. Enn deiz-zé é saviz va dourn évit-hô, évit ma tenjenn anézhô eûz a zouar ann Éjipt, évid hô c'hâs enn eunn douar é péhini é tivér al léaz hag ar mél ; péhini eo ar gwella étouez ann holl zouarou.

7. Hag é liviriz d'ézhô : Pellaet pép-hini ann argarzidigézou diouc'h hé zaoulagad ; ha n'en em zaotrit két gañd idolou ann Éjipt. Mé eo ann Aotrou hô Toué.

8. Hôgen hi hô deûz va héget, ha né két fellet d'ézhô va sélaoui ; n'en deûz két pelléet pép-hini ann argarzidigézou diouc'h hé zaoulagad, ha n'hô deûz két dilézet idolou ann Éjipt. Ha mé em bôa lavaret pénaoz é skuljenn va buanégez war-n-ézhô, hag é sévenchenn va frouden enn-hô é-kreiz douar ann Éjipt.

9. Hôgen évit va hanô em eûz gréat, évit na vijé két saotret dirâg ar brôadou, é-kreiz péré édoñt, ha dirâk péré ounn en em ziskouézet, évid hô zenna eûz a zouar ann Éjipt.

10. Hô zennet em eûz éta eûz a zouar ann Éjipt, hag em eûz hô c'haset enn distrô.

11. Hag em eûz rôed d'ézhô va c'hélennou, ha diskouézet d'ézhô va barnédigézou ; évit pa hô grai ann dén, ma vévô enn-hô.

12. Ouc'h-penn em eûz rôet d'ézhô va deisiou Sabbat, évit ma vijeñt da arouéz étré mé hag hi : ha ma wézcheñt pénaoz eo mé ann Aotrou péhini a zañtéla anézhô.

13. Hôgen bugalé Israel hô deûz va héget enn distrô ; n'hô deûz két baléet em c'hélennou ; distaolet hô deûz va barnédigézou é miridigez péré é vév ann dén ; va *deisiou* sabbat hô deûz gwall zaotret ivé ; lavaret em bôa éta pénaoz é skuljenn va frouden war-n-ézhañ enn distrô, hag é tispenfenn anézhô.

14. Hôgen enn abek d'am hanô em eûz gréat, évit na vijé két saotret dirâg ar brôadou, eûz a greiz péré, ha dirâk péré em eûz hô zennet.

15. Savet em eûz éta va dourn war-n-ézhañ enn distrô pénaoz n'hô digasfenn két enn douar em bôa rôet d'ézhô, é péhini é tivér al léaz hag ar mél, hag a zô ar c'heñta eûz ann holl zouarou :

16. O véza ma hô deûz distaolet va barnédigézou, ha n'hô deûz két baléet em c'hélennou, ha ma hô deûz saotret va *deisiou* sabbat ; râk hô c'haloun a iéa war-lerc'h hô idolou.

17. Va lzgad en deûz sellet a druez out-hô, ha n'em eûz két hô lazet ; n'em eûz két hô c'hasel-da-nétra enn distrô.

18. Hôgen mé em eûz lavaret d'hô bugalé enn distrô : Na gerzit két é kélennou hô tadou, na virit két hô barnédigézou ha n'en em zaotrit két gañd hô idolou.

19. Mé eo ann Aotrou hô Toué : Baléit em c'hélennou, mirit va barnédigézou, ha sévénit-hô :

20. Sañtélit ivé va deisiou sabbat, évit ma véziñt da arouéz étré mé ha c'houi, ha ma wiot pénaoz eo mé ann Aotrou hô Toué.

21. Hôgen hô bugalé hô deûz va héget ; n'hô deûz két baléet em c'hélennou, n'hô deûz két miret va barnédigézou, na sévénet anézhô, é miridigez péré é vév ann dén ; va *deisiou* sabbat hô deûz saotret ; hag em eûz hô gourdrouzet da skuja va frouden war-n-ézhô, ha da walc'ha va buanégez out-hô enn distrô.

22. Hôgen distrôet em eûz va dourn, hag em eûz gréat enn abek d'am hanô, évit na vijé két saotret dirâg ar brôadou, eûz a greiz péré em bôa hô zennet, ha dira-z-hô.

23. Savet em eûz c'hoaz va dourn war-n-ézhô enn distrô, ma skiñfenn anézhô é-touez ar brôadou, hag é kaschenn anézhô é brôiou pell;

24. O véza n'hô dôa két gréat va barnédigézou, m'hô dôa distaolet va c'hélennou, m'hô dôa saotret va *deisiou* sabbat, ha m'hô dôa hô daoulagad heûliet idolou hô zadou.

25. Râk-sé em eûz rôet d'ézhô kélennou péré n'iñt két mâd, ha barnédigézou é péré na gaviñt két ar vuez.

26. Hag em eûz hô zaotret enn hô rôou, pa genniged évid hô gwallou kémend a zigoré ar c'hôv, évit ma wéziñt pénaoz eo mé ann Aotrou.

27. Râk-sé, mâb dén, komz out tì Israel, ha lavar d'ézhô: Ével-henn é lavar ann Aotrou Doué: Hô tadou hô deûz c'hoaz va héget é kémeñtmañ, pa hô deûz va gwallet gañd dispriz;

28. Goudé m'em bôé hô digaset enn douar em bôa touet é rôjenn d'ézhô; gwélet hô deûz ann holl gréc'hiennou huel, hag ann holl wéz déliaouuz, hag énô hô deûz lazet hô viktimou; énô hô deûz rôet hô c'hennigou héguz, énô hô deûz lékéat hô louzou c'houés-vâd, hag énô hô deûz skulet hô braoued-kennigou.

29. Neûzé é liviriz d'ézhô: Pétrâ eo al léac'h-huel-zé étrézé péhini éz id? Hag ann hanô a léac'h-huel a zô bét rôet d'ézhañ bétég-henn.

30. Râk-sé lavar da dì Israel: Ével-henn é lavar ann Aotrou Doué: En em zaotra a rit é heñt hô tadou: d'hô gadélez en em rôit, oc'h heûlia hô idolou:

31. Gañd ar c'hennig eûz hô rôou, pa dréménid hô pugalé dré ann tân, en em zaotrit enn hoc'h holl idolou bétég-henn; ha goudé-zé é respouñtfenn d'é-hoc'h, tì Israel? *Ével ma ounn béô*, émé ann Aotrou Doué, na respouñtinn két d'é-hoc'h.

32. Na vézô két sévénet ménoz hô spéred, pa livirit: Nì a vézô ével ar brôadou, hag ével ar boblou all eûz ann douar, hag éc'h azeûlimp ar c'hoat hag ar vein.

33. *Ével ma ounn béô*, émé ann Aotrou Doué, gañd eunn dourn kré, ha gañd eur vréac'h astennet, ha gañd ann diskarg eûz va frouden, é réninn war-n-hoc'h.

34. Mé hô tennô eûz a douez ar boblou; mé hô strollô eûz ar brôiou é péré oc'h bét skiñet; ha gañd eunn dourn kré, ha gañd eur vréac'h astennet, ha gañd ann diskarg eûz va frouden, é réninn war-n-hoc'h,

35. Hag é tigasinn ac'hanoc'h é distrô ar boblou; hag énô é vreûtaimp kévret kéver-é-kéver.

36. Ével ma em eûz breûtéet ouc'h hô tadou é distrô brô ann Éjipt, ével-sé é varninn ac'hanoc'h, émé ann Aotrou Doué.

37. Ha mé hô lakai da bléga dindân va gwalen, hag hô tigasô é éréou va c'hévrédigez.

38. Ha mé a rannô diouz-hoc'h ar ré amzeñt, hag ar ré fallagr, hag é tenninn anézhô eûz ar vrô é péhini é choumoñt, ha n'az aiñt két é brô Israel; ha c'houi a wézô pénaoz eo mé ann Aotrou:

39. Ha c'houi, tì Israel, ével-henn é lavar ann Aotrou Doué: Baléit pép-hini war-lerc'h hoc'h idolou, ha servichit anézhô. Ma-na zélaouit két c'hoaz ac'hanoun é kémeñt-sé, ha mar saotrit hivizikenn va hanô sañtel gañd hô rôou hag hoc'h idolou:

40. War va ménez sañtel, war vénez huel Israel, émé ann Aotrou Doué, énô holl di Israel a zervichô ac'hanoun; holl, émé-vé, enn douar é péhini é véziñt hétuz d'in; hag énô eo é tigémérinn hô prévedíou, hag ar c'heñta frouez eûz hô téogou, hag hoc'h holl sañtélézou.

41. Ével eur c'hennig a c'houés-vâd é tigémérinn ac'hanoc'h, p'am bézô hô tennet eûz a douez ar boblou, hag em bézô hô strollet eûz ar brôiou é péré oc'h bét skiñet, hag é vézinn sañtélet enn-hoc'h dirâg ar brôadou.

42. Ha c'houi a wézô pénaoz eo mé ann Aotrou, p'am bézô hô lékéat da voñt é douar Israel, ann douar em

eûz savet va dourn a rôjenn d'hô
jadou.

43. Hag énô é teûi da goun d'é-hoc'h
eûz hoc'h heñchou, hag eûz ann holl
wallou gañt péré oc'h en em zaotret;
hag é tisplijod d'é-hoc'h hoc'h-unan
gañd ar gwél eûz ann holl zrougou
hoc'h eûz gréat.

44. Ha c'houi a wézô pénaoz eo mé
ann Aotrou, p'am bézô gréat vâd d'é-
hoc'h enn abek d'am hanô, ha nann
hervez hô kwall heñchou, hag hervez
hô kwallou argarzuz, ti Israel, émé
ann Aotrou Doué.

45. Ha gér ann Aotrou a zeûaz
d'in, ô lavarout:

46. Laka da zaoulagad, mâb dén,
war-zû ar c'hrésteiz, ha diver *da c'hé-
riou* étrézég ann Afrika, ha diougan
diwar-benn koat park ar c'hrésteiz.

47. Ha lavar da goat ar c'hrésteiz:
Sélaou gér ann Aotrou: Ével-benn é
lavar ann Aotrou Doué: Chétu mé a
lakai ann tân da gregi enn-od, hag é
tévinn enn-od ann holl wéz c'hlâz,
hag ann holl wéz séac'h: ha na vougô
két ar flamm euz ann tân-zé: hag é
vézô dévet gañt-hañ ann holl zrem-
mou adaleg ar c'hrésteiz bétég ann
hañter-nôz.

48. Hag ann holl gig a wélô pénaoz
eo mé ann Aotrou em eûz lékéat ann
tân enn-hañ, ha na vézô két mouget.

49. Ha mé a lavaraz: A, a, a, Ao-
trou Doué. Hi a lavar diwar va fenn:
Ha na gomz két hé-mañ gañt lava-
riou-kuzet?

XXI. PENNAD.

Klézé ann Aotrou lemmet a-éneb hé bobl.

1. Ha gér ann Aotrou a zeûaz d'in,
ô lavarout:

2. Mâb dén, laka da zaoulagad war-
zû Jéruzalem, ha diver *da c'hériou*
étrézég ar sañtuar, ha diougan a-énep
douar Israel:

3. Ha lavar da zouar Israel: Ével-
henn é lavar ann Aotrou Doué: Chétu
mé *a zeû* étrézég enn-od, hag é ten-
ninn va c'hlézé eûz hé c'houin, hag
é lazinn enn hô touez ann dén reiz
hag ann dén direiz.

4. Hag ô véza ma tléann da laza
enn hô touez ann dén reiz hag ann
dén direiz, va c'hlézé a iélô er-méaz
eûz hé c'houin a-éneb ann holl gig,
adaleg ar c'hrésteiz bétég ann hañ-
ter-nôz;

5. Évit ma wézô pêp kik pénaoz eo
mé ann Aotrou, péhini em eûz tennet
va c'hlézé eûz hé c'houin hép galv.

6. Hôgen té, mâb dén, hirvoud kén
na darzô da zigroazel; hirvoud gañt-
hô gañt c'houervder.

7. Ha pa liviriñt d'id: Pérâg éc'h
huanadez? É liviri: Gañd ar péz a
glévann; râg héñ a zeû; hag ann holl
galounou a zizéc'hô, hag ann holl
zaouarn a vézô diners, hag ann holl
spéréjou a vézô gwanet, hag ann
dour a rédô héd-da-héd ann holl
c'hlinou; chétu é teû, hag é c'hoar-
vez, émé ann Aotrou Doué.

8. Ha gér ann Aotrou a zeûaz d'in,
ô lavarout:

9. Mâb dén, diougan ha lavar:
Ével-henn é lavar ann Aotrou Doué:
Komz: Ar c'hlézé, ar c'hlézé a zô
lemmet; limet eo.

10. Lemmet eo évit laza ar vikti-
mou; limet eo évit teûrel skéd: râk
té eo éc'h eûz diskaret gwalen va mâb,
hag éc'h eûz trouc'het ann holl wéz.

11. Hag hé rôet em eûz d'ézhañ,
évid hé zerc'hel enn hé zourn; évid
hé lemma, hag hé lima, hag hé lakaad
é dourn ann hini a dlé laza.

12. Garm, ha iûd, mâb dén; râk
tennet eo out va fobl, hag oud holl
briñsed Israel, a zô bét tec'het dira-z-
hañ; d'ar c'hlézé iñt bét rôet gañt va
fobl; râk-sé skôit war hô morzed:

13. Râg eunn arnod eo; ha pa
dorfé ar walen, na vézô mui, émé
ann Aotrou Doué.

14. Té éta, mâb dén, diougan ha
skô da zaouarn ann eil oud égilé, ra
zeûi diou ha teir gwéach klévé al la-
zérien; hen-nez eo klézé al lazérez
brâz, hô lakai da zaouzani,

15. A lakai ar galonou da zizéc'ha,
hag a gresko ann dismañtroû. Digas
a rinn ar spouñt oud hô holl zôriou

dirâg ar c'hlézé lemm-zé, limet évit
luc'ha, béget évit laza.
16. Lemm da vég ; kéa a zéou pé a
gleiz, é pé léac'h-bennâg ma plijô
d'as dremm.
17. Mé ivé a stokô va daouarn ann
eil enn égilé, hag a leûniô va buanégez.
Mé eo ann Aotrou em eûz
komzet.
18. Ha gér ann Aotrou a zô deûet
d'in, ô lavarout :
19. Ha té, mâb dén, laka d'id daou
heñt, dré béré é hellô doñt klézé roué
Babilon ; eûz a eunn hévélep brô é
teûoñt hô-daou ; hag héñ ô véza enn
eur géar é penn ann daou heñt, a
dennô d'ar sort dré béhini éz ai.
20. Enn heñt a likii dré béhini éz
ai ar c'hlézé étrézé Rabbat *é brô* bugalé
Ammon, hag étrézé *brô* Juda, da
Jéruzalem *kéar* kré-brâz.
21. Râk roué Babilon a arzaôaz er
c'hroaz-heñt é penn ann daou heñt,
ann diouganérez a glaskaz, ô veski ar
saésiou ; kuzul a c'houlennaz digañd
hé idolou, ar bouzellou a ardamézaz.
22. Kouéza a réaz ann diouganérez
war Jéruzalem, a ioa enn tu déou ;
héñ a zavaz ijinou brézel, a zigoraz
hé c'hénou évid al lazérez, a réaz
garmou brâz, a zavaz ann ijinou brézel
oud ann ôriou, a réaz savennoudouar,
hag a zavaz kréou.
23. Eñvoradur ann oraklou a vézô
évit-hô ével eunn dra didalvez, hag
hi a wéló enn-hañ ével eunn dén é
éhan ann *deisiou* sabbat : hôgen héñ
en dévézô koun eûz hé fallagriez, *hag
a zeûi* évid hé c'hémérout.
24. Râk-sé ével-henn é lavar ann
Aotrou Doué : O véza ma hoc'h eûz
digaset koun eûz hô fallagriez, ma
hoc'h eûz rôet da anaout hô kwallérézou,
ha ma eo en em ziskouézet hô
péc'héjou enn hoc'h holl vénosiou ; ô
véza, émé-vé, ma hoc'h eûz hô digaset
da goun, é viot kéméret gañd ann
dourn.
25. Hôgen té, dén hép doujans,
priñs fallagr a Israel, chétu ann deiz
a oa merket évit kastiza da fallagriez.
26. Ével-henn é lavar ann Aotrou
Doué : Tenn ar mitr, tenn ar gurunen.
Ha né két houn-nez é deûz uc'héléet
ann hini vuel, ha vuéléet ann hini
uc'hel ?
27. Ar fallagriez, ar fallagriez, ar
fallagriez a ziskouézinn ; ha kémeñtsé
na c'hoarvézô kén na zeûi ann hini
da biou eo ar varn ; hag hé rôinn
d'ézhañ.
28. Ha té, mâb dén, diougan, ha
lavar : Ével-henn é lavar ann Aotrou
Doué diwar-benn bugalé Ammon, ha
diwar-benn hô mézégez ; hag é liviri :
Klézé, klézé, en em zic'houin évit
laza ; en em lim évit ma lazi ha ma
luc'hi,
29. É-pâd ma wéloñt traou didalvez
diwar da benn, ha ma lavar gévier hô
diouganerien ; évit ma kouézi war
benn ar ré fallagr, ha ma hô gôlôi a
c'houliou, pa vézô deûet ann deiz a
oa bét merket évit kastiza hô fallagriez.
30. Distrô enn da c'houin, el léac'h
é péhini oud bét krouet, é douar da
c'hanédigez az parninn,
31. Hag é skuIinn va frouden warn-od ;
tân va buanégez a c'houézinn
enn-od, hag é rôinn ac'hanod étré
daouarn tûd diboell hag a aoz ar
marô.
32. Da voéd é vézi d'ann tân, da
c'hoad a vézô é-kreiz ann douar, d'ann
añkounac'h é vézi rôet ; râk mé eo ann
Aotrou, em eûz hé lavaret.

XXII. PENNAD.

Gwallou Jéruzalem a hast hé dismañtr.

1. Ha gér ann Aotrou a zeûaz d'in,
ô lavarout :
2. Ha té, mâb dén, ha na varni-dé
két, ha na varni-dé két ar géar a
c'hoad ?
3. Diskouéza a ri d'ézhi hé holl argarzidigézou,
hag é liviri : Ével-henn
é lavar ann Aotrou Doué : Houn-nez
eo ar géar a skûl ar goâd enn hé
c'hreiz, évit ma teûi hé amzer ; hag é
deûz gréat idolou enn hé éneb hé-unan,
évid en em zaotra.
4. En em wallet oud, gañd ar goâd
éc'h eûz skulet ; en em zaotret oud,

gañd ann idolou éc'h eûz gréat; ha té
éc'h eûz tôstéet da zeisiou, hag éc'h
eûz hastet amzer da vloavésiou; râk-
sé em eûz da rôet da zismégañs d'ar
brôadou, ha da c'hoapérez d'ann holl
vrôiou.
5. Ar ré a zô tôst, hag ar ré a zô
pell a drec'hô ac'hanod: té pébini a
zô en em zaotret, a vézô brudet ha
brâz da ziskar.
6. Chétu holl briñsed Israel a zô
en em harpet war hô bréac'h évit
skula goâd enn-od.
7. Gwallet hô deûz enn-od tâd ha
mamm, duet hô deûz enn da greiz
ann diavésiad, glac'haret hô deûz enn-
od ann emzivad hag ann iñtañvez.
8. Va zañtuar éc'h eûz disprizet, ha
va *deisiou* sabbat éc'h eûz saotret.
9. Labennérien a zô bét enn-od évit
skula ar goâd; war ar ménésiou hô
deûz débret enn-od; gwallou hô deûz
gréat enn da greiz.
10. Mézégez hô zâd hô deûz dizô-
lôet enn-od; saotr ar c'hrég enn hé
misiou hô deûz vuéléet enn-od.
11. Pép-hini anézhô en deûz gwal-
let grég hé nésa; ann tâd-kaer en
deûz gwallet gañd eur c'hadélez hé
verc'h-kaer; ar breûr en deûz gwallet
enn-od hé c'hoar, merc'h hé dâd.
12. Rôon hô deûz digeméret enn-
od, évit skula ar goâd: eur gounid
hag eur c'hampi direiz éc'h eûz digé-
méret; hag éc'h eûz duet da nésa dré
bizoni; hag éc'h eûz va añkounac'héet,
émé ann Aotrou Doué.
13. Râk-sé chétu em eûz stoket va
daouarn a-énep da bizoni, hag a-éneb
ar goâd a zô bét skulet enn da greiz.
14. Da galoun hag hi a helló en em
harpa, da zaouarn hag hi a helló en
em fougéa, enn deisiou a zigasinn
d'id? Mé eo ann Aotrou em eûz kom-
zet, hag é rinn.
15. Râk mé a skiñô ac'hanod é-touez
ar brôadou, hag a weñtô ac'hanod é-
kreiz ar bobIou; hag é likiinn da
éhana enn-od da hudurez.
16. Ha mé a berc'hennô ac'hanod
dirâg ar brôadou: ha té a wézô pé-
naoz eo mé ann Aotrou.
17. Ha gér ann Aotrou a zeûaz
d'in, ô lavarout:
18. Mâb dén, ti Israel a zô bét trôet
évid-oun é kenn; holl éz iñt arem, ha
stéan, hag houarn, ha ploum é-kreiz
ar fornigel; kenn arc'hañt iñt deûet.
19. Râk-sé ével-henn é lavar ann
Aotrou Doué: O véza ma oc'h bét
trôet holl é kenn, râk-sé chétu hô
strollinn holl é-kreiz Jéruzalem,
20. Ével ma strolleur ann arc'hañt,
hag ann arem, hag ar stéan, hag ann
houarn, hag ar ploum é-kreiz ar for-
nigel; é c'houézinn tân war-n-ézhô
évid hô zeûzi; ével-sé é strollinn
ac'hanoc'h em frouden, hag em bua-
négez, hag é arzaôinn; hag é teûzinn
ac'hanoc'h.
21. Ha mé hô strollô, hag a c'houézô
war-n-hoc'h va frouden, hag é viot
teûzet enn hé c'hreiz.
22. Ével ma teûzeur ann arc'hañt
é-kreiz ar fornigel, ével-sé é viot
teûzet enn hé c'hreiz; ha c'houi a
wézô pénaoz eo mé ann Aotrou, p'am
bézô skulet va frouden war-n-hoc'h.
23. Ha gér ann Aotrou a zeûaz
d'in, ô lavarout:
24. Mâb dén, lavar d'ézhô: Eunn
douar dic'hlan oud, né két bét glé-
piet gañd ar glaô é deiz va frouden.
25. Ar brofédet a zô két dispac'het
enn hé c'hreiz; évél eul léon a iûd,
hag a skrap hé breiz, hô deûz louñket
ann énéou; madou brâz ha gôbrou
hô deûz digéméret; hé iñtañvézet hô
deûz paottet enn hé c'hreiz.
26. Hé béleien hô deûz disprizet va
lézen, ha saotret va zañtuar; n'hô
deûz két gréat a zishevélédigez étré
eunn dra sañtel hag eunn dra ne d-eo
ket sañtel: n'hô deûz két gwézet
anaoud eunn dra dic'hlan dioud eunn
dra glân; dic'hôet hô deûz hô daou-
lagad diouc'h va *deisiou* sabbat, ha
saotret é oann enn hé c'hreiz.
27. Hé friñsed *a ioa* enn hé c'hreiz
ével bleizi ô skrâpa eur preiz évit
skula goâd; daré da golla ann énéou,
ha da zastumi gounidou dré bizoni.
28. Hé froféded a lékéa war-n-ézhô
pri divesk; hi a wélé traou gwân, hag
a ziouganê d'ézhô gévier, ô lavarout:
Ével-henn é lavar ann Aotrou Doué;
pa n'en dôa két komzet ann Aotrou.
29. Pobl ar vrô a zrouk-komzé bé-

préd, hag a skrapé dré ners ; ann tavañtek hag ar paour a c'hlac'hareñt, hag ann diavésiad a waskeñt gañd hô drouk-komsiou bép reiz.

30. Klasket em eûz eunn dén enn hô zouez, hag a zavché ével eur c'haé, hag a zeûjé da énébi ouz-in évid ar vrô-zé, gañd aoun na zispenfenn anézhi : ha n'em eûz két kavet.

31. Hag em eûz skulet war-n-ézhô va frouden ; hô dispennet em eûz é tân va buanégez : hô heñt em eûz distaolet war hô fenn, émé ann Aotrou Doué.

XXIII. PENNAD.

Samari ha Jéruzalem dindan arouéz diou c'hoar, Oolla hag Ooliba.

1. Ha gér ann Aotrou a zeûaz d'in ; ô lavarout :

2. Mâb dén, diou c'hrég a oé merc'hed d'ann hévélép mamm ;

3. Hag hi a zô en em rôet d'ar c'hadélez enn Éjipt, enn hô iaouañktiz iñt en em rôet d'ar c'hadélez ; énô eo bét gwasket war hô bronnou, énô eo bét tarzet penn-bronnou hô gwerc'hded.

4. Ar gôsa anézhô a oa hanvet Oolla, hag hé c'hoar iaouañk Ooliba ; d'in iñt bét, hag hi hô deûz ganet mipien ha merc'hed ; hôgen ann hini a zô hanvet Oolla eo Samari, hag Ooliba Jéruzalem.

5. Hôgen Oolla en em rôaz d'ar c'hadélez em énep, hag a garaz dreist-penn hé orgédérien, ann Assiried hé amézéien,

6. Gwisket é glâz, péré a oa priñsed, ha bleñérien, ha tûd-iaouañk gadal, holl marc'héien, piñet war gézek.

7. Hag hi a zô en em rôet d'ar c'hadélez gañd ann dûd dilennet-zé, holl mipien ann Assiried : hag hi a zô en em zaotret gañd holl hudurézou hé orgédérien.

8. Né deûz két dilézet zô-kén ar c'hadélez é dôa bét enn Éjipt ; râg hi hô dôa ivé kousket gañt-hi enn hé iaouañktiz, tarzet hô dôa penn-bronnou hé gwerc'hded, hag hô dôa skulet hô gadélez war-n-ézhi :

9. Râk-sé em eûz hé lékéat étré daouarn hé orgédérien, étré daouarn mipien Assur, péré é deûz karet dreist-penn.

10. Hi eo hô deûz dizôlôet hé mézégez, hô deûz kéméret hé mipien hag hé merc'hed, hag hô deûz hé lazet hé-unan gañd ar c'hlézé : hag hi a zô bét brudet é-touez ar c'hragez, ô véza ma hô deûz gréat barn war-n-ézhi.

11. Goudé m'é dôé gwélet kémeñt-sé hé c'hoar Ooliba, en em rôaz gwasoc'h éget-hô d'ar c'hadélez ; hag en em zaotra a réaz dreist hé c'hoar.

12. Da vipien ann Assiried eo en em rôet divéz ; ha d'ann duged, ha d'ar vlénérien a zeûé étrézég enn-hi, gañd dilad a bép liou, ha d'ar varc'héien a oa piñet war gézek, ha da dûd-iaouañk a zoaré vâd.

13. Gwélet em eûz pénaoz é oa saotret heñt ann eil hag ében anézhô.

14. Hag *Ooliba* a greskaz *c'hoaz* hé gadélésiou ; pa é dôé gwélet tûd livet war ar vôger, skeûdennou ar C'haldéed roudennet gañt livou,

15. Hag hi gourizou-klézé oud hô dargreiz, ha mitrou livet war hô fenn, hag hô duged holl diouc'h ann doaré, hag héñvel out mipien Babilon ha brô ar C'haldéed, é péhini é oañt ganet,

16. Hi hô c'haraz dreist-penn pa hô gwélaz, hag a gasaz kannaded d'ézhô er C'haldéa.

17. Ha mipien Babilon a zeûaz d'hé c'havout é gwélé hé lousdôni, hag a zaotraz anézhi gañd hô lousdoniou ; hag hi a oé saotret gañt-hô, hag hé c'haloun é dôé hé gwalc'h anézhô.

18. Lakaad a réaz enn noaz hé c'hadélez, hag é tizôlôaz hé mézégez ; ha va éné en em dennaz diout-hi, ével ma oa en em dennet va éné dioud hé c'hoar.

19. Râg hi é deûz paottet hé c'hadélez, ô kaout koun eûz a zeisiou hé iaouañktiz, é péré é oa en em rôet d'ar c'hadélez é douar ann Éjipt.

20. Hag en em rôet eo hi d'ar c'hadélez gañd orgédérien, kik péré a zô

évei kig ann azéned, hag hô divéradur ével divéradur kézek.

21. Névézet éc'h eûz gwallou da iaouañktiz, pa eo bét gwasket war da vronnou enn Éjipt, pa eo bét tarzet penn-bronnou da werc'hded.

22. Râk-sé, Ooliba, ével-henn é lavar ann Aotrou Doué : Chétu mé a lakai da zével enn da énep da holl orgédérien, a béré en deûz da éné bét hé walc'h ; ha mé hô strollô enn da énep trô-war-drô ;

23. Mipien Babilon, hag ann holl Galdéed, ann dûd vrudéta, ar rouéed hag ar briñsed, holl vipien ann Assiria, ann dûd-iaouañk a zoaré vâd, ann holl zuged hag ann holl vléñerien, hag ar ré vrudéta holl é-touez ar varc'héien :

24. Hag é teûiñt enn da énep gañt kalz a girri hag a rôdou, hag eul lôd brâz a boblou ; sével a raiñt enn da énep a hép tû, hag hi armet a harnézou, a dirennou, hag a dôkou-houarn ; hag é rôinn ar varnédigez dira-z-hô, hag hi a varnô ac'hanod hervez hô barnédigézou hô-unan.

25. Ha mé a lakai va oaz enn da énep, hag hi hé zévénô gañt frouden ; trouc'ha a raiñt da fri ha da ziskouarn ; hag ar péz a vézô choumet a gouézô dindân ar c'hlézé ; da vipien ha da verc'hed a géméríñt ; hag ann dilerc'h ac'hanod a vézô dévet gañd ann tân.

26. Diwiska a raiñt da zilad d'id, hag é skrapiñt da annézou ar ré dalvoudusa.

27. Ha mé a lakai da éhana da wall enn-od, hag ar c'hadélez *éz póa digaset* eûz a zouar ann Éjipt ; na zavi mui da zaoulagad étrézég enn-hô, ha n'az pézô mui a goun eûz ann Éjipt.

28. Râg ével-henn é lavar ann Aotrou Doué : Chétu mé a lakai ac'hanod étré daouarn ar ré a gaséez, étré daouarn ar ré, a béré en deûz da éné bét hé walc'h.

29. Hag hi en em rénô enn da géñver gañt kasoni, hag a gémérô da holl labouriou, hag az lézô enn-noaz ha leûn a véz, hag a ziskouézô noazded da c'hadélésiou, da wallou, ha da c'hastaouérézou.

30. Ével-sé é raiñt d'id, ô véza ma oud en em rôet d'ar c'hadélez gañd ar brôadou, é-touez péré oud en em zaotret gañd hô idolou.

31. É heñt da c'hoar éc'h eûz baléet, hag é likiinn hé c'hôp enn da zourn.

32. Ével-henn é lavar ann Aotrou Doué : Éva a ri eûz a gôp da c'hoar, *péhini* a zô lédan ha doun ; béz' é vézi da c'hoarz ha da c'hoapérez ; râk brâz meûrbéd eo.

33. Leûniet é vézi a vézveñti hag a c'hloaz gañd ar c'hôp a c'hlac'har hag a zoan-zé, gañt kôp da c'hoar Samari.

34. Hé éva a ri, hag éc'h évi bétég al lec'hid ; ann darniou anézhañ a louñki, hag é tiframmi da zivronn ; râk mé eo em eûz komzet, émé ann Aotrou Doué.

35. Râk-sé ével-henn é lavar ann Aotrou Doué : O véza ma éc'h eûz va añkounac'héet, ha ma éc'h eûz va zaolet adré da gein, é tougi ivé da wall ha da c'hadélésiou.

36. Hag ann Aotrou a gomzaz ouzin, ô lavarout : Mâb dén, ha na varnez-té két Oolla hag Ooliba, ha na ziskiériez két d'ézhô hô gwallou ?

37. Râg gragez avoultr iñt, hag hô daouarn a zô leûn a c'hoad ; hag hi a zô en em rôet d'ar c'hadélez gañd hô idolou ; hag ouc'h-penn, ar vugalé hô dôa ganet évid-ounn, hô deûz kenniget d'ézhô évid hô louñka.

38. Hôgen kémeñt-mañ hô deûz ivé gréat d'in : va zañtuar hô deûz saotret enn deiz-zé, ha va *deisiou* sabbat hô deûz gwallet.

39. Ha pa lazeñt hô bugalé dirâg hô idolou, hag éz éañt em sañtuar enn deiz-zé évid hé zaotra ; kémeñt-sé hô deûz gréat é-kreiz va zi.

40. Hag hi hô deûz klasket tûd péré a zeûé a bell, da béré hô dôa kaset kannaded ; ha chétu hi a zô deûet ; ha té a zô en em walc'het, hag éc'h eûz lékéat lion dindân da zaoulagad, hag oud en em giñklet é doaré ar merc'hed a neûz vâd.

41. War eur gwélé eûz ar ré gaéra oud bét gourvézet, hag eunn daol kiñklet-kaer a zô bét lékéat dira-z-od ; hag éc'h eûz lékéat war-n-ézhi

va ézañs ha va louzou-c'houés-vâd.
42. Hag é kléved enn-hi mouéz eul
lôd brâz a dûd a ioa el lévénez : hag
ô kémérout hiniennou eûz ann dûd a
zigased eûz ann distrô, é lékejoñt la-
gadennou-bréac'h enn hô daouarn,
ha kurunennou skéduz war hô fennou.
43. Neûzé é liviriz d'ann hini a zô
kôséet enn avoultriez : Hag hou-mañ
en em rôi c'hoaz d'hé c'hadélez ?
44. Hag hi a zô éad d'hé c'havout
ével m'az éeur da gavout eur c'hrég
fall ; ével-sé iñt bét éat da gavout
Oolla hag Ooliba, ar gwall c'hragez-zé.
45. Râk tûd gwirion iñt ; hi a varnô
anézhô ével ma varneûr ann avoul-
trérézed, ével ma varneur ar ré a skûl
ar goâd ; ô véza ma iñt avoultrérézed,
ha ma éz eûz goâd enn hô daouarn.
46. Râg ével-henn é lavar ann Ao-
trou : Digas out-hô eul lôd brâz a
dûd, ha rô hi d'ar reûstl ha d'ar preiz.
47. Ra zeñi ar boblou d'hô labéza
gañt mein, ha d'hô zoulla gañd hô
c'hlézeier ; ra laziñt hô mipien hag hô
merc'hed ; ra zeviñt hô ziez gañd ann
tân.
48. Ével-sé é laminn ar gwall eûz
ar vrô, hag ann holl c'hragez a zeskô
da dec'hout diouc'h gwallou ar ré-
mañ.
49. Hag hi a lakai da gouéza hô
kwall war-n-hoc'h ; hag é tougod pé-
c'héjou hoc'h idolou ; ha c'honi a
wézô pénaoz eo mé ann Aotrou Doué.

—

XXIV. PENNAD.

*Marô grég Ézékiel. Difennad eo d'éz-
hañ ôber kaoñ.*

1. Enn naved bloaz, enn dékved
miz, enn dékved deiz eûz ar miz, é
teûaz gér ann Aotrou d'in, ô lavarout :
2. Mâb dén, skriv évid-od hanô ann
deiz-mañ ; râg enn deiz-mañ eo savet
roué Babilon a-énep Jéruzalem.
3. Hag é komzi oud ann ti héguz
gañd eul lavar-trôet, hag é liviri
d'ézhô : Ével-henn é lavar ann Ao-
trou Doué : Kémer eur pôd ; kémer,
émé-vé, ha laka dour enn-hañ.
4. Dastum tammou *kik* enn-hañ,
eûz al lec'hiou gwella, ar vorzed, ar
skoaz, ann tammou dilennet ha leûn
a eskern.
5. Kémer al larta loéned, ha laka
ann eskern a vern dindân *ar c'hik* :
laka-hi da virvi-kaer, kén na boazô
ann eskern a zô ébarz.
6. Râk-sé ével-henn é lavar ann
Aotrou Doué : Gwâ ar géar a c'hoad,
ar pôd a zô merklet, ha n'az a két ar
merkl diout-hañ ; tenn ar c'hik anéz-
hañ a-damm-é-tamm, hép ma vézô
taolet ar sort war-n-ézhô.
7. Râg hé goâd a zô enn hé c'hreiz ;
war ar méan al lampra é deûz hé
skulet ; n'é deûz két hé skulet war
ann douar, évit na vijé két gôlôet
gañd ar poultr.
8. Évit lakaad da gouéza va frouden
war-n-ézhi, hag en em veñji *anézhi*,
é rôinn hé goâd *da skula* war ar méan
al lampra évit na vézô két gôlôet.
9. Râk-sé ével-henn é lavar ann Ao-
trou Doué : Gwâ ar géar a c'hoad, é
béhini é rinn eur c'hrac'hel-geûneûd
vrâz.
10. Bernit ann eskern, évit ma hô
dévinn ; ar c'hig a vézô bévézet ; ann
holl dammou a vézô poazet, hag ann
eskern a iélô-da-nétra.
11. Laka ivé ar pôd goullô war ar
glaou béô, évit ma tommô ha ma
loskô hé arem ; ma teûzô hé genn
enn-hañ, ha ma vézô bévézet hé verkl.
12. Enn aner eo bét labouret ha
c'houézet évit tenna ar merkl anéz-
hañ, né két éat zô-kén gañd ann tân.
13. Argarzuz eo da hudurez : râk
fellet eo bét d'in da c'hlana, ha n'oud
két bét glanet eûz da zaotrou ; hôgen
na vézi mui glanet, kén n'am bézô
lékéat da arzaôi va frouden war-n-od.
14. Mé ann Aotrou em eûz komzet :
Deûet, hag é rinn. N'az inn két ébiou,
na esperninn két, na habaskainn két :
hervez da heñchou, hag hervez da
ôberiou é varninn ac'hanod, émé ann
Aotrou.
15. Ha gér ann Aotrou a zeûaz d'in,
ô lavarout :
16. Mâb dén, chétu mé a zigasô
eur gouli war-n-od, ô skrapa d'id ar
péz a zô ann hétusa d'as daoulagad ;
ha

ha na geinvani két, ha na wéli két, ha na skuji két a zaérou.

17. Hirvoudi a ri enn eur dével, na ri két kaoñ ar ré varô; da gurunen a choumô liamet war da benn, ha da voutou a vézô oud da dreid; na c'hô-lôi két da c'hénou gañd eul liénen, ha na zébri két boéd ar c'haoñ.

18. Komza a riz éta oud ar bobl diouc'h ar miñtin, ha va grég a varvaz diouc'h ar pardaez; hag é riz añtrô-nôz-viñtin évél ma oa bét gourc'hémennet d'in.

19. Hag ar bobl a lavaraz d'in: Pérâk na zisklériez két d'é-omp pétrâ eo da lavarout ar péz a réz?

20. Ha mé a lavaraz d'ézhô: Gér ann Aotrou a zô deûet d'in, ô lavarout:

21. Lavar da dl Israel: Évél-henn é lavar ann Aotrou Doué: Chétu mé a zaotrô va sañtuar, fougé hô péli hag ar péz a zô ann hétusa d'hô taoulagad, ha diwar-benn péhini é saouzan hoc'h éné; hô mipien hag hô merc'hed péré hoc'h eûz lézet, a gouézô dindân ar c'hlézé.

22. Ha c'houi a rai évél ma em eûz gréat; na c'hôlôot két hô kénou gañd eul liénen, ha na zebrot két boéd ar c'haoñ.

23. Kurunennou hô pézô war hô pennou, ha boutou oud hô treid; na geinvanot két ha na wélot két; hôgen dizéc'ha a réot enn hô fallagriézou; ha pép-hini ac'hanoc'h a geinô diwar-benn hé vreûr.

24. Hag Ézékiel a vézô da arouéz d'é-hoc'h. Kémeñd en deûz gréat a réot, pa vézô deûet ann amzer; ha c'houi a wézô pénaoz eo mé ann Aotrou Doué.

25. Ha té, mâb dén, pa zeûi ann deiz é péhini é tenninn hô ners digañt-hô, ha lévénez hô gloar, ha kémeñd a zô hétuz d'hô daoulagad, kémeñd a râ éban hô énéou, hô mipien hag hô merc'hed;

26. Enn deiz-zé, pa zeûi eunn dén da deçhout, ha da rei kélou d'id;

27. Enn deiz-zé, émé-vé, é vézô digoret da c'hénou gañd ann hini a vézô bét tec'het; ha té a gomzô, ha na davi mui; ha té a vézô da arouéz d'ézhô, hag a wézô pénaoz eo mé ann Aotrou.

—

XXV. PENNAD.

Diougan a-éneb ann Ammonied, ar Voabited, ann Iduméed, hag ar Filistined.

1. Ha gér ann Aotrou a zeûaz d'in, ô lavarout:

2. Mâb dén, trô da zaoulagad out bugalé Ammon, ha diougan diwar hô fenn;

3. Ha lavar da vugalé Ammon: Sélaouit gér ann Aotrou Doué. Évél-henn é lavar ann Aotrou Doué: O véza ma éc'h eûz lavaret: Mâd, mâd, diwar-benn va zañtuar, pa eo bét saotret; ha diwar-benn douar Israel, pa eo bét gwastet; ha diwar-benn ti Juda, pa iñt bét kaset é sklavérez:

4. Râk-sé é rôinn ac'hanod da zigouéz da vugalé ar sâv-héol; hag hi a zavô hô c'hréier-déñved enn-od, hag a steñô hô zeltou enn da greiz; hi a zebrô da frouez, hi eo a évô da léaz.

5. Lézel a rinn ar gañvaled da voñt da choum é Rabbat (T), ha brô bugalé Ammon da véza léac'h gourvez ann tropellou; ha c'houi a wézô pénaoz eo mé ann Aotrou.

6. Râg évél-henn é lavar ann Aotrou Doué: O véza ma éc'h eûz stoket da zaouarn, ha skôet da dreid diwar-benn *drouk* douar Israel;

7. Râk-sé chétu mé a astennô va dourn war-n-od, hag a rôi ac'hanod da breiz d'ar brôadou; da lémel a rinn eûz a douez ar boblou, da zis-penna a rinn diwar ann douar, da vrévi a rinn: hag é wézi pénaoz eo mé ann Aotrou.

8. Évél-henn é lavar ann Aotrou Doué: O véza ma hô deûz lavaret Moab ha Séir: Chétu ti Juda évél ann holl vrôadou:

9. Râk-sé é tigorinn skoaz Moab eûz ar c'hériou, eûz hé gériou, émé-vé, hag eûz hé harzou, ar ré gaéra eûz ar vrô, Bétjésimot, ha Béelméon, ha Kariataïm,

10. Da vugalé ar sâv-héol gañt bu-
galé Ammon ; hag hé rôinn d'ézhô é
digouéz ; évit na vézô mui a goun eûz
a vugalé Ammon é-touez ar brôadou,
11. Ober a rinn ivé barn war Voab ;
hag hi a wézô pénaoz eo mé ann Ao-
trou.
12. Ével-henn é lavar ann Aotrou
Doué : O véza ma é deûz gwall-c'hréat
ann Iduméa, pa eo en em veñjet eûz
a vugalé Juda ; ma é deûz péc'het-
brâz, pa é deûz ioulet en em veñji
anézhô :
13. Râk-sé ével-henn é lavar ann
Aotrou Doué : Astenna a rinn va
dourn war ann Iduméa ; dispenna a
rinn enn-hi ann dûd hag al léoned,
hag hé likiinn da véza eunn distrô
war-zû ar c'hrésteiz ; hag ar ré a zô é
Dédan, a gouézô dindân ar c'hlézé.
14. Ha mé a rôi va veñjañs war ann
Iduméa dré zourn va fobl a Israel ;
hag hi a rai é-kéñver Édom hervez
va buanégez, ha va frouden ; hag *ann
Iduméed* a wézô *pétrâ* eo va veñjañs,
émé ann Aotrou Doué.
15. Ével-henn é lavar ann Aotrou
Doué : O véza ma hô deûz ar Filisti-
ned gréat veñjañs, ma iñt en em veñ-
jet a greiz hô c'haloun, enn eul laza,
évit gwalc'ha eur gasoni gôz :
16. Râk-sé ével-henn é lavar ann
Aotrou Doué : Astenna a rinn va
dourn war ar Filistined, hag é lazinn
al lazérien-zé, hag é tispenninn di-
lerc'hiou aod ar môr.
17. Ha mé a rai war-n-ézhô veñ-
jañsou brâz, oc'h hô c'hroza em frou-
den ; hag hi a wézô pénaoz eo mé ann
Aotrou, p'am bézô rôet va veñjañs
war-n-ézhô.

—

XXVI. PENNAD.

Dismañtr Tir.

1. Enn unnékved bloaz, enn *deiz
keñta* eûz ar miz, gér ann Aotrou a
zeûaz d'in, ô lavarout :
2. Mâb dén, ô véza ma é deûz Tir
lavaret eûz a Jéruzalem : Mâd, torred
eo persier ar boblou ; trei a rai étré-
zég enn-oun ; en em leûnia a rinn,
hag hi a vézô didûd.
3. Râk-sé ével-henn é lavar ann
Aotrou Doué : Chétu mé ouz-id, ô Tir ;
ha mé a lakai da zével enn da énep
kalz a vrôadou, ével ma laka ar môr
da zével hé goummou.
4. Hag hi a ziskarô muriou Tir, hag
a freûzô hé zouriou ; ha mé a skrabô
ar poultr anézhi, hag é likiinn anézhô
ével eur méan al lampra.
5. Da eul léac'h da zec'ha ar rouéjou
é teûi é-kreiz ar môr, ô véza ma
em eûz komzet, émé ann Aotrou
Doué ; hag hi a vézô da breiz d'ar
brôadou.
6. Hé merc'hed ivé, péré a zô er
parkéier, a vézô lazet gañd ar c'hlézé ;
hag hi a wézô pénaoz eo mé ann Ao-
trou.
7. Râg ével-henn é lavar ann Ao-
trou Doué : Chétu mé a zigasô da Dir
eûz ann hañter-nôz Nabukodonosor,
roué Babilon, roué ar rouéed, gañt
kézek, ha kirri, ha marc'héien, hag
eul lôd brâz a dûd hag a boblou.
8. Da verc'hed, péré a zô er par-
kéier, a vézô lazet gañd ar c'hlézé ;
kréou ha savennou douar a zavô enn
drô d'id ; ann diren a c'horréô enn
da énep.
9. Koadennou ha tourzed a zavô
oud da vuriou, hag é tiskarô da dou-
riou gañd hé armou.
10. Gañd al lôd brâz eûz hé gézek é
vézi gôlôet a boultr ; gañt trouz hé
varc'héien, hag hé rôdou, hag hé girri,
é krénô da vuriou, pa dréménô dré
da bersier, ével enn eur géar diléset.
11. Gañt karn hé gézek é vac'hô da
holl leûriou-kéar ; gañd ar c'hlézé é
skôi da bobl, ha da skeûdennou ar ré
gaéra a ziskarô d'ann douar.
12. Gwasta a raiñt da vadou, preiza
a raiñt da varc'hadourez : da vuriou a
ziskariñt, ha da diez ar ré gaéra a
daoliñt d'ann douar ; hag hi a daolô
é-kreiz ann douréier da vein, da goat,
ha da boultr.
13. Ha mé a lakai da éhana da holl
ganaouennou, ha na vézô klévet mui
soun da délennou.
14. Ha mé az lakai évet eur méan
al lampra ; dond a ri da véza ével eul

léac'h da zéc'ha ar rouéjou ; ha na
vézi két savet hivizikenn ; râk mé eo
em eûz komzet, émé ann Aotrou.

15. Ével-henn é lavar ann Aotrou
Doué da Dir : Ha na grénô két ann
énézi gañt trouz da ziskar, gañt kein-
van ar ré a vézô lazet enn da greiz ?

16. Hag holl briñsed ar môr a zis-
kennô diwar hô zrônou ; hag hi a zi-
lézô arouésiou hô galloud, a zistolô
hô gwiskou marellet, hag a vézô leûn
a spouñt ; war ann douar éc'h azéziñt,
hag é véziñt souézet gañd da ziskar
ken trumm.

17. Hag hi oc'h ôber war-n-od kein-
vanou, a lavarô d'id : Pénaoz oud-dé
bét dispennet, té péhini a choumé é-
kreiz ar môr, kéar gaer, péhini a oa
kré war ar môr, gañd da holl dûd,
péré a oa deûet da spouñt d'ar béd
holl ?

18. Neûzé é vézô saouzanet al listri
é deiz da spouñt ; hag ann énézi a
vézô kéflusket er môr, ô véza n'az ai
hini er méaz ac'hanod.

19. Hag ével-henn é lavar ann Ao-
trou Doué : P'am bézô da rôet da eur
géar dismañtret, ével ar c'hériou é
péré né choum dén ; hag em bézô di-
gaset war-n-od al louñk, hag é vézi
gôlôet gañt kalz a zouréier ;

20. P'am bézô da zidennet gañd ar
ré a ziskenn er poull étrézég ar bobl
peûr-baduz, hag em bézô da lékéat é
gwéled ann douar ével distrôiou kôz,
gañd ar ré a zô diskennet er poull,
évit na choumô dén enn-od ; hôgen
p'am bézô rôet va gloar é douar ar
ré véô ;

21. É kasinn ac'hanod da-gét, ha
na vézi mui, hag ann hini az kláskô
n'az kavô mui da-vikenn, émé ann
Aotrou Doué.

—

XXVII. PENNAD.

Kanaouen kañvaouuz diwar-benn dismañtr Tir.

1. Ha gér ann Aotrou a zeûaz d'in ;
ô lavarout :

2. Té éta, mâb dén, grâ eur c'hein-
van diwar-benn Tir :

3. Hag é liviri da Dir, péhini a zô
diazézet war-harz ar môr, péhini a râ
gwerzidigez gañd ar boblou eûz a eul
lôd brâz a énézi : Ével-henn é lavar
ann Aotrou Doué : O Tir, té éc'h eûz
lavaret : Kaer-brâz ounn ;

4. Hag é-kreiz ar môr ounn dia-
zézet. Da amézéien péré hô deûz da
zavet, hô deûz da leûniet a gaerded.

5. Da zavet hô deûz, té ha da holl
zôliérou gañt sapr Sanir : eur wézen-
sedr eûz al Liban hô deûz kéméret
évid ôber eur wern d'id.

6. Gañd derô Basan hô deûz gréat
da roéñviou ; da dôstou hô deûz gréat
gañd olifañd ann iñdez, ha da gam-
prou gañt *koat* énézi ann Itali.

7. Lin moan ann Éjipt gwéet a bép
liou a zô bét aozet da wél d'id évit
lakaad oud da wern ; mézer glâz ha
limestra énézi Élisa hô deûz gréat da
vannier.

8. Tûd Sidon hag Arad a zô bét da
roéñvierien d'id ; ha da dûd fûr, ô Tir,
a zô deûet da lévierien d'id.

9. Kôzidi Gébal, hag hé zûd fûr hô
deûz kaset hô merdéidi évid holl zer-
vich al léstr ; holl listri ar môr, hag
hô merdéidi a zô en em rôet d'id évid
da werzidigez.

10. Ar Bersied, al Lidied, hag al
Libied a oa da vrézélidi enn da armé ;
skourret hô deûz enn-od hô zirennou
hag hô zôkou-houarn da skéd d'id.

11. Mipien Arad a oa gañd da armé
war da vuriou trô-war-drô ; hag ar
Bigméed péré a oa war da douriou,
hô deûz skourret hô zroñsou oud da
vuriou trô-war-drô ; hi hô deûz peûr-
leûniet da skéd.

12. Ar C'hartajinéed a réa gwerzi-
digez gan-éz, hag a leûnié da varc'hal-
lec'hiou a galz a vadou, a arc'hañt, a
houarn, a stéan, hag a bloum.

13. Ar Grésia, Tubal, ha Mosoc'h a
oa ivé da varc'hadourien, hag a gasé
d'as pobl sklaved ha listri arem.

14. Eûz a dî Togorma é kased d'as
marc'hallec'hiou kézek, ha marc'héien,
ha muled.

15. Bugalé Dédan a oa da varc'ha-
dourien ; kalz énézi a réa gwerzidigez
gan-éz : kâs a réañt d'id enn eskemm
deñt olifañt, ha koat ébéna.

16. Ar Siried hô deûz gréat gwerzidigez gan-éz enn abek d'al lôd brâz eûz da labouriou : hag hi hô deûz digaset war da varc'hallec'hiou perlez, tané, lien rouédek, lien lin moan, seiz ha chodchod.

17. Juda ha douar Israel a zô bét ivé da varc'hadourien ; hag hi hô deûz digaset war da varc'hallec'hiou gwiniz flour, ha balzam, ha mél, hag éôl, ha rousin.

18. Tûd Damas a oa ivé da varc'hadourien, enn eskemm eûz da holl labouriou ; hag hi a zigasé kalz madou, gwin c'houék, ha gloan livet-kaer.

19. Dan, hag ar Grésia, ha Mosel hô deûz digaset d'as marc'hallec'hiou houarn gôvéliet ; gwerzet hô deûz ivé d'id stakté ha raos c'houés-vâd.

20. Dédan a werzé d'id pallennou-kézek.

21. Ann Arabia, hag holl briñsed Sédar a oa da varc'hadourien ; hi a zigasé d'id ein, tourzed ha bouc'hed.

22. Saba ha Réema a werzé ivé d'id hag a bréné gan-éz ; hi a zigasé d'id louzou-c'houés-vâd, mein talvouduz hag aour.

23. Haran, ha Chéné, hag Éden a bréné digan-éz ; Saba, hag Assur, ha Kelmad a werzé d'id.

24. Ar ré-mañ a réa eur werzidigez vrâz gan-éz, hag a zigasé d'id mézer glâz, broudérez, hag arrébeûri talvouduz strôbet ha stardet gañt kerdin ; koat sedr a werzeñt ivé d'id.

25. Da listri eo da wella gwerzidigez ; té a zô bét leûniet *a vadou*, hag a c'hloar é-kreiz ar môr.

26. Da roéñvierien hô deûz da gaset war ann douréier brâz, avel ar chrésteiz é deûz da vrévet é-kreiz ar môr.

27. Da vadou, ha da deñzorieu, ha da holl varc'hadourez, da verdéidi ha da levierien, ar ré a reizé pép-trâ war da varc'hallec'hiou, ann holl vrézélidi péré a oa enn-od, al lôd brâz a dûd péré a oa enn da greiz a gouézô ékreiz ar môr é deiz da zismañtr.

28. Ouch trouz garmou da lévierien é vézô spouñtet ar strolladou listri.

29. Ar ré holl a zalc'hé ar roéñv a ziskennô eûz hô listri ; ar verdéidi hag ann holl lévierien en em zalc'hô war ann douar.

30. Keina a raiñt kré diwar da benn, hag é c'harmiñt gañt c'houervder ; teûrel a raiñt poultr war hô fennou, en em sparfa a raiñt gañt ludu.

31. Touza a raiñt hô bléô enn abek d'id, eur gouriz-reûn a likiiñt war hô dargreiz ; gwéla a raiñt war-n-od é c'houervder hô c'haloun gañd eur c'hlac'har vrâz.

32. Hag hi a rai eur c'heinvan diwar da benn, hag a wélô war-n-od, *ô lavarout :* Piou a zô ével Tir, péhini a zô deûet da véza mûd é-kreiz ar môr ?

33. Té péhini, gañd da werzidigez war ar môr, éc'h eûz leûniet *a vadou* eul lôd brâz a boblou ; té péhini gañd da vadou brâz, ha gañd da boblou paot, éc'h eûz pinvidikéet rouéed ann douar.

34. Bréma oud brévet gañd ar môr ; da vadou a zô éat é gwéled ann douréier, hag al lôd brâz a dûd a oa ennod a zô kouézet.

35. Ar ré holl a choum enn énézi a zô bét saouzanet diwar da benn ; hag hô holl rouéed skôet gañd ar stourmzé a zô bét gwévet enn hô dremm.

36. Marc'hadourien ar boblou hô deûz gréat goab ac'hanod ; deûet oud da-gét, ha na zistrôi mui-da-vikenn.

XXVIII. PENNAD.

Kanaouen kañvaouuz diwar-benn dismañtr Sidon.

1. Ha gér ann Aotrou a zeûaz d'in : ô lavarout :

2. Mâb Dén, lavar da briñs Tir : Ével-henn é lavar ann Aotrou Doué : O véza ma eo bét savet da galoun, ha ma éc'h eûz lavaret : Doué ounn, hag ounn azézet é kador Doué é-kreiz ar môr : pétrâ-bennâg ma oud eunn dén, ha n'oud két euun Doué, ha ma éc'h eûz rôet da galoun ével kaloun eunn Doué.

3. Chétu té a zô furoc'h égét Daniel ; n'eûz disgwél é-bed kuzet d'id.

4. Gañd da furnez ha gañd da boell

oud deûet da véza kré, hag éc'h eûz dastumet aour hag arc'hañt enn da deñzoriou.

5. Gañd da furnez vrâz, ha gañd da werzidigez éc'h eûz kresket da c'halloud; ha da galoun a zô bét savet enn da ners.

6. Râk-sé évet-benn é lavar ann Aotrou Doué: O véza ma eo bét savet da galoun évet kaloun eunn Doué;

7. Râk-sé chétu mé a zigasô enn da énep diavésidi, ar ré gréva eûz ar brôadou; hag hi a lakai hô c'hlézé enn noaz war gaerded da furnez, hag a zaotrô da c'hénéd.

8. Da laza a raiñt, hag az taoliñt d'ar gwéled: hag é varvi é-touez ar ré a vézô lazet é-kreiz ar môr.

9. Ha té a lavarô dirâg ar ré a lazô ac'hanod: Doué ounn; pétrâ-bennâg ma oud eunn dén, ha n'oud két eunn Doué, étré daouarn ar ré az lâz?

10. Eûz a varô ar ré-zienwad é varvi dré zourn ann diavésidi; râk mé eo em eûz hé lavaret, émé ann Aotrou Doué.

11. Ha gér ann Aotrou a zeûaz d'in, ô lavarout: Mâb dén, grâ keinvan diwar-benn roué Tir,

12. Ha lavar d'ézhañ: Évet-henn é lavar ann Aotrou: Té *a ioa* ar ziel hévél *oc'h Doué* (M), leûn a furnez ha klôk a gaerded:

13. É dudiou paradoz Doué oud bét: pép méan talvoudus a c'hôlôé ac'hanod; ar sardon, ann topaz, ar jasp, ar c'hrizolit, ann oniks, ar béril, ar safir, ar c'harbouñkl, hag ann éméroden, hag ann aour a greské da skéd; hag ar zutellou a zô bét aozet évid ann deiz é péhini oud bét krouet.

14. Té a ioa eur c'hérubin astennet ha gwarézer: da lékéat em bôa war vénez sañtel Doué; é-kreiz ar vein lugernuz éc'h eûz baléet.

15. Klôk oaz enn da heñchou enn deiz é péhini oud bét krouet, kén na eo bét kavet ar fallagriez enn-od.

16. Gañd da werzidigez vrâz, eo bét leûn da galoun a fallagriez, hag éc'h eûz péc'het; hag em eûz da zistolet eûz a vénez Doué, hag em eûz da gollet, ô kérubin gwarézer, eûz a greiz ar vein lugernuz.

17. Savet eo bét da galoun enn da skéd; kollet éc'h eûz da furnez enn da gaerded; da ziskaret em eûz d'ann douar; dirâg ar rouéed em eûz da lékéat évit ma wéliñt ac'hanod.

18. Gañd al lôd brâz eûz da fallagriézou, ha gañt fallagriez da werzidigez éc'h eûz saotret da zañtélez; lakaad a rinn éta da zoñd er-méaz ac'hanod eunn tân hag a louñkô ac'hanod; hag é likiinn ac'hanod *da gouéza* é ludu war ann douar dirâg ar ré holl az gwélô.

19. Ar ré holl az gwélô é-touez ar boblou, a vézô saouzanet diwar da benn; da-gét é vézi deûet, ha na vézi mui da-vikenn.

20. Ha gér ann Aotrou a zeûaz d'in, ô lavarout:

21. Mâb dén, trô da zaoulagad warzû Sidon, ha diougan diwar hé fenn,

22. Ha lavar: Évet-henn é lavar ann Aotrou Doué: Chétu mé *a zeû* étrézég enn-od, Sidon, hag é vézinn sañtélet enn da greiz; ha *da dûd* a wézô pénaoz eo mé ann Aotrou, p'am bézô bét gréat barn enn-hi, hag é vézinn bét sañtélet enn-hi.

23. Ar vosen a gasinn enn-hi, hag ar goad enn hé leûriou-kéar; hag hi a gouézô a bép tû enn hé c'hreiz lazet gañd ar c'hlézé; hag hi a wézô pénaoz eo mé ann Aotrou.

24. Na vézô mui évit ti Israel eunn abeg a wall-skouér hag a c'houervder, nag eunn dréan ô c'hlaza ar ré holl a zô war hé zrô, hag a stourm out-hi; hag hi a wézô pénaoz eo mé ann Aotrou Doué.

25. Évet-henn é lavar ann Aotrou Doué: P'am bézô strollet ti Israel eûz a vesk ar boblou é-touez péré em eûz hô skiñet, é vézinn sañtélet enn-hô dirâg ar brôadou; hag hi a choumô enn hô douar, em bôa rôet da Jakob, va zervicher.

26. Hag hi a choumô enn-hañ gañt pép kréd; hag hi a zavô tiez, hag a blañtô gwini, hag a choumô gañt fisiañs, p'am bézô gréat barn war ar ré holl a stourm out-hô trô-war-drô: hag hi a wézô pénaoz eo mé ann Aotrou, hô Doué.

—

XXIX. PENNAD.

Diougan a-énep roué ann Éjipt.

1. Enn dékved bloaz, enn dékved
miz, enn unnékved deiz eûz ar miz,
gér ann Aotrou a zeûaz d'in, ô lava-
rout :
2. Mâb dén, trô da zaoulagad war-
zû Faraon, roué ann Éjipt, ha diou-
gan pép-trà diwar hé benn, ha diwar-
benn ann Éjipt.
3. Komz ha lavar : Évei-henn é
lavar ann Aotrou Doué : Chétu mé a
zeû étrézég enn-od, Faraon, roué ann
Éjipt, aérouañt brâz péhini a c'hour-
vez é-kreiz da stériou hag a lavar :
D'in eo ar ster, ha mé eo em eûz va
gréat va-unan.
4. Ha mé a lakai eur wesken oud
da garvanou; hag é péginn pésked da
steriou oud da skañt; da denna a rinn
eûz a greiz da steriou, ha da holl
bésked a choumô péget oud da skañt.
5. Da deûrel a rinn enn distrô, hag
holl bésked da ster; war c'horré ann
douar é komzi ; na vézi két savet, na
vézi két dastumet ; da loéned ann
douar ha da evned ann éñv é rôinn
ac'hanod da voéd :
6. Hag ar ré holl a choum enn
Éjipt a wézô pénaoz eo mé ann Ao-
trou ; ô véza ma oud bét eur vâz kors
da dl Israel.
7. Pa hô deûz da géméret dré da
zourn, oud bét torret, hag éc'h eûz
roget hô skoaz holl ; ha pa hô deûz
harpet war-n-od, oud bét brévet, hag
éc'h eûz diframmet hé zigroazel.
8. Râk-sé évei-henn é lavar ann
Aotrou Doué : Chétu mé a zigasô ar
c'hlézé war-n-od, hag é lazinn enn od
ann dûd hag al loéned.
9. Ha douar ann Éjipt a zeûi da
véza eunn distrô, hag eul léac'h di-
dûd ; hag hi a wézô pénaoz eo mé
ann Aotrou ; ô véza ma éc'h eûz la-
varet : D'in eo ar ster, ha mé eo em
eûz hé c'hréat.
10. Râk-sé chétu mé a zeû étrézég
enn-od, hag étrézek da sterioa ; da
eunn distrô é likiinn douar ann Éjipt,
goudé m'am bézô hé gwastet gañd ar
c'hlézé, adalek tour Siénez bétég har-
zou ann Étiopia.
11. Na dréménô két dré-z-hañ troad
ann dûd, na troad al loéned ; ha na
choumô dén enn-hañ a-héd daou-
ugeñt vloaz.
12. Lakaad a rinn douar ann Éjipt
da véza didûd é-touez ann douarou
didûd, hag hé gériou é-kreiz ar c'hé-
riou gwastet ; hag hi a vézô gwastet
a-héd daou-ugeñt vloaz ; ha mé a
skiñô ann Éjiptianed é-touez ar brôa-
dou, hag a weñtô anézhô é-kreiz ar
brôiou.
13. Râg évei-henn é lavar ann Ao-
trou Doué : Goudé ma vézô tréménet
daou-ugeñt vloaz, é strollinn ann Éjip-
tianed eûz a greiz ar boblou é-touez
péré é oañt bét skiñet.
14. Ha mé a lakai da zistrei sklaved
ann Éjipt, hag hô lakai é douar Fa-
turez, é douar hô ganédigez ; hag hi
a rénô énô gañt vuelded.
15. Ann distéra é vézô eûz ar roueñ-
télésiou, ha na zavô mui war ar brôa-
dou ; ha mé hô gwanô, évit na aotrou-
niiñt mui war ar boblou.
16. Na véziñt mui da gréd da dl Is-
rael, évid deski d'ézhô fallagriez, hô
lakaad da dec'hout ha da voñt war hô
lerc'h ; hag hi a wézô pénaoz eo mé
ann Aotrou Doué.
17. Er seizved bloaz war-n-ugeñt,
er *miz* keñta, enn deiz keñta eûz ar
miz, é teûaz gér ann Aotrou d'in, ô
lavarout :
18. Mâb dén, Nabukodonosor, roué
Babilon, en deûz gréat d'in gañd hé
armé eur servich brâz a-énep Tir ;
ann holl bennou a zô deûet da véza
moal, hag ann holl ziskoaz a zô bét
kiñet ; ha koulskoudé n'eûz két bét
rôet a c'hôbr d'ézhañ, na d'hé armé,
évid ar servich brâz en deûz gréat
d'in a-énep Tir.
19. Râk-sé évei-henn é lavar ann
Aotrou Doué : Chétu é rôinn da Na-
bukodonosor, roué Babilon, douar
ann Éjipt : hag héñ a gémérô hé boll
bobl, hag é rai hé breiz anézhañ, hag
é rannô hé zibourc'hou ; hag hi a vézô
da c'hôbr d'hé armé,
20. Évid ar servich brâz en deûz
gréat d'in enn hé éneb-hi : rôet em

eûz d'ézhañ douar ann Éjipt, ô véza
ma en deûz labouret évid-ounn, mé
ann Aotrou Doué.
21. Enn deiz-zé é kreskô pûl korn
tî Israel, hag é rôinn d'id eur génou
digor enn hô c'hreiz; hag hi a wézô
pénaoz eo mé ann Aotrou.

—

XXX. PENNAD.

Tóstaad a rá dismañtr ann Éjipt.

1. Ha gér ann Aotrou a zeûaz d'in,
ô lavarout:
2. Mâb dén, diougan, ha lavar:
Ével-henn é lavar ann Aotrou Doué:
Iudit, gwâ ann deiz-zé!
3. Râk tôst eo ann deiz; tôstaad a
rá deiz ann Aotrou, deiz ar c'houm-
moul, pébini a vézô amzer ar brôadou.
4. Hag ar c'hlézé a zeûi war ann
Éjipt: hag eur spouñt brâz a vézô
enn Étiopia, pa gouéziñt hag hi gla-
zet enn Éjipt; pa vézô éat-da-gét hé
bobl paot, hag é vézô dismañtret hé
ziazézou.
5. Ann Étiopia, hag al Libia, hag
al Lidia, hag ann dilerc'h eûz ar bo-
blou, ha C'hub, ha bugalé douar ar
gévrédigez, a gouézô gañt-hô dindân
ar c'hlézé.
6. Ével-henn é lavar ann Aotrou
Doué: Ar ré a gen-nerzé ann Éjipt a
gouézô ivé, ha balc'hded hé c'halloud
a vézô kaset-da-gét; adalek tour Sien
é kouéziñt enn-hañ gañd ar c'hlézé,
émé ann Aotrou Doué ann arméou.
7. Hag hi a vézô lékéat é-touez ann
douarou gwastet, hag hé gériou é-
touez ar c'hériou didûd.
8. Hag hi a wézô pénaoz eo mé ann
Aotrou Doué; p'am bézô lékéat ann
tân enn Éjipt, ha pa vézô kaset-da-
gét hé holl skoazellerien.
9. Enn deiz-zé éz ai kannaded a
zira-z-oun, war listri, évid diskara
balc'hded ann Étiopia; hag ar spouñt
a zeûiô enn-hô é deiz ann Éjipt, ô
véza ma teûiô hép mâr.
10. Ével-henn é lavar ann Aotrou
Doué: Kás a rinn da-gét al lôd brâz
a dûd a zô enn Éjipt, dré zourn Na-
bukodonosar, roué Babilon.
11. Hé lakaad a rinn da zoñt, héñ
hag hé bobl, hag ar ré gréva eûz ar
brôadou, évit kolla ann Éjipt: hag hi
a dennô hô c'hlézé war ann Éjipt,
hag a leûniô ar vrô a gorfiou-marô.
12. Dizéc'ha a rinn hé steriou: hag
é likiinn hé vrô étré daouarn ar ré
wasa; hag é tispenninn ar vrô-zé, ha
kémeñd a zô enn-hi, dré zourn ann
diavésidi, pa em eûz hé lavaret, mé
ann Aotrou.
13. Ével-henn é lavar ann Aotrou
Doué: Diskara a rinn ar skeûdennou,
hag é kasinn-da-gét idolou Memfis.
Na vézô mui a briñs é douar ann
Éjipt; ar spouñt a rinn war zouar
ann Éjipt.
14. Douar Faturez a wastinn, é
Tafnis é likiinn ann tân, ha va barn a
rinn é Aleksañdria.
15. Va frouden a skulinn war Bé-
luzis, ners ann Éjipt, hag é lazinn al
lôd brâz a dûd eûz a Aleksañdria.
16. Ha mé a lakai ann tân enn
Éjipt; Péluzis a geinô ével eur c'hrég
é gwilioud; Aleksañdria a vézô gwas-
tet, ha Memfis a vézô eñkrézet
bemdez.
17. Tûd-iaouañk Héliopolis ha Bu-
bast a gouézô dindân ar c'hlézé, hag
ar merc'hed a vézô kaset é sklavérez.
18. É Tafnis ann deiz a zeûi da véza
dû, p'am bézô brévet énô gwalen-
roué ann Éjipt, ha pa vézô bévézet
enn-hi balc'hded hé galloud; eur
goabren a c'hôlôi anézhi, hag hé mer-
c'hed a vézô kaset é sklavérez.
19. Ha mé a rai va barnédigez enn
Éjipt; hag hi a wézô pénaoz eo mé
ann Aotrou.
20. Hag enn unnékved bloaz, er
miz keñta, er seizved deiz eûz ar miz,
gér ann Aotrou a zeûaz d'in, ô lava-
rout:
21. Mâb dén, bréac'h Faraon, roué
ann Éjipt, em eûz torret; ha né két
bét louzaouet évit paréa; né két bét
éréet gañt lurellou, na gôlôet gañt
liénennou, évit pa vézô deûet hé ners
d'ézhi, ma helló derc'hel ar c'hlézé.
22. Râk-sé ével-henn é lavar ann
Aotrou Doué: Chétu mé a zeûi étrézé

Faraon, roué ann Éjipt, hag é astorrinn hé vréac'h kré, hag héñ torret; hag é likiinn da gouéza ar c'hlézé eûz hé zourn.

23. Ha mé a skiñô ann Éjiptianed é-touez ar brôadou, hag a weñtô anézhô é-kreiz ar brôion.

24. Ha mé a grévai bréac'h roué Babilon, hag a lakai va c'hlézé enn hé zourn; hag é torrinn bréac'h Faraon, hag *hé dûd* a c'harmô hag a geinô, pa véziñt lazet dira-z-hañ.

25. Ha mé a grévai bréac'h roué Babilon, ha bréac'h Faraon a gouézô; hag hi a wézô pénaoz eo mé ann Aotrou, p'am bézô lékéat va c'hlézé é dourn roué Babilon, ha p'en dévézô hé astennet war vrô ann Éjipt.

26. Ha mé a skiñô ann Éjiptianed é-touez ar brôadou, hag a weñtô anézhô é-kreiz ar brôiou; hag hi a wézô pénaoz eo mé ann Aotrou.

XXXI. PENNAD.

Évelma eo bét dismañtret ann Assiria, é vézô dismañtret ivé ann Éjipt.

1. Hag enn unnékved bloaz, enn trédé miz, enn *deiz* keñta eûz ar miz, é teûaz gér ann Aotrou d'in, ô lavarout.

2. Mâb dén, lavar da Faraon, roué ann Éjipt, ha d'hé bobl: Out piou oud-dé héñvel enn da vrasder?

3. Chétu Assur a ioa ével eur wézen-sedr war al Liban, kaer enn hé skourrou, stañk enn hé brañkou, hag uc'hel-brâz; hag é-touez hé skourrou stañk, é savé hé bâr.

4. Ann douréier hô dôa hé maget, al louñk en dôa hé lékéat da zével; ar steriou a rédé enn-drô d'hé grisiou, hag hi a gasé hé gouériou da holl wéz ar mésiou.

5. Râk-sé é oa bét savet dreist holl wéz ar vrô; hag hé skourrou a oa paottet, hag hé brañkou a oa en em astennet gañd ann douréier vrâz.

6. Ha p'en dôé lédet hé skeûd, holl evned ann éñv a réaz hô neiz enn hé skourrou, hag holl loéned ar c'hoajou a c'hanaz hô menned dindân hé brañkou, hag eul lôd brâz a vrôadou a choumé dindân hé skeûd.

7. Kaer-brâz é oa enn hé brasder, hag el léd eûz hé skourrou; ô véza ma oa tôst hé grisiou d'ann douréier vrâz.

8. Ar gwéz-sedr na oañt két uc'héloc'h égét-hi é liors Doué, ar gwéz-sapr na oañt két kenn uc'hel hag hi, nag ar gwéz-platan kén lédan hag hi enn hô skourrou; na oa gwézen é-béd é liors Doué héñvel oud hou-mân, na ker kaer hag hi.

9. O véza ma em bôa hé gréat kaer, ha m'é dôa kals a skourrou deliaouuz, ann holl wéz dudiuz eûz a liors Doué a érézé anézhi.

10. Râk-sé ével-henn é lavar ann Aotrou Doué: O véza ma eo savet houn-nez enn hé uc'helder, ma é deûz gorréet bâr hé skourrou ker glaz ha ker stañk, ha ma eo bét savet hé c'halonn enn hé uc'helder;

11. Em eûz hé lékéat étré daouarn ar c'hréva eûz ar brôadou, péhini a rai d'ézhi ar péz a garô; enn abek d'hé fallagriez em eûz hé distaolet.

12. Diavésidi, hag ar ré grisa eûz ar brôadou, a drouc'hô anézhi, hag hé zaolô war ar ménésiou; hé skourrou a gouézô a bép tû a-héd ann traoñiennou, hag hé brañkou a vézô torret war holl rec'hier ann douar; hag holl boblou ann douar en em dennô a zindân hé skeûd hag a zilézô anézhi.

13. Holl evned ann éñv a choumô enn hé diskariou, hag holl loéned ar mésiou en em dennô enn hé skourrou.

14. Dré-zé ann holl wéz, plañtet war ann doureier na zaviñt mui enn hô uc'helder, ha na c'horrôiñt mui hô bâr dreist hô skourrou ker stañk; hag ar ré a vézô douret na choumiñt két enn hô sâ: râg holl iñt bét rôet d'ar marô é gwéled ann douar, é-kreiz bugalé ann dûd, gañd ar ré a ziskenn er poull.

15. Ével-henn é lavar ann Aotrou Doué: Enn deiz é péhini eo bét diskennet er béz, em eûz gréat kañv, hag em eûz hé gôlôet gañd al louñk; hé steriou em eûz stañket; miret em eûz oud hé douréier vrâz da rédek;

al Liban a zô bét glac'haret diwar hé
fenn, hag holl wéz ar mésiou a zô
bét horellet.

16. Gañt trouz hé dismañtr em eûz
spouñtet ar brôadou, pa hé c'hasenn
d'ann ifern, gañd ar ré a ziskenné er
poull; hag ann holl wéz dudiuz ar ré
vrasa hag ar ré uc'héla eûz al Liban,
péré a oa bét douret, a zô bét dizoa-
niet é gwéled ann douar.

17. Râg hi ivé a ziskennô enn ifern,
gañd ar ré a zô bét lazet gañd ar
c'hlézé; ha kémeñd hini anézhô a vézô
bét da vréac'h d'ézhi, a vézô azézet
dindân hé skeûd é-kreiz ar brôadou.

18. Out piou oud-dé héñvel, té pé-
hini a zô kér brâz ha kenn uc'hel é-
tounez ar gwéz dudiuz? Chétu oud bét
diskennet gañd ar gwéz dudiuz é gwé-
led ann douar; é-kreiz ar ré-zienwa-
det é kouski, gañd ar ré a zô bét lazet
gañd ar c'hlézé. Ével-sé *é vézô* Faraon
hag hé holl bobl, émé ann Aotrou
Doué.

—

XXXII. PENNAD.

Diougan all diwar-benn ann Éjipt.

1. Hag enn daouzékved bloaz, enn
daouzékved miz, enn *deiz* keñta eûz
ar miz, é teûaz gér ann Aotrou d'in,
ô lavarout:

2. Mâb dén, grâ eur c'heinvan di-
war-benn Faraon, roué ann Éjipt, ha
lavar d'ézhañ: Out léon ar brôadou
oud bét héñvel, hag oud ann aérouañt
a zô er môr: skei a réez gañd da gorn
kémeñd a oa enn da steriou, tévalaad
a réez ann doureier gañd da dreid,
hag é vac'hez hô steriou.

3. Râk-sé ével-henn é lavar ann
Aotrou Doué: Astenna a rinn war-n-
od va rouéjou gañd eul lôd brâz a
boblou, hag é tidenninn ac'hanod em
zeûlen.

4. Da deûrel a rinn war ann douar,
hag é tilézinn ac'hanod warc'horré ar
mésiou: lakaad a rinn evned ann éñv
da choum war-n-od, ha loéned ann
douar holl d'en em walc'ha ac'hanod.

5. Da gig a likiinn war ar ménésiou,
hag é leûninn ann traoñiennou gañd
da vreinadurez.

6. Skuja a rinn da c'hoad brein war
zouar ar ménésiou, hag é leûninn ann
traoñiennou gan-éz.

7. Pa vézi marô, é c'hôlôinn ann
éñv, hag é likiinn ar stéred da véza
dû; ann héol a c'hôlôinn gañd eur
goabren, hag al loar na rôi két hé
goulou.

8. Holl c'houlaouennou ann éñv a
likiinn da wéla war-n-od; ann déva-
lien a skuljinn war da zouar, émé ann
Aotrou Doué, pa gouézô da ré-c'hla-
zet é-kreiz ann douar, émé ann Ao-
trou Doué.

9. Ha mé a lakai da skrija kaloun
meûr a bobl, pa rôinn da anaout da
zismañtr é-touez ar brôadou, é brôiou
ha na anavézez két.

10. Ha me a lakai kalz a boblou da
zaouzani diwar da benn; hag hô
rouéed a vézô spouñtet-brâz enn abek
d'id, pa zéraouô va c'hlézé trémé-
noud dira-z-hô: ha pép-hini anézhô a
grénô évit-hañ hé-unan é deiz da zis-
mañtr.

11. Râg ével-henn é lavar ann Ao-
trou Doué: Klézé roué Babilon a zeûi
war-n-od.

12. Gañt klézéier ar ré gré é tiska-
rinn da lôd brâz a dûd: didreç'huz
eo ann holl vrôadou-zé; hag hi a
gasô-da-gét balc'hder ann Éjipt, hag
hi holl dûd a vézô bévézet.

13. Ha mé a lakai da vervel ann holl
loéned a oa war-béd ann douréier
vrâz; ha na véziñt mui kéflusket gañt
troad ann dén; ha karn al loéned n'hô
strafilô mui.

14. Neûzé é likiinn hô douréier da
véza dizaotr, hag hô stériou da véza
ével éôl, émé ann Aotrou Doué.

15. P'am bézô gwastet douar ann
Éjipt; pa vézô deûet didûd hé holl
brô; p'am bézô skôet gañd hé holl
dûd; hi a wézô neûzé pénaoz eo mé
ann Aotrou.

16. Ével-henn hé gwéli, ével-henn
hé gwéliñt: merc'hed ar brôadou a
wélô anézhañ; gwélet é vézô war ann
Éjipt, ha war hé holl bobl, émé ann
Aotrou Doué.

17. Hag enn daouzékved bloaz, er

pemzékved deiz eûz ar miz, é teûaz
gér ann Aotrou d'in, ô lavarout :
18. Mâb dén, kân eur ganaouen
kañvaouuz diwar-benn holl bobl ann
Éjipt ; ha distol hi hé-unan, hi ha
merc'hed ar brôadou ar ré gréva,
enn douar ann izéla, gañd ar ré a
ziskenn er poull.
19. É pétrâ oud-dé kaéroc'h ? Dis-
kenn, ha kousk gañd ar ré-zienwadet.
20. Kouéza a raiñt dindân ar c'hlézé
é-kreiz ar ré lazet : rôed eo ar c'hlézé,
distaolet é vézô-hi, hag hé holl bo-
blou.
21. Ar ré c'halloudusa é-touez ar ré
gré a gomzô gañt-hi eûz a greiz ann
ifern, hi péré a zô bét diskennet gañd
hô skoazellerien, hag a zô marô dien-
wad, goudé béza bét lazet gañd ar
c'hlézé.
22. Énô éma Assur, hag hé holl
bobl ; hé vésiou a zô war hé drô ; holl
iñt bét lazet, holl iñt bét kouézet din-
dân ar c'hlézé.
23. Rôet eo bét d'ézhô bésiou é
gwéled ar poull ; hag hé holl bobl a
zô enn-drô d'hé véz ; hi holl péré a
zô bét lazet, péré a zô bét kouézet
dindân ar c'hlézé, goudé béza bét
taolet ar spouñt gwéchall é douar ar
ré véô.
24. Énô éma Élam, hag hé holl
bobl enn-drô d'hé véz ; hi holl péré
a zô bét lazet, hag a zô bét kouézet
dindân ar c'hlézé ; hi péré a zô dis-
kennet dienwad é gwéled ann douar,
hi péré hô deûz taolet ar spouñt é
douar ar ré véô, hag hô deûz douget
hô dismégañs gañd ar ré a ziskenn é
gwéled ar poull.
25. É-kreiz ar ré lazet hô deûz lé-
kéat hé wélé, é-touez hé holl boblou ;
hé vésiou a zô enn-drô d'ézhañ. Ar
ré-zé holl a zô dienwadet hag a zô
bét lazet gañd ar c'hlézé ; ô véza m'hô
dôa taolet ar spouñt é douar ar ré
véô ; hag hi hô deûz douget hô dis-
mégañs gañd ar ré a ziskenn é gwéled
ar poull ; é-kreiz ar ré lazet iñt bét
lékéat.
26. Énô éma Mosoc'h ha Tubal, hag
hé holl bobl ; hé vésiou a zô enn-drô
d'ézhañ. Ar ré-zé holl a zô dienwadet,
a zô bét lazet hag a zô bét kouézet
dindân ar c'hlézé ; ô véza ma hô deûz
taolet ar spouñt é douar ar ré véô.
27. Na gouskiñt két gañd ar ré ga-
lounek, péré a zô bét kouézet hag hi
dienwadet, péré a zô diskennet d'ann
ifern gañd hô armou, hag hô deûz
lékéat hô c'hlézéier dindân hô fennou ;
hô fallagriézou a zô éat enn hô es-
kern, ô véza ma iñt bét spouñt ar ré
gré é douar ar ré véô.
28. Té éta a vézô brévet é-kreiz ar
ré-zienwadet, hag a gouskô gañd ar
ré a zô bét lazet gañd ar c'hlézé.
29. Énô éma ann Iduméa hag hé
rouéed, hag hé holl zuged, péré a zô
bét lékéat gañt hô holl armé é-touez
ar ré a zô bét lazet gañd ar c'hlézé ;
hag hi a zô kousket gañd ar ré-zien-
wadet, ha gañd ar ré a ziskenn é
gwéled ar poull.
30. Énô éma holl briñsed ann hañ-
ter-nôz, hag ann holl wénaérien, péré
a zô bét kaset gañd ar ré a zô bét
lazet, hag hi spouñtet-brâz, ha leûn
a véz enn hô ners ; kousket iñt dien-
wad é-touez ar ré a zô bét lazet gañd
ar c'hlézé, ha douget hô deûz hô dis-
mégañs gañd ar ré a ziskenn é gwé-
led ar poull.
31. Faraon en deûz hô gwélet, hag
a zô bét dizoaniet gañd al lôd brâz
eûz hé bobl a zô bét lazet gañd ar
c'hlézé ; Faraon hag hé holl armé,
émé ann Aotrou Doué :
32. Râk rôet em eûz va heûz é
douar ar ré véô ; hag héñ a zô bét
kousket é-kreiz ar ré-zienwadet, gañd
ar ré a zô bét lazet gañd ar c'hlézé,
da lavaroud eo, Faraon hag hé holl
bobl, émé ann Aotrou Doué.

XXXIII. PENNAD.

Ann Aotrou na c'houlenn két koll ti Israel, hôgen hé zistrô oud Doué.

1. Ha gér ann Aotrou a zeûaz d'in,
ô lavarout :
2. Mâb dén, komz out bugalé da
bobl, ha lavar d'ézhô : P'am bézô di-
gaset ar c'hlézé war eur vrô, ha pa en
dévézô kéméret pobl ar vrô-zé eunn

dén eûz ar ré zistéra, ha pa en dévézô bé lékéat da c'héder war-n-ézhô ;

3. Hag ô wélout ar c'hlézé ô toñt war ar vrô-zé, mar son gañd ar c'hornboud, ha mar kélenn ar bobl :

4. Piou-bennâg a glévô soun ar c'horn-boud, ha na lakai két a évez ; mar teû ar c'hlézé war-n-ézhañ, ha mar d-eo lazet gañt-hañ, hé c'hoad a gouézô war hé benn hé-unan.

5. Soun ar chorn-boud en deûz klévet, ha n'en deûz két lékéat a évez ; hé c'hoad a gouézô war-n-ézhañ ; hôgen ma laka évez, é savétei hé éné.

6. Mar gwél ar géder ar c'hlézé ô toñt, ha ma na son két gañd ar c'hornboud ; ma n'en em ziwall két ar bobl, ha mar teû ar c'hlézé d'hô laza ; héñ a vézô kéméret enn hé fallagriez, hôgen hô c'hoad a c'houlenninn digañd dourn ar géder.

7. Ha té, mâb dén, da c'héder em eûz da rôet da dî Israel ; gériou va génou a zélaoui, hag é rôi da anaout d'ézhô ar péz em bézô lavaret.

8. Pa livirinn d'ann dén fallagr : Dén fallagr, mervel, mervel a rî, ma na gomz két out ann dén fallagr évit ma en em dennô eûz hé heñt ; ann dén fallagr-zé a varvô enn hé fallagriez, hôgen hé c'hoad a c'houlenninn digañd da zourn.

9. Hôgen ma lévérez d'ann dén fallagr distrei diouc'h hé heñt, ha ma na zistrô két diouc'h hé heñt ; héñ a varvô enn hé fallagriez : hôgen té ez pézô diéûbet da éné.

10. Té éta, mâb dén, lavar da dî Israel : Ével-henn é komzit, ô lavarout : Hor fallagriézou hag hor péc'héjou a zô war-n-omp, hag enn-hô é tizéc'homp ; pénaoz éta é helfempni béva ?

11. Lavar d'ézhô : Ével ma ounn béô, émé ann Aotrou Doué, na fell két d'in marô ann dén fallagr, hôgen ma tistrôi ann dén fallagr eûz hé heñt, ha ma vévô. Distrôit diouc'h hô kwall heñchou : ha pérâg é varvot-hu, tî Israel ?

12. Té éta, mâb dén, lavar da vugalé da bobl : Gwirionez ann dén gwirion na zieûbô két anézhañ é pé zeiz-bennâg ma péc'hô ; ha fallagriez ann dén fallagr na rai két a c'haou out-hañ é pé zeiz-bennâg ma tistrôi diouc'h hé fallagriez : hag ann dén gwirion na hellô két béva enn hé wirionez é pé zeiz-bennâg ma péc'hô.

13. Ma lavarann d'ann dén gwirion pénaoz é vévô, hag ô fisiout war hé wirionez, mar grâ fallagriez, hé holl wirionésiou a vézô lékéat é añkounac'h, hag héñ a varvô hé-unan er fallagriez en dévézô gréat.

14. Ha ma lavarann d'ann dén fallagr : Mervel, mervel a rî ; mar grâ pinijen eûz hé béc'hed, ha mar grâ barnédigez ha gwirionez ;

15. Mar tistol ann dén fallagr-zé ar gwéstl, mar rô ar péz en dôa skrapet, mar balé é kémennou ar vuez, ha ma né râ nétrâ a fall ; béva, béva a rai, ha na varvô két.

16. Ann holl béc'héjou en dôa gréat, na véziñt két tamallet d'ézhañ ; barnédigez ha gwirionez en deûz gréat ; béva, béva a rai.

17. Ha bugalé da bobl hô deûz lavaret : Né kéd éeun heñt ann Aotrou ; hôgen hô heñt-hi eo né kéd éeun.

18. Râk pa zilézô ann dén gwirion hé wirionez, hag é rai fallagriézou, é varvô enn-hô.

19. Ha pa zilézô ann dén fallagr hé fallagriez, hag é rai barnédigez ha gwirionez, é vévô enn-hô.

20. Hag é livirit : Né kéd éeun heñt ann Aotrou. Tî Israel, mé a varnô pép-hini ac'hanoc'h hervez hé heñchou.

21. Enn daouzékved bloaz, enn dékved miz, er pempved deiz eûz ar miz abaoé hon dizougadur, é teûaz eunn dén a oa bét téc'het diouc'h Jéruzalem, d'am c'havout, ô lavarout : Dismañtret eo ar géar.

22. Hôgen dourn ann Aotrou a zeûaz war-n-oun diouc'h ann abardaez, abarz ma teûaz ann hini a oa bét tec'het : hag héñ a zigoraz va génou, keñt ma teûjé étrézég enn-oun diouc'h ar miñtin, ha va génou ô véza bét digoret, na daviz mui.

23. Ha gér ann Aotrou a zeûaz d'in, ô lavarout :

24. Mâb dén, ar ré a choum enn dizériou-zé war zouar Israel a gomz

hag a lavar : Abraham né oa néméd eunn dén, hag en deûz bét ann douarmañ é digouéz ; ha ni a zô paot, ha d'é-omp-ni eo rôet ann douar-zé é kers.

25. Râk-sé é liviri d'ézhô : Évelhenn é lavar ann Aotrou Doué : C'houi péré a zebr *ar c'hik* gañd ar goad, hag a zâv hô taoulagad étrézég hoc'h hudurézou, hag a skul ar goad ; ha piaoua a réot-hu ann douar-zé é digwéz ?

26. Savet oc'h bét gañd hô klézeier, argarzidigézou hoc'h eûz gréat, pép-hini ac'hanoc'h en deûz gwallet grég hé nésa ; hag é piaouot ann douar-zé é digwéz ?

27. Lavar ann dra-mañ d'ézhô : Ével-henn é lavar ann Aotrou Doué : *Évelma* ounn béô, ar ré a choum enn dizériou a gouézô dindân ar c'hlézé ; ar ré a zô er parkeier, a vézô rôet da voéd d'al loéned ; hag ar ré a zô er c'hréou hag er c'héviou, a varvô gañd ar vosen.

28. Ha mé a lakai ann douar-zé da véza didûd ha diheñt, hag hé nerz rôk a vézô kaset-da-gét ; ha ménésiou Israel a vézô mañtret, ô véza na drémén mui dén dré-z-hô.

29. Hag hi a wézô pénaoz eo mé ann Aotrou, p'am bézô lékéat hô douar da véza didûd ha diheñt, enn abek d'ann holl argarzidigézou hô deûz gréat.

30. Ha té, mâb dén, bugalé da bobl péré a gomz diwar da benn a-héd ar muriou, hag é-tâl dôriou hô ziez, a lavar ann eil d'égilé, pép-hini d'hé nésa : Deûit, ha sélaouomp pétrâ eo ar gér a zô deûet diouc'h ann Aotrou.

31. Hag hi a zeû étrézég enn-od, évelma en em stroll eur bobl ; hag hi a azez dira-z-od, *ével* va fobl ; hag hi a zélaou da lavariou, ha na sévénoñt két anézhô ; râg hi hô zrô é kanaouennou enn hô génou, hag hô c'haloun a ia da heûl hô fizôni.

32. Ha té a zô évit-hô ével eur ganaouen a giniad, a ganeur enn eunn doaré c'houék hag hétuz ; hag hi a glev da c'heriou, ha na sévénoñt két anézhô.

33. Ha pa vézô deûet ar péz a zô bét diouganet (ha chétu é teû), neûzé é wéziñt pénaoz é vézô bét eur profed enn hô zouez.

XXXIV. PENNAD.

Diougan a-énep ar wall vésérien.

1. Ha gér ann Aotrou a zeûaz d'in, ô lavarout :

2. Mâb dén, diougan diwar-benn mésérien Israel ; diougan, ha lavar d'ar vésérien : Ével-henn é lavar ann Aotrou Doué : Gwâ mésérien Israel, péré en em bask hô-unan ; ar vésérien hag hi a bask hô déñved ?

3. Hô léaz a zebrac'h, gañd hô gloan en em c'hôlôac'h, hag ar ré larda anézhô a lazac'h ; hôgen na baskac'h két va zropel.

4. N'hoc'h eûz két krévéet ar ré a oa toc'hor, ha n'hoc'h eûz két louzaouet ar ré a oa klañv, n'hoc'h eûz két liénennet[*] ar ré a oa gouliet, n'hoc'h eûz két savet ar ré a oa kouézet, ha n'hoc'h eûz két klasket ar ré a oa diañket ; hôgen hô mestrounia a réac'h gañt garveñtez ha gañt béli.

5. Ha va déñved a zô bét skiñet, ô véza n'hô dôa két a véser ; hag hi a zô deûet da voéd da holl loéned ar mésiou, hag a zô bét skiñet.

6. Kildrôet hô deûz va zropellou war ann holl vénésiou ha war ann holl gréc'hiennou huel ; ha war c'horré ann douar holl eo bét skiñet va zropellou, ha né oa dén évid hô c'hlaskout, né oa dén, émé-vé, évid hô c'hlaskout.

7. Râk-sé, mésérien, sélaouit gér ann Aotrou :

8. *Ével ma* ounn béô, émé ann Aotrou Doué, ô véza ma eo bét lézet va zropellou é preiz, ha ma eo bét va déñved da voéd da holl loéned ar mésiou, dré na oa két a véser ; ha na glaské két va misérien va zropellou ; hôgen ma en em baské ar vésérien hô-unan, ha na baskeñt két va zropellou :

9. Râk-sé, mésérien, sélaouit gér ann Aotrou :

10. Ével-henn é lavar ann Aotrou

Doué : Chétu é teûann va-unan étré-
zég ar vésérien-zé ; mé a glaskô va
zropel hag hé dennó eûz hô daouarn,
ha mé a virô na baskiñt mui va zro-
pel, ha n'en em baskô mui ar vésé-
rien hô-unan ; ha mé a zieûbô va zrô-
pel eûz hô génou, ha na vézô mui da
voéd d'ézhô.

11. Râg ével-henn é lavar ann Ao-
trou Doué : Chétu é teûann va-unan
da glaskout va déñved, hag é emwé-
linn anézhô.

12. Ével ma emwél ar méser hé
dropel, enn deiz ma en em gav é-
kreiz hé zéñved a oa bét skiñet ; ével-
sé é emwélinn va déñved, hag é tieû-
binn anézhô eûz ann holl léc'hiou é
péré é véziñt bét skiñet enn deiz a
goabr hag a dévalien.

13. Hô digas a rinn eûz a douez ar
boblou, hag é strollinn anézhô eûz a
gals brôiou, hag hô digasinn enn hô
douar-hô-unan ; hag é paskinn anézhô
war vénésiou Israel, a-héd ar goué-
riou, hag enn holl léc'hiou eûz ar vrô
a zô tûd enn-hô.

14. Er gwella peûrvannou é paskinn
anézhô : ménésiou huel Israel a vézô
hô feûrvann ; énô é c'hourvéziñt war
ar géot glâz, hag é peûriñt er-peûr-
vannou ar ré larta war vénésiou Is-
rael.

15. Mé a baskô va déñved, ha mé
hô lakai da c'hourvéza, émé ann Ao-
trou Doué.

16. Ar ré a oa diañket a glaskinn,
hag ar ré a oa kouézet a zavinn, hag
ar ré a oa gouliet a liénenninn, hag
ar ré a oa toc'hor a grévainn, hag ar
ré a oa lard ha kré a virinn ; ha mé
hô faskô gañt barnédigez.

17. Hôgen c'houi, va zropellou,
ével-henn é lavar ann Aotrou Doué :
Chétu mé a varnô étré ann dénved
hag ann déñved, étré ann tourzed
hag ar bouc'hed.

18. Ha né oa két a-walc'h d'é-hoc'h
béza maget é peûrvann mâd, hép ma-
c'ha gañd hô treid ann dilerc'h eûz ar
peûrvann ? Ha pa hoc'h eûz évet dour
skléar, hoc'h eûz strafilet ann dilerc'h
gañd hô treid.

19. Ha va déñved a beûré ar péz a
oa bét mac'het gañd hô treid, hag a évé
ar péz a oa bét strafilet gañd hô treid.

20. Râk-sé ével-henn é lavar ann
Aotrou Doué d'é-hoc'h : Chétu mé a
varnô va-unan étré ann déñved lard
hag ann déñved treûd ;

21. O véza ma vouñtac'h gañd hô
kôstésiou ha gañd hô tiskoaz, ha ma
weñtac'h gañd hô kerwiel ann holl
zéñved toc'hor, kén n'hô pôa hô ski-
ñet er-méaz :

22. Hôgen mé a zieûbô va zropel,
ha na vézô mui é preiz ; ha mé a varnô
étré ann déñved hag ann déñved.

23. HA MÉ A LAKAI DA ZÉVEL WAR-
N-EZHÔ EUR MÉSER, péhini hô faskô,
David va zervicher : héñ hô faskô,
hag héñ a vézô da véser d'ézhô.

24. Ha mé ann Aotrou a vézô da
Zoué d'ézhô ; ha David va zervicher
a vézô da briñs enn hô c'hreiz ; mé
ann Aotrou em eûz hé lavaret.

25. Ha mé a rai gañt-hô eur gévré-
digez a péoc'h hag a lakai-da-gét al
lôéned droug er vrô ; hag ar ré a
choum enn distrô, a gouskô gañt fi-
siañs er c'hoajou.

26. Hô leûnia a rinn a vennoz enn-
drô d'am c'hrec'hien ; ar glaô a ziga-
sinn enn hé amzer ; glavéier a vennoz
é véziñt.

27. Gwéz ar mésiou a rôi hô frouez,
hag ann douar a rôi hé hégin, hag hi
a vézô enn hô brô héb aoun ; hag hi
a wézô pénaoz eo mé ann Aotrou,
p'am bézô torret chadennou hô iéô,
hag em bézô hô zennet eûz a zaouarn
ar ré a vestrounié anézhô.

28. Ha na véziñt mui da breiz d'ar
brôadou, ha lôéned ann douar n'hô
debriñt mui ; hôgen hi a choumô *énô*
gañd fisiañs hag héb aoun é-béd.

29. Ha mé a lakai da zével enn-hô
eur blañten brudet-brâz ; ha na vé-
ziñt mui skarzet gañd ann naounégez
war ann douar, ha na zougiñt mui
dismégañs ar brôadou.

30. Hag hi a wézô pénaoz mé ann
Aotrou hô Doué *a zô* gañt-hô, ha
pénaoz hi, ti Israel, *a vézô* va fobl,
émé ann Aotrou Doué.

31. Hôgen c'houi, va zropellou,
tropellou va feûrvann, tûd oc'h ; ha
mé eo ann Aotrou hô Toué, émé ann
Aotrou Doué.

XXXV. PENNAD.

Dismañtr ann Iduméed.

1. Ha gér ann Aotrou a zeûaz d'in, ô lavarout :

2. Mâb dén, trô da zaoulagad war-zu ménez Seir, ha diougan enn hé énep, ha lavar d'ézhañ :

3. Evel-henn é lavar ann Aotrou Doué : Chétu mé a zeû étrézég enn-od, ménez Seir, hag éc'h astenninn va dourn war-n-od, hag az likiinn da véza gwastet ha didûd.

4. Diskara a rinn da gériou, ha té a vézô didûd ; hag é wézi pénaoz eo mé ann Aotrou.

5. O véza ma oud bét eunn énébour peûr-baduz, ha ma oud éat gañd ar c'hlézé war-lerc'h bugalé Israel, é amzer hô glac'har, é amzer hô gwasa fallagriez :

6. Râk-sé *évei ma* ounn béô, émé ann Aotrou Doué, mé az rôi d'ar goâd, hag ar gôad a heûliô ac'hanod ; hag ô véza ma éc'h eûz kaséet ar goâd, ar goâd a heûliô ac'hanod.

7. Ha mé a lakai ménez Seir da véza gwastet ha didûd ; hag é pellainn diout-hañ ar ré a iéa hag a zeûé.

8. Leûnia a rinn hé vénésiou gañd ar ré eûz hé dûd a vézô bét lazet ; enn da grec'hiennou, hag enn da draoñiennou, hag er frouden é kouéziñt dindân ar c'hlézé.

9. Da lakaad a rinn enn eunn distrô peûr-baduz ; ha da gériou a vézô di-dûd ; ha c'houi a wézô pénaoz eo mé ann Aotrou Doué.

10. O véza ma éc'h eûz lavaret : Diou vrôad ha diou vrô a vézô d'in, ha da zigwéz em bézô anézhô ; pé-trá-bennâg ma édô ann Aotrou énô :

11. Râk-sé *évei ma* ounn béô, émé ann Aotrou Doué, é rinn d'id hervez da vuanégez, hag hervez ann hérez hag ar c'hâs éc'h eûz diskouézet enn hô c'héñver ; hag é teûinn da véza brudet enn hô zouez, p'am bézô da varnet.

12. Ha té a wézô pénaoz eo mé ann Aotrou, ha pénaoz em eûz klévet ann holl gunuc'hennou éc'h eûz embannet a-énep ménésiou Israel, ô lavarout : Didûd iñt ; rôet iñt d'é-omp da louñka.

13. Hô kénou a zô bét savet em énep ; gériou balc'h hoc'h eûz lavaret diwar va fenn ; ha mé em eûz hô c'hlévet.

14. Évei-henn é lavar ann Aotrou Doué : Pa vézô ar vrô holl el lévénez, mé az lakai enn eunn distrô.

15. Évei ma oud en em laouénéet diwar-benn digwéz ti Israel, ô véza ma eo bét dismañtret, évei-sé é rinn d'id : dismañtret é vézi, ménez Seir, hag ann Iduméa holl ; hag hi a wézô pénaoz eo mé ann Aotrou.

XXXVI. PENNAD.

Distrô bugalé Israel enn hô douar.

1. Hôgen té, mâb dén, diougan diwar-benn ménésiou Israel, ha lavar : Ménésiou Israel, sélaouit gér ann Aotrou.

2. Évei-henn é lavar ann Aotrou Doué : O véza ma en deûz ann énébour lavaret diwar hô penn : Ac'hâ, ar c'hréc'hiennou peûr-baduz a zô bét rôet d'é-omp é digwez :

3. Râk-sé diougan, ha lavar : Évei-henn é lavar ann Aotrou Doué : O véza ma oc'h bét gwastet ha mac'het trô-war-drô, ha deûet da zigwez d'ar brôadou all, ha ma oc'h deûet da zor-c'hen ha da c'hoapérez ar boblou :

4. Râk-sé, ménésiou Israel, sélaouit gér ann Aotrou Doué : Évei-benn é lavar ann Aotrou Doué d'ar ménésiou, ha d'ar c'hrec'hiennou, d'ar froudou, ha d'ann traoñiennou, d'ar c'hôz-diez didûd, ha d'ar c'hériou dilézet, péré a zô diboblet ha goapéet gañd ar boblou all trô-war-drô.

5. Râk-sé évei-henn é lavar ann Aotrou Doué : Évei ma em eûz komzet é fô va buanégez a-éneb ar brôadou all, hag a-éneb ann Iduméa holl, péré a zô en em rôet va douar é di-gwéz gañt lévénez, a greiz hô c'ha-loun hag hô éné ; ha ma hô deûz hé zistolet évid hé wasta ;

6. Râk-sé diougan diwar-benn douar

Israel, ha lavar d'ar ménésiou ha d'ar c'hréc'hiennou, d'ann tunion ha d'ann traoñiennou : Évei-henn é lavar ann Aotrou Doué : Chétu mé em eûz komzet em buanégez hag em frouden, ô véza ma hoc'h eûz douget mézégez ar brôadou.

7. Râk-sé évei-henn é lavar ann Aotrou Doué : Mé em eûz savet va dourn *ha touet* pénaoz ar brôadou a zô trô-war-drô d'é-hoc'h, a zougô ivé hô mézégez.

8. Hôgen c'houi, ménésiou Israel, bannit hô skourrou, ha dougit hô frouez évit va fobl a Israel : râk daré eo da zoñt.

9. Râk mé a zeû étrézég enn-hoc'h, hag é troinn ouz-hoc'h ; aret é viot, hag é viot hadet.

10. Paotta a rinn enn-hoc'h ann dûd, hag holl di Israel ; ar c'hériou a vézô lékéat tud enn-hô, hag ann dizériou a vézô savet a névez.

11. Hô leûnia a rinn a dûd hag a loéned ; hag hi a baottô, hag a greskô ; hô lakaad a rinn da véza poblet ével a geñt, brasoc'h madou a rôinn d'é-hoc'h, égét n'hô pôa keñt ; ha c'houi a wézô pénaoz eo mé ann Aotrou.

12. Digas a rinn war-n-hoc'h tûd, va fobl a Israel, hag hi a biaouô ac'hanoc'h é digwez ; ha té a vézô da zigwez d'ézhô, hag bivizikenn n'en em gavi mui hép-z-hô.

13. Évei-henn é lavar ann Aotrou Doué : O véza ma lévéroñt ac'hanoc'h : Té a louñk ann dûd hag a voug da bobl :

14. Râk-sé na louñki mui ann dûd, ha na lazi mui da bobl, émé ann Aotrou Doué :

15. Na likiinn mui da glévout ennod trouz ar brôadou, ha na zougi mui mézégez ar bobleu, ha na golli mui da bobl, émé ann Aotrou Doué.

16. Ha gér ann Aotrou a zeûaz d'in, ô lavarout :

17. Mâb dén, bugalé Israel a zô bét ô choum enn hô douar, hag hi hô deûs hé zaotret enn hô heñchou hag enn hô ôberiou ; hô heñt a zô deûet dira-z-oun ével hudurez eur vaouez enn hé misiou.

18. Hag em eûz skulet va frouden war-n-ézhô, enn abek d'ar goâd hô deûz skulet war ann douar, ha d'hô idolou gañt péré hô deûz hé zaotret.

19. Hô skiñet em eûz é-touez ar brôadou, hag hô gweñtet em eûz dré ar brôiou ; hervez hô heñchou hag hervez hô ôberiou em eûz hô barnet.

20. Hag hi a zô deûet é-touez ar brôadou étrézé péré é oañt bét éat, hag hô deûz saotret va hanô sañtel, pa lavared anézhô : Pobl ann Aotrou eo hen-nez, hag eûz hé zouar iñt éatkult.

21. Truézet em eûz va hanô sañtel, a oa bét saotret gañt ti Israel, é-touez ar brôadou étrézé péré é oañt bét éat.

22. Râk-sé é liviri da dí Israel : Évei-henn é lavar ann Aotrou Doué : Né kéd évid-hoc'h, ti Israel, é rinn kémeñt-sé, hôgen évit va hanô sañtel hoc'h eûz saotret é-touez ar brôadou étrézé péré é oac'h éat.

23. Ha mé a zañtélô va hanô brâz, a zô bét saotret é-touez ar brôadou, hoc'h eûz saotret c'houi enn hô c'hreiz : évit ma wézô ar brôadou pénaoz eo mé ann Aotrou, émé Aotrou ann arméou, pa vézinn bét sañtélet ennhoc'h dira-z-hô.

24. Râk mé hô tennô eûz a douez ar brôadou, hag hô strollô eûz ann holl vrôiou, hag hô tigasô enn hô touar hoc'h-unan.

25. Ha mé a skulô war-n-hoc'h dour glân, ha c'houi a vézô glanet eûz hoc'h holl saotrou, ha mé hô klanô eûz hoc'h holl idolou.

26. Ha mé a rôi d'é-hoc'h eur galoun névez, hag a lakai enn hô kreiz eur spéred névez ; hag é tenninn ar galoun vean eûz hô kig, hag é róinn d'é-hoc'h eur galoun gik.

27. Hag é likiinn va spéred enn hô kreiz ; hag é likiinn ma valéot em c'hélennou, ha ma virot va barnédigézou, ha ma hô sévénot.

28. Ha c'houi a choumô enn douar em eûz rôet d'hô tadou ; ha c'houi a vézô da bobl d'in, ha mé a vézô da Zoué d'é-hoc'h.

29. Ha mé hô tieûbô eûz hoc'h holl zaotrou ; ha mé a c'halvô ann éd, hag a greskô anézhañ ; ha na zigasinn mui ann naounégez war-n-hoc'h.

30. Paotta a rinn frouez ar gwéz, hag édou ar parkéier, évit na zougot mui mézégez ann naounégez é-touez ar boblou.

31. Ha dond a rai koun d'é-hoc'h neûzé eûz kô kwall heñchou, hag eûz hô troug-ôberiou; hag hô fallagriézou, hag hô kwallou a zisplijô d'é-hoc'h.

32. Né kéd évid-hoc'h her grinn, émé ann Aotrou Doué, bézet anat évid-hoc'h; bézit mézékéet ha rusiit eûz hoc'h heñchou, ti Israel.

33. Ével-henn é lavar ann Aotrou Doué: Enn deiz é péhini em bézô hô klanet eûz hoc'h holl fallagriézou, em bézô aspoblet hô kériou, hag assavet hô tizériou,

34. Ma vézô labouret a-névez ann douar-zé péhini a oa didûd, ha gwastet holl é daoulagad ann holl argarzérien,

35. É liviriñt: Ann douar fraost-zé a zô deûet ével eul liors dudiuz; ar c'hériou didûd, ha dilézet, ha gwastet, a zô deûet da véza kré.

36. Ha kémeñt a choumô eûz ar broadou enn-drô d'é-hoc'h a wézô pénaoz mé ann Aotrou eo em eûz assavet ar péz a oa bét diskaret, em eûz asplañtet ar péz a oa bét deûet fraost, pénaoz eo mé ann Aotrou em eûz komzet, hag em eûz gréat.

37. Ével-henn é lavar ann Aotrou Doué: Bugalé Israel am c'havô c'hoaz, évit ma rinn kémeñt-mañ évit-hô; hô faotta a rinn ével eunn dropel dûd,

38. Ével eunn dropel zañtel, ével tropel Jéruzalem enn hé gouéliou lid. Ével-sé ar c'hériou didûd *keñt*, a vézô leûn a dropellou tûd; hag hi a wézô pénaoz eo mé ann Aotrou.

—

XXXVII. PENNAD.

Grounn Israel ha Juda.

1. Dourn ann Aotrou a zeûaz war-n-oun, hag am c'hasaz er-méaz gañt spéred ann Aotrou; hag héñ am lézaz é-kreiz eur gompézen a oa leûn a eskern.

2. Hag héñ am c'hasaz enn hé zouez trô-war-drô; hôgen hi a oa paot war c'horré ann douar, ha séac'h meûrbéd.

3. Hag héñ a lavaraz d'in: Mâb dén, ha té a gréd é vé béô ann eskern-zé? Ha mé a lavaraz: Aotrou Doué, té her goar.

4. Hag héñ a lavaraz d'in: Diougan diwar-benn ann eskern-zé, ha lavar d'ézhô: Eskern séac'h, sélaouit gér ann Aotrou.

5. Ével-henn é lavar ann Aotrou d'ann eskern-zé: Chétu mé a lakai eur spéred enn-hoc'h, hag é vévot.

6. Ha mé a lakai dá zével war-n-hoc'h nervennou, ha kik da greski war-n-ézhô; hag éc'h astenninn kroc'hen war gémeñt-sé; hag é rôinn spéred d'é-hoc'h; hag é vévot, hag é wiot pénaoz eo mé ann Aotrou.

7. Ha mé a ziouganaz ével ma oa bét gourc'hémennet d'in; ha pa ziouganenn, é oé klévet eunn trouz, hag é oé gwélet eur fiñv; hag ann eskern a dôstaaz oud ann eskern, pép-hini oud hé framm.

8. Ha mé a wélaz, ha chétu é savaz war-n-ézhô nervennou, ha kik: kroc'hen en em astennaz ivé war-n-ézhô; hôgen na oa két a spéred enn-hô.

9. Hag héñ a lavaraz d'in: Diougan d'ar spéred: diougan, mâb dén, ha lavar d'ar spéred: Ével-henn é lavar ann Aotrou Doué: Deûz, spéred, eûz ar béder avel, ha c'houéz war ar ré varô-zé, évit ma asbéviñt.

10. Ha mé a ziouganaz ével m'en dôa gourc'hémennet d'in; hag ar spéred a iéaz enn-hô, hag é vévchoñt; hag hi a zavaz war hô zreid, enn eunn armé brâz-meûrbéd.

11. Hag ann Aotrou a lavaraz d'in: Mâb dén, ann holl eskern-zé eo ti Israel; hi hô deûz lavaret: Dizéc'het eo hon eskern, ha kollet eo hor géd; ha ní a zô rannet.

12. Râk-sé diougan, ha lavar d'ézhô: Ével-henn é lavar ann Aotrou Doué: Chétu mé, va fobl, a zigorô hô pésiou, hô tenna a rinn eûz hô pésiou, hag é tigasinn ac'hanoc'h é douar Israel.

13. Ha c'houi a wézô, va fobl, pé-

naoz

naoz eo mé ann Aotrou, p'am bézô
digoret hô pésiou, ha p'am bézô hô
tennet eûz hô pésiou,

14. Ha p'am bézô rôet va spéred
enn-hoc'h, hag é viot béô, hag em
bézô hô lékéat da arzaôi enn hô touar
hoc'h-unan; ha c'houi a wézô pénaoz
eo mé ann Aotrou em eûz lavaret ha
gréat *kéméñt-sé*, émé ann Aotrou
Doué.

15. Ha gér ann Aotrou a zeûaz d'in,
ô lavarout:

16. Ha té, mâb dén, kémer eunn
tamm koat, ha skriv war-n-ézhañ:
Da Juda ha da vugalé Israel hé eiled.
Ha kémer eunn *tamm* koat all, ha
skriv war-n-ézhañ: Da Jozef, koat
Éfraim, ha da holl di Israel hé eiled.

17. Ha tôsta ann daou damm koat-
zé ann eil oud égilé évid hô unani;
hag hi a vézô ével unan enn da
zourn.

18. Ha pa gomzô bugalé da bobl
ouz-id, ô lavarout: Ha na ziskuli két
d'é-omp pétrà eo da lavarout ar péz
a réz?

19. È liviri d'ézhô: Ével-henn é
lavar ann Aotrou Doué: Chétu mé a
gémérô koat Jozef, a zô é dourn
Éfraim, ha breûriézou Israel a zô
unanet gañt-hañ; ha mé hô lakai ké-
vret gañt koat Juda, hag a rai anézhô
eur c'hoat hép-kén; hag hi a vézô em
dourn ével eur c'hoat hép-kén.

20. Hag ann tammou koat war béré
éz pézô skrivet a vézô enn da zourn
dira-z-hô.

21. Hag é liviri d'ézhô: Ével-henn
é lavar ann Aotrou Doué: Chétu mé
a gémérô bugalé Israel eûz a greiz ar
brôadou étrézé péré é oañt éat: ha
mé hô strollô a bép-tû, hag hô digasô
enn hô brô hô-unan.

22. Ha mé a rai anézhô eur bobl
hép-kén enn hô douar war vénésiou
Israel; ha na vézô néméd eur roué
évit réna war-n-ézhô holl; ha na vézô
mui diou vrôad anézhô, na véziñt
mui rannet é diou rouañtélez.

23. Ha na véziñt mui saotret gañd
hô idolou, gañd hô argarzédigézou,
ha gañd hô holl fallagriézou; ha mé
hô dieûbô eûz ann holl lec'hiou é péré
hô deûz péc'het, ha mé hô glanô; hag
hi a vézô da bobl d'in, ha mé a vézô
da Zoué d'ézhô.

24. Va zervicher David a vézô da
roué war-n-ézhô, ha na vézô néméd
eur méser évit-hô holl; em barnédi-
gézou é valéiñt, ha va gourc'hémen-
nou a viriñt hag a heûliñt.

25. Hi a choumô enn douar em eûz
rôet d'am servicher Jakob, é péhini
eo bét choumet hô tâdou; hag hi a
choumô enn-hañ, hi hag hô mipien,
ha mipien hô mipien da-vikenn; ha
David va zervicher a vézô da briñs
d'ézhô da-vikenn.

26. Ha mé a rai kévrédigez gañt-hô;
va c'hévrédigez gañt hô a vézô peur-
baduz. Mé hô diazézô, hô faottô, hag
a lakai va zañtuar enn hô c'hreiz da-
vikenn.

27. Va zabernakl a vézô enn-hô; ha
mé a vézô da Zoué d'ézhô, hag hi a
vézô da bobl d'in.

28. Hag ar brôadou a wézô pénaoz
mé ann Aotrou eo sañtuar Israel, pa
vézô va zañtuar enn hô c'hreiz da-
vikenn.

XXXVIII. PENNAD.

Diougan a-énep Gog ha Magog.

1. Ha gér ann Aotrou a zeûaz d'in,
ô lavarout:

2. Mâb dén, trô da zaoulagad war-
zû Gog, war-zû douar Magog, war-
zû priñs ha penn Mosoc'h ha Tubal;
ha diougan diwar hé benn,

3. Ha lavar d'ézhañ: Ével-henn é
lavar ann Aotrou Doué: Chétu mé *a
zeû* étrézég enn-od, Gog, priñs ha
penn Mosoc'h ha Tubal;

4. Ha mé az lakai da drei a bép tû,
hag a lakai eur wesken enn da gar-
vanou; ha mé az digasô er-méaz, té
ha da holl armé, ar c'hézek, hag ar
varc'heien gôlôed holl a harnésiou,
péré a zeûi enn eunn niver brâz, ar-
met a wafiou, a direnou hag a glé-
zéier.

5. Ar Bersied, ann Étiopied, hag al
Libied *a vézô* gañt-hô, hag hi holl *a
zougô* tirennou ha tôkou-houarn.

6. Gamer hag hé holl vrézélidi, ti

Togorma, war-zû ann hañter-nôz, hag hé holl arméou, ha kalz a bobl *a vézô* gan-éz.

7. En em aoz, en em reiz, té hag al lôd-brâz a dûd a zô en em strollet enn-drô d'id, ha béz da c'hourc'hémenner d'ézhô.

8. Goudé kalz deisiou é vézi emwélet; er bloavésiou divéza é teûi enn eunn douar, a zô bét dieûbet eûz ar c'hlézé, a zô bét strollet eûz a veûr a bobl war vénésiou Israel, péré a oa bét didûd a-vépréd; ar ré-zé a zô bét digasel eûz a douez ar boblou, hag a choum enn douar-zé gañt fisiañs.

9. Hôgen té a biñô, hag a zeûiô ével eunn arné, hag ével eur goabren, évit gôlei ann douar, té ha da holl arméou, ha kals poblou gan-éz.

10. Ével-henn é lavar ann Aotrou Doué: Enn deiz-zé é savô ratosiou enn da galoun, hag é venni gwall vénosiou.

11. Hag é liviri: Piña a rinn étrézég eur vrô divur; moñd a rinn da gavout tûd é péoc'h, péré a zô é pép fisiañs, péré a choum holl pép muriou, ha n'hô deûz na prennon na dôriou:

12. Évit ma skrapi dibourc'hou, ma en em gargi a breiz, ma likii da zourn war ar ré a oa bét dilézet, hag a zô bét lékéat enn hô reiz keñt, war eur bobl a zô bét strollet eûz a douez ar brôadou, a zéraoué kaoud eunn dra enn hé gerz, ha choum é-kreiz ann douar.

13. Saba ha Dédan, ha marc'hadourien Tarsis, hag hé holl léoned a lavarô d'id: Ha n'oud-dé két deûet évit kéméroud dibourc'hou? Chétu éc'h eûz strollet eul lôd brâz a dûd évit skrapa ar preiz, évit kémérout ann arc'hañt hag ann aour, ha kâs ann arrébeûri hag ann diwiskou, hag évit falc'ha madou brâz.

14. Râk-sé diougan, mâb dén, ha lavar da Gog: Ével-henn, é lavar ann Aotrou Doué: Enn deiz-zé, pa choumô va fobl Israel gañt fisiañs, ha n'her gwézi két?

15. Té a zeûi eûz da vrô, a dû ann hañter-nôz, té ha kals poblou gan-éz, holl biñet war gézek, enn eur vañden vrâz, gañd eunn armé gré.

16. Ha té a zavô war va fobl Israel ével koabr, évit gôlei ann douar. Enn deisiou divéza é vézi, ba mé az tigasô war va douar, évit ma anavézô ar brôadou ac'hanoun, pa vézinn bét sañtélet enn-od dira-z-hô, ô Gog.

17. Ével-henn é lavar ann Aotrou Doué: Té éta eo ann hini a béhini em eûz komzet enn deisiou keñt, dré c'hénou va zervichérien, proféded Israel, péré hô deûz diouganet enn deisiou-zé, pénaoz é tigazchenn ac'hanod enn hô énep.

18. Hag enn deiz-zé, é deiz donédigez Gog war zouar Israel, émé ann Aotrou Doué, va buanégez a iélô bétég ar frouden.

19. Râg em oaz, é fô va buanégez em eûz lavaret: Enn deiz-zé é vézô eur c'héflusk brâz é douar Israel.

20. Pésked ar môr, hag evned ann éñv, ha loéned ar mésiou, ha kémeñt prévéden a stléj war ann douar, ha kémeñd dén a zô war c'horré ann douar, a grénô dira-z-oun; hag ar ménésiou a vézô diskaret, hag ar girsier a vézô diskolpet, hag ann holl vuriou a gouézô d'am douar.

21. Ha mé a c'halvô out-hañ ar c'hlézé em holl vénésiou, émé ann Aotrou Doué; klézé pép-hini a drôi oud hé vreûr.

22. Ha mé a gasô va barn war-n-ézhañ gañd ar vosen, ha gañd ar goad, ha gañd eur glaô diboell, ha gañt mein diveñt: tân ha soufr a likiinn da c'hlaôia war-n-ézhañ, ha war hé armé, ha war ann holl arméou a vézô gañt-hañ.

23. Ha mé a ziskouézô péger brâz ounn, péger sañtel ounn (T); ha mé en em rôi da anaout dirâk kalz poblou, péré a wézô pénaoz eo mé ann Aotrou?

XXXIX. PENNAD.

Barn ann Aotrou a-énep Gog.

1. Hôgen té, mâb dén, diougan a-énep Gog, ha lavar: Ével-henn é lavar ann Aotrou Doué: Chétu mé a

zeû war-n-od, Gog, priñs ha penn Mosoc'h ha Tubal.

2. Ha mé az lakai da drei a bép tû, hag az tigasô er-méaz, hag az lakai da biña eûz a dû ann hañter-nôz; hag é kasinn ac'hanod war vénésiou Israel.

3. Terri a rinn da wareg enn da zourn kleiz, hag é likiinn da gouéza da zaésiou eûz da zourn déou.

4. War vénésiou Israel é kouézi, té ha da holl vrézélidi, ha da holl bobiou a zô gan-éz; d'al loéned ferô, d'al laboused, ha d'ann holl evned, ha da loéned ann douar, em eûz da rôet da voéd.

5. War c'horré ar mésiou é kouézi; râk mé eo em eûz komzet, émé ann Aotrou Doué.

6. Ha mé a gasô ann tân war Vagog, ha war ar ré a choum enn énézi gañt fisiañs: hag hi a wézô pénaoz eo mé ann Aotrou.

7. Ha mé a rôi da anaout va hanô sañtel é-kreiz va fobl a Israel, ha na lézinn mui da zaotra va hanô sañtel; hag ar brôadou a wézô pénaoz eo mé ann Aotrou, Sañt Israel.

8. Chétu é teû, chétu eo deûet, émé ann Aotrou Doué; hé-mañ eo ann deiz a béhini em eûz komzet.

9. Hag ar ré a choum é kériou Israel a iélô er-méaz; hag hi a zévô hag a loskô ann armou, ann tirennou, ar goafiou, ar gwarégou, hag ar saésiou, hag ar bisier dourn, hag ar pikou; hag hi hô loskô gañd ann tân a-héd seiz vloaz.

10. Ha na zigasiñt két a goat eûz ar mésiou, ha na drouc'hiñt két a geûneûd er c'hoajou; râg hi a rai tân gañd ann armou-zé; preiza a raiñt ar ré hô dôa hô freizet, gwasta a raiñt ar ré hô dôa hô gwastet, émé ann Aotrou Doué.

11. Chétu pétrâ a c'hoarvézô enn deiz-zé; rei a rinn da C'hog eun Israel eul léac'h brudet da véz, traoñien ann dréménidi, é sâv-héol ar môr; hag ar ré a dréménô a vézô sonézet: hag hi a vésiô énô Gog hag hé holl armé; hag al léac'h-zé a vézô galvet traoñien brézélidi Gog.

12. Ha tî Israel a vésiô anézhô a-héd seiz miz, évit karsa ann douar.

13. Holl bobl ar vrô hô bésiô; hag ann deiz-zé é péhini em bézô sañtélet va hanô, a vézô évit-hô eunn deiz brudet-brâz émé ann Aotrou Doué.

14. Hag hi a lakai tûd évit ewé-lout ar vrô bépréd, évid eñklaskout ha bésia ar ré a vézô choumet war-c'horré ann douar, évid hé garza; goudé seiz miz é téraouiñt ôber ann eñklask-zé.

15. Hag hi a gerzô war-drô d'ar vrô; ha pa wéliñt askourn eunn dén, é likiiñt eunn arouéz out-hañ, évit ma vézô bésiet gañd ar vésiérien é traonien brézélidi Gog.

16. Hôgen Amona eo hanô ar géar; hag hi a garzô ann douar.

17. Hôgen té, mâb dén, ével-henn é lavar ann Aotrou Doué: Lavar d'ann holl laboused, ha d'ann holl evned, ha da holl loéned ar mésiou: Deûit kévret, hastit, rédit a bép tû étrézég ar viktim em eûz lazet évid-hoc'h, ar viktim brâz *a zô* war vénésiou Israel; évit ma tebrot *hé* gik, ha ma évot *hé* c'hoad.

18. Kig ar ré gré a zébrot, ha goad priñsed ann douar a évot; eûz ann tourzed, hag eûz ann ein, hag eûz ar vouc'hed, hag eûz ann tirvi, eûz ann evned-mûz, hag eûz ar ré larda.

19. Ha c'houi a zébrô lard enn hô kwalc'h, hag a évô goad kén na vézviot, eûz ar viktim a lazinn évid-hoc'h.

20. Ha c'houi eo em walc'hô war va zaol gañd ar marc'h, ha gañd ar marc'hek kré, ha gañd ann holl dûd a vrézel, émé ann Aotrou Doué.

21. Ha mé a lakai va gloar é-touez ar brôadou; hag ann holl vrôadou a wélô ar varnédigez em bézô gréat, ha va dourn em bézô pounnéréet war-n-ézhô.

22. Ha tî Israel a wézô pénaoz eo ann Aotrou hô Doué, a neûzé, ha davikenn.

23. Hag ar brôadou a wézô pénaoz tî Israel a zô deûet da sklâv enn abek d'hé fallagriez, ô véza ma hô deûz va dilézet, hag em eûz kuzet va dremm out-hô, hag em eûz hô lékéat étré daouarn hô énébourien, hag iñt kouézet holl dindân ar c'hlézé.

24. Hervez hô saotr hag hô gwall
em eûz gréat d'ézhô, hag em eûz
kuzet va dremm out-hô.

25. Râk-sé évet-henn é lavar ann
Aotrou Doué : Brémañ é tigasinn
sklaved Jakob, hag em bézô truez
oud holl dl Israel; hag é teûi oaz d'in
évit va hanô sañtel.

26. Hag hi a zougô hô mézégez,
hag ann holl fallagriézou hô deûz
gréat em énep, pa choumiñt enn hô
brô hô-unan gañt fisiañs, hag héb
aoun râk dén :

27. P'am bézô hô digaset eûz a
douez ar brôadou, hag em bézô hô
strollet eûz a vrôiou hô énébourien,
hag é vézinn bét sañtélet enn hô zoucz
dirâk kalz a vrôadou.

28. Hag hi a wézô pénaoz eo mé
ann Aotrou hô Doué, ô véza ma em
eûz hô dizouget é-touez ar brôadou,
ha ma em eûz hô strollet enn hô brô
hô-unan, ha n'em eûz lézet hini anézhô
énô.

29. Ha na guzinn mui va dremm
out-hô; râk skuja a rinn va spéred
war holl di Israel, émé ann Aotrou
Doué.

XL. PENNAD.

Ar profed a wél assével eur géar hag eunn templ.

1. Er pempved bloaz war-n-ugeñt
eûz hon dizougadur, é derou ar bloaz,
enn dékved *deiz* eûz ar miz, er pévarzékved
bloaz goudé dismañtr kéar:
enn deiz-zé enn-déeun ô teûaz dourn
ann Aotrou war-n-oun, hag am c'hasaz
di.

2. É gwélédigésiou Doué é kasaz
ac'hanoun é brô Israel, hag é lékéaz
ac'hanoun war eur ménez uc'helmeûrbéd,
war béhini éz oa ével tî
brâz eur géar trôet war-zû ar c'hrésteiz.

3. Hag héñ am lékéaz da voñd
ébarz : ha chétu eunn dén *a wéliz* en
dôa eur sell a lugerné ével arem, hag
enn hé zourn eul linen lin, hag enn
dourn all eur gorsen veñt : hag héñ a
oa enn hé zâ é-tâl ann ôr borz.

4. Hag ann dén-zé a lavaraz d'in :
Mâb dén, gwél gañd da zaoulagad,
ha sélaou gañd da ziskouarn, ha laka
da galoun war gémeñt a ziskouézinn
d'id : râg évid hô diskouéza d'id oud
bét kaset amañ ; rô da anaout da dl
Israel kémeñd ez pézô gwélet.

5. Ha chétu eur vur enn diavéaz
trô-war-drô d'ann ti a bép tû, hag é
dourn ann dén eur gorsen veñt eûz a
c'houec'h ilinad hag eur raouen *a
héd*; hag héñ a veñtaz léd ar vûr eûz
a eur gorsennad, hag ann uc'hélded
ivé eûz a eur gorsennad.

6. Hag héñ a zeûaz oud ann ôr a
zellé war-zû ar sâv héol, hag é piñaz
dré hé daésiou ; hag héñ a veñtaz
treûzeu ann ôr eûz a eur gorsennad
a léd, da lavaroud eo é oa unan eûz
ann treûzou eûz a eur gorsennad
a léd.

7. Ha *pép* kambr *a oa* eûz a eur
gorsennad a héd, hag eûz a eur gorsennad
a léd ; hag étré ar c'hamprou
éz oa pemp ilinad.

8. Treûzou ann ôr é-tâl ar porched
é diabarz ann ôr, *a oa* eûz a eur gorsennad.

9. Hag héñ a veñtaz porched ann
ôr *en dôa* eiz ilinad, hag hé zalbenn
daou ilinad ; hôgen porched ann ôr a
oa enn diabarz.

10. Ann ôr war-zû ar sâv-héol é
dôa teir c'hambr enn eunn tû, ha teir
enn tû all ; eûz a eur veñt é oa ann
teir c'hambr, hag eûz a eur veñt ann
tri zalbenn diouc'h ann daou dû.

11. Hag hén a veñtaz léd treûzou
ann ôr, eûz a zég ilinad, hag héd ann
ôr eûz a drizék ilinad :

12. Hag ar gôr dirâg ar c'hamprou
eûz a eunn ilinad ; hag ar véven a bép
tû eûz a eunn ilinad ; hag ar c'hamprou
eûa a c'houéac'h ilinad enn tûmañ
hag enn tû-hoñt.

13. Hag héñ a veñtaz ann ôr adalek
lein eur gampr bété lein ébén, eûz
a bemp ilinad war-n-ugeñt ; dôr ouc'h
dôr.

14. Hag héñ a réaz talbennou eûz
a dri-ugeñt ilinad ; hag oud ann talbennou
porched ann ôr a iéa trôwar-drô.

15. Hag eûz a dâl ann ôr a iéa bété

tâl ar porched eûz ann ôr a ziabarz, hañter-kañt ilinad :

16. Ha prénestrou béskellek er c'hamprou, hag enn hô zalbennou, a ioa é diabarz ann ôr a bép tû, trô-war-drô : béz' éz oa ivé é diabarz porchédou ar prénestrou trô-war-drô, hag é tâl ann talbennou gwéz-palmez livet.

17. Hag héñ a gasaz ac'hanoun d'al leûren a-ziavéaz, ha chétu *éz oa énô* kamprou, hag al leûren a oa pavézet gañt mein trô-war-drô : trégoñt kambr a ioa enn-drô d'ar pavez.

18. Hag ar pavez é talbenn ann ôriou, a ioa izéloc'h, hervez héd ann ôriou.

19. Hag héñ a veñtaz al léd adaleg ann ôr izéla' bété talbenn al leûren a ziabarz dré ann diavéaz, kañt ilinad war-zû ar sâv-héol, ha war-zû ann hañter-nôz.

20. Héñ a veñtaz ivé, enn hé héd hag enn hé léd, ann ôr a zellé oud tû ann hañter-nôz eûz al leûren a-ziavéaz.

21. Hag hé gamprou *a oa* teir enn eunn tû, ha teir enn tû all ; hag hé dalbenn hag hé borched évei meñt ann ôr geñta, eûz a hañter-kañt ilinad a héd, hag eûz a bemp ilinad war-n-ugeñt a léd.

22. Hé brénestrou ; hag hé borched, hag hé gizelladuriou évei meñt ann ôr a zellé oud ar sâv-héol ; seiz daez a ioa da biña hag eur porched dirâk.

23. Ha dôr al leûren a-ziabarz *a ioa* râg-énep da zôr ann hañter-nôz, hag ar sâv-héol ; hag héñ a veñtaz eûz a eunn ôr d'ann ôr *all*, kañt ilinad.

24. Hag héñ a gasaz ac'hanoun war-zû ar c'hrésteiz, ha chétu *é wéliz* eunn ôr a zellé oud ar c'hrésteiz ; hag héñ a veñtaz ann talbenn hag ar porched anézhañ, hervez ar meñtou keñta.

25. Hag hé brénestrou, hag hé borchédou trô-war-drô, évei ar prénestrou all ; eûz a hañter-kañd ilinad a héd, hag eûz a bemb ilinad war-n-ugeñt a léd.

26. Seiz daez a ioa da biña, hag eur porched dirâk ; gwéz-palmez a ioa kizellet oud hé dalbenn, unan enn eunn tû, hag eunn all enn tû all.

27. Ha dôr al leûren a-ziabarz *a ioa* war-zû ar c'hrésteiz ; hag héñ a veñtaz eûz a eunn ôr d'ann ôr *all*, war-zû ar c'hrésteiz, kañt ilinad.

28. Hag héñ a gasaz ac'hanoun el leûren a-ziabarz oud dôr ar c'hrésteiz ; hag héñ a veñtaz ann ôr hervez ar meñtou keñta.

29. Ann hévélep meñtou a géméraz ivé eûz ar gampr, eûz hé zalbenn hag eûz hé forched ; eûz hé frénestrou, hag eûz ar porched trô-war-drô ; hañter-kañt ilinad a héd, ha pemb-ilinad war-n-ugeñt a léd.

30. Hag ar porched trô-war-drô, pemb ilinad war-n-ugeñt a héd, ha pemb ilinad a léd.

31. Ar porched a iéa bétég al leûren a-ziavéaz ; ha gwéz-palmez *a ioa* enn hé dalbenn ; hag eiz daez a ioa évit piña dî.

32. Hag héñ a gasaz ac'hanoun el leûren a-ziabarz war-zû ar sâv-héol ; hag héñ a veñtaz ann ôr hervez ar meñtou keñta.

33. Ann hévélep meñtou a géméraz ivé eûz ar gampr, eûz hé zalbenn, hag eûz hé forched : eûz hé frénestrou, hag eûz ar porched trô-war-drô ; hañter-kañt ilinad a héd, ha pemb ilinad war-n-ugeñt a léd.

34. Hag é borched oud al leûren a-ziavéaz ; hag ar gwéz palmez a ioa kizellet oud hé dalbenn, tû-mañ ha tû-hoñt ; ha dré eiz daez é piñed dî.

35. Hag héñ a gasaz ac'hanoun oud ann ôr a zellé oud ann hañter nôz ; hag héñ a veñtaz anézhi hervez ar meñtou keñta.

36. Hag ar gampr, hag hé zalbenn, hag hé forched, hag hé frénestrou trô-war-drô, eûz a gañt ilinad a héd, ha pemp ilinad a léd.

37. Hag hé borched a zellé oud al leûren a-ziavéaz ; ha gwéz-palmez a ioa kizellet oud hé dalbenn, tû-mañ ha tû-hoñt : ha dré eiz daez é piñed dî.

38. Hag é pép kampr ann teñzor *éz oa* eunn ôr enn talbenn : énô é walc'heñt al loen-losket.

39. Hag é porched ann ôr *éz oa* diou daol enn tû-mañ ha diou daol enn tû all, évit laza war-n-ézhô ann hostivou,

hag évid ar péc'hed, hag évid ar gwall.
40. Hag enn tû a-ziavéaz a biñ
étrézég ann ôr a zell oud ann hañter-
nôz, *éz oa* diou daol; hag enn tû all
dirâk porched ann ôr, diou daol.
41. Péder zaol enn eunn tû, ha
péder zaol enn tû all eûz ann ôr, eiz
taol a ioa, war béré é lazeñt.
42. Ar béder zaol évid al loen-losket
a oa gréat gañt mein pévar-c'hornek,
eûz a eunn ilinad hañter a héd, eûz a
eunn ilinad hañter a léd, hag eûz a
eunn ilinad a uc'hélded; ha war-n-
ézhô é lékéed al listri é péré é lazed
ann hostivou hag ar viktimou.
43. Hag ar goñvor anézhô a oa eûz
a eur raouennad, hag héñ en em eil-
hlégé enn diabarz trô-war-drô; war
ann taoliou é lékéad kig ar c'hennig.
44. Er-méaz eûz ann ôr a-ziabarz
édô kamprou ar ganérien el leûren
a-ziabarz, a ioa é-tâl ann ôr a zellé
oud ann hañter-nôz; hô zâl a oa trôet
war-zû ar c'hrésteiz: unan *a ioa* é-tâl
dôr ar sâv-héol, hag a zellé war-zû
ann hañter-nôz.
45. Hag héñ a lavaraz d'in: Ar
gampr-zé a zô trôet war-zu ar c'hrés-
teiz, a vézô évid ar véléien a vel évid
diwall ann templ.
46. Ar gampr a zô trôet war-zû ann
hañter-nôz, a vézô évid ar véléien a
vel évit servich ann aoter. Ar ré-zé
eo mipien Sadok, péré eûz a vipien
Lévi a dôsta oud ann Aotrou évid hé
zervicha.
47. Hag héñ a veñtaz al leûren, *é
dôa* kañt ilinad a héd, ha kañt ilinad
a léd er pévar c'horn; hag ann aoter
dirâk tâl ann templ.
48. Hag héñ a gasaz ac'hanoun é
porched ann templ; hag héñ a veñtaz
ar porched, *péhini en dôa* pemb ilinad
enn eunn tû, ha pemb ilinad enn tû
all; ha léd ann ôr eûz a drí ilinad
enn eunn tû, hag eûz a drí ilinad enn
tû all.
49. Héd ar porched *a ioa* eûz a
ugeñt ilinad, hag hé léd eûz a unnég
ilinad; ha dré eiz daez é piñed dí.
Peûliou a ioa oud ann talbenn, unan
enn eunn tû, hag unan enn tû all.

XLI. PENNAD.

Meñt kévrennou ann templ.

1. Hag héñ a gasaz ac'hanoun enn
templ, hag a veñtaz ar postou, eûz a
c'houéac'h ilinad a léd enn eunn tû,
hag eûz a c'houéac'h ilinad a léd enn
tû all, *ével* léd ann tabernakl.
2. Ha léd ann ôr a ioa eûz a zég ili-
nad; ha kostésiou ann ôr eûz a bemb
ilinad enn eunn tû, hag eûz a bemb
ilinad enn tû all; hag héñ a veñtaz
ann *templ*, eûz a zaou-ugeñt ilinad a
héd, hag eûz a ugeñt ilinad a léd.
3. Hag héñ a iéaz ébarz, hag a veñ-
taz post ann ôr eûz a zaou ilinad;
hag ann ôr eûz a c'houéac'h ilinad,
ha léd ann ôr eûz a zeiz ilinad.
4. Hag héñ a veñtaz dirâk tâl ann
templ eunn héd a ugeñt ilinad, hag
eul léd a ugeñt ilinad, hag é lavaraz
d'in: Amañ éma sañt ar zeñt.
5. Hag héñ a veñtaz môger ann tí
eûz a c'houéac'h ilinad; ha léd ar
c'hostez eûz a bévar ilinad a bép tû
trô-war-drô d'ann tí.
6. Hôgen al lôgou, lôg ouc'h lôg,
diou wéach teir ha trégoñt: béz' éz
oa skoazellou-plég a zavé enn-drô da
vôger ann tí, évit skôra frammou al
lôgou, héb béza barpet war vôger
ann templ.
7. Béz' éz oa eunn dérez rouñd,
hag a biñé é doaré eur werzid, hag a
iéa, enn eur drei, bétég ar gampr
uc'héla eûz ann templ: râk-sé ann
templ a oa éc'honoc'h ouc'h-kréac'h
égéd ouc'h-traoñ; hag évei-sé é piñed
dré greiz eûz ar penn izéla d'ar penn
uc'hela.
8. Ha mé a wélaz al lôgou a oa é
penn ann tí trô-war-drô; hag hi hô
dôa meñt eur gorsen pé c'houéac'h
ilinad.
9. Ha tévder ar vôger a-ziavéaz a
oa enn-drô d'al lôgou, euz a bemb
ilinad; hag ann tí a-ziabarz a oa é-
kreiz eunn tí *all*.
10. Étré ar c'hamprou-zé hag ann
tí éz oa eunn héd a ugeñt ilinad a bép
tû trô-war-drô.
11. Ha dôr al lôg war-zû léac'h ar

béden ; euun ôr war-zû ann hañter-
nôz, hag eunn ôr war-zû ar c'hrés-
teiz ; ha léd léac'h ar béden, eûz a
bemb ilinad trô-war-drô.
12. Kévren ann ti a oa rannet, ha
trôet war-zû ann heñt a zell oud ar
môr, *a oa* eûz a zég ilinad ha tri-ugeñt
a léd ; ha móger ann ti *a oa* euz a
bemb ilinad a devder trô-war-drô ;
hag hé héd eûz a zég ilinad ha pévar-
ugeñt.
13. Hag héñ a veñtaz ann ti, eûz a
gañt ilinad a héd ; hag ar gévren eûz
ann ti a oa rannet, eûz a gañt ilinad
a héd.
14. Hag al léd diràk tâl ann ti, hag
ann hini a oa rannet é tû ar sâv-héol,
eûz a gañt ilinad.
15. Hag héñ a veñtaz héd ann ti,
dirâg ann hini a oa rannet diouc'h
ann diadré, hag ar poñdalésiou a bép
tû, eûz a gañt ilinad, gañd ann templ
a-ziabarz, ha porchédou al leûren.
16. Ann treûzou, hag ar prénestrou
a-dreûz, hag ar poñdalésiou trô-war-
drô é tri-zû, diràk pép treûzen, hag
hi gôlôet a goat a bép tû ; hôgen ann
douar *a iéa* bétég ar prénestrou, hag
ar prénestrou a oa serret a-ziouc'h
ann ôriou.
17. Ha bétég enn ti a-ziabarz, hag
enn holl vôger trô-war-drô, enn dia-
barz hag enn diavéaz, diouc'h ar
veñt.
18. Ha kérubined ha gwéz palmez
kizellet : eur wézen-balmez étré pép
kérubin ; hag ar gérubined hô dôa
diou zremm :
19. Dremm eunn dén oud eur wé-
zen-balmez enn eunn tû, ha dremm
eul léon oud ar wézen-balmez enn tû
all ; hag évei-sé é oa reizet enn ti holl
trô-war-drô.
20. Adaleg ann douar bété lein ann
ôr, *é wéled* ar gérubined hag ar gwéz-
palmez kizellet war vôger ann templ.
21. Pévar-c'hornek *é oa* ann ôr, ha
tâl ar sañtuar, gwél ouc'h gwél.
22. Ann aoter, péhini a oa a goat,
en dôa tri ilinad a uc'hélded, ha daou
ilinad a héd ; hag hé c'horniou, hag
hé gorré, hag hé c'hostésiou a oa a
goat. Hag héñ a lavaraz d'in : Chétu
ann daol *a dlé béza* dirâg ann Aotrou.
23. Diou zôr a ioa enn templ hag
er sañtuar.
24. Hag enn diou zôr éz oa ivé diou
zôrik a hep tû, péré en em blégé ann
eil war ébén ; ha diou zôrik a ioa a
bép tû d'ann ôr *vrâz*.
25. Ha war zôriou ann templ éz oa
kizellet kérubined ha gwéz-palmez,
ével ma oañt kizellet war ar môgé-
riou : râk-sé éz oa treûstou koat é-tâl
ar porched enn diavéaz.
26. War ar ré-zé éz oa prénestrou
a-dreûz, ha doaréou gwéz-palmez a
bép tû, war beûliou ar porched, war
gostésiou ann ti, ha war ar vôger holl.

XLII. PENNAD.

Meñt kamprou ann teñzor.

1. Hag héñ a gasaz ac'hanoun el
leûren a-ziavéaz, dré ann heñt a gâs
d'ann hañter-nôz ; hag héñ am lékéaz
da voñt é kampr ann teñzor, a ioa
râg-éeun d'ann ti rannet, ha d'ann
hini a oa trôet oud ann hañter-nôz.
2. Ann héd eûz a dâl ann ti-zé ada-
lek dôr ann hañter-nôz *a oa* eûz a
gañt ilinad, hag al léd eûz a hañter-
kañt ilinad.
3. Oud al leûren a-ziabarz eûz a
ugeñt ilinad, hag oud al leûren a-
ziavéaz pavézet gañt mein, é péléac'h
édô ar poñdalez frammet out tri poñ-
dalez *all*.
4. Ha dirâk kamprou ann teñzor
éz oa eur palier eûz a zég ilinad a léd,
a zellé oud ann diabarz war-zû eunn
heñt eûz a eunn ilinad ; hag hô dôriou
a oa oud ann hañter-nôz :
5. Kamprou ann teñzor a oa izé-
loc'h oud kréac'h, ô véza ma oañt
harpet war ar poñdalésiou, péré a
valégé ouc'h traoñ, hag é-kreiz ann ti.
6. Râk tri c'hembot a ioa, ha n'hô
dôa két a beûliou, ével ma oa peûliou
al leûrennou ; râk-sé é valégeñt ouc'h
ann douar hag é-kreiz eûz a hañter-
kañt ilinad.
7. Ar vôger a-ziavéaz eûz a gam-
prou ann teñzor, péré o oa é heñt al

leûren a-ziavéaz dirâg ar c'hamprou, é dôa hañter-kañt ilinad a héd.

8. Râg ann héd eûz a gamprou ann teñzor el leûren a-ziavéaz a ioa eûz a hañter-kañt ilinad, hag hô héd, dirâk tâl ann templ, eûz a gañt ilinad.

9. Ha dindân ar c'hamprou-zé eûz ann teñzor éz oa eunn heñt war-zû ar sâv-héol, évid ar ré a zeûé di eûz al leûren a-ziavéaz.

10. É tevder moger al leûren a oa râg-énep da heñt ar sâv-héol, ouc'h tâl ann ti rannet, éz oa c'hoaz kamprou dirâg ann ti-zé.

11. Eunn heñt a oa ivé dirâg ar rémañ, é-chiz ma oa dirâg ar c'hamprou a oa war-zû ann hañter-nôz; hô héd a oa unvan, hag hô léd ivé; hag ivé hô heñt, hag hô doaré, hag hô dôriou,

12. Ével dôriou ar c'hamprou a oa enn heñt a zellé oud ar c'hrésteiz, ével-sé é oa ivé eunn ôr é penn ann heñt a oa dirâg ar porched rannet, évid ar ré a zeûé eûz ar sâv-héol.

13. Hag héñ a lavaraz d'in: Kamprou ann hañter-nôz, ha kamprou ar c'hrésteiz, péré a zô dirâg ann ti rannet, ar ré-zé a zô kamprou sañtel; enn-hô eo é tebr ar véléien, péré a dôsta oud ann Aotrou er sañtuar: énô eo é lékéoñt ann traou sañtel, hag ar c'hennig évid ar péc'hed hag évid ar gwall; râg al léac'h a zô sañtel.

14. Pa vézô éat ar véléien ébarz, na zeûiñt két er-méaz eûz al léac'h sañtel el leûren a-ziavéaz, kén n'hô dévézô lézet énô ann dilad gañt péré é réoñt hô c'harg, râk sañtel iñt; hag hi a wiskô dilad all, abarz m'az aiñt étouez ar bobl.

15. P'en dôé peûr-veñtet ann ti a-ziabarz, é kasaz ac'hanoun dré ann ôr a zellé oud ar sâv-héol: hag héñ a veñtaz ann héd a bép tû trô-war-drô.

16. Héñ a veñtaz éta tû ar sâv-héol gañd ar gorsen-veñt, pemp kañt korsennad-veñt trô-war-drô.

17. Hag heñ a veñtaz tu ann hañter-nôz, pemp kañt korsennad-veñt trô-war-drô.

18. Hag héñ a veñtaz tû ar c'hrésteiz, pemp kañt korsennad-veñt trô-war-drô.

19. Hag héñ a veñtaz tû ar c'hûs-héol, pemp kañt korsennad-veñt trô-war-drô.

20. Hag héñ a veñtaz ar vôger a bép tû, hervez ar béder avel trô-war-drô, pemp kañt *korsennad* a héd, ha pemp kañt korsennad a léd, étré ar sañtuar ha léac'h ar bobl.

—

XLIII. PENNAD.

Meñt ann aoter.

1. Hag héñ a gasaz ac'hanoun étrézég ann ôr a zellé oud ar sâv-héol.

2. Ha chétu gloar Doué Israel a zeûaz diwar-zû ar sâv-héol; hag hé mouéz a oa ével trouz kalz douréier; hag ann douar a luc'hé gañd hé veûrded.

3. Hag ar wélédigez-zé a oa héñvel oud ann hini am bôé, pa zeûaz évit kolla ar géar: enn hévélep doaré en em ziskouézaz, ével ma em bôa hé wélet é-tâl ster C'hobar: ha mé a gouézaz war va dremm.

4. Ha meûrdez ann Aotrou a iéaz enn templ dré ann ôr a zellé oud ar sâv-héol.

5. Hag ar spéred a zavaz ac'hanoun, hag am c'hasaz d'al leûren a-ziabarz; ha chétu é oa leûn ann ti gañt gloar ann Aotrou.

6. Hag é kleviz anézhañ ô komza ouz-in eûz ann ti; hag ann dén a oa enn hé zâ em c'hichen,

7. A lavaraz d'in: Mâb dén, amañ éma léac'h va zrôn, ha léac'h roudou va zreid, é péléac'h é chouminn ékreiz bugalé Israel da-vikenn; ha ti Israel na zaotrô mui va hanô sañtel, nag hi nag hô rouéed, gañt hô gadélésiou, gañt bésiou hô rouéed, ha gañd al lec'hiou uc'hel.

8. Hi hô deûz gréat hô dôr out va dôr, hag hô fostou out va fostou: eûr vôger a oa étré mé hag hi; hag hi hô deûz saotret va hanô sañtel gañd ann argarzidigésiou hô deûz gréat; râk-sé em eûz hô bévézet em buanégez.

9. Pellaeñt éta brémañ hô gadélez, ha bésiou hô rouéed, ha mé a choumô bépréd enn hô c'hreiz.

10. Hôgen té, màb dén, diskouéz ann templ da dl Israel, ra véziñt mézékéet gañd hô fallagriézou, ha ra veñtiñt bé ôbéridigez;

11. Ha ra zeûiñt da rusia eûz a géméñt hô deûz gréat. Diskouéz d'ezhô doaré ann tl, hé beñchou da voñd ébarz ha da voñd er-méaz, hag hé holl zisrével, hag hé holl gélennou, hag hé holl reiz, hag hé holl lézennou; ha skriv anézhô enn hô daoulagad: évit ma viriñt hé holl zisrével hag hé gélennou, ha ma hô sévéniñt.

12. Hou-mañ eo lézen ann tl *a dléeur da zével* war lein ar ménez: hé holl héd trô-war-drô a zô sañtelbrâz: hou-mañ eo éta lézen ann tl.

13 Hôgen chétu amañ meñt ann aoter diouc'h ar gwir ilinad, péhini en dôa eunn ilinad hag eur raouennad. Hé dounder a oa eûz a eunn ilinad, hag hé léd eûz a eunn ilinad; hag hé c'hleûz bétég hé goñvor, ha trô-wardrô, a oa eûz a eur raouennad; évelsé é oa añt ann aoter.

14. Hag eûz a leûr ann douar bétég ar goñvor divéza, daou ilinad, war eul léd eûz a eunn ilinad: hag eûz ar goñvor divéza bétég ar goñvor keñta, pévar ilinad, war eul léd eûz a eunn ilinad.

15. Hôgen Ariel en dôa pévar ilinad; hag eûz a Ariel bétég ar penn uc'héla *éz* oa pévar c'horn.

16. Ariel en dôa daouzég ilinad a héd, ha daouzég ilinad a léd; hagével-sé é oa pévar-c'hornek, hag unvan hé gorniou.

17. Hé goñvor a oa eûz a bévarzég ilinad a héd, hag eûz a bévarzég ilinad a léd enn hé févar c'horn; hag hé c'hurunnen trô-war-drô eûz a eunn hañter-ilinad, hag hé dounder eûz a eunn ilinad trô-war-drô: hôgen hé dérésiou a oa trôet war-zû ar sâvhéol.

18. Hag héñ a lavaraz d'in: Mâb dén, ével-henn é lavar ann Aotrou Doué: Chétu amañ lidou ann aoter, é pé zeiz-bennâg é vézô gréat; ma vézô kenniget war-n-ézhañ al loenlosk, ha ma vézô skuljet ar goad.

19. Ha té *hô* rôi d'ar véléien ha d'al Léviled, péré a zô eûz a wenn Sadok, péré a dôsta ouz-in, émé ann Aotrou Doué, évit ma kennigiñt d'in eul leûé eûz ann tropel évid ar péc'hed.

20. Hag ô kéméroat goad, é likii anézhañ war bévar c'horn *ann aoter*, ha war bévar c'hoñ ar goñvor, ha war ar gurunnen trô-war-drô; hag é glani anézhi, hag é sañtéli anézhi.

21. Ha té a gémérô al leûé a vézô bét kenniget évid ar péc'hed: hag é tévi anézhañ enn eul léac'h distrô eûz ann tl, er méaz eûz ar sañtuar.

22. Hag ann eil zervez é kennigi eur bouc'h iaouañk dinam évid ar péc'hed; bag hi a c'hlanô ann aoter, ével ma hô deûz hé glanet gañd al leûé.

23. Ha p'az pézô hé peûr-c'hlanet, é kennigi eul leûé dinam eûz ann tropel, hag eunn tourz dinam eûz ann tropel.

24. Ha té hô c'hennigô dirâg ann Aotrou; hag ar véléien a skuljô c'hoalen war-n-ézhô, hag hô c'hennigô é sakrifiz-losk d'ann Aotrou.

25. A-héd seiz dervez é kennigi bemdez eur bouc'h évid ar péc'hed; hag é vézô kenniget ivé eul leûé hag eunn tourz eûz ann tropel, hag hi dinam.

26. A-héd seiz dervez é sañtéliñt ann aoter, hag é c'hlaniñt anézhi; hag hi hé leûniô.

27. Ha pa vézô tréménet ann deisiou-zé, enn eizved devez ha goudézé, ar véléien a gennigô war ann aoter hô loéned-losk hag ar ré a gennigoñt évid ar péoc'h: ha mé a vézô en em unvanet gan-é-hoc'h, émé ann Aotrou Doué.

XLIV. PENNAD.

Gwenn Sadok startéet er vélégiez.

1. Hag héñ a lékéaz ac'hanoun da zistrei étrézég ann beñt eûz a zôr ar sañtuar a-ziavéaz, a zellé oud ar sâvhéol, hag a oa serret.

2. Hag ann Aotrou a lavaraz d'in: Ann ôr-zé a vézô serret; na vézô két

digorel, ha na drémênô déu dré-z-hi; ô véza ma eo éat ébarz ann Aotrou Doué Israel dré-z-hi, hag é vézô serret

3. Évid ar priñs. Ar priñs hé-unan a azézô enn-hi, évit dibri bara diràg ann Aotrou; dré heñd dôr ar porched éa ai ébarz ha dré ann hévéleb heñt éz ai er-méaz.

4. Hag héñ a gasaz ac'hanoun dré heñd dôr ann hañter-nôz diràg ann tí; hag é selliz, ha chétu gloar ann Aotrou a leûniaz tí ann Aotrou; ha mé a gouézaz war da dremm.

5. Hag ann Aotrou a lavaraz d'in: Mâb dén, laka enn da galoun, ha gwél gañd da zaoulagad, ha sélaou gañd da ziskouarn kémeñd a livirinn d'id diwar-benn ann holl lidou eûz a dí ann Aotrou, ha diwar-benn hé holl lézennou; ha laka enn da galoun heñchon ann templ, hag ann holl heñchou da voñd er-méaz eûz ar sañtuar.

6. Hag é liviri da dí Israel péhini a heskin ac'hanoun,ével-henn é lavar ann Aotrou Doué: Ra vézô a-walc'h hô kwallou d'é-hoc'h, tí Israel;

7. Béza digaset em sañtuar mipien diavéeidi, dienwad a galoun, ha dienwad a gík, péré a zaotr va zí: béza kenniget va baraou, al lard hag ar goad; béza torret va c'hévrédigez gañd hoc'h holl wallou.

8. N'hoc'h eûz két miret kélennou va zañtuar: lékéat hoc'h eûz évit mirout kélennou va zañtuar diwallérien diouc'h hô ménoz hoc'h-unan.

9. Ével-henn é lavar ann Aotrou Doué: Kémeñd diavésiad dienwad a galoun, ha dienwad a gík n'az ai két em sañtuar, na kémeñt mab diavésiad a zô é-touez bugalé Israel.

10. Al lévited hô-unan, péré a zô en em dennet pell diouz-in *évid heûlia* fazi bugalé Israel, hag a zô bét faziet diouz-in *ô voñt* war-lerc'h hô idolou, hag hô deûz douget hô fallagriez;

11. Ar ré-zé a vézô da deñzoridi em sañtuar, da borsiérien oud dôriou va zí, ha da zervichérien em zí; hí a lazô al loéned da leski, ha viktimou ar bobl; hag hí en em zalc'hô enn hô zâ dira-z-hô, évid hô zervicha;

12. O véza ma hô deûz hô zervichet diràg hô idolou, ha ma iñt deûet da wall-skouér da dí Israel, ha *da abek* d'hé fallagriez; râk-sé em eûz savet va dourn war-n-ézhô, émé ann Aotrou Doué, hag é tougiñt hô fallagriez:

13. Ha na dôstaiñt két ouz-in évid ôber ar garg a vélek dira-z-oun, ha na dôstaiñt két oud hini eûz ann traou sañtel a zô tôst da zañt ar zeñt; hôgen hí a zougô hô mézégez, hag ar gwallou hô deûz gréat.

14. Ha mé hô lakai da borsiérien ann tí, ha da zervichérien enn-hañ, évit kémeñt a vézô da ôber.

15. Hôgen ar véléien hag al lévited mipien Sadok, péré hô deûz miret lidou va zañtuar, pa belléé bugalé Israel diouz-in, ar ré-zé a dôstai ouz-in évit va zervicha; hag hí a choumô enn hô zâ dira-z-oun évit kenniga d'in al lard hag ar goad, émé ann Aotrou Doué.

16. Hí a iélô ébarz va zañtuar, hag hí a dôstai out va zaol évit servicha ac'hanoun, hag évit mirout va lidou.

17. Ha p'az aiñt ébarz dôriou al leuren a-ziabarz, é véziñt gwisket gañt dilad lín; ha n'hô dévézô nétrâ a c'hloan war-n-ézhô, pa raiñt hô zervich oud dôriou al leûren a-ziabarz, hag enn diabarz.

18. Talédouigou lín hô dévézô war hô fennou, ha lavrégou lín enn-drô d'hô digroazel; ha n'en em c'houriziñt két é doaré da c'houézi.

19. P'az aiñt er-méaz el leûren a-ziavéaz é-touez ar bobl, é tiwiskiñt ann dilad hô dôa évid ôber hô c'harg, hag é likiiñt anézhô é kampr ar sañtuar, hag é wiskiñt dilad all; ha na zañtéliñt két ar bobl gañd hô zaéou.

20. Na douziñt két hô fennou, ha na léziñt két hô bléô da greski; hôgen hô zrouc'ha hag hô c'hrenna a raiñt.

21. Bélek é-béd na évô gwin, pa dléô moñd ébarz al leûren a-ziabarz.

22. Na ziméziñt két gañd eunn iñtañvez, na gañd eur c'hrég dilézet, hôgen gañt plac'hed-iaouañk eûz a wenn tí Israel. Koulskoudé é helliñt ivé kéméroud da c'hrég eunn iñtañvez, a vézô iñtañvez diwar eur bélek.

23. Deski a raiñt d'am pobl pétrâ a zô sañtel hag ar péz a zô saotr, dis-

konéza a raiñt d'ézhô pétrâ a zô glân hag ar péz a zô dic'hlan.

24. Ha pa vézô striv, hi a zavô em barnédigézou hag a varnô; va lézennou ha va c'hélennou a viriñt em holl lidou, hag é sañtéliñt va deisiou sabbat.

25. N'az aiñt két él léac'h ma vézô eunn dén marô, gañd aoun na veñt saotret, néméd ma vé hô zâd pé hô mamm, hô mâb pé hô merc'h, hô breûr pé hô c'hoar, ma n'é deûz két bét eunn eil ozac'h; saotret é vé gañt-hô.

26. Ha goudé ma vézô bét glanet, é vézô nivéret d'ézhañ seiz dervez.

27. Hag enn deiz m'az ai ébarz ar sañtuar el leûren a-ziabarz, évit va zervicha er sañtuar, é rai eur c'hennig évid hé béc'hed, émé ann Aotrou Doué.

28. N'hô dévézô két a zigwéz, mé eo hô digwéz; na rôet két a berc'henniez d'ézhô enn Israel, râk mé eo hô ferc'henniez.

29. Hi a zébrô ar viktim *a vézô kenniget* évid ar péc'hed hag évid ar gwall: ha kémeñd a vézô gwéstlet enn Israel a vézô d'ézhô.

30. Préveûdi ar ré-geñta-ganet, hag ar c'heñta-frouez eûz a géméñt a vézô kenniget, a vézô d'ar véléien; rei a réot ivé d'ar bélek ar préveûdi eûz hô poéd, évid ma skulô ar vennoz war hô ti.

31. Ar véléien na zebriñt nag eûz a evn nag eûz a loen marô anézhô hô-unan, pé paket gañd eul loen all.

—

XLV. PENNAD.

Lôd ar Priñs.

1. Pa zeûôt da ranna ann douar gañd ar sort, rannit ar bréveûdi évid ann Aotrou, eul lôd sañtélet eûz ann douar, eûz a bemp mil *ilinad* war-n-ugeñt a héd, hag eûz a zék mil a léd; sañtélet é vézô enn hé holl héd trô-war-drô.

2. Eûz ann héd-zé é vézô évid al léac'h sañtel, eul léac'h pévar-c'hornek eûz a bemp kañt *ilinad* a bép tû trô-war-drô: hag hañter-kañt ilinad trô-war-drô évid hé fabourslou.

3. Ha gañd ar veñt-zé é veñti eunn héd eûz a bemp mil war-n-ugeñt, hag eul léd eûz a zek mil, hag énô é vézô ann templ, ha sañt ar zeñt.

4. Al lôden sañtélet eûz ann douar a vézô évid ar véléien péré a râ servich ar sañtuar, ha péré a dôsta évit servicha ann Aotrou; hag al léac'h-zé a vézô da diez d'ézhô, ha d'ar sañtuar sañtel.

5. Pemp mil war-n-ugeñt a héd, ha dék mil a léd a vézô ivé évid al Lévited, péré a râ servich ann tí; hi hô dévézô ugeñt kampr.

6. Rei a réot ivé é kers d'ar géar pemp mil a léd, ha pemp mil war-n-ugeñt a héd, hervez rann ar sañtuar, évid holl dí Israel.

7. D'ar priñs é vézô enn tû-mañ, hag enn tû-boñt é rann ar sañtuar, hag é lôden ar géar, râg-énep da rann ar sañtuar ha râg-énep da lôden ar géar, adaleg eur môr bétég ar môr *all,* adaleg eunn tû eûz ar sâv-héol bétég ann tû *all;* hag ann héd a vézô kévatal da bép-hini eûz al lôdennou all, adaleg harzou ar c'hûs-héol, bétég harzou ar sâv-héol.

8. Hé gers en dévézô eûz a zouar Israel; hag ar briñsed na breiziñt mui va fobl; hôgen rei a raiñt ann douar da dí Israel hervez hô breûriézou.

9.Ével-henn é lavar ann Aotrou Doué: Bézet a-walc'h d'é-hoc'h priñsed Israel; éhanit hô fallagriez hag hô preizérez, grît barnédigez hag éeunder; rannit hô touarou diouc'h ré va fobl, émé ann Aotrou Doué.

10. Bézet reiz d'é-hoc'h ar valañs, ha reiz ann éfi, ha reiz ar batus.

11. Ann éfi hag ar batus a vézô kévatal, hag eûz a eunn hévélep meñt: évit ma talc'hô ar batus ann dékved lôden eûz a eur c'horus, hag ann éfi ann dékved lôden eûz a eur c'horus: hô poéz a vézô kévatal hervez meñt ar c'horus.

12. Ar sikl en deûz ugeñt obolen; ugeñt sikl, ha pemp sikl war-n-ugeñt, ha pemzék sikl a râ ar min.

13. Ha chétu ar préveûdiou a gennigot : ar c'houec'hved lôden eûz a eunn éñ war eur c'horus gwiniz, hag ar c'houec'hved lôden eûz a eunn éñ war eur c'horus heiz.

14. É-kéñver meñt ann éôl, eur batus éôl eo ann dékved lôden eûz a eur c'horus, ha dék batus a râ eur c'horus, râk dék batus garg leûn eur c'horus.

15. Eunn tourz eûz a eunn tropel a zaou c'hañt *a gennigot*, eûz ar ré a vâg Israel évid ar sakrifisou, hag al loéned-losk, hag ar c'hennigou a béoc'h, évid hô diskarga, émé ann Aotrou Doué.

16. Holl bobl ar vrô a vézô dalc'het da rei ar préveûdiou-zé d'ar priñs enn Israel.

17. War *garg* ar priñs é vézô al loéned-losk, hag ar sakrifisou, hag ar boéd-kennig el lídou, hag enn deisiou keñta eûz ar miz, hag enn deisiou sabbat, hag é holl wéliou ti Israel ; héñ a gennigô évid ar péc'hed ar sakrifiz, hag al loen-losk hag ar viktimou a béoc'h, évid diskarga ti Israel.

18. Evel henn é lavar ann Aotrou Doué : Er miz keñta, er c'heñta *deiz* eûz ar miz, é kéméri eul leûé eûz ann tropel hag héñ dinam, hag é puri ar sañtuar.

19 Hag ar béleg a gémérô eûz ar goad a vézô *kenniget* évid ar péc'hed, hag héñ a lakai war bostou ann ti, war bévar c'horn rizen ann aoter, ha war bostou ann ôr eûz al leûren a-ziabarz.

20. Evel-sé é ri ivé er seizved *deiz* eûz ar miz, évit kémeñd hini en deûz péc'het dré ziwiziégez, hag a zô bét touellet gañd eur fazi ; hag é puri ann ti.

21. Er miz keñta, er pévarzékved deiz eûz ar miz, é vézô évid-hoc'h lid ar Pask ; bara dic'hoell a vézô debret a-hed seiz dervez.

22. Hag ar priñs a gennigô enn deiz-zé évit-hañ, hag évid ann holl bobl eûz ar vrô, eul leûé évid ar péc'hed.

23. Hag a-héd lid ar seiz dervez é kennigô d'ann Aotrou é sakrifiz-losk, seiz leûé ha seiz tourz dinam, bemdez a-héd ar seiz dervez ; ha bemdez eur bouc'h gevr évid ar péc'hed.

24. Hag héñ a gennigô eunn éñ dré bép leûé, hag eunn éñ dré bép tourz ; hag eunn hin éôl dré béb éñ.

25. Er seizved miz, er pemzékved deiz eûz ar miz, é rai el lid-zé a-héd seiz dervez, ével ma eo bét lavaret kéñtoc'h, kouls évid ar péc'hed, pé évid ar sakrifiz losk, pé évid ar boéd-bennig, pé évid ann éôl.

XLVI. PENNAD.

Lézennou é-keñver ar sakrifisou.

1. Evel-henn é lavar ann Aotrou Doué : Dôr leûren a-ziabarz a zell oud ar sâv-héol a vézô serret a-héd ar seiz dervez é péré é laboureur ; hôgen é deiz ar sabbat é vézô digoret, hag er c'heñta deiz eûz ar miz é vézô digoret *ivé*.

2. Hag ar priñs a iélô ébarz dré heñt ar porched eûz ann ôr a-ziavéaz, hag é choumô enn hé zâ war dreûzou ann ôr ; hag ar véléien a gennigô évit-hañ ar sakrifiz-losk hag ar viktimou a béoc'h ; hag héñ a azeûlô war dreûzou ann ôr, hag a iélô er-méaz ; hag ann ôr na vézô két serret bétég ar pardaez.

3 Ha pobl ar vrô a azeûlô ivé oud ann ôr-zé é deisiou ar sabbat hag enn deisiou keñta eûz ar miz, dirâg ann Aotrou.

4. Hôgen ar priñs a gennigô d'ann Aotrou ar sakrifiz-losk-zé, é deiz ar sabbat c'houéac'h oan dinam hag eunn tourz dinam ;

5. Ha kennig eunn éñ évid ann tourz ; ar pez a gennigô hé zourn évid ann ein, hag eunn hin éôl évit péb éñ.

6. Hag enn deiz keñta eûz ar miz eul leûé eûz ann tropel hag héñ dinam, ha c'houéac'h oan, ha *c'houéac'h* tourz, a vézô ivé dinam.

7. Hag héñ a rôi é kennig eunn éñ évid al leûé, hag eunn éñ évid ann tourz ; hag évid ann ein ar péz a gavô hé zourn ; hag eunn hin éôl évit péb éñ.

8. P'az ai ar priñs ébarz, éz ai dré
heñt porched ann ôr, ha dré ann hé-
véleb heñt éz ai er-méaz.

9. Ha p'az ai pobl ar vrô dirâg ann
Aotrou enn deisiou lid, ann hini a
vézô éat ébarz dré zôr ann hañter-
nôz évid azeûli, a iélô er-méaz dré
zôr ar c'hrésteiz; hag ann hini a vézô
éat ébarz dré zôr ar c'hrésteiz, a iélô
er-méaz dré zôr ann hañter-nôz; na
zistrôi két dré heñt ann ôr dré péhini
é vézô éat ébarz; hôgen moñd a rai
er-méaz dré ann hini a zô énep d'ézhi.

10. Hôgen ar priñs ô véza enn hô
zouez, a iélô ébarz gañd ar ré a iélô
ébarz, hag a iélô er-méaz gañd ar ré
a iélô er-méaz.

11. Enn deisiou marc'had hag er
gouéliou-brâz, é vézô kenniget eunn
éfi évid eul leûé, hag eunn éfi évid
eunn tourz; hag évid ann ein ar péz
a vézô kavet dindân ann dourn; hag
eunn hin éôl évit péb éfi.

12. Hôgen pa gennigô ar priñs a-
ioul d'ann Aotrou eur sakrifiz-losk,
pé eur sakrifiz a béoc'h, é vézô digo-
ret d'ézhañ ann ôr a zell oud ar sâv-
héol; hag héñ a gennigô hé sakrifiz-
losk hag hé sakrifiz a béoc'h, ével ma
eo boazet da ôber é deiz ar sabbat;
hag héñ a iélô er-méaz; hag é vézô
serret ann ôr goudé ma vézô éat er-
méaz.

13. Hag héñ a gennigô bemdez é
sakrifiz-losk d'ann Aotrou eunn oan
bloaz, hag héñ dinam; ha diouc'h ar
miñtin her c'hennigô bépréd.

14. Hag héñ a gennigô péb miñtin
é sakrifiz évid ann oan-zé ar c'houec'h-
ved lôden eûz a eunn éfi, hag ann
drédé lôden eûz a eunn hin éôl, évid
hé meski gañd ar bleûd: eur sakrifiz
eo a dlé béza kenniget d'ann Aotrou
hervez al lézen, bemdez ha da-vikenn.

15. Kenniga a rai éta ann oan, hag
ar sakrifiz, hag ann éôl péb miñtin;
hag ar sakrifiz-zé a vézô peûr-badûz.

16. Ével-henn é lavar ann Aotrou
Doué: Ma râ ar priñs eur rô bennâg
da unan eûz hé vipien, ar rô-zé a vézô
da zigwéz d'ézhañ ha d'hé vipien, péré
hô dévézô anézhañ é kers dré zigwéz.

17. Hôgen mar gra eul legad eûz
hé vadou da unan eûz hé zervichérien,
é vézô d'ézhañ bété bloaz ann distol;
ha neûzé é tistrôi d'ar priñs, hag hé
zigwez a zeûi d'hé vipien.

18. Hag ar priñs na gémérô nétrâ
eûz a zigwéz ar bobl dré rédi, nag eûz
hé vadou; hôgen eûz hé vadou hé-
unan é rôi eunn digwéz d'hé vipien;
évit na vézô két kaset kuit va fobl
pép-hini er-méaz eûz hé vadou.

19. Hag héñ a lékéaz ac'hanoun da
voñd ébarz dré eunn heñt a oa a gos-
tez ann ôr, é kamprou ar sañtuar, ma
édô ar véléien, hag a zellé oud ann
hañter-nôz; hag énô éz oa eul léac'h
trôet war-zû ar c'hûs-héol.

20. Hag héñ a lavaraz d'in: Hé-
mañ eo al léach é péhini é poaz ar
véléien *ar péz* a zô *kenniget* évid ar
péc'hed, hag évid ar gwall, é péhini é
poazoñt ar boéd-kennig, évit n'hen
dougiñt két el leûren a-ziavéaz, ha
na vézô két sañtélet ar bobl gañt-hañ.

21. Hag héñ a gasaz ac'hanoun er-
méaz el leûren a-zi véaz, hag a réaz
d'in moñt é pévar c'horn al leûren;
ha chétu éz oa eul leûrennik é pép
korn al leûren.

22. Hôgen ar béder leûrennik-zé
savet é pévar c'horn al leûren, hô dôa
daou-ugeñt ilinad a héd, ha trégoñt a
léd; hag eûz a eur veñt é oañt hô
féder.

23. Hag eur vôger a ioa enn-drô
da bép-hini eûz ar béder leûrennik-
zé; hag ar c'héginou a oa gréat din-
dân ar poñdalésiou trô-war-drô.

24. Hag héñ a lavaraz d'in: Amañ
éma tl ar c'héginou, é péhini servi-
chérien tl ann Aotrou a lakai da boaza
viktimou ar bobl.

XLVII. PENNAD.

Harzou douar Israel.

1. Hag héñ a lékéaz ac'hanoun da
zistrei oud dôr ann tl; ha chétu dour
a zeûé er-méaz eûz a zindân treûzou
ann ôr war-zû ar sâv-héol: râk tal
ann tl a zellé oud ar sâv-héol; hôgen
ann douréier a ziskenné eûz ann tû

déou eûz ann templ, étrézég ar c'hrésteiz eûz ann aoter.
2. Hag hén a gasaz ac'hanoun dré hent dôr ann hañter-nôz, hag a lékéaz ac'hanoun da drei dré ann hent a-ziavéaz eûz ann ôr, dré ann hent a zellé oud ar sâv-héol ; ha chétu é tarzé ann douréier eûz ann tû déou.
3. Hag ann dén a zeûé eûz ar sâv-héôl, en dôa enn hé zourn eur gordennik, hag a veñtaz *eunn héd* a vil ilinad ; hag hén a gasaz ac'hanoun adreûz d'ann dour bétég ann ufern.
4. Hag hén a veñtaz c'hoaz *eunn héd* a vil *ilinad*, hag a gasaz ac'hanoun adreûz d'ann dour bétég ann daoulin.
5. Hag hén a veñtaz *c'hoaz eunn héd* a vil *ilinad*, hag a gasaz ac'hanoun a dreûz d'ann dour bétég ann digroazel. Hag hén a veñtaz c'hoaz *eunn héd* a vil ilinad, ha *chétu* eur froud, ha na helliz két da dreûzi, ô véza ma oa c'houézet ann douréier, ha ma oa kresket ar froud, ha na hellet két hé zreûzi.
6. Hag hén a lavaraz d'in : Gwélet mâd éc'h eûz, mâd dén. Hag hén a dennaz ac'hanoun hag am c'hasaz da ribl ar froud.
7. Ha pa oenn distrôet, é wéliz eul lôd brâz a wéz war ribl ar froud a bép tû.
8. Hag hén a lavaraz d'in : Ann douréier-zé péré a zeû er-méaz war vernion tréaz étrézég ar sâv-héol, hag a ziskenn é kompézen ann distrô, a iélô ébarz ar môr, hag a zeûiô er-méaz, hag ann douréier a vézô iac'héet.
9. Ha kémeñt loen béô a stlej, a vévô, é pé léac'h-bennâg ma teûi ar froud ; hag eul lôd brâz a bésked a vézô gouré ma vézô deûet énô ann douréier-zé, ha kémeñd hini étrézé péhini é teûi ar froud, a vézô iac'héet hag a vévô.
10. Ar béskétérien en em zalc'hô war-n-ézhô ; adaleg Engaddi bétég Engallim é vézô lékéat rouéjou da zec'ha : meûr a zeurd pésked a vézô, ével pésked ar môr brâz, hag eul lôd brâz *a vézô anézhô*.
11. Hôgen war hé aod hag el lagennou na vézô két iac'héet *ann douréier*, râk da c'hoalen é véziñt rôet.
12. Ha war aotou ar froud a bép tû é savô a bép seurd gwéz frouézek. Na gouézô két hô déliou, ha na zioueriñt két a frouez ; bép miz é tougiñt frouez névez, ô véza ma teû hé douréier eûz ar sañtuar ; hag hé frouez da voéd, hag hé déliou da louzou.
13. Ével-henn é lavar ann Aotrou Doué : Amañ éma ann harzou hervez péré é rannot ann douar étré ann daouzék breûriez eûz a Israel ; râk Jozef en deûz diou lôden.
14. Hôgen c'houi a biaouô anézhañ enn eunn doaré kévatal, kémeñd ann eil hag égilé ; *ann douar-zé* em eûz touet hé rôjenn d'hô tadou ; hag ann douar-zé a gouézô d'é-hoc'h é digwéz.
15. Hôgen chétu aman harzou ann douar : war-zû ann hañter-nôz, adaleg ar môr brâz, ô toñd dré Hétalon da Zédada,
16. Da Emat, da Vérota, da Zabarim, péhini a zô étré harzou Damas hag harzou Émat, da di Tic'hon, péhini a zô war harzou Auran.
17. Hé harzou a vézô adaleg ar môr bété leûren Énon, harzou Damas, hag eûz *a eunn tû eûz* ann hañter-nôz bétég ann *tû all eûz ann* hañter-nôz ; harzou Émat tû ann hañter-nôz.
18. Ha tû ar sâv-héol, eûz a greiz Auran, hag eûz a greiz Damas, hag eûz a greiz Galaad, hag eûz a greiz Douar Israel ; hag ar Jordan a vézô da harzou war-zû môr ar sâv-héol ; meñta a réot ivé tû ar sâv-héol.
19. Ha tû ar c'hrésteiz, eûz a Damar bété douréier ann Enébiez é Kadez ; hag eûz ar froud bétég ar môr brâz ; hag bé-mañ eo tû ar c'hrésteiz.
20. Ha tû ar môr, ar môr brâz, adaleg eur penn râg-eunn, bété ma teûeur da Émat ; hé-mañ eo tû ar môr.
21. Ha c'houi a rannô ann douar-zé étré-z-hoc'h, hervez breûriézou Israel :
22. Ha c'houi hé gémérô da zigwéz d'é-hoc'h, ha d'ann diavésidi a zeûi enn hô touez, hag hô dévézô ganet bugalé enn hô kreiz ; hag hi a vézô évid-hoc'h ével pa veñt ganet er vrô é-touez bugalé Israel ; hô lôd hô dé-

vézô gan-é-boc'h eûz ann douar é-kreiz breûriézou Israel.

23. E pé breûriez-bennâg é vézô eunn diavésiad, énô é rôod d'ézhañ hé lôd, émé ann Aotrou Doué.

XLVIII. PENNAD.

Rann douar Israel étré ann daouzék breúriez.

1. Ha chétu amañ hanvou ar breûriézou adaleg harzou ann hañter-nôz a héd heñt Hétalon p'az éeur da Émat, leûren Énan, harzou Damas bétég ann hañter-nôz a-héd heñt Émat: ha tû ar sâv-héol hag ar môr a vézô hé harzou, *rann* Dan.

2. Ha war harzou Dan, eûz a dû ar sâv-héol bété tû ar môr, *rann* Aser.

3. Ha war harzou Aser, eûz a dû ar sâv-héol bété tû ar môr, *rann* Néftali.

4. Ha war harzou Neftali, eûz a dû ar sâv-héol bété tû ar môr, *rann* Manassez.

5. Ha war harzou Manassez, eûz a dû ar sâv-héol bété tû ar môr, *rann* Éfraim.

6. Ha war harzou Éfraim, eûz a dû ar sâv-héol bété tû ar môr, *rann* Ruben.

7. Ha war harzou Ruben, eûz a dû ar sâv-héol bété tû ar môr, *rann* Juda.

8. Ha war harzou Juda, eûz a dû ar sâv-héol bété tû ar môr, é vézô ar préveûdiou a rannot, eûz a bemp mil *korsennad* war-n-ugeñt a léd hag a héd, hervez al lôdennou all, eûz a dû ar sâv-héol bété tû ar môr; hag ar sañtuar a vézô enn-hô c'hreiz.

9. Ar préveûdiou a rannot évid ann Aotrou, *a vézô* eûz a bemp mil war-n-ugeñt a héd, hag eûz a zék mil a léd.

10. Hôgen ar ré-zé a vézô préveûdiou sañtuar ar véléien; eûz a bemp mil war-n-ugeñt a héd war-zû ann hañter-nôz, hag eûz a zék mil a léd war-zû ar môr, ha dék mil a léd war-zû ar sâv-héol, ha pemp mil war-n-ugeñt a héd war-zû ar c'hrésteiz: ha sañtuar ann Aotrou a vézô enn hô c'hreiz.

11. Ar sañtuar a vézô évid ar véléien eûz a vipien Sadok, péré hô deûz miret va lidou, ha n'hô deûz két faziet pa hô deûz faziet bugalé Israel, ével ma hô deûz faziet al Lévited hô-unan.

12. Hag hi hô dévézô da bréveûdiou, é kreiz préveûdiou ann douar, Sañt ar zeñt, é-tâl harzou al Lévited.

13. Al Lévited hô dévézô ivé é-tâl harzou ar véléien pemp mil war-n-ugeñt a héd, ha dék mil a léd. Ann holl héd *a vézô* eûz a bemp mil war-n-ugeñt, hag al léd eûz a zek mil.

14. Ha na werziñt *nétrâ* anézhô, na gemmiñt ha na zizougiñt két préveûdiou ann douar, ô véza ma iñt gwéstlet d'ann Aotrou.

15. Ar pemp mil a choum war ar pemp mil war-n-ugeñt a léd a vézô dizañtel, ha *dileûret* évit tiez kéar hag hé faboursiou: hag ar géar a vézô é kreiz.

16. Ha chétu amañ hé meñt: war-zû ann hañtez-nôz, pemp kañt ha pévar mil; war-zû ar c'hrésteiz, pemp kañt ha pévar mil; war-zû ar sâv-héol, pemp kañt ha pévar mil; war zû ar c'hûs-héol, pemp kañt ha pévar mil.

17. Faboursiou kéar hô dévézô war-zû ann hañter-nôz, daou c'hañt hag hañter-kañt; war-zû ar c'hrésteiz, daou c'hañt hag hañter-kañt; war-zû ar sâv-héol, daou c'hañt hag hañter-kañt; war-zû ar môr, daou c'hañt hag hañter-kañt.

18. Hôgen ar pêz a choumô war ann héd é-tâl préveûdiou ar sañtuar, dék mil war-zû ar sâv-héol, ha dék mil war-zû ar c'hûs-héol, a vézô ével préveûdiou ar sañtuar; hag hé frouez a vézô da voéd évid ar ré a zervichô kéar.

19. Hôgen ar ré a zervichô kéar, a vézô eûz a holl vreûriézou Israel.

20. Ann holl bréveûdiou péré a vézô eûz a bemp mil war-n-ugeñt war bemp mil war-n-ugeñt é pévar-c'horn, a vézô rannet é préveûdiou ar sañtuar, hag é kers kéar.

21. Hôgen ar pêz a choumô a vézô évid ar priñs, a bep tû da bréveûdiou

ar sañtuar ha da lôden géar, adalek pemp mil war-n-ugeñt eûz ar bréveûdiou, bétég harzou ar sâv-héol; hag ivé war-zû ar môr adalek pemp mil war-n-ugeñt; bétég harzou ar môr, é vézô c'hoaz é lôden ar priñs; ha préveûdiou ar sañtuar, ha sañtuar ann templ a vézô enn hé greiz.

22. Hôgen eûz a lôden al Lévited, hag eûz a lôden kéar é vézô d'ar priñs ar péz a vézô étré harzou Juda, hag étré harzou Beñjamin.

23. Hag é-kéñver ar breûriézou all: eûz a dû ar sâv-héol bété tû ar c'hûs-héol, rann Beñjamin.

24. Ha war harzou Beñjamin, eûz a dû ar sâv-héol bété tû ar c'hûs-héol, *rann* Siméon.

25. Ha war harzou Siméon, eûz a dû ar sâv-héol bété tû ar c'hûs héol, *rann* Issakar.

26. Ha war harzou Issakar, eûz a dû ar sâv-héol bété tû ar c'hûs héol, *rann* Zabulon.

27. Ha war harzou Zabulon, eûz a dû ar sâv-héol bété tû ar môr, *rann* Gad.

28. Ha war harzou Gad, é tû ar c'hrésteiz, hé harzou a vézô eûz a Damar bété douréier ann Eñébiez é Kadez, ann digwéz oud ar môr brâz.

29. Hen-nez eo ann douar a rannot diouc'h ar sort étré breûriézou Israel; ha chétu hô rannou, émé ann Aotrou Doué.

30. Ha chétu ann beñchou da vont er-méaz eûz a géar. Eûz a dû ann hañter-nôz, é veñti pemp kañt ha pévar mil.

31. Ha persier kéar a gémérô hô hanvou eûz a vreûriézou Israel. Tri fors oud ann hañter-nôz; pors Ruben, pors Juda, ha pors Lévi.

32. Ha war-zû ar sâv-héol, pemp kañt ha pévar mil; tri fors; pors Jozef, pors Beñjamin, ha pors Dan.

33. Ha war-zû ar c'hrésteiz, é veñti pemp kañt ha pévar mil; tri fors; pors Siméon, pors Issakar, ha pors Zabulon.

34. Ha war-zû ar c'hûs-héol, pemp kañt ha pévar mil; ha tri fors; pors Gad, pors Aser, ha pors Neftali.

35. Hag hé zrô *a vézô* eûz a driouec'h mil; hag hanô ar géar-zé adal ann deiz-zé *a vézô*: ANN AOTROU ENÔ.

LEVR

AR PROFED DANIEL.

I. PENNAD.

Daniel hag hé drî c'hen-vreûr dilennet évit choum é lés Nabukodonosor.

1. Enn trédé bloaz eûz a rén Joakim, roué Juda, é teûaz Nabukodonosor, roué Babilon dirâk Jéruzalem, hag é stourmaz out-hi.

2 Hag ann Aotrou a lékéaz étré hé zaouarn Joakim, roué Juda, ha lôd eûz a listri ti Doué. Hag héñ hô dizougaz é brô Sennaar é ti hé Zoué, hag a lékéaz al listri é ti teñzor hé Zoué.

3. Hag ar roué a lavaraz da Asfénez, penn ar spazéien, ma kemerché eûz a douez bugalé Israel, hag eûz a wenn ar rouéed hag ar briñsed,

4. Tûd-iaouañk, é péré na vijé namm é-béd, a zoaré vâd, desket é pép furnez, akétuz é pép gwiziégez hag é pép skiañt, hag a helfé choum é palez ar roué évit ma vijé desket d'ézhô skriva ha komza iéz ar C'haldéed.

5. Hag a roué a lékéaz da rei d'ézhô bemdez eûz hé voéd hé-unan, hag eûz ar gwin a évé, évit pa vijeñt bét maget *enn doaré-zé* a héd tri bloaz, é choumcheñt goudé-zé dirâg ar roué.

6. Hôgen enn hô zouez en em gavaz eûz a vipien Juda, Daniel, Ananias, Misael, hag Azarias.

7. Ha penn ar spazéien a rôaz d'ézhô hanvou : Da Zaniel, Baltasar; da Ananias, Sidrac'h ; da Visael, Misac'h ; ha da Azarias, Abdénago.

8. Hôgen Daniel a géméraz ann dézô enn hé galoun n'em em zaotrché két ô tibri eûz a voéd taol ar roué, hag oc'h éva eûz hé win ; hag é pédaz penn ar spazéien n'hel lakajé két d'en em zaotra.

9. Hôgen Doué a lékéaz Daniel da gavout grâs ha trugarez dirâk penn ar spazéien.

10. Ha penn ar spazéien a lavaraz da Zaniel : Mé em eûz aoun râg ar roué va Aotrou, péhini en deûz lavaret rei d'é-hoc'h ar boéd hag ann évach : mar gwél hô tremmou treûtoc'h égét ann dûd-iaouañg all eûz hoc'h oad, c'houi a vézô abek ma lakai ar roué trouc'ha va fenn d'in.

11. Ha Daniel a lavaraz da Valasar, a ioa bét lékéat gañt penn ar spazéien war Zaniel, Ananias, Misael, hag Azarias :

12. Arnod, mé az péd, da zervichérien a-héd dék dervez, ha bézet rôet d'é-omp louzou da zibri ha dour da éva :

13. Ha sell oud hon dremmou, hag oud dremmou ann dûd-iaouañk a zebr boéd ar roué ; hag hervez m'az pézô gwélet é ri é-kéñver da zervichérien.

14. Hag héñ ô véza klévet kémeñtsé, a arnodaz anézhô a-héd dék dervez.

15. Ha da benn dék dervez hô dremm a oa kaéroc'h da wélout ha

Iartoc'h égéd hini ann holl dûd-iaouañk a zebré boéd ar roué.

16. Malasar éta a géméré hô boéd hag hô gwin, hag a rôé louzou d'ézhô.

17. Hôgen Doué a rôaz d'ar pévar dén iaouañk-zé ar wiziégez hag ar skiañt é pép levr hag é pép furnez; ha da Zaniel ann diskleriadur eûz a bép gwélédigez hag eûz a béb huvré.

18. Pa oé tréménet ann deisiou goudé péré en dôa lavaret ar roué hô c'hâs d'ézhañ, penn ar spazéien hô c'hasaz dirâk Nabukodonosor.

19. Ha goudé m'en dôé komzet ar roué gañt-hô, na oé kavet hini é-touez ar ré all holl pâr da Zaniel, Ananias, Misael, hag Azarias; hag hi a choumaz dirâg ar roué.

20. Pétrâ-bennâg ma c'houlennaz ar roué digañt-hô diwar-benn ar furnez hag ar poell, é kavaz enn-hô dék kwéach mui égéd enn holl ziouganérien hag enn dûd-fûr a ioa enn hé rouañtélez holl.

21. Hôgen Daniel vévaz oé-béteg ar bloaz keñta eûz a rén Sirus.

—

II. PENNAD.

Daniel a zisplég d'ar roué ann huvré en dôa bét.

1. Enn eil vloaz eûz a rén Nabukodonosor, en doé Nabukodonosor eunn huvré, hag hé spéred a oé spouñtet-brâz, hag é añkounac'héaz hé huvré.

2. Hôgen ar roué a gémennaz ma vijé strollet ann diouganérien, hag ann dûd-fûr, hag ar strobinellérien, hag ar C'haldéed, évit ma rôjeñt da anaout d'ar roué hé huvré; pa oeñt deûet, é choumchoñt enn hô zâ dirâg ar roué.

3. Hag ar roué a lavaraz d'ézhô: Eunn huvré em eûz bét; ha strafilet em spéred na ouzoun mui pétrâ em eûz gwélet.

4. Hag ar C'haldéed a lavaraz d'ar roué é Siriaek: O roué, bév da-vikenn; lavar da huvré d'as servichérien, ha ni hé displégô d'id.

5. Hag ar roué a lavaraz d'ar C'haldéed: Ead eo eûz va éñvor; ma na rôit da anaout d'in va huvré, hag ann displég anézhi, é viot dispennet, hag hô tiez a vézô embannet.

6. Hôgen ma rôit da anaout d'in va huvré hag ann displég anézhi, kalz gôbrou, ha rôou, hag énoriou hô pézô digan-éñ.

7. Hag hi a respouñtaz évid ann eil wéach, hag a lavaraz: Ra lavarô ar roué hé huvré d'hé zervicherien, ha ni hé displégô d'ézhañ.

8. Hag ar roué a respouñtaz hag a lavaraz: Mé a oar ervâd pénaoz é fell d'é-hoc'h dalé, ô véza ma ouzoc'h pénaoz eo éat *va huvré* eûz va éñvor.

9. Ma na rôit két éta da anaout d'in va huvré, n'em eûz némed eur ménoz diwar hô penn; eunn displég gaou ha leûn a douellérez hô pijé rôet, évit rei eur gér-bennâg d'in, kén na vijé tréménet *kalz* a amzer. Livirid éta va huvré d'in, évit ma wézinn pénaoz é vézô gwir ivé ann displég a rôot.

10. Hag ar C'haldéed a respouñtaz dirâg ar roué, hag a lavaraz: N'eûz dén é-béd war ann douar, ô roué, a helfé ôber ar péz a c'houlennez: ha n'eûz roué é-béd, daoust péger braz ha péger galloudek ef-heñ, en défé goulennet eunn dra enn doaré-zé digañd eunn diouganer, pé eunn dén-fûr, pé eur C'haldéad.

11. Râg ar péz a glaskez, ô roué, a zô diez-brâz; ha na vézô kavet dén a gémeñt a hellô hé rei da anaout dirâg ar roué, néméd ann douéed, péré n'hô deûz két a zarempred gañd ann dûd.

12. Pa glévaz ar roué kémeñt-sé, enn hé frouden hag enn hé vuanégez vrâz, é c'hourc'hémennaz ma vijé dispennet ann holl ré-fûr eûz a Vabilon.

13. Ar varn ô véza bét douget évit laza ar ré-fûr, é klasked ivé Daniel hag hé gen-vreûdeûr, évid hô laza.

14. Neûzé Daniel a eñklaskaz pétrâ é oa al lézen hag ar varnédigez-zé digañd Arioc'h priñs armé ar roué, péhini a oa deûet er-méaz évit laza ré-fûr Babilon.

15. Goulenni a réaz éta digañd ann hini en dôa bét ann urz-zé digañd ar roué, pérâg é oa bét douget eur varn ker kriz gañd ar roué. Pa en dôé éta

Arioc'h hé rôet da anaout da Zaniel,
16. Daniel a iéaz da gavout ar roué, hag a c'houlennaz digañt-hañ amzer évit ma rôjé displég d'ézhañ.
17. Hag héñ a zeûaz enn hé dl, hag a rôaz da anaout ar géfridi da Ananias, Misael hag Azarias hé genvreûdeûr:
18. Évit ma c'houlenchent trugarez Doué ann éñv enn darvoud-zé, ha na vijé két dispennet Daniel hag hé genvreûdeûr gañd ar ré-fûr all eûz a Vabilon.
19. Neûzé ann dra-guzet-zé a oé diskleriet da Zaniel a-zoug ann nôz; ha Daniel a vennigaz Doué ann éñv.
20. Hag a lavaraz: Benniget ra vézô hanô ann Aotrou a gañtved é kañtved: râg ar furnez hag ann ners a zô d'ézhañ.
21. Héñ eo a névéz ann amzériou hag ar gañtvédou; a zizoug hag a zâv ar rouañtélésiou; a rô ar furnez d'ar ré fûr, hag ar wiziégez d'ar ré a boell ar c'hélen.
22. Héñ eo a ziskouéz ann traou ar ré zouna hag ar ré guzéta, hag a anavez ar péz a zô enn amc'houlou; ha gañt-hañ éma ar goulou.
23. Da anaout ha da veûli a rann, ô Doué hon tadou, ô véza ma éc'h eûz rôet d'in ar furnez hag ann ners: ha ma éc'h eûz diskouézet d'in ar péz a c'houlennemp, ar péz a c'hoañtéé ar roué dignn-é-omp.
24. Goudé-zé éz éaz Daniel da gavoud Arioc'h, a ioa bét lékéat gañt ar roué évid dispenna ré fûr Babilon; hag é lavaraz ével-henn d'ézhañ: Na zispenn két tûd fûr Babilon; kâs ac'hanoun dirâg ar roué, ha mé a rôi ann displég d'ézhañ.
25. Neûzé Arioc'h râk-tâl a gasaz Daniel étrézég ar roué, hag a lavaraz d'ézhañ: Kavet em eûz eunn dén eûz a zizougadur Juda, a rôi ann displég d'ar roué.
26. Ar roué a respouñtaz, hag a lavaraz da Zaniel, a oa les-hanvet Baltasar: Ha té a venn d'id é helfez rei da anaout d'in ann huvré em eûz bét, hag ann displég anézhi?
27. Ha Daniel a respouñtaz d'ar roué, hag a lavaraz: Ar ré fûr, ar majed, ann diouganérien, hag ar strobinellérien na hellont két rei da anaout d'ar roué ar mister a c'houlenn.
28. Hôgen enn éñv éz eûz eunn Doué hag a ziskul ar mistériou, péhini en deûz rôet da anaout d'id, ô roué Nabukodonosor, ar péz a dlié da c'hoarvézout enn amzériou divéza. Chétu da huvré, ha gwélédigésiou da benn enn da wélé.
29. Té a venné, ô roué, enn da wélé pétrâ a dlié da c'hoarvézout goudéhenn; hag ann hini a ziskul ar mistériou en deûz diskleriet d'id ar péz a c'hoarvézô.
30. D'in ivé eo bét diskleriet ar mister-zé, nann dré eur furnez a vé enn-oun dreist ar ré véô all; hôgen évit ma vijé rôet d'ar roué ann displég *eûz hé huvré*, ha ma wézché ménosiou hé spéred.
31. Té, ô roué, a zellé, ha chétu ével eur skeûden vrâz: ar skeûden vrâz-zé hag uc'hel-meûrbéd a oa enn hé sâ dira-z-od, hag ar sell anézhi a oa heûzuz.
32. Penn ar skeûden-zé a ioa a aour ar gwella, hé brennid hag hé divrec'h a arc'hañt, hé c'hôv hag hé divorzed a arem:
33. Hé divesker a houarn, hag hé zreid lôd a houarn, ha lôd a pri.
34. Té éta a zelle, pa en em zistagaz eur méan eûz ar ménez, hep dourn é-béd; hag héñ a stokaz out treid houarn ha pri ar skeûden, hag hô brévaz.
35. Neûzé ann houarn, ar pri, ann arem, ann arc'hañt hag ann aour a oé bruzunet kévret, hag a zeûaz ével ar plouz a zô kaset diwar al leûr enn hañv gañd ann avel; ha na oé két kavet hô léac'h; hôgen ar méan en dôa skôet gañd ar skeûden, a zeûaz da eur ménez brâz, hag a leûniaz ann douar holl.
36. Chétu da huvré; rei a raimp ivé ann displég anézhi dira-z-od, ô roué.
37. Té eo roué ar rouéed; ha Doué ann éñv en deûz rôet d'id ar rouañtélez, hag ann ners, hag ar véli, hag ar c'hloar,

38. Hag ann holl lec'hiou é péré é choum bugalé ann dûd, ha loéned ar mesiou ; lékéat en deûz ivé dindân da zourn evned ann éñv, ha pép-trâ en deûz lékéat da bléga dindân da véli ; té eo éta ar penn aour.

39. Ha da c'houdé é savô eur rouañtélez all disteroc'h égéd da hini, a vézô a arc'hañt ; hag eunn drédé rouañtélez all, a vézô a arem, hag a aotrouniô war ann douar holl.

40. Hag ar bévaré rouañtélez a vézô ével ann houarn ; ével ma vrév ha ma drec'h pép-trâ ann houarn, ével-sé hou-mañ a vrévô, hag a lakai da bléga pép-trâ.

41. Hôgen ô véza ma éc'h eûz gwélet pénaoz ann treid ha biziad ann treid a oa, lôd a bri, ha lôd a houarn ; ar rouañtélez-zé a vézô rannet ; ha pétrâ-bennâg ma vézô savet a houarn, é vézô kemmesket koulskoudé gañt pri ha gañd douar, ével ma éc'h eûz gwélet.

42. Hag ével ma oa biziad ann treid lôd a houarn, ha lôd a bri ; ar rouañtélez a vézô ivé lôd stard, ha lôd all bresk.

43. Hag ével ma éc'h eûz gwélet pénaoz ann houarn a zô bét kemmesket gañd ar pri ha gañd ann douar, hi en em gemmeskô ivé gañt gwenn ann dûd ; hôgen na véziñt két unvanet étré-z-hô, ével na hell két ann houarn en em unvani gañd ar pri.

44. Hôgen é deisiou ar rouañtélésiou-zé, Doué ann éñv a zavô eur rouañtélez ha na vézô bikenn kasetda-gét, eur rouañtélez ha na vézô bikenn rôet da eur bobl all ; hôgen hi a ziskarô hag a vrévô ann holl rouañtélésiou all, hag a badô da-vikenn.

45. Hag ével ma éc'h eûz gwélet pénaoz ar méan a zô en em zistaget eûz ar ménez, hép dourn é-béd, en deûz brévet ar pri, hag ann houarn, hag ann arem, hag ann arc'hañt, hag ann aour, ann Doué brâz en deûz diskouézet d'ar roué ar péz a dlé da c'hoarvézout enn amzer da zoñt ; ével-sé ann huvré a zô gwir, ha gwirion hé displég.

46. Neûzé ar roué Nabukodonosor en em daolaz war hé c'hénou d'ann douar, hag a azeûlaz Daniel ; hag é c'hourc'hémennaz é vijé kenniget d'ézhañ é sakrifiz hostivou hag ézañs.

47. Hag ar roué a gomzaz oud Daniel, hag a lavaraz d'ézhañ : Évit-gwir hô Toué eo Doué ann doueed, hag Aotrou ar rouéed, ha diskiérier ar misteriou, pa éc'h eûz gellet rei da anaout ann dra guzet-zé.

48. Neûzé ar roué a zavaz meûrbéd Daniel, hag a rôaz d'ézhañ rôou brâz ha kaer-meûrbéd ; hag héñ hel lékéaz da briñs war holl broviñsou Babilon, ha da benn war holl dûd fûr Babilon.

49. Neûzé Daniel a bédaz ar roué, hag héñ a rôaz da Zidrac'h, da Visac'h ha da Abdénago ar véli war géfridiou proviñs Babilon ; hôgen Daniel a ioa bépréd out pors ar roué.

—

III. PENNAD.

Sidrac'h, Misac'h hag Abdénago a zinac'h azeûli skeûden ar roué.

1. Ar roué Nabukodonosôr a lékéaz da ôber eur skeûden aour, eûz a driugeñt ilinad a uc'helded, hag eûz a c'houeac'h ilinad a léd, hag a lékéaz hé sével é kompézen Dura eûz a broviñs Babilon.

2. Neûzé ar roué Nabukodonosor a gasaz évit strolla ar briñsed, ar pennou-brô, ar varnérien, ann duged, ar pennou-armé, ar vleñérien hag holl briñsed ar proviñsou, évit ma en em gavcheñt kévret da wéstlérez ar skeûden en dôa savet ar roué Nabukodonosor.

3. Neûzé en em strollaz ar briñsed, ar bennou-brô, ar varnérien, ann duged, ar pennou-armé, ar vleñérien, hag holl briñsed ar proviñsou, évit ma en em gavcheñt kévret da wéstlérez ar skeûden en dôa savet ar roué Nabukodonosor ; hag hi a oa enn hô zâ dirâg ar skeûden en dôa savet ar roué Nabukodonosor.

4. Hag ann embanner a c'harmé gañd eur vouéz gré : Ouz-hoc'h poblou, breûriézou, ha tûd a béb iéz, eo lavaret,

5. Pénaoz er préd ma klevot son ar c'horn-boud, hag ar zutel, hag ann délen, hag ar bombard, hag al liren, ha son ann holl binviou, en em daolot d'ann douar, hag éc'h azeûlot ar skeûden aour en deûz savet ar roué Nabukodonosor.

6. Ha mar béz eur ré ha n'en em daoló két d'ann douar, ha na azeûló két, é vézó taolet râk-tâl er fourn-vrâz é-kreiz ann tân béó.

7. Kerkeñt éta ha ma klévaz ann holl boblou son ar c'horn-boud, hag ar zutel, hag ann délen, hag ar bombard, hag al liren, ha son ann holl binviou, ar boblou, ar breûriézou, hag ann dûd a béb iéz, en em daolaz d'ann douar, hag a azeûlaz ar skeûden aour en dóa savet ar roué Nabukodonosor.

8. Râk-tâl hag enn hévéleb amzer Kaldéed a dôstaaz hag a damallaz ar Iuzévien;

9. Hag a lavaraz d'ar roué Nabukodonosor: O roué, bév da-vikenn.

10. Té, roué éc'h eûz gréat eur gourc'hémenn, pénaoz kémeñd hini a glévó son ar c'horn-boud, hag ar zutel, hag ann délen, hag ar bombard, hag al liren, ha son ann holl binviou, en em daoló d'ann douar, hag a azeûló ar skeûden aour;

11. Ha pénaoz piou-bennâg n'en em daoló két d'ann douar, ha na azeûló két, a vézó taolet er fourn-vrâz, é-kreiz ann tân béó.

12. Koulskoudé ar ré eûz ar Iuzévien da béré éc'h eûz róet ar véli war géfridiou proviñs Babilon, Sidrac'h, Misac'h, hag Abdénago; ar ré zé, ô roué, hó deûz disprizet da c'hourc'hémenn: na gééloñt két da zouéed, ha na azeûloñt két ar skeûden aour éc'h eûz savet.

13. Neûzé Nabukodonosor leûn a frouden hag a vuanégez a c'hourc'hémennaz ma vijé digaset Sidrac'h, Misac'h, hag Abdénago; hag hi a oé digaset râk-tâl dirâg ar roué.

14. Hag ar roué Nabukodonosor a gomzaz out-hô, hag a lavaraz: Ha gwir eo, Sidrac'h, Misac'h, hag Abdénago, pénaoz na géélit két va douéed, ha na azeûlit két ar skeûden aour em eûz savet?

15. Bréma ma mar d-oc'h daré, er préd ma klévot son ar c'horn-boud, hag ar zutel, hag ann délen, hag ar bombard, hag al liren, ha son ann holl binviou, en em daolit d'ann douar, hag azeûlit ar skeûden em eûz gréat: ha ma na azeûlit két, enn hévélep préd é viot taolet er fourn-vrâz é-kreiz ann tân béó; ha piou eo ann Doué hô tennó eûz va daouarn?

16. Sidrac'h, Misac'h hag Abdénago a respouñtaz hag a lavaraz d'ar roué Nabukodonosor: Né két réd d'é-omp respouñta d'id diwar-benn kémeñt-sé.

17. Râk chétu hon Doué, ann hini a géélomp, a hell hon tenna eûz ar fourn-vrâz *leûn* a dân béó, hag hon tenna eûz da zaouarn, ô roué.

18. Ma na fell két d'ézhañ *hé ôber*, bézet anad, ô roué, pénaoz na géélimp két da zouéed, ha na azeûlimp két ar skeûden aour éc'h eûz savet.

19. Neûzé Nabukodonosor a oé leûn a frouden; ha sell hé zaoulagad a névézaz a-énep Sidrac'h, Misac'h, hag Abdénago; hag héñ a c'hourc'hémennaz ma vijé tommet ar fourn seiz gwéach muioc'h égét na voad boazet d'hé zomma.

20. Hag héñ a rôaz urs d'ann dûd kréva eûz hé armé da éréa treid Sidrac'h, Misac'h hag Abdénago, ha d'hô zeûrel er fourn-vrâz *leûn* a dân béó.

21. Ha râk-tâl ann dûd-zé goudé béza bét éréet, a oé taolet é-kreiz ar fourn-vrâz *leûn* a dân béó, gañd hô bragou, hag hô bonédou, hag hô boutou, hag hô dilad *all;*

22. Râg urs ar roué a hasté kalz: hag ar fourn a oa tommet eûn eunn doaré direiz, ha flamm ann tân a lazaz ann dûd hó dóa taolet enn-hañ Sidrac'h, Misac'h hag Abdénago.

23. Hôgen ann tri dén-zé, da lavaroud eo, Sidrac'h, Misac'h hag Abdénago, a gouézaz é-kreiz ar fourn-vrâz leûn a dân béó, hag hi éréet.

24. Hag hi a valéé é-kreiz ar flammou, ô veûli Doué, hag ô venniga ann Aotrou.

25. Hôgen Azarias oc'h en em zerc'hel enn hé zà, a bédaz ével-henn; hag ô tigeri hé c'hénou é kreiz ann tân, é lavaraz:

26. Benniget ra véző, Aotrou Doué hon tadou ; ra vézô meûlet hag énoret da hanô enn holl gañtvédou :
27. O véza ma oud reiz é kémeñd éc'h eûz gréat évid-omp : ma eo gwirion da holl oberiou ; ma eo éeun da heñchou ; ha ma eo gwir da varnédigézou.
28. Reiz-brâz eo bét da varnédigézou é kémeñd éc'h eûz kaset war-n-omp, ha war Jéruzalem, kéar zañtel hon tadou : râg hô c'haset éc'h eûz holl er wirionez hag er reizded enn abek d'hor péc'héjou.
29. Råk péc'het hon eûz, hag omp kouézet er fallagriez ô pellaad diouzid : é pép-trâ hon eûz faziet.
30. N'hon eûz két sélaouet da c'hourc'hémennou ; n'hon eûz két hô miret, ével ma éz pôa hé gémennet d'é-omp, évit ma teûjemp da véza euruz.
31. Ével-sé kémeñd éc'h eûz kaset war-n-omp, ha kémeñd éc'h eûz gréat d'é-omp, a zô bét gréat gañd eur gwir varn :
32. Éc'h eûz hol lékéat étré daouarn hon énébourien, péré a zô tûd direiz, tûd fallagr, tûd fall, étré daouarn eur roué dibocll, ar gwasa eûz ann douar holl.
33. Ha bréma na hellomp két digéri hor génou : deûed omp da vézégez, ha da zisméganș d'as servichérien, ha d'ar ré a azeûl ac'hanod.
34. Na zilez két ac'hanomp da-vikenn, ni az péd, enn abek d'as hanô : ha na gâs két da-gét da gévrédigez.
35. Na denn két diwar-n-omp da drugarez, enn abek da Abraham da viñoun, ha da Izaak da zervicher, ha da Israel da zañt,
36. Da béré éc'h eûz rôet da c'hér pénaoz é paottchez hô gwenn ével stéred ann éñv, hag ével ann tréaz a zô war aod ar môr.
37. Råk distéroc'h omp deûet égéd ann holl vrôadou all, hag omp vuéléet hirió enn douar holl enn abek d'hor péc'hédou.
38. Ha n'eûz mui bréma enn hon touez na priñs, na dûg, na profed, na sakrifiz-losk, na sakrifiz all, na kennig, nag ézañs, na léac'h évit lakaad hor prévediou dira-z-od,
39. Évit ma hellimp kaout da drugarez : hôgen digémer ar gwéstlou a réomp d'id gañd eur galoun keûzeûdik hag eur spéred vuel.
40. Ével pa vé eur sakrifiz a dourzed, hag a dirvi, hag a vil oan lard, ra vézô hirió hor sakrifiz hétuz d'id ; ô véza n'eûz két a vérégez évid ar ré a laka hô fisiañs enn-od.
41. Ha bréma éc'h heûliomp ac'hanod a greiz kaloun, é toujomp ac'hanod, hag é klaskomp da zremm.
42. Na vézéka két ac'hanomp : hôgen aoz ac'hanomp hervez da vadélez, hag hervez da drugarez vrâz.
43. Dieûb ac'hanomp gañt burzudou da c'halloud, ha rô, Aotrou, gloar d'as hanô.
44. Ra vézô mézékéet kémeñd hini a ra drouk d'as servicherien : ra vézint mézékéet gañd da c'halloud ; ra vézô brévet hô ners ;
45. Ha ra wéziñt pénaoz eo té hépkén ann Aotrou, ann Doué, hag ar roué a c'hloar war ann douar holl.
46. Koulskoudé servichérien ar roué péré hô dôa lékéat ann tri déniaouañk enn tân, na éhañent da lakaad er fourn ter, stoub, pég ha koadgwini :
47. Hag ar flamm a zavé dreist ar fourn eûz a naô ilinad ha daou-ugeñt ;
48. Hag oc'h en em astenna er-méaz, é lévaz ar ré eûz ar C'haldéed en em gavé é-tâl ar fourn.
49. Hôgen éal ann Aotrou a ziskennaz étrézég Azarias hag hé viñouned er fourn : hag ô pellaad ar flammou eûz ar fourn,
50. É lékéaz da zoñt enn hé c'hreiz eunn avel fresk hag eur gliz c'houék : hag ann tân na stokaz két out-hô é doaré é-béd ; ha na réaz noaz na droug é-béd d'ézhô.
51. Neûzé ann tri dén-iaouañk-zé a veûlé Doué er fourn, hag a énoré, hag a vennigé anézhañ kévret, ô lavarout :
52. Benniget oud, Aotrou, Doué hon tadou : meûluz, hag énoruz, hag uc'hel-meûrbéd oud enn holl gañtvédou ; hanô sañtel da c'hloar a zô benniget, ha meûluz, hag uc'hel-meûrbéd enn holl gantvédou.

53. Benniget oud é templ sañtel da c'hloar, ha meûluz, hag énoruz-meûrbéd er c'hañtvédou.

54. Benniget oud é trôn da rouañtélez, ha meûluz, hag uc'héléet-meûrbéd er c'hañtvédou.

55. Benniget oud, té péhini a wél gwéled al louñk, hag a azez war ar Gérubined, ha meûluz, hag uc'héléet-meûrbéd er c'hañtvédou.

56. Benniget oud enn éñv-sterédet; ha meûluz, hag énoruz er c'hañtvédou.

57. Oberiou ann Aotrou, bennigit ann Aotrou; meûlit hag uc'hélait anézhañ er c'hañtvédou.

58. Éled ann Aotrou, bennigit ann Aotrou; meûlit hag uc'hélait anézhañ er c'hañtvédou.

59. Éñvou, bennigit ann Aotrou; meûlit, hag uc'hélait anézhañ er c'hañtvédou.

60. Doureier a zindân ann éñvou, bennigit ann Aotrou: meûlit hag uc'hélait anézhañ er c'hañtvédou.

61. Holl c'halloudou ann Aotrou, bennigit ann Aotrou; meûlit hag uc'hélait anézhañ er c'hañtvédou.

62. Héol ha loar, bennigit ann Aotrou; meûlit hag uc'hélait anézhañ er c'hañtvédou.

63. Stéred ann éñv, bennigit ann Aotrou: meûlit hag uc'hélait anézhañ er c'hañtvédou.

64. Glaô ha gliz, bennigit ann Aotrou; meûlit hag uc'hélait anézhañ er c'hañtvédou.

65. Holl spéréjou Doué, bennigit ann Aotrou; meûlit hag uc'hélait anézhañ er c'hañtvédou.

66. Tân ha grouéz, bennigit ann Aotrou; meûlit hag uc'hélait anézhañ er c'hañtvédou.

67. Riou ha iénien, bennigit ann Aotrou; meûlit hag uc'hélait anézhañ er c'hañtvédou.

68. Gliz ha glaô ién, bennigit ann Aotrou; meûlit hag uc'hélait anézhañ er c'hañtvédou.

69. Réô ha iénder, bennigit ann Aotrou; meûlit hag uc'hélait anézhañ er c'hañtvédou.

70. Skourn hag erc'h, bennigit ann Aotrou; meûlit hag uc'hélait anézhañ er c'hañtvédou.

71. Nôsiou ha dêisiou, bennigit ann Aotrou; meûlit hag uc'hélait anézhañ er c'hañtvédou.

72. Goulou ha tévalien, bennigit ann Aotrou; meûlit hag uc'hélait anézhañ er c'hañtvédou.

73. Luc'hed ha koabr, bennigit ann Aotrou: meûlit hag uc'hélait anezhañ er c'hañtvédou.

74. Ra vennigô ann douar ann Aotrou; ra veûlô ha ra uc'hélai anézhañ er c'hañtvédou.

75. Ménésiou ha krec'hiennou, bennigit ann Aotrou: meûlit hag uc'hélait anézhañ er c'hañtvédou.

76. Holl louzou ann douar, bennigit ann Aotrou; meûlit hag uc'hélait anézhañ er c'hañtvédou.

77 Feuñteuniou, bennigit ann Aotrou; meûlit hag uc'hélait anézhañ er c'hañtvédou.

78. Môriou ha steriou, bennigit ann Aotrou; meûlit hag uc'hélait anézhañ er c'hañtvédou.

79. Môr-gézek ha kémeñd a vév enn douréier, bennigit ann Aotrou; meûlit hag uc'hélait anézhañ er c'hañtvédou.

80. Holl evned ann éñv, bennigit ann Aotrou: meûlit hag uc'hélait anézhañ er c'hañtvédou.

81. Holl chatal hag holl loéned, bennigit ann Aotrou; meûlit hag uc'hélait anézhañ er c'hañtvédou.

82. Mipien ann dûd, bennigit ann Aotrou; meûlit hag uc'hélait anézhañ er c'hañtvédou.

83. Ra vennigô Israel ann Aotrou; ra veûlô ha ra uc'hélai anézhañ er c'hañtvédou.

84. Béleien ann Aotrou, bennigit ann Aotrou; meûlit hag uc'hélait anézhañ er c'hañtvédou.

85. Servichérien ann Aotrou, bennigit ann Aotrou: meûlit hag uc'hélait anézhañ er c'hañtvédou.

86. Spéréjou hag énéou ar ré reiz, bennigit ann Aotrou: meûlit hag uc'hélait anézhañ ar c'hañtvédou.

87. C'houi péré a zô sañt ha vuel a galoun, bennigit ann Aotrou; meûlit hag uc'hélait anézhañ er c'hañtvédou.

88. Ananias, Azarias, ha Misael, bennigit ann Aotrou; meûlit hag uc'hélait anézhañ er c'hañtvédou; ô

véza ma en deûz hon dieûbet eûz ann ifern, ma en deûz hon tennet eûz a zaouarn ar marô, ma en deûz hon dieûbet eûz a greiz ar flammou béô, ha ma en deûz hon tennet eûz a greiz ann tân.

89. Meûlit-meûrbéd ann Aotrou, ô véza ma eo mâd; ô véza ma'z a hé drugarez er c'hañtvédou.

90. C'houi holl péré a zouj Doué, bennigit ann Aotrou, Doué ann douéed: meûlit, ha meûlit-meûrbéd anézhañ, ô véza ma'z â hé drugarez enn holl gañtvédou.

91. Neûzé ar roué Nabukodonosor a oé saouzanet, hag a zavaz râk-tâl, hag a lavaraz d'ar ré vrâz eûz hé léz: Ha n'hon eûz-ni két taolet tri dén éréet é-kreiz ann tân? Hag hi a respouñtaz, hag a lavaraz d'ar roué: Gwir eo, ô roué.

92. Hag héñ a lavaraz: Chétu mé a wél pévar dén diéré, hag a valé é-kreiz ann tân, ha n'eûz nétrâ a zaotret onn-hô; hag ar pévaré a zô héñvel out mâb Doué.

93. Neûzé Nabukodonosor a dôstaaz out génou ar fourn leûn a dân béô, hag a lavaraz: Sidrac'h, Misac'h, hag Abdénago, servichérien ann Doué uc'hel-brâz, deûit er méaz, deûit. Ha râk-tâl Sidrac'h, Misac'h, hag Abdénago a zeûaz er-méaz eûz a greiz ann tân.

94. Hag ar briñsed, hag ar pennou-brô, hag ar varnérien, ha ré vrâz léz ar roué ô véza bét strollet, a zellé gañt souez oud ann dûd-zé, ô véza n'en dôa bét ann tân ners é-béd war hô c'horfou, ha na oa két bét dévet eur vléven eûz hô fenn, ha na oa két bét névézet hô dilad, ha na oa két deûet c'houéz ann tân war-n-ézhô.

95. Ha Nabukodonosor gañd eur vouéz gré a lavaraz: Benniget *ra vézô* hô Doué, da lavaroud eo, *Doué* Sidrac'h, Misac'h, hag Abdénago, péhini en deûz kaset hé éal, hag en deûz dieûbet hé servicherien, péré hô deûz krédet enn-hañ, péré hô deûz énébet out gourc'hémenn ar roué, hag hô deûz roet hô c'horfou, évit na zervichent két, ha na azeûlchent két doué all é-béd némét hô Doué hô-unan.

96. Lakaad a rann éta da c'hourc'hémenn, pénaoz pieu-bennag, a bép pobl, a béb broad, a béb iéz-bennâg é vézô, hag en dévézô drouk-komzet eud Doué Sidrac'h, Misac'h, hag Abdénago, a vézô dispennet, hag hé dî a vézô diskaret: râk n'eûz Doué all é-béd a helché dieûbi enn doaré-zé.

97. Neûzé ar roué a zavaz é karg Sidrac'h, Misac'h hag Abdénago é proviñs Babilon.

98. Ar roué Nabukodonosor, d'ann holl bobl, ha brôadou, ha d'ann dûd a béb iéz, a choum enn douar holl, ar péoc'h ra vézô gan-é-hoc'h mui-oc'h-vui.

99. Doué ann uc'hel-brâz en deûs gréat arouésiou ha burzudou em rouañtélez. Mé a fell d'in éta embanna

100. Hé arouésiou, ô véza ma iñt brâz, hag hé vurzudou, ô véza ma iñt kré: hé rouañtélez a zô eur rouañtélez peûr-badus, hag hé c'halloud a ia a wenn é gwenn.

IV. PENNAD.

Nabukodonosor deûet é-doaré eul loen a-béd seiz bloaz.

1. Mé Nabukodonoser a ioa é péoc'h em zi, ha leûn a c'hloar em palez:

2. Eunn huvré em eûz gwélet hag é deûz va spouñtet; va ménosiou em gwélé, ha gwélédigésiou va fenn hô deûz va strafilet.

3. Râk-sé em eûz gréat eur gourc'hémenn évit ma vijé digaset dira-z-oun holl ré fûr Babilon, évit ma rôjeñt d'in ann displég eûz va huvré.

4. Neûzé ann diouganérien, ar ré fûr, ar C'haldéed, hag ar strôbinellérien a zô deûet dira-z-oun, hag em eûz danévellet d'ézhô va huvré; hag hi n'hô deûz két hé displéget d'in:

5. Kén na zeûaz dira-z-oun Daniel hon eil, péhini en deûs da hanô Baltassar, hervez hanô va Doué, péhini en deûz enn-hañ spéred ann douéed sañtel. Hag é tanévelliz d'ézhañ va huvré.

6. Baltassar, priñs ann diouganérien, ô véza ma ouzoun pénaoz éma enn-od spéred ann douéed sañtel, ha n'eûz nétrâ a guzet d'id : Danével d'in ar péz em eûz gwélet em huvré, ha displég-héñ d'in.

7. *Chétu* gwélédigez va fenn em gwélé : Eur wézen a wélenn é-kreiz ann douar, hag hi a oa uc'hel-brâz.

8. Brâz ha kré é oa ar wézen ; hag ar bâr anézhi a iéa bétég ann éñv ; hag hi en em lédé bétég harzou ann douar holl.

9. Kaer é oa hé déliou, ha kalz frouez é dôa, hag a-walc'h évit béva pép-trâ ; dindân-hi é choumé ann anévaled hag al loéned ; hag evned ann éñv en em strollé enn hé skourrou ; hag ann holl gig en em voété dioul-hi.

10. Ha mé a wélaz kémeñt-sé dré va fenn em gwélé ; hag ann hini a vel, hag a zô sañt, a ziskennaz eûz ann éñv,

11. A c'harmaz-kré, hag a lavaraz : Diskarit ar wézen, ha trouc'hit hé skourrou ; hejit hé déliou, ha skiñit hé frouez ; ra déc'hô al loéned a zindan-hi, hag ann evned eûz hé skourrou.

12. Hôgen list enn douar hé zaol hag hé grisiou ; ra vézô éréet gañd eur chaden houarn hag arem, é-touez géot ar mésiou ; ra vézô glépiet gañt gliz ann éñv, ha ra beûrô gañd al loéned c'houéz géot ann douar.

13. Ra vézô névézet enn-hi hé c'haloun a zén, ha ra vézô roet d'ézhi eur galoun a loen ; ha ra dréménô seiz amzer war-n-ézhi.

14. Kémeñt-sé a zô bét gourc'hémennet gañd ar ré a vel, lavar ha goulenn ar zeñt eo ; kén na anavézô ar ré-véô pénaoz ann Uc'hel-brâz eo a zô da Aotrou war rouañtélésiou ann dûd, pénaoz é rô anézhô da néb a gâr, hag é laka war-n-ézhô ann distéra eûz ann dûd.

15. Chétu azé ann huvré em eûz bét mé ar roué Nabukodonosor : te éta, Baltassar, hast affô da rei d'in ann displég anézhi ; râg ann holl ré fûr eûz va rouañtélez na helloñt két hé displéga d'in ; hôgen té a hell *hé ober*, ô véza ma éma spéred ann douéed sañtel enn-od.

16. Neûzé Daniel, les-hanvet Baltassar, a zeûaz da venna enn-hañ hé-unan, hép lavarout gér a-zoug eunn heûr : hag hé vénosiou a strafilé anézhañ. Hôgen ar roué a gomzaz hag a lavaraz d'ézhañ : Baltassar, na véz két strafilet gañd ann huvré hag ann displég anézhi. Ha Baltassar a respouñtaz, hag a lavaraz : Va aotrou, ra zeûi ann huvré war ar ré a gasa ac'hanod, hag ann displég anézhi war da énébourien.

17. Eur wézen éc'h eûz gwélet hag a oa brâz ha kré, kenn uc'hel hag ann éñv, hag en em astenné, diouc'h doaré, war ann douar holl.

18. Kaer é oa hé skourrou, ha kalz frouéz é dôa, hag a-walc'h évit béva pép-trâ ; dindân-hi é choumé loéned ar mésiou, hag evned ann éñv en em strollé enn hé skourrou.

19. Té eo, ô roué, a zô deûet da véza brâz ha galloudek ; râk da veûrded a zô éat war gresk, hag a zô bét savet bétég ann éñv, ha da c'halloud bétég harzou ann douar.

20. Neûzé é wélaz ar roué ann hini a vel hag a zô sañt ô tiskenni eûz ann éñv, hag ô lavarout : Diskarit ar wézen, ha dispennit-hi ; hôgen list enn douar hé zaol hag hé grisiou ; ra vézô éréet gañd eur chaden houarn hag arem, é-touez géot ar mésiou : ra vézô glépiet gañt gliz ann éñv, ha ra beûrô gañd al loéned c'houéz, kén na vézô tréménet seiz amzer war-n-ézhi :

21. Ha chétu aman ann displég eûz a varn ann Uc'hel-brâz, a zô bét douget war ar roué, va aotrou :

22. Kaset é vézi eûz a douez ann dûd, hag é choumi gañd ann anévaled hag al loéned ferô ; foenn a zébri ével eunn éjenn, ha gañt gliz ann éñv é vézi glépiet ; seiz amzer a drémênô war-n-od, kén na anavézi pénaoz ann Uc'hel-brâz eo a zô da Aotrou war rouañtélésiou ann dûd, ha pénaoz é rô anézhô da néb a gâr.

23. Hôgen ével ma eo bét gourc'hémennet ma vijé miret taol ar wézen hag hé grisiou : ével-sé é choumô d'id da rouañtélez, goudé m'az pézô

anavézet pénaoz péb galloud a zeû eûz ann éñv.

24. Râk-sé, ô roué, kâv-mâd va ali, ha dasprén da béc'héjou gañd ann aluzennou, ha da fallagriézou gañd da drugarez é-kéñver ar béorien; martézé é tistolô d'id da wallou.

25. Kémeñt-sé a c'hoarvézaz gañd ar roué Nabukodonosor.

26. A-benn daouzék miz goudé, é valéé é palez Babilon :

27. Hag ar roué a gomzaz hag a lavaraz : Ha né két houn-nez ar Vabilon vrâz-zé, am eûz savet da benn-kéar d'am rouañtélez, é ners va galloud, é gloar va skéd?

28. Édo c'hoaz ar gér-zé é génou ar roué, pa gouézaz ar gér-mañ eûz ann éñv : Kémeñt-mañ a zô lavaret d'id, ô roué Nabukodonosor : Da rouañtélez a iélô ébiou d'id.

29. Kaset é vézi eûz a douez ann dûd, hag é choumi gañd ann anévaled hag al loéned ferô; foenn a zébri ével eunn éjenn; seiz amzer a dréménô war-n-od, kén na anavézi pénaoz ann Uc'hel-brâz eo a zô da Aotrou war rouañtélésiou ann dûd, ha pénaoz é rô anézhô da néb a gâr.

30. Enn hévéleb heûr é oé sévénet al lavar-zé war Nabukodonosor; hag héñ a oé kaset eûz a douez ann dûd, hag héñ a zébraz foenn ével eunn éjenn, hag hé gorf a oé glépiet gañt glîz ann éñv : kén na greskaz hé vleô ével plû ann éred, hag hé ivinou ével ré ann evned.

31. Goudé éta ma oé sévénet ann deisiou, mé Nabukodonosor a zavaz va daoulagad étrézég ann éñv; ha va spéred a oé asrôet d'in : ha mé a vennigaz ann Uc'hel-brâz, hag a veûlaz hag a énoraz ann hini a vév da-vikenn : ô véza ma eo peûr-baduz hé c'halloud, ha ma pâd hé rouañtélez a-wenn-é-gwenn.

32. Holl dûd ann douar a zô diraz-hañ ével nétrâ : hag héñ a râ hervez hé ioul é-kéñver armé ann éñvou, hag é-kéñver ar ré a choum war ann douar; ha n'eûz hini a géméñt a énébfé oud hé zourn, hag a lavarfé d'ézhañ : Pérâg éc'h eûs-té gréat ével-sé?

33. Enn hévéleb amzer-zé é tistrôaz va spéred, gan-éñ, hag é askaviz ann énor hag ar skéd eûz va rouélez : hag é tistrôiz em doaré keñt; ha va c'huzuliérien ha va friñsed a zeûaz d'am c'hlaskout, hag é oenn lékéat a névez em rouañtélez; ha brasoc'h é teûiz égét keñt.

34. Bréma éta, mé Nabukodonosor, a veûl, a c'horré, hag a énor roué ann éñv; ô véza ma eo gwirion hé holl ôberiou, ma eo reiz hé heñchou, ha ma hell da vuéla ar ré a gerz er balc'hder.

—

V. PENNAD.

Baltassar a wél eunn dourn a skriv war ar vôger.

1. Ar roué Baltassar a réaz eur banvez brâz da vil eûz hé briñsed; ha pép-hini a évé hervez hé oad.

2. Hôgen héñ leûn a win, a c'hourc'hémennaz ma vijé digaset di al listri aour hag arc'hañt, en dôa dizouget Nabukodonosor, hé dâd, eûz ann templ a oa é Jéruzalem, évit ma évché enn-hô ar roué, hag hé briñsed, hag hé c'hragez, hag hé zerc'hed.

3. Neûzé é oé digaset al listri aour hag arc'hañt a ioa bét dizouget eûz ann templ a ioa é Jéruzalem, hag ar roué a évaz enn-hô, *héñ*, hé briñsed, hé c'hragez hag hé zerc'hed.

4. Hi a évé gwin, hag a veûlé hô douéed aour, hag arc'hañt, arem, houarn, koat ha méan.

5. Enn hévéleb heûr é oé gwélet biziad, hag é doaré dourn eunn dén a skrivé é-tâl eur c'hañtoler war vôger palez ar roué : hag ar roué a wélé mellou ann dourn a skrivé.

6. Neûzé dremm ar roué a oé névézet, hag hé vénosiou a strafilaz anézhañ; ha frammou hé zigroazel en em loskaaz, hag hé zaoulin a stokaz ann eil oud égilé.

7. Hag ar roué a réaz eur garm brâz, hag a zigémennaz ar ré fûr, ar C'haldéed, hag ar strôbinellerien. Hag ar roué a gomzaz, hag a lavaraz

da ré fûr Babilon : Piou-bennâg a lennô ar skrid-zé, hag a ziskleriô d'in ann displég anézhañ, a vézô gwisket gañt limestra, eo dévézô eur gelc'hen aour oud hé c'houzoug, hag a vézô ann trédé eûz va rouañtélez.

8. Neûzé ré fûr ar roué ô véza deûet, na helchoñt két lenna ar skrid, na rei d'ar roué ann displég anézhañ.

9. Kémeñt-sé a strafilaz c'hoaz mui-oc'h-vui ar roué Baltassar, hag hé zremm a névézaz ; hag hé briñsed a oé reûstlet-brâz.

10. Hôgen ar rouanez, enn abek d'ar péz a oa c'hoarvézet gañd ar roué, ha gañd hé briñsed, a iéaz é ti ar banvez, hag a lavaraz d'ar roué : O roué, bév da-vikenn ; na véz két strafilet gañd da vénosiou, ha na vézet két névézet da zremm.

11. Béz' éz eûz eunn dén enn da rouañtélez, hag a zô spéred ann douéed sañtel enn-hañ ; hag é péhini eo bét kavet é deiziou da dâd ar wiziégez, hag ar furnez : ha dré-zé da dâd, ar roué Nabukodonosor a lékéaz anézhañ da benn war ar ré fûr, ann diouganérien, ar C'haldéed, hag ar strôbinellerien ; da dâd, émé-vé, ô roué.

12. O véza ma eo bét kavet é Daniel, les-hanvet Baltassar gañd ar roué, muioc'h a spéred, a boell, a wiziégez é-kéñver displég ann huvréou, disklériadur ann traou kuzet, direûstladur ann traou displann : ra vézô éta bréma galvet Daniel, hag héñ a rôi ann displég.

13. Daniel a oé éta digaset dirâg ar roué, hag ar roué a gomzaz out-hañ, ô lavarout : Ha té eo Daniel, unan eûz a sklaved Juda, en deûz digaset ar roué va zâd eûz ar Judéa?

14. Klévet em eûz diwar da benn, pénaoz ez pôa spéred ann douéed ; ha pénaoz eo en em gavet enn-od muioc'h a wiziégez, a boell, hag a furnez.

15. Bréma em eûz lékéat da zoñt dira-z-oun ar ré fûr, hag ann diouganérien, évit ma lenncheñt ar skrid-zé, ha ma rôjeñt d'in ann displég anézhañ : hag hi n'hô deûz két gellet hé zisplégal d'in.

16. Hôgen té, klévet em eûz diwar da benn, pénaoz é hellez diskléria ann traou kuzéta, ha direûstla ann traou displanna. Mar gellez éta lenna ar skrid-zé, ha rei d'in ann displég anézhañ, é vézi gwisket gañt limestra, ez pézô eur gelc'hen aour oud da c'houzoug, hag é vézi ann tredé eûz va rouañtélez.

17. Ha Daniel a respouñtaz, hag a lavaraz d'ar roué : Ra choumô da rôou gan-éz, ha rô énoriou da di da eunn all : lenna a rinn ar skrid-zé d'id, ô roué, hag é rôinn d'id ann displég anézhañ.

18. O roué, Doué ann Uc'hel-brâz a rôaz da Nabukodonosor da dâd ar rouañtélez, ar meûrded, ar c'hloar, hag ann énor.

19. Hag enn abek d'ar meûrded en dôa rôet *Doué* d'ézhañ, ann holl bobl, hag ann holl vreûriézou a béb iéz a gréné hag a spouñté dira-z-hañ. Néb a garé a lazé ; néb a garé a skôé ; néb a garé a zavé ; ha néb a garé a vuéléé.

20. Hôgen goudé ma eo bét savet hé galoun, ha ma eo bét startéet hé spéred er balc'hder, eo bét diskaret eûz hé drôn, ha tennet hé c'hloar digañt-hañ :

22. Distaolet eo bét eûz a douez ann dûd ; hé galoun a zô deûet ével hini al loéned ; gañd ann azéned c'houéz eo bét choumet : foenn a zébré ével eunn éjenn, hag hé gorf a zô bét glépiet gañd ar gliz, kén n'en deûz anavézet pénaoz ann Uc'hel-brâz en deûz ar véli war rouañtélésion ann dûd, ha ma zâv war-n ézhô néb a gâr.

22. Hôgen té, Baltassar, hé vâb, n'éc'h eûz két vuéléet da galoun, pétrâ-bennâg ma wiez kémeñt-sé :

23. Hôgen a-éneb Aotrou ann éñv oud en em zavet ; hag éc'h eûz lékéat da zigas dira-z-od listri hé di ; ha té, ha da briñsed, ha da c'hragez, ha da zerc'hed, hoc'h eûz évet gwin enn-hô ; meûlet éc'h eûz ivé douéed arc'hañt, hag aour, hag arem, hag houarn, ha koat, ha méan, péré na wéloñt, na glévoñt, ha na verzoñt ; hôgen n'éc'h eûz két énoret ann Doué en deûz da halan, ha da holl heñchou enn hé zourn.

24. Râk-sé eo en deûz kaset ann dourn, en deûz roudennet ar skrid-zé.
25. Chétu pétrâ a zô roudennet ha skrivet : Mané, Tésel, Fares.
26. Ha chétu ann displég eûz a gémeñt-sé : Mané, Doué en deûz nivéret da rén, hag en deûz hé beûr-c'hréat.
27. Tésel, poézet oud bét enn eur valañs, hag oud bét kavet ré skañv.
28. Fares, da rouañtélez a zô bét rannet, hag eo bét rôet d'ar Védied ha d'ar Bersied.
29. Neûzé é c'hourc'hémennaz ar roué ma vijé gwisket Daniel gañt limestra, ha ma vijé lékéat eur chaden aour oud hé c'houzoug; hag é oé embannet pénaoz é vijé-héñ ann trédé é galloud er rouañtélez.
30. Enn hévélep nôzvez é oé lazet Baltassar, roué ar C'haldéed.
31. Ha Darius ar Médiad a oé da roué enn hé léac'h, d'ann oad eûz a zaou vloaz ha tri-ugeñt.

—

VI. PENNAD.

Taolet eo Daniel é poull al léoned.

1. Mâd é kavaz Darius lakaad war hé rouañtélez c'houéac'h-ugeñt pennbrô, évid ar rouañtélez holl.
2. Hag héñ a lékéaz tri friñs war-n-ézhô, a béré Daniel a oa unan, évit ma talchché kouñt ar pennou-brô d'ar ré-mañ, ha ma vijé ar roué dibréder.
3. Hôgen Daniel en dôa mui a c'halloud égéd ann holl briñsed hag ar pennou-brô, ô véza ma oa mui a spéred Doué enn-hañ.
4. Hag ar roué a venné hé lakaad war ar rouañtélez holl ; hag évit-sé ar briñsed hag ar pennou-brô a glaské ann drô d'hé damallout é kéfridiou ar roué ; hôgen na helchoñt kavout abeg é-béd a damall, ô véza ma oa féal, ha na gaved enn-hañ tamall é-béd a wall.
5. Ann dûd-zé éta a lavaraz : Na gavimp abeg é-béd a damall enn Daniel-zé, némét marlézé é lézen hé Zoué.
6. Neûzé ar briñsed hag ar pennoubrô a douellaz ar roué, hag a gomzaz out-hañ ével-henn : Roué Darius, bév da-vikenn.
7. Holl briñsed da rouañtélez, ar vlénérien, ar pennou-brô, ann hénaoured hag ar varnérien a gréd pénaoz é vé mâd d'ar roué rei eul lézen hag eur gourc'hémenn, pénaoz kémeñd dén a-zoug trégoñt dervez a rai eur goulenn-bennâg pé oud eunn doué pé oud eunn dén all néméd ouz-id, ô roué, a vézô taolet é poull al léoned.
8. Starta éta bréma, ô roué, ar c'hozul-zé, ha skriv ar gourc'hémenn ; évit na vézô két kemmet al lézen a vézô bét rôet gañd ar Védied hag ar briñsed, ha na hellô dén hé zerri.
9. Ar roué Darius a startaaz éta al lézen hag ar gourc'hémenn-zé.
10. Pa glévaz Daniel pénaoz é oa bét douget al lézen-zé, éz éaz enn hé dî ; hag ô tigéri prénestrou hé gampr war-zû Jéruzalem, é plégé hé zaoulin teir gwéach bemdez, hag éc'h azeûlé, hag é veûlé hé Zoué ével ma réa keñt.
11. Ann dûd-zé éta péré a spié anézhañ gañd aket, a gavaz Daniel ô pédi hag oc'h azeûli hé Zoué.
12. Hag hi a dôstaaz hag a gomzaz oud ar roué diwar-benn ar gourc'hémenn : O roué, ha n'éc'h eûs-té két kémennet pénaoz kéméñd dén a zoug trégoñt dervez a rai eur goulennbennâg oud douéed pé oud tûd all, néméd ouz-id, ô roué, a vézô taolet é poull al léoned ? Hag ar roué a respouñtaz, hag a lavaraz d'ézhô : Gwir eo, hag eul lézen eo eûz ar Védied hag eûz ar Bersied, ha na hell dén hé zerri.
13. Hag hi a respouñtaz hag a lavaraz d'ar roué : Daniel unan eûz a vipien sklavérez Juda, n'en deûz doujañs é-béd évid da lézen, nag évid ar gourc'hémenn éc'h eûz gréat ; hôgen teir gwéach enn deiz é péd hag éc'h azeûl *hé Zoué.*
14. Pa glévaz ar roué kémeñt-sé é oé glac'haret meûrbéd, hag é kémeraz enn hé galoun ann dézô da zieûbi Daniel ; ha bété kûs-héol é klaskaz ann doaré d'hé zieñkrézi.

15. Hôgen ann dûd-zé péré a wélé ménoz ar roué, a lavaraz d'ézhañ : Gwéz, ô roué, pénaoz lézen ar Bersied hag ar Védied eo, na bell dén terri ar gourc'hémenn gréat gañd ar roué.

16. Neûzé dré urs ar roué é oé digaset Daniel, hag é oé taolet é poull al léoned. Hag ar roué a lavaraz da Zaniel : Da Zoué, péhini a géélez bépréd, héñ az dieûbô.

17. Digaset é oé eur méan, hag é oé lékéat war c'hénou ar poull : hag ar roué hé ziellaz gañd hé ziel hé-unan, ha gañt siel hé briñsed, gañd aoun na vé gréat cunn dra-bennâg a énep Daniel.

18. Hag ar roué a zistrôaz d'hé dl, hag a iéaz d'hé wélé hép koania : na oé két lékéat a voéd dira-z-hañ ; hag ar c'housked zô-kén a belléaz dioutbañ.

19. Ar roué a zavaz da darz-anndeiz, hag a iéaz buhan da boull al léoned.

20. Ha pa oa tôst d'ar poull, é c'halvaz Daniel gañd eur vouéz keinvanuz, hag é lavaraz d'ézhañ : Daniel, servicher ann Doué béô, da Zoué, péhini a zervichez bépréd, hag héñ en deûz gellet da zieûbi eûz al léoned?

21. Ha Daniel a respouñtaz, hag a lavaraz d'ar roué : O roué, bév davikenn :

22. Va Doué en deûz kaset hé éal, péhini en deûz serret géol al léoned, ha n'hô deûz két gréat a c'haou ouzin ; ô véza ma ounn bét kavet gwirion dira-z-hañ ; ha n'em eûz gréat gwall é-béd dira-z-od, ô roué.

23. Neûzé ar roué a oé laouénéetbrâz ; hag é kémennaz ma vijé tennet Daniel eûz ar poull ; ha Daniel a oé tennet eûz ar poull, ha na oé kavet gouli é-béd enn-hañ, ô véza m'en dôa krédet enn hé Zoué.

24. Hag ar roué a c'hourc'hémennaz ma vijé digaset ann dûd hô dôa tamallet Daniel ; hag hi a oé taolet é poull al léoned, hi, hag hô mipien, hag hô gragez ; ha na oañt két éat bété gwéled ar poull, ma krogaz al loéned enn-hô, ha ma vrévchoñt hô holl eskern.

25. Neûzé ar roué Darius a skrivaz d'ann holl boblou, ha d'ann holl vrôadou, eûz a béb iéz, enn douar holl : Ra greskô ar péoc'h gan-é-hoc'h.

26. Eur gourc'hémenn a rann pénaoz em holl zalc'h hag em rouañtélez é krénô hag é toujô pép-hini râk Doué Daniel. Râg héñ eo ann Doué béô, ha peûr-baduz er c'hañtvédou ; hag hé rouañtélez na vézô két bévézet, hag hé c'halloud a badô da-vikenn.

27. Héñ eo ann dieûber hag ar Salver, a râ arwésiou ha burzudou enn éñv ha war ann douar ; en deûz dieûbet Daniel eûz a boull al léoned.

28. Hôgen Daniel en em geñdalc'haz *é karg* bété rén Darius, ha rén Sirus ar Persiad.

VII. PENNAD.

Gwélédigez ar pévar loen.

1. Er bloaz keñta eûz a Valtassar, roué Babilon, Daniel en doé eunn huvré ; ha gwélédigez hé benn a zeûaz pa édo enn hé wélé ; hag ô véza skrivet hé huvré, é strollaz anézhi é berr gomziou ; hag ô striza hé zanével, é lavaraz :

2. Ar wélédigez-zé am boé a-zoug ann nôz ; ha chétu ar béder avel eûs ann éñv a stourmé war ar môr brâz.

3. Ha pévar loen brâz dishéñvel ann eil diouc'h égilé a biñé eûz ar môr.

4. Ar c'heñta *a oa* ével eul léon, hag en dôa diou-askel eunn er : eñdra ma sellenn, é oé tennet hé ziou-askel diout-hañ ; ha *goudé*, é oé savet diouc'h ann douar, hag héñ a choumaz war hé dreid ével eunn dén, hag é oé rôet d'ézhañ eur galoun dén.

5. Ha chétu eul loen all a zavaz enn hé gichen, hag a oa héñvel oud eunn ours : hag héñ en dôa teir reñkad deñt enn hé c'heôl ; hag hi a lavaré d'ézhañ : Sâv, ha debr kalz a gik.

6. Goudé-zé é selliz, hag é wéliz eunn all ével eul léonpard, péhini en dôa péder askel war hé gein ével eskel eunn evn. Pévar fenn en dôa al

loen-zé, hag ar galloud a oé rôet d'ézhañ.

7. Goudé-zé é sellenn em gwélédigez nôz, ha chétu *é wéliz* eur pévaré loen, beûzuz, souézuz, ha gwall gré: deñt brâz houarn en doa; dibri ha dispenna a réa, hag é vac'hé dindân hé dreid ann dilerc'h. Dishéñvel é oa diouc'h al loéned all em bôa gwélet keñt; hag héñ en dôa dék korn.

8. Mé a zellé oud hé gerniel, ha chétu eur c'horn bihan all a zavaz eûz hô c'hreiz: ha tri eûz hé gerniel geñta a oé diframmet a zira-z-hañ: ha chétu éz oa er c'horn-zé daoulagad ével daoulagad eunn dén, hag eur génou a lavaré traou brâz.

9. Mé a arvesté kén na oé lékéat trônou, ha ma azézaz kôziad ann deisiou; hé wiskamant a oa gwenn ével ann erc'h, ha bléô hé benn ével gloan glân; hé drôn flammou tân: hé rôdou tân leskidik.

10. Eur ster a dân a darzé a zirâg hé benn: dék kañt mil a zerviché anézhañ, ha dék-kañt milion a oa enn hô zâ dira-z-hañ; ar varn a azézaz, hag al levriou a oé digoret.

11. Mé a arvesté enn abek d'ann trouz eûz ar geriou brâz a lavaré ar c'horn-zé: ha mé a wélaz pénaoz é oa bét lazet al loen, ha dispennet hé gorf, ha rôet da zévi gañd ann tân.

12. *Mé a wélaz ivé* pénaoz ar véli a oa bét lamet digañd al loéned all, hag é oa bét rôet ar vuez d'ézhô bétég eunn amzer hag eunn amzer.

13. Mé a arvesté em gwélédigez nôz, ha chétu ével Mâb ann dén a zeûé gañt koabrennou ann éñv, hag éz éaz bété kôziad ann deisiou: hag hi a gasaz anézhañ dira-z-hañ.

14. Hag héñ a rôaz d'ézhañ ar galloud, ann énor, hag ar rouañtélez; ma vézô servichet gañd ann holl boblou, ar breûriézou, hag ann iézou; hé c'halloud *a zô* eur galloud peûrbaduz, ha na vézô két lamet *diouthañ;* hag hé rouañtélez na vézô két dispennet.

15. Saouzanet é oé va spéred: mé Daniel a oé spouñtet gañd ann traou-zé, ha gwélédigésiou va fenn a strafilaz ac'hanoun.

16. Ha mé a dôstaaz oud unan eûz ar ré a ioa enn hô zâ, hag é c'houlenniz digañt-hañ ar wirionez diwarbenn kémeñt-sé. Hag héñ a zeskaz ac'hanoun, hag a rôaz d'in ann displég eûz ann traou-zé:

17. Ar pévar loen brâz-zé a zô péder rouañtélez a zavô eûz ann douar.

18. Hôgen señt Doué ann Uc'hel-brâz a zigémérô ar rouañtélez: hag hi hô dévézô ar rouañtélez bétég ar c'hañtved, hag héd kañtved ar c'hañtvédou.

19. Goudé-zé em boé eur c'hoañt brâz da c'houzout pétrâ oa ar pévaré loen péhini a oa dishéñvel-brâz diouc'h ar ré all holl, ha gwall spouñtuz; a houarn é oa hé zeñt hag hé ivinou; héñ a zebré hag a zispeuné, hag a vac'hé ann dilerc'h dindân hé dreid:

20. Ha *pétrâ oa* hé zék korn, en dôa oud hé benn: ha *pétrâ oa* eunn all a oa savet, ha dirâk péhini é oa kouézet tri c'horn: ha pétrâ oa ar c'horn-zé, péhini en dôa daoulagad, hag eur génou a lavaré traou brâz, hag a oa brasoc'h égéd ar ré all.

21. Ha mé a arvesté, ha chétu ar c'horn-zé a réa brézel oud ar zeñt, hag a oa tréac'h d'ézhô;

22. Ken na zeûaz kôziad ann deisiou, ha na rôaz ar varn da zeñt ann Uc'hel-brâz, ha na c'hoarvézaz ann amzer é péhini ar zeñt hô dóé ar rouañtélez.

23. Hag ével-henn é lavaraz: Ar pévaré loen a vézô eur bévaré rouañtélez war ann douar, a vézô brasoc'h égéd ar rouañtélésiou all holl, a louñkô ann douar holl, hé vachô, hag hé vrévô.

24. Hôgen ann dék korn eûz ar rouañtélez-zé, eo dék roué; hag eunn all a zavô goudé ar ré-mañ, hag a vézô galloudusoc'h égéd ar ré all keñt, hag a vuélai tri roué.

25. Hag héñ a zrouk-prézégô oud ann Uc'hel-brâz, hag a vac'hô señt ann Uc'hel-brâz; hag héñ a grédo pénaoz é heltô névézi ann amzeriou hag al lézennou; hag hi a vézô lékéat étré hé zaouarn a-héd eunn amzer, hag amzeriou, hag ann hañter eûz a eunn amzer.

26. Hag ar varn a azézô; évit ma vézô lennet ar galloud diout-hañ, ma vézô brévet, ha ma vézô dispennet da-vikenn.

27. Hôgen ar rouañtélez, hag ar galloud, hag héd ar rén a zô dindân ann éñv, a vézô rôet da bobl señt ann Uc'hel-brâz : rôg hé rouañtélez a zô eur rouañtélez peûr-baduz; hag ar rouéed holl a zervichô anézhi, hag a zeñtô out hi.

28. Énô é oé divez al lavar. Mé Daniel a oé strafilet-brâz gañt va ménosiou, ha va dremm a oé kemmet-brâz : hôgen mé a virraz ar gériou-zé em c'haloun.

—

VIII. PENNAD.

Gwélédigez eunn tourz hag eur bouc'h.

1. Enn trédé bloaz eûz a rén ar roué Baltassar, é teûaz eur gwélédigez d'in. Mé Daniel, goudé ar péz em bôa gwélet da geñta,

2. É wéliz enn eur wélédigez, pa édoun é kastel Susan, a zô é brô Élam : é wéliz éta enn eur gwélédigez pénaoz édoun oud dôr Ulai.

3. Ha mé a zavaz va daoulagad hag a zellaz ; ha chétu eunn tourz a oa enn hé zà é-tàl ar wern, péhini en dôa korniel uc'hel. hag unan anézhô uc'héloc'h égéd égilé, hag a greské néheûd-é-néheût.

4. Goudé-zé é wéliz pénaoz ann tour-zé a gornié oud ar c'hûs-héol, hag oud ann hañter-nôz, hag oud ar c'hrésteiz, hag ann holl loéned na helleñt két kia out-hañ, nag en em zieûbi eûz hé zaouarn : hag héñ a réaz évet ma karaz, hag a zeûaz da véza brâz.

5. Ha mé a arvesté ; ha chétu eur bouc'h-gevr a zeûaz eûz ar c'hûs-héol war-c'horré ann douar holl, ha na stoké két oud ann douar; hôgen ar bouc'h-zé en dôa eur c'horn brâz étré hé zaoulagad.

6. Hag héñ a zeûaz bétég ann tourz korniet-zé, em bôa gwélet enn hé zà é-tâl ann ôr, hag hén a rédaz étrézég enn-hañ gañd hé holl ners.

7. Ha pa oé deûet tôst d'ann tourz, en em daolaz war-n-ézhañ, hag é skôaz gañt-hañ ; hag héñ a dorraz hé zaou gorn, ha na hellaz két ann tourz kia out-hañ ; ha pa en dôé hé daolet d'ann douar, é vac'haz anézhañ, ha dén na bellaz dieûbi ann tourz eûz hé zourn.

8. Hôgen bouc'h ar gevr a zeûaz da véza brâz-meûrbéd; ha pa oé kresket, é torraz ar c'horn brâz, hag é savaz pévar c'horn dindân-hañ war-zû péder avel ann éñv.

9. Hôgen eûz a unan anézhô é teûaz eur c'horn bihan, hag a zeûaz brâz war-zû ar c'hrésteiz, ha war-zû ar sâv-héol, ha war-zû *brô* ann ners.

10. Hag héñ a zavaz bétég arméou ann éñv; hag é lékéaz da gouéza lôd eûz ann arméou, hag eûz ar stéred, hag é vac'haz anézhô.

11. Sével a réaz zô-kén bété priñs ann armé ; hag é lamaz digañt-hañ ar sakrifiz peûr-baduz, hag é saotraz léac'h hé zañtuar.

12. Rôet é oé d'ézhañ ann ners a-éneb ar sakrifiz peûr baduz enn abek d'ar péc'héjou ; hag ar wirionez a vézô diskaret d'ann douar ; hag héñ a rai, hag a gasô da benn.

13 Ha mé a glévaz unan eûz ar zeñt hag a gomzé ; hag eur sañt a lavaraz da eunn all ha na anavézenn két hag a gomzé out-hañ : Bété pégeit é padô ar wélédigez diwar-benn ar sakrifiz peûr-baduz, hag ar péc'héd a zigasô ar mañtr zé ; hag é vézô mac'het ar sañtuar hag ann armé ?

14. Hag hé-mañ a lavaraz d'ézhañ : Bétég ar pardaez hag ar miñtin, daou vil deiz ha tri c'hañt ; hag ar sañtuar a vézô glanet.

15. P'am bôa, mé Daniel, ar wélédigez-zé, hag é klaskenn ann displég anézhi, chétu é savaz dira-z oun é doaré eunn dén.

16 Hag é kleviz mouéz eunn dén war-zû Ulai, a c'harmaz, hag a lavaraz : Gabriel, grâ d'ézhañ klevout ar wélédigez-zé.

17. Hag héñ a zeûaz, hag a chounmaz enn hé zà el léac'h ma édoun ;

ha pa oé deûet, é oenn spouñtet hag é kouéziz war va genou; hag héñ a lavaraz d'in : Poell, mâb dén, râg ar wélédigez-zé a vézô peûr-zévénet é amzer ann divez.

18. Ha pa gomzé ouz-in, é kouéziz war va genou d'ann douar; hag héñ a stokaz ouz-in, hag a lékéaz ac'hanoun da zével em zà.

19. Hag a lavaraz d'in : Mé a ziskouézô d'id ar péz a dlé da c'hoarvézout é divez ar valloz; râg ann amzer é dévézô hé divez.

20. Ann tourz éc'h eûz gwélet, hag héñ kerniel d'ézhañ, eo roué ar Védied hag ar Bersied.

21. Ar bouc'h-gevr eo roué ar C'hrésied, hag ar c'horn brâz eo dôa étré hé zaou-lagad, eo ar c'heñta eûz hô rouéed.

22. Ar pévar *c'horn* a zô bét savet goudé ma eo bét torret ar c'heñta, eo ar pévar roué a zavô eûz hé vrôad, ha n'hô dévézô két eunn hévélep ners.

23. Ha goudé hô rén, pa vézô kresket ar fallagriézou, é savô eur roué balc'h enn hé zremm, hag a glévô al lavariou-kuzet.

24. Hé c'halloud a startai, hôgen nann dré hé ners hé-unan; gwasta a rai pép-trâ, dreist pép ménoz; kémeñd a rai, a gasô da benn. Laza a rai ar ré gré, ha pobl ar zeñt.

25. Diouc'h hé ioul, é reizô hé zourn ann toullérez; hé galoun a stambouc'hô, hag er foûnder eûz a bép-trâ é lazô kalz a dûd. Sével a rai out priñs ar briñsed, hôgen hép dourn *é-béd* é vézô brévet.

26. Gwélédigez ar pardaez hag ar miñtin, a zô bét diskouézet d'id, a zô gwir; siel éta té ar wélédigez-zé, râg goudé deisiou é c'hoarvézô.

27. Ha mé Daniel a gouézaz er filidigez, hag a oé klañv a-zoug eunn dervez-bennâg; ha pa oenn savet, é réann ôberiou ar roué, hag é oann souézet gañd ar wélédigez-zé, ha na oa dén évid hé displéga.

IX. PENNAD.

Ann éal Gabriel a rô da anaout da Zaniel ar préd anat eûz a zonédigez ar C'hrist.

1. Er bloaz keñta eûz a Zarius, mâb Assuérus, eûz a wenn ar Védied, péhini a rénaz war rouañtélez ar C'haldéed;

2. Er bloaz keñta eûz hé rén, mé Daniel a boellaz diouc'h al levriou ann niver eûz ar bloavésiou, a béré é ra méneck gér ann Aotrou da Jérémias ar profed, évit ma vézô sévénet dismaûtr Jéruzalem, dék bloaz ha triugeñt.

3. Neûzé é trôiz va dremm étrézég ann Aotrou, va Doué, évid hé bédi hag hé bédi-stard er iuniou, er sac'h hag el ludu.

4. Ha mé a bédaz ann Aotrou, va Doué, hag é kovéseiz, hag é liviriz : Mé az péd stard, ô Aotrou Doué brâz hag heûruz, péhini a vir da gévrédigez ha da drugarez é-kéñver ar ré az kâr, hag a vir da c'hourc'hémennou.

5. Péc'het hon eûz, fallagriez hon eûz gréat, enn eur wall zoaré omp en em rénet, hag omp pelléet diouz-id; hag 'hon eûz dilézet da c'hourc'hémennou ha da varnédigez.

6. N'hon eûz két señtet oud da zervichérien ar broféded, péré hô deûz komzet enn da hanô d'hor rouéed, d'hor priñsed, d'hon tadou, ha da holl bobl ar vrô.

7. D'id eo ar reiz, ô Aotrou : ha d'é-omp eo mézégez hon dremm, ével ma eo hirió da dûd Juda, d'ar ré a choum é Jéruzalem, ha da Israel holl, d'ar ré a zô tôst, ha d'ar ré a zô pell, enn holl vrôiou é péré éc'h eûz hô distaolet, enn abek d'ar fallagriézou hô deûz gréat eon da énep.

8. D'é-omb eo, Aotrou, ar vézégez, ha d'hon dremm, ha d'hor rouéed, ha d'hor priñsed, ha d'hon tadou, péré hô deûz péc'het.

9. Hôgen d'id eo ann drugarez hag ann distol, ô Aotrou hon Doué, ô véza ma omp pelléet diouz-id.

10. Ha n'hon eûz két sélaouet

mouéz

mouéz ann Aotrou hon Doué, évit baléa enn hé lézen, en deûz rôet d'é-omp dré hé zervichérien ar brofédcd.

11. Hag Israel holl en deûz torret da lézen, hag hi hô deûz trôet hô fenn gañd aoun na glevcheñt da vouéz; hag ar valloz, hag ann argarzidigez a zô skrivet é levr Moizez servicher Doué a zô kouézet war-n-omp, ô véza ma hon eûz péc'het enn hé énep.

12. Hag héñ en deûz sévénet hé c'hériou, ar ré en deûz lavaret enn hon énep, hag enn éneb hor priñsed péré hô deûz hor barnet, évit ma ti-gasché war-n-omp eunn drouk brâz, ével n'eûz bét biskoaz hini dindân ann éñv, é-chiz ma eo c'hoarvézet war Jéruzalem.

13. Hervez ma eo skrivet é lézen Moizez, ann holl zrouk-zé a zô deûet war-n-omp: ha n'hon eûz két pédet dirâk da zremm, hon Doué, évit ma tistrôjemp diouc'h hor fallagriézou, ha ma anavézchemp da wirionez.

14. Hag ann Aotrou en deûz béliet war hon drouk, hag en deûz hé zigaset war n-omp. Gwirion eo ann Aotrou, hon Doué, enn holl ôbériou en deûz gréat; ô véza n'hon eûz két sélaouet hé vouéz.

15. Bréma éta, ô Aotrou hon Doué, péhini éc'h eûz digaset da bobl er-méaz eûz a vrô ann Ejipt gañd eunn dourn kré, hag éc'h eûz gréat d'id eunn hanô ével ma eo hiriô; péc'het hon eûz: drougiez hon eûz gréat.

16. O Aotrou, hervez da holl reiz-ded, ra zistrôi, mé az péd, da vuané-gez ha da frouden diwar da géar a Jéruzalem, ha diwar da vénez sañtel: râg enn abek d'hor péc'héjou, ha da fallagriézou hon tadou, éma Jéruzalem ha da bobl é dismégañs d'ar ré holl trô-war-drô.

17. Bréma éta, ô hon Doué, sélaou out gwéstlou hag out pédennou da zervicher; ha diskouéz da zremm war da zañtuar, a zô didûd, hag évid-od da-unan.

18. Dinaou da skouarn, ô va Doué, ha sélaou: digor da zaoulagad, ha sell oud hor mañtr, hag oud ar géar é péhini eo bét galvet da hanô; râk né két hervez hor reizded en em striñ-komp d'ann douar dirâk da zremm évid da bédi, hôgen hervez ann niver brâz eûz da drugarézou.

19. Sélaou, Aotrou, habaska, Ao-trou: arvest ha grâ; na zalé két, va Doué, enn abek d'id da-unan; râk da hanô a zô bét galvet war ar géar-mañ, ha war da bobl.

20. Ha pa gomzenn c'hoaz, hag é pédenn, hag é kovéséenn va féc'hé-jou, ha péc'héjou va fobl a Israel, hag é oann striñket d'ann douar dirâk va Doué oc'h hé bédi évid hé vénez sañtel:

21. Pa gomzenn c'hoaz ha pa bé-denn, chétu eunn dén, Gabriel, pé-hini em bôa gwélet er penn-keñta em gwélédigez, a nichaz hag a stokaz ouz-in, é préd sakrifiz ann abardaez.

22. Hag héñ a zeskaz ac'hanoun, ô komza ouz-in, hag ô lavarout: Daniel, bréma ounn deûet évid da zeski, ha da rei skiañt d'id.

23. Adaleg ar penn-keñta eûz da bédennou eo deûet ar gourc'hémenn d'in; ha mé a zô deûet évid diskléria d'id pép-trâ, ô véza ma oud eunn dén ioulek: laka évez éta oud ar péz a li-virinn, ha poell ar wélédigez.

24. Dék sizun ha tri-ugeñt a zô bét diverréet war da bobl, ha war da géar zañtel, évit ma vézô kaset-da-benn ann drougiez, ha lamet ar péc'hed, ha kaset-da-gét ar fallagriez, ha diga-set ar reizded peûr-baduz, ha sévénet ar wélédigez hag ann diougan, hag éoliet sañt ar zeñt.

25. Gwéz éta, ha laka évéz. Abaoé ar gourc'hémenn a vézô rôet évid as-sével Jéruzalem, bétég ar C'hrist blé-nier, é vézô seiz sizun, ha diou zizun ha tri-ugeñt; hag al leûriou-kéar hag ar muriou a vézô assavet é amzeriou doaniuz.

26. Ha goudé diou zizun ha tri-ugeñt é vézô lazet ar C'hrist; hag ar bobl a dlé hé zinac'ha na vézô két hé bobl. Pobl ar priñs a dlé dont a zis-mañtrô kéar hag ar sañtuar; hag hé divez a vézô eur gwastadur, ha goudé divez ar brézel é teûi eunn dismañtr krenn.

27. Hôgen héñ a startai hé gévré-digez gañt meûr a hini enn eur zizun;

hag é-hañter ar zizun éc'h éhanô ann hostivou hag ar sakrifisou : hag heûz ann dismañtr a vézô enn templ ; hag ann dismañtr a badô bétég ar sévénidigez hag ann divez.

—

X. PENNAD.

Iûn ha gwélédigez Daniel.

1. Enn trédé bloaz eûz a Zirus, roué ar Bersied, eur gér a oé disklériet da Zaniel, les hanvet Baltassar, eur gér gwir, hag eunn ners brâz : hag héñ a boellaz ar lavar ; râk poell a zô réd er gwélédigésiou.

2. Enn deisiou-zé, me Daniel a wélaz bemdez a-héd teir zizun.

3. Na zebriz két a vara c'houék, n'az éaz na kik na gwin em génou, ha n'en em lardiz két gañd éôl ; kén na oé trémének deisiou ann teir zizun-zé.

4. Hôgen er pévaré deiz war-nugeñt eûz ar miz keñta, édoun é-tâl ar ster vrâz, péhini eo ann Tigris.

5. Ha mé a zavaz va daoulagad, hag a zellaz : ha chétu *é wéliz* eunn dén gwisket gañt lin, ha war hé zargreiz eur gouriz aour ar glana.

6. Hé gorf *a oa* ével eur *méan* krizolit, hag hé zremm ével doaré eul luc'héden, hag hé zaoulagad ével eur c'hleûzeur béô : hag hé zivrec'h hag ac'hanô bétég hé dreid ével arem ar skédusa : ha mouéz hé c'hériou ével mouéz eul lôd brâz a dûd.

7. Mé Daniel hép-kén a wélaz ar wélédigez-zé : râg ann dûd a oa ganéñ n'hé gwélchoñt két ; hôgen eunn heûz brâz a grôgaz enn-hô, hag hi a déc'haz hag en em guzaz.

8. Ha mé ô véza choumet va-unan a wélaz ar wélédigez vrâz-zé, ha na chonmaz két a ners enn-oun, va dremm a oé trôet, hag é fatiz, hag é kolliz va holl ners.

9. Ha mé a glévaz mouéz hé c'hériou : ha pa hé c'hléviz é c'hourvéziz war va dremm ha mé spouñtet-brâz, ha va génou a oa stâg oud ann douar.

10. Ha chétu eunn dourn a stokaz ouz-in, hag a zavaz ac'hanoun war va daoulin, ha war vellou va daouarn.

11. Hag héñ a lavaraz d'in : Daniel, dén c'houék, poell ar geriou a lavarann d'id, ha sâo enn da zâ ; râk bréma ounn kaset étrézég enn-od. Ha goudé m'en dôé lavaret kémeñt-sé d'in, é saviz enn eur gréna.

12. Hag héñ a lavaraz d'in : N'az péz két a aoun, Daniel ; râg aba ann deiz keñta ma éc'h eûz rôet da galoun d'ar poell, ha ma oud en em gastizet dirâk da Zoué, eo bét sélaouet oud da c'hériou : hag enn abek d'as gériou eo ounn deûet.

13. Hôgen priñs rouañtélez ar Bersied a énébaz ouz-in a-héd eunn dervez war-n-ugeñt : ha chétu Mikael, unan eûz ar briñsed keñta, a zeûaz d'am ken-nerza ; ha mé a choumaz énô gañt roué ar Bersied.

14. Ha mé a zô deûet évid deski d'id ar péz a dlé da c'hoarvézout gañd da bobl enn deisiou divéza ; râg ar wélédigez-zé na vézô sévénet némét goudé *kalz* deisiou.

15. Goudé m'en dôé lavaret kémeñt-sé d'in, é trôiz va daoulagad étrézég ann douar, hag é taviz.

16. Ha chétu ann hini a oa héñvel out mâb ann dén a stokaz out va muzellou : hag ô tigeri va génou é komziz, hag é liviriz d'ann hini a oa enn hé zâ dira-z-oun : Va Aotrou, pa em eûz da wélet, eo bét dilec'het va mellou, ha n'eûz choumet ners é-béd enn-oun.

17. Ha pénaoz é hellô servicher va Aotrou komza out va Aotrou ? râk n'eûz choumet ners é-béd enn-onn, ha va halan hé-unan a zô kollet.

18. Hag ann hini a oa héñvel oud eunn dén a stokaz adarré ouz-in, hag a grévaaz ac'hanoun,

19. Hag a lavaraz : N'az péz két a aoun, dén c'houék ; ar péoc'h *ra vézô* gan-éz ; en em gréva, ha béz kré. Ha pa gomzé ouz-in, en em grévaiz, hag é liviriz : Komz, va Aotrou, ô véza ma éc'h eûz va c'hrévéet.

20. Hag héñ a lavaraz : Ha gouzoud a réz pérâg ounn deûet étrézég ennod ? Hôgen bréma é tistrôann évit stourmi out priñs ar Bersied : ha

p'az éann er-méaz, priñs ar C'hrésied a zô deûet d'en em ziskouéza.

21. Koulskoudé é rôinn da anaoud d'id ar péz a zô merket é skritur ar wirionez : ha n'eûz dén ô skoazia ac'hanoun é kémeñt-sé, némét Mikael hô priñs-ç'houi.

—

XI. PENNAD.

Diougan diwar-benn ar Bersied hag ar C'hrésied.

1. Hôgen mé, aba ar bloaz keñta eûz a Zarius ar Médiad, a zô bét savet évit ma krévaché ha ma startaché.

2. Ha bréma é rôinn da anaoud d'id ar wirionez : Chétu é savô c'hoaz tri roué er Bersia ; hag ar pévaré a vézô pinvidikoc'h égéd ar ré all holl : ha pa vézô deûet da véza galloudek gañd hé vadou, é keñtraouô ann holl *boblou* out rouañtélez ar C'hrésied.

3. Hôgen sével a rai eur roué kré, a aotrouniô gañd eur galloud brâz, hag a rai ar péz a garô.

4. Ha pa vézô bét savet, hé rouañtélez a vézô dispennet, hag a vézô rannet war-zû ar pévar avel eûz ann éñv ; n'az ai két d'hé násted, ha na viró két ar galloud gañt péhini en dôa aotrouniet : râg hé rouañtélez a vézô diframmet gañt ré all c'hoaz, estr égéd ar ré-mañ.

5. Ha roué ar c'hrésteiz en em grévai : hag *unan* eûz hé briñsed a vézô galloudékoc'h égét-hañ, hag en dévézô kalz a véli ; râk brâz é vézô hé aotrouniez.

6. Ha goudé eur bloavésiou-bennâg, é raiñt kévrédigez étré-z-hô : ha merc'h roué ar c'hrésteiz a zeûi da gavout roué ann hañter-nôz évid ôber karañtez : hôgen na gavô két eur vréac'h gré, ha n'en em startai két hé gwenn : hî hé-unan a vézô gwerzet, hag ivé ar ré hô dôa hé digasct, hag ann dûd-iaouañk péré hô dôa hé c'hen-nerzet a-héd ann amzériou.

7. Hôgen eunn taol a zavô eûz a c'hrisien ann hévélep plañten : hag héñ a zeûi gañd eunn armé, hag a iélô é proviñsou roué ann hañtez-nôz : hag héñ hô gwastô hag hô c'hémérô.

8. Hag héñ a gasô gañt-hañ *évcl* sklaved enn Éjipt, hô douéed, hô skeûdennou, hag hô listri arc'hañt hag aour ar ré gaéra : tréac'h é vézô da roué ann hañtez-nôz.

9. Roué ar c'hrésteiz a iélô enn hé rouañtélez, hag a zistrôi d'hé vrô hé-unan.

10. Hôgen hé vipien en em geñtraouô, hag a strallô arméou brâz : hag *unan* a zeûi gañd hast, hagével eunn dic'hlann : hag héñ a zistrôi, hag en em geñtraouô, hag a stourmô oud hé holl ners.

11. Neûzé roué ar c'hrésteiz ô véza héget a zavô, hag a stourmô out roué ann hañter-nôz : eunn armé brâz a strollô, hag eul lôd brâz a dûd a vézô lékéat étré hé zaouarn.

12. Eul lôd brâz a gémérô, hag hé galoun a stambouc'hô : meûr a vil a zispennô, hôgen na vézô két tréac'h.

13. Râk roué ann hañter-nôz a zistrôi adarré, hag a strollô eunn armé brasoc'h c'hoaz égéd ar geñta : ha da benn eur bloavésiou-bennâg, é teûi gañd hast, gañd eunn armé vrâz ha kalz madou.

14. Hag enn amzeriou-zé é savô meûr a hini a-énep roué ar c'hrésteiz : mipien ar ré eûz da bobl péré hô dévézô torret al lézen a zavô ivé évit sévéni ar wélédigez, hag hî a gouézô.

15. Ha roué ann hañter-nôz a zeûi, hag a rai savennou-douar, hag a gémérô kériou ar ré gréva : ha brec'hiou ar c'hrésteiz na helliñt két harza ; ar ré-zilennet a zavô évid énébi, ha n'hô dévézô két a ners.

16. Pa zeûi enn hé énep é rai ar péz a garô, ha na vézô dén évit sével out-hañ : enn douar brudet-brâz éz ai, ha gañd hé zourn é vézô dispennet.

17. Trei a rai hé zremm évit kémérout hé rouañtélez holl, hag é doaré vâd é rai enn hé génver : merc'h ar gragez a rôi d'ézhañ, évid hé golla ; hôgen na zeûi két a benn, hag hî na vézô két évit-hañ.

18. Trei a rai hé zremm étrézég ann énézi, hag é kémérô kalz *anézhô* : hag héñ a rai penn out priñs hé vézégez,

hag hé vézégez a drôi out-hañ hé-unan.

19. Trei a rai hé zremm étrézé douarou hé rouañtélez hé-unan : eur spi a gavô, kouéza a rai, ha na vézô kavet mui.

20. Hag enn hé léac'h é savô eunn dén dister-brâz, ha dizellézek eûz ar sked a roué : hag é nébeûd a zeisiou é vézô dispennet hé-mañ, nann dré ar frouden, na dré ar brézel.

21. Hag enn hé léac'h é savô eunn dén disprizet, ha da béhini na vézô két rôet ann énor a roué : é-kûz é teûi, ha dré douellérez é kémérô ar rouañtélez.

22. Hag ann divrec'h a stourmô a vézô trec'het dira-z-hañ, hag a vézô brévet : hag ivé penn ar gévrédigez.

23. Ha goudé ar c'harañtésiou, é rai touellerez enn hé géñver : piñ a rai, hag é trec'hô gañd nébeûd a bobl.

24. Mond a rai er c'hériou ar ré vrasa hag ar ré binvidika : hag héñ a rai ar péz n'hô deûz gréat hag hô zadou, na tadou hô zadou : dibourc'h ha preiz a gémérô war-n-ézhô, hag hô madou a vévézô : hag oud hô ménosiou ar ré gréva éc'h énébô : ha kémeñt-sé bétég eunn amzer.

25. Hag héñ a geñtraouô hé ners hag hé galoun out roué ar c'hrésteiz hag hé armé vrâz : ha roué ar c'hrésteiz a vézô galvet d'ar brézel gañt kalz a gen-nerz hag a vrézélidi : hôgen hi na véziñt két stard, ô véza ma tispac'hiñt enn hé énep.

26. Hag ô tibri bara gañt-hañ, é tispenniñt anézhañ ; hag hé armé a vézô mac'het : hag eul lôd brâz a vézô lazet.

27. Kaloun ann daou roué-zé a vézô douget da ôber ann drouk : oud ann hévélep taol, é liviriñt gevier, ha n'az aiñt két da benn : ô véza na vézô két c'hoaz deûet ann amzer.

28. Hag héñ a zistrôi d'hé vrô gañt madou brâz : hé galoun a *zavô* a-éneb ar gévrédigez zañtel ; *évél-sé* é rai, hag é tistrôi d'hé vrô.

29. D'ann amzer merket é tistrôi, hag é teûi war-zû ar c'hrésteiz : hag ar stad divéza na vézô két héñvel oud ar stad geñta.

30. Hag ar Romaned a zeûi enn hé énep gañd hô listri : hag héñ a vézô diskaret, hag a zistrôi, hag a wiñkô out kévrédigez ar sañtuar, hag a rai ével-henn : distrei a rai, hag é taolô ivé hé wall vénosiou war ar ré hô dôa dilézet kévrédigez ar sañtuar.

31. Brec'hiou a zavô évit-hañ, hag hi a zaotrô sañtuar ann ners, hag a lamô ar sakrifiz peûr-baduz : hag hi a zavô heûz ann dismañtr.

32. Ar ré fallagr péré hô dévézô torret ar gévrédigez a embrégô gañt troidellérez : hôgen ar bobl a anavézô hé Zoué en em startai *oud al lézen*, hag hé sévénô.

33. Hag ar ré zesket é-touez ar bobl a zeskô meûr a hini : hag hi a vézô heskinet gañd ar c'hlézé, ha gañd ann tân, ha gañd ar sklavérez, ha gañd ar preizérez, a-héd *meûr a* zervez.

34. Ha pa gouéziñt war-n-ézhô, ar ré-mañ a vézô ken-nerzet gañd eur c'hennerz bihan : ha meûr a hini en em stagô out-hô é-kûz.

35. Ha lôd eûz ar ré zesket a gouézô, évit ma véziñt tanet, ha glanet, ha gwennet, bétég eunn amzer merket : râg eunn amzer all a vézô c'hoaz.

36. Ar roué a rai ar péz a garô. Sével a rai, hag en em vugadô a-éneb ann holl zouéed : traou balc'h a lavarô diwar-benn Doué ann douéed : hag héñ a zeûi da benn, kén na vézô leûniet hé vuanégez : râg enn doaré zé eo bet reizet.

37. N'en dévézô azaouez é-bed oud Doué hé dadou : é droug-ioul ar merc'hed é vézô ; ha na énorô doué é-béd ; râg a énep pép-trâ é savô.

38. Kééla a rai ann doué Maozim enn hé léac'h : hag héñ a énorô gañd aour ha gañd arc'hañt, ha gañt mein talvouduz, ha gañt traou ar ré gaéra, eunn doué ha na anavézé hét hé dadou.

39. Lakaad a rai da grévaat Maozim, ann doué-zé a-ziavéaz, péhini a anavez ; kreski a rai hé chloar, hag é rôi *d'hé géélerien* eur véli vrâz, hag é rannô ann douar hép mizou.

40. Roué ar c'hrésteiz a stourmô out-hañ eun amzer verket, ha roué ann hañter-nôz a zeûi ével eunn arné

enn hé ónep, gañt kirri, gañt marc'héien, ha gañd eul lòd bráz a listri: moñd a rai enn hé zouarou; hó gwasta a rai, hag é trémén dreist.

41. Hag héñ a iélò enn douar a c'hloar, ha kalz a vézò dispennet: ar ré-zé hép-kén a vézò dieûbet eûz hé zaouarn, Édom, ha Moab, ha pennkéar bugalé Ammon.

42. Astenna a rai hé zourn war ar brôiou, ha brô ann Éjipt na dec'hô két.

43. Héñ a vézò da vestr d'ann teñzoriou aour hag arc'hañt, ha d'ann holl draou talvouduz-bráz eûz ann Éjipt: al Libia hag ann Étiopia a dreûzò ivé.

44. Strafilet é vézò gañd ar c'helou a zeûi d'ézhañ eûz ar sâv-héol, hag eûz ann hañter-nôz: hag héñ a zeûi gañd eul lòd bráz a dûd évit brévi ha laza meûr a hini.

45. Hag héñ a zavò telt hé léz étré ar móriou, war ar ménez brudet ha sañtel: hag éz ai bétég hé lein, ha na vézò dén évid hé gen-norza.

—

XII. PENNAD.

Dieûb pobl Israel.

1. Hôgen enn amzer-zé é savò Mikael ar priñs bráz, péhini a zâv évit bugalé da bobl: hag é teûi eunn amzer ha n'eo két bét unan héñvel outhañ, abaoé ma eûz bét dérou d'ar brôadou bété neûzé. Hag enn amzer-zé é vézò savétéet eûz da bobl, kémeñd hini a vézò skrivet hé hanô el levr.

2. Hag al lòd bráz eûz ar ré a zô kousket é poultr ann douar a zihunò; lòd évid ar vuez peûr-baduz, ha lòd all évid eur vézégez vráz a wéliñt bépréd.

3. Hôgen ar ré a vézò bét desket a luc'hò ével skéd ann oabl: hag ar ré hô dévézò desket meûr a hini er reizded, ével stéred peûr-baduz.

4. Ha té, Daniel, serr ar geriou-zé, ha siell al levr-mañ bétég ann amzer merket: meûr a hini a lennò ennhañ, hag ar wiéziégez a greskò.

5. Ha mé Daniel a zellaz, ha chétu ével daou zén all a oa enn hô zâ: unan enn tû-mañ war aod ar ster, hag égilé enn tû all, war aod all ar ster.

6. Ha mé a lavaraz d'ann dén a oa gwisket gañt lin, hag a oa enn hé zâ war zouréier ar ster: Peûr é vézò ann divez eûz ar vurzudou-zé?

7. Ha mé a glévaz ann dén a oa gwisket gañt lin, hag a oa enn hé zâ war zouréier ar ster, péhini goudé béza savet hé zourn déou hag hé zourn kleiz étrézég ann éñv, a douaz dré ann hini a vév da-vikenn, pénaoz *é vézò* enn eunn amzer, amzeriou, hag ann hañter eûz a eunn amzer; ha pénaoz pa vézò peûr-skiñet ners ar bobl sañtel, é vézò sévénet kémeñt-sé.

8. Ha mé a glévaz, ha na boelliz két. Hag é liviriz: Va Aotrou, pétrâ a vézò goudé-zé?

9. Hag héñ a lavaraz: Kéa, Daniel, râg ar geriou-zé a zô serret ha siellet, bétég amzer hô sévénidigez.

10. Kalz a vézò dilennet, a vézò gwennet, hag a vézò arnodet ével dré ann tân: hag ar ré fallagr a rai fallagriez; hag ann holl ré fallagr na boelliñt két, hôgen ar ré wiziek a boellò.

11. Hag abaoé ann amzer ma vézò bét lamet ar sakrifiz peûr-baduz, ha ma vézò savet heûz ann dismañtr, *é vézò* mil deiz dék ha pévarzék-ugeñt.

12. Euruz eo ann hini a c'hédò, hag a ia bété mil deiz pemzék ha c'houézék-ugeñt.

13. Hôgen té, kéa bétég ann divez: arzaòi a ri, hag é choumi enn da zoaré bété divez da zeisiou.

—

XIII. PENNAD.

Suzanna a zô douget d'ann droug gañd daou gôziad gadal, ha tamallet é-gaou gañt-hô, ha dieûbet gañt barn Daniel.

1. Eunn dén a ioa hag a choumé é Babilon, hag a oa hanvet Joakim.

2. Da bried é kéméraz eur c'hrég banvet Suzanna, merc'h da Helsias, kaer-meûrbéd, hag a zoujé Doué.

3. Râg ô véza ma oa tûd-reiz hé zâd hag hé mamm, é teskchoñt hô merc'h hervez lézen Moizez.

4. Hôgen Joakim a oa pinvidik-brâz, hag en dôa eunn avalennek warharz bé dl ; hag ar Iuzévien a iéa aliez d'hé wélout, ô véza ma oa-béñ ann énorusa anézhô,

5. Lékéat é oa da varnérien er bloaz-zé daou zén-kôz eûz a douez ar bobl, a béré en deûz komzet ann Aotrou, pa en deûz lavaret : Pénaoz ar fallagriez a zô deûet er-méaz eûz a Vabilon gañt kôzidi péré a oa barnérien, hag a hévélé réna ar bobl.

6. Ar ré-mañ a zarempredé tî Joakim ; hag ar ré holl péré hô dôa kéfridiou da varna a zeûé dî d'hô c'havout.

7. Da grésteiz, pa oa éat ar bobl er-méaz, Suzanna a zeûé, hag a valéé é avalenneg hé ozac'h.

8. Ar gôzidi-zé hé gwélé bemdez ô voñd-ébarz hag ô valéa : hag ann droug-ioul a grôgaz enn-hô enn hé c'héñver-hi.

9. Hô skiañt a oé direizet ; hag é tistrôjoñt hô daoulagad, évit na wélcheñt két ann éñv, ha na zeûjé két a goun d'ézhô eûz ar barnou reiz.

10. Hô daou éta é oañt glazet gañd ann orged é-kéñver Suzanna : ha koulskoudé na léverchoñt két hô foan ann eil d'égilé ;

11. Râg hi a rusié da ziskléria hô gwall-ioul ann eil d'égilé ; ô véza ma c'hoañtéé pép-hini anézhô kouska gañt-hi.

12. Hag hi a spié bemdez gañd ar brasa préder ar préd é péhini é helcheñt hé gwélout. Hag unan anézhô a lavaraz d'égilé :

13. Déomp d'ar géar, râk préd lein eo. Hag ô véza éat er-méaz, en em ranchoñt ann eil dioud égilé.

14. Hôgen ô tistrei râk-tâl, en em gévchoñt kévret. hag ô véza goulennet ann eil d'égilé ann abeg eûz a gémeñt-sé, éc'h añsavchoñt hô orged ; ha neûzé en em glevchoñt évit kéméroud ar préd é péhini é helcheñt kavout Suzanna hé-unan.

15. Hâ pa glaskeñt ar préd a vijé déréad, é c'hoarvézaz pénaoz Suzanna a iéaz d'ann avalennek, ével ma oa boaz da voñt, ha gañt-hi diou blac'h-iaouañk hép-kén ; hag é fellaz d'ézhi korroñka, ô véza ma oa gwall domm ann amzer.

16. Ha na oa dén énô, néméd ann daou zén-kôz, péré a oa kuzet, hag a zellé out-hi.

17. Neûzé Suzanna a lavaraz d'hé flac'hed : Digasit d'in éôl ha louzou c'houés-vâd ; ha serrit dôriou ann avalennek, évit ma en em walc'hinn.

18. Hag hi a réaz ar péz é dôa gourc'hémennet d'ezhô ; serra a réjoñt dôriou ann avélennek, hag éz éjoñt er-méaz dré ann ôr-adré, évid digas ar péz é dôa goulennet Suzanna out-hô ; ha na wieñt két pénaoz é oa ar ré-gôz ébarz.

19. Kerkeñt ha ma oé éat ar plac'hed er-méaz, ann daou zén-kôz a zavaz, hag a zirédaz étrézé Suzanna, hag a lavaraz d'ézhi :

20. Chétu eo serret dôriou ann avalennek, ha dén n'hor gwél : nî a gâr ac'hanod dreist-penn : en em rô éta d'hor c'hoañt, hag hol lez da voñt d'az kavout.

21. Ma na fell két d'id, é tougimp testéni enn da énep, hag é livirimp pénaoz é oa eunn dén iaouañk ganéz, hag eo évit-sé éc'h eûz kaset da blac'hed kuit.

22. Suzanna a hirvoudaz, hag a lavaraz : Eñkrez a zeû d'in a bép tû : râk mar grann ar péz a c'houlennit, é varvinn ; ha ma na rann két, na dec'hinn két diouc'h hô taouarn.

23. Hôgen gwell eo d'in kouéza étré hô taouarn hép héza gréat ann drouk. égét péc'hi dirâg ann Aotrou.

24. Neûzé Suzanna a c'harmaz kré ; hag ar ré-gôz a c'harmaz ivé out-hi.

25. Hag unan anézhô a rédaz étrézé dôr ann avalennek, hag hé digoraz.

26. Mévélien ann tî ô klévout ar garm enn avalennek. a zirédaz dré ann ôr adré. évit gwélout pétrâ é oa.

27. Pa hô doé ar ré-gôz lavaret kémeñt-sé, ar vévélien a rusiaz, ô véza na oa bét biskoaz lavaret traou enn doaré-zé diwar-benn Suzanna.

28. Hag añtrônôz ar bobl ô véza deûet da dl Joakim hé ozac'h, ann daou zén-kôz a zeûaz ivé gwall zoaréet a-énep Suzanna, évit lakaad hé laza.

29. Hag hi a lavaraz dirâg ar bobl : Kasit da gerc'hat Suzanna, merc'h Helsias, grek Joakim. Hag é oé kaset râk-tâl.

30. Hag hi a zeûaz gañd hé zâd hag hé mamm, hag hé mipien, hag hé holl géreñt.

31. Hôgen Suzanna a oa koañt, ha kaer-meûrbéd zô-kén.

32. Hag ann dûd fallagr - zé a c'hourc'hémennaz ma vijé tennet hé gwél d'ézhi (râg eur wél é doa), évit ma hô dévijé ann dudi da wélout hé c'héned hô-gwalc'h.

33. Hé c'hérèñt a wélé, hag ivé ar ré holl a anavézé anézhi.

34. Neûzé ann daou zén-hôz ô sével é-kreiz ar bobl, a lékéaz hô daouarn war benn Suzanna.

35. Hag hou-mañ enn eur wéla a zavaz hé daoulagad étrézég ann éñv; râg hé c'haloun é dôa fisiañs enn Aotrou.

36. Hag ar ré-gôz a lavaraz : Pa valéemp hou-unan enn avalennek, eo deûet hou-mañ ébarz gañd diou blac'h : hag ô véza lékéat serra dôriou ann avalennek, é deûz kaset ar plac'hed kuit :

37. Hag eunn dén-iaouañk péhini a ioa kuzet a zô deûet d'hé c'havout, hag en deûz kousket gañt-hi.

38. Nî a oa neûzé enn eur c'horn eûz ann avalennek, ha pa hon eûz gwélet ar gwall-zé, omp dirédet étrézég enn-hô, hag hon eûz hô gwélet ô kouska kévret.

39. N'hon eûz két gellet kregi enn dén-iaouañk, ô véza ma oa kréoc'h égéd-omp; hag hén en deûz digoret ann ôr hag a zô tec'het-kuit.

40. Hôgen pa hon eûz krôget enn hou-mañ, hon eûz goulennet digañt-hi piou é oa ann dén-iaouañk-zé, ha né két fellet d'ézhi hé lavaront d'é-omp : tést omp eûz a géméñt-sé.

41. Strollad ar bobl a grédaz d'ézhô, dré ma oañt-hi tûd-kôz ha barnerien ar bobl : hag é varnchoñt Suzanna d'ar marô.

42. Neûzé Suzanna a c'harmaz gañd eur vouéz gré, hag a lavaraz : Doué peûr-baduz, té péhini a c'houil é kémeñd a zô a guzéta, hag a anavez pép-trà abarz ma eo gréat ;

43. Té a oar pénaoz hô deûz douget ar ré - mañ eunn testéni gaou em énep : ha chétu éz ann da vervel, hép ma em eûz gréat nétrà eûz ar péz hô deûz é-gaou ha gañd drougiez tamallet d'in.

44. Ann Aotrou a zélaouaz oud hé féden.

45. Ha pa gased anézhi d'ar marô, ann Aotrou a lékéaz da zével spéred sañtel eur c'hrenn-baotr, hanvet Daniel ;

46. Péhini a c'harmaz gañd eur vouéz gré : Dinam ouun eûz a c'hoad ar c'hrég-zé.

47. Hag ann holl bobl ô véza trôet out-hañ, a lavaraz d'ézhañ : Pétrâ eo ar gér-zé éc'h eûz lavaret ?

48. Ha Daniel oc'h en em zerc'hel enn hé zà enn hô c'hreiz, a lavaraz d'ézhô : Ha ken diskiañt oc'h - hu, bugalé Israel, évit kâs d'ar marô eur verc'h eûz a Israel, héb béza hé barnet, hag héb béza anavéret ar wirionez ?

49. Distrôit da eur varn néyez ; râg eunn testéni gaou hô deûz douget enn hé éneb-bi.

50. Ar bobl a zistrôaz éta gañd hast : hag ann hénaoured a lavaraz da Zaniel : Deûz, hag azez enn hor c'hreiz, ha diskouéz ar wirionez d'é-omp : râk Doué en deûz rôet d'id énor ar gôzni.

51. Ha Daniel a lavaraz d'ézhô : Pellait anézhô ann eil diouc'h égilé, hag é varninn anézhô.

52. Pa oeñt éta pelléet ann eil diouc'h égilé, Daniel a c'halvaz unan anézhô, hag a lavaraz d'ézhañ : Té péhini a zô kôséet enn drouk, da béc'hédou keñt a zô kouézet bréma war-n-od ;

53. Té péhini a varné gañd direizded, a waské war ar ré zinam, hag a laoské ar ré gabluz, pétrâ-bennâg ma en deûz lavaret ann Aotrou : Na gasi két d'ar marô ann dén dinam hag ann dén reiz.

54. Bréma éta ma éc'h eûz gwélet ar c'hrég zé, lavar d'in dindân pé wézen éc'h eûz hô gwélet ô komza ann eil gañd égilé. Hag héñ a lavaraz : Dindân eur wézen-vastik.

55. Ha Daniel a lavaraz d'ézhañ : Gaou a lévérez, hag é kouézô war da benn ; râk chétu éal ann Aotrou, da béhini eo bét rôet ar varn, hag a drouc'hô ac'hanod é daou-hañter.

56. Hag ô véza kaset hé-mañ kuit, é c'hourc'hémennaz ma vijé digaset égilé, hag é lavaraz d'ézhañ : Gwenn Kanaan, ha nann gwenn Juda, ar c'haerded en deûz da douellet, hag ann orged en deûz gwallet da galoun :

57. Ével sé é réez é-kéñver merc'hed Israel, hag hi gañd aoun ra-z-od a gomzé gan-éz : hôgen merc'h Juda n'é deûz két gouzañvet da fallagriez.

58. Bréma éta lavar d'in dindân pé wézen éc'h eûz hô c'havet ô komza ann eil gañd égilé. Hag héñ a lavaraz : Dindân eur c'hlastennen.

59. Ha Daniel a lavaraz d'ézhañ : Gaou a lévérez, hag é kouézô war da benn : râk choumet eo éal ann Aotrou, hag ar c'hlézé enn hé zourn, évid da drouc'ha é daou-hañter, hag hô laza hô-taou.

60. Neûzé ann holl bobl a c'harmaz gañd eur vouéz-gré ; hag é vennigchoñt Doué, péhini a zieûb ar ré a laka hô géd enn-hañ.

61. Hag hi a zavaz a-éneb ann daou zén-kôz (râk Daniel en doa hô c'heñdrec'het dré hô lavar hô-unan da véza douget eunn testéni gaou) ; hag é varnchoñt anézhô d'ann hévélep poan a oa bét fellet d'ézhô da lakaad da c'houzañvi d'hô nésa,

62. Évit sévéni lézen Moizez. Évelsé é lékéjoñt anézhô da vervel, hag ar goad dinam a oé dieûbet enn deiz-zé.

63. Helsias hag hé c'hrég a veûlaz Doué évit Suzanna hô merc'h, gañt Joakim hé fried, hag hé holl géreñt, ô véza na oa en em gavet enn-hi nétrâ a vézuz.

64. Abaoé ann deiz-zé, ha pelloc'h, e oé brâz Daniel dirâg ar bobl.

65. Ar roué Astiages ô véza éat da gavout hé dadou, Sirus ar Persiad a rénaz hé rouañtélez.

XIV. PENNAD.

Daniel a laka da vervel ann aérouañt, hag a zô taolet é poull al léoned.

1. Daniel a zebré out taol ar roué, hag a oa énoret gañt-hañ dreist hé holl viñouned.

2. Ar Vabilonied hô dôa neûzé eunn idol hanvet Bel, da béhini é kenniged bemdez é sakrifiz daouzeg gôr bleûd gwiniz ar glana, daou-ugeñt dañvad, ha c'houec'h léstrad gwin.

3. Ar roué a énoré ivé ann idol-zé, hag a iéa bemdez d'hé azeûli : hôgen Daniel a azeûlé hé Zoué. Hag ar roué a lavaraz d'ézhañ : Pérâk na azeûlez két Bel ?

4. Ha Daniel a lavaraz d'ar roué : O véza na azeûlann két idolou gréat gañd daonarn ann dûd, hôgen ann Doué béô, péhini en deûz krouet ann éñv hag ann douar, hag en deûz enn hé véli kémeñd a zô béô.

5. Hag ar roué a lavaraz d'ézhañ : Ha na grédez-té két é vé Bel eunn doué béô ? Ha na wélez-té két pégémeñt é tebr hag éc'h év bemdez ?

6. Ha Daniel enn eur c'hoarzin a lavaraz : Na fazi két, ô roué ; râg ann idol-zé a zô a bri enn diabarz, hag a arem enn diavéaz, ha na zebr nétrá.

7. Hag ar roué ô véza savet droug enn-hañ, a c'halvaz ar véleien, hag a lavaraz d'ézhô : Ma na livirit d'in piou eo ann hini a zebr ann holl voéd a róeur da Vel, é varvot.

8. Hôgen mar tiskouézit d'in pénaoz Bel a zebr kémeñt-sé, é varvô Daniel, ô véza ma en deûz drouk-komzet diwar-benn Bel. Ha Daniel a lavaraz d'ar roué : Bézet gréat hervez da c'hér.

9. Hôgen dék ha tri-ugeñt a ioa eûz a véleien Bel, hép nivéri hô gragez, hô bugalé, hag hô bugalé-bihan. Ar roué a iéaz éta gañd Daniel é templ Bel.

10. Ha béleien Bel a lavaraz d'ar roué : Chétu ni a ia er-méaz : ha té, ô roué, laka digas ar boéd hag ar gwin ; serr ann ór, ha siell-hi gañd da vizou :

11. Ha warc'hoaz diouc'h ar miñ-

tin, pa zeûi enn templ, ma na gavez két pénaoz é vézô débret boll gañt Bel, é varvimp holl, pé é varvô Daniel, évit béza lavaret gévier diwar hor penn.

12. Evel-sé é komzeñt gañt faé, ô véza m'hô dôa gréat dindân ann daol eunn ôr gûz, dré béhini éz éañt bébréd ébarz, hag é tebreñt kémeñd a ioa.

13. Goudé éta ma oé éat ar véleien er-méaz, ar roué a lékéaz da zigas ar boéd dirâk Bel; ha Daniel a c'hourc'hémennaz d'hé vévellou digas ludu, hag é skulaz anézhañ gañd eur c'hrouer dré ann holl dempl dirâg ar roué. Goudé-zé éz éjoñt er-méaz, hag é serrchoñt ann ôr, hag ô véza hé ziellet gañt bizou ar roué, éz éjoñt-kuit.

14. Ar véléien a zeûaz ébarz a-zoug ann nôz, hervez hô boaz, gañd hô gragez hag hô bugalé; hag é tebrchoñt, hag éc'h évchoñt kémeñd a ioa.

15. Hôgen ar roué a zavaz kerkeñt ha goulou-deiz, ha Daniel gañt-hañ.

16. Hag ar roué a lavaraz: Daniel, ar ziel hag hi zô klôk? Ha Daniel a lavaraz: Klôk eo, ô roué.

17. Kerkeñt ha ma oé digoret ann ôr, ar roué ô wélout ann daol *divoéd*, a c'harmaz gañd eur vouéz gré, *ô lavarout*: Brâz oud, ô Bel, ha n'eûz enn-od touellérez é-béd.

18. Ha Daniel a c'hoarzaz, hag ô virout oud ar roué n'az ajé ébarz, é lavaraz d'ézhañ: Sell out leûr *ann templ*, hag arvest da biou eo ar roudou-treid-zé.

19. Hag ar roué a lavaraz: Mé a wél roudou-treid gwazed, merc'hed, ha bugalé. Hag é savaz drouk brâz er roué.

20. Neûzé é lékéaz krégi er véleien, enn hô gragez, hag enn hô bugalé: hag hi a ziskouézaz d'ézhañ ann oriouigou kûz dré béré éz éañt enn templ, évid dibri kémeñd a ioa war ann daol.

21. Ar roué éta a lékéaz hô laza, hag a lékéat Bel é béli Daniel, péhini hé ziskaraz, hag hé dempl ivé.

22. Béz' éz oa ivé el léac'h-zé eunn aérouañt brâz, a azeûlé ar Vabilonied.

23. Hag ar roué a lavaraz da Zaniel: Na hellez két lavarout bréma pénaoz hé-mañ né két eunn Doué béô: azeûl éta anézhañ.

24. Ha Daniel a lavaraz: Ann Aotrou, va Doué a azeûlann; râg héñ eo ann Doué béô; hôgen hé-mañ né két eunn Doué béô.

25 Ha mar rôez ar galloud d'in, ô roué, é lazinn ann aerouañt hép klézé hag héb bâz. Hag ar roué a lavaraz d'ézhañ: Hé rei a rann d'id.

26. Daniel éta a géméraz pék, lard, ha bléô, hag hô lékéaz da boaza kévret; talzennou a réaz gañt-hô, hag hô zaolaz é génou ann aérouañt; hag hé-mañ a varvaz. Ha Daniel a lavaraz: Chétu ann hini a azeûlac'h.

27. Pa glévaz ar Vabilonied kémeñt-sé, é savaz eunn drouk brâz enn-hô; hag ô véza en em strollet a-éneb ar roué, é léverchoñt: Ar roué a zô deûet da Iuzéô; diskaret en deûz Bel, lazet en deûz ann aerouañt, ha lékéat ar véléien da vervel.

28. Hag ô véza deûet da gavout ar roué, é léverchoñt d'ézhañ: Laka Daniel étré hon daouarn, pé é lazimb ac'hanod, té ha da holl dí.

29. Ar roué ô wélout pénaoz é oañt daré d'en em deûrel war-n-ézhañ gañt frouden, douget gañd ar rédi, a lékéaz Daniel étré hô daouarn.

30. Ar ré-mañ a daolaz anézhañ é poull al léoned; hag é choumaz énô c'houéac'h dervez.

31. Er poull-éz oa seiz léon, hag é rôed d'ézhô bemdez daou gorf *dén*, ha daou zañvad: na oeñt két rôet d'ézhô neûzé, évit ma tebrcheñt Daniel.

32. Hôgen er Judéa édô neûzé ar profed Habakuk; hag hé-mañ en dôa aozet souben, hag hé lékéat gañt bara enn eul léstr; hag éz éa d'hé c'hâs d'ar véderien d'ar park.

33. Hag éal ann Aotrou a lavaraz da Habakuk: Kâs da Vabilon al lein éc'h eûz azé, évid hé rei da Zaniel a zô é toull al léoned.

34. Hag Habakuk a lavaraz: Aotrou, n'ounn két bét é Babilon, ha na ouzoun két péléac'h éma ar poull.

35. Neûzé éal ann Aotrou a grôgaz

enn-hañ dré gribol hé benn, hag a zougaz anézhañ a boéz hé vléô ker buan bag eur spéred, bété Babilon: hag hé lékéaz a-ziouc'h ar poull.

36. Hag Habakuk a c'harmaz, ô lavarout: Daniel, servicher Doué, kémer al lein en deûz digaset Doué d'id.

37. Ha Daniel a lavaraz: O va Doué, koun éc'h eûz bét ac'hanoun, ha n'éc'h eûz két dilézet ar ré a går ac'hanod.

38. Ha Daniel a zavaz hag a zébraz. Hôgen éal ann Aotrou a lékéaz adarré ha råk-tål Hábakuk el léac'h ma en dôa hé géméret.

39. Hôgen er seizved dervez é teûaz ar roué évit léñva war Zaniel. Hag ô véza tôstéet oud ar poull, é sellaz ébarz, hag é wélaz Daniel azézet é-kreiz al léoned.

40. Hag ar roué a c'harmaz gañd eur vouéz gré, ô lavarout: Brâz oud, ô Aotrou, Doué Daniel. Hag é lékéaz hé denna eûz a boull al léoned.

41. Enn hévéleb amzer é lékéaz teûrel ar ré a oa bét fellet d'ézhô kolla Daniel: hag ar ré-mañ a oé louñket råk-tål dira-z-hañ.

42. Neûzé ar roué a lavaraz: Ra zoujô holl dûd ann douar Doué Daniel: råg héñ eo ar Salver, a rå aroué-siou ha burzudou war ann douar, hag en deûz dieûbet Daniel eûz a doull al léoned.

LEVR OSÉA.

I. PENNAD.

Framm Israel ha Juda.

1. Gér ann Aotrou a zeûaz da Oséa,
mâb Bééri, é deisiou Ozias, Joatan,
Ac'haz hag Ézéc'hias, roué Juda, hag
é deisiou Jéroboam, mâb Joas, roué
Israel.
2. Er penn-keñta ma komzaz ann
Aotrou oud Oséa ; hag é lavaraz ann
Aotrou da Oséa : Kéa, kémer évid-od
eur c'hrég a c'hadélez, ha grâ d'id
bugalé a c'hadélez : râg ar vrô a *zi-
lézô* ann Aotrou évid heûlia ar c'ha-
délez.
3. Hag héñ a iéaz, hag a géméraz
Gomer, merc'h Débélaim ; hag hi a
eñgéheñtaz, hag a c'hanaz eur mâb
d'ézhañ.
4. Hag ann Aotrou a lavaraz d'éz-
hañ : Galv-héñ Jezrahel : râg a-benn
nébeût, é emwélinn goâd Jezrahel
war di Jéhu, hag é likiinn da éhana
rouañtélez tí Israel.
5. Hag enn deiz-zé é torrinn gwa-
reg Israel é traoñien Jezrahel.
6. Hag hi a eñgéheñtaz adarré, hag
a c'hanaz eur verc'h. Hag *ann Aotrou*
a lavaraz d'ézhañ : Galv-hi Didruez ;
râk n'am bézô mui a druez out tí Is-
rael, hôgen enn añkounac'h hô li-
kiinn ;
7. Hag em bézô truez out tí Juda,
hag é tieûbinn anézhô dré ann Aotrou
hô Doué : ha na zieûbinn két anézhô
gañd ar warek, na gañd ar c'hlézé,
na gañd ar brézel, na gañd ar c'hézek,
na gañd ar varc'héien.
8. Hag hi a zizounaz Didruez ; hag
é eñgéheñtaz, hag é c'hanaz eur mâb.
9. Hag *ann Aotrou* a lavaraz : Galv-
héñ Nann-va-fobl ; râk c'houi n'oc'h
két va fobl, ha na vézinn két hô *Doué.*
10. Ha niver bugalé Israel a vézô
adarré ével tréaz ar môr, na hell béza
meñtet na nivéret : hag é léac'h ma
eo bét lavaret d'ézhô : C'houi, n'oc'h
két va fobl ; é vézô lavaret d'ézhô :
Bugalé ann Doué béô *oc'h.*
11. Neûzé bugalé Juda ha bugalé
Israel en em strollô kévret : hag hi a
zavô évit-hô eur penn, hag a biñô
eûz ann douar ; râk brâz eo deiz Jez-
rahel.

II. PENNAD.

*Doué a c'hourdrouz disteûrel Israel,
ével ma tistoleur eur c'hrég avoultr.*

1. Livirit d'hô preûdeûr : Va fobl ; ha
d'hô c'hoar : Trugarez hoc'h eûz bét.
2. Tamallit hô mamm, tamallit : ô
véza *n'eo mui* va grég, ha *n'ounn mui*
hé ozac'h ; ra dennô hé gadélésiou a
zira-z-hi, hag hé avoultriézou eûz a
greiz hé divroun.
3. Gañd aoun na ziwiskfenn anézhi
enn noaz, ha n'hé lakajenn da véza
ével é deiz hé ganédigez, n'hé lakajenn
da véza ével eunn distrô, n'hé laka-

jenn da véza évei eunn douar diheñt, ha n'hé lazchenn gañd ar zéc'hed.
4. Ha n'em bézô két a druez oud hé bugalé; ô véza ma iñt bugalé a c'hadélez;
5. Râg hô mamm a zô en em rôet d'ar c'hadélez; saotret eo bét ann hini é deûz hô eñgébeñtet: râk lavaret é deûz: Moñd a rinn war-lerc'h va c'harañtésiou, péré a rô d'in va bara ha va dour, va gloan ha va lin, va éôl ha va braoued.
6. Râk-sé chétu é kaéinn da heñt gañd drein, hé gaéa a rinn gañt bernion mein, ha na gavô két hé gwénodennou.
7. Hag hi a iélô war-lerc'h hé c'harañtésiou, ha n'hô zizô két; hag hi bô c'hlaskô, ha n'hô c'havô két; hag é lavarô: Moñd a rinn, hag é tistrôinn étrézé va ozac'h keñta: râg gwell é oa d'in neûzé égét bréma.
8. Ha n'é deûz két gwézet-hi pénaoz eo mé em eûz rôet d'ezhi éd, ha gwin, hag éôl, hag em eûz roet d'ézhi ann holl arc'hañt hag ann holl aour; é deûz aozet évit Baal.
9. Râk-sé é tistrôinn, hag é askémérinn va éd enn hé amzer, ha va gwin enn hé amzer, hag é tieûbinn va gloan ha va lin, a c'hôlôé hé mézégez.
10. Ha mé a ziskouézô bréma hé folleñtez dirâg hé c'harañtésiou: ha dén n'hé zennô eûz va dourn.
11. Ha mé a lakai da éhana hé holl lévénez, hé gwéliou, hé loariou-nevez, hé sabbatou, hag hé holl lidou.
12. Ha mé a wastô hé gwini, hag hé gwéz-fiez, diwar-benn péré é deûz lavaret: Chétu va gôbrou, a zô bét rôet d'in gañt va c'harañtésiou: ha mé hé lakai da eur c'hoad, ha loéned ar mesiou hé débrô.
13. Ha mé a emwélô anézhi enn abek da zeisiou Baalim, é péré é tevé ézañs, hag é lékéé hé lagadennou-skouarn, hag hé c'helc'hen, hag éz éa war-lerc'h hé c'harañtésiou, hag é añkounac'héé ac'hanoun, émé ann Aotrou.
14. Râk-sé chétu é boalinn anézhi, hag é kasinn anézhi enn distrô, hag é komzinn oud hé c'haloun.
15. Ha mé a rôi d'ézhi hé gwinierien eûz ann hévélep léac'h, ha traoñien Ac'hor évid digeri hé géd: hag hi a ganô énô évei é deisiou hé iaouañktiz, hag évei enn deiz é péhini é piñaz eûz a vrô ann Éjipt.
16. Enn deiz-zé, émé ann Aotrou, é c'halvô ac'hanoun va ozac'h, ha n'am galvô mui Baali.
17. Ha mé a dennô hanvou Baalien eûz hé génou, ha n'é dévézô mui a goun eûz hô hanô.
18. Ha mé a lakai da zével enn deiz-zé kévrédigez étré-z-hô ha loéned ar mesiou, hag evned ann éñv, ha loéned-stlej ann douar: ar wareg, ar c'hlézé, hag ar brézel a vrévinn diwar ann douar: hag é likiinn anézhô da c'hourvéza héb aoun.
19. Ha mé az kémérô da bried d'in da-vikenn: ha mé az kémérô da bried d'in gañt reizded, ha gañt barn, ha gañt truez, ha gañt trugarézou.
20. Ha mé az kémérô da bried d'in gañt féalded: ha té a wézô pénaoz eo mé ann Aotrou.
21. Hag enn deiz-zé é sélaouinn, émé ann Aotrou, é sélaouinn oud ann éñvou, hag hi a zélaouô oud ann douar.
22. Hag ann douar a zélaouô oud ann éd, hag oud ar gwin, hag oud ann éôl, hag ar ré-mañ a zélaouô out Jezrahel.
23. Ha mé hé lakai da ziwana eûz ann douar évid-oun, hag em bézô truez oud ann hini a zô bét didruez.
24. Ha mé a lavarô d'ann hini ha na oa két va fobl: Va fobl oud: hag héñ a lavarô: Va Doué oud.

—

III. PENNAD.

Doué a c'hourc'hémenn d'ar Profed karoud adarré eur c'hrég avoultr.

1. Neûzé ann Aotrou a lavaraz d'in: Kéa adarré, ha kâr eur c'hrég karet gañd eur miñoun hag hi avoultr, évei ma kâr ann Aotrou bugalé Israel, pa zelloñt-hi oud doueéd a-ziavéaz, hag é karoñt gwaskadur ar gwin.

2. Ha mé hé frénaz évid-oun gañt pemzék péz ac'hañt, hag eur c'horus heiz, hag eunn hañter-gorus heiz.

3. Hag é liviriz d'ézhi : Va gortozi a ri a-zoug kalz deisiou : n'en em rôi két d'ar c'hadélez, na da eunn ozac'h *all* : ha mé az gortozô ivé :

4. Râg a-héd kalz deisiou é choumô bugalé Israel hép roué, hag hép priñs, hag hép sakrifiz, hag héb aoter, hag héb éfod, hag hép térafim.

5. Ha goudé-zé é tistrôi bugalé Israel, hag é klaskiñt ann Aotrou hô Doué, ha David hô roué : hag hi a zoujô ann Aotrou hag hé vâd-obériou enn deision divéza.

—

IV. PENNAD.

Barnédigézou Doué enn abek da béc'héjou ar bobl hag ar véleien.

1. Sélaouit gér ann Aotrou, bugalé Israel, râg ann Aotrou a ia da varna tûd ann douar : râk n'eûz két a wirionez, n'eûz két a drugarez, n'eûz két a wiziégez Doué war ann douar-zé.

2. Ann touadellou, ar gevier, al lazérez, al laéroñsi, hag ann avoultriez a zô dic'hlannet, hag ar goad en deûz tizet ar goad.

3. Râk-sé é vézô glac'haret ann douar-zé, ha kémeñd a choum enn-hañ a vézô gwanet, ha léoned ar mesiou, kerkoulz hag evned ann éñv : pesked ar môr ivé a vézô kéflusket.

4. Koulskoudé na varnô két pép-bini, ha dén na damallô : râk da bobl *a zô* ével ar ré a éneb oud ar véleien.

5. Râk-sé é kouézi hirio, hag ar profed a gouézô ivé gan-éz : lékéat em eûz da vamm da dével enn nôz.

6. Va fobl a davô, ô véza n'en deûz két bét a wiziégez : dré ma éc'h eûz distolet ar wiziégez, é tistolinn ac'hanod, évit na vézi két da vélek d'in : ével ma éc'h eûz añkounac'héet lézen da Zoué, é añkounac'hainn ivé da vugalé.

7. Ével ma hô deûz péc'het em énep, dré ma iñt deûet da baotta, é trôinn hô gloar é mézégez.

8. Péc'héjou va fobl a zebriñt, hag é keñdalc'hiñt hô énéou enn hô fallagriez.

9. Ével d'ar bobl é vézô d'ar bélek : hag é emwélinn anézhañ hervez hé heñchou, hag hé vénosiou a zistolinn d'ézhañ.

10. Dibri a raiñt, ha na véziñt két gwalc'het : d'ar c'hadélez iñt en em rôet, ha n'hô deûz két ébanet : ô véza ma hô deûz dilézet ann Aotrou, ha n'hô deûz két miret *hé lézen*.

11. Ar c'hadélez, ar gwin, hag ar vézveñti a laka da golla ar c'haloun.

12. Va fobl en deûz goulennet kuzul digañd hé goat, hag hé vâz é deûz diouganet d'ézhañ : râg ar spéred a c'hadélez en deûz hô zouellet; hag hi a zô en em zaotret *ô pellaad* diouc'h hô Doué.

13. War lein ar ménésiou é réañt sakrifisou, ha war ar c'hrec'hiennou é teveñt ézañs : dindân ann derô hag hag élô, hag ar gwéz-sapr, ô véza ma oa mâd hô skeûd : râk-sé hô merc'hed en em rôi d'al loustoniou hag hô kragez d'ann avoultriez.

14. Na emwélinn két war hô merc'hed pa en em rôiñt d'al loustoniou, na war hô kragez pa en em rôiñt d'ann avoultriez : râg ar ré-zé hô-unan a heûl ar merc'hed fall, hag a râ sakrifisou gañt tûd laosk; hag ar bobl diskiañt a vézô gwanet.

15. Ma en em róez d'ar c'hadélez, té Israel, da-vihana na béc'hét két Juda : n'az ît két da C'halgala, ha na biñit két da Vétaven : ha na livirit két enn eur doui : Béô eo ann Aotrou.

16. Râk distrôet eo Israel ével eunn ounner a gâr sala ; neûzé ann Aotrou hô faskô, ével eunn oan enn éc'honder.

17. Éfraim en deûz kémeret hé idolou évid hé lôd : dilez-héñ.

18. Rannet eo hô banvez, d'ar c'hadélez iñt en em rôet : hé warézerien a zô dâ gañt-hô hé vézékaat.

19. Ann avel hé éréô war hé zioupaskel, hag hi a vézô mézékéet enn abek d'hô sakrifisou.

—

V. PENNAD.

Gourdrouzou Doué a-éneb ar véleien, ar briñsed, hag ar bobl a Israel.

1. Sélaounit ann dra-mañ, béleien; likig évez, tî Israel; ha rôit skouarn, tî ar roué: râg éma ar varn war-n-hoc'h, ô véza ma oc'h deûet da lindâg er wéré, ha da roued lédet war ann Tabor.
2. Ann hostivou hoc'h eûz distrôet enn dounder: ha mé em eûz hô tamallet eûz a gémeñt-sé holl.
3. Mé a anavez Éfraim, hag Israel né két kuzet ouz-in: pénaoz bréma en em rô Éfraim d'ar c'hadélez, hag eo en em zaotret Israel.
4. Na rôiñt két hô ménosiou da zistrei oud hô Doué, ô véza ma éma ar spéred a c'hadélez enn hô c'hreiz, ha na anavézoñt két ann Aotrou.
5. Ha balc'hder Israel en em ziskouez war hé zremm; hag Israel hag Éfraim a gouézô enn hô fallagriez, ha Juda ivé a gouézô gañt-hô.
6. Gañd hô déñved, ha gañd hô éjenned éz aiñt da glaskout ann Aotrou, ha n'her c'haviñt két: en em dennet eo diout-hô.
7. Lézen ann Aotrou hô deûz torret, ô véza ma hô deûz ganet mipien a-ziavéaz: abenn eur miz ac'hann é véziñt dispennet gañt kémeñt a zô d'ézhô.
8. Sonnit gañd ar c'horn é Gabaa, ha gañd ar c'horn-boud é Rama: iouc'hit é Bétaven, ha war da lerc'h, Benjamin.
9. Éfraim a vézô glac'haret é deiz hé gastiz: é breûriézou Israel em eûz diskouézet va gwirionez.
10. Priñsed Juda a zô deûet ével ar ré a loc'h ann harzou: skuja a rinn war-n-ézhô va buanégez ével dour.
11. Tamallou é-gaou a c'houzañvô Éfraim; gañd ar varn é vézô mañtret: ô véza ma en deûz déraouet heûlia al lousdoni.
12. Râk-sé ounn ével eunn tartouz évid Éfraim, hag ével breinadurez évit tî Juda.
13. Hag Éfraim a wélaz hé zinerzded, ha Jûda hé chaden: hag Éfraim a iéaz étrézég Assur, hag a gasaz da gavout eur roué évid hé warézi: hôgen héñ na helliô két hô iac'haat, na terri hô chaden.
14. Râk mé a vézô ével eul léonez évid Éfraim, hag ével eul léonik évit tî Juda: mé, mé a grogô enn-hañ, hag a iélô kuit: hé gâs a rinn gan-éñ, ha déna n'hé skrapô diouz-in.
15. Mé a iélô hag a zistrôi d'am léac'h: kén na zeûot da fallaat, ha da glaskout va dremm.

VI. PENNAD.

Bugalé Israel enn hô glac'har a hastô distrei oud ann Aotrou.

1. Enn hô eñkrez é saviñt miñtinmâd étrézég enn-oun: Deûit, ha distrôomp oud ann Aotrou:
2. Râg héñ eo en deûz kroget ennomp, hag é ticûbô ac'hanomp; héñ eo en deûz skôet gan-é-omp, hag a iac'hai ac'hanomp.
3. Ar vuez a rôi d'é-omp a-benn daou zervez; hag enn trédé deiz hol lakai da zével, hag é vévimp dira-z-hañ. *Neûzé* hor-bézô ar wiziégez, hag éc'h heûlimp ann Aotrou évid hé anaout. Hé zonédigez a zô aozet ével ar goulou-deiz, hag héñ a zeûi war-n-omp ével ar glaô abréd hag ar glaô divézad *a gouéz* war ann douar.
4. Pétrâ a rinn-mé d'id, Éfraim? Pétrâ a rinn-mé d'id, Juda? Hô trugarez a zô ével koabr ar miñtin, hag ével ar gliz a drémen gañd ar miñtin.
5. Râk-sé em eûz hô fustet gañt va froféded, hag em eûz hô lazet gañt gériou va génou: da varnédigézou a vézô ker skléar hag ar goulou.
6. Râg gwell eo gan-éñ ann drugarez égéd ann azeûlidigez; ha gwiziégez Doué, égéd ar sakrifisou-losk.
7. Hôgen ar ré-zé ével Adam hô deûz torret ar gévrédigez, hag a zô bét énô disléal em c'héñver.
8. Eur géar ôberourien idolou *eo* Galaad; saotret *eo* gañd ar goâd.
9. Hag ével ma aoz al laéroun spiou

war heñt Sichem évit laza ar ré a drémen, ével-sé en em stroll ar véleien : râg gwallou na réoñt kén.

10. É tí Israel em eûz gwélet eunn dra argarzuz : énô éma gadélez Éfraim, ha saotr Israel.

11. Ha té ivé, Juda, laka ar médérez évid od, kén na likiinn va fobl da zistrei diouc'h ar sklavérez.

—

VII. PENNAD.

Buanégez Doné a-éneb hé bobl enn abek d'hé fallagriez.

1. Pa fellé d'in iac'haad Israel, eo en em ziskouézet fallagriez Éfraim, ha drougiez Samaria, gañd hô ôberiou gaou : hag al laer en deûz gwastet enn diabarz, hag ar preizer enn diavéaz.

2. Ha na lavareñt két enn hô c'halounou pénaoz é teû koun d'in eûz hô holl zrougiez : râk bréma hô gwall ôberiou a zô war hô zrô : dirâk va dremm iñt gréat.

3. Laouénéet hô deûz ar roué gañd hô drougiez, hag ar briñsed gañd hô gevier.

4. Avoultrerien iñt holl, évei eur fourn tommet gañd ar fournier : éhanet eo kéar eunn nébeût abaoé ma eo bét kemmesket ar gôell, bété ma eo savet ann toaz holl.

5. É deiz hor roué, ar briñsed a zeûaz da ziboella gañd ar gwin : héñ a astennaz hé zourn d'hé zûd direiz.

6. Hi a rôaz hé c'haloun d'ézhañ évei eur fourn, pa aozé spiou d'ézhô : ar fournier en deûz kousket héd ann nôz, hag héñ hé-unan diouc'h ar miñtin a zô bét losket évei eur flamm dân.

7. Tommet iñt bét holl évei eur fourn, hag hô deûz devet hô barnerien : hô rouéed holl a zô kouézet : hag hini anézhô n'en deûz garmet étrézég enn-oun.

8. Éfraim hé-unan a zô en em gemmesket gañd ar brôadou : Éfraim a zô deûet évei eur bara poazet dindân al ludu, ha né két bét trôet.

9. Ann diavésidi hô deûz louñket hé ners, hag héñ n'en deûz két hé wézet : gwenn eo deûet hé vléô, hag héñ n'en deûz két hé wézet.

10. Ha balc'hder Israel a vézô vuéléet dirâg hé zaoulagad : hag hi na zistrôiñt két oud ann Aotrou hô Doné, ha na glaskiñt két anézhañ é kémeñt-sé holl.

11. Éfraim a zô héñvel oud eur goulm diboell ha digaloun : ann Éjipt hô deûz galvet, étrézég ann Assiried iñt éat.

12. Pa véziñt éat enn heñt, é lédinn va rouéjou war-n-ézhô : hô zenna a rinn évei evned ann éñv : hô c'hastiza a rinn hervez ma hô deûz hé glévet enn hô strolladou.

13. Gwâ hi, ô véza ma iñt en em dennet diouz-in : gwastet é véziñt, ô véza ma hô deûz torret va lézen. Hô daspréned em eûz, hag hi hô deûz lavaret gévier diwar va fenn.

14. N'hô deûz két garmet enn hô c'haloun étrézég enn-oun, hôgen iouc'het hô deûz enn hô gwéléou ; war ann éd ha war ar gwin hô deûz lékéat hô mennoz, hag hi a zô en em dennet diouz-in.

15. Pa em eûz hô c'hastizet, ha pa em eûz krévéet hô divrec'h, hô deûz mennet drouk diwar va fenn.

16. Distrôet iñt évit béza dic'héô ; deûet iñt évei eur warek touelluz ; hô friñsed a gouézô dindân ar c'hlézé, enn abek da ziboell hô zéôd. Goab a vézô gréat anézhô é brô ann Éjipt.

—

VIII. PENNAD.

Gourdrouzou névez a-énep pobl ann Aotrou.

1. Kémer eur c'horn-boud enn da c'hénou évei eunn érer war dí ann Aotrou, ô véza ma hô deûz torret va c'hévrédigez, ha ma hô deûz dilézet va lézen.

2. Israel a c'halvô ac'hanoun, *ô lavarout* : Va Doné, da anaout a réomp.

3. Israel en deûz distolet ar mâd, ann énébour a heskinô anézhañ.

4. Dré-z-hô hô-unan hô deûz rénet,

ha nann dré-z-oun-mé : priñsed iñt bét, ha n'em eûz két hé wézet : gañd hô arc'hañt ha gañd hô aour hô deûz gréat idolou évit-hô ; ha sé en deûz hô c'hollet.

5. Diskaret eo da leûé, Samaria : savet eo va frouden enn hô énep : bété pégeit na helliñt két en em c'hlana ?

6. Eûz a Israel hé-unan é teû : eur méchérour eo en deûz hé c'hréat, ha né két Doué ; neuzé leûé Samaria a zeûi ével eur gwiad kefnid.

7. Râg avel hô deûz hadet, hag arné é médiñt : na choumô két eur gorsen éd enn hé zà : ann damoézen na'rôi két a vleûd ; pé ma rô, é vézô louñket gañd ann diavésidi.

8. Louñket eo Israel : bréma eo deûet é-touez ar brôadou ével eul léstr loudour.

9. Râg hi a zô piñet étrézég Assur, azen gouéz a labour évit-hañ hé-unan : Éfraim en deûz gôpréet hé garañtésiou.

10. Hôgen goudé ma hô dévézô gôpréet ar brôadou, neûzé é strollinn anézhô : hag hi a éhanô eunn nébeût da gaout béac'h ar roué hag ar briñsed.

11. O véza ma en deûz Éfraim paottet ann aotériou évit péc'hi, eo bét gréat d'ézhañ aotériou évid ar gwall.

12. Skrivet em eûz évit-hô eul lôd brâz eûz va lézennou, péré hô deûz sellet ével pa né veñt két bét évit-hô.

13 Rôou a gennigiñt d'in, hostivou a laziñt évid-oun ; hag é tebriñt ar c'hig anézhô, hag ann Aotrou n'hô digémérô két : neûzé en dévézô koun eûz hô fallagriez, hag é emwélô hô féc'héjou : hi a zistrôi d'ann Éjipt.

14. Hag Israel en deûz añkounac'héet hé grouer, hag en deûz savet templou ; ha Juda en deûz savet kalz kériou kré : hôgen mé a gasô tân war hé gériou, hag a zévô hé diez kaer.

IX. PENNAD.

Israel a c'houzañvô ann naôun hag ar sklavérez enn abek d'hé béc'héjou.

1. Israel, n'en em laouéna két, na drid két ével ar boblou *all*, ô véza ma oud en em dennet diouc'h da Zoué, ha ma éc'h eûz gédet gôbr war ann holl leûriou éd.

2. Al leûr hag ar waskel na vagô két anézhô, hag ar gwin a douellô anézhô.

3. Na choumiñt két é douar ann Aotrou ; Éfraim a zistrôi enn Éjipt, hag enn Assiria é tebrô traou saotret.

4. Na genniginñt két ar gwin d'ann Aotrou, ha na véziñt két hétuz d'ézhañ : hô sakrifisou a vézô ével bara ar wélerien : kémeñd hini a zebrô anézhañ a vézô saotret : râg hô bara évid hô buez, n'az ai két é ti ann Aotrou.

5. Pétrâ a réot-hu é deiz al lîd, é deiz gouél ann Aotrou ?

6. Râk chétu é tec'hoñt diouc'h ar gwastérez : ann Éjipt hô strollô, Memfiz hô bésiô : al linad a zavô war hô arc'hañt a garoñt dreist-holl, ar zérégen a greskô enn hô zeltou.

7. Deisiou ann emwél a zô deûet, deûet eo deisiou ann distol : gwéz, Israel, pénaoz eo foll ar broféded, ha diskiañt ann dûd spérédek, enn abek d'al lôd brâz eûz da fallagriezou ; hag eûz da folleñtésiou paot.

8. Da évésiad é tlié béza Éfraim évit va Doué : ar profed a zô deûet da eul lindâg a wastérez war hé holl heñchou, ha da folleñtez é ti hé Zoué.

9. Gañd dounder hô deûz péc'het, ével é deisiou Gabaa : *Doué* en dévézô koun eûz hô fallagriez, hag a emwélô hé féc'héjou.

10. Ével bôdou-rézin enn distrô em eûz kavet Israel : ével ar c'heñta frouez eûz a vâr ar wézen-fiez, em eûz gwélet hô zadou : hôgen hi a zô éat da gaout Béelfégor, hag a zô pelléet diouz-in enn eunn doaré mézuz ; hag hi a zô deûet da véza argarzuz, ével ar péz hô deûz karet.

11. Gloar Éfraim a zô éat war-nich ével eunn evn, adaleg ar ganédigez, hag adalek kôv ar vamm, hag adaleg ann eñgéheûñtadurez.

12. Ha pa zeûjeñt da vaga hô bugalé, é likiinn anézhô divugalé é-touez ann dûd : hôgen gwâ hi pa vézinn en em dennet diout-hô.

13. Éfraim, ével em eûz hé wélet, a ioa é doaré Tir diazézet war ar gaerded : hag Éfraim a gasô hé vugalé d'ann hini hô lazô.

14. Rô d'ézhô, Aotrou. Pétrâ a rôi d'ézhô ? Rô d'ézhô eur c'hôv divugalé, ha bronnou hesk.

15. Hô holl zrougiez a zô é Galgal ; râg énô eo é kasaiz anézhô : enn abek da zrougiez hô ôberiou, é kasinn anézhô er-méaz eûz va zi : n'hô c'harinn mui pelloc'h ; hô holl briñsed a zô pelléet diouz-in.

16. Éfraim a zô bét skôet, hô grisien a zô gwévet : n'hô dévézô mui a frouez. Ma hô deûz bugalé, é lazinn ar ré garéta anézhô.

17. Va Doué a zistolô anézhô, ô véza n'hô deûz két hé zélaouet : hag hî a vézô kañtréerien é-touez ar brôadou.

—

X. PENNAD.

Tiez Israel ha Juda a zougô ar c'hastiz eûz hô fallagriez.

1. Eur winien varrek *é oa* Israel, kalz a frouez en doa ivé : hervez al lôd brâz eûz hé frouez en deûz paottet hé aoteriou, hervez ann druzôni eûz hé zouar, en deûz muiet hé idolou.

2. En em rannet eo hô c'haloun, bréma é véziñt dispennet : héñ a vrévô hô idolou, hag a ziskarô hô aoteriou.

3. Râk neûzé é liviriñt : N'hon eûz két a roué, ô véza na zoujomp két ann Aotrou : ha pétrâ a rajé eur roué évid-omp ?

4. Komzit eûz ar gwélédigésiou gaou ; grît kévrédigez : ar varn a darzô ével al *lousou* c'houerô war irvi ar parkou.

5. Tûd Samaria hô deûz azeûlet bioc'h Bétaven : râg hé bobl en deûz gwélet diwar hé fenn, hag ar véleien a vîré hé zi, a ioa en em laouénéet eûz hé gloar, pa eo bét kaset diout-hô.

6. Hi ivé a zô bét dizouget enn Assiria, ha rôet d'ar roué veñjer : Éfraim a vézô gôlôet a véz, hag Israel a rusiô eûz hé *wall* ioulou.

7. Samaria é deûz lékéat hé roué da dréménout, evel ann éon war c'horré ann dour.

8. Lec'hiou-uc'hel ann idol, péc'hed Israel a vézô dispennet : ar zérégen hag ann askol a greskô war hô aoteriou : ha hî a lavarô d'ar ménésiou : Gôlôit ac'hanomp ; ha d'ann traoñiennou : Kouézit war-n-omp.

9. Abaoé deisiou Gabaa en deûz péc'het Israel : énô é arzaôchoñt : hôgen ar brézel hô deûz bét é Gabaa out mipien ar fallagriez, na dizô két anézhô.

10. Hô c'hastiza a rinn hervez va ioul : évit kastiza hô diou fallagriez, en em strollô ar bobl enn hô énep.

11. Éfraim a zô eunn ounner zesket a gâr dourna ed; hôgen mé a lakai eur géô war hé chouk kaer ; piña a rinn war Éfraim, Juda a arô, ha Jakob a ogédô hé irvi.

12. Hadit évid-hoc'h er reizded, ha médit enn drugarez ; difraostit hô tonar : râg éma ann amzer da glask ann Aotrou, pa zeûi da zeski d'é-hoc'h ar reizded.

13. Aret hoc'h eûz ann drougiez, hag hoc'h eûz médet ar fallagriez ; frouez ar gevier hoc'h eûz débret ; ô véza ma éc'h eûz lékéat da fisiañs enn da heñchou, hag enn niver brâz eûz da vrézélidi.

14. Sével a rai kéflusk é-touez da bobl : ha da holl geriou kré a vézô dispennet, ével ma oé dispennet Salmana er brézel a réaz d'ézhañ ann hini a ziskaraz *aoter* Baal ; hag ar vamm a vézô flastret war hé bugalé.

15. Ével-sé en deûz gréat Bétel d'é-hoc'h, enn abek d'hô kwall fallagriézou.

—

XI. PENNAD.

Disléalded bugalé Israel hag hô c'hastiz.

1. Ével ma trémen ar miñlin, eo tréménet roué Israel. Pa n'oa Israel néméd eur bugel, em eûz hé garet ; hag em eûz galvet va mâb eûz ann Éjipt.

2. Pa c'halveñt anézhô, éz éañt kuit a zira-z-hô : viktimou a lazeñt da Vaalim, sakrifisou a réañt d'ann idolou.

3. Ha mé a oa ével tâd-mager Éfraim, hag é tougenn anézhô étré va divrec'h : hag hî n'hô deûz két gwézet ez oa mé a brédérié anézhô.

4. Hô didennet em eûz gañd éréou ann dén, gañt chadennou ar garañtez : bét ounn évit-hô ével ar géô a lékéat war hô génou : ha rôet em eûz da zibri d'ézhô.

5. Na zistrôi két é brô ann Éjipt ; hôgen Assur a vézô da roué d'ézhañ, ô véza né két fellet d'ézhô distrei.

6. Ar c'hlézé a gouézô war hé gerior, hag a vévézô hé dûd dilennet, hag a louñkô hô fennou-kéar.

7. Ha va fobl a c'hédô ma tistrôinn ; hôgen lékéat é vézô war-n-ézhô holl eur géô, ha na vézô tennet gañd dén.

8. Pétrà a rinn-mé évid-od, ô Éfraim ; pénaoz é warézinn-mé ac'hanod, ô Israel ? Pénaoz az tilézinn-mé ével Adama, az likiinn-mé ével Séboim ? Trôet eo va c'haloun enn-oun ; kéflusket eo gañd ar c'heûz.

9. Na lézinn két va buanégez da ziboella : na drôinn két da golla Éfraim : râk Doué ounn, ha n'ounn két eunn dén : ar sañt ounn enn da greiz, ha n'az inn két é-kreiz da géar.

10. War-lerc'h ann Aotrou éz aiñt, hag héñ a iudô ével eul léon : ha pa iudô héñ, é krénô bugalé ar môr.

11. Hag hi a gémérô hô nich eûz ann Éjipt ével eunn evn, hag eûz a vrô ann Assiried ével eur goulm. ha mé hô lakai enn hô ziez, émé ann Aotrou.

12. Éfraim en deûz va gelc'hiet a c'hevier, ha ti Israel a doullérez : hôgen Juda a zô bét da dést féal da Zoué ha d'hé zeñt.

XII. PENNAD.

Rébechou ha gourdrouzou ann Aotrou a-éneb Éfraim.

1. Éfraim en em vag gañd avel, hag a glask ar c'hroués : héd ann deiz é paott ar gévier hag ann diboell : kévrédigez en deûz gréat gañd ann Assiried, hag hé éôl en deûz kaset d'ann Éjipt.

2. Ann Aotrou éta a varnô Juda, hag a emwélô Jakob : hervez hé heñchou, hag hervez hé ôberiou é tistolô d'ézhañ.

3. É kôv hé vamm é trec'haz hé vreûr : hag enn hé ners é c'hourennaz oud ann éal.

4. Hag héñ a oé tréac'h d'ann éal, hag en em nerzaz : gwéla a réaz hag é pédaz anézhañ : é Bétel é kavaz anézhañ, hag énô é komzaz ouz-omp.

5. Hag ann Aotrou Doué ann arméou, a zeûaz da Aotrou d'hé goun.

6. Ha té, distrô oud da Zoué : mir ann drugarez hag ar varn, ha laka bépréd da c'héd enn da Zoué.

7. Kanaan en deûz enn hé zourn eur valañs touelluz : ann drouk komz a gâr.

8. Hag Éfraim en deûz lavaret : Koulskoudé ounn deûet da véza pinvidik, hag em eûz kavet eunn idol d'in : ha na vézô két kavet em holl ôberiou, na fallagriez na péc'hed.

9. Ha mé eo ann Aotrou, da Zoué, *en deûz da dennet* eûz a vrô ann Éjipt, hag a lakai ac'hanod adarré enn da ziez, ével enn deisiou lîd.

10. Ha mé em eûz komzet dré ar broféded, hag em eûz paottet ar gwélédigésiou, ha dré c'hénou ar broféded ounn bét hévélékéet.

11. Pa oa idolou é Galaad, enn-aner é oa é réañt sakrifisou da éjenned Galgal : râg hô aoteriou n'iñt mui néméd é doaré berniou mein war irvi ar parkou.

12. Jakob a zô bét tec'het é brô ar Siria, hag Israel en deûz servichet évid eur c'hrég, hag en deûz meset évid eur c'hrég.

13. Gañd eur profed en deûz ann Aotrou tennet Israel eûz ann Éjipt, ha gañd eur profed en deûz hé viret.

14. Éfraim gañd hé c'houervdêr en deûz didennet va buanégez ; râk-sé hé c'hoad a gouézô war-n-ézhañ, hag hé Aotrou a zistolô d'ézhañ hé vézégez.

XIII. PENNAD.

[illegible] ha [illegible] ann Aotrou a-énep Israel.

1. Pa gomzaz Éfraim, é krogaz ann heûz é Israel; hag hén a béc'haz gañt Baal, hag a varvaz.

2. Ha bréma hô deûz péc'het gwa-soc'h : gréat hô deûz gañd hô arc'hañt skeûdennou teûz héñvel oud idolou gréat holl gañd eur michérour : Ha râk-sé hi a lavar : O tûd, c'houi péré a azeûl al leûéou, grit sakrifisou.

3. Kâk-sé é véziñt ével koabr ar miñtin, hag ével ar gliz a drémen gañd ar miñtin, hag ével ar poultr a zô c'houézet diwar al leûr gañd eur gorveñten, hag ével ar môged a zâv diwar ann oaled.

4. Hôgen mé eo ann Aotrou da Zoué, *en deûz da dennet* eûz a zouar ann Éjipt : na anavézi két Doué all némêd-oun, ha n'eûz salver é-béd némêd-oun.

5. Mé em eûz da anavézet enn dis-trô, enn eunn douar séac'h-brâz.

6. En em leûniet, en em walc'het hô deûz é-kzeiz hô feûrvan : hag hi hô deûz savet hô c'baloun, hag hô deûz va añkounac'héet.

7. Hôgen mé a vézô évit-hô ével eul léonez, ével eul léonpard war heñt ann Assiria.

8. Hô diarbenna a rinn ével eunn oursez a zô bét skrapet hé oursédigou digañt-hi, hag é tiroginn hô bouzel-lou : hag énô é louñkinn anézhô ével eul léon ; ha léoned ar mésiou hô di-frammô.

9. Té *da-unan*, ô Israel, eo da gol-lidigez : hôgen enn-oun *éma* da gen-ners.

10. Ma éma da roué ? ra zieûbô bréma ac'hanod enn da holl gériou; hag ivé da varnérien, diwar-benn péré éc'h eûz lavaret : Rô d'in eur roué, ha priñsed ?

11. Eur roué em eûz rôet d'id em buanégez, hag é laminn anézhañ di-gan-ez em frouden.

12. Éréet eo fallagriez Éfraim, ku-zet eo hé béc'hed.

13. Gwañtrou eur c'hrég é gwilioud a zeûi d'ézhañ : mâb diskiañt eo; hôgen hén a gouézô iwé gañd hé vi-gien.

14. Eûz a zourn ar marô é tieûbiñ anézhô, eûz ar marô é zasprénirn anézhô : da varô é vézinn, ô marô ; da grôg é vézinn, ô ifern : kuzet eo ann dizoan ouz va daoulagad.

15. Râg hén a rannô ar breûdeûr étré-z-hô : ann Aotrou a lakai da zével eûz ann distrô eunn avel lesdikik, a zizéc'hô hé c'houérion, hag a lakai hé feuñtenniou da hesk. Hag hén a skrapô d'ézhañ hé deñzor, hag hé holl listri talvoudus.

XIV. PENNAD.

Ar profed a erbéd Israel da zistrei ouc'h Doué.

1. Ra vézô dispennet Samaria, ô véza ma é deûz douget hé Doué d'ar c'houervder : ra gouéziñt dindân ar c'hlézé ; ra vézô friket hô bugaligou ; ra vézô faoutet kôv ar gragez brazez.

2. Distrô, Israel, étrézég ann Ao-trou da Zoué ; râg gañd da fallagriez eo oud kouézet.

3. Kémérit geriou gan-é-hoc'h, ha distrôit étrézég ann Aotrou ; ha livirid d'ézhañ : Tenn diouz-omp ann holl fallagriézou, ha digémer hor mâd : ha ni a rôi d'id *da* leûéou *sakrifiz* hor muzellou.

4. Assur na zieûbô két ac'hanomp ; na biñimp két war hor c'hézek ; ha na livirimp mui da labour hon daouarn : C'houi eo hon douéed : râg enn-ot-té ann emzivad a gavô trugarez.

5. Iac'haad a rinn hô goulïou, hô c'haroud a rinn a galoun c'houék ; ô véza ma vézô distrôet va frouden diwar-n-ézhô.

6. Ével ar gliz é vézinn é-kéñver Israel ; bégina a rai ével al lili ; hé c'hrisiou a lédô ével *gwéz* al Liban.

7. Hé skourrou a greskô, hag hé c'hloar a vézô ével eur wézen-olived, hag ar c'houés anézhañ ével ézañs al Liban.

8. Ar ré a azézô dindân hé skeûd a vézô trôet : névézi a raint évél ann éd, hégina a raiñt évél ar winien : ar vrud anézhañ a vézô évél *hini* gwin al Liban.

9. Éfraim, pétrà *a vézó* hivizikenn *étré mé hag* ann idolou ? Mé a zélaouô out-hañ, mé hé lakai da greski évél eur wézen-sapr glâz : enn-oun é kavi da frouez.

10. Piou a zô fûr hag a boell kémeñt-mañ ? Piou a zô poellek hag a oar anézhô ? Râg éeun eo heñchou ann Aotrou, hag ann dûd reiz a valéô enn-hô ; hôgen ar ré fallagr a gouézô enn-hô.

LEVR JOEL.

I. PENNAD.

Dismañtr ar Judéa gañt gwalen ann amprévaned.

1. Gér ann Aotrou a zeûaz da Joel,
mâb Fatuel.
2. Sélaouit ann dra-mañ, kôzidi,
ha rôit skouarn, holl dûd ann douar:
ha c'hoarvézet eo bét kémeñt-sé enn
hô teisiou, pé é deisiou hô tadou?
3. Danévellit kémeñt-sé d'hô pugalé,
hag hô pugalé d'hô bugalé-hi, hag hô
bugalé-hi da eur vrôad all.
4. Dilerc'h ar viskoul en deûz de-
bret ar c'hilek-raden, ha dilerc'h ar
c'hilek-raden en deûz debret ar préñv,
ha dilerc'h ar préñv en deûz debret
ar merkl.
5. Dihunit, mezviérien; gwélit, ha
iouc'hit, c'houi holl péré a gâr ar
gwin c'houék; râk lamet é vézô eûz
hô kénou.
6. Râg eur vrôad kré ha diniver a
zô piñet war va douar: hé deñt a zô
ével deñt eul léon, hag hé c'hildeñt
ével ré eul léonik.
7. Enn eunn distrô é deûz lékéat
ha dirusket va gwézen-fiez: enn noaz
é deûz hé dibourc'het, hag hé dis-
karet: gwennet eo hé skourrou.
8. Gwél ével eur c'hrég iaouañk é
deûz gwisket eur sac'h enn abek da
varô pried hé iaouañktiz.
9. N'eûz mui a sakrifiz nag a
vraoued-kennig é tí ann Aotrou:
daéraoui a râ ar véleien, ministred
ann Aotrou.
10. Gwastet eo ar vrô, glac'haret eo
ann douar; gwallet eo ann éd, kollet
eo ar gwiniennou, gwéñvet eo ar
gwéz-olived.
11. Reûstlet eo al labourerien, iou-
c'ha a râ ar winiennérien diwar-benn
ar gwiniz hag ann heiz; râg ar mé-
dérez a zô deûet-da-gét er parkou.
12. Bévézet eo ar winien, gwévet
eo ar wézen-fiez: dizéc'het eo ar
gwéz-granad, hag ar gwéz-palmez,
hag ar gwéz-avalou, hag holl wéz ar
parkou; râk kollet eo al lévénez é-
touez bugalé ann dûd.
13. En em c'hourizit, c'houi bé-
leien, ha gwélit; iouc'hit, c'houi mi-
nistred ann aoter: deûit ébarz, mi-
nistred va Doué, gourvézit er sac'h:
ô véza ma eo éhanet ar sakrifiz hag
ar braoued-kennig é tí hô Toué.
14. Grid eur iun sañtel, galvit ar
strollad, grounnit ann hénaoured, hag
holl dud ar vrô é tí hô Toué; ha gar-
mit étrézé ann Aotrou.
15. Ha pébez deiz! râk deiz ann
Aotrou a zô tôst, hag ann Holl-c'hal-
loudek hel lakai da zoñt war-n-omp
ével eunn arné.
16. Ha n'hon eûz-ni két gwélet oc'h
éhana dirâg hon daoulagad ar boéd,
al lévénez, hag al lid é tí hon Doué?
17. Al loéned a zô breinet enn hô
zeil, ar soliérou a zô diskaret, ar sa-
nalou a zô dispennet; râk kollet eo
ann éd.

18. Pérâg é klemm al loéned, pérâg
é vlej ar chatal ? O véza n'eûz két a
beûrvan évit-hô : ann tropellou déñ-
ved a varvô ivé.
19. Étrézég enn-od, Aotrou, é c'har-
minn : râg ann tân en deûz louñket
holl draou kaer ann distrô, ar flamm
en deûz dévet holl wéz ar parkou.
20. Léoned ar parkou a zell ivé
ouz-id, ével eunn douar a c'houlenn
glaô : ô véza ma eo bét dizéc'het ann
aiénennou dour, ha ma en deûz louñ-
ket ann tân holl draou kaer ann distrô.

—

II. PENNAD.

*Ar profed a erbéd ar Iuzevien da zis-
trei ouc'h Doué.*

1. Sonit gañd ar c'horn-boud é Sion,
ha iouc'hit war va ménez sañtel : ra
grénô holl dûd ar vrô ; râk deiz ann
Aotrou a zeû, râk tôst eo ;
2. Diez a amc'houlou hag a déva-
lien, diez koabrek hag arnéuz : ével
ma en em skiñ goulou-deiz war ar
ménésiou, ével-sé é teùi eur bobl brâz
ha kré : n'eûs bét hini héñvel out-hañ
adaleg ar penn-keñta, ha na vézô hini
é bloavésiou ar c'hañtvédou.
3. Enn hé raok eunn tan louñkuz,
ha war hé lerc'h eur flamm dévuz :
enn hé raok ann douar ével eul liors
dudiuz, ha war hé lerc'h eunn distrô
diheñt : ha dén na dec'hô diout-hañ.
4. Ével kézek é vézô hô doaré : hag
ével marc'hégien é rédiñt.
5. Ével trouz ar c'hirri war lein ar
ménésiou é lammiñt ; ével trouz eur
flamm dân a louñk ar c'hôlô, ével eur
bobl kré aozet d'ann emgann.
6. Dira-z-hañ é krénô ar boblou :
ann holl zremmou a zeûi da véza
môrlivet.
7. Ével tûd kré é rédiñt : ével bré-
zélidi é piñiñt war ar muriou : pép-
hini a gerzô enn hé heñt, hag hini na
zistrôi eûz hé raveñt.
8. Ann eil na vouñtô két égilé ;
pép-hini a gerzô enn hé reñk : dré ar
pénestrou é kouéziñt, héb hô diskara.
9. Er géar éz aiñt, war ar vûr é ré-
diñt, war ann tiez é piñiñt, dré ar
prénestrou éz aiñt ébarz ével laéroun.
10. Dira-z-hô é krénô ann douar, é
vézô kéflusket ann éñvou : ann héol
hag al loar a dévalai, hag ar stéred a
zinac'hô hô goulou.
11. Hag ann Aotrou en deûz rôet
da glévout hé vouéz é raok hé armé :
râk nivéruz-brâz en hé gampou ; râk
kré ha galloudus eo hé c'hér : ô véza
ma eo brâz deiz ann Aotrou, ma eo
doujuz-meûrbéd : ha piou a helló
harza out-hañ ?
12. Hôgen bréma, émé ann Aotrou,
distrôit étrézég enn-oun a greiz hô
kaloun, er iûn, enn daérou, hag er
c'hlemvan.
13. Rôgit hô kalounou, ha nann hô
tilad, ha distrôit étrézég ann Aotrou
hô Toué : râg habask ha trugarézuz
eo, sioul ha truézuz-brâz, ha dougét
d'ar c'heûz eûz ann drouk.
14. Piou a oar hag hen na zistrôi
két, hag hen na lakai két enn añkou-
nac'h, hag hen na lézô két hé vennoz
war hé lerc'h, me rôot sakrifiz ha
braoued-kennig d'ann Aotrou hô
Toué ?
15. Sonit gañd ar c'horn-boud é
Sion ; grit eur iun sañtel, galvit ar
strollad ;
16. Strollit ar bobl ; glanit ar strol-
lad ; grounnit ann hénaoured ; strol-
lit ar vugalé, hag ar ré a zô oud ar
vronn : ra zeûi ar pried er-méaz eûz
hé wélé, hag ar pried er-méaz eûz hé
gwélé-eûreûd.
17. Ra wélô ar véleien, ministred
ann Aotrou, étré ar porched hag ann
aoter, ha ra liviriñt : Espern, Aotrou,
espern da bobl, ha na rô két da zi-
gwéz d'ar vézégez, évit ma vézô ao-
trouniet gañd ar brôadou ; ha ma vé
lavaret dré-zé é-touez ar brôadou :
Péléac'h éma hô Doué ?
18. Eunn oaz brâz en deûz bét ann
Aotrou évid hé zouar, hag en deûz
espernet hé bobl :
19. Hag ann Aotrou a gomzaz oud
hé bobl, hag a lavaraz d'ézhañ : Chétu
mé a gasô d'é-hoc'h éd, ha gwin, hag
éôl, hag hô pézô hô kwalc'h anézhô :
ha n'hô rôinn mui da vézégez é-touez
ar brôadou.

20. Hag é pellainn diouz-hoc'h ann
hini a zeû eûz ann hañter-nôz, hag é
tistolinn anézhañ enn eunn douar di-
heñt ha didûd : ar penn uc'héla anéz-
hañ oud ar môr ar sâv-héol, hag ar penn
izéla oud ar môr pella : hag hé fléar a
zavô, hag hé vreinadurez a biñô, ô
véza ma en deûz embréget gañt ro-
goni.
21. N'az péz két a aoun, ô douar,
trîd hag en em laouéna : râg ann Ao-
trou a rai traou kaer.
22. N'hô pézet két a aoun, loéned
ar mésiou ; râg géot ann distrô a hé-
ginô ; ar gwéz a zougô hô frouez ; ar
gwéz-fiez hag ar gwiniennou a rôi hô
founder.
23. Ha c'houi, bugalé Sion, tridit,
hag en em laouénait enn Aotrou hô
Doué ; ô véza ma en deûz rôet d'é-
hoc'h eur mestr évid deski ar reizded,
ha ma lakai da ziskenna war-n-hoc'h
ar glaô abréd hag ar glaô divéza, ével
er penn-keñta.
24. Hô leûriou a vézô leûn a éd,
hag hô kwaskellou a fennô-dreist ar
gwin hag ann éôl.
25. Ha mé a zistolô d'é-hoc'h ar
bloavésiou hô deûz louñket ar c'hilek-
raden, hag ar préñv, hag ar merkl,
hag ar viskoul, hag ann armé vrâz
em eûz kaset ouz-hoc'h.
26. Neûzé é tebrot hag en em vagot,
hag hô pézô hô kwalc'h : hag é veûlot
hanô ann Aotrou hô Doué, péhini en
deûz gréat burzudou eun hô kéñver :
ha va fobl na vézô mui bikenn mé-
zékéet.
27. Ha c'houi a wézô pénaoz émounn
é-kreiz Israel : ha pénaoz eo mé ann
Aotrou hô Doué, ha n'eûz hini all é-
béd : ha va fobl na vézô mui bikenn
mézékéet.
28. Ha chétu pétrâ a c'hoarvézô
goudé-zé : skula a rinn va spéred war
bép kik : hô mipien hag hô merc'hed
a ziouganô : hô tûd-kôz *a gavô ar
wirionez* enn hô huvréou, hag hô tûd-
iaouañk hô dévézô gwélédigésiou.
29. Enn deisiou-zé é skulinn ivé va
spéred war va zervichérien ha war va
mitisien.
30. Ha mé a lakai da wélout bur-
zudou enn éñv, ha war ann douar,
goad, ha tân, ha korveñtennou môged.
31. Ann héol a vézô trôet é téva-
lien, hag al loar é goad, abarz ma
teûi deiz brâz ha spouñtuz ann Ao-
trou.
32. Chétu pétrâ a vézô : néb a
c'halvô hanô ann Aotrou, a vézô sal-
vet : râg ar zilvidigez a vézô, ével
ma en deûz lavaret ann Aotrou, war
vénez Sion, hag é Jéruzalem, hag
enn dilerc'hiou en dévézô galvet ann
Aotrou.

III. PENNAD.

Barnédigézou Doué a-énep énébourien hé bobl.

1. Râk chétu enn deisiou-zé, hag
enn amzer-zé, p'am bézô lékéat da
zistrei sklaved Juda ha Jéruzalem,
2. É strollinn ann holl vrôadou,
hag é kasinn anézhô é traoñien Josa-
fat : hag é strivinn gañt-hô énô diwar-
benn Israel va fobl ha va digwéz, hô
deûz skiñet é-touez ar brôadou, ha va
douar, hô deûz rannet.
3. War va fobl hô deûz taolet ar
sort : el lec'hiou a c'hadélez hô deûz
lékéat ar baotred-iaouañk, hag ar mer-
c'hed-iaouañk hô deûz gwerzet évit
gwin, hag évid éva.
4. Hôgen pétrâ a zô étré c'houi ha
mé, Tir ha Sidon, hag holl harzou ar
Palestina ? Ha c'houi a fell d'é-hoc'h
en em veñji ac'hanoun ? Mar fell d'é-
hoc'h en em veñji ac'hanoun, râk-tâl
é tistolinn ann drouk war hô penn
hoc'h-unan.
5. Va arc'hañt ha va aour hoc'h eûz
kéméret : enn hô templou hoc'h eûz
kaset ar péz em boa a gaéra hag a
zudiusa.
6. Gwerzet hoc'h eûz mipien Juda,
ha mipien Jéruzalem da vipien ar
C'hrésied ; évid hô fellaad diouc'h hô
harzou.
7. Chétu mé a dennô anézhô eûz al
léac'h é péhini hô poa hô gwerzet :
hag é tistrôinn ann drouk war hô
penn hoc'h-unan.
8. Ha mé a werzô hô mipien hag
hô merc'hed étré daouarn mipien

Juda; hag hi hô gwerzô d'ar Sabéed, brôad a bell; râg ann Aotrou en deûz hé lavaret.

9. Embannit kémeñt-sé é-touez ar brôadou, sañtélit ar brézel, savit ar ré gré: ra dôstai, ra zavô ann holl vrézélidi.

10. Trôit hô souc'hiou é klézeier, hag hô pigellou é gwafiou; ra lavarô ann dén laosk: Kré ounn.

11. Dirédit, ha deûit, holl vrôadou trô-war-drô, hag en em strollit: énô é tiskarô ann Aotrou da ré gré.

12. Ra zavô, ha ra biñô ann holl vrôadou é traoñien Josafat: râg énô éc'h azézinn évit barna ann holl vrôadou trô-war-drô.

13. Kémérit hô filsier, râg éog eo ar médérez: deûit ha diskennit, râg leûn eo ar waskel, ar waskou a ia dreist: râk paottet eo hô drougiez.

14. Poblou, poblou, *deûit* da draoñien al lazérez: râk tôst eo deiz ann Aotrou é traoñien al lazérez.

15. Ann héol hag al loar a dévalai, hag ar stéred a zinac'hô hô goulou.

16. Ann Aotrou a iudô eûz a Zion, hag a rôi da glevout hé vouéz eûz a Jéruzalem: ann éñvou hag ann douar a grénô: hôgen ann Aotrou *a vézô* géd hé bobl, ha ners mipien Israel.

17. Ha c'houi a wézô pénaoz eo mé ann Aotrou hô Toué, a choum é Sion, va ménez sañtel: ha sañtel é vézô Jéruzalem, hag ann diavésidi na dreûziñt mui anézhi.

18. Chétu pétrâ a c'hoarvézô enn deiz-zé: ar ménésiou a skulô *mél* c'houék, hag al léaz a rédô eûz ar c'hrec'hiennou: é holl c'houeriou Juda é rédô ann dour; hag eur feunteun a zeûi er-méaz eûz a dî ann Aotrou, hag a zourô froud ann drein.

19. Ann Éjipt a vézô enn añken, hag ann Iduméa a zeûi ével eunn distrô eûzuz: ô véza ma hô deûz gwallhozet mipien Juda, ha ma hô deûz skulet ar goad dinam enn hô brô.

20. Ar Judéa a vézô tudet da-vikenn, ha Jéruzalem *a badô* a gañtved é kañtved.

21. Ha mé a c'hlanô hô goâd, n'em boa két glanet: hag ann Aotrou a choumô é Sion.

LEVR AMOS.

I. PENNAD.

Barnédigez Doué a-énep Damas, hag ar Filistined, ha Tir, hag ann Iduméed, hag ann Ammonited.

1. Geriou Amos, ann hini a oé é-
touez mésérien Tékué : ar péz a wélaz
diwar-benn Israel é deisiou Ozias
roué Juda, hag é deisiou Jéroboam,
mâb Joas roué Israel, daou vloaz
keñt ar c'hrén-douar.
2. Hag héñ a lavaraz : Ann Aotrou
a iudô eûz a Zion, hag a rôi da glev-
vont hé vouéz eûz a Jérozalem : le-
c'hiou kaer ar véserien a vézô dis-
pennet, ha lein ar C'harmel a vézô
dizéc'het.
3. Ével-henn é lavar ann Aotrou :
Goudé ar gwallou en deûz gréat Da-
mas teir gwéach ha péder gwéach,
na drôinn két diwar hé benn ; ô véza
ma hô deûz dournet Galaad gañt
kirri houarn.
4. Tân a gasinn é ti Azael : hag héñ
a zevô tiez Bénadad.
5. Brévi a rinn ners Damas : dis-
penna a rinn tûd kamp ann idol ; kâs
a rinn kuit eûz hé di a zudi ann hini
a zoug ar walen-roué : ha pobl ar
Siria a vézô dizouget é Siren, émé
ann Aotrou.
6. Ével-henn é lavar ann Aotrou :
Goudé ar gwallou en deûz gréat Gaza
teir gwéach ha péder gwéach, na
drôinn két diwar hé benn ; ô véza ma
iñt bét krôget er ré holl a oa en em
dennet étrézég enn-hô, ha ma hô deûz
hô c'haset é sklavérez enn Iduméa.
7. Tân a gasinn war vuriou Gaza :
hag héñ a zevô hé ziez.
8. Dispenna a rinn tûd Azot ; kâs
a rinn kuit eûz a Askalon ann hini a
zoug ar walen-roué : hag é trôinn va
dourn war Akkaron, ha dilerc'h ar
Filistined a vézô dispennet, émé ann
Aotrou Doué.
9. Ével-henn é lavar ann Aotrou :
Goudé ar gwallou en deûz gréat Tir
teir gwéach ha péder gwéach, na
drôinn két diwar hé benn ; ô véza
ma hô deûz kaset ann holl sklaved
enn Iduméa, ha n'eo két deûet a gounn
d'ézhô eûz ar gévrédigez hô doa gréat
gañd hô breûdeûr.
10. Tân a gasinn war vuriou Tir :
hag héñ a zevô hé ziez.
11. Ével-henn é lavar ann Aotrou :
Goudé ar gwallou en deûz gréat Édom
teir gwéac'h ha péder gwéach, na
drôinn két diwar hé benn ; ô véza
ma en deûz heskinet hé vreûr gañd
ar c'hlézé, ha ma en deûz torret hé
drugarez, ha ma en deûz kaset hé
frouden dreist-penn, ha ma en deûz
miret hé vuanégez bétég ann divez.
12. Tân a gasinn é Téman : hag
héñ a zevô tiez Bosra.
13. Ével-henn é lavar ann Aotrou :
Goudé ar gwallou hô deûz gréat mi-
pien Ammon teir gwéach ha péder
gwéach, na drôinn két diwar hô fenn ;
ô véza ma hô deûz roget *kóv* gragez
brazez Galaad, évit léda hô barzou.

14. Tân a gasinn war vuriou Rab-
ba : hag héñ a zevô hé ziez é-kreiz ar
iouc'hadennou é deiz ar brézel, hag
é-kreiz ar c'horveñtennou é deiz ar
stourm.
15. Ha Melc'hom a iélô é sklavérez,
héñ hag hé briñsed gañt-hañ, émé
ann Aotrou.

—

II. PENNAD.

Gourdrouzou Doué a-énep Moab, ha Juda, hag Israel.

1. Ével-henn é lavar ann Aotrou :
Goudé ar gwallou en deûz gréat
Moab teir gwéach ha péder gwéach,
na drôinn két diwar hé benn ; ô véza
ma en deûz devet eskern roué ann
Iduméa, ha ma en deûz hô lékéat é
ludu.
2. Tân a gasinn é Moab : hag héñ
a zevô tiez Kariot : ha Moab a varvô
é-kreiz ar safar, ha son ar c'hornou-
boud.
3. Ha mé a zispennô ar barner eûz
hô c'hreiz, hag a lazô hé holl briñsed
gañt-hañ, émé ann Aotrou.
4. Ével-henn é lavar ann Aotrou :
Goudé ar gwallou en deûz gréat Juda
teir gwéach ha péder gwéach, na
drôinn két diwar hé benn ; ô véza ma
en deûz distolet lézen ann Aotrou,
ha n'en deûz két miret hé gémennou :
rāk touellet iñt bét gañd hô idolou,
war-lerc'h péré é oa bét hô zadou.
5. Tân a gasinn é Juda : hag héñ a
zevô tiez Jéruzalem.
6. Ével-henn é lavar ann Aotrou :
Goudé ar gwallou en deûz gréat Is-
rael teir gwéach ha péder gwéach :
na drôinn két diwar hé benn ; ô véza
ma en deûz gwerzet ann dén reiz évid
arc'hañt, hag ar paour évit boutou.
7. Brévi a réoñt out poultr ann
douar penn ar béorien, hag é treû-
zoñt heñt ar ré zister : ar màb hag
ann tâd a ia kévret da gaout eur
plac'h, évit saotra va hanô sañtel.
8. Ha war ann dilad a zô bét rôet
d'ézhô é-gwéstl iñt bét gourvézet out
pôb aoter : ha gwin ar ré varnet hô
deûz évet é tí hô Doué.
9. Mé eo em eûz dispennet ann
Amorréad dira-z-hô ; héñ pébini a oa
uc'hel ével eur wézen-sedr, ha kré
ével eunn derven : hag em eûz brévet
hé frouez war hé skourrou, hag hé
c'hrisiou enn douar.
10. Mé eo em eûz hô lékéat da biñа
eûz a vrô ann Éjipt, hag em eûz hô
rénet enn distrô a-héd daou-ugeñt
vloaz, évid hô lakaat da biaoua brô
ann Amorréed.
11. Ha mé em eûz lékéat da zével
proféded eûz hô mipien, ha Nazaréed
eûz hô tûd-iaouañk : ha né két ével-
sé, mipien Israel, émé ann Aotrou ?
12. Hôgen c'houi hoc'h eûz rôet
gwin da éva d'ann Nazaréed ; hag
hoc'h eûz gourc'hémennet d'ar bro-
féded, ô lavarout : Na ziouganit két.
13. Chétu mé a strakô dindân-
hoc'h, ével ma strâk eur c'harr karget
a foenn.
14. Ar skañva na hellô két béza
dieûbet ô tec'hout, ar c'hréva na virô
két hé galoun, hag ann nerzusa na
hellô két savétei hé vuez.
15. Ar gwaréger na choumô két
stard, ann dén eskuit da rédek na
vézô két dieûbet, ann hini a biñô
war varc'h na hellô két savétei hé
vuez.
16. Ar c'hréva a galoun étré ar ré-
gré a dec'hô enn-noaz enn deiz-zé,
émé ann Aotrou.

—

III. PENNAD.

Gourdrouzou Doué a-énep ti Israel.

1. Sélaouit ar gér en deûz lavaret
ann Aotrou diwar hô penn, bugalé
Israel : diwar-benn ann holl wenn
em eûz tennet eûz a vrô ann Éjipt,
ô lavarout :
2. C'houi hép-kén em eûz anavézet
é-touez ann holl wennou eûz ann
douar : râk-sé é emwélinn ac'hanoc'h
enn abek d'hoc'h holl fallagriézou.
3. Ha baléa a râ daou *zén* kévret,
néméd unvan é veñt ?
4. Ha iuda a râ al léon enn eur
c'hoad, némét kavet en défé eur preiz ?

Ha garmi a râ eul léonik eun hé géô,
némét paket en défé eunn dra ?

5. Ha kouéza a râ eunn evn enn
eul lindâg war ann douar, héb eunn
evnétaer ? Ha tenna a réner eul lin-
dâg diwar ann douar, abarz ma eo
bét paket eunn dra ?

6. Ha seni a râ ar c'horn-boud enn
eur géar, hép ma spouñt ar bobl ? Ha
droug a c'hoarvez enn eur géar, ma
n'eo gréat gañd ann Aotrou ?

7. Râg ann Aotrou na râ nétrâ, hép
rei da anaout hé dra guzet d'hé zer-
vicherien ar brofédéd.

8. Al léon en deûz iudet, piou na
spouñtô két ? Ann Aotrou Doué en
deûz komzet, piou na ziouganô két ?

9. Embannit é tiez Azot, hag é tiez
brô ann Éjipt, ha livirit : En em strol-
lit war vénésiou Samaria, ha gwélit
al lôd brâz a folleñtésiou a réeur enn
hé c'hreiz, hag ann drouk-komsiou
a lévéreur enn-hi diwar-benn ar ré-
zinam.

10. N'hô deûz két gwézet heûlia ar
reizded, émé ann Aotrou : tenzoriou
a fallagriez hag a breizéreu hô deûz
dastumet enn hô ziez.

11. Râk-sé ével-henn é lavar ann
Aotrou Doué : Mac'het, ha grounnet
é vézô ar vrô : da ners a vézô tennet
digan-éz, ha da diez a vézô preizet.

12. Evel ma tenn ar meser eûz a
c'héôl al léon diou vorzed pé penn
eur skouarn. évcl-sé en em dennô
mipien Israel, péré a choum é Sa-
maria war wéléou bouk, hag é Dames
é-kreiz ann dudi.

13. Sélaouit, ha rôit testéni é ti
Jakob, émé ann Aotrou, Doué ann
arméou ;

14. Pénaoz enn deiz é péhini é té-
raouinn emwélout fallagriézou Israel,
é emwélinn ivé aoteriou Bétel : ha
kornioù ann aoter a vezô terret, hag
a gouézô d'ann douar.

15. Diskara a rinn ann ti-goañv
hag ann ti-hañv : ann tiez olifañt a
vézô freûzet, ha kalz tiez *all* a vézô
dispennet, émé ann Aotrou.

—

IV. PENNAD.

*Rébechou ha gourdrouzou a-énep mi-
pien Israel.*

1. Sélaouit ar gér-mañ, bioc'hed
lard, a zô war vénez Samaria : c'houi
péré a wask war ar béorien, hag a
vâc'h ar ré ézommek ; hag a lavar
d'hô mistri : Digasit, hag évomp.

2. Touet en deûz ann Aotrou Doué
dré hé *hanô* sañtel, pénaoz é teûi
deisiou war-n-hoc'h, é péré é viot
savet gañt kreier, hag ann dilerc'hiou
ac'hanoc'h lékéat da virvi é kaoteriou.

3. Dré ann odéou é viot kaset ann
eil oud ébén, hag é viot taolet é *brô*
Armon, émé ann Aotrou.

4. Deûit da Vétel, ha grit fallagriez :
da C'halgala, ha paottit hô kwallou :
digasit péb mintin hô viktimou, hag
a-benn tri deiz hô téogou.

5. Grit gañt goell sakrifisou a veû-
leûdi : galvit-hô kennigou a-ioul, hag
embannit-*hô* : râg hoc'h ioul eo bét,
émé ann Aotrou Doué.

6. Râk-sé em eûz lékéat hô teñt da
glec'ha enn holl geriou, ha diénez a
vara enn hoc'h holl lec'hiou : ha n'och
két distrôet étrézég enn-oun, émé ann
Aotrou.

7. Dinac'het em eûz ivé ar glaô d'é-
hoc'h, pa oa c'hoaz tri miz bétég ar
médérez : glaôiet em eûz ivé war eur
géar, ha n'em eûz két glaôiet war eur
géar all : glaôiet eo bét war eul léac'h,
hag al léac'h war béhini n'eo két bét
glaôiet, a zô bét dizéc'het.

8. Diou pé deir géar a zô deûet
étrézég eur géar *all* évid éva dour,
hôgen n'iñt két bét dizéc'hédet : ha
n'oc'h két distrôet étrézég enn-oun,
émé ann Aotrou.

9. Hô skôet em eûz gañd eunn avel
skaotuz ha gañd ar merkl : ar viskoul
é deûz gwastet hô liorsou brâz, hag
hô kwiniennou, hag hô kwéz-olived,
hag hô kwéz-fiez : ha n'oc'h két dis-
trôet étrézég enn-oun, émé ann Ao-
trou.

10. Kaset em eûz ar marô enn hô
touez, ével ma riz war heñt ann Éjipt :
skôet em eûz gañd ar c'hlézé hô tûd

iaouank, hag hô kézek a zô bét skrapet : lékéat em eûz da zével enn hô tifron fléar hô kampou : ha n'hoc'h két distrôet étrézég enn-oun, émé ann Aotrou.

11. Hô tispennet em eûz, ével ma en deûz Doué dispennet Sodom ha Gomorra, ha c'houi a zô deûet ével eur penn-tân tennet eûz a eunn tangwall : ha n'oc'h két distrôet étrézég enn-oun, émé ann Aotrou.

12. Râk-sé é rinn kément-sé d'id, ô Israel : hôgen goudé m'am bézô gréat kémeñt-sé d'id, en em aoz, Israel, évit mond da ziambrouga da Zoné.

13. Râk chétu ann hini en deûz doaréet ar ménésiou, ha krouet ann avel, a rô da anaout hé c'hér d'ann dén, a râ koabr ar miñtin, hag a gerz war ann uc'héla eûz ann douar : ann Aotrou, Doué ann arméou *eo* hé hanô.

—

V. PENNAD.

Sakrifisou Israel distolet gañd Doué.

1. Sélaouit ar gér-mañ, hag ar c'heinvan a zavann war-n-hoc'h : Tí Israel a zô kouézet, ha na zavô mui.

2. Gwerc'hez Israel a zô kouézet d'ann douar, ha n'eûz dén évid hé sével.

3. Râg ével-henn é lavar ann Aotrou Doué : Er géar eûz a béhini éz éa er-méaz mil, na choumô némét kañt : hag enn hini eûz a béhini éz éa er-méaz kañt, na choumô néméd dék é tí Israel.

4. Râg ével-henn é lavar ann Aotrou da dí Israel : Klaskit achanoun, hag é vévot.

5. Hôgen na glaskit két Bétel, ha n'az it két é Galgala, ha na dréménit két dré Versabéé : râg Galgala a vézô kaset é sklavérez, ha Bétel a zeûi-da-gét.

6. Klaskit ann Aotrou, hag é vévôt : gañd aoun na loskché ével tân tí Jozef, ha na zevché Bétel hép ma vézô dén évit mouga *ann tân*.

7. C'houi péré a drô ar varn é huélen-c'houerô, hag a zilez ar reizded war ann douar.

8. *Klaskit* ann hini en deûz gréat ann Arkturus hag ann Orion, a drô ann dévasien é goulou-deiz, hag ann deiz é nôz : a c'halv doureier ar môr, hag a skûl anézhô war c'horré ann douar : ann Aotrou *eo* hé hanô.

9. Ann hini a ziskar ar ré gréva enn eur vourc'hoarzin, hag a zigas ar gwastérez war ar ré c'halloudéka.

10. Kaséet hô deûz ann hini hô c'hélenné é-tâl ar pors : argarzet hô deûz ann hini a gomzé gañt reizdet.

11. O véza ma hoc'h eûz diwisket ar paour, ha ma hoc'h eûz skrapet d'ézhañ kémeñd en dôa a wella, tiez a zavot gañt mein bén, ha na choumot két enn-hô ; gwiniennou c'houék a blañtot, ha na évot két ar gwin anézhô.

12. Râk mé a anavez hô kwallou paot, hag hô péc'hédou brâz : pénaoz oc'h énébourien d'ann dén-reiz, hag é tigémérit rôou, hag é waskit war ar paour é-tâl ar pors.

13. Râk-sé ann dén fûr a davô enn amzer-zé, râg eur gwall amzer eo.

14. Klaskit ar mâd, ha nann ann drouk, évit ma vévot : hag ann Aotrou, Doué ann arméou a vézô gan-é-hoc'h, ével ma hoc'h eûz hé lavaret.

15. Kasait ann drouk, ha karit ar mâd, ha dougit ar varn é-tâl ar porz : ha martézé ann Aotrou, Doué ann arméou en dévézô truez oud diler-c'hiou Jozef.

16. Râk-sé ével-henn é lavar ann Aotrou, Doué ann arméou, ar mestr brâz : Enn holl leûriou-kéar é vézô keinvan ; hag enn holl lec'hiou diwar -ar méaz é vézô lavaret Gwâ, gwâ : hag hi a c'halvô ar c'houerien, évit gwéla, hag ar ré a wél er c'hañvou, évit léñva.

17. Hag enn holl winiennou é vézô keinvan, ô véza ma tréméninn enn hô kreiz, émé ann Aotrou.

18. Gwâ ar ré a c'hoañta *gwélout* deiz ann Aotrou : pétrâ *a dalvézô*-héñ d'é-hoc'h ? Tévalien, ha nann goulou *é vézô* ann deiz-zé d'ann Aotrou.

19. Ével pa dec'hché eunn dén a

zirâg eul léon, hag é teûjé eunn ours d'hé ziarbenna, pé pa zeûjé enn ti, hag ec'h harpa hé zourn war ar vôger, é krôgché enn-hañ eunn aer.

20. Ha né kéd éta tévalien, ha nann goulou, deiz ann Aotrou, amc'houlou, ha nann skéd enn-hañ ?

21. Kasaad ha disteûrel a rann hô kwésiou ; na hétann két hô strolladou.

22. Ha pa gennigfac'h d'in sakrifisou-losk, ha rôou, n'hô digémérinn két : ha na zellinn két oud hoc'h hostivou ar ré larta.

23. Pella diouz-in ann trouz eûz da ganaouennou : râk na zélaouinn két sonion da liren.

24. Râk va barn a rédô ével dour, ha va reizded ével eur froud kré.

25. Ha kenniget hoc'h eûs-hu d'in hostivou ha sakrifisou enn distrô abéd daou-ugeñt vloaz, ti Israel ?

26. Hôgen digaset hoc'h eûz tabernakl hô Molac'h, ha skeûden hoc'h idolou, stéréden hô toué, hô poa gréat hoc'h-unan.

27. Râk-sé é likiinn hô tizougen enn tu-hoñt da Zamas, émé ann Aotrou : Doué ann arméou eo hé hanô.

—

VI. PENNAD.

Gourdrouzou ann Aotrou a-éneb holl di Israel.

1. Gwâ c'houi péré a zô pinvidig é Sion, hag a laka hô fisiañs é ménez Samaria ; c'houi péré a zô hanvet pennou ar boblou, hag en em ziskouéz gañd eur fougé vrâz é ti Israel.

2. Tréménit dré C'halané, ha gwélit ; hag id alesé da Émat ar brâz : ha diskennit é Gét *é brô* ar Filistined, hag er gwella rouañtélésiou eûz ar *c'heriou-zé* : hag ec'honoc'h eo hô harzou-hi égéd hoc'h harzou-hu ?

3. C'houi péré a zô rannet évid ar gwall zeiz, hag a zô tôst diouc'h gwalen ar fallagriez.

4. C'houi péré a gousk war wéléou olifañt, hag a vrâg war hô flédou : péré a zebr ar *gwella* ein eûz a douez ann déñved, hag al *larta* leûéou eûz a greiz ann tropel.

5. C'houi péré a gân out son ann délen : hag a gréd béza héñvel oud David, pa hoc'h eûz binviou ével-t-hañ.

6. C'houi péré a év gwin é fiolennou, hag en em lard gañd éôl ar c'houéka : ha péré a zô dihégar é-kéñver glac'har Jozef.

7. Râk-sé bréma é véziñt dizouget gañd ar ré geñta d'ar sklavérez, hag ar strollad tûd c'hadal-zé a vézô skiñet.

8. Touet en deûz ann Aotrou Doué enn-hañ hé-unan ; ann Aotrou Doué ann arméou en deûz lavarel : Mé a argarz rogeñtez Jakob : hé diez a gasaann ; hag é rôinn hé géar gañd ar ré a choum enn-hi.

9. Mar d-eo choumet dék dén enn eunn ti, é varviñt ivé.

10. Hé gâr nésa a gémérô anézhañ, hag hé zevô, évit kâs hé eskern er-méaz eûz ann ti : hag héñ a lavarô d'ann hini a vézô é gwéled ann ti : Ha c'hoaz éz eûz unan-bennâg gan-éz?

11. Hag héñ a avarô : N'eûs hini ; hag *égilé* a lavarô d'ézhañ : Tâv, ha n'az péz két a goun eûz a hanô ann Aotrou.

12. Râk chétu ann Aotrou a c'hourc'hémennô, hag héñ a lakai da gouéza ann ti brâz gañd borellou, hag ann ti bihan gañt tarzou.

13. Ha rédeg a hell ar c'hézeg étouez ar rec'hier, pé hag é helleur arat énô gañd éjenned : ha c'houi hoc'h eûz troet ar varn é c'houervder, ha frouez ar reizded é huélenc'houérô ?

14. Ha c'houi en em laouéna é nétrâ, hag a lavar : Ha né két gañd hon ners hon-unan omp deûet da véza galloudek ?

15. Hôgen chétu é likiinn da zével enn hoc'h énep, ti Israel, émé ann Aotrou, Doué ann arméou, eur vrôad hag a vac'hô ac'hanoc'h adalek penn *brô* Emat, bété froud ann distrô.

—

VII. PENNAD.

Gwélédigez a ziskouéz ar reuziou a dlé kouéza war Israel.

1. Chétu pétrà a ziskouézaz d'in ann Aotrou Doué : Chétu é savaz eul lôd brâz a gilein-raden pa zéraouaz ar glaô divézad da rei géot, hag ar glaô divézad hé lékéaz da zével goudé ma oa bét trouc'het gañd ar roué.

2. Ha chétu pétrà a c'hoarvézaz : Pa oé peûr-zebret géot ann douar, é liviriz : Aotrou Doué, grâ trugarez, mé az péd : piou a assavô Jakob, râk bihan eo ?

3. Hag ann Aotrou a réaz trugarez war gémeñt-sé : Na vézô két kémeñt-sé, émé ann Aotrou.

4. Chétu pétrà a ziskouézaz d'in ann Aotrou Doué : Chétu ann Aotrou Doué a c'halvé ar varn dré ann tân ; hag hén a louñkaz eul louñk brâz, hag a zebraz lôd kévret.

5. Hag é liviriz : Aotrou Doué, éhan, mé az péd : piou a assavô Jakob, râk bihan eo ?

6. Hag ann Aotrou a réaz trugarez war gément-sé : Na vézô két kémeñt-sé kenn-nébeût, émé ann Aotrou Doué.

7. Chétu pétrà a ziskouézaz d'in ann Aotrou : Chétu ann Aotrou a oa enn hé zà war eur vôger fulet, hag eul loa-vasoun enn hé zourn.

8. Hag ann Aotrou a lavaraz d'in : Pétrà a wélez-té, Amos ? Ha mé a lavaraz : Eul loa-vasoun. Hag ann Aotrou a lavaraz : Chétu mé a lakai al loa-vasoun é-kreiz va fobl a Israel : na fofinn mui anézhañ.

9. Lec'hiou uc'hel ann idolou a vézô dispennet, ha lec'hiou sañtel Israel a vézô diskaret : ha mé a zavô gañd eur c'hlézé war di Jéroboam.

10. Neûzé Amasias bélek Bétel a gasaz étrézé Jéroboam roué Israel, ô lavarout : Dispac'het eo Amos enn da énep é-kreiz ti Israel : ar vrô na hell mui gouzañvi hé holl lavariou.

11. Râg ével-henn é lavar Amos : Gañd ar c'hlézé é varvô Jéroboam, hag Israel a vézô dizouget é sklavérez er-méaz eûz hé vrô.

12. Hag Amasias a lavaraz da Amos : Kéa, gwélér, ha tec'h da vrô Juda, ha debr bara énô, ha diougan énô.

13. Hôgen na ziougan mui é Bétel : râg énô éma templ ar roué, ha penn-kéar ar rouañtélez.

14. Hag Amos a respouñtaz hag a lavaraz da Amasias : N'ounn két eur profed, na mâb eur profed : eur meser ounn hag a vév gañt fiez gouéz.

15. Hag ann Aotrou en deuz va c'hémeret p'az éann war - lerc'h va zropel : hag ann Aotrou en deûz lavaret d'in : Kéa, ha diougan d'am pobl a Israel.

16. Sélaou éta bréma gér ann Aotrou : Té a lavar : Na ziougan két war Israel, ha na zrouk-komz két diwar-benn ti ann idol.

17. Râk-sé ével-henn é lavar ann Aotrou : Da c'hrég en em rôi d'ar c'hadélez é kéar : da vipien ha da verc'hed a gouézô dindân ar c'hlézé, ha da zouaroù a vézô meñtet gañd ar gorden : ha té a varvô enn eunn douar saotret ; hag Israel a vézô dizouget é sklavérez er-méaz eûz hé vrô.

VIII. PENNAD.

Naounégez gér Doué.

1. Chétu pétrà a ziskouézaz d'in ann Aotrou Doué : Chétu é wélis eur c'hrôg frouez.

2. Hag hén a lavaraz : Pétrà a wélez-té, Amos ? Ha mé a lavaraz : Eur c'hrôg frouez. Hag ann Aotrou a lavaraz d'in : Deûet eo ann divez war va fobl a Israel : n'az inn mui é-biou d'ézhañ.

3. Skôriou ann templ a strakô enn deiz-zé, émé ann Aotrou Doué : kalz a dûd a varvô : taolet é vézint er-méaz é pép léac'h enn eur dével.

4. Sélaouit ann dra-zé, c'houi péré a vâc'h ar béorien, hag a laka da vervel tavañteien ann douar,

5. O lavarout : Pa vézô éat ar miz é-biou, évit ma werzimp hor marc'hadourez, hag ar Sabbat, évit ma

lakaimp hon éd er-méaz, ma vihanaimp ar veñt, ha ma kreskimp ar sikl, ha ma poézimp gañt balañson touelluz,

6. Évit ma lakaimp gañd hon arc'hañt ar béorien, hag ann davañteien dindân hon treid, ha ma werzimp d'ézhô usien hon éd?

7. Touet en deûz ann Aotrou diwarbenn balc'hder Jakob : na añkounac'hainn bikenn hini eûz hô ôberiou.

8. Goudé-zé ha na vézô két diskaret hô douar, ha na vézô két glac'haret hé holl dud : sével a rai ével eur ster dic'hlannet; kéflusket é vézô, hag é rédô ével ster ann Éjipt?

9. Enn deiz-zé, émé ann Aotrou Doué, é kouskô ann héol é-kreiz ann deiz, hag é c'hôlôinn ann douar a dévalien é léac'h goulou.

10. Trei a rinn hô kwéliou é daérou, hag hoc'h holl ganaouennou é keinvanou : digas a rinn ar zâc'h war bép kein, hag ar moalder war bép penn : hé lakaad a rinn ével glac'har marô eur penn-her, hag hé zivez ével eunn deiz c'houerô.

11. Chétu é teûi ann deisiou, émé ann Aotrou, ma kasinn ann naounégez war ann douar : nann ann naounégez a vara, nag ar zéc'hed a zour, hôgen *ann naounégez* da glevout gér ann Aotrou.

12. Reûstlet é véziñt eûz a eur môr d'égilé, hag eûz ann hañter-nôz d'ar sâv-héol : klask a raiñt é pép tû gér ann Aotrou, ha n'her c'haññt két.

13. Enn deiz-zé ar plac'hed-iaouañk koañt, hag ar baotred-iaouañk a varvô gañd ar zéc'hed :

14. Hi péré a dou é péc'hed Samaria, hag a lavar : Béô eo da Zoué, ô Dan, ha béô eo heñt Bersabée : hi a gouézô, ha na assaviñt mui.

—

IX. PENNAD.

Assaô tî David ha mipien Israel.

1. Gwélet em eûz ann Aotrou enn hé zâ war ann aoter : hag héñ en deûz lavaret : Skô war ar vudurun, hag horell ar gourin : râg ar bizoni a zô enn hô fennou holl ; ha mé a lazô gañd ar c'hlézé ann divéza anézhô : na vézô két a dec'h évit-hô. Tec'hi a fellô d'ézhô, hag ann hini a dec'hô na vézô két dieûbet.

2. Ha pa ziskenfeñt bétég ann ifern, va dourn hô zennô achanô ; ha pa biñfeñt bétég ann éñv, mé hô diframmô achanô.

3. Ha p'az ajeñt da guza war lein ar C'harmel, é c'houlinn hag é tenninn anézhô ac'hanô : ha pa dec'hcheñt a zirâk va daoulagad bété gwéled ar môr, é c'hourc'hémenninn da eunn aer, hag a grogô enn-hô énô.

4. Ha p'az ajeñt é sklavérez é-raog hô énébourien, é c'hourc'hémenninn d'ar c'hlézé, hag héñ hô lazô : ha mé a lakai va daoulagad war-n-ézhô évid ann droug, ha nann évid ar mâd.

5. Hag ann Aotrou, Doué ann arméou, a stokô oud ann douar, hag héñ a zizéc'hô : ha kémeñd hini a choum war-n-ézhañ a vézô glac'haret : hag héñ a zavô ével eul ster dic'hlannet, hag a rédô ével ster ann Éjipt.

6. Ann hini en deûz savet hé drôn enn éñv, hag en deûz diazézet hé stroll war ann douar : ann hini a c'halv doureier ar môr, hag a skûl anézhô war c'horré ann douar : ann Aotrou eo hé hanô.

7. Ha n'oc'h két d'in, mipien Israel, ével mipien ann Étiopied, émé ann Aotrou? Ha n'em eûz-mé két lékéat Israel da biña eûz a vrô ann Éjipt; hag ar Filistined eûz ar C'happadosia, hag ar Siried eûz a Siren?

8. Chétu daoulagad ann Aotrou Doué war ar rouañtélez a bec'h, ha mé a vrévô anézhañ diwar c'horré ann douar : hôgen na gasinn két danétra tî Jakob, émé ann Aotrou.

9. Râk chétu é c'hourc'hémenninn, ha mé a héjô é-touez ann holl vrôadou tî Israel, ével ma héjeur ann éd er c'hrouer : ha na gouézô két d'ann douar ann distéra greûnen.

10. Gañd ar c'hlézé é varvô ar ré holl eûz va fobl a béc'h, hag a lavar : Ann drouk-zé né két tôst, ha na zeûi két war-n-omp.

11. Enn deiz-zé é assavinn ti Da-
vid, a zô kouézet : hag é serrinn tar-
zou hé vuriou, hag ar-péz a oa kouézet
a zavinn adarré : hé aoza a rinn ével
enn deisiou keñt.
12. Évit ma piaouô ar ré a vézô
galvet va hanô war-n-ézhô, dilerc'hiou
ann Iduméa, hag ann boll vrôadou,
émé ann Aotrou a rà kémeñt-sé.
13. Chétu é teûi ann deisiou, émé
ann Aotrou, ma heûliô ann arer ar
méder, hag ar veñdacher ann hader :
ar ménésiou a skuliô *mél* c'houék,
hag ann holl grec'hiennou a vézô gou-
nézet.
14. Lakaad a rinn va fobl a Israel
da zistrei diouc'h ar sklavérez : hag
hi a zavô a nevez ar c'heriou didud,
hag a choumô enn-hô : gwiniennou a
blañtiñt, hag éc'h éviñt eûz hô gwin :
liorsou a raiñt, hag é tebriñt eûz hô
frouez.
15. Ha mé hô flañtô enn hô douar ;
ha n'hô zenninn mui eûz hô douar,
em eûz rôet d'ézhô, émé ann Aotrou
da Zoué.

LEVR ABDIAS.

LEVR ABDIAS.

I. PENNAD.

Diougan a-éneb ann Iduméed.

1. Gwélédigez Abdias. Ével-henn é lavar ann Aotrou Doué da Édom : Klévet hon eûz gér ann Aotrou, hag héñ en deûz kaset eur c'hannad étrézég ar brôadou : Savit, ha déomp da vrézélékaat out-hañ.

2. Chétu mé ém eûz da lékéat da véza bihan é-touez ar brôadau : gwall zispléd oud.

3. Rogeñtez da galoun en deûz da douellet : ô véza ma choumez é faoutou ar rec'hier, ha ma éc'h eûz savet uc'hel da drôn, éc'h eûz lavaret enn da galoun : Piou a dennô ac'hanoun d'ann douar ?

4. Ha pa zafchez kenn uc'hel hag ann érer, ha pa rajez da neiz é-touez ar stéred : mé az tennô ac'hanô, émé ann Aotrou.

5. Ma vijé deûet enn da di laéroun pé riblerien a-zoug ann nôz, ha n'az pijé két tavet ? Ha n'hô dévijé két hi kéméret hô gwalc'h *hep kén ?* Ma vijé deûet veñdacherien enn da winien, ha n'hô dévijé két da vihana lézet d'id eur bôd rézin ?

6. Pénaoz hô deûs-hi c'houiliet Ésau, hag hô deûs-hi klasket el lec'hiou ar ré guzéta ?

7. Bété da harzou iñt éat war da lerc'h : ar ré holl hô dôa gréat kévrédigez gan-éz hô deûz gréat goap ac'hanod : ar ré hô doa gréat ar péoc'h gan-éz a zô bét savet enn da énep : ar ré a zebré gan-éz hô deuz aozet spiou d'id : n'eûz két a boell ennhañ.

8. Ha né két enn deiz-zé, émé ann Aotrou, é kasinn ar ré fûr eûz ann Iduméa, hag ar ré boellek eûz a Ésau ?

9. Da dûd kré eûz ar c'hrésteiz hô dévézô aoun, ô véza ma vézô lazet kalz tûd war vénez Ésau.

10. Enn abek d'as lazérez, ha d'as fallagriez é-kéñver da vreûr Jakob, é vézi gôlôet a véz, hag é vézi kollet da-vikenn.

11. Enn deiz ma ond savet enn hé énep, pa oa dispennet hé armé gañd ann diavésidi, hag éz éa hé énébourien enn hé bersier, hag é taoleñt ar sort war Jéruzalem : té ivé a ioa ével unan anézhô.

12. Na ri mui a c'hoab eûz da vreûr é deiz *hé c'hlac'har,* é deiz hé zizougadur : ha n'en em laouénai két diwar-benn bugalé Juda é deiz hô reûz ; ha na zigori két da c'hédou é deiz hé añken.

13. Na dreûzi két porz va fobl é deiz hé zismañtr : na ri mui a c'hoab eûz hé zroug é diez hé goll : ha n'az i két war-lerc'h hé armé é deiz hé zispennadur.

14. N'en em zalc'hi két er c'hroazheñchou évit laza ar ré a dec'hô : ha na strôbi két ann dilerc'h anézhañ é deiz hé eñkrez.

15. Râk tôst eo deiz ann Aotrou

war ann holl vrôadou : ével ma éc'h eûz gréat, é vézô gréat d'id : da c'hôbr a zistrôi war da benn da-unan.

16. Râg ével ma hoc'h eûz évet war va ménez sañtel, éc'h évô ivé bépréd ann holl vrôadou : hag hi a évô, hag a louñkô, hag a vézô ével pa na veñt két.

17. Hôgen war vénez Sion é vézô ar zilvidigez ; hag héñ a vézô sañtel : ha tî Jakob a berc'hennô ar ré hô doa hé berc'hennet.

18. Tî Jakob a vézô eunn tan, ha tî Jozef eur flamm, ha tî Ésau eur gôlôen : hag hi a vézô devet gañt-hô : hag hi hô louñkô : ha na choumô dilerc'h é-béd eûz a dî Ésau, râg ann Aotrou en deûz hé lavaret.

19. Ar ré a zô war-zû ar c'hrésteiz, hag é mésiou ar Filistined hô dévézô é digwéz ménez Ésau : hag hi a berc'hennô brô Éfraim, ha brô Samaria : ha Beñjamin en dévézô Galaad.

20. Ha dizougadur armé bugalé Israel a berc'hennô holl lec'hiou ar C'hananéed bété Sarepta : ha dizougadur Jéruzalem, ar ré a zô er Bosfor, a biaouô keriou ar c'hrésteiz.

21. Hag ar zavéterien a biñô war vénez Sion évit barna ménez Ésau : hag ar rén a vézô d'ann Aotrou.

LEVR JONAS.

1. PENNAD.

Jonas a zó taolet er mór évit sioula eur bár-amzer.

1. Gér ann Aotrou a zeûaz da Jonas mâb Amati, ô lavaroût :

2. Saô, ha kéa da Niniva ar géar vrâz, ha prézeg enn-hi : râg hé drougiez a zó piñet dira-z-oun.

3. Ha Jonas a zavaz, évit tec'hout da Darsis a zirâg ann Aotrou : hag héñ a ziskennaz da Joppé, hag a gavaz eul léstr a iéa da Darsis : hag héñ a baéaz ar bréou, hag a iéaz el léstr, évit moñt gañt-hô da Darsis a zirâg ann Aotrou.

4. Hôgen ann Aotrou a gasaz eunn avel vrâz war ar môr : hag eur gwall vâr-amzer a zavaz war ar môr, hag al léstr a oa daré da véza brévet.

5. Hag ar verdéidi hô doé aoun, ha pép-hini a c'harmaz étrézég hé Zoué : hag hi a daolaz er môr ann annézou a oa el léstr, évid hé skañvaat : hôgen Jonas a ziskennaz é gwéled al léstr, hag a gouské énô mik.

6. Hag al lévier a dôstaaz out-hañ, hag a lavaraz d'ézhañ : Pénaoz é hellez-té kouska ? Saô, galv da Zoué ; martézé eo dévézô ann Doué-*zé* koun ac'hanomp, ha na vézimp két kollet.

7. Hag ann eil a lavaraz d'égilé : Deûit, ha taolomp d'ar sort, évit ma vézimp enn abek da biou é teû ar reûz-zé d'é-omp. Hag hi a daolaz d'ar sort : hag ar sort a gouézaz war Jonas.

8. Hag hi a lavaraz d'ézhañ : Desk d'é-omp a bé abek é teû ar reûz-zé d'é-omp : Pétrâ eo da vicher ? Péléac'h éma da vrô ? péléac'h éz éz ? a be bobl oud-dé ?

9. Hag héñ a lavaraz d'ézhô : Hébréad ounn, hag é toujann ann Aotrou Doué ann éñv, péhini en deûz gréat ar môr hag ar séac'h.

10. Hag ann dûd-zé a oé spouñtet-brâz, hag a lavaraz d'ézhañ : Pérâg éc'h eûz-té gréat ann dra-zé ? (Râg ann dûd-zé a wié pénaoz é tec'hé a zirâg ann Aotrou, ô véza m'en doa hé lavaret d'ézhô).

11. Hag hi a lavaraz d'ézhañ : Pétrâ a raimp-ni d'id, évit ma teûi sioul ar môr d'é-omp ? Râk diboella a réa ar môr mui-oc'h-vui.

12. Hag héñ a lavaraz d'ézhô : Kémérit ac'hanoun, ha va zaolit er môr, hag é teûi sioul ar môr d'é-hoc'h : râk mé a oar pénaoz eo enn abek d'in eo kouézet ar gwall var-amzer-zé warn-hoc'h.

13. Hôgen ar verdéidi a roéñvié évid distrei étrézég ann douar, ha na helleñt két ; râk diboella a réa ar môr mui-oc'h-vui out-hô.

14. Hag hi a c'harmaz étrézég ann Aotrou, hag a lavaraz : Da bédi a réomp, Aotrou, na golli két ac'hanomp enn abek da varô ann dén-mañ, ha na daol két war-n-omp ar goad dinam : râk té, Aotrou, éc'h eûz gréatével ma eo bét fellet d'id.

15. Neûzé é kémerchoñt Jonas, hag

ben taolchoñt er môr : ha frouden ar môr a zioulaaz.

16. Hag ann dûd-zé a zoujaz ann Aotrou gañd eunn douj brâz : hag hi a gennigaz hostivou d'ann Aotrou, hag a réaz gwéstlou d'ézhañ.

—

II. PENNAD.

Eur pésk brâz a louñk Jonas.

1. Ann Aotrou a réaz ma en em gavaz énô eur pésk brâz évit louñka Jonas. Ha Jonas a choumaz é kôv ar pésk a-héd tri dervez ha teir nôzvez.

2. Ha Jonas a bédaz ann Aotrou hé Zoué eûz a gôv ar pésk,

3. Hag a lavaraz : Garmet em eûz étrézég ann Aotrou é-kreiz va añken, hag héñ en deûz klevet out-in : garmet em eûz a gôv ar béz, hag éc'h eûz klevet out va mouéz.

4. Té éc'h eûz va zaolet d'ar gwéled é-kreiz ar môr, hag ann doureier hô deûz va gôlôet a bép tû : da holl goummou, ha da holl wagennou a zô bét êat dreist-oùn.

5. Ha mé em eûz lavaret : Distolet ounn bét a zirâk da zaoulagad : koulskoudé é wélinn adarré da dempl sañtel.

6. Ann doureier hô deûz va c'helc'hiet bétég ar gwéled : al louñk en deûz va strôbet : ar môr en deûz gôlôet va fenn.

7. Diskennet ounn bét bété grisiou ar ménésiou : gañt sparlou ann douar ounn bét klôzet da-vikenn : koulskoudé té a virô va buez diouc'h ar vreinadurez, ô Aotrou va Doué.

8. Pa édo añkéniet va éné enn-oun, eo deûet koun d'in eûz ann Aotrou ; ha va féden a iélô bétég enn-od, bété da dempl sañtel.

9. Ar ré a vir ar gwanderiou ennaner, a zilez hô zrugarez hô-unan.

10. Hôgen mé a rai sakrifisou d'id ô kana da meuleudiou : kenniga a rinn d'ann Aotrou ann holl wéstlou em eûz gréat évit va zilvidigez.

11. Hag ann Aotrou a gomzaz oud ar pésk, hag héñ a zisloñkaz anezhañ war ar séac'h.

—

III. PENNAD.

Ann Ninivited a râ pinijen, ha Doué en deûz truez out-hô.

1. Ha gér ann Aotrou a zeûaz eunn eil wéach da Jonas, ô lavarout :

2. Saô, ha kéa da Niniva ar géar vrâz, ha prézég enn-hi ar brézégen a livirinn d'id.

3. Ha Jonas a zavaz, hag a iéaz da Niniva hervez gér ann Aotrou : Niniva a ioa eur géar vrâz eûz a dri dervez a heñt.

4. Ha Jonas a zéronaz moñd dré géar a-héd eunn dervez : hag héñ a c'harmaz, hag a lavaraz : C'hoaz daou-ugeñt dervez, ha Niniva a vézô kasetda-gét.

5. Ann Ninivited a grédaz é Doué : hag hi a embannaz eur iun, hag a wiskaz seier, adaleg ar brasa bétég ar bihana.

6. Ar c'helou-zé a zeûaz da roué Niniva ; hag héñ a zavaz diouc'h hé drôn, hag a ziwiskaz hé zaé *roué*, hag a wiskaz eur zac'h, hag a azézaz war al ludu.

7. Hag héñ a lékéaz da embanna é Niniva, dré c'hourc'hémenn ar roué hag hé briñsed, ô lavarout : Nag ann dûd, nag ar c'hézek, nag ann éjenned, nag ann déñved na dañveñt nétrâ : na beûreñt két, ha na éveñt két a zour.

8. Ra vézô ann dûd hag al loéned gôlôet a zeier, ha ra c'harmiñt kréva ma helliñt étrézég ann Aotrou : ra zistrôi pép-hini eûz hé wall heñt, hag eûz ar fallagriez a zô enn hé zaouarn.

9. Piou a oar ma na drôi két Doué ouz-omp, ha ma n'en dévézô két a druez ouz-omp, ma na babaskai két hé frouden hag hé vuanégez, ha na vézimp két kollet ?

10. Ha Doué a wélaz hô ôberiou, ha pénaoz é oañt distrôet diouc'h hô gwall heñt : ha Doué en doé truez

out-hô, ha na gasaz két war-n-ézhô
ann drouk en doa lavaret é kasché.

—

IV. PENNAD.

Glac'haret eo Jonas ô véza n'eo két sévénet hé ziougan.

1. Neûzé Jonas a oé glac'haret-brâz,
hag é savaz droug enn-han :
2. Hag héñ a bédaz ann Aotrou,
hag a lavaraz : Ha né oa két énô va
lavar, mé az péd, Aotrou, pa édounn
c'hoaz em brô ? Ar râg-gwél eûz a
géméñt-sé eo en deûz va lékéat da
dec'hout étrézé Tarsis ; râk mé a oar
pénaoz éz oud eunn Doué hégarad ha
trugarek ; habask ha leûn a vadélez,
ha daré da zistaoli ann drougiez.
3. Hôgen bréma, Aotrou, kémer,
mé az péd, va éné digan-éñ ; râg
gwell eo gan-éñ ar marô égéd ar vuez.
4. Hag ann Aotrou a lavaraz : Ha
reiz é kavez-té da vuanégez ?
5. Ha Jonas a iéaz er-méaz eûz a
géar, hag a azézaz é tû ar sâv-héol
eûz a géar : hag héñ a réaz énô eur
gwasked évit-hañ, hag a azézaz enn
dishéol dindan-hañ, kén na wélché
pétrâ a c'hoarvézché gañd ar géar.
6. Hag ann Aotrou Doué a lékéaz
da zével eunn iliaven, hag a biñâz a-
ziouc'h da benn Jonas, évit ma vijé
hé benn enn dishéol, ha ma vijé di-
wallet gañt-hi ; râg gwall ziézet é oa :
ha Jonas a oé laouénéet-brâz gañd
ann iliaven-zé.
7. Añtrônôz kerkeñt ha goulou-deiz
ann Aotrou a gasaz eur préñv, hag a
zañkaz enn iliaven ; hag hou-mañ a
oé gwéñvet.
8. Ha pa zavaz ann héol, ann Ao-
trou a lékéaz da zével eunn avel tomm
ha skaot : hag ann héol a skôé war
benn Jonas ; hag héñ a oa enn eur
fillidigez vrâz : hag héñ a c'hoañtaaz
mervel, hag a lavaraz : Gwell eo gan-
éñ mervel égét béva.
9. Hag ann Aotrou a lavaraz da
Jonas : Ha reiz é kavez-té da vuané-
gez enn abek d'ann iliaven-zé ? Hag
héñ a lavaraz : Reiz eo va buanégez
bétég ar marô.
10. Hag ann Aotrou a lavaraz :
Droug a zâv enn-od enn abek da
eunn iliaven, péhini n'en deûz rôet
poan é-béd d'id, hag a zô bét savet
hép-z-oud, péhini a zô deûet enn
eunn nôzvez, hag a zô éat-da-gét enn
eunn nôzvez all.
11. Ha mé na drugarezfenn két Ni-
niva ar géar vrâz, é péhini éz eûz
ouc'h-penn c'houec'h-ugeñt mil dén,
péré na anavézoñt két hô dourn déou
diouc'h hô dourn kleiz, ha kalz
loéned ?

LEVR MICHÉAS.

I. PENNAD.

Ar profed a ziougan dismañtr Samaria ha Jéruzalem.

1. Gér ann Aotrou péhini a zeûaz da Vichéas ar Morastiad, é deisiou Joatan, Ac'haz hag Ézéc'hias rouéed Juda, hag a wélaz diwar-benn Samaria ha Jéruzalem.

2. Sélaouit, holl boblou; ra lakai évez ann douar, ha kémend a zô enn-hañ: bézet ann Aotrou Doué da dést enn hoc'h énep, ann Aotrou eûz hé dempl sañtel.

3. Râk chétu ann Aotrou a zeûi er-méaz eûz hé léac'h: diskenna a rai, hag é vac'hô holl uc'helennou ann douar.

4. Ar ménésiou a steûziô dindan-hañ: ann traoñiennou a faoutô ével koar dirâg ann tân, hag ével ann doureier en em daol enn eul louñk.

5. Ha kémeñt-sé enn abek da wall Jakob, ha da béc'héjou ti Israel. A béléac'h é teû gwall Jakob? Ha né két eûz a Zamaria? Péléac'h édo lec'hiou-uc'hel Juda? Ha né két é Jéruzalem?

6. Lakaad a rinn Samaria ével eur benn mein enn eur park pa blañteur eur winien: hag é likiinn hé mein da rula enn draoñien, hag é tizôlôinn hé diazézou.

7. Hé holl skeûdennou kizellet a vézô torret, hag hé holl c'hounidou a vézô devet gañd ann tân, hag hé holl idolou a gasinn-da-gét: ô véza ma iñt bét dastumet gañt gounidou eur c'hreg fall, hag é tistrôiñt da c'hounid da eur c'hreg fall.

8. Râk-sé é keininn, hag é iou-c'hinn: kerza a rinn djwisk hag enn noaz: keinvanou a rinn ével ann aérévent, ha kunuc'hennou ével ann aotruzed.

9. Râk mañtruz eo hé gouli; deûet eo béte Juda, stoket en deûz oud dôr va fobl, bétég é Jéruzalem.

10. Na embanniñt két kémeñt-sé é Get, na skuliñt két a zaérou, é ti ar poultr en em c'hôlôit a boultr.

11. Id ébiou, gôlôet a véz hag a vézégez, c'houi péré a choum enn eul léac'h dudiuz: né két éat er-méaz ann hini a choum enn hoc'h harzou: ann ti nés, péhini a zô choumet enn hé zâ anézhañ hé-unan, a zô bét gla-c'haret enn abek d'é-hoc'h.

12. Râg ann hini a choum er c'houervder a zô bét ré wan évid ôber vâd *d'é-hoc'h*: ô véza ma eo dis-kennet ann drouk diouc'h ann Aotrou bété porz Jéruzalem.

13. Ar ré a choum é Lac'his a zô bét spouñtet brâz gañt trouz ar c'hirri: penn ar péc'hed eo té, merc'h Sion; râg enn-od eo bét kavet gwal-lou Israel.

14. Râk-sé roué Israel a gasé eûz hé dûd étrézé priñsed Get: hôgen na gaviñt néméd eunn ti a c'hevier, a douellô anézhô.

15. Eunn her a gasinn c'hoaz d'id,

té péhini a choum é Marésa : gloar Israel a iélô beteg Odollam.
16. En em voala, hag en em douz, diwar-benn da vugalé a ioa da zudi : léd da voalder ével ann er : râk skrapet iñt bét d'id ha kaset é sklavérez.

—

II. PENNAD.

Direizded ha kastiz bugalé Israel.

1. Gwâ c'houi a venn traou gwân, hag a râ drougiez enn hô kwéléou : da c'houlou-deiz é réoñt kémeñt-sé, râg a-énep Doué é savoñt hô dourn.
2. Ar parkou hô deûz c'hoañtéet ; hô skrapet hô deûz gañd diboell ; hag ann tiez hô deûz ivé skarzet : mac'het hô deûz ann dén hag hé dl, ann dén hag hé zigwéz.
3. Râk-sé ével-henn é lavar ann Aotrou : Chétu mé a gasô war ann tiad-zé eunn drouk, a béhini na dennot két hô kouzoug : na valéot mui gañt balc'hder, râg eur gwall amzer é vézô.
4. Enn deiz-zé é vézô gréat rambréou diwar hô penn, kanaouennou hourduz a vézô kanet diwar hô koust, ô lavarout : Gwastet ha didudet omp : digwéz va fobl a zô névézet : Pénaoz é pellai-hén diouz-in ? p'az ai-kuit, é rannô hon douarou.
5. Râk-sé na vézô hini ach'anoc'h a gémeñt en dévézô hé lôd hag hé zigwéz é strollad ann Aotrou.
6. Na livirit két héb éhan : kémeñtsé na gouézô két war-n-ézhô, na véziñt két gôlôet a véz.
7. Tí Jakob a lavar : Ha berréet eo spéred ann Aotrou, hag ar ré-zé eo hé vénosiou ? Ha né két mâd va geriou é-kéñver néb a gerz er reizded ?
8. Hôgen va fobl a zô savet em énep : ar zaé hag ar mañtel hoc'h eûz skrapet : ével énébourien oc'h en em daolet war ar ré a iéa ébiou é péoc'h.
9. Gragez va fobl hoc'h eûz taolet er-méaz eûz hô ziez dudiuz : va meûleûdi hoc'h eûz tennet da-vikenn eûz a *c'hénou* hô bugaligou.
10. Savit hag it-kuit, râk n'eûz két a éhan amañ évid-hoc'h : râg ann hudurez gañt péhini hoc'h eûz hé saotret, é deûz hé leûniet a fléar.
11. A-ioul é venn eunn dén hép spéred, hag é teûjenn keñtoc'h da lavarout gevier : kouéza a rinn war-n-od ével eur gwin a zeû da vézvi ; ha war ar bobl-mañ eo é kouézinn.
12. Da strolla a rinn holl, ô Jakob : grounna a rinn dilerc'hiou Israel : hô lakaad a rinn kévret ével eunn tropel er c'hraou, ével déñved é-kreiz hô c'hlôz : reûsll a vézô gañd al lôd brâz a dûd.
13. Râg ann hini a dlé digeri ann heñt d'ézhô a biñô enn hô raok : hi en em rannô, hag a dréménô dré ar porz, hag a iélô ébarz : hag hô roué a iélô ébiou dira-z-hô, hag ann Aotrou enn hô fenn.

—

III. PENNAD.

Gourdrouzou Doué a-éneb ar briñsed, ar varnerien, hag ar véleien.

1. Lavaret em eûz iva : Sélaouit, priñsed Jakob, ha duged ti Israel : ha né két d'é-hoc'h gouzout ar varn ?
2. C'houi péré a gasa ar mâd, hag a gâr ann drouk : a skrâp hô c'hroc'hen diwar-n-ézhô, hag ar c'hik diwar hô eskern.
3. Debret hô deûz kik va fobl, lamet hô deûz hé groc'hen diwar-n-ézhañ : hé eskern hô deûz brévet, hag hô deûz hô drailet, ével *évid lakaad* enn eur pôd, hag ével kig enn eur gaoter.
4. Neûzé é c'harmiñt étrézég ann Aotrou, hag héñ na zélaouô két out-hô : kuza a rai hé zremm out-hô enn amzer-zé, ével ma iñt bét droug enn hô ôberiou.
5. Ével-henn é lavar ann Aotrou diwar-benn ar broféded a douell va fobl ; péré a rôg gañd hô deñt, hag a brézeg ar péoc'h : ha ma tinac'h eur ré leûnia hô génou d'ézhô, é réoñt enn hô sañtélez brézel d'ézhañ.
6. Râk-sé é vézô nôz d'é-hoc'h évit

gwélédigez, ha lévalien évid diougan: ann héol a guzô war ar broféded, hag ann deiz a zuô war-n-ézhô.

7. Ar ré hô deûz gwélédigésiou a vézô mézékéet, ha mézékéet ann diouganerien: hag hi holl a guzô hô dremm, ô véza n'en dévézô két respouñtet Doué.

8. Hôgen mé a zô leûn eûz a ners spéred ann Aotrou, a varn hag a c'halloud, évid diougani da Jakob hé wall, hag hé béc'hed da Israel.

9. Sélaouit ann dra-mañ, priñsed ti Jakob, ha c'houi barnerien ti Israel; c'houi péré a argarz ar varn hag a ziskar kémeñd a zô reiz;

10. C'houi péré a zâv *tiez* é Sion gañd ar goâd, hag é Jéruzalem gañd ar fallagriez.

11. Hô friñsed a varn évit rôou, hô béleien a zesk évit gôbr, hag hô froféded a ziougan évid arc'hañt: hag hi en em harp war ann Aotrou, ô lavarout: Ha n'éma két ann Aotrou enn hor c'hreiz? na zeûi két a zrouk war-n-omp.

12. Râk-sé é viot kiriek ma vézô aret Sion ével eur park, ha ma teûi Jéruzalem ével eur bern mein, ha ménez ann templ ével lec'hiou-uc'hel ar c'hoajou.

—

IV. PENNAD.

Dispennadur ar brôadou savet a-énep Sion.

1. Chétu pétrâ a c'hoarvézô. É divez ann deisiou é vézô savet ti ann Aotrou war lein ar ménésiou: uc'hel é savô war ar c'hrec'hiennou: hag ar boblou a zeûi founn étrézeg enn-hañ.

2. Ha kalz brôadou a zeûi, hag a lavarô: Deûit piñomp da ménez ann Aotrou, ha da dî Doué Jakob: hag héñ a zeskô d'é-omp hé heñchou, ha ni a iélô enn hé ravenchou: râg al lézen a zeûi er-méaz eûz a Zion, ha gér ann Aotrou eûz a Jéruzalem.

3. Hag héñ a varnô étré kalz a boblou, hag a gastizô brôadou kré bété bréiou pell: hag hi a droî hô c'hlézeier é souc'hou, hag hô gwafiou é pigellou: ha na zavô két eûr vrôad ar c'hlézé war eur vrôad all: ha na zeskiñt mui da vrézélékaat.

4. Ha pép-hini a azézô dindân hé winien, ha dindân hé wézen-fiez, ha na vézô spouñtet gañt dén: râg génou ann Aotrou en deûz hé lavaret.

5. Râg ann holl boblou a valéô pép-hini é hanô hé Zoué: hôgen ni a valéô é hanô ann Aotrou hon Doué da-vikenn hag enn-tu-all.

6. Enn deiz-zé, émé ann Aotrou, é strollinn ann hini gamm, hag é c'hrounninn ann hini em boa distolet ha glac'haret:

7. Ha mé a lakai ann hini gamm enn dilerc'hiou, hag ann hini a oa bét glac'haret, enn eur vrôad gré: hag ann Aotrou a rénô war-n-ézhô war vénez Sion, a neûzé da-vikenn.

8. Ha té, tour koabrek ann tropel, merc'h Sion, bétég enn-od é teûi: ar penn-c'halloud a zeûi d'id, rouañtélez merc'h Jéruzalem.

9. Pérâg oud-dé bréma glac'haret? Ha n'éc'h eûz két a roué, ha marô eo da guzulier, ma oud é poan ével eur c'hrég é gwilioud?

10. En em c'hlac'har, hag en em rec'h, merc'h Sion, ével eur c'hrég é gwilioud: râk bréma éz i er-méaz eûz a géar, hag é choumi er mésiou, hag é teûi bété Babilon: énô é vézi dieûbet, énô ann Aotrou az tennô eûz a zourn da énébourien.

11. Bréma ivé eo en em strollet kalz brôadou enn da énep, ô lavarout: Ra vézô labézet: ha ra zellô hol lagad out Sion.

12. Hôgen hi n'hô deûz két anavézet ménosiou ann Aotrou, ha n'hô deûz két poellet hé ratoz: râg héñ en deûz hô strollet ével ar c'hôlô war al leûr.

13. Saô, merc'h Sion, ha dourn-*hi*: râk mé a rôi d'id eur c'horn houarn, hag ivinou arem: kalz poblou a vac'hi hag é wéstli d'ann Aotrou hô freizou, hag hô madou da Aotrou ann douar holl.

—

a rinn da gézek eûz da greiz, hag é
torrinn da-girri.
11. Dispenna a rinn keriou da vrô,
hag é diskarinn da holl gréou : ar
strôbinellou a denninn eûz da zourn ;
ha na vézô mui a ziouganerien enn-od.
12. Kâs a rinn da-gét da idolou ki-
zellet, hag ar skeûdennou eûz da
greiz : ha na azeûli mui labour da
zaouarn.
13. Diframma a rinn ar c'hoajou
brâz eûz da greiz, hag é vrévinn da
geriou.
14. Hag en em veñji a rinn em
frouden hag em buanégez eûz ann
holl vrôadou péré n'hô deûz két va
zélaouet.

V. PENNAD.

Ganédigez ar C'hrist. Ar brôadon ar ré bella a drô ouc'h Doué.

1. Bréma a vézi gwastet, merc'h al
laéroun : lékéat hô deûz ar c'hrounn
war-n-omp : skei a raiñt gañd eur
wialen war vôc'h barner Israel.
2. Ha té, Béthléhem Éfrata, biha-
nig oud é-touez keriou Juda : ac'ha-
nod é teûi d'in ann hini a vézô da
Aotrou enn Israel, ann hini a zô deûet
adaleg ar penn-keñta, adaleg ann dei-
siou peûr-baduz.
3. Râk-sé é rôi d'ézhô béteg ann
amzer, é péhini é c'houilioudô ann
hini a dlé gwilioudi : hag ann dilerc'h
eûz hé vreûdeûr a zistrôi out bugalé
Israel.
4. Hag héñ a zavô, hag a beûrô é
ners ann Aotrou, é uc'helded hanô
ann Aotrou hé Zoué : hag hi a zistrôi,
râk neûzé é vézô meûlet dreist-meñt
bétég harzou ann douar.
5. Hag héñ a vézô ar péoc'h ; pa
zeûi ann Assiried enn hor brô-ni, ha
pa vac'hiñt hon tiez : ha ni a lakai da
zével out-hô seiz meser, hag eiz dén
brâz.
6. Hag hi a zispennô douar Assur
gañd ar c'hlézé, ha douar Nemrod
gañd hô gwaffou : hag héñ hon dieûbô
eûz ann Assiried, pa zeûiñt eun hor
brô, ha pa vac'hiñt hon harzou.
7. Ha dilerc'hiou Jakob a vézô é-
kreiz kalz poblou, ével ar gliz a zeû
eûz ann Aotrou, hag ével bannéou
dour war ar géot, hép gortozi dén,
hép gédal nétrâ digañt bugalé ann
dûd.
8. Ha dilerc'hiou Jakob a vézô er
brôadou, é-kreiz kalz poblou, ével eul
léon é-kreiz loéned ar c'hoajou, hag
ével eul léonik é-kreiz eunn tropel
déñved, péhini a drémen, a vâc'h, hag
a skrâp, hép ma hell hini harza out-
hañ.
9. Da zourn a zavô war ar ré a vré-
zélékai ouz-id, ha da holl énébourien
a vézô dispennet.
10. Ha chétu pétrâ a c'hoarvézô
enn deiz-zé, émé ann Aotrou : Tenna

VI. PENNAD.

Ann Aotrou a rébech d'ar Inzevien hô dizanaoudégez.

1. Sélaouit ar péz a lavar ann Ao-
trou : Sâv, breûta oud ar ménésiou,
ha ra glevô ar c'hrec'hiennou da
vouéz.
2. Ra glevô ar ménésiou barn ann
Aotrou, hag ivé diazézou kré ann
douar : râg ann Aotrou a iélô é barn
gañd hé bobl, hag a vreûtai gañd Is-
rael.
3. Va fobl, pétrâ em eûz-mé gréat
d'id, pé é pétrâ ounn-mé bét divad
enn da géver ? Respoñd d'in.
4. Hag enn abeg eo ma em eûz da
dennet eûz a vrô ann Éjipt, ma em
eûz da zieûbet eûz a dî ar sklavérez,
ha ma em eûz kaset enn da raok
Moizes, hag Aaron, ha Maria ?
5. Va fobl, ar péz koun, mé az péd,
eûz ar péz a vennaz Balac'h roué
Moab, hag eûz ar péz a lavaraz d'ez-
hañ Balaam mâb Béor, eûz a Zetein
bété Galgala, évit ma anavézi péger
reiz eo ann Aotrou.
6. Pétrâ a gennigiun-mé a héluz
d'ann Aotrou ? ha pléga a rinn-mé va
glin dirâg ann Doué uc'hel-brâz ? ha
kenniga a rinn-mé d'ézhañ sakrifisou-
losk, ha leûéou bloasiek ?
7. Hag ann Aotrou a hell béza ha-

baskéet gañt mil tourz, pé gañt mil
ha mil bouc'h lard ? ha rei a rinn va
c'heñta-ganet évit va gwall, frouez
va c'hôv évit péc'hed va éné ?
8. Diskouéza a rinn d'id, ô dén,
pétrâ a zô mâd, ha pétrâ a c'houlenn
ann Aotrou digan-éz : Béza reiz er
varn, karout ann drugarez, ha balèa
gañt préder gañd da Zoué.
9. Mouéz ann Aotrou a c'harm étré-
zég ar géar, hag ar ré a zouj da hanô
a vézô salvet : Sélaouit, breûriézou :
hôgen piou hé arnodô ?
10. Tenzoriou ar fallagriez a zô
c'hoaz ével eunn tan é tî ann dén-
fallagr, hag ar veñt gaou leûn a
frouden.
11. Ha mé a hellô rei da vâd ar va-
lañs gaou, hag ar poéz touelluz ?
12. Enn doazé-zé eo eo leûn hé
zud-pinvidik a fallagriez : hag ar ré
a choum enn-hi a lavar gevier, hag
hô zéôd n'eo némét touellérez enn
hô génou.
13. Râk-sé éta, hag enn abek d'as
péc'héjou, em eûz déraouet skei kré
war-n-od.
14. Dibri a rî, ha n'az pézô két da
walc'h : da vézégez a vézô enn da
greiz : mar kémérez *eur ré*, n'hô
dieûbi két : hag ar ré az pézô dieû-
bet, a rôinn d'ar c'hlézé.
15. Hada a rî, ha na védi két :
gwaska a rî ann olived, ha n'en em
lardi két gañd éôl : *gwaska a rî* ar
rézin, ha na évi két a win.
16. Miret hoc'h eûz kélennou Amri,
hag holl ôberiou tî Ac'hab, hag hoc'h
eûz baléet enn hô ioulou ; râk-sé é
rôinn ac'hanod d'as koll, hag ar ré a
choum enn-hañ d'ar goapérez : hag é
tougot mézégez va fobl.

VII. PENNAD.

Dismañtr Babilon. Assav tî Jakob.

1. Gwâ mé, péhini a zô deûet ével
ann hini a gutul ar rézin enn diskar-
amzer : na gavann két eur bôd *rezin*
da zibri : va éné en deûz c'hoañtéet
ivé fiez abréd.
2. N'eûz mui a zeñt war ann douar,
n'eûz dén reiz é-béd é-touez ann dûd.
holl éc'h aozoñt spiou évit skula ar
goâd ; pép-hini a ia war-lerc'h hé
vreûr évid hé laza.
3. Mâd é galvoñt droug hô daouarn :
ar priñs a c'houlenn, hag ar barner
en em werz : ann dén brâz a gomz
hervez ioul hé éné, hag hi hé
starta.
4. Ar gwella anézhô a zô ével eunn
drézen, hag ar reiza ével eunn dréan
spern. Deiz da wélédigez, deiz da
emwél a zeû : neûzé é véziñt dis-
pennet.
5. Na likiit két hô fisiañs enn hô
miñoun, nag hô kréd enn hô réner :
serr dôr da c'hénou oud ann hini a
zô gourvézet war da askré.
6. Râg ar mâb a wall-gâs hé dâd,
hag ar verc'h a zâv a-éneb hé mamm.
hag ar verc'h-kaer a-éneb hé mamm-
gaer : hag énébourien ann dén eo tûd
hé dî.
7. Hôgen mé a zellô oud ann Ao-
trou ; gortozi a rinn Doué va zalver ;
ha va Doué am sélaouô.
8. N'en em laouéna két em énep,
va énébourez, ô véza ma ounn koué-
zet : sével a rinn adarré, goudé ma
vézinn bét azézet enn amc'houlou ;
ann Aotrou eo va goulou.
9. Buanégez ann Aotrou a zouginn,
ô véza ma em eûz péc'het enn hé
énep, kén n'en dévézô klevet va breût,
ha gréat va barn : va c'hâs a rai er
goulou, ha mé a wélô hé reizded.
10. Ha va énébourez a wélô *ké-
meñt-sé*, hag a vézô gôlôet a véz, hi
péhini a lavar d'in : Péléac'h éma ann
Aotrou da Zoué ? Va daoulagad hé
gwélô ivé : hag hi a vézô mac'het
neûzé ével fañk ar ruou.
11. Enn deiz-zé é vézô assavet da
diez : enn deiz-zé é vézô pelléet al
lézen.
12. Enn deiz-zé é teûor eûz ann
Assiria bétég enn-od, ha bétég ar
c'heriou kré ; hag eûz ar c'heriou kré
bétég ar ster, hag eûz ar môr d'ar
môr, hag eûz ar ménez d'ar ménez.
13. Hag ar vrô a vézô añkéniet enn
abek d'hé dûd, hag enn abek da frouez
hô ménésiou.

14. Pask da bobl gañd da wialen, déñved da zigwéz, ar ré a choum hô-unan er c'hoad, é-kreiz ar C'harmel: ra beûriñt é Basan hag é Galaad ével enn deisiou kôz.

15. Ével enn deisiou é péré é tenniz ac'hanod eûz a vrô ann Éjipt, é tiskouézinn burzudou d'ézhañ.

16. Ar brôadou a wélô, hag hi a vézô mézékéet gañd hô holl ners. Lakaad a raiñt hô dourn war hô génou, hô diskouarn a vouzarai.

17. Lipa a raiñt ar poultr ével ann aéred, ével ar préñved é véziñt strafilet enn hô ziez: spouñta a raiñt dirâg ann Aotrou hon Doué, hag hô dévézô aoun ra-z-od.

18. Pé Zoué a zô héñvel ouz-id, té péhini a lam ar fallagriez, hag a drémen dreist péc'hed dilerc'hiou da zigwéz? Na zigasô mui hé frouden, râg héñ a gâr ann drugarez.

19. Distrei a rai ouz-omp, hag é rai trugarez enn hor c'héñver: kâs a rai da-gét hor fallagriézou, hag é taolô hon holl béc'héjou é gwéled ar môr.

20. Da wirionez a rôi da Jakob, ha da drugarez da Abraham, ével ma éc'h eûz hé douet d'hon tadou abaoé ann deisiou kôz.

LEVR NAHUM.

I. PENNAD.

Dismañtr Niniva. Dieùb Juda.

1. Béac'h Niniva. Levr gwélédigez Nahum ann Elkesaiad.

2. Eunn Doué oazuz, ha veñjer eo ann Aotrou : veñjer eo ann Aotrou, ha leûn a frouden : veñjer eo ann Aotrou é-kéñver hé énébourien ; buaneg eo é-kéñver hé heskinerien.

3. Habask eo ann Aotrou, ha brâz é galloud ; na laka két *ann drouk* da véza dinam. Ann Aotrou a gerz enn arméou hag er c'horveñtennou, ha koabrou poultr *a zó* dindân hé dreid.

4. Ar môr a c'hourdrouz, hag é tizec'h anézhañ : ann holl steriou a drô enn eunn distrô. Basan hag ar C'harmel a goll hô c'haerded : bleûñ al Liban a zeû da wéñvi.

5. Heja a râ ar ménésiou dira-z-hañ, hag ar c'hrec'hiennou a zô dispennet : ann douar, ar béd, ha kémeñt a choum enn-hañ a grén dirâg hé zremm.

6. Dirâg hé frouden piou a helló harpa ? ha piou a énébô oud hé vuanégez vrâz ? Hé frouden a skiñ ével ann tân, lakaad a râ ar vein da deûzi.

7. Ann Aotrou a zô mâd, hag a gennerz é deiz ann eñkrez : anaout a râ ar ré a laka hô géd enn-hañ.

8. Gañd eunn dic'hlann a dréménô é tismañtrô al léac'h-mañ : hag ann dévalien a iéló war-lerc'h hé énébourien.

9. Pérâg é tispac'bit-hu a-éneb ann Aotrou ? héñ hé-unan eo hô tispennô : na zavô két diou wéach ann eñkrez.

10. Râg ével ma en em gemmesk kévret ann drein, ével-sé en em strolloñt kévret évid en em vézvi : *hógen* hi a vézô bévézet ével kôlô krâz.

11. Ac'hanod é teûi unan hag a vennô droug a-éneb ann Aotrou, ha na rai némét fallagriez.

12. Ével-henn é lavar ann Aotrou : Ha pa veñt kré, ha pa veñt paot, koulskoudé é véziñt toazet, p'az ai héñ ébiou : da c'hlac'haret em eûz, ha n'az glac'harinn mui.

13. Bréma é torrinn ar walen gañt péhini é skôé war da gein, hag é vrévinn da chadennou.

14. Ann Aotrou a c'hourc'hémennô kémeñt-mañ diwar da benn : na vézô mui skiñet ével hâd da hanô : dispenna a rinn ar skeûdennou kizellet, hag ar ré deûzet eûz a dî da Zoué : hé lakaad a rinn da véz d'id, ô véza ma oud mézékéet.

15. Chétu war ar ménésiou treid ann aviéler, ann hini a embann ar péoc'h : Lid, ô Juda, da c'houéliou, ha kennig da wéstlou : râk na dréménô mui Bélial dré-z-od : kollet eo a-grenn.

II. PENNAD.

Ners ann armé a gerz a-énep Niniva.

1. Chétu ar skiñer a biñ dira-z-od,

ann bini a zeû d'az grounna : laka évez oud ann heñt, ken-nerz da zargreiz, en em gréva muia ma helli.

2. Râg ann Aotrou a zistolô hé c'halloud da Jakob, hag hé c'halloud da Israel : râg ar wasterien hô deûz hô skiñet, ha saotret hô c'hreskou.

3. Tiren hé dûd-kré a lûc'h ével tân, hé dûd-a-vrézel a zô gôlôet a vouk : é liou tân eo lerennou hé girri é deiz ann emgann, hag hô c'harrénerien a zô mórédet.

4. Ann heñchou a zô leûn a reûsil : ar c'hirri a stok ann eil oud égilé el leûriou-kéar : ann dremm anézhô a zô ével kleûzeûriou, hag ével luc'hed réd.

5. Nivéri a rai hé dud kréva, péré a gerzô gañd err brâz : piña a raiñt buan war ar vûr, hag éc'h aoziñt lec'hiou klét.

6. Dôriou ar steriou a zô digor, hag ann templ a zô dispennet bétég ann diazez.

7. Ann dûd-a-vrézel a zô kéméret ha kaset é sklavérez : hag hé merc'hed a vézô kaset-kuit hag hi ô keina ével koulmed, hag ô króza é gwéled hô c'haloun.

8. Ha Niniva a zô gôlôet a zour ével eul lenn : hôgen hi a dec'h : Savit, savit, ha dén na zistrô.

9. Skrapit ann arc'hañt, skrapit ann aour : n'eûz penn d'hé madou ha d'hé holl draou kaer.

10. Dismañtret eo, ha diskaret, ha diroget : dizéc'het eo hô c'haloun, hô daoulin a grén, hô digroazel a zô diners ; hô dremmou holl a zô du pôd.

11. Péléac'h éma kéó al léoned, ha peûrvan al leonédigou, al léac'h é péhini en em denné al léon, hag hé léonédigou, ha na oa dén évid hô spouñta ?

12. Al léon a géméré hag a lazé péadrâ évid hé léonédigou, hag hé leonézed, hag é leûnié hé géô a breiz, hag hé doull a skarz.

13. Chétu mé *a zeû* étrézég enn-od, émé Aotrou ann arméou ; ha mé a zevô da girri bétég ar môged, hag ar c'hlézé a zispennô da léonédigou : da breiz a denninn diwar ann douar, ha na vézô klevet mui mouéz da gannaded.

III. PENNAD.

Niniva glac'haret ha kaset-da-gét.

1. Gwâ té, kéar a c'hoad, leûn a c'hevier hag a bép toullérez ; té péhini a skrâp héb éhan.

2. *Klevout a rann* strakl ar fouet, ha trouz ar rôdou, hag ar c'hézeg a c'houirin, hag ar c'hirri a rûl, hag ar varc'heien a biñ.

3. Hag ar c'hlézeier ô luc'ha, hag ar gwafiou ô stérédenni, hag eul lôd brâz a dud lazet, hag eur gwall zismañtr : hag eul lazérez diziver, hag ar c'horfou ô kouéza ann eil war égilé :

4. Enn abek da holl c'hadélésiou ar c'hreg fall-zé kaer ha koañt, péhini é deûz gréat strôbinellou, é deûz gwerzet ar brôadou gañd hé gadélésiou, hag ann tiadou gañd hé strôbinellou.

5. Chétu mé *a zeû* étrézég enn-od, émé Aotrou ann arméou, hag é tizôlôinn da vézégez dira-z-od, hag é tiskouézinn da noazded d'ar brôadou, ha da vézégez d'ar rouañtélésiou.

6. Ha mé a daolô war-n-od da argarzidigésiou, hag é c'hôlôinn ac'hanod a véz, hag é likiinn ac'hanod da skouér.

7. Ha chétu pétrâ a c'hoarvézô : kémeñd hini az kwélô, a dec'hô diouzid, hag a lavarô : Dismañtret eo Niniva : piou a vézô glac'haret diwar da benn ? Péléac'h é klaskinn-mé eunn dizoanier d'id ?

8. Ha gwell oud égéd Aleksandria ar boblou, péhini a zô diazézet é-kreiz ar steriou, hag é deûz dour trô-wardrô ; péhini é deûz ar môr da vadou, hag ann doureier évit muriou ?

9. Ann Étiopia a oa hé ners, hag ann Éjipt, ha kalz ré all : ann Afrika hag al Libia a oa da gen-nerz d'ézhi.

10. Ha koulskoudé hi ivé a zô bét kaset é sklavérez : hé bugaligou a zô bét flastret é penn hé ruou, taolet eo bét ar sort war hé zûd ar ré vrudéta, hag hé brasa tûd a zô bét karget a chadennou.

11. Hôgen té a vézvô, hag a vézô

mézékéet : lé a glaskô ken-ners digañd da énébour.

12. Da holl geriou kré a vézô ével ar fiez abréd ; pa hejeur ar skourrou, é kouézoñt é génou ann hini hô debr.

13. Chétu da bobl a zeûi ével gragez enn da greiz : dôriou da zouar a vézô digor d'as énébourien, ann tân a zevô da varrennou.

14. Tenn dour d'id évid ar grounadur, kréva da gréou ; kéa er pri, ha mac'h-héñ, ha grâ brikennou gañthañ.

15. Énô é vézi louñket gañd ann tân : diskaret é vézi gañd ar c'hlézé, a vévézô ac'hanod évél ar viskoul : en em stroll ével ar viskoul : en em baott ével ar c'hilek-raden.

16. Muioc'h a varc'hadourez éc'h eûz dastumet égét n'eûz a stéred enn éñv : ar biskoaled a eâ en em lèdet, hag iñt éat-kuit.

17. Da warded *a zô* ével ar c'hilejen-raden ; ha da vugaligoû ével kilejenigou-raden, péré a arzaô war ar c'haéou pa eo jén ann amzer : *hôgen* pa zâv ann héol, hi a nich, ha na anavézeur mui al léac'h é péhini édoñt.

18. Da veserien, roué Assur, a zô bét kousket ; da briñsed a zô bét gourvézet : da bobl a zô éat da guza er ménésiou, ha n'eûz dén évid hô strolla.

19. Né két kuzet da éñkrez : gwall wiridig eo da c'houli : kémeñd hini hô deûz klevet ar péz a zô c'hoarvézet gan-éz, hô deûz pounnéréet hô dourn war-n-od ; râk war biou né két bét tréménet da zrougiez é beb amzer ?

LEVR HABAKUK.

I. PENNAD.

Doué a lakâ da zével ar C'haldéed a-énep ar Iuzevien.

1. Béac'h a wélaz ar profed Habakuk.
2. Bété pégeit, Aotrou, é c'harminn-mé, ha na zélaoui két ouz-in? é iouc'hinn-mé étrézég enn-od em enkrez, ha na zieûbi két *ac'hanoun?*
3. Pérâg am lékéez-té da wélout fallagriez hag azrec'h, da gaout diraz-oun ar skrâb, ann direiz: mar gréeur eur varn, ar gounid a zô évid ar galloudéka.
4. Râk-sé eo roget al lézen, hag ar varn n'az â két bétég ann divez: râg ar fallagr a zô tréac'h d'ann dén reiz; ha dré-zé eo gaouet ar varn.
5. Sellid oud ar brôadou, ha gwélit: bézit souézet ha saouzanet: râk chétu é c'hoarvézô eunn drâ enn hô teisiou, ha na grédô dén pa vézô danévellet *d'ézhañ.*
6. Râk chétu é likiinn da zével ar C'haldéed, brôad c'houerô ha téar, péhini a gerz war hêd ann douar, évit perc'henna tiez ha n'iñt két d'ézhô.
7. Eûzuz ha spouñtuz eo: anézhi hé-unan é tenn hé barn hag hé béac'h.
8. Skañvoc'h eo hé c'hézek égét léonparded, ha buanoc'h égét bleizi ann abardaez: hé marc'heien en em skiñô, râg hé marc'heien a zeûi a bell: war nich é teûiñt évet eunn er a zô mall gañt-hañ dibri.
9. D'ar preiz é teûiñt holl: hô dremm a vézô *ével* eunn avel skaotuz: hag hi a strollô ar sklaved ével tréaz.
10. Héñ a vézô tréac'h d'ar rouéed, hag a rai goab eûz ar briñsed: c'hoarzin a rai pa wélô hô c'hréou; savennou douar a rai, hag é kémérô anézhô.
11. Neûzé é vézô troet hé spéred, hag héñ a drémênô, hag a gouézô: chétu hé ners hag hini hé Zoué.
12. Hôgen té, Aotrou, péhini a zô adaleg ar penn-keñta va Doué, ha va zañt, ha na viri két ouz-omp na varvimp? ô Aotrou, da varn éc'h eûz hé lékéat; kré éc'h eûz hé c'hréat évit kastiza.
13. Glân eo da zaoulagad, évit na wéli két ann drouk: ha na hellez két sellout oud ar fallagriez: pérâg é sellez-té oud ar ré a râ drouk, hag é tavez-té pa louñk ar fallagr ann hini a zô reizoc'h égét-han?
14. Hag é réz-té tûd ével pésked ar môr, hag ével préñved péré n'hô deûz két a briñs?
15. Holl é sâv anézhô gañd ann higen; lôd a zidenn enn hé zeûlen, lôd all a zastum enn hé roued. Goudé-zé en em laouénai, hag é tridô.
16. Râk-sé é kennigô hostivou d'hé zeûlen, hag é rai sakrifisou d'hé roued: ô véza ma eo bét kresket hé lôden gañt-hô, ha ma én deûz *kavet* ar boéd a garé.
17. Râk-sé c'hoaz é steñ hé zeûlen, ha na éban két da laza ar brôadou.

II. PENNAD.

Doué a ró da anaout d'ar profed diskar Nabukodonosor.

1. Sével a rinn war va gwéré, hag
é choum inn stard em c'hré : hag é
sellinn piz, évit ma wélinn pétrâ a
vézô lavaret d'in, ha pétrâ a respoñ-
tinn d'ann hini a damalló ac'hanoun.
2. Hag ann Aotrou a gomzaz ouz-
in, hag a lavaraz : Skriv ar péz a
wélez, ha laka-héñ fréaz war daolen-
nou, évit ma hellor hé lenna enn eur
rédek.
3. Râk, mar doaré béza pell ar wé-
lédigez, en em ziskouézô enn divez,
ha na douelló két : mar gourzéz,
gortoz-héñ : râk doñt, doñt a rai, ha
na zaléô két.
4. Chétu ann hini a zó diskrédik,
né két éeun hé éné enn-hañ : hôgen
ann dén reiz a vév eûz ar feiz.
5. Râg ével ma eo touellet ann hini
a év gwin, ével-sé ann dén balc'h na
choumô két enn hé skéd ; héñ péhini
en deûz lédet hé éné ével ann ifern ;
héñ péhini a zô ével ar marô, ha na
hell két béza gwalc'het ; héñ péhini a
stroll war hé drô ann holl vrôadou,
hag a zastum étrézég enn-hañ ann
holl boblou.
6. Ha na zeûi-héñ két da zorc'hen
évid ar ré-zé holl, ha na raint-hi két
a c'hoab anézhañ, ô lavarout : Gwâ
ann hini a vern ar péz né két d'ézhañ ?
bété pégeit é tastumô enn hé énep
berniou fañk ?
7. Ha na zavô két war-eunn-taol
tûd hag a grogô enn-od, hag a rogô
ac'hanod, ha da béré é teûi da breiz ?
8. Ével ma éc'h eûz preizet kalz a
vrôadou, holl zilerc'h ar boblou az
preizô ivé, enn abek da c'hoad ann
dûd, ha d'as fallagriez é-kéñver ar
vrô, hag ar géar, hag ar ré holl a
choumé enn-hi.
9. Gwâ ann hini a zastum eur gwall
bizoni enn hé dî, évit lakaad hé neiz
war ann uc'hel, hag a venn béza
dieûb eûz a zourn ann drouk.
10. Mennet éc'h eûz mézégez da dî,
dispennet éc'h eûz kalz poblou, ha da
éné en deûz péc'het.
11. Râg ar méan a c'harmô eûz ar
vôger, hag ar c'hoat a framm ann
tiez a gomzô.
12. Gwâ ann hini a zâv eur géar er
goâd, hag a ziazez anézhi er falla-
griez.
13. Ha na zeû két kémeñt-sé dioud
Aotrou ann arméou ? Râg ar boblou
a vézô dispennet gañd ann tân, hag
ar brôadou az a iélô da-gét.
14. Râg ann douar a vézô leûn eûz
a wiziégez gloar ann Aotrou, ével ma
eo gôlôet ar môr gañd ann doureier.
15. Gwâ ann hini a vesk hé véstl er
braoued a rô d'hé viñoun, hag a laka
anézhañ da vézvi, évit ma wélô hé
noazded.
16. Leûniet é vézi a vézégez é léac'h
gloar : év ivé té, ha môréd : kôp
dourn-déou ann Aotrou a iélô war-
drô d'id, hag eunn dislouñk mézuz *a
gouézô* war da c'hloar.
17. Râk fallagriez al Liban a c'hô-
lôi ac'hanod, ha gwastadur al loéned
a spouñtô anézhô, enn abek da c'hoad
ann dûd, ha d'hô fallagriez é-kéñver
ar vrô, hag ar géar, hag ar ré holl a
choumé enn-hi.
18. Pé lâz ar skeûden gréat gañd
eur c'hizeller, pé ann hini faoz gréat
gañd ann teûzer ? koulskoudé ann
ôbérour a laka hé c'héd enn hé labour
hé-unan, er skeñden vûd en deûz
gréat.
19. Gwâ ann hini a lavar d'ar
c'hoat : Dihun ; ha d'ar méan mûd,
sâv : hâg héñ a hellô deski eunn dra
d'id ? Chétu héñ a vézô gôlôet a aour
hag a arc'hañt, ha na vézô éné é-béd
enn-hañ.
20. Hôgen ann Aotrou *a zó* enn hé
dempl sañtel : râ davô ann douar holl
dira-z-hañ.

—

III. PENNAD.

Ar profed a-grén dirâk meûrdez ann Aotrou.

1. Péden Habakuk ar profed évid
ann diwiziégésiou.

2.

2. Aotrou, klevet em eûz da c'hér, hag ounn bét spouñtet. Da labour eo, Aotrou, rô ar vuez d'ézhañ é-kreiz ann amzeriou. É-kreiz ann amzeriou é tiskouézi anézhañ : pa vézô droug enn-od, ez pézô koun eûz da drugarez.

3. Eûz ar c'hrésteiz é teûi Doué, hag ar sañt eûz a vénez Faran. Hé c'hloar é deûz gôlôet ann éñvou : hag ann douar a zô leûn eûz hé veûleûdi.

4. Hé skéd a vézô ével goulou : kerniel a zeûi eûz hé zaouarn. Énô eo kuzet hé ners.

5. Ar marô a gerzô dira-z-hañ : hag ann diaoul a zeûiô er-méaz diràg hé dreid.

6. Arzaôi a réaz, hag é veñtaz ann douar. Sellout a réaz, hag é teûzaz ar brôadou : ar ménésiou a-viskoaz a zô bét brévet : krec'hiennou ar béd a zô bét kroummet dindân kamméjou hé beûr-badélez.

7. Enn abek d'ar fallagriez em eûz gwélet teltou ann Étiopied : pallennou douar Madian a vézô reûstlet.

8. Hag oud ar steriou, Aotrou, eo savet da vuanégez ? hag oud ar steriou *eo savet* da frouden ? hag oud ar môr *eo savet* da érez ? Pa biñez war da gézek, ha war da girri évit *digas* ann dieûb.

9. Heja, heja a ri da warek, évit sévéni ar gér éc'h eûz touet d'ar breûriézou. Steriou ann douar a ranni.

10. Ar ménésiou hô deûz da wélet, hag hì a zô bét doaniet : ann doureier brâz a zô éat ébiou : al louñk en deûz gréat trouz : savet en deûz hé zaouarn out-kréac'h.

11. Ann héol hag al loar a zô arzaôet enn hô lôk : out goulou da zaésiou, out skéd da wâf foultruz éz aiñt.

12. Mac'ha a ri ann douar enn da vuanégez, saouzani a ri ar brôadou enn da frouden.

13. Deûet oud er-méaz évit savétei da bobl, évit hé zavétei gañd da Grist. Skôet éc'h eûz gañt penn ti ar fallagr : hé lékéat éc'h eûz enn noaz adaleg ar gwéled bétég al lein.

14. Milliget éc'h eûz hé walen-roué, ha penn hé vrézélidi, péré a zeûé ével eunn arné évit va dispenna. Trida a réañt, ével ann hini a louñk ar paour enn disgwél.

15. Eunn heñt éc'h eûz gréat d'as kézek a-dreûz ar môr, é fañk doureier brâz.

16. Klevet em eûz, ha va c'hôv a zô bét keñusket : gañd ann trouz hô deûz krénet va muzellou, ra zeûi ar vreinadurez em eskern : ra leûniô ac'hanoun ; évit ma vézinn enn éhan é deiz ann eñkrez, ha ma en em unaninn gañd hor pobl évit piña gañt-hañ.

17. Râg ar gwéz-fiez na vleûiñt két, ha na vézô két a rezin oud ar gwinienou. Ar gwéz-olived a zinac'hô hô frouez : hag ar parkou na rôiñt két é éd. Tennet é vézô ann déñved eûz hô c'hreier : ha na vézô mui a zaoud er staoliou.

18. Hôgen mé en em laouénai enn Aotrou : hag é tridinn é Doué va Zalver.

19. Ann Aotrou Doué *eo* va ners : hag héñ a lakai va zreid ével ré ar c'hirvi. Hag héñ am digasô gounidek war va lec'hiou-uc'hel out son ar c'hanaouennou.

LEVR SOFONIAS.

I. PENNAD.

1. Ger ann Aotrou, péhini a zeûaz
da Zofonias màb Chusi, màb Godo-
lias, màb Amarias, màb Ézékias, é
deisiou Josias, màb Amon, roué Juda.
2. Strolla, strolla a rinn kémeñd a
zô war c'horré ann douar, émé ann
Aotrou.
3. Strolla a rinn ann dùd hag al
loéned; strolla a rinn evned ann éñv
ha peskéd ar môr: dispenna a rinn
ar ré fallagr, hag é kollinn ann dùd
diwar ann douar, émé ann Aotrou.
4. Astenna a rinn ivé va dourn war
Juda, ha war holl dud Jéruzalem:
hag é kollinn diwar al léac'h-zé diler-
c'hiou Baal, hag hanvou hé vinistred,
gañd hé véleien:
5. Hag ar ré a azeûl war ann tôen-
nou armé ann éñv, hag ar ré a azeûl
ann Aotrou hag a dou dré hé hanô,
hag a dou ivé dré hanô Melc'hom:
6. Hag ar ré a zistrô dioud ann
Aotrou hép moñd war hé lerc'h; ar ré
na glaskoñt két ann Aotrou, ha na fell
két d'ézhô hé gavout.
7. Tavit diràg ann Aotrou Doué:
ràk tôst eo deiz ann Aotrou; ràg ao-
zet eo ann hostiv gañd ann Aotrou;
galvet eo hé vanvézerien gañt-hañ.
8. Hag évél-henn é c'hoarvézô: é
deiz hostiv ann Aotrou é emwélinn ar
briñsed, ha bugalé ar roué, ha ké-
meñd hini a vézô gwisket gañd dilad
a-ziavéaz.
9. Mé a emwélô ivé kémeñd hini a
iélô gañt balc'hder dreist ann treûzou
enn deiz-zé, hag ar ré a leûñ tî ann
Aotrou hô Doué a fallagriez hag a
douellérez.
10. Enn deiz-zé, émé ann Aotrou,
é vézô eur garm bràz out pors ar pés-
kéd, ha iouc'hadennou oud ann eil,
hag eul lazérez bràz eùz ar c'hre-
c'hiennou.
11. Iouc'hit, tùd Pila: tavet eo pobl
Kanaan; dispennet eo ann holl dùd-
zé gôlôet a arc'hañt.
12. Hag évél-henn é c'hoarvézô enn
amzer-zé: c'houilia a rinn Jéruzalem
gañt kleûzeûriou: emwélout a rinn
ann dùd a zô éat doun enn hô hudur-
nez, hag a lavar enn hô c'halounou:
Ann Aotrou na rai két a vàd, na rai
két a zrouk.
13. Hô madou a vézô preizet, hag
hô ziez a zeûi da véza didud: tiez a
zaviñt, ha na choumiñt két enn-hô:
gwiniennou a blañtiñt, ha na éviñt
két ar gwin anézhô.
14. Tôst eo deiz bràz ann Aotrou,
tôst eo ha téar: mouéz deiz ann Ao-
trou a zô c'houerô; énô é vézô eñ-
krézet ann dén kré.
15. Eunn deiz a vuanégez é vézô
ann deiz-zé, deiz a eñkrez hag a añ-
ken, deiz a c'hlac'har hag a reûz, deiz
a dévalien hag a amc'houlou, deiz a
goabr hag a arné;
16. Deiz korn-boud ha trouz, a-
éneb ar c'heriou kré, hag ann touriou
uc'hel.
17. Ha mé a eñkrézô ann dùd, hag

hi a valéô évél tûd dall, ô véza ma hô deûz péc'het a-éneb ann Aotrou : hag hô goâd a vézô skulet ével poultr, hag hô c'horfou-marô a zeûi ével teil.

18. Hô arc'hañt nag hô aour na helliñt két hô dieûbi é deiz buanégez ann Aotrou : é tân hé oaz é louñkô ann douar holl ; râg hasta a rai bévézi ar ré holl a choumô war ann douar.

—

II. PENNAD.

Dismañtr ar Filistined, ar Voabited, ann Ammonited, ann Étiopied hag ar Siried.

1. En em strollit, deûit kévret, brôad dihégar ;

2. Abars ma teûi dré hé c'hourc'hémenn ann deiz a dréménô ével ar poultr ; abars ma teûi war-n-hoc'h buanégez frouden ann Aotrou, abars ma teûi war-n-hoc'h deiz argarzidigez ann Aotrou.

3. Klaskit ann Aotrou, c'houi holl péré a zô kûñ war ann douar, péré hoc'h eûz gréat hé varn : klaskit ar reizded, klaskit ar guñvélez : évit ma hellot en em guza é deiz frouden ann Aotrou.

4. Râg Gaza a vézô dispennet, hag Askalon a zeûi da véza didud, Azot a vézô dismañtret é-kreiz ann deiz, hag Akkaron a vézô dic'hrisiennet.

5. Gwâ c'houi, péré a choum war aod ar môr, brôad tûd kollet : *éma* gér ann Aotrou war-n-od, Kanaan, brô ar Filistined ; ha mé az tispennô, enn hévélep doaré na choumô mui dén é-béd enn-od.

6. Hag aod ar môr a zeûi da éhan d'ar veserien, ha da éc'hoaz d'ann déñved.

7. Da lôden é vézô d'ar ré a vézô choumet eûz a di Juda : énô é kaviñt peûrvan, hag é c'hourvéziñt diouc'h ar pardaez é tiez Askalon ; râg ann Aotrou hô Doué hô emwélô, hag hô lakai da zistrei eûz ar sklavérez.

8. Klevet em eûz kunuc'hennou Moab, ha drouk-prézégou bugalé Ammon, péré hô deûz gwall-aozet va fobl, hag a zô braséet diwar goust hé harzou.

9. Râk-sé *ével ma* ounn béô, émé Aotrou ann arméou, Doué Israel, Moab a zeûi ével Sodoma, ha bugalé Ammon ével Gomorra, eunn douar séac'h ével spern, eur bern c'hoalen, ha lec'hiou didud da-vikenn : ann dilerc'h eûz va fobl a breizô anézhô, hag ann dilerc'h eûz va brôad a berc'hennô anézhô.

10. Kémeñt-sé a c'hoarvézô gañt-hô enn abek d'hô balc'hder ; ô véza ma hô deûz drouk-prézéget, ha ma iñt bét braséet diwar goust pobl Aotrou ann arméou.

11. Heûzuz é vézô ann Aotrou évit-hô, hag héñ a gasô-da-gét holl zouéed ann douar : ha pép-hini enn hé léac'h, hag holl énézi ar brôadou a azeûlô anézhañ.

12. Ha c'houi ivé, Étiopied, a vézô lazet gañt va c'hlézé.

13. Hag héñ a astennô hé zourn war ann hañter-nôz, hag a gollô ann Assiria ; hag é lakai hô c'héar gaer ével eunn distrô, diheñt ha didud.

14. Ann dropellou, hag holl loéned ar brôadou a c'hourvézô enn hé c'hreiz : ar boñgors hag ann heûreûc'hin a choumô enn hé ziez kaer : al laboused a ganô war hé frénestrou, hag ar vrân *a goagô* war hé gourinou, râg hé galloud a gasinn-da-gét.

15. Houn-nez eo ar géar valc'h, a oa kenn her, hag a lavaré enn hé c'haloun : Mé a zô, ha n'eûz hini all néméd-oun : pénaoz ef-hi bét trôet enn eunn distrô, é éc'hoaz d'al loéned ? Kémeñd hini a iélô ébiou d'ézhi a c'houibanô, hag a hejô hé zourn.

—

III. PENNAD.

Ar profed a ziougan talvoudégez hag eûr-vâd al lézen nevez.

1. Gwâ ar géar heskiner, *a zô bét* dasprénet, *hag a choum ével* eur goulm.

2. N'é deûz két sélaouet ar vouéz, n'é deûz két digéméret ar c'hélenn :

n'é deûz két lékéat hé fisians enn
Aotrou, n'eo két tôstéet oud hé Doué.
3. Hé friñsed enn hé c'hreiz a zô
ével léoned ô iuda : hé barnerien ével
bleizi *a zebr hô freiz* diouc'h ar par-
daez, ha na lézoñt *netrâ* évid ar
mintin.
4. Hé froféded *a zô* tûd diskiañt,
tûd disléal : hé béleien hô deûz sao-
tret ann traou sañtel, hag hô deûz
torret al lézen enn eunn doaré direiz.
5. Ann Aotrou reiz *a zô* enn hé
c'hreiz ; na rai két héñ a fallagriez :
diouc'h ar mintin, diouc'h ar mintin
é tougô hé varn oud ar goulou, ha
n'hé c'huzô-két; hôgen ar fallagr n'en
deûz két bét a véz.
6. Dispennet em eûz ar brôadou,
hag hô zouriou a zô bét diskaret :
freûzet em eûz hô heñchou, enn hé-
vélep doaré n'az â dén ébiou : dismañ-
tret eo hô c'heriou, ha n'az â dén, ha
na choum dén enn-hô.
7. Lavaret em eûz : Koulskoudé é
touji ac'hanoun, hag é tigéméri va
c'hélen : hag hé c'héar na vézô két
dismañtret, pé wall-bennâg ma é
deûz gréat évit ma emwélchenn anéz-
hi : ha koulskoudé ô sével diouc'h ar
mintin hô deûz saotret hé holl véno-
siou.
8. Râk-sé gortoz ac'hanoun, émé
ann Aotrou, enn deiz da zoñt eûz va
dazorc'h ; râk va ratoz eo strolla ar
brôadou, ha grounna ar rouañtélé-
siou, évit skuja war-n-ézhô va drouk,
hag holl vuanégez va fronden : râg é
tân va oaz é vézô louñket ann douar
holl.
9. Râk neûzé é rôinn d'ar boblou
muzellou dilennet, évit ma c'halviñt
holl hanô ann Aotrou, ha ma servi-
chiñt anézhañ gañd eunn hévélep
skoaz.
10. Eûz a enn tu all da ster ann
Étiopia é teûor da bidi ac'hanoun,
ha bugalé ar ré eûz va fobl a vézô bét
skiñet a zigasô rôou d'in.

11. Enn deiz-zé na vézi mui mézé-
kéet gañd ann holl wall-ôberiou é
péré éc'h eûz péc'het ęm énep ; râk
neûzé é tenninn eûz da greiz ar ré hô
deûz savet da valc'hder gañd hô la-
bennérez, ha n'en em fisiot mui em
ménez sañtel.
12. Ha mé a lézô enn da greiz eur
bobl paour ha tavañtek : hag hì a la-
kai hô géd é hanô ann Aotrou.
13. Dilerc'hiou Israel na raiñt két a
fallagriez, ha na liviriñt két a c'he-
vier ; ha na vézô két kavet enn hô
génou a déôd touelluz : râk hì a beûrô,
hag a c'hourvézô, ha na vézô hini
évid hô spouñta.
14. Kân meûleûdiou, merc'h Sion :
bez el lévénez, Israel : en em laouéna,
ha trid enn da holl galoun, merc'h
Jéruzalem.
15. Lamet en deûz ann Aotrou da
varn, pelléet en deûz da énébourien :
ann Aotrou, roué Israel a zô enn da
greiz, n'az pézô mui a aoun râk drouk.
16. Enn deiz-zé é vézô lavaret da
Jéruzalem : N'az péz két a aoun ; da
Zion, na vézet két dinerzet da zaouarn.
17. Ann Aotrou da Zoué enn da
greiz *a zô* kré ; héñ az dieûbô : en
em laouénaad a rai diwar da benn :
18. Strolla a rinn ar skañbenned
péré hô doa dilézet al lézen, ô véza
ma oañt deûet ac'hanod, évit n'az
pézô mui a vézégez diwar hô fenn.
19. Chétu mé a lazô enn amzer-zé
kémeñd hini en dévézô da c'hlac'ha-
ret : dieûbi a rinn ann hini gamm ;
hag é strollinn ann hini a oa bét dis-
tolet : ha mé hô lakai é meûleûdi,
hag é hanô-mâd é holl zouar hô mé-
zégez.
20. Enn amzer-zé, é péhini é tiga-
sinn ac'hanoc'h, hag enn amzer é pé-
hini é strollinn ac'hanoc'h, hô likiinn
é hanô-mâd é-touez holl boblou ann
douar, pa likiinn da zistrei hô sklaved
dirâg hô taoulagad, émé ann Aotrou.

LEVR AGGÉUS.

I. PENNAD.

Ann Aotrou a rébech d'ar Iuzevien hô lézirégez a vír out-hô na assavoñt hé dempl.

1. Enn eil vloaz eûz ar roué Darius,
er c'houec'hved miz, enn deiz keñta
eûz ar miz, é teûaz gér ann Aotrou
dré zourn Aggéus ar profed, da Zoro-
babel, mâb Salatiel, dûk Juda, ha da
Jésus, mâb Josédek, bélek-brâz, ô
lavarout:
2. Ével-henn é komz Aotrou ann
arméou, ô lavarout: Ar bobl-zé a
lavar: Né két deûet c'hoaz ann amzer
da zével tí ann Aotrou.
3. Neûzé é teûaz gér ann Aotrou
dré zourn Aggéus ar profed, ô lava-
rout:
4. Ha né két deûet ann amzer d'é-
hoc'h da choum é tiez aozet-kaer, hag
ann tí-zé *d'in* a zô didud?
5. Brémañ éta ével-henn é lavar
Aotrou ann arméou: Likiid hô mé-
nosiou war hoc'h heñchou.
6. Kalz hoc'h eûz hadet, ha nébeût
hoc'h eûz dastumet: debret hoc'h eûz,
ha n'oc'h két bét gwalc'het: évet
hoc'h eûz, ha né két bét torret hô sé-
c'hed: en em c'hôloet oc'h, ha né két
bét tomm d'é-hoc'h: hag ann hini en
deûz dastumet madou, en deûz hô
lékéat enn eur sac'h toull.
7. Ével-henn é lavar Aotrou ann
arméou: Likiid hô ménosiou war
hoc'h heñchou.
8. Piñit war ar ménez: digasit koat,
ha savit ann tí: hag héñ a vézô hétuz
d'in, hag é tiskouézinn va gloar enn-
hañ, émé ann Aotrou.
9. Sellet hoc'h eûz out madou brâz,
ha chétu iñt deûet da zistéraat: hô
douget hoc'h eûz enn hô tí, ha mé
em eûz c'hôuézet war-n-ézhô: pérâk-
sé, émé Aotrou ann arméou? ô véza
ma eo didud va zí, ha ma hast pép-
hini ac'hanoc'h da *aoza* hé dí hé-
unan.
10. Râk-sé em eûz miret oud ann
éñvou na rôjeñt gliz d'é-hoc'h, hag
em eûz miret oud ann douar na rôjé
hé frouez d'é-hoc'h.
11. Ha galvet em eûz ar sec'hder
war ann douar, ha war ar ménésiou,
ha war ann éd, ha war ar gwin, ha
war ann éôl, ha war gémeñt a zoug
ann douar, ha war ann dûd, ha war
al loéned, ha war holl labour ann
daouarn.
12. Neûzé Zorobabel mâb Salatiel,
ha Jésus mâb Josédek ar bélek-brâz,
hag holl zilerc'h ar bobl a glevaz
mouéz ann Aotrou hô Doué, ha ge-
riou Aggéus ar profed, en doa ann
Aotrou hô Doué kaset étrézég enn-hô:
hag ar bobl a oé spouñtet dirâg ann
Aotrou.
13. Neûzé Aggéus kannad ann Ao-
trou a gomzaz oud ar bobl a berz ann
Aotrou, ô lavarout: Emounn gan-é-
hoc'h, émé ann Aotrou.
14. Hag ann Aotrou a lékéaz da
zével spéred Zorobabel mâb Salatiel,

dûk Juda, ha spéred Jésus màb Josédek ar bélek brâz, ha spéred holl zilerc'h ar bobl : hag hi a zeûaz, hag en em lékéaz da laboura é ti Aotrou ann arméou hô Doué.

—

II. PENNAD.

Diougan é-kéñver donédigez ar Messias.

1. Er pévaré deiz war-n-ugeñt eûz
ar c'houec'hved miz, enn eil vloaz
eûz ar roué Darius.
2. Er seizved miz, enn unan war-
n-ugeñt eûz ar miz, é teûaz gér ann
Aotrou dré zourn Aggéus ar profed,
ô lavarout :
3. Komz out Jorobabel màb Sala-
tiel, dûk Juda, hag out Jésus màb
Josédek ar bélek-brâz, hag oud di-
lerc'h ar bobl, ô lavarout :
4. Piou ac'hanoc'h a zô choumet,
hag en deûz gwélet ann ti-mañ enn
hé c'hloar geñta ? hag é pé zoaré hen
gwélit-hu brémañ ? ha n'eo két dirâg
hô taoulagad ével pa né vé két ?
5. Hôgen bréma en em gréva, Zo-
robabel, émé ann Aotrou : en em
gréva, Jésus màb Josédek ar bélek-
brâz : en em grévait, holl bobl ar vrô,
émé Aotrou ann arméou : ha labourit ;
râk mé a zô gan-é-hoc'h, émé Aotrou
ann arméou.
6. *Mirout a rinn* ar gér em eûz
rôet d'é-hoc'h pa oc'h deûet er-méaz
eûz a vrô ann Éjipt : ha va spéred a
vézô enn hô kreiz : n'hô pézet két a
aoun.
7. Râg ével-henn é lavar Aotrou
ann arméou : C'hoaz eunn nébeût, ha
mé a géfluskô ann éñv hag ann douar,
hag ar môr, hag ar séac'h.
8. Ha mé a bejô ann holl vrôadou :
hag ANN HINI A ZÔ C'HOAÑTEET gant
ann holl vrôadou A ZEUIÔ : ha mé a
leûniô ann ti-mañ a c'hloar, émé Ao-
trou ann arméou.
9. D'in eo ann arc'hañt, ha d'in eo
ann aour, émé Aotrou ann arméou.
10. Gloar ann divéza ti-zé a vézô
brasoc'h égéd hini ar c'heñta, émé
Aotrou ann arméou : ha mé a rôi ar
péoc'h el léac'h-zé, émé Aotrou ann
arméou.
11. Er pevaré war-n-ugeñt eûz ann
naved miz, enn eil vloaz eûz ar roué
Darius, é teûaz gér ann Aotrou da
Aggéus ar profed, ô lavarout :
12. Ével-henn é lavar Aotrou ann
arméou : Grà ar goulenn-mañ d'ar
véleien diwar-benn al lézen, ô lava-
rout :
13. Ma laka eur ré kik sañtélet enn
hé askré, ha mar stok oud ar penn
anézhañ bara, pé iòd pé gwin, pé éòl,
pé eur boéd-bennâg all ; hag héñ a
vézô sañtélet ? hag ar véleien a res-
pouñtaz hag a lavaraz : Nann.
14. Hag Aggéus a lavaraz : Mar
stok eur ré a vézô bét saotret gañd
eur c'horf-marô, oud unan eûz ann
traou-zé, ha na vézô két saotret ? Hag
ar véleien a respouñtaz, hag a lavaraz :
Saotret é vézô.
15. Neûzé Aggéus a lavaraz d'ézhô :
Ével-sé éma ar bobl-zé, ével-sé éma
ar vrôad-zé dira-z-oun, émé ann Ao-
trou ; hag ével-sé éma holl labour hô
daouarn : ha kémeñd a gennigoñt énô,
a zô saotret.
16. Ha brémañ likiid hô ménoz war
ann deiz-zé ha keñt, abarz ma oé lé-
kéat méan war véan é templ ann
Aotrou.
17. Pa dôstéec'h oud ugeñt boézel-
lad éd, na gavec'h néméd dék ; ha
p'az éac'h er waskel, évit tenna hañ-
ter-kañt pôdad *gwin*, ha na gavec'h
néméd ugeñt.
18. Hô skôet em eûz gañd eunn
avel loskuz, gañt merkl ha gañt ka-
zarc'h em eûz skôet holl labouriou hô
taouarn : hag hini ac'hanoc'h n'eo
distrôet étrézeg enn-oun, émé ann
Aotrou.
19. Ha brémañ likiid hô ménoz war
ann deiz-mañ, ha war ann amzer da-
zoñt, adaleg ar pevaré deiz war-n-
ugeñt eûz ann naved miz ; adaleg
ann deiz é péhini eo bét taolet diazez
templ ann Aotrou : likiid hô ménoz
war géмeñt-sé.
20. Ha na wélit-hu két pénaoz ann
éd né két c'hoaz diwanet ; pénaoz ar
winien, ar gwéz-fiez, ar gwéz-granad,

ar gwéz-olived n'iñt két c'hoaz bleûñet? Eûz ann deiz-mañ é venniginn *anézhô*.

21. Ha gér ann Aotrou a zeûaz eunn eil wéach da Aggéus er pevaré *deiz* war-n-ugeñt eûz ar miz, ô lavarout :

22. Komz out Zorobabel, dûk Juda, ô lavarout : Mé a géfluskô kévret ann éñv hag ann douar.

23. Dismañtra a rinn trôn ar rouañtélésiou, hag é vrévinn ners rén ar brôadou : diskara a rinn ar c'hirri, hag ar ré a vézô azézet enn-hô : ar c'hézeg a gouézô, hag ar ré a vézô piñet war-n-ézhô : ann dén *a vézô skôet* gañt klézé hé vreûr.

24. Enn deiz-zé, émé Aotrou ann arméou, é kémérinn ac'hanod, Zorobabel, mâb Salatiel, va zervicher, émé ann Aotrou : hag é likiinn ac'hanod ével eur ziel, ô véza ma em eûz da zilennet, émé Aotrou ann arméou.

LEVR ZAC'HARIAS.

I. PENNAD.

Ar profed a erbéd ar Iuzevien da zistrei oud ann Aotrou.

1. Enn eizved miz, enn eil vloaz
eûz ar roué Darius, é teûaz gér ann
Aotrou da Zac'harias mâb Barac'hias,
mâb Addo, ar profed, ô lavarout:
2. Drouk brâz a zô bét savet enn
Aotrou oud hô tadou.
3. Hag é liviri d'ézhô : Ével-henn
é lavar Aotrou ann arméou : Distrôit
ouz-in, émé Aotrou ann arméou, ha
mé a zistrôi ouz-hoc'h, émé Aotrou
ann arméou.
4. Na vézit két ével hô tadou, out
péré é c'harmé ar broféded kéñt, ô
lavarout : Ével-henn é lavar Aotrou
ann arméou : Distrôit diouc'h hô kwall
beñchou, ha diouc'h hô ménosiou
drouk : hôgen n'hô deûz két va zé-
laouet, ha n'hô deûz két lékéat évez
ouz-in, émé ann Aotrou.
5. Péléac'h éma hô tadou ? ar bro-
féded, hag hi a vévô bépréd ?
6. Koulskoudé hô tadou, ha n'hô
deûs-hi két anavézet ar wirionez eûz
va geriou hag eûz va c'hélennou, em
boa gourc'hémennet d'ézhô dré va
zervicherien ar broféded ; ha n'iñt-hi
két distrôet, ha n'hô deûs-hi két la-
varet : Ével ma en deûz mennet Ao-
trou ann arméou é rajé d'é-omp her-
vez hon beñchou, hag hervez hon
ôberiou, en deûz gréat d'é-omp ?
7. Er pevaré war-n-ugeñt eûz ann
unnékved miz, *kanvet miz sabat*, é eil
vloaz Darius, é teûaz gér ann Aotrou
da Zac'harias mâb Barac'hias, mâb
Addo, ar profed, ô lavarout :
8. Ha mé am boé eur wélédigez a-
zoug ann nôz : ha chétu eunn dén
piñet war eur marc'h gell, hag héñ a
oa arzaôet é-touez ar gwéz mirta, a
oa enn eul léac'h doun : ha war hé
lerc'h éz oa kézég gell, ha briz, ha
gwenn.
9. Ha mé a lavaraz : Va aotrou,
pétrâ eo ar ré-mañ ? Hag ann éal pé-
hini a gomzé enn-oun, a lavaraz d'in :
Mé a ziskouézô d'id pétrâ eo ar ré-zé.
10. Hag ann hini a oa enn hé zâ
é-touez ar gwéz mirta, a gomzaz, hag
a lavaraz : Ar ré-zé eo ar ré en deûz
kaset ann Aotrou évit kerzout dré
ann douar holl.
11. Hag hi a gomzaz oud éal ann
Aotrou, a oa enn hé zâ é-touez ar
gwéz mirta, hag a lavaraz d'ézhañ :
Kerzet hon eûz dré ann douar holl ;
ha chétu ann douar holl a zô gôlôet
a dûd, hag é péoc'h.
12. Hag éal ann Aotrou a gomzaz,
hag a lavaraz : Aotrou ann arméou,
bété pégeit n'az pézô két a druez out
Jéruzalem, hag out keriou Juda, out
péré eo savet da zrouk ? Hé-mañ eo
dijâ ann dékved bloaz ha tri-ugeñt.
13. Hag ann Aotrou a lavaraz d'ann
éal a gomzé enn-oun, geriou mâd,
geriou frealzuz.
14. Hag ann éal a gomzé enn-oun,
a lavaraz d'in : Garm, ô lavarout :

Évél-henn é lavar Aotrou ann arméou : Eunn oaz bráz em eûz évit Jéruzalem hag évit Sion.

15. Hag eunn drouk bráz a zô savet enn-oun a-éneb ar brôadou galloudek ; râk pa na oa savet néméd eunn drouk bihan enn-oun, hi hô deûz gréat kalz a zrouk d'ézhô.

16. Râk-sé évél-henn é lavar ann Aotrou : Distrei a rinn da Jéruzalem gañt trugarézou : va zî a vézô savet enn-hi, émé Aotrou ann arméou, hag al linen a vézô astennet war Jéruzalem.

17. Garm c'hoaz, ô lavarout : Évél-henn é lavar Aotrou ann arméou : Va c'heriou a vézô c'hoaz leûn a vadou : hag ann Aotrou a fréalzô c'hoaz Sion, hag a zilennô c'hoaz Jéruzalem.

18. Ha mé a zavaz va daoulagad, hag a wélaz : ha chétu pevar c'horn.

19. Ha mé a lavaraz d'ann éal a gomzé enn-oun : Pétrâ eo ar ré-zé ? Hag héñ a lavaraz d'in : Ar ré-zé eo ar c'herniel hô deûz gweñtet Juda, hag Israel, ha Jéruzalem.

20. Hag ann Aotrou a ziskouézaz d'in pevar ôberour.

21. Ha mé a lavaraz : Pétrâ a zeû ar ré-mañ da ôber ? Hag héñ a gomzaz, ô lavarout : Ar ré-zé eo ar c'herniel hô deûz gweñtet holl dud Juda, hag hini anézhô na zâv hé benn : hag ar ré-mañ a zô deûet évid hô spouñta, hag évid diskara kerniel ar brôadou, péré hô deûz savet hô c'herniel war vrô Juda évid hé skiña.

II. PENNAD.

Ar brôadou a zeûi da Zion évid azeûli ann Aotrou.

1. Ha mé a zavaz va daoulagad, hag a wélaz : ha chétu eunn dén, hag enn hé zourn eul linen veñt.

2. Ha mé a lavaraz : M'az éz-té ? Hag héñ a lavaraz d'in : Da veñta Jéruzalem, évit gwélout a bé héd eo, hag a bé léd eo.

3. Ha chétu ann éal a gomzé ennoun a iéaz er-méaz, hag eunn éal all a iéaz er-méaz évid hé ziambrouga.

4. Hag *héñ* a lavaraz d'ézhañ : Réd ha komz oud ar paotr-iaouañk-zé, ô lavarout : Divur é choumô Jéruzalem, enn abek d'al lôd bráz a dûd hag a loéned *a vézô* enn-hi.

5. Ha mé a vézô évit-hi eur vur a dân war hé zrô ; hag é vézinn da c'hloar enn hé c'hreiz.

6. O, ô ! didec'hit eûz a vrô ann hañter-nôz, émé ann Aotrou : ô véza m'am boa hô skiñet war-zû péder avel ann éñv, émé ann Aotrou.

7. O Sion, tec'h, té péhini a choum gañt merc'h Babilon.

8. Râg évél-henn é lavar Aotrou ann arméou : Goudé ar c'hloar, en deûz va c'haset étrézég ar brôadou péré hô deûz hô tibourc'het : râk piou-bennâg a stok ouz-hoc'h, a stok out mâb hé lagad.

9. Râk chétu mé a zavô va dourn war-n-ézhô, hag hi a vézô da breiz d'ar ré a oa da sklaved d'ézhô : ha c'houi a anavézô pénaoz Aotrou ann arméou en deûz va c'haset.

10. Kân, hag en em laouéna, merc'h Sion : râk chétu é teûann, hag é chouminn enn da greiz, émé ann Aotrou.

11. Enn deiz-zé kalz brôadou en em stagô oud ann Aotrou, hag a vézô da bobl d'in ; ha mé a choumô enn da greiz ; hag é wézi pénaoz Aotrou ann arméou en deûz va c'haset étrézég enn-od.

12. Hag ann Aotrou a berc'hennô Juda évél hé lôd enn douar sañtélet : hag héñ a zilennô c'hoaz Jéruzalem.

13. Ra davô pép kik dirâg ann Aotrou : râk savet eo eûz hé di sañtel.

III. PENNAD.

Jésus ar bélek-brâz tamallet gañt Satan.

1. Hag ann Aotrou a ziskouézaz d'in Jésus ar bélek-brâz a oa enn hé zâ dirâg éal ann Aotrou : ha Satan a oa enn hé zâ enn tu déou d'ézhañ évid énébi out-hañ.

2. Hag ann Aotrou a lavaraz da

Zatan : Ra gélenno ann Aotrou ac'hanod, Satan ; ra gélennô ann Aotrou ac'hanod, hén péhini en deûz dilennet Jéruzalem, ha né két hen-nez ann étéô a zô bét tennet eûz ann tân ?

3. Ha Jésus a oa gwisket gañd dilad louz, hag a oa enn hé zâ dirâg ann éal.

4. Hag ann éal a gomzaz oud ar ré a oa enn hô zâ dira-z-hañ, ô lavarout : Tennit d'ézhañ hé zilad louz. Hag héñ a lavaraz d'ézhañ : Chétu mé em eûz tennet da fallagriez diouz-id, hag em eûz gwisket d'id dilad nevez.

5. Hag héñ a lavaraz ivé : Likiid eur mitr kaer war hé benn. Hag hi a lékéaz eur mitr kaer war hé benn, hag a wiskaz d'ézhañ dilad nevez : hag éal ann Aotrou a oa enn hé zâ.

6. Hag éal ann Aotrou a rôaz ann desténi-mañ da Jésus, ô lavarout :

7. Evel-henn é lavar Aotrou ann arméou : Mar baléez em heñchou, ha mar mirez va gourc'hémennou, té a varnô ivé va zi, hag a virô va forchédou : ha mé a rôi d'id lôd eûz ar ré a zô amañ enn hô zâ évit baléa gan-éz.

8. Sélaou, Jésus ar bélek-brâz, té ha da viñouned, a zô amañ dira-z-od, ô véza ma iñt tûd a ziougan : râk chétu mé a zigasô VA ZERVICHER AR SAV-HÉOL.

9. Râk chétu ar méan em eûz lékéat dirâk Jésus : war eur méan hépkén éz eûz seiz lagad : chétu mé hé gizellô va-unan ; hag é laminn fallagriez ann douar-zé enn eunn dervez.

10. Enn deiz-zé, émé Aotrou ann arméou, pép-hini a c'halvô hé viñoun dindân hé winien, ha dindân hé wézen-fiez.

IV. PENNAD.

Ar profed a wél eur c'hañtoler aour gañt seiz kleûzeur.

1. Hag ann éal a gomzé enn-oun a zistrôaz, hag a zihunaz ac'hanoun, évei eunn dén a zihuneur eûz hé gousk.

2. Hag hén a lavaraz d'in : Pétrâ a wélez ? Ha mé a lavaraz : Chétu mé a wél eur c'hañtoler aour holl, hag eur c'hleûzeur war hé benn, ha seiz kleûzeur war hé vrañkou, ha seiz kan évid ar c'hleûzeûriou a zô war ar c'hañtoler.

3. Ha diou wézen-olived dreist-heñ, unan a zéou d'ar c'hleûzeur, hag eunn all a gleiz d'ézhañ.

4. Ha mé a gomzaz oud ann éal a gomzé enn-oun, ô lavarout : Pétrâ eo ar ré-zé, va aotrou ?

5. Hag ann éal a gomzé enn-oun a respouñtaz, hag a lavaraz d'in : Ha na ouzoud-dé két pétrâ eo ar ré-zé ? Ha mé a lavaraz : Na ouzoun két, va aotrou.

6. Hag héñ a gomzaz ouz-in, ô lavarout : Hé-mañ eo gér ann Aotrou da Zorobabel, ô lavarout : Na dré eunn armé, na dré ann ners, hôgen dré va spéred, émé Aotrou ann arméou.

7. Piou oud-hé, ménez brâz, dirâk Zorobabel ? Kompézet *é vézi* : hag héñ a dennô ar penn méan, hag a geidô ar c'haerded oud ar c'haerded.

8. Ha gér ann Aotrou a zeûaz d'in, ô lavarout :

9. Daouarn Zorobabel hô deûz diazézet ann ti-mañ, hag hé zaouarn hé beûr-c'hrai : ha c'houi a wézô pénaoz aotrou ann arméou en deûz va c'haset étrézég enn-hoc'h.

10. Râk piou a zispriz ann deisiou bihan ? hi en em laouénai, hag a wélô ar méan stéan é dourn Zorobabel. Ar seiz-zé eo seiz lagad ann Aotrou, péré a réd dré ann douar holl.

11. Ha mé a gomzaz, hag a lavaraz d'ézhañ : Pétrâ eo ann diou wézen-olived-zé, a zô enn tu déou d'ar c'hañtoler, hag enn tu kleiz d'ézhañ ?

12. Ha mé a gomzaz eunn eil wéach, hag a lavaraz d'ézhañ : Pétrâ eo ann diou vôden gwéz-olived, a zô oud ann daou vég aour, é péré éma ar c'hanioù aour dré béré é réd *ann éol ?*

13. Hag héñ a gomzaz ouz-in, ô lavarout : Ha na ouzoud-dé két pétrâ eo ar ré-zé ? Ha mé a lavaraz : Na ouzoun két, va aotrou.

14. Hag héñ a lavaraz d'in : Ar ré-zé eo ann daou vab éoliet a zô savet dirâk trec'her ann douar holl.

V. PENNAD.

Diwar-benn al levr a nich.

1. Ha mé a drôaz, hag a zavaz va daoulagad : ha chétu é wéliz eul levr-rollet hag a niché.

2. Hag ann éal a lavaraz d'in : Pétrâ a wélez-dé ? Ha mé a lavaraz : Mé a wél eul levr-rollet hag a nic'h ; eûz a ugeñt ilinad a héd, hag eûz a zég ilinad a léd.

3. Hag héñ a lavaraz d'in : Ar valloz eo a zô deûet er-méaz war c'horré ann douar holl : râk pép laer a vézô barnet, ével ma eo skrivet enn-hañ : ha pép louer a vézô barnet ivé dioutbañ.

4. Hé zigas a rinn, émé Aotrou ann arméou : hag héñ a zeûi é ti al laer, hag é ti ann hini a dou é gaou em hanô : hag héñ a choumô é kreiz hé di, hag é vévézô anézhañ, hag hé goat, hag hé vein.

5. Hag ann éal a gomzé enn-oun a iéaz er-méaz, hag a lavaraz d'in : Saô da zaoulagad, ha gwél pétrâ eo ann dra-zé a ia er-méaz.

6. Ha mé a lavaraz : Pétrâ eo ? Hag héñ a lavaraz : Eur pôd a ia â er-méaz. Hag héñ a lavaraz *c'hoaz* : hô lagad eo enn douar holl.

7. Ha chétu é oé douget eur poéz ploum, ha chétu eur c'hrég a oa azézet é-kreiz ar pôd.

8. Hag héñ a lavaraz : Houn-nez eo ar fallagriez. Hag héñ a daolaz anézhi é-kreiz ar pôd, hag a lékéaz ar poéz ploum war hé c'hénou-héñ.

9. Ha mé a zavaz va daoulagad, hag a zellaz : ha chétu diou c'hrég a zeûaz er-méaz ; hag ann avel *a c'houézé* enn hô diou-askel ; râk diou-askel hô doa ével diou-askel skoul : hag hi a c'horrôaz ar pôd étré ann douar hag ann éñv.

10. Ha mé a lavaraz d'ann éal a gomzé enn-oun : Péléac'h é tougoñt-hi ar pôd ?

11. Hag héñ a lavaraz d'in : Évit ma vézô savet eunn ti d'ézhañ é brô Sennaar, ma vézô startéet, ha lékéat énô war hé ziazez hé-unan.

VI. PENNAD.

Gwélédigez ar pevar c'harr.

1. Ha mé a drôaz, hag a zavaz va daoulagad, hag a zellaz : ha chétu pevar c'harr a zeûé er-méaz eûz a greiz daou vénez : hag ar ménésiou-*zé a oa* ménésiou arem.

2. Oud ar c'heñta karr *éz oa* kézeg gell, hag oud ann eil karr kézek dû.

3. Hag oud ann trédé karr kézeg gwenn, hag oud ar pevaré karr kézek briz, ha kré.

4. Ha mé a gomzaz, hag a lavaraz d'ann éal a gomzé enn-oun : Pétrâ eo ar ré-zé, va aotrou ?

5. Hag ann éal a respouñtaz, hag a lavaraz d'in : Ar ré-zé eo ar péder avel ann éñv, a ia er-méaz, évit sével dirâk trec'her ann douar holl.

6. Ar c'hézek dû a iéaz er-méaz war-zû brô ann hañter-nôz ; hag ar ré wenn a iéaz war hô lerc'h ; hag ar ré vriz a iéaz er-méaz war-zû brô ar c'hrésteiz.

7. Hôgen ar ré gréva anézhô a iéaz er-méaz, hag hi a glaské moñt ha rédek dré ann douar holl. Hag héñ a lavaraz : It, ha rédit dré ann douar holl. Hag hi a rédaz dré ann douar holl.

8. Hag héñ a c'halvaz ac'hanoun, hag a gomzaz ouz-in, ô lavarout : Chétu ar ré a zô éat er-méaz war-zû brô ann hañter-nôz hô deûz lékéat da éhana va avel é brô ann hañter-nôz.

9. Ha gér ann Aotrou a zeûaz d'in, ô lavarout :

10. Kémer digañd ar ré a zô bét dizouget, digañt Holdai, digañt Tobias, ha digañd Idaias, péré a zô deûet eûz a Vabilon : ha té a zeûi enn deiz-zé, hag éz i é ti Josias mâb Sofonias.

11. Hag é kéméri aour hag arc'hañt, hag é ri kurunennou, a likii war benn Jésus mâb Josédek ar bélek-brâz ;

12. Hag é komzi out-hañ, ô lavarout : Ével-henn é komz Aotrou ann arméou, ô lavarout : CHÉTU ANN DÉN A ZÔ HANVET AR SAV-HÉOL : anézhañ hé-unan é vézô ganet, hag héñ a zavô eunn templ d'ann Aotrou.

13. Sével a rai eunn templ d'ann
Aotrou : hag héñ a zougô ar c'hloar,
hag a azézô, hag a aotrouniô war hé
drôn : ar bélek a vézô ivé war hé
drôn, hag eur c'huzul a béoc'h a vézô
étré-z-hô hô daou.
14. Ar c'hurunennou-zé *rôet* gañd
Hélem, gañt Tobias, gañd Idaias, ha
gañt Hem mâb Sofonias, a vézò da
éñvor é templ ann Aotrou.
15. Hag ar ré a zô pell a zeûi, hag
a zavô gan-é-hoc'h templ ann Ao-
trou : ha c'houi a wézô pénaoz Ao-
trou ann arméou en deûz va c'haset
étrézég enn-hoc'h. Hôgen kémeñt-sé
a vézô, mar sélaouit mouéz ann Ao-
trou hô Toué.

—

VII. PENNAD.

*Ann Aotrou a zistaol iuniou ar Iuze-
vien.*

1. Er pevaré bloaz eûz ar roué Da-
rius, é teûaz gér ann Aotrou da Za-
c'harias, er pevaré *deiz* eûz ann naved
miz, hanvet Kasleu ;
2. Pa gasaz Sarasar, ha Rogomme-
lech, hag ann dûd a oa gañt-hañ, da
di Doué, évit pédi dirâg ann Aotrou ;
3. Évit komza out béleien ti Aotrou
ann arméou, hag oud ar broféded, ô
lavarout : Ha réd eo c'hoaz d'é-omp
gwéla er pempved miz ; ha nî a dlé
en em zañtéla, ével ma hon eûz gréat
a-zoug kémeñd a vloavésiou ?
4. Neûzé gér Aotrou ann arméou a
zeûaz d'in, ô lavarout :
5. Komz oud holl bobl ar vrô, hag
oud ar véleien, ô lavarout : Pa hoc'h
eûz iunet, ha pa hoc'h eûz gwélet er
pempved hag er seizved *miz* a-zoug
ann dék vloaz ha tri-ugeñt-zé, hag
évid-oun eo hoc'h eûz iunet ?
6. Ha pa hoc'h eûz debret, ha pa
hoc'h eûz évet, ha né két évid-hoc'h,
évid-hoc'h hoc'h-unan hoc'h eûz de-
bret, hag hoc'h eûz évet ?
7. Ha né két ar ré-zé ar geriou en
deûz lavaret ann Aotrou dré c'hénou
ar broféded keñt, pa oa c'hoaz Jéru-
zalem leûn a dûd, ha pa oa pinvidik,
hi hag ar c'heriou war hé zrô, ha pa
oa leûn a dûd ar c'hrésteiz hag ar
c'hompézennou ?
8. Ha gér ann Aotrou a zeûaz da
Zac'harias, ô lavarout :
9. Ével-henn é komz Aotrou ann
arméou, ô lavarout : Barnit hervez ar
wirionez, ha ra vézô pép-hini ac'ha-
noc'h trugarek ha trugarézuz é-kéñ-
ver hé vreûr.
10. Na vac'hit nag ann iñtañvez,
nag ann emzivad, nag ann diavésiad,
nag ar paour : ha na vennet két eunn
dén a zroug enn hé galoun oud hé
vreûr.
11. Hôgen né két fellet d'ézhô la-
kaad évez, hag hi hô deûz trôet hô
c'hein enn eur voñt-kuit, hag hô deûz
pounnéréet hô diskouarn évit na glev-
cheñt két.
12. Hag hi hô deûz lékéat hô c'ha-
loun ével ann diamañt, évit na glev-
cheñt két al lézen nag ar geriou en
doa kaset Aotrou ann arméou enn hé
spéred dré c'hénou ar broféded keñt :
hag eo savet eunn drouk brâz é Ao-
trou ann arméou.
13. Hag eo bét c'hoarvézet ével ma
en deûz lavaret, hag hi n'hô deûz két
sélaouet : ével-sé é c'harmiñt, ha na
zélaouinn két out-hô, émé Aotrou ann
arméou.
14. Ha mé em eûz hô skiñet dré
ann boll rouañtélésiou ha na anavé-
ziñt két : hag ar vrô a zô bét dismañ-
tret enn abek d'ézhô, enn hévélep
doaré n'az â, na na zeû dén dré-z-hi :
hag hi hô deûz trôet 'eur vrô dudiuz
enn eunn distrô.

—

VIII. PENNAD.

*Ar boblou a-ziavéaz en em unanô gañt
bugalé Juda.*

1. Ha gér Aotrou ann arméou a
zeûaz *d'in*, ô lavarout :
2. Ével-henn é lavar Aotrou ann
arméou : Eunn oaz brâz em eûz bét
évit Sion : oaz ha droug a zô bet sa-
vet enn-oun évit-hi.
3. Ével-henn é lavar Aotrou ann

armćou : Distrôet ounn oul Sion, hag é choummin é-kreiz Jéruzalem : ha Jéruzalem a vézô galvet kéar a wirionez, ha ménez Aotrou ann arméou, ar ménez sañtel.

4. Èvel-henn é lavar Aotrou ann arméou : C'hoaz é choumô gwazedkôz ha merc'hed-kôz é leûriou-kéar Jéruzalem ; ha tûd gañd eur vaz enn hô dourn enn abek d'al lôd brâz eûz hô deisiou.

5. Hag hé leûriou-kéar a vézô leûn a baotrédigou hag a verc'hédigou a c'hoariô enn hé leûriou-kéar.

6. Èvel-henn é lavar Aotrou ann arméou : Mar d-eo diez *ann dra-zé* enn deisiou-zé da zaoulagad dilerc'h ar bobl-zé, ha diez é vézô d'am daoulagad, émé Aotrou ann arméou?

7. Èvel-henn é lavar Aotrou ann arméou : Chétu mé a zieûbô va fobl eûz a vrô ar sâv-héol, hag eûz a vrô ar c'hûs-héol.

8. Ha mé hô digasô, hag hi a choumô é-kreiz Jéruzalem : hag hi a vézô da bobl d'in, ha mé a vézô da Zoué d'ézhô er wirionez hag er reizded.

9. Èvel-henn é lavar Aotrou ann arméou : Krévait hô taouarn, c'houi péré a glev enn deisiou-mañ ar gerïou-mañ dré c'hénou ar broféded, enn deiz é péhini eo bét diazézet tî Aotrou ann arméou, évit sével hé dempl.

10. Râg abarz ann deisiou-zé na oa két a c'hôbr évid ann dûd, nag a c'hôbr évid al loéned, ha né oa két a béoc'h évid ar ré a iéa ébarz, nag évid ar ré a iéa er-méaz, enn abek d'ann eñkrez : ha mé am boa dilézet ann dûd holl ann eil oud égilé.

11. Hôgen brémañ na zozinn két ann dilerc'h eûz ar bobl-mañ ével enn deisiou kent, émé Aotrou ann arméou.

12. Râg hâd a béoc'h é vézô : ar winien a rôi hé frouez, ann douar a rôi hé éd, hag ann éñvou a rôi hô glîz : ha mé a lakai ann dilerc'h eûz ar bobl-zé da berc'henna kémeñt-sé.

13. Hag évell-henn é c'hoarvéz : Èvel ma oc'h bét da valloz é-touez ar brôadou, tî Juda, ha tî Israel ; ével-sé é tieûbinn achanoc'h, hag é viot da vennoz : n'hô pézet két a aoun, r'en em grévai hô taouarn.

14. Râg ével-henn é lavar Aotrou ann arméou : Èvel ma em eûz mennet hô klac'hari, pa hô deûz hô tadou tennet war-n-ézhô va droug, émé ann Aotrou,

15. Ha n'em eûz két bét a druez ouz-hoc'h ; ével-sé ounn trôet, hag em eûz mennet enn deisiou-mañ ôbervâd da dî Juda, ha da Jéruzalem : n'hô pézet két a aoun.

16. Hôgen chétu aman ar péz a réot : Ra lavarô pép-hini ar wirionez d'hé nésa : Barnit oud hô persier hervez ar wirionez hag ar péoc'h.

17. Na vennet hini droug enn hé galoun a-éneb hé viñoun : na garit két al léou gaou : râk kémeñt-sé a gasaann, émé ann Aotrou.

18. Ha gér Aotrou ann arméou a zeûaz d'in, ô lavarout :

19. Èvel-henn é lavar Aotrou ann arméou : Iûn ar pévaré *miz*, ha iûn ar pempved, ha iûn ar seizved, ha iûn ann dékved a drôi évit tî Juda é dudi hag é lévénez, hag é goéliou lîd : karit hép-kén ar wirionez hag ar péoc'h.

20. Èvel-henn é lavar Aotrou ann arméou : Doñd a rai ivé ar boblou, hag é choumiñt é kalz eûz *hô* kériou,

21. Ha tûd unan a iélô da gavout tûd ébén, ô lavarout : Déomp da bédi dirâg ann Aotrou, ha klaskomp Aotrou ann arméou : ha mé a iélô ivé.

22. Doñd a rai éta kalz poblou, ha brôadou kré da glaskout Aotrou ann arméou é Jéruzalem, ha da bédi dirâg ann Aotrou.

23. Èvel-henn é lavar Aotrou ann arméou : Enn deisiou-zé dék dén eûz a béb brôad hag eûz a béb iéz, a gémérô eur Iuzeo dré benn-pil hé zaé, ô lavarout : Gan-é-hoc'h éz aimp : râk klevet hon eûz pénaoz éma Doué gan-é-hoc'h.

IX. PENNAD.

Lévénez évit merc'h Sion.

1. Béac'h gér ann Aotrou é douar

Hadrac'h, hag é holl vreûriézou Israel a zô *tróet* oud ann Aotrou.

2. Émat ivé enn hé harzou, ha Tir, ha Sidon : ó véza ma hô deûz fougéet gañt hô furnez.

3. Tir é deûz savet kréou évit-hi : berniet é deûz ann arc'hañt ével poultr, hag ann aour ével fañk ar ruou.

4. Chétu ann Aotrou a biaouô anézhi, hag a vrévô hé ners er môr ; hag hi a vézô louñket gañd ann tân.

5. Askalon a wélô *kémeñt-sé*, hâg hi é dévézô aoun ; ha Gaza *ivé*, hag hi é dévézô doan ; hag Akkaron *ivé*, hag hi é deûz kollet hé géd : ha Gaza a vézô diroué, hag Askalon didud.

6. Ann diavésiad a azézô é Azot, ha mé a ziskarô rogoni ar Filistined.

7. Ha mé a dennô hé wâd eûz hé c'hénou, hag hé argarzidigésiou eûz a greiz hé zeñt ; hag héñ a vézô dilézet d'hon Doué : ével dûg é vézô é Juda, hag Akkaron ével eur Jébuséad.

8. Ha mé a lakai enn-drô d'am zi va brézélidi, péré a iélô hag a zeûi ; hag ar preizer na dréménô mui enn hô c'hreiz, ô véza ma émiñt brémañ dirâk va daoulagad.

9. Trîd-kaer, merc'h Sion, en em laouéna, merc'h Jéruzalem : chétu da roué a zeû d'az kavout, hag hén reiz, ha salver : paour eo, ha piñet war eunn azénez, ha war ébeul ann azénez.

10. Dispenna a rinn kirri Éfraim, ha kézek Jéruzalem, hag ar gwarégou brézel a vézô torret : ar péoc'h a embannô é-touez ar brôadou, hag hé c'halloud a iélô eûz a eûr môr bétég ar môr *all*, eûz ar ster bétég harzou ann douar.

11. Té ivé dré wâd da gévrédigez éc'h eûz tennet da sklaved er-méaz eûz al lenn dizour.

12. Distrôit d'hô kréou, c'houi sklaved leûn a c'héd ; daou-géméñt a rôinn d'id ével m'en diouganann hiriô.

13. Steñet em eûz Juda ével eur warek, hag em eûz leûniet Éfraim : lakaad a rinn da zével da vipien, ô Sion, a-énep da vipien, ô Grésia : da lakaad a rinn ével klézé ar ré gré.

14. Ann Aotrou Doué a vézô gwélet a-zioue'h d'ézhô ; hé zaez a iélô er-méaz ével ar foeltr : ann Aotrou Doué a zonô gañd ar c'horn-boud, hag a gerzô é korventennou ar c'hrésteiz.

15. Aotrou ann arméou hô gwarézô : hag hi a louñkô hag a drec'hô gañt mein hô batalm : hi a évô hag a vézvô ével gañt gwin ; leûniet é véziñt ével kôpou, hag ével korniou ann aoter.

16. Hag ann Aotrou hô Doué a zieûbô anézhô enn deiz-zé, ével tropel hé bobl : râg *ével* mein sañtel é véziñt savet enn hé zouar.

17. Râk pétrâ en deûz ann Aotrou a vâd hag a gaer, némét gwiniz ar rézilennet, hag ar gwin a laka ar gwerc'hézed da eñgéheñta.

X. PENNAD.

N'eûz némed ann Aotrou a hell rei ar péz a c'houlenneur.

1. Goulennit glaô digañd ann Aotrou enn diskar-amzer, hag ann Aotrou a lakai da gouéza erc'h, hag a rôi d'é-hoc'h glaveier brâz, ha géot é park pép-hini ac'hanoc'h.

2. Râg ann idolou hô deûz lavaret traou gwân, ann diouganerien hô deûz gwélet traou gaou, hag ann huvréerien hô deûz komzet enn-aner : enn-aner ivé hô deûz rôet hô dizoan : râk-sé eo bét kaset *va fobl* ével eunn tropel : glac'haret eo bét, ô véza n'en doa két a véser.

3. War ar véserien eo bét savet va frouden, hag é emwélinn ar vouc'hed : râg Aotrou ann arméou en deûz emwélet hé dropel, ti Juda ; hag béñ en deûz hô lékéat ével hé varc'h a fougé er brézel.

4. Anézhañ é teûi ar c'hoñ, anézhañ ar peûl, anézhañ ar wareg a vrézel ; anézhañ é teûi pép preizer kévret.

5. Hag hi a vézô ével tûd-kré péré a vâc'h fañk ann heñchou enn emgann : hag hi a vrézélékai, ô véza ma vézô

ann Aotrou gañt-hô ; hag é lispenniñt ar varc'heien.

6. Ken-nerza a rinn ti Juda, hag é tieûbinn ti Jozef : ha mé hô lakai da zistrei, ô véza m'am bézô truez out-hô : hag hi a vézô ével ma oañt abarz m'am boa hô distaolet ; râk mé eo ann Aotrou hô Doué, hag é klevinn out-hô.

7. Hag hi a vézô ével kalouneien Efraim ; hag hô c'haloun en em laouénai ével gañd ar gwin : hô mipien hô gwélô, hag en em laouénai, hag hô c'haloun a dridô enn Aotrou.

8. Hô c'houibana a rinn, hô strolla a rinn, ô véza ma em eûz hô dasprénet : hô faotta a rinn ével ma oañt paot keñt.

9. Mé hô hadô é-touez ar boblou, hag hi a bell hô dévézô koun ac'hanoun : gañd hô bugalé é véviñt, hag é tistrôiñt.

10. Ha mé hô digasô eûz a vrô ann Ejipt, hag hô strollô eûz ann Assiria, hag hô c'hasô é brô Galaad hag al Liban ; ha na vézô két kavet a léac'h *a-walc'h* évit-hô.

11. Hag héñ a dreûzô ar striz-vôr, hag a skôi war goummou ar môr ; hag ann holl steriou a vézô kéflusket bétég ar gwéled : rogeñtez Assur a vézô vuéléet, ha gwalen roué ann Ejipt a iélô kuit.

12. Hô c'hen-nerza a rinn enn Aotrou, hag hi a valéô enn hé hanô, émé ann Aotrou.

XI. PENNAD.

Dismañtr Jéruzalem. Ann Aotrou a dorr diou wialen-vésa.

1. Digor da zôriou, ô Liban, ha ra vézô devet gañd ann tân da wézsedr.

2. Iouc'hit, gwéz-sapr, râg ar gwézsedr a zô kouézet ; râg ar ré uc'héla a zô diskaret : iouc'hit, dervenned Basan, râg ar c'hoat kré a zô trouc'het.

3. Mouéz keinvanuz ar véserien *a glevann*, ô véza ma eo dismañtret hô fougé ; ha trouz iudnz al léoned, ô véza ma eo kaset-da-gét balc'hder ar Jordan.

4. Ével-henn é lavar ann Aotrou va Doué : Pask ann déñved lâz,

5. Péré a lazé hô ferc'henned, hép truez é-béd, hag a werzeñt, ô lavarout : Benniget *ra vézô* ann Aotrou, da binvidig omp deûet : hag hô méserien na esperneñt két anézhô.

6. Ha mé ivé na esperninn két pelloc'h tûd ar vrô-zé, émé ann Aotrou : chétu mé a lakai ann dûd, ann eil étré daouarn égilé, hag étré daouarn hô roué : hag hi a wastô ar vrô, ha n'hô zenninn két eûz hô daouarn.

7. Râk-sé, ô péorien ann tropel, é paskinn ann déñved lâz. Ha mé a géméraz diou wialen, hag é c'halviz unan anézhô ar Géned, hag é c'halviz ébén ar Gordennik : hag é paskiz ann tropel.

8. Ha mé a lazaz tri meser enn eur miz, ha va éné a zô en em strizet enn hô c'héñver, ô véza ma eo bét hô éné édrô em c'héñver.

9. Hag em eûz lavaret : N'hô paskinn két : ra varvô néb a varvô ; ha ra vézô lazet néb a vézô lazet ; hag eûz ann dilerc'h r'en em zebrô ann eil égilé.

10. Ha mé a géméraz va gwialen a oa galvet ar Géned, hag é torriz anézhi, évit terri ar gévrédigez em boa gréat gañd ann holl boblou.

11. Hag hi a oé torret enn deiz-zé : ha péorien ann tropel, péré hô doa miret *va lézen*, a anavézaz pénaoz é oa gér ann Aotrou.

12. Ha mé a lavaraz d'ézhô : Ma her c'havit mâd, digasit va gôbr ; anéz, list-héñ. Hag hi a boézaz trégoñt péz arc'hañt évit va gôbr.

13. Hag ann Aotrou a lavaraz d'in : Taol-héñ d'ar skeûdenner, ar gôbr kaer-zé, hô deûz kavet a dalienn. Ha mé a géméraz ann trégoñt péz arc'hañt, hag é taoliz anézhô d'ar skeûdenner é ti ann Aotrou.

14. Ha mé a dorraz va eil wialen, a oa bét galvet gan-éñ ar Gordennik, évit diframma ar vreûdeûriez étré Juda hag Israel.

15. Hag ann Aotrou a lavaraz d'in :

Kémer c'hoaz holl arwésiou eur meser foll.

16. Râk chétu é likiinn da zével war ann douar eur meser, péhini na emweló két ann dañvad dilézet, na glaskô két ann hini diañket, na iac'hai két ann hini klañv, na vagô két ann hini a vézô enn hé zâ, a zebrô kig ar ré-lard, hag a dorrô hô ivinou.

17. O méser, ô idol, a zilez ann tropel : ar c'hlézé a gouézô war hé vréac'h, ha war hé lagad déou : hé vréac'h a zizéc'hô hag a wévô, hag hé lagad déou a gouézô enn dévalien hag enn amc'houlou.

—

XII. PENNAD.

Spéred a drugarez skiñet war di David ha war dud Jéruzalem.

1. Béac'h gér ann Aotrou war Israel. *Évet-henn* é lavar ann Aotrou, péhini en deûz lédet ann éñv, péhini en deûz diazézet ann douar, ha péhini en deûz doaréet enn dén, spéred ann dén.

2. Chétu mé a lakai Jéruzalem, évid ann holl boblou trô-war-drô, ével dôr eunn davarn : Juda hé-unan a c'hrounnô Jéruzalem.

3. Hógen chétu pétrâ a c'hoarvézô : Enn deiz-zé é likiinn Jéruzalem da véza eur méan pounner brâz évid ann holl boblou : kémeñd-hini a fellô d'ézhañ hé zével a vézô blonset ha roget ; hag holl vrôadou ann douar en em strollô enn hé énep.

4. Enn deiz-zé, émé ann Aotrou, é skôinn gañd bâd ann holl gézek, ha gañd diboell ar varc'heien : war di Juda é tigorinn va daoulagad, hag holl gézeg ar boblou a skôinn gañd dalleñtez.

5. Ha duged Juda a lavarô enn hô c'haloun : Ra vézô da ners d'in tûd Jéruzalem é Aotrou ann arméou hô Doué.

6. Enn deiz-zé é likiinn duged Juda ével eur c'héf tân enn eur c'hoad, hag ével eur c'houlaouen er c'hôlô : hag hi a louñkô a zéou hag a gleiz ann holl boblou trô-war-drô : ha Jéruzalem a vézô leûn a dûd c'hoaz enn hé léac'h keñt, é Jéruzalem.

7. Hag ann Aotrou a zieûbô teltou Juda, ével er penn-keñta ; évit na fougéô két ti David gañt rogoni, ha na zavô két tûd Jéruzalem a-énep Juda.

8. Enn deiz-zé ann Aotrou a warézô tûd Jéruzalem, hag ann toc'hora anézhô enn deiz-zé a vézô ével David : ha ti David *a vézô* ével *ti* Doué, ével éal ann Aotrou dirâg hô daoulagad.

9. Hag ével-henn é c'hoarvézô enn deiz-zé : dispenna a rinn ann holl vrôadou a zeûi a-énep Jéruzalem.

10. Ha mé a skiñô war di David, ha war dud Jéruzalem, eur spéred a drugarez hag a béden : hag hi a zellô ouz-in, mé péhini hô dévézô toullet : gwéla a raiñt dourek, ével ma wéleur war eur penn-her : keinvani a raiñt, ével ma keinvaneur war varô eur c'heñta-ganet.

11. Enn deiz-zé é vézô eur c'hañv brâz é Jéruzalem, é doaré kañv Adadremmon é kompézen Mageddon.

12. Hag ar vrô a vézô é kañv : ann tiadou hag ann tiadou enn hô zû : tiadou ti David enn hô zû, hag hô gragez enn hô zû :

13. Tiadou ti Natan enn hô zû, hag hô gragez enn hô zû : tiadou ti Lévi enn hô zû, hag hô gragez enn hô zû : tiadou ti Sémei enn hô zû, hag hô gragez enn hô zû :

14. Ann holl diadou all, ann tiadou hag ann tiadou enn hô zû, hag hô gragez enn hô zû.

—

XIII. PENNAD.

Méser skôet. Dêñved skiñet.

1. Enn deiz-zé é vézô eur feuñteun digor da di David, ha da dûd Jéruzalem, évit gwalc'hi saotr ar péc'her hag ar c'hrég enn hé misiou.

2. Hag ével-henn é c'hoarvézô enn deiz-zé, émé Aotrou ann arméou : Lémel a rinn hanvou ann idolou di-

war

war ann douar, ha na vézô mui a goun anézhô : tenna a rinn eûz ann douar ar fals-broféded, hag ar spéred louz.

3. Hag évei-henn é c'hoarvézô : Mar teû eur ré da ziougani pelloc'h, hé dâd hag hé vamm péré hô deûz hé c'hanet, a lavarô d'ézhañ : Na vévi két : râg gevier éc'h eûz lavaret é hanô ann Aotrou ; hag hé dâd hag hé vamm péré hô deûz hé c'hanet, a doullô anézhañ, pa en dévézô diouganet.

4. Hag évei-henn é c'hoarvézô : Enn deiz-zé hép-hini eûz ar broféded-zé pa ziouganô, a vézô mézékéet gañd hé wélédigez hé-unan : n'en em c'hôlôiñt mui gañt seier reûn évit touella :

5. Hôgen *pép-hini anézhô* a lavarô : N'ounn két eur profed, eul labourer douar ounn : râk skouér Adam em eûz heûliet adalek va iaouañktiz.

6. Hag é vézô lavaret d'ézhañ : Pétrà eo ar gouliou-zé a zô é-kreiz da zaouarn ? Hag héñ a lavarô : Évelsé ounn bét gouliet é tî ar ré a garé ac'hanoun.

7. Dihun, ô klézé, a-énep va meser, hag a-éneb ann dén en em stag ouzin, émé Aotrou ann arméou : skô war ar meser, hag ann déñved a vézô skiñet : hag é tistrôinn va dourn étrézég ar ré vihan.

8. Enn douar holl é vézô, émé ann Aotrou, diou rann, a vézô skiñet, hag a iélô da-gét ; hag eunn drédé rann hag a choumô.

9. Ann drédé rann a gasinn a-dreûz d'ann tân, hag é tevinn anézhô ével ma teveur ann arc'hañt, hag é arnodinn anézhô ével ma arnodeur ann aour. Hî am galvô dré va hanô, ha mé a glevô out-hô. Mé a lavarô : Va fobl oud ; hag hî a lavarô : Ann Aotrou *eo* va Doué.

XIV. PENNAD.

Énébourien Jéruzalem a zeûi da azeûlierien d'ann Aotrou.

1. Chétu é teûi deisieu ann Aotrou, hag é vézô rannet da ziwiskou enn da greiz.

2. Ann holl vrôadou a strollinn évit brézélékaat out Jéruzalem : ar géar a vézô kéméret, ann tiez a vézô preizet, hag ar gragez a vézô gwallet : ann hañter eûz a géar a iélô er-méaz é sklavérez, hag ann dilerc'h eûz ar bobl na vézô két kaset-kuit eûz a géar.

3. Hag ann Aotrou a iélô er-méaz, hag a vrézélékai oud ar brôadou-zé, ével ma en deûz brézélékéet é deiz ann emgann.

4. Hag hé dreid a zavô enn deiz-zé war vénez Olived, a zô râg-énep da Jéruzalem war-zû ar sàv-héol : ménez Olived oc'h en em ranna dré hé greiz, war-zû ar sâv-héol, ha war-zû ar c'hûs-héol, a lézô eunn digor brâz ; hag ann hañter eûz ar ménez en em daolô war-zû ann hañter-nôz, hag ann hañter all war-zû ar c'hrésteiz.

5. Ha c'houi a dec'hô étrézé traoñien ar ménésiou, râk traoñien ar ménésiou a vézô tôst : ha c'houi a dec'hô, ével ma hoc'h eûz tec'het a zirâg ar c'hrén-douar é deisiou Ozias roué Juda : hag ann Aotrou va Doué a zeûi, hag ann holl zeñt gañt-hañ.

6. Hag ével-henn é c'hoarvézô enn deiz-zé : na vézô két a c'houlou, hôgen iénien ha réô.

7. Eunn deiz a vézô, hag a zô anavézet gañd ann Aotrou, ha na vézô na deiz na nôz : ha war ar pardaez é vézô ar goulou.

8. Hag ével-henn é c'hoarvézô enn deiz-zé : Doureier béô a iélô er-méaz eûz a Jéruzalem : ann hañter anézhô *a rédô* war-zû môr ar sâv-héol, hag ann hañter all war-zû môr ar c'hûs-héol : enn hañv hag er goañv é véziñt.

9. Hag ann Aotrou a vézô da roué war ann douar holl : enn deiz-zé ann Aotrou a vézô unan, hag hé hanô a vézô unan.

10. Hag ann holl vrô a zistrôi bétég ann distrô, eûz a grec'hien Remmon bétég ar c'hrésteiz eûz a Jéruzalem : hag hî a vézô gorrôet, hag a choumô enn hé léac'h, eûz a berz Beñjamin bété léac'h ar porz keñta, ha bété porz ar c'hoñou ; hag eûz a dour Hanaméel bété gwaskellou ar roué.

11. Hag hi a choumô enn-hi, ha na vézô mui a argarzidigez : hôgen Jéruzalem a arzaôô gañt kréd.

12. Ha chétu ar gouli a skôi ann Aotrou war ann holl vrôadou, péré hô deûz brézélékéet out Jéruzalem : kik pép-hini anézhô a vézô bévézet hag hi war hô zreid, hô daoulagad a vreinô enn hô zoullou, hag hô zéôd a zizec'hô enn hô génou.

13. Enn deiz-zé é lakai ann Aotrou da zével eur c'héflusk brâz enn hô zouez : ann eil a gémérô dourn égilé, hag ar breûr a lakai hé zourn war zourn hé vreûr.

14. Hôgen Juda a vrézélékai out Jéruzalem : hag é vézô gréat eunn dastum brâz eûz a vadou ann holl vrôadou trô-war-drô, aour, hag arc'hañt, hag eul lôd brâz a zilad.

15. Ha dismañtr ar c'hézek, hag ar muled, hag ar c'hañvaled, hag ann azéned, hag ann holl loéned a vézô er c'hamp, a vézô héñvel oud ann dismañtr-mañ.

16. Ar ré holl péré a vézô choumet eûz ann holl vrôadou a vézô bét savet out Jéruzalem, a biñô bép ploaz évid azeûli ar roué, Aotrou ann arméou, hag évit lida goél ann teltou.

17. Hag ével-henn é c'hoarvézô : Piou-bennâg eûz a diadou ar vrô ha na biñô két da Jéruzalem, évid azeûli ar roué, Aotrou ann arméou, na gouézô két a c'hlaô war-n-ézhañ.

18. Mar bez eunn tiad-bennâg eûz ann Éjipt ha na biñô két, ha na zeûi két di : na gouézô két a c'hlaô war-n-ézhô ; hag hi a vézô skôet gañd ann hévélep dismañtr a gouézô a berz ann Aotrou war ann holl vroadou péré na biñiñt két évit lida goél ann teltou.

19. Hen-nez é vézô *kastiz* péc'hed ann Éjipt, ha *kastiz* péc'hed ann holl vrôadou, péré na véziñt két bét piñet évit lida goél ann teltou.

20. Enn deiz-zé, kémeñd a vézô war wesken ar marc'h a vézô gwéstlet d'ann Aotrou : hag ar c'haoteriou a vézô ker paot é ti ann Aotrou, hag ar c'hôpou dirâg ann aoter.

21. Ann holl gaoteriou é Jéruzalem hag é Juda a vézô gwéstlet da Aotrou ann arméou : ha kémeñd hini a rai sakrifisou, a zeûi, a gémérô anézhô, hag a lakai da boaza enn-hô : ha na vézô mui a varc'hadour é ti Aotrou ann arméou enn deiz-zé.

LEVR MALAC'HIAS.

I. PENNAD.

Rébechou a râ Malac'hias d'ar bobl a Israel.

1. Béac'h gér ann Aotrou da Israel dré zourn Malac'hias.

2. Hô karet em eûz, émé ann Aotrou, hag hoc'h eûz lavaret : É pétrâ ec'h eûz-té hor c'haret ? Ésau hag héñ né oa két breûr da Jakob, émé ann Aotrou ? ha koulskoudé em eûz karet Jakob,

3. Hag em eûz kaséet Ésau, hag em eûz lékéat hé vénésiou da eunn distrô, ha *róet* hé zigwéz da érévent ann distrô.

4. Ma lavar ann Iduméa : Dismañtret omb bét, bôgen nî a zistrôi hag a assavô ar péz a zô bét dismañtret : ével-henn é lavar Aotrou ann arméou : Hî a zavô, ha mé a ziskarô ; hag hî a vézô galvet harzou ar fallagriez, hag ar bobl out péhini eo buanékéet ann Aotrou da-vikenn.

5. Hag hô taoulagad a wélô, hag é léverrot : Ra vézô meûlet ann Aotrou war harzou Israel.

6. Ar mâb a énor hé dâd, hag ar mével *a zouj* hé vestr : mar d-ounn éta tâd, péléac'h éma va énor ? ha mar d-ounn mestr, péléac'h éma va douj ? émé Aotrou ann arméou, d'éhoc'h-hu, béleien, péré a zispriz va hanô, hag a lavar : É pétrâ hon eûzni disprizet da hanô ?

7. Kenniga a rit war va aoter bara saotret, hag é livirit : É pétrâ hon eûz-ni da zaotret ? Enn abek ma hoc'h eûz lavaret : Disprizet eo taol ann Aotrou.

8. Mar kennigit *eul loen* dall évit béza lazet, ha né két eunn drouk ? mar kennigit *eul loen* gamm pé glañv, ha né két eunn drouk ? Kennig-héñ d'as dûg, évit gwélout, ma hétô d'ézhañ, ha ma vézi digéméret mâd gañthañ, émé Aotrou ann arméou.

9. Pédit éta bremañ, dirâg ann Aotrou, m'en dévézô truez ouz-hoc'h (râg gañd hô tourn eo bét gréat kémeñt-sé), ha m'hô tigémérô mâd, émé Aotrou ann arméou.

10. Piou ac'hanoc'h a zerr ann ôriou, hag a c'houéz ann tân war va aoter évit nétrâ ? N'éma két va ioul enn-hoc'h, émé Aotrou ann arméou : ha na zigémérinn két a c'hôbr eûz hô taouarn.

11. Râg adaleg ar sâv-héol bétég ar c'hûs-héol, eo brâz va hanô é-touez ar brôadou : hag é pép léac'h é réeur sakrifisou d'in, hag é kennigeur d'am hanô eur c'hennig glân : ô véza ma eo brâz va hanô é-touez ar brôadou, émé Aotrou ann arméou.

12. Hôgen c'houi hoc'h eûz hé zaotret, pa livirit : Taol ann Aotrou a zô saotret ; hag ar péz a lékéeur war-n-ézhi a zô disprizuz, gañd ann tân a zev anézhañ.

13. Hag é livirit : Chétu eûz hol labour, hag é c'houézit war-n-ézhañ, émé Aotrou ann arméou ; hag hoc'h

eûz digaset eûz hô preiz eul loen gamm pé glañv, hag hoc'h eûz hé c'henniget é gôbr : hag hé digémérout a rinn-mé eûz hô tourn, émé ann Aotrou?

14. Milliget ra vézô ann dén touelluz, péhini en deûz enn hé dropel eul loen gré, ha pa ra eur gwéstl, a lâz unan glañv d'ann Aotrou : râg eur roué brâz ounn, émé Aotrou ann arméou, ha va hanô a zô doujuz é-touez ar brôadou.

II. PENNAD.

Gourdrouzou a-éneb ar véleien. Kevrédigez ar briédélez didorruz.

1. Ha brémañ d'é-hoc'h ar gourc'hémenn-mañ, ô béleien.

2. Ma na fell két d'é-hoc'h sélaoui, ha ma na fell két d'é-hoc'h poelladi hô kaloun, évit rei gloar d'am hanô, émé Aotrou ann arméou ; é kasinn ann diénez enn hô touez, hag é villiginn hô pennosiou ; hag é villiginn anézhô, ô véza n'hoc'h eûz két poelladet hô kaloun.

3. Chétu mé a daolô d'é-hoc'h ar skoaz, hag é fennion war hô tremm teil hô lidou ; hag héñ en em stagô ouz-hoc'h.

4. Ha c'houi a wézô pénaoz eo mé em eûz kaset d'é-hoc'h ar gourc'hémenn-mañ, évit ma vijé va c'hévrédigez gañt Lévi, émé Aotrou ann arméou.

5. Gréat em eûz gañt-hañ eur gévrédigez a vuez hag a béoc'h : hag em eûz rôet d'ézhañ ann douj, hag héñ en deûz va doujet, hag a gréné dirâk va hanô.

6. Lézen ar wirionez a zô bét enn hé c'hénou, hag ar fallagriez né két bét kavet war hé vuzellou : er péoc'h hag enn eunnder en deûz baléet gan-éñ, ha meûr a hini en deûz distrôet eûz ar fallagriez.

7. Râk muzellou ar bélek a virô ar wiziégez, hag enn hé c'hénou é vézô klasket al lézen ; ô véza ma eo éal Aotrou ann arméou.

8. Hôgen c'houi a zô distrôet diwar ann heñt, hag oc'h bét da wall-skouér da veûr a hini diwar-benn al lézen : kaset hoc'h eûz da-gét kévrédigez Lévi, émé Aotrou ann arméou.

9. Râk-sé em eûz hô lékéat da véza displed ha disléber dirâg ann holl bobl ou, ô véza n'hoc'h eûz két miret va heñchou, ha n'oc'h két bét diazaouez el lézen.

10. Ha n'hon eûz-ni két holl eunn hévélep tâd? ha né két eunn hévélep Doué en deûz hor c'hrouet? Pérâg éta pép-hini ac'hanomp a zispriz hé vreûr, ô terri kévrédigez hon tadou?

11. Juda en deûz torret al lézen, hag ann argarzidigez a zô bét c'hoarvézet é Israel hag é Jéruzalem : ô véza ma en deûz Juda saotret ar bobl gwéstlet d'ann Aotrou, hag a garé *kemeñt*, ô kémérout da c'hrég merc'h eunn doué a-ziavéaz.

12. Ann Aotrou a gollô ann dén en dévézô gréat kémeñt-sé, ar mestr pé ann diskibl eûz a deltou Jakob, hag ann hini a gennigô rôou da Aotrou ann arméou.

13. Ha c'hoaz hoc'h eûz gréat ann dra-mañ : gôlôet hoc'h eûz aoter ann Aotrou a zaérou, a geinvan, hag a c'harm ; enn hévélep doaré na zellinn mui oud hô sakrifisou, ha na zigémérinn két évid en em habaskaat ar péz a zeûi eûz hô taouarn.

14. Ha c'houi hoc'h eûz lavaret : Dré bé abek? enn abek ma eo bét tést ann Aotrou étré té ha grég da iaouañktik, éc'h eûz disprizet : hag hi a oa da gréven d'id, ha grég da gévrédigez.

15. Ha né két eunn hévéleb hini en deûz *hô* kréat, ha n'*oc'h-hu* két dilerc'h hé c'houéz? Ha pétrâ a glaskhéñ, néméd hâd Doué? Mirid éta hô spéred, ha na zisprizit két grég hô iaouañktiz.

16. Pa gasai anézhi, kâs-hi kuit, émé ann Aotrou, Doué Israel : hôgen ar fallagriez a c'hôlôi hé wisk, émé Aotrou ann arméou : mirit hô spéred, ha na zisprizit két.

17. Héget hoc'h eûz ann Aotrou gañd hô komsiou : ha c'houi hoc'h eûz lavaret : Kémeñd hini a râ droug, a zô mâd dirâg ann Aotrou ; hag hi a

zô héluz d'ézhañ évcl-sé : anéz, péléac'h éma Doué ar varn ?

—

III. PENNAD.

Donédigez diaraoger ar Messias, hag ar Messias hé-unan.

1. Chétu mé a gâs va éal, péhini a aozô ann heñt diràk va dremm. Ha râk-tâl é teûi enn hé dempl ann tre-c'her a glaskit, hag éal ar gévrédigez a vennit. Chétu é teû, émé Aotrou ann arméou.

2. Hôgen piou a hellô menna é deiz hé zonédigez, ha piou a chounnô enn hé zâ évid hé wélout ? Râg héñ *a vézô* ével tân ann teûzer, hag ével louzaouenn-ar-c'homm.

3. Hag héñ a azézô ével ann hini a deûz hag a c'hlân ann arc'hañt : glana a rai bugalé Lévi, hag hô lakai da véza skléar ével ann aour hag ann arc'hañt ; hag hi a gennigo sakrifisou d'ann Aotrou er reizded.

4. Ha sakrifiz Juda ha Jéruzalem a vézô hétuz d'ann Aotrou, ével enn deisiou keñt, hag ével er bloavésiou kôz.

5. Ha mé a dôstai ouz-hoc'h é barn, hag a hastô da véza tést a-éneb ann drubarded, hag ann avoultrerien, hag ar ré a dorr hô lé ; a-éneb ar ré a zinac'h gôbr ar gôpraer, a-éneb ar ré a vâc'h ann iñtañvézed, ann emzivaded, hag ann diavésidi, ha na zoujoñt két ac'hanoun, émé Aotrou ann arméou.

6. Râk mé eo ann Aotrou, ha na drôann két : ha c'houi, bugalé Jakob, n'oc'h két bét bévézet.

7. Adalek deisiou hô tadou oc'h pelléet eûz va lézennou, ha n'hoc'h eûz két hô miret. Distrôit ouz-in, ha mé a zistrôi ouz-hoc'h, émé Aotrou ann arméou. Hôgen c'houi a lavar : É pétrâ é tistrôimp-ni ?

8. Mar teû eunn dén da héga Doué, pérâg é hégit-hu ac'hanoun ? Ha c'houi a lavar : É pétrâ é hégomp-ni ac'hanod ? Enn déogou hag er préveûdiou.

9. Milliget oc'h enn diénez, ô véza ma hoc'h eûz holl va héget.

10. Digasit ann holl zéogou em solièrou, évit ma vézô boéd em zi, ha va arnodit war gémeñt-sé, émé ann Aotrou, ma na zigorinn két d'é-hoc'h paliou ann éñv, ha ma na skuljinn két va bennoz war-n-hoc'h gañt founder.

11. Gourdrouza a rinn ann *amprévaned* kriñuz, ha na vévézinn két frouez hô touar : na vézô két difrouez ar winien enn hô mésiou, émé Aotrou ann arméou.

12. Hag ann holl vrôadou hô kalvô tûd gwenvidik : râg hô touar a vézô eunn douar dudiuz, émé Aotrou ann arméou.

13. Paotta a râ hô kerion em énep, émé ann Aotrou.

14. Ha c'houi a lavar : Pétrâ hon eûz-hi lavaret enn da énep ? Lavaret hoc'h eûz : Didalvoudégez eo servicha Doué : péléac'h éma hor gounid évit béza miret hé c'hourc'hémennou, hag évit béza baléet gañd doan dirâg Aotrou ann arméou ?

15. Bréma éta na c'halvimp gwenvidik néméd ar ré rôk : râg hi a zô savet oc'h ôber fallagriez : templet hô deûz Doué, hag hi a zô bét gwarézet.

16. Neûzé ar ré a zouj ann Aotrou hô deûz komzet ann eil oud égilé : hag ann Aotrou en deûz lékéat évez, hag en deûz sélaouet : hag héñ en deûz skrivet eul levr da éñvor dira-z-hañ, é gounid ar ré a zouj ann Aotrou, hag a venn enn hé hanô.

17. Hag hi a vézô d'in da duoni, émé Aotrou ann arméou, enn deiz a rinn : ha mé hô zrugarézô, ével ma trugarez eunn dén hé vâb a zervich anézhañ.

18. Hag é tistrôot, hag é wélot pétrâ a zô étré ann dén-reiz hag ann dén-direiz, hag étré ann hini a zervich Doué, hag ann hini n'hé zervich két.

—

IV. PENNAD.

Donédigez Élias abarz deiz ann Aotrou.

1. Râk chétu é teûi eunn deiz hag a loskô ével eur fourn : hag ann holl

ré valc'h, hag ann holl ré fallagr a
vézô *ével* kôlô : hag ann deiz-zé da
zoñt a lôskô anézhô, émé Aotrou ann
arméou, hép lézel gañt-hô na gwenn,
na grisien.
2. Hôgen ann héol a reizded a zavô
évid-hoc'h, c'houi péré a zouj va hanô,
hag ar zilvidigez *a géfot* dindân hé
ziou-askel : ha c'houi a zeûi er-méaz,
hag a zalô ével leûé eunn tropel.
3. Ha c'houi a vac'hô ar ré fallagr,
pa véziñt deûet da ludu dindân ka-
loun hô treid, enn deiz a rinn, émé
Aotrou ann arméou.
4. Hô pézet koun eûz a lézen Moi-
zes va zervicher, em eûz gourc'hé-
mennet d'ézhañ é Horeb, évit kâs da
Israel holl va c'hélennou ha va bar-
nédigézou.
5. Chétu mé a gasô d'é-hoc'h Élias
ar profed, abarz ma teûi deiz brâz
hag eûzuz ann Aotrou.
6. Hag héñ a drôi kaloun ann ta-
dou oud hô bugalé, ha kaloun ar
vugalé oud hô zadou ; gañd aoun na
zeûfenn, ha na skôfenn ann douar a
valloz.

LEVR KENTA

AR VAKABÉED.

I. PENNAD.

Aleksañdr a rann hé rouañtélez étré duged hé armé, hag a varv.

1. Goudé ma oé Aleksañdr, mâb Filip roué Masédonia, péhini a rénaz da geñta ar C'hrésia, *goudé ma oé* deûet er-méaz eûz a vrô Sétim, ha m'en doé trec'het Darius roué ar Bersied hag ar Védied :

2. É rôaz kalz emgannou, é kéméraz keriou-kré ann holl vrôadou, hag é lazaz rouéed ar vrô :

3. Treûzi a réaz bété penn ar béd ; kéméroud a réaz diwiskou eul lôd brâz a vrôadou : hag ann douar a davaz dira-z-hañ.

4. Hag héñ a strollaz kalz brézélidi, hag eunn armé gré meûrbéd : hé galoun a c'houézaz hag a stambouc'haz.

5. Hag héñ a géméraz ar brôadou hag ar rouéed ; hag hô rédiaz da baéa gwiriou.

6. Ha goudé-zé é kouézaz klañv enn hé wélé, hag éc'h anavézaz pénaoz é oa daré da vervel.

7. Hag héñ a c'halvaz hé zuged, péré a oa bét maget gañt-hañ adaleg hé iaouañktiz : hag é rannaz gañt-hô hé rouañtélez pa oa béô c'hoaz.

8. Hag Aleksañdr a rénaz a-zoug daouzék vloaz, hag a varvaz.

9. Hag hé zuged a zeûaz da rouéed, pép-hini enn hé léac'h hé-unan.

10. Pép-hini anézhô a géméraz ar gurunen goudé hé varô, hag hô mipien hô-goudé a-zoug meûr a vloaz : hag ann drougou a baottaz war ann douar.

11. Eûz ar ré-zé é teûaz ar c'hrisien a béc'hed, Antiokus ar brudet-brâz, mâb ar roué Antiokus, péhini a oa bét kaset é gwéstl da Rom : hag héñ a rénaz, er seitékved bloaz ha c'houec'h ugeñt eûz a rén ar C'hrésied.

12. Enn deisiou-zé éz éaz er-méaz eûz a Israel mipien fallagr, péré a aliaz eul lôd brâz, ô lavarout : Déomp, ha gréomp kévrédigez gañd ar brôadou a zô enn-drô d'é-omp ; râg abaoé ma omp pelléet diout-hô, eo bét kouézet war-n-omp kalz drougou.

13. Al lavar-zé a oé kavet mâd dira-z-hô.

14. Hag hiniennou eûz ar bobl a oé dileûret évit moñd da gavout ar roué : hag héñ a rôaz d'ézhô ar galloud da véva hervez reiz ar brôadou.

15. Hag hi a zavaz eunn ti-skôl é Jéruzalem hervez lézennou ar brôadou :

16. Hag hi a aozaz hô fôd-mézen, hag a bellaaz diouc'h ar gévrédigez zañtel, hag en em-unanaz gañd ar brôadou, hag en em werzaz évid ôber ann drouk.

17. Ar rouañtélez a zeûaz da Antiokus, hag héñ a zéraouaz ivé réna é

brô ann Éjipt, évit ma réncbé war ziou rouañtélez.

18. Hag héñ a iéaz enn Éjipt gañd eunn armé vrâz, gañt kirri, gañd olifañted, gañt marc'heien, hag eul lôd brâz a listri.

19. Hag héñ a vrézélékaaz out Ptoléméus roué ann Éjipt, ha Ptoléméus en doé aoun ra-z-hañ hag a dec'haz, hag é oé lazet d'*ézhañ* kalz a dûd.

20. Hag héñ a géméraz ar c'heriou kré eûz a vrô ann Éjipt : hag é skrapaz dibourc'hou brô ann Éjipt.

21. Hag Antiokus goudé m'en doé skôet gañd ann Éjipt enn trédé bloaz ha seiz-ugeñt, é tistrôaz ; hag é piñaz oud Israel.

22. Hag héñ a biñaz étrézé Jéruzalem gañd eunn armé vrâz.

23. Hag héñ a iéaz gañt balc'hder er sañtuar ; hag é kéméraz ann aoter aour, ha kañtoler ar goulou, hag ann holl listri, ha taol ar barn-kennig, hag ar pilligou, hag ar c'hôpou, hag ann ézañsouérou aour, hag ar wél, hag ar c'hurunennou, hag ar vraveñtez aour, a oa dirâg ann templ : hag héñ hô brévaz holl.

24. Hag héñ a géméraz ann arc'hañt, hag ann aour, hag al listri kaer, hag ann tenzoriou kuzet a gavaz : ha goudé m'en doé hô skrapet holl, é tistrôaz d'hé vrô.

25. Hag héñ a réaz eul lazérez brâz a dûd, hag a gomzaz gañd eur balc'hder brâz.

26. Neûzé é oé eur c'hañv brâz étouez pobl Israel, hag enn hô holl vrô.

27. Ar briñsed hag ann bénaoured a geinvanaz : ar plac'hed-iaouañk hag ar baotred-iaouañk a oé gwéñvet : ha géned ar merc'hed a oé trôet.

28. Ann holl ézec'h en em lékéaz da wéla, hag ar c'hragez a zélaoué war hô gwélé-eûreûd.

29. Ann douar a oé strafilet gañd doan ann dûd a oa war-n-ézhañ, hag holl dî Jakob a oé gôlôet a véz.

30. Ha da benn daou vloaz, ar roué a gasaz priñs ar gwiriou é keriou Juda ; hag héñ a zeûaz da Jéruzalem gañd eul lôd brâz a dûd.

31. Hag héñ a lavaraz d'ézhô geriou a béoc'h évid hô zouella : hag hi a grédaz d'ézhañ.

32. Hôgen héñ en em daolaz enneunn-taol war géar, hag a wastaz meûrbéd anézhi ; hag é lazaz eul lôd brâz eûz a bobl Israel.

33. Dibourc'hou kéar a géméraz : lakaad a réaz ann tân enn-hi, hag é tiskaraz hé ziez, hag hé muriou trôwar-drô.

34. Ar c'hragez a gaschoñt é sklavérez ; hag é skrapchoñt hô bugalé hag hô loéned.

35. Hag hi a zavaz enn-drô da géar David eur vur brâz ha kré, ha tourioù stard, hag é réjoñt anézhi eur c'hré évit-hô :

36. Hag é lékéjoñt énô eur wenn a béc'hed, tûd fallagr, hag en em startjoñt enn-hi : hag é lékéjoñt énô hô armou hag hô boéd, hag é tastumchoñt ivé énô dibourc'hou Jéruzalem.

37. Hag hi a choumaz énô, hag a zeûaz da eul lindag brâz.

38. Spiou a aozeñt d'ar ré a zeûé d'en em zañtéla, ha da wall ziaoul Israel é teûjoñt.

39. Skuja a réjoñt ar goad dinam enn-drô d'ar sañtuar, hag é saotrchoñt ar sañtuar.

40. Tûd Jéruzalem a dec'haz enn abek d'ézhô, hag hi a zeûaz da choumadur d'ann diavésidi, ha diavésiadez évid hé gwenn ; hag hé bugalé hé dilézaz.

41. Hé sañtuar a oé dismañtret ével eunn distrô, hé goéliou a oé trôet é kañv, hé deisiou sabbat é mézégez, hag hé énoriou é nétrâ.

42. Hé mézégez a oé kévatal d'hé gloar ; hag hé uc'helder a oé trôet é kañv.

43. Neûzé ar roué Antiokus a skrivaz d'hé rouañtélez holl, évit ma vijé unvan ann holl bobl, ha ma tilézché pép-hini hé lézen hé-unan.

44. Hag ann holl vrôadou a rôaz hô grâd da c'hourc'hémenn ar roué Antiokus.

45. Kalz eûz ann Israélited a blégaz d'hé sklavérez : sakrifisou a réjoñt d'ann idolou, hag é saotrchoñt ar sabbat.

46. Hag ar roué a gasaz lizéri dré

zourn kannaded da Jéruzalem, ha da holl geriou Juda, évit ma beûlcheñt lézennou bróadou ann douar;

47. Évit na gennigcheñt mui na sakrifisou-losk, nag hostivou, na boéd-kennig é templ Doué;

48. Ha na lidchcñt mui ar sabbat, nag ann deisiou goel.

49. Hag héñ a c'hourc'hémennaz ma vijé saotret ar sañtuar, hag ar bobl sañtel a Israel.

50. Gourc'hémenni a réaz ma vijé savet aoteriou, ha templou, hag idolou, ha ma vijé kenniget é sakrifiz kik môc'h, ha loéned dic'hlan *all;*

51. Ma vijé lézet ar baotred dienwad, ha ma vijé saotret hô énéou gañt kémeñt *boéd* dic'hlan, hag ann holl argarzidigézou, enn hévélep doaré ma añkounac'hajeñt lézen Doué, ha ma torrcheñt hé holl gémennou;

52. Ha pénaoz piou-bennâg na zeñtché két out gourc'hémenn ar roué Antiokus, a varvché.

53. Enn doaré-zé é skrivaz d'hé rouañtélez holl: hag é lékéaz prinsed, évit rédia ar bobl da zeñti out kémeñt-sé.

54. Hag ar ré-mañ a c'hourc'hémennaz da geriou Juda ôber sakrifisou *d'ann idolou.*

55. Ha kalz eûz ar bobl en em strollaz étrézég ar ré hô doa dilézet lézen ann Aotrou: hag hi a réaz kalz a zrougou er vrô:

56. Hag hi a lékéaz pobl Israel da dec'hout war-zû lec'hiou distrô, ha da guza el lec'hiou ar ré guzéta.

57. Er pemzékved deiz eûz a viz kaslen, er pempved bloaz ha seiz-ugeñt, ar roué Antiokus a zavaz idol argarzuz ann dismañtr war aoter Doué, hag é holl geriou Juda trô-war-drô é oé savet aoteriou.

58. Hag é-tâl dôriou ann tiez, hag é-kreiz ar ruou é teveñt ézañs, hag é réañt sakrifisou.

59. Teûrel a réjoñt enn tân levriou lézen Doué, goudé m'hô doé hô roget.

60. Ha piou-bennâg é tî péhini é oa kavet levriou kévrédigez ann Aotrou, ha piou-bennâg a viré lézen ann Aotrou, a oa lazet gañt-hô hervez kémenn ar roué.

61. Enn doaré-zé éc'h aozeñt ar ré eûz a bobl Israel, péré a oa kavet *strollet* pép miz er c'heriou.

62. Hag ar pempved war-n-ugeñt eûz ar miz é réañt sakrifisou war ann aoter a ioa râg-énep da aoter *Doué.*

63. Ar gragez hô doa enwadet hô mipien, a oa lazet hervez kémenn ar roué Antiokus.

64. Hag hi a grougé ar vugalé out gouzoug *hô mammou,* enn hô holl diez, hag a lazé ar ré hô doa hô enwadet.

65. Ha kalz eûz a bobl Israel a lékéaz enn hô fenn na zebrcheñt két traou dic'hlan; hag é oé gwell gañt-hô mervel, égéd en em zaotra gañt boéd dic'hlan.

66. Ha na fellaz két d'ézhô terri lézen sañtel Doué, hag é oeñt lazet.

67. Hag eur vuanégez wrâz a gouézaz neûzé war ar bobl.

—

II. PENNAD.

Matatias a zinac'h ôber sakrifisou d'ann idolou.

1. Enn deisiou-zé Matatias mâb Iann, mâb Siméon, bélek eûz a vugalé Joarib, a iéaz er-méaz eûz a Jéruzalem, hag en em dennaz war vénez Modin.

2. Pemp mab en doa, Iann, les-hanvet Gaddis:

3. Ha Siméon, les-hanvet Thasi:

4. Ha Judas, hanvet Makabéad:

5. Hag Éléazar, les-hanvet Abaron: ha Jonatas, les-hanvet Apfus.

6. Ar ré-mañ a wélaz ann drougou a oa gréat é-touez pobl Juda, hag é Jéruzalem.

7. Ha Matatias a lavaraz: Gwâ mé; ha ganet ounn-mé évit gwélout mañtr va fobl, ha dismañtr ar géar zañtel, hag évit choum amañ é péoc'h, pa eo rôet étré daouarn hé énébourien?

8. Hé sañtuar a zô étré daouarn ann diavésidi: hé dempl *a zô* ével eunn dén disléber.

9. Listri hé gloar a zô bét kaset *ével* er sklavérez: hé zûd-kôz a zô

bét lazet el leûriou-kéar, hag bé zûd-
iaouañk a zô kouézet dindan klézé hô
énébourien.
10. Pé vrôad n'é deûz két bét hé
rouañtélez é digwéz, ha n'é deûz két
bét lôd eûz hé dibourc'hou ?
11. Hé holl gaerded a zô lamet di-
gañt-hi. Ann hini a oa frañk, a zô
deûet da sklâv.
12. Ha chétu kémeñd hor boa a
zañtel, hag a gaer, hag a skédnz a zô
bét mañtret; saotret eo bét gañd ar
brôadou.
13. Pérâg éta é vévomp-ni c'hoaz ?
14. Neûzé Matatias hag hé vipien a
rogaz hô dilad : saéou-reûn a wisk-
choñt, hag é ouéjoñt eur c'hañv brâz.
15. Ar ré a oa kaset gañd ar roué
Antiokus a zeûaz di, évit rédia ar ré
a oa tec'het é kéar Modin, da ôber
sakrifisou, da zevi ézañs, ha da zilézel
lézen Doué.
16. Kalz eûz a bobl Israel a aotréaz
da gémeñt-sé, hag a iéaz d'hô c'ha-
vout : hôgen Matatias hag hé vipien a
choumaz stard.
17. Ar ré a oa bét kaset gañd An-
tiokus a lavaraz da Vatatias : Té eo ar
c'heñta, hag ar brasa, hag ar brudéta
eûz ar géar-mañ, kerkoulz ha da vi-
pien ha da vreûdeûr.
18. Béz éta ar c'heñta ô señti out
gourc'hémenn ar roué, ével ma hô
deûz gréat ann holl vrôadou, tûd
Juda, hag ar ré a zô choumet é Jéru-
zalem : hag é vézi, té ha da vipien é-
touez miñouned ar roué, ha karget a
aour hag a arc'hañt, hag a rôou brâz.
19. Matatias a respouñtaz, hag a la-
varaz gañd eur vouéz gré : Ha pa
zeñtché ann holl vrôadou oud ar roué
Antiokus, hag é teûjé holl dud *Israel*
da zilézel lézen hô zadou évit pléga
d'hé gémennou :
20. Mé, ha va mipien, ha va breû-
deûr, a zeñtô out lézen hon tadou.
21. Ra vézô trugarézuz Doué enn
hor c'heñver : né vé két talvouduz
d'é-omp dilézel lézen Doué hag hé
varnédigézou.
22. Na zeñtimp két out geriou ar
roué Antiokus ; n'az aimp két dré
eunn heñt all, évid ôber sakrifisou, ô
terri kémennou hol lézen.
23. Ével ma ébané da gomza enn
doaré-zé, é tôstaaz eur Iuzéô évid
ôber eur sakrifiz d'ann idolou dirâg
ann holl, war ann aoter a oa bét savet
é kéar Modin, hervez gourc'hémenn
ar roué.
24. Matatias her gwélaz, hag a oé
glac'haret-brâz : hé zigroazel a oé
strafilet ; sével a réaz eur frouden
vrâz enn-hañ hervez barnédigez al
lézen, hag ô sala war-n-ézhañ, hel
lazaz war ann aoter.
25. Laza a réaz ivé râk-tâl ann dén
en doa kaset ar roué Antiokus, évit
rédia da ôber sakrifisou ; hag é tiska-
raz ann aoter,
26. Gañd ann oaz en doa évid al
lézen, ével ma réaz Finées é-kéñver
Zamri mâb Salomi.
27. Ha Matatias a c'harmaz gañd
eur vouéz gré dré géar, ô lavarout :
Piou-bennâg en deûz oaz évit al lé-
zen, hag a zô stard er gévrédigez, ra
zeûi war va lerc'h.
28. Hag héñ a dec'haz gañd hé vi-
pien war ar ménésiou ; hag é tiléz-
choñt kémeñd hô doa é kéar.
29. Neûzé meûr a hini péré a glaské
ar varnédigez hag ar reizded, a zis-
kennaz d'ann distrô.
30. Hag é choumchoñt énô, hi, hag
hô mipien, hag hô gragez, hag hô
loéned ; ô véza ma oa dic'hlannet ann
drougou war-n-ézhô.
31. Rôet é oé da anaout da dûd ar
roué, ha d'hé armé péhini a oa é Jé-
ruzalem é kéar David, pénaoz é oa en
em dennet eur ré-bennâg el lec'hiou
ar ré guzéta eûz ann distrô, goudé
béza disprizet kémennou ar roué, ha
pénaoz é oa éat eul lôd brâz a dûd
war hô lerc'h.
32. Râk-tâl é kerzchoñt étrézég
enn-hô, hag é stourmchoñt out-hô é
deiz ar sabbat.
33. Hag é léverchoñt d'ézhô : Ha
c'hoaz é énébot ? Deûit er-méaz, ha
señtit out gourc'hémenn ar roué An-
tiokus, hag é vévot.
34. Hag hi a lavaraz : N'az aimp
két er-méaz, ha na zeñtimp két out
gourc'hémenn ar roué, évid doñt da
zaotra deiz ar sabbat.
35. Ar ré-zé éta a stourmaz out-hô.

36. Hag hi na respouñtaz két out-hô ; na daolchoñt két enr méan out-hô, ha na stañkchoñt két al lec'hiou é péré é oañt en em guzet,

37. O lavarout : Marvomp holl enn hon reizded : hag ann éñv hag ann douar a vézô da déstou pénaoz é tispennit ac'hanomp enn eunn doaré direiz.

38. Hag ar ré-zé a stourmaz out-hô é deiz ar sabbat : hag é oeñt lazet hi, hag hô gragez, hag hô mipien, hag hô loéned : bété mil dén a varvaz énô.

39. Malatias hag hé viñouned a glevaz méneg eûz a géméñt-sé, hag hi a réaz eur c'hañv brâz diwar hô fenn.

40. Hag é léverchoñt ann eil d'é-gilé : Mar gréomp holl ével ma hô deûz gréat hor breûdeûr, ha ma na stourmomp két oud ar brôadou évid hor buez hag hol lézen, abarz némeûr é tispennint ac'hanomp diwar ann douar.

41. Hag hi a géméraz ar ratoz-mañ enn deiz-zé, ô lavarout : Piou-bennâg a zeûi da stourmi ouz-omp é deiz ar sabbat, stourmomp out-hañ : ha na varvimp két holl, ével ma eo marô hor breûdeûr el lec'hiou kuzet.

42. Neûzé ann Assidéed, tûd eûz ar ré galounéka eûz a Israel, hag ar ré a oa stâg a galoun oud al lézen, en em strollaz enn-drô d'ézhô :

43. Hag ar ré holl péré a dec'hé diouc'h ann drougou, en em unanaz gañt-hô, hag a rôaz ken-nerz d'ézhô.

44. Hag hi ô véza savet eunn armé, en em daolaz war ar wallerien enn hô buanégez, ha war ar ré fallagr enn hô frouden : hag ar ré all a dec'haz étrézég ar brôadou, évit en em zieûbi.

45. Ha Malatias a iéaz trô-war-drô gañd hé viñouned, hag é tiskarchoñt ann aoleriou.

46. Hag hi a lazaz ann holl baotred dienwad a gavchoñt é brô Israel : hag hi en em grévaaz.

47. War-lerc'h mipien ar balc'hder éz éjoñt ; hag é teûjoñt a-benn eûz a bép trâ.

48. Dieûbi a réjoñt al lézen eûz a zaouarn ar brôadou, hag eûz a zaouarn ar rouéed : ha na rôjoñt két a c'halloud d'ar péc'her.

49. Deiz marô Malatias a dôstaaz, hag héñ a lavaraz d'hé vipien : Startéet eo bréma ar balc'hder ; chétu eunn amzer a gélen, a zismañtr, a vuanégez, hag a frouden.

50. Brémañ éta, va mipien, hô pézet oaz évid al lézen, ha rôit hô puez évit kévrédigez hô tadou.

51. Hô pézet koun eûz a ôberiou hô tadou, pép-hini enn hé amzer : hag é teûi d'é-hoc'h eur c'hloar vrâz, hag eunn hanô peûr-baduz.

52. Abraham hag héñ né két bét kavet féal enn arnod ; ha né két bét nivéret kéméñt-sé d'ézhañ évit reizded ?

53. Jozef é amzer hé añken en deûz miret ar gourc'hémennou, hag héñ a zô bét lékéat da aotrou war ann Éjipt.

54. Finées hon tâd, évid ann oaz brâz *en doa* évit *lezen* Doué, en deûz bét ar gévrédigez eûz a eur vélégiez peûr-baduz.

55. Jozué ô véza sévénet ar gér gañt-hañ, a zô deûet da zûg war Israel.

56. Kaleb, ô rei testéni dirâk strollad *ar bobl,* en deûz bét eunn digwéz.

57. David gañd hé guñvélez, en deûz diazézet hé rouañtélez da-vikenn.

58. Élias, évid ann oaz brâz *en doa* évid al lézen, a zô bét digéméret enn éñv.

59. Ananias, hag Azarias, ha Misael ô krédi *stard,* a zô bét dieûbet eûz ar flammou.

60. Daniel évid hé eeunder, a zô bét dieûbet eûz a c'héôl al léoned.

61. Ével-sé mennit *er péz a zô c'hoarvézet* a wenn é gwenn, pénaoz kémeñd hini a laka hé c'héd enn-hañ, na choumô két diners.

62. N'hô pézet két a aoun râg gerioù ar péc'her ; râg hé c'hloar n'eo némét teil ha prêñved.

63. Sével a rai birió, ha war-c'hoaz na vézô két kavet : râk distrôet é vézô enn hé zouar ; hag hé vénosiou a vézô éat-da-gét.

64. Hôgen c'houi, va mipien, en em grévait, ha difennit al lézen enn

eunn doaré kalounek ; râg enn-hi eo é kéfot ar c'hloar.

65. Chétu amañ hô preûr Simon : mé a oar pénaoz eo eunn dén a guzul : sélaouit-héñ bépréd, hag héñ a vézô d'é-hoc'h da dâd.

66. Juda Makabéad a zô bét kré ha galounek adaleg hé iaouañktiz : ra vézô d'é-hoc'h da briñs ann armé, hag héñ a gasô hô pobl d'ar brézel.

67. Digasit étrézég enn-hoc'h holl virerien al lézen : ha veñjit hô pobl *eûz hé énébourien*.

68. Grid d'ar brôadou ével ma hô deûz gréat d'é-hoc'h, ha likid évez out kémennou al lézen.

69. Hag héñ a vennigaz anézhô ; hag é oé lékéat gañd hé dadou.

70. Hag héñ a varvaz er c'houec'h-ved bloaz ha seiz-ugeñt : hag é oé bésiet gañd hé vipien é béz hé dadou é Modin ; hag Israel holl a réaz d'ézhañ eur c'hañv brâz.

III. PENNAD.

Judas Makabéad a zeû da briñs war bobl Israel é léac'h hé dâd.

1. Neûzé Judas hé vâb, péhini a oa hanvet Makabéad, a zavaz enn hé léac'h.

2. Skoazellet é oa gañd hé vreûdeûr holl, ha gañd ar ré holl a oa en em unanet gañd hé dâd ; hag hi en em ganné gañt lévénez évid Israel.

3. Kreski a réaz gloar hé bobl : ann harnez a wiskaz ével eul lañgouinek : en em c'hôlei a réa gañd hé armou enn emgann ; ha gañd hé glézé é warézé ar c'hamp.

4. Héñvel é oa oud eul léon enn hé ôberiou, hag oud eul léonik a iûd war hé breiz.

5. Moñd a réaz war-lerc'h ar ré fallagr, oc'h hô enklask *é pép léac'h* : ha gañd ann tân é loskaz ar ré a heskiné hé bobl.

6. Hé énébourien a dec'haz gañd aoun ra-z-hañ, hag ar ré fallagr a oé holl strafilet : hag eûz hé vréac'h é savaz ar zilvidigez.

7. Hé ôberiou a heskinaz kalz rouéed, hag a laouénaaz Jakob : hag ann éñvor anézhañ a vézô benniget da-vikenn.

8. Kerzoud a réaz dré holl geriou Juda, hag é kasaz ar ré fallagr er-méaz anézhô ; hag é tistrôaz ar vuanégez diwar Israel.

9. Brudet é oé hé hanô bété penn ar béd, hag é strollaz ar ré a oa daré da véza kollet.

10. Neûzé Apollonius a strollaz ar brôadou, hag a zavaz eûz a Zamaria eunn armé vrâz ha kré, évit brézélékaat out Israel.

11. Judas ô véza klevet kémeñt-sé, a iéaz d'hé ziarbenna : dispennet ha lazet é oé gañt-hañ : kalz anézhô a oé glazet, hag ar ré all a dec'haz.

12. Judas a gasaz gañt-hañ hô dibourc'hou : kiézé Apollonius a géméraz, hag a-zoug hé holl vuez en em gannaz gañt-hañ.

13. Séron, priñs armé ar Siria, ô véza klevet pénaoz en doa strollet Juda eul lôd brâz a dûd, eûz ar ré a oa féal d'hé lézen,

14. A lavaraz : Eunn hanô mâd a c'hounézinn, ha brâz é vézô va gloar er rouañtélez, mar tispennann er brézel, Judas hag ar ré a zô gañthañ, péré a zispriz gourc'hémennou ar roué.

15. En em aoza a réaz éta : hag armé ar ré fallagr a iéaz war hé lerc'h, gañd eur skoazel vrâz, évid en em veñji eûz a vipien Israel.

16. Hag hi a dôstaaz bété Bétoron : ha Judas a iéaz d'hé ziarbenna gañt nébeûd *a dûd*.

17. Hôgen ar ré-mañ pa wélchoñt ann armé-zé ô toñt d'hô diarbenna, a lavaraz da Juda : Pénaoz é hellimpni en em ganna oud eunn armé ker braz ha ker kré, ni péré a zô kenn nébeûd a dûd, hag a zô skuiz gañd ar iûn *hon eûz gréat* hiriô ?

18. Ha Judas a lavaraz : Éaz eo da nébeût dispenna kalz : ha n'eûz két a zishévélédigez dirâk Doué ann éñv étré dieûbi gañt kalz ha gañt nébeût :

19. Râg ar gounid er brével na zeû két eûz a vrazder ann arméou, hôgen eûz ann éñv é teû ann ners.

20. Hi a zeû ouz-omp gañd eul lôd brâz a dûd rôg ha balc'h, évid hor c'bolla, ni, hag hor gragez, hag hor bugalé, hag évit hon dibourc'ha :

21. Hôgen ni en em gannô évid hor buez, hag évid hol lézénnou :

22. Hag ann Aotrou hé-unan hô brévô dira-z-omp : hôgen c'houi n'hô pézô két a aoun ra-z-hô.

23. Pa éhanaz da gomza, en em daolaz râk-tâl war-n-ézhô : ha Séron, hag hé armé a oé dispennet dira-z-hañ.

24. Ha Judas a iéaz war hé lerc'h é dinaon Bétoron bétég ar gompézen : hag eiz kañt anézhô a oé lazet, hag ann dilerc'h anézhô a dec'haz é brô ar Filistined.

25. Hag ar spouñt râk Judas ha râg hé vreûdeûr en em skiñaz trô-war-drô é-touez ar brôadou.

26. Ar vrûd anézhañ a iéaz bétég ar roué hé-unan, hag ann holl vrôadou a gomzé eûz a stourmou Judas.

27. Kerkeñt ha ma klevaz ar roué Antiokus kémeñt-sé, é savaz eunn drouk brâz enn-hañ : hag héñ a lékéaz da zastumi eul lôd brâz a vrézélidi, hag a zavaz eunn armé gré.

28. Hag héñ a zigoraz hé denzor, hag a baéaz hé armé évid eur bloaz, hag a c'hourc'hémennaz d'ézhô ma vijeñt daré da bép trâ.

29. Hôgeñ é wélaz pénaoz né oa két kalz a arc'hañt enn hé denzor, ha pénaoz tellou ar vrô a oa dister enn abek d'ar reûstlou ha d'ann drougou en doa gréat énô, ô lémel digañt-hô al lézen hô doa a béb amzer :

30. En doé aoun n'en dévijé két peadrâ ével keñt évit basta d'ar mizou ha d'ar rôou a skulé gañd eunn dourn lark : râg héñ a oa bét larkoc'h égéd ar rouéed enn hé raok.

31. Saouzanet brâz é oa, hag é vennaz moñt d'ar Bersia, évit sével tellou ar boblou, ha dastumi kalz a archañt.

32. Lézel a réaz Lisias priñs eûz a wenn ar roué, da benn war géfridiou ar rouañtélez, adaleg ar ster a Eufrates bété ster ann Éjipt :

33. Hag évit maga hé vâb Antiokus, kén na zistrôjé.

34. Rei a réaz d'ézhañ ann hañter eûz ann armé, hag eûz ann olifañted : hag é rôaz hé ursiou d'ézhañ é-kéñver ar péz a fellé d'ézhañ da ôber, ha diwar-benn tûd Juda ha Jéruzalem :

35. Hag évit ma kasché out-hô eunn armé, évit dispenna ha kâs-da-gét armé Israel, ha dilerc'hiou Jéruzalem, ha teuna eûz al léac'h-zé ann éñvor anézhô :

36. Hag évit ma lakajé tûd a-ziavéaz évit choum enn hô holl vrô, ha ma ranché hô douarou dré ar sort.

37. Ar roué a géméraz ann hañter eûz ann armé a choumé d'ézhañ, hag a iéaz er-méaz eûz a Antiokia penn-kéar hé rouañtélez, er seizved bloaz ha seiz-ugeñt : ha goudé m'en doé treûzet ann Eufrates, é peûr-rédaz ar brôiou uc'héla.

38. Ha Lisias a zilennaz Ptoléméus mâb Dorimini, ha Nikanor, ha Gorgias tûd c'halloudek é-touez miñouned ar roué :

39. Hag é kasaz gañt-hô daou-ugeñt mil dén *war droad*, ha seiz mil dén war varc'h, évit m'az ajeñt da vrô Juda, ha ma dismañtrcheñt anézhañ hervez gourc'hémenn ar roué.

40. Kerzout a réjoñt éta gañd hô holl vrézélidi, hag é tiazézchoñt hô c'hamp war-harz Emmaus er gompézen.

41. Marc'hadourien ar brôiou trô-war-drô a glevaz méneg anézhô : hag a hi géméraz kalz a arc'hañt hag a aour, ha servicherien : hag é teûjoñt d'ar c'hamp, évit préna da sklaved mipien Israel : hag armé ar Siria, hag bini brô ann diavésidi en em unanaz gañt-hô.

42. Judas hag hé vreûdeûr a anavézaz neûzé pénaoz é oa paottet ann drougou, hag é tôstéé armé *ann énébourien* oud harzou hô brô : anaoud a réjoñt ivé ar gourc'hémenn en doa rôet ar roué évit ma vijé dispennet ha kasel-da-gét hô fobl :

43. Hag é léverchoñt ann eil d'égilé : assavomp dismañtrou hor pobl, ha stourmomp évit-hañ, hag évid hon traou sañtel.

44. En em strolla a réjoñt éta, évid en em aoza évid ann emgann ; hag

évit pédi, ha goulenni truez ha trugarez *ann Aotrou*.

45. Jéruzalem a oa didud neûzé, hag é doaré eunn distrô : na wélet hini eûz hé bugalé ô voñd ébarz hag ô toñd er-méaz anézhi : ar sañtuar a oa mac'het gañd ann treid : mipien ann diavésidi a oa er c'hré ; râg énô é choumô ar brôadou : lévénez Jakob a oé kaset-kuit ; na glevet mui ar zutel nag ann télen.

46. En em strolla a réjoñt hag é teûjoñt da Vasfa râg-énep da Jéruzalem : ô véza ma oa bét keñt é Masfa eul léac'h a béden évid Israel.

47. Hag hi a iunaz enn deiz-zé, hag a wiskaz saéou-reûn, hag a lékéaz ludu war hô fenn, hag a rogaz hô dilad.

48. Hag hi a zigoraz levriou al lézen, é péré é c'houilié ar brôadou *évit klaskout* ann hévélédigez eûz hô idolou.

49. Hag hi a zigasaz ar gwiskou a vélek, hag ar prévéûdiou, hag ann déogou : hag é c'halvchoñt ann Nazaréed péré hô doa sévénet hô deisou.

50. Hag hi a c'harmaz étrézég ann éñv gañd eur vouéz gré, ô lavarout : Pétrâ a raimp-ni d'ar ré-mañ, ha péléac'h hô c'hasimp-ni ?

51. Da zañtuar a zô bét mac'het ha saotret, ha da véleien a zô bét kaset d'ar c'hañv ha d'ar vuelded :

52. Ha chétu ar brôadou a zô en em strollet enn hon énep évit hon dispenna : té a oar pétrâ a vennoñt enn hon énep.

53. Pénaoz é hellimp-ni harza dirazhô, ma na gen-nerzez ac'hanomp, ô Doué ?

54. Hag hi a lékéaz da zéni kré gañd ar c'horniou-boud.

55. Goudé-zé Judas a lékéaz vérérien war ar bobl, duged évit mil dén, ha duged évit kañt dén, ha duged évid hañter-kañ dén, ha duged évid dék dén.

56. Hag héñ a lavaraz d'ar ré a zavé tiez, d'ar ré a zimézé, d'ar ré a blañté gwiniennou, ha d'ar ré a oa aounik, ma tistrôjé pép-hini d'hé dl hé-unan hervez al lézen.

57. Hag ann armé en em lékéaz enn heñt, hag hi a ziazézaz hô c'hamp war-zû ar c'hrésteiz eûz a Emmaus.

58. Ha Judas a lavaraz : En em c'hourizit, ha bézit tûd a galoun : bézit daré diouc'h ar mintin, évit ma en em gannot oud ar brôadou-zé, a zô en em strollet enn hon énep, évid hon dispenna, ni hag hon traou sañtel.

59. Râg gwell eo d'é-omp mervel er brézel, égét gwélout drougou hor pobl, hag hon traou sañtel.

60. Hôgen hervez ioul *Aotrou* ann éñv ra vézô gréat.

IV. PENNAD.

Judas a gémer Jéruzalem, hag a gréva ménez Sion.

1. Neûzé Gorgias a géméraz gañthañ pemp mil dén war droad, ha mil dén war varc'h eûz ar ré zilennet ; hag hi a zavaz ar c'hamp a-zoug ann nôz,

2. Évit stourmi out kamp ar Iuzevien, ha kouéza war-n-ézhô enn-unantaol : hag ar ré a oa er c'hré, a oa da vléñerien d'ézhô.

3. Pa glevaz Judas kémeñt-sé, é savaz, héñ hag hé vrézélidi ar ré galounéka, évit stourmi oud al lôd brasa eûz a armé ar roué, a oa é Emmaus :

4. Râk lôd eûz ann armé a oa c'hoaz skiñet er-méaz eûz ar c'hamp.

5. Gorgias ô véza deûet a-zoug ann nôz da gamp Judas, na gavaz dén, hag héñ a glaské anézhô war ar ménésiou ; râg, émé-z-hañ, ar ré-zé a zô tec'het dira-z-omp.

6. Pa oé deûet ann deiz, en em gavaz Judas er gompézen, gañt tri mil dén hép-kén : ha n'hô doa-hi na tirennou, na klézeier.

7. Hag hi a wélaz pénaoz kamp ar brôadou a oa kré, ha pénaoz éz oa war hé drô hobrégonerien ha marc'heien, hag hi gwiziek-bráz é-keñver ar brézel.

8. Ha Judas a lavaraz d'ar ré a oa gañt-hañ : Na spouñtit két râg al lôd

bráz eûz ar ré-zé; n'hô pézet két a aoun rág ar stok anézhô.

9. Hô pézet koun pénaoz hon tadou a zô bét dieûbet er môr rûz, p'az éa Faraon war hô lerc'h gañd eunn armé vráz.

10. Garmomp éta bréma oud ann éñv; hag ann Aotrou en dévézô truez ouz-omp, hag é teûi da goun d'ézhañ eûz ar gévrédigez en deûz gréat gañd hon tadou; hag héñ a zispennô hirió ann armé-zé dira-z-omp.

11. Hag ann holl vrôadou a wézô pénaoz éz eûz eunn daspréner hag eunn dieûber évid Israel.

12. Ann diavésidi a zavaz hô daoulagad, hag hô gwélaz ô toñt a-énep d'ézhô.

13. Hag hi a iéaz er-méaz eûz hô c'hamp évit stourmi out-hô; hag ar ré a oa gañt Judas a zonaz gañd ar c'horn-boud,

14. Hag a gerzaz out-hô: ha tûd ar brôadou a oé dispennet, hag a dec'haz er gompézen.

15. Ar ré-zivéza anézhô a gouézaz holl dindân ar c'hlézé: ha tûd Judas a iéaz war hô lerc'h bété Gézéron, ha bété kompézennou ann Iduméa, ha bétég Azot ha Jamnia: hag é oé lazet bété tri mil dén anézhô.

16. Ha Judas a zistrôaz, hag hé armé ivé war hé lerc'h.

17. Hag héñ a lavaraz d'hé dûd: Na vennit két dastumi ann dibourc'hou: râk da stourmi hon eûz c'hoaz,

18. Ha Gorgias hag hé armé a zô tôst d'é-omp war ar ménez: en em startait bréma oud hon énébourien, ha dispennit-hô: ha goudé-zé é tastumot ann dibourc'hou héb aoun.

19. Pa gomzé c'hoaz Judas, c'hétu é oé gwélet eul lôd-bennâg *eûz ann énébourien* a zellé diwar ar ménez.

20. Ha Gorgias a wélaz pénaoz hé dûd a oa bét tec'het, hag é oa devet hé gamp: râg ar môged a wéled a ziskouézé ar péz a oa c'hoarvézet.

21. Pa wélchoñt kémeñt-sé é oeñt spouñtet-brâz, ô wéloud ivé pénaoz é oa Judas hag hé armé daré d'en em ganna er gompézen.

22. Hag hi holl a dec'haz da vrô ann diavésidi.

23. Neûzé Judas a zistrôaz évid dastumi dibourc'hou ar c'hamp; hag hi a gasaz gañt-hô kalz aour, hag arc'hañt, ha limestra, ha tané môr, ha madou brâz.

24. Hag ô tistrei é kanchoñt kanaouennou, hag é vennigchoñt Doué ann éñv, ô véza ma eo mâd, ha ma eo trugarézuz é péb amzer.

25. Eunn dieûb brâz a c'hoarvézaz enn Israel enn deiz-zé.

26. Ar ré eûz ann diavésidi péré a bellaz tec'hout, a zeûaz, hag a zanévellaz da Lisias ar péz a oa bét c'hoarvézet.

27. Pa glevaz kémeñt-sé, é oé daré d'ézhañ mervel gañd hé eñkrez, ô véza n'en doa két gellet sévéni hé vénosiou a-éneb Israel, na gourc'hémennou ar roué.

28. Hag a-benn eur bloaz é strollaz Lisias tri-ugeñt mil dén war droad hag hi tûd dilennet, ha pemp mil dén war-varc'h, évit brézélékaad out-hô.

29. Hag hi a zeûaz er Judéa, hag a ziazézaz hô c'hamp tôst da Vétoron. Ha Judas a iéaz d'hé ziarbenna gañd dék mil dén.

30. Hi a anavézaz pénaoz é oa kré ann armé; ha Judas a bédaz, hag a lavaraz: Benniget ra vézi, Salver Israel, té péhini éc'h eûz brévet ners ann dén kré gañd dourn David da zervicher, hag éc'h eûz rôet kamp ann diavésidi étré daouarn Jonatas mâb Saul, hag hé floc'h.

31. Laka *ivé* ann armé-mañ étré daouarn da bobl a Israel: ra véziñt mézékéet gañd hô brézélidi hag hô marc'hien.

32. Laka-hi da spouñta, ha da véza gwéñvet daoust d'hô ners; ra véziñt diskaret ha brévet.

33. Ra véziñt dispennet gañt klézé ar ré az kâr: ha ra vézi meûlet é kanaouennou, gañd ar ré a anavez da hanô.

34. Hag hi a rôaz ann emgann, hag é oé lazet pemp mil dén eûz a armé Lisias.

35. Hôgen Lisias ô wéloût tec'h hé dûd, hag herder ar Iuzevien, ha pénaoz é oañt daré da véva, pé da vervel enn eunn doaré kalounek, a iéaz da

Antiokia, hag a zilennaz brézélidi, évid doñt adarré er Judéa gañt muioc'h a dûd.

36. Neûzé Judas hag hé vreûdeûr a lavaraz : Chétu eo dispennet hon énébourien; piñomp bréma da c'hlana ha da névézi ann templ.

37. Hag é oé strollet ann armé holl, hag é piñchoñt da vénez Sion.

38. Hag hi a wélaz ar zañtuar didud, hag ann aoter saotret, hag ann ôriou devet, hag ann drein savet er porched ével enn eur c'hoad pé war ar ménésiou, hag ar c'hamprou diskarèt.

39. Hag hi a rogaz hô dilad, hag a réaz eur c'hañv brâz, hag a lékéaz ludu war hô fenn.

40. Hag en em daolchoñt war hô génou d'ann douar, hag é sonchoñt gañd ar c'hornou-boud évid arouéz, hag é c'harmchoñt étrézég ann éñv.

41. Neûzé Judas a gémennaz tûd, évit ma stourmcheñt oud ar ré a oa er c'hré, kén na vijé glanet ar zañtuar.

42. Hag héñ a zilennaz béleien dinam, péré a viré lézen Doué.

43. Hag hi a c'hlanaz ar zañtuar, hag a daolaz ar vein saotret enn eul léac'h dic'hlan.

44. Ha Judas a éñvoraz pétrâ a rajé eûz a aoter ar sakrifisou-losk, a oa bét saotret.

45. Hag hi a gémeraz eur c'huzul mâd, hé zispenna; gañd aoun na zeûjé d'ézhô eunn abeg a damall, ô véza ma oa bét saotret gañd ar brôadou : hag hi hé zispennaz.

46. Hag ar vein anézhañ a lékéjoñt war vénez ann templ enn eul léac'h déréad, kén na zeûjé eur profed hag a lavarjé pétrâ da ôber anézhô.

47. Mein digompez a gémerchoñt hervez al lézen : hag é savchoñt eunn aoter nevez, héñvel oud ann bini keñta.

48. Hag é savchoñt a-nevez ar zañtuar, hag ar péz a oa enn diabarz eûz ann templ : hag é sañtelchoñt ann templ hag ar porched.

49. Listri sakr nevez a réjoñt, hag é lékéjoñt enn templ ar c'hañtoler, aoter al louzou-c'houéz-vâd, hag ann daol.

50. Ann ézañs a lékéjoñt war ann aoter, hag é énaouchoñt ar c'hleûzeûriou a oa war ar c'hañtoler, hag a skleréé ann templ.

51. Hag é lékéjoñt ar baraou war ann daol, hag é lékéjoñt ar gwéliou a-ispil, hag é peûr-c'hréjoñt ar péz hô doa déraouet.

52. Hag é savchoñt abarz goulou-deiz er pempved deiz war-n-ugeñt eûz ann naved miz, péhini a zô hanvet kasleu, enn eizved bloaz ha seiz-ugeñt.

53. Hag é kennigchoñt ar sakrifiz hervez al lézen, war aoter nevez ar sakrifisou-losk hô doa savet.

54. Névézet é oé out son ar c'hanaouennou, hag ann télennou, hag al lirennou, hag ar simbalou, enn hévéleb amzer, hag enn hévélep deiz ma oa bét saotret gañd ar brôadou.

55. Ann holl bobl en em daolaz war hé zremm d'ann douar : hag hi a azeûlaz, hag a vennigaz Doué ann éñv péhini en doa rôet ar gounid d'ézhô.

56. Lida a réjoñt gwéstlérez ann aoter a-héd eiz dervez, hag é kennigchoñt gañt lévénez sakrifisou-losk, ha sakrifisou a drugarez hag a veûleûdi.

57. Kiñkla a réjoñt talbenn ann templ gañt kurunennou aour ha gañt skoédouigou : névézi a réjoñt digoriou ann templ hag ar c'hamprou, hag é lékéjoñt dôriou out-hô.

58 Ar bobl holl a oé leûn a lévénez, ha dismégañs ar brôadou a oé lamet eûz hô c'hreiz.

59. Ha Judas gañd hé vreûdeûr hag holl strollad Israel, a reizaz pénaoz, é beûl ann amzeriou, é vijé lidet péb bloaz deiz gwéstlérez ann aoter a-héd eiz dervez, adaleg ar pempved deiz war-n-ugeñt eûz a viz kasleu, gañd dudi ha lévénez.

60. Enn hévéleb amzer é kréyéchoñt ménez Sion, hag é savchoñt war hé drô muriou uc'hel, ha touriou kré, gañd aoun na zeûjé ar brôadou d'hé vac'ha adarré, ével m'hô doa gréat keñt.

61. Tûd a-vrézel a lékéaz Judas énô, évid hé ziwallout : hé grévaad a réaz évid difenni Betsura, évit m'en dévijé ar bobl eur c'hré a-éneb ann Iduméa.

V. PENNAD.

V. PENNAD.

Brézélidi Judas a zó doujet gañd ann holl vróadou.

1. Kerkeñt ha ma klevaz ar bróadou tró-war-dró pénaoz é oa bét savet ann aoter hag ar sañtuar ével keñt, é savaz eunn drouk bráz enn-hô :

2. Hag é venchoñt kás-da-gét ar ré eûz a wenn Jakob a oa enn hô zouez : hag hi a zeraouaz láza lôd eûz ar bobl, hag hô heskina *holl.*

3. Ha Judas a vrézélékéé out mipien Ésau enn Iduméa, hag oud ar ré a oa é Akrabatan, ô véza ma c'hrounneñt ann Israélited ; hag héñ a lazaz eul lôd bráz anézhô.

4. Koun a zeûaz ivé d'ézhañ eûz a zrougiez mipien Béan, péré a oa da lindâg ha da roued évid ar pobl, oc'h aoza spiou d'ézhañ war ann heñt.

5. Hô rédia a réaz d'en em denna é tourion, é péléac'h é c'hrounnaz anézhô : hô heskina a réaz, hag é tevaz hô zouriou, gañd ar ré holl a oa enn-hô.

6. Hag héñ a dréménaz ac'hanô étrézé mipien Ammon ; hag é kavaz brézélidi kré, hag eur bobl paot, ha Timotéus da zûg d'ézhô.

7. Meûr a emgann a róaz out-hô : hag hi a oé dispennet, ha gaset-da-gét gañt-hañ.

8. Kéméroud a réaz kéar Gazer, hag ar c'herioù hag hé merc'hed ; hag é tistrôaz d'ar Judéa.

9. Hôgen ar bróadou a oa é Galaad en em strollaz évit kás-da-gét ann Israélited a oa enn hô bró : hag hi a déc'haz é kré Datéman.

10. Hag hi a gasaz lizérí da Judas ha d'hé vreûdeûr, évit lavarout d'ézhô : Ar bróadou tró-war-dró a zô en em strollet enn hon énep évid hor c'hás-da-gét.

11. Hag hi en em aoz da zoñt da géméroul ar c'hré é péhini omb en em dennet ; ha Timotéus a zô da zûg war hô armé.

12. Deûz éta bréma, ha dieûb ac'hanomp eûz hô daouarn, râk kalz eûz hon tûd hon eûz kollet.

13. Hon holl vreûdeûr péré a oa enn drô da Dubin a zô bét lazet gañthô : kaset hô deûz é sklavérez hô gragez hag hô bugalé ; skrapet hô deûz hô dibourc'hou, hag hô deûz lazet énô war-drô mil dén.

14. C'hoaz é lenned al lizéri-zé, ha chétu é teûaz kannaded all eûz a C'haliléa, hag hi roget hô dilad, hag a zigasé ann hévélep kelou ;

15. O lavarout pénaoz tûd Ptolémaid, ha Tir, ha Sidon a oa en em strollet enn hô énep ; ha pénaoz ar C'haliléa holl a oa leûn a ziavésidi, péré a fellé d'ézhô hô c'hás-da-gét.

16. Pa glevaz Judas hag ar bobl ar c'helou-zé, é c'halvchoñt eur strollad bráz, évit menna pétrâ a rajeñt ékéñver hô breûdeûr, péré a oa enn eñkrez, ha daré da véza dispennet gañd hô énébourien.

17. Ha Judas a lavaraz da Zimon hé vreûr : Dilenn tûd évid-od, ha kéa, ha dieûb da vreûdeûr a zô er C'haliléa : hôgen mé ha va breûr Jonatas a iélô é Galaad.

18. Hag héñ a lézaz Jozef mâb Zac'harias, hag Azarias, da zuged war ar bobl, hag évit diwallout ar Judéa gañd ann dilerc'h euz ann armé.

19. Hag héñ a c'hourc'hémennaz d'ézhô, ô lavarout : Rénit ar bobl-mañ, ha na vrézélékait két oud ar bróadou, kén na zistrôimp.

20. Róet é oé da Zimon tri mil dén évit moñt da C'haliléa, hag eiz mil dén da Judas évit moñt da C'halaad.

21. Simon ô véza éat da C'haliléa, a róaz meûr a emgann d'ar bróadou ; hag héñ hô dispennaz, hag a iéaz war hô lerc'h bété porz Ptolémaid :

22. War-drô dri mil dén eûz ar bróadou a oé lazet ; ha *Simon* a gasaz hô dibourc'hou gañt-hañ.

23. Hag héñ a géméraz gañt-hañ ar ré *eûz hé vreûdeûr* a oa é Galiléa hag é Arbates, gañd hô gragez, hag hô bugalé, ha kémeñt a oa d'ézhô ; hag hô c'hasaz er Judéa gañd eul lévénez vráz.

24. Hôgen Judas Makabéad ha Jonatas hé vreûr a dreûzaz ar Jordan, hag a gerzaz enn distrô a-héd tri dervez.

25. Ann Nahutéed a zeûaz d'hô diambrouga, hag hô digéméraz é péoc'h : hag hi a zanévellaz d'ézhô kémeñd a oa c'hoarvézet gañd hô breûdeûr é Galaad ;

26. Ha pénaoz eul lôd brâz anézhô a oa bét serret é Barasa, hag é Bosor, hag é Alimis, hag é Kasfor, hag é Magel, hag é Karnaim, péré a oa keriou brâz ha kré.

27. Ha pénaoz é talc'heñt ivé anézhô serret é keriou all Galaad ; hag é tlieñt añtrônôz lakaad hô armé da gerzout oud ar c'heriou-zé, évid hô c'hémérout, hag hô c'hâs da-gét enn eunn hévélep dervez.

28. Judas hag hé armé a drôaz râktâl étrézé distrô Bosor, hag a géméraz kéar : hag héñ a lékéaz da vervel dindân ar c'hlézé ann holl baotred, a géméraz hô dibourc'hou, hag a lékéaz ann tân enn-hi.

29. Moñd a réjoñt kuit ac'hanô azoug ann nôz, hag é kerzchoñt bétég ar c'hré.

30. Ha da c'houlou-deiz, pa zavchoñt hô daoulagad, é wélchoñt eul lôd diniver a dûd, péré a zougé skeûliou ha gwindaskou, évit kémérout ar c'hré, ha dispenna ar ré a oa enn-hañ.

31. Ha Judas a wélaz pénaoz é oa déraouet ar stourm, ha pénaoz é piñé bétég ann éñv garm ar vrézélidi, ével trouz aer c'horn-boud, ha pénaoz é savé ivé eur garm brâz eûz a géar.

32. Hag héñ a lavaraz d'hé armé : Stourmit hirió évid hô preûdeûr.

33. Hag héñ a zeûaz war deir reñk adréñ d'ézhô; *hag héñ* hag hé dûd a zonaz gañd ar c'horn-boud, hag a c'harmaz *étrézé Doué*, enn hô fédennou.

34. Brézélidi Timotéus a anavézaz pénaoz é oa ar Makabéad, hag é tec'hchoñt a zira-z-hañ ha Judas a skôaz stard war-n-ézhô : hag enn deiz-zé é oé lazet eiz mil dén anézhô.

35. Ha Judas a iéaz ac'hanô da Vasfa ; hag é stourmaz out-hi, hag é kéméraz anézhi, hag héñ a lékéaz da vervel ann holl baotred, a géméraz hô dibourc'hou, hag a lékéaz ann tân enn-hi.

36. Ac'hanô éz éaz, hag é kéméraz Kasbon, ha Magel, ha Bosor, hag ar c'heriou all eûz a C'halaad.

37. Goudé-zé Timotéus a strollaz eunn armé all, hag a ziazézaz hé gamp râg énep da Rafon, enn tu all d'ar froud.

38. Judas a gasaz da spia ann armé-zé : hag hé spierien a lavaraz d'ézhañ : Ann holl vrôadou a zô war hon trô a zô en em strollet enn-drô da Dimotéus, dré-zé eo paot meûrbéd hé armé :

39. Galvet hô deûz ann Arabed évid hô c'hen-nerza, hag hô deûz diazézet hô c'hamp enn tu all d'ar Jordan, hag hi daré da stourmi ouzid. Ha Judas a iéaz d'hô diarbenna.

40. Neûzé Timotéus a lavaraz da briñsed hé armé : Pa vézô deûet Judas hag hé armé tôst d'ar froud; mar trémen ar c'heñta enn hon tû-ni, na hellimp két herzel out-hañ ; râg ar gounid en dévézô war-n-omp.

41. Hôgen ma na gréd két treûzi, ha mar diazez hé gamp enn tu all d'ar ster, trémé nomp enn hô zû-hi, hag é vézimp tréac'h d'ézhô.

42. Hôgen kerkeñt ha ma tôstaaz Judas oud ar froud, é lékéaz skrivañerien ann armé a-héd ar froud, hag é c'hourc'hémennaz d'ézhô, ô lavarout : Na list hini é-béd amañ ; hôgen ra zeûiñt holl d'ar stourm.

43. Hag héñ a dreûzaz ann dour ar c'heñta ; hag ann holl armé war hé lerc'h : hag ann holl vrôadou a oé dispennet gañt-hô ; hag hi a daolaz hô armou, hag a dec'haz étrézég ann templ a oa é Karnaim.

44. Ha Judas a géméraz kéar, hag a zevaz ann templ, gañd ar ré a oa enn-hañ : ha Karnaim a oé grounnet, ha na bellaz két herzel dirâk Judas.

45. Neûzé Judas a strollaz ann Israélited holl a oa é Galaad, adaleg ar brasa bétég ar bihana, hag hô gragez ; hag hô bugalé ; hag a réaz anézhô eunn armé vrâz, hag hô digasaz é brô Juda.

46. Moñd a réjoñt bété Éfron : ar géar zé ar geñta eûz ar vrô a oa brâz ha kré, ha na helled distrei nag a zéou nag a gleiz ; hôgen ann heñt a iéa dré greiz,

47. Ar ré a oa ébarz en em glôzaz, hag a stañkaz ann ôriou gañt mein : ha Judas a gasaz étrézég enn-hô gériou a béoc'h,

48. O lavarout : *Aôtréit* ma drémémimp dré hô prô, évit moñd enn hon brô : dén na rai gaou ouz-hoc'h : héb arzaôi é tréménimp. Hôgeñ na fellaz két d'ézhô digéri.

49. Ha Judas a lékéaz da embanna dré ar c'hamp, pénaoz pép-hini a stourmché *out kéar* eûz al léac'h é péhini édo.

50. Ann dûd kalounéka en em stagaz oud ar muriou : stourmi a réaz out kéar a-zoug ann deiz hag a-zoug ann nôz, hag é kouézaz ar géar étré hé zaouarn.

51. Lakaad a réjoñt da vervel dindân ar c'hlézé ann holl baotred ; hag héñ a zismañtraz kéar bétég ann diazez, hag a gasaz ann dibourc'hou gañt-hañ, hag a dreûzaz ar géar holl war ar ré varô.

52. Goudé-zé é treûzchoñt ar Jourdan enn-eur gompézen vrâz a oa râgénep da Vetsan.

53. Ha Judas a strollé ar ré a chommé war-lerc'h, hag a galouuékéé ar bobl a-héd ann heñt, kén na oeñt deûet é brô Juda.

54. Hag hi a biñaz war vénez Sion gañd dudi ha lévénez, hag a gennigaz sakrifisou, ô véza ma oañt distrôet é péoc'h, hép na oa bét lazet hini anézhô.

55. Eñdra ma édo Judas ha Jonatas é brô Galaad, ha Simon hé vreûr é Galiléa dirâk Ptolémaid,

56. Jozef mâb Zac'harias, hag Azarias priñs ann armé a glevaz mének eûz ann ôberiou kaer, hag eûz ar stourmou-zé ;

57. Hag hi a lavaraz : Gréomb ivé eunn hanô d'é-omp, ha déomp da stourmi oud ar brôadou a zô enndrô d'é-omp.

58. Hag hi a c'hourc'hémennaz d'ann armé, hag é kerzchoñt a-énep Jamnia.

59. Gorgias a iéaz er-méaz eûz a géar gañd hé dûd, hag a iéaz d'hô diarbenna évit stourmi out-hô.

60. Hôgen Jozef hag Azarias a oé lékéat da dec'hi bétég harzou ar Judéa : war-drô daou vil dén eûz a armé Israel a oé lazet enn deiz-zé, ha brâz é oé dismañtr ar bobl :

61. O véza n'hô doa két sélaouet Judas hag hé vreûdeûr, ô venna ma tiskouézcheñt hô c'haloun.

62. Hôgen ar ré-zé né oañt két eûz a wenn ann dûd dré béré eo bét savétéet Israel.

63. Tûd Judas a oé énoret brâz é Israel holl, hag ivé é-touez ann holl vrôadou péré a glevaz méneg anézhô.

64. Hag ann holl a zeûé d'hô diambrouga gañt garmou a lévénez.

65. Ha Judas a iéaz goudé gañd hé vreûdeûr, hag a stourmaz out mipien Ésau, er vrô a zô war-zû ar c'hrésteiz ; hag é kéméraz Chébron hag *ar c'heriou* hé merc'hed : hag héñ a zevaz ar muriou hag ann touriou a oa war hé zrô.

66. Neûzé é savaz hé gamp évit moñd da vrô ann diavésidi ; hag é kerzaz dré Zamaria.

67. Enn amzer-zé é oé lazet béleien er brézel, ô fellout d'ézhô diskouéza hô c'haloun, hag ô voñd hép kuzul d'ann emgann.

68. Ha Judas a zistrôaz, évit moñd étrézég Azot é brô ann diavésidi : hag héñ a ziskaraz hô aoteriou, hag a zevaz skeûdennou hô doueéd : kéméroud a réaz dibourc'hou hô c'heriou, hag é tistrôaz da vrô Juda.

VI. PENNAD.

Marô Antiokus. Éléasar a rô hé vuez évit savétei hé bobl.

1. Antiokus a gerzé a-dreûz d'ar broviñsou huel, hag a glevaz pénaoz Élimaid a oa unan eûz ar c'heriou ar ré vrudéta eûz ar Bersia, ha pénaoz é oa enn-hi kalz a arc'hañt hag a aour,

2. Hag eunn templ pinvidik-brâz, é péhini édo ar gwéliou aour, hag ann harnézou, hag ann tirennou, en doa lézet énô Aleksandr roué Masédo

mâb Filip, péhini a rénaz ar c'heñta er C'hrésia.

3. Doñd a réaz, hag é klaskaz ann doaré da gémérout kéar, ha d'hé dibourc'ha : hôgen na hellaz két hé ôber, râg ar ré eûz a géar hô doa klevet méneg eûz a gémeñt-sé :

4. Hag hi a zavaz évit stourmi out-hañ. Hag héñ a dec'haz, hag a iéaz-kuît ac'hanô leûn a zoan, hag a zistrôaz da Vabilon.

5. Pa édo c'hoaz er Bersia é teûaz kelou d'ézhañ, pénaoz é oa bét dispennet ann armé en doa é brô Juda :

6. Ha pénaos Lisias ô véza kerzet a-éneb ar Iuzevien gañd eunn armé gré, a oa bét lékéat da dec'hout : pénaoz ar ré-mañ gañd ann armou, hag ann dibourc'hou hô doa kéméret enn hô c'hamp, goudé béza hô dispennet, a oa en em grévéet ;

7. Ha pénaoz hô doa diskaret ann idol argarzuz en doa savet war aoter Jéruzalem ; ha pénaoz hô doa savet muriou huel, ével keñt, enn-drô d'hô zempl, ha enn-drô d'hô c'héar a Vetsura.

8. Pa glevaz ar roué ar c'helou-zé, é oé saouzanet ha strafilet-brâz : enn hé wélé é oé dalc'het, hag é kouézaz er fillidigez gañd hé zoan vrâz, ô véza né oa két bét c'hoarvézet gañt-hañ ével ma venné.

9. Choum a réaz énô a-béd meûr a zervez, râk névézi a réaz ann doan enn-hañ ; hag héñ a vennaz é oa daré da vervel.

10. Gervel a réaz hé holl viñouned, hag é lavaraz d'ézhô : Pelléet eo ar c'housk diouc'h va daoulagad, hag é fatann ; gwéñvet eo va c'haloun gañd ar rec'h ;

11. Hag em eûz lavaret é gwéled va c'haloun : É pé glac'har ounn-mé kouézet, é pé vôr a zoan ounn-mé beûzet bréma, mé péhini a oa el lévénez hag enn dudi é-kreiz va galloud !

12. Bréma é teû da goun d'in ann holl zroug em eûz gréat é Jéruzalem, pa'm eûz skrapet ac'hanô ann holl zibourc'hou a aour hag a arc'hañt a oa enn-hi, ha p'am eûz kaset évit dispenna héb abek ar ré é choumé er Judéa.

13. Anaout a rann éta pénaoz eo enn abek da gémeñt-sé eo bét c'hoarvézet ann drouk-mañ d'in : ha chétu ann doan vrâz am laka da vervel enn eunn douar a-ziavéaz.

14. Hag héñ a c'halvaz Filip, unan eûz hé viñouned, hag a lékéaz anézhañ da réner war hé holl rouañtélez.

15. Rei a réaz d'ézhañ hé gurunen, hag hé zaé-roué, hag hé walen, évit ma tigazché hé vâb Antiokus, ma vagché anézhañ, ha m'hé lakaaché da réna.

16. Hag ar roué Antiokus a varvaz énô, enn naved bloaz ha seiz-ugeñt.

17. Lisias ô véza klevet pénaoz é oa marô ar roué, a lékéaz da réna Antiokus hé vâb, en doa maget a vihanik : hag é c'halvaz anézhañ Eupator.

18. Hag ar ré a oa er c'hré a c'hrounné Israel enn-drô d'ann templ : hag hi a glaské bépréd ôber drouk d'ézhô, ha ken-nerza ar brôadou.

19. Ha Judas a vennaz hô dispenna : hag é strollaz ann holl bobl évit stourmi out-hô.

20. Hag hi en em strollaz kévret, hag a stourmaz out-hô, enn dékved bloaz ha seiz-ugeñt, gañt mañgounellou ha gwindaskou.

21. Neûzé lôd eûz ar ré a oa grounnet a iéaz er-méaz, ha tûd-fallagr eûz a vipien Israel ô véza en em unanet gañt-hô,

22. Éz éjoñt da gaout ar roué, hag é léverchoñt d'ézhañ : Bété pégeit é vi két a varn d'é-omp, ha na veñji két hor breûdeûr ?

23. En em wéstlet omp da zervicha da dâd, ha da valéa hervez hé gémennou, ha da zeñti oud hé c'hourc'hémennou :

24. Râk-sé mipien hor pobl hô deûz hor c'haséet, hag hô deûz laset kémeñd hini a gaveñt ac'hanomp, hag hô deûz preizet hon digwésiou.

25. Ha né két war-n-omp hép-kén hô deûz astennet hô dourn, hôgen ivé war hon holl vrô.

26. Ha chétu hiriô é stourmoñt out kré Jéruzalem évid hé gémérout, hag hô deûz krévéet Betsura.

27. Ha ma na hastez d'hô diaraogi,

é raiñt c'hoaz gwasoc'h, ha na helli két hô zrec'hi.

28. Pa glevaz ar roué kémeñt-sé, é savaz droug enn-hañ : hag héñ a c'halvaz hé holl viñouned, ha priñsed hé armé, hag ar ré a oa da zuged war ar varc'heien.

29. Brézélidi eûz a rouañtélésiou a-ziavéaz, hag eûz ann énézi, a zeûaz ivé d'hé gavout.

30. Évcl-sé hé armé a oa cûz a gañt mil dén war droad, eûz a ugeñt mil dén war varc'h, hag eûz a zaou olifañt ha trégoñt desket d'ann emgann.

31. Hag hi a zeûaz dré ann Iduméa, hag a c'hrounnaz Betsura. Stourmi a réjoñt a-zoug meûr a zervez, hag é réjoñt gwindaskou : hôgen *ar réeûz a géar* a iéaz er-méaz, hô devaz, hag en em gannaz gañt kaloun.

32. Neûzé Judas a bellaaz diouc'h ar c'hré, hag a iéaz gañd hé armé war-zû Betzac'hara, râg-énep da gamp ar roué.

33. Ar roué a zavaz abarz ann deiz, hag a lékéaz hé armé da gerzout gañd err war heñt Betzac'hara : hag ann arméou en em aozaz évid ann emgann, hag a zonaz gañd ar c'hornou-boud.

34. Diskouéza a réjoñt d'ann olifañted sûn rezin ha mouar, évid hô c'heñtraoui d'ann emgann.

35. Ranna a réjoñt al loéned dré bép bañden : war-drô da bép olifañt éz oa mil dén gañt saéou-houarn, ha tókou-arem war hô fenn : ha pemp kañt marc'hek a oa dilennet évit moñt kévret gañt pép loen.

36. Hi a ziaraogé bépréd al loen, é pé léac'h-bennâg m'az éa : el léac'h m'az éa, éz éañt, ha na bellééñt két diout-hañ.

37. War bép loen éz oa ivé eunn tour koat hag héñ kré évid hé zifenni ; ha war-n-ézhô gwindaskou : ha war bép-hini daou zén ha trégoñt eûz ar ré galounéka, péré a stourmé diwar-c'horré, hag eunn Iudéad a vléñé al loen.

38. Lakaad a réaz ann dilerc'h eûz ar varc'heien tû-mañ ha tû-hoñt é daou rann, évit keñtraoui ann armé gañt son ar c'hornou-boud, hag évid brouda ann dûd war droad a oa strizet enn hô reñkou.

39. Pa luc'haz ann héol war ann tirennou aour hag arem, é lugernaz ar ménésiou gañt-hô ; lugerni ar éjoñt ével kleûzeûriou béô.

40. Lôd eûz a armé ar roué a iéa a-héd ar ménésiou uc'hel, ha lôd all dré al lec'hiou doun : moñd a réañt gañd évez ha gañt reiz.

41. Ann holl dud trô-war-drô a oa spouñtet gañt garm al lôd brâz a dûdzé, ha gañd ann trouz ô kerzout, ha gañd ar stok eûz hô armou : râk brâz ha kré é oa ann armé.

42. Ha Judas hag hé armé a dôstaaz évit en em ganna ; ha c'houec'h kañt dén eûz a armé ar roué a oé lazet.

43. Neûzé Éléazar mâb Saura, ô wélout unan eûz ann olifañted gôlôet a harnez gañd arouésiou ar roué, hag héñ brasoc'h égéd ar ré all, a vennaz penaoz édo ar roué war-n-ézhañ :

44. Hag héñ en em rôaz évid dieûbi hé bobl, hag évit gounid eunn hanô peûr-baduz.

45. Rédeg a réaz étrézég enn-hañ gañd herder é-kreiz ar vañden brézélidi, enn eur laza a zéou hag a gleiz, hag ô lakaad da gouéza ann holl a bép tû.

46. Hag ô véza éat étré treid ann olifañt, en em lékéaz dindan-hañ, hag é lazaz anézhañ. Hag hé-mañ a gouézaz d'ann douar war-n-ézhañ, hag héñ a varvaz énô.

47. Hôgen ar Iuzevien ô wélout péger paot é oa tûd ar roué, ha pégen téar é oa hé armé, en em dennaz ac'hanô.

48. Armé ar roué a biñaz out-hô war-zû Jéruzalem, hag é tiazézchoñt hô c'hamp er Judéa war-harz ménez Sion.

49. Hag héñ a réaz ar péoc'h gañd ar ré a oa é Betsura : hag hi a iéaz er-méaz eûz a géar, ô véza n'hô doa két dastumet a voéd énô, dré ma oa bloaz ar sabbat· *hag éhan* ann douar.

50. Ar roué éta a géméraz Betsura, hag a lékéaz enn-hi eur gward évid hé diwallout.

51. Neûzé é trôaz hé armé étrézég ar léac'h sañtel, hag é choumaz énô

meûr a zervez. Ober a réaz énô mañgounellou ha gwindaskou, ha binviou évit teûrel tân, ha mein, ha dérédou, ha spégou, ha gwarégou évit banna saésiou, ha batalmou.

52. Ar Iuzevien a réaz ivé binviou oud hô binviou : hag hi en em gannaz a-zoug meûr a zervez.

53. Na oa két a voéd é kéar, ô véza ma oa ar seizved bloaz : hag ar ré eûz ar broadou a oa choumet er Judéa, hô doa bévézet kémeñd a oa bét lékéat a dû.

54. Nébeûd a dûd a choumaz el lec'hiou sañtel, ô véza ma oañt gwanet gañd ann naounégez : ha pép-hini anézhô en em dennaz enn hé dî.

55. Koulskoudé Lisias a glevaz pénaoz Filip, péhini a oa bét lékéat gañd Antiokus, pa édo c'hoaz béô, évit maga Antiokus hé vâb, hag hé lakaad da réna,

56. Pénaoz é oa distrôet eûz ar Bersia hag eûz ar Védia gañd hé armé, hag é klaské da aloubi rénérez ar rouañtélez.

57. Hasta a réaz éta da voñt da lavarout d'ar roué, ha da zuged ann armé : En em wana a réomp bemdez, ha n'hon eûz két kalz a voéd ; hag al léac'h a c'hrounnomp a zô kré-brâz ; hag eo réd d'é-omp reiza kéfridiou ar rouañtélez.

58. Rôomp éta ann dourn d'ann dûd-zé, ha gréomp ar péoc'h gañt-hô, hoil bobl.

59. Ha lézomp-hi da véva diouc'h hô lézen évei keñt ; râg enn abek d'ann dispriz hon eûz bét évid hô lézennou, eo bét savet droug enn-hô, hag hô deûz gréat kémeñt-sé.

60. Al lavar-zé a oé kavet mâd gañd ar roué ha gañd hé duged : hag héñ a gennigaz ar péoc'h d'ézhô, hag hi hé aotréaz.

61. Ar roué hag hé zuged hé douaz : hag ar ré-mañ a iéaz er-méaz eûz ar c'hré.

62. Ar roué a biñaz war vénez Sion, hag a wélaz ar c'hré : hag héñ a dorraz râk-tâl al lé en doa gréat : hag é c'hourc'hémennaz ma vijé diskarel ar vûr a oa trô-war-drô.

63. Goudé-zé éz éaz-kuit buan, hag é tistrôaz da Antiokia, hag é kavaz Filip oc'h aotrounia war géar : stourmi a réaz out-hañ, hag é kéméraz kéar.

VII. PENNAD.

Ar roué a gâs Nikanar gañd eunn armé a-énep Judas.

1. Enn unnékved-bloaz ha seizugeñt, Démétrius mâb Séleukus a iéaz-kuit eûz a Roma, hag a zeûaz gañt nébeûd a dûd enn eur géar môrek ; hag héñ a rénaz énô.

2. Ha pa oé éat é tî rouañtélez hé dadou, hé armé a grogaz é Antiokus hag é Lisias, hag hô c'hasas d'ézhañ.

3. Ha pa oé rôet da anaout kémeñtsé d'ézhañ, é lavaraz : Na ziskouézit két hô dremm d'in.

4. Hag ann armé hô lazaz. Ha Démétrius a azézaz war drôn hé rouañtélez.

5. Neûzé tûd eûz a Israel droug har fallagr a zeûaz d'hé gavout, ha da benn d'ézhô Alsimus, péhini a fellé d'ézhañ béza lékéat da vélek-*brâz*.

6. Hag ar ré-mañ a damallaz ar bobl dirâg ar roué, ô lavarout : Judas hag hé vreûdeûr en deûz kollet da holl viñouned, hag en deûz hor c'haset-huit eûz hor brô.

7. Kâs éta bréma eunn dén é péhini é helli en em fisiout, évit ma anavézô ann holl zroug en deûz gréat d'é-omp, ha da broviñsou ar roué ; ha ma kastizô hô holl viñouned, hag ar ré a skoazel anézhañ.

8. Hag ar roué a zilennaz é-touez hé viñouned Bakkides, péhini a c'hourc'hémenné enn hé rouañtélez enn tû all d'ar ster vrâz, hag a oa féal d'ézhañ.

9. Hag héñ a gasaz anézhañ, évit gwélout ann droug en doa gréat Judas : hag é lékéaz da vélek-*brâz* Alsimus ar fallagr ; hag é c'hourc'hémennaz d'ézhañ kastiza mipien Israel.

10. Hag hi a zavaz, hag a zeûaz gañd eunn armé vrâz é brô Juda, hag a gasaz kannaded étrézé Judas hag

hé vreûdeûr, gañt geriou a béoc'h évid hô zouella.

11. Hôgen ar ré-mañ na réjoñt stâd é-béd oud hô geriou, pa wélchoñt pénaoz é oañt deûet gañd eunn armé vrâz.

12. Koulskoudé skribed al lézen ô véza en em strollet, a iéaz da gavout Alsimus ha Bakkides, évid ôber d'ezhô goulennou reiz.

13. Ann Assidéed péré a oa ar ré geñta eûz a vipien Israel, a fellé d'ézhô goulenn ar péoc'h digañt-hô.

14. Râg hi a lavaré : Eur béleg eo eûz a wenn Aaron a zeû d'hor c'havout, na douellô két ac'hanomp.

15. Hag Alsimus a gomzaz out-hô gañt gerion a béoc'h : hag héñ a lavaraz d'ézhô enn eur doui : na raimp két a zrouk d'é-hoc'h, na d'hô miñouned.

16. Hag hi a grédaz d'ézhañ : hôgen héñ a géméraz tri-ugeñt anézhô, hag a lékéaz hô laza enn eunn dervez, hervez ar gér â zô skrivet :

17. Lékéat hô deûz da gouéza korfou da zeñt, hag hô deûz skulet hô gôâd enn-drô da Jéruzalem, ha né oa dén évid hô bésia.

18. Ar spoûnt hag ar zaouzan a grogaz er bobl holl, hag é léverchoñt *ann eil d'égilé :* N'eûz na gwirionez na reiz é-touez ar ré-zé : râk dreist hô lavar iñt éat, hag hô deûz torret hô lé.

19. Bakkides ô véza savet hé gamp a zirâk Jéruzalem, a c'hrounnaz Betzéc'ha : hag héñ a gasaz da géméroul kalz eûz ar ré a oa tec'het diout-hañ ; hag é lazaz biniennou eûz ar bobl, a lékéaz da deûrel enn eur puñs brâz.

20. Neûzé é lékéaz ar vrô dindan béli Alsimus, hag é lézaz brézélidi da gen-nerz d'ézhañ ; hag é tistrôaz da gavout ar roué.

21. Gwella ma hellé é réa Alsimus évid en em starlaat é priñsélez hé vélégiez.

22. Ar ré holl a reûstlé ar bobl en em strollaz war hé drô ; hag hi en em daolaz war vrô Juda, hag a réaz eul lazérez brâz enn Israel.

23. Judas a wélaz pénaoz ann holl zroug en doa gréat Alsimus, hag ar ré a oa gañt-hañ, da vipien Israel, a oa gwasoc'h égét ar péz hô doa gréat ar brôadou d'ezhô :

24. Hag héñ a iéaz dré ann holl harzou trô-war-drô, hag a gastizaz ann holl dec'herien : hag a neûzé éc'h éhanchoñt da ôber argadennou er vrô.

25. Pa wélaz Alsimus pénaoz Judas hag hé dûd a oa tréac'h d'ézhañ ; ha pa anavézaz pénaoz na hellé két kia out-hañ, é tistrôaz étrézég ar roué, hag é tamallaz d'ézhô meûr a wall.

26. Hag ar roué a gasaz Nikanor unan eûz hé vrudéta priñsed, péhini a oa eunn énébour brâz da Israel ; hag é c'hourc'hémennaz d'ézhañ kâsda-gét ar bobl-zé.

27. Nikanor a zeûaz war-harz Jéruzalem gañd eunn armé vrâz, hag a gasaz kannaded étrézé Judas hag hé vreûdeûr gañt geriou a béoc'h évid hô zouella,

28. O lavarout : Na vézet két a vrézel étré c'houi ha mé : doñd a rinn gañt nébeûd a dûd, évid hô kwélout ha komza a béoc'h.

29. Hag héñ a zeûaz da gavout Judas ; hag hi en em zaludaz ann eil égilé ével miñouned : hôgen ann énébourien en em aozé évit skrapa Judas.

30. Hôgen Judas a anavézaz pénaoz né oa deûet d'hé gavout néméd évid hé douella : aoun en doé ra-z-bañ, ha na fellaz mui d'ézhañ hé wélout.

31. Nikanor ô wélout pénaoz é oa diskuliet hé zézô, a gerzaz a-énep Judas, évit stourmi out-hañ war-harz Kafarsalama.

32. Énô é oé lazet eûz a armé Nikanor war-drô pemp-mil dén : hag ar ré all a dec'haz é kéar David.

33. Goudé-zé Nikanor a biñaz war vénez Sion : ha lôd eûz a véleien ar bobl a zeûaz d'hé zaludi gañt *geriou* a béoc'h, hag a ziskouézaz d'ézhañ ar sakrifisou a gennigeñt évid ar roué.

34. Hôgen héñ hô disprizaz hag a réaz goab anézhô : hô saotra a réaz, hag é komzaz out-hô gañt balc'hder.

35. Toui a réaz enn hé frouden, ô lavarout : Ma na lékéeur étré va daouarn Judas hag hé armé, kerkeñt ha ma vézinn distrôet ha mé gou-

nidek, é tevinn ann templ-mañ. Hag héñ a iéaz-kuit leûn a vuanégez.

36. Neûzé ar véleien a zeûaz ébarz; hag ô choum enn hô zà dirâg ann aoter hag ann templ, é léverchoñt enn eur wéla :

37. Té, Aotrou, éc'h eûz dilennet ann ti-mañ, évit ma vijé galvet da hanô enn-hañ, évit ma vijé eunn ti a béden hag a azeûliñdigez évid da bobl.

38. Kastiz ann dén-zé hag hé armé, ha ra gouéziñt dindân ar c'hlézé : az péz koun eûz hô gwall-gomsiou, ha na aotré két é padcheñt pelloc'h.

39. Ha Nikanor a iéaz-kuit a zirâk Jéruzalem, hag a ziazézaz hé gamp war-harz Béloron : hag armé ar Siria en em unanaz gañt-hañ.

40. Ha Judas a ziazézaz hé gamp war-harz Adarsa gañt tri mil dén : ha Judas a bédaz hag a lavaraz :

41. Aotrou, ar ré a oa bét kaset gañd ar roué Sennacherib ô véza drouk-komzet diwar-benn da hanô, é teûaz eunn éal hag a lazaz anézhô pemp mil ha naô-ugeñt mil :

42. Dispenn évei-sé ann armé-mañ dira-z-omp hiriô : ha ra wézô ar ré all pénaoz en deûz héñ drouk-komzet diwar-benn da di 'sañtel : ha barn anézhañ hervez hé zrougiez.

43. Ann arméou éta a stourmaz enn trizékved deiz eûz a viz Adar : hag armé Nikanor a oé dispennet, hag héñ a oé lazet ar c'heñta enn emgann.

44. Pa wélaz hé armé pénaoz é oa marô Nikanor, é taolchoñt hô armou, hag é tec'hchoñt.

45. Tûd Judas a iéaz war hô lerc'h a-zoug eunn dervez kerzed, adaleg Adazer bété porz Gazara ; hag hi a zonaz gañd ar c'hornou-boud évid embanna hô gounid.

46. Ann holl bobl a iéa er-méaz eûz ar c'histilli trô-war-drô, hô heskiné, hag a zistrôé évit stourmi out-hô : hag hi a gouézaz holl dindân ar c'hlézé, ha na choumaz hini anézhô.

47. Hô dibourc'hou a gémerchoñt é preiz : trouc'ha a réjoñt penn Nikanor, hag hé zourn déou en doa astennet gañt balc'hder : hag hi hô digasaz gañt-hô, hag hô c'hrougaz dirâk Jéruzalem.

48. Ar bobl a oé laouen brâz, hag a dréménaz ann deiz-zé enn eul lid ar vrasa.

49. Ann deiz-zé a oé lékéat da c'houél bép ploaz enn trizékved a viz Adar.

50. Ha douar Juda a choumaz enn éhan a-héd eunn dervez-bennâg.

VIII. PENNAD.

Judas a rà kévrédigez gañd ar Romaned.

1. Judas a glevaz méneg eûz ar Romaned ; klevoud a réaz pénaoz é oañt tûd c'halloudek, ha daré da aotréa kémeñd a c'houlenned digañt-hô : pénaoz é teûeñt da viñouned da gémeñd hini en em unané gant-hô, ha pénaoz é oa brâz hô galloud.

2. Klevoud a réaz ivé komza eûz hô stourmou, hag eûz ann ôberiou kaer hô doa gréat er Galatia ; pénaoz hô doa kéméret ar vrô-zé, ha lékéat ar bobl da baéa tellou.

3. *Klévoud a réaz komza* eûz a gémeñd hô doa gréat é brô Spañ, pénaoz é oañt deûet da vistri war ar meñgleûsiou arc'hañt hag aour a oa énô, ha pénaoz hô doa piaouet ann holl lec'hiou-zé gañd hô c'huzul hag hô siouldded :

4. Pénaoz hô doa lékéat da bléga dindan-hô brôiou pell-brâz diout-hô, hô doa trec'het rouéed a oa deûet da stourmi out-hô eûz a benn ar béd, hô doa dispennet eul lôd brâz eûz hô arméou, ha lékéat ar ré all da baéa tellou d'ézhô bép ploaz :

5. Pénaoz hô doa trec'het er brézel Filip ha Perséas roué ar Sétéed, hag ar ré all a oa bét savet enn hô énep, hag hô doa kéméret hô brôiou :

6. Pénaoz hô doa dispennet Antiokus ar brâz roué ann Asia, péhini a oa deûet da stourmi out-hô gañd eunn armé vrâz, gañt c'houec'h-ugeñt olifañt, ha kalz marc'heien ha kirri :

7. Pénaoz hô doa hé géméret bévô, hag hô doa hé rédiet héñ, hag ar rouéed hé-c'houdé, da baéa tellou

brâz, ha da rei gwéstlou, ha kémeñd a oa bét reizet étré-z-hô,

8. Brô ann Iñdied, hag ar Védied, hag al Lidied, hag ar ré wella eûz hô broviñsou, hô doa rôet goudé-zé d'ar roué Euménes :

9. Ha pénaoz ar ré eûz ar C'hrésia ô véza fellet d'ézhô baléa enn hô énep hag hô c'holla, é oé da anaout d'ézhô kémeñt-sé,

10. Hag é kaschoñt out-hô unan eûz hô duged ; é stourmchoñt out-hô, hag é lazchoñt eul lôd brâz anézhô : hag é kaschoñt é sklavérez hô grages hag hô bugalé : é preizchoñt anézhô, hag é lékéjoñt da bléga dindan-hô hô brô, é tiskarchoñt muriou hô c'heriou, hag é lékéjoñt anézhô da sklaved ével ma iñt c'hoaz hiriô :

11. Pénaoz hô doa gwastet ha lékéat da bléga dindân hô galloud ar rouañtélésiou all, hag ann énézi hô doa énébet out-hô :

12. Hôgen pénaoz é vireñt ar gévrédigez hô doa gréat gañd ar ré a oa en em rôet d'ézhô ; pénaoz ar rouañtélésiou, pé a dôst pé a bell hô doa dindan-hô, ô véza ma teûé da spouñta kémeñd hini a glevé méneg eûz hô hanô.

13. Pénaoz ar ré da béré é rôeñt ken-nerz évit réna, a réné ; hôgen é tiskareñt diwar hô zrôn, ar ré a fellé d'ézhô *da ziskara ;* hag ével-sé é oañt galloudek-brâz :

14. Pénaoz koulskoudé hini anézhô na zougé ar gurunen, ha na wiské ar zaé-roué, évit béza brasoc'h égéd ar ré all.

15. Hôgen pénaoz hô doa gréat eunn hénaouriez évit-hô, hag é c'houlenneñt kuzul bemdez digañd ar c'houézég-ugeñd dén a oa enn-hi, hag é talc'heñt kuzul bépréd diwar-benn kéfridiou ar bobl, évit ma en em réncheñt enn eunn doaré din anézhô :

16. Ha pénaoz é lékéeñt bép ploaz hô mestrouniez étré daouarn eunn dén hép-kén. évit mestrounia d'ar vrô holl ; hag ével-sé é señté ann holl da unan hép-kén, héb érez na gwarizi étré-z-hô.

17. Ha Judas a zilennaz Eupolémus mâb Iann, mâb Jakob, ha Jason mâb Éléazar : hag é kasaz anézhô da Roma, évid ôber miñouniach ha kévrédigez gañt-hô ;

18. Hag évit ma tencheñt diwar-n-ézhô iéô ar C'hrésied ; râg héñ a wélé pénaoz é talc'heñt é sklavérez rouañtélez Israel.

19. Moñd a réjoñt éta da Roma goudé béza gréat kalz a heñt, hag ô véza éat enn hénaouriez é léverchoñt :

20. Judas Makabéad hag hé vreûdeûr, ha pobl ar Iuzevien hô deûz hor c'haset étrézég enn hoc'h, évid ôber gan-é-hoc'h kévrédigez ha péoc'h, hag évit ma skrivot ac'hanomp é-touez hoc'h eiled hag hô miñouned.

21. Al lavar-zé a oé kavet mâd gañt-hô.

22. Ha chétu ar skrid a gizelchoñt war daolennou arem, hag a gaschoñt da Jéruzalem, évit ma vijé énô da éñvor a béoc'h hag a gévrédigez.

23. Ra vézô mâd ann doaré gañd ar Romaned, ha gañt pobl ar Iuzevien da-vikenn war ar môr ha war ann douar : ra bellai diout-hô ar c'hlézé hag ann énébour.

24. Ma c'hoarvez brézel d'ar Romaned, pé d'hô eiled enn hô holl vestrouniez,

25. Ar Iuzevien a rôi ken-nerz d'ézhô a galoun vâd, hervez ma aotréô ann amzer ;

26. Hép ma vézô rôet d'hô brézélidi *gañd ar Romaned* nag éd, nag armou, nag arc'hañt, na listri ; râg ével-sé eo bét kavet-mâd gañd ar Romaned : hag *ar Iuzevien* a zeñtô out-hô, hép kaout nétrâ digañt-hô.

27. Hag enn hévélep doaré, ma c'hoarvez brével d'ar Iuzevien, ar Romaned hô c'hen-nerzô a galoun vâd, hervez ma aotréô ann amzer ;

28. Hép ma vézô rôet *gañd ar Iuzevien* d'ar ré a zeûi d'hô c'hen-nerza nag éd, nag armou, nag arc'hañt, na listri ; râg ével-sé eo bét kavet-mâd gañd ar Romaned : hag hi a zeñtô oud *ar Iuzevien,* gañd éeunder.

29. Houn-nez eo ar gévrédigez a râ ar Romaded gañd ar Iuzevien.

30. Mar teû pelloc'h ann eil pé égilé da lakaat pé da denna eur gér-bennâg dreist ar ré-mañ, é vézô gellet hé

ôber a-unan ha kévret, ha kémeñd a vézô lékéat pé tennet, a choumô stard.

31. É-kéñver ann drougou en deûz gréat ar roué Démétrius d'ar Iuzevien, hon eûz skrivet d'ézhañ, ô lavarout : Pérâg éc'h eûz-dé pounnéréet da iéô war ar Iuzevien, a zô da viñouned ha da eiled d'é-omp ?

32. Mar teûoñt adarré da ôber klemm d'é-omp, é raimp barn d'ézhô enn da énep, hag é stourmimp ouz-id dré vôr ha dré zouar.

IX. PENNAD.

Alsimus ô véza diskaret lôd eûz a vuriou ann templ, a zô skôet gañd Doué hag a varv.

1. Pa glevaz Démétrius pénaoz é oa bét dispennet hé armé, ha lazet Nikanar enn emgann, é kasaz adarré Bakkides hag Alsimus er Judéa, ha gañt-hô korn zéou hé armé.

2. Hag hi a gerzaz dré ann heñt a gâs da C'halgala, hag a ziazézaz hô c'hamp war-harz Masalot, a zô enn Arbelles : hag hi a géméraz kéar, hag a lazaz énô kalz a dûd.

3. Er miz keñta eûz ar bloaz daouzég ha seiz-ugeñt, é kaschoñt hô armé war-harz Jéruzalem.

4. Hag ugeñt mil dén a zavaz, hag a iéaz da Véréa, gañd daou vil marc'hek.

5. Hôgen Judas en doa diazézet hé gamp é Laisa, ha tri mil dén dilennet gañt-hañ.

6. Hag hi ô wélout péger braz é oa armé *hô énébourien*, a oé spouñtet-brâz : ha kalz anézhô a dec'haz diouc'h ar c'hamp ; ha na choumaz anézhô néméd eiz kañt.

7. Pa wélaz Judas pénaoz éz éa hé armé da-gét, hag é oa réd d'ézhañ en em ganna, é oé gwéñvet hé galoun ; râk n'en doa két a amzer a-walc'h évid hé strolla ; hag é oé daré d'ézhañ dielc'ha.

8. *Koulskoudé* é lavaraz d'ar ré a oa choumet *gañt-hañ* : Savomp, ha déomp étrézég hon énébourien, ha stourmomp out-hô, mar gellomp.

9. Hôgen hé dûd a zistrôé anézhañ, ô lavarout : Na hellimp két hé ôber ; hôgen bréma dieûbomp hor buez, ha distrôomp étrézég hor breûdeûr, ha neûzé é stourmimp oud hon énébourien : râk ré nébeûd a dûd omp.

10. Ha Judas a lavaraz : Doué ra virô ma raimp kémeñt-sé, ha ma tec'himp dira-z-hô : mar d-eo deûet hon amzer, marvomp gañt kaloun évid hor breûdeûr, ha na zaotromp két hor gloar.

11. Armé *ann énébourien* ô véza éat er-méaz eûz hé gamp, a zeûaz d'hô diarbenna : ar varc'heien en em lékéaz é daou rann : ar vatalmerien hag ar warégerien a valéé é penn ann armé, ha da geñta en em gavé ar ré galounéka.

12. Bakkides a oa er c'horn déou, hag ar vañden a dôstéé enn daou du, hag a zoné gañd ar c'hornou-boud.

13. Ar ré a oa gañt Judas a zonaz ivé gañd ar c'hornou-boud. Ann douar a grénaz gañt trouz ann arméou : hag ann emgann a badaz adaleg ar miñtin bétég ar pardaez.

14. Judas ô wélout pénaoz korn déou armé Bakkidès a oa ar c'hréva, a boelladaz gañd ar ré galounéka eûz hé vrézélidi :

15. Hag hi a freûzaz ar c'horn déou-zé, hag a iéaz war hô lerc'h bété ménez Azot.

16. Hôgen ar ré a oa er c'horn kleiz ô wélout pénaoz ar c'horn déou a oa bét dispennet, a iéaz war-lerc'h Judas, hag ar ré a oa gañt-hañ.

17. Ann emgann a oé garô, hag é oé glazet ha lazet meûr a hini eûz ann eil tu hag eûz égilé.

18. Judas hé-unan a oé lazet, hag ar ré all a dec'haz.

19. Jonatas ha Simon a géméraz korf Judas hô breûr, hag a vésiaz anézhañ é béz hô zadou é kéar Modin.

20. Holl bobl Israel a réaz eur c'hañv brâz d'ézhañ, hag a wélaz d'ézhañ a-zoug meûr a zervez :

21. Hag é léverchoñt : Pénaoz eo bét kouézet ann dén galloudek-zé, péhini a zieûbé pobl Israel ?

22. Brézéliou all Judas, hé ôberiou kaer, hag hé galoudiez vrâz n'iñt két bét diskrivet amañ ; râk ré a oa anézhô.

23. Hôgen chétu pétrâ a c'hoarvézaz : goudé ma oé marô Judas, ar ré fallagr en em ziskouézaz a bép tû é brô Israel, hag ann holl wall dud a zavaz.

24. Enn deisiou-zé é c'hoarvézaz eunn naounégez vrâz, hag ar vrô holl gañd hé holl dûd en em rôaz da Vakkides.

25. Ha Bakkides a zilennaz tûd fallagr, hag hô lékéaz da rénerien war ar vrô.

26. Hag hi a glaské hag a c'houilié miñouned Judas, hag hô c'hasé da Vakkides, péhini en em veñjé war-n-ézhô, hag a réa goab anézhô.

27. Eunn eñkrez brâz a c'hoarvézaz enn Israel, ével na oa két bét gwélet abaoé ann amzer é péhini na wéled mui a brofed enn Israel.

28. Neûzé holl viñouned Judas en em strollaz, hag a lavaraz da Jonatas:

29. Abaoé ma eo marô Judas da vreûr, n'eo bét kavet dén é-béd héñvel out-hañ, évit kerzout a-éneb Bakkides, hag énébourien all hor pobl.

30. Râk-sé é tilennomp ac'hanod hiriô, évit béza da briñs d'é-omp enn hé léac'h, ha da zûg enn hon holl vrézéliou.

31. Neûzé éta é kéméraz Jonatas ar briñsélez, hag é savaz é léac'h Judas hé vreûr.

32. Bakkides ô véza klevet méneg eûz a géméñt-sé, a glaské ann tû d'hé laza.

33. Jonatas ha Simon hé vreûr, hag ar ré holl a oa gañt-hô ô véza klevet kéméñt-sé a dec'haz é distrô Tékua, hag a arzaôaz war-harz doureier lenn Asfar.

34. Pa wélaz Bakkides kéméñt-sé é teûaz hé-unan, gañd hé holl armé, é deiz ar sabbat, enn tu all d'ar Jourdan.

35. Neûzé Jonatas a gasaz hé vreûr péhini a oa dûg war ar bobl, évit pédi ann Nabutéed, a oa miñouned d'ézhañ, da bresta d'ézhô hô finviou a vrézel a oa brâz-meûrbéd.

36. Hogen mipien Jambri a iéaz er-méaz eûz a Vadaba, hag a géméraz Iann, ha kémeñd en doa, hag hé c'hasaz gañt-hô.

37. Goudé-zé é oé rôet da anaout da Jonatas ha da Zimon hé vreûr, pénaoz mipien Jambri a réa eunn eûreûd brâz, hag é kaseñt gañd eur fougé brâz eûz a Vadaba, eur plac'h nevez a oa merc'h da unan eûz ar briñsed brasa eûz a Ganaan.

38. Neûzé é teûaz koun d'ézhô eûz a c'hoad Iann hô breûr : hag hi a biñaz, hag a iéaz da guza adré eur ménez.

39. Hag hi a zavaz hô daoulagad, hag a wélaz eur c'héflusk hag eur fougé brâz. Ar goâz-nevez a zeûé gañd hé viñouned hag hé géreñt, da ziambrouga ar plac'h-nevez diouc'h son ann taboulinou ha binviou all, ha gañt-hañ kalz a vrézélidi.

40. Tûd Jonatas a zavaz eûz hô spî, hag en em daolaz war-n-ézhô : hag eul lôd brâz a oé lazet ; hag ar ré all a dec'haz war ar ménésiou, ô lézel hô holl zibourc'hou gañd tûd Jonatas.

41. Ével-sé ann eûreûd a oé trôet é kañv, hag ar c'hân é iouc'hadennou.

42. Hag hi a veñjaz goâd hô breûr, hag a zistrôaz war aod ar Jourdan.

43. Bakkides ô véza klevet kéméñt-sé, a zeûaz gañd eunn armé vrâz é deiz ar sabbat bétég aod ar Jourdan.

44. Hôgen Jonatas a lavaraz d'hé dûd : Savomp ha stourmomp oud hon énébourien : râk né két hiriô ével déac'h ha derc'heñd-déac'h :

45. Râk chétu ann énébourien râg-énep d'é-omp, dour ar Jourdan hag ar gwerniou adré d'é-omp, hag ar c'hoat a bép tû : na hellomp trei a dû é-béd.

46. Bréma éta garmit étrézég ann éñv, évit ma viot dieûbet eûz a zaouarn hoc'h énébourien : hag é oé rôet ann emgann.

47. Jonatas a astennaz hé zourn évit skei gañt Bakkides ; hôgen hé-mañ a argilaz.

48. Neûzé Jonatas, hag ar ré a oa gañt-hañ en em daolaz er Jourdan, hag a dreûzaz ar ster dira-z-hô.

49. Mil dén a gouézaz enn deiz-zé eûz a dû Bakkides: hag héñ a distrôaz da Jéruzalem gañd hé dûd.

50. Hag hi a zavaz keriou kré er Judéa, hag a grévaaz gaût muriou uc'hel, gañd dôriou ha gañt potalou; ar c'hréou a oa é Jériko, é Ammaus, é Bétoron, é Bétel, é Tamnata, é Fara, hag é Topo.

51. Ha Bakkides a lékéaz gwardou enn-hô, évid óber argadennou enn Israel.

52. Krévaad a réaz ivé Betsura ha Gazara, hag ar c'bré; hag é lékéaz gwardou enn-hô, ha kalz a voéd.

53. Kéméroud a réaz évit gwéstl mipien ar ré-geñta eûz ar vrô, hag hô lékéaz é kré Jéruzalem évit béza dalc'het énô.

54. Er bloaz trizég ha seiz-ugeñt, enn eil viz, é c'hourc'hémennaz Alsimus ma vijé diskaret muriou a ziabarz ann templ, ha ma vijé freûzet ôberiou ar broféded: hag héñ a zéraouaz hô dismañtra.

55. Hôgen enn amzer-zé é oé skôet Alsimus, ha na hellaz két peûr-ôber ar péz en doa déraouet: serret é oé hé c'hénou; dalc'het é oé gañd ar péluz, ha na hellaz mui lavarout gér, na lakaat reiz é-béd enn hé dl.

56. Hag Alsimus a varvaz neûzé gañt gloasiou brâz.

57. Pa wélaz Bakkides pénaoz é oa marô Alsimus, é tistrôaz étrézég ar roué, hag ar vrô a choumaz enn éhan a-zoug daou vloaz.

58. Ar ré fallagr a vennaz hag a lavaraz: Chétu Jonatas, hag ar ré a zô gañt-hañ a vév bréma é péoc'h ha gañt fisiañs: lékéomb éta da zoñt Bakkides, hag héñ hô c'hémérô holl enn eunn nôzvez.

59. Hag hi a iéaz, hag a rôaz d'ézhañ ann ali-zé.

60. Hag héñ a zavaz évit moñt gañd eunn armé vrâz: hag é kasaz é-kuz lizéri d'hé eiled, a oa er Judéa, évit ma krôgcheñt é Jonatas, hag er ré a oa gañt-hañ: hôgen na helchoñt két hé ôber, ó véza ma oé klevet méneg eûz hô dézô.

61. Ha Jonatas ô véza kéméret hañter-kañt dén eûz ar vrô, péré a oa da benn d'ar gwall zézô-zé, a lékéaz hô laza.

62. Jonatas, ha Simon, hag ar ré a oa gañt-hô en em dennaz é Betbessen, péhini a zô enn distrô: hag hi a aozaz hé dizerion, hag a grévaaz anézhi.

63. Pa glevaz Bakkides kémeñt-sé, é strollaz hé boll dûd, hag é c'halvaz ar ré a oa er Judéa.

64. Hag héñ a zeûaz, hag a ziazézaz hé gamp uc'héloc'h égét Betbessen: hag héñ a stourmaz out-hi a-zoug meûr a zeiz, hag a réaz gwindaskou.

65. Jonatas ô véza lézet hé vreûr Simon er géar, a iéaz dré ar mésiou, hag a valéaz gañd eul lôd brâz a dûd.

66. Skei a réaz Odaren hag hé vreûdeûr, ha mipien Faséron enn hô zeltou: hag héñ a zéraouaz dispenna *hé énébourien*, ha béza brudet gañd hé ôberiou kaer.

67. Hôgen Simon, hag ar ré a oa gañt-hañ, a iéaz er méaz eûz a géar, hag a zevaz ar gwindaskou.

68. Stourmi a réjoñt out Bakkides, hag é tispenchoñt hé armé: gwall c'hlac'haret é oé gañt-hô, dré ma wélaz pénaoz é oa éat-da-gét hé aliou hag hé gamméjou.

69. Hag ô véza savet droug enn-hañ oud ar ré fallagr hô doa hé aliet da zoñd enn hô brô, é lazaz kalz anézhô: hag héñ a lékéaz enn hé benn distrei d'hé vrô gañd ann dilerc'h eûz hé armé.

70. Jonatas ô véza klevet kémeñt-sé, a gasaz kannaded étrézég enn-hañ, évid ôber ar péoc'h gañt-hañ, hag évid ann distol eûz ar ré a oa bét kéméret er brézel.

71. Bakkides a aotréaz kémeñt-sé a galoun vâd, hag a réaz ar péz a c'houlenné: hag é touaz pénaoz eñdra ma vévché na rajé mui a zrouk d'ézhañ.

72. Disteûrel a réaz d'ézhañ ar ré en doa kéméret keñt é brô Juda; distrei a réaz d'hé vrô ha na zeûaz mui er Judéa.

73. Éhana a réaz ar brézel enn Israel: Jonatas a iéaz da choum é Mac'hmas, hag a zéraouaz énô barna ar bobl; hag héñ a zispennaz ar ré fallagr é Israel holl.

X. PENNAD.

Jonatas a ia da gavout Aleksandr, péhini hen digémer gañt kalz a zéréadégez.

1. Er bloaz eiz-ugeñt é savaz Alek-sañdr mâb Antiokus, péhini a oa les-haovet ar brudet-brâz : hag héñ a géméraz Ptolémaid. Digéméret-mâd é oé, hag é rénaz énô.

2. Ar roué Démétrius é véza klevet kémeñt-sé, a strollaz eunn armé vrâz hag a iéaz d'hé ziarbenna évit stourm, oul-hañ.

3. Hag héñ a gasaz eul lizer da Jo-natas skrivet gañt geriou a béoc'h évid hé likaoui.

4. Râg héñ a lavaré *d'hé dûd :* Has-tomb ôber ar péoc'h gañt-hañ, abarz ma rai ar péoc'h gañd Aleksandr enn hon énep :

5. Râk kounn a zeûi d'ézhañ eûz ann holl zroug hon eûz gréat d'ézhañ, ha d'hé vreûr, ha d'hé vrôad.

6. Ar galloud a rôaz d'ézhañ da strolla eunn armé, da ôber armou, ha da véza da eil d'ézhañ : gourc'hé-menni a réaz ma vijé distolet d'ézhañ ar ré *eûz hé dûd* a oa é gwéstl é kré *Jéruzalem.*

7. Jonatas a zeûaz da Jéruzalem, hag a leunaz al lizéri dirâg ann holl bobl, ha dirâg ar ré a oa er c'hré.

8. Hag ar ré-mañ a oé spouñtet-brâz, pa glevchoñt pénaoz en doa rôet ar roué d'ézhañ ar galloud da zével eunn armé.

9. Ar gwéstlou a oé distolet da Jo-natas, hag héñ hô rôaz d'hô c'héreñt.

10. É Jéruzalem é choumaz Jona-tas, hag é léraouaz sével tiez ha né-vézi kéar.

11. Lavaroud a réaz d'ar ré a la-bouré, sével enn-drô da vénez Sion muriou mein-bén évid hé lakaad da véza kré : hag hi a réaz ével-sé.

12. Neûzé ann diavésidi a oa er c'hréou en doa savet Bakkides, a iéaz-kuit.

13. Pép-hini anézhô a guitaaz al léac'h é péhini édo, hag a zistrôaz d'hé vrô.

14. Koulskoudé é Betsura é chou-maz hiniennou eûz ar ré hô doa dilé-zet lézen ha kémennou Doué : râg ar géar-zé a oa da warez d'ézhô.

15. Aleksañdr a glevaz méneg eûz ar péz en doa skrivet Démétrius da Jonatas. Danévellet é oé ivé d'ézhañ ar stourmou en doa gréat hé-mañ, hag hé vreûdeûr, hag hô gounidou ; hag ar gloasiou hô doa gouzañvet.

16. Hag héñ a lavaraz : Ha ni a gavô eunn dén all héñvel oud hé-mañ ? Gréomb éta anézhañ hor mi-ñoun hag hon eil.

17. Hag héñ a skrivaz, hag a gasaz eul lizer d'ézhañ enn doaré-mañ :

18. Ar roué Aleksandr d'hé vreûr Jonatas, salud.

19. Klevet hon eûz pénaoz éz oud eunn dén galloudek, ha mâd da véza miñoun d'é-omp.

20. Râk-sé é lékéomb ac'hanod hi-riô da vélek-brâz war da bobl, hag é vézi galvet miñoun ar roué ; enn tû gan-é-omp é vézi, hag é viri ar ga-rañtez évid-omp. Hag Aleksandr a gasaz d'ézhañ eur zaé vouk hag eur gurunen aour.

21. Jonataz a wiskaz ar zaé zañtel, er seizved mîz, er bloaz eiz-ugeñt, é deiz lid ann teltou. Sével a réaz eunn armé hag é lékéaz ôber kalz a armou.

22. Ha Démétrius ô véza klevet ké-meñt-sé, a oé glac'haret-brâz, hag a lavaraz :

23. Pénaoz hon eûz-ni lézet Alek-sandr d'hon diaraogi, ha d'en em gré-vaat ô chounid karañtez ar Iuzevien ?

24. Skriva a rinn ivé d'ézhô enn eunn doaré déréad, hag *é kinniginn* d'ézhô kargou ha rôou brâz, évit ma en em lakaiñt a dû gan-éñ d'am c'hen-nerza.

25. Hag héñ a skrivaz d'ézhô enn doaré mañ : Ar roué Démétrius da bobl ar Iuzevied, salud.

26. Klevet hon eûz pénaoz hoc'h eûz miret ar gévrédigez hô poa gréat gan-é-omp, oc'h choumet da viñouned d'é-omp, ha n'oc'h két en em unanet gañd hon énébourien, hag omb en em laouénéet.

27. Mirit bépréd ann hévélep féal-dcd enn hor c'héñver, hag é distaolimp

madou d'é-hoc'h évit kémeñd hô pézô gréat enn hor c'héñver.

28. Ha ni a zistolô d'é-hoc'h kalz traou eûz ar ré a oa bét lékéat war-n-hoc'h, hag a rai d'é-hoc'h kalz rôou.

29 Hag a-vréma é tistaolann d'é-hoc'h ha d'ann holl Iuzevien ann tellou, hag ar gwiriou war ar c'hoalen, hag ar churunennou, hag ann drédéren eûz ann bâd :

30. Hag ann hañter eûz a frouez ar gwéz a oa va lôd : kémeñt-sé a zilézann gan-é-hoc'h a-vréma ha da-vikenn ; ha na véziñt két savet mui war vrô Juda, na war ann deir c'héar a zô bét tennet eûz a Zamaria hag eûz a C'haliléa évit staga out-hi, eûz ann deiz a hiriô ha da vépréd.

31. Ra vézô Jéruzalem sañtel ha dieûb gañd hé holl zalc'hiou : ra choumô gañt-hi hé déogou, hag hé zellou.

32. Lakaad a rann ivé étré hô taouarn ar c'hré a zô é Jéruzalem : hag hé rei a rann d'ar bélek-brâz, évit ma lakai évid hé ziwallout, ann dûd en dévézô dilennet hé-unan.

33. Ar frañkiz a rôann ivé évit-nétrâ da gémeñt Iuzéô a zô bét kaset é sklavérez eûz a vrô Juda em rouañtélez ; hag é tistaolann d'ézhô ann holl dellou, ar ré zô-kén a baeñt war hô loéned.

34. Ra vézô ivé ann holl c'hoéliou lîd, hag ar sabbatou, hag al loariou nevez, hag ar goéliou dalc'het, hag ann tri deiz abarz ar goél lîd, hág ann tri deiz goudé ar goél lîd, deisiou a ziskarg hag a zistol évid ann holl Iuzevien a zô em rouañtélez.

35. N'en dévézô dén ar galloud da vreûtaad out-hô, na da eñkrézi anézhô é nép doaré.

36. Diskrivet é vézô bété trégoñt mil Iuzéô é armé ar roué : hag é vézô rôet d'ézhô kémeñd a zô réd ével da vrézélidi ar roué : hag é vézô dilennet lôd anézhô évid hô lakaad é kréou ar roué brâz.

37. Lékéat é vézô lôd anézhô é penn kéfridiou ar rouañtélez, a c'houlenn eur féalded brâz : da briñsed é véziñt war-n-ézhô ; hag hi a valéô enn hô lézennou, ével ma en deûz hé c'hourc'hémennet ar roué évit brô Juda.

38. Ann teir géar eûz a vrô Samaria péré a zô bét staget oud ar Judéa, a vézô sellet ével pa veñt bét bépréd d'ar Judéa : eûz ann hévélep réner é talc'hiñt, ha na zeñtiñt out galloud all é-béd némédout béli ar bélek-brâz.

39. Ptolémaid a rôann, hag hé barzou ivé, da zañtuar Jéruzalem, évit mizou ann traou sañtel.

40. Rei a rinn c'hoaz bép ploaz pemzék mil sikl arc'hañt eûz a wiriou ar roué, hag eûz va madou vanan.

41. Hag ar ré a oa da rénerien war géfridiou ar vrô er bloavésiou keñt, a rôi évit labour ann templ, kémeñd a zô choumet d'ézhô da baéa.

42. É-kéñver ar pemp mil sikl arc'hañt a géméred war ar sañtuar bép ploaz, é véziñt rôet d'ar vélcien évid hô c'harg.

43. Kémeñd hini eûz a zléourien ar roué évid eunn dra-bennâg en em dennô é templ Jéruzalem pé enn hé barzou, a vézô énô é gwarez : ha kémeñd a vézô d'ézhô em rouañtélez a vézô lézet gañt-hô.

44. Rôet é vézô ivé eûz a espern ar roué, péadrâ da zével pé da aoza al lec'hiou sañtel.

45. Rôet é vézô c'hoaz eûz a espern ar roué, péadrâ da zével ha da grevaat muriou Jéruzalem trô-war-drô, ha muriou ar c'heriou all eûz ar Judéa.

46. Pa glevaz Jonatas hag ar bobl ar geriou-zé, na grédchoñt két d'ézhô, ha n'hô digémerchoñt két ; râk koun a zeûaz d'ézhô eûz ann drougiez vrâz hô doa gréat é-kéñver Israel, hag é pé zoaré hô doa hô mac'het.

47. Gwell é kavchoñt trei étrézég Aleksandr, péhini en doa da geñta komzet a béoc'h d'ézhô ; hag hi a skoazellaz anézhañ bépréd.

48. Neûzé ar roué Aleksandr a strollaz eunn armé vrâz, hag a valéaz a-énep Démétrius.

49. Ann daou roué a roaz ann emgann, hag armé Démétrius a dec'haz ; hag Aleksandr a iéaz war hé lerc'h, hag a gouézaz war-n-ézhô.

50. Kounnaret é oé ar stourm, *hag*

é padaz bété kûs-héol : ha Démétrius a oé lazet enn deiz-zé.

51. Neûzé Aleksandr a gasaz kannaded da Ptoléméus roué ann Éjipt, hag a skrivaz d'ézhañ ével-henn :

52. O véza ma ounn distrôet em rouañtélez, ma ounn azézet war drôn va zadou, ma em eûz dispennet Démétrius, ha ma eo deûet d'in dré-zé va rouañtélez, ha kémeñt brô a oa d'in ;

53. Ma em eûz stourmet out-hañ, hag oud hé armé, hag em eûz hô dispennet ; hag ounn dré-zé azézet war ann trôn a zalc'hé :

54. Gréomp bréma kévrédigez étré-z-omp : rô d'in da verc'h da c'hrég, ha mé a vézô da vap-kaer d'id, hag a rôi rôou kaer d'id ha d'ézhi.

55. Ar roué Ptoléméus a respouñtaz d'ézhañ, ô lavarout : Deiz euruz, é péhini oud distrôet é brô da dadou, hag oud azézet war drôn hô rouañtélez.

56. Ober a rinn enn da géñver enn doaré ma éc'h eûz hé skrivet : hôgen deûz d'am c'havout é Ptolémaid, évit ma en em wélimp, hag é rôinn va merc'h d'id da c'hrég, ével ma éc'h eûz hé goulennet.

57. Ptoléméus éta a iéaz er-méaz eûz ann Éjipt, héñ ha Kléopatra hé verc'h, hag a zeûaz da Ptolémaid, er bloaz daou hag eiz-ugeñt.

58. Ar roué Aleksandr a iéaz d'hé ziambrouga ; ha Ptoléméus a rôaz d'ézhañ hé verc'h Kléopatra : ann eûreûd a oé gréat é Ptolémaid gañd eur fougé vrâz, hervez kiz ar rouéed.

59. Ar roué Aleksandr a skrivaz ivé da Jonatas, évit ma teûjé d'hé gavout énô.

60. Jonatas a iéaz da Ptolémaid gañt kalz a fougé, hag a iéaz da gavoud ann daou roué ; rei a réaz d'ézhô kalz a arc'hañt hag a aour, ha rôou *all* : hag héñ a oé digéméret mâd gañt-hô.

61. Tûd eûz a Israel ker fallagr hag ar vosen en em strollaz kévret évid hé damallout : hôgen ar roué na fellaz két d'ézhañ hô sélaoui.

62. Hag héñ a c'hourc'hémennaz ma vijé diwisket Jonatas, ha ma vijé lékéat d'ézhañ eur zaé a roué ; hag é oé gréat. Hag ar roué hel lékéaz da azéza enn hé gichen.

63. Hag héñ a lavaraz d'hé briñsed : It gañt hañ dré greiz kéar, hag embannit na zeûet dén da damallout anézhañ, na da ôber drouk d'ézhañ é nép doaré.

64. Pa wélaz ar ré a oa deûet évid hé damallout, ar péz a oa embannet *diwar hé benn*, ha pénaoz é oa gwisket d'ézhañ eur zaé a roué, é tec'hchoñt holl.

65. Ar roué a zavaz anézhañ é énor brâz, hag a ziskrivaz hé hanô é-touez hé viñonned ar ré vrasa, hag a rôaz d'ézhañ lôd eûz hé c'halloud hag eûz hé briñsélez.

66. Ha Jonatas a zistrôaz da Jéruzalem é péoc'h ha gañt lévénez.

67. Er bloaz pemp hag eiz-ugeñt, Démétrius, mâb Démétrius, a zeûaz eûz a Greta da vrô hé dadou.

68. Ar roué Aleksandr pa glevaz kémeñt-sé, a oé glac'haret-brâz ; hag é tistrôaz da Antiokia.

69. Ar roué Démétrius a lékéaz da zûg Apollonius, péhini a oa da réner war ar Sélésiria : hag hé-mañ a zavaz eunn armé vrâz, hag a iéaz da Jamnia : neûzé é kasaz *tûd* étrézé Jonatas ar bélek-brâz,

70. Évit lavarout d'ézhañ : N'eûz néméd-od a gémeñt a éneb ouz-omp : ha mé a zô deûet da c'hoapérez ha da vézégez, ô véza ma éc'h eûz ar gounid war-n-omp enn da vénésiou.

71. Hôgen bréma ma fisiez enn da vrézélidi, diskenn d'hor c'havout er gompézen, hag énô éc'h hévélébékaimp hon ners ; râg ann tréac'h a zô bépréd gan-éñ er brézel.

72. Goulenn, ha desk piou ounnmé, ha piou eo ar ré a zô da eil d'in, péré a lavar pénaoz na hell két hô troad choum stard dira-z-omp, pa eo gwir pénaoz da dadou a zô bét lékéat é tec'h diou wéach enn hô brô.

73. Ha bréma pénaoz é helli-dé ôber-penn d'am marc'heien ha da eunn armé ker braz enn eur gompézen, é péhini n'eûz na mein, na rec'hier, na léac'h é-béd é péhini é helli tec'hout ?

74. Pa glevaz Jonatas lavariou Apollonius, é oé strafilet bété gwéled hé galoun : dilenna a réaz dék mil dén, hag éz éaz er-méaz eûz a Jéruzalem ; hag hé vreûr Simon a zeûaz d'hé gennerza.

75. Hag hi a ziazézaz hô c'hamp é-tâl Joppé, ha tûd kéar a zerraz hô dôr out-hô (râk tûd Apollonius a oa da ward é Joppé) : ha Jonatas a stourmaz out-hi.

76. Hag ar spouñt ô véza kroget er ré a oa ébarz, é tigorchoñt d'ézhañ ; ha Jonatas a biaouaz Joppé.

77. Pa glevaz Apollonius kémeñt-sé, é kéméraz gañt-hañ tri mil marc'hek, hag eunn armé vrâz.

78. Hag héñ a gerzaz ével p'az ajé étrézég Azot, ha râk-tâl en em daolaz er gompézen, ô véza m'en doa kalz a varc'heien, é péré é lékéa hé fisiañs. Ha Jonatas a iéaz war hé lerc'h étrézég Azot, hag é rôjont ann emgann.

79. Apollonius en doa lézet mil marc'hek é-kûz war hé lerc'h enn hé gamp.

80. Hôgen Jonatas a anavézaz pénaoz é oa aozet spiou war hé lerc'h : ann énébourien éta a c'hrounnaz hé gamp, hag a daolaz kalz darédou oud hé dûd adaleg ar miatin bétég ar pardaez.

81. Hôgen tûd Jonatas a choumaz stard ével m'en doa gourc'hémennet d'ézhô : ha kézég ar ré all a zeûaz da skuiza.

82. Neûzé Simon a dôstaaz gañd hé dûd, hag en em daolaz war ar vrézélidi war droad : râg ar varc'heien a oa skuiz : hag ar vrézélidi a oé dispennet gañt-hañ, hag a dec'haz.

83. Hag ar ré a oa bét skiñet dré ar gompézen, a dec'haz da Azot, hag a iéaz é templ Dagon hô idol, évit béza dieûb énô.

84. Hôgen Jonatas a zevaz Azot, hag ar c'herion diwar-drô : hag héñ a géméraz hô dibourc'hou, ha templ Dagon, hag a zevaz ar ré holl a oa bét tec'het enn-hañ.

85. War-drô eiz mil dén é oé lazet, pé gañd ar c'hlézé, pé gañd ann tân.

86. Jonatas a zavaz hé gamp ac'hanô, hag a ziazézaz anézhañ é-tâl Askalon : hôgen tûd kéar a iéaz d'hé ziambrouga gañt kalz a énor.

87. Ha Jonatas a zistrôaz da Jéruzalem gañd hé dûd, ha kalz a zibourc'hou gañt-hô.

88. Ha chétu pétrâ a c'hoarvézaz : pa glevaz ar roué Aleksandr kémeñt-sé, é savaz Jonatas enn eur c'hloar vrasoc'h c'hoaz.

89. Kâs a réaz d'ézhañ eur vac'hig aour, ével ma eur boazet da rei da géreñt-nés ar rouéed. Rei a réaz ivé d'ézhañ Akkaron, hag hé holl harzou, enn hé gers.

XI. PENNAD.

Antiokus mâb Aleksandr a râ kévrédigez gañt Jonatas.

1. Neûzé roué ann Éjipt a strollaz eunn armé, a oa ével ann tréaz a zô war aod ar môr, ha kalz a listri : hag héñ a glaské kémérout dré douellérez rouañtélez Aleksandr, hag hé staga oud hé rouañtélez hé-unan.

2. Moñd a réaz er Siria gañt geriou a béoc'h, hag ann dûd a zigoré hô c'heriou, hag az éa d'hé ziambrouga ; râg ar roué Aleksandr en doa gourc'hémennet moñd d'hé ziambrouga, ô véza ma oa tâd-kaer d'ézhañ.

3. Hôgen kerkeñt ha m'az éa Ptoléméus enn eur gêar, é lékéa eur gward brézélidi enn-hi.

4. Ha pa dostéé oud Azot, é oé diskouézet d'ézhañ templ Dagon a oa bét devet, ha dizeriou kéar Azot, hag ar c'horfou-marô dilézet *war ann douar*, hag ar grac'hellou a oa bét savet a-héd ann heñt évit gôlei ar ré a oa bét lazet er brézel.

5. Hag hi a lavaraz d'ar roué pénaoz en doa Jonatas gréat kémeñt-sé, évit lakaad da zével kâs out-hañ enn hé spéred. Hôgen ar roué a davaz.

6. Jonatas az éaz da ziambrouga ar roué da Joppé gañt kalz a fougé. En em zaludi a réjoñt, hag é kouschoñt énô.

7. Jonatas a iéaz gañd ar roué bétég ar ster a c'halvcur Éleuterus ; hag é tistrôaz da Jéruzalem.

8.

8. Hôgen ar roué Ptoléméus a géméraz ar c'heriou bété Séleusias ar géar vôrek ; hag héñ a venné gwall ioulou a-éneb Aleksandr.

9. Hag héñ a gasaz kannaded étrézé Démétrius, évit lavaroud d'ézhañ : Deûz, gréomp kévrédigez étré-z-omp ; hag é rôinn d'id va merc'h, a zô dimézet gañd Aleksañdr ; hag é réni é rouañtélez da dâd :

10. Râk keûz em eûz da véza rôet va merc'h d'ézhañ, ô véza ma en deûz klasket va laza.

11. Hag héñ a damallé anézhañ *enn doaré-zé*, ô véza m'en doa c'hoañt da gaout hé rouañtélez.

12. Neûzé é lamaz digañt-hañ hé verc'h, hag é rôaz anézhi da Zémétrius ; pellaad a réaz diouc'h Aleksandr, hag hé gasoni a oé anat.

13. Ha Ptoléméus a iéaz é Antiokia, hag a lékéaz war hé benn diou gurunen, hini ann Éjipt, hag hini ann Asia.

14. Hôgen ar roué Aleksandr a oa neûzé er Silisia : râk tûd hé rouañtélez a oa dispac'het out-hañ.

15. Pa glevaz Aleksandr kémeñt-sé, é teûaz da vrézélékaad out-hañ : ar roué Ptoléméus a strollaz ivé hé armé, a iéaz d'hé ziarbenna gañd eunn nerz vrâz, hag a lékéaz anézhañ da dec'hout.

16. Aleksandr a dec'haz enn Arabia, évit klaskout gwarez énô : hôgen ar roué Ptoléméus a oé uc'héléet.

17. Hôgen Zabdiel ann Arab a lékéaz trouc'ha hé benn da Aleksandr, hag a gasaz anézhañ da Ptoléméus.

18. Ar roué Ptoléméus a varvaz a benn tri deiz ; hag ar ré *eûz hé dûd* a oa er c'hréou, a oé lazet gañd ar ré a oa er c'hamp.

19. Hag ar roué Démétrius a renaz *a nevez* er bloaz seiz hag ciz-ugeñt.

20. Enn deisiou-zé Jonatas a strollaz ar ré a oa er Judéa évit stourmi oud ar c'hré a zô é Jéruzalem : hag hi a zavaz kalz gwindaskou out-hañ.

21. Hôgen gwall dud péré a gaséé hé bobl a iéaz da gavoud ar roué Démétrius, hag a ziskulaz d'ézhañ pénaoz Jonatas a stourmé oud ar chré.

22. Pa glevaz *Démétrius* kémeñt-sé, é savaz droug enn-hañ : doñd a réaz râk-tâl da Ptolémaid ; hag é skrivaz da Jonatas na stourmché két oud ar c'hré, hôgen ma teûjé diouc'h-tû étrézég enn-hañ évit komza kévret.

23. Hôgen pa glevaz Jonatas kémeñt-sé, é c'hourc'hémennaz ma vijé stourmet : dilenna a réaz hiniennou eûz a hénaoured hag eûz a véleien Israel ; hag héñ en em lékéaz hé-unan é gwall.

24. Neûzé é kéméraz aour, hag arc'hañt, ha gwiskou kaer, ha kalz rôou all, hag éz éaz da gavoud ar roué é Ptolémaid, hag é kavaz grâs dirazhañ.

25. Eur gwall ré-bennâg eûz hé bobl a iéaz adarré d'hé damallout.

26. Hôgen ar roué a réaz enn hé géñver ével m'hô doa gréat ar ré enn hé raok : hé uc'hélaad a réaz dirâg hé holl viñouned.

27. Hé startaad a réaz é priñsélez ar véleien, hag er c'hargou brâz all en doa keñt ; hag a réaz anézhañ ar c'heñta eûz hé viñouñed.

28. Jonatas a c'houlennaz digañd ar roué ar frañkiz évid ar Judéa, évid ann teir froviñs, évit Samaria hag hé harzou ; hag é wéstlaz d'ézhañ tri c'hañt talañt.

29. Ar roué a aotréaz kémeñt-sé : hag é skrivaz lizéri da Jonatas diwarbenn ann holl draou-zé, enn doaré-mañ :

30. Ar roué Démétrius d'hé vreûr Jonatas, ha da vrôad ar Iuzevien, salud.

31. Kaset hon eûz d'é-hoc'h ann diskriv eûz al lizer hon eûz skrivet da Lasténes hon tâd diwar hô penn, évit ma anavézot anézhi :

32. Ar roué Démétrius da Lasténes hé dâd, salud.

33. Lékéad hon eûz enn hor penn ôber-vâd da vrôad ar Iuzevien, a zô miñouned d'é-omp, hag a vir ar féalded a dléoñt d'é-omp, enn abek d'ann azaouez hô deûz évid-omp.

34. Kémeret hon eûz éta ar ratoz, ma vézô rôet d'ézhô holl harzou ar Judéa, gañd ann teir c'héar, Lida, Ramata, *hag Aféréma*, péré a zô bét staget oud ar Judéa diouc'h Samaria,

hag hô holl zalc'hiou, évit béléien Jéruzalem, é léac'h ann tellou a denné ar roué anézhô hép ploaz, hag ar péz a zigonézé d'ézhañ eûz a frouez ann douar hag ar gwéz.

35. Disleûrel a réomb ivé d'ézhô a-vtéma ann traou all a ioa d'é-omp, ann déogou, hag ar gwiriou, hag ar poullou-c'hoalen, hag ar c'hurunennou.

36. Ar ré-zé holl a rôomp d'ézhô: há nétrâ eûz ann dra-mañ na vézô torret; ha da-vikenn é vézô.

37. Likiid éta bréma da ôber eunn diskriv eûz a géméñt-mañ, ha ra vézô rôet da Jonatas, ha lékéat war ar ménez sañtel, enn eul léac'h anat.

38. Ar roué Démétrius ô wélout pénaoz é tavé ar vrô dira-z-hañ, ha na énébé dén out-hañ, a gasaz-kuit hé armé, pép-hini enn hé léac'h, néméd ar vrézélidi a ziavéaz en doa savet é-touez broadou ann énézi: hag holl armé hé dadou a zeûaz da énébourien d'ézhañ.

39. Hôgen Trifon pébini a ioa bét keñt a dû gañd Aleksandr, ô wélout pénaoz ann armé holl a c'hourdrouzé a-énep Démétrius, a iéaz da gavout Emalc'huel roué ann Arabed, pébini a vagé Antiokus màb Aleksandr.

40. Hag héñ a ioa bépréd war hé lerc'h, évit ma hé rôjé d'ézhañ, da réna é léac'h hé dàd: hag é tanévellaz d'ézhañ kémeñd en doa gréat Démétrius, hag ar c'hâs hô doa ar vrézélidi out-hañ. Hag héñ a choumaz pell énô.

41. Kou'skoudé Jonatas a gasaz étrézég ar roué Démétrius, évit ma kasché-kuit ar ré a oa é kré Jéruzalem, hag er c'hréou all, ô véza ma stourmeñt oud Israel.

42. Ha Démétrius a gasaz étrézé Jonatas, évid lavaroud d'ézhañ: Na rinn két hép-kén kémeñt-sé d'id, ha d'as pobl; hôgen sével a rinn da c'hloar hag hini da bobl, pa vézô déréad ann drô.

43. Hôgen bréma é ri ervâd, mar kasez eûz da dûd évit va skoazella; râk dilézet onn bét gañt va holl armé.

44. Ha Jonatas a gasaz d'ézhañ tri mil dén kalounek da Antiokia: moñd a réjoñt da gavout ar roué; hag ar roué a oé laouen-brâz oc'h hô gwélout ô toñt.

45. C'houec'h-ugeñt mil dén eûz a géar en em strollaz, hag a fellé d'ézhô laza ar roué.

46. Ar roué a dec'haz é tl al léz: hag ar ré eûz a géar a géméraz strejou kéar, hag a zéraouaz stourmi.

47. Ar roué a c'halvaz ar Iuzevien évid hé skoazella; hag hi en em strollaz holl war hé drô, hag en em skiñaz dré géar.

48. Hag hi a lazaz enn deiz-zé kañt mil dén. Lakaad a réjoñt ann tân é kéar; eur preiz brâz a gémerchoñt, hag é tieûbchoñt ar roué.

49. Pa wélaz tûd kéar pénaoz ar Iuzevien a oa da vistri é kéar évid ôber ar péz a garcñt, é oeñt saouzanet-brâz: hag é c'harmchoñt étrézég ar roué, hag é pédchoñt anézhañ, ô lavarout:

50. Rô ann dourn d'é-omp, ha ra éhanô ar Iuzevien da stourmi ouz-omp hag oud hor c'héar.

51. Hag hi a daolaz hô armou, hag a réaz ar péoc'h: hag ar Iuzevien hô doé kalz a c'hloar dirâg ar roué, ha dirâg holl dud hé rouañtélez; hag hi a oé brudet-brâz er rouañtélez, hag a zistrôaz da Jéruzalem gañt kalz a zibourc'hou.

52. Hag ar roué Démétrius a oé startéet war hé drôn hag enn hé rouañtélez: hag ar vrô a davaz dira-z-hañ.

53. Hôgen na zalc'haz két d'ar gér en doa rôet; pellaad a réaz diouc'h Jonatas, hag é léac'h béza anaoudeg eûz ar péz en doa gréat d'ézhañ a vâd, éc'h heskiné kalz anézhañ.

54. Goudé-zé é tistrôaz Trifon, ha gañt-hañ Antiokus iaouañk, pébini a zéraouaz da réni, hag a lékéaz ar gurunen war hé benn.

55. Ann holl armé en doa kaset-kuit Démétrius en em strollaz war hé drô, hag hi a stourmaz out-hañ, hag héñ a dec'haz, hag a drôaz hé gein.

56. Trifon a géméraz al loéned, hag a berc'hennaz Antiokia.

57. Neûzé Antiokus iaouañk a skrivaz da Jonatas, ô lavarout: Ar vélé-

giez a startaann d' id. hag é lakaann ac'hanod da benn war ar héder géar. évit ma vézi unan eûz a viñouned ar roué.

58. Kás a réaz d'ézhañ listri aour évid hé zervich, hag é rôaz d'ézhañ ar galloud da éva enn *eur c'hôp* aour, da véza *gwisket* gañt limestra, ha da gaout eur c'hrogig aour :

59. Hag é lékéaz hé vreûr Simon da zûg adaleg barzou Tir bétég barzon ann Éjipt.

60. Neûzé Jonatas a iéaz er-méaz, hag a beûr-gerzé dré ar c'heriou enn tu all d'ar ster : hag holl armé ar Siria en em strollaz évid hé skoazella. Doñd a réaz da Askalon, ha tûd kéar a ziambrougaz anézhañ, gañt kalz a énor.

61. Ac'hanô éz éaz da C'haza : ha tûd Gaza a zerraz ann ôr out-hañ : hôgen héñ a c'hrounnaz kéar, a breizaz anézhi, hag a zevaz pép-trâ trô-war-drô.

62. Tûd Gaza a bédaz Jonatas, hag héñ a rôaz hé zourn d'ézhô. Hô mipien a géméraz évit gwéstl, hag é kasaz anézhô da Jéruzalem : hag é peûrrédaz ar vrô bété Damas.

63. Hôgen Jonatas ô véza klevet pénaoz priñsed Démétrius a oa deûet, gañd eunn armé vrâz évid lakaad da zispac'ha tûd Kades, a zô er Galiléa, évid hé zistrei dioc'h kéfridiou ar rouañtélez,

64. Éz éaz buan d'hô diarbenna, hag é lézaz hé vreûr Simon er broviñs.

65. Ha Simon a c'hrounnaz Betsura, hag a stourmaz out-hi a-héd meûr a zervez, hag é klôzaz stard anézhi.

66. Hôgen ar ré a oa é kéar a c'houlennaz-ma rôjé ann dourn d'ézhô, hag héñ hé rôaz. Hag é kasaz anézhô er-méaz, é kéméraz kéar, hag é lékéaz eur gward enn-hi.

67. Jonatas hag hé armé a zeûaz war ribl dour Génésar ; hag ô véza savet abarz ann deiz, éz éjoñt é kompézen Asor.

68. Ha chétu armé ann diavésidi a zeûé d'hé ziarbenna er gompézen, hag a aozé spiou d'ézhañ er ménésiou : hôgen héñ a iéaz râg-énep d'ézhô.

69. Neûzé ar spierien a zavaz eûz hô lec'hiou, hag a zéraouaz stourmi.

70. Ar ré holl a oa a dû gañt Jonatas a dec'haz ha na choumaz hini anézhô, némét Matatias mâb Absalon, ha Judas mâb Kalfi, priñs ann armé.

71. Neûzé Jonatas a rogaz hé zilad, a lékéaz douar war hé benn, hag a bédaz.

72. Ha Jonatas a zistrôaz d'ann emgann, a stourmaz out-hô, hô lékéaz da dec'hout, hag hô dispennaz.

73. Ar ré eûz hé dûd péré a oa bét tec'het ô wélout kémeñt-sé, a zistrôaz étrézég enn-hañ, hag a iéaz gañt-hañ war-lerc'h *ann énébourien* bété Kades é péléac'h é oa hô c'hamp, ha n'az éjoñt két pelloc'h.

74. Lazet é oé enn deiz-zé tri mil dén eûz a armé ann diavésidi : ha Jonatas a zistrôaz da Jéruzalem.

XII. PENNAD.

Dré drubardérez eo kéméret Jonatas.

1. Jonatas ô wélout pénaoz é oa talvouduz ann amzer d'ézhañ, a zilennaz tûd, hag a gasaz anézhô da Roma, évit startaat ha névézi kévrédigez gañd ar Romaned.

2. Kâs a réaz ivé d'ar Spartiated, hag é lec'hiou all lizeri *skrivet* enn hévélep doaré.

3. *Hé gannaded* a iéaz éta da Roma ; hag ô véza éat é ti ann hénaoured, é léverchoñt : Jonatas ar bélek-brâz, ha pobl ar Iuzevien hô deûz hor c'haset, évit ma névézchemp ann unvaniez hag ar gévrédigez ével keñt.

4. Hag *ar Romaned* a rôaz d'ézhô lizeri évid hô zûd enn holl lec'hiou, évit m'hô kascheñt é péoc'h é brô Juda.

5. Ha chétu aman ar skonér eûz al lizéri a skrivaz Jonatas d'ar Spartiated :

6. Jonatas ar bélek-brâz, hag hénaoured ar bobl, hag ar véleien, hag

ann dilerc'h eûz a bobl ar Iuzevien, d'ar Spartiated hô breûdeûr, salud.

7. Pell zô é oa bét kaset lizéri da Onias ar bélek-brâz gañd Arius a réné enn hô prô, a ziskouézé pénaoz oc'h breûdeûr d'é-omp,ével ma eo anat dré ann diskriv en em gav amañ.

8. Hag Onias a zigéméraz gañd eunn énor brâz ann dén a oa bét kaset d'ézhañ, hag al lizéri é péré é oa méneg eûz hon unvaniez hag eûz hor c'hévrédigez.

9. Évid-omp-ni, pétrâ-bennâg n'hor bé ézomm é-béd eûz ar ré-zé, pa hon eûz da fréalzidigez al levriou sañtel a zô étré hon daouarn,

10. Koulskoudé eo bét gwell gan-é-omp kâs étrézég enn-hoc'h évit névézi ann unvaniez a vreûr hag ar gévrédigez, gañd aoun na zeûjemp ével diavésidi enn hô kéñver : râk kalz a amzer a zô tréménet abaoé ma hoc'h eûz kaset étrézég enn-omp.

11. Hôgen nî hon eûz bét koun ac'hanoc'h é péb amzer hag héb éhana, er gouéliou lid, hag enn deisiou all é péré eo dléet kémeñt-sé, hag er sakrifisou a gennigomp, hag el lidiou all ével ma téré kaout koun eûz hé vreûdeûr.

12 En em laouénaad a réomb éta eûz hô kloar.

13. Hôgen nî hon eûz gouzañvet kalz eñkrézou, ha kalz brézeliou, hag ar rouéed a zô enn-drô d'é-omp hô deûz stourmet ouz-omp.

14. Hôgen né két bét fellet d'é-omp bec'hia ac'hanoc'h, nag hon ciled, nag hor miñouned all er brézéliou-zé :

15. Râk skoazel a zô bét deûet d'é-omp eûz ann éñv, hag hon énébourien a zô bét mézékéet.

16. Dilennet hon eûz éta Numénius mâb Antiokus, hag Antipater mâb Jason, hag hon eûz hô c'haset étrézég ar Romaned évit névézi gañt-hô ann unvaniez hag ar gévrédigez."

17. Gourc'hémennet hon eûz ivé d'ézhô m'az afent ivé étrézég enn-hoc'h évid hô saludi, hag évit rei d'é-hoc'h hol lizéri diwar-benn névézadurez hon unvaniez a vreûr.

18. Bréma éta é réot ervâd ma respouñtit d'é-omp diwar-benn kémeñt-sé.

19. Chétu ann diskriv eûz al lizéri en doa kaset *Arius* da Onias :

20. Arius roué ar Spartiated da Onias ar bélek-brâz, salud.

21. Kavet eo bét enn eur skrid diwar-benn ar Spartiated hag ar Iuzevien, pénaoz iñt breûdeûr, hag iñt eûz a wenn Abraham.

22. Bréma éta pa hon eûz gwézet kémeñt-sé, é réot ervâd skriva d'é-omp mar d-émoc'h é péoc'h.

23. Ha chétu pétrâ hon eûz diskrivet d'é-hoc'h : hol loéned, hag hor madou a zô d'é-hoc'h ; hag hô ré a zô d'é-omp : gourc'hémennet hon eûz diskleria kémeñt-sé d'é-hoc'h.

24. Koulskoudé Jonatas a glevaz pénaoz priñsed Démétrius a oa distrôet da stourmi out-hañ gañd eunn armé kalz vrasoc'h égét keñt.

25. Neûzé ô véza éat er-méaz eûz a Jéruzalem, é tiaraogaz anézhô é brô Amalit ; râk na fellé két d'ézhañ rei d'ézhô ann amzer da zoñd enn hé vrô hé-unan.

26. Spierien a gasaz enn hô c'hamp ; ha pa oeñt distrôet é léverchoñt pénaoz *ann énébourien* hô doa ann dezô d'en em deûrel war-n-ézhô a-zoug ann nôz.

27. Pa oé éta kuzet ann héol, é c'hourc'hémennaz Jonatas d'hé dûd beza, da choum héd ann nôz dindân ann armou ha daré d'ann emgann ; hag é lékéaz gwardou war-drô d'ar c'hamp.

28. Ann énébourien ô klevout pénaoz é oa Jonatas hag hé dûd daré d'ann emgann hô doé aoun, hag hô c'halounou a oé spouñtet-brâz : hag hi a énaouaz taniou enn hô c'hamp.

29. Hôgen Jonatas hag ar ré a ioa gañt-hañ na anavézchoñt két *ar wirionez* kén na oé deûet ar mintin : râg hi a wélé goulaouennou béô.

30. Neûzé Jonatas a iéaz war hô lerc'h, ha na dizaz két anézhô : râk treûzet é oa bét gañt-hô ar ster Eleûter.

31. Ac'hanô é trôaz war-zû ann Arabed, a c'halveur Zabadéed ; hô dispenna a réaz, hag é kasaz gañt-hañ hô dibourc'hoû.

32. Goudé-zé é strollaz *hé armé*, hag é teûaz da Zamas ; hag é peûrrédé ar vrô holl.

33. Hògen Simon a iéaz er-méaz, hag a zeûaz béteg Askalon, ha béteg ar c'hréou tôsta : ha neûzé éz éaz warzu Joppé, hag é kéméraz kéar :
34. Râk klevet en doa pénaoz é fellé d'ézhô lakaad ar c'hré étré daouarn tûd Démétrius ; hag hén a lékéaz gwardou évid hé ziwallout.
35. Pa oé distrôet Jonatas, é strollaz hénaoured ar bobl, hag é kéméraz ann dézô gañt-hô da zével kréou er Judéa,
36. Da zével muriou enn-drô da Jéruzalem, ha da ôber eur vôger vrâz étré ar c'hré hag ar géar, évid hé ranna diouc'h kéar, ha ma choumché hé-unan ; évit na helché *ar ré a ioa enn-hañ* na préna, na gwerza.
37. En em strolla a réjoñt éta évit sével kéar : hag ar vûr a oa a-héd ar froud war-zû ar sâv-héol, ô véza bet diskaret, *Jonataz* hé savaz a-nevez, hag é oé galvet Kafététa.
38. Simon a zavaz ivé Adiada é *kompézen* Séféla, hag a grévaaz anézhi, hag a lékéaz enn-hi dôriou ha potalou.
39. Trifon péhini a venné d'ézhañ réna enn Asia, ha kéméroud ar gurunen, hag astenna hé zourn war ar roué Antiokus,
40. En doa aoun n'hen lezché két Jonatas da ôber, hag é tisklerché ar brézel out-hañ ; hag é klaské ann tû da grégi enn-hañ, ha d'hé laza. Hag hén a zavaz, hag a iéaz da Vetsan.
41. Ha Jonatas a iéaz d'hé ziarbenna gañd daou-ugeñt mil dén-a-vrézel eûz a ré zilennet, hag é teûaz da Vetsan.
42. Pa wélaz Trifon pénaoz Jonatas a zeûé gañd eunn armé vrâz évit lakaad hé zourn war-n-ézhañ, en doé aoun :
43. Hag é tigéméraz anézhañ gañd énor, éc'h erbédaz anézhañ d'hé holl viñouned, hag é réaz rôou d'ézhañ : hag é c'hourc'hémennaz d'hé holl armé señti out-hañ, ével out-hañ hé unan.
44. Hag hén a lavaraz da Jonatas : Pérâg éc'h eûz-té heskinet ann holl bobl-zé, pa n'eûz kéd a vrézel étré-z-omp ?
45. Bréma éta kâs-hi d'hô ziez : dilenn kép-kén eul lôd bihan a dûd, a choumô gan-éz, ha deûz gan-éñ da Btolémaid, hag é likiinn anézhi étré da zaouarn, gañd ar c'hréou all, hag ann armé, hag ann holl réneriea, hag é tistrôinn goudé-zé ; râg évit sé eo ounn deûet.
46. Jonatas a grédaz d'ézhan, hag a réaz ével m'en doa lavaret : Kâs a réaz kuit hé dûd-a-vrézel, péré a zistrôaz da vrô Juda.
47. Na viraz gañt-hañ némét tri mil dén, a béré é kasaz daou vil er Galiléa, ha n'az éaz némét mil gañt-hañ.
48. Hôgen kerkeñt ha ma oé éat Jonatas é Ptolémaid, tûd kéar a zerraz ann ôriou, hag a géméraz anézhañ : hag ar ré holl a oa bét éat ébarz gañt-hañ, a oé lazet gañd ar c'hlézé.
49. Ha Trifon a gasaz brézélidi war droad ha war varc'h er Galiléa, hag er gompézen vrâz, évit dispenna ar ré holl a oa gañt Jonatas.
50. Hôgen ar ré-mañ pa wézchoñt pénaoz é oa bét kéméret Jonataz, hag é oa bét lazet, hén hag ar ré holl a ioa gañt-hañ, en em galounékéjoñt ann eil égilé, hag en em aozchoñt stard évid ann emgann.
51. Hag ar ré a ioa éat war hô lerc'h ô wélout pénaoz é werzcheñt kér hô buez, a zistrôaz war hô c'hîz.
52. Distrei a réjoñd éta holl é péoc'h é brô Juda. Gwela a réjoñt kaer Jonatas, hag ar ré a oa gañt-hañ : hag Israel holl a réaz eur c'hañv brâz.
53. Neûzé ann holl vrôadou a ioa enn-drô d'ézhô a glaskaz ann tû d'hô mac'ha ; hag é léverchoñt :
54. N'hô deûz na priñs, na skoazel : stourmomp éta bréma out-hô, ha tennomp ar méneg anézhô eûz a ênvor ann dûd.

XIII. PENNAD.

Simon a zâv eur béz kaer évid hé dûd hag hé vreûdeûr.

1. Koulskoudé Simon a glevaz pénaoz en doa strollet Trifon eunn armé

vrâz, évid doñd é brô Juda, hag hé mac'ha.

2. Hag ô wélout ar bobl leûn a spouñt hag a zaouzan, é piñaz da Jéruzalem, hag é strollaz ar bobl :

3. Hag oc'h hé galounékaat, é lavaraz : C'houi a oar pégémeñt hon eûz stourmet, mé ha va breûdeûr, ha tî va zâd, évid al lézennou, hag al lec'hiou sañtel, ha pégémeñt a añkeniou hon eûz gwélet.

4. Râk-sé eo eo marô va holl vreûdeûr évit dieûbi Israel, ha n'eûz choumet néméd-oun.

5. Ha bréma na c'hoarvézô két d'in espernout va buez, keit ha ma vézimp enn eñkrez : râk n'ounn két gwelloc'h égét va breûdeûr.

6. Veñji a rinn éta va fobl. hag ar sañtuar, hag hor bugalé hag hor gragez : ô véza ma eo en em strollet ann holl vroadou évid hor mac'ha dré gasoni.

7. Pa glevaz ar bobl kémeñt-sé é teûaz da galounékaat :

8. Hag hi a respouñtaz, hag a lavaraz gañd eur vouéz gré : Té eo hon dûg é léac'h Juda ha Jonatas da vreûr.

9. Hor c'hâs d'ann emgann, hag é raimp kémeñt a liviri d'é-omp.

10. Hag héñ ô strolla ann holl dud-a-vrézel, a hastaz peûr-zével holl vuriou Jéruzalem, hag a réaz kréou war hé zrô.

11. Kâs a réaz Jonatas mâb Absalom, ha gañt-hañ eunn armé nevez, da Joppé : ha goudé béza lékéat ermeaz ar ré a oa enn-hi, é choumaz énô.

12 Koulskoudé Trifon a iéaz ermeaz eûz a Btolémaid gañd eunn armé vrâz. évid doñd é brô Juda, ha Jonatas gañt-hañ enn eur vac'h.

13. Hôgen Simon a aozaz hé gamp é Addus râg-énep d'ar gompézen.

14. Pa glevaz Trifon pénaoz é oa bét savet Simon é léac'h Jonatas hé vreûr, ha pénaoz en em aozé da stourmi out-hañ, é kasaz d'ézhañ kannaded,

15. Évit lavaroud d'ézhañ : Da vreûr Jonatas hon eûz dalc'het, enn abek d'ann arc'hañt a dlié d'ar roué, évid ar géfridiou en deûz hé

16. Kâs bréma kañt talañt arc'hañt, hag hé zaou vab da wéstl, évit na dec'hô két diouz-omp pa hor bézô hé laosket, hag é kasimp anézhañ d'id.

17. Simon a anavézaz ervâd pénaoz na gomzé ével-sé out-hañ némét évid hé douella ; koulskoudé é c'hourc'hémennaz ma vijé kaset ann arc'hañt hag ar vipien, gañd aoun na zavché eunn drouk brâz er bobl a Israel, ha na lavarché :

18. Marô eo *Jonatas*, ô véza n'eo két bét kaset ann arc'hañt hag ar vipien.

19. Kâs a réaz éta ar vipien ha kañt talañt : hôgen *Trifon* en doa lavaret gevier, ha na laoskaz két Jonatas.

20 Goudé-zé é teûaz Trifon er vrô, évid hé gwasta : hag é trôaz dré ann heñt a gâs da Ador : hôgen Simon hag hé armé a gerzé dré m'az éañt ha da bép léac'h.

21. Neûzé ar ré a ioa er c'hré a gasaz kannaded da Drifon, évit ma teûjé trumm dré ann distrô, ha na kasché boéd d'ézhô.

22. Trifon éta a aozaz hé holl varc'heienn, évid doñd enn nóz-zé : hôgen ével m'az oa kalz a erc'h, n'az éaz két *da Jéruzalem*, hôgen da vrô C'halaad.

23. Ha pa oé tôst da Vaskaman, é lazaz énô Jonatas hag hé vipien.

24. Neûzé Trifon a drôaz war hé giz, hag a zistrôaz d'hé vrô.

25. Hôgen Simon a gasaz da gerc'hout eskern hé vreûr Jonatas, hag a vésiaz anézhô é Modin, kéar hé dadou.

26. Israel holl a réaz eur c'hañv brâz évit-hañ ; hag hi a wélaz anézhañ a-zoug meûr a zervez.

27. Ha Simon a zavaz war véz hé dâd hag hé vreûdeûr eunn ti huel a wéled a bell, gañt mein kompézet araog hag adré.

28. Seiz peûl a réaz, ann eil dirâg égilé, unan évid hé dâd, unan évid hé vamm, ha pevar évid hé vreûdeûr.

29. Sével a réaz trô-war-drô peûliou brâz ; ha war ar peûliou, armou, ével ménck da vikenn, hag é-harz ann armou, listri kizellet, évit béza gwélet a bell gañd ar ré a éa war vôr.

30. Hen-nez eo ar béz a' zavaz é Modin, hag é wéleur c'hoaz hirió.
31. Hôgen Trifon pa édo enn heñt gañd ar roué iaouañk Antiokus, a lazaz anézhañ dré drubardérez.
32. Hag héñ a rénaz enn hé léac'h, ô lakaad war hé benn kurunen anh Asia: kalz a zroug a réaz er vrô.
33. Koulskoudé Simon a assavé kréou ar Judéa, hag é nerzé anézhô gañt touriou huel, muriou brâz, dôriou ha potalou: lakaad a réa ivé boédou er c'hréou.
34. Simon a zilennaz ivé tûd, a gasaz étrézég ar roué Démétrius, évit ma rajé trugarez é-kéñver ar vrô: ô véza n'en doa gréat Trifon néméd ôberiou a wastérez.
35. Ar roué Démétrius a respouñtaz d'ézhañ diwar-benn kémeñt-sé, hag a skrivaz d'ézhañ eul lizer ével-henn:
36. Ar roué Démétrius da Zimon ar bélek-brâz ha miñoun ar rouéed, d'ann hénaoured ha da bobl ar Iuzevien, salud.
37. Digéméret hon eûz ar gurunen aour hag ar bar-palmez hoc'h eûz kaset d'é-omp; hag omp daré da óber gan-é-hoc'h eur péoc'h stard, ha da skriva da vérerien ar roué ma raiñt distaol d'é-hoc'h, hervez ann trugarézou hon eûz gréat enn hô kéñver.
38. Kémeñt hon eûz gréat enn hô kounid, a choumô stard évid-hoc'h: ar c'hréou hoc'h eûz savet, a vézô d'é-hoc'h.
39. Disteûrel a réomb ivé ar faziou hag ar gwallou a zô bét gréat bétég-henn; *hô tiskarga a réomb* eûr ar gurunen a dliac'h: ha ma paéed eunn tell-bennâg all é Jéruzalem, na vézô mui paéet.
40. Ha mar béz eur ré-bennâg ac'hanoc'h a gémeñt a vé mâd évit béza skrivet *hé hanô* enn hon touez, é vézô skrivet *hé hanô*, hag ével-sé é vézô péoc'h étré-z-omp.
41. Enn dékved bloaz ha seiz-ugeñt é oé tennet diwar Israel géô ar brôadou.
42. Ha pobl Israel a zéraouaz da skriva war ann taolennou ha war ann diellou hollek: er bloaz keñta, dindân Simon ar bélez-brâz, dûg brâz, ha priñs ar Iuzevien.
43. Enn déisiou zé Simon a c'hrounnaz Gaza, hag a lékéaz hé armé enndrô d'ézhi: gwindaskou a réaz, hag é trôaz anézhô oul kéar; oud eunn tour é stourmaz, hag é kéméraz anézhañ.
44. Ar ré a ioa enn unan eûz ar gwindaskou a lammaz é kéar; hag é oé énô eur reûstl brâz.
45. Tûd kéar a biñaz war ar vûr gañd hô gragez hag hô bugalé, hag hi roget hô dilad gañt-hô; hag hi a c'harmé kaer, ô c'houlenni digañt Simon ma rôjé hé zourn d'ézhô.
46. Hag é leverchoñt: Na zistaol két d'é-omp hervez hon drougiez, hôgen hervez da drugarézou.
47. Simon ô véza habaskéet, n'hô dispennaz két: hôgen hô c'hâs a réaz er-méaz eûz a géar, hag é c'hlanaz ann tiez é péré é oa bét idolou; ha goudé-zé éz éaz ébarz, ô kana hag ô veûli ann Aotrou.
48. Goudé m'en doé tennet anézhi ann holl loudouriézou, é lékéaz ennhi tûd évit sévéni al lézen: hé c'hrévaad a réaz, hag é réaz enn-hi eunn ti évit-hañ.
49. Hôgen ar ré a ioa é kré Jéruzalem, ô véza na helleñt na moñd er-méaz, na doñd er vrô, na préna, na gwerza, a c'houzañvaz eunn naounégez vrâz; ha kalz anézhô a varvaz gañd ann naoun.
50. Hag hi a c'harmaz étrézé Simon, évit ma rôjé hé zourn d'ézhô: hag héñ hé rôaz d'ézhô: goudé-zé é lékéaz anézhô er-méaz eûz ar c'hré, hag é c'hlanaz anézhañ eûz hé zaotrou.
51. Moñd a réjoñt ébarz ann trédé deiz war-n-ugeñt eûz ann eil viz, enn unnékved bloaz hag eiz-ugeñt, gañt barrou-palmez enn hô daouarn, ô veûli Doné, gañt télennou, ha simbalou, ha lirennou, gañt gwersiou ha kanaouennou, ô véza ma oa bét dispennet eunn énébour brâz da Israel.
52. Hag héñ a reizaz pénaoz é vijé lidet ann deisiou-zé bép bloaz gañt lévénez.
53. Krévaad a réaz ivé ménez ann templ, a oa war-harz ar c'hré; hag héñ a choumaz énô gañd hé dûd.
54. Neûzé Simon a wélout pénaoz Iann hé vâb a ioa eur brézéliad ka-

lounek, a lékéaz anézhañ da zûg warann holl dûd-a-vrézel : ha *Iann* a choumaz é Gazara.

—

XIV. PENNAD.

Ar Iuzevien a choum é péoc'h dindân rén Simon.

1. Enn daouzékved bloaz hag eizugeñt, ar roué Démétrius a zastumaz hé armé, hag é iéaz er Média, évit tenna ac'hanô eur c'hen-ners, évit stourmi out Trifon.
2. Arsases, roué ar Bersied hag ar Védied, ó véza klevet pénaoz Démétrius a oa deûet war hé zouarou, a gasaz unan eûz a briñsed *hé armé* évid hé géméroul ez-béô, hag hé gâs d'ézhañ.
3. Moñd a réaz hé-mañ, hag é tispennaz armé Démétrius : ha géméroul a réaz, hag é kasaz anézhañ da Arsases, péhini hel lékéaz er vâc'h.
4. Holl vrô Juda a davaz a-héd holl zeisiou Simon ; na glaskaz, némét vâd hé bobl : hé véli hag hé c'hloar a oé kavet mâd gañt-hô, keit ha ma vévaz.
5. Ouc'h-penn hé holl c'hloar, é kéméraz Joppé da borz, ha da dreiz évit moñd é énézi ar môr.
6. Astenna a réaz harzou hé bobl, hag é kéméraz ann holl vrô.
7. Kalz sklaved a réaz *er brézel* : kéméroud a réaz Gazara, ha Bethsura, hag ar c'hré : ar saotrou a dennaz anézhô ; ha na oa dén à gémeñt a hellé harza out-hañ.
8. Pép-hini a labouré hé zouar é péoc'h : brô Juda a oa gôlôet a éd, ha gwéz ar mésiou a roé *kalz* a frouez.
9. Ar ré gôz a oa azézet el leûriou-kéar, hag a gomzé diwar-benn madou ann douar, ar ré iaouañk en em wiské gañt dilad kaer, gañt saéou-brézel.
10. Boédou a zarnaoué er c'heriou, hag éc'h aozé ar ré-mañ ével keriou a vrézel ; hag ével-sé hé hanô a oé brudet-kaer bété penn ar béd.
11. Ar péoc'h a lékéaz er vrô, hag Israel en em gavaz enn eul lévénez vrâz.
12. Pép-hini a azézé dindân hé winien ha dindân hé wézen-fiez : ha na oa dén a gémeñt a hellé hô spouñta.
13. Dén na stourmé out-hô er vrô ; hag ar rouéed *enn-dró d'ézhô* a oa diners enn deisiou-zé.
14. Gwarézi a réaz ar ré vuel é touez hé bobl, hag é sévénaz al lézen : ar ré fallagr hag ar ré zrouk a zispennaz.
15. Sével a réaz gloar ar sañtuar ; hag é paottaz al listri sañtel.
16. Ar vrûd eûz a varô Jonatas a iéaz bété Roma, ha bété Sparta, hag ann dûd ac'hanô a oé glac'haret-brâz.
17. Hôgen pa glevchoñt pénaoz Simon hé vreûr a ioa bét lékéat da vélek-brâz enn hé léac'h, hag é oa da vestr war ann holl vrô, ha war ar c'heriou a ioa enn-hi ;
18. É skrivchoñt d'ézhañ war daolennou arem, évit névézi ann unvaniez hag ar gévrédigez hô doa gréat gañt Juda, ha gañt Jonatas hé vreûdeûr.
19. *Al lizéri-zé* a oé lennet é Jéruzalem dirâg ann holl bobl : ha chétu ar skouér eûz ar ré a skrivaz ar Spartiated :
20. Priñsed ha keriou ar Spartiated, da Zimon ar bélez-brâz, ha d'ann hénaoured, ha d'ar véleien, ha d'ann dilerc'h eûz a vobl ar Iuzevien, hô breûdeûr, salud.
21. Ar gannaded hoc'h eûz kaset étrézég hor pobl, hô deûz komzet d'é-omp diwar-benn hô kloar, hag hoc'h énor, hag hô lévénez : ha ni a zô bét laouen-brâz oc'h hô gwélout ô toñt:
22. Hag hon eûz skrivet ar péz hô doa lavaret war ziellou ar bobl, évelhenn : Numénius mâb Antiokus, hag Antipater mâb Jason, kannaded ar Iuzevien, a zô deûet étrézég enn-omp, évit névézi ann unvaniez.
23. Hag ar bobl a gavaz mâd digéméroul ann dud-zé gañd énor, ha skriva hô gerioù é diellou ar bobl, évit béza da éñvor d'ar Spartiated. Hag hon eûz kaset ar skouér eûz al lizer-zé da Zimon ar bélek-brâz.
24. Goudé-zé Simon a gasaz Numénius da Roma, gañd eunn diren vrâz aour, a boézé mil min, évit né-

vézi ar gévrédigez gañt-hô. Pa glevaz
ar bobl eûz a Roma kémeñt-sé,
25. É léverchoñt : Pénaoz é truga-
rékaimp-ni Simon hag hé vreûdeûr ?
26. Râk er reiz geñta en deûz lé-
kéat hé vreûdeûr, ha dispennet eo bét
gañt-hañ hé énébourien eûz a greiz
Israel : hag hi a rôaz d'ézhañ ar frañ-
kiz ; ha kémeñt-sé a oé skrivet war
daolennou arem, ha lékéat é diellou
ar bobl war vénez Sion.
27. Ha chétu skouér ar skrid : ann
triouec'hved deiz eûz a viz Elul, enn
daouzékved bloaz hag eiz ugeñt, enn
trédé bloaz dindân Simon ar bélek-
brâz é Asaramel,
28. É oé diskleriet kémeñt-sé é
strollad brâz ar véleien, hag ar bobl,
ha priñsed ar vrôad, hag hénaoured
ar vrô : ô véza ma eo bét eñkrézet
aliez hor brô gañt brézéliou.
29. Simon, mâb Matatias, eûz a
wenn Jarib, hag hé vreûdeûr, a zô en
em rôet d'ar riskl, hag hô deûz kiet
oud énébourien hô fobl, évit skoazia
hô zempl sañtel hag hi hô deûz savet
hô fobl da eur c'hloar vrâz.
30. Jonatas en deûz dastumet hé
vrôad, hag a zô deûet da vélek-brâz
d'ézhô, hag a zô bét unvanet gañd
hé bobl.
31. Hô énébourien a zô bét fellet
d'ézhô hô mac'ha ha gwasta hô brô,
hag astenna hô dourn war hô zempl
sañtel.
32. Hôgen Simon en deûz kiet out-
hô, hag en deûz stourmet évid hé
bobl : kalz a arc'hañt en deûz dar-
naouet ; armou en deûz lékéat étré
daouarn ar ré galounéka eûz hé vroâd,
hag en deûz hô faéet diwar hé goust
hé-unan.
33. Krévéet en deûz keriou ar Ju-
déa, ha Betsura, péhini a oa war
harzou ar Judéa, é péléac'h é oa keñt
armou ann énébourien : hag en deûz
lékéat énô Iuzevien da ward.
34. Krévéet en deûz Joppé a zô war
ar môr, ha Gazara, a zô war harzou
Azot, é péléac'h é oa keñt ann éné-
bourien, hag en deûz lékéat énô Iu-
zevien : hag en deûz lékéat enn-hô
kémeñd a oa mad évid hô difenn.
35. Ar bobl en deûz gwélet ar péz
en deûz gréat Simon, hag ar c'hloar
a venné da zigas war hé vrôad ; hag
hi hô deûz hé lékéat da zûg d'ézhô,
ha da briñs ar véleien, ô véza m'en
doa gréat kémeñt-sé ; m'en doa miret
ar reizded hag ar feiz d'hé vrôad, ha
m'en doa klaskel bé bobl muia ma
hellé.
36. Ar géfridiou a iéaz da vâd enn
hé zeisiou étré hé zaouarn : ann dia-
vésidi a oé kaset er-méaz eûz ar vrô,
hag é kasaz-kuit eûz a géar David,
hag eûz a gré Jéruzalem, ar ré a ioa
enn-hô, a réa argadennou ac'hanô, ô
saotra kémeñd a ioa enn-drô d'ar sañ-
tuar, hag a réa eur gouli brâz d'ar
glanded.
37. Lékéat en deûz enn-hô Iuzevien
évid diwall ar vrô hag ar géar : hag
en deûz assavet muriou Jéruzalem.
38. Ar roué Démétrius en deûz hé
startéet er vélégiez-vrâz.
39. Dreist-sé en deûz hé lékéat da
viñoun d'ézhañ, hag en deûz hé zavet
da eur c'hloar vrâz.
40. Râk klevet en doa pénaoz ar
Romaned hô doa rôet d'ar Iuzevien
ann hanô a viñouned, a unvaned, hag
a vreûdeûr ; ha pénaoz hô doa digémé-
ret gañt kalz a énor kannaded Simon :
41. Pénaoz ar Iuzevien hag hô bé-
leien hô doa aotréet ma vijé d'ézhô
da zûg ha da vélek-brâz da-vikenn,
kén na zavché eur profed féal :
42. Évit ma vijé da benn d'ézhô,
ha ma prédercbé ann traou sañtel, ha
ma lakajé réneriçn war al labouriou,
ha war ar vrô, ha war ann armou, ha
war ar gwardou :
43. Ma tiwalchê al lec'hiou sañtel :
ma señtché ann holl out-hañ ; ma vijé
skrivet ann holl ziellou enn hé hanô
er vrô ; ha ma vijé-héñ gwisket gañt
limestra ha gañd aour :
44. Ha na vijé aotréet da zén, nag
eûz ar bobl, nag eûz ar véleien, terri
nétrâ eûz ann traou-zé, nag énébi
oud ar péz en dévijé lavaret, na gervel
strollad é-béd er vrô héb hé aotré ;
nag en em wiska gañt limestra, na
dougen eur c'hrôgig aour :
45. Pénaoz piou-bennâg a énébché
oud ann traou-zé, pé a dorché hini
anézhô, a vijé kabluz.

46. Ann holl bobl a aotréaz éta sével Simon, hag ôber pép-trâ hervez ar geriou-zé.

47. Ha Simon a zigéméraz ar garg, hag a aotréaz béza da vélek brâz, ha da zûg ha da briñs war bobl ar Iuzevien, ha war ar veleien, ha da gaout ar galloud war bép-trâ.

48. Gourc'hémennet é oé skriva ann dra mañ war daolennou arem, hag hé lakaad é poñdalez ann templ, enn eul léac'h anat :

49. Ha lakaad eunn diskriv anézhañ enn tenzor, évit ma vijé *da éñvor* da Zimon ha d'hé vipien.

XV. PENNAD.

Lizéri ar Romaned é-gounid ar Iuzevien.

1. Neûzé ar roué Antiokus, mâb Démétrius, a skrivaz eûz a énézi ar môr, da Zimon ar bélek-brâz, ha priñs ar Iuzevien, ha d'ann holl bobl :

2. Ha chétu pétrâ a oa el lizéri-zé : Ar roué Antiokus da Zimon ar bélek-brâz, ha da bobl ar Iuzevien, salud.

3. Gwall dûd ô véza skrapet rouañtélez hon tadou, é fell d'in moñd enn-hi a-nevez, hag hé lakaad da véza ével ma oa keñt : saved em eûz éta eunn armé a dûd dilennet, hag em eûz lékéat da ôber listri brézel.

4. Mé a fell d'in éta distrei er vrô, évid en em veñji eûz ar ré hô deûz mac'het hor brô, ha gwastet kalz keriou em rouañtélez.

5. Brémañ éta é tistaolann d'id ann holl draou hô deûz distaolet d'id ann holl rouéed em raok, hag é startaann hô rôou all.

6. Aotréa a rann ma skôi moneiz enn da banô hag enn da vrô ;

7. Ma vézô Jéruzalem eur géar sañtel ha frañk : ma choumô d'id ann holl armou éc'h eûz gréat, hag ann holl gréou éc'h eûz savet, hag é talc'hez.

8. Holl zléou ar roué évid ann amzer drémének, hag évid ann amzer da zoñt, a vrémañ ha da vikenn, a zô distaolet d'id.

9. Ha pa vézimp deûet da vestr enn hor rouañtélez, é savimp da c'hloar, hag hini da bobl, hag hini da dempl, enn hévélep doaré ma vézô diskleriet enn douar holl.

10. Er pévarzézved bloaz hag eizugeñt é teûaz Antiokus é brô hé dadou, hag ann holl armé en em rôaz d'ézhañ, enn hévélep doaré ma choumaz nébeûd a dûd gañt Trifon.

11. Ar roué Antiokus a iéaz war hé lerc'h ; hag héñ a zeûaz da Zora, ô tec'hont étrézég ar môr ;

12. Râg héñ a anavézaz pénaoz é teûjé reûsiou war-n-ézhañ, pa oa bét dilézet gañd ann armé.

13. Antiokus a ziazézaz hé gamp a-ûz Dora gañt c'houec'h-ugeñt mil déna-vrézel, hag eiz mil marc'hek :

14. Hag héñ a c'hrounnaz kéar, hag a lékéaz da dôstaat al listri a oa war ar môr : hag héñ a strizé kéar diwar zouar ha diwar vôr, ha na lezé dén da voñd ébarz, na da voñd er-méaz.

15. Hôgen Numénius, hag ar ré a ioa éat gañt-hañ, a zistrôaz eûz a Roma, gañt lizéri skrivet d'ar rouéed ha d'ar boblou enn doaré-mañ :

16. Lusius konsul ar Romaned, d'ar roué Ptoléméus, salud.

17. Kannaded ar Iuzevien péré a zô miñouned d'é-omp, a zô deûet étrézég enn-omp, évit névézi ann unvaniez hag ar gévrédigez, hag hi kaset gañt Simon priñs ar véleien, ha gañt pobl ar Iuzevien.

18. Hag hi hô deûz ivé digaset eunn diren aour *a boéz* mil min.

19. Mâd hon eûz kavet éta skriva d'ar rouéed ha d'ar boblou, évit na raiñt droug é-béd d'ézhô ; na stourmiñt nag out-hô, nag oud hô c'heriou, nag oud hô brô ; ha na rôiñt skoazel é-béd d'ar ré a vrézélékai out-hô.

20 Digéméret hon eûz a-ioul ann diren hô deûz digaset.

21. Mar d-eo éta en em dennet eur gwall dûd-bennâg eûz hô brô étrézég enn-hoc'h, likit-hi étré daouarn Simon ar bélek-brâz, évit ma kastizô anézhô hervez hé lézen.

22. Ann hévélep *lizéri*-zé a oé skri-

vet d'ar roué Démétrius, ha da Attalus, ha da Ariarates, ha da Arsases,

23 Hag enn holl vrôiou; ha da Lampsakus; ha d'ar Spartiated, ha da Zélos, ha da Vindos, ha da Zisioné, ha da Garias, ha da Zamos, ha da Bambilia, ha da Lisia, ha da Alikarnases, ha da Goo, ha da Ziden, ha da Aradon, ha da Rodes, ha da Faselides, ha da C'hortina, ha da C'huida, ha da Sipra, ha da Siréné.

24. Ar Romaned a gasaz eunn diskriv eûz al lizéri-zé da Zimon ar bélek-brâz, ha da bobl ar Iuzevien.

25. Hôgen ar roué Antiokus a ziazézaz eunn eil wéach hé gamp dirâk Dora, oc'h hé striza bépréd mui-oc'hvui, hag oc'h ôber gwindaskou *nevez*: hag é klôzaz Trifon enn hévélep doaré na bellé mui moñd er-méaz.

26. Neûzé Simon a gasaz da skoazel d'ézhañ daou vil dén dilennet, hag arc'hañt, hag aour, ha listri kaer:

27. Hôgen na fellaz két d'ézhañ hô digémérout: terri a réaz ar gévrédigez en doa gréat keñt gañt *Simon*, hag é pelléaz diout-hañ.

28 Kâs a réaz étrézég enn-hañ Aténobius unan eûz hé viñouned, évit prézégi gañt-hañ, ha lavarout d'ézhañ: C'houi a zalc'h Joppé, ha Gazara, ha kré Jéruzalem, péré a zô keriou eûz va rouañtélez:

29. Gwastet eo bét hô harzou gan-é-hoc'h; kalz a zroug hoc'h eûz gréat er vrô; kalz a lec'hiou hoc'h eûz aloubet hag a ioa dindân va galloud.

30. Bréma éta distaolit ar c'heriou hoc'h eûz kéméret; hag ann tellou eûz al lec'hiou hoc'h eûz bét enn tu all da harzou ar Judéa:

31. Pé paéit évid *ar c'heriou* pemp kañt talañt arc'hañt; hag évid ar gwastadur hoc'h eûz gréat, hag ann tellou hoc'h eûz savet pemp kañt talañt all: anéz é teûimp, hag é stourmimp ouz-hoc'h.

32. Aténobius miñoun ar roué a zeûaz éta da Jéruzalem, hag a wélaz gloar Simon, hag hé skéd enn aour hag enn arc'hañt, ha doaré gaer hé dl: hag héñ a oé souézet-brâz. Hag héñ a rôaz da anaout d'ézhañ geriou ar roué.

33. Ha Simon a respouñtaz d'ézhañ, hag a lavaraz: N'hon eûz két aloubet douar eunn all, ha na zalc'homp két madou ann heñtez; hôgen *kéméret hon eûz* digwéz hon tadou, péhini a ioa bét aloubet gañd direizded a-zoug eunn amzer bennâg gañd hon énébourien.

34. Ével-sé pa eo bét mâd ann amzer d'é-omp, hon eûz askéméret digwéz hon tadou.

35. É-kéñver ar c'hlemmou a rit diwar-benn Joppé ha Gazara: hi eo a réa kalz a zrouk é-touez ar bobl, hag enn hor brô: évid ar ré-zé é rôimp kañt talañt. Hag Aténobius na respouñtaz gér d'ézhañ.

36. Hôgen héñ a zistrôaz étrézég ar roué ha droug enn-hañ, hag é rôaz da anaout d'ézhañ ar geriou-zé, ha gloar Simon, ha kéméñd en doa gwélet: hag é savaz eunn drouk brâz er roué.

37. Hôgen Trifon a dec'haz enn eul léstr da Ortosiada.

38. Koulskoudé ar roué *Antiokus* a lékéaz Sendébéus da zûg war aod ar môr, hag é rôaz d'ézhañ eunn armé a vrézélidi war droad, ha marc'heien.

39. Hag é c'hourc'hémennaz d'ézhañ trei hé armé oud ar Judéa: sével Gédor, ha stañka persier kéar, ha stourmi oud ar bobl. Koulskoudé ar roué a iéaz war lerc'h Trifon.

40. Sendébéus a zeûaz da Jamnia, hag a zéraouaz heskina ar bobl, ha mac'ha ar Judéa, ha lakaat lôd eûz ann dûd é sklavérez, ha laza lôd all, ha kréaat Gédor.

41. Lakaad a réaz énô marc'héien ha brézélidi war droad, évit ma rajeñt argadennou é brô ar Judéa, ével m'en doa hé c'hourc'hémennet ar roué d'ézhañ.

—

XVI. PENNAD.

Ptoléméus, mdb-kaer Simon, a laka hé laza, héñ ha daou eûz hé vipien.

1. Iann a biñaz eûz a C'hazara, hag a rôaz da anaout da Zimon hé [illegible]

péz en doa gréat Sendébéus é-kéñver
hô fobl.
2. Ha Simon a c'halvaz hé zaou vap
béna, Judas da Iann, hag a lavaraz
d'ézhô : Mé, ha va breûdeûr, ha ti va
zâd, hon eûz stourmet oud énébou-
rien Israel adaleg hor iaouañkiz bété
vréma : ha dré cûr-vâd hon eûz aliez
dieûbet Israel.
3. Hôgen chétu mé a zô deûet da
véza kôz ; kémérit éta va léac'h, hag
hini va breûdeûr, hag it da stourmi
évid hor pobl : ra zeûi d'é-hoc'h skoa-
zel diouc'h ann éñv.
4. Hag héñ a zilennaz er vrô ugeñt
mil dén war droad, ha marc'heien :
hag hi a gerzaz a-énep Sendébéus,
hag a arzaôaz é Modin.
5. Hag hi a zavaz diouc'h ar miñtin,
hag a iéaz d'ar mesiou : ha chétu é oé
gwélet dira-z-hô eunn armé vrâz a
dûd war droad hag a varc'heien ; hag
eur froud a ioa étré-z-hô.
6. Iann hag hé vrézélidi a valéaz
enn hô énep : hôgen ô wélout pénaoz
hé dûd hô doa aoun ô treûzi ar froud,
é treûzaz anézhañ ar c'heñta : pa wé-
laz hé dûd kémeñt-sé, é treûc'hoñt *ar
froud* war hé lerc'h.
7. É diou lôden é rannaz hé armé,
hag é lékéaz hé varc'heien é kreiz :
hôgen é niver brâz é oa marc'heien
ann énébourien.
8. Pa zonaz ar c'horniou sakr, Sen-
débéus hag hé armé a dec'haz : kalz
anézhô a oé lazet pé glazet ; hag ann
dilerc'h anézhô a dec'haz er c'hré.
9. Énô é oé glazet Judas breûr
Iann : hôgen Iann a iéaz war-lerc'h
ann énébourien kén na zeûaz da Zé-
dron, en doa savet.
10. Hag hi a dec'haz bétég ann tou-
riou a oa é mésiou Azot ; ha Iann hô
devaz. Daou vil anézhô a oé lazet ;
hag héñ a zistrôaz é péoc'h d'ar Judéa.
11. Ptoléméus, mâb Abobus, a ioa
bét lékéat da zûg é kompézen Jérikô ;
hag héñ en doa kalz a arc'hañt hag a
aour :
12. Râg héñ a ioa mâb-kaer d'ar
Bélek-brâz.
13. Ar rogoni a zavaz enn hé
galoun, hag é teûaz c'hoañt d'ézhañ
da aotrounia war ar vrô : hag héñ a
glaské ann tû da gémérout Simon hag
hé vipien dré drubardérez.
14. Simon neûzé a gerzé dré geriou
ar Judéa, hag a reizé gañt préder
pép-trâ enn-hô ; hag é teûaz da Jériko,
héñ hag hé vipien Matatias ha Judas,
er seitékved bloaz hag eiz-ugeñt, enn
unnékved miz, hanvet *miz* sabat.
15. Mâb Abobus a zigéméraz anéz-
hô gañt touellérez enn eur c'hréik
hanvet Doc'h, en doa savet : hag héñ
a réaz d'ézhô eur banvez brâz, goudé
béza kuzet tûd énô.
16. Ha goudé m'hô doa Simon hag
hé vipien debret hag évet hô gwalc'h,
Ptoléméus a zavaz gañd hé dûd ; hag
ô véza kéméret hô armou, é teûjoñt é
kampr ar banvez, hag é lazchoñt Si-
mon hag hé zaou vâb, hag hiniennou
eûz hé zervicherien.
17. Ével-sé é réaz eunn trubardérez
brâz enn Israel, hag é tistaolaz ann
droug évid ar mâd.
18. Ptoléméus a skrivaz kémeñt-sé
d'ar roué *Antiokus* ; hag é c'houlennaz
digañt-hañ eunn armé da skoazel, hag
é rôjé d'ézhañ ar vrô hag hé c'heriou,
hag ann tellou.
19. Ré all a gasaz da C'hazara évit
laza Iann : hag é kasaz lizéri da zuged
ann armé, évit ma teûjeñt d'hé ga-
vout, hag é rôjé d'ézhô arc'hañt hag
aour, ha traou all.
20. Ré all a gasaz évit krapa Jéru-
zalem, ha ménez ann templ.
21. Hôgen unan-bennag ô véza éat
enn hô raok, a iéaz da gavout Iann é
Gazara, hag a rôaz da anaout d'ézhañ
pénaoz en doa Ptoléméus lazet hé dâd
hag hé vreûdeûr, hag en doa ivé kaset
tûd évid hé laza hé-unan.
22. Pa glevaz kémeñt-sé, é oé saou-
zanet-brâz : krapa a réaz ar ré a ioa
deûet évid hé golla, hag é lékéaz hô
laza ; râg anavézet en doa pénaoz é
klaskeñt hé laza *hé-unan*.
23. Buez Iann pelloc'h, hag hé vré-
zéliou, hag ann ôberiou a réaz gañt
kémeñd a galoun, hag ar préder gañt
péhini é assavaz muriou *Jéruzalem*,
hag hé ôberiou all,
24. A zô skrivet é levr-bloasiek hé
vélégiez, abaoé ma oé lékéat da Vé-
lek-brâz goudé hé dâd.

EIL LEVR

AR VAKABÉED.

I. PENNAD.

Iuzevien ar Judéa a zanével dré skrid da Iuzevien ann Éjipt maró Antiokus Épifanes.

1. Ar Inzevien a zó é Jéruzalem, hag é bró ar Judéa, d'ar Iuzevien hó breûdeûr a zó enn Éjipt, salud hag eur péoc'h mâd.

2. Ra rai Doué vâd d'é-hoc'h, ha ra zeûi koun d'ézhañ eûz ar gévrédigez en deûz gréat gañd Abraham, ha gañd Isaak, ha gañt Jakob, hé zervicherien féal.

3. Ra rôi d'é-hoc'h holl eur galoun unvan, évit ma azeûlot anézhañ, ha ma réot bé ioul gañd eur galoun vrâz, hag eur spéred karañtézuz.

4. Ra zigorô hô kaloun d'hé lézen, ha d'hé gélennou, ha ra rôi ar péoc'h d'é-hoc'h.

5. Ra zélaouô oud hé pédennou, ha r'en em unvanô gan-é-hoc'h, ha n'hô tilézet két ar gwall amzer.

6. Évid-omp-ni, émomb bréma amañ ô pédi évid-hoc'h.

7. Dindân rén Démétrius er bloaz naô hag eiz-ugeñt, hon eûz skrivet d'é-hoc'h, ni Iuzevien, er glac'har hag eñuiẽñkrez a zô bét c'hoarvézet gan-é-omp er bloasiou-zé, abaoé ma oa éat-kuit Jason eûz ann douar sañtel, hag eûz ar rouañtélez.

8. Ann ôr a zevchoñt, ar goad dinam a skulchoñt : ha ni a bédaz ann Aotrou, hag héñ a zélaouaz ouz-omp, hag é kennigchomb ar sakriflz, ha bleûñ-gwiniz, hag é énaouchomb ar c'hleûzeûriou, hag é lékéjomb ar baraou dira-z-hañ.

9. Lidit éta bréma gouél ann teltou eûz a viz Kasleu.

10. Er bloaz eiz ha naô-ngeñt, ar bobl a zô é Jéruzalem, hag er Judéa, ann hénaoured ha Judas, da Aristobulus mestr ar roué Ptoléméus, péhini a zô eûz a wenn ar véleien sakr, ha d'ar Iuzevien a zô enn Éjipt, salud ha iéc'hed mâd.

11. Goudé béza bét dieûbet gañd Doué eûz a wallou brâz, hon eûz hé drugarékéet-kaer, pa hon eûz gellet stourmi oud eunn hévélep roué.

12. Râg héñ co en deûz lékéat da zével eûz ar Bersia, al lôd brâz a dûd a zô deûet da stourmi ouz-omp, hag oud ar géar zañtel.

13. Hôgen pa édo ann dûg anézhô er Bersia, gañd eunn armé diniver, é oé lazet é templ Nanéa, touellet gañt kuzul béleien Nanéa.

14. Râg Antiokus ô véza deûet gañd hé viñouned é templ ann douéez-zé, ével évid dimézi gañt-hi, hag évid digémérout kalz a arc'hañt évid hé argourou,

15. Béleien Nanéa a ziskouézaz d'ézhañ ann holl arc'hañt-zé ; ha pa oé éat gañt nébeûd a dûd é diabarz ann templ, é serrchoñt dôr ann templ,

16. Kerkeñt ha ma oé éat Antiokus ébarz : hag ô véza digoret eunn ôr gûz eûz ann templ, é kémerchoñt

mein, hag é labézchoñt anézhañ, hag ar ré a oa gañt-hañ; ha goudé béza diskolpet hô c'horfou, é tROUc'hchoñt hô fenn d'ézhô, hag hô zalchoñt erméaz.
17. Benniget ra vézô Doué é pép-trâ, héñ péhini en deûz gwerzet *enn doaré-zé* ar ré fallagr.
18. Ével ma tléomb éta, er pempved deiz war-n-ugeñt eûz a viz Kasleu, lida glanérez ann templ, hon eûz kavet réd hé rei da anaout d'é-hoc'h; évit ma lidot ivé gouél ann teltou, ha gouél ann tân a oé rôet, pa gennigaz Néhémias ar sakrifisou, goudé m'en doa as-avet ann templ hag ann aoter.
19. Râk pa oé kasct hon tadou *é sklavérez* er Bersia, ar ré eûz ar véleien péré a zoujé Doué, ô véza kémeret ann tân a ioa war ann aoter, a guzaz anézhañ enn eunn draoñien, é péhini é oa eur puñs doun hag hesk; hag énô é virchoñt hag é tiwalchoñt anézhañ, hag al léac'h-zé na oé anavézet gañd dén.
20. Hôgen pa oé tréménet meûr a vloaz, hag é plijaz gañd Doué ma oé kaset Néhémias *er Judéa* gañt roué ar Bersia, é kasaz mipien-bihan ar véleien hô doa kuzet ann tân, évid hé gerc'hout: hag, ével ma hô deûz hé zanévellet d'é-omp, na gefchoñt két a dân, hôgen dour téô.
21. Hag héñ a c'hourc'hémennaz d'ézhô tenna anézhañ hag hé zigas d'ézhañ: hag ar bélek Néhémias a gémennaz sparfa gañt-hañ ar sakrifisou hag ar péz a ioa war-n-ézhô, ar c'hoad hag ar péz a oa war-n-ézhañ.
22. Pa oé gréat kémeñt-sé, ha pa luc'haz ann héol péhini a oa kuzet keñt gañd eur goabren, é krogaz eunn tan brâz, enn hévélep doaré ma oé souézet ann holl.
23. Hôgen ann holl véleien a réa ar béden, kén na oé peûr-zevet ar sakrifiz: Jonatas a zéraoué, hag ar ré all a respouñté d'ézhañ.
24. Hag ével-henn é oa péden Néhémias: Aotrou Doué, krouer pép-trâ, eûzuz ha kré, reiz ha trugarek, roué mâd hép-kén,
25. C'houék hép-kén, reiz hép-kén, holl c'halloudek, ha peûr-baduz, péhini a zieûb Israel diouc'h pép droug, péhini éc'h eûz dilennet hon tadou, hag éc'h eûz hô sañtélet:
26. Digémer ar sakrifiz-mañ évid da holl bobl a Israel, mir ha sañtel a da lôden.
27. Stroll hor ré skiñet, dieûb ar ré a zô sklaved d'ar brôadou, sell a druez oud ar ré a zô disprizet hag argarzet; évit ma wézô ar brôadou pénaoz eo té hon Doué.
28. Glac'har ar ré a vâc'h ac'hanomp, hag a heskin ac'hanomp gañt balc'hder.
29. Laka da bobl enn da léac'h sañtel, ével m'en deûz hé lavaret Moizes.
30. Koulskoudé ar véleien a gané gwersiou, kén na oé peûr-zevet ar sakrifiz.
31. Ha pa oé peûr-zevet ar sakrifiz, Néhémias a c'hourc'hémennaz ma vijé skulet ann dilerc'h eûz ann dour war ar vein vrâz.
32. Kerkeñt ha ma oé gréat kémeñt-sé, é krogaz eur flamm anézhô: hôgen louñket é oé gañd'ar goulou a luc'haz war ann aoter.
33. Pa oé deûet da véza anat kémeñt-sé, é oé danévellet da roué ar Bersied pénaoz enn hévélep léac'h é péhini é oa bét kuzet ann tân gañd ar véleien a oa bét dizouget, é oa bét kavet dour, gañt péhini Néhémias hag ar ré a ioa gañt-hañ, hô doa glanet ar sakrifisou.
34. Ar roué ô véza évésêet mâd ar péz a lavared, ha goudé béza anavézet ar wirionez, a zavaz énô eunn templ.
35. Goudé ann arnod-zé, é rôaz kalz madou, ha kalz rôou all d'ar véleien, oc'h hô darnaoui gañd hé zourn hé-unan.
36. Hôgen Néhémias a c'halvaz al léac'h-zé Neftar, da lavaroud eo, Glanérez. Gañt meûr a hini eo galvet Néfi.

II. PENNAD.

Dilerc'h eûz al lizer keñt.

1. Kavoud a réeur é skridou ar profed Jérémias, pénaoz é c'hour-

c'hémennaz d'ar ré a iéa er-méaz eûz ar vrô, kéméroud ann tân, ével ma eo merket, ha kémennet d'ar ré a iéa d'ann dizougadur.

2. Hag héñ a rôaz d'ézhô da lézen na añkounac'hajeñt két kélennou ann Aotrou, ha na gouézcheñt két é diboell ar spéred, pa wélcheñt ann idolou aour hag arc'hañt, hag hô braveñtésiou.

3. Hag ô lavarout traou all enn doaré-zé, éc'h erbédé anézhô na bellacheñt két al lézen diouc'h hô c'haloun.

4. Merket é oa ivé enn hévélep skrid, pénaoz en doa gourc'hémennet ar profed, dré eunn urs en doa bét digañd Doué, ma vijé kaset gañt-hañ ann tabernakl hag ann arc'h, kén na vijé deûet d'ar ménez war béhini é piñaz Moizes, hag é wélaz digwéz ann Aotrou.

5. Ha Jérémias ô véza deûet énô, a gavaz eur c'héô, é péhini é lékéaz ann tabernakl, ann arc'h, hag aoter ann ézañsérézou, hag é stañkaz ann digor anézhañ.

6. Hinienñou eûz ar ré a oa deûet gañt-hañ ô véza tôstéet évid arvesti al léac'h, na helchoñt két hé gavout.

7. Pa glevaz Jérémias ann dra-zé, é tamallaz anézhô, hag é lavaraz pénaoz é vijé kuzet al léac'h-zé, kén na strollfé Doué hé bobl, hag é rafé trugarez enn hé géñver;

8. Ha pénaoz neûzé é tiskouézché ann Aotrou ann traou-zé, é vijé gwélet adarré meûrdez ann Aotrou, é vijé eur goabren, ével ma oa bét gwélet gañt Moizes, hag ével ma en em ziskouézaz pa c'houlennaz Salomon é vijé sañtéet ann templ évid ann Doué brâz.

9. Râg enn eunn doaré souézuz é tiskouézé hé furnez; hag ével eunn dén leûn a furnez, é kenñigaz sakrifiz gwestlérez ha peûr-ôbéridigez ann templ.

10. Ével ma pédaz Moizes ann Aotrou, hag é tiskennaz aun tân eûz ann éñv, hag é tevaz loen ar sakrifiz, ével-sé é pédaz Salomon, hag é tiskennaz ann tân eûz ann éñv, hag é tevaz loen al sakrifiz.

11. Ha Moizes a lavaraz, pénaoz né oa két bét debret ar péz a oa kenniget évid ar péc'hed, hôgen ma oa bét devet.

12. Salomon ivé a lidaz ar gwéstlérez a-zoug eiz dervez.

13. Ann hévélep traou-zé en em gav ivé é skridou hag é rollou Néhémias; é péré é weleur pénaoz évid ôber eunn dastum lévriou, é strollaz eûz a veûr a vrô levriou ar broféded, ré David, lizéri ar rouéed, ha roll ar rôou.

14. Judas en deûz ivé dastumet kémeñd a ioa bét kollet é-pâd ar brézel hon eûz bét; hag ann dastum-zé a zô étré hon daouarn.

15. Mar c'hoañtait kaout ar skridou-zé, kasit eur ré b-nnâg évid hô digas d'é-hoc'h.

16. Skrivet hon eûz d'é-hoc'h pa oamp daré da lida ar glanérez: ervâd a réot, mar lidit ivé ann deisiou-zé.

17. Nî a c'héd éta pénaoz Doué, péhini en deûz dieûbet hé bobl, hag en deûz asrôet da bép-hini ann digwéz, ar rouañtélez, ar vélégiez, hag al léac'h sañtel,

18. Ével ma en doa hé ziouganet el lézen; en dévézô abarz némeûr truez oaz-omp, hag é strollô ac'hanomp *a bép tû* eûz a zindân ann éñv enn hé léac'h sañtel.

19. Râg eûz a wallou brâz en deûz hon dieûbet, hag hé léac'h *sañtel* en deûz glanet.

20. Diwar-benn Judas Makabéad, hag hé vreûdeûr, diwar-benn glanérez ann templ brâz, ha gwéstlérez ann aoter;

21. Diwar-benn ar stourmou dindân Antiokus ar brudet-brâz, ha dindân hé vâb Eupator;

22. Diwar-benn ann trugarézou skéduz a zô deûet eûz ann éñv war ar ré hô deûz stourmet gañt kaloun évid ar Iuzevien, enn hévélep doaré, pétrâbennâg ma oañt nébeûd a dûd, ma hô deûz trec'het ann holl vrô, ha ma hô deûz lékéat da dec'hout eul lôd brâz a dûd-fallagr;

23. Ma eo deûet d'ézhô adarré ann templ ar vrudéta eûz ar béd holl, ma hô deûz dieûbet kéar, ma hô deûz digaset a-nevez al lézennou a ioa bét

lamet, ann Aotrou ô véza digaset
d'ézhô pép-trâ da vâd ha da béo-
c'hoz :
24. Enn divez hon eûz poelladet da
lavarout enn eul levr bép-kén ar péz
a zô bét skrivet é pemp levr gañt
Jason ar Sirénéad.
25. Râg ô véza arvestet pénaoz al
lôd brâz a levriou a laka ann histor
da véza diez d'ar ré a fell d'ézhô hé
deski, enn abek d'al lôd traou-zé a
ziskouézeur d'ézhô ;
26. Hon eûz poelladet skriva hou-
mañ, enn hévélep doaré ma vijé kavet
mâd gañt ar ré a felfé d'ézhô hé len-
na ; ma helfé gwelloc'h choum enn
éñvor évid ar ré akéñuz ; ha ma vijé
talvouduz d'ar ré holl hé lennché.
27. Hôgen oc'h en em wéstla da
ôber ann diverradur-mañ, n'omp két
en em rôet da eul labour éaz, hôgen
da eunn dra a c'houlenn kalz a striv
hag a boan.
28. Héñvel oud ar ré a aoz eur
banvez, hag a râ pép-trâ diouc'h ioul
ar ré all ; ével-sé hon eûz gréat al la-
bour-zé a galoun vâd é gounid kalz
a dûd.
29. É-kéñver ar wirionez é fisiomp
war ar ré hô deûz skrivet; évid-omp-
ni a lakai hor striz da verraad anézhô
hervez hon dézô.
30. Râg ével ma eo préder eur sa-
ver-ti, pa râ eunn ti nevez, lakaad
évez oud al labour holl, ha ma klask
hep-kén ar peñter ar péz a dlé hé
gaéraat ; ével-sé é tlécur menna di-
war hor penn.
31. Râk déréout a râ d'ann hini a
skriv eunn histor, dastumi ann dan-
vez évid hé ôber, reiza al lavar, hag
eñklaskout gañt préder brâz ann holl
zarvoudou.
32. Hôgen d'ann hini a râ eunn
diverradur é tléeur aotréa ma vézô
berr enn hé skrid, ha na zanévellô
két ann holl zarvoudou.
33. Amañ éta é téraouimp hon da-
névél : hir a-walc'h eo ar c'heñt-skrid
ével-sé : follentez é vé béza hir a-raog
ann histor, ha béza berr enn histor
hé-unan.

III. PENNAD.

Héliodorus ô véza deûet évit preiza ann templ, a zô skourjézet gañd élez.

1. Ar géar zañtel ô véza éta enn eur
péoc'h brâz, hag al lézennou ô véza
sévénet mâd, enn abek da zouj-Doué
ar bélek-brâz Onias, ha d'ar c'hâs en
doa enn hé galoun oc'h ann drouk ;
2. É c'hoarvézé ac'hanô pénaoz ar
rouéed hô-unan hag ar briñsed a
zougé kalz a énor évid al léac'h sañ-
tel, hag a réa rôou kaer d'ann templ :
3. Enn hévélep doaré ma lékéa Sé-
leukus, roué ann Asia, rei eûz hé zal-
c'hiou ann holl vizou a zellé out karg
ar sakrifisou.
4. Hôgen Simon eûz a vreûriez
Beñjamin, péhini a oa karget eûz a
ziwall ann templ, a lékéa hé striv évid
ôber eur fallagriez-bennâg é kéar,
daoust da briñs ar véleien.
5. Hôgen ével na hellé két trec'hi
Onias, éz éaz da gavout Apollonius
mâb Tarséa, péhini a ioa da zûg enn
amzer-zé war ar Sélésiria ha war ar
Fénisia ;
6. Hag é rôaz da anaout d'ézhañ
pénaoz teñzor Jéruzalem a oa leûn a
arc'hañt, ha pénaoz ann holl arc'hañt-
zé a oa lékéat a dû évid ar géfridiou
hollek, ha nann évit mizou ar sakri-
fisou : ha pénaoz é vijé gellet hé la-
kaad holl da gouéza é dourn ar roué.
7. Apollonius ô véza kémennet d'ar
roué ar péz en doa klevet diwar-benn
ann arc'hañt-zé, ar roué a c'halvaz
Héliodorus, péhini a oa hé geñta mi-
nistr : hag é kasaz anézhañ gañd ur-
siou, évid digas ann arc'hañt-zé.
8. Héliodorus en em lékéaz râk-tâl
enn heñt, war zigarez cmwélout ke-
riou ar Sélésiria hag ar Fénisia, hô-
gen évit-gwir gañd ann dézô da ôber
kéfridi ar roué.
9. O véza deûet é kéar Jéruzalem,
hag ô véza bét digéméret gañd ar
Bélek-brâz gañt kalz a azaouez, é ta-
névellaz d'ézhañ ar péz a ioa bét la-
varet d'ar roué diwar-benn ann ar-
c'hañt, hag é tiskleriaz d'ézhañ ar
gwir abek eûz hé ergerz : hag é c'hou-
lennaz hag ez oa gwir kémeñt-sé.

10.

10. Neûzé ar Bélek-brâz a ziskleriaz d'ézhañ pénaoz é oa bét lékéat ann arc'hañt-zé é miridigez, hag é oa bividigez ann iñtañvézed hag ann emzivaded :

11. Pénaoz zô-kén lôd eûz ann arc'hañt a ioa bét diskleriet gañt Simon ar fallagr, a oa da Hirkan-Tobias dén a neûz-vâd : ha pénaoz né oa két ennholl ouc'h-penn pevar c'hañt talañt arc'hañt, ha daou c'hañt talañt aour :

12. Hôgen na helled két touella ar ré hô doa krédet é helleñt lakaâd hô arc'hañt é miridigez enn eunn templ a oa énoret dré ar béd holl évid hé zañtélez.

13. Hôgen Héliodorus ô keñderc'hel ar péz a oa bét gourc'hémennet d'ézhañ gañd ar roué, a lavaraz pénaoz é oa réd a-grenn dougen ann arc'hañt-zé d'ar roué.

14. Enn deiz merket éz éaz Héliodorus enn templ évit reiza kémeñt-sé. Koulskoudé né oa két bihan ar saouzan er géar holl.

15. Ar véleien en em daolaz out treid ann aoter gañd hô saé a vélek ; hag hi a bédé ann hini a zô enn éñv, hag en deûz gréat al lézen diwar-benn ar mirérez, évit ma tiwalché ar péz a oa bét lékéat é miridigez *enn templ.*

16 Néb a zellé neûzé oud dremm ar Bélek-brâz, a oa gouliet enn hé galoun : râg hé zoaré hag hé liou ô véza trôet, a ziskouézé glac'har vrâz hé galoun.

17. Ann doan a wéled war hé zén holl, hag ann hérez a oa anat war hé gorf, a ziskouézé d'ar ré a zellé outhañ gouli hé galoun.

18. Ann dûd a zirédé enn eunn taol-brâz eûz hô ziez, évit goulenni digañd Doué, dré bédennou, na aotréjé két é vé mézékéet eul léac'h *ker sañtel.*

19. Ar c'hragez gôlôet a hivizennoureûn bétég hô dargreiz, a zirédé enn eur rumm-brâz war leûriou-kéar : ar plac'hed-iaouañk hô-unan, péré *keñt* a choumé klôzet. a zirédé da gavout Onias, ha lôd all etrézég ar muriou, ha lôd all a zellé dré ar brénestrou.

20. Hag holl é pédeñt, oc'h astenna hô daouarn étrézég ann éñv.

21. Eunn arvest truézaz oa gwélout al lôd brâz a dûd-zé kemmesket, hag ar Bélek-brâz leûn a c'hlac'har, ô c'hortozi pétrâ a c'hoarvézché.

22. Hag hi a bédé Doué holl-c'halloudek, ma virché krenn ar péz a oa bét rôet d'ézhô é miridigez.

23. Hôgen Héliodorus, péhini en em zalc'hé gañd hé warded é-tâl dôr ann tenzor, a venné sévéni hé zézô.

24. Hôgen spéred ann Doué holl-c'halloudek en em ziskouézaz neûzé gañd arouésiou anat, enn hévélep doaré pénaoz ar ré holl péré hô doa krédet señti oud Héliodorus, ô véza bét diskaret gañt ners Doué, a oé skôet gañd eur saouzan hag eur spouñt brâz.

25. Râg hi a wélaz eur marc'h, harnézet enn eunn doaré gaer, war béhini é oa eunn dén heûzuz : ar marc'h-zé en em striñkaz war Héliodorus, hag a skôaz ô sével war-n-ézhañ hé daou droad a ziaraog ; hag ann hini a oa piñet war-n-ézhañ a zoaréé kaout armou aour.

26. Daou zén-iaouañg all a oé gwélet leûn a ners hag a c'héned, skéduz gañt ar c'hloar, ha gwisket kaer : hag hi en em zalc'hé enn daou du d'ézhañ, a skourjézé anézhañ a bép-tû, hag a skôé gañt-hañ héb éhan.

27. Hôgen Héliodorus a gouézaz enn eunn taol d'ann douar é-kreiz eunn dévalien vrâz : hag ô véza bét lékéat war eur gador, é oé douget ha lékéat er-méaz *eûz ann templ.*

28. Ével-sé ann hini a oa deûet ébarz ann teñzor gañt kalz a réderien hag a warded, a oa douget er-méaz hép ma teûaz dén d'hé skoazella, ners Doué ô véza en em ziskouézet anat.

29. Hag héñ dré ann nerz-zé eûz a Zoué, a choumaz gourvézet, hag héñ dilavar, hép géd na silvidigez.

30. Hôgen ar ré all a vennigé ann Aotrou, ô véza ma uc'héléé-meûrbéd hé léac'h : hag ann templ péhini nébeûd araog a oa leûn a spouñt hag a reûstl, a zeûaz da véza leûn a lévénez hag a lid, pa ziskouézaz ann Aotrou hé holl-c'halloud.

31. Neûzé hinienneu eûz a viñouned Héliodorus a hastaz pédi Onias, évit ma

c'houlenché digañt ann Uc'hel-meûr-béd ma rôjé ar vuez d'ann hini a oa daré da vervel.

32. Ar Bélek-brâz ô venna pénaoz ar roué martézé a arvarché en dévijé unan-bennâg eûz ar Iuzevien gréat gwall oud Héliodorus, a gennigaz eunn hostiv iéc'héduz évit-hañ.

33. Ha pa réa ar Bélek-brâz hé béden, ann hévélep tûd-iaouañk, gwisket gañd ann hévélep saéou, a zeûaz é-kichen Héliodorus, hag a lavaraz d'ézhañ : Trugaréka Onias, ar bélek-brâz : râg enn abek d'ézhañ eo en deûz ann Aotrou rôet ar vuez d'id.

34. Hôgen té, goudé béza bét skourjézet gañd Doué, danével d'ann holl hé vurzudou hag hé c'halloud : ha goudé béza lavaret kémeñt-sé, na oeñt gwélet mui.

35. Héliodorus goudé béza kenniget eunn hostiv da Zoué, ha gréat gwéstlou brâz d'ann hini en doa aotréet ma vévché, a drugarékéaz Onias, a iéaz da gavout hé vrézélidi, hag a zistrôaz étrézég ar roué.

36. Testéni a zougé dirâg ann holl eûz a ôberiou ann Doué brâz en doa gwélet gañt hé zaoulagad.

37. Ha pa c'houlennaz ar roué digañt-hañ piou a vijé mâd da véza kaset c'hoaz da Jéruzalem, é lavaraz :

38. Ma éc'h eûz eunn énébour-bennâg, pé unan a vijé en em zavet a-énep da rouañtélez, kâs-héñdl ; hag é tistrôi skourjézet, mar tistrô koulskoudé : râk ners Doué évit-gwir a zô enn templ-zé.

39. Râg ann hini a choum enn éñv, a emwél hag a warez al léac'h-zé ; hag héñ a skô hag a goll ar ré a zeû di évit gwall-ôber.

40. Chétu éta pétrâ a c'hoarvézaz é-kéñver Héliodorus, ha mirérez ann teñzor.

IV. PENNAD.

Jason a zô lékéat da Vélek-brâz é-léac'h hé vreûr Onias. Onias a zô lazet gañd Andronik.

1. Hôgen Simon péhini,ével ma eo bét lavaret kent, en doa gréat hé ziskul diwar-benn ann archañt, hag a-éneb hé vrô, a wall-gomzé diwar-benn Onias,ével pa vé bét héñ en dévijé aliet Héliodorus, hag é vijé bét ann abek eûz ann holl zrouk :

2. Hag héñ a grédé rei ével énébour ar rouañtélez, gwarézer kéar, diwaller hé bobl, ha mirer lézen Doué.

3. Hôgen ével ma savaz ann drougiez-zé ker brâz, ma oé gréat lazérézou gañd hiniennou eûz a viñouned Simon ;

4. Onias, oc'h évésaad ar gwall eûz ar reñdael-zé, hag ô venna pénaoz Apollonius, péhini a oa da zûg war ar Sélésiria hag ar Fénisia, a greské c'hoaz drougiez Simon, a iéaz da gaout ar roué,

5. Nann évit tamallout hé genvrôiz, hôgen hép-kén évit keñderc'hel talvoudegez hé bobl.

6. Râg héñ a wélé ervâd pénaoz na hellé két ann traou béza péoc'héet héb galloud ar roué, nag éhana folleñtésiou Simon.

7. Hôgen goudé ma oé marô Séleukus, ha pa oé éat ar rouañtélez da Antiokus, les-hanvet ar brudet-brâz, Jason breûr Onias en doé c'hoañt da gaout ar vélégiez-vrâz.

8 O véza éat da gaout ar roué, hag ô véza kenniget d'ézhañ triouec'h-ugeñt talañt arc'hañt, ha pévar-ugeñt talañt eûz hé zalc'hiou all,

9. Hag ouc'h-penn, kañt hag hañter-kañt talañt all, mar hé aotréet d'ézhañ sével eur skôl brâz évid ann dûd-iaouañk, ha skriva hanvou tûd Jéruzalem gañd hanvou tûd Antiokia.

10. Kerkent ha ma oé aotréet kémeñt-sé d'ézhañ gañd ar roué, ha ma oé deûet ar briñsélez d'ézhañ, é téraouaz rei d'hé genvrôiz kisiou ar Jeñtiled :

11. Hag ô véza torret ar gwiriou a oa bét aotréet d'ar Iuzévien dré hañtérourez Iann tâd Eupolémeus, péhini a oa bét kaset é kannadur étrézég ar Romaned, évit névézi unvaniez ha kévrédigez ar Iuzevien gañt-hô ; é kasaz-da-nétra lézennou reiz hé genvrôiz, évit lakaad enn hô léac'h lézennou direiz ha saotr :

12. Râg her a-walc'h é oé évit sével eunn ti-skôl dindân ar c'hré hé-unan, ha lakaad ann dûd-iaouañk ar ré-wella e lec'hiou hudur.

13. Ha kémeñt-sé na oé két eunn derou hép-kén, hôgen eur c'hrésk hag eunn inraok é buez ar Jeñtiled hag ann diavésidi, dré wall zrougiez ar fallagr Jason, alouber ar vélégiez-vrâz.

14. Ar véleien hô-unan n'en em rôeñt mui da gargou ann auter; hôgen é tisprizeñt ann templ, hag ô tilézel ar sakrifisou, é rédeñt d'ar gourennou, d'ann arvestou direiz, ha da c'hoari ar méan-pâl.

15. Na zalc'heñt stâd é-bèd eûz ar péz a oa énorel enn hô brô, ha na gaveñt nétra gwell égét ar péz a oa kavet kaer é-touez ar C'hrésicd.

16. Eur gendamouez gwalluz a zavé étré-z-hô diwar-benn kémeñt-sé: hérez hô doa out kisiou ar Jeñtiled; hag hi hô doa c'hoañt da véza héñvel é pép-trâ oud ar ré a oa bét keñt da énébourien brâz d'ézhô.

17. Na vézeur két fallagr digastiz é-kéñver lézennou Doué: kémeñt-sé a vézô gwélet skléar divézatoc'h.

18. Eur wéach pa lided é Tir ar c'hoariou a réeur bép pemp bloaz, hag ar roué ô véza énô,

19. Ar fallagr Jason a gasaz eûz a Jéruzalem tûd eûz ar re falla, évit kâs tri c'hañt dramm arc'hañt évit sakrifisou Herkules: hôgen ar ré a zougé anézhô a c'houlennaz na vijeñt két lékéat évid ar sakrifisou-zé, ô véza né oa két déréad, hôgen ma vijeñt dilcûret évit mizou all.

20. Hôgen kenniget é oeñt é sakrifiz da Herkules gañd ann hini en doa hô c'haset: koulskoudé enn abek d'ar ré hô doa hô c'haset, é oeñt rôet évid ôber galéou.

21. Apollonius mâb Mnestéus ô véza bét kaset d'ann Éjipt, enn abek d'ar ré-vrâz eûz a *léz* ar roué Ptoléméus Filométor, pa en-doé anavézet Antiokus pénaoz é oa bét pellécet a-grenn eûz a géfrédiou ar rouañtélez, ô selloud oud hé c'hounid hé-unan, éz éaz-kuit ac'hanô, évid dont d'Joppé, ha goudé-zé da Jéruzalem.

22. Gañt fougé é oé digéméret gañt Jason ha gañt *tûd* kéar: mond a réaz ébarz diouc'h sklerder ar goulaouennou-koar, hag é-kreiz ar meûleûdiou: hag ac'hanô é tistrôaz gañd hé armé er Fénisia.

23. A benn tri bloaz goudé é kasaz Jason Ménélaus breûr Simon, a béhini eo bét komzet keñt, évit kâs arc'hañt d'ar roué, hag évid digas hé respouñt diwar-benn kéfridiou delliduz.

24. Hôgen hé-mañ a c'hounézaz grâd vâd ar roué, ô veûli meûrbéd hé c'halloud brâz; hag é tidennaz war-n-ézhañ ar vélégiez-vrâz, ô rei tri c'hañt talañt arc'hañt dreist ar péz en doa rôet Jason.

25. Goudé béza bét gourc'hémennou ar roué, é tistrôaz, hép ma oa enn-hañ nétrâ a zellézuz eûz ar vélégiez: na zougé némét kaloun eunn alouber kriz, ha droug eul loen ferô.

26. Evel-sé Jason péhini en doa touellet hé vreûr, a oé ivé touellet hé-unan; ha goudé béza bét kaset-kuit eûz hé vrô, en em dennaz é brô ann Ammonited.

27. Enn doaré-zé Ménélaus en doé ar vélégiez-vrâz: hôgen na vennaz két kâs ann arc'hañt d'ar roué,ével m'en doa hé lavaret, pétra-bennâg ma ben aiié kaer Sostratus, péhini a c'hourc'hémenné ar c'hré.

28. (Râg héñ a oa da vérer war ann tellou): râk-sé é oeñt galvet hô daou étrézég ar roué.

29. Tennet é oé ar vélégiez-vrâz digañt Ménélaus, évid hé rei da Lisimakus: ha Sostratus a oé lékéat da réner war ar Sipried.

30. Eñdra ma c'hoarvézé kémeñt-sé, tûd Tarsis ha Mallo a zispac'haz, ô véza ma oañt bét rôet é gôbr da Antiokidé serc'h ar roué.

31. Ar roué a zeûaz buan di évid hô féoc'haat, goudé béza lézet da vérer Andronik unan eûz ar ré-vrâz eûz hé léz.

32. Hôgen Ménélaus ô venna pénaoz é oa mâd ann darvoud, a laéraz enn templ listri aour-bennâg, hag a rôaz lôd anézhô da Andronik, goudé béza gwerzet lôd all é Tir, hag er c'heriou trô-war-drô.

33. Pa glevaz Onias kémeñt-sé évit gwir, é tamallaz anézhañ ; hag héñ koulskoudé a choumé enn eul léac'h kuzet é Antiokia tôst da Zafné.
34. Râk-sé Ménélaus a iéaz da gavout Andronik, hag a bédaz anézhañ da laza Onias. Hé-mañ éta ô véza deûet étrézég Onias, hag ô véza astennet hé zourn d'ézhañ enn eur doui (pétrâ-bennâg ma ioa difisiuz d'ézhañ), hen aliaz da zoñd er-méaz eûz hé vénéc'hi : hag héñ hen lazaz râk-tâl, hép doujañs é-bed évid ar reizded.
35. Râk-sé é savaz drouk, nann er Iuzevien hép-kén, hôgen ivé er brôadou all ; hag hi na hellaz két gouzañvi ann direizded eûz a varô eunn dén ker braz.
36. Ar roué ô véza distrôet eûz ar Silisia, ar Iuzevien kévret gañd ar C'hrésied a iéaz d'hé gavout é Antiokia, évid en em glemma eûz a varô direiz Onias.
37. Antiokus a oé glac'haret enn hé galoun enn abek da varô Onias : hag oc'h en em zamañti, é skuîaz daérou, oc'h énvori furnez ha poell Onias.
38. Hag eunn drouk brâz ô véza savet enn-hañ, é c'hourc'hémennaz ma vijé tennet al limestra diwar Andronik, ma vijé kaset dré gêar holl, ha ma vijé lazet ar fallagr-zé enn hévélep léac'h é péhini en doa lazet Onias enn eunn doaré ker kriz ; ann Aotrou ô tisteûrel d'ar fallagr-zé ar boan en doa dellézet.
39. Hôgen Lisimakus ô véza gréat meûr a fallagriez enn templ dré ali Ménélaus, ha kémeñt-sé ô véza bét brudet, p'en doé dijâ skrapet kalz a aour, en em zispac'haz eul lôd brâz a dûd a-énep Lisimakus.
40. Pa zispac'haz ann dûd-zé, é péré é oa savet eunn drouk brâz, Lisimakus ô véza rôet armou da dri mil dén pé war-drô, a zéraouaz en em ziboella, bléniet gañd eunn alouber kenn doun enn oad ével enn drougiez.
41. Hôgen pa wélaz ar bobl striv Lisimakus, lôd a géméraz mein, lôd all bisier téô ; hag hinijennou a daolaz ludu out-hañ.
42. Kalz eûz hé dûd a oé glazet, lôd all a oé lazet, hag ar ré all holl a dec'haz : ar fallagr hé-unan a oé lazet é-tâl ann tenzor.
43. Déraouet é oé neûzé tamallout Ménélaus diwar-benn kémeñt-sé.
44. Hag ar roué ô véza deûet da Dir, tri c'hannad dilennet gañd ann hénaoured a zougaz klemm d'ézhañ diwar-benn ar c'héfridi-zé.
45. Ménélaus ô wélout pénaoz é oa trec'het, a wéstlaz kalz a arc'hañt da Ptoléméus, ma rôjé d'ar roué eunn ali mâd évit-hañ.
46. Ptoléméus éta ô véza éat da gavout ar roué, pa édo enn eur porched évid en em fréskaat, a zistrôaz anézhañ diouc'h ann tamall :
47. Hag ar roué a wennaz Ménélauz eûz ann holl wallou en doa gréat : hag héñ a varnaz d'ar marô ar c'hannaded geiz, péré a vijé bét didamallet gañd ar Sited hô-unan, ma hô dévijé breûtéet dira-z-hô.
48. Ével-sé ar ré hô doa difennet gwiriou kéar hag ar bobl, hag ann doujañs a zô dléet d'al listri sakr, a oé lazet râk-tâl a-énep pép reizded.
49. Râk-sé ann Tiried hô-unan rec'het gañt kémeñt-sé, en em ziskouézaz lark-brâz pa oé bésiet ar ré-mañ.
50. Hôgen Ménélaus, ann abek da grinded ar ré-vrâz, en em gendalc'hé er galloud, hag a greské é drougiez é-kéñver tûd ar vrô.

V. PENNAD.

Burzudou spouñtuz a wéleur enn éar a-úz da Jéruzalem a-héd daou-ugeñt dervez.

1. Enn hévéleb amzer Antiokus en em aozé évit brézélékaat évid ann eil wéach enn Éjipt.
2. Hôgen c'hoarvézoud a réaz pénaoz holl dud Jéruzalem a wélaz enn éar a-héd daou-ugeñt dervez, tûd war varc'h ô rédek, hag hi gwisket gañt saéou aour, ha gwafiou enn hô dourn ével marc'heien,
3. Ha kézek reñket a vañdennou a rédé ann eil oud égilé, ha stourmou unan oud unan, ha tirennou héjet,

hag eul lôd brâz a dûd gañt tokouhouarn, ha klézeier enn noaz, ha darédou bannet, hag armou aour skéduz, hag harnézou a bép doaré.

4. Râk-sé ann holl a bédé Doué ma trôjé ar burzudou-zé enn hô gounid.

5. Hôgen ével ma teûaz da rédeg ar vrud gaou eûz a varô Antiokus, Jason ô véza kéméret mil dén gañtbañ, a stourmaz enn eunn taol out kéar : ha pétrâ-bennâg ma tirédaz tûd kéar war ar muriou, é kéméraz kéar, ha Ménélaus a dec'haz er c'hré.

6. Koulskoudé Jason a réaz eul lazérez brâz héb espernout hé genvrôiz, ha na venné két é vé cur reûz brâz béza euruz ô vrézélékaad oud hé gérent-nésa : hag héñ a grédé béza trec'het hé énébourien, ha nann hé genvrôiz.

7. Na bellaz két koulskoudé kaout enn hé gers ar briñsélez ; hôgen évit gounid hé drubardérézou, na gavaz némét mézégez : hag héñ a dec'haz adarré, hag en em dennaz é brô ann Ammonited.

8. Enn divez é oé lékéat er vâc'h gañd Arétas roué ann Arabed, péhini a fellé d'ézhañ hé golla : hag ô tec'hout da géar é kéar, kaséet gañd ann holl, ével torrer al lézennou, ével eunn dén argarzuz, ével énébour hé vrô hag hé genvrôiz, é oé harluet étrézég ann Éjipt.

9. Ével-sé ann hini en doa harluet kémeñd a dûd er-méaz eûz hô brô, a varvaz hé-unan er-méaz eûz hé hini, ô véza éat da Lasédémona, évit kaout ménéc'hi énô enn abek d'ar gérentiez.

10. Hag ével m'en doa taolet meûr a hini hép lakaad hô bésia, é oé taolet ivé héb béza kañvaouet, na bésiet ; ha na gavaz a véz nag enn hé vrô, nag é-touez ann diavésidi.

11. Goudé kémeñt-sé ar roué a vennaz pénaoz ar Iuzevien a zilézché ar gévrédigez hô doa gréat gañt-hañ : ha dré-zé en em lékéaz enn heñt eûz ann Éjipt leûn a frouden, hag é kéméraz kéar dré ners.

12. Gourc'hémenni a réaz d'ar vrézélidi laza ann holl, na esperncheñt hini eûz ar ré a gavcheñt war hô heñt, ha piña enn tiez ha diskolpa kémeñd hini a oa enn-hô.

13. Eul lazérez brâz a réjoñt éta eûz ar goazed iaouañk hag eûz ar ré gôz, eûz ar gragez hag eûz ar vugalé, eûz ar merc'hed iaouañk hag eûz ar vugaligou.

14. Pévar-ugeñt mil a oé lazet a-héd tri dervez, daou-ugeñt mil a oé lékéat da sklaved, ha kémeñd all a oé gwerzet.

15. Hôgen kémeñt-sé na oé két awalc'h d'ézhañ : héñ a grédaz moñd ébarz ann templ, péhini a oa ar sañtéla léac'h eûz ann douar, hag héñ rénet gañt Ménélaus, énébour al lézennou hag hé vrô.

16. Hag ô kémérout gañd hé wall zaouarn al listri sakr, a ioa bét lékéat el léac'h sañtel-zé gañd ar rouéed all ha gañd ar c'heriou, évid hé giñklérez hag hé c'hloar, é véré anézhô enn eunn doaré dic'hiz, hag enn eur c'hoapaat.

17. Ével-sé Antiokus ô véza kollet hé skiañt gañt-hañ, na venné két pénaoz enn abek d'hô féc'hédou eo é oabét buanékéet ann Aotrou évid eunn nébeûd amzer out tûd ar géar-zé ; hag é oa bét saotret dré-zé al léac'h *sañtel.*

18. Anéz, ma na vijeñt két bét kabluz eûz a veûr a wall, *ar priñs-mañ,* ével Héliodorus a ioa bét kaset gañd ar roué Séleukus évit preiza ann teñzor, a vijé bét skourjézet pa eo deûet ébarz, hag é vijé bét miret out-hañ a bép tû na leûnché hé c'hoañt direiz.

19. Hôgen Doué n'en deûz két dilennet ar bobl évid ann templ, hôgen ann templ évid ar bobl.

20. Râk-sé al léac'h-zé en deûz bét hé lôd enn drougou a zô bét c'hoarvézet gañd ar bobl ; hôgen goudé-zé en dévézô hé lôd enn hé vadou : ha goudé béza bét dilézet enn abek da vuanégez Doué holl-c'halloudek, é vézô savet adarré enn eur c'hloar vrâz, pa en em unvanô a-névez ann Doué brâz *gañd hé bobl.*

21. Antiokus éta ô véza skrapet eûz ann templ triouec'h kañt talañt, a zistrôaz buan da Antiokia, ô venna enn hé galoun leûn a rogoni pénaoz

é belliché merdei war ann douar, ha kerzout war ar môr.

22. Lézel a réaz rénerien évit mañtra ar bobl : é Jéruzalem *é lékéaz* Filip, ginidig eûz a Frijia, krisoc'h a galoun égéd ann hini en doa hé lékéat da réner ;

23. Hag é Garizim, Andronik ha Ménélaus, péré a ioa c'hoaz gwasoc'h égéd ar ré all oud hô c'henvrôiz.

24. Hag ô véza ma oa brâz hé gâs oud ar Iuzevien, é kasaz out-hô ar priñs argarzuz Apollonius, gañd eunn armé a zaou vil dén war-n-ugeñt ; hag é c'hourc'hémennaz d'ézhañ laza ann holl dud eûz a eunn oad klôk, ha gwerza ar merc'hed hag ar baotrediaouañk.

25. Pa oé deûet bé-mañ da Jéruzalem, é réaz neûz da glask ar péoc'h, hag é choumaz enn éhan bété deiz sañtel ar sabbat : ha neûzé pa réa ar Iuzevien ar goél, é c'hourc'hémennaz d'hé dûd kémérout hô armou.

26. Hag héñ a lékéaz da laza ar ré holl a oa deûet évid hô gwélout : hag ô rédek kéar gañd hé vrézélidi é lazaz eul lôd brâz a dûd.

27. Koulskoudé Judas Makabéad a ioa en em dennet, gañd dék dén all, enn eul léac'h distrô ; hag énô é vévé gañd hé dûd war ar ménésiou é-touez al loéned ferô ; hag hi a choumé énô, hép dibri nétra kén némét louzou ar parkou, évit na gémerchcñt két hô lôd eûz ar saotr.

VI. PENNAD.

Ar Iuzevien a zô dalc'het da zilézel lézennou Doué, évid azeûli ann idolou.

1. Nébeûd amzer goudé ar roué a gasaz eunn dén kôz eûz a Antiokia, évit rédia ar Iuzevien da zilézel lézennou Doué ha ré hô brô :

2. Évit saotra templ Jéruzalem, hag hé c'hervel *templ* Jupiter ann Olimpiad, ha gervel hini Garizim, *templ* Jupiter ann diavésiad, ével ma oa ar ré a choumé enn-hi.

3. Ével-sé é kouézaz war ann holl drougou ar ré wasa

4. Râg ann templ a oa leûn eûz a zirollou hag eûz a vanvésiou direiz Jentiled, eûz a verc'hetaerien mesket gañt gragez fall, hag eûz a verc'hed, péré a iéa ébarz al lec'hiou sakr, hag a zougé enn-hô traou ha na oa két déread hô dougen dî.

5. Ann aoter a oa leûn ivé a *gig* hudur, a oa berzet gañd al lézennou.

6. Na vired két deisiou ar sabbat, ha na lidet két goéliou ar vrô ; ha dén na grédé añsavout hép-distrô pénaoz é oa Iuzéô.

7. Hô c'hâs a réad dré eur rédi kalet d'ar sakrifisou é deiz-gân ar roué, ha pa lided goél Bakkus, é oañt dalc'het da voñt dré géar, hag hi gañt kurunennou iliô enn énor da Vakkus.

8. Embannet é oé ivé eur gourc'hémenn, diouc'h ali tûd Ptolémaid, er c'heriou tôsta d'ar Jeñtiled, évit ma rajeñt enn hévélep doaré é-kéñver ar Iuzevien, oc'h hô lakaad da azeûli ann idolou ;

9. Pé laza ar ré ha na felfé két d'ézhô trei out lézennou ar Jeñtiled : ével-sé na wéled némét reûz.

10. Râk diou c'hrég ô véza bét tamallet évit béza bét emwadet hô mipien, a oé kaset enn-drô da géar dirâg ann holl, gañd hô mipien a-zispil oud hô bronn, ha taolet goudé diwar ar muriou.

11. Ré all ô véza en em strollet é kéviou tôst, évid lida é-kûz deiz ar sabbat, Filip a glevaz kémeñt-sé, hag a lékéaz hô devi gañd ann tân, ô véza na grédchoñt két en em zifenni enn abek da lîd ar goél.

12. Hôgen mé a béd ar ré a lennô al levr-mañ, na gémerîñt két a wallskouér dioud ar reûsiou kriz mañ : hôgen ma venniñt pénaoz eo bét c'hoarvézet ann drougou-zé, nann évit koll, hôgen évit kastiz hor brôad.

13. Râk miroud oud ar péc'herien na véviñt két pell-amzer hervez hô ioul, hôgen hô c'hastiza buan, eo ar merk eûz a drugarez vrâz *Doué.*

14. Évit-gwir né ra két ann Aotrou enn hor c'héñver ével ma rà é-keñver ar brôadou all, péré a c'houzañv gañd habaskded, évit ma kastizô anézhô é

leûnder hô féc'hédou, pa vézô deûet deiz ar varn,

15. Ha na c'hortoz két évet-sé ma vézô savet bor péc'hédou bétég ar bàr, évid kastiza ac'hanomp.

16. Évet-sé na denn népréd hé drugarez diwar-n-omp : hôgen pa eñkrez hé bobl évid hé gastiza, na zilez bét anezhañ.

17. Goudé béza lavaret ar berr gomsiou-mañ évit kélenna al lennerien, é teûomb bréma d'hon danével.

18. Éléazar unan eûz ar ré geñta é-touez ar skribed, dén kôz-meurbed, kaer a zremm, a oa beskinet évid dibri kik môc'h, hag é tigored d'ézhañ hé c'hénou dré ners.

19. Hôgen héñ ô kaout-gwell eur marô meûleûduz égéd eur vuez argarzuz, a iéa d'ar marô a-ioul-vâd.

20. Oc'h arvesti pétrâ a c'houzañvché enn darvoud-zé, hag oc'h en em geñderc'hel enn babaskded, é lékéaz enn hé benn na rajé nétrâ a-éneb al lézen évit miroud hé vuez.

21. Hôgen ar ré a oa enn-drô d'ézhañ, ténéréet gañd eunn truez direiz, enn abek d'ar garañtez gôz hô doa évit-hañ, ô kéméroul anézhañ a dû, hé bédaz da lézel digas kig a oa aotréet d'ézhañ dibri, évit ma vijé gréat vân en dévijé debret eûz a gig ar sakrifiz, ével m'en doa gourc'hemenuet ar roué,

22. Évit ma hellcheñt enn doaré-zé hé zieûbi eûz ar marô : hag hi a ziskouézé ann hégaradded-zé enn hé géñver, enn abek d'ar garañtez gôz a geñdalc'heñt évit-hañ.

23. Hôgen héñ a zéraouaz arvesti dellid hé hir-hoal, ar meûrded a luc'hé enn hé vléô gwenn, ar vuez dinam en doa rénet adaleg hé vugalérez : hag é respouñtaz râk-tâl, hervez kélennou al lézen zañtel róet gañd Doué, pénaoz é oa gwell gañt-hañ diskenni er béz.

24. Râk né két déréad enn cad hon eûz ôber ann neûz-zé, émé-z-hañ ; gañd aoun na zeûjé kalz a dûd-iaouañk da venna pénaoz Éléazar d'ann oad a zék vloaz ha pévar-ugeñt a vijé trémenet *eûz a vuez ar Iuzevien*, da vuez ann diavésidi :

25. Hag hi a vijé touellet hô-unan gañd ann neûz em bijé gréat, évit keñderc'hel eunn nébeûdig a vuez brein : hag ével-sé é tenchenn eunn namm war-n-oun, hag argarzidigez *ann dûd* war va c'hôzni.

26. Râg ha pa hellfenn enn amzer-mañ en em zieûbi eûz a gastizou ann dûd, na helfinn bikenn tec'hout diouc'h dourn ann holl-c'halloudek, nag a-zoug va bucz na goudé va marô.

27. Dré-zé ô kuitaad ar vuez gañt kaloun, en em ziskouézinn dellézek eûz va c'hôzni :

28. Hag é lézinn d'ann dûd-iaouañk eur skouér a ners, ô c'houzañvi gañt kaloun ha gañt lévénez eur marô énoruz évit kéfridigez hol lézennou sañtel meûrbéd.

29. Ar ré a gasé anézhañ, péré a oa bét ken hégarad keñt enn hé géñver, a zeûaz enn eunn-taol leûn a frouden, enn abek d'ar geriou en doa lavaret, péré a daoleñt war ar rogeñtez.

30. Hôgen héñ pa oa brévet gañd ann taoliou, a c'harmaz, hag a lavaraz : Aotrou, té péhini éc'h eûz eur wiziégez zañtel, é c'houzoud anat pénaoz pa em eûz gellet en em zieûbi eûz ar marô, é c'houzañvann gloasiou brâz em c'horf ; hôgen pénaoz em énehô c'houzañvann a galoun-vâd gañd ann doujañs ac'hanod.

31. Ével-sé é varvaz, ô lézel, namm hép-kén d'ann dûd-iaouañk, hôgen ivé d'hé holl vroad eur skouér a ners hag a galoun é énvor eûz hé varô.

—

VII. PENNAD.

Merzériñti ar seiz breûr Makabéad hag hô mamm.

1. C'hoarvézout a réaz ivé pénaoz é oé kéméret seiz breûr hag hô mamm ; hag é fellaz d'ar roué hô rédia da zibri kik môc'h, a-éneb al lézen, ô skei gañt hô gañt skourjézou ha gañt kalkennou éjenn.

2. Hôgen unan anézhô, péhini é ioa ann héna, a lavaraz ével-henn : Pétrâ a glaskez, ha pétrâ a fell d'id da zeski :

ac'hanomp ? Daré omp da vervel, keñtoc'h égét terri lézennou Doué ha ré hor brô.

3. Ar roué ô véza savét droug ennhañ, a c'hourc'hémennaz ma vijé tommet war ann tân pilligou ha kaoteriou arem : 'ha pa oeñt tommet,

4. É c'hourc'hémennaz ma vijé trouc'het hé déôd d'ann hini en doa komzet da geñta : ha goudé béza digroc'hennet hé benn, ma vijé trouc'het d'ézhañ bleñchou hé zaouarn hag hé dreid, dirâg hé vreûdeûr all hag hé vamm.

5. Ha goudé ma oa bét mac'hañet hé gorf holl, é c'hourc'hémennaz ar roué ma vijé tôstéet oud ann tân, ha lékéat da rôsta er billik, hag héñ béô c'hoaz : hag eñdra ma édo bourréviet, hé vreûdeûr all gañd hô mamm en em galounékéé ann eil égilé évit mervel gañt ners,

6. O lavarout : Ann Aotrou Doué a zellô oud ar wirionez, hag a vézô fréalzet enn-omp, ével ma eo disklêriet gañt Moizes enn hé ganaouen enn doaré-mañ : hag enn hé zervicherien é vézô fréalzet.

7. Ar c'heñta ô véza marô enn doaré-zé, é kaseñt ann eil enn eur ôber goab anézhañ : ha goudé béza digroc'hennet hé benn gañd ar bléô, é c'houlenchoñt digañt-hañ ha né d-oa két gwell gañthañ dibri kîk, égét béza gwanet é holl izili hé gorf.

8. Hôgen héñ a respouñtaz é iéz hé vrô, hag a lavaraz : Na rinn két. Râk-sé é oé lékéat ann eil da c'houzañvi ann hévélep poaniou hag ar c'heñta :

9. Ha pa oé daré da vervel, é lavaraz *d'ar roué :* Té laka ac'hanomp da golla ar vuez a-vréma, ô roué kriz meûrbéd : hôgen Roué ar béd a lakai ac'hanomp da assével évid ar vuez peûr-badus, goudé ma vézimb bét marvet évid hé lézennou.

10. Goudé hé-mañ é oé gréat goab eûz ann trédé : goulennet é oé hé déôd digañt-hañ, hag héñ hé gennigaz râk-tâl ; hag ec'h astennaz hé zaouarn gañt ners :

11. Hag é lavaraz gañt fisiañs : Digañd ann êñv em eûz hô bét ; hôgen bréma é tisprizann anézhô enn abek da lézennou Doué, ô véza ma c'hédann m'hô asrôi d'in.

12. Ar roué hag ar ré a ioa gañt-hañ a oé souézet-brâz gañt kaloun ann dén-iaouañk-zé, pébini a zellé ével nétrâ ar poaniou-zé.

13. Hé-mañ ô véza marô ével-sé, éc'h heskinchoñt ar pevaré enn hévélep doaré.

14. Ha pa édo daré da vervel, é lavaraz : Talvoudusoc'h eo béza lazet gañd ann dûd, er géd da véza lékéat da assével gañd Doué évid ar vuez : hôgen ann assav na vézô két d'id évid ar vuez.

15. O véza kéméret ar pempved, éc'h heskinchoñt *ivé* anézhañ. Hag héñ ô selloud oud ar roué, a lavaraz :

16. Ar péz a garez a réz, pa éc'h eûz ar galloud é-touez ann dûd, pétrâbennâg ma oud eunn dén brein da-unan : hôgen na venn két pénaoz en défé Doué dilézet hor pobl.

17. Hôgen té, gortoz eunn nébeût, hag é wéli péger braz eo hé c'halloud, ha pénaoz é wanô ac'hanod, té ha da wenn.

18. Goudé hen-nez é kaschoñt ar c'houec'hved ; hag héñ daré da vervel, a lavaraz : N'en em douell két enn aner : râg enn abek d'é-omp hon-unan eo é c'houzañvomp kémeñt-mañ, dré ma hon eûz péc'het a-éneb hon Doué : hag ann traou spouñtuz-zé a zô c'hoarvézet enn hor c'héñver.

19. Hôgen té, na venn két é choumfez digastiz, goudé ma éc'h eûz klasket striva oud Doué.

20. Hô mamm meûluz dreist meñt, ha dellézeg eûz a éñvor ar ré vâd, ô wéloud ô vervel enn eunn deiz hé seiz mab, a c'houzañvé kémeñt-sé gañd eur galoun gré, enn abek d'ar fisians é doa é Doué.

21. Leûn a furnez éc'h erbédé pép-hini anézhô gañt ners é iéz hô brô : hag oc'h unvani kaloun eur goaz gañt karañtez enr vaouez.

22. É lavaré d'ézhô : Na ouzoun két pénaoz oc'h en em ziskouézet enn c'hôv : râk né két mé em eûz rôet d'é-hoc'h ann éné hag ar vuez ; né két mé em eûz frammet hoc'h izili ;

23. Hógen krouer ar béd, péhini en deûz doaréet ganédigez ann dén, hag en deûz rôet ann derou da bép-trà; hag a rôi d'é-hoc'h adarré ann éné hag ar vuez gañd hé drugarez, ô véza ma oc'h en em zisprizet hoc'h-unan enn abek d'hé lézennou.

24. Antiokus ô venna pénaoz é tisprized anézhañ, hag ô wélout pénaoz é oa didalvez kémeñd en doa lavaret enn eur c'hoapaat, pa choumé c'hoaz ar iaouañka, a zéraouaz nann hép kén d'hé erbédi a c'heriou, hógen ivé da douï d'ézhañ, pénaoz hel lakajé da véza pinvidik hag euruz, ha da viñoun d'ézhañ, hag é rôjé d'ézhañ kémeñd a vijé réd, mar tilezché lézennou hé dadou.

25. Hôgen ével n'en em rôé két ann dén-iaouañk da gémeñt-sé, ar roué a c'halvaz hé vamm, hag a erbédaz anézhi da lakaad da zével enn-hañ ménosiou gwelloc'h.

26. P'en doé lavaret d'ézhi kalz traou évid hé c'hendrec'hi, é rôaz-hi hé c'hér d'ézhañ pénaoz é rôjé ali d'hé mâb.

27. Hag hi a zaou-blégaz étrézég hé mâb, hag oc'h ôber goab eûz ar mac'her kriz, é lavaraz é iéz hé brô: Va mâb, az péz truez ouz-in, mé péhini em eûz da zouget em c'hôv a-héd naô miz, hag em eûz da vaget gañt va léaz a-héd tri bloaz, hag em eûz da ziorrôet bétég ann oad é péhini oud deûet.

28. Da bédi a rann, va mâb, da zellout oud ann éñv hag ann douar, hag out kémeñt a zó enn-hô; ha da boella pénaoz en deûz Doué hô gréat a nétrâ, kerkoulz hag ann holl dûd.

29. Ével-sé n'az péz két a aoun râg ar bourréô kriz-zé: hógen ô véza dellézek eûz a c'hloasiou da vreûdeûr, digémer ar marô, évit ma tigémérinn aé'hanod gañd da vreûdeûr enn drugarez-zé.

30. Pa gomzé c'hoaz hi, ann dén-iaouañk a lavaraz: Pétrâ a c'hortozit-hu? Na zeñtann két out gourc'hémenn ar roué, hôgen out gourc'hémenn al lézen a zô bét rôet d'é-omp gañt Moizes.

31. Hôgen té péhini a zô abek d'ann holl zroug a zô bét gréat d'ann Hébréed, na dec'hi két dioud dourn Doué.

32. Évid-omp-ni, enn abek d'hor péc'hédou eo é c'houzañvomp kémeñt sé.

33. Ha mar d-eo ann Aotrou hon Doué buanékéet eunn nébeût ouz-omp, évid hor gwana hag hor c'hastiza: en em unvanô a-nevez gañd hé zervicherien.

34. Hôgen té, ô dén kriz, hag ar gwasa eûz ann dûd holl, n'en em douell két gañt gédou gwân ô froudenna out servicherien *Doué*;

35. Râk n'éc'h eûz két c'hoaz tec'het diouc'h barn Doué a hell pép-trâ, hag a wél pép-trâ.

36. Va breûdeûr goudé béza bét gouzañvet eur boan zister, a zô éat bréma é kévrédigez ar vuez peûrbaduz; hôgen té a baéô da varn Doué ar boan reiz éc'h eûz dellézet gañd da rogeñtez.

37. Évid-oun-mé é rôann, évél va breûdeûr, va éné ha va c'horf évit lézennou va zadou: enn eur bédi Doué da véza hép dalé trugarek é-kéñver hor brôad, ha d'az rédia gañd ar gloasiou ha gañd ar gouliou da añsavoñt pénaoz n'eûz Doué all némét-hañ.

38. Hôgen buanégez ann Holl-c'halloudek péhini a zô kouézet gañt reizded war hon holl bobl, a éhanô gañt va marô ha gañd hini va breûdeûr.

39. Neûzé ar roué leûn a frouden, a oé krisoc'h oud hé-mañ égéd oud ar ré all, diboell-brâz ô véza ma oa bét gréat goab anézhañ.

40. Hag ann dén-iaouañk a varvaz enn dinamded, leûn a fisiañs enn Aotrou.

41. Enn divez ar vamm a c'houzañvaz ivé ar marô goudé hé mipien.

42. Hôgen a-walc'h hon eûz komzet eûz a zakrifisou, hag eûz a grisderiou diveñt.

VIII. PENNAD.

Judas Makabéad a zispenn Nikanor enn eunn emgann brâz.

1. Koulskoudé Judas Makabéad,

hag ar ré a oa gañt-hañ, a iéa é-kûz
er c'histilli; hag ô strolla hô c'hérent
hag hô miñouned, hag ar ré a oa
choumet stard é feiz ar Iuzevien, é
tidenchoñt a dû gañt-hô c'houec'h
mil dén.

2. Hag hi a bédé ann Aotrou, évit
ma sellché *a druez* oud hé bobl, a oa
mac'het gañd ann holl, ha m'en dévijé
truez ivé oud hé dempl, a oa saotret
gañd ar ré fallagr:

3. M'en dévijé truez ivé oud dize-
riou kéar, a oa é-tâl da véza diskaret
ha kompézet, ha ma klevché oul mouéz
ar goâd a c'harmé étrézég enn-hañ:

4. Ma teûjé ivé da gouu d'ézhañ eûz
a varvou direiz ar bugaligou dinam,
hag eûz ar gwall-gomsiou a oa bét
lavaret a éneb hé hanô; ha ma tis-
kouezché hé vuanégez diwar-benn
kémeñt-sé.

5. Ar Makabéad éta ô véza strollet
kalz a dûd, a oa eûz ar é-kéñver ar
brôadou; råk buanégez ann Aotrou
a oa trôet é trugarez.

6. O kouéza enn-eunn-taol war ar
c'histilli ha war ar c'heriou, é lékéa
ann tân enn-hô: hag enn eur gémé-
rout al lec'hiou ar ré gréva, é tispenné
eul lôd brâz a énébourien.

7. Ann argadennou-zé a réa peûr-
vuia a-zoug ann nôz, ha brûd hé ga-
loun vrâz en em skiñé a bep tû.

8. Hôgen Filip, ô wélout pénaoz é
kreské a-zeiz-é-deiz galloud ann dén-
zé, ha pénaoz é teûé da vâd ann darn
vuia eûz hé géfridiou, a skrivaz da
Ptoléméus dûg er Sélésia hag er Fé-
nisia, évit ma kasché ken-ners évit
traou ar roué.

9. Hé-mañ éta a gasaz d'ézhañ râk-
tâl Nikanor mâb Patroklus, unan eûz
ar ré-vrâz ha miñoun d'ézhañ, goudé
béza rôet d'ézhañ war-drô ugeñt mil
dén-a-vrézel eûz a vrôadou dishével,
évit ma kasché-da-nétra holl wenn ar
Iuzevien; hag éc'h unanaz gañt-hañ
Gorgias, den gwiziek-brâz é traou ar
brézel.

10. Hôgen Nikanor a géméraz ann
dézô da baéa ann tell a zaou vil ta-
lañt a oa dléet gañd ar roué d'ar Ro-
maned, war ann arc'hañt a zeûjé eûz
a werzidigez ar Iuzevien sklaved.

11. Enn hévéleb amzer é kasaz
étrézég ar c'heriou môrek, évit gervel
ar varc'hadourien da zoñd da bréna
ar Iuzevien sklaved, oc'h en em wéstla
da rei dék sklav ha pévar-ugeñt évid
eunn talañt, héb arvesti out veñjañs
ann Holl-c'halloudek a dlié abarz-né-
meûr kouéza war-n-ézhañ.

12. Pa glevaz Judas pénaoz é oa
deûet Nikanor, hé rôaz da anaout d'ar
Iuzevien a oa gañt-hañ.

13. Lôd anézhô dalc'het gañd ar
spouñt, ha diskrédik é-kéñver reizded
Doué, a géméraz ann tec'h.

14. Lôd all a werzaz kémeñd a oa
choumet d'ézhô, hag a bédaz ann Ao-
trou enn hévéleb amzer ma tieûbché
anézhô eûz a Nikanor ar fallagr, pé-
hini, keñt abarz ma oa deûet étrézég
enn hô, en doa hô gwerzet:

15. Ma na oa két enn abek d'ézhô,
da-vihana enn abek d'ar gévrédigez
en doa gréat gañd hô tadou, hag enn
abek d'ann énor hô doa da zougen hé
hanô ker sañtel ha ker brâz.

16. Ar Makabéad ô véza strollet ar
seiz mil dén a oa gañt-hañ, hô fédaz
n'en em unvancheñt két gañd hô éné-
bourien, ha na vijeñt két spouñtet
gañd ann niver brâz eûz ann énébou-
rien-zé péré a oa deûet gañd direizded
da stourmi out-hô, hôgen ma énéb-
cheñt out-hô gañt eur galoun vrâz,

17. O véza m'hô doa dirâg hô daou-
lagad ar saotr direiz a oa bét gréat el
léac'h sañtel, ar gaou a oa bét gréat
da géar, ha terridigez lézennou ar
ré-gôz.

18. Râg hi, émé-z-hañ, a laka hô
fisiañs enn hô armou, kerkouls hag
enn hô herder: hôgen ni a laka hon
hini enn Aotrou Holl-c'halloudez, pé-
hini a hell kâs-da-gét enn eur serr-
lagad, hag ar ré a zeû enn hon énep,
hag ar béd holl.

19. Digas a réaz ivé da goun d'ézhô
ar c'hen-ners en doé rôet Doué d'hô
zadou; hag ar pemp mil ha naô-ugeñt
mil dén a oé lazet é amzer Senna-
chérib;

20. Hag ann emgann hô dôa rôet
a-éneb ar C'hataled é Babilonia, é pé-
hini ar Vasédonied péré a oa deûet
d'hô c'hen-nerza, ô véza argilet,

c'houec'h mil hép-kén anézhô hô doa lazet c'houec'h-ugent mil dén, enn abek d'ar skoazel a oa bét kaset d'ézhô eûz ann éñv, hag é oa deûet kalz gôbron d'ézhô évit kémeñt-sé.

21. Arc'hant-zé hô leûniaz a galoun, hag hi a oé daré da vervel évid hô lézennou hag évid hô brô.

22. Lakaad a réaz da zuged war bébbañden eûz hé armé hé vreûdeûr Simon, ha Jozef, ha Jonatas, ha dindân pép-hini anézhô pemzék kañt dén.

23. Esdras ô véza lennet ivé d'ézhô al levr sañtel, ha rôet d'ézhô eunn arouéz eûz a skoazel Doué, ar réner hé-unan en em lékéaz é penn ann armé, hag a gerzaz a-énep Nikanor.

24. Ann *Aotrou* Holl-c'halloudek ô véza deûet da skoazel d'ézhô, é lazchoñt ouc'h-penn naô mil dén: hag ann darn-vuia eûz a armé Nikanor é véza bét disléberet gañd ar goulou, a oé lékéat é tec'h.

25. Goudé béza kéméret arc'hañt ar ré a oa deûet évid hô fréna, éz éjoñt pell war hô lerc'h.

26. Hôgen distrei a réjoñt enn abek d'ann heûr; râk derc'heñt ar sabbat é oa; dré-zé éc'h ébanchoñt moñd war hô lec'h.

27. Goudé m'hô doé dastumet armou ha dibourc'hou *ann énebourien*, é lidchoñt ar sabbat, ô meûli ann Aotrou, péhini en doa hô dieûbet enn deiz-zé, hag en doa skulet war n-ézhô ar bannéou keñta eûz hé drugarez.

28. Goudé ar sabbat é ranchoñt ann dibourc'hou étré ar ré glañv, ann emzivaded hag ann iñtañvézed: hag é virchoñt ann dilerc'h évit-hô hag hô zûd.

29. Pa oé gréat kémeñt-sé, é réjoñt ar béden kévret, hag é c'houlenchoñt digañd ann Aotrou trugarézuz ma en em unvanché da-vikenn gañd hé zervicherien.

30. *Pelloc'h* é lazchoñt ouc'h-penn ugeñt mil dén eûz a dûd Timotéus ha Bakkides, péré a stourmé out-hô: kréou uc'hel a gémerchoñt; hag é ranchoñt ann dibourc'hou enn eunn doaré kévatal, étré ar ré glañv, hag ann emzivaded, hag ann iñtañvézed, hag ivé ar ré gôz.

31. Goudé m'hô doé dastumet gañt préder hô armou, é lékéjoñt anézhô a dû é lec'hiou déréad; hag é tougchoñt ann dilerc'h eûz ann dibourc'hou da Jéruzalem.

32. Laza a réjoñt ivé Filarkes, dén fallagr, péhini oc'h heûlia Timotéus, en doa gréat kalz a zroug d'ar Iuzevien.

33. Ha pa drugarékéeñt Doué é Jéruzalem évit ar gounid-zé, *é klevchoñt* pénaoz ann hini en doa devet ann ôriou sakr, da lavaroud eo Kallisténes, a oa en em dennet enn eunn li, hag é tevchoñt anézhañ, é gôbr eûz hé fallagriézou.

34. Hôgen Nikanor ar gwaller brâzzé, péhini en doa lékéat da zoñt mil marc'hadour évit gwerza d'ézhô ar Iuzevien,

35. Vuéléet, dré skoazel ann Aotrou, gañd ar ré a zellé ével tud didalvez, a dec'haz a dreûz mór ar sâvhéol, goudé béza diwisket hé zaéou kaer; hag é teûaz hé-unan da Antiokia, ô véza kavet barr hé reûz é dispennadur hé armé.

36. Hag ann hini en doa lavaret é paéché ann tell d'ar Romaned diwar werzidigez tûd Jéruzalem, a embanné neûzé pénaoz ar Iuzevien hô doa Doué da warézer, hag é oañt dic'hlazuz dré-zé, hag ô véza ma heûlieñt al lézennou en doa rôet d'ézhô.

IX. PENNAD.

Antiokus a varv er-méaz eûz hé vrô eûz a eur marô reûzeûdik.

1. Enn amzer-zé Antiokus a zistrôaz d'ar Bersia, goudé béza bét mézékéet.

2. O véza éat er géar a hanveur Persépolis, é poelladaz preiza ann templ, ha mac'ha kéar: hôgen ar bobl a géméraz hé armou, hag é oé lékéat da dec'hi gañd hé dûd: ével-sé goudé ann tec'h mezuz-zé é tistrôé Antiokus.

3. Pa oé deûet étrézég Ekbatana, é klevaz ar péz a oa bét c'hoarvézet gañt Nikanor ha Timotéus.

4. Hag ô véza savet droug enn-hañ,

é venné d'ézhañ é hellché en em veñji
war ar Iuzevien eûz ar vézégez en
doa bét pa oé lékéat da dec'hi : râk-sé
é c'hourc'hémennaz lakaad hé garr da
voñt buan ha da ôber heñt héb éhana,
ô véza heskinet hé-unan gañt barn
ann éñv, dré m'en doa lavaret gañt
balc'hder pénaoz éz ajé da Jéruzalem,
hag é rajé anézhi bés ar Iuzevien.

5. Hôgen ann Aotrou Doué Israel
péhini a wél pép-trâ, a lékéaz da zével
enn-hañ eur gouli dibaréuz ha diwé-
luz. Râk kerkeñt ha m'en doé éhanet
da gomza, eur gwall boan a grôgaz
enn hé vouzellou, ha gweñtrou brâz
a vourréviaz anézhañ.

6. Gañt kalz a reizded é oé, pa en
doa hé-unan diroget bouzellou ar ré
all, gañt kalz a c'hloasiou nevez, ha
n'én doa két abaoé dilézet hé zrougiez
é nép doaré.

7. Enn-énep, leûn a valc'hder, hag
ô tana enn hé galoun oud ar Iuze-
vien, é c'hourchémennaz ma vijé
c'hoaz hastet hé ergerz : hôgen p'az
éa ken téar, é kouézaz eûz hé garr,
hag hé gorf a oé brévet, hag hé izili
a oé bloñset holl.

8. Ével-sé ann hini a oa bét savet
gañd hé valc'hder dreist ann dén, hag
a venné d'ézhañ é hellché gourc'hé-
menni da goummou ar môr, ha poéza
enn eur valañs ar ménésiou ar ré
huéla, vuéléet bréma bétég ann
douar, a oa douget war eur gador, ô
testénia anat galloud Doué enn-hañ
hé-unan :

9. Koñtron a zirédé eûz a gorf ar
fallagr, hag enn eur véva é-kreiz ar
gloasiou-zé, hé gig a gouézé a dam-
mou, gañd eur c'houés kér fleriuz,
ha na hellé két hé armé hé gouzañvi :

10. Hag ann hini péhini nébeûd
araog a venné d'ézhañ pénaoz é hell-
ché tizout bété stéréd ann éñv, na
hellé mui dén hé zougen, enn abek
d'ar fléar a zeûé anézhañ.

11. Déraoui a réaz éta a-neûzé en
em vuéla eûz hé valc'hder, hag en em
anaoud hé-unan, ô véza kélennet gañd
ar gouli a oa deûet d'ézhañ eûz ann
éñv, ha gañd hé c'hloasiou a greské
bépréd.

12. Ével-sé pa na hellé mui hé-unan
gouzañvi ar fléar a zeûé anézhañ, é
lavaraz : Reiz eo ma toujô pép-hini
da Zoué, ha na zeûi két ann dén mar-
vuz d'en em geida ouc'h Doué *peûr-
baduz*.

13. Hôgen ar gwall zén-zé a bédé
ann Aotrou, péhini na dlié két kaout
truez out-hañ.

14. Hag ann hini péhini nébeûd
araog en em hasté da voñd da Jéru-
zalem évid hé divarra, hag ôber anézhi
eur béz a gorfiou berniet ann eil war
égilé, a c'hoañtéé neûzé hé lakaad da
véza dieûb.

15. Hag ar Iuzevien-zé péré a venné
dizellézek da véza lékéat é bésiou, hag
en doa lavaret da rei é preiz d'ann
évned ha d'al loéned ferô, ha da véza
dispennet bétég ar bihana, a fellé
d'ézhañ neûzé hévélébékaad oud ann
Aténésiad.

16. En em wéstla a réaz ivé da gaé-
raat gañt rôou talvouduz ann templ
sañtel en doa preizet keñt; ha da
greski ann niver eûz al listri sakr, ha
da géméroud war hé lévé mizou ar
sakrifisou :

17. Hag ouc'h-penn-zé d'en em ôber
Iuzéô, ha da beûr-rédeg ann douar
holl, évid embanna galloud Doué.

18. Hôgen ével na éhané két hé
c'hloasiou, râk barn reiz Doué a oa
kouézet war-n-ézhañ, é kollaz pép
géd, hag é skrivaz ével-henn d'ar
Iuzevien eul lizer é doaré eur béden
vuel :

19. D'ar Iuzevien hé dûd vâd, sa-
lud, ha iéc'hed, hag eûr-vâd, digañd
ar roué ha priñs Añtiokus.

20. Mar d-oc'h iac'h, c'houi hag hô
pugalé, ha mar d-éma ann doaré gan-
é-hoc'h ével ma c'hoañtait, é trugaré-
kaomp kaer *ann Aotrou*.

21. O véza bréma kouézet er filli-
digez, hag ô kaout koun ac'hanoc'h
gañd madélez, eur gwall gléñved ô
véza kroget enn-oun pa zistrôenn eûz
ar Bersia, em eûz kavet é oa réd sel-
lout gañt préder holl gésridiou va
rouañtélez.

22. Né két é tic'hédchenn diwar-
benn va iéc'hed; enn-énep fisiañs
brâz em eûz éz ai-kuit va c'hléñved.

23. Hôgen oc'h arvesti pénaoz va-

zâd hé-unan, pa gasé hé armé er bro-
viñsou uc'hel, en doa diskleriet ann
hini a dlié kéméroud ar rénadur war
hé lerc'h :
24. Évit, ma c'hoarvézché eur reûz-
bennâg, pé ma vijé embannet eur
gwall gelou, na vijé két reûstlet ar ré
a oa er broviñsou, pa wézcheñt da
biou é oa lézet rénadur ar rouañtélez.
25. Hag ô c'houzout pénaoz ar ré
c'halloudéka eûz hon amézeien a ar-
vest hag a c'hortoz ann amzer vâd évid
hô gwall vénosiou, em eûz diskleriet
da roué *war va lerc'h* va mâb Antio-
kus, péhini em eûz aliez erbédet da
veûr a hini ac'hanoc'h, pa beûr-ré-
denn ar broviñsou uc'héla eûz va
rouañtélez : hag em eûz skrivet d'éz-
hañ ar péz a zô frammet amañ.
26. Hô pédi éta, hag hô pédi stard
a rann, ma hô pézô koun eûz ann
trugarézou em eûz gréat enn hô kéñ-
ver ac'houéz hag a-dû, ha ma virot ar
féalded a zô dléet d'in ha d'am mâb.
27. Râk fisiañs em eûz pénaoz en
em rénô gañd habaskded ha kuñvélez,
hervez va ioul, hag é vézô trugarek
enn hô kéñver.
28. Enn divez al lizer-zé, ann
drouk-komzer-zé, skôet gañd eur
gwall c'houli, aozet ével m'en doa
aozet ar ré all, a varvaz eûz a eur
marô reûzeûdik, war ar ménésiou,
ha pell diouc'h hé vrô.
29. Filip hé vreûr-léaz a zizougaz
hé gorf; hag ô véza m'en doa aoun
râk mâb Antiokus, éz éaz d'ann Éjipt
étrézé Ptoléméus Filométor.

—

X. PENNAD.

Tréac'h eo Judas da Dimotéus enn eunn doaré burzuduz.

1. Hôgen Makabéus, hag ar ré a oa
gañt-hañ, gañt gwarez ann Aotrou, a
askéméraz ann templ, hag ar géar *a
Jéruzalem.*
2. Diskara a réjoñt ann aoteriou hô
doa savet ann diavésidi war leuriou-
kéar, hag hô zemplou.
3. Goudé m'hô doé glanet ann templ,
é savchoñt eunn aoter all : hag ô véza
tennet elvennou eûz a vein-tân, é ken-
nigchoñt sakrifisou daou vloaz goudé;
hag é lékéjoñt *war ann aoter* ann
ézañs, hag ar c'hleûzeûriou, hag ar
baraou kennig.
4. Goudé ma oé gréat kémeñt-sé
gañt-hô, en em daolchoñt d'ann douar,
hag é pédchoñt ann Aotrou na gouéz-
cheñt mui é drougou ker brâz : hôgen
mar teûjeñt adarré da béc'hi, ma vi-
jeñt kastizet gañt-hañ gañt mui a ha-
baskded, ha na vijeñt mui lékéat étré
daouarn tûd kriz ha drouk-prézégé-
rien.
5. Enn hévélep deiz ma oé saotret
ann templ gañd ann diavésidi, é oé
ivé glanet, ar pempved war-n-ugeñt
eûz a viz Kasleu.
6. Lida a réjoñt ar gouél-zé gañt
lévénez a-zoug eiz dervez, é doaré
hini ann teltou. ô teûi da goun d'ézhô
pénaoz nébeûd araok hô doa gréat
gouél-lîd ann teltou war ar ménésiou
hag er c'héviou *é péléac'h é véveñt*
ével al loéned.
7. Râk-sé é tougeñt bisier gôlôet a
zeliou, ha skourrou glâz, ha barrou
palmez, é *énor* ann hini en doa ao-
tréet ma c'hlancheñt hé dempl.
8. Hag hi a gémennaz dré eunn
diskleriadur hag eur gourc'hémenn
unvan, da holl vrôad ar Iuzevien, ma
vijé lidet ar gouél-zé bép ploaz enn
hévélep deisiou.
9. Ével-sé éta é c'hoarvézaz marô
Antiokus les-hanvet ar brudet-brâz.
10. Hôgen bréma é tanévellimp ôbe-
riou Eupator mâb Antiokus ar fallagr,
hag é verraimp ann drougon a zô bét
gréat a-zoug hé vrézéliou.
11. Ar priñs-sé ô véza deñet da
roué, a lékéaz da benn war géfridiou
ar rouañtélez, Lisias priñs armé ar
Fénisia hag ar Siria.
12. Râk Ptoléméus les-hanvet ann
treût, en doa kéméret ann dézô da
virout pép reizded dirâg ar Iuzevien,
dreist-holl enn abek d'ar fallagriez a
oa bét gréat d'ézhô, ha d'en em réna
enn eunn doaré péoc'huz enn hô
c'héñver.
13. Râk-sé tamallet dirâg Eupator

gañd hé viñouned, péré hô doa aliez
hé rôet évid eunn dén trubard, ô
véza m'en doa dilézet Sipra a oa bét
fisiet d'ézhañ gañt Filométor, ha pé-
naoz goudé béza en em lékéat a dû
gañt Antiokus ar brudet-brâz en doa
ivé hé zilézet, é louñkaz koñtamm,
hag é varvaz.
14. Hôgen Gorgias péhini a oa dûk
er vrô, ô véza kéméret gañt-hañ dia-
vésidi, a vrézélékéé aliez oud ar Iu-
zevien.
15. A heñd all ar Iuzevien péré a
zalc'hé ar c'hréou ar ré wella a zigé-
méré enn-hô ar ré a oa bét kaset er-
méaz eûz a Jéruzalem, hag a glaské
ann tû da vrézélékaat.
16. Hôgen ar ré a oa gañd ar Maka-
béad, goudé béza pédet ann Aotrou
ma teûjé da warez d'ézhô, a stourmaz
stard out kréou ann Iduméed.
17. Ha goudé béza en em gannet
kaer, é kémerchoñt ar c'hréou, é tis-
penchoñt ar ré a géfchoñt war hô
heñt, hag é lazchoñt kévret ugeñt mil
dén da-vihana.
18. Hiniennou ô véza en em dennet
é daon dour kré-brâz, é péré hô doa
péadrâ évid en em zifenni,
19. Ar Makabéad ô véza lézet évit
stourmi out-hô Simon, ha Jozef, ha
Zachéus, ha tûd a-walc' ha ioa gañt-
hô, a iéaz gañd hé dûd da vrézé-
liou a ioa mall moñd d'ézhô.
20. Hôgen ar ré a oa gañt Simon,
keñtraouet gañd ann droug-ioul, li-
kaouet gañd arc'hañt ar ré a oa enn
touriou, goudé béza digéméret dék
mil dramm ha tri-ugeñt mil, a laoskaz
hiniennou da voñt-kuit.
21. Pa oé rôet da anout d'ar Maka-
béad ar péz a oa c'hoarvézet, é strollaz
ar ré-geñta eûz ar bobl, hag é tamal-
laz ann dûd-zé évit béza gwerzet hô
breûdeûr évid arc'hañt, ô leûskel hô
énébourien da voñt-kuit.
22. Lakaad a réaz da vervel ann
drubarded-zé, hag é krapaz râk-tâl
ann daou dour.
23. Ha pép-trâ ô véza trôet da vâd
évid hé armou, é lazaz enn daou gré-
zé ouc'h-penn ugeñt mil dén.
24. Hôgen Timotéus péhini a oa
bét trec'het keñt gañd ar Iuzevien, ô
véza savet eunn armé vrâz a ziavé-
sidi, ha strollet marc'heien eûz ann
Asia, a zeûaz er Judéa ô venna hé
c'hémerché gañd hé armou.
25. Pa dôstéé hé-mañ, ar Makabéad
hag ar ré a oa gañt-hañ, a bédaz ann
Aotrou, goudé béza taolet ludu war
hô fenn, ha gôlôet hô dargreiz gañd
eur gouriz-reûn,
26. Goudé béza en em daolet é treid
ann aoter, da véza trugarek enn hô
c'héñver, hôgen da véza énébour hô
énebourien, hag heskiner hô heskine-
rien, ével ma lavar al lézen.
27. Ével-sé goudé ar béden, ô véza
kéméret hô armou, hag ô veza éat
pell a-walc'h diouc'h kéar, pa oañt
tôst eûz ann énébourien é arzaôchoñt.
28. Kerkeñt ha ma savaz ann héol,
ann diou armé a iéaz ann eil oud
ében: lôd ô kaout hô c'baloun, hag
ivé *gwarez* ann Aotrou da gréd eûz
ann tréac'h; hag ar ré all gañd hô
c'haloun hép-kén évid hô réna enn
emgann.
29. Hôgen pa édo ann emgann ar
c'hounnaréta, ann énébourien a wélaz
ô toñd eûz ann éñv pemp dén war
gézek, kiñklet gañt gweskennou aour,
hag a oa da rénerien d'ar Iuzevien.
30. Daou anézhô en em zalc'hé enn
daou du eûz ar Makabéad: hé c'hôlei
a réañt gañd hô armou, évit na vijé
két glazet; hag ar ré all a denné da-
rédou ha foueltrou oud ann énébou-
rien, péré dallet ha reûstlet a gouézé
d'ann douar.
31. Lazet é oé anézhô ugeñt mil ha
pémp kañt, ha c'houec'h kañt mar-
c'hek.
32. Timotéus a déc'haz é Gazara, a
oa eur géar gré, é péhini é c'hour-
c'hémenné Kéréas.
33. Hôgen ar Makabéad a stourmaz
oud ar c'hré a-zoug pévar dervez.
34. Ar ré a oa ébarz, ô fisiout war
gréfder al léac'h, a gané kunuc'hen-
nou dreist reiz, hag a lavaré traou ar-
garzuz.
35. Hôgen pa luc'haz ar pempved
dervez, ugeñt dén-iaouañk eûz ar ré
a oa gañd ar Makabéad, ô véza savet
droug enn hô ô klevout ar gwall gom-
siou-zé, a dôstaaz gañt kaloun oud ar

vûr, hag a biñaz war-n-ézhi gañt kalz a herder.

36. Ré all ô véza piñet ivé, a zéraouaz lakaad ann tân enn touriou hag enn ôriou, hag a zevaz éz-béô ar gwall-gomserien-zé.

37. A-héd daou zervez é oé gwastet ar c'hré gañt-hô; hag ô véza kavet Timotéus enn eul léac'h é péhini é oa kuzet, é lazchoñt anézhañ: laza a réjoñt ivé hé vreûr Kéréas, hag Apollofanes.

38. Goudé kémeñt-sé, gañt gwersiou ha kanaouennou é veûleñt ann Aotrou, péhini en doa gréat traou brâz enn Israél, hag en doa rôet ann tréac'h d'ézhô.

—

XI. PENNAD.

Judas goudé béza dispennet Lisias, a rá ar péoc'h gañd Antiokus.

1. Nébeûd amzer goudé, Lisias mérer ar roué ha kar d'ézhañ, ha réner kéfridiou *ar rouañtélez*, gwall c'hlac'haret eûz ar péz a oa c'hoarvézet,

2. A strollaz pevar-ugeñt mil dén *war droad*, hag ann holl varc'heien, hag a zeûaz a-éneb ar Iuzevien, ô venna d'ézhañ pénaoz é kémerché ar géar *a Jéruzalem*, hag é lakajé ar Jeñtiled da choum enn-hi;

3. É tenngché arc'hañt eûz a dempl *Doué*, ével eûz a demplou ar Jeñtiled, hag é werzché bép ploaz ar garg a vélek-brâz.

4. Na lékéa évez é-béd oul galloud Doué, hôgen gañd eur galoun leûn a valc'hder, é lékéa hé holl fisiañs enn hé vrézélidi diniver, enn hé varc'heien stank, hag é pévar-ugeñt olifañt.

5. O véza éat er Judéa, pa oa tôst eûz a Vetsura, péhini a oa enn eul léac'h striz, war-héd pemp stad eûz a Jéruzalem, é stourmaz oud ar c'hré zé.

6. Pa glevaz Makabéus hag ar ré a oa gañt-hañ pénaoz ann énébourien a zéraoué stourmi oud ar c'hréou, é pédchoñt ann Aotrou gañt garmou ha gañt daérou, hag ann holl bobl gañt-hô, ma kasché eunn éal mâd évid dieûbi Israel.

7. Ha Makabéus ô kéméront hé armou da geñta, a erbédaz ar ré all d'en em lakaad é gwall gañt-hañ, évit skoazella hô breûdeûr.

8. Ha pa gerzeñt holl kévret, leûn a galoun, é oé gwélet ô voñd er-méaz eûz a Jéruzalem eunn dén war varc'h a iéa enn hô raok, hag héñ gwisket é gwenn gañd armou aour, hag eur goaf enn hé zourn.

9. Neûzé é veûlchoñt holl kévret ann Aotrou leûn a drugarez, hag en em nerzchoñt gañd eur galoun gré; hag hi daré da stourmi nann hép-kén oud ann dûd, hôgen ivé oud al loéned ferô, ha c'hoaz da dreûzi ar muriou houarn.

10. Moñd a réañt éta gañd eur béôder brâz, gañt skoazel ann éñv, ha trugarez ann Aotrou war-n-ézhô.

11. É doaré léoned en em daolchoñt gañd herr war hô énébourien, hag é lazchoñt anézhô unnék mil dén war droad, ha c'houézék kañt marc'hez.

12. Ar ré all holl a lékéjoñt da dec'hout, ha kalz anézhô a iéaz-kuit glazet ha diarmet. Lisias hé-unan a dec'haz enn eunn doaré mézuz.

13. Ével né oa két, eunn dén diskiañt, ô venna enn-hañ hé-unan ar c'holl en doa gréat, éc'h anavézaz pénaoz ann Hébréed a oa didrec'huz, pa en em harpeñt war skoazel ann Holl-c'halloudek: hag héñ a gasaz kannaded d'ézhô:

14. Hag é rôaz hé c'hér d'ézhô pénaoz é aotréjé kémeñd a oa reiz, hag é tougché ar roué da véza miñoun d'ézhô.

15. Makabéus en em rôaz da bédennou Lisias, ô kéméroud ali eûz a dalvoudégez ann holl: ha kémeñd a c'houlennaz Makabéus digañt Lisias évid ar Iuzevien, a oé aotréet gañd ar roué.

16. Râk Lisias a skrivaz enn doarémañ d'ar Iuzevien:

Lisias da bobl ar Iuzevien, salud.

17. Iann hag Abésalam hoc'h eûz kaset d'in, ô véza rôet hô lizéri d'in, hô deûz goulennet digan-éñ ma sévenchenn ann traou a béré é oa méneg enn-hô.

18. Ével-sé goudé ma em eûz da-

névellet d'ar roué kémeñd em boa da ziskleria d'ézhañ, en deûz aotréet ar péz a hellé da ôber diouc'h hé géfridiou.

19. Mar mirit éta ar féalded enn hô kéfridiou, é poelladinn da zigas pép-trâ da vâd d'é-hoc'h.

20. É-kéñver ann traou all, em eûz karget ar ré hoc'h eûz kaset d'in, hag ar ré a gasann d'é-hoc'h, da komza kévret gan-é-hoc'h.

21. Iéc'hed mâd d'é-hoc'h. Er bloaz eiz ha seiz-ugeñt, er pevaré deiz war-n-ugeñt eûz a viz Dioskor.

22. Hé lizer ar roué a oa skrivet enn doaré-mañ : ar roué Antiokus da Lisias hé vreûr, salud.

23. Hon tâd ô véza bét dizouget étouez ann doueed, ha nî ô fellout d'é-omp ma vévô digéflusk ar ré a zô enn hor rouañtélez, évit digas hô holl bréder war hô c'héfridiou,

24. Hon eûz klevet pénaoz ar Iuzevien n'hô deûz két aotréet ar c'hoañt en doa va zâd d'hô lakaad da heûlia lidou ar C'hrésied, hôgen ma eo bét fellet d'ézhô derc'hel d'hô c'hisiou, ha dré-zé ma c'houlennoñt béva diouc'h hô lézennou.

25. O fellond éta ma vévô ar bobl-zé é péoc'h ével ar ré all, hon eûz mennet pénaoz é vézô asrôet d'ézhô hô zempl, évit ma véviñt diouc'h lézennou hô zadou.

26. Ervâd é rî éta, mar kasez étré-zég enn-hô, ha ma rôez ann dourn d'ézhô ; évit, pa anavéziñt va ioul, ma en em galounékaiñt, ha ma lakaiñt hô fréder enn hô c'héfridiou hô-unan.

27. Hag al lizer a skrivaz ar roué d'ar Iuzevien a oa ével-henn :

Ar roué Antiokus da hénaouriez ar Iuzevien, ha d'ar Iuzevien all, salud.

28. Mar d-oc'h iac'h, émoc'h ével ma c'hoañtaomp : ha nî ivé a zô iac'h.

29. Ménélaus en deûz rôet da anaout d'é-omp pénaoz hô poa c'hoañt da ziskenni da wélout hô tûd a zô gan-é-omp.

30. Rei a réomp éta eunn trémen-heñt évid ar ré a fellô d'ézhô doñt bétég ann trégoñtvez deiz eûz a viz Ksantik.

31. *Aotréa a réomp* ma tebrô ar Iuzevien eûz hô c'higou, *ha ma véviñt* hervez hô lézennou ével keñt : ha na vézô kastizet hini anézhô é nép doaré évid ar gwallou a zô bét gréat dré ziwiziégez.

32. Kaset hon eûz ivé Ménélaus, évit ma komzô gan-é-hoc'h.

33. Iéc'hed d'é-hoc'h. Er bloaz eiz ha seiz-ugeñt, er pemzékved deiz eûz a viz Ksañtik.

34. Ar Romaned a gasaz ivé eul lizer *skrivet* enn doaré-mañ :

Kuiñtus Memmius ha Titus Manilius, kannaded ar Romaned, da bobl ar Iuzevien, salud.

35. Aotréa a réomp d'é-hoc'h ann hévélep traou en deûz aotréet d'é-hoc'h Lisias kâr d'a roué.

36. É-kéñver ar ré en deûz mennet a oa mâd da lakaad dirâk daoulagad ar roué, digasit eur ré hép-dalé, goudé béza en em guzuliet étré-z-hoc'h, évit ma kemennimp ar péz a vézô ar gwella évid-hoc'h : râk da Antiokia éz éomp.

37. Râk-sé hastit skriva d'é-omp, évit ma wézimp pétrâ a c'hoañtait.

38. Iéc'hed mâd d'é-hoc'h. Er bloaz eiz ha seiz-ugeñt, er pemzékved deiz eûz a viz Ksantik.

XII. PENNAD.

Judas a gâs kalz a arc'hañt da Jéruzalem évit kenniga sakrifisou évid ar ré-varô.

1. Goudé ma oé gréat ar gévrédigez-zé, Lisias a zistrôaz étrézég ar roué, hag ar Iuzevien en em rôaz da labourat ann douar.

2. Hôgen ar ré a oa choumet *er vrô*, Timotéus, hag Apollonius mâb Gennéus, hag ivé Hiéronimus, ha Démofon, ha Nikanor réneriea ar Sipria, n'hô lezé két da véva é péoc'h hag enn éhan.

3. Hôgen tûd Joppé a réaz neûzé eunn trubardérez brâz : pédi a réjoñt ar Iuzevien gañt péré é choumeñt, da biña, gañd hô gragez hag hô bugalé, war vagou hô doa aozet, ével pa na vijé kasoni é-béd étré-z-hô,

4. Hervez eur gourc'hémenn douget gañt monéz ann holl é kéar, ha da béñini ar Iuzevien hô-unan hô doa róet hô grâd, ô véza n'hô doa gwall arvar é-béd, enn abek d'ar péoc'h a oa étré-z-hô : hógen pa en em géfchoñt er môr brâz, tûd Joppé a veûzaz war-drô daou c'hañt anézhô.

5. Pa glevaz Judas ar c'hrisder a oa bét gréat é-kéñver tûd eûz hé bobl, é rôaz gourc'hémenn d'ar ré a oa gañt-hañ : hag ô véza galvet Doué da varner,

6. É valéaz out lazerien hé vreûdeûr, é tevaz hô fors a-zoug ann nôz, é lékéaz ann tân enn hô bagou, hag é lazaz gañd ar c'hlézé ar ré n'en doa két lazet gañd ann tân.

7. Goudé m'en doé gréat kément-sé, éz éaz-kuit, gañd ann dézô da zistrei, évit kâs-da-nétra holl dud Joppé.

8. Hôgen ô véza ma klevaz pénaoz tûd Jamnia a fellé d'ézhô ôber enn hévélep doaré é-kéñver ar Iuzevien a choumé gañt-hô,

9. É teûaz ivé war-n-ézhô a-zoug ann nôz, hag é tevaz hô fors hag hô listri : enn hévélep doaré ma oé gwélet sklerder ann tân eûz a Jéruzalem, pell ac'hanô eûz a zaou-ugeñt stad.

10. Pa oé éat enn heñt, pa en doé gréat naô stad, hag é valéé a-énep Timotéus, ann Arabed a stourmaz out-hañ gañt pemp mil dén *war droad*, ha pemp kañt war varc'h.

11. Goudé eur stourm brâz, pa en doé gounézet Judas gañt skoazel Doué, ann dilerc'h eûz ann Arabed a oa bét trec'het a c'houlennaz digañt Judas ma rôjé hé zourn d'ézhô, oc'h en em wéstla da rei d'ézhañ peûri, ha d'hé skoazella é pép-tra all.

12. Judas ô venna évit-gwir pénaoz é vijeñt talvoudek d'ézhañ é meûr a drâ, a wéstlaz d'ézhô ar péoc'h : ha goudé m'hô doé rôet hô dourn, en em denchoñt enn hô zeltou.

13. Stourmi a réaz ivé oud eur géar gré, hanvet Kasfin, gañt poñtou ha muriou uc'hel, é péléac'h é choumé kalz tûd a veûr a vrô.

14. Ar ré a oa ébarz, ô fisiout é kréfder hô muriou, hag é founder hô boéd, en em zifenné gañt lézirégez, ô lavarout da Judas mallosiou, ha droukprézégou, ha geriou argarzuz.

15. Hôgen Makabéus, ô véza galvet *ha pédet* priñs brâz ar béd, péhini, é amzer Josué, hép tourz na gwindask, a ziskaraz Jériko, a biñaz gañt frouden war ar muriou.

16. Hag ô véza kéméret kéar dré ioul ann Aotrou, é réaz enn-hi eul lazérez diniver ; enn hévélep doaré ma oa rûz holl gañt goâd ar ré varô, al leûn a oa tôst ac'hanô, hag héñ a zaou stad a léd.

17. Ac'hanô é kerzchoñt a-béd seiz kañt stad hag hañter-kañt, hag é teûjoñt da C'haraka étrézég ar Iuzevien Tubianéed enn hô hanô.

18. Na helchoñt két kémérout Timotéus el léac'h-zé ; râg ô véza n'en doa gellet ôber nétrâ énô, é oa distrôet ac'hanô, goudé béza lézet eur gward kré enn eul léac'h nés.

19. Hôgen Dositéus ha Sosipater péré a oa duged gañt Makabéus, a lazaz dék-mil dén en doa lézet Timotéus er c'hré.

20. Koulskoudé Makabéus, ô véza lékéat é reiz enn-drô d'ézhañ c'houec'h mil dén, reñket a vañdennou, a valéaz a-énep Timotéus, péhini en doa gañthañ c'houec'h-ugeñt mil dén war droad, ha daou vil pemp kañt war varc'h.

21. Pa glevaz Timotéus é teûé Judas, é kasaz enn hé raok ar gragez hag ar vugalé, hag ann holl bakadou, enn eur c'hré hanvet Karnion, péhini na helled két da gémérout, ô véza ma oa diez dinésaad out-hañ enn abek d'ann heñchou striz.

22. Pa en em ziskouézaz ar geñta vañden eûz a dud Judas, eur spouñt brâz a grogaz enn énébourien, enn abek da vézañs Doué, péhini a wél pép-trâ ; hag hi en em lékéaz da dec'hout ann eil dré égilé, enn hévélep doaré ma oañt skôet keñtoc'h gañd hô c'hlézeier hô-unan, *égét gañt ar ré hô énébourien*.

23. Hôgen Judas a iéaz war hô lerc'h gañt kalz a fronden évit kastiza ann dûd fallagr-zé ; hag é lazaz trégoñt mil anézhô.

24. Timotéus a gouézaz étré daouarn

Dositéus ha Sosipater : hag é pédaz start anézhô m'hen lezcheñt da voñt-kuit éz véô, ô véza m'en doa étré hé zaouarn kalz tadou ha breûdeûr d'ar Iuzevien, hag a golché dré hé varô ar géd da véza laosket da voñt-kuit.

25. Ha p'en doé rôet hé c'hér pé-naoz é laoskché ar ré a oa *étré hé zaouarn*, hervez ar marc'had gréat étré-z-hô, é laoskschoñt anézhañ da voñt héb ôber droug é-béd d'ézhañ, évid dieûbi hô breûdeûr.

26. Goudé-zé Judas a zistrôaz da Garnion, é péléac'h é lazaz pemp mil dén war-n-ugeñt.

27. Goudé tec'h ha lazérez ar ré-mañ, é kasaz hé armé étrézég Éfron kéar gré, é péhini é choumé eul lôd bráz a dûd a béb brô : tûd-iaouañk leûn a galoun a zifenné stard hé mu-riou : kalz a windaskou hag a zarédou a oa enn-hi.

28. Hôgen *ar Iuzevien* ô véza pédet stard ann Holl-c'halloudek, péhini a ziskar gañd hé c'halloudegers ann énébourien, a géméraz kéar, hag a lazaz pemp mil dén war-n-ugeñt eûz ar ré a oa enn-hi.

29. Ac'hanô éz éjoñt da géar ar Si-ted, péhini a oa war-béd c'houec'h kañt stad eûz a Jéruzalem.

30. Koulskoudé ar Iuzevien a choûm-mé é Sitopolis ô véza hô-unan rôet da wir pénaoz é oañt aozet-mâd gañd ann dûd-zé, ha pénaoz é oañt bét ha-bask enn hô c'héñver é amzer hô reûz,

31. Judas a drugarékéaz anézhô, hag hô erbédaz da véza bépréd tru-garek é-kéñver tûd hé vrô ; hag é tis-trôaz gañd hé dûd da Jéruzalem, pa dôstéé deiz gouél ar Sizuniou.

32. Goudé ar Peñtékost éz éjoñt-kuit ac'hanô, hag é kerzchoñt a-énep Gorgias réner ann Iduméa.

33. Ha Judas a stourmaz out-hañ gañt tri mil dén war droad, ha pevar c'hañt dén war varc'h.

34. Enn emgann é kouézaz eur ré-bennâg eûz ar Iuzevien.

35. Hôgen eur marc'hek eûz a ré Vasénoris, dén kré, hanvet Dositéus, a grogaz é Gorgias : ha pa fellé d'éz-hañ hé géméroul éz véô, eur mar-c'hek eûz a ré ann Drasia en em dao-laz war-n-ézhañ, hag a drouc'haz hé skoaz d'ézhañ : hag ével-sé Gorgias a dec'haz da Varésa.

36. Hôgen ar ré a oa gañd Esdrin, ô véza skuiz dré ma stourmeñt pell amzer a ioa, Judas a bédaz ann Ao-trou évit ma teûjé hé-unan da skoazel ha da zûg er brezel.

37. Hag ô sével hé vouéz é iéz hé vrô, hag ô c'harmi gañt gwersiou ha kanaouennou, é lékéaz brézélidi Gor-gias da dec'hout.

38. Neûzé Judas ô véza strollet hé armé a zeûaz da géar Odolla : hag ô véza ma oa deûet ar seizved deiz, en em c'hlanchoñt hervez ar c'hiz, hag é lidchoñt ar sabbat.

39. Añtrônoz é teûaz Judas gañd hé dûd, évit dizougen korfou ar ré a oa bét lazet, hag hô lakaat gañd hô c'hé-reñt é bésiou hô zadou.

40. Dindan saéou ar ré a oa marô, é kéfchoñt traou a oa bét gwéstlet d'ann idolou a oa é Jamnia, hag a zô berzet gañd al lézen oud ar Iuzevien : anad é oé éta évid ann holl pénaoz é oa kéméñt-sé ann abek eûz hô marô.

41. Râk-sé éta ann holl a veûlaz barn reiz ann Aotrou, péhini en doa lékéat da wélout ar péz a oa kuzet.

42. Hag oc'h en em lakaad da bédi, é c'houlenchoñt digañd ann Aotrou ma añkounac'hajé ann drouk a oa bét gréat. Hôgen Judas ar c'halounek-brâz a erbédé ar bobl ma en em vir-ché diouc'h pép péc'hed, ô wéloud dirâg hô daoulagad ar péz a oa c'hoar-vézet enn abek da béc'héjou ar ré a oa bét lazet.

43. Hag ô véza dastumet daouzék mil dramm arc'hañt, é kasaz anézhô da Jéruzalem, évit kenniga eur sakri-fiz évit péc'héjou ar ré varô, ô véza m'en doa ménosiou mâd ha léal di-war-benn ann dazorc'hidigez :

44. (Râk ma n'en dévijé két krédet pénaoz ar ré a oa bét lazet a dlié béza dazorc'het, en dévijé sellet ével eunn dra gwân ha didalvez, pédi évid ar ré varô.)

45. Ével-sé é krédé pénaoz eunn drugarez vrâz a oa miret évid ar ré a oa marô é douj Doué.

46. Eur mennos sañtel ha talvoudus

eo éta pédi évid ar sé-varô, évit ma véziñt dieûbet eûz hô féc'hêjou.

—

XIII. PENNAD.

Judas goudé béza tréménet tri dervez er iuniou hag er pédennou, a drec'h Antiokus Eupator.

1. Er bloaz naô ha seiz-ugeñt, Judas a glevaz pénaoz Antiokus Eupator a zeûé gañd eunn armé vrâz a-éneb ar Judéa,

2. Ha gañt-hañ Lisias réner ha mérer ar rouañtélez; ha pénaoz en doa gañt-hañ dék mil dén ha kañt mil war droad, ha pemp mil dén war varc'h, ha daou olifañt war-n-ugeñt, ha tri c'hañt karr gañt filc'hier.

3. Ménélaus en em veskaz ivé gañthô: hag héñ a bédé Antiokus gañd eunn touellérez brâz, nann évid dieûb hé vrô, hôgen gañd ar géd ma vijé rôet d'ézhañ ar briñsélez.

4. Hôgen roué ar rouéed a lékéaz da zével kaloun Antiokus a-éneb ar fallagr: ha Lisias ô véza lavaret d'ézhañ pénaoz é oa hen-nez ann abek eûz ann holl zrougou, é c'hourc'hémennaz (ével ma eo ar c'hiz enn hô zouez) ma vijé kroget enn-hañ, ha ma vijé lazet enn hévélep léac'h.

5. Hôgen el léac'h-zé éz oa eunn tour eûz a hañter-kañt ilinad a uc'helder, enn-drô da béhini éz oa eur bern brâz a ludu, ha na wéled anézhi néméd eunn torrod.

6. Gourc'hémenni a réaz ma vijé taolet ac'hanô ar fallagr el ludu; hag ann holl a rôaz hô aotré d'hé varô.

7. Hervez al lézen-zé é varvaz Ménélaus, péhini en doa torret al lézen; ha na oé két lékéat hé gorf enn douar.

8. Ha reiz-brâz é oa kémeñt-sé: râg ével m'en doa gréat kalz gwallou a-éneb aoter Doué, tân ha ludu péhini a oa sañtel, é oé barnet da vervel el ludu.

9. Koulskoudé ar roué a zeûé leûn a frouden, gañd ann dézô da véza c'hoaz gwasoc'h égéd hé dâd é-kéñver ar Iuzevien,

10. Pa glevaz Judas kémeñt-sé, é c'hourc'hémennaz d'ar bobl pédi ann Aotrou nôz deiz, évit ma skoazelché anézhô, ével m'en doa gréat bépréd:

11. Gañd ann aoun hô doa da golla hô lézen, hô brô, hag hé dempl sañtel: ha na lezché két hé bobl, péhini a arzaôé a-véac'h a nevez a oa, da gouéza adarré dindân galloud ar broadon a villigé hé hanô sañtel.

12. Goudé m'hô doé gréat kévret kémeñt-sé: m'hô doé goulennet trugarez digañd ann Aotrou, gañd daérou ha gañt iuniou, oc'h en em zerc'hel stouet a-héd tri dervez, Judas a erbédaz anézhô d'en em aoza.

13. Derc'hel a réaz kuzul gañd ann hénaoured, hag é vennaz pénaoz, abarz ma teûjé ar roué gañd hé armé er Judéa, ha ma kémerché kéar, éz ajé d'hé ziarbenna, hag é lezché da varn ann Aotrou ann darvoud eûz ar géfridi.

14. O lakaad éta pép-trâ é galloud Doué, krouer ar béd, ha goudé béza erbédet hé dûd da stourmi a galoun ha béteg ar marô, évid hô lézennou, hô zempl, hô c'héar, hô brô, hag hô brôiz, é tiazézaz hé armé war-harz Modin.

15. Hag ô véza rôet da arouéz d'hé dûd tréac'h Doué, ha kéméret gañthañ ann dud-iaouañk ar ré galounéka, é tilammaz a-zoug ann nôz war bann ar roué, hag é lazaz enn hé gamp pevar mil dén, hag ann darn-vuia eûz ann olifañted, hag ar ré a oa war-n-ézhô.

16. Goudé béza leûniet a spouñt hag a zaouzan kamp ann énébourien, goudé eunn darvoud ker mad, éz éjoñt-kuit.

17. Kémeñt-sé a c'hoarvézaz diouc'h goulou-deiz, gañt gwarez ha skoazel ann Aotrou.

18. Hôgen ar roué péhini en doa bét ann tañva eûz a herder ar Iuzevien, a glaské ann doaré da drec'hi dré ijin harzou al lec'hiou.

19. Diazéza a réaz hé gamp dirâk Betsura a oa unan eûz a geriou kré ar Iuzevien: hôgen hé dûd a oé bannet, a oé diskaret, a oé dislébéret.

20. Koulskoudé Judas a gasé d'ar

ré a oa ébarz ar péz a oa réd d'ézhô.

21. Hôgen unan, hanvet Rodokus, eûz a armé ar Iuzevien a iéa da ziskleria d'ann énébourien ann traou kuzet : goudé eunn eñklask-bennâg, é oé kéméret ha lékéat er vâc'h.

22. Ar roué a gomzaz adarré oud ar ré a oa é Betsura : ann dourn a rôaz d'ézhô, hô dourn a géméraz, hag éz éaz-kuit.

23. Stourmi a réaz out Judas, hag é oé trec'het. Hôgen pa glevaz pénaoz Filip, péhini a oa bét lékéat da réner war géfridiou ar rouañtélez, a oa en em zispac'het é Antiokia, é oé saouzanet ; hag béñ en em lékéaz da bédi ar Iuzevien gañt kalz a zoujañs, enn eur doui é virché enn hô c'héñver kémeñd a oa reiz : ha goudé ann unvaniez-zé, é kennigaz eur sakrifiz, éc'h énoraz ann templ, hag é réaz kalz rôou.

24. Briata a réaz Makabéus, hag é lékéaz anézhañ da zûg ha da briñs adalek Ptolémaid béteg ar Gerrénied.

25. Hôgen pa zeûaz Antiokus da Btolémaid, tûd ar géar-zé droukIaouen diwar-benn ar gévrédigez, a ziskouézaz hô drouk, gañt aoun na vé torret ar marc'had hô doa gréat.

26. Neûzé Lisias a biñaz war bé gador, hag a zisklériaz ann abeg eûz a géméñt-sé : ha goudé béza habaskéet ar bobl, é tistrôaz da Antiokia.

—

XIV. PENNAD.

Alsimus a vroud Démétrius a-énep Judas hag ar Iuzevien.

1. Hôgen a benn tri bloaz, Judas hag ar ré a oa gañt-hañ a glevaz pénaoz Démétrius, mâb Séléukus, a oa deûet gañd eunn armé vrâz, ha kalz a listri, da bors Tripoli, hag en doa kéméret al lec'hiou ar ré gréva,

2. Ha kalz brô, daoust da Antiokus ha da Lisias dûg hé armé.

3. Hôgen eunn dén hanvet Alsimus, péhini a oa bét bélek-brâz, hag a oa en em zaotret a-ioul é amzer ar c'hemmesk, oc'h arvesti pénaoz na hellé é nép doaré en em zavétei, na tôstaad oud ann aoter;

4. A iéaz da gavout ar roué Démétrius, er bloaz dég ha seiz-ugeñt, hag a gennigaz d'ézhañ eur gurunen hag eur balmézen aour, hag ivé skourrouigou, hag a zeûé diouc'h doaré eûz ann templ. Ha na lavaraz nétrâ d'ézhañ enn deiz-zé.

5. Hôgen ô véza kavet enn darvoud mâd évid sévéni hé zézô foll, pa oé galvet d'ar c'huzul gañt Démétrius, péhini a c'houlennaz digañthañ war bé abégou ha war bé lézennou en em harpé ar Iuzevien,

6. É respouñtaz : Ar ré eûz ar Iuzevien a zô galvet Assidéed, é penn péré éma Judas Makabéus, a gendalc'h ar brézel, a zoug d'ann dispac'hiou, ha na lez két ar rouañtélez enn éhan :

7. Râk mé va-unan onnn bét dibourc'het eûz a c'hloar va zadou (da lavaroud eo eûz ar vélégiez-vrâz) ; ha dré-zé ounn deûet amañ :

8. Da geñta évit miroud d'ar roué ar féalded a dléann d'ézhañ enn hé c'hounid, ha goudé-zé évit gounid va c'henvrôiz : râg hon holl vrôad a c'houzañv drougou brâz gañt fallagriez ann dûd-zé.

9. Da bédi a rann éta, ô roué, pa anavézez kémeñt-sé, da zelloud a druez oud hor brô hag oud hor brôiz, hervez da vadélez a zô anavézet gañd ann holl ;

10. Râk keit ha ma vévô Judas, na hellor bikenn kaoud ar péoc'h er rouañtélez.

11. Goudé m'en doé lavaret kémeñtsé, hé holl viñouued, péré a oa énébourien da Judas, a geñtraouaz c'hoaz Démétrius out-hañ.

12. Hag hé-mañ a gasaz râk-tâl da zûg er Judéa, Nikanor péhini a oa da réner war ann olifañted :

13. Hag é c'hourc'hémennaz d'ézhañ ma kémerché Judas, ma tismañtché ar ré a oa gañt-hañ, ha ma lakajé Alsimus da vélek-brâz eûz ann templ brâz.

14. Neûzé ar baganed en doa lékéat Judas da dec'hout diouc'h ar Judéa, a zeûaz a-strolladou d'en em unani gañt Nikanor, ô sellout reûsiou ha

kellou ar Iuzevienével hô eûr-vâd hô-unan, ha gwellaen hô c'héfridiou.

15. Pa glevaz ar Iuzevien pénaoz é teûé Nikanor out-hô, ha gañt-hañ eur strollad brâz a vrôadou, é c'hôlôchoñt hô fenn a zouar, hag é pédchoñt ann hini en doa dilennet eur bobl évit-hañ, évid hé virout da-vikenn, ha péhini en doa diskouezet hé warez évid hé zigwéz gañd arouésiou anat.

16. Dré c'hourc'hémenn ann dûg, é kerschoñt râk-tâl ac'hanô, hag en em strolchoñt war-harz kastel Dessaô.

17. Hôgen Simon breûr Judas ô véza déraouet stourmi out Nikanor, a oé spouñtet-brâz, pa wélaz ô tóñt enn eunn taol eul lôd ker braz a énébourien.

18. Koulskoudé Nikanor, péhini en doa klevet komza eûz a galoun vrâz tûd Judas, hag eûz ann ners gañt péhini en em ganneñt évid hô brô, na grédé két fisiout ar varn enn eur stourm gwaduz.

19. Râk-sé é kasaz araok Posidônius, ha Téodotius, ha Mattias, évit ma rôjeñt ann dourn, ha ma vijé rôet ann dourn d'ézhô.

20. Ha goudé ma oé padet pell ar c'hozul, ha m'en doé ann dûg hé-unan diskleriet ann abek d'ann armé, mouéz ann holl a oé aotréa ar gévrédigez.

21. Râk-sé ann daou zug a verkaz eunn deiz évit komza hô daou é-kûz: hag é oé kaset péb a gador d'ézhô, war béré éc'h azézchoñt.

22. Koulskoudé Judas a c'hourc'hémennaz ma vijé lékéat tûd armet é lec'hiou déréad, gañd aoun na zeûjé ann énébourien da ôber eunn droukbennâg oud hé dûd: hag ar gomzkévret a oé gréat ével ma téréé.

23. Neûzé Nikanor a choumaz é Jéruzalem, é péléac'h na réaz droug é-béd; hag é kasaz-kuit ann armé vrâz en doa savet.

24. Karet a réa bépréd Judas a galoun vâd, hag é oa douget-brâz évit-hañ.

25. Hé bédi a réaz zô-kén da zimézi, ha da gaout bugalé. Ha Judas a zimézaz, hag en doé éhan: hag hi a vévé kévret hag unvan

26. Hôgen Alsimus ô wélout ar garañtez hag ann unvaniez a oa étré-z-hô, a zeûaz da gavout Démétrius, hag a lavaraz d'ézhañ pénaoz Nikanor a skoazié gañd hé c'halloud kéfridiou ann dirvésidi, ha pénaoz en doa dileûret évit lakaad enn hé garg hé-c'houdé, Judas, péhini a douellé ar roué hag ar rouañtélez.

27. Neûzé ar roué ô véza savet droug enn-hañ, hag héñ héget-brâz gañd ar gwall lavariou-zé, a skrivaz da Nikanor, ô lavarout pénaoz é kavé fall é vijé en em unvanet a garañtez gañt Makabéus; hag ével-sé é kemenné d'ézhañ hé gâs hép-dalé da Antiokia goudé béza éréet anézhañ.

28. Pa glévaz Nikanor kémeñt-sé, é oé mañtret; glac'hared é oa ô véza rédiet da derri ar gévrédigez en doa gréat gañt Makabéus, péhini n'en doa gréat droug é-béd d'ézhañ.

29. Hôgen ô véza na hellé két énébi oud ar roué, é klaskaz eunn darvoud mâd évit sevéni ar péz a oa bét gourc'hémennet d'ézhañ.

30. Koulskoudé Makabéus ô wélout pénaoz Nikanor a aozé anézhañ enn eunn doaré rustoc'h, hag é tigéméré anézhañ gañt mui a régôni égét na oa boazet hé ôber, a vennaz pénaoz ar rustoni-zé na zeûé két a dû vâd, hag ô véza strollet eur ré-bennâg eûz hé dûd, é pelleaz diouc'h Nikanor.

31. Pa wélaz hé-mañ pénaoz é oa bét diraoget gañd ijin ha ners Judas, é teûaz d'ann templ brâz ha sañtel, enn amzer ma kennigé ar véleien hô sakrifisou; hag é c'hourc'hémennaz d'ézhô ma lakajeñt *Makabéus* étré hé zaouarn.

32. Hôgen ar ré-mañ ô véza touet d'ézhañ pénaoz na wieñt két péléac'h ô oa ann hini a glaské; éc'h astennaz ann dourn étrézég ann templ,

33. Hag é touaz, ô lavarout: Ma na likiit két Judas étré va daouarn, goudé béza hé éréet, é tiskarinn é-réz ann douar enn templ-mañ da Zoué, é freûzinn ann aoter, hag é wéstlinn ann templ d'ann tad *Bakkus*.

34. Ha goudé m'en doé lavaret kémeñt-sé, éz éaz-kuit. Hôgen ar véleien oc'h astenna hô daouarn étrézég ann

ėñv, a bédé ann hini a oa bét bépréd
da warézer d'hô brôad ; hag é léver-
choñt :

35. Aotrou ann holl, té péhini n'éc'h
eûz ézomm a nétrâ, co bét fellet d'id
é vijé bét savet eunn templ é péhini é
choumfez enn hor c'hreiz.

36. Bréma éta. sañt ar zeñt, Aotrou
ann holl, mir da-vikenn dizaotr ann
ti-mañ, a zô bét glanet a nevez-zô.

37. Neûzé é oé tamallet dirâk Ni-
kanor unan eûz a hénaoured Jéruza-
lem hanvet Razias, dén douget-brâz
évit kéar, ha brudet-mâd, galvet Tâd
ar Iuzevien, enn abek d'ar garañtez
en doa évit-hô.

38. Pell a ioa é réné é lézen ar Iu-
zevien eur vuez sañtel ha dizaotr, hag
édo daré da zilézel hé gorf hag hé
vuez évit keñderc'hel bétég ann divez.

39. Hôgen Nikanor péhini a fellé
d'ézhañ diskouéza ar c'hâs a zougé
oud ar Iuzevien, a gasaz pemp kañt
brézéliad évit krégi enn-hañ :

40. Râg héñ a venné pénaoz ma
helché hé douella, é rajé eunn drouk
brâz d'ar Iuzevien.

41. Pa strivé ar vrézélidi-zé évit
moñd enn ti, évit terri ann ôr, hag
évit lakaad ann tân ; pa wélaz pénaoz
é oa daré da véza kroget enn-hañ, en
em skôaz gañd eur c'hlézé.

42. Gwell é oa gañt-hañ mervel
gañd énor, égét béza dalc'het da bléga
dindân ar béc'herien, ha gouzañvi
kunuc'hennou mézuz évid hé hanô.

43. Hôgen, gañd ann err a lékéaz,
ô véza na oa két en em lazet war ann
taol. pa wélaz ar vrézélidi ô toñd a
strollad enn ti, é tostaaz gañd herder
oud ar vûr, hag en em daolaz hé-
unan gañt nerz war ar bobl.

44. Hag ann holl ô véza buan en
em dennet évit na gouézché két war-
n-ézhô, é kouézaz war gern hé benn.

45. Hag ô véza ma oa c'hoaz béô,
gañd eur striv nevez é savaz : hag ar
goâd ô tirédi a bép tû diouc'h ar
gouliou brâz é oa en em c'hréat, é
treménaz dré-greiz ar bobl :

46. Hag ô véza piñet war eur méan
soun, goudé béza kollet kémeñd a
c'hoad, é tennaz hé vouzellou er-méaz
eûz hé gorf, hag hô zaolaz gañd hé
zaouzourn war ar bobl ; enn eur bédi
Aotrou ar vuez hag ann éné, ma hé
rôjé adarré d'ézhañ : hag ével-sé é
varvaz

—

XV. PENNAD.

Drouk-prézégou Nikanor. Hé varô.

1. Hôgen pa glevaz Nikanor pénaoz
Judas a oa war zouarou Samaria, é
vennaz stourmi out-hañ gañd hé holl
ners é deiz ar sabbat.

2. Ha pa lavaré d'ézhañ ar Iuzevien
péré a oa réd d'ézhô moñt war hé
lerc'h : Na rà két eunn dra ker garô
ha ker kriz : hôgen énor sañtélez ann
deiz-zé, ha douj ann hini a wél pép-trâ;

3. Ar fallagr-zé a c'houlennaz hag
ez-pa enn ėñv eunn *Doué* galloudek,
péhini en doa gourc'hémennet lida
deiz ar sabbat.

4. Ha hi a respouñtaz d'ézhañ : Ann
Doué béô, Aotrou galloudeg ann ėñv
eo, en deûz gourc'hémennet lida ar
seizved deiz.

5. Hag héñ a lavaraz d'ézhô : Ha
mé ivé a zô galloudek war ann douar,
hag é c'hourc'hémennann d'é-hoc'h
kémérout ann armou, ha sévéni kéfri-
diou ar roné. Koulskoudé na hellaz
két sévéni hé zézô :

6. Râk Nikanor, enn hé rôgôni brâz,
en doa lékéat enn hé benn sével eunn
arouéz gañd diwiskou Judas.

7. Hôgen Makabéus a c'hédé bépréd
gañd eur fisiañs vrâz, é tigazché Doué
hé skoazel d'ézhañ.

8. Hag héñ a erbédé hé dûd na vi-
jeñt két spouñtet gañd donédigez ar
brôadou-zé ; hôgen ma teûjé da gonn
d'ézhô eûz ar skoazellou a oa deûet
d'ézhô digañd ann ėñv, ha ma c'héd-
cheñt bréma pénaoz ann Holl-c'hal-
loudek a rôjé ar gounid d'ézhô.

9. Hag ô véza kélennet anézhô her-
vez al lézen hag ar broféded, ha gréat
méneg eûz ann emgannou hô doa
gouzañvet keñt, é lékéaz da zével
enn-hô eur béôder névez.

10. Ha goudé m'en doé ével-sé
tommet hô c'haloun, é tiskouézas

d'ézhô enn bévéleb amzer trubardérez ar brôadou, ha terridigez hô léou.

11. Pép-hini anézhô a armaz, nann gañt tirennou ha darédou, hôgen gañt lavariou mâd, ha gañt erdédennou; hag é rôaz da anaout d'ézhô eur wélédigez krédus en doa bét enn huvré, hag hô laouénaaz holl.

12. Ha chétu ar wélédigez-zé : *Héñ a velñé d'ézhañ ma wélé* Onias, péhini a oa bét bélek-brâz, dén mâd ha kûñ, poellek enn hé zell, ha poellek enn hé vuézégez, dudius enn hé lavar, douget d'ar furnez adaleg hé vugaléach, péhini a astenné hé zaouarn, hag a bédé évid holl bobl ar Iuzevien :

13. Ha ma wélaz goudé-zé eunn dén all, énoruz gañd hé oad ha gañd hé c'hloar, ha war hé drô eur meûrded brâz :

14. Ha pénaoz Onias a lavaraz : Hé-mañ eo miñoun hé vreûdeûr ha pobl Israel; hé-mañ eo Jérémias profed Doué, péhini a béd kalz évid ar bobl-zé, hag évid ann holl géar zañtel :

15. Pénaoz en doa Jérémias astennet hé zourn, hag en doa rôet da Judas eur c'hlézé aour, ô lavarout :

16. Kémer ar c'hlézé sañtel-mañ ével eur rô digañt Doué, gañt péhini é tiskari énébourien va fobl a Israel.

17. Keñtraouet éta gañt lavarion Judas, péré a oa mâd évit sevel ann ners, hag évid tomma kaloun ann dûd-iaouañk, é kémerchoñt ann dézô da stourmi ha da vrézélékaat stard, évit ma teûjé hô ners da rei penn d'ar brézel; ô véza ma oa ar géar zañtel hag ann templ enn eur gwall brâz.

18. Râk distéroc'h é oa hô eñkrez évid hô gragez hag hô bugalé, hag hô breûdeûr, hag hô c'héreñt; hôgen hô c'heñta hag hô brasa préder a oa évit sañtélez ann templ.

19. Ar ré a choumé er géar a oa ivé nec'het-brâz enn abek d'ar ré a dlié moñd d'ann emgann.

20. Ha pa édo ann holl war c'héd eûz ar péz a hellé da c'hoarvézout, ma édo ann énébourien dira-z-hô, ann armé daré da stourmi, ann olifañted hag ar varc'heien reñket el léac'h déréata,

21. Makabéus oc'h arvesti al lôd brâz a dûd a zeûé *d'hé diarbenna*, ar skéd eûz a géméñt a armou diskeñvel, ha fervder al loéned, a astennaz hé zaouarn étrézég ann éñv, hag a bédaz ann Aotrou, péhini a râ burzudou, péhini a rô ar gounid d'ar ré zellézéka, nann diouc'h galloud ann armou, hôgen ével ma kâr.

22. Ével-henn éta é lavaraz enn hé bédenn : Té eo, Aotrou, éc'h eûz kaset da éal dindân Ézékias roué Juda, hag éc'h eûz lazet pemp mil ha naôugeñt mil dén eûz a armé Sennachérib.

23. Kâs ivé 'ta bréma enn hor raok da éal mâd, ô Aotrou ann éñvou, évit ma tiskouézô ar spouñt hag ar zaouzan eûz a ners da vréac'h;

24. Évit ma vézô spouñtet ar ré a zeû gañt gwall gomsiou da stourmi oud da banô sañtel. Ével-sé é peûrbédaz.

25. Koulskoudé Nikanor hag ar ré a oa gañt-hañ, a dôstéé diouc'h son ar c'horniou ha trouz ar c'hanaouennou.

26. Hôgen Judas hag ar ré a oa gañt-hañ, goudé béza galvet *skoazel* Doué, a stourmé gañd hô pédennou.

27. Enn eur stourmi gañd hô dourn, é pédeñt ann Aotrou enn hô c'haloun; hag é lazchoñt pemp mil dén ha trégoñt, leûn a lévénez eûz a vézañs Doué.

28. Pa oé éhanet ann emgann, ha pa zistrôeñt gañt lévénez, éc'h anavézchoñt pénaoz Nikanor a oa kouézet marô dindân hé armou.

29. Neûzé gañd eur garm brâz, hag é-kreiz kemmesk ar mouésiou, é veûlchoñt ann Aotrou Holl-c'hlloudek é iéz hô brô.

30. Judas péhini a oa daré bépréd a gorf hag a spéred da rei hé vuez évid hé genvrôiz, a c'hourc'hémennaz ma vijé trouc'het penn Nikanor, hag hé zourn gañd hé skoaz, ha ma vijeñt kaset da Jéruzalem.

31. Pa oé deûet di, é strollaz warbarz ann aoter hé genvrôiz hag ar véleien, hag é c'halvaz ivé ar ré a oa er c'hré.

32. Ha goudé béza diskouézet d'ézhô penn Nikanor, hag ar gwall zourn en doa astennet a-énep tî sañtel Doué

Holl-c'halloudek, gañt kémeñd a rô-
geñtez bag a berder,
33. É c'houre'hémennaz ma vijé ivé
trouc'het a dammouigou téôd ar fal-
lagr Nikanor, ha ma vijé rôet d'ann
evned ; ha ma vijé lékéat dourn ann
dén diboell-zé a-zispil é-tâl ann templ.
34. Holl é vennigchoñt Aotrou ann
éñv, ô lavarout : Benniget *ra vézô* ann
hini en deûz miret dizaotr hé dempl.
35. Penn Nikanor a lékéaz é lein ar
c'hré, évit ma vijé da arouéz anat eûz
a skoazel Doué.
36. Eul lézen a oé gréat gañt grâd-
vâd ann holl, évit na vijé két tréménet
ann deiz-zé hép lid ;
37. Hôgen ma vijé lidet enn trizék-
ved eûz ar miz hanvet Adar é iéz ar
Siria, derc'heñt deiz Mardokéus.
38. Chétu éta divez Nikanor, goudé
marô péhini ann Hébréed a berc'hen-
naz ar géar *santel*. Ha dré-zé é rôinn
penn ivé d'am danével.
39. Mar d-eo mâd, hag ével ma téré
oud ann histor, eo ével ma karann :
hôgen ma né két delliduz a-walc'h,
war-n-oun eo é tléeur hé deûrel.
40. Râg ével na gaveur két mâd éva
bépréd gwin, pé éva bépréd dour,
hôgen ma kaveur gwelloc'h éva eûz
anézhô péb eil trô ; ével-sé eul lavar
na vijé két béluz da eul lenner, ma
vijé bépréd reiz. Amañ éta é vézô va
feûr-brézeg.

DIVEZ.

TESTAMANT NEVEZ

HON

AOTROU JÉZUZ-KRIST.

Dans cette dernière partie de la Bible, les annotations marquées (G) sont celles que Le Gonidec a signalées comme devant être faites, au cas où le Nouveau-Testament breton serait réimprimé.

AVIEL SANTEL JÉZUZ-KRIST

HERVEZ

SANT VAZÉ.

I. PENNAD.

1. Levr nésted Jézuz-Krist màb David, màb Abraham.

2. Abraham a oé tad Izaak; hag Izaak a oé tad Jakob; ha Jakob a oé tad Judaz hag hé vreûdeûr.

3. Ha Judas a oé tad Farez, ha Zara eûz a Damar; ha Farez a oé tad Esron; hag Esron a oé tad Aram.

4. Hag Aram a oé tad Aminadab; hag Aminadab a oé tad Naason; ha Naason a oé tad Salmon.

5. Ha Salmon a oé tad Booz eûz a Rac'hab; ha Booz a oé tad Obed eûz a Rut; hag Obed a oé tad Jesé; ha Jesé a oé tad David roué.

6. Ha David roué a oé tad Salomon, eûz ann hini a oé *grég* Uriaz.

7. Ha Salomon a oé tad Roboam; ha Roboam a oé tad Abiaz; hag Abiaz a oé tad Aza.

8. Hag Aza a oé tad Jozafat; ha Jozafat a oé tad Joram; ha Joram a oé tad Oziaz.

9. Hag Oziaz a oé tad Joatam; ha Joatam a oé tad Akaz; hag Akaz a oé tad Ézékiaz.

10. Hag Ézékiaz a oé tad Manasez; ha Manasez a oé tad Amon; hag Amon a oé tad Joziaz.

11. Ha Joziaz a oé tad Jékoniaz hag hé vreûdeûr, enn amzer ma oent kaset eûz hô brô da Vabilon (**a**).

12. Ha goudé ma oent bet kaset eûz hô brô da Vabilon, Jékoniaz a oé tad Salatiel; ha Salatiel a oé tad Zorobabel.

13. Ha Zorobabel a oé tad Abiud; hag Abiud a oé tad Éliasim; hag Éliasim a oé tad Azor.

14. Hag Azor a oé tad Sadok; ha Sadok a oé tad Akim; hag Akim o oé tad Éliud.

15. Hag Éliud a oé tad Éléazar; hag Éléazar a oé tad Matan; ha Matan a oé tad Jakob.

16. Ha Jakob a oé tad Jozef pried Mari, eûz a béhini eo ganet Jézuz, a c'halveur Krist.

17. Béz' éz eûz éta enn-holl eûz a Abraham bété David, pévarzék génélioz: hag eûz a Zavid bétég ann dizougadur é Babilon, pevarzék génélioz: hag eûz ann dizougadur é Babilon bétég ar C'hrist, pevarzék génélioz.

18. Hôgen ginivélez ar C'hrist a c'hoarvézaz ével-henn: Mari hé vamm ô véza dimézet gañt Jozef, en em gavaz brazez dré m'é doa engéheñtet a-berz ar Spéred-Sañtel, diagent ma oant éat kévret.

19. Ha Jozef hé fried, ô véza eunn

dén gwirion, péhini na fellé két d'ézbañ tenna mez war-n-ézbi, a vennaz hé c'has kuit é kûz (*).

20. Hôgen pa venné kémeñt-sé, chétu Éal ann Aotrou en em ziskouézaz d'ézhañ dré hé gousk, ô lavarout : Jozef, mâb David, n'az pez kéd a aoun ô kémérout gan-éz Mari da c'hrég : râg ar péz a zô ganed enn-hi a zeû eûz ar Spéred-Sañtel.

21. Hag eur mab a c'hanô, hag é rôi d'ézhañ ann hanô a Jézuz : râg héñ eo a zavétéiô hé bobl eûz hô féc'héjou.

22. Hôgen kémeñt-sé a zô bét c'hoarvézet évit ma vijé sévénet ar péz a ioa bét lavaret gañd ann Aotrou dré c'hénou ar Profed, ô lavarout :

23. Chétu eur werc'hez a zô ô tont da véza brazez, hag a c'hanô eur mâb, a vézô rôet d'ézhañ ann hanô a Emmanuel, da lavaroud eo, Doué gan-é omp.

24. Hôgen Jozef ô véza dibunet, a réaz ar péz a oé gourc'hémenned d'ézhañ gañd Éal ann Aotrou, hag é talc'haz hé c'hrég gañt-hañ.

25. Ha n'en doa ket anavézet anézhi d'ar c'houlz ma lékéaz er bed hé mâp keñta-ganet : hag é rôaz d'ézhañ ann hanô a Jézuz (*).

II. PENNAD.

1. Jézuz éta ô véza ganet é Bétléhem Juda, enn amzer ar roué Hérodez, chétu é teûaz Majed eûz ar saôhéol da Jéruzalem,

2. Enn eul lavarout : Péléac'h éma ann hini a zô ganed da roué d'ar Iuzevien ? Râg gwéled hon eûz hé stéren er saô-héol, hag omp deûed évid hé azeûli.

3. Hôgen pa glevaz ar roué Hérodez kémeñt-sé, é oé eñkrézet, hag holl Jéruzalem gañt-hañ.

4. Hag ô véza strollet ar pennou eûz ar véleien ha skribed ar bobl, é c'houlennaz digant-hô péléac'h é tlié béza ganet ar C'hrist.

5. Hag ar ré-mañ a lavaraz d'ézhañ : é Bétléhem Juda ; râg évél-sé eo bét skrivet gañd ar Profed :

6. Ha té Bétléhem douar Juda, né d-oud kéd ann divéza é-touez pennkeriou Juda ; râg ac'hanod eo é teûi ar penn a rénô va fobl a Israel.

7. Neûzé Hérodez ô véza galved ar Majed é-kûz, a c'houlennaz gañt préder digañt-hô é pé amzer é oa en em ziskouézed ar stéren d'ézhô.

8. Hag ô kâs anézhô da Vétléhem é lavaraz : It, ha goulennit gañt préder péléac'h éma ar bugel : ha pa hô pézô hé gavet, digasit mének d'in eûz a géméñt-sé, évit ma'z-inn va-unan d'hé azeûli.

9. Ar ré-mañ goudé béza kleved ar roué, a iéaz-kuit. Ha chétu ar stéren hô doa gwélet er saô-héol a iéa enn hô raok, bétek ma oé en em gavet a-ûz al léac'h ma édo ar bugel, énô é choumaz (*).

10. Ha pa véljoñd ar stéren, é tridjoñt gañd eul lévénez vrâz meûrbéd.

11. Hag ô véza éad enn tî, é kavjoñd ar bugel gañt Mari hé vamm, hag oc'h en em striñka d'ann douar éc'h azeûljoñd anézhañ : hag ô véza digored hô zenzoriou é kinnigjoñd d'ézhañ évit rôou, aour, ézañs ha mirr.

12. Hag ô véza deûed d'ézhô dré hô c'housk eunn ali évit na zistrôjeñt kéd é-trézég Hérodez, é tistrôjoñd d'hô brô dré eunn heñd all.

13. Goudé ma oañd éat-kuit, chétu éal ann Aotrou en em ziskouézaz da Jozef dré hé gousk, enn eul lavarout : Saô, ha kémer ar bugel hag hé vamm, ha tec'h enn Éjipt, ha choum énô bété ma livirinn d'id ; râk Hérodez a glaskô ar bugel évid hé lakaad da vervel.

14. Hé-mañ ô véza savet, a géméraz ar bugel hag hé vamm é-pâd ann nôz, hag en em dennaz enn Éjipt.

15. Hag é choumaz énô bété ma varvaz Hérodez, évit ma vijé sévéned ar péz en doa lavared ann Aotrou dré c'hénou ar Profed, évelhenn : Galved em eûz va mâb eûz ann Éjipt.

16. Neûzé Hérodez ô wélout hô doa ar Majed gréat goab anézhañ, a vuanékaaz meûrbéd, hag é lékéaz laza é Bétléhem, hag enn holl vrô trô-wardrô, ann holl vugalé a zaou vloaz ha iaouañkoc'h, hervez ann amzer en

doa goulennet gañt préder digañd ar Majed.

17. Neûzé é oé sévéned ar péz a ioa bét lavaret gañd ar Profed Jérémiaz évei-benn :

18. Eur vouez (G) a zô bét kleved é Rama ; hag ivé klemvanou hag hirvoudou brâz : Rachel ô wéla hé mipien, hép na fell d'ézhi béza dic'hlac'haret, râk n'émiñt mui.

19. Hôgen pa oé marô Hérodez, chétu éal ann Aotrou en em ziskouézaz da Josef enn Éjipt dré hé gousk.

20. O lavarout : Saô, ha kémer ar bugel hag hé vamm, ha kéa é douar Israel : râg ar ré a glaské ar bugel évid hé laza a zô marô.

21. Hé-mañ ô véza savet, a géméraz ar bugel hag hé vamm, hag a zeûaz é douar Israel.

22. Hôgen pa glevaz oa Arkélauz roué é Judéa é léac'h hé dâd Hérodez, en dévoé aoun ô voñd dî : hag ô véza bét dré hé gousk eunn ali digañd Doué, en em dennaz war-drô Galiléa.

23. Hag é teûaz da joum enn eur géar hanvet Nazaret : évit ma vijé sévéned ar péz hô doa lavared ar Brofédèd : Nazaréad é vézô galvet.

—

III. PENNAD.

1. Hôgen enn amzer-zé é teûaz Iann-Vadézour da brézégi enn distrô eûz a Judéa,

2. O lavarout : Grît pinijen ; râk tôstaad a ra rouantélez ann éñvou.

3. Râg eûz a hen-nez eo en deûz komzed ar Profed Izaiaz, ô lavarout : Mouéz ann hini a léñv el léac'h distrô : aozid heñd ann Aotrou : grît ma vézô eeun hé wénôdennou.

4. Hôgen Iann en doa eur zaé gréat gañt bleô kañval, hag eur c'houriz ler enn-drô d'hé groazel : hag hé voéd a ioa kileien-raden ha mél gouéz.

5. Neûzé Jéruzalem, ar Judéa holl, hag ann holl vrô enn-drô d'ar Jourdan a zeûé d'hé gavout.

6. Hag ô véza añsaved hô féc'héjou, é badézé anézhô er Jourdan.

7. Hôgen *Iann* ô wélout kalz a Farizianed hag a Saduséed ô toñd d'hé vadisiañt, a lavaraz d'ézhô : gwenn aéred-viber, piou en deûz desked d'éhoc'h tec'houd diouc'h ar vuanégez a dlé kouéza war-n-hoc'h ?

8. Grid éta eur binijen hag a rôiô frouez.

9. Ha na livirit kéd enn-hoc'h hoc'hunan : Abraham a zô hon tad : râg hé lavaroud a rann d'é-hoc'h pénaoz Doué a hell lakaad da zével eûz ar vein-zé mipien da Abraham.

10. Râg ar vouc'hal a zô a-vréma lékéad out grisien ar gwéz. Pép gwézen éta ha na rôi kéd a frouez mâd, a vézô trouc'het ha taoled enn tân.

11. Évid-oun-mé a vadez ac'hanoc'h enn dour évid hô tigas d'ar binijen ; hôgen ann hini a zeûi war va lerc'h a zô kréoc'h égéd-oun ; ha na zellézann kéd dougen hé voutou. Heñ hô padézô er Spéred-Sañtel hag enn tân.

12. Eur c'hañt a zô enn hé zourn ; hag hé leûr a nétai ervâd : hag hé éd a zastumô er zôlier ; hôgen ar c'hôlô a zévô enn eunn tan ha né vougô biben (H).

13. Neûzé Jézuz a zeûaz eûz a C'haliléa d'ar Jourdan da gavoud Iann, évit béza badézet gañt-hañ.

14. Hôgen Iann na fellé kéd d'ézhañ hé vadéza, ô lavarout : Mé eo a dlé béza badézet gan-éz, hag é teûez d'am c'havout ?

15. Hôgen Jézuz a respouñtaz d'ézhañ, enn eul lavarout : Lez da ôber bréma : râg ével-sé eo é tléomp sévéni pép gwirionez. Neûzé é lezaz anézhañ da voñt.

16. Hôgen Jézuz ô véza bét badézet, a zavaz râk-tâl eûz ann dour. Ha chétu ann éñvou a zigoraz dira-zhañ : hag é wélaz Spéred Doué ô tiskenna ével eur goulm, hag ô voñt war-n-ézhañ.

17. Ha chétu eur vouéz eûz ann éñvou a lavaré : Hé-mañ eo va mâb kér, enn-hañ em eûz lékéat va holl garañtez.

—

IV. PENNAD.

1. Neûzé Jézuz a oé kaset gañd ar
Spéred enn distrô, évit béza temptet
gañd ann diaoul.
2. Ha pa en dévoé iunet daou-
ugeñd dervez, ha daou-ugeñt nôzvez,
en doé naoun goudé.
3. Hag ann templer a dôstaaz hag
a lavaraz d'ézhañ : Mar d-oud mâb
Doué, lavar ma teûi ar vein-zé da vara.
4. Jézuz a lavaraz d'ézhañ : Skrived
eo : Né két gañt bara hép kén é vév
ann dén, hôgen gañt pép gér a zeû
eûz a c'hénou Doué.
5. Neûzé ann diaoul hen kasaz er
géar zañtel, bag hen lékéaz war lein
ann templ,
6. Hag é lavaraz d'ézhañ : Mar
d-oud mâb Doué, en em daol d'ann
douar : râk skrived eo : Pénaoz en
deûz rôed hé c'hourc'hémennou d'hé
élez diwar da benn, ha pénaoz é tou-
giñd ac'hanod étré hô daouarn, enn
aoun na c'hoarvesfé d'as trôad stéki
oud eur méan (m).
7. Jézuz a lavaraz d'ézhañ : Skrived
eo ivé : Na dempti kéd ann Aotrou,
da Zoué.
8. Ann diaoul hen kasaz c'hoaz war
eur ménez uc'hel meûrbéd : hag é tis-
kouézaz d'ézhañ holl rouañtélésiou ar
béd, hag hô skéd.
9. Hag é lavaraz d'ézhañ : Kémeñt-
sé holl a rôinn d'id, mar fell d'id en
em deûrel d'ann douar ha va azeûli.
10. Neûzé Jézuz a lavaraz d'ézhañ :
Kéa-kuit, Satan ; râk skrived eo : Ann
Aotrou da Zoué a azeûli, ha na zer-
vichi némét-hañ.
11. Neûzé ann diaoul hen laoskaz :
ha chétu ann élez a dôstaaz, hag a
zervichaz anézhañ,
12. Hôgen pa glevaz Jézuz é oa
béd dalc'het Iann, en em dennaz é
Galiléa.
13. Hag ô véza kuitéed ar géar a
Nazaret, é teûaz, hag é choumaz é
Kafarnaoum, kéar arvôrek, war har-
zou Zabulon ha Neftali,
14. Évit ma vijé sévéned ar péz a zô
bét lavaret gañd ar profed Izaiaz :
15. Douar Zabulon, ha douar Nef-
tali, heñd ar môr enn tu all d'ar Jour-
dan, Galiléa ar vroadou.
16. Ar bobl a ioa azézed enn am-
c'houlou, en deûz gwéled eur c'hou-
laouen vrâz : hag ar goulou a zô saved
war ar ré a ioa azézed é brô skeûd ar
marô.
17. A neûzé é téraouaz Jézuz pré-
zégi, ha lavarout : Grit pinijen ; râk
tôstaad a ra rouañtélez ann éñvou.
18. Hôgen Jézuz ô kerzoud a-héd
môr Galiléa, a wélaz daou vreûr,
Simon, a c'halveur Per, hag Añdré
hé vreûr, a daolé hô rouejou er môr ;
râk peskétérien oañt :
19. Hag é lavaraz d'ézhô : Deûd
war va lerc'h, ha mé hô lakai da véza
peskétérien tûd.
20 Hag hi râk-tâl a guitaaz hô
rouéjou hag a iéaz war hé lerc'h.
21. Hag ac'hanô ô voñd a-raok, é
wélaz daou vreûr all, Jakez mâb Zé-
bédé, ha Iann hé vreûr, péré a ioa
enn eur vag gañd Zébédé hô zâd
oc'h aoza hô rouéjou ; hag é c'halvaz
anézhô.
22. Hag hi kerkeñt a guitaaz hô
rouéjou hag hô zâd, hag a iéaz war
hé lerc'h.
23. Ha Jézuz a iéa war-drô ann
holl C'haliléa, ô kélenna enn hô sina-
gogou, hag ô prérégi Aviel ar rouañ-
télez : hag ô iac'haat kémeñt kléñved,
ha kémeñd droug a ioa é-touez ar
bobl.
24. Hag ar vrûd anézhañ a iéaz
dré ann holl Siria, hag é tigaseñd
d'ézhañ ann holl ré glañv, tûd gla-
c'haret gañt meûr a gléñved, gañt
meûr a zrouk, hag ar ré dreo'het gañd
ann diaoul, hag ar ré loarek, hag ar
ré béluzet, hag é iac'héé anézhô :
25. Hag eul lôd brâz a dûd a iéaz
war hé lerc'h eûz a C'haliléa, eûz
a Zékapoliz, eûz a Jéruzalem, eûz
a Judéa, hag eûz ann tû-hoñt d'ar
Jourdan.

—

V. PENNAD.

1. Jézuz ô wéloud al lôd tûd-zé, a
biñaz war eur ménez, hag ô véza

azized énô, hé ziskibled a dôstaaz out-hañ ;

2. Hag ô prézégi (m), é kélenné anézhô, ô lavarout :

3. Euruz ar ré baour a spéred ; râk rouañtélez ann éñvou a zô d'ézhô.

4. Euruz ar ré a zô habask ; râg ann douar a biaouiñt.

5. Euruz ar ré a léñv ; râk dic'hlac'hared é véziñt.

6. Euruz ar ré hô deûz naoun ha séc'hed eûz ar wirionez ; râg hô gwalc'h hô dévézô.

7. Euruz ar ré a zo trugarézuz ; râk trugarez a gaviñd hô-unan.

8. Euruz ar ré hô deûz eur galoun c'hlan ; râk Doué a wéliñt.

9. Euruz ar ré a gâr ar péoc'h ; râk bugalé Doué é véziñt hanvet.

10. Euruz ar ré a c'houzañv heskin évid ar wirionez ; râk rouañtélez ann éñvou a zô d'ézhô.

11. Euruz oc'h pa zeûi ann dûd da zrouk pédi gan-é-hoc'h, d'hoc'h heskina, ha da lavaroud é-gaou pép droug ac'hanoc'h enn abek d'in.

12. En em laouénait, ha tridit, râg hô kôbr a vézô brâz enn éñvou : râg ével-sé eo béd heskined ar Broféded a zô béd enn hô raok.

13. C'hoalen ann douar oc'h. Ma teû ar c'hoalen da golla hé ners, gañt pétrâ é vézô sallet ? N'eo mui mâd nétra da véza taoled er-méaz, ha da véza mac'het gañt treid ann dûd.

14. Goulou ar béd oc'h. Eur géar savet war eur ménez na hell két béza kuzet.

15. Ha na énaoueur kéd eur c'hleûzeur, évid hé lakaad dindàn ar boézel ; hôgen hé lakaad a réeur war eur c'hañtoler, évit ma sklerai holl dud ann ti.

16. Ra zeûi évél-sé hô koulou da luc'ha dirâg ann dûd, évit ma wéliñt hô mâd-oberiou, ha ma teûiñd da veûli hô Tâd péhini a zô enn éñvou.

17. Na vennit kéd é venn deûed évit terri al lézen, pé ar broféded : n'ounn kéd deûed évit terri, hôgen évit peûr-ôber.

18. Râg évit gwir hel lavarann d'é-hoc'h, abarz ma tréméno ann éñv hag ann douar, na vézô két tenned eûz al lézen, eul lizéren nâg eur rouden, ken na vézô sévénet pép-trâ.

19. Piou-bennâg éta a dorrô ann distéra eûz ar gourc'hemennou-mañ, hag a zeskô kémeñt-sé d'ann dûd, hen-nez a vézô galved ann divéza é rouañtélez ann éñvou : hôgen ann hini a rai hag a zeskô kémeñt-sé, hen-nez a vézô galvet brâz é rouañtélez ann éñvou.

20. Râg hel lavaroud a rann d'é-hoc'h : Ma né két brasoc'h hô kwirionez égéd hini ar Skribed hag ar Farizianed, n'az éot két é rouañtélez ann éñvou.

21. Kleved hoc'h eûz pénaoz eo bét lavaret d'ar ré-gôz : Na lazi két ; râk piou-bennâg a lazô a zellézô béza barnet.

22. Hôgen mé a lavar d'é-hoc'h : Pénaoz piou-bennâg a vuanékai oud hé vreûr, a zellézô béza barnet. Piou-bennâg a lavarô d'hé vreûr, Raka, a zellézô béza kélennet. Piou-bennâg a lavarô d'ézhañ : Dibenn oud, a zellézô béza taoled é tân ann ifern.

23. Pa ginnigez éta da wéstl d'ann aoter, ma teûez énô da gouna en deûz da vreûr eunn dra-bennâg a-énep d'id :

24. Lez énô da wéstl dirâg ann aoter, ha kéa da geñta d'en em unvani gañd da vreûr, ha goudé pa vézi distrôet é kinnigi da wéstl.

25. Béz a-unan râk-tâl gañd da énébour é-pâd ma émoud enn heñt gañthañ, gañd aoun n'as lakafé da énébour ac'hanod étré daouarn ar barner, n'az lakafé ar barner étré daouarn ar ministr, ha na véz lékéad er vâc'h.

26. É gwirionez hel lavarann d'id, na zeûi két kuid ac'hanô, ken na vézô distaolet gañ-éz ann divéza gwennek.

27. Kleved hoc'h eûz pénaoz eo bét lavared d'ar ré-gôz : Avoultriez na ri két.

28. Hôgen mé a lavar d'é-hoc'h : Pénaoz piou-bennâg en dévézô selled oud eur vaouez gañt c'hoañtégez anézhi, hen-nez en deûz gréad avoultriéz gañt-hi enn hé galoun.

29. Ma teû da lagad déou da rei gwall skouér d'id, diframm héñ, ha taol-héñ pell diouz-id : râk gwell co

d'id kolla unan eûz da izili, égét gwéloud da gorf holl taoted enn ifern.

30. Ha ma leû da zourn déou da rei gwall skouér d'id, trouc'h-hén, ha taol-héñ pell diouz-id : rak gwell eo d'id kolla unan eûz da izili, égét gwéloud da gorf holl taoled enn ifern.

31. Lavared eo bét-c'hoaz : Piou-bennâg a gasô-kuid hé c'hrég, a dlé rei d'ézhi eur skrid dré béhini hé c'hâs-kuit.

32. Ha mé a lavar d'é-hoc'h : Pénaoz piou-bennâg a gasô-kuid hé c'hrég, néméd avoultr é vé hi, hé laka da véza avoultr : ha piou-bennâg a zimézô gañd eur c'hrég a vézô bét kaset-kuit gañd hé goâz, a gouéz enn avoultriez.

33. Kleved hoc'h eûz ivé pénaoz eo bét lavared d'ar ré-gôz : Na dorri kéd da lé : hôgen miroud a ri al léou az pézô gréad da Zoué.

34. Ha mé a lavar d'é-hoc'h : Pénaoz na dléit toui é nép doaré é-béd, na dré ann éñv, râk trôn Doué eo :

35. Na dré ann douar, râk skabel hé dreid eo : na dré Jéruzalem, râk kéar ar Roué brâz eo :

36. Na doui kéd ivé dré da benn, râk na hellez kéd ôber eur vléven wenn pé eur vléven zû.

37. Hôgen ra vézô hô lavar, Ia, ia ; nann, nann ; râk kémeñd a zô ouc'h-penn ar geriou-zé a zeû eûz ann drouk.

38. Kleved hoc'h eûz pénaoz eo bét lavaret : Lagad évid lagad, ha dañt évit dañt.

39. Hôgen mé a lavar d'é-hoc'h : Pénaoz na dléeur kéd énébi ouc'h ann drouk : ha ma skô unan-bennâg war da vôc'h zéou, trô ébén out-hañ.

40. Mar fell da unan-bennâg breûtaad ouz-id, évit kéméroud da zaé, laosk ivé da vañtel gañt-hañ.

41. Ha piou-bennâg a lakaiô ac'hanod da rañkout ôber eul léô gañt-hañ, gra c'hoaz gañt-hañ diou léô all.

42. Rô da néb a c'houlenn digan-éz, ha na bella két piou-bennâg a fell d'ézhañ empresta diouz-id.

43. Kleved hoc'h eûz pénaoz eo bét lavaret : Karoud a ri da nésa, hag é kasai da énébour.

44. Hôgen mé a lavar d'é-hoc'h : Karid hoc'h énébourien, grit vâd d'ar ré a gasa ac'hanoc'h : ha pédid évid ar ré a heskin ac'hanoc'h, pé a lavar droug ac'hanoc'h é-gaou ;

45. Évit ma viot bugalé hô Tâd péhini a zô enn éñvou ; péhini a laka da zével hé héol war ar ré-vâd ha war ar ré-zrouk, hag a laka ar glaô da gouéza war ar ré-léal ha war ar ré-zisléal.

46. Râk mar kirid ar ré hô kâr, pé gôbr hô pézô-hu ? hag ar Bublikaned na réoñt kéd ével-sé ?

47. Ha ma na livirid deiz-mâd néméd d'hô preûdeûr, pétrâ a rit-hu ouc'h-penn ? hag ar Baganed na réoñt kéd ével-sé ?

48. Bézid éta dinam, ével ma'z eo dinam hô Tâd péhini a zô enn éñv.

VI. PENNAD.

1. Likid évez na rafac'h hô mâd-ôberiou dirâg ann dûd, évit ma viot gwélet gañd-hô : anéz n'hô pézô kéd a c'hôbr digañd hô Tâd, péhini a zô enn éñvou.

2. Pa réz éta ann aluzen, na laka kéd da zeni ar c'horn-boud enn da raok, é c'hiz ma ra ar bilpouzed er sinagogou hag er ruou, évit béza meûlet gañd ann dûd. Hé lavaroud a rann d'é-hoc'h, hô gôbr hô deûz bét.

3. Hôgen pa ri ann aluzen, grâ na wézô kéd da zourn kleiz ar péz a râ da zourn déou :

4. Évit ma vézô da aluzen enn amc'houlou, ha ma tistaôlô d'id da Dâd, péhini a wél enn amc'houlou.

5. Ha pa bédit, na vézit kéd ével pilpouzed, péré a gâr pidi enn hô sâ er sinagogou, hag é kornou ar ruou, évit ma véziñt gwélet gañd ann dûd : hé lavaroud a rann d'é-hoc'h, hô gôbr hô deûz bét.

6. Hôgen té, pa bédi, kéa enn da gambr, hag ô véza serred ann ôr, péd da Dâd enn amc'houlou : ha da Dâd péhini a wél enn amc'houlou, a rôi d'id da c'hôbr.

7. Pa bédod éta, na gomzit két kalz, ével ma ra ar Baganed ; péré a gréd

pénaoz eo dré ann niver eûz hô c'homsiou é tléoñt béza sélaouet.

8. Na rit két éta ével-d-hô ; râg hô Tâd a oar pétrâ hoc'h eûz ézomm, abarz m'hoc'h eûz hé goulenned digañt-hañ.

9. Ével-henn éta é pédot : Hon Tâd, a zô enn éñvou ; da hanô bézet meûlet.

10. Da rouañtélez deûed d'é-omp. Da ioul bézet gréat, war ann douar, ével eun éñv.

11. Rô d'é-omp hirió hor bara pemdéziek.

12. Ha distaol d'é-omp hon dléou, ével ma tistaolomp d'hon dléourien.

13. Ha na laosk két ac'hanomp da gouéza é gwall-ioul ; hôgen hor mir diouc'h drouk. Ével-sé bézet gréat.

14. Râk mar distaolid d'ann dûd hô féc'héjou : hô Tâd péhini a zô enn éñv a zistaolô ivé d'é-hoc'h hô kwallou.

15. Hôgen ma na zistaolit kéd d'ann dûd, hô Tâd na zistaolô két ken-nébeûd d'é-hoc'h hô péc'héjou.

16. Pa iunit, na vézit kéd asrec'huz, ével ar bilpouzed ; râk disléberi a réoñd hô dremmou, évid diskouéza d'ann dûd pénaoz é iunoñt. Hé lavaroud a rann d'é-hoc'h, hô gôbr hô deûz bét.

17. Hôgen té, pa iunez, laka louzou c'houés-vâd oud da benn, ha gwalc'h da zremm.

18. Gañd aoun na ziskouézfez d'ann dûd pénaoz é iunez, hôgen d'az Tâd péhini a zô enn amc'houlou : ha da Dâd, péhini a wél enn amc'houlou, a azrôiô d'id.

19. Na zastumit kéd a denzoriou d'é-hoc'h enn douar, é péléac'h iñd diframmet gañd ar merkl ha gañd ar préved, hag é péléac'h al laéroun hô dizouar hag hô laer.

20. Hôgen dastumid d'é-hoc'h tenzoriou enn éñv, é péléac'h n'iñt diframmet na gañd ar merkl, na gañd ar préved, hag é péléac'h al laéroun n'hô dizouaroñt na n'hô laéroñt két.

21. Râg el léac'h ma éma da denzor, énô ivé éma da galoun.

22. Da lagad a zô kleûzeur da gorf. Mar d-eo eeun da lagad, da gorf holl a vézô lugernuz.

23. Hôgen m'ar d-eo drouk da lagad, da gorf holl a vézô téval. Mar d-eo éta tévalien ar goulou a zô ennod, péger braz é vézô-hi ann dévalien hé-unan ?

24. Dén é-béd na hell servicha daou aotrou : râk pé é kasaô unan, hag é karô égilé ; pé é skoaziô unan, hag é raiô faé war égilé. Na hellit két servicha Doué ha Mammon.

25. Râk-sé é lavarann d'é-hoc'h : N'en em nec'hit kéd eûz ar péz a zebrot, nâg eûz ar péz a wiskod war hô korf. Hâg ar vuez né d-eo két gwelloc'h égéd ar boéd, hag ar c'horf gwelloc'h égéd ann dilad ?

26. Sellid ouc'h laboused ann éñv. Na hadoñt két, na védoñt két, ha na zastumoñt nétrâ er soliérou ; hag hô Tâd péhini a zô enn éñv a voet anézhô. Ha n'oc'h-hu két kalz muioc'h égét-hô ?

27. Ha piou ac'hanoc'h gañd hé holl bréder a helfé kreski hé veñt eûz a eunn ilinad hép-kén ?

28. Pérâg ivé oc'h-hu nec'het gañd hô tilad ? Évésait pénaoz é kresk lili ar mesiou : na labouroñt, na na nézoñt két.

29. Hôgen mé a lavar d'é-hoc'h pénaoz Salaun hé-unan é-kreiz hé holl c'hloar né két bét gwisked ével unan anézhô.

30. Mar gwisk éta Doué er c'hîz-zé eul louzaouen eûz ar mésiou, péhini a zô hirió, hag a vézô war-c'hoaz taoled er fourn, gañt péger braz préder n'hô kwiskô héñ két, tûd a nébeûd a feiz ?

31. N'en em nec'hit kéd éta, ô lavarout : Pétrâ a zebrimp-ni, pé pétrâ a évimp-ni, pé gañt pétrâ eu em wiskimp-ni ?

32. Ann dudou holl a eñklask kémeñt-sé. Hôgen hô Tâd a oar pénaoz hoc'h eûz ézomm eûz ann holl draou-zé.

33. Klaskit 'ta da-geñta rouañtélez Doué, hag hé wirionez : hag ann holl draou-zé a vézô rôed d'é-hoc'h ouc'hpenn.

34. Râk-sé na vézit két nec'het gañd ann añtrônôz ; râg ann añtrônôz en em brédériô anézhañ hé-unan. Da bép dervez é bast hé boan.

VII. PENNAD.

1. Na varnit két, évit na viot két barnet.

2 Râk diouc'h m'hô pézô barnet, é vioc'h barnet : ha diouc'h m'hô pézô mentet, é vioc'h meñtet :

3. Pérâg é wélez-té eur blouzen é lagad da vreûr, ha na wélez-té kéd eunn treûst enn da hini ?

4. Pé pénaoz é lévérez-té d'as preûr : Va lez da denna eur blouzen eûz da lagad, té péhini éc'h eûz eunn treûst enn da hini ?

5. Pilpouz, tenn da-geñta ann treûst eûz da lagad, ha neûzé é wéli pénaoz é helli tenna ar blouzen eûz a lagad da vreûr.

6. Na rôit kéd ann traou sañtel d'ar chas, ha na daolit kéd ar perlez dirâg ar môc'h ; gañd aoun n'hô flastreñd dindân hô zreid, ha na zistrôjeñd ouzhoc'h évid hô tiskolpa.

7. Goulennit, hag é vézô rôed d'é-hoc'h : klaskit, hag é kéfot : stokit, hag é vézô digored d'é-hoc'h.

8. Râk néb a c'houlenn, a véz rôed d'ézhañ : néb a glask, a gâv : ha da néb a stok é vézô digoret.

9. Nag éz eûz hini ac'hanoc'h, ma c'houlenfé hé vâb bara digañt-hañ, a rôjé d'ézhañ eur méan ?

10. Pé ma c'houlenfé eur pésk, hag eunn aer a rôjé-heñ d'ézhañ ?

11. Mar gouzoc'h éta, ha c'houi drouk, rei traou mâd d'hô pugalé : gañt péger braz préder hô Tâd péhini a zô enn éñvou na rôi-héñ két traou mâd d'ar ré a c'houlenn digañt-hañ ?

12. Grid éta d'ann dûd ar pêz a garrac'h a raeñd d'é-hoc'h. Râg énô éma al lézen hag ar Broféded.

13. Id dré ann ôr eñk ; râk lédan eo ann ôr, hag éc'hon eo ann heñd a gâs d'ar gollidigez, ha kalz a dûd a drémen dré énô.

14. Nâg eo eñk ann ôr, nâg eo striz ann heñd a gâs d'ar vuez : nâg éz eûz nébeûd a dûd hag a drémen dré énô !

15. En em virid oud ar fals Broféded, péré a zeû d'hô kavout gôlôet gañt krec'hin déñved : ha péré né d-iñt enn diabars némét bleizi skrapuz.

16. Hô anaoud a réod dioud hô frouez. Ha kutula a helleur rézin war spern, pé fiez war zréz ?

17. Évei-sé pép gwézen vâd a rô frouez mâd ; ha pép gwézen fall a rô frouez fall.

18. Eur wézen vâd na hell két rei frouez fall : hag eur wézen fall na hell két rei frouez mâd.

19. Pép gwézen ha na rô kéd a frouez mâd, a vézô trouc'het, ha taoled enn tân.

20. Hô anaoud a réod éta dioud hô frouez.

21. Kémeñd hini a lavar d'in : Aotrou, Aotrou, n'az ai kéd é rouañtélez ann éñvou : hôgen ann hini a ra ioul va Zâd, péhini a zô enn éñvou, hen nez a iélô é rouañtélez ann éñvou.

22. Meûr a hini a lavarô d'in enn deiz-zé : Aotrou, Aotrou, ha n'hon eûz-ni kéd diouganed enn da hanô ? Ha n'hon eûz-ni két kaset-kuid ann diaouled enn da hanô ? Ha n'hon eûz-ni két gréat kalz a vurzudou enn da hanô ?

23. Ha neûzé é livirinn d'ézhô : Biskoaz n'em eûz hoc'h anavézet : tec'hid diouz-in, tûd disléal.

24. Piou-bennâg éta a glev ar geriou-mañ d'in, hag a ra diout-hô, a vézô hévélébékéed oud eunn dén fûr, péhini en deûz saved hé dî war ar méan.

25. Hag ar glaô a zô kouézet, hag ar steriou a zô dic'hlannet, hag ann avel en deûz c'houézet, hag en em vouñtet war ann tî-zé, ha n'eo két kouézet, dré ma'z oa saved war ar méan.

26. Hôgen piou-bennâg a glev ar geriou-mañ d'in, ha na ra kéd dioutbô, a vézô héñvel oud eunn dén foll, péhini en deûz saved hé dî war ann tréaz :

27. Hag ar glaô a zô kouézet, hag ar steriou a zô dic'hlannet, hag ann avel en deûz c'houézet, hag en em vouñtet war ann tî-zé, hag eo béd diskaret, ha brâz eo béd hé zismañt.

28. Ha pa en dévoé Jézuz peûr-lavared ar geriou-zé, ann dûd a ioa souézet gañd hé gélenn.

29. Râk hô deski a réa ével ann hini

en deûz ar galloud ; ha n'hen gréa
kéd ével ar Skribed hag ar Fari-
zianed.

—

VIII. PENNAD.

1. Hôgen pa oé diskenned eûz ar
ménez, eul lôd brâz a dûd a iéaz war
hé lerc'h :
2. Ha chétu eul lovr ô toñd énô, a
azeûlé anézhañ, ô lavarout : Aotrou,
mar fell d'Id, va faréa a bellez.
3. Ha Jézuz oc'h astenna hé zourn,
a stokaz out-hañ, ô lavarout : Felloud
a ra d'in. Ra vézi paré ; ha râk-tâl é
oé paré (a).
4. Ha Jézuz a lavaraz d'ézhañ : Laka
évez na lavarfez ann dra-mañ da zén :
hôgen kéa : en em ziskouéz d'ar bélek,
ha kinnig d'ézhañ ar gwéstl, a zô bét
gourc'hémennet gañt Moizez, évit ma
vézô ann dra-mañ testéni d'ézhô.
5. Hôgen pa 'z éaz Jézuz é Kafar-
naom, eur C'hañténer a zeûaz d'hé
gavout, oc'h hé bédi,
6. Hag ô lavarout : Aotrou, va faotr
a zô kouézet klañ gañd ar paralizi,
hag eo eñkrézet meûrbéd.
7. Ha Jézuz a lavaraz d'ézhañ :
Moñd a rinn, hag é paréinn anézhañ.
8. Hag ar C'hañténer a respouñtaz
d'ézhañ, ô lavarout : Aotrou, na zel-
lézann kéd é teûfez em zi : hôgen la-
var eur gér hép hén, ha va faotr a
vézô paré.
9. Râg mé a zô eunn dén lékéad
dindân béli, hag em eûz soudarded
dindân-oun, hag é lavarann a unan :
Kéa, hag éz a, ha da eunn all : Deûz,
hag é teû ; ha d'am faotr : Gra ann
dra-mañ, hag é ra.
10. Hôgen pa glevaz Jézuz kémeñt-
sé é oé souézet, hag é lavaraz d'ar ré
a ioa war hé lerc'h : É-gwirionez hel
lavarann d'é-hoc'h n'em eûz két kavet
eur feiz ker braz enn Israel.
11. Ével-sé é lavarann d'é-hoc'h,
pénaoz é teûiô meûr a hini eûz ar
saô-héol hag eûz ar c'hûs-héol, hag é
véziñt lékéat gañd Abraham, Izaak,
ha Jakob é rouañtélez ann éñvou :
12. Hôgen bugalé ar rouañtélez a
vézô taoled enn dévalien a-ziavéaz.
Énô é vézô gwélvan ha skriñ deñt.
13. Ha Jézuz a lavaraz d'ar C'hañ-
téner : Kéa, ha bézet gréad d'id ével
ma éc'h eûz krédet. Hag hé baotr a
iac'haaz war ann heur.
14. Ha pa zeûaz Jézuz da dì Per,
é wélaz hé vamm-gaer gourvézet, hag
hi klâñ gañd ann dersien :
15. Hag é stokaz ouc'h hé dourn,
hag ann dersien a iéaz-kuld diout-hi :
hag hi a zavaz, hag a zerviché anézhô.
16. Hôgen diouc'h ar pardaez, é oé
digased d'ézhañ meûr a zén trec'het
gañd ann diaoulou, hag é kasé-kuld
dré hé c'hér ar spérédou ; hag é ia-
c'héaz ar ré holl a ioa klâñ :
17. Évit ma vijé sévéned ar péz a
oa bét lavaret gañd ar profed Izaiaz :
Kéméred en deûz hé-unan hor gwan-
deriou, ha douged en deûz hor c'hléñ-
véjou.
18. Hôgen Jézuz ô wélout kalz a
dûd war hé drô, a c'hourc'hémennaz
moñd enn tu all d'al lagen.
19. Hag eur Skrib ô tôstaat, a la-
varaz d'ézhañ : va Mestr, moñd a rinn
war da lerc'h, é pé léac'h-bennâg
ma'z i.
20. Ha Jézuz a lavaraz d'ézhañ : Al
lern hô deûz toullou, ha laboused ann
éñv hô deûz neisiou : hôgen Mâb ann
dén n'en deûz léac'h é-béd évid harpa
hé benn.
21. Eunn all eûz hé ziskibled a la-
varaz d'ézhañ : Aotrou, kav-mâd éz
afenn da-geñta da liéna va zâd.
22. Hôgen Jézuz a lavaraz d'ézhañ :
Deûz war va lerc'h, ha lez ar ré varô
da liéna hô ré varô.
23. Hag ô véza-héñ piñed enn eur
vag, hé ziskibled a iéaz war hé lerc'h :
24. Ha chétu eur stourm brâz a za-
vaz war ar môr, enn hévélep doaré
ma oa ar vâg gôlôed a goummou ; hag
heñ kouskoudé a gouské.
25. Hag hé ziskibled a dôstaaz out-
hañ, hag é tihunjoñd anézhañ, ô la-
varout : Aotrou, savété ac'hanomp,
moñd a réomp da golla.
26. Ha Jézuz a lavaraz d'ézhô : Pé-
râg hoc'h eûz-hu aoun, tûd a nébeûd
a feiz ? Neûzé é savaz hag é c'hour-
c'hémennaz d'ann avélou ha d'ar môr,

hag é teûaz sioul-bràz ann amzer (m).
27. É-gwirionez ann dûd-zé a oé souézet, ô lavarout : Piou eo hé-mañ, ouc'h péhini é señt ann avélou hag ar môr?
28. Ha pa oé deûed enn tû all d'al lagen é brô ar Jérazéned, daou zén trec'het gañd ann diaoulou, pére a zeûé eûz ar bésiou, ha kenn diboell na grédé dén tréménoud dré ann heñtzé, a ziambrougaz anézhañ :
29. Ha chétu é krijoñt, ô lavarout : Jézuz, mâb Doué, pétrâ a zô étré té ha nì? Ha deûd oud-dé amañ évid hon eñkrézi keñt ann amzer?
30. Hôgen béz' éz oa tôst diouc'h énô eur vañden vrâz a vôc'h ô peûri.
31. Hôgen ann diaoulou a bédé anézhañ, ô lavarout : Mar kasez ac'hanomp kuld ac'hann, kâs ac'hanomb er vañden vôc'h.
32. Hag héñ a lavaraz d'ézhô : Iit. Hag hì ô véza éad er-méaz a iéaz er môc'h, ha chétu éz éaz ann holl vañden vôc'h d'en em deûrel gañt frouden er môr : hag é varvjoñd enn doureier.
33. Hôgen ar vésaerien a déc'haz : hag ô véza deûed é kéar, é tanéveljoñt kémeñt-sé, hag ar péz a oa c'harvézed gañd ar ré a ioa trec'het gañd ann diaoulou.
34. Ha chétu holl dud kéar a ziarbennaz Jézuz : hag ô véza bé wélet, é pédjoñd anézhañ da bellaad diouc'h hô brô.

IX. PENNAD.

1. Hag ô piña enn eur vag, é treûzaz al lagen, hag é teûaz enn hé géar hé-unan.
2. Ha chétu é tigaschoñd d'ézhañ eur paralitik, gourvézet war eur gwélé. Ha Jézuz ô wéloud hô feiz, a lavaraz d'ar paralitik : Va mâb, kémer fisiañs, da béchéjou a zô distaoled d'id.
3. Ha chétu eur ré eûz ar Skribed a lavaraz enn-hô hô-unan : A-énep Doué hag al lézen é komz hé-mañ.
4. Ha pa wélaz Jézuz hô ménosiou, é lavaraz d'ézhô : Péràg é vennit-hu droug enn hô kalounou?
5. Péhini eo ann esa, lavarout : Da béc'héjou a zô distaoled d'id; pé lavarout : Saô ha balé?
6. Hôgen évit ma wiot pénaoz Mâb ann dén en deûz ar galloud war ann douar da zisteûrel ar péc'hédou, neûzé é lavaraz d'ar paralitik : Saô, kémer da wélé, ha kéa d'az tì.
7. Hag é savaz, hag éz éaz d'hé dì.
8. Ann dûd-zé ô wélout-sé hô dévoé aoun, hag é veûljoñd Doué, péhini en deûz rôed eunn hévélep galloud d'ann dûd.
9. Ha pa'z éa-kuld ac'hanô Jézuz, é wélaz eunn dén azézed é tì ar gwiriou, hanvet Mazé. Hag é lavaraz d'ézhañ : Deûz war va lerc'h. Hag héñ a zavaz hag a iéaz war hé lerc'h.
10. Ha pa édo Jézuz ouc'h taol enn tì, chétu kalz a Bublikaned hag a béc'herien en em lékéaz ouc'h taol gañt Jézuz hag hé ziskibled.
11. Ha pa wélaz kémeñt-sé ar Farizianed, é léverjoñd d'hé ziskibled : Péràg é tebr hô mestr gañd ar Bublikaned ha gañd ar béc'herien?
12. Ha pa glevaz Jézuz kémeñt-sé, é lavaraz : Né kéd ar ré iac'h hô deûz ézomm a louzaouer, ar ré glañv eo.
13. It 'ta, ha deskit pétrâ eo da lavarout : Gwell eo gan-éñ trugarez égét azeûlidigez. Râk n'ounn kéd deûed évit gervel ar ré wirion, hôgen évit gervel ar béc'herien.
14. Neûzé diskibled Iann a dôstaaz out-hañ, ô lavarout : Pérâk nì, hag ar Farizianed é iunomp-ni aliez; ha na iun két da ziskibled?
15. Ha Jézuz a lavaraz d'ézhô : Bugalé ar pried hag hì a hell en em c'hlac'hari é-pâd ma éma ar pried gañt-hô? Hôgen doñd a rai deisiou é péré é vézô lamed digañt-hô ar pried; ha neûzé é iuniñt.
16. Dén ivé na laka eur peñsel nevez oud dilad kôz : râk difrarama a rafé lôd eûz ann dilad, hag ar rog a vijé gwâz.
17. Ha na lékéeur két gwin nevez é listri kôz; râk anéz al listri a dorr, ar gwin a réd, hag al listri a zô kollet. Hôgen lakaad a réeur ar gwin nevez

é listri nevez, hag é mireur ann eil hag égilé.

18. Pa lavaré kémeñt-sé d'ézhô, chétu eur penn-dén a dôstaaz outhañ, hag a azeûlé anézhañ, ô lavarout : Aotrou, va merc'h a zô marô brémañ : kôgen deûez, laka da zourn war-n-ézhi, hag é vévô.

19. Ha Jézuz a zavaz, hag a iéaz war hé lerc'h gañd hé ziskibled.

20. Ha chétu eur c'hrég, péhini a ioa klâñ gañd ann diwada daouzék vloaz a ioa, a dôstaaz out-hañ a-ziadré, kag a zournataz penn-pil hé zaé d'ézhañ.

21. Râg hi a lavaré enn-hi hé-unan : ma tournatann hép-kén hé zaé, é vézinn iac'héet.

22. Hôgen Jézuz ô véza distrôet, hag ô wéloud anézhi, a lavaraz : Va merc'h, az péz fisiañs, da feiz en deûz da iac'héet. Hag ar c'hrég a oé iac'héet râk-tâl :

23. Ha pa oé deûed Jézuz é tî ar penn-dén, ha pa wélaz ar zutellerien hag eul lôd tûd oc'h ôber trouz, é lavaraz :

24. It-kuit : râg ar plac'h-iaouañk né két marô, hôgen kousked eo. Hag é réañt goab anézhañ.

25. Ha pa oé kaset-kuîd al lôd tûdzé, éz éaz ébarz, hag é krogaz enn hé dourn d'ézhi. Hag ar plac'h-iaouañk a zavaz.

26. Hag ar vrûd eûz a gémeñt-sé a iéaz dré ann holl vrô-zé.

27. Ha pa'z éa-kuid ac'hanô Jézuz, daou zén dall a zeûaz war hé lerc'h, enn eul léñva, hag enn eul lavarout : Mâb David, ar péz truez ouz-omp.

28. Hôgen pa oé deûed eun tî, ann dud dall a dôstaaz out-hañ. Ha Jézuz a lavaraz d'ézhô : Ha c'houi a gréd é hellenn ôber kémeñt-sé d'é-hoc'h ? Hî a lavaraz d'ézhañ : Ia, Aotrou.

29. Neûzé é lékéaz hé zourn oud hô daou-lagad, enn eul lavarout : Bézet gréad d'é-hoc'h hervez hô feiz.

30. Hag hô daou-lagad a oé digoret : Ha Jézuz a c'hourdrouzaz anézhô, ô lavarout : Diwallit na oufé dén ann dra-zé.

31. Hôgen hî ô véza éad er-méaz a rôaz da anaoud hé hanô-mâd dré ann holl vrô-zé.

32. Hôgen pa oé éat-kuîd ar rémañ, chétu é oé digased d'ézhañ eunn dén-mûd, trec'het gañd ann diaoul.

33. Ha goudé ma oé taolet er-méaz ann diaoul, ann dén-mûd a gomzaz, hag ann dudou a oé souézet, hag é lavareñt : Biskoaz n'eûz bét gwélet kémeñd all enn Israel.

34. Hôgen ar Farizianed a lavaré : Gañt penn ann diaoulou é kâs-kuîd ann diaoulou.

35. Ha Jézuz a iéa trô-var-drô er c'heriou hag er bourc'hiou, ô teski enn hô sinagogou, hag ô prézégi Aviel ar rouañtélez, hag ô iac'haad ann holl wanderiou, hag ann holl glenvéjou.

36. Hôgen pa wélaz ann holl dudzé, en doé truez out-hô dré ma oañt eñkrézet, ha gourvézet ével déñved hep mesaer.

37. Neûzé é lavaraz d'hé ziskibled : Brâz eo ar médérez, hôgen dibaod eo ann ôbérourien.

38. Pédid éta ann Aotrou eûz ar médérez, évit ma kasô ôbérourien enn hé védérez.

X. PENNAD.

1. Ha goudé m'en doé galved hé zaouzék diskibl, é rôaz d'ézhô galloud war ar spérédou dic'hlan, évid hô c'hâs-kuît, ha iac'haad ann holl wanderiou, hag ann holl gleñvéjou.

2. Hôgen chétu hanvou ann daouzég Abostol : Ar c'heñta, Simon, a c'halveur Per, hag André hé vreûr ;

3. Jakez mâb Zébédé, ha Iann hé vreûr, Filip, ha Bertélé, Tomaz, ha Mazé ar publikan, Jakez mâb Alfé, ha Tadé ;

4. Simon ar C'hananéad, ha Iuzaz Iskariot, péhini hen gwerzaz.

5. Jézuz a gasaz ann daouzék dénzé hag a c'hourc'hémennaz d'ézhô, ô lavarout : Na 'z éot kéd é-trézeg ar Baianed, ha na 'z éot kéd é keriou ar Samaritaned.

6. Hôgen it keñtoc'h é-trézég déñved ti Israel, péré a ia da goll.

7. Hôgen it ha prézégit, ô lavarout : Pénaoz é tôsta rouañtélez ann éñvou.

8. Iac'haid ar ré glâñ, dazorc'hid ar ré varô, paréid ar ré lovr, kasitkuld ann diaoulou : évit nétrâ hoc'h eûz bét, rôid évit nétrâ.

9. Na biaouit nag aour, nag arc'hañt, na moneiz enn hoc'h ilc'hier.

10. Na gasit kéd a ézef enn heñt, na diou zaé, na boutou, na bâz : râk ann ôbérer a zellez hé voéd.

11. Hôgen é pé kéar-bennâg, é pé bourc'h-bennâg ma'z éot, goulennit piou a zô dellézek enn-hi ; ha choumid énô bété ma 'z éot-kuit eûz ar vrô.

12. Ha pa'z éod enn tî, stouid diraz-hañ, ô lavarout : Ra vézô ar péoc'h enn tî-mañ !

13. Ha mar d-eo dellézuz ann tî-zé, hô péoc'h a zeûi war-n-ézhañ : hôgen ma né d-eo kéd dellézuz, hô péoc'h a zistrôiô d'é-hoc'h.

14. Ha pa vézô unan-bennâg ha n'hô tigémérô két, ha na zélaouô kéd hô keriou : pa'z éot-kuld eûz ann tîzé, pé eûz ar géar-zé, hejid ar poultr eûz hô treid.

15. É-gwirionez hel lavarann d'éhoc'h : Douar ar Sodomidi hag ar Gomorridi a vézô digéméret gañt mui a habaskded, é deiz ar varn, égéd ar géar-zé.

16. Chétu é kasann ac'hanoc'h ével déñved é-kreiz ar bleizi. Bézid éta poellek ével aéred, hag eeun ével koulmed.

17. Hôgen diwallid ouc'h ann dûd. Râg hô tigas a raiñd enn hô strolladou, hag é skourjéziñd ac'hanoc'h enn hô sinagogou.

18. Ha kased é viod dirâg ar rénerien hag ar rouéed enn abek d'in, é testéni d'ézhô, ha d'ar vrôadou.

19. Hôgen pa viot kased dira-z-hô, n'en em likit kéd é poan pénaoz na pétrâ a lévérot : râk rôed é vézô d'éhoc'h war ann heur pétrâ a lévérot.

20. Râk né két c'houi eo a lavar, hôgen Spéred hô Tâd, péhini a lavar enn-hoc'h.

21. Hôgen ar breûr a lâkaiô hé vreûr d'ar marô, hag ann tâd hé vâb : hag ar vugalé a zispac'hô out hô zâd hag oud hô mamm, hag hô lakaiñd da vervel.

22. Hag é viot kaséet gañd ann holl enn abek d'in : hôgen néb a geñdalc'hô béteg ann divez, hen-nez a vézô salvet.

23. Hôgen pa heskiniñd ac'hanoc'h enn eur géar, tec'hid enn eunn all. É-gwirionez hel lavarann d'é-hoc'h, n'hô pézô két peûr-c'hréat keriou Israel, na zeûi Mâb ann dén.

24. Ann diskibl né kéd uc'héloc'h égéd ar mestr, nâg ar mével uc'héloc'h égéd hé aotrou.

25. A-walc'h eo d'ann diskibl béza ével hé vestr, ha d'ar mével béza ével hé aotrou. Mar hô deûz galvet penn ann tiégez Belzébud ; keñt-sé ha na raiñt kéd ivé hé vévellou ?

26. N'hô pézet két 'ta a aoun ra-z-hô. Râk n'eûz nétrâ a c'hôlôet, ha na vézô dizôlôet ; ha nétrâ a guzet na vézô gwézet.

27. Livirid er goulou ar péz a lavarann d'é-hoc'h enn amc'houlou : ha prézégit war ann tôennou ar péz a glevid enn hô skouarn.

28. Ha n'hô pézet kéd a aoun râg ar ré a lâz ar c'horf, ha na hell két laza ann éné : hôgen hô pézet keñt aoun râg ann hini a hell kolla hag ann éné hag ar c'horf enn ifern.

29. Ha na werzeur kéd daou c'holvan eur gwennek : hag unan anézhô na gouéz két d'ann douar héb ioul hô tâd ?

30. Hôgen bleô hô penn a zô nivéred holl.

31. N'hô pézet két 'ta a aoun : muioc'h é talit égét kalz a c'holvaned.

32. Piou-bennâg éta a añsavô ac'hanoun dirâg ann dûd, ec'h añsavinn ivé anézhañ dirâk va Zâd, péhini a zô enn éñvou.

33. Hôgen piou-bennâg a zinac'hô ac'hanoun dirâg ann dûd, é tinac'hinn ivé anézhañ dirâk va Zâd, péhini a zô enn éñvou.

34. Na vennit kéd é venn deûed da zigás ar péoc'h war ann douar : n'ounn kéd deûd da zigás ar péoc'h hôgen da zigás ar c'hlézé.

35. Râk deûd ounn da ranna ann dén diouc'h hé dâd, hag ar verc'h

diouc'h hé mamm, hag ar verc'h-gaer diouc'h hé mamm-gaer.

36. Ha mévellou ann dén a vézô hé énébourien.

37. Néb a går hé dåd pé hé vamm dreist-oun, né kéd dellézeg ac'hanoun : ha néb a går hé våb pé hé verc'h dreist-oun, né kéd dellézeg ac'hanoun.

38. Ha nép na gémer kéd hé groaz, ha na heûl kéd ac'hanoun, né kéd dellézeg ac'hanoun.

39. Néb a vir hé vuez hé c'hollô : ha néb en dévézô kolled hé vuez enn abek d'in, hé c'havô.

40. Néb a zigémer ac'hanoc'h, a zigémer ac'hanoun : ha néb a zigémer ac'hanoun, a zigémer ann hini en deûz va digaset.

41. Néb a zigémer eur profed enn hanô eur profed, en dévézô gôbr eur profed : ha néb a zigémer eunn dén gwirion enn hanô eunn dén gwirion, en dévézô gôbr eunn dén gwirion.

42. Ha piou-bennâg en dévézô rôed da éva eur wérennad zour hépkén da unan eûz ar ré zistéra eûz ar ré-mañ, enn hanô va diskibl : é-gwirionez bel lavarann d'é-hoc'h, na gollô kéd hé c'hôbr.

—

XI. PENNAD.

1. Ha pa en doé rôet Jézuz ar gourc'hémennou-zé d'hé ziskibled, éz éaz ac'hanô da zeski ha da brézégi enn hô c'heriou.

2. Hôgen pa glevaz Iann enn hé våc'h ôbériou ar C'hrist, é kasaz daou eûz hé ziskibled,

3. Da lavaroud d'ézhañ : Ha té eo ann hini a dlé doñt, pé é tléomp-ni gortozi eunn all ?

4. Ha Jézuz a respountaz hag a lavaraz d'ézhô : It ha danévellid da Iann ar péz hoc'h eûz klevet ha gwélet.

5. Ar ré zall a wél, ar ré gamm a valé, ar ré lovr a zô skarzet, ar ré vouzar a glev, ar ré varô a zâv da véô, ann Aviel a zô prézéged d'ar ré baour.

6. Hag euruz eo ann hini na gémérô kéd a wall-skouér diouz-in.

7. Pa oa éad ar ré-mañ kuit, Jézuz a zéraouaz komza oud ar bobl diwar-benn Iann : Pétrâ oc'h-hu éad da wéloud enn distrô ? Eur gorsen héjet gañd ann avel ?

8. Hôgen pétrâ oc'h-hu éad da wéloud ? Eunn dén gwisket gañt boukder ? Chétu ar ré a zô gwisket gañt boukder a chomm é tiez ar rouéed.

9. Hôgen pétrâ oc'h-hu éad da wéloud ? Eur profed ? Ia, a lavarann d'é-hoc'h, ha mui égéd eur profed.

10. Râg hen-nez eo diwar-benn péhini eo skrivet : Chétu é kasann va éal enn da raok, péhini a aozô da heñd abarz ma teûi.

11. É-gwirionez bel lavarann d'é-hoc'h : E-touez bugalé ar merc'hed n'eûz két bét ganet brasoc'h égét Iann Vadézour : hôgen ann hini a zô ar bihana é rouañtélez ann éñvou, a zô brasoc'h égét-hañ.

12. Hôgen eûz a zeiziou Iann Vadezour bété vréma, roañtélez ann éñvou a zô bét kéméred dré ners, hag ann dûd téar eo a skrâp anézhañ.

13. Râk bété Iann, ann holl Broféded hag al lézen hô deûz diouganet.

14. Ha mar fell d'é-hoc'h lakaad enn hô skiañt, héñ eo Éliaz péhini a dlé doñt.

15. Ra zélaouô hen-nez, ann néb en deûz diskouarn da zélaoui.

16. Hôgen, ouc'h pétrâ é hévélébékainn-mé ar bobl-mañ ? Héñvel eo ouc'h bugalé azézed er marc'hallac'h, péré a gri d'hô c'henseurd,

17. Hag a lavar d'ézhô : Kaned hon eûz d'é-hoc'h, ha n'hoc'h eûz kéd dañset : léñved hon eûz, ha n'hoc'h eûz két kañvaouet.

18. Râk Iann a zô deûet hép na zebr na na év, hag é lévéroñt : Ann Diaoul a zô enn-hañ.

19. Deûed eo Mâb ann dén péhini a zebr hag a év, hag é lévéroñt : Chétu eunn dén loñtek, hag eunn éver gwin, miñoun d'ar Bublikaned ha d'ar béc'herien. Hag ar furnez a oé diskleriet gañd hé vipien.

20. Neûzé é téraouaz ôber tamallou d'ar c'heriou, é péré en doa gréat

kalz a vurzudou, ó véza n'hô doa két gréat pinijen.
21. Gwâz d'id Korozain, gwâz d'id Betsaida ; râk ma vijé gréat é Tìr hag é Sidon ar burzudou a zô bét gréad enn-hoc'h, pell zô hô divijé gréat pinijen er sac'h-reûn hag el ludu.
22. Râk-sé é lavarann d'é-hoc'h : Keñtoc'h é vézô distaoled da Dîr ha da Zidon, é deiz ar varn, égéd d'é-hoc'h.
23. Ha té, Kafarnaom, ha sével a ri-dé bétég enn éñv? Diskenni a ri bétég enn ifern : râk ma vijé bét gréat é Sodom ar burzudou a zô bét gréad enn da greiz, chonmed é vijeñt martézé bété vréma.
24. Râk-sé é lavarann d'é-hoc'h, pénaoz é vézô keñtoc'h distaoled da zouar Sodom, é deiz ar varn, égéd d'é-hoc'h.
25. Enn amzer-zé Jézuz a lavaraz : Da añsavout (6) a rann, va Zâd, Aotrou ann éñv hag ann douar, dré ma éc'h eûz kuzed ann traou-zé oud ar ré fûr, oud ar ré boellek, ha dré ma éc'h eûz hô diskleried d'ar ré vihan.
26. Ia, va Zâd : râk ma eo héted ann dra-zé d'id.
27. Pép trâ a zô bét lékéad étré va daouarn gañt va Zâd. Ha dén na anavez ar Mâb néméd ann Tâd : ha dén na anavez ann Tâd néméd ar Mâb, hag ann hini da bébini é vézô fellet gañd ar Mâb hé ziskleria.
28. Deûd d'am c'havout, c'houi holl péré a zô skuized ha bec'hiet, ha mé hô tiboaniô.
29. Kémérit va iéô war-n-hoc'h, ha deskit gan-én pénaoz ounn habask, ha vuel a galoun : hag é kafot ar paouez eûz hoc'h énéou.
30. Râk va iéô a zô kûñ, ha va béac'h a zô skâñ.

—

XII. PENNAD.

1. Enn amzer-zé Jézuz a dréméné dré eur park éd é deiz ar sabbat : hôgen hé zisbibled péré bô doa naoun en em lékéaz da gutula tamoézennou ha d'hô dibri.
2. Hôgen ar Farizianed par weljoñt kémeñt-sé, a lavaraz d'ézhañ : Chétu da ziskibled a ra ar péz a zô berzet é deisiou ar sabbat.
3. Hag héñ a lavaraz d'ézhô : Ha n'hoc'h eûs-hu két lennet pétrâ a réaz David, pa en dévoé naoun, hag ar ré a ioa gañt-hañ ?
4. Pénaoz éz éaz é tì Doué, hag é tebraz baraou ar c'hennig, péré na oa aotréed hô dibri na d'ézhañ, na d'ar ré a ioa gañt-hañ, hôgen d'ar véleien hép-kén ?
5. Pé n'hoc'h eûs-hu két lenned el lézen, pénaoz é deisiou ar sabbat ar véleien a dorr ar sabbat enn templ, hag iñd dinam?
6. Hôgen lavaroud a rann d'é-hoc'h, pénaoz éz eûz ama unan hag a zô brasoc'h égéd ann templ.
7. Hôgen ma oufac'h pétrâ eo ann dra-mañ : Ann drugarez a fell d'in, ha né kéd al lazérez, n'hô pijé két barnet tûd diañtek.
8. Râk Mâb ann dén a zô ann Aotrou eûz ar sabbat hé-unan.
9. Hag ô véza éat-kuld ac'hanô, é teûaz enn hô sinagog.
10. Ha chétu é oa énô eunn dén pébini en doa eunn dourn dizec'het. Hag é c'houlenjoñd digañt-hañ, hag éz oa mâd rei ar iéc'hed é deisiou ar sabbat ; évit ma tamaljeñd anézhañ.
11. Hôgen héñ a lavaraz d'ézhô : Pé zén ac'hanoc'h, mar en défé eunn dañvad, hag a vé kouézed enn eur poull é deiz ar sabbat, na zeûfé kéd d'hé denna ha d'hé zével ?
12. Pégémeñd eo gwelloc'h eunn dén égéd eunn dañvad? Dré-zé é helleur ôber-vâd é deisiou ar sabbat.
13. Neûzé é lavaraz d'ann dén : Astenn da zourn. Hag héñ hé astennaz, hag é teûaz iac'h ével égilé,
14. Hôgen ar Farizianed ô véza éat-kult, en em guzuliaz enn hé énep, évit gouzout pénaoz é koljeñt anézhañ.
15. Hôgen Jézuz ô c'houzout kémeñt-sé en em dennaz ac'hanô : ha kalz a dûd ô véza éat war hé lerc'h, hô iac'héaz holl.
16. Hag é c'hourc'hémennaz d'ézhô na vrudjeñt két kémeñt-sé.

17. Évit ma vijé sévénet ar péz a zô bet lavaret ével-henn gañd ar Profed Izaiaz :

18. Chétu va bugel em eûz dilennet, va muia-karet, é péhini, em eûz lékéat va holl garañtez. Lakaad a rinn va spéred war-n-ézhañ, hag é embannô ar varn d'ar vroadou.

19. Na zaélô két, na c'harmô két, ha dén na glevô hé vouéz er ruou.

20. Na dorrô kéd ar gorsen diskaret, ha na vougô kéd ar boulc'hen a zivôged, kén n'en dévézô lékéad ar varn da drec'hi.

21. Hag ar vroadou a c'hédô enn hé hanô.

22. Neûzé é oé digased d'ézhañ eunn dén trechet gañd ann diaoul, dall ha mûd, hag é iac'héaz anézhañ, enn hévélep doaré ma komzaz ha ma wélaz.

23. Hag ann holl dûd a oé souézet brâz, hag a lavaré : Ha n'eo kéd hémañ mâb David ?

24. Hôgen ar Farizianed pa glevjoñt kémeñt-sé a lavaraz : Hé-mañ na gâs-kuld ann diaoulou néméd dré Véelzébub penn ann diaoulou.

25. Hôgen Jézuz oc'h anaoud hô mennosiou, a lavaraz d'ézhô : Pép rouañtélez kévrennet out-hi bé-unan, a vézô dismañtret : ha pép kéar, pé pép ti a vézô kévrennet out-hañ hé-unan, na joumô kéd enn hé zâ.

26. Ha mar teû Satan da gâs Satan kult, eo kévrennet out-hañ hé-unan : pénaoz éta é choumô hé rouañtélez enn hé zâ ?

27. Ha mar kasann-kuld ann diaoulou dré Vélzébub, dré biou hô c'hâskuld hô pugalé ? Râk-sé é véziñd hô-unan hô parnerien.

28. Hôgen mar kasann-kuld ann diaoulou dré Spéred Doué, rouantélez Doué a zô éta deûet bétég enn-hoc'h.

29. Pé pénaoz é hell unan-bennâg moñd é ti ennn dén kré, ha preiza hé listri, néméd da geñta en défé éréed ann dén kré ? Ha neûzé é preizô hé dl.

30. Nép n'éma két gan-éñ, a zô a-énep d'in : ha nép na zastum két gan-éñ, a skiñ.

31. Râk-sé é lavarann d'é-hoc'h, pénaoz pép péc'hed ha péd lé-douet a vézô distaoled d'ann dûd ; hôgen pép lé-doned oud ar Spéred-glâñ na vézô kéd distaolet.

32. Ha piou-bennâg en dévézô komzed a-énep Mâb ann dén, é vézô distaoled d'ézhañ : hôgen piou-bennâg en dévézô komzed a-éneb ar Spéred-glâñ, na vézô distaolet d'ézhañ nag er béd-mañ, nag er béd da zoñt.

33. Pé livirit éz eo mâd ar wézen, ha mâd hé frouez : pé livirid éz eo fall ar wézen, ha fall hé frouez, râg ar wézen a anavézeur dioud hé frouez.

34. Gwenn ann aéred-viber, pénaoz é hellit-hu lavarout traou mâd, ha c'houi tûd fall ? Râk diouc'h leûnder ar galoun é komz ar génou.

35. Eunn dén mâd a denn traou mâd eûz a eunn teñzor mâd : hag eunn dén droug a denn traou droug eûz a eunn teñzor drouk.

36. Hôgen hel lavaroud a rann d'é-hoc'h ; pénaoz ann dûd a vézô kréd é deiz ar varn (a) eûz a géméñt gér didalvez hô dévézô lavaret.

37. Râk diouc'h da c'hériou é vézi didamallet, ha diouc'h da c'hériou é vézi tamallet.

38. Neûzé eur ré-bennâg eûz ar Skribed hag eûz ar Farizianed a respouñtaz d'ézhañ, ô lavarout : Mestr, ni hor bé c'hoañd da wéloud eur burzud gréat gan-éz.

39. Hag héñ a respouñtaz hag a lavaraz d'ézhô : Ar wenn drouk hag avoultr-zé a c'houlenn eur burzud, ha na vézô rôed d'ézhi burzud é-béd, némét burzud ar Profed Jonaz.

40. Râg ével ma oé Jonaz tri dervez ha teir nôzvez é kôv ar môr-varc'h, ével-sé é vézô Mâb ann dén tri dervez ha teir nôzvez é kaloun ann douar.

41. Tûd Niniva a zavô é deiz ar varn gañd ar wenn-zé, hag é tamalliñd anézhi ; dré ma hô deûz gréat pinijen goudé prézégen Jonas : ha chétu amañ mui éget Jonaz.

42. Rouanez ar c'hresteiz a zavô é deiz ar varn gañd ar wenn-zé, hag é tamallô anézhi : dré ma eo deûed eûz a harzou ann douar da zélaoui furnez Salomon : ha chétu amañ mni égét Salomon.

43. Hôgen pa'z a ar spéred louz

eûz a eunn dén, é valé dré lec'hiou
séac'h, ô klaskout ann arzaô, ha n'hé
c'hâv két.
44. Neûzé é lavar : Distrei a rinn
d'am zi eûz a béléac'h ounn deûet.
Hag ô toñd di é kâv anézhañ goullô,
skubet ha kempennet.
45. Neûzé éz â, hag é kémer gañt-
hañ seiz spéred all gwasoc'h égét-hañ,
hag ô voñd enn ti-zé é choumoñd
énô : hag ar stad nevez eûz ann dén-
zé a zeû gwasoc'h égéd ar c'heñta.
Evel-sé a c'hoarvézô gañd ar wenn
fall-zé.
46. Pa gomzé c'hoaz oud ann eñ-
groez, chétu hé vamm hag hé vreû-
deûr a ioa er-méaz, hag a c'houlenné
komza out-hañ.
47. Hôgen unan-bennâg a lavaraz
d'ézhañ : Chétu da vamm ha da vreû-
deûr a zô er-méaz hag a glask ac'ha-
nod.
48. Hag héñ ô respouñta da néb a
gomzé out-hañ, a lavaraz : Piou eo va
mamm, ha piou eo va breûdeûr ?
49. Hag oc'h astenna hé zourn war
hé ziskibled, é lavaraz : Chétu va
mamm, ha va breûdeûr,
50. Râk piou-bennâg a ra ioul va
Zâd péhini a zô enn éñvou, hen-nez
a zé va breûr, va c'hoar, ha va mamm.

XIII. PENNAD.

1. Enn deiz-zé Jézuz ô véza éad
er-méaz eûz ann ti, a azézaz é-harz
ar môr.
2. Hag eul lôd brâz a dûd en em
zastumaz war hé drô ; enn hévélep
doaré ma piñaz war eur vag ha ma
azézaz énô ; hag ann holl eñgroez a
joumaz war ann aot :
3. Hag é lavaraz d'ézhô kalz traou
dré barabolennou ô komza ével-henn :
Chéto ann hader a zô éad er-méaz da
hada.
4. Hag é-pâd ma hadé, lôd eûz ann
hâd a gouézaz a-héd ann heñt, ha la-
boused ann éñv a zeûaz hag hé zebraz.
5. Lôd all a gouézaz enn eul léac'h
meinek, é péléac'h né oa két kalz a
zouar : hag é savaz kerkeñt, dré né
oa kéd a zounder douar.
6. Hôgen pa zavaz ann héol é oé
losket : hag ô véza n'en doa kéd a
c'hrisien, é sec'haz.
7. Lôd all a gouézaz é-touez ann
drein : hag ann drein a greskaz, hag
a vougaz anézhañ.
8. Lôd all a gouézaz é douar mâd :
hag é rôaz frouez, lôd kañt kémeñd
all, lôd tri-ugeñt, lôd trégoñt.
9. Ra zélaouô néb en deûz dis-
kouarn da glevout.
10. Hag hé ziskibled ô tôstaad a la-
varaz d'ézhañ : Pérâg é komzez-té
out-hô dré barabolennou ?
11. Hag héñ a respouñtaz d'ézhô,
ô lavarout : Dré ma'z eo rôed d'é-
hoc'h da anaout traou-kuzet rouañ-
télez ann éñvou : hôgen né d-eo két
rôed d'ézhô.
12. Râk piou-bennâg en deûz, é
vézô rôed d'ézhañ, hag é founnô :
hôgen piou-bennâg n'en deûz két, é
vézô lamed digañt-hañ kémeñd en
deûz.
13. Dré-zé é komzann out-hô dré
barabolennou ; râg ô wélout na wé-
loñt két, hag ô klevout na glevoñt két,
ha na boelloñt két.
14. Ha diougan Izaiaz a zô sévéned
enn-hô, pa lavar : Sélaoui a réot gañd
hô tiskouarn ha na glevot-két : sel-
loud a réot gañd hô taoulagad, ha na
wélot két.
15. Râk kaloun ar bobl-mañ a zô
pounnéréet, hag hô diskouarn a zô
deût pounner-gleô, hag hô daou-
lagad hô deûz serret : gañd aoun na
zeûjé hô daou-lagad da wélout, hô
diskouarn da glevout, hô c'haloun da
boella, na gemjeñd a vuez, ha na zeû-
enn d'hô iac'haat.
16. Hôgen hô taou-lagad-hu a zô
euruz dré ma wéloñt, hag hô tis-
kouarn dré ma klevoñt.
17. Râg é-gwirionez bel lavarann
d'é-hoc'h, pénaoz kalz a Broféded hag
a dûd-gwirion hô deûz hétet gwéloud
ar péz a wélit, ha n'hô deûz két gwé-
let ; ha klevoud ar péz a glevit, ha
n'hô deûz két klevet.
18. Klevit 'ta c'houi parabolen ann
hader.

19. Piou-bennâg a glev gér ar rouañtélez, ha na boell két, é teû ann drouk, hag é skrâp ar péz a zô béd hadet enn hé galoun: hen-nez eo a zô béd haded a-héd ann heñt.

20. Hôgen ann hini a zô béd haded enn eul léac'h meinek, hen-nez eo ann hini a zélaou ar gér, hag hen digémer kerkeñt gañt laouénidigez;

21. Hôgen n'en deûz kéd a c'hrisien enn-hañ hé-unan: ha n'éma néméd évid eunn amzer: ha pa zeû eunn eñkrez pé eunn heskin-bennâg enn abek d'ar gér, kerkeñt é kémer gwall skouér.

22. Ann hini a zô béd haded é-touez ann drein, hen-nez eo ann hini a zélaou ar gér ha préder ar béd-mañ: ha touellérez ar madou a voug ar gér, hag hen laka da véza difrouez.

23. Hôgen ann hini a zô béd haded é douar mâd, hen-nez eo ann hini a zélaou ar gér, hag a boell, hag a zigas frouez, hag a rô lôd kañt kémeñd all, lôd tri-ugent, lôd trégoñt.

24. Eur barabolen all a ginnigaz d'ézhô, enn eul lavarout: Rouañtélez ann éñvou a zô héñvel oud eunn dén en deûz hadet hâd mâd enn hé bark.

25. Hôgen é-pâd é oa kousked ann dûd, é teûaz hé énébour, hag a hadaz draok é-touez ar gwiniz, hag az éazkuit.

26. Hôgen pa oé kresket ar-iéot, ha deûed é frouez, neûzé en em ziskouézaz ivé ann draok.

27. Hôgen mévellou ar penn-tî a iéaz d'hé gavout, hag a lavaraz d'ézhañ: Aotrou, ha n'éc'h eûs-té kéd hadet hâd mâd enn da bark? Pénaoz éta éz eûz draok enn-hañ?

28. Hag héñ a lavaraz d'ézhô: Eunn dén hag a zô énébour d'in eo en deûz gréad ann dra-zé. Hôgen hé vévellou a lavaraz d'ézhañ: Ha té a fell d'îd éz ajemp d'hé gutula?

29. Hag héñ a lavaraz: Nann; gañd aoun ô kutula ann draok, na zic'hrisienfac'h ar gwiniz gañt-hañ.

30. List-hé hô-daou da griski bétég ar médérez, hag enn amzer ar médérez é livirinn d'ar védérien: Kutulid da geñta ann draok hag éréit-héñ a hordennou évid hô zevi; hôgen dastumid ar gwiniz em sôlier.

31. Eur barabolen all a ginnigaz d'ézhô enn eul lavarout: Rouañtélez ann éñvou a zô héñvel oud eur c'hreûnen sézô, péhini a zô kéméret gañd eunn dén hag a hâd anézhi enn hé bark.

32. Hé-mañ a zô évit-gwir ar bihana eûz ann holl hadou: hôgen pa eo kresket, éz eo brasoc'h éged ann holl louzou, hag é teû da véza eur wézen, enn hévélep doaré ma teû laboused ann éñv, ha ma neisioñt enn hé skourrou.

33. Eur barabolen all a lavaraz d'ézhô: Rouañtélez ann éñvou a zô héñvel oud ar goell a gémer eur vaouez évid hé guza é tri feûr bleûd, bété ma teûi holl da c'hôi.

34. Jézuz a lavaraz kémeñt-sé d'ar bobl gañt parabolennou: ha na gomzé kéd out-hañ hép parabolen,

35. Évit ma vijé sévénet ar pêz a oa bét diouganet gañd ar profed ô lavarout: Digeri a rinn va génou gañt parabolennou; diskleria a rinn traou kuzet abaoé ma eo kroued ar béd.

36. Neûzé Jézuz, ô véza kaset-kuit ar bobl, a zeûaz enn tî; hag hé ziskibled ô-tôstaad out-hañ a lavaraz: Displég d'é-omp parabolen draog ar park.

37. Hag héñ a respouñtaz hag a lavaraz d'ézhô: Néb a hâd ann hâd mâd, eo Mâb ann dén.

38. Hôgen ar park, eo ar béd. Ann hâd mâd, eo bugalé ar rouañtélez. Hag ann draok, eo ar vugalé drouk.

39. Hôgen ann énébour en deûz hé hadet, eo ann diaoul: ar médérez, eo ann divez eûz ar béd; hag ar védérien, eo ann éled.

40. Ével éta ma kutuleur ann draok, ha ma teveur anézhañ enn tân, évelsé é c'hoarvézô é divez ar béd.

41. Mâb ann dén a gasô hé éled, péré a lakai er-méaz eûz hé rouañtélez ann holl wall-skouériou, hag ar ré a ra drouk:

42. Hag é kasiñd anézhô enn eur fourn dân. Énô é vézô gwélvan, ha skriñ deñt.

43. Neûzé ann dûd gwirion a lu-

gernô ével ann héol é rouañtélez hô Zâd. Ra zélaouô néb en deûz diskouarn da glevout.

44. Rouañtélez ann éñvou a zô héñvel oud eunn teñzor kuzed enn eur park : hag ann dén a gâv anézhañ, hen kûz, ha gañd al lévénez en deûz, éz a da werza kémeñd en deûz hag é prén ar park-zé.

45. Rouañtélez ann éñvou a zô c'hoaz héñvel oud eur marc'hadour, péhini a glask perlez mâd.

46. Hôgen goudé m'en doé kaved eur berlézen talvouduz, éz éaz da werza kémeñd en doa, hag hé frénaz.

47. Rouañtélez ann éñvou a zô c'hoaz héñvel oud eur zeûlen taoled er môr, hag a zastum pésked a bép rumm.

48. Ha pa eo leûn, é tennenr anézhi war ann aod, ha goudé béza azézet, é lékéeur ar ré vâd enn eul léstr, hag é taoleur ar ré fall er-méaz.

49. Ével-sé é c'hoarvézô enn divez eûz ar béd : ann éled a zeûi, hag a rannô ar ré zroug eûz a-zouez ar ré c'hlân.

50. Hag é kasiñd anézhô enn eur fourn dân. Énô é vézô gwélvan, ha skriñ deñt.

51. Ha poellet mâd eo kémeñt-ma gan-é-hoc'h ? Hag é leverjoñt d'ézhañ : Ia, Aotrou.

52. Hag héñ a lavaraz d'ézhô : Drézé kémeñt Skrib a zô gwiziek er péz a zell ouc'h rouañtélez ann éñvou, a zô héñvel oud eur penn-ti, péhini a denn eûz hé denzor traou nevez ha traou kôz.

53. Ha goudé m'en doé Jézuz peûrlavared ar parabolennou-zé, éz éazkuld ac'hanô.

54. Hag ô véza deûet enn hé vrô, é teské anézhô enn hô sinagogou, enn hévélep doaré ma oañt souézet, ha ma lavareñt : A béléac'h eo deûed da hé-mañ ar furnez-zé, ha kémeñd a c'halloud ?

55. Ha né d-ef-héñ két mâb eur c'halvez ? Ha na c'halveur kéd hé vamm Mari, hag hé vreûdeûr Jakez, ha Jozef, ha Simon, ha Judaz ?

56. Hag hé c'hoarézed, ha n'émiñd-hi kéd holl enn hon touez? A béléac'h éta é teû ann holl draou-zé gañd hé-mañ ?

57. Hag é kaveñt tamall enn-hañ. Hôgen Jézuz a lavaraz d'ézhô : Eur Profed né d-eo kéd héb hanô mâd, néméd enn hé vrô, hag enn hé dí.

58. Ha na réaz kéd énô kalz a vurzudou, enn abek d'hô digrédoni.

—

XIV. PENNAD.

1. Enn amzer-zé Hérodez ann tétrark a glevaz hanô eûz ar péz a réa Jézuz ;

2. Hag a lavaraz d'hé wazed : Iann Vadézour eo hen-nez : distrôed eo a varô da véô, ha dré zé eo é ra kémeñd a vrzudou.

3. Râg Hérodez en doa lékéat kémérout Iann, hag hé staga : hag é réaz hé lakaad er vâc'h dré 'n abeg da Hérodiaz grég hé vreûr.

4. Râk Iann a lavaré d'ézhañ : Né kéd aotréed d'id hé c'haout.

5. Hag en doa c'hoañt d'hé lakaad da vervel ; hôgen aoun en doa râg ar bobl, dré m'az ea kéméret gañt-hô évid eur profed.

6. Hôgen da zeiz ganédigez Hérodez, merc'h Hérodiaz a zañsaz dirâg ann dûd, hag é plijaz da Hérodez.

7. Évit-sé é rôaz hé c'hér d'ézhi gañt lé pénaoz é rôjé d'ézhi kémeñd a c'houlenjé digañt-hañ.

8. Hag hi, goudé béza bét kélenned a-raog gañd hé mamm : Rô d'in bréma, émé-z-hi, penn Iann Vadézour enn eunn disk.

9. Hag ar roué a oé glac'haret gañt kémeñt-sé : koulskoudé dré 'n abek d'hé lé, ha d'ar ré a ioa azézet gañt-hañ ouc'h taol, é c'hourc'hémennaz hé rei d'ézhi.

10. Hag é kasaz da zibenna Iann er vâc'h.

11. Hag hé benn a oé digased enn eunn disk, ha rôed d'ar plac'hiaouañk, péhini hé gasaz d'hé mamm.

12. Hag hé ziskibled a zeûaz, hag a géméraz hé gorf, hag é lienjoñd anézhañ, hag éz éjoñd da lavarout kémeñt-sé da Jézuz.

13. Pa glevaz Jézuz kémeñt sé, é tec'haz ac'hanô enn eur vag, hag en em dennaz a dû enn eul léac'h distrô : ha pa glevaz ar bobl ann dra-zé, é heûliaz anézhañ war droad eûz ar c'heriou.

14. Ha pa'z éa-kuit Jézuz, é wélaz eul lôd brâz a dûd. hag en doé truez out-hô, hag é iac'héaz hô c'hlañvourien.

15. Hôgen ar pardaez ô véza deûet, hé ziskibled a zeûaz d'hé gavout, hag a lavaraz d'ézhañ : al léac'h-mañ a zô distrô, hag ann heur a ia é-biou. Kaskuld ar bobl, évit ma'z aiñt er bourc'hiou, ha ma préniñt boéd évit-hô.

16. Hôgen Jézuz a lavaraz d'ézhô : Né két réd éz afeñd di ; rôit c'houi da zibri d'ézhô.

17. Lavaroud a réjoñd d'ézhañ : N'hon eûz amañ némét pemp tors vara, ha daou bésk.

18. Hag hén a lavaraz d'ézhô : Digasit-hô amañ d'in.

19. Ha goudé béza gourc'hémenned d'ar bobl azéza war ar géot, é kéméraz ar bemp dors vara, hag ann daou bésk ; hag ô véza saved hé zaoulagad étrézég ann éñv, é vinnigaz anézhô, hô zorraz, hag é rôaz ann torsiou bara d'hé ziskibled, péré hô rôaz d'ar bobl.

20. Hag é tebrjoñd holl, hag hô doé a-walc'h. Hag é kaschoñt gañt-hô daouzék paner leûn gañd ann tammou a oa choumed enn hô dilerc'h.

21. Hôgen eûz ar ré a zebraz éz oa ann niver eûz a bemp mil dén, néméd ar gragez hag ar vugalé.

22. Ha kerkeñt Jézuz a rédiaz hé ziskibled da biña er vâg, ha da voñd enn hé raog enn tu all d'al lagen, é-pâd ma kasché-kuld ar bobl.

23. Ha goudé béza kaset-kuld ar bobl, é piñaz war eur ménez hé-unan évit pédi. Hôgen ar pardaez ô véza deûed, édo énô hé-unan.

24. Hôgen ar vâg a ioa hejet gañd ar c'hoummou é-kreiz ar môr : râg ann avel a ioa énep.

25. Hôgen d'ar pévaré dihun eûz ann nôz, é teûaz d'hô c'havout ô kerzoud war ar môr.

26. Ha pa wéjoñd anézhañ ô kerzond war ar môr, é saouzanjoñd, hag é léverjoñt : Eunn teûz eo. Hag é c'harmchoñt gañd aoun.

27. Ha kerkeñt Jézuz a gomzaz out-hô, enn eul lavarout : Hô pézet fisiañs : mé eo, n'hô pézet kéd a aoun.

28. Hôgen Per a respouñtaz d'ézhañ ô lavarout : Aotrou, mar d-eo té, kémenn d'in moñd d'az kavout war ann dourei̇er.

29. Hag hén a lavaraz : Deûz. Ha Per ô tiskenna eûz ar vâg, a gerzé war ann dour évit moñd da gavout Jézuz.

30. Hôgen pa wélaz eunn avel gré, en doé aoun : hag ével ma téraoué gwélédi, é c'harmaz ô lavarout : Aotrou, savéta ac'hanoun.

31. Ha râk-tâl Jézuz oc'h astenna hé zourn, a grogaz enn-hañ, hag a lavaraz d'ézhañ : Dén a nébeûd a feiz, pérâg éc'h eûz-té diskrédet ?

32. Ha pa oeñt piñed er vâg, ann avel a baouézaz.

33. Hôgen ar ré a ioa er vâg a dôstaaz, hag a azeûlaz anézhañ, ô lavarout : Évit-gwir Mâb Doué oud.

34. Ha goudé m'hô doa treûzed al lagen, é teûjoñt é douar Jénésar.

35. Ha pa zeûaz tûd al léac'h-zé d'hé anaout, é kaschoñt dré ann holl vrô, hag é tigaschoñd d'ézhañ ann holl dûd klañ.

36. Hag é pédeñt anézhañ d'hô lézel da steki héb-kén out penn-pil hé zaé. Ha kémeñd hini a stokaz out-hañ, a oé iac'héet.

—

XV. PENNAD.

1. Neûzé Skribed ha Farizianed a zeûaz d'hé gavoud eûz a Jéruzalem, hag a lavaraz d'ézhañ :

2. Pérâk da ziskibled a drémen-hi dreist kéménnadurézou a-c'hénou ar ré-gôz ? Râk na walc'hoñt kéd hô daouarn pa zebroñt bara.

3. Hôgen héñ a respouñtaz d'ézhô ô lavarout : Pérâk c'houi é tréménit-hu dreist gourc'hémenn Doué évid hô kéménnadurézou a - c'hénou ? Râk Doué en deûz lavaret :

4. Énor da dâd ha da vamm; hag ivé: Piou-bennâg a zrouk-pédô gañd hé dâd pé gañd hé vamm a dlé béza lékéad d'ar marô.

5. Hôgen c'houi a lavar: Piou-bennâg en dévézô lavared d'hé dâd, pé d'hé vamm: Pép rô a zeûi ac'hanoun, ra vézô talvoudek d'id,

6. Ha na énorô kéd hé dâd pé hé vamm: hag ével-sé hoc'h eûz lékéad da véza didalvez gourc'hémenn Doué évid hô kéménnadurézou a-c'hénou.

7. Pilpouzed, diouganet mâd en deûz diwar hô penn Izaiaz, ô lavarout:

8. Ar bobl-zé a énor ac'hanoun a-c'hénou: hôgen hô c'haloun a zô pell diouz-in.

9. Hôgen enn-aner eo éc'h énoroñt ac'hanoun, ô teski lézennou ha gourc'hémennou ann dûd.

10. Hag ô véza strolled ar bobl enn-drô d'ézhañ, é lavaraz d'ézhô: Klevit, ha poellit.

11. Né kéd ar péz a ia er génou a zaotr ann dén: hôgen ar péz a zeû er-méaz eûz hé c'hénou eo a zaotr ann dén.

12. Neûzé hé ziskibled a dôstaaz out-hañ, hag a lavaraz d'ézhañ: Ha té a oar pénaoz ar Farizianed ô klevoud ar péz éc'h eûz lavaret hô deûz kaved abek.

13. Hag héñ a respouñtaz hag a lavaraz d'ézhô: Kémeñt plañten ha na vézô két bét plañtet gañt va Zâd péhini a zô enn éñv, a vézô dic'hrisiennet.

14. List-hô: tûd dall iñt hag a gâs tûd dall. Hôgen mar teû eunn dén dall da gâs eunn dén dall, é kouézoñd hô daou er poull.

15. Hôgen Per a respouñtaz d'ézhañ ô lavarout: Displég d'é-omp ar barabolen-zé.

16. Ha Jézuz a lavaraz: Ha béz' émoc'h-hu c'hoaz hép poell?

17. Ha na boellit-hu két, pénaoz kémeñd a ia er génou, a ziskenn er c'hôf, hag a véz taoled é léac'h distrô?

18. Hôgen ar péz a ia eûz ar génou, a zeû eûz ar galoun; hag ann dra-zé eo a zaotr ann dén:

19. Râg eûz ar galoun eo é teû ar goall vénosiou, al lazérésiou, ann avoultriésiou, ar gadélésiou, al laéroñsiou, ar fals testéniou, ann toualdellou.

20. Ann traou-zé eo a zaotr ann dén. Hôgen debri héb béza gwalc'hed hé zaouarn na zaotr kéd ann dén.

21. Ha Jézuz ô véza éad ac'hanô, en em dennaz étré Tir ha Sidon.

22. Chétu eur c'hrég eûz a Ganaan hag a zeûé eûz ar vrô-zé en em lékéaz da c'harmi, ha da lavaroud d'ézhañ: Aotrou, Mâb David, az péz truez ouzin: va merc'h a zô gwall eñkrézet gañd ann diaoul.

23. Hôgen na lavaraz kéd eur gér d'ézhi. Hag hé ziskibled ô tôstaad out-hañ hé bédé enn eul lavarout: Kâs-hi-kuit; râk garmi a ra war hon lerc'h.

24. Hag héñ a respouñtaz hag a lavaraz: N'ounn bét kaset néméd étrézég ann dénved kollet eûz a dl Israel.

25. Hôgen hi a zeûaz, hag a azeûlaz anézhañ, ô lavarout: Aotrou, kennerz ac'hanoun.

26. Hag héñ a respouñtaz hag a lavaraz: Né két mâd kémérout bara ar vugalé, hag hé rei d'ar chas.

27. Hag hi a lavaraz: Gwir eo, Aotrou: hôgen ar chas bihan a zebr ar bruzun a gouéz eûz a daol hô mistri.

28. Neûzé Jézuz a respouñtaz hag a lavaraz d'ézhi: Grég, da feiz a zô brâz: ra vézô gréad d'id ével ma c'hoañtéez. Hag hé merc'h a oé iac'héet war ann heur.

29. Ha Jézuz ô véza éad ac'hanô, a zeûaz a-béd môr Galiléa: hag ô véza piñet war eur ménez, éc'h azézaz énô.

30. Hag é tôstaaz out-hañ eul lôd brâz a dûd, péré hô doa gañt-hô muded, dalled, kammed, tûd wân, ha kalz ré all: hag é lékéjoñd anézhô oud hé dreid, hag héñ hô iac'héaz.

31. Enn hévélep doaré ma oé souézed ann dûd pa wéljoñd ar vuded ô komza, ar c'hammed ô kerzout, ann dalled ô wélout: hag é veûleñt Doué Israel.

32. Hôgen Jézuz ô véza galvet hé ziskibled a lavaraz. Truez em eûz ond ar bobl-zé, râk tri deiz zô é chou-

moñt gañ-éñ, ha n'hô deûz nétrâ da zibri : ha na fell kéd d'in hô c'hâskult war-iûn, gañd aoun na fateñt enn heñt.

33. Hag hé ziskibled a lavaraz d'ézhañ : Pénaoz é hellimp-ni kavoud el léac'h distrô-mañ awalc'h a vara évit, rei hô gwalc'h da gémeñd a dûd?

34. Ha Jézuz a lavaraz d'ézhô : Péd bara hoc'h-eûs-hu? Hag hi a lavaraz : Seiz, hag eunn nébeûd peskédigou.

35. Hag hén a c'hourc'hémennaz d'ar bobl azéza war ann douar.

36. Hag ô kéméroud ar seiz bara, hag ar pesked, goudé béza gréad hé béden drugarez, é torraz anézhô, hô rôaz d'hé ziskibled, hag hé ziskibled hô rôaz d'ar bobl.

37. Hag é tebrjoñd holl, hag hô doé a-walc'h. Hag é kaschoñt seiz kést leûn gañd ann tammou a ioa choumed enn hô dilerc'h.

38. Hôgen eûz ar ré hô doa debret éz oa pevar mil dén, hép nivéri ar vugaligou hag ar gragez.

39. Ha goudé béza kaset-kuld ar bobl, Jézuz a biñaz enn eur vag, hag é teûaz war harzou Majédan.

—

XVI. PENNAD.

1. Ha neûzé ar Farizianed hag ar Saduséed a dôstaaz out-hañ évid hé dempti : pédi a réjoñd anézhañ da ziskouéza d'ézhô eunn arwéz-bennâg enn éñv.

2. Hôgen héñ a respouñtaz, hag a lavaraz d'ézhô : Pa eo deûed ann abardaez é livirit : Kaer é vézô ann amzer, râg ann oabl a zô rûz.

3. Ha diouc'h ar miñtin : Arné a vézô hiriô, râg ann oabl a zô téñval ha dem-ruz.

4. Gouzoud a rid éta anaoud doaré ann oabl : hôgen na hellit kéd anaoud arwésiou ann amzériou? Ar wenn droug hag avoultr-mañ a glask eunn arwéz ; ha na vézô rôed d'ézhi néméd arwéz ar profed Jonaz. Hag ô véza hô lézel, éz éaz-kuit.

5. Ha pa oé deûed hé ziskibled enn tû all d'al lagen, hô doa añkounac'héet kâs bara gañt-hô.

6. Ha Jézuz a lavaraz d'ézhô : Likid évez, hag en em ziwallid out goell ar Farizianed hag ar Saduséed.

7. Hôgen hi a venné hag a lavaré enn-hô hô-unan : Dré n'hon eûz két kéméred a vara eo.

8. Hôgen Jézuz oc'h anaout kémeñtsé, a lavaraz : Tûd a nébeûd a feiz, pérâg é vennit-hu étré-z-hoc'h dré n'hoc'h eûz két kéméred a vara?

9. Ha na boellit-hu két, ha na gounit-hu két pénaoz pemp bara a zô bét a-walc'h évit pemp mil dén, ha péd panérad hoc'h eûz kaset gan-é-hoc'h?

10. Ha pénaoz seiz bara a zô bét a-walc'h évit pévar mil dén, ha péd késtad hoc'h eûz kaset gan-é-hoc'h?

11. Pérâg na boellit-hu két, pénaoz n'am eûz két komzed a vara d'é-hoc'h, pa'm eûz lavaret : En em ziwallid out goell ar Farizianed hag ar Saduséed?

12. Neûzé é poeljoñt pénaoz n'en doa két lavaret en em ziwalloud out goell ar bara, hôgen out kréden ar Farizianed hag ar Saduséed.

13. Hôgen Jézuz a zeûaz war-drô Kézaréa-Filip : hag é komzé oud hé ziskibled, ô lavarout : Pétrâ a lavar ann dûd ef-héñ Mâb ann dén?

14. Hag hi a lavaraz : Lôd a lavar eo Iann Vadézour, lôd all Élias, ha lôd all Jérémias, pé unan eûz ar broféded.

15. Jézuz a lavaraz d'ézhô : Ha c'houi, piou é livirit-hu ounn-mé?

16. Simon Per a respouñtaz hag a lavaraz : Té eo ar C'hrist, Mâb ann Doué béô.

17. Hôgen Jézuz a respouñtaz d'ézhañ, hag a lavaraz : Gwenvidig oud, Simon Mâb Iann : râk né kéd ar c'hik hag ar goâd hô deûz disrévelled ann dra-mañ d'id, hôgen va Zâd, péhini a zô enn éñvon.

18. Ha mé a lavar d'id, pénaoz oud Per, ha war ar méan-zé ô savinn va iliz, ha dôriou ann ifern na drec'hiñt kéd anézhi.

19. Hag é rôinn d'id alc'houésiou rouañtélez ann éñvou ; ha kémeñtbennâg a éréi war ann douar, a vézô

ivé éréed enn éñvou : ha kémeñt-
bennâg a ziéréi war ann douar, a vézô
ivé diéréed enn éñvou.
20. Neûzé é c'hourc'hémennaz d'hé
ziskibled na lavarjeñd da zén pénaoz
é oa héñ Jézuz-Krist.
21. A-neûzé é téraouaz Jézuz dis-
kouéza d'hé ziskibled pénaoz é oa réd
d'ézhañ moñd da Jéruzalem, ha gou-
zañvi kalz a berz ann Hénaoured,
hag ar Skribed, hag ar pennou eûz ar
véleien, béza lazet, ha distrei da véô
ann trédé deiz.
22. Ha Per oc'h hé géméroud a dû,
a zéraouaz hé grôza ô lavarout : Ao-
trou, Doué ra virô ! Na c'hoarvézô
két kémeñt-sé gan-éz.
23. Hag héñ a zistrôaz hag a lava-
raz da Ber : Pella diouz-in, Satan,
gwall-skouér oud d'in, ô véza na ga-
vez két mâd ar péz a zeû digañd Doué,
hôgen ar péz a zeû digañd ann dûd.
24. Neûzé Jézuz a lavaraz d'hé zis-
kibled : Mar fell da unan-bennâg doñt
war va lerc'h, ra rai dilez anézhañ
hé-unan, ha ra zougô hé groaz, ha ra
heûliô ac'hanoun.
25. Râk piou-bennâg a fellô d'ézhañ
savétei hé vuez, hé c'hollô : ha piou-
bennâg a gollô hé vuez enn abek d'in,
hé c'havô.
26. Râk pé dâl d'ann dén gounid
ar béd holl, ha kolla hé éné ? Pé pé-
trâ a rôi ann dén enn eskemm évid
hé éné ?
27. Râk Mâb ann dén a zeûi é
gloar hé Dâd gañd hé Éled : ha neûzé
é tistaolô da bép-unan hervez hé
ôbérion.
28. É-gwirionez hel lavarann d'é-
hoc'h, béz' éz eûz hiniennou é-touez
ar ré a zô amañ, ha na c'houzanviñt
kéd ar marô, kén n'hô dévézô gwélet
Mâb ann dén ô toñd enn hé rouañ-
télez.

—

XVII. PENNAD.

1. Ha c'houéac'h dervez goudé, Jé-
zuz a géméraz gañt-hañ Per, ha Jakez,
ha Iann hé vreûr, hag hô c'hasaz a
dû war eur ménez huel.
2. Hag é kemmaz a zoaré dira-z-hô.
Hé zremm a luc'haz ével ann héol :
hag hé zilad a zeûaz gwennével ann
erc'h.
3. Ha chétu é wéljoñt Moizez hag
Éliaz péré a gomzé gañt-han.
4. Hôgen Per a lavaraz da Jézuz :
Aotrou, mâd é vé d'é-omp choum
amañ : mar fell d'id, é raimb amañ
tri zelt, unan évid-od, unan évit
Moizez, hag unan évid Éliaz.
5. Pa gomzé c'hoaz, chétu eur goa-
bren c'houlaouek a dévalaaz anézhô.
Ha chétu eur vouéz a zeûaz eûz ar
goabren, hag a lavaraz : Hémañ eo
va Mâb kér, é péhini em eûz lékéat
va holl garañtez : sélaouit-héñ.
6. Hag ann diskibled ô véza klevet
kémeñt-sé en em daolaz war hô gé-
nou, hag hô dévoé aoun vrâz.
7. Ha Jézuz a dôstaaz, hag a stokaz
out-hô ; hag é lavaraz d'ézhô : Savit,
ha n'hô pézet kéd a aoun.
8. Hôgen pa zafchoñd hô daoula-
gad, na wéljoñt mui némét Jézuz.
9. Ha pa ziskenjoñd eûz ar ménez,
Jézuz a réaz d'ézhô ar gourc'hémenn-
mañ, ô lavarout : Na livirid da zén
ar péz hoc'h eûz gwélet, kén na vézô
savet Mâb ann dén eûz a douez ar
ré varô.
10. Hag hé ziskibled a lavaraz d'éz-
hañ : Pérâg éta é lavar ar Skribed
pénaoz Éliaz a dlé doñd a-raok ?
11. Ha Jézuz a respouñtaz hag a
lavaraz d'ézhô : Ia, Éliaz a dlé doñt,
hag é lakai pép trâ er stâd keñta.
12. Hôgen hé lavaroud a rann d'é-
hoc'h, pénaoz Éliaz a zô deûet abars
bréma, ha n'hô deûz kéd hé anavézet,
hôgen gréad hô deûz enn hé géñver
ével m'hô deûz karet ôber. Ével-se
eo é gwall-gasiñt Mâb ann dén.
13. Neûzé hé ziskibled a boellaz
pénaoz eûz a Iann Vadézour oa en
doa komzed out-hô.
14. Ha pa oé deûed étrézég ar bobl,
é tôstaaz out-hañ eunn dén péhini en
em daolaz d'ann daoulin dira-z-hañ
ô lavarout : Aotrou, as péz truez out
va mâb, péhini a zô loarek, ha gwall
eñkrézet : râg aliez é kouéz enn tân,
hag aliez enn dour.
15. Hé zigaset em eûz d'az diski-
bled,

bled, ha n'hô deûz két gelled hé iac'haat.

16. Hôgen Jézuz a respouñtaz hag a lavaraz : Gwenn diskrédik ha fallakr, pé vété keit é vézinn-mé gan-é-hoc'h ? Pé vété keit é c'houzañvinn-mé ac'hanoc'h ? Digasid ar bugel amañ d'in.

17. Ha Jézuz a c'hourdrouzaz ann diaoul, hag éz éaz er-méaz anézhañ, hag ar bugel a oé iac'héet war ann beur.

18. Neûzé ann diskibled a zeûaz da gavout Jézuz a dû, hag é léverjoñd d'ézhañ : Pérâg n'hon eûz-ni két gellet hé gâs-kuit ?

19. Jézuz a lavaraz d'ézhô : Dré ann abek d'hô tigrédoni. Hâg é gwirionez hel lavarann d'é-hoc'h, mar hô pé feiz ével eur greûnen zezô, é lavarfac'h, d'ar ménez-zé : Kéa ac'hann dl, hag hag éz afé, ha pétrâ na vijé dic'halluz évid-hoc'h.

20. Hôgen ar wenn-zé na véz kasetkuit némét gañd ar béden, ha gañd ar iûn.

21. Hôgen pa oeñd distrôed é Galiléa, Jézuz a lavaraz d'ézhô : Mâb ann dén a dlé béza lékéad étré daouarn ann dûd.

22. Hag é laziñd anézhañ, hag ann trédé deiz é savô a varô da véô. Hag en em c'hlac'hari a réjoñt meûrbéd.

23. Ha pa oeñd deûd é Kafarnaom, ar ré a zavé ar gwiriou a dôstaaz-out Per, hag a lavaraz d'ézhañ : Hô mestr ha na baé-héñ kéd ar gwiriou ?

24. Hag héñ a lavaraz : Ia. Ha pa oé éad enn tî, Jézuz a ziarbennaz anézhañ ô lavarout : Pétrâ a vennezdé, Simon ? Digañt piou é kémer rouéed ann douar ar gwiriou pé ann tellou ? Digañd hô bugalé hô-unan, pé digañd ann diavésidi ?

25. Hag héñ a lavaraz : Digañd ann diavésidi. Jézuz a lavaraz d'ézhañ : Ar vugalé 'ta a zô kuit d'hô faéa.

26. Hôgen évit na rôimp kéd a wall skouér d'ézhô, kéa d'ar môr, ha taol eunn higen ; hag ar c'heñta pésk a vézô saved eûz ann dour, kémer-héñ : hag ô tigeri hé c'hénou, é kavi eur péz-arc'hañt ; kémer-héñ, ha rô-héñ d'ézhô évid-oun, hag évid-oud.

XVIII. PENNAD.

1. Enn heur-zé ann diskibled a dôstaaz oûc'h Jézuz, hag a lavaraz : Piou, war da vénoz, eo ar brasa é rouañtélez ann éñvou ?

2. Ha Jézuz a c'halvaz eur bugel bihan, hag hen lékéaz enn hô c'hreiz.

3. Hag é lavaraz : É-gwirionez hel lavarann d'é-hoc'h, pénaoz ma na zistrôit két, ha ma na zeûit két hével out bugalé vihan, n'az éot kéd é rouañtélez ann éñvou.

4. Piou-bennâg éta en em izélai ével ar bugel-zé, hen-nez eo a vézô ar brasa é rouañtélez ann éñvou.

5. Ha piou-bennâg a zigémer em hanô eur bugel bihan ével-sé, am digémer-mé.

6. Hôgen piou-bennâg a rôi gwall skouér da unan eûz ar vugaligou-zé péré a gréd enn-oun, gwelloc'h é vé d'ézhañ é vé staget ouc'h hé c'houzoug eur méan milin, hag é vé taoled é gwéled ar môr.

7. Gwa d'ar béd dré ann abek d'ar gwall skouériou. Râk réd eo é teûfé gwall skouériou : hôgen kouiskoudé gwa d'ann dén eûz a béhini é teû ar gwall skouér.

8. Hôgen ma rô da zourn, pé da droad gwall skouér d'id, trouc'h-héñ, ha taol-héñ pell diouz-id. Gwell eo d'id moñd er vuez moñ pé gamm, égét kaoud da zaou zourn pé da zaou droad ha béza taolet enn tân peûrbaduz.

9. Ha ma rô da lagad gwall skouér d'id, diframm-héñ, ha taol-héñ pell diouz-id. Gwell eo d'id moñd er vuez born, égét kaoud da zaoulagad ha béza taolet é tân ann ifern.

10. Likid évez na zisprizfac'h nikun eûz ar vugaligou-mañ : râk hel lavaroud a rann d'é-hoc'h, pénaoz hô élez enn éñvou a wél bépréd dremm va Zâd, péhini a zô enn éñvou.

11. Râk Mâb ann dén a zô deûed da zavétei ar péz a ioa kollet.

12. Pétrâ a vennit-hu ? Mar en défé eunn déñ kañt dañvad, hag é teûfé unan anézhô da véza diañket, ha na lezfé kéd ann naoñték ha pevar-ugeñd

all war ar ménésiou, évid moñd da glask ann hini a vé diañket?

13. Ha ma c'hoarvez é kavché anézhañ: É-gwirionnez hel lavarann d'é-hoc'h, pénaoz é laouéna mui diwar-benn hé-mañ égéd diwar-benn ann naoñték ha pevar-ugeñt ha na oañt két béd diañket.

14. Ével-sé hô Tâd, péhini a zô enn éñvou na fell kéd d'ézhañ é vé kolled unan eûz ar vugaligou-mañ.

15. Hôgen mar en deûz péc'hed da vreûr enn da énep, kéa, ha tamall anézhañ étré té hag héñ hé-unan. Mar selaou ac'hanod, ez pézô gounézed da vreûr.

16. Hôgen ma na zélaou kéd ac'hanod, kémer c'hoaz gan-éz eunn dén pé zaou, évit ma vézô krétéet pép gér dré c'hénou daou pé dri dést.

17. Ha ma na zélaou kéd anézhô, lavar d'ann Iliz. Hôgen ma na zélaou kéd ann Iliz, bézet évid-od ével eur pagan hag eur publikan.

18. É-gwirionez hel lavarann d'é-hoc'h, kémeñt-bennâg a éréot war ann douar, a vézô ivé éréed enn éñv: ha kémeñt-bennâg a ziéréot war ann douar, a vézô ivé diéréed enn éñv.

19. Lavaroud a rann c'hoaz d'é-hoc'h, pénaoz mar en em laka daou ac'hanoc'h kévret war ann douar, pé-trâ-bennâg a c'houlenniñt a vézô rôed d'ézhô gañt va Zâd, péhini a zô enn éñvou.

20. Râk el léac'h ma'z eûz daou pé tri dén strolled em hanô, en em gavann énô enn hô c'hreiz.

21 Neûzé Per a dôstaaz out-hañ, hag a lavaraz: Aotrou, pét gwéach é tistaolinn d'am breûr pa en dévézô péc'het em éne[illegible]? Bété seiz gwéach?

22. Jézuz a lavaraz d'ézhañ: Na lavarann kéd d'id bété seiz gwéach; hôgen bété dék ha tri-ugeñt gwéach seiz gwéach.

23. Dré-zé rouañtélez ann éñvou a zô hévélébékéed oud eunn dén roué, péhini a fellaz d'ézhañ lakaad hé dûd da zaskori kouñt d'ézhañ.

24. Ha pa en dévoé déraouet ôber hé gouñt, é oé kased d'ézhañ unan péhini a dlié d'ézhañ dék mil talañt.

25. Hôgen évél n'en doa két péadrâ da zisteûrel, hé aotrou a rôaz urs d'hé werza héñ, hé c'hrég, hé vugalé, ha kémeñd en doa, évit paéa hé zlé.

26. Hôgen ann dén-zé oc'h en em striñka d'hé dreid, a bédé anézhañ, ô lavarout: Rô amzer d'in hag é tistaolinn d'Id va holl zlé.

27. Hôgen aotrou ar goâz-zé en doé truez out-hañ, hen laoskaz da voñt, hag a zistaolaz d'ézhañ hé zlé.

28. Hôgen ar goâz-zé ô véza éat-kuit, a gavaz unan eûz hé geavreûdeûr, péhini a dlié d'ézhañ kañt diner: hag ô kregi enn-hañ é tagé anézhañ, ô lavarout: Distaol ar péz a dléez d'in.

29. Hag hé gen-vreûr, oc'h en em striñka d'hé dreid, a bédé anézhañ, ô lavarout: Rô amzer d'in, hag é tistaolinn d'Id va holl zlé.

30. Hôgen héñ na fellaz kéd d'é-zhañ: hag éz éaz-kuit, hag é réaz hé lakaad er vâc'h, bété ma tistaoljé d'ézhañ ar péz a dlié.

31. Hé gen-vreûdeûr ô wélout ar péz en doa gréat, a oé glac'haret brâz: hag é teûjoñd da zanévella d'hô aotrou kémend a ioa c'hoarvézet.

32. Neûzé hé aotrou a c'halvaz anézhañ, hag a lavaraz d'ézhañ: Goaz drouk, distaoled em eûz d'Id kémeñd a dliez d'in, dré ma éc'h eûz va fédet.

33. Ha na dliez-dé két kaout truez oud da gen-vreûr, évél ma em eûz bét truez ouz-id?

34. Hag hé aotrou ô vuanékaat a réaz hé eñkrézi, kén na oé paéet kémeñd a dlié.

35. Ével-sé é rai d'é-hoc'h va Zâd péhini a zô enn éñv, ma na zistaol pép hini ac'hanoc'h d'hé vreûr hé wallou a greiz kaloun.

—

XIX. PENNAD.

1. Ha pa en dévoé Jézuz peûr-lavared ar prézégennou-zé, éz éaz-kuid eûz a C'haliléa, hag é teûaz war harzou Judéa, enn tû all d'ar Jourdan.

2. Ha kalz a bobl a iéaz war hé lerc'h, hag é iac'héaz anézhô énô.

3. Ha Farizianed a zeûaz d'hé gavoud évid hé dempti, hag é léverjoñd

d'ézhañ : Hag aotréed eo da eunn ozac'h kuitaat hé c'hrég dré eunn abek bennâg?

4. Hag héñ a respouñtaz hag a lavaraz d'ézhô : Ha n'hoc'h eûs-hu két lennet pénaoz ann hini en deûz gréad ann dén adaleg ann derou, en deûz hô gréat pâr ha parez? Hag en deûz lavaret :

5. Dré-zé ann ozac'h a zilézô hé dàd hag hé vamm, hag en em stagô oud hé c'hrég; hag é véziñt daou enn eur c'hik hép-kén.

6. Ével-sé né d-iñt mui daou, hôgen eur c'hik hép-kén. Arabad eo éta d'ann dén ranna ar péz a zô bét frammet gañd Doué.

7. Hi a lavaraz d'ézhañ : Pérâg éta Moizez en deûz-héñ gourc'hémennet rei d'ar c'hrég eur skrid-rann, hag hé c'hâs-kuit?

8. Héñ a lavaraz d'ézhô : Moizez ô wélout kaléder hô kaloun a gavazmâd é kaséc'h-kuld hô kragez; hôgen enn derou ann dra-zé né oa kéd ével-sé.

9. Râk hel lavaroud a rann d'é-hoc'h, pénaoz piou-bennâg a gasô-kuld hé c'hréd, néméd avoultr é vé hi, hag a zimézô gañd eunn all, a gouézô enn avoultriez : ha néb a zimézô gañd eur c'hreg kazet-kuit gañd eunn all, a gouézô ivé enn avoultriez.

10. Hé ziskibled a lavaraz d'ézhañ : Mar d-eo ével-sé doaré eunn ozac'h gañd hé c'hrég, né két talvouduz dimizi.

11. Héñ a lavaraz d'ézhô : Ann holl na boell két kémeñt-sé, hôgen ar ré hép-kén da béré eo bét rôed hé boella.

12. Râk béz' éz eûz spazeien, péré a zô ganed ével-sé a gôv hô mamm : spazeien zô, péré a zô bét spazet gañd ann dûd : spazeien zô, péré hô deûz en em spazed hô-unan enn abek da rouañtélez ann éñvou. Néb a hell poella, ra boellô kémeñt-mañ.

13. Neûzé é oé kased d'ézhañ bugaligou, évit ma lakajé hé zaouarn warn-ézhô, ha ma pédjé évit-hô. Hôgen hé ziskibled a grôzé anézhô.

14. Ha Jézuz a lavaraz d'ézhô : List ar vugaligou-zé, ha na virit kéd outhô na zeûjeñd d'am c'havout ; râk rouañtélez ann éñvou a zô évid ar ré a zô héñvel out-hô.

15. Ha goudé béza astenned hé zaouarn war-n-ézhô, éz éaz-kuid ac'hanô.

16. Ha chétu eunn dén a zeûaz, hag a lavaraz d'ézhan : Aotrou mâd, pétrâ a dléann-mé da ôber a vâd évit kaoud ar vuez peûr-baduz?

17. Jézuz a lavaraz d'ézhañ : Pérâg am galvez-té mâd? Doué hép-kén a zô mâd. Hôgen mar fell d'Id moñd er vuez, mir ar gourc'hémennou.

18. Péré, émé-z-hañ? Ha Jézuz a lavaraz d'ézhañ : Na lazi két : na avoultri két : na laéri két : na zougi kéd a fals testéni.

19. Énor da dâd, ha da vamm, ha kâr da nésa ével-d-oud da-unan.

20. Ann dén-iaouañk a lavaraz d'ézbañ : Mired em eûz ann holl draounzé adalek va iouañkiz, a bétrâ em eûz-mé c'hoaz ézomm?

21. Jézuz a lavaraz d'ézhañ : Mar fell d'Id béza klôk, kéa, gwerz kémeñd éc'h eûz, ha rô-héñ d'ar béorien, hag éz pézô eunn tenzor enn éñv : ha deûz, hag heûl ac'hanoun.

22. Hôgen pa glevaz ann dén-iaouañk ar geriou-zé, éz éaz-kuit gwall c'hlac'haret : râk madou brâz en doa.

23. Hôgen Jézuz a lavaraz d'hé ziskibled : É-gwirionez hel lavarann d'é-hoc'h, pénaoz eo diez da eunn dén pinvidik moñd é rouañtélez ann éñvou.

24. Hel lavaroud a rann c'hoaz d'é-hoc'h : Easoc'h eo da eur c'hañval tréménoud dré graouen eunn nadoz, égéd da eunn dén pinvidik mond é rouañtélez ann éñvou.

25. Hé ziskibled ô klevout-sé, a oé souézet brâz hag a lavaraz : Piou éta a hellô béza savet?

26. Hôgen Jézuz ô selloud out-hô, a lavaraz d'ézhô : Ann dra-zé a zô erméaz a c'halloud ann dûd, hôgen pép trâ zô é galloud Doué.

27. Neûzé Per a respouñtaz hag a lavaraz d'ézhañ : Chétu ni hon eûz da heûliet ; pétrâ 'ta a vezô évid-omp?

28. Hôgen Jézuz a lavaraz d'ézhô : È-gwirionez ñel lavarann d'é-hoc'h, pénaoz c'houi péré a zô deûed war va lerc'h, pa zeûi ann eil-c'hinivélez, ha pa vézô azézet Mâb ann dén war gador hé veûrdez, é viod ivé azézet war zaouzék kador, hag é parnot ann daouzék brôad Israel.

29. Ha pion-bennâg a zilézô hé dî, pé hé vreûdeûr, pé hé c'hoarézed, pé hé dàd, pé hé vamm, pé hé c'hrég, pé hé vugalé, pé hé barkou, enn abek d'am banô, en dévézô kañt évid unan, hag en dévézô ar vuez peûr-baduz.

30. Hôgen kalz eûz ar ré geñta a vézô ar ré zivéza, ha kalz eûz ar ré zivéza a vézô a ré-geñta.

—

XX. PENNAD.

1. Rouañtélez ann éñvou a zô heñvel oud eunn dén penn-tiégez, péhini a iéaz er-méaz miñtin mâd évit kâs gôpraérien enn hé winien.

2. Hag ô véza gréat marc'had gañd hé c'hôpraerien eûz a eunn diner diouc'h ann dervez, é kasaz anézhô enn hé winien.

3. Hag ô véza éad er-méaz war-drô ann drédé heur, é wélaz ré all péré a ioa dibréder war leûr-ger.

4. Hag é lavaraz d'ézhô : Id ivé c'houi em gwinien, hag é rôinn d'é-hoc'h ar péz a vézô reiz.

5. Hag hi a iéaz dî. Hôgen moñd a réaz adaré er-méaz é-trô ar c'houec'-ved hag ann naved heur ; hag é réaz enn hévélep doaré.

6. Hôgen é-trô ann unnékved heur éz éaz er-méaz, hag é kavaz ré all péré a choumé dibréder, hag é lavaraz d'ézhô : Pérâg é choumit-hu azé dibréder héd ann deiz ?

7. Hag hi a lavaraz : Dré n'en deûz dén é-béd hor c'hémédred é gôbr. Hag héñ a lavaraz d'ézhô : Id ivé c'houi em gwinien.

8. Hôgen pa oé deûed ar pardaez, mestr ar winien a lavaraz d'hé vérer : Galv ar c'hôpraerien, ha rô d'ézhô hô gôpr, ô téraoui gañd ar ré zivéza bétég ar ré geñta.

9. Ar ré 'ta péré a ioa deûet é-trô ann unnékved heur, hô doé péb a ziner.

10. Hôgen pa zeûaz ar ré geñta, é venjoñd pénaoz é vijé rôed d'ézhô ouc'h-penn : hôgen péb a ziner n'hé doé kén.

11. Hag ô kémérout kémeñt-sé, é c'hrôsmôleñt oud ar penn-tiégez.

12. O lavarout : Ar ré zivéza-zé n'hô deûz labouret néméd héd eunn heur, hag éc'h eûz hô lékéat kévatal d'é-omp, ni péré hon eûz douget poéz ann deiz hag ar grouez.

13. Hag héñ ô respouñta oud unan anézhô, a lavaraz : Va miñoun, na rann kéd a c'haou ouz-id ; ha n'éc'h eûz-dé két gréat marc'had gan-éñ évid eunn diner ?

14. Kémer ar péz a zô d'id, ha kéa-kuit : hôgen mé a fell d'in rei d'ann divéza-mañ kémeñd ha d'id.

15. Ha na hellann-mé kéd ôber ar péz a garann ? Pérâg da lagad-dé ef-héñ drouk, dré ma ounn-mé mâd ?

16. Ével-sé ar ré zivéza a vézô ar ré geñta, hag ar ré geñta ar ré zivéza : râk kalz a vézô galvet, hôgen nébeûd a vézô dilennet.

17. Ha Jézuz ô véza éad da Jéruzalem, a géméraz a dû hé zaouzék diskibl, hag a lavaraz d'ézhô :

18. Chétu éz éomp da Jéruzalem, ha Mâb ann dén a vézô lékéad étré daouarn Priñsed ar véleien, hag ar Skribed, péré hé varnô d'ar maro.

19. Hag é lakaiñd anézhañ étré daouarn ar Jeñtiled évid ôber goab anézhañ, évid hé skourjéza, hag évid hé staga ouc'h ar groaz ; hag ann trédé deiz é savô a varô da véô.

20. Neûzé mamm bugalé Zébédé a dôstaaz out-hañ gañd hé mipien, oc'h hé azeûli ha gañd doaré da c'houlenni eunn dra-bennâg digañt-hañ.

21. Hag héñ a lavaraz d'ézhi : Pétrâ a fell d'id ? Hag hi a lavaraz d'ézhañ : Lavar ma vézô azézed ann daou vab-mañ d'in, unan war da zourn déou, égilé war da zourn kleiz, enn da rouañtélez.

22. Hôgen Jézuz a respouñtaz hag a lavaraz : Na ouzoc'h két pétrâ a c'houlennit. Ha c'houi a hell éva ar

c'hallr a dléann da éva? Hi a lavaraz: Ni a hell.

23. Héñ a lavaraz d'ézhô: Éva a réod évit-gwir va c'halir: hôgen azéza war va zourn déou pé war va zourn kleiz, né két mé a dlé rei ann dra-zé d'é-hoc'h, hôgen d'ar ré évit péré eo aozet gañt va Zâd.

24. Ha pa oé klévet kémeñt-sé, ann dek all a vuanékéaz oc'h ann daou vreûr.

25. Hôgen Jézuz hô c'halvaz étré-zég enn-hañ, hag a lavaraz: Gouzoud a rit pénaoz pennoù ann dudou a aotrouni anézhô: ha pénaoz ar ré vrasa a ziskouéz hô galloud war-n-ézhô.

26. Na vézô kéd évet-sé étré-z-hoc'h: hôgen piou-bennâg a fellô d'ézhañ béza brasoc'h étré-z-hoc'h, ra vézô goêz d'é-hoc'h.

27. Ha piou-bennâg a fellô d'ézhañ béza ar c'heñta ac'hanoc'h, ra vézô sklâf d'é-hoc'h.

28. É-c'hiz n'eo kéd deûet Mâb ann déu évit béza servichet, hôgen évit servicha, hag évit rei hé vuez évid dasprénadurez kalz a dûd.

29. Ha pa'z éjoñt-kuîd eûz a Jérikô, éz éaz kalz a dûd war hé lerc'h.

30. Ha chétu daou zall péré a ioa azézet war ann heñt a glevaz pénaoz é tréméné Jézuz: hag en em lékéjoñd da c'harmi, ô lavarout: Aotrou, Mâb David, az péz truez ouz-omp.

31. Hôgen ar bobl a grôzé anézhô évid hô lakaad da dével. Hag hî a c'harmé kréoc'h, ô lavarout: Aotrou, Mâb David, az péz truez ouz-omp.

32. Ha Jézuz a arzaoaz, hô c'halvaz, hag a lavaraz d'ézhô: Pétrâ a fell d'é-hoc'h a rafenn évid-hoc'h?

33. Hag é léverjoñd d'ézhañ: Aotrou, digor hon daou-lagad d'é-omp.

34. Ha Jézuz ô kaout truez out-hô, a lékéaz hé zourn war hô daoulagad. Ha râk-tâl é wéljoñt, hag éz éjoñt war hé lerc'h.

XXI. PENNAD.

1. Ha pa dôstajoñd oud Jéruzalem, ha pa oañd deûed da Vetfajé, tôst da vénez Olived, neûzé Jézuz a gasaz daou ziskibl,

2. O lavaroud d'ézhô: Id d'ar vourc'h a zô râg-énep d'é-hoc'h, ha kerkeñt é kéfot eunn azénez stâg, hag eunn azen bihan gañt-hi: distagit-hi, ha digasit-hi d'in.

3. Ha ma lavar eur ré eunn dra-bennâg d'é-hoc'h, livirit pénaoz ann Aotrou en deûz ézomm anézhô; ha râk-tâl hô laoskô da voñt.

4. Hôgen kémeñt-sé holl a zô c'hoarvézet, évit ma vijé sévénet geriou ar Profed péhini en deûz lavaret:

5. Livirid da verc'h Sion: Chétu da Roué kûñ a zeû d'az kavout, azézet war eunn azénez, ha war azen bihan ann hini a zô dindân ar iéô.

6. Hôgen ann diskibled a iéaz, hag a réaz ével m'en doa gourc'hémenned d'ézhô.

7. Hag é tigaschoñd ann azénez, hag ann azen bihan: hag é lékéjoñd hô dilad war-n-ézhô; hag é réjoñd d'ézhañ azéza war-n-ézhi.

8. Hôgen eul lôd brâz a dûd a skiñaz hô dilad war ann heñt; lôd all a drouc'hé skourrou gwéz, ha hô skiñé war ann heñt.

9. Hag ar bobl, ken ar ré a ioa a-raok, ken ar ré a ioa adréñ, a c'harmé, ô lavarout: Hosanna da Vâb David: benniget ra vézô ann hini a zeû enn hanô ann Aotrou: Hosanna enn uc'héla eûz ann éñvou.

10. Ha pa oé éat é Jéruzalem, holl dud kéar a oé strallet, hag é lavareñt: Piou eo hé-mañ?

11. Hôgen ar ré a ioa gañt-hañ a lavaré: Profed Jézuz eo eûz a Nazaret é Galiléa.

12. Ha Jézuz a iéaz é templ Doué, hag a gasaz er-méaz ar ré holl a werzé pé a bréné enn templ; hag é tiskaraz taoliou ar varc'hadourien arc'hañt, ha kadoriou ar varc'hadourien koulmed.

13. Hag é lavaraz d'ézhô: Skrived eo: Va zi a vézô galvet tî ar béden: hôgen c'houi hoc'h eûz gréad anézhañ eur c'héô laéroun.

14. Hag é teûaz tûd dall ha tûd kamm d'hé gavoud enn templ, hag é iac'héaz anézhô.

15. Hôgen pa wélaz Priñsed ar vé-

leien hag ar Skribed ar burzudou a réa, hag ar vugalé péré a c'harmé enn templ, hag a lavaré : Hosanna da Vâb David ; é savaz droug enn-hô.

16. Hag é léverjoñd d'ézhañ : Ha klevoud a réz-té ar péz a lavar ar ré-mañ ? Ia, émé Jézuz d'ézhô, hôgen ha n'hoc'h eûs-hu két lennet bisboaz, pénaoz eûz a c'hénou ar vugalé hag eûz ar ré a zô oud ar ar vronn é tenneur ar gwella meûleûdi ?

17. Hag ô véza hô lézed énô, éz éaz er-méaz eûz a géar, é Bétania ; hag é choumaz énô.

18. D'ar miñtin pa zistrôé é kéar, en doé naoun.

19. Hag ô wéloud eur wézen-fiez war ann heñt, é tôstaaz out-hi ; ha na gavaz nétrâ enn-hi néméd deliou hép-kén, hag é lavaraz d'ézhi : Ra zeûi bikenn frouez é-béd ac'hanod, ha râk-tâl ar wézen-fiez a grinaz.

20. Ha pa wélaz ann diskibled ann dra-zé, é oeñt souézet, hag é léverjoñt : Pénaoz ef-hi bét krinet râk-tâl ar wézen-fiez ?

21. Hôgen Jézuz a respouñtaz, hag a lavaraz d'ézhô : É-gwirionez hel lavarann d'é-hoc'h, mar hô pé feiz, ha ma na vec'h kéd enn arvar, né két diwar-benn ar wézen-fiez hép-kén é rafac'h ével-sé, hôgen ivé ma lavarac'h d'ar ménez-mañ, kéa alessé, hag en em daol er môr, kémeñt-sé a vijé gréat.

22. Ha pétrâ-bennâg a c'houlennot gañt feiz er béden, é vézô rôed d'é-hoc'h.

23. Ha pa oé deûed enn templ, Priñsed ar véleien, hag Hénaoured ar bobl a dôstaaz out-hañ pa édo ô keñtélia, hag é léverjoñt : Gañt pé c'halloud é réz-té kémeñt-sé ? Ha piou en deûz rôed d'îd ar galloud-zé ?

24. Jézuz a respouñtaz hag a lavaraz d'ézhô : Eur gér a c'houlenninn ivé digan-é-hoc'h : mar hé livirit d'in, é livirinn ivé d'é-hoc'h gañd pé c'halloud é rann kémeñt-sé.

25. Badez Iann a béléac'h é teûé ? Pé eûz ann éñv, pé eûz ann dûd ? Hôgen hi a venné enn-hô hô-unan, hag a lavaré :

26. Mar lévéromp, eûz ann éñv, é lavarô d'é-omp : Pérâg éta n'hoc'h eûs-hu két krédet d'ézhañ ? Ha mar lévéromp, eûz ann dûd, é tléomp kaoud-aoun râg ar bobl ; râg ann holl a géméré Iann évid eur profed.

27. Hag hi a respouñtaz, hag a lavaraz da Jézuz : Na ouzomp két. Hag héñ a lavaraz d'ézhô : Ha mé na livirinn kéd d'é-hoc'h gañt pé c'halloud é rann kémeñt-sé.

28. Hôgen pétrâ a vennit-hu ? Eunn dén en doa daou vab, hag ô voñd étrézég ar c'heñta, é lavaraz : Va mâb, kéa hiriô da labourat em gwinien.

29. Hag héñ a respouñtaz, hag a lavaraz : N'az inn két. Hôgen goudé, ô kaout keûz, éz éaz.

30. Doñd a réaz ivé étrézég égilé, hag é lavaraz d'ézhañ eunn hével dra. Hag héñ a respouñtaz hag a lavaraz : Éz ann, aotrou, ha n'az éaz két.

31. Péhini anézhô hô daou en deûz gréad ioul hé dâd ? Hi a lavaraz d'ézhañ : Ar c'heñta. Jézuz a lavaraz d'ézhô : É-gwirionez hel lavarann d'é-hoc'h, pénaoz ar Bublikaned hag ar merc'hed fall a vézô enn hô raok é rouañtélez Doué (x).

32. Râk Iann a zô deûed étrézég enn-hoc'h enn heñd eûz ar wirionez, ha n'hoc'h eûz két krédet d'ézhañ : hôgen ar Bublikaned hag ar merc'hed fall hô deûz krédet d'ézhañ : ha c'houi goudé béza gwélet kémeñt-sé n'hoc'h eûz két béd a geûz, ha n'hoc'h eûz két krédet d'ézhañ.

33. Sélaouit eur barabolen all : Béz' éz oa eunn dén penn-tî, péhini a blañtaz eur winien, hag a gelc'hiaz anézhi gañd eur c'harz, hag a gleûzaz enn-hi évid ôber eur waskel, hag a zavaz eunn tour, hag hé rôaz é gôbr da labourerien, hag éz éaz enn eur vrô bell.

34. Hôgen pa dôstaé amzer ar frouézou, é kasaz hé vévellou étrézég al labourerien, évid dastumi frouézou hé winien.

35. Hag al labourerien, ô véza kroget er mévellou, a gannaz unan, a lazaz égilé, hag a labézaz eunn all.

36. Kás a réaz adarré mévellou all kalz muioc'h égéd a-raok, hag é réjoñd d'ézhô eunn hével dra.

37. Enn divéz é kasaz d'ézhô hé vâb hé-unan, ô lavarout : Douja a raiñt va mâb.

38. Hôgen al labourerien pa wél-joñd ar mâb, a lavaraz étré-z-hô : Hé-mañ eo ann her, deûit, lazomp-héñ, hag hor bézô hé zigwéz.

39. Hag ô véza kroged enn-hañ, é taoljoñd anézhañ enn tu all d'ar winien, hag hen lazjoñt.

40. Pa zeûi éta aotrou ar winien, pétrâ a rai-héñ d'al labourerien ?

41. Lavaroud a réjoñd d'ézhañ : Ann dûd drouk-zé a gollô enn eunn doaré reûzeûdik ; hag é rôi hé winien é gôbr da labourerien all, péré a rôi d'ézhañ hé frouézou enn hô amzer.

42. Jézuz a lavaraz d'ézhô : Ha n'hoc'h eûs-hu két biskoaz lennet er Skrituriou : Ar méan hô deûz distaolet ann ôbérourien-tiez a zô bét lékéad é penn ar c'horn ? Gañd ann Aotrou eo bét gréat kémeñt-sé, hag eunn dra eo hag a zô souézuz d'hon daoulagad.

43. Dré-zé é lavarann d'é-hoc'h, pénaoz rouañtélez Doué a vézô lamet digan-é-hoc'h hag a vézô rôed da eur bobl pébini hel lakai da rei frouez (a).

44. Ha piou-bennâg a gouézô war ar méan-zé, a vézô torret ; ha war biou-bennâg é kouézô-héñ, hen-nez a vézô brévet.

45. Ha pa glevaz Priñsed ar véleien hag ar Farizianed hé barabolennou, éc'h anavézchoñt pénaoz é komzé anézhô.

46. C'hoañt hô doa da gregi ennhañ, hôgen aoun hô doa râg ar bobl ; râk hé géméroud a réañt ével eur profed.

—

XXII. PENNAD.

1. Ha Jézuz ô komza c'hoaz gañt parabolennou, a lavaraz d'ézhô :

2. Rouañtélez ann éñvou a zô héñvel oud eur roué, pébini a réaz eûreûd hé vâb ;

3. Hag é kasaz hé vévellou da c'hervel ar ré a ioa bét pédet d'ann eûreûd, ha na fellé két d'ézhô doñt.

4. Kâs a réaz adarré mévellou all, ô lavarout : Livirid d'ar ré a zô pédet : Chétu va lein em eûz aozet ; lazed em eûz va éjéned ha kémeñd em boa lékéad da larda ; daré eo pép-trâ : deûid d'ann eûreûd.

5. Hôgen hi na zalc'hjoñt stâd é-béd eûz a gémeñt-sé : hag éz éjoñt, unan d'hé dl war ar méaz, hag eunn all d'hé werzidigez :

6. Hag ar ré all a grogaz enn hé vévellou, ha goudé béza hô gwallgaset, a lazaz anézhô.

7. Hôgen ar Roué ô véza klevet kémeñt-sé, a zavaz droug enn-hañ : hag ô véza kased hé armeou, é gwastaz al lazerien-zé, hag é loskaz hô c'héar.

8. Neûzé é lavaraz d'hé vévellou : Ann eûreûd évit-gwir a zô daré, hôgen ar ré a ioa bét pédet n'iñt két bép dellézek.

9. Id éta er groaz-heñchou, ha galvid d'ann eûreûd kémeñd hini a géfot.

10. Hag ar mévellou ô véza éad dré ann heñchou, a zastumaz kémeñd a gavchoñd a dûd, mâd ha fall ; ha sâl ann eûreûd a oé leûn a dûd ouc'h taol.

11. Hôgen ar roué a iéaz dl évit gwélout ar ré a ioa ouc'h taol, hag é wélaz énô eunn dén pébini n'en doa két gwisket ar zaé eûreûd.

12. Hag é lavaraz d'ézhañ : Va miñoun, pénaoz oud-dé deûed aman hép kaoud ar zaé eûreûd ? Hag hén a choumaz mûd.

13. Neûzé ar roué a lavaraz d'hé dûd : Éréid hé zaouarn hag hé dreid, ha taolit-héñ enn dévalien a ziavéaz : énô é vézô gwélvan, ha skriñ deñt.

14. Râk kalz a zô galvet, hôgen nébeûd a zô dilennet.

15. Neûzé ar Farizianed ô véza éat-kuit, en em guzuliaz évid hé géméroud enn hé gomsiou.

16. Hag é kaschoñd d'ézhañ hô diskibled gañd ann Hérodianed, péré a lavaraz : Mestr, gouzoud a réomp pénaoz oud gwirion, ha pénaoz é teskez heñd Doué er wirionez, ha pénaoz n'ec'h eûz azaouez é-béd évit dén : râk na zellez kéd ouc'h ann dén é-touez ann dûd :

17. Lavar éta d'é-omp pétrâ a vennez ; ha ni a dlé rei ar gwir da Gézar, pé na dléomp két ?

18. Hôgen Jézuz oc'h anaoud hô drougiez, a lavaraz : Pérâg é temptit-hu ac'hanoun, pilpouzed ?

19. Diskouézid d'in ar péz-arc'hañt a rôeur évid ar gwir. Hag hi a zigasaz d'ézhañ eunn diner.

20. Ha Jézuz a lavaraz d'ézhô : Eûz a biou eo ann hévélédigez-mañ hag ar skrid-mañ ?

21. Hi a lavaraz d'ézhañ : Eûz a Zézar. Neûzé é lavaraz d'ézhô : Distaolit éta da Zézar ar péz a zô da Zézar, ha da Zoué ar péz a zô da Zoué.

22. Ha pa glevchoñt kémeñt-sé é oeñt souézet brâz, hag ô véza hé lézet éz éjoñt-kuit.

23. Enn deiz-zé ar Saduséed, péré a lavar na zavô kéd ann dûd a varô da véô, a zeûaz d'hé gavout : hag é réjoñd eur goulenn out-hañ,

24. O lavarout : Mestr, Moizez en deûz lavaret : Mar marv unan-bennâg héb bugel, ra zimézô hé vreûr d'hé c'hrég, évid digas hâd d'hé vreûr.

25. Béz' éz oa seiz breûr gan-éomp : hag ar c'heñta, goudé béza béd dimézed da eur c'hrég, a varvaz : hag ô véza n'en doa kéd a hâd, é lézaz hé c'hrég d'hé vreûr.

26. Enn hévélep doaré é c'hoarvézaz d'ann eil, d'ann trédé, bétég ar seizved.

27. Enn-divéz holl ar c'hrég a varvaz ivé.

28. Hôgen pa zavô ann dûd eûz a varô da véô, eûz a béhini eûz ar seizvé é vézô grég ? Râg hi holl hô deûz béd anézhi.

29. Hôgen Jézuz a respouñtaz hag a lavaraz d'ézhô : Fazia a rit, ô véza na anavézit két ar Skrituriou, na galloud Doué.

30. Râk pa zavô ann dûd eûz a varô da véô, ar wazed n'hô dévézô kéd a c'hragez, nag ar gragez a wazed : Hôgen béz' é vézind ével élez Doué enn éñv.

31. Hôgen diwar-benn ann assav eûz ar ré varô, ha n'hoc'h eûs-hu két lennet ar péz a zô bét lavaret gañd Doué d'é-hoc'h ével-henn :

32. Mé eo Doué Abraham, ha Doué Izaak, ha Doué Jakob ? Doué né kéd Doué ar ré varô, hôgen Doué ar ré véô.

33. Ha pa glevaz ar bobl kémeñt-mañ, é oeñt souézed eûz hé gélen.

34. Hôgen ar Farizianed ô véza klevet pénaoz en doa lékéad da dével ar Saduséed, en em strollaz.

35. Hag unan anézhô, péhini a ioa eunn déo gwiziek el lézen, a réaz ar goulenn-mañ out-hañ, évid hé dempti :

36. Mestr, péhini eo ar brasa gourc'hémenn eûz al lézen ?

37. Jézuz a lavaraz d'ézhañ : Karoud a ri ann Aotrou da Zoué a greiz da galoun, hag a greiz da éné, hag a greiz da spéred.

38. Hen-nez eo ar brasa, hag ar c'heñta gourc'hémenn.

39. Hôgen ann eil a zô héñvel oud égilé : Karoud a ri da nesa, ével-doud da-unan.

40. Al lézen holl, hag ar Brofédéd a zô dalc'het enn daou c'hourc'hémenn-zé.

41. Hôgen ar Farizianed ô véza strollet, Jézuz a réaz ar goulenn-mañ d'ézhô,

42. O lavarout : Pétrâ a vennit-hu eûz ar C'hrist ? Eûz a biou ef-héñ mâb ? Hag hi a lavaraz : Eûz a Zavid.

43. Hag héñ a lavaraz d'ézhô : Pénaoz éta David é c'halv-héñ anézhañ enn hé spéred hé Aotrou, ô lavarout :

44. Ann Aotrou en deûz lavared d'ann Aotrou : Azez war va dourn déou, bété ma likiinn da énébourien da skabel d'az treid ?

45. Mar galv éta David anézhañ hé Aotrou, pénaoz ef-héñ hé vâb ?

46. Ha dén na hellaz respouñta eur gér d'ézhañ : hag abaoé ann deiz-zé dén na grédaz mui ôber goulenn ébéd out-hañ.

XXIII. PENNAD.

1. Neûzé Jézuz a gomzaz oud ar bobl, hag oud hé ziskibled,

2. O lavarout : Ar Skribed hag ar

Fariziaued a zô azézet war gador Moizez :

3. Mirid éta, ha grît kémeñd a livirind d'é-hoc'h : hôgen na rît kéd diouc'h hô ôberiou ; râk hi a lavar, ha na réoñt két.

4. Râk éréa a réoñt bec'hiou pounner, ha dic'houzañvuz, hag hô lakaad a réoñt war ziskoaz ann dûd : ha na fell kéd d'ézhô hô fiñva gañd hô biz.

5. Hôgen hô holl ôberiou a réoñt évit béza gwélet gañd ann dûd : rak brasoc'h eo hô franch, ha kaéroc'h hô fenn-pil.

6. Karoud a réoñt al lée'hiou (a) keñta er banvésiou, hag ar c'hadoriou keñta er sinagogou,

7. Hag ar saluou er marc'hallec'h, ha béza galvet mestr gañd ann dûd.

8. Hôgen c'houi, na vézit két galvet mestr : râk n'hoc'h eûz némed eur mestr hép-kéa, ha c'houi holl a zô breûdeûr.

9. Ha na c'halvid dén é-béd hô tâd war ann douar : râk n'hoc'h eûz némed eunn Tâd péhini a zô enn éñvou.

10. Ha na vézit két galvet mistri : râk n'hoc'h eûz némed eur mestr, péhini eo ar C'hrist.

11. Ar brasa ac'hanoc'h, a vézô hô servicher.

12. Râk piou-bennâg en em uc'hélai a vézô izéléet : ha piou-bennâg en em izélai a vézô uc'héléet.

13. Hôgen gwa c'houi, Skribed ha Fariziaued pilpouzed, dré ma serrit rouañtélez ann éñvou d'ann dûd : râk n'az ît kéd ébarz hoc'h-unan, ha na list kéd da voñd ébarz ar ré hô deûz c'hoañd da voñt.

14. Gwa c'houi, Skribed ha Fariziaued pilpouzed, dré ma louñkit tiez ann iñtañvézed, gañd hô pédennou hîr : dré-zé hô pézô eur varn garvoc'h.

15. Gwa c'houi, Skribed ha Fariziaued pilpouzed, dré ma rîd ann drô eûz ar môr hag eûz ann douar, évid ôber eunn diskibl : ha pa eo gréad diskibl gan-é-hoc'h, hen likîd da vâb d'ann ifern diou wéach muioc'h égéd-hoc'h.

16. Gwa c'houi, rénerien dall, péré a lavar : Piou-bennâg a douô dré ann templ, n'eo nétrâ ; hôgen piou-bennâg a douô dré aour ann templ, hen-nez a dlé derc'hel d'hé c'hér.

17. Tûd diskiañt ha dall : Râk péhini eo ar brasa, pé ann aour pé ann templ péhini a zañtéla ann aour ?

18. Ha piou-bennâg, émé c'houi, a douô dré ann aoter, n'eo nétrâ ; hôgen piou-bennâg a douô dré ar rô, péhini a zô war-n-ézhi, hen-nez a dlé derc'hel d'hé c'hér.

19. Tûd dall : Râk péhini eo ar brasa, pé ar rô, pé ann aoter péhini a zañtéla ar rô ?

20. Piou-bennâg éta a dou dré ann aoter, a dou dré-z-hi, ha dré génfeñd a zô war-n-ézhi.

21. Ha piou-bennâg a dou dré ann templ, a dou dré-z-hañ, ha dré ann hini a choum enn-hañ.

22. Ha néb a dou dré ann éñv, a dou dré drôn Doué, ha dré ann hini a zô azézet war-n-ézhañ.

23. Gwa c'houi, Skribed ha Fariziaued pilpouzed, c'houi péré a baé ann déog war ar veñt, ha war ann anet, ha war ar c'humin, hag hoc'h eûz dilézet ar péz a zô poellusoc'h el lézen, ar varn, ann drugarez, hag ar feiz. Réd é oa ôber ann traou-zé, hép lézel ar ré all da ôber.

24. Renerien dall, péré a zil eur fubuen ; hag a louñk eur c'hañval.

25. Gwa c'houi, Skribed ha Fariziaued pilpouzed, dré ma nétait ann diavéaz eûz ar c'hôp hag eûz ar plâd : hag enn diabarz oc'h leûn a laéroñsi hag a lousdoni.

26. Farizian dall, néta da-geñta ann diabarz eûz ar c'hôp hag eûz ar plâd, évit ma vézô ivé néat ann diavéaz.

27. Gwa c'houi, Skribed ha Fariziaued pilpouzed, dré ma z-oc'h héñvel out bésiou gwennet, péré a ziavéaz en em ziskouéz kaer d'ann dûd, hôgen péré enn diabarz a zô leûn a eskern tûd-varô, hag a béb breinadurez.

28. Ével-sé c'houi enn diavéaz en em ziskouéz gwirion d'ann dûd ; hôgen enn diabarz oc'h leûn a bilpouzérez, hag a zisléalded.

29. Gwa c'houi, Skribed ha Fariziaued pilpouzed, c'houi péré a zâv

bésiou d'ar broféded, hag a giñkl bé-
siou ann dud gwirion.
30. Hag é livirit : Ma vemb bét enn
amzer hon tadou, na vijemp két bét
hô eil évit skuja goâd ar broféded.
31. Ével-sé en em rôid da dést d'é-
hoc'h hoc'h-unan, pénaoz oc'h bugalé
ar ré hô deûz lazet ar broféded.
32. Ha c'houi deûd da leûnia goñ-
vor hô tadou.
33. Aéred, gwenn ann aéred-viber,
pénaoz é tec'hot-bu diouc'h barn ann
ifern ?
34. Dré-zé chétu mé a gasô d'é-
hoc'h proféded, ha tûd-fûr, ha skri-
bed, ha c'houi a lazô lôd, hag a lakai
lôd ouc'h ar groaz, hag a skourjézô
lôd enn hô sinagogou, hag é heskinod
anézhô a géar é kear.
35. Évit ma teûi war-n-hoc'h ann
holl goad dinam a zô bét skuĵet war
ann douar, adalek gwâd Abel ar glân
bété goad Zakariaz, mâb Barakiaz,
péhini hoc'h eûz lazet étré ann templ
hag ann aoter.
36. É-gwirionez hel lavarann d'é-
hoc'h, kémeñt-sé holl a c'hoarvézô
gañd ar wenn-ma.
37. Jéruzalem, Jéruzalem, té péhini
a lâz ar broféded, hag a labez ar ré a
zô kased d'id, pép gwéach em eûz
mennet dastumi da vugalé, é-c'hiz ma
tastum ar iâr hé évnédigou dindân
hé diou-askel, na né két felled d'id ?
38. Chétu hô tí a vézô lézed d'é-
hoc'h dibeñtet.
39. Râk hel lavaroud a rann d'é-
hoc'h, n'am gwélot mui pelloc'h, kén
na lévérot : Benniget ra vézô ann hini
a zeû enn hanô ann Aotrou.

XXIV. PENNAD.

1. Jézuz a iéaz er-méaz eûz ann
templ, hag bé ziskibled a dôstaaz
out-hañ, évid diskouéza d'ézhañ tiez-
brâz ann templ.
2. Hôgen héñ a lavaraz d'ézhô : Ha
gwéloud a rít-hu ann dra-zé holl ? É-
gwirionez hel lavarann d'é-hoc'h, na
joumô kéd amañ méan war véan ; dis-
mañtret holl é véziñt.
3. Ha pa édo azézet war Ménez
Olived, hé ziskibled a dôstaaz out-
hañ é-kûz, ô lavarout : Lavar d'é-
omp, peûr é c'hoarvézô kémeñt-sé ?
Ha pé arwéz a vézô eûz da zonédigez,
hag eûz a zivez ar béd.
4. Ha Jézuz a respouñtaz, hag a la-
varaz d'ézhô : Likid évez na zeûfé
dén d'hô touella,
5. Râk kalz a zeûi em hanô, ô lava-
rout : Mé eo ar C'hrist : hag é touel-
liñt meûr a hini.
6. Ha c'houi a glevô ar brézéliou,
ha brûd ar brézéliou. Likid évez na
véac'h eñkrézet : râk réd eo é teûfé
ann traou-zé ; hôgen né vézô két
c'hoaz ann divez.
7. Râk sével a rai pobl out pobl, ha
rouañtélez out rouañtélez ; ha béz' é
vézô bosennou, ha naounégézou, ha
krénou-douar é meûr a léac'h.
8. Hôgen kémeñt-sé holl n'eo né-
méd ann derou eûz ar gloasiou.
9. Neûzé é rôiñd ac'hanoc'h d'ann
heskinou, é laziñd ac'hanoc'h : hag é
viot kaséet gañd ann holl dudou dré
ann abek d'am hanô.
10. Ha neûzé kalz a dûd a rôi gwall
skouér, hag en em werzô ; hag en em
gasaad a raiñd ann eil égilé.
11. Ha meûr a fals-proféded a zavô,
péré a douellô kalz a dûd.
12. Hag ével ma vézô brâz ann di-
reisted, karañtez meûr a hini a iénai.
13. Hôgen néb a geñdalc'hô bétég
ann divez, hen-nez a vézô savet.
14. Hag ann Aviel-mañ eûz ar
rouañtélez a vézô prézéget dré ar béd
holl, é testéni d'ann holl dudou : ha
neûzé é teûi ann divez.
15. Pa wélod éta pénaoz beûz ann
dismañtr, diouganet gañd ar profed
Daniel, a vézô el léac'h sañtel : ra
boellô néb a lenn.
16. Neûzé ar ré a vézô é Judéa,
éañt war ar ménésiou.
17. Hag ann hini a vézô war ann
dôen, na ziskennet két évit kéméroud
eunn dra eûz hé dí.
18. Hag ann hini a vézô er park,
na zistrôet két évit kéméroud hé zaé.
19. Hôgen gwâ ar gragez vrazez
hag ar vagérézed enn deisiou-zé.
20. Pédid éta évit na zeûiô kéd hô

tec'h er goañ, nag é deiz ar sabbat.

21. Râk neûzé é vézô eunn eñkrez brâz, é-c'hiz na vézô két bét adalek dérou ar béd bété neûzé, ha na vézô bikenn.

22. Ha ma na vijé két hét diverréed ann deisiou-zé, na vijé két salvet ann holl gik : hôgen enn abek d'ar ré zilennet é vézô diverréed ann deisiou-zé.

23. Neûzé ma lavar d'é-hoc'h eur ré-bennâg : Chétu éma ar C'hrist amañ, pé ahoñt ; na grédit két.

24. Râk sével a rai fals-kristed, ha fals-proféded : hag é rôiñt arwésiou brâz ha burzudou, enn hévélep doaré ma touelliñt zô-kén, mar d-eo galluz, ar ré-zilennet.

25. Chétu em eûz diouganed d'é-hoc'h.

26. Ma lavareur éta d'é-hoc'h : Chétu éma el léac'h distrô, n'az it kéd er-méaz ; chétu éma é gwéled ann ti, na grédit két.

27. Râk é-c'hiz ma teû eul luc'héden eûz ar sâv-héol, ha ma bé gwéleur er c'hûs-héol : ével-sé é vézô donédigez Mâb ann dén.

28. É pé léac'h-bennâg é vézô eur c'horf, énô en em strollô ann éred.

29. Hôgen râk-tâl goudé eñkrez ann deisiou-zé, ann héol a dévalai, hag al loar na rôi kéd hé c'houlou, hag ar stéred a gouézô eûz ann éñv, ha ners ann éñvou a vézô kéflusket.

30. Ha neûzé é vézó gwélet arwéz Mâb ann dén enn éñv : ha neûzé é keinô ann holl boblou eûz ann douar : hag é wéliñt Mâb ann dén ô toñd war goabrou ann éñv gañd eunn ners hag eur veûrdez vrâz.

31. Hag é kasô hé élez, péré a lakai da zeni hô c'hornou-boud, gand eunn trouz brâz, hag a zastumô ar ré zilennet gañt-hañ eûz ar pévar avel, adaleg eur penn eûz ann éñv bétég ar penn all.

32. Hôgen deskid eur barabolen diwar-benn eur wézen-fiez : Pa eo téner hé skourrou ha pa zâv hé deliou, é ouzoc'h pénaoz eo tôst ann hañv.

33. Ével-sé ivé c'houi pa wélot kémeñt-sé holl, gwézit pénaoz éma tôst, hag oud ann ôr.

34. É-gwirionez hel lavarann d'é-hoc'h, pénaoz na drémênô kéd ar wenn-mañ, kén na vézô sévénet kémeñt-sé.

35. Ann éñv hag ann douar a iélô é-biou, hôgen va geriou na drémêniñt két.

36. Hôgen dén na oar ann deiz nag ann heur, nag élez ann éñvou ; va Zâd hep-kén hô anavez.

37. Hag é-c'hiz ma eo c'harvézed é deisiou Noé, évei-sé é c'hoarvézô da zonédigez Mâb ann dén.

38. Râg é-c'hiz d'ann deisiou abarz al livaden ann dûd a zebré hag a évé, a ziméré hag a réa dimiziou, bétég ann deiz m'az éaz Noé enn arc'h,

39. Ha na anavézc'hoñd al livaden kén na zeûaz ha na gasaz ann holl gañt-hi : évei-sé ivé é c'hoarvézô da zonédigez Mâb ann dén.

40. Neûzé é vézô daou enn eur park : unan a vézô kéméret, ébén a vézô lézet.

41. Diou a vézô ô vala enu eur vilin : unan a vézô kéméret, ébén a vézô lézet.

42. Choumid dihun éta, râk na ouzoc'h kéd da bé heur é tlé doñd hoc'h Aotrou.

43. Hôgen gwézit pénaoz ma ouffé ar penn-tiégez pé da heur é tiéfé doñd al laer, é choumfé dihun hép-mâr, ha na lezfé két toulla hé di.

44. Dré-zé bézid éta reiz hoc'h-unan : râk Mâb ann dén a zeûi d'ann heur ha na ouzoc'h két.

45. Piou eo ar mével léal ha poellek, péhini a zô bét lékéat gañd hé aotrou dreist hé holl dûd, évit rei d'ézhô boéd enn amzer ?

46. Euruz ar mével-zé, pa zeûi hé aotrou, mar béz kavet gañt-hañ oc'h ôber évei-sé.

47. É-gwirionez hel lavarann d'é-hoc'h, war hé holl vadou hel lakai da benn.

48. Hôgen mar d-eo droug ar mével-zé, ha ma lavar enn hé galoun : Va aotrou a zaléô da zoñt :

49. Ha ma teû da skei gañd hé genvévellou, ha da zibri, ha da éva gañt mezvierien.

50. Aotrou ar mével-zé a zeûi d'ann

deiz na c'hortozô két, ha d'ann heur na wézô két.

51. Hag é rannô anézhañ, hag é lakai eur gévren anézhañ gañd ar bildouzed. Énô é vezô gwélvan ha skriñ deñt.

—

XXV. PENNAD.

1. Neûzé rouañtélez ann éñvou a vézô héñvel oud dég gwerc'hez, péré ô véza kéméred hô c'hleûzeûriou, a iéaz da ziambrouga ar priédou.

2. Pemp anézhô a ioa diboell, ha pemp a ioa fûr.

3. Ar ré ziboell a géméraz hô c'hleûzeûriou, ha na géméraz kéd a éôl gañt-hô.

4. Ar ré fûr a géméraz éôl enn hô listri gañd hô c'hleûzeûriou.

5. Hôgenével ma taléé ar pried da zoñt, é vôrédjoñt holl hag é kouskjoñt.

6. Hag é-trô ann hañter-noz é oé klevet eur garm : Chétu ar pried a zeû, id d'hé ambrouga.

7. Neûzé ann holl verc'hézed-zé a zavaz, hag a aozaz hô c'hleûzeûriou.

8. Hôgen ar ré ziboell a lavaraz d'ar ré fûr : Rôid d'é-omp eûz hoc'h éôl ; râk hor c'hleûzeûriou a zô daré da vouga.

9. Ar ré fûr a respouñtaz hag a lavaraz : Gañd aoun n'hor bé kéd awalc'h évid-omp hag évid-hoc'h, id évid ar gwella da gavoud ar ré a werz, ha prénid évid-hoc'h.

10. Hôgen é-pâd m'az éeñd da bréna, é teûaz ar pried : hag ar ré a ioa daré a iéaz gañt-hañ d'ann eûreûd, hag é oé serred ann ôr.

11. Enn-divez ar gwerc'hézez all a zeûaz ivé, hag a lavaraz : Aotrou, Aotrou, digor d'é-omp.

12. Hôgen héñ a respouñtaz hag a lavaraz : É gwirionez hel lavarann d'é-hoc'h, n'hoc'h anyézann két.

13. Choumid dihun éta, râk na ouzoc'h nag ann deiz nag ann heur.

14. Râk héñvel eo oud eunn dén péhini a iéa enn eur vrô bell, hag a c'halvaz hé vévellou, hag a rôaz hé vadou d'ézhô.

15. Ha goudé béza rôet pemp talañt da unan, daou da eunn all, unan da eunn all, da bép-hini hervez hé c'halloud, é iéaz enn heñt râk-tâl.

16. Hôgen ann hini en doa bét pemp talañt, a iéaz, hag hô lékéaz é marc'hadourez, hag a c'hounéaz pemp talañd all.

17. Enn hévélep doaré, ann hini en doa bét daou dalañt, a c'hounézaz daou all.

18. Hôgen ann hini en doa béd unan, a iéaz da ôber eunn toull enn douar, hag a guzaz arc'hañt hé aotrou.

19. Goudé kalz a amzer é teûaz aotrou ar mévellou-zé, hag é réaz hô c'hoñt d'ézhô.

20. Hag ann hini en doa bét pemp talañt a zeûaz, hag a zigasaz d'ézhañ pemp talañd all, ô lavarout : Aotrou, pemp talañt éc'h eûz rôed d'in, chétu pemp talañd all em eûz gounézet ouc'h-penn.

21. Hé aotrou a lavaraz d'ézhañ : Braô, mével mâd ha léal : dré ma'z oud bét léal war nébeûd a drâ, é likinn ac'hanod da benn da galz traou : kéa é laouénidigez da aotrou.

22. Ann hini en doa bét daou dalañt, a zeûaz ivé, hag a lavaraz : Aotrou, daou dalañt éc'h eûz rôed d'in, chétu daou dalañd all em eûz gounézet.

23. Hé aotrou a lavaraz d'ézhañ : Braô, mével mâd ha léal ; dré m'az oud bét léal war nébeûd a drâ, é likinn ac'hanod da benn da galz traou : kéa é laouénidigez da aotrou.

24. Hôgen ann hini n'en doa bét némét eunn talañt a zeûaz ivé, hag a lavaraz : Aotrou, gouzoud a rann pénaoz oud eunn dén didruez, pénaoz é védez el léac'h n'éc'h eûz kéd hadet, pénaoz é tastumez el léac'h n'éc'h eûz két skiñet.

25. Ha gañd aoun ra-z-od ounn éat, hag em eûz kuzet da dalañt enn douar : chétu é rôann d'id ar péz a zô d'id.

26. Hôgen hé aotrou a respouñtaz hag a lavaraz d'ézhañ : Mével fall ha diek, té a wié pénaoz é védann el léac'h n'em eûz kéd hadet, ha pénaoz é tastumann el léac'h n'em eûz két skiñet :

27. Réd é oa d'id éta lakaat va arc'hañt étré daouarn ar varc'hadourien-arc'hañt, ha pa vijenn deûet em bijé tennet va arc'hañt gañt kempi.

28. Tennid éta hé dalañd digañthañ, ha rôit-héñ d'ann hini en deûz dék talañt.

29. Rák da néb en deûz é vézô rôet, hag é founnô : hôgen da néb n'en deûz két, é vézô lamed digañt-hañ, ar péz zô-kén en deûz doaré da gaout.

30. Ha taolid ar mével didalvoudekzé enn dévalien a ziavéaz : énô é vézô gwélvan, ha skriñ deñt.

31. Hôgen pa zeûi Mâb ann dén enn hé veûrdez, ha gañt-hañ ann holl élez, neûzé éc'h azézô war drôn hé veûrdez.

32. Hag ann holl boblou a vézô strolled dira-z-hañ, hag é rannô ann eil diouc'h égilé, é-c'hiz ma rann ar paotr ann déñved diouc'h ar gevr.

33. Hag é lakai ann déñved a zéou d'ézhañ, hag ar gevr a gleiz.

34. Neûzé ar Roué a lavarô d'ar ré a vézô a zéou d'ézhañ : Deûet, tûd benniget gañt va Zâd, piaouid ar rouañtélez a zô bét aozed d'é-hoc'h abaoé krouidigez ar béd.

35. Rák naoun am eûz bét, ha c'houi hoc'h eûz rôed da zibri d'in : sec'hed am eûz bét, ha c'houi hoc'h eûz rôed da éva d'in : didi é oann, ha c'houi hoc'h eûz va digéméret.

36. Noaz é oann, ha c'houi hoc'h eûz va gôlôet : klân é oann, ha c'houi a zô deûed d'am gwélout : er vâc'h é oann, ha c'houi a zô deûed d'am c'havout.

37. Neûzé ann dûd c'hlân a respouñtô hag a lavarô d'ézhañ : Aotrou, peûr hon eûz-ni da wélet ô kaout naoun, hag hon eûz rôed da zibri d'id, pé ô kaout sec'hed, hag hon eûz rôed da éva d'id?

38. Ha peûr hon eûz-ni da wélet didi hag hon eûz da zigéméret ; pé noaz, hag hon eûz da c'hôlôet?

39. Ha peûr hon eûz-ni da wélet klañ pé er vâc'h, hag omp deûed d'az kavout?

40. Hag ar Roué a respouñtô hag a lavarô d'ézhô : É-gwirionez hel lavarann d'é-hoc'h, bé wéach hoc'h eûz gréat kémeñt-sé é-kéñver unan eûz ar ré zistéra eûz va breûdeûr, hoc'h eûz hé c'hréad d'in.

41. Neûzé é lavarô d'ar ré a vézô a gleiz d'ézhañ : Tec'hid diouz-in, tûd milliget, id enn tân peûr-baduz, a zô béd aozed évid ann diaoul, hag hé élez.

42. Rák naoun am eûz bét, ha n'hoc'h eûz két rôed da zibri d'in : sec'hed am eûz bét, ha n'hoc'h eûz két rôed da éva d'in.

43. Didi é oann, ha n'hoc'h eûz két va digéméret : noaz é oann, ha n'hoc'h eûz két va gôlôet : klân ounn bét, hag er vâc'h, ha n'oc'h kéd deûed d'am gwélout.

44. Neûzé hi a respouñtô hag a lavarô d'ézhañ : Aotrou, peûr hon eûz-ni da wélet ô kaout naoun pé zec'hed, didi pé dizilad, klân pé er vâc'h, ha n'hon eûz kéd da skoaziet?

45. Neûzé héñ a respouñtô hag a lavarô d'ézhô : É-gwirionez hel lavarann d'é-hoc'h, pénaoz kémeñt gwéach ha n'hoc'h eûz két gréat kémeñt-sé é-kéñver unan eûz ar ré zistéra eûz ar ré-mañ, n'hoc'h eûz kéd hé c'hréat em c'héñver.

46. Hag ar ré-mañ a iélô enn eñkrez peûr-baduz, hag ar ré c'hlân er vuez peûr-baduz.

—

XXVI. PENNAD.

1. Ha goudé m'en doé Jézuz peûrlavared ann holl c'hériou-zé, é lavaraz d'hé ziskibled :

2. Gouzoud a rit pénaoz é vézô gréad ar Pask da benn daou zervez, ha Mâb ann dén a vézô gwerzet évit béza staged ouc'h ar groaz.

3. Neûzé pennou ar véleien, hag hénaoured ar bobl en em strollaz é léz ar béLek-brâz, a c'halved Kaifaz :

4. Hag en em guzuliont évit gouzout pénaoz kémerout Jézuz gañd ijin, hag hé lakaad d'ar marô.

5. Hôgen hi a lavaré : Na réomp két kémeñt-sé é deiz eur gouél, gañd aoun na zavché dispac'h é-touez ar bobl.

6. Hôgen pa édo Jézuz é Bétania é-ti Simon al lovr,

7. É teûaz d'hé gavoud eur vaouez péhini é doa eul léstr alabastr (e) leûn a louzou c'houés-vâd, ha talvoudus brâz, hag a skulaz war hé benn é-pâd édo gourvézet.

8. Hôgen ann diskibled pa wéljoñt kémeñt-sé, a zavaz droug enn-hô, hag é léverjoñt : Da bétrâ ar c'holl-zé ?

9. Râg galled é divijé gwerza kér ann dra-zé, ha rei ann arc'hañt d'ar béorien.

10. Hôgen Jézuz ô c'houzoud ann dra-zé, a lavaraz d'ézhô : Pérâg é c'hlac'harit-hu ar c'hrég-zé ? Râk eunn dra vâd é deûz gréad em c'héñver.

11. Râk péorien hô pézô bépréd gan-é-hoc'h : hôgen n'hô pézô két bépréd ac'hanoun.

12. Ha pa é deûz-hi skulet al louzou c'houés-vâd-zé war va c'horf, é deûz hé c'hréat évit va liéna.

13. É-gwirionez hel lavarann d'é-hoc'h, pénaoz é pé léac'h-bennâg er béd holl ma vézô prézéged ann Aviel-mañ, é vézô lavared é koun anézhi (e), ar péz é deûz gréat.

14. Neûzé unan eûz ann daouzék, péhini a ioa hanvet Iuzaz Iskariot, a iéaz da gavout pennou ar véleien :

15. Hag é lavaraz d'ézhô : Pétrâ a róot-hu d'in, ha mé hen lakai étré hô taouarn ? Hag hi a réaz marc'had gañt-hañ eûz a drégoñt péz arc'hañt.

16. Hag a neûzé é klaské ann drô d'hé lakaad étré hô daouarn.

17. Hôgen d'ann deiz keñta eûz a c'houel ar bara hép goell, ann diskikled a zeûaz da gavout Jézuz, hag a lavaraz d'ézhañ : É pé léac'h é fell d'id é aozemp d'id ar Pask da zibri ?

18. Ha Jézuz a lavaraz : Id da géar da gavoud hen-ha-hen, ha lavirid d'ézhañ : Ar mestr en deûz lavaret : Va amzer a zô tôst ; enn da dl é rinn ar Pask gañt va diskibled.

19. Hag ann diskikled a réaz ével m'en doa gourc'hémennet Jézuz d'ézhô, hag é aozjoñd ar Pask.

20. Pa oé deûed éta ar pardaez, en em lékéaz ouc'h taol gañd hé zaouzég diskibl.

21. Ha pa édo ar ré-mañ ô tibri é lavaraz : É-gwirionez hel lavarann d'é-hoc'h, pénaoz unan ac'hanoc'h am gwerzô.

22. Hag ô véza glac'haret brâz, é téraoujoñd holl da lavaroud d'ézhañ : Ha mé eo Aotrou ?

23. Hag héñ a respouñtaz hag a lavaraz : Ann hini a laka hé zourn gan-éñ er plâd, hen-nez eo am gwerzô.

24. Mâb ann dén évit-gwir a ia ével ma eo skrived diwar hé benn : hôgen gwâ ann dén gañt péhini é vézô gwerzet Mâb ann dén : gwell é vé d'ann dén-zé na vé két bét ganet.

25. Hôgen Iuzaz, péhini a werzaz anézhañ, a respouñtaz hag a lavaraz : Ha mé eo, Mestr ? Hag héñ a lavaraz : Lavared éc'h eûz.

26. Ha pa édoñt ô koania, Jézuz a géméraz bara, hag hé vinnigaz, hag hé dorraz, hag hé rôaz d'hé ziskibled, ô lavaroul : Kémérit, ha debrit : ann dra-mañ eo va c'horf.

27. Hag ô kéméroud ar c'halir é trugarékéaz, hag hé rôaz d'ézhô ô lavarout : Évit holl eûz a hé-mañ,

28. Râg hé-mañ eo va goâd eûz ann testamañt névez, péhini a vézô skulet évit meûr a hini évid ann distol eûz ar péc'héjou.

29. Hôgen lavaroud a rann d'é-hoc'h, pénaoz na évinn mui eûz ar frouez-zé eûz ar winien, bétég ann deiz-zé é péhini éc'h évinn anézhañ a nevez é rouañtélez va Zâd.

30. Ha goudé béza kanet eunn himm, éz éjoñt war Ménez Olived.

31. Neûzé Jézuz a lavaraz d'ézhô : Eunn darvoud a wall-skouér é vézinn évid-hoc'h holl enn nôz-mañ. Râk skrived eo : Skei a rinn gañd ar mesaer, ha déñved ann tropel a vézô skiñet.

32. Hôgen goudé ma vézinn savet a varô da veô, é tiaraoginn ac'hanoc'h é Galiléa.

33. Ha Per a respouñtaz hag a lavaraz d'ézhañ : Ha pa vijez eunn darvoud a wall-skouér évid ann holl, na vézi bikenn eur wal-skouér évid-oun.

34. Jézuz a lavaraz d'ézhañ : É-gwirionez hel lavarann d'id pénaoz enn nôz-mañ, abarz ma kanô ar c'hilek, em dinac'hi teir gwéach.

35. Per a lavaraz d'ézhañ : Ha pa

vé réd d'in mervel gañ-éz, n'az dinac'hinn két. Hag ann holl ziskibled a lavaraz ével-t-hañ.

36. Neûzé Jézuz a zeûaz gañt-hô enn eul léac'h a c'halved Jetsémani, hag é lavaraz d'hé ziskibled : Azézid amañ, eñdra ma'z inn da bidi a-hoñt.

37. Hag é kéméraz Per, ha daou vab Zébédé, hag é téraouaz tristaat hag en em c'hlac'hari.

38. Neûzé é lavaraz d'ézhô : Trist eo va éné bétég ar marô : choumid amañ, ha béḷit gan-éñ.

39. Hag ô voñd eunn nébeût pelloc'h, en em striñkaz war hé c'hénou d'ann douar, hag é pédaz, ô lavarout : Va Zâd, mar d-eo galluz, ra'z ai ar c'halir-zé é-biou d'in ; hôgen koulskoudé na vézet két gréat hervez va ioul, hôgen hervez da hini.

40. Hag é teûaz da gavoud hé ziskibled, péré a gavaz kousket, hag é lavaraz da Ber : Pétrâ ha n'hoc'h eûz két gellet beḷa eunn heur gan-éñ ?

41. Béḷit, ha pédit évit na viot két temptet. Râg ar spéred a zô téar, hôgen ar c'hig a zô gw[illegible].

42. Moñd a réaz adarré eunn eil gwéach, hag é pédaz, ô lavarout : Va Zâd, ma na hell ar c'halir-zé moñd é-biou d'in héb éva anézhañ, ra vézô gréad da ioul.

43. Hag é teûaz adarré, hag hô c'havaz kousket : râg hô daou-lagad a ioa bec'hiet gañd ar môrgousk.

44. Hag ô véza hô c'huitéet, éz éaz adarré, hag é pédaz évid ann trédé gwéach, ô lavaroud ann hévélep geriou.

45. Neûzé é teûaz da gavoud hé ziskibled, hag é lavaraz d'ézhô : Kouskit bréma hag arzaôit : chétu é tôsta ann heur é péhini Mâb ann dén a vézô lékéad étré daouarn ar béc'herien.

46. Savid, ha déomp : chétu é tôsta ann hini am gwerzô (a).

47. Komza a réa c'hoaz, ha chétu Iuzaz unan eûz ann daouzék a zeûaz, ha gañt-hañ eul lôd brâz a dûd gañt klézeier ha bisier, péré a ioa kaset gañt pennou ar véleien, hag hénaoured ar bobl.

48. Hôgen ann hini a werzaz anézhañ, en doa rôed d'ézhô eunn arouéz, ô lavarout : Ann hini a bokinn d'ézhañ, hen-nez eo, dalc'hit-héñ.

49. Ha râk-tâl é tôstaaz ouc'h Jézuz, hag é lavaraz : Béz iac'h, Mestr. Hag é pokaz d'ézhañ.

50. Ha Jézuz a lavaraz d'ézhañ : Va miñoun, da bétrâ oud-dé deûet ? Neûzé é tôstajoñt, é lékéjoñd hô daouarn war Jézuz, hag é talc'hjoñd anézhañ.

51. Ha chétu unan eûz ar ré a ioa gañt Jézuz, a astennaz hé zourn, a dennaz hé glézé, a skôaz gañt mével priñs ar véleien hag a drouc'haz hé skouarn d'ézhañ.

52. Neûzé Jézuz a lavaraz d'ézhañ : Laka da glézé enn hé léac'h : râk piou-bennâg a gémérô ar c'hlézé, a varvô gañd ar c'hlézé.

53. Ha menna a réz, pénaoz na hellfenn két pidi va Zâd, ha pénaoz na gasfé kéd d'in râk-tâl ouc'h-penn daouzék vañden élez ?

54. Pénaoz éta é vézô-hi sévéned ar Skrituriou, pa eo réd é vé ével-sé ?

55. Enn heur-zé Jézuz a lavaraz d'ar vañden-zé : Deûd oc'h gañt klézeier ha gañt bisier évit kregi ennoun, ével enn eur laer : bemdéz é oann azézet enn hô touez ô teski enn templ, ha n'hoc'h eûz két va c'hémeret.

56. Hôgen kémeñt-sé a zô c'hoarvézet, évit ma vijé sévénet ar péz a zô bét skrivet gañd ar broféded. Neûzé ann diskibled holl, ô véza hé lézet, a dec'haz-kuit.

57. Ha p'hô dévoé ar ré-mañ kéméret Jézuz, é kaschoñd anézhañ da dî Kaifaz priñs ar véleien, é péléac'h é oa strollet ar Skribed hag ann Hénaoured.

58. Hôgen Per a heûliaz anézhañ a bell, bété léz priñs ar véleien. Hag ô véza éad ébarz, éc'h azézaz é-touez ar mévellou, évit gwélout ann divez.

59. Koulskoudé Priñsed ar véleien, hag ann holl alierien a glaské eunn desténi faoz a-énep Jézuz, évit ma hen lakajeñt d'ar marô :

60. Ha na kavchoñt két, pétrâ-bennâg ma teûaz kalz a fals-destou. Hôgen enn-divez é teûaz daou fals-dest,

61. Péré a lavaraz : Hé-mañ en deûz lavaret : Mé a hell dismañtra templ Doué, hag hé zével a-nevez a-benn tri dévez.

62. Ha Priñs ar véleien ô sével enn hé zâ, a lavaraz d'ézhañ : Ha na respouñtez nétrâ d'ar péz a desténiont enn da énep?

63. Hôgen Jézuz a davé. Ha Priñs ar véleien a lavaraz d'ézhañ : Da bidi a rann enn hanô ann Doué béô, da lavaroud d'é-omp mar d-oud ar C'hrist Mâb Doué.

64. Jézuz a lavaraz d'ézhañ : Hé lavared éc'h eûz. Hôgen lavaroud a rann d'é-hoc'h pénaoz é wélot gañd ann amzer Mâb ann dén azézed a zéou da c'halloud Doué, hag ô toñt war c'hoabrou ann éñv.

65. Neûzé Priñs ar wéleien a rogaz hé zilad, hag a lavaraz : Touet en deûz ; da bétrâ hon eûz-ni mui ézomm a destou ? Chétu bréma hoc'h eûz hé gleved ô toui :

66. Pétrâ a vennit-hu ? Hag hi a respountaz hag a lavaraz : Ar marô a dalvez.

67. Neûzé é skôpchoñt oud hé dal, hag é rôjoñt taoliou-dourn d'ézhañ, ha ré all a garvanataz anézhañ,

68. O lavarout : Diougan d'é-omp, Krist, piou eo ann hini en deûz skôet gan-éz ?

69. Hôgen Per a ioa azézed er-méaz eûz al lez : hag é tôstaaz out-hañ eur vatez, péhini a lavaraz d'ézhañ : Té a joa ivé gañt Jézuz a C'haliléa.

70. Hag héñ hen nac'haz dirâg ann holl, ô lavarout : Na ouzono két pétrâ a lévérez.

71. Ha pa drémémé dré ann ôr, eur vatez all hen gwélaz, hag a lavaraz d'ar ré a ios énô : Hé-mañ a ioa ivé gañt Jézuz a Nazaret.

72. Hag é nac'haz adarré enn eur doui hag ô lavarout : Na anavézann kéd ann dén-zé.

73. Ha nébeût goudé ar ré a ioa énô a dôstaaz, hag a lavaraz da Ber : Évit-gwir té a zô eûz ar ré-zé : râk dionc'h da lavar hen anavézeur.

74. Neûzé é téraouaz drouk-pédi ha toui pénaoz na anavézé kéd ann dén-zé. Ha râk-tâl ar c'hiljeg a ganaz.

75. Ha Per en doé koun eûz a c'hér Jézuz pa lavaraz d'ézhañ : Abarz ma kanô ar c'hiljek, ez pézô va dinac'het teir gwéach. Hag ô véza éad er-méaz, é wélaz gañt c'houervder.

—

XXVII. PENNAD.

1. Hôgen pa oé deûed ar miñtin, holl briñsed ar véleien hag holl hénaoured ar bobl en em guzuliaz a-énep Jézuz, évid hé lakaad d'ar marô.

2. Hag ô véza hé éréet, é kaschoñd anézhañ, hag hen lékéjoñd étré daouarn Poñs-Pilat, mérer ar vrô.

3. Neûzé Iuzaz, péhini en doa hé werzet, ô wélout pénaoz é oa barnet, é savaz keûz enn-hañ, hag é kasaz ann trégoñt péz arc'hañt da briñsed ar véleien ha d'ann hénaoured,

4. O lavarout : Péc'het em eûz ô werza ar goâd dinam. Hag hi a lavaraz d'ézhañ : Pé vern d'é-omp-ni ? Ann dra-zé a zell ouz-id.

5. Ha goudé béza taoled ann arc'hañt enn templ, éz éaz-kuit, hag en em grougaz.

6. Hôgen priñsed ar véleien ô véza kémêred ann arc'hañt, a lavaraz : Na hellomp két hé lakaad enn teñzor, dré m'az eo gwerz ar goâd.

7. Hag ô véza en em guzuliet, é prénjoñt park eur pôder, évit bésia ann diavésidi.

8. Dré-zé é c'halveur c'hoaz hiriô ar park-zé Haseldama, da lavaroud eo, park ar goâd.

9. Neûzé é oé sévénet gerioù ar profed Jérémiaz pa en deûz lavaret : Hag é kémerjoñt trégoñt péz arc'hañt da werz ann hini a zô bét gwerzet, eûz a béhini hô doa gréad ar marc'had gañt bugalé Israel :

10. Hag hô rôjoñd évit park eur pôder, ével ma en deûz merket ann Aotrou d'in.

11. Hôgen Jézuz a ioa enn hé zâ dirâg mérer ar vrô, hag ar mérer a réaz ar goulenn-mañ out-hañ, ô lavarout : Ha té eo Roué ar Iuzevien ?

Jézuz

Jézuz a lavaraz d'ézhañ : Hé lavaroud a réz.

12. Hag ô véza bét tamallet gañt priñsed ar véleien, ha gañd ann hénaoured, na responñtaz nétrâ.

13. Neôzé Pilat a lavaraz d'ézhañ : Ha na glevez-té két pégémeñd a desténiou a lavar ann dûd-zé enn da énep ?

14. Ha na respouñtaz kéd eur gér d'ézhañ, enn hévélep doaré ma oé souézet-meûrbed ar mérer.

15. Hôgen ar mérer en doa ar boaz da leûskel d'ar bobl, enn eunn deiz goél-brâz, ann hini eûz ar brizounierien a venné d'ézhô.

16. Ha neûzé éz oa eur prizounier brudet brâz, a c'halved Barabbaz.

17. Hôgen Pilat ô véza hô strollet a lavaraz d'ézhô : Péhini a vennit-hu a laoskfenn d'é-hoc'h, Barabbaz, pé Jézuz, a c'halveur Krist ?

18. Râg gouzoud a réa pénaoz dré érez oa hô doa hé werzet.

19. Hôgen é-pâd édo war hé gador a varnédigez, hé c'hrég a gasaz eur ré da lavaroud d'ézhañ : Na vézet nétrâ étré ann dén dinam-zé ha té. Râk gwall beskinet ounn bréd hiriô gañd eur wélédigez enn abek d'ézhañ.

20. Hôgen priñsed ar véleien, hag ann hénaoured a aliaz ar bobl da c'houlenni Barabbaz, ha da lakaat Jézuz da golla hé vuez.

21. Mérer ar vrô a lavaraz éta d'ézhô : Péhini anézhô hô daou a vennit-hu a laoskfenn d'é-hoc'h ? Hag hí a lavaraz : Barabbaz.

22. Pilat a lavaraz d'ézhô : Pétrâ a rinn éta eûz a Jézuz, a zô galvet Krist ?

23. Holl é léverjoñt : Ra vézô staget ouc'h ar groaz. Ar mérer a lavaraz d'ézhô : Pé droug éta en deûs-héñ gréat ? Hag hí a c'harmé kréoc'h, ô lavarout : Ra vézô staget ouc'h ar groaz.

24. Pilat ô wélout pénaoz na c'hounézé nétrâ, hôgen é kreské ann dispac'h, a géméraz dour, hag a walc'haz hé zaouarn dirâg ar bobl, ô lavarout : Didamall ounn eûz a c'hoad ann dén dinam-zé : war-n-hoc'h é kouézô.

25. Hag ann holl bobl a respouñtaz hag a lavaraz : Ra gouézô hé c'hoad war-n-omp-ni, ha war hor bugalé.

26. Neûzé é laoskaz d'ézhô Barabbaz : ha goudé béza lékéat skourjéza Jézuz, é lékéaz anézhañ étré hô daouarn évit béza staget ouc'h ar groaz.

27. Neûzé soudarded ar mérer ô véza kaset Jézuz é léz ar varn, é strolljoñt war hé drô ann holl vrézélidi :

28. Hag hí ô véza hé ziwisket, a lékéaz war hé drô eur vañtel tané.

29. Hag ô véza gwéet eur gurunen gañt spern, é lékéjoñd anézhi war hé benn, gañd eur gorsen enn hé zourn déou. Hag ô pléga ar glin dira-z-hañ, é réañt goab anézhañ, ô lavarout : Dématîd, roué ar Iuzevien.

30. Hag ô véza skoped out-hañ, é kémerjoñd ar gorsen hag é skôjoñt gañt-hañ war hé benn.

31. Ha goudé béza gréat goab anézhañ, é tennjoñd ar vañtel diwar-n-ézhañ, hag ô véza hé wisket gañd hé zilad hé-unan, é kaschoñd anézhañ évit hé lakaad oud ar groaz.

32. Hôgen pa'z éañd er-méaz é kavchoñt eunn dén eûz a Ziren, hanvet Simon ; hag é lékéchoñd anézhañ da zougen hé groaz.

33. Hag é teûjoñd enn eul léac'h galvet Golgota, da lavaroud eo, Kalvar.

34. Hag é rôjoñd d'ézhañ da éva gwin ha bestl mesket gañt-han. Ha p'én doé tañvéet, na fellaz kéd d'ézhañ éva.

35. Hôgen goudé m'hô doé hé staged ouc'h ar groaz, é rannjoñd hé zilad étré-z-hô, oc'h hô deûrel d'ar sort ; évit ma vijé sévénet ar péz a zô bét lavaret gañd ar Profed ével-henn : Ranned hô deûz va dilad étré-z-hô, hag hô deûz taolet va zaé d'ar sort.

36. Hag ô véza azézet é tiwalleñd anézhañ.

37. Hag é lékéjoñt a-ziouc'h d'hé benn eur skrid war béhini é oa ann abeg eûz hé varnédigez : HÉ-MAN EO JÉZUZ ROUÉ AR IUZEVIEN (G).

38. Neûzé é oé lékéad oud ar groaz gañt-hañ daou laer : unan war ann dourn déou, hag eunn all war ann dourn kleiz.

39. Hôgen ar ré a dréméné, a zroukpédé gañt-hañ enn eur heja hô fennou,

40. Hag ô lavarout : Té péhini a zismañtr templ Doué, hag her sâv a nevez a-benn tri deiz : en em zavété da-unan. Mar d-oud Mâb Doué, diskenn eûz ar groaz.

41. Priñsed ar véleien, ar skribed hag ann hénaoured a réa ivé goab anézhañ, ô lavarout :

42. Ar ré all en deûz savétéet, ha na hell kéd en em zavétei hé-unan. Mar-d-eo roué Israel, diskennet bréma eûz ar groaz. ha ni a grédô ennhañ.

43. Fisioud a ra é Doué ; ra zeûi éta bréma d'hé zieûbi, mar kâr : râk lavared en deûz : Mâb Doué ounn.

44. Al laéroun a ioa staged oud ar groaz gañt-hañ. a réa d'ézhan ann hévéleb rébechou.

45. Hôgen adaleg ar c'houec'hved heur bétég ann naved, é oé gôlôed ann douar holl a dévalien.

46. Hag é-trô ann naved heûr é c'harmaz Jézuz gañd eur vouéz gré, ô lavarout : Éli, Éli, lamma sabaktani ? da lavaroud eo : Va Doué, va Doué, pérâg éc'h eûz-dé va dilézet?

47. Hôgen hinienneu péré a ioa choumed énô, hag a glevé anézhañ, a lavaraz : Élias a c'halv hé-mañ.

48. Ha râk-tâl unan anézhô a rédaz, hag ô véza kémérod eur spoué, hé leûniaz a win-egr, hé lékéaz é penn eur gorsen, hag hé rôaz d'ézhañ da éva.

49. Hôgen ar ré all a lavaré : List da ôber, gwélomp mar teûi Éliaz d'hé zieûbi.

50. Neûzé Jézuz ô c'harmi adarré gañd eur vouéz gré, a rôaz hé spéred.

51. Ha chétu gwél ann templ a rogaz é diou gévren, adaleg al lein bétég ar gwéled ; hag ann douar a grénaz ; hag ar vein a falaz.

52. Hag ar bésiou a zigoraz ; ha kalz a gorfiou sent, péré a ioa kousket, a zavaz eûz a varô da véô.

53. Hag ô voñd er-méaz eûz hô bésiou, goudé ma oa saved-héñ, é teûjoñd er géar zañtel, hag en em ziskouézjoñd da galz a dûd.

54. Hôgen ar c'hañténer, hag ar ré a ioa gañt-hañ, ô virout Jézuz, pa wéljoñd ar c'hrén-douar ha kémeñd a ioa c'hoarvézet, a oé spouñtet-brâz, hag a lavaraz : Hé-mañ évit-gwir a ioa Mâb Doué.

55. Béz' éz oa ivé énô kalz a verc'hed a zellé a bell, péré hô doa heûliet Jézuz adaleg Galiléa, oc'h hé zervicha :

56. É-touez péré é oa Mari Madalen, ha Mari mamm Jakez ha Jozef, ha mamm mipien Zébédé.

57. Hôgen war ar pardaez, é teûaz eunn dén pinvidig eûz a Arimatéa, hanvet Jozef, péhini a ioa ivé diskibl da Jézuz.

58. Hé-mañ a iéaz da gavout Pilat, hag a c'houlennaz digañt-hañ korf Jézuz. Neûzé Pilat a c'hourc'hémennaz rei ar c'horf.

59. Ha Jozef ô véza kémered ar c'horf, hé c'hôlôaz gañd eul liénen c'hlân.

60. Hag é lékéaz anézhañ enn hé véz nevez hé-unan, péhini en doa lékéad da toulla er roc'h. Ha goudé béza ruled eur méan brâz ouc'h dôr ar béz, éz éaz-kuit.

61. Hôgen Mari Madalen, hag ar Mari all a ioa azézed énô é-kichen ar béz.

62. Hag añtrônôz, péhini a ioa ann deiz goudé ar gousper, priñsed ar véleien hag ar Farizianed en em strollaz hag a iéaz da gavout Pilat.

63. Hag é léverjoñd d'ézhañ : Aotrou, deûed eo da goun d'é-omp pénaoz ann toueller-zé en deûz lavaret, hag héñ c'hoaz béô : Goudé tri deiz é savinn a varô da véô.

64. Gourc'hémenn éta ma vézô mired ar béz bétég ann trédé deiz ; gañd aoun na zeûfé hé ziskibled d'hé laéra, ha da lavaroud d'ar bobl : Saved eo a varô da véô ; hag ar fazi divéza a vézô gwâz égéd ar c'heñta.

65. Pilat a lavaraz d'ézhô : Gwarded hoc'h eûz, Id, ha mirit-héñ ével ma kerrot.

66. Moñd a réjoñd éta kuit, hag évit miroud ar béz é stageljoñt ar méan, hag é lékéjoñt gwarded war hé drô.

XXVIII. PENNAD.

1. Hôgen da bardaez ar sabbat, pa luc'hé ar c'heñta deiz eûz ar sabbad all, é teûaz Mari Madalen, hag ar Mari all évit gwéloud ar béz.

2. Ha chétu é c'hoarvézaz eur c'hréndouar; râg eunn Éal eûz ann Aotrou a ziskennaz eûz ann éñv, hag a zeûaz da rula ar méan: hag é azézaz warn-ézhañ.

3. Hé zremm a ioa lugernuz ével eul luc'héden: hag hé zaé a ioa gwenn ével ann erc'h.

4. Hôgen hé warded a oé taget gañd eur spouñt brâz, hag é teûjoñd ével tûd-varô.

5. Hag ann Éal a respouñtaz hag a lavaraz d'ar gragez: Na spouñtit két, c'houi: râg gouzoud a rann pénaoz é klaskit Jézuz péhini a zô bét lékéad ouc'h ar groaz.

6. N'éma kéd amañ: râk saved eo a varô da véô, hervez m'en doa lavaret. Deûit, ha gwélit al léac'h é péhini é oa bét lékéat ann Aotrou.

7. Hag it râk-tâl, ha livirid d'hé ziskibled pénaoz eo saved a varô da véô: ha chétu é tiraogô ac'hanoc'h é Galiléa: énô hen gwélot. Chétu em eûz hé lavared d'é-hoc'h araok.

8. Hag éz éjoñt râk-tâl er-méaz eûz ar béz gañt spouñt ha laouénidigez vrâz, hag é rédjoñt da ziskléria kémeñt-mañ d'ann diskibled.

9. Ha chétu Jézuz a iéaz d'hô diambrouga, ô lavarout: Dématéoc'h. Hag hi a dôstaaz, hag oc'h en em deûrel d'hé dreid, éc'h azeûljoñd anézhañ.

10. Neûzé Jézuz a lavaraz d'ézhô: Na spouñtit két. It, ha livirid d'am breûdeûr moñd é Galiléa; énô eo é wéliñd ac'hanoun.

11. Pa oé éat-kuîd ar ré-mañ, chétu lôd eûz ar warded a zeûaz é kéar, hag a ziskleriaz da briñsed ar véleien kémeñd a ioa c'hoarvézet.

12. Hag ar ré-mañ ô véza en em strollet gañd ann hénaoured, ha goudé béza en em guzuliet, a rôaz kalz a arc'hañt d'ar zoudarded,

13. O lavarout: Livirit pénaoz eo deûed hé ziskibled é-pâd ann nôz, hag hô deûz hé laérét, é-keit ma oac'h kousket.

14. Ha mar teû mérer ar vrô da glevout kémeñt-mañ, ni a gen-drec'hô anézhañ, hag a zavétéô ac'hanoc'h.

15. Hag hi, ô véza kéméréd ann arc'hañt, a réaz ével ma oa bét lavared d'ézhô. Hag ar gér-zé a oé brudet, hag a bâd c'hoaz hiriô é-touez ar Iuzevien.

16. Hôgen ann unnék diskibl a iéaz é Galiléa war ar ménez, war péhini en doa Jézuz gourc'hémennet d'ézhô en em gavout.

17. Ha pa her gwéljoñt, éc'h azeûljoñd anézhañ. Hôgen lôd a arvaré.

18. Ha Jézuz a dôstaaz out-hô, hag a lavaraz d'ézhô: Holl-c'halloud a zô bét rôed d'in enn éñv ha war ann douar.

19. Id éta, ha kélennit ann holl bobilou, ha badézit-hô enn hanô ann Tâd, hag ar Mâb, hag ar Spéred-sañtel:

20. Ha deskid d'ézhô mirout kémeñd em eûz gourc'hémenned d'é-hoc'h. Ha chétu émoun gan-é-hoc'h bemdez, bétég ann divez eûz ar béd.

AVIEL SANTEL JÉZUZ-KRIST

HERVEZ

SANT VARK.

I. PENNAD.

1. Derou Aviel Jézuz-Krist, mâb Doué.
2. Evel m'az eo skrivet gañd ar profed Izaiaz : Chétu é kasann va éal dirâg da zremm, péhini a aozô ann héñd enn da raok.
3. Mouéz ann hini a léñv el léac'h distrô : Aozid heñd ann Aotrou, grît ma vézô eeun hé wénodennou.
4. Iann a ioa el léac'h distrô ô vadézi, hag ô prézégi badisiañt ar binijen évid distaol ar péc'héjou.
5. Hag holl vrô Judéa, hag holl dud Jéruzalem a zeûé d'hé gavout, hag é oañt badézet gañt-hañ é ster ar Jourdan, goudé béza añsavet hô féc'héjou.
6. Ha Iann a ioa gwisket gañt bleô kañval, gañd eur gouriz lér war-drô d'hé groazel, hag é tebré kileien-raden ha mél gouéz. Hag é prézégé, ô lavarout :
7. Eunn all a zeû war va lerc'h hag a zô kréoc'h égéd-oun : ha na zellézann két, ô stoui dira-z-hañ, diéréa liamm hé voutou.
8. Mé em eûz hô padézet enn dour; hôgen héñ hô padézô er Spéred-sañtel.
9. Hag é c'hoarvézaz enn deisiou-zé pénaoz é teûaz Jézuz eûz a Nazaret é Galiléa, hag é oé badézet gañt Iann er Jourdan.
10. Ha râk-tâl ô sével eûz ann dour, é wélaz ann éñvou digor, hag ar Spéred é doaré eur goulm ô tiskenni, hag ô choum war-n-ézhañ.
11. Hag eur vouéz a oé kleved enn éñvou : Té eo va Mâb kér; enn-od em eûz lékéat va c'harañtez.
12. Râk-tâl ar Spéred hen bouñtaz el léac'h distrô.
13. Hag é choumaz el léac'h distrô daou-ugeñd dervez, ha daou-ugeñt-nôzvez : hag é oé templet gañt Satan : édo é-touez al loéned, hag ann éled a zerviché anézhañ.
14. Hôgen pa oé lékéat Iann er vâc'h, Jézuz a zeûaz é Galiléa, hag a brézégaz Aviel rouañtélez Doué,
15. O lavarout : Pa eo sévéned ann amzer, ha pa dôsta rouañtélez Doué, grît pinijen, ha krédid enn Aviel.
16. Hag ô kerzoud a-héd môr Goliléa, é wélaz Simon, hag Añdré hé vreûr, péré a daolé hô rouéjou er môr (râk peskétérien oañt),
17. Ha Jézuz a lavaraz d'ézhô : Deûd war va lerc'h, ha mé hô lakai da véza peskétérien tûd.
18. Hag hi râk-tâl ô véza kuitéed hô rouéjou, a iéaz war hé lerc'h.

19. Hag ô véza éad eunn nébeût
pellôc'h, é wélaz Jakez mâb Zébédé,
ha Iann hé vreûr, péré a aozé hô
rouéjou enn eur vag :
20. Ha râk-tâl é c'halvaz anézhô.
Hag ô véza lézed hô zâd er vâg gañd
hé c'hôpraérien, éz éjoñt, war hé
lerc'h.
21. Hag éz éjoñt é Kafarnaom : ha
kerkeñt Jézuz ô vézà éad er sinagog
da zeiz ar sabbat, é teské anézhô.
22. Hag é oañt souézet gañd hé gé-
len : râg hô deski a réa ével ann hini
en deûz ar galloud, ha n'her gréa kéd
ével ar Skribed.
23. Béz' éz oa enn ho sinagog eunn
dén trec'het gañt ar spéred louz, pé-
hini a griaz,
24. O lavarout : Pétrâ a zô étré té
ha ni, Jézuz a Nazaret ? Ha deûed
oud-dé évid hor c'holla ? Gouzoud a
rann piou oud, Sañt Doué.
25. Ha Jézuz a c'hourdrouzaz ané-
zhañ, ô lavarout : Tâv, ha kéa er-méaz
eûz ann dén-zé.
26. Hag ar spéred louz goudé béza
hé ziroget, a laoskaz eur c'hri brâz
hag a iéaz-kuid diout-hañ.
27. Souézet-brâz é oeñd holl, enn
hévélep doaré ma lavareñt étré-z-hô :
Pétrâ eo ann dra-mañ ? Pétrâ eo ar
gréden nevez-zé ? Râk gañt galloud
é c'hourc'hémenn d'ar spérejou louz
hô-unan, hag é señtoñd out-hañ.
28. Hag ar vrûd anézhañ a rédaz
kerkeñt enn holl vrô enn-drô da C'ha-
liléa.
29. Ha goudé béza éad er-méaz eûz
ar sinagog, éz éjoñd é ti Simon hag
André, gañt Jakez ha Iann.
30. Hôgen mamm-gaer Simon a ioa
war hé gwélé klañv gand ann dersien :
ha râk-tâl é komjoñt out-hañ diwar
hé fenn.
31. Hag héñ ô tôstaat, a rôaz hé
zourn d'ézhi hag hé savaz : ha râk-tâl
ann dersien a iéaz-kuid diout-hi, hag
é serviché anézhô.
32. Hôgen diouc'h ar pardaez, pa
oé kuzed ann héol, é kaschoñd d'ézhañ
ann holl dûd-klañv, hag ar ré a ioa
trec'het gañd ann diaoul :
33. Hag holl dûd kéar a ioa dastu-
med dirâg ann ôr.

34. Hag é iac'héaz kalz a dûd péré
hô dôa meûr a gléñved, hag é kasaz-
kuit kalz a ziaoulou, ha na aotréé kéd
d'ézhô homza eûz a gémeñt-mañ, dré
ma anavézeñd anézhañ.
35. Hag añtrônôz ô véza savet miñ-
tin mâd, éz éaz enn eul léac'h distrô,
hag énô é pédé.
36. Ha Simon, hag ar ré a ioa gañt-
hañ a iéaz war hé lerc'h.
37. Ha p'hô doé hé gavet, é léver-
joñd d'ézhañ : Ann holl a glask
ac'hanod.
38. Hag héñ a lavazaz d'ézhô :
Déomp d'ann tôsta bourc'hiou, ha
d'ann tôsta keriou, évit ma prézé-
ginn enn-hô : râk da gémeñt-sé eo
ounn deûet.
39. Hag é prézégé enn hô sinago-
gou, hag er Galiléa holl, hag é kasé-
kuid ann diaoulou.
40. Doñt a réaz d'hé gavout eunn
dén lovr, péhini oc'h hé bidi, hag ô
pléga hé c'hlin, a lavaraz d'ézhañ :
Mar fell d'id, é hellez va c'harza.
41. Hôgen Jézuz ô kaout truez out-
hañ, a astennaz hé zourn, hag ô steki
out-hañ a lavaraz d'ézhañ : Felloud a
ra d'in : Béz karz.
42. Ha pa en doé homzet, rak-tâl
éz éaz al lovreñtez diout-hañ, hag é
oé karz.
43. Ha Jézuz a gasaz anézhañ kuit
râk-tâl, goudé béza difennet out-hañ
komza,
44. O lavaroud d'ézhañ : Gwél na
liviri kémeñt-mañ da zén : hôgen kéa,
en em ziskouéz da briñs ar véleien,
ha kinnig évid da garzérez ar pêz a
zô gourc'hémennet gañt Moizez da
desténi d'ézhô.
45. Hôgen hé-mañ ô véza éat-kuit
a zéraouaz komza ha diskléria hé ba-
rédigez, enn hévélep doaré na hellé
mui Jézuz moñd é kéar dirâg ann
holl ; hôgen héñ a choumé er-méaz é
lec'hiou distrô, hag a bép tû é teûed
d'hé gavout.

II. PENNAD.

1. Ha nébeût goudé é tistrôaz da
Gafarnaom.

2. Ha kerkeñt ha ma oé klevet pénaoz édo enn ti, en em strollaz kalz a dûd, enn hévélep doaré m'az oa anézhô enn tû all d'ann ôr; hag héñ a brézégé d'ézhô ar gér.

3. Hag é oé kased d'ézhañ eur paralitik, péhini a zouget gañt pévar dén.

4. Hag ével na helleñt kéd hé ziskouéza da Jézuz dré ann abek d'ann eñgroéz, é tistôjoñd ann ti é péhini édo, hag ô véza hé doullet, é tiskenjoñd ar gwélé war béhini é oa kousked ar paralitik.

5. Hôgen Jézuz ô wéloud hô feiz, a lavaz d'ar paralitik : Va mâb, da béc'héjou a zô distaoled d'id.

6. Hôgen eur ré eûz ar Skribed a ioa azézed énô, hag a venné enn hô c'halounou :

7. Pétrâ a fell d'ann dén-zé da lavarout? A-énep Doué hag al lézen é komz : Piou a hell disteûrel ar péc'héjou, néméd Doué hép-kén?

8. Jézuz ô véza anavézet râk-tâl dré hé spéréd ar péz a venneñd ennhô hô-unan, a lavaraz d'ézhô : Perâg é vennit-hu kémeñt-sé enn hô kalounou?

9. Péhini eo ann esa, lavarout d'ar paralitik : Da béc'hédou a zô distaoled did, pé lavarout : Saô, kémer da wélé, ha balé?

10. Hôgen évit ma wiot pénaoz Mâb ann dén en deûz ar galloud war ann douar da zisteûrel ar péc'héjou (ó lavaraz d'ar paralitik),

11. É lavarann d'id : Saô, kémer da wélé, ha kéa d'az ti.

12. Hag héñ a zavaz râk-tâl : hag ô véza kéméred hé wélé, éz éaz-kuit dirâg ann holl, enn hévélep doaré ma oé souézet-brâz ann holl, ha ma veûljoñt Doué, ô lavarout : Biskoaz n'hon eûz gwélet kémeñd all.

13. Hag ô véza éad er-méaz adarré war-zû ar môr, ann holl bobl a zeûé d'hé gavout, hag é kélenné anézhô.

14. Ha pa'z éa ébiou, é wélaz Lévi mâb Aifé péhini a ioa azézet é ti ar gwiriou, hag é lavaraz d'ézhañ : Deûz war va lerc'h. Hag héñ a zavaz hag a iéaz war hé lerc'h.

15. Hag é c'hoarvézaz, pa édo ouc'h taol é ti ann dén-zé, pénaoz kalz a bublikaned hag a béc'herien en em lékéaz ivé ouc'h taol gañt Jézuz, ha gañd hé ziskibled ; râk kalz a ioa anézhô war hé lerc'h.

16. Ar skribed hag ar farisianed ô wélout pénaoz é tebré gañd ar bublikaned ha gañd ar béc'herien, a lavaraz d'hé ziskibled : Perâg é tebr hac éc'h év hô Mestr gañd ar bublikaned ha gañd ar béc'herien.

17. Jézuz ô véza klevet kémeñt-sé, a lavaraz d'ézhô : Né kéd ar ré iac'h hô deûz ézomm a louzaouer, ar ré glañv eo. Râk n'ounn két deûet évit gervel ar ré wirion, hôgen évit gervel ar béc'herien.

18. Ha diskibled Iann hag ar farizianed a iuné : hag é teûjoñt, hag é léverjoñd d'ézhañ : Pérâk a iun diskibled Iann hag ar farizianed, ha na iun két da ziskibled-dé?

19. Ha Jézuz a lavaraz d'ézhô : Bugalé ar pried hag hi a hell iuni épâd ma éma ar pried gañd-hô? Na helloñt két iuni é pâd ma éma ar pried gañt-hô.

20. Hôgen doñd a rai deisiou é péré é vézô lamet ar pried digañt-hô ; hag enn amzer-zé é iuniñt.

21. Dén na c'hri eur peñsel mézer nevez oud eur zaé gôz : anéz ar peñsel nevez a ziframfé ar méser kôz, hag ar rôg a vijé gwâz.

22. Ha dén na laka gwin nevez é listri kôz : anéz ar gwin a dorfé al listri, ar gwin a rédjé, hag al listri a vé kollet : hôgen réd eo lakaad ar gwin nevez é listri nevez.

23. C'hoarvézoud a réaz c'hoaz pénaoz pa dréméné ann Aotrou dré eur park éd é deiz ar sabbat, hé ziskibled enn eur gerzout a zéraouaz kutula tamoézennou.

24. Hôgen ar farizianed a lavaraz d'ézhañ : Pérâg é ra ar ré-zé ar péz a zô berzet é deisiou ar sabbat?

25. Hag héñ a lavaraz d'ézhô : Ha n'hoc'h eûs-hu két biskoaz lenned ar péz a réaz David, pa en doé ézomm, ha pa en doé naoun héñ hag ar ré a ioa gañt-hañ?

26. Pénaoz éz éaz é ti Doué, enn amzer Abiatar priñs ar véleien, hag é tebraz baraou ar c'hénig, péré na oa

aotréed hô dibri néméd d'ar véleien
héd-kén, hag é rôaz lôd d'ar ré a ioa
gañt-hañ?

27. Lavaroud a réaz c'hoaz d'ézhô:
Ar sabbat a zô gréad évid ann dén,
ha né kéd ann dén a zô gréad évid ar
sabbat.

28. Dré-zé Mâb ann dén a zô ann
Aotrou eûz ar sabbat hé-unan.

—

III. PENNAD.

1. Ha Jézuz a iéaz adarré er sina-
gog; hag énô éz oa eunn dén péhini
en doa eunn dourn dizec'het.

2. Hag éc'h évésaeñt out-hañ, da
wélout hag hen a iac'hajé ann den-zé
da zeiz ar sabbat, évit ma tamaljeñd
anézhañ.

3. Hag é lavaraz d'ann dén péhini
en doa eunn dourn dizec'het: Saô é
kreiz.

4. Hag é lavaraz d'ézhô: Ha berzed
eo da zeiz ar sabbat ôber ar mâd, pé,
ann drouk? Savétei ar vuez, pé hé
lémel? Hôgen hi a davaz.

5. Hag ô selloud out-hô gañt hua-
négez, hag ô véza glac'haret eûz a
zalleñtez hô c'haloun, é lavaraz d'ann
dén-zé: Astenn da zourn. Hag héñ hé
astennaz, hag é teûaz iac'h.

6. Hôgen ar Farizianed ô véza éat-
kult, en em guzuliaz gañd ann Héro-
dianed pénaoz hen koljeñt.

7. Hôgen Jézuz en em dennaz gañd
hé ziskibled étrézég ar môr: hag eul
lôd bráz a dûd eûz a C'haliléa hag
eûz a Judéa a iéaz war hé lerc'h.

8. Hag eûz a Jéruzalem, hag eûz a
Iduméa, hag eûz a enn tu all d'ar
Jourdan; hag eûz ar vrôiou enn-drô
da Dir ha da Zidon, eul lôd brâz a
dûd, ô klevout ar péz a réa, a zeûaz
d'hé gavout.

9. Hag é lavaraz d'hé ziskibled der-
c'hel daré d'ézhañ eur vag, enn abek
d'ann eñgroéz, gañd aoun na vijé
gwasket gañt-hô.

10. Râk kalz a iac'héé, enn hévélep
doaré ma en em daolé war-n-ézhañ
évit gellout steki out-hañ, kémeñd
hini en doa eur gouli-bennâg.

11. Hag ar spéréjou louz, pa her
gwéleñt, a stoué dira-z-hañ, hag a
grié, ô lavarout:

12. Té eo Mâb Doué. Hôgen héñ a
c'hourc'hémennaz stard d'ézhô na zis-
klerjeñt kéd anézhañ.

13. Hag héñ ô véza piñet war eur
ménez a c'halvaz davet-hañ ar ré ma
fellaz d'ézhañ: hag é teûjoñt d'hé ga-
vout.

14. Daouzég a hanvaz anézhô évit
béza gañt hañ, hag évid hô c'hâs da
brézégi.

15. Hag é rôaz d'ézhô ar galloud
da iac'haad ar ré glañv, ha da gâs-
kuld ann diaoulou.

16. Simon, da béhini é rôaz ann
hanô a Ber:

17. Ha Jakez mâb Zébédé, ha Iann
breûr Jakez; péré a hanvaz Boaner-
gez, da lavaroud eo, mipien ar gurun:

18. Hag Añdré, ha Filip, ha Ber-
télé, ha Mazé, ha Tomaz, ha Jakez
mâb Alfé, ha Tadé, ha Simon ar C'ha-
nanéad.

19. Ha Iuzaz Iskariot, péhini hen
gwerzaz.

20. Hag é teûjoñd enn ti, hag ar
bobl en em strollaz a nevez, enn hé-
vélep doaré na helleñt két dibri bara.

21. Ha pa glevaz hé dûd kémeñt-sé,
éz éjoñd évit krégi enn-hañ: râk la-
varoud a réañt pénaoz é oa kolled hé
skiañt gañt-hañ.

22. Hag ar Skribed, péré a ioa
deûed eûz a Jéruzalem, a lavaré pé-
naoz é oa trec'het gañt Béelzébub,
ha pénaoz é kasé-kuid ann diaoulou
gañt penn ann diaoulou.

23. Hag ô véza strolled anézhô, é
lavaraz d'ézhô gant parabolen: Pé-
naoz é hell Satan kâs Satan kult?

24. Mar béz eur rouañtélez dizun-
van enn-hi hé-unan, na hell kéd ar
rouañtélez-zé choum enn hé zâ.

25. Ha mar béz eunn ti dizunvan
enn-hañ hé-unan, na hell kéd ann
ti-zé choum enn hé zâ.

26. Ha mar teû Satan da zispac'ha
out-hañ hé-unan, dizunvaned eo, ha
na hell két choum enn hé zâ, hôgen
ann divez a gâv.

27. Dén na hell moñd é ti ann dén
kré ha preiza hé listri, néméd da

geñta en défé éréed ann dén kré, ha neûzé é preizô hé dl.
28. É-gwirionez hel lavarann d'é-hoc'h, pénaoz pép péc'hed ha pép lé-douet hô dévézô gréat mipien ann dûd a vézô distaoled d'ézhô.
29. Hôgen piou-pennâg en dévézô komzed a-éneb ar Spéred-glân, na vézô bikenn distaoled d'ézhañ, hôgen kabluz é vézô eûz a eur gwall peûr-baduz.
30. Dré ma lavereñd : Éma ar spé-red louz gañt-hañ.
31. Koulskoudé hé vamm hag hé vreûdeûr a zeûaz : hag ô véza chou-med er méaz é kaschoñd d'hé c'hervel.
32. Ar bobl a ioa azézet enn-drô d'ézhañ : Chétu da vamm ha da vreû-deûr a zô er-méaz hag a glask ac'ha-nod.
33. Hag héñ a respouñtaz, hag a lavaraz d'ézhô : Piou eo va mamm, ha piou eo va breûdeûr ?
34. Hag ô selloud oud ar ré a ioa azézet enn-drô d'ézhañ, é lavaraz : Chétu va mamm ha va breûdeûr.
35. Rak piou-bennâg a ra ioul Doué, hen-nez a zô va breûr, va c'hoar ha va mamm.

—

IV. PENNAD.

1. Hac é téraouaz adarré kélenna é-harz ar môr : hag eul lôd brâz a dûd en em zastumaz war hé drô, enn hévélep doaré ma piñaz war eur vâg ha ma azézaz a-ziouc'h ar môr ; hag ann holl bobl a ioa war ann douar é aot ar môr.
2. Hag héñ a zeské d'ézhô kalz a draou gañt parabolennou, hag é la-varé d'ézhô enn hé zeskadurez :
3. Sélouit : Chétu ann hader a iéaz da hada.
4. Hag é-pâd é hadé, lôd eûz ann hâd a gouézaz a-héd ann heñt, ha laboused ann éñv a zeûaz, hag hé zebraz.
5. Lôd all a gouézaz enn eul léac'h meinek é péléac'h n'en doé két kalz a zouar : hag é savaz kerkeñt dré né oa két kalz a zounder douar :
6. Ha pa oé saved ann héol, é lôs-kaz : hag ô véza n'en doa kéd a c'hri-sien, é sec'haz.
7. Ha lôd all a gonézaz é-touez ann drein, hag ann drein a zavaz, hag a vougaz anézhañ, ha na rôaz kéd a frouez.
8. Ha lôd a gouézaz é douar mâd : hag a rôaz frouez péhini a zavaz, hag a greskaz, hag a rôaz unan trégoñt, unan tri-ugeñt, unan kañt kémeñd all.
9. Hag é lavaré : Ra zélaouô néb en deûz diskouarn da glevout.
10. Ha pa édo hé-unan, ann daou-zég a ioa gañt-hañ a c'houlennaz di-gañt-hañ pétrâ é oa ar barabolen-zé.
11. Hag é lavaraz d'ézhô : Rôed eo d'é-hoc'h da anaout traou kuzet rouañ-télez Doué : hôgen d'ar ré a zô er-méaz, pép trâ a c'hoarvez gañt para-bolennou.
12. Évit pa wéliñt é wéliñt, ha na wéliñt két, hag ô klevout é kleviñt, ha na boellint két : gand aoun na zeû-feñt da gemma a vuez, ha na vé dis-taoled d'ézhô hô féc'héjou.
13. Hag é lavaraz d'ézhô : Ha na boellit-hu kéd ar barabolen-zé ? Pé-naoz éta é poellot-hu ann holl bara-bolennou ?
14. Néb a hâd, a hâd ar gér.
15. Hôgen ar ré a zô a-héd ann heñt, eo ar ré é péré eo bét haded ar gér, ha pa hô deûz hé glevet, kerkeñt é teû Satan, hag é lamm ar gér a ioa bét hadet enn hô c'halounou.
16. Ével-sé ar ré a zô béd hadet é lec'hiou meinek, eo ar ré péré a glev ar gér, hag a gémer anézhañ râk-tâl gañt laouénidigez :
17. Hag ô véza n'hô deûz kéd a c'hrisien enn-hô hô-unan, n'émiñt néméd évid eunn amzer : ha pa zeû eunn enkrez pé eunn heskin-bennâg enn abek d'ar gér, kerkeñt é kémé-roñt gwall skouér.
18. Hag ar ré a zô béd hadet é-touez ann dréz, eo ar ré a zélaou ar gér ;
19. Ha prédériou ar béd-mañ, touellérez ar madou, hag ann holl droug-ôberiou all ô véza éad enn-hañ, a voug ar gér, hag hel laka da véza difrouez (c).
20. Hag ar ré a zô béd hadet é

douar mâd, eo ar ré a zélaou ar gér, a gémer anézhañ hag hel laka da zigas frouez, lôd trégoñt, lôd tri-ugeñt, lôd kaüt kémeñd all.

21. Lavaroud a réaz ivé d'ézhô : Ha kéméroud a réeur eur c'hleûzeur évid hé lakaad dindân ar boézel, pé dindân ar gwélé ? Ha né kéd évid hé lakaad war eur c'hañtoler ?

22. Râk n'eûz nétrâ kuzet, na dlé béza diskleriet : ha na réeur nétrâ évit béza gôlôet, hôgen évit béza gwélet gañd ann holl.

23. Mar en deûz diskouarn da glevout, ra glevô.

24. Hag é lavaraz c'hoaz d'ézhô : Likid évez oud ar péz a glevit. Diouc'h ar veñt gañt péhini hô pézô meñtet, é viot meñtet hoc'h-unan, hag é vézô rôed d'é-hoc'h ouc'h-penn.

25. Râk néb en deûz, a vézô rôet d'ézhañ ; ha néb n'en deûz két, a vézô lamed digañt-hañ ar péz zô-kén en deûz.

26. Hag é lavaraz ivé : Rouañtélez Doué a zô hêñvel oud eunn dén a daol hâd enn douar (M).

27. Pé é kousk, pé é sâv enn nôz hag enn deiz, ann hâd a hegin, hag a gresk hép ma oar-héñ pénaoz.

28. Râg ann douar a zoug frouez anézhañ hé-unan ; da geñta ar iéot, goudé ann damoézen, ha goudé ann éd leûn enn damoézen.

29. Ha pa vez daré ar frouez, é lékéeur râk-tâl ar fals enn-hañ, dré̂ma eo deûed ar médérez.

30. Hag é lavaraz adarré : Ouc'h pétrâ é lakaimp-ni eo hével rouañtélez Doué ? Ha dré bé barabolen é tiskouézimp-ni anézhi ?

31. Héñvel eo oud eur c'hreûnen sezô, péhini pa eo hadet enn douar, a zô ar' bihana eûz ann holl hadou eûz ann douar :

32. Ha pa eo hadet, é sâv hag é teû brasoc'h égéd ann holl louzou, hag é ra skourrou brâz, enn hévélep doaré ma hell laboused ann éñv choum dindân hé skeûd.

33. Ével-sé é komzé out-hô gañt kalz a barabolennou, diouc'h ma helleñt poella.

34. Hôgen na gomzé kéd out-hô hép parabolen : ha pa né vézé gañthañ néméd hé ziskibled, é tisklerié pép trâ d'ar ré-mañ.

35. Enn dervez-zé, pa oé deûed ar pardaez, é lavaraz d'ézhô : Tréménomp enn tû all *d'ann dour*.

36. Hag ô véza kaset-kuld ar bobl, é lékéjoñd anézhañ enn eur vag : ha bagou all a ioa gañt-hañ.

37. Hag é savaz eur stourm brâz a avel, hag ar c'hoummou a gouézé er vâg, kémeñt ma oa leûn ar vâg a zour (M).

38. Koulskoudé Jézuz a ioa diadré ar vâg, kouskét war eur penn-wélé : dihuna a réjoñd anézhañ, hag é léverjoñd d'ézhañ : Mestr, ha n'éc'h eûz-té kéd a bréder gañt ma'z éomp da goll ?

39. Hag ô sével enn hé zav é c'hourdrouzaz ann avel, hag é lavaraz d'ar môr : Taô, sioula. Hag ann avel a davaz ; hag é teûaz sioul-brâz *ann amzer* (M).

40. Hag é lavaraz d'ézhô : Pérâg hoc'h eûs-hu aoun ével-se ? Ha n'hoc'h eûs-hu kéd a feiz ? Hag hi hô doé eur spouñt brâz, hag é lavareñd ann eil d'égilé : Piou, war hô ménô, eo hémañ, a zeñt out-hañ ann avel hag ar môr ? (M)

V. PENNAD.

1. Hag ô véza treûzed ar môr, é teûjoñd é brô ar Jérazéned.

2. Ha Jézuz ô véza diskenned eûz ar vâg, eunn dén touellet gañd ann diaoul a ziredaz râk-tal d'hé gavout o toñt eûz ar bésiou,

3. É péléac'h é choumé, ha dén na hellé hé éréa, gañt chadennou zô kén :

4. Râg évit-hañ da véza béd aliez éréet gant chadennou ha gañd hualon, é torré hé chadennou, é tiframmé hé hualou, ha dén na hellé hé zoñva.

5. Hag aliez é choumé enn nôz hag enn deiz er bésiou ha war ar ménésiou ô c'harmi hag oc'h en em vlouñsa gañt mein.

6. Hôgen pa wélaz Jézuz a bell, é rédaz hag é azeûlaz anézhañ :

7. Hag ô kria gañd eur vouéz gré,

é lavaraz : Pétrâ a zô étré té ha mé,
Jézuz mâb Doué uc'hel-meûrbéd ? Da
bidi a rann dré ann hanô a Zoué, na
eñkrez kéd ac'hanoun.
8. Hag héñ a lavaraz d'ézhañ : Spé-
red louz, kéa er-méaz eûz ann dén-zé.
9. Hag é c'houlennaz digañt-hañ :
Pé hanô éc'h eûz ? Hag héñ a lavaraz :
Léjion eo va hanô, râk kalz omp.
10. Hag é pédé kaer anézhañ n'her
c'hasché kéd er-méaz eûz ar vrô.
11. Hôgen béz' éz oa énô eur vañ-
den vrâz a vôc'h ô peûri a-héd ar
ménez.
12. Hag ann diaoulou a bédé anè-
zhañ, ô lavarout : Kâs ac'hanomp er
môc'h évit m'az aimp enn-hô.
13. Ha Jézuz a aotréaz râk-tâl ké-
meñt-sé d'ézhô. Hag ar spéréjou louz
ô voñt-kuit a iéaz er môc'h : hag ann
holl vañden, eûz a béré éz oa daou
vil, en em daolaz gañt frouden er môr,
hag é oeñt beûzed er môr.
14. Hôgen ar ré a vésé anézhô a
dec'haz, hag a lavaraz kémeñt-sé é
kéar hag er parkou. Ha kalz tûd a iéaz
er-méaz da wélout pétrâ a ioa c'hoar-
vézet.
15. Hag ô véza deûed étrézé Jézuz,
é wéljoñd ann hini a ioa bét trec'het
gañd ann diaoul, péhini a ioa azézet,
gwisket, hag enn hé skiañt vâd, hag
hi a oé spouñtet.
16. Ar ré hô doa gwélet a lavaraz
d'ézhô kémeñd a ioa c'hoarvézet gañd
ann hini a ioa trec'het gañd ann
diaoul, ha gand ar môc'h.
17. Hag é téraoujoñd hé bédi da
voñd er-méaz eûz a harz hô brô.
18. Pa biñé er vâg, ann hini a ioa
bét trec'het gañd ann diaoul, a bédaz
anézhañ m'hen lezché da voñt gañt-
hañ.
19. Hôgen Jézuz na aotréaz kéd
d'ézhañ, hag a lavaraz d'ézhañ : Kéa
d'az ti da gavoud da dûd, ha grâ mé-
nek d'ézhô eûz a gémeñt en deûz
gréad ann Aotrou d'id, hag eûz hé
drugarez enn da géñver.
20. Hag hé-mañ a iéaz-kuit, hag a
zéraouaz embanna é Dékapoliz ké-
meñd en doa gréat Jézuz enn hé géñ-
ver : hag ann holl a oé souézet-brâz.
21. Jézuz ô véza adarré tréméned
enn tu all d'ann dour, râk tôst édo
d'ar môr, eul lôd brâz a bobl en em
zastumaz war hé drô.
22. Hag é teûaz eur penn eûz ar
sinagog hanvet Jairuz : ha pa wélaz
Jézuz, en em striñkaz d'hé dreid.
23. Hag é pédé anézhañ stard, ô
lavarout : Daré eo va merc'h da ver-
vel, deûz, laka da zourn war-n-ézhi,
hag é vézô paré, hag é vévô.
24. Jézuz a iéaz gañt-hañ, hag eur
bobl brâz a iéaz war hé lerc'h, hag a
vac'hé anézhañ.
25. Hag eur vaouez, a ioa klân gañd
ann diwad daouzék vloaz a ioa ;
26. Hag é doa gouzañvet kalz a
boan étré daouarn al louzaouerien :
hag é doa dispiñet hé holl madou,
héb béza gounézet nétrâ, hôgen ô
véza en em gavet gwâz-oc'h-wâz ;
27. O véza klevet komza eûz a Jé-
zuz, a zeûaz a-ziadré é-touez ar bobl,
hag a zournataz hé zaé.
28. Rag hi a lavaré : Mar gellann
hép-kén dournata hé zaé, é vézinn
paré.
29. Ha râk-tâl mammen hé goâd a
oé dizec'het : hag éc'h anavézaz enn
hé c'horf é oa paré hé gouli.
30. Ha kerkeñt Jézuz oc'h anaoud
enn-hañ hé-unan ar galloud a ioa éad
er-méaz anézhañ, ô véza en em droed
oud ar bobl, a lavaraz : Piou en deûz
stoked ouz-in ?
31. Hag hé ziskibled a lavaraz d'é-
zhañ : Ann eñgroez a wélez ô vac'ha
ac'hanod, hag é lévérez : Piou en deûz
stoked oc'h va dilad ? (G).
32. Hag é sellé enn-drô d'ézhañ
évit gwélout ann hini é doa gréat ké-
meñt-sé.
33. Hôgen ar vaouez a wié ar péz a
ioa c'hoarvézed enn-hi, a oé spouñtet
hag en em lékéaz da gréna, hag éz éaz
hag en em striñkaz d'hé dreid ; hag
é lavaraz d'ézhañ ar wirionez hed-
da-hed.
34. Hôgen hén a lavaraz d'ézhi : Va
merc'h, da feiz en deûz da iac'héet :
kéa é péoc'h, ha béz paré eûz da
c'houli.
35. Pa gomzé c'hoaz, é teûaz tûd
eûz a di penn ar sinagog, hag a la-
varaz d'ézhañ : Marô eo da verc'h ;

péràg é torrez-té c'hoaz penn ann Aotrou ?

36. Hôgen Jézuz ô klevoud ar péz a lavareñt, a lavaraz da benn ar sinagog : N'az péz kéd a aoun : kréd hép-kén.

37. Ha na aotréaz da zén moñd war hé lerc'h, néméd da Ber, ha da Jakez, ha da Iann breûr Jakez.

38. Hag ô véza éad é ti penn ar sinagog, é wélaz safar, lôd ô léñva, lôd ô kria kré.

39. Ha pa oé éad enn ti, é lavaraz d'ézhô : Péràg é safarit-hu, hag é léñvit-hu ? Né két marô ar plac'h-iaouañk, hôgen kousked eo.

40. Hag é réañt goab anézhañ. Hôgen héñ, goudé béza lékéad ann holl er-méaz, a géméraz tâd ha mamm ar plac'h iaouañk, hag ar ré en doa kaset gañt-hañ, hag éz éaz el léac'h ma édo gourvézed ar plac'h-iaouañk (c).

41. Hag ô kéméroud dourn ar plac'h-iaouañk, é lavaraz d'ézhi : *Talita kumi*, da lavaroud eo : Plac'h-iaouañk (hé lavaroud a rann d'Id), saô.

42. Ha râk-tâl é savaz ar plac'h-iaouañk, hag é valéaz : râk daouzék vloaz é doa. Hag é oeñt souézet meûrbéd.

43. Ha Jézuz a c'hourc'hémennaz stard d'ézhô na lavarjeñd ann dra-zé da zén : hag é lavaraz rei da zibri d'ézhi.

VI. PENNAD.

1. Jézuz ô véza éad ac'hanô, a iéaz d'hé vrô hé-unan : hag hé ziskibled a iéaz war hé lerc'h.

2. Ha deiz ar sabbat ô véza deûet, é téraouaz kélenna er sinagog : kalz eûz ar ré hen sélaoué a oa souézet brâz eûz hé gélennadurez, hag a lavaré : A béléac'h eo deûed da bé-mañ kémeñt-sé ? Pétrâ eo ar furnez a zô bét rôed d'ézhañ, hag ar burzudou a zô gréat gañd hé zaouarn.

3. Ha né d-ef-héñ kéd eur méchérour, mâb Mari, breûr Jakez, ha Jozef, ha Judaz, ha Simon ? Hag hé c'hoarézed, ha n'émiñd-hi kéd amañ gan-é-omp ? Hag é kaveñt tamall enn-hañ.

4. Hôgen Jézuz a lavaraz d'ézhô : Eur profed né d-eo kéd héb hanôdâd néméd enn hé vrô, hag enn hé dl, hag é-touez hé dûd.

5. Ha na hellaz ôber énô burzud é-béd, néméd ma paréaz eunn niver bihan a dûd klañv oc'h astenna hé zaouarn war-n-ézhô.

6. Hag héñ a ioa souézet gañd hô diskrédoni ; hag éz éa da gélenna dré ar bourc'hiou trô-war-drô.

7. Hag é c'halvaz ann daouzék : hag é téraouaz hô c'hâs daou ha daou hag é rôaz d'ézhô galloud war ar spéréjou louz.

8. Hag é c'hourc'hémennaz d'ézhô na gascheñt nétrâ enn heñt, nag ézef, na bara, nag arc'hañt enn hô ialc'h, hôgen eur vaz hép-kén ;

9. Hag arc'henna boutou, ha na gémerjeñt kéd diou zaé.

10. Hag é lavaraz d'ézhô : É pé ti-bennâg ma 'z éot, choumid enn-hañ bété ma 'z éot-kuld ac'hanô :

11. Ha mar éz eûz unan-bennâg ha na zigémérô két, pé na zélaouô kéd ac'hanoc'h, pa 'z éot-kuld ac'hanô, bejid ar poultr eûz hô treid é testéni enn hô énep.

12. Hag ô véza éat-kult, é prézégjoñd d'ann dûd ma rajeñt pinijen :

13. Kalz a ziaoulou a gaschoñt kult ; kalz a dûd klañv a froljoñt gañd éôl, hag é iac'héjoñd anézhô.

14. Ar roué Hérodez a glevaz méneg eûz a géméñt-sé (râg hanô Jézuz a oa anavézet-brâz), hag é lavaraz : Iann Badézour eo a zô saved a varô da véô : ha dré-zé eo é ra kémeñd a vurzudou.

15. Ré all a lavaré : Éliaz eo. Lôd all a lavaré : Profed eo ével unan eûz ar Broféded.

16. Hérodez ô klevout kémeñt-sé a lavaraz : Iann da béhini em eûz lékéat trouc'ha hé benn, a zô saved a varô da véô.

17. Râg Hérodez en doa kaset tûd da gémérout Iann, ha d'hé lakaad er vâc'h, dré ann abek da Hérodiaz grég d'hé vreûr Filip gañt péhini é oa dimézet.

18. Râk Iann en doa lavared da Hérodez : Né kéd aotréed d'Id kaoud da c'hrég grék da vreûr.

19. Hôgen Hérodiaz a glaské ann darvoud d'hé golla : c'hoañt é doa d'hé lakaad da vervel, ha na hellé két.

20. Râg Hérodez ô c'houzout pénaoz é oa eunn dén gwirion ha sañtel, en doa aoun ra-z-hañ : prédériuz é oa enn hé c'héñver, kalz a réa diouc'h hé vénô, ha dà é oa gañt-hañ hé glevout.

21. Hôgen eunn dervez aotréuz ô véza deûet, Hérodez évit deiz hé c'hanédigez a réaz eur goan évid ar briñsed, ar vrézelidi, hag ar pennoukéar eûz a C'haliléa.

22. Ha merc'h Hérodiaz ô véza éad énô, a zañsaz, hag a blijaz da Hérodez, ha d'ar ré a ioa ouc'h-taol gañt-hañ. Ar roué a lavaraz d'ar plac'h-iaouañk : Goulenn digan-éñ ar péz a giri, hag her rôinn d'Id.

23. Hag é touaz d'ézhi : Rei a rinn d'Id kémeñd a c'houlenni, ha pa vé ann hañter eûz va rouañtélez.

24. Hag ô véza éad er-méaz, é lavaraz-hi d'hé mamm : Pétrâ a c'houlenninn-mé? Hag hou-mañ a lavaraz : Penn Iann Vadézour.

25. Hag hi ô véza deûet râk-tâl da gavoud ar roué, a réaz hé goulenn, ô lavarout : Mé a ioul é rôjez d'in râk-tâl enn eunn disk penn Iann Vadézour.

26. Ar roué a oé glac'haret gañt kémeñt-sé. Koulskoudé dré 'n abek d'hé lé, hag ivé d'ar ré a ioa azézet gañt-hañ ouc'h taol, na fellaz kéd d'ézhañ glac'hari anézhi.

27. Hag ô véza kased eunn darédeer, é c'hourc'hémennaz d'ézhañ digas penn Iann war eunn disk. Hag hé-mañ a iéaz er vâc'h hag a drouc'haz hé benn d'ézhañ.

28. Hag é tigasaz ar penn war eunn disk ; hag é rôaz anézhañ d'ar plac'h-iaouañk, hag hou-mañ hé roaz d'hé mamm.

29. Hé ziskibled ô véza klevet kémeñt-sé, a zeûaz hag a géméraz hé gorf, hag é lékéjoñd anézhañ enn eur béz.

30. Hag ann ébestel ô véza en em zastumed enn-drô da Jézuz, a zanévellaz d'ézhañ kémeñd hô doa gréat, ha kémeñd hô doa desket.

31. Hag héñ a lavaraz d'ézhô : Deûid a-dû enn eul léac'h distrô, hag arzaôit eunn nébeût. Kâk kalz a dûd a iéa hag a zeûé ; ha na gaveñt kéd ann amzer da zibri.

32. Hag ô véza piñed enn eur vag, éz éjoñd a-dû enn eul léac'h distrô.

33. Hôgen ar bobl a wélaz anézhô ô voñt-kuit, ha kalz ré all a glevaz méneg eûz a gémeñt-sé, hag é rédjoñt énô war-droad eûz ann holl gériou, hag é tiaraogjoñd anézhô.

34. Ha pa'z éa-kuit Jézuz é wélaz eul lôd brâz a dûd : hag en doé truez out-hô, dré ma oañt ével déñvéd hép mesaer. Hag é téraouaz deski kalz a draou d'ézhô.

35. Ha pa oa deûed da véza divézad, hé ziskibled a zeûaz d'hé gavout, hag a lavaraz d'ézhañ : Al léac'h-mañ a zô distrô, ha divézad eo :

36. Kâs-hô kuit, évit ma'z aiñt er c'heriou hag er bourc'hiou diwar-drô, da bréna peadrâ da zibri.

37. Hag héñ a respouñtaz hag a lavaraz d'ézhô : Rôit c'houi da zibri d'ézhô. Hag é léverjoñd d'ézhañ : Ha moñd a raimp-ni da bréna évit daou c'hañt diner a vara, évit rei d'ézhô da zibri?

38. Hag héñ a lavaraz d'ézhô : Péd bara hoc'h eûs-hu ? Id, ha gwélit. Ha p'hô doé gwélet, é léverjoñt : Pemp, ha daou bésk.

39. Hag é c'hourc'hémennaz d'ézhô ma lakajeñd ann holl da azéza a vañdennou war ar iéot glâz.

40. Hag éc'h azézjoñt a vañdennou, lôd a gañt, lôd a hañtez-kañt dén.

41. Ha Jézuz ô véza kéméred ar pemb bara, hag ann daou bésk, a zavaz hé zaoulagad étrézég ann énv, hag a vinnigaz anézhô : ha goudé béza torred ar baraou, é rôaz anézhô d'hé ziskibled, évit m'hô rôjeñd d'ar bobl : hag é rannaz ann daou bésk étré-z-hô holl.

42. Hag é tebrjoñd holl, hag hô doé a-walc'h.

43. Hag é kaschoñt gañt-hô daou-

zék paner leûn gañd ann dilerc'h eûz ar bara hag eûz ar pésked.

44. Hôgen eûz ar ré hô doa debret éz oa pemp mil dén.

45. Ha kerkent Jézuz a rédiaz hé ziskibled da biña er vâg, évit m'az ajeñd enn hé raok enn tu all d'al lagen étrézék Betsaida, é-pâd ma kasché-kuld ar bobl.

46. Ha pa en doé hô c'haset-kuit, éz éaz war eur ménez évit pidi.

47. Ha pa oé deûed ar pardaez, ar vâg a ioa é-kreiz ar môr, hag héñ a ioa hé-unan war ann douar.

48. Ha pa wélaz anézhô ô kaout béac'h ô roéñvia (râg ann avel a ioa énep d'ézhô), war-drô ar pévaré dihun eûz ann nôz, é teûaz étrézég enn-hô ô kerzoud war ar môr : ha c'hoañt en doa d'hô diaraogi.

49. Hôgen hi pa weljoñd anézhañ ô kerzout war ar môr, é venjoñt pénaoz é oa eunn teûz, hag en em lékéjoñt da c'harmi.

50. Râg holl é wéljoñd anézhañ, hag hô doé spouñt brâz. Hôgen kerkeñt é komzaz out-hô, enn eul lavarout : Hô pézet fisiañs, mé eo, na spouñtit két.

51. Hag é piñaz gañt-hô er vâg, hag ann avel a baouézaz. Ha kémeñt-sé a souézaz c'hoaz muioc'h anézhô.

52. Râk n'hô doa két gréad a évez out burzud ar baraou, kenn dall é oa hô c'haloun.

53. Ha goudé béza treûzed al lagen, é teûjoñd é douar Jénézaret, hag é touarjoñd énô.

54. Ha pa oeñd éad er-méaz eûz ar vâg, tûd ar vrô a anavézaz anézhañ râk-tal (e).

55. Hag ô véza réded dré ann holl vrô, é téraoujoñd digas war hô gwéléou ar ré-glañv diwar-drô, el léac'h ma kleveñt é oa Jézuz.

56. Hag é pé léac'h-bennâg ma 'z éa, pé er bourc'hiou, pé er c'heriou, pé er gwikou, é lékéañt ann dud-klañv war leûr-géar, hag é pédeñt anézhañ da aotréa ma helljeñt hép-kén steki out penn-pil hé zaé : ha kémeñd hini a stoké out-hañ a vézé paré.

—

VII. PENNAD.

1. Neûzé ar Farizianed ha lôz eûz ar Skribed, péré a zeûé a Jéruzalem a iéaz d'hé gavout.

2. Ha pa wéljoñd lôd eûz hé ziskibled péré a zebré bara, gañd daouarn dic'hlan, da lavaroud eo, héb béza hô gwalc'het, é tamaljoñd anézhô.

3. Râg ar Farizianed, hag ann holl Iuzevien na zebroñt két, héb béza aliez gwalc'hed hô daouarn, évit mirout kéménnadurézou a-c'hénou ar ré gôz.

4. Ha pa zeûoñd eûz ar marc'had, na zebroñt két, héb béza en em walc'het. Kalz traou all a zô péré a dléoñd da virout, diouc'h ar c'héménnadurézou a-c'hénou : gwalc'hi ar c'hôpou, ar pôdou, al listri arm hag ar gwéléou.

5. Hag ar Farizianed, hag ar Skribed a lavaraz d'ézhañ : Pérâk da ziskibled na viroñt-hi két kéménnadurez a-c'hénou ar ré gôz ? Pérâg é tebroñt-hi bara héb béza gwalc'hed hô daouarn ?

6. Hôgen héñ a respouñtaz hag a lavaraz d'ézhô : Diouganet mâd en deûz Izaiaz diwar hô penn, pilpouzed, diouc'h ma eo skrivet : Ar bobl-mañ a énor ac'hanoun a-c'hénou, hôgen hô c'haloun a zô pell diouz-in.

7. Hôgen enn-aner eo éc'h énoroñt ac'hanoun ô teski lézennou ha gourc'hémennou ann dûd.

8. Râg ô lézel gourc'hémenn Doué, é mirit kéménnadurez a-c'hénou ann dûd, ô walc'hi al listri arm, hag ar c'hôpou, hag oc'h ôber kalz traou all heñvel ouc'h ar ré-mañ.

9. Hag é lavaraz c'hoaz d'ézhô : Tûd vâd oc'h pa dorrit gourc'hémenn Doué, évit mirout hô kéménnadurez hoc'h-unan.

10. Râk Moizez en deûz lavaret : Énor da dâd ha va vamm. Hag ivé : Piou-bennâg a zrouk-pédô gañd hé dâd, pé gañd hé vamm, a dlé béza lékéad d'ar maro.

11. Hôgen c'houi a lavar : Ma lavar eunn dén d'hé dâd pé d'hé vamm, Korban, da lavaroud eo, pép rô a zeûi ac'hanoun, ra vézô talvoudek d'id :

12. Ha na aotréit kéd d'ézhañ óber
muioc'h évid hé dâd pé hé vamm,
13. O lakaad da véza didalvez gour-
c'hémenn Doué dré hô kéménnadurez
a-c'hénou, péhini hoc'h eûz gréat
hoc'h-unan : ha kalz traou all héñvel
ouc'h ar ré-mañ a rit c'hoaz.
14. Hag ô c'hervel adarré ar bobl,
é lavaraz d'ézhô : Va c'hlevid holl,
ha poellit.
15. Nétrâ a-ziavéaz a géméñd a ia é
korf ann dén na bell hé zaotra ; hôgen
ar péz a zeû er-méaz eûz ann dén, eo
a zaotr ann dén.
16. Mar en deûz eur ré diskouarn
da zélaoui, ra zélaouô.
17. Goudé m'en doé kuitéet ar bobl,
ha ma oé deûed enn ti, hé ziskibled a
c'houlennaz out-hañ pétrâ a verké ar
barabolen-zé.
18. Hag héñ a lavaraz d'ézhô : Pé-
naoz ha c'houi a zô ivé hép poell ? Na
ouzoc'h két pénaoz kémeñt trâ eûz a
ziavéaz a ia é korf ann dén na zaotr
kéd anézhañ :
19. Râg ann dra-zé na ia kéd enn
hé galoun, hôgen enn hé gôv, a bé-
léac'h é kouéz el léac'h distrô, goudé
béza karzet ar boéd holl ?
20. Hôgen, émé-z-hañ, ar péz a zeû
eûz ann dén eo a zaotr ann dén.
21. Râg eûz a ziabarz kaloun ann
dûd eo é teû ar gwall vénosiou, ann
avoultriésiou, ar gadélésiou, al lazé-
résiou,
22. Al laéroñsiou, ar bizoni, ann
drougiézou, ann touellérez, al lous-
doniou, ann drouk-lagad, ann toua-
dellou, ar balc'hder, ann diboell.
23. Ann holl wallou-zé a zeû eûz
ann diabarz, hag a zaotr ann dén.
24. Hag ô voñt-kuid ac'hanô éz éaz
Jézuz war harzou Tir ha Sidon : hag
ô véza éad enn eunn ti, é fellé d'é-
zhañ na vijé gwézet kémeñt-sé gañd
dén, ha na hellaz két béza kuzet :
25. Râg eur c'hrég péhini é doa hé
merc'h eñkrézet gañd ar spéred louz,
ô véza klevet méneg anézhañ, a zeûaz
râk-tâl, hag en em daolaz d'hé dreid.
26. Hôgen ar c'hrég-zé a ioa paga-
nez, hag eûz a vrô ar Siroféniside.
Hag é pédé anézhañ da gâs ann diaoul
er-méaz eûz a gorf hé merc'h.
27. Ha Jézuz a lavaraz d'ézhi : Lez
da geñta ar vugalé d'en em walc'ha :
râk né két mâd kémérout bara ar vu-
galé, hag hé deûrel d'ar chas.
28. Hôgen hi a respouñtaz, hag a
lavaraz d'ézhañ : Gwir eo, Aotrou :
hôgen ar chas bihan a zebr dindân
ann daol bruzunou bara ar vugalé.
29. Ha Jézuz a lavaraz d'ézhi : Dré
ann abek d'ar gér-zé, kéa, éad eo ann
diaoul er-méaz eûz da verc'h.
30. Ha pa oé éad enn hé zi, é kavaz
hé merc'h kousket war hé gwélé, hag
ann diaoul éat-kult.
31. Hag ô kuitaad harzou Tir, é
teûaz adarré dré Zidon étrézék môr
Galiléa, ô tréménoud dré greiz har-
zou Dékapoliz.
32. Hag é oé kased d'ézhañ enn
dén bouzar ha mûd, oc'h hé bidi da
lakaad hé zourn war-n-ézhañ.
33. Hag ô tenna anézhañ eûz a
greiz ann eñgroez a-dû, é lékéaz hé
viziad enn hé ziskouarn : hag ô véza
tufet, é stokaz oud hé déôd :
34. Hag ô selloud ouc'h ann éñv,
éc'h huanadaz, hag é lavaraz d'ézhañ :
Efféta, da lavaroud eo, digorit.
35. Ha râk-tâl hé ziskouarn a oé
digor, hag hé déod stagellet a oé dié-
réet, hag é komzaz fréaz.
36. Hag é tifennaz out-hô na lavar-
jeñd ann dra-mañ da zén. Hôgen
seûl-vui ma tifenné out-hô, seûl-vui
é vrudeñt anézhañ :
37. Hag ô véza souézét-brâz, é la-
vareñt : Gréat mâd eo pép trâ gañt-
hañ ; lakaad a râ ar ré vouzar da gle-
vout, hag ar ré vûd da gomza.

—

VIII. PENNAD.

1. Enn deisiou-zé ô véza ma oa
c'hoaz kalz a bobl, ha n'hô doa kéd a
béadrâ da zibri, Jézuz a c'halvaz hé
ziskibled hag a lavaraz d'ézhô :
2. Truez em eûz oud ar bobl-zé ;
râk tri déz zô é choumoñt gan-éñ, ha
n'hô deûz nétrâ da zibri ;
3. Ha mar kasann anézhô d'hô zi
war iûn, é fatiñt enn heñt : râk lôd a
zô deûed a bell.

4. Hag hé ziskibled a lavaraz d'é-
zhañ : Pénaoz é kafemp-ni el léac'h-
distrô-mañ a-walc'h a vara évid hô
gwalc'ha ?
5. Hag héñ a c'houlennaz digañt-
hô : Péd bara hoc'h eûs-hu ? Hag hi
a lavaraz : Seiz.
6. Ha Jézuz a c'hourc'hémennaz
d'ar bobl azéza war ann douar. Hag
ô kéméroud ar seiz bara, é réaz hé
drugarez, hô zorraz, hag hô rôaz d'hé
ziskibled évid hô lakaad dirâg ar
bobl ; hag ar ré-mañ hô lékéaz dirâg
ar bobl.
7. Béz' hô doa ivé eunn nébeût pes-
kédigou : hô binniga a réaz, hag é
c'hourc'hémennaz hô rei d'ézhô.
8. Hag é tebrjoñt, hag hô doé a-
walc'h, hag é kaschoñt seiz kést leûn
gañd ann tammou a ioa choumed enn
hô dilerc'h.
9. Hôgen eûz ar ré hô doa debret
éz oa war-drô pevar mil dén : ha
Jézuz hô c'hasaz-kuit.
10. Ha râk-tâl ô piña enn eur vag
gañd hé ziskibled, é teûaz é bro Dal-
manuta.
11. Hag ar Farizianed a zeûaz d'hé
gavout, hag é téraoujoñt reñdaéla
gañt-hañ ; hag é c'houlenjoñd digañt-
hañ évid hé dempti, da ziskouéza
d'ézhô eunn arouéz-bennâg enn éñv.
12. Hag héñ oc'h huanadi a greiz
hé galoun, a lavaraz : Pérag ann dûd-
zé a c'houlenn eunn arouéz ? É-gwi-
rionez hé lavarann d'é-hoc'h, pénaoz
na vézô két rôed a arouéz d'ann
dûd-zé.
13. Hag ô véza hô lézet, é piñaz
adarré enn eur vag, hag é tréménaz
enn tu all d'al lagen.
14. Hôgen *ann diskibled* hô doa
añkounac'héet kémérout bara : ha n'ho
doa néméd eur bara hép-kén er vâg.
15 Ha Jézuz a réaz ar c'hélen-ma
d'ézhô, ô lavarout : Likid évez, hag
en em ziwallid out goell ar Farizianed,
hag out Hérodez.
16. Hag hi a venné hag a lavaré
enn-hô hô-unan : Dré n'hon eûz két
kéméred a vara eo.
17. Hôgen Jézuz oc'h anaout ké-
meñt-sé, a lavaraz d'ézhô : Pérâg é
vennit-hu étré-z-hoc'h dré n'hoc'h
eûz kéd a vara ? Ha na anavézit-hu,
ha na boellit-hu nétrâ ? Hag éma
c'hoaz hô kaloun enn dalleñtez ?
18. Ha daoulagad hoc'h eûs-hu hép
gwélout ? Ha diskouarn hoc'h eûs-hu
hép klevout ? Ha kolled eo ann évor
gan-é-hoc'h ?
19. Pa dorriz pemp bara évit pemp
mil dén ; pét panerad dilerc'hiou
hoc'h eûs-hu kaset gan-é-hoc'h ?
Daouzég, émé-z-hô.
20. Ha pa dorriz ar seiz bara évit
pévar mil dén ; pét késtad dilerc'hiou
hoc'h eûs-hu kaset gan-é-hoc'h ? Seiz,
émé-z-hô.
21. Hag héñ a lavaraz d'ézhô : Pé-
naoz éta na boellit-hu kéd ar péz a
lavarann d'é-hoc'h ?
22. Hag ô véza deûet é Betsaida, é
oé kased d'ézhañ eunn dén dall, hag
é pédjoñd anézhañ da steki out-hañ.
23. Hag ô véza kéméred dourn ann
dén dall, é kasaz anézhañ er-méaz
eûz ar vourc'h : hag ô véza tufet war
hé zaoulagad, é savaz hé zaouarn
war-n-ézhañ, hag é c'houlennaz out-
hañ hag hen a wélé eunn dra-bennâg.
24. Hag hé-mañ a zellaz hag a la-
varaz : Gwéloud a rann tûd héñvel
out gwéz hag a valé.
25. Neûzé Jézuz a lékéaz eur wéach
all hé zaouarn war zaoulagad ann
dén-zé ; hag é téraouaz gwélout, hag
é oé paré, enn hévélep doaré ma wé-
laz splann pép-trâ.
26. Neûzé é kasaz anézhan d'hé di,
ô lavarout : Kéa d'az ti : ha ma'z éz
er vourc'h, na lavar ann dra-mañ
da zén.
27. Ha Jézuz a iéaz ac'hanô gañd
hé ziskibled, hag é teûaz er c'heriou
war-drô Kézaréa-Filip : hag é-pâd é
kerzeñt é komzé oud hé ziskibled,
ô lavarout : Piou a lavar ann dûd
ounn-mé ?
28. Hag hi a respouñtaz hag a la-
varaz d'ézhañ : Lôd a lavar oud Iann
Vadézour, lôd all Éliaz, ha lôd all
pénaoz oud héñvel ouc'h unan eûz ar
broféded.
29. Hôgen c'houi, émé-z-hañ, piou
é livirit-hu ounn-mé ? Per a respouñ-
taz hag a lavaraz d'ézhañ : Té eo ar
C'hrist.

30. Hag héñ a zifennaz out-hô na lavarjeñd ann dra-mañ da zén.

31. Neûzé é téraouaz diskleria d'ézhô pénaoz é oa réd da Vâb ann dén gouzañvi kalz, ha béza distaolet gañd ann hénaoured, gañt pennou ar véleien ha gañd ar skribed, ha béza lazet, ha distrei da véô goudé tri deiz.

32. Hag hén a lavaré kémeñt-sé gañt komsiou splann. Hôgen Per oc'h hé géméroud a dû, a zéraouaz hé grôza.

33. Hag héñ ô tistrei, hag ô selloud oud hé ziskibled, a c'hourdrouzaz Per, ô lavarout : Pella diouz-in, Satan ; râk na vlazez két ar péz a zeû digañd Doué, hôgen hép-kén ar péz a zeû digañd ann dûd.

34. Hag ô véza galvet ar bobl gañd hé ziskibled, é lavaraz d'ézhô : Mar fell da unan-bennâg dont war va lerc'h, ra rai dilez anézhañ hé-unan : ha ra géméró hé groaz, ha ra heûlió ac'hanoun.

35. Râk piou-bennâg a felló d'ézhañ savétei hé vuez, hé c'holló : ha piou-bennâg a golló hé vuez enn abek d'in ha d'ann Aviel, a zavétéô anézhi.

36. Râk pétrâ a dalfé da eunn dén gounid ar béd holl, ha kolla hé éné ?

37. Pé pétrâ a rôi ann dén enn eskemm évid hé éné ?

38. Hôgen piou-bennâg é-touez ar wenn avoultr ha péc'her-mañ en dévézô méz ac'hanoun hag eûz va geriou : Mâb ann dén pa zeûi gañd ann élez sañtel é gloar hé dâd, en dévézô ivé méz anézhañ.

39. Lavaroud a réaz c'hoaz d'ézhô : É-gwirionez hel lavarann d'é-hoc'h, pénaoz éz eûz hiniennou é-touez ar ré a zô amañ, ha na varviñt két, kén n'hô dévézô gwélet rouañtélez Doué ô toñd enn hé galloud.

—

IX. PENNAD.

1. Ha c'houéac'h dervez goudé, Jézuz a géméraz gañt-hañ Per, Jakez ha Iann, hag hô c'hasaz a dû war eur ménez huel, hag é kemmaz a zoaré dira-z-hô.

2. Hé zilad a zeûaz da véza lugernuz, ha ker gwenn hag ann erc'h, ha ker kann, ha na helfé bikenn eur c'houmer war ann douar hô lakaad enn hévélep doaré.

3. Hag é wéljoñt Éliaz ha Moizez, péré a gomzé oc'h Jézuz.

4. Ha Per a lavaraz da Jézuz : Mestr, émomp mâd amañ : gréomp tri zelt, unan évid-od, unan évit Moizez, hag unan évid Éliaz.

5. Na ouié pétrâ a lavaré ; râk spouñtet-brâz oañt.

6. Ha chétu eur goabren a dévalaaz anézhô : hag eur vouéz a zeûaz eûz ar goabren, hag a lavaraz : Hé-mañ eo va mâb ker-meûrbed, sélaouit-héñ.

7. Ha kerkeñt ô sellout enn-drô d'ézhô, na wéljoñt mui dén, némét Jézuz a oa choumet hé-unan gañt-hô.

8. Ha pa ziskenjoñd eûz ar ménez, é c'hourc'hémennaz d'ézhô na lavarjeñd da zén ar péz hô doa gwélet ; kén na vijé savet Mâb ann dén eûz a douez ar ré varô.

9. Ar gér-zé a virjoñd étré-z-hô, hag é c'houlenneñt ann eil d'égilé pétra é oa da lavarout : Kén na vijé savet eûz a douez ar ré-varô.

10. Hag hi a réaz ar goulenn-mañ digañt-hañ : Pérâg éta é lavar ar Farizianed hag ar Skribed, pénaoz eo réd é teûfé Éliaz a-raok ?

11. Hag héñ a respouñtaz, hag a lavaraz d'ézhô : Éliaz a dlé doñd araok, hag é lakai pép trâ er stâd keñta : kalz ô vézô disprizet, enn hévélep doaré ma eo skrivet diwar-benn Mâb ann dén.

12. Hôgen hel lavaroud a rann d'é-hoc'h pénaoz Éliaz a zô deûet (ha gréad hô deûz enn hé c'héñver é-c'hiz ma eo fellet gañt-hô) diouc'h ma eo skrivet diwar hé benn.

13. Ha pa zeûaz da gaoud hé ziskibled all, é wélaz eul lôd brâz a dûd war hô zrô, ha Skribed péré a strivé out-hô.

14. Ha râk-tâl ann holl bobl ô véza gwélet Jézuz, a oé souézet ha spouñtet, hag ô tirédek é stoujoñd dira-z-hañ.

15. Hab héñ a c'houlennaz digañt-hô : Diwar-benn pétrâ é strivit-hu étré-z-hoc'h ?
16. Hag unan eûz a douez ar bobl a respouñtaz, hag a lavaraz : Mestr, digased em eûz d'id va mâb, péhini a zô trec'het gañd eur spéred mûd :
17. Hag é pé léac'h-bennâg ma krog enn-hañ, é taol anézhañ oud ann douar, hag hé-mañ a éon. a laka hé zend da skriña, hag a zizec'h. Lavared em eûz d'az diskibled hé gâs-kuit, ha n'hô deûz két gellet.
18. Hag héñ a respouñtaz, hag a lavaraz d'ézhô : Gwenn diskrédik, pé vété keit é vézinn-mé gan é-hoc'h ? Pé vété keit é c'houzañvinn-mé ac'hanoc'h ? Digasit-héñ d'in.
19. Hag hen kaschoñd d'ézhañ. Ha pa wélaz Jézuz, ar spéred a béjaz anézhañ, hé daolaz oud ann douar, hag héñ en em rulé oc'h éoni.
20. Ha Jézuz a c'houlennaz oud hé dâd : Pégeid amzer a zô abaoé ma c'hoarvez kémeñt-sé gañt-hañ ? Hag héñ a lavaraz : A-vihanik.
21. Hag ar spéred a daol aliez anézhañ enn tân, hag enn dour, évid hé lakaad da vervel. Hôgen mar gellez eunn dra-bennâg, kennerz ac'hanomp, hag az péz truez ouz-omp.
22. Ha Jézuz a lavaraz d'ézhañ : Mar gellez kridi, pép trâ a hell ann néb a gréd.
23. Ha râk-tâl tâd ar bugel, enn eur c'harmi, hag enn eur wéla, a lavaraz : Kridi a rann, Aotrou : kennerz ac'hanoun em digrédoni.
24. Ha Jézuz ô wélout pénaoz ar bobl a ziredé enn eunn taol brâz, a c'hourdrouzaz ar spéred louz, ô lavaroud d'ézhañ : Spéred bouzar ha mûd, mé eo hen gourc'hémenn d'id, kéa er-méaz eûz ar bugel-zé : ha na zistrô mui enn-hañ.
25. Hag ar spéred enn eur c'harmi, ha goudé béza hé hejet kaer, a iéaz er-méaz eûz ar bugel, hag hé-mañ a zeûaz ével eunn dén marô ; enn hévélep doaré ma lavaré kalz a dûd pénaoz é oa marô.
26. Hôgen Jézuz ô véza kéméred hé zourn, a loc'haz anézhañ, hag é savaz enn hé zâ.
27. Ha pa oé éat Jézuz enn tî, hé ziskibled a c'houlennaz digañt-hañ a dû : Pérâg n'hon eûz-ni két gellet hé c'hâs-kuit ?
28. Hag é lavaraz d'ézhô : Ar wenn-zé na hell béza kaset-kuit, némét gañd ar béden, ha gañd ar iûn.
29. Goudé béza éad ac'hanô, éz éjoñd a dreûz da C'haliléa : ha na fellé két d'ézhañ é vijé gwézet gañd dén.
30. Hôgen kélenna a réa hé ziskibled, hag é lavaré d'ézhô : Mâb ann dén a vézô lékéad étré daouarn ann dûd : hag é laziñd anézhañ, hag ann trédé deiz é savô a varô da véô.
31. Hôgen hi na wieñt két pétrâ a fellé d'ézhañ da lavarout, ha na grédeñt két goulenn digañt-hañ.
32. Hag é teûjoñd da Gafarnaom. Ha pa oañd éad enn tî, Jézuz a c'houlennaz digañt-hô : Diwar-benn pétrâ é strivac'h-hu é-pâd ann heñt ?
33. Hôgen hi a davé ; râk strived hô doa étré-z-hô é-pâd ann heñt, évit gouzout péhini anézhô é oa ar brasa.
34. Hag héñ a azézaz, hag a c'halvaz ann daouzék, hag a lavaraz d'ézhô : Mar fell da eur ré béza ar c'heñta, é vézô ann divéza holl, ha mével ann holl.
35. Neûzé é kéméraz eur bugel, hag é lékéaz anézhañ enn hô c'hreiz : ha goudé béza hé vriatet, é lavaraz d'ézhô :
36. Piou-bennâg a zigémer em hanô eur bugel bihan ével hé-mañ, am zigémer-mé : ha piou-bennâg a zigémer ac'hanoun, né két mé a zigémer, hôgen ann hini en deûz va c'haset.
37. Neûzé Iann a lavaraz d'ézhañ : Mestr, gwéled hon eûz eunn dén péhini a gasé-kuit ann diaoulou enn da hanô, pétrâ-bennâg n'éma két war hon lerc'h, hag hon eûz mired out-hañ.
38. Hôgen Jézuz a lavaraz : Na virit kéd out-hañ : râk n'eûz dén a géméñd en défé gréad eur burzud em hanô, a helfé kerkeñt drouk-komza ac'hanoun.
39. Nép né két a-énep d'é-hoc'h, a zô évid-hoc'h.
40. Piou-bennâg en dévézô rôed da éva d'é-hoc'h eur wérennad dour em hanô : dré m'az oc'h d'ar C'hrist,

é-gwirionez hel lavarann d'é-hoc'h, na golló kéd hé c'hóbr.

41. Ha piou-bennâg en dévéző rôet gwall skouér da unân eûz ar vugaligou-zé péré a gréd enn-oun : gwelloc'h é vé d'ézhañ é vé staged ouc'h hé gouzoud eur méan millin, hag é vé taoled er môr.

42. Ha ma rô da zourn gwall skouér d'id, trouc'h-heñ : gwell eo d'id moñt moñ er vuez, égét kaout da zaou zourn ha moñd enn ifern, enn tân peûr-baduz :

43. É péléac'h hô .fréñv na varv két, hag ann tân na voug két.

44. Ha ma rô da droad gwall skouér d'id, trouc'h-héñ : gwell eo d'id moñt kamm er vuez peûr-baduz, égét kaout da zaou droad ha moñd enn ifern, enn tân peûr-baduz,

45. É péléac'h hô fréñv na varv két, hag ann tân na voug két.

46. Ha ma rô da lagad gwall skouér d'id, diframm-héñ : gwell eo d'id moñt born é rouañtélez Doué, égét kaout da zaou lagad ha moñd enn ifern :

47. É péléac'h hô fréñv na varv két, hag ann tân na voug két.

48. Râk pép dén a vézô sallet gañd ann tân, ha péb anéval a vézô sallet gañd ar c'hoalen.

49. Ar c'hoalen a zô mâd : hôgen mar teû ar c'hoalen da véza dizall, gañt pétrâ é sallot-hu anézhan ? Hô pézet c'hoalen enn-hoc'h, hag hô pézet ar péoc'h étré-z-hoc'h.

—

X. PENNAD.

1. Ha Jézuz ô voñt-kult ac'hanô a zeûaz war harzou Judéa, enn tû all d'ar Jourdan : hag ar bobl en em strollaz adarré war hé drô ; ha diouc'h hé voaz, é kélennaz adarré anézhô.

2. Hag ar Farizianed a dôstaaz out-hañ, hag a c'houlennaz out-hañ, évit hé dempti, ma oa aotréed da eunn ozac'h kuitaat hé c'hrég.

3. Hag héñ a respouñtaz d'ézhô : Pétrâ en deûz gourc'hémennet d'é-hoc'h Moizez ?

4. Hag hi a lavaraz d'ézhañ : Moizez en deûz aotréet kâs-kuld hé c'hrég, goudé béza rôed d'ézhi eur skrid-rann.

5. Jézuz a respouñtaz hag a lavaraz d'ézhô : O wélout kaléder hô kaloun eo en deûz Moizez skrivet ar gourc'hémenn-zé évid-hoc'h.

6. Râk er penn keñta eûz ar béd, Doué a réaz ann dén pâr ha parez.

7. Dré-zé ann ozac'h a zilézô hé dâd hag hé vamm, hag en em stagô oud hé c'hrég,

8. Hag é vézind daou enn eur c'hik hép-kén. Ével-sé né d-iñt mui daou, hôgen eur c'hik hép-kén.

9. Arabad eo éta d'ann dén ranna ar péz a zô bét frammet gañd Doué.

10. Ha pa oañd enn ti, hé ziskibled a réaz adarré goulennou d'ézhañ diwar-benn ann hévélep trâ.

11. Hag héñ a lavaraz d'ézhô : Piou-bennâg a gasô-kuld hé c'hrég, hag a zimézô gañd eunn all, a gouézô enn avoultriez enn hé c'héñver.

12. Ha mar kas eur c'hrég hé ozac'h kuit, ha mar timez gañd eunn all, é kouéz hi enn aveultriez.

13. Neûzé é oé kaset d'ézhañ bugalé bihan évit ma lakajé hé zaouarn war-n-ézhô. Hôgen hé ziskibled a grôzé enn eunn doaré dichek ar ré hô c'hasé.

14. Pa wélaz Jézuz kémeñt-sé, é savaz droug enn-hañ, hag é lavaraz d'ézhô : List ar vugaligou da zoñd d'am c'havout, ha na virit kéd out-hô : râk rouañtélez Doué a zô évid ar ré a zô héñvel out-hô.

15. É-gwirionez hel lavarann d'é-hoc'h : Piou-bennâg na zigémérô két rouañtélez Doué ével eur bugel bihan, n'az ai kéd ébarz.

16. Ha goudé béza hô briatet, é lékéaz hé zaouarn war-n-ézhô, hag hô binnigaz.

17. Hag ével ma oa éad er-méaz évit moñd enn heñt, chétu eunn dén a zirédaz, en em daolaz war hé zaoulin dira-z-hañ, hag a c'houlennaz digañt-hañ : Mestr mâd, pétrâ a dléannmé da ôber évit kaoud ar vuez peurbaduz ?

18. Ha Jézuz a lavaraz d'ézhañ :

Péràg am galvez-té màd? Doué hép-
a zô màd.
19. Anaoud a réz ar c'hourc'hémen-
nou : Na avoultri két : Na lazi két :
Na laéri két : Na zongi kéd a falz tes-
teni : Na ri gaou ouc'h dén. Énor da
dàd ha da vamm.
20. Hag héñ a respouñtaz, hag a
lavaraz d'ézhañ : Mestr, mired em
eûz ann holl draou-zé adalek va ia-
ouañkiz.
21. Hôgen Jézuz ô véza selled out-
hañ, hen karaz, hag a lavaraz d'éz-
hañ : Ennn dra éc'h eûz c'hoaz da
ôber ; kéa, gwerz kémeñd éc'h eûz,
ha rô-héñ d'ar béorien, hag éz pézô
eunn teñzor enn éñv : ha deûz war
va lerc'h.
22. Hé-mañ glac'haret ô klevout
kémeñt-sé, a iéaz-kuit gwall drist :
ràk madou bràz en doa.
23. Ha Jézuz ô sellout war hé drô,
a lavaraz d'hé ziskibled : Pégen diez
eo da eunn dén pinvidik, moñd é
rouañtélez Doué !
24. Hôgen ann diskibled a oé soué-
zet ô klevout kémeñt-sé. Hôgen Jézuz
a lavaraz c'hoaz : Va bugaligou, pégen
diez eo d'ar ré a laka hô fisiañs er
madou, moñd é rouañtélez Doué.
25. Ésoc'h eo da eur c'hañval tré-
ménoud dré graouen eunn nadoz,
égéd da eunn dén pinvidik moñd é
rouañtélez Doué.
26. Ar ré-mañ a oé c'hoaz souézet
brasoc'h, hag é lavareñd ann eil d'é-
gilé : Piou éta a hell béza salvet?
27. Hôgen Jézuz ô selloud out-hô,
a lavaraz : Kémeñt-sé a zô dic'halluz
d'ann dùd, ha né kéd dic'halluz da
Zoué ; ràk pép trà a zô galluz da
Zoué.
28. Neûzé Per a lavaraz d'ézhañ :
Chétu ni hon eûz dilézet pép trà, hag
hon eûz da heûliet.
29. Jézuz a respouñtaz, hag a lava-
raz : É-gwirionez hel lavarann d'é-
hoc'h, pénaoz n'eûz dén a géméñd a
zilézô hé dì, pé hé vreûdeûr, pé hé
c'hoarézed, pé hé dàd, pé hé vamm,
pé hé vipien, pé hé barkou, enn abek
d'in, ha d'ann aviel,
30. Ha n'en dévézô, a vrémañ hag
enn amzer-mañ, kañt kémeñd all a
diez, a vreûdeûr, a c'hoarézed, a vam-
mon, a vipien, a barkou, hag ivé kes-
kinou, hag enn amzer da zoñt ar vuez
peûr-baduz.
31. Hôgen kalz eûz ar ré geñta a
vézô ar ré zivéza, ha kalz eûz ar ré
zivéza a vézô ar ré-geñta.
32. Pa édoñt enn heñt évit moñd
da Jéruzalem ; Jézuz a valéé enn hô
raok, hag é oañt souézet-bràz ; hag éz
éañt gañt spouñt war hé lerc'h. Hag
ô kéméroud adarré a dû ann daou-
zék, é téraouaz lavaroud d'ézhô ar
péz a dlié c'hoarvézout gañt-hañ.
33. Chétu éz éomp da Jéruzalem,
ha Màb ann dén a vézô lékéad étré
douarn Priñsed ar véléien, hag ar
Skribed, hag ann Hénaoured, péré hé
varnô d'ar marô, hag a lakai anézhañ
étré daouarn ar Jeñtiled.
34. Hag é raiñt goab anézhañ, hag
é skôpiñt-war-n-ézhañ, hag é skour-
jéziñd anézhañ, hag é laziñd anézhañ :
hag ann trédé deiz é savô a varô da
véô.
35. Neûzé Jakez ha Iann, mipien
Zébédé, a zeûaz d'hé gavout, hag a
lavaraz d'ézhañ : Mestr, nî a garfé é
rafez évid-omp ar péz a c'houlennimp
digan-éz.
36. Hag héñ a lavaraz d'ézhô : Pétrà
a fell d'é-hoc'h é rajenn évid-hoc'h?
37. Hag hi a lavaraz d'ézhañ : Aotré
d'é-omp ma vézimp azézet, unan war
da zourn déou, égilé war da zourn
kleiz, enn da rouañtélez.
38. Hôgen Jézuz a lavaraz d'ézhô :
Na ouzoc'h két pétrà a c'houlennit.
Ha c'houi a hell éva ar c'halir a
dléann da éva, ha béza badézet gañd
ar vadisiañt gañt péhini é tléann béza
badézet ?
39. Hag hi a lavaraz d'ézhañ : Nî a
hell. Hôgen Jézuz a lavaraz d'ézhô :
Éva a réot évit-gwir ar c'halir a
dléann da éva ; ha badézed é viot
gañd ar vadisiañt gañt péhini é tléann
béza badézet ;
40. Hôgen é-kéñver béza azézet
war va dourn déou pé war va dourn
kleiz, né két mé a dlé rei ann dra-zé
d'é-hoc'h, hôgen d'ar ré évit péré eo
bét aozet.
41. Ha pa glevaz kémeñt-mañ ann

dég all, é savaz droug enn-hô out
Jakez ha Iann.
42. Hôgen Jézuz ô véza hô galvet,
a lavaraz d'ézhô : Gouzoud a rit pé-
naoz pennou ann dudou a aotrouni
anézhô ; ha pénaoz hô friñsed a zis-
kouéz hô galloud war-n-ézhô.
43. Hôgen na dlé két béza évelsé
étré-z-hoc'h : râg ann hini a felló
d'ézhañ béza brasoc'h, a vézó gwâz
d'é-hoc'h :
44. Hag ann hini a felló d'ézhañ
béza ar c'heñta ac'hanoc'h, a vézó
mével ann holl.
45. Râk Mâb ann dén hé-unan né
kéd deûet évit béza servichet, hôgen
évit servicha, hag évit rei hé vuez
évit dasprénadurez kalz a dûd.
46. Neûzé é teûjoñd da Jérikô, ha
pa'z éaz-kuîd eûz a Jérikô, gañd hé
ziskibled, ha kalz a dûd war hé lerc'h,
eunn dén dall hanvet Bartimé, mâb
da Dimé, péhini a ioa azézet war ann
heñt évit goulenn ann aluzen,
47. O véza klevet pénaoz é oa Jézuz
a Nazaret, en em lékéaz da c'harmi,
ha da lavarout : Jézuz, mâb David, az
péz truez ouz-in.
48. Ha meûr a hini a grôzé anézhañ
évid hé lakaad da dével. Hôgen
hén a c'harmé c'hoaz kréoc'h, ô lava-
rout : Mâb David, ar péz truez ouz-in.
49. Ha Jézuz ô véza arzaouet a
c'hourc'hémennaz hé c'hervel. Hag é
c'halvjoñd ann dén dall, ô lavaroud
d'ézhañ : Kalounéka : saô, da c'her-
vel a râ.
50. Hag hé-mañ ô véza taoled hé
zaé, a zilammaz hag a zeûaz da ga-
vout Jézuz.
51. Ha Jézuz a lavaraz d'ézhañ :
Pétrâ a fell d'id é rajenn évid-od ?
Hag ann dén dall a lavaraz d'ézhañ :
Aotrou, grâ ma wélinn.
52. Ha Jézuz a lavaraz d'ézhañ :
Kéa, da feiz en deûz da zavétéet : ha
râk-tâl é wélaz, hag éz éaz war-lerc'h
Jézuz enn heñt.

—

XI. PENNAD.

1. Ha pa dôstajeñd out Jéruzalem
hag out Bétani, war-drô Ménez Oli-
ved, Jézuz a gasaz daou eûz hé zis-
kibled,
2. Hag a lavaraz d'ézhô : Id d'ar
vourc'h a zô râg-énep d'é-hoc'h ha
kerkeñt ha ma viod éad enn-hi, é
kéfot eunn azen iaouañk stâg, war
bébini n'eo c'hoaz piñed dén : dis-
tagit-héñ, ha digasit-héñ d'in.
3. Ha ma lavar eur ré d'é-hoc'h :
Pérâg é rit-hu ann dra-zé ? Livirit
pénaoz ann Aotrou en deûz ézomm
anézhañ : ha râk-tâl é lézó hé gâs
amañ.
4. Hag ô voñt-kuît é kafchoñt eunn
azen iaouañk stâg é-tâl eunn ôr er-
méaz enn eur c'hroas-heñt : hag é tis-
tagchoñd anézhañ.
5. Hag hiniennou eûz ar ré a ioa
énô a lavaraz d'ézhô : Pérâg é tistagit-
hu ann azen iaouañk-zé ?
6. Ar ré-mañ a lavaraz ével m'en
doa gourc'hémennet Jézuz d'ézhô,
hag hô lézchoñt d'hé c'hâs gañt-hô.
7. Hag é tigaschoñd ann azen
iaouañk da Jézuz ; hag é lékéjoñd hô
dilad war-n-ézhañ, ha Jézuz a biñaz
war-n-ézhañ.
8. Hôgen eul lôd brâz a dûd a ski-
ñaz ivé hô dilad war ann heñt : ha
lôd all a drouc'hé skourrou gwéz,
hag hô skiñé war ann heñt.
9. Ha ken ar ré a ioa a-raok, ken
ar ré a ioa adréñ, a grié, ô lavarout :
Hosanna ;
10. Benniget ra vézó ann hini a zeû
enn hanô ann Aotrou : Benniget ra
vézô rouañtélez hon tad David a zô
tôst : Hosanna enn uc'héla eûz ann
éñvou.
11. Hag ô véza éad é Jéruzalem, éz
éaz d'ann templ : hag ô véza selled
out pép-trâ, évél ma oa divézad, éz
éaz da Vétani gañd ann daouzég
abostol.
12. Hag añtrônôz pa zistrôeñt eûz
a Vétani, en doé naoun.
13. Hag ô wéloud a bell eur wézen-
fiez gôlôed a zeliou, é teûaz da wélout
ma na gavché kéd eunn dra-bennâg
enn-hi : ha pa oé tôst d'ézhi na gavaz
nétrâ néméd deliou hep-kén : râk né
oa kéd amzer ar fiez.
14. Neûzé Jézuz a lavaraz d'ar wé-

zen-fiez : Na zebrô bikenn dén frouez ac'hanod ! Hag hé ziskibled a glevaz kémeñt-sé.

15. Hag é tistrôjoñd da Jéruzalem. Ha p'az éaz enn templ, é kasaz erméaz ar ré a werzé pé a bréné enn templ : hag é tiskaraz taoliou ar varc'hadourien arc'hañt, ha kadoriou ar varc'hadourien koulmed.

16. Ha na aotréé két é trémenjé dén gañt listri dré ann templ.

17. Hag é kélenné anézhô, ô lavarout : Ha n'ef-héñ két skrivet : Va zi a vézô galvet ti ar béden évid ann holl dudou. Hôgen c'houi hoc'h eûz gréad anézhañ eur c'héô laéroun.

18. Priñsed ar véleien hag ar Skribed ô véza klevet kémeñt-sé, a glaské ann darvoud d'hé golla : hôgen aoun hô doa ra-z-hañ, râg ann holl bobl a ioa souézet-brâz gañd hé gélen.

19. Ha war ar pardaez, éz éaz erméaz eûz a géar.

20. Añtrônôz viñtin é wéljoñd enn eur dréménout ar wézen-fiez a ioa deûet séac'h adaleg ar c'hrisiou.

21. Ha Per ô kaout koun eûz ar péz en doa lavaret Jézuz, a lavaraz d'ézhañ : Mestr, chétu ar wézen-fiez gañt péhini éc'h eûz drouk-pédet, a zô dizec'het.

22. Ha Jézuz a respouñtaz hag a lavaraz d'ézhô : Hô pézet feiz é Doué.

23. É-gwirionez hel lavarann d'é-hoc'h, pénaoz piou-bennâg a lavarô d'ar ménez-zé : Saô alessé, hag en em daol er môr ; ha kémeñt-sé héb arvari enn hé galoun, hôgen ô kridi pénaoz kémeñd a lavarô a c'hoarvézô, é wélô kémeñt-sé ô c'hoarvézout.

24. Dré-zé hel lavarann d'é-hoc'h : pétrâ-bennâg a c'houlennot er béden, krédit pénaoz é vézô rôed d'é-hoc'h, nag é teûi d'é-hoc'h.

25. Ha p'az éot da bidi, mar en deûz eur ré gréat eunn drouk-bennâg d'é-hoc'h, distaolit-héñ : évit ma vézô distaoled d'é-hoc'h hô pec'héjou gañd hô Tâd péhini a zô enn éñvon.

26. Ma na zistaolit két d'ar ré all, hô Tâd péhini a zô enn éñvou na zistôlô két ken-nébeûd d'é-hoc'h hô péc'héjou.

27. Distrei a réjoñt c'hoaz da Jéruzalem. Ha pa édo Jézuz ô valéa enn templ, Priñsed ar véleien, ar Skribed hag ann Hénaoured a zeûaz d'hé gavout,

28. Hag a lavaraz d'ézhañ : Gañt pé c'halloud é réz-té kémeñt-sé ? Ha piou en deûz rôed d'id ar galloud d'hé ôber ?

29. Hôgen Jézuz a respouñtaz hag a lavaraz d'ézhô : Eur gér a c'houlenninn ivé digan-é-hoc'h ; livirit-héñ d'in, hag é livirinn d'é-hoc'h gañt pé c'halloud é rann kémeñt-sé.

30. Badez Iann a béléac'h é teûé, pé eûz ann éñv, pé eûz ann dûd ? Respouñtid d'in.

31. Hôgen hi a venné enn-hô hô-unan, ô lavarout : Ma lévéromp eûz ann éñv, é lavarô : Pérâg éta n'hoc'h eûs-hu két krédet d'ézhañ ?

32. Ma lévéromp eûz ann dûd, é tléomp kaoud aoun râg ar bobl ; râg ann holl a géméré Iann évid eur gwir profed.

33. Hag hi a respouñtaz hag a lavaraz da Jézuz : Na ouzomp két. Ha Jézuz a lavaraz d'ézhô : Ha mé na livirinn ked d'é-hoc'h gañt pé c'halloud é rann kémeñt-sé.

XII. PENNAD.

1. Ha Jézuz a zéraouaz komza d'ézhô gañt parabolennou : Eunn dén, émé-z-hañ, a blañtaz eur winien, hag a gelc'hiaz anézhi gañd eur c'harz, hag a gleûzaz enn-hi eur waskel, hag a zavaz eunn tour, hag hé rôaz é ferm da labourerien, hag éz éaz enn eur vrô bell.

2. Pa oa deûed ann amzer, é kasaz eur mével étrézég al labourerien, évit kémérout digañt-hô frouez hé vinien.

3. Ar ré-mañ a grogaz enn-hañ, a gannaz anézhañ hag hé c'hasaz-kuit hép rei nétrâ d'ézhañ.

4. Eur mével all a gasaz d'ézhô, hag hi a réaz gouliou enn hé benn, hag a réaz d'ézhañ meûr a zismégañs.

5. Eunn all a gasaz c'hoaz d'ézhô, hag é lazjoñd anézhañ. Kalz ré all a

gasaz c'hoaz, hag hi a gannaz lôd, hag a lazaz lôd all.

6. Enn-divez ô véza en doa eur map penn-her péhini a garé dreist-penn, é kasaz c'hoaz anézhañ d'ézhô, ô lavarout : Douja a raiñt va mâb.

7. Hôgen al labourerien a lavaraz étré-z-hô : Hé-mañ eo ann her : deûit, lazomp-héñ hag hé zigwéz a vézô d'é-omp.

8. Hag ô véza kroged enn-hañ, hel lazjoñt, hag é taoljoñd anézhañ enn tu all d'ar winien.

9. Pétrâ éta a rai aotrou ar winien?. Doñd a rai hag é kollô all labourerien, hag é rôi hé winien da labourerien all.

10. Ha n'hoc'h eûs-hu két lennet ann dra-mañ er Skritur : Ar méan hô deûz distaolet ar saverien-tiez a zô bét lékéad é penn ar c'horn :

11. Gañd ann Aotrou eo bét gréat kémeñt-sé, hag eunn dra eo hag a zô souézuz d'hon daoulagad.

12. Hag ar ré-mañ a glaské ann tû da gregi enn-hañ, râg anaoud a réjoñt péñaoz é komzé anézhô er barabolen-zé ; hôgen aoun hô doa râg ar bobl. Hag ô véza hé lézet, éz éjoñtkuit.

13. Hag é kaschoñd d'ézhañ hiniennou eûz ar Farizianed hag eûz ann Hérodianed, évid hé géméroud enn hé gomsiou.

14. Ar ré-mañ a zeûaz hag a lavaraz d'ézhañ ; Mestr, gouzoud a réomp pénaoz oud gwirion, ha pénaoz n'éc'h eûz azaouez é-béd évid dén : râk na zellez kéd oud dremm ann dûd, hôgen deski a réz heñt Doué er wirionez. Ha réd eo rei ar gwir da Gézar, pé n'eo két réd?

15. Hôgen Jézuz péhini a anavézé hô zouellérez, a lavaraz d'ézhô : Pérâg é temptit-hu ac'hanoun? Digasid d'in eunn diner ma wélinn.

16. Hag hi a zigasaz unan d'ézhañ. Hag héñ a lavaraz d'ézhô : Eûz a biou eo ann hévélédigez-mañ, hag ar skridmad? Hag hi a lavaraz d'ézhañ : Eûz a Gézar.

17. Hôgen Jézuz a respountaz hag a lavaraz d'ézhô : Distaolid éta da Gézar ar péz a zô da Gézar, ha da Zoué ar péz a zô da Zoué. Ar ré-mañ a oé souézet-brâz oc'h hé glevout.

18. Neûzé ar Saduséed, péré a lavar na zavô kéd ann dûd a varô da véô, a zeûaz d'hé gavout : hag é réjoñt eur goulenn out-hañ, ô lavarout :

19. Mestr, Moizez en deûz skrivet d'é-omp, pénaoz mar marv eunn dén, ha ma lez hé c'hrég héb bugalé, é tlé dimézi hé vreûr da c'hrég hé-mañ, évit ma tigasô hâd d'hé vreûr.

20. Hôgen seiz breûr é oañt : hag ar c'heñta a géméraz eur c'hrég, hag a varvaz héb béza lézed a hâd.

21. Ann eil a géméraz anézhi da c'hrég, hag a varvaz : ha na lézaz két keñ-nébeûd a hâd. Hag ann trédé enn hévélep doaré.

22. Evel-sé ar seiz breûr a géméraz anézhi : ha ha lézchoñt kéd a hâd. Enn-divez-holl ar c'hrég a varvaz ivé.

23. Hôgen pa zavô ann dûd eûz a varô da véô, eûz a béhini eûz ar ré-mañ é vézô-hi grég? Râg hô seiz iñt bét dimézet d'ézhi.

24. Ha Jézuz a respouñtaz hag a lavaraz d'ézhô : Ha na wélit-hu két pénaoz é faziit, ô véza na anavézit két ar Skrituriou, na galloud Doué?

25. Râk pa zavô ann dûd eûz a varô da véô, ar goazed n'hô dévézô kéd a c'hragez, nag ar gragez a c'hoazed, hôgen béz' é wéziñd ével élez Doué enn éñv.

26. Hôgen diwar-benn ann adsav eûz ar ré varô, ha n'hoc'h eûs-hu két lennet é levr Moizez, ar péz a lavaraz Doué d'ézhañ er vôden : Mé eo Doué Abraham, ha Doué Izaak ha Doué Jakob?

27. Né kéd Doué ar ré varô, hôgen Doué ar ré véô. Dré-zé é faziit kalz.

28. Neûzé unan eûz ar Skribed, péhini en doa hô c'hlevet ô striva, pa wélaz pénaoz Jézuz en doa respouñtet ervâd d'ar Saduséed, a dôstaaz out-hañ, hag a c'houlennaz out-hañ péhini é oa ar c'heñta eûz ann holl c'hourc'hémennou.

29. Ha Jézuz a respountaz d'ézhañ : Chétu ar c'heñta eûz ann holl c'hourc'hémennou ; Kleô, Israel, ann Aotrou da Zoué, eo eunn Doué hép-kén :

30. Karoud a ri ann Aotrou d

Zoué a greiz da galoun, hag a greiz da spéred, hag a greiz da nerz. Hennez eo ar c'heñta gourc'hémenn.

31. Hôgen ann eil a zô héñvel outhañ : Karoud a ri da nesa ével-d-oud da-unan. N'eûz gourc'hémenn all é-béd brasoc'h égéd ar ré-mañ.

32. Hag ar Skrib a lavaraz d'ézhañ : Mâd, mestr, gwîr eo ar péz éc'h eûz lavaret, pénaoz éz eûz eunn Doué, ha n'en deûz néméd eunn Doué hép-kén :

33. Ha pénaoz karoud anézhañ a greiz hé galoun, a greiz hé spéred, a greiz hé éné, hag a greiz hé ners ; ha karoud hé nesa ével-t-hañ hé-unan, a zô mui égéd ann holl loéned-losket, hag ann holl azeûlidigézou.

34. Hôgen Jézuz ô wélout pénaoz en doa respouñtet gañt furnez, a lavaraz d'ézhañ : N'oud két pell eûz a rouañtélez Doué. Hag a neûzé dén na grédaz mui ôber goulenn é-béd d'ézhañ.

35. Ha Jézuz ô kélenna enn templ, a c'houlennaz : Pérâg é lavar ar Skribed pénaoz ar C'hrist a zô mâb da Zavid,

36. Pa en deûz David hé-unan lavaret dré ar Spéret Sañtel : Ann Aotrou en deûz lavared d'am Aotrou : Azez war va dourn déou, bété ma likiinn da énébourien da skabel d'az treid.

37. Mar galv éta David hé-unan anézhañ hé Aotrou, pénaoz ef-héñ hé vâb ? Hag eul lôd brâz a bobl a zélaoué anézhañ a ioul vâd.

38. Hag é lavaré d'ézhô enn hé gélen : Diwallid ouc'h ar Skribed, péré a fell d'ézhô kerzout gañt saéou-lôstek, ha kaout stouou er marc'hallec'h,

39. Ha béza azézet er c'hadoriou keñta er sinagogou, ha béza gourvézet war ar gwéléou keñta er banvésiou :

40. Péré a zismañtr tiez ann iñtañvézed, war zigarez ma réoñt pédennou hîr. Ar ré-zé hô dévézô eur varnédigez wasoc'h.

41. Ha Jézuz ô véza azézet dirâg ar c'héf, a zellé é pé doaré é taolé ar bobl arc'hañt er c'héf. Ha kalz a dûd pinvidik a daolé kalz.

42. Doñd a réaz ivé eunn iñtañvez paour, péhini a lékéaz daou bézik a dalé eul liard.

43. Ha Jézuz ô c'hervel hé ziskibled, a lavaraz d'ézhô : É-gwirionez hel lavarann d'é-hoc'h, pénaoz ann iñtañvez paour-zé é deûz rôet muioc'h égéd ar ré all holl péré hô deûz lékéad er c'héf.

44. Râg ar ré-zé hô deûz lékéat eûz ar péz a founné d'ézhô : hôgen houmañ é deûz lékéat eûz hé diénez kémeñd é doa, hag hé holl buézégez.

XIII. PENNAD.

1. Ha p'az éa Jézuz er-méaz eûz ann templ, unan eûz hé ziskibled a lavaraz d'ézhañ : Mestr, sell pébez mein, ha pébez tiez.

2. Ha Jézuz a respouñtaz hag a lavaraz d'ézhañ : Gwéloud a réz-té ann holl diez brâz-zé ? Na joumô két méan war véan ; dismañtret holl é véziñt.

3. Ha pa édo azézet war Ménez Olived ; dirâg ann templ, Per, ha Jakez, ha Iann, hag Añdréaz a réaz a dû ar goulenn-mañ out-hañ ;

4. Lavar d'é-omp, peûr é c'hoarvézô kémeñt-sé ? Ha pé arvéz a vézô, pa dostai ann holl draou-zé ?

5. Ha Jézuz a respouñtaz hag a lavaraz : Likid évez na zeûfé dén d'hô touélla ;

6. Râk kalz a zeûi em hanô, ô lavarout : Mé eo ar C'hrist : hag é touelliñt meûr a hini.

7. Hôgen pa glevot komza eûz a vrézeliou, hag eûz a vrûd brézeliou, na spouñtit két : râk réd eo é teûfé kémeñt-sé ; hôgen na vézô két c'hoaz ann divez.

8. Râk sével a rai pobl out pobl, ha rouañtélez out rouañtélez ; ha béz' é vézô krénnou-douar é meûr a léac'h, ha naounégézou. Ann derou é véziñt eûz ar gloasion.

9. Hôgen likid évez ouz-hoc'h hoc'h-unan. Râk kâs a raiñt ac'hanoc'h enn hô strolladou, hag é viot skourjézet enn hô sinagogou. Kased é viot dirâg ar rénerien hag ar rouéed enn abek d'in, é testéni d'ézhô.

10. Réd eo ivé é vé da geñta prézéged ann Aviel dré ar béd holl.

11. Ha pa viot kasét dira-z-hô, na vézit kéd é poan pénaoz é komsot: râk rôed é vézô d'é-hoc'h war ann heur pétrâ a lévérot. Râk né két c'houi a gomzô, hôgen ar Spéred-Sañtel.

12. Hôgen ar breûr a rôi hé vreûr d'ar marô, hag ann tâd hé vâb: hag ar vugalé a zispac'hô oud hô zâd hag oud hô mamm, hag hô lakaiñt da vervel.

13. Ha c'houi a vézô kaséet gañd ann holl enn abek d'am hanô. Hôgen néb a geñdalc'hô bétég ann divez, hen-nez a vézô salvet.

14. Hôgen pa wélot pénaoz heûz ann dismañtr a vézô el léac'h é péhini na dlé két béza: ra boellô néb a lenn; neûzé ar ré a vézô é Judéa, éañt war ar ménésiou:

15. Hag ann hini a vézô war ann dôen, na ziskennet két, évit kéméroud eunn dra eûz hé dî:

16. Hag ann hini a vézô er park, na zistrôet két évit kéméroud hé zaé.

17. Hôgen gwa ar gragez vrazez hag ar magérézed enn deisiou-zé.

18. Pédid éta évit na c'hoarvézô két kémeñt-sé é-pâd ar goañ.

19. Râk eñkrez ann deisiou-zé a vézô ker braz, na vézô két bét gwélet ann hévélep, abaoé derou ar béd krouet gañd Doué bété neûzé, ha na vézô bikenn.

20. Ha ma na vé két bét diverréet gañd ann Aotrou ann deisiou-zé, na vijé két salved eunn dén: hôgen enn abek d'ar ré zilennet, en deûz diverréed ann deisiou-zé.

21. Ha neûzé ma lavar d'é-hoc'h eur ré-bennâg: Chétu éma ar C'hrist amañ, pé ahoñt, na grédit két.

22. Râk sével a rai fals-kristed ha fals-proféded: hag é rôiñt arwésiou ha burzudou, évit touella, mar d-eo galluz, ar ré zilennet hô-unan.

23. Ha c'houi likid évez: chétu em eûz diouganet pép trâ d'é-hoc'h.

24. Hôgen goudé eñkrez ann deisiou-zé, ann héol a dévalai, hag al loar na rôi kéd hé goulou:

25. Hag ar stéred a gouézô eûz ann éñv, ha nersou ann éñvou a vézô késflusket.

26. Ha neûzé é vézô gwélet Mâb ann dén ô toñt war ar goabrou gañd eunn ners, hag eur veûrdez vrâz.

27. Hag é kasô hé élez, péré a zastumô ar ré-zilennet gañt-hañ eûz ar pevar avel, adalek penn ann douar bété penn ann éñv.

28. Hôgen deskid eur haraboleu diwar-benn eur wézen-fiez. Pa vez téner hé skourrou, ha pa vez savet hé deliou, é ouzoc'h pénaoz eo tôst ann hañv:

29. Ével-sé ivé c'houi pa wélot kémeñt-sé holl, gwézit pénaoz éma tôst, hag oud ann ôr.

30. É-gwirionez hel lavarann d'é-hoc'h, pénaoz na dréménô kéd ar wenn-mañ, kén na vézô sévénet kémeñt-sé.

31. Ann éñv hag ann douar a ia é-biou, hôgen va geriou na drémé-niñt két.

32. Hôgen dén na oar ann deiz-zé nag ann heur, nag Élez ann éñv, nag ar Mâb, hôgen ann Tâd hép-kén.

33. Likid évez, choumid dihun, ha pédit, râk na ouzoc'h két peûr é teûi ann amzer-zé.

34. Béz' é vézôével eunn dén, péhini ô véza éad enn heñt a lez hé dî, hag a rô da bép-hini eûz hé vévellou al labour en deûz da ôber, hag a c'hourc'hémenn da néb a zô oud ann ôr choum dihun.

35. Choumid dihun éta, (râk na ouzoc'h két peûr é teûi mestr ann tî: da bardaez, pé da hañter-nôz, pé da gân ar c'hilek, pé d'ar miñtin),

36. Gañd aoun na zeûfé enn-eunn-taol, ha n'hô kafché kousket.

37. Hôgen ar pez a lavarann d'é-hoc'h, a lavarann da béb unan: Choumid dihun.

—

XIV. PENNAD.

1. Hôgen édo ar Pask ha gouél ar bara dic'hoell da benn daou zervez: ha Priñsed ar véleien, hag ar Skribed a glaské ann doaré da géméroud Jé-

Jézuz dré ijin, ha d'hé lakaad d'ar maró.

2. Hag é lavareñt : Na réomp két kémeñt-sé é deiz eur gouél, gañd aoun na zafché dispac'h é-touez ar bobl.

3. Hôgen pa édo Jézuz é Bétania é ti Simon al lovr, ha pa édo ouc'h taol, é teûaz eur vaouez péhini é doa eul léstr leûn a louzou c'houés-vâd, a c'halved nardi, hag ô véza torret al léstr, é taolaz al louzou war hé benn.

4. Hôgen hiniennou a zavaz droug enn-hô, hag a lavaré étré-z-hô : Da bétrâ kolla al louzou-zé ?

5. Kâg galled é divijé gwerza al louzou-zé ouc'h-penn tri c'hañt diner, ha rei ann arc'hañt d'ar béorien. Hag é soroc'heñt out-hi.

6. Hôgen Jézuz a lavaraz d'ézhô : List ar c'hrég-zé : pérâg é c'hlac'harit-hu anézhi ? Eunn dra vâd é deûz gréad em c'héñver.

7. Râk péorien hoc'h eûz bépréd gan-é-hoc'h : ha pa girit, é hellit ôber vâd d'ézhô ? Hôgen n'hô pézô két bépréd ac'hanoun.

8. Gréad é deûz ar péz é deûz gellet : skuled é deûz al louzou-zé war va c'horf évid hé liéna a ziaraok.

9. É-gwirionez hel lavarann d'é-hoc'h : É pé léac'h-bennâg er béd holl ma vézô prézéged ann Aviel-mañ, é vézô lavared enn hé meûleûdi ar péz é deûz gréat.

10. Neûzé Iuzaz Iskariot unan eûz ann daouzék, a iéaz da gavout Priñsed ar véleien, évid hé werza d'ézhô.

11. Ar ré-mañ a laouénaaz pa glefchoñt kémeñt-sé ; hag é léverjoñd rei arc'hañd d'ézhañ. Hag a neûzé é klaské ann darvoud mâd évid hé lakaad étré hô daouarn.

12. Hôgen d'ann deiz keñta eûz a c'houél ar bara hép goell, enn amzer ma réad ar Pask, hé ziskibled a lavaraz d'ézhañ : É péléac'h é fell d'Id éz ajemp évid aoza d'Id ar péz a zô réd évid dibri ar Pask ?

13. Hag héñ a gasaz daou eûz hé ziskibled, hag é lavaraz d'ézhô : Id da géar : hag é kéfot dira-z-hoc'h eunn dén péhini a zougô eur pôdad dour : Id war hé lerc'h :

14. Hag é pé léac'h-bennâg m'az ai, livirid da vestr ann ti : Ar mestr a c'houlenn digan-éz : Péléac'h éma ar gambr é péhini é hellinn dibri ar Pask gañt va diskibled ?

15. Hag héñ a ziskouézô d'é-hoc'h eur gambr uc'hel, brâz hag annézet : hag énô éc'h aozod ar Pask d'é-omp.

16. Hag hé ziskibled a iéaz, hag a zeûaz é kéar : hag é kafchoñt ar péz en doa lavaret, hag éc'h aojoñd ar Pask.

17. Hôgen pa oé deûed ar pardaez, é teûaz gañd ann daouzek.

18. Ha pa édoñd ouc'h taol ô tibri, é lavaraz Jézuz d'ézhô : É-gwirionez hel lavazann d'é-hoc'h, pénaoz unan ac'hanoc'h, hag a zebr gan-én, a werzô ac'hanoun.

19. Hag hi a oé glac'haret-brâz, hag é téraoujoñt lavarout d'ézhañ ann eil goudé égilé : Ha mé eo ?

20. Hag héñ a lavaraz d'ézhô : Unan eûz ann daouzég eo, péhini a laka hé zourn gan-éñ er plâd.

21. Mâb ann dén évit-gwir a ia ével ma eo skrived diwar hé benn : hôgen gwa ann dén gañt péhini é vézô gwerzet Mâb ann dén ; gwall é vé d'ann dén-zé na vé két bét ganet.

22. Ha pa édoñt c'hoaz ô tibri, Jézuz a géméraz bara ; hag ô véza hé vinniget, hé dorraz, hag hé rôaz d'ézhô, ô lavarout : Kémérit : ann drамañ a zô va c'horf.

23. Hag ô véza kéméred ar c'halir, é trugarékéaz hag hé rôaz d'ézhô ; hag holl éc'h évjoñd eûz anézhañ.

24. Hag é lavaraz d'ézhô : Hé-mañ eo va goâd eûz ann testamañt nevez : péhini a vézô skulet évit meûr a hini.

25. É-gwirionez hel lavarann d'é-hoc'h, pénaoz na évinn mui eûz ar frouez-zé eûz ar winien, bétég ann deiz-zé é péhini éc'h évinn anézhañ a nevez é rouañtélez Doué.

26. Ha goudé béza kanet eunn himn, éz éjoñt war Ménez Olived.

27. Ha Jézuz a lavaraz d'ézhô : Eunn darvoud a wall-skouér é vézinn évid-hoc'h holl enn nôz-mañ ; rak skrived eo : Skei a rinn gañd ar mesaer, hag ann déñved a vézô skiñet.

28. Hôgen goudé ma vézinn savet a varô da véô, é tiraoginn ac'hanoc'h é Galiléa.

29. Ha Per a lavaraz d'ézhañ : Ha pa vijez eunn darvoud a wall-skouér évid ann holl, na vézi bikenn eur wall-skouér évid-oun.

30. Ha Jézuz a lavaraz d'ézhañ : É-gwirionez hel lavarann d'id, pénaoz té da-unan enn nôz-mañ, abarz m'en dévézô diou wéach kanet ar c'hilek, em dinac'hi teir gwéach.

31. Hôgen heñ a lavaré kréoc'h c'hoaz : Ha pa vé réd d'in mervel gan-éz, n'az tinac'hinn ket. Hag ar ré all holl a lavaraz ével-t-hañ.

32. Neûzé é teûjoñd enn eul léac'h a c'halved Jetsémani. Ha Jézuz a lavaraz d'hé ziskibled : Azézid amañ eñdra ma pédinn.

33. Hag é kéméraz gañt-hañ Per, ha Jakez, ha Iann : hag é téraouaz kaoud aoun, ha béza glac'haret.

34. Hag é lavaraz d'ézhô : Trist eo va éné bétég ar marô : choumid amañ, ha belit.

35. Hag ô voñd eunn nébeût pelloc'h, en em striñkaz war hé c'hénou d'ann douar ; hag é pédaz m'az ajé, mar bije gallet, ann heur-zé é-biou d'ézhañ.

36. Hag é lavaraz : Abba, va Zâd, pép trâ a zô galloudux d'id, pella diouz-in ar c'halir-zé ; koulskoudé na vézet két gréat hervez va ioul, hôgen hervez da hini.

37. Hag heñ a zeûaz, hag a gavaz hé ziskibled kousket. Hag é lavaraz da Ber : Simon, ha kousked oud ? Ha n'éc'h eûz két gellet belia eunn heur ?

38. Belit, ha pédit évit na viot két temptet. Râg ar spéred a zô téar, hôgen ar c'hig a zô gwân.

39. Moñd a réaz adarré, hag é pédaz ô lavarout ann hévélep geriou.

40. Hag ô véza distrôet, hô c'havaz c'hoaz kousket (rag hô daoulagad a ioa bec'hiet), ha na wieñt pétrâ da lavaroud d'ézhañ.

41. Hag é teûaz évid ann trédé gwéach ; hag é lavaraz d'ézhô : Kouskit bréma hag arzaôit. A-walc'h eo : deûed eo ann heûr ; chétu Mâb ann dén a ia da véza lékéad étré daouarn ar béc'herien.

42. Savit, ha déomp. Chétu éma tôst ann hini a dlé va gwerza.

43. Komza a réa c'hoaz, ha chétu Iuzaz Iskariot, unan eûz ann daouzek, a zeûaz, ha gañt-hañ eul lôd brâz a dûd gañt klézeier ha bisier, péré a ioa kaset gañt Pennou ar véleien, gañd ar Skribed, ha gañd ann Hénaoured.

44. Hôgen ann hini a werzaz anézhañ en doa rôed d'ézhô eunn arwéz, ô lavarout : Ann hini a bokinn d'ézhañ, hen-nez eo, dalc'hit-héñ mâd.

45. Ha râk-tâl é tôstaaz ouc'h Jézuz, hag é lavaraz : Béz iac'h, Mestr ; hag é pokaz d'ézhañ.

46. Hag ar ré-mañ a lékéaz hô daouarn war-n-ézhañ, hag a zalc'haz anézhañ.

47. Hôgen unan eûz ar ré a ioa gañt Jézuz, a dennaz hé glézé, a skôaz gañt mével Priñs ar véleien, hag a drouc'haz hé skouarn d'ézhañ.

48. Ha Jézuz a lavaraz d'ézhô : Deûed oc'h gañt klézeier ha gañt bisier évit kregi enn-oun, é-c'hiz ma venn eul laer.

49. Bemdéz é oann enn hô touez ô teski enn templ, ha n'hoc'h eûz két va c'héméret. Hôgen réd eo ma vijé sévéned ar Skrituriou.

50. Neûzé hé ziskibled ô véza hé lézet holl, a dec'haz-kuit.

51. Hôgen béz' éz oa eunn dén-iaouañk péhini a heûlé anézhañ, gôlôet hép-kén gañd eul liénen war hé gorf noaz : hag é krogjoñd enn-hañ.

52. Hôgen héñ ô véza laosket hé liénen, a dec'haz-kuit enn noaz eûz hô daouarn.

53. Hag ar ré-mañ a gasaz Jézuz da di Priñs ar véleien, é péléac'h é oa strollet ann holl Véleien, hag ar Skribed, hag ann Hénaoured.

54. Hôgen Per a heûlaz anézhañ a-bell, bétég é léz Priñs ar véleien : hag éc'h azézaz é-touez ar mévellou, hag é tommé.

55. Koulskoudé Priñsed ar véleien, hag ann holl Alierien a glaské eunn desténi a-énep Jézuz, évid hé lakaad d'ar marô ; ha na gaveñt két.

56. Râk kals a zougé fals-desténi enn hé énep ; hôgen ann testéniou-zé na oant két hévéiep étré-z-hô.
57. Hiniennou a zavaz neûzé, hag a zougaz eur fals-desténi enn hé énep, ô lavarout :
58. Hé gleved hon eûz ô lavarout : Mé a zismañtrô ann templ-zé péhini a zô gréat gañd daouarn ann dûd, hag é savinn eunn all a-benn tri déz, péhini na vézô két gréat gañd daouarn ann dûd.
59. Hag hô zesténiou né oañt kéd hévélep.
60. Neûzé Priñs ar véleien ô sével enn hô c'hreiz, a lavaraz da Jézuz : Ha na respouñtez nétrâ d'ar péz a desténioñt enn da énep ?
61. Hôgen Jézuz a davé, ha na respouñtaz nétrâ. Ar Bélek-brâz a réaz c'hoaz ar goulenn-ma out-hañ : Ha té eo ar C'hrist, Mâb ann Doué benniget ?
62. Ha Jézuz a lavaraz d'ézhañ : Mé eo ; ha c'houi a wélô Mâb ann dén azézet a zéou da c'halloud Doué, hag ô toñt war *goabrennou* ann éñv.
63. Neûzé Priñs ar véleien a rogaz hé zilad hag a lavaraz : Da bétrâ hon eûz mui ézomm a destou ?
64. Hé gleved hoc'h eûz ô toui : pétrâ a vennit-hu ? Hag holl é léverjoñt pénaoz é talié ar marô.
65. Hag hiniennou a zéraouaz skôpa out-hañ ; hag ô véza hé vouc'het, é karvanateñt anézhañ, ô lavarout : Diougan ; hag ar mévellou a rôé javédadou d'ézhañ.
66. Hôgen Per a ioa er-méaz er pors, hag é teûaz éno unan eûz a vitisien ar Bélek-brâz,
67. Péhini ô véza gwélet Per ô tomma, goudé béza selled out-hañ, a lavaraz d'ézhañ : Té a ioa ivé gañt Jézuz a Nazaret.
68. Hôgen hén hen nac'haz, ô lavarout : Na anavézann kéd anézhañ, ha na ouzonn két pétrâ a lévérez. Hag éz éaz er-méaz er pors, hag ar c'hilek a ganaz.
69. Eur vatez ô véza c'hoaz gwélet anézhañ, a zéraouaz lavarout d'ar ré a ioa énô : Hé-mañ a zô eûz ann dûd-zé.
70. Hag hén a nac'haz adarré : ha nébeût goudé ar ré a ioa énô a lavaraz adarré da Ber : Évit-gwir té a zô eûz ar ré-zé ; râk eûz a C'haliléa oud ivé.
71. Neûzé é téraouaz drouk-pédi, ha toui, ô lavarout : Na anavézann két ann dén-zé eûz a béhini é komzit d'in.
72. Ha râk-tâl ar c'hilek a ganaz eunn eil gwéach. Ha Per en doé-koun eûz a c'hér Jézuz pa lavaraz d'ézhañ : Abarz m'en dévézô kanet diou wéach ar c'hilek, ez pézô va dinac'het teir gwéach. Hag hén en em lékéaz da wéla.

—

XV. PENNAD.

1. Ha kerkeñt ha ma oé deûet ar miñtin, Priñsed ar véleien, gañd ann Hénaoured, hag ar Skribed, hag ann holl Alierien en em guzuliaz : hag ô véza éréet Jézuz, é kaschoñd anézhañ, hag hen lékéjoñt étré daouarn Pilat.
2. Ha Pilat a réaz ar goulenn-mañ out-hañ : Ha té eo roué ar Iuzevien ? hag hén a respouñtaz hag a lavaraz d'ézhañ : Hé lavaroud a réz.
3. Priñsed ar véleien a damallé d'ézhañ kals traou.
4. Hôgen Pilat a lavaraz c'hoaz d'ézhañ : Ha na respountez nétrâ ? Gwél pégémeñd a draou a damalloñt d'id.
5. Hôgen Jézuz na respouñtaz mui nétrâ ; enn hévélép doaré ma oé souézet-brâz Pilat.
6. Hé-mañ en doa ar boaz enn eunn deiz goél-brâz da leûskel d'ar bobl ann hini eûz ar brizounierien a venné d'ézhô.
7. Hôgen béz' éz oa unan a c'halved Barabbaz, péhini a oa bét éréet gañd dispac'herien all, dré m'en doa lazet eur ré enn eunn dispac'h.
8. Ha pa oé piñet ar bobl énô, é téraoujoñt pidi Pilat da ôber d'ézhô é-c'hiz m'en doa ar boaz da ôber.
9. Ha Pilat a respouñtaz, hag a lavaraz d'ézhô : Ha c'houi a fell d'éhoc'h é laoskfenn roué ar Iuzevien ?

10. Râg gouzoud a réa pénaoz dré érez oa é oa bét lékéat étré hé zaouarn gañt Priñsed ar véleien.

11. Hôgen ar véleien a geñtraoué ar bobl, évit ma c'houlennfeñt ma vé laosket keñtoc'h d'ézhô Barabbaz.

12. Ha Pilat a respouñtaz, hag a lavaraz c'hoaz d'ézhô : Pétrâ éta a fell d'é-hoc'h é rajenn eûz a roué ar Iuzevien?

13. Hag hi a griaz adarré : Stâg-héñ ouc'h ar groaz.

14. Hôgen Pilat a lavaraz d'ézhô : Pé zroug éta en deûs-héñ gréat? Hag hi a grié kréoc'h : Stâg-héñ ouc'h ar groaz.

15. Ha Pilat péhini a fellé d'ézhañ héta d'ar bobl, a laoskaz d'ézhô Barabbaz, ha goudé béza lékéat skourjéza Jézuz, é lékéaz anézhañ étré hô daouarn évit béza staget ouc'h ar groaz.

16. Neûzé ar soudarded a gasaz anézhañ é léz ar varn, hag a strollaz war hé drô ann holl vrézélidi.

17. Hag ô véza lékéat war hé gein eur vañtel tané, é lékéjoñt war hé benn eur gurunen spern gwéet.

18. Hag é téraoujoñt pléga hô glin dira-z-hañ, ô lavarout : Dématld, roué ar Iuzevien.

19. Hag hi a skôé war hé benn gañd eur gorsen, hag é skôpeñt out-hañ, hag ô taoulina, éc'h azeûleñt anézhañ.

20. Ha goudé béza gréat goab anézhañ, é tennjoñd ar vañtel tané diwarn-ézhañ, hag ô véza hé wisket gañd hé zilad hé-unan, é kaschoñd anézhañ évid hé lakaad oud ar groaz.

21. Hag ô véza kavet eunn dén eûz a Ziren hanvet Simon, tâd Alcksañdr ha Rufuz, péhini a dréméné dré énô, ô toñd eûz hé vaner, é rédijoñd anézhañ da zougen kroaz Jézuz.

22. Hag é kaschoñd anézhañ enn eul léac'h hanvet Golgota, da lavaroud eo, léac'h ar C'halvar.

23. Hag é rôjoñd d'ézhañ da éva gwin gañt mirr mesket gañt-hañ : ha na évaz kéd anézhañ.

24. Ha goudé m'hô doa hé staged ouc'h ar groaz, é rannjoñd hé zilad, hag hô lékéjoñd d'ann darvoud, évit gouzout pé lôd a zigouéschê da bép hini.

25. Édo ann trédé heur ; pa oé staget ouc'h ar groaz.

26. Hag é oé skrivet out-hi ann abek eûz hé varnédigez évél-henn : ROUÉ AR IUZEVIEN.

27. Neûzé é oé lékéad oud ar groaz gañt-hañ daou laer, unan war ann dourn déou, hag eunn all war ann dourn kleiz.

28. Hag évél-sé é oé sévénet ar Skritur, pa lavar : Gañd ann dûd fall eo bét nivéret.

29. Hag ar ré a dréméné a zroukpédé gañt-hañ, enn eur heja hô fenn, hag ô lavarout : Té péhini a zismañtr templ Doué, hag hen sav a nevez a-benn tri deiz,

30. En em zavété da-unan, ha diskenn eûz ar groaz.

31. Priñsed ar véleien hag ar Skribed a réa ivé goab anézhañ, hag a lavaré étré-z-hô : Ar ré all en deûz savétéet, ha na hell kéd en em zavétei hé-unan.

32. Diskennet bréma eûz ar groaz ar C'hrist, Roué Israel, évit ma wélimp ha ma krédimp. Ar ré a ioa staget out péb a groaz gañt-hañ, a gunuc'hé ivé anézhañ.

33. Hôgen adaleg ar c'houec'hved heur bétég ann naved, é oé gôlôed ann douar holl a dévalien.

34. Ha d'ann naved heur, Jézuz a c'harmaz gañd eur vouéz gré, ô lavarout : *Éloi, Éloi, lamma sabaktani?* da lavaroud eo, va Doué, va Doué, pérâg éc'h eûz-dé va dilézet?

35. Hag hinienou eûz ar ré a ioa énô hag a glevé anézhañ, a lavaré : Chétu é c'halv Éliaz.

36. Hôgen unan anézhô a rédaz, hag ô véza leûniet eur spoué gañt gwin egr, hé lékéaz é penn eur gorsen, hag hé rôaz d'ézhañ da éva, ô lavarout : List, gwélomp mar teûi Éliaz d'hé denna alesé.

37. Neûzé Jézuz ô c'harmi gañd eur vouéz gré, a varvaz (M).

38. Ha gwél ann templ a rogaz é diou gévren, adaleg al lein bétég ar gwéled.

39. Hôgen ar C'hañténer a ioa énô

dira-z-hañ, ô wélout pénaoz é oa
marô ô c'harmi ével-sé, a lavaraz:
Ann dén-mañ évit-gwir a ioa Mâb
Doué.
40. Béz' éz oa ivé énô merc'hed péré
a zellé a bell: é touez péré é oa Mari
Madalen, ha Mari mamm Jakez ar
iaouañka, ha Jozef, ha Salomé;
41. Péré ho doa heûliet Jézuz pa
édo é Galiléa, oc'h hé zervicha; ha
kalz ré all péré a ioa piñet gañt-hañ
é Jéruzalem.
42. Hôgen ar pardaez ô véza deûet
(râg ar gousper é oa, pé ann deiz
keñt ar sabbat),
43. Jozef a Arimatéa, péhini a ioa
eunn dén a hanô-mâd hag eûz a ben-
nou kéar, ha péhini a ioa é gortoz
eûz a rouañtélez Doué, a iéaz gañd
herder da gavout Pilat hag a c'hou-
lennaz korf Jézuz.
44. Pilat a oé souézet brâz ô kle-
vout pénaoz é oa marô ker buan.
Hag ô véza digémennet ar C'hañté-
ner, é c'houlennaz out-hañ mar d-oa
marô ken abred.
45. Ha pa en doé klevet gañd ar
Chañténer pénaoz é oa marô, é rôaz
ar c'horf da Jozef.
46. Ha Jozef ô véza prénet eul lié-
nen, a ziskennaz Jézuz eûz ar grôaz
hag a lékéaz al liénen enn-drô d'é-
zhañ, hag a lékéaz anézhañ enn eur
béz, péhini a ioa bét toullet enn eur
roc'h; hag é rulaz eur méan brâz
ouc'h dôr ar béz.
47. Hôgen Mari Madalen, ha Mari
mamm Jozef a zellé péléac'h é oa lé-
kéat.

—

XVI. PENNAD.

1. Ha pa oé tréménet deiz ar sab-
bat, Mari Madalen, ha Mari mamm
Jakez, ha Salomé a brénaz louzou
c'houés-vâd évit ma teûjeñd d'hé la-
kaad ouc'h hé gorf.
2. Hag ar c'heñta deiz eûz ar zi-
zun é teûjoñt d'ar béz mintin mâd ha
d'ar sav-héol.
3. Hag é lavarsñt ann eil d'ébén:
Piou a rulô d'é-omp ar méan a zô é
dôr ar béz?
4. (Ha pa zeljoñt é wéljoñt pénaoz
é oa tenned ar méan) râg gwall vraz
é oa.
5. Hag ô véza éad er béz é wél-
joñt eunn dén iaouañk a ioa azézet
enn tu déou, gwisket é gwenn; hag
hô doé aoun.
6. Hôgen hé-mañ a lavaraz d'ézhô:
N'hô pézet kéd a aoun: c'houi a glask
Jézuz a Nazaret, péhini a ioa bét lé-
kéad ouc'h ar groaz; savet eo a varô
da véô; n'éma kéd amañ; chétu al
léac'h é péhini hô doa hé lékéet.
7. Id éta, ha livirid d'hé ziskibled,
ha da Ber, pénaoz é tiaraogô ac'ha-
noc'h é Galiléa: Énô hen gwéloc'h,
é-c'hiz m'en deûz lavared d'é-hoc'h.
8. Hôgen hi a dec'haz hag a iéaz
er-méaz eûz ar béz: râg ar c'hrén
hag ar spouñt a ioa kroged enn-hô;
ha na léverjoñt nétrâ da zén, ker
spouñtet oañt.
9. Jézuz éta ô véza savet da véô
da vintin ar c'heñta deiz eûz ar zi-
zun, en em ziskouézaz da geñta da
Vari Madalen, eûz a béhini en doa
kaset-kuit seiz diaoul.
10. Hag hi a iéaz da lavarout ké-
meñt-sé d'ar ré a ioa bét gañt-hañ, ha
né réant neûzé német léñva hag en
em c'hlac'hari.
11. Hôgen ar ré-mañ pa glefchoñd
anézhi ô lavarout é oa béô Jézuz, ha
pénaoz é doa-hi gwéled anézhañ, na
grédjoñt kéd d'ézhi.
12. Goudé-zé en em ziskouézaz enn
eunn doaré all da zaou anézhô péré
a iéa enn eunn ti war ar méaz:
13. Ar ré-mañ a iéaz d'hé lavaroud
d'ar ré all; ha na grédjoñt két d'ézhô
ken-nébeût.
14. Enn-divez en em ziskouézaz
d'ann unnék pa édoñt ouc'h taol:
hag é rébechaz d'ézhô hô digrédoni
hag hô c'haléder a galoun, ô véza
n'hô doa két krédet d'ar ré hô doa
gwélet pénaoz é oa savet a varô da
véô.
15. Hag é lavaraz d'ézhô: Id dré
ar béd holl, ha prézégid ann Aviel
d'ann holl grouadurien.
16. Néb a grédô, hag a vézô badé-
zet, a vézô salvet: hôgen néb na
grédô két, a vézô barnet.

17. Hôgen ann arwésiou-mañ a heûliô ar ré a grédô : em hanô é kasiñt-kuld ann diaoulou ; iézou neves a gomziñt :

18. Ann aéred a gémériñt ; ha mar évoñt eunn dra-bennâg a varvel, na rai kéd a zrouk d'ézhô : astenna a raiñd hô daouarn war ar ré glañv, hag ar ré-mañ a vézô paré.

19. Goudé m'en doé ann Aotrou Jézuz lavaret kémeñt-sé d'ézhô, é piñaz enn éñv, é péléac'h éma azézet enn tu déou da Zoué.

20. Hag hi a iéaz-kuld ac'hanô hag a brézégaz dré-holl, ann Aotrou ô ken-ôber gañt-hô hag ô sévéni d'hé c'hér gañd ann arwésiou a heûlié anézhañ.

AVIEL SANTEL JÉZUZ-KRIST

HERVEZ

SANT LUKAZ.

I. PENNAD.

1. Kalz a dûd ô véza arnodet lakaad é reiz ann traou a zô bét sévénet gan-é-omp :

2. Hervez ma hô deûz hô danévelled d'é-omp, ar ré hô deûz hô gwélet adalek ar penn-keñta, hag a zô bét sévénerien ar gér :

3. Menned em eûz, Téofil, va miñoun kér, pénaoz pa em eûz heûliet ann holl draou-zé adalek ar penn-keñta, é tlienn hô skriva d'id dioud hô reiz.

4. Évid ma anavézi ar wirionez eûz ar péz a zô bét desket d'id.

5. Béz' é oé, é amzer Hérodez, roué Judéa, eur bélek hanvet Zakariaz, eûz a wenn Abia, péhini en doa évit grég eur vaouez eûz a wenn Aaron, hanvet Élizabet.

6. Gwirion é oañt hô-daou dirak Doué, ha kerzoud a réañt é gourc'hémennou hag é lézennou ann Aotrou gañd dinamded.

7. Ha n'hô doa kéd a vâb, dré ma'z oa eur zec'hen Élizabet, ha ma'z oañd hô daou hir-hoalet.

8. Hôgen Zakariaz a réa hé garg a vélek dirak Doué é reiz hé dûd.

9. Hag é c'hoarvézaz pénaoz, diouc'h boaz ar véleien, é oa kouézed ann darvoud d'ézhañ moñd é diabarz templ Doué, évit kenniga ann ézañs.

10. Hag ann holl eñgroez eûz ar bobl a ioa er-méaz ô pidi é-pâd ma édod ô kenniga ann ézañs.

11. Hôgen eunn Éal eûz ann Aotrou en em ziskouézaz d'ézhañ, hag a joumaz enn hé zâ enn tu déou eûz a aoter ann ézañs.

12. Zakariaz oc'h hé wélout a oé saouzanet-brâz, hag é krogaz eur spouñt brâz enn-hañ.

13. Hôgen ann Éal a lavaraz d'ézhañ : N'az péz kéd a aoun, Zakariaz, râk da béden a zô bét sélaouet : hag Élizabet da c'hrég a c'hanô d'id eur mâb, péhini a c'halvi Iann.

14. Ann dra-zé az kargô a lévénez hag a estlamm, ha kalz a dûd en em laouénai eûz hé c'hanédigez.

15. Râk brâz é vézô dirâg ann Aotrou : ha na évô na gwin na bier ; hag é vézô leûn eûz ar Spéred-Sañtel adalek kôv hé vamm.

16. Kalz eûz a vugalé Israel a zistrôi ouc'h ann Aotrou hô Doué.

17. Hag é valéô enn hé raok é spéred hag é ners Élias : évit ma unvanô kalounou ann tadou gañt kalounou ar vugalé, ha ma tigasô ar ré ziskrédik da furnez ar ré wirion, évid aoza d'ann Aotrou eur bobl dinam.

18. Zakariaz a lavaraz d'ann Éal : A bétrâ é wézinn-mé kémeñt-sé ? Râk kôz ounn, ha va grég a zô hir-hoalet.

19. Hag ann Éal a respouñtaz hag a lavaraz d'ézhañ : Mé eo Gabriel, péhini a zô dirâk Doué : ha kased ounn da gomza ouz-id, ha da zigas d'id ar c'helou-mañ.

20. Ha chétu é vézi dilavar, ha na helli két komza, bétég ann deiz é péhini é c'hoarvézô kémeñt-sé, dré n'éc'h eûz két krédet d'am geriou, péré a zévénô enn hô amzer.

21. Koulskoudé ar bobl a ioa ô c'hortozi Zakariaz, hag a ioa souézet oc'h hé wéloud ô choum ker pell enn templ.

22. Hôgen pa oé deûed er-méaz na hellé két komza out-hô ; hag éc'h anavézchoñt pénaoz en doa béd eur wélédigez enn templ. Hag héñ a réa dispac'hiou dira-z-hô, hag é choumaz mûd.

23. Ha goudé ma oé peûr-c'hréat deisiou hé garg, é tistrôaz d'hé dî.

24. Hôgen nebeût goudé Élizabet hé c'hrég a eñgéheñtaz, hag en em guzaz é-pâd pemp miz, ô lavarout :

25. Ann Aotrou en deûz gréat kémeñt-mañ d'in enn deisiou-mañ, é péré en deûz selled ouz-in évit va zenna eûz ann dismégañs é péhini édoun dirâg ann dûd.

26. Hôgen er c'houec'hved miz, ann Éal Gabriel a oé kaset gañd Doué enn eur géar eûz a C'haliléa, hanvet Nazaret,

27. Da eur werc'hez péhini a ioa dimézet gañd eur goaz eûz a dî David, hanvet Jozef : hag ar werc'hez-zé a ioa hanvet Mari.

28. Hag ann Éal ô véza éat el léac'h ma édo-hi, é lavaraz d'ézhi : Dématid, leûn a c'hrâs : Éma ann Aotrou gan-éz : Benniged oud é-touez ann holl gragez.

29. Hôgen hi pa glevaz kémeñt-sé, a oé saouzanet gañd ar geriou-zé, hag é menné pétrâ é oa ar salud-zé.

30. Hag ann Éal a lavaraz d'ézhi : N'az péz kéd a aoun, Mari, râk kaved éc'h eûz trugarez dirâk Doué.

31. Té a eñgéheñtô enn da gôf, hag é c'hani eur mab, hag é rôi d'ézhañ ann hanô a JÉZUZ.

32. Hé-mañ a vézô brâz, hag a vézô galvet Mâb ann Uc'héla ; hag ann Aotrou Doué a rôi d'ézhañ trôn hé dâd David : hag é rénô war dî Jakob da-vikenn.

33. Hag hé rén n'en dévézô héd a zivez.

34. Hôgen Mari a lavaraz d'ann Éal : Pénaoz é c'hoarvézô kémeñt-sé, pa né anavézann goâz é-béd ?

35. Hag ann Éal a respouñtaz hag a lavaraz d'ézhi : Ar Spéred-Sañtel a zeui enn-od, ha ners ann Uc'héla a c'hôlôi ac'hanod eûz hé skeûd. Drézé ar péz Sañtel a vézô ganet gan-éz, a vézô galvet MAP DOUÉ.

36. Ha chétu Élizabet da géniterv, é deûz ivé eñgéheñtet eur mab enn hé c'hôzni, hag hé-mañ eo ar c'houec'hved miz d'ann hini a zô galvet sec'hen :

37. Râk n'eûz nétrâ dic'halluz da Zoué.

38. Neûzé Mari a lavaraz d'ézhañ : Chétu matez ann Aotrou ; ra vézô gréad d'in hervez da c'hér. Hag ann Éal a bellaaz diout-hi.

39. Hôgen enn deisiou-zé Mari a zavaz hag a iéaz buan étrézég ar ménésiou, enn eur géar eûz a Juda :

40. Hag éz éaz é tî Zakariaz, hag é lavaraz dématid da Élizabet.

41. Hag é c'hoarvézaz pénaoz pa glevaz Élizabet mouéz Mari a lavaré dématid d'ézhi, hé bugel a dridaz enn hé c'hôv : Élizabet a oé leûniet gañt ar Spéred-Sañtel :

42. Hag é c'harmaz gañd eur vouéz gré, ô lavarout : Benniged oud é-touez ann holl c'hragez, ha benniged eo ar frouez eûz da gôv.

43. Hag a béléac'h é teû kémeñt-mañ d'in, ma teû mamm va Aotrou étrézég enn-oun ?

44. Râk keñta ma éc'h eûz lavared d'in dématid, va bugel en deûz tridet gañt lévénez em c'hôv.

45. Ha gwenvidik oud pa éc'h eûz krédet ; râk sévéned eo kémeñd a zô bét lavared d'id eûz a berz ann Aotrou.

46. Ha Mari a lavaraz : Va éné a veûl ann Aotrou ;

47. Ha va spéred a drid gañt lévénez é Doué va Zalver.

48. Dré m'en deûz selled out vuelded hé vatez ; ba chétu dré-zé é vézinn galvet gwenvidik gañd ann holl dudou.

49. Râg gréad en deûz traou brâz enn-oun, héñ péhini a zô galloudek, hag a zô sañtel hé hanô.

50. Hag hé drugarez en em ziskouéz a oad é oad war ar ré a zouj anézhañ.

51. Diskouézed en deûz nerz hé vréac'h : skiñed en deûz ar ré a ioa balc'h é mennoz hô c'haloun.

52. Diskared en deûz ar ré vrâz diwar hô zrôn, hag ar ré vihan en deûz uc'héléet.

53. Ar ré naounek en deûz leûnied a vadou : hag ar ré binvidik en deûz kaset-kuit goullo.

54. Kéméred en deûz Israel hé baotr, oc'h éñvori hé drugarez.

55. É-c'hiz m'en deûz lavared d'hon tadou, da Abraham, ha d'hé wenn da vikenn.

56. Hôgen Mari a joumaz gañt-hi war-drô tri miz, hag a zistrôaz d'hé zi.

57. Neûzé é c'hoarvézaz ann amzer é péhini Élizabet a dlié génel, hag é c'hanaz eur mab.

58. Hé amézeien hag hé c'hérent a glevaz pénaoz en doa ann Aotrou diskouézed hé drugarez enn hé c'héñver, hag é laouénajoñt gañt-hi.

59. Hag ô véza deûet ann eizved derves évit trô-drouc'ha ar bugel, é c'halveñd anézhañ Zakariaz, péhini é oa hanô hé dâd.

60. Hôgen hé vamm a respouñtaz hag a lavaraz : Nann ; rak Iann é vézô galvet.

61. Hag ar ré-mañ a lavaraz d'ézhi : N'eûz dén é-touez da gérent a zô galved eûz ann hanô-zé.

62. Hag é c'houlenjoñd digañd ann tâd gañd dispac'hiou, a bé hanô é fellé d'ézhañ é vijé galvet.

63. Hag ô véza goulennet eunn daolennik, é skrivaz war-n-ézhi ar gériou-mañ : Iann eo hé hanô. Hag ann holl a oé souézet-brâz.

64. Ha râk-tâl hé c'hénou a zigoraz, hé déod a zistagaz, hag é komzaz ô veûli Doué.

65. Ann amézeien holl a oé spouñtet brâz : hag ar vrûd eûz a géméñt-sé a oé douget bétég ar vrôiou ménézick eûz a Judéa.

66. Ha kémeñd hini a glevaz ar gériou-zé hô lékéaz enn hé galoun, ô lavarout : Pétrâ a vennez-té é vézô ar bugel-zé ? Râk dourn ann Aotrou a ioa gañt-hañ.

67. Ha Zakariez hé dâd a oé leûniet gañd ar Spéred-Sañtel : hag é diouganaz, ô lavarout :

68. Benniget ra vézô ann Aotrou Doué Israel : dré ma eo deûed da wélout ha da zaspréna hé bobl.

69. Ha dré ma en deûz savet eur Salver galloudek d'é-omp, é ti David hé vével :

70. É-c'hiz ma en deûz komzet dré c'hénou hé Brofédéd sañtel, adalek derou ar béd.

71. O lavarout pénaoz é tieûbché ac'hanomp eûz a hon énébourien, hag é tennjé ac'hanomp eûz a zouarn ar ré a gasaé ac'hanomp.

72. Évid diskouéza hé drugarez é kéñver hon tadou, hag évid éñori hé gévrédigez sañtel ;

73. Hervez al lé en deûz gréad da Abraham, pénaoz hé rôjé d'é-omp :

74. Évit, goudé béza bét tenned eûz a zaouarn hon énébourien, é teûjemp d'hé servicha héb aoun,

75. Er sañtélez hag er wirionez dira-z-hañ, enn deisiou holl eûz hor buez.

76. Ha té, bugel, galved é vézi profed ann Uc'héla : râk kerzoud a ri dirâk dremm ann Aotrou évid aoza hé heñt,

77. Évit rei d'hé bobl gwiziégez ar zilvidigez, da walc'h hô féc'héjou :

78. Dré galoun (c) trugarez hon Doué, gañt péhini eo deûed eûz ann néac'h d'hor gwélout :

79. Évit skleria ar ré péré a zô azézet enn dévalien, hag é skeûd ar marô : hag évit réna hon treid é heñd ar péoc'h.

80. Hôgen ar bugel a greské, hag hé spéred a grévaé : hag é choumaz el léac'h distrô bétég ann deiz é péhini é tlié en em ziskouéza da vobl Israel.

II. PENNAD.

1. Hôgen enn deisiou-zé é oé embannet eur gourc'hémenn eûz a berz Sézar Aogustuz, évit ma vijé nivéred ar béd holl.

2. Ann nivéridigez geñta-zé a oé gréat pa édo Kirinuz mérer é Siria.

3. Hag ann holl a iéa évit rei hanô pép-hini, enn hé géar hé-unan.

4. Jozef a iéaz ivé eûz a géar Nazaret é Galiléa, é Judéa da géar David, a c'halveur Betléhem ; dré m'az oa eûz a dl hag eûz a wenn David,

5. Évit rei hé banô gañt Mari hé c'hrég péhini a ioa brazez.

6. Hôgen pa édoñt énô é c'hoarvézaz pénaoz ann amzer é péhini é tlié hou-mañ gwilioudi a oé leûniet.

7. Hag é c'hanaz hé mâb keñtaganet, hag ô véza hé valuret, é lékéaz anézhañ enn eul laouer ; râk né oa kéd eul léac'h évit-hô enn eunn hostaléri.

8. Hôgen béz' é oa war-drô énô méserien péré a veljé, ô viroud hô loéned é-pâd ann nôz.

9. Ha chétu eunn Éal eûz ann Aotrou en em ziskouézaz d'ézhô, war hô zrô, hag hô doé eur spouñt brâz.

10. Hag ann Éal a lavaraz d'ézhô : N'hô pézet kéd a aoun ; râk chétu é tiouganann d'é-hoc'h eur c'helou hag a vézo eul lévénez vrâz évid ann holl bobl.

11. Râg ganed eo hiriô d'é-hoc'h eur Salver, é kéar David, péhini eo ar C'hrist hag ann Aotrou.

12. Hag hou-mañ é vézô ann arwéz d'é-hoc'h : Kavoud a réot eur bugel maluret ha lékéat enn eul laouer.

13. Ha kerkeñt en em unanaz gañd ann Éal eul lôd brâz eûz a armé ann éñv, péré a veûlé Doué, hag a lavaré :

14. Gloar da Zoué enn uc'héla eûz ann éñvou, ha péoc'h war ann douar d'ann dûd a ioul vâd.

15. Ha goudé ma oé distrôed ann Élez enn éñv, ar véserien a lavaraz ann eil d'égilé : Déomp bété Betléhem, ha gwélomp pétrâ a zô c'hoarvézet, hag ar péz en deûz diskléried d'é-omp ann Aotrou.

16. Hag é teûjoñt buan : hag é kafchoñt Mari ha Jozef, hag ar bugel lékéat el laouer.

17. Ha pa hen gwéljoñt, éc'h anavézchoñt ar péz a ioa bét lavaret d'ézhô diwar-benn ar bugel-zé.

18. Ha kémeñd hini hé c'hlevaz a oé souézet-brâz eûz ar péz a ioa bét lavaret d'ézhô gañd ar véserien.

19. Hôgen Mari a viré ann holl c'hériou-zé, ô tistréménoud anézhô enn hé c'haloun.

20. Hag ar véserien a zistrôaz oc'h énori hag ô veûli Doué eûz a géméñt trâ hô doa klevet ha gwélet, hervez ma oa bét lâvared d'ézhô.

21. Ha pa oé deûed ann eizved devez é péhini é tlié ar bugel béza trô-drouc'het, é oé hanvet JÉZUZ, hanô en doa diouganet ann Éal abars ma oa eñgéheñtet é kôv hé vamm.

22. Ha goudé ma oé sévénet deisiou ar c'harzérez, hervez lézen Moizez, é tougjoñd anézhañ da Jéruzalem, évid hé ginniga d'ann Aotrou,

23. Hervez ma eo skrivet é lézen ann Aotrou : Pép paotr kenta-ganet a dlé béza kinniged da Zoué ;

24. Hag évit rei é azeûlidigez, hervez ma eo lavaret é lézen ann Aotrou, eur ré durzunelled, pé diou goulmik.

25. Hôgen béz' éz oa é Jéruzalem eunn dén gwirion hag a zoujañs Doué, hanvet Siméon, péhini a c'hédé dic'h-lac'har Israel : hag ar Spéred-Santel a ioa enn-hañ (c).

26. Disrévellet é oa bét d'ézhañ gañd ar Spéred-Sañtel na wéljé kéd ar marô, kén n'en divijé gwélet a-raok Krist ann Aotrou.

27. Hag é teûaz enn templ, kaset gañd ar Spéred. Ha pa oé kased ar mab Jézuz enn templ gañd hé dûd, évit ma vijé gréad d'ézhañ hervez boaz al lézen ;

28. Héñ a géméraz anézhañ étré hé zivrec'h, a veûlaz Doué, hag a lavaraz :

29. Tenn bréma, Aotrou, é péoc'h da zervicher eûz ar béd, hervez da c'hér,

30. Pa hô deûz gwélet va daoulagad da zilvidigez,

31. A zô bét aozet gan-éz dirâg ann holl boblou.

32. Évef ar goulou a dlé goulaoui ar vrôadou, ha gloar da bobl ;
33. Ann tâd hag ar vamm eûz a Jézuz a oé souézet-brâz eûz ar péz a gleveñt lavaroud diwar hé benn.
34. Ha Siméon a vennigaz anézhô, hag a lavaraz da Vari hé vamm : Chétu eo lékéad hé-mañ évid ar c'holl hag ann dazorc'hidigez eûz a veûr a hini é Israel ; hag évit béza enn arouéz da énébiez ann dûd.
35. Ha da éné da-unan a vézô treûzet gañd eur c'hlézé. Évit ma vézô diskleriet ar ménosiou kuzet é kaloun meûr a hini.
36. Béz' éz oa ivé eur brofédez hañvet Anna, merc'h da Fanuel, eûz a vreûriez Azer, péhini a ioa birboalet, ha né d-oa bévet gañt hé goâz némét seiz bloaz, hag hi gwerc'hez pa oé dimézet.
37. Iñtañvez é oa neûzé, hag é doa pevar bloaz ha pevar-ugeñt ; hag é choumé bépréd enn templ, ô servicha Doué dré ar pédennou nôz-deiz.
38. Hag hou-mañ ô véza en em gaved énô enn heur-zé, a veûlaz ivé ann Aotrou, hag a gomzaz diwarbenn Jézuz, da géméñd hini a c'hortozé dasprénadurez Israel.
39. Ha goudé m'hô doé sévénet kémeñd a ioa gourc'hémennet gañt lézen ann Aotrou, é tistrôjoñt é Galiléa, da Nazaret hô c'héar.
40. Hôgen ar bugel a greské, hag a grévaé leûn a furnez : ha trugarez Doué a ioa enn-hañ.
41. Hé dûd a iéa bép ploaz da Jéruzalem, da c'houél Bask.
42. Ha pa en doé Jézuz daouzék vloaz, éz éjoñd da Jéruzalem, diouc'h hô boaz, da zeiz ar gouél.
43. Goudé ma oé tréménet deisiou ar gouél, pa zistrôeñt, ar bugel Jézuz a ioa choumed é Jéruzalem, hag hé dûd na anavézchoñt két kémeñt-sé.
44. Hag ô venna pénaoz édo enn hô zouez, é valéjoñt béd eunn dervez : hag é klaskchoñt anézhañ é-touez hô zûd hag ar ré eûz hô anaoudégez.
45. Hag ô véza na gafchoñt kéd anézhañ, é tistrôjoñd da Jéruzalem évid hé glaskout.
46. Ha tri dervez goudé é kafchoñd anézhañ enn templ azézet é kreiz ann doktored, ô sélaoui, hag ô kélenna anézhô.
47. Hôgen ar ré a zélaoué anézhañ a ioa souézet-brâz eûz hé furnez hag eûz hé respouñchou.
48. Hag hé dûd ô wélout kémeñt-sé a oé souezet-brâz : hag hé vamm a lavaraz d'ézhañ : Va mâb, pérâg éc'h eûs-té gréat kémeñt-sé d'é-omp ? Chétu da dâd ha mé a glaské ac'hanod gañt glac'har.
49. Hag héñ a lavaraz d'ézhô : Pérâg é klaskac'h-hu ac'hanoun : ha na wiac'h-hu két pénaoz eo réd d'in en em rei d'ar péz a zell ouc'h va Zâd ?
50. Hôgen hi na boelleñt két ar gér a lavaré d'ézhô.
51. Hag hén a iéaz-kuît gañt-hô, hag a zeûaz da Nazaret ; hag é toujé d'ézhô. Hag hé vamm a viré ann holl c'hériou-zé enn hé c'haloun.
52. Ha Jézuz a greské é furnez, é oad, hag é neûz-vâd dirâk Doué ha dirâg ann dûd.

III. PENNAD.

1. Er pemzékved bloaz eûz a impalaerded Tibériuz Sézar, pa édo Poñs-Pilat mérer é Judéa, Hérodez tétrark é Galiléa, Filip hé vreûr é Ituréa hag é brô Trakonitiz, ha Lisanias é Abiléné,
2. Pa édo Annaz ha Kaifaz Priñsed ar véleien, ann Aotrou a lékéaz Iann, mâb Zakariaz, da glevoud hé c'hér el léac'h distrô.
3. Hag é teûaz enn holl vrô enndrô d'ar Jourdan, ô prézégi badisiañt ar binijen évid distol ar péc'héjou,
4. Évef ma eo skrivet é Levr lavariou ar Profed Izaiaz : Mouéz ann hini a léñv el léac'h distrô : Aozid heñd ann Aotrou : grît ma vézô éeun hé wénodennou :
5. Pép traoñien a vézô leûniet : ha pép ménez ha krec'hien a vézô izéléet : ann heñchou gwâr a vézô éeunet, hag ar ré dorgennek a vézô kompézet ;
6. Ha pép kig a wélô silvidigez Doué.

7. Hôgen Iann a lavaré d'al lòd lùd
a zeûé évit béza badézet gañt-hañ :
Gwenn ann aérød-viber, pion en deûz
desket d'é-hoc'h tec'houd diouc'h ar
vuanégez a dlé kouéza war-n-hoc'h ?
8. Grîd éta eur binijen frouézuz,
ha na zéraouit kéd da lavarout : Abra-
ham hon eûz da dàd. Râk lavaroud a
rann d'é-hoc'h pénaoz Doué a hell
lakaad da zével eûz ar vein-zé mipien
da Abraham.
9. Râg ar vouc'hal a zô a-vréma
oud grisien ar gwéz. Pép gwézen éta
ha na rôiô kéd a frouez màd, a vézô
trouc'het ha taoled enn tân.
10. Hag ar bobl a c'houlenné di-
gañt-hañ : Pétrâ éta a dléomp-ni da
ôber ?
11. Hag hén a respouñtaz hag a
lavaraz d'ézhô : Néb en deûz diou
zaé, ra rôi unan da néb n'en deûz
kéd unan ; ha néb en deûz boéd, ra
rai enn hévélep trâ.
12. Doñd a réaz ivé Publibaned évit
béza badézet, hag é léverjoñd d'é-
zhañ ? Mestr, pétrâ a dléomp-ni da
ôber ?
13. Hag hén a lavaraz d'ézhô : Na
rît nétrâ enn tû all d'ar péz a zô bét
gourc'hémennet d'é-hoc'h.
14. Ar vrézélidi a c'houlennaz ivé
digañt-hañ : Ha ni, pétrâ a dléomp-ni
da ôber ? Hag hén a lavaraz d'ézhô :
Na vac'hid dén, ha na damallid dén
é-gaou : ha na c'houlennit két enn tû
all d'hô kôbr.
15. Hôgen ar bobl a gouné, ha
pép-hini anézhô a grédé enn-hañ hé-
unan pénaoz Iann a hellé béza ar
C'hrist :
16. Iann a respouñtaz, hag a lava-
raz d'ann holl : Mé hô padez enn
dour : hôgen doñd a rai eunn all
kréoc'h égéd-oun, ha na zellézann
két diéréa liamm hé voutou : hen-nez
hô padézô er Spéred-Sañtel, hag enn
tân.
17. Eur c'hañt a zô enn hé zourn,
hag é nétai hé leûr : hag é c'hrounnô
hé éd er zolier : hôgen ar c'hôlô a
zevô enn eunn tan divouguz.
18. Kalz traou all a lavaré d'ar
bobl ô prézégi d'ézhañ.
19. Hôgen Hérodez ann tétrark pa
oé tamallet gañt-hañ diwar-benn Hé-
rodiaz grég hé vreûr, ha diwar-benn
ann holl zrougou all en doa gréat
Hérodez,
20. Ha goudé hé holl walloù, é
réaz c'hoaz lakaad Iann er vâc'h.
21. Hôgen pa oé badézet ann holl
bobl, ha pa oé ivé badézet Jézuz, hag
é-pâd ma réa hé béden, ann éñv a
zigoraz :
22. Hag ar Spéred-Sañtel a zisken-
naz war-n-ézhañ ô kéméroud eur
c'horf héñvel oud hini eur goulm :
ha chétu eur vouéz eûz ann éñv a la-
varaz : Té eo va Mâb kér ; enn-od em
eûz lékéat va c'harañtez.
23. Ha Jézuz hé-unan en doa war-
drô trégoñt vloaz pa zéraouaz prézégi,
hag héñ, war a gréded, *mâb* Jozef,
péhini a oé *mâb* da Héli, péhini a oé
mâb da Vatat,
24. Péhini a oé *mâb* da Lévi, péhini
a oé *mâb* da Velki, péhini a oé *mâb*
da Janna, péhini a oé *mâb* da Jozef,
25. Péhini a oé *mâb* da Vatatiaz,
péhini a oé *mâb* da Amos, péhini a oé
mâb da Nahum, péhini a oé *mâb* da
Hesli, péhini a oé *mâb* da Naggé,
26. Péhini a oé *mâb* da Vahat, pé-
hini a oé *mâb* da Vatatiaz, péhini a
oé *mâb* da Séméi, péhini a oé *mâb* da
Jozef, péhini a oé *mâb* da Juda,
27. Péhini a oé *mâb* da Joanna, pé-
hini a oé *mâb* da Résa, péhini a oé
mâb da Zorobabel, péhini a oé *mâb*
da Salatiel, péhini a oé *mâb* da Néri,
28. Péhini a oé *mâb* da Velki, pé-
hini a oé *mâb* da Addi, péhini a oé
mâb da Gosan, péhini a oé *mâb* da
Elmadan, péhini a oé *mâb* da Her.
29. Péhini a oé *mâb* da Jézuz, pé-
hini a oé *mâb* da Éliézer, péhini a oé
mâb da Jorim, péhini a oé *mâb* da
Vatat, péhini a oé *mâb* da Lévi.
30. Péhini a oé *mâb* da Siméon,
péhini a oé *mâb* da Juda, péhini a oé
mâb da Jozef, péhini a oé mâb da
Jona, péhini a oé *mâb* da Éliakim,
31. Péhini a oé *mâb* da Véléa, pé-
hini a oé *mâb* da Venna, péhini a oé
mâb da Vatala, péhini a oé *mâb* da
Zavid.
32. Péhini a oé *mâb* da Jesé, péhini
a oé *mâb* da Obed, péhini a oé *mâb*

da Vooz, péhini a oé *mâb* da Salmon, péhini a oé *mâb* da Naason,

33. Péhini a oé *mâb* da Aminadab, péhini a oé *mâb* da Aram, péhini a oé *mâb* da Esron, péhini a oé *mâb* da Farez, péhini a oé *mâb* da Juda,

34. Péhini a oé *mâb* da Jakob, péhini a oé *mâb* da Izaak, péhini a oé *mâb* da Abraham, péhini a oé *mâb* da Daré, péhini a oé *mâb* da Nakor,

35. Péhini a oé *mâb* da Saruk, péhini a oé *mâb* da Ragau, péhini a oé *mâb* da Faleg, péhini a oé *mâb* da Héber, péhini a oé *mâb* da Salé,

36. Péhini a oé *mâb* da Gaïnan, péhini a oé *mâb* da Arfaksad, péhini a oé *mâb* da Sem, péhini a oé *mâb* da Noé, péhini a oe *mâb* da Lamek,

37. Péhini a oé *mâb* da Vatusalé, péhini a oé *mâb* da Énok, péhini a oé *mâb* da Jared, péhini a oé *mâb* da Valaléel, péhini a oé *mâb* da Gaïnan,

38. Péhini a oé *mâb* da Énos, péhini a oé *mâb* da Set, péhini a oé *mâb* da Adam, péhini a oé *krouet* gañd Doué.

IV. PENNAD.

1. Hôgen Jézuz ô véza leûn eûz ar Spéred-Sañtel, a zistrôaz eûz ar Jourdan, hag a oé kaset gañd ar Spéred el léac'h distrô.

2. Daou-ugeñt dervez é choumaz énô, hag e oé templet gañd ann diaoul. Ha na zebraz nétrà é-pâd ann deisiou-zé: ha pa oañt tréménet en doé naoun.

3. Neûzé ann diaoul a lavaraz d'ézhañ : Mar d-oud Mâb Doué, lavar d'ar méan-mañ ma teûi da vara.

4. Ha Jézuz a respouñtaz d'ézhañ : Skrived eo : Né két gañt bara hépkén é vév ann dén, hôgen gañt pép gér eûz a Zoué.

5. Hag ann diaoul hen kasaz war eur ménez uc'hel, hag a ziskouézaz d'ézhañ enn eunn taol ann holl rouañtélésiou eûz ar béd :

6. Hag é lavaraz d'ézhañ : Rei a rinn d'id ann holl c'halloud-zé, ha gloar ar rouañtélésiou-zé : râk rôed eo béd d'in ; hag hé rei a rann da néb a garann.

7. Mar fell d'id éta va azeûli, hémeñt-sé a vézô d'id.

8. Ha Jézuz a respouñtaz hag a lavaraz d'ézhañ : Skrived eo : Ann Aotrou da Zoué a azeûli, ha na zervichi némét-hañ.

9. Ha neûzé é kasaz anézhañ da Jéruzalem, hag hen lékéaz war lein ann templ, hag é lavaraz d'ézhañ : Mar d-oud Mâb Doué, en em daol ac'hann d'ann douar ;

10. Râk skrived eo pénaoz en deûz Doué gourc'hémennet d'hé Élez ma viriñd ac'hanod,

11. Ha pénaoz é tougiñt ac'hanod étré hô daouarn, enn aoun na stokfez da droad oud eur méan.

12. Ha Jézuz a respouñtaz hag a lavaraz d'ézhañ : Skrived eo : Na dempti kéd ann Aotrou da Zoué.

13. Hag ann diaoul ô véza gréat hé holl demptasionou, a guitaaz anézhañ évid eunn amzer.

14. Neûzé Jézuz a zistrôaz da C'haliléa dré ners ar Spéred, hag ar vrûd anézhañ a rédaz dré ar vrô holl.

15. Hag hén a gélenné enn hô sinagogou, hag ann holl a réa stâd anézhañ.

16. Hag é teûaz da Nazaret, é péléac'h é oa bét maget, hag éz éaz hervez hé voaz da zeiz ar sabbat er sinagog, hag é savaz évit lenna.

17. Levr ar profed Izaiaz a oé rôed d'ézhañ ; hag ô véza hé zigoret, é kavaz al léac'h é péhini é oa skrivet :

18. Spéred ann Aotrou *a zô* war-noun : dré-zé en deûz va éôliet, ha va c'haset da brézégi ann aviel d'ar béorien, ha da iac'haat ar ré a zô mañtret hô c'haloun ;

19. Da ziougani d'ar sklaved hô diéréadur, ha d'ar ré zall ann distrô eûz ar gwéled, da gâs diéré ar ré a zô brévet, ha da ziougani bloavez trugarézuz ann Aotrou, hag ann dervez eûz ar gôbr.

20. Ha goudé béza serred al levr, é rôaz anézhañ d'ar bélek, hag éc'h azézaz. Ha pép dén er sinagog a zellé piz out-hañ.

21. Hag é téraouaz lavaroud d'ézhô :

Hiriô eo eo sévénet ar skritur hoc'h eûz klevet bréma.

22. Hag ann holl a zougé testéni d'ézhañ. hag a oa souézet-brâz eûz ar gerioù dudiuz a zeûé eûz hé c'hénou, hag a lavaré : Ha n'ef-heñ kéd hennez mâb Jozef ?

23. Hag héñ a lavaraz d'ézho : Hépmâr é lévérot d'in ann iéz-mañ : Louzaouer, en em iac'ha da-unan : grâ amañ enn da vrô kémeñd ha m'hon eûz klevet éc'h eûz gréat é Kafarnaom.

24. Hôgen héñ a lavaraz d'ézhô : É-gwirionez hel lavarann d'é-hoc'h, pénaoz dén né d-eo kéméret évid profed enn hé vrô hé-unan.

25. É-gwirionez hel lavarann d'é-hoc'h, pénaoz éz oa kalz a iñtañvézed é Israel é amzer Éliaz, pa oé serret ann éñv é-pâd tri bloaz ha c'houéac'h miz, ha pa c'hoarvézaz eunn naounégez vrâz dré ann douar holl :

26. Hag Éliaz na oé kaset é-tî hini anézhô ; hôgen é-tî eunn iñtañvez eûz a Sarepta é Sidon.

27. Béz' éz oa ivé kalz a lovreien é Israel é amzer ar profed Élizéuz : hag hini anézho na oé karzet, némét Naaman ar Siriad.

28. Hag ar ré holl a ioa er sinagog, ô klevout kémeñt-sé a zavaz droug enn-hô.

29. Hag é savchoñt, hag é lékéjoñt anézhañ er-méaz eûz hô c'héar : hag é kaschoñt anézhañ bété lein ar ménez war béhini é oa savet hô c'héar, évid hé stlapa d'ann traouñ.

30. Hôgen héñ a dréménaz enn hô c'hreiz, hag a iéaz-kuit.

31. Hag é tiskennaz é Kafarnaom, kéar eûz a C'haliléa, é péléac'h é kélenné anézhô da zeiz ar sabbat.

32. Hag hi a ioa souézet brâz gañd hé gélen, rag hé lavar a ioa galloudek.

33. Béz' éz oa er sinagog eunn dén trec'het gañd eunn diaoul, péhini a griaz kré (G),

34. O lavarout : Hol lez ; pétrâ a zô étré té ha ni, Jézuz a Nazaret ? Ha deûed oud-dé évid hor cholla ? Gouzoud a rann piou oud, Sañt Doué.

35. Ha Jézuz a c'hourdrouzaz anézhañ, ô lavarout : Tâv, ha kéa er-méaz eûz ann dén-zé. Ha pa en doé ann diaoul hé daolet d'ann douar é-kreiz ann holl, éz éaz er-méaz diout-hañ, héb béza gréat drouk d'ézhañ.

36. Kémeñd hini a ioa énô a oé spouñtet-brâz ; hag é komzeñt ann eil gañd égilé, ô lavarout : Pétrâ eo ar gomz-zé, pa c'hourc'hémenn gañt galloud ha ners d'ar spérédou louz, ar ré-mañ a ia-kuit ?

37. Hag ar vrûd anézhañ a rédé dré ann holl vrô.

38. Neûzé Jézuz ô véza éad er-méaz eûz ar Sinagog, a iéaz é tî Simon : hôgen mamm-gaer Simon a ioa klañv gañd eunn dersien vrâz, hag é pédjoñt anézhañ évit-hi.

39. Hag héñ ô véza enn hé zâ enn hé c'hichen, a c'hourc'hémennaz d'ann dersien ; hag ann dersien a iéaz-kuld diout-hi. Hag hi a zavaz rak-tâl hag a zervichaz anézhô.

40. Hôgen pa oé kûzed ann héol, kémeñd hini en doa tûd klañ gañt meûr a gléñved, hô c'hasé d'ézhañ. Hag héñ ô lakaad hé zaouarn war-n-ézhô holl, a iac'héé anézhô.

41. Ann diaoûlou a iéa-kuit eûz a veûr a hini enn eur gria *hag enn eul lavarout :* Té eo Mâb Doué. Hôgen héñ a c'hourdrouzé anézhô, hag a viré out-hô na lavarreñt pénaoz é oa héñ ar C'hrist.

42. Pa oé deûed ann deiz, éz éaz enn eul léac'h distrô, hag ar bobl hen klaské, hag a zeûaz bétég enn-han : hag é talc'hchoñt anézhañ, gañd aoun na dec'hché diout-hô.

43. Hag héñ a lavaraz d'ézhô : Réd eo ivé ma brézéginn er c'heriou all aviel rouañtélez Doué : râg évit kémeñt-sé eo oun bét kaset.

44. Hag é prézégé é sinagogou Galiléa.

V. PENNAD.

1. Jézuz ô véza war aot lagen Jénézaret, en em gavaz moustret gañd ann engroez eûz ar bobl a dôstéé out-hañ évit klevout gér Doué.

2. Diou vag a wélaz péré a ioa

choumed war aod al lagen, é-pâd ma
édo diskennet ar beskéterien anézhô,
ha ma gwalc'heñt hô rouéjou.
3. Piña a réaz enn unan eûz ar ba-
gou-zé, péhini a ioa da Zimon, hag é
pédaz anézhañ ma bellajé eunn né-
beûd eûz ann douar. Hag ô véza azé-
zet é kélenné ar bobl diwâr ar vâg.
4. Hôgen pa baouézaz da gomza, é
lavaraz da Zimon : Kâs ac'hanomp
enn dour doun : ha taolid hô rouéjou
évit kéméroud eunn dra-bennag.
5. Ha Simon a respouñtaz, hag a
lavaraz d'ézhañ : Mestr, laboured hon
eûz héd ann nôz, ha n'hon eûz kémé-
ret nétrâ : hôgen war da c'hér é taol-
linn va rouejou.
6. Ha p'hô doé gréat ével-sé, é
pakchoñt kémeñd a bésked, ma torré
hô rouejou.
7. Hag é réjoñt dispac'hiou d'hô
c'hen-vreûdeur (G), péré a ioa enn eur
vag all, évit ma teûjeñt, ha ma skoa-
zieñt anézhô. Doñd a réjoñt, hag é
leûnjoñt ann diou vag, enn hévélep
doaré ma oañt daré da wélédi.
8. Simon Per ô véza gwélet kémeñt-
sé, en em striñkaz da zaoulin Jézuz,
hag a lavaraz : Aotrou, pella diouz-in,
râg eur péc'her ounn.
9. Râg eur saouzan vrâz a oa kroget
enn-hañ, hag er ré holl a ioa gañt-
hañ, ô wéloud al lôd pésked hô doa
paket (G).
10. Jakez ha Iann, mipien Zébédé,
péré a ioa ken-vreûdeûr da Zimon, a
oé ivé saouzanet-brâz. Ha Jézuz a la-
varaz da Zimon : N'az péz kéd a
aoun : a vréma é vézi paker tûd.
11. Hag ô véza digaset ar bagou
d'ann douar, goudé béza kuitéed holl,
éz éjoñt war hé lerc'h.
12. Ha pa édo Jézuz enn eur géar,
chétu eunn dén gôlôet a lovreñtez ô
véza hé wélet, en em striñkaz war hé
c'hénou d'ann douar, hag a bédaz
anézhañ, ô lavarout : Aotrou, mar fell
d'Id é hellez va c'harza.
13. Ha Jézuz a astennaz hé zourn
hag a stokaz out-hañ enn eul lava-
rout : Falloud a ra d'in : Béz karz. Ha
râk-tâl éz éaz al lovreñtez diout-hañ.
14. Hag héñ a c'hourc'hémennaz
d'ézhañ na lavarjé da zén. Hôgen,
kéa ; en em ziskouéz d'ar bélek, ha
kinnig évid da skarzérez ar péz a zô
bét gourc'hémennet gañt Moizez da
desténi d'ézhô.
15. Hôgen ar vrûd anézhañ a rédé
mui-oc'h-vui, hag eul lôd braz a
dûd a zeûé évid hé glevout, hag évit
béza iac'héet eûz hô c'hléñvéjou.
16. Hag hén en em denné enn dis-
trô, hag a bédé.
17. Eunn dervez pa édo azézet ô
kélenna, ha ma oa azézet *enn hé gi-
chen* Farizianed ha doktored al lézen,
péré a ioa deûet eûz ann holl c'heriou
eûz a C'haliléa, eûz a Judéa, hag eûz
a Jéruzalem, galloud ann Aotrou a
zeûaz évid hô iac'haat.
18. Ha chétu goazed péré a zougé
war eur gwélé eunn dén paralitik, a
glaské ann drô da voñd enn ti, ha
d'hé lakaad dira-z-hañ.
19. Hag ô véza na gaveñt két dré
béléac'h hé lakaad enn ti, dré ann
abek d'ann eñgroez, é piñjoñt war
ann dôen, hag é tiskenjoñd anézhañ
dré ann téôlennou é-kreiz al léac'h
dirâk Jézuz.
20. Pa wélaz hô feiz, é lavaraz :
Dén, da béc'héjou a zô distaoled d'Id.
21. Hag ar Skribed hag ar Fari-
zianed a zéraouaz lavarout enn-hô
hô-unan : Piou eo hé-mañ, péhini a
gomz a-énep Doué hag al lézen ? Piou
a hell disteûrel ar péc'héjou, néméd
Doué hép-kén ?
22. Hôgen Jézuz oc'h anaout ar péz
a venneñt enn-hô hé-unan, a lavaraz
d'ézhô : Pétrâ a vennit-hu enn hô ka-
lounou ?
23. Péhini eo ann easa, lavarout :
Da béc'héjou a zô distaoled d'Id ; pé
lavarout : Saô, ha balé ?
24. Hôgen évit ma wiot pénaoz
Mâb ann dén en deûz ar galloud war
ann douar da zisteûrel ar péc'héjou ;
hé lavaroud a rann d'Id, émé-z-hañ
d'ar paralitik, Saô, kémer da wélé,
ha kéa d'az ti.
25. Hag ô sével râk-tâl dira-z-hô, é
kéméraz ar gwélé war béhini é oa
gourvézet, hag éz éaz d'hé dí, enn
eur veûli Doué.
26. Souézet-brâz é oé ann holl, hag
é veûljoñd Doué. Hag ô véza leûn-a

spouñt é léverjañt : Traou barzoduz bon eûz gwélet hirió.

27. Ha goudé-zé Jézuz a iéaz-kuît, hag é wélaz eur Publikan hanvet Lévi, péhini a ioa azézet é tî ar gwiriou, hag é lavaraz d'ézhañ : Deûz war va lerc'h.

28. Hag héñ ô kuitaat pép-trà, a zavaz hag a iéaz war hé lerc'h.

29. Lévi a réaz d'ézhañ eur banvez vràz enn hé dî : ha gañt-hô éz oa ivé ouc'h taol eul lôd bràz a Bublikaned hag a ré all.

30. Ar Farizianed hag ar Skribed a hiboudaz ô wélout kémeñt-sé, hag a lavaraz da ziskibled Jézuz : Pérag é tebrit-hu hag éc'h évit-hu gañt Publikaned ha gañt péc'herien ?

31. Ha Jézuz a lavaraz d'ézhô : Né kéd ar ré iac'h hô deûz ézomm a louzaouer, ar ré glañv eo.

32. N'ounn kéd deûet évit gervel ar ré wirion, hôgen évit gervel ar béc'herien d'ar binijenn.

33. Neûzé hi a lavaraz d'ézhañ : Pérâk diskibled Iann, hag ar Farizianed a réoñt-hi aliez iunou ha pédennou, ha da ré a zebr hag a év ?

34. Hag héñ a lavaraz d'ézhô : Ha c'houi a hell lakaad da iuni bugalé ar pried, é-pâd ma éma ar pried gañt-hô ?

35. Hôgen doñd a rai deisiou é péré é vézô lamet ar pried digañt-hô, ha neûzé é iuniñt.

36. Hag héñ a réaz ann héñvélédigez-mañ d'ézhô : Dén na laka eur peñsel mézer nevez ond eur zaé gôz : anéz ar mézer nevez a ra rog hé-unan ; râg eur peñsel nevez na zéré kéd oud eur zaé gôz (c).

37. Ha dén na laka gwin nevez é listri kôz : anéz ar gwin a dorfé al listri ; ar gwin hé-unan a rédjé, hag al listri a vé kollet.

38. Hôgen réd eo lakaad ar gwin nevez é listri nevez, hag ann eil hag égilé a vézô miret.

39. Ha dén pa év gwin kôz, na c'houlenn gwin nevez ; râk lavaroud a râ : Gwell eo ann hini kôz.

VI. PENNAD.

1. C'hoarvézoud a réaz, pénaoz pa dréméné Jézuz dré eur park éd, enn eil dervez eûz ar c'heñta sabbat, hé ziskibled a gutulez tamoézennou, ha goudé béza hô friket enn hô daouarn, é tebrchoñt anézhô.

2. Hôgen hinieunou eûz ar Farizianed a lavaraz d'ézhô : Pérâg é rît-hu ar péz a zô berzet é deisiou ar sabbat ?

3. Ha Jézuz a lavaraz d'ézhô : Ha n'hoc'h eûs-hu két lennet pétrà a réaz David, pa en dévoé naoun, hén hag ar ré a ioa gañt-hañ ?

4. Pénaoz éz éaz é tî Doué, é kéméraz baraou ar c'hinnig, é tebraz hag é rôaz d'ar ré a ioa gañt-hañ, pétrà-bennâg n'eo aotréet bé dibri néméd d'ar véleien hép-kén ?

5. Lavaroud a réaz c'hoaz d'ézhô : Mâb ann dén a zô ann aotrou eûz ar sabbat hé-unan.

6. C'hoarvézoud a réaz c'hoaz, da zeiz eur sabbat all, pénaoz éz éaz er Sinagog évit kélenna. Hôgen béz' éz oa énô eunn dén péhini en doa hé zourn déou dizéc'het.

7. Ar Skribed hag ar Farizianed a évéséé out-hañ, évit gwélout ma hé iac'hajé da zeiz ar sabbat, évit ma kavjeñt abek d'hé damallout.

8. Hôgen héñ a wié hô ménosiou ; hag é lavaraz d'ann dén péhini en doa eunn dourn dizéc'het : Saô, ha choum azé é-kreiz. Hag hé-mañ a zavaz hag a joumaz enn hé zà.

9. Neûzé Jézuz a lavaraz d'ézhô : Mé hé c'houlenn digan-é-hoc'h, ha berzed eo da zeiz ar sabbat ôber ar mâd, pé ann drouk ; savétei ar vuez, pé hé lémel ?

10. Hag ô véza sellet out-hô holl, é lavaraz d'ann dén-zé : Astenn da zourn. Hag héñ hé astennaz, hag hé zourn a oé paré.

11. Hôgen hi a zavaz eunn drouk bràz enn-hô, hag é komzeñt étré-z-hô, évit gouzout pétrâ a rajeñd eûz a Jézuz.

12. Enn amzer-zé Jézuz a iéaz war eur ménez évit pidi ; hag é tréménaz ann nôz ô pidi Doué.

13. Ha pa oé deûed ann deiz, é c'halvaz hé ziskibled, hag é tilennaz daouzég anézhô, péré a hanvaz Abostoled :

14. Simon, péhini a hanvaz Per, hag Añdré hé vreûr, Jakez ha Iann, Fitip ha Bertélé,

15. Mazé ha Tomaz, Jakez máb Alfé ha Simon lès-hanvet Zélotez,

16. Judaz breûr Jakez, ha Iuzaz Iskariot, péhini hen gwerzaz.

17. Hag ô véza diskennet gañt-hô, é choumaz enn eul léac'h war ar méaz, ha gañt-hañ hé holl ziskibled, hag eul lôd bráz a dûd eûz ar Judéa holl, eûz a Jéruzalem, hag eûz a vrô mórek Tir ha Sidon,

18. Péré a ioa deûet évit hé glevout, hag évit béza iac'héet eûz hô c'hléñvéjou. Ar ré a ioa trec'het gañd ar spérèjou louz, a barcé.

19. Hag ann holl bobl a glaské da steki out-hañ ; râk doñd a réa anézhañ eunn ners péhini a barée anézhô holl.

20. Hag héñ ô véza savet hé zaoulagad war hé ziskibled, a lavaraz : Euruz oc'h, c'houi péré a zô paour, râk rouañtélez Doué a zô d'é-hoc'h.

21. Euruz oc'h, c'houi péré hoc'h eûz naoun bréma, râg gwalc'het é viot. Euruz oc'h, c'houi péré a léñv bréma, râk c'hoarzin a réot.

22. Euruz é viot pa zeûi ann dûd d'hô kasaat, d'hô pellaat, d'ho mézékaat, da zisteûrel hoc'h hanô é-c'hiz drouk enn abek da Vâb ann dén.

23. En em laouénait, ha tridit enn deiz-zé ; râk hô kòbr a vézô brâz enn éñv. Râg ével-sé eo hô deûz gréad hô zadou é-kéñver ar Broféded.

24. Hôgen gwa c'houi tûd pinvidik, dré ma hoc'h eûz hô tizoan.

25. Gwa c'houi péré a zô gwalc'het ; râk naoun hô pézô. Gwa c'houi péré a c'hoarz bréma ; râk c'houi a geinô hag a wélô.

26. Gwa c'houi pa zeûi ann dûd d'hô meûli : râg ével-sé eo hô deûz gréad hô zadou é-kéñver ar fals-Broféded.

27. Hôgen c'houi péré a zélaou ac'hanoun, é lavarann d'é-hoc'h : Karid hoc'h énébourien, grît vâd d'ar ré a gasa ac'hanoc'h.

28. Livirit vâd eûz ar ré a lavar droug ac'hanoc'h ; pédit évid ar ré a damall ac'hanoc'h é-gaou.

29. Ma skô unan-bennâg war da vôc'h zéou, trô ébén out-hañ. Ha mar kémer eur ré da vañtel digan-éz, laosk ivé gañt-hañ da zaé.

30. Rô da gémeñd hini a c'houlennô digan-éz : ha na asgoulenn két da néb en deûz kéméret da drâ.

31. Grid d'ann dûd ar péz a garrac'h a raeñd d'é-hoc'h.

32. Mar kirit ar ré hô kâr ; pé trugarez a dléeur d'é-hoc'h ? Râg ar béc'herien a gâr ivé ar ré hô c'hâr.

33. Ha mar grit vâd d'ar ré a ra vâd d'é-hoc'h ; pé trugarez a dléeur d'é-hoc'h ? Râg ar béc'herien a ra ann hévélep trâ.

34. Ha ma róid da eur ré kémeñd ha ma c'hortozit digañt-han ; pé trugarez a dléeur d'é-hoc'h ? Râg ar béc'herien a rô ivé d'ar béc'herien, évid digéméront kémeñd all.

35. Hôgen koulskoudé karid hoc'h énébourien ; grit vâd, ha prestit, hép gortozi nétrâ : hag hô kòbr a vézô brâz ; hag é viot bugalé ann Uc'héla, péhini a zô trugarézuz é-kéñver ar ré zizanaoudek hag ar ré zrouk.

36. Bézid éta trugarézuz, ével ma'z eo trugarézuz hô Tâd.

37. Na varnit két, ha na viot két barnet : na damallit két, ha na viot két tamallet. Distaolit, hag é vézô distaoled d'é-hoc'h.

38. Róit, hag é vézô róed d'é-hoc'h : róed é vézô enn hoc'h askré eur goñvor mâd, ha stard, hag hejet, hag a fennô dreist. Râk diouc'h ar veñt gañt péhini hô pézô meñtet, é vioc'h meñtet hoc'h-unan.

39. Lavaroud a réaz ivé d'ézhô ann hévélébédigez-mañ : Eunn dén-dall hag héñ a hell kâs eunn dén-dall ? Ha na gwéziñt-hi kéd hô daou er poull ?

40. Ann diskibl né kéd uc'héloc'h égéd ar mestr : hôgen pép-unan a zô a-zoaré, mar d-eo héñvel oud hé vestr.

41. Pérâg é wélez-té eur blouzen é lagad da vreûr, ha na wélez-té kéd eunn treûst a zô enn da hini ?

42. Pé pénaoz é hellez-té lavaroud d'as preûr : Va breûr, va lez da denna

eur blouzen eûz da lagad, pa na wélez két eunn treûst enn da lagad da-unan? Pilpouz, tenn da-geñta ann treûst eûz da lagad, ha neûzé é wéli pénaoz tenna ar blouzen eûz a lagad da vreûr.

43. Râg ar wézen a rô frouez fall, né két mâd; hag ar wézen a rô frouez mâd, né két fall.

44. Râk pép gwézen a anavézeur dioud hé frouez. Na gutuleur kéd a fiez war ar spern, nag a rézin war ann dréz.

45. Eunn dén mâd a denn traou mâd eûz a deñzor mâd hé galoun; hag eunn dén fall a denn traou fall eûz hé denzor fall. Râk diouc'h leûnder ar galoun é komz ar génou.

46. Hôgen pérâg é c'halvit-hu ac'hanoun, Aotrou, Aotrou, ha na rlt-hu kéd ar péz a lavarann?

47. Kémeñd hini a zeû d'am c'havout, a zélaou va geriou, hag a ra diout-hô, éz ann da ziskouéza d'éhoc'h out pétrâ eo héñvel:

48. Héñvel eo oud eunn dén péhini a zâv eunn ti, a doull doun, hag a laka ann diazez war ar méan: eunn dic'hlann dour a zô deûet, eur ster a zô deûed d'en em vouñta war ann tizé, ha n'é deûz két gellet hé ziskara, râk diazézed é oa war ar méan.

49. Hôgen ann hini a zélaou, ha na ra két, a zô héñvel oud eunn dén péhini a zâv hé dl war ann douar hép diazez: eur ster a zô deûed d'en em vouñta war ann ti, ha râk-tâl eo béd diskaret; ha brâz eo bét dismañtr ann ti-zé.

VII. PENNAD.

1. Pa en doé Jézuz peûr-lavaret ar geriou-zé dirâg ar bobl a zélaoué anézhañ, éz éaz da Gafarnaom.

2. Paotr eur C'hañténer a ioa gwall glañv, ha daré da vervel; hag heñ a garé kalz hé baotr.

3. Hag ô véza klevet komza eûz a Jézuz, é kasaz d'ézhañ hénaoured Iuzevien, évid hé bidi da zoñd, ha da baréa hé baotr.

4. Ar ré-mañ pa oeñd deûet dirâk Jézuz, a bédé stard anézhañ, ô lavarout: Dellézoud a ra ma aotréfez ann dra-zé d'ézhañ;

5. Râk karoud a ra hor brôiz, hag eur sinagog en deûz saved d'é-omp.

6. Jézuz éta a iéaz gañt-hô. Ha pa né oa mui pell eûz ann ti, ar C'hañténer a gasaz eûz hé viñouned étrézég enn-hañ, da lavaroud d'ézhañ: Aotrou, na gémer két kémeñd a boan; râk na zellézann kéd é teûfez em zi.

7. Dré-zé eo n'ounn kéd en em gavet dellézek va-unan da zoñd d'az kavout; hôgen lavar eur gér, ha va faotr a vézô iac'héet.

8. Râk mé a zô eunn dén lékéad diñdân béli, hag em eûz soudarded diñdân-oun: hag é lavarann da unan: kéa, hag éz a; ha da eunn all: deûz, hag é teû; ha d'am paotr: gra ann dra-mañ, hag é ra.

9. Pa glevaz Jézuz kémeñt-sé é oé souézet; hag ô véza distrôed oud ar bobl a ioa war hé lerc'h, é lavaraz: É-gwirionez hel lavarann d'é-hoc'h, n'em eûz két kavet eur feiz ker braz enn Israel.

10. Hag ar ré a ioa bét kaset, ô véza distrôed d'ar géar, a gavaz iac'h ar paotr a oa klañv.

11. Hag añtrônôz éz éa enn eur géar hanvet Naim, ha gañt-hañ hé ziskibled, hag eul lôd brâz a bobl.

12. Hôgen pa dôstéé ouc'h dôr kéar, chétu é touged eunn dén marô, péhini a oa mâb penn-her d'hé vamm: hag hoû-mañ a oa iñtañvez: hag eul lôd brâz a dûd eûz a géar a oa gañt-hi.

13. Ann Aotrou pa wélaz anézhi, en doé truez out-hi, hag a lavaraz d'ézhi: Na wél két.

14. Hag héñ a dôstaaz hâg a lékéaz hé zourn war ann arched (ar ré hé dougé a arzaôaz) hag é lavaraz: Dénisouañk, mé hel lavàr d'id, saô.

15. Hag ann dén marô a zavaz enn hé goañzez, hag a zéraouaz komza. Ha Jézuz hé rôaz d'hé vamm.

16. Hôgen ar ré holl a oé énô é krogaz spouñt enn-hô; hag é veûleñt Doué, ô lavarout: Eur profed brâz a zô savet enn hon touez, ha Doué a zô deûed da wéloud hé bobl.

17. Ar vrûd eûz a gémeñt-sé a ré-

daz dré ar Judéa holl, ha dré ann
holl vrô war-drô.
18. Diskibled Iann a zanévellaz ann
holl draou-zé d'ézhañ.
19. Ha Iann a c'halvaz daou eûz hé
ziskibled, hag hô c'hasaz da Jézuz
évit lavaroud d'ézhañ : Ha té eo ann
hini a dlé doñt, pé é tléomp-ni gortozi
eunn all ?
20. Ar ré-mañ ô véza deûed da ga-
vout Jézuz, a lavaraz d'ézhañ : Iann
Vadézour en deûz hor c'haset évit
goulenni digan-éz mar d-eo té ann
hini a dlé doñt, pé mar tléomp gor-
tozi eunn all ?
21. (Hôgen enn heur-zé Jézuz a
iac'héaz kalz a dûd eûz a gléñvéjou,
eûz a c'houliou hag eûz a zrouk spé-
réjou ; hag é rôaz ar gwéled da veûr
a zén-dall.)
22. Hag héñ a respouñtaz hag a la-
varaz d'ézhô : Id, ha livirid da Iann
ar péz hoc'h eûz klevet ha gwélet :
Pénaoz ar ré zall a wél, ar ré gamm
a valé, ar ré lovr a zô skarzet, ar ré
vouzar a glev, ar ré varô a zâv da
véô, ann Aviel a zô prézéged d'ar ré
baour ;
23. Ha pénaoz eo euruz ann hini
na gémérô kéd a wall-skouér diouz-in.
24. Ha pa oé éat-kuit kannaded
Iann, é téraouaz komza d'ar bobl di-
war-benn Iann : Pétrâ oc'h-hu éad
da wéloud enn distrô ? Eur gorsen
hejet gañd ann avel ?
25. Hôgen pétrâ oc'h-hu éad da wé-
lout ? Eunn dén gwisket gañt dilad
bouk ? Chétu ar ré a zô gwisket gañt
boukder a choum é tiez ar rouéed (a).
26. Hôgen pétrâ oc'h-hu éad da
wélout ? Eur Profed ? Ia, a lavarann
d'é-hoc'h, ha mui égéd eur Profed.
27. Hen-nez eo diwar-benn péhini
eo skrivet : Chétu é kasann va éal
enn da raok, péhini a aozô da heñd
abarz ma teûi.
28. Râg hé lavaroud a rann d'é-
hoc'h : É-touez bugalé merc'hed n'eûz
dén brasoc'h Profed éget Iann Vadé-
zour. Hôgen ann hini a zô ar bihana
é rouañtélez Doué, a zô brasoc'h
égét-hañ.
29. Ann holl bobl hag ar Bublika-
ned ô véza hé glevet, a zidamallaz
Doué, dré ma oañt bét badézet gañt
badisiañt Iann.
30. Hôgen ar Farizianed ha Dok-
tored al lézen a zisprijaz ratoz Doué
war-n-ézhô hô-unan, ô véza né oañt
két badézet gañt-hañ.
31. Neûzé ann Aotrou a lavaraz :
Ouc'h pétrâ éta é hévélébékainn-mé
ann dûd eûz ann amzer-mañ ? Hag
ouc'h piou iñt heñvel ?
32. Héñvel iñt ouc'h bugalé azézet
er marc'hallac'h, péré a gomz ann eil
d'égilé, hag a lavar : Kaned hon eûz
d'é-hoc'h gañt sutellou, ha n'hoc'h
eûz két dañset : léñvet hon eûz, ha
n'hoc'h eûz két gwélet.
33. Râk Iann Vadézour a zô deûet,
hép dibri bara, nag éva gwin, hag é
livirit : Ann diaoul a zô enn-hañ.
34. Deûed eo Mâb ann dén péhini
a zebr hag a év, hag é livirit : Chétu
eunn dén loñték, hag eunn éver gwin,
miñoun d'ar Bublikaned ha d'ar bé-
c'herien.
35. Hag ar furnez a zô béd disklé-
riet gañd hé holl vipien.
36. Hôgen eur Farizian a bédaz
Jézuz da zibri gañt-hañ. Ha Jézuz ô
véza éad é tî ar Farizian, en em lé-
kéaz ouc'h taol.
37. Ha chétu eur vaouez eûz a géar,
ô véza klevet pénaoz édo ouc'h taol é
tî ar Farizian, a zeûaz gañd eul léstr
leûn a louzou c'houés-vâd :
38. Hag oc'h en em zerc'hel a-
dréñ d'ézhañ hag ouc'h hé dreid, é
téraouaz doura hé dreid gañd hé daé-
lou, hag é sec'hé anézhô gañt bléô hé
fenn, hag ô poki d'ézhô, é taolé al
louzou c'houés-vâd war-n-ézhô.
39. Hôgen ar Farizian en doa hé
bédet, ô wélout kémeñt-sé, a lavaraz
enn-hañ hé-unan : Ma vijé hé-mañ
eur profed, é wijé évit-gwir piou ha
pétrâ eo ar vaouez a stok out-hañ, ha
pénaoz eo eur béc'hérez.
40. Ha Jézuz a respouñtaz hag a
lavaraz d'ézhañ : Simon, eunn dra
em eûz da lavaroud d'id. Hag héñ a
respouñtaz : Mestr, lavar.
41. Eur c'hrédour en doa daou
zléour : unan anézhô a dlié d'ézhañ
pemp kañt diner, hag égilé hañter-
kañt.

42. O véza n'hô doa két péadrà da zisteûrel d'ézhañ, é asrôaz hô dlé d'ézhô hô daou. Péhini éta anézhô a garaz anézhañ ar muia ?

43. Simon a respouñtaz hag a lavaraz : Mé a gréd eo ann hini da béhini en deûz asrôed ar muia. Ha Jézuz a lavaraz d'ézhañ : Barnet mâd éc'h eûz.

44. Hag ô trei oud ar vaouez, é lavaraz da Zimon : Ha té a wél ar vaouez-zé ? Deûd ounn enn da dl, ha n'éc'h eûz két rôed a zour d'in évit gwalc'hi va zreid : hôgen houmañ é deûz douret va zreid gañd hé daérou, ha sec'het gañd hé bleô.

45. N'éc'h eûz két rôed eur pok d'in : hôgen hi aba ma eo deûed enn tl, n'é deûz paouézet da boki d'am zreid.

46. N'éc'h eûz két skulet a éôl war va fenn : hôgen hi é deûz skulet louzou c'houés-vâd war va zreid.

47. Dré-zé é lavarann d'id, pénaoz é vézô distaoled d'ézhi kalz a béc'héjou, enn-abek ma é deûz karet kalz. Hôgen ann hini da béhini é tistaoleur nébeûtoc'h, a gâr nébeûtoc'h.

48. Hag héñ a lavaraz d'ézhi : Da béc'héjou a zô distaoled d'id.

49. Hag ar ré a ioa ouc'h taol gañt-hañ, a zéraouaz lavaroud enn-hô hô-unan : Piou eo hé-mañ, péhini a zistaol ar péc'héjou hô-unan ?

50. Ha Jézuz a lavaraz d'ar vaouez : Da feiz en deûz da zavétéet : kéa é péoc'h.

—

VIII. PENNAD.

1. Nébeud amzer goudé, Jézuz a iéaz dré ar c'heriou hag ar bourc'hiou ô prézégi hag ô tiskleria Aviel rouañtélez Doué : hag ann daouzég a ioa gañt-hañ.

2. Béz' éz oa ivé eur vaouez-bennâg, péré a ioa bét dieûbet eûz ann drouk-spéréjou, ha iac'héet eûz hô c'hléñvéjou : Mari, a c'halveur Madalen, a béhini é oa deûet seiz diaoul,

3. Jannéd, grég Chusa, mérer Hérodez, Suzanna ha kalz ré all, péré a rôé d'ézhañ lôd eûz hô madou.

4. Hôgen ével ma en em zastumé kalz a dûd war hé drô, ha ma teûeñd d'hé gavoud eûz ar c'heriou, é lavaraz d'ézhô enn eur barabolen :

5. Ann hader a zô éat da hada hé had ; hag é-pâd é hadé, lôd eûz ann hâd a gouézaz a-héd ann heñt, hag a oé mac'het gañd ann treid, ha laboused ann éñv hé zebraz.

6. Lôd all a gouézaz war ar vein : hag ô véza savet é sec'haz, dré n'en doa kéd a c'hlébor.

7. Lôd all a gouézaz é-touez drein, hag ann drein ô véza savet a vougaz anézhañ.

8. Ha lôd all a gouézaz é douar mâd, hag ô véza savet, en deûz rôet frouez kañt évid unan. O lavarout kémeñt-mañ, é kriaz : Ra zélaouô néb en deûz diskouarn da glevout.

9. Hôgen hé ziskibled a c'houlennaz digañt-hañ pétrâ é oa ar barabolen-zé.

10. Hag héñ a lavaraz d'ézhô : Rôed eo d'é-hoc'h da anaout traou kuzet rouañtélez Doué ; hôgen d'ar ré all n'iñt rôet néméd é parabolennou ; évit pa wéliñt na wéliñt két, ha pa gleviñt na boelliñt két.

11. Chétu éta pétrâ a lavar ar barabolen-zé : Ann hâd eo gér Doué.

12. Ann hini a gouéz a-héd ann heñt, eo ar ré a glev ar gér, ha neûzé é teû ann diaoul, hag é tenn ar gér eûz hô c'haloun, gañd aoun na grédeñt ha na veñt salvet.

13. Ann hini a gouéz war ar vein, eo ar ré péré goudé béza klevet ar gér, hen kémer gañt laouénidigez : hôgen ar ré-zé n'hô deûz kéd a c'hrisien, râk na grédoñt néméd évit eunn amzer, hag enn amzer ann demptidigez en em dennoñt a dû.

14. Ar péz a gouéz é-touez ann drein, eo ar ré péré hô deûz klevet ; hôgen ar prédériou, ar madou hag ar plijaduriou eûz ar vuez a voug anézhô, ha na zougoñt kéd a frouez.

15. Ar péz a gouéz enn douar mâd, eo ar ré péré ô véza klevet ar gér gañd eur galoun vâd ha c'houék, a vir anézhañ, hag a zoug frouez gañd habaskded.

16. N'eûz dén, goudé béza énaouet eur c'hleûzeur, a gémeñd a zeûjé d'hé

c'huza dindân eul léstr, pé d'hé lakaad diñdàn eur gwélé : hôgen hé lakaad a réeur war eur c'hañtoler, évit ma vézô gwéled ar goulou gañd ar ré a zeû enn tî.

17. Râk n'eûz nétrâ a guzet, ha na dlé béza diskleriet : ha nétrâ a c'hôlôet, ha na dlé béza anavézet ha gwélet gañd ann holl.

18. Likid évez éta pénaoz é sélaouit : râk da néb en deûz, é vézô rôet : ha da nép n'en deûz két, é vézô lamed digañt-hañ, ar péz zô-ken a gréd d'ézhañ en deûz.

19. Hôgen hé vamm hag hé vreûdeûr a zeûaz d'hé gavout, ha na hellent két moñt bétég-héñ enn abek d'ann engroez.

20. Hag é oé lavared d'ézhañ : Da vamm ha da vreûdeûr a zô er-méaz hag a fell d'ézhô da wélout.

21. Hag héñ a respouñtaz hag a lavaraz d'ézhô : Va mamm ha va breûdeûr eo ar ré péré a zélaou gér Doué, hag a ra diout-hañ.

22. Hôgen eunn deiz é piñaz enn eur vag gañd hé ziskibled, hag é lavaraz d'ézhô : Déomp enn tû all d'al lagen. Hag éz éjoñt.

23. Hag é-pâd ma oañd er vâg, é kouské ; hag eur stourm brâz a avel a gouézaz war al lagen, hag ar vâg a oa leûn, ha daré é oañt da golla.

24. Hôgen tôstaad a réjoñd out-hañ, hag é tihunjoñd anézhañ, ô lavarout : Mestr, moñd a réomp da golla. Ha Jézuz a zavaz, hag a c'hourdrouzaz ann avel hag ar c'hoummou dour, hag ar stourm a baouézaz : hag é c'hoarvézaz eur sioulded brâz.

25. Neûzé é lavaraz d'ézhô : Péléac'h éma hô feiz ? Hag hi spouñtet ha souézet-brâz a lavaré ann eil d'égilé : Piou, war hô ménô, eo hé-mañ, péhini a c'hourc'hémenn d'ann avel ha d'ar môr, hag ouc'h péhini é señtoñt ?

26. Neûzé éz éjoñt étrézé brô ar Jérazéned, a zô a-énep Galiléa.

27. Ha pa oé diskennet Jézuz d'ann douar, é teûaz eunn dén d'hé gavout, péhini a oa touellet gañd ann diaoul pell amzer a ioa, péhini na wiské kéd a zilad, ha na choumé kéd enn eunn tî, hôgen er bésiou.

28. Hé-mañ, kerkeñt ha ma wélaz Jézuz, en em striñkaz d'hé dreid ; hag ô kria gañd eur vouéz gré, é lavaraz : Pétrâ a zô étré té ha mé, Jézuz Mâb Doué Uc'hel meûrbed ? Mé az péd, na eñkrez kéd ac'hanoun.

29. Râg gourc'hémenni a réa d'ar spéred louz moñd-er-méaz eûz ann dén-zé. Pell a ioa é kéfluské anézhañ, hag évit-hañ da véza chadennet hag hualet, é torré hé éréou, hag ann diaoul hen bouñté enn distrô.

30. Hôgen Jézuz a réaz ar goulennmañ d'ézhañ : Pé hanô éc'h eûz ? Hag héñ a lavaraz : Léon ; râk meûr a ziaoul a ioa éad enn-hañ.

31. Hag ar ré-mañ a bédé anézhañ n'hô c'hasché kéd er poull-doun.

32. Hôgen béz' éz oa énô eur vañden vrâz a vôc'h ô peûri war ar ménez : hag hi a bédé anézhañ m'hô lesché da voñd er môc'h, hag hô lezaz da voñt.

33. Ann diaoulou éta a iéaz-kuld eûz ann dén, hag a iéaz er môc'h ; hag ann holl vañden en em daolaz gañt frouden el lagen, hag é oeñt beûzet.

34. Ar ré a vesé ô véza gwélet ar péz a oa c'hoarvézet, a dec'haz, hag a zanévellaz kémeñt-sé é kéar hag er bourc'hiou.

35. Hag é teûjoñd er-méaz da wélout pétrâ a ioa c'hoarvézet, hag é teûjoñd da gavout Jézuz. Hag hi a gavaz ann hini a ioa bét lasket gañd ann diaoulou, péhini a ioa azézet oud treid Jézuz, hag héñ gwisket hag enn hé skiañt-vâd ; hag é oeñt spouñtet.

36. Ar ré hô doa gwélet a zanévellaz d'ézhô pénaoz é oa bét paréet ann hini a oa trec'het gañd ann diaoulou.

37. Hag holl dud brô ar Jérazéned a bédaz anézhañ ma pellajé diout-hô : râg eur spouñt brâz a ioa kroged enn-hô. Hag héñ, ô véza piñed er vâg a iéaz-kuit.

38. Hag ann dén eûz a béhini é oa éad ann diaoulou, a bédé anézhañ m'hen lesché da voñt gañt-hañ. Hôgen Jézuz her c'hasaz-kuit, ô lavarout :

39. Distrô d'az tî, ha danével kémeñd en deûz gréat Doué d'id. Hag héñ a iéaz dré ann holl géar, hag a

embannaz kémeñd en doa Jézuz gréad enn hé géñver.

40. Hôgen pa zistrôaz Jézuz, eul lôd brâz a dûd a zeñaz d'hé zigémérout; râg ann holl a c'hortozé anézhañ.

41. Ha chétu é teñaz eunn dén, hanvet Jairuz, ha péhini a ioa eur penn-dén er sinagog : hag héñ en em daolaz out treid Jézuz, ô pidi anézhañ da voñd enn hé dî.

42. Dré m'eñ doa eur verc'h daouzek vloaz pé war-drô, péhini a ioa daré da vervel. Ha pa'z éa gañt-hañ, en em gavaz mac'het gañd ann eñgroez.

43. Eur vaouez péhini a ioa klañ gañd ann diwad daouzék vloaz a ioa, ha péhini é doa dispiñet hé holl vadou gañd al louzaouerien, héb béza paréet gañd hini anézhô,

44. A dôstaaz out-hañ a-ziadré, hag a zourpataz penn-pil hé zaé : ha râk-tâl hé gwâd a éanaz da rédek.

45. Jézuz a lavaraz : Piou eo en deûz stoked ouz-in? Hôgen pep-hini ô lavarout né oa kéd hen é oa, Per hag ar ré a ioa gañt-hañ a lavaraz : Mestr, ann eñgroez a vâc'h hag a skulz ac'hanod, hag é lévérez : Piou en deûz stoked ouz-in?

46. Ha Jézuz a lavaraz : Unan-bennâg en deûz stoked ouz-in; râg anavézed em eûz pénaoz eunn ners a zô éad ac'hanoun.

47. Hôgen ar vaouez ô wélout pénaoz na hellé kéd en em guza, a zeûaz enn eur gréna, en em daolaz d'hé dreid, hag a ziskleriaz dirâg ann holl bobl pérâg é doa stoked out-hañ, ha pénaoz é oa bét iac'héet râk-tâl.

48. Hag héñ a lavaraz d'ézhi : Va merc'h, da feiz en deûz da iac'héet : kéa é péoc'h.

49. Pa gomzé c'hoaz, é teûaz eur ré hag a lavaraz da benn-dén ar sinagog : Marô eo da verc'h; na bég két pelloc'h ann Aotrou.

50. Hôgen Jézuz ô véza kleved ar gér-zé a lavaraz da dâd ar plac'h-iaouañk : N'az péz kéd a aoun; kréd hép-kén, hag hî a vézô iac'h.

51. Ha pa oé deûed enn tî, na aotréaz da zén moñt gañt-hañ, néméd da Ber, ha da Jakez, ha da Iann, ha da dâd ha da vamm ar plac'h-iaouañk.

52. Hôgen ann holl a léñvé hag a geiné. Hag héñ a lavaraz : Na léñvit két, né két marô ar plac'h-iaouañk, hôgen kousked eo.

53. Hag hî a réa goab anézhañ, ô véza ma wieñt éz oa marô.

54. Hôgen Jézuz ô kregi enn hé dourn a griaz, hag a lavaraz : Plac'h-iaouañk, saô.

55. Hag hé éné a zistrôaz, hag é savaz râk-tâl. Hag heñ a c'hourc'hémennaz rei da zibri d'ézhi.

56. Hé zûd a oé souézet-brâz, hag hén a c'hourc'hémennaz d'ézhô na lavarjeñd da zén af péz a oa c'hoarvézet.

—

IX. PENNAD.

1. Jézuz ô véza galvet ann daouzég Abostol, a rôaz d'ézhô ann ners hag ar galloud war ann holl ziaoulou, hag ar galloud da iac'haat ann holl gléñvéjou.

2. Hag é kasaz anézhô da brézégi rouañtélez Doué, ha da iac'haad ar ré glañv.

3. Hag hén a lavaraz d'ézhô : Na zougit nétrâ enn heñt, na bâz, na sac'h, na bara, nag arc'hañt; ha na gémérit kéd diou zaé.

4. Hag é pé tî-bennâg m'az éot, choumid énô, ha n'azît két kuld ac'hanô.

5. Ha mar éz eûz unan-bennâg ha na zigémérô kéd ac'hanoc'h, p'az éotkuit eûz hô c'héar, hejit ar poultr eûz hô treid é testéni enn hô énep.

6. Hôgen ô véza éad-er-méaz, éz éañd dré ar c'heriou, ô prézégi ann Aviel hag ô iac'haad ar ré glañv dré-holl.

7. Hôgen Hérodez ann tétrark a glevaz kémeñd a réa Jézuz, hag éc'h arvaré, dré ma lavaré lôd,

8. Pénaoz Iann a ioa saved a varô da véô : ha lôd all, pénaoz Éliaz a ioa en em ziskouézet : ha lôd all, pénaoz unan eûz ar Brofédez kôz a ioa saved a varô da véô.

9. Neûzé Hérodez a lavaraz : Lékéad em eûz trouc'ha hé benn da

Iann : Hôgen piou eo hé-mañ, diwar
benn péhini, é klevann lavarout ké-
meñd all ? Hag héñ a glaské ann tû
d'hé wélout.

10. Ann Ébestel ô véza distrôet, a
zanévellaz da Jézuz kémeñd hô doa
gréat ; ha Jézuz ô véza hô c'héméret
gañt-hañ, en em dennaz enn eul
léac'h distrô, tôst da géar Betsaida.

11. Pa glevaz ar bobl kémeñt-sé,
éz éaz war hé lerc'h, hag héñ ô véza
hô digéméret, a gomzé d'ézhô eûz a
rouañtélez Doué, hag a baréé ar ré
hô doa ézomm da véza paréet.

12. Hôgen ann deiz a izéléé : hag
ann daouzég *abostol* ô véza deûed
d'hé gavout, a lavaraz d'ézhañ : Kâs-
kuld ar bobl, évit ma'z aiñt er bourc'-
c'hiou hag er c'heriou diwar-drô da
glaskout péadrâ da zibri ; rag enn eul
léac'h distrô émomb amañ.

13. Hag héñ a lavaraz d'ézhô : Rôit
c'houi da zibri d'ézhô. Hag hi a la-
varaz d'ézhañ : Pemb bara ha daou
bésk n'hon eûz kén ; némét moñd a
rajemp da bréna bouéd évit kémeñt-
sé a dûd.

14. Hôgen war-drô pemp mil dén a
ioa anézhô. Hag héñ a lavaraz d'hé
ziskibled : Likit-hô da azéza a vañden-
nou, hañter-kañt hag hañter-kañt (6).

15. Hag hi a réaz ével-sé, hag a
lékéaz ann holl da azéza.

16. Hôgen Jézuz ô véza kéméret
ar pemb bara, hag ann daou bésk,
a zavaz hé zaoulagad étrézég ann éñv,
hag a vinnigaz anézhô : hag é torraz
ar baraou, hag é rôaz anézhô d'hé
ziskibled, évid hô lakaad dirâg ar
bobl.

17. Hag é tebrjoñd holl, hag hô doé
a-walc'h. Hag é kaschoñt gañt-hô
daouzék paner leûn gañd ann di-
lerc'h.

18. Eunn dervez, pa édo ô pidi hé-
unan, ha pa édo gañt-hañ hé ziski-
bled, é c'houlennaz digañt-hô : Piou
a lavar ann dûd ounn-mé ?

19. Hag hi a respouñtaz hag a lava-
raz : Lôd a lavar pénaoz oud Iann
Vadézour ; lôd all Éliaz ; lôd all eur
Profed kôz saved a varô da véô.

20. Hag héñ a lavaraz d'ézhô : Ha
c'houi, piou a livirit-hu ounn-mé ?
Simon Per a respouñtaz hag a lavaraz :
Krist Doué oud.

21. Hag héñ a zifennaz out-hô na
lavarreñd ann dra-mañ da zén ;

22. Hag é lavaraz : Réd eo da Vâb
ann dén gouzañvi kalz, ha béza dis-
taolet gañd ann Hénaoured, gañt
Pennou ar véleien ha gañd ar Skri-
bed, ha béza lazet, ha distrei da véô
ann trédé deiz.

23. Hôgen héñ a lavaraz d'ann holl :
Mar fell da unan-bennâg doñd war
va lerc'h, ra rai dilez anézhañ hé-
unan, ra zougô hé groaz bemdéz, ha
ra heûliô ac'hanoun.

24. Râk piou-bennâg a fellô d'é-
zhañ savétei hé vuez, hé c'hollô : ha
piou-bennâg a gollô hé vuez enn abek
d'in, a zavéteiô anézhi.

25. Ha pé dâl d'ann dén gounid ar
béd holl, hag en em golla hé-unan,
oc'h ôber hé c'haou hé-unan ?

26. Râk piou-bennâg en dévézô
méz ac'hanoun, hag eûz va geriou,
Mâb ann dén en dévézô ivé méz ané-
zhañ, pa zeûi enn hé c'hloar, hag é
gloar hé Dâd hag ann Élez sañtel.

27. É-gwirionez hel lavarann d'é-
hoc'h pénaoz éz eûz hiniennou é-touez
ar ré a zô amañ, ha na c'houzañviñt
kéd ar marô, kén n'hô dévézô gwélet
rouañtélez Doué.

28. War-drô eiz dervez goudé m'en
doé lavared ar geriou-zé d'ézhô, é ké-
méraz gañt-hañ Per, ha Jakez, ha
Iann, hag é piñaz war eur ménez
évit pidi.

29. Hag ével ma oa ô pidi, hé zremm
a gemmaz a zoaré : hé zilad a zeûaz
gwenn ha lugernuz.

30. Ha chétu daou zén a gomzé
gañt-hañ. Moizez hag Éliaz oañt.

31. Leûn é oañt a veûrdez ; hag é
romzeñt gañt-hañ eûz hé drémen-
van, péhini a dlié béza sévénet é Jé-
ruzalem.

32. Hôgen Per hag ar ré a ioa gañt-
hañ hô doa eur c'hoañt-kousked brâz.
Ha pa zihunjoñt é wéljoñt hé veûrdez,
hag ann daou zén a ioa enn hô zâ
gañt-hañ.

33. Ha pa'z éaz ar ré-mañ kuld
diouc'h Jézuz, Per a lavaraz d'ézhañ :
Mestr, ervâd émomb amañ ; gréomp

tri zelt, unan évid-od, unan évit Moizez, hag unan évid Éliaz; râk na wié pétrâ a lavaré.

34. Pa lavaré kémeñt-sé, é teûaz eur goabren, hag a dévalaaz anézhô: hag é oeñt spouñtet oc'h hô gwéloud ô voñd er goabren.

35. Hag eur vouéz a zeûaz eûz ar goabren, hag a lavaré: Hé-mañ eo va Mâb kér, sélaouit-héñ.

36. É-pâd ma klefchoñt ar vouézzé, Jézuz en em gavaz hé-unan. Ar ré-mañ a davaz, ha né léverjoñt da zén, enn amzer-zé, ar péz hô doa gwélet.

37. Añtrônôz, pa ziskenneñt eûz ar ménez, eul lôd brâz a dûd a ziarbennaz anézhô.

38. Ha chétu eunn dén a griaz eûz a greiz ann eñgroez: Mestr, sell ouc'h va mâb, mé az péd, râk n'em eûz némét-hañ:

39. Ha chétu ar spéred a grôg ennhañ, ha râk-tâl hen laka da c'harmi, é vâc'h anézhañ, hag hen taol d'ann douar, oc'h hé lakaad da éoni, hag a-véac'h é laosk anézhañ goudé béza hé ziskolpet.

40. Péded em eûz da ziskibled d'hé c'hâs-kuit, ha n'hô deûz két gellet.

41. Neûzé Jézuz a respouñtaz hag a lavaraz: Gwenn diskrédik ha fallakr, pé vété keit é vézinn-mé gan-é-hoc'h, hag é c'houzañvinn-mé ac'hanoc'h? Digas amañ da vâb.

42. Ha pa dôstéé, ar spéred a vac'haz anézhañ, hag hen taolaz d'ann douar.

43. Ha Jézuz ô véza gourdrouzet ar spéred louz, a iac'héaz ar bugel, hag hé rôaz d'hé dâd.

44. Souézet-brâz é oeñd holl eûz a veûrdez Doué: ha p'hô gwélaz holl souézet gañt kémeñd en doa gréat, é lavaraz d'hé ziskibled: Likit c'houi ar geriou-mañ enn hô kalounou: Mâb ann dén a dlé béza laosket étré daouarn ann dûd.

45. Hôgen hi na wieñt két pétrâ é oa ar gér-zé; ha kuzed é oa béd d'ézhô évit na boeljeñt két anézhañ: ha na grédeñt két ôber goulenn é-béd digañt-hañ diwar-benn kémeñt-sé.

46. Hôgen sével a réaz eunn-hô ar ménoz da c'houzout péhini é oa ar brasa anézhô.

47. Hôgen Jézuz ô wélout ménosiou hô c'haloun, a géméraz eur bugel, hag a lékéaz anézhañ enn hé gichen,

48. Hag a lavaraz d'ézhô: Piou-bennâg a zigémer ar bugel-mañ em hanô, am zigémer-mé: ha piou-bennâg a zigémer ac'hanoun, a zigémer ann hini en deûz va c'haset. Râg ann hini a zô ar bihana ac'hanoc'h holl, hen-nez eo ar brasa.

49. Neûzé Iann a lavaraz d'ézhañ: Mestr, gwéled hon eûz eunn dén péhini a gasé-kuîd ann diaoulou enn da hanô, hag hon eûz mired out-hañ, dré ann abek na heûlié kéd ac'hanomp.

50. Ha Jézuz a lavaraz d'ézhañ: Na virit kéd out-hañ, râk nép né két a-énep d'é-hoc'h, a zô évid-hoc'h.

51. Hôgen pa dôstéé ann amzer é péhini é tlié béza tenned *eûz ar béd*, é lékéaz enn hé vénoz moñd da Jéruzalem.

52. Hag é kasaz tûd enn hé raok da lavaroud é teûé: ar ré-mañ a iéaz é kéar ar Samaritaned, évid aoza pép trâ évid hé zigémérout.

53. Hôgen tûd kéar na fellaz kéd d'ézhô hé zigémérout, dré m'en doa ar ménoz da voñd da Jéruzalem.

54. Hé ziskibled Jakez ha Iann ô wélout kémeñt-sé, a lavaraz d'ézhañ: Aotrou, mar kérez é livirimp da dân ann éñv diskenni war-n-ézhô, hag hô devi?

55. Ha Jézuz ô véza distrôed out-hô, a grôzaz anézhô, ô lavarout: Na ouzoc'h két eûz a bé spéred oc'h.

56. Mâb ann dén né kéd deûed évit kolla ann énéou, hôgen évid hô savétei. Hag éz éjoñt enn eur vourc'h all.

57. Hôgen pa édoñt enn heñt, chétu eunn dén a lavaraz d'ézhañ: Moñd a rinn war da lerc'h, é pé léac'h-bennâg ma'z î.

58. Ha Jézuz a lavaraz d'ézhañ: Al lern hô deûz toullou, ha labouzed ann éñv hô deûz neisiou; hôgen Mâb ann dén n'en deûz léac'h é-béd évid harpa hé benn.

59. Da eunn all é lavaraz: Deûz war va lerc'h. Hôgen hé-mañ a la-

varaz d'ézhañ : Aotrou, kâv-mâd éz
ajenn da geñta da liéna va zâd.
60. Ha Jézuz a lavaraz d'ézhañ :
Lez ar ré varô da liéna hô ré varô :
hôgen té, kéa da brézégi rouañtélez
Doué.
61. Eunn all a lavaraz d'ézhañ :
Aotrou, moñd a rinn war da lerc'h ;
hôgen kâv-mâd é reizfenn ar péz a zô
em zi.
62. Jézuz a lavaraz d'ézhañ : Néb a
laka hé zourn war ann arar, hag a
zell war hé lerc'h, né két mâd évit
rouañtélez Doué.

X. PENNAD.

1. Goudé-zé ann Aotrou a zilennaz
daouzék ha tri-ugeñd all ; hag é kasaz
anézhô daou-ha-daou enn hé raok,
enn holl geriou hag enn holl lec'hiou,
é péré é tlié moñt.
2. Hag é lavaraz d'ézhô : Brâz eo
ar médérez, hôgen dibaod eo ann
ôbérourien. Pédid éta ann Aotrou eûz
ar médérez, évit ma kasô ôbérourien
enn hé védérez.
3. It : chétu é kasann ac'hanoc'h
é-c'hiz ein é-touez ar bleizi.
4. Na zougit na sac'h, nag ézef, na
boutou, ha na livirid dématid da zén
enn heñt.
5. É pé ti-bennâg m'az éot, livirit
da geñta : Ra vezô ar péoc'h enn ti-
mañ :
6. Ha mar d-eûz énô eur mab a
béoc'h, hô péoc'h a iélô war-n-ézhañ :
ha ma né d-eûz két, é tistrôiô war-n-
hoc'h.
7. Choumid enn hévélep ti, ô tibri
hag oc'h éva eûz ar péz a vézô enn-
hañ : râg ann ôbérer a zellez hé voéd.
Na dréménit két a zi é ti.
8. Hag é pé kéar-bennâg m'az éot,
ha ma viot digéméret, dibrit ar péz a
vézô digaset d'é-hoc'h.
9. Iac'hait ar ré glañv a vézô énô,
ha livirid d'ézhô : Rouañtélez Doué a
zô deûet tôst d'é-hoc'h.
10. Hôgen m'az id enn eur géar, é
péhini na viot kéd digéméret, id dré
ar ruou, ha livirit :
11. Heja a réomp ouz-hoc'h ar
poultr zô-kén eûz hô kéar, péhini a
zô staged oud hon treid : koulskoudé,
gwézit pénaoz é tôsta rouañtélez Doué.
12. E-gwirionez é lavarann d'é-
hoc'h pénaoz é vézô distaolet keñ-
toc'h da Zodom enn deiz-zé éget d'ar
géar-zé (a).
13. Gwâz d'id, Korozaim, gwâz
d'id Betsaida ; râk ma vijé gréat é
Tîr hag é Sidon ar vurzudou a zô bét
gréad enn-hoc'h, pell-zô 'hô divijé
gréat pinijen er sac'h-reûn hag el ludu.
14. Dré-zé é vézô distaolet keñtoc'h
da Dir ha da Zidon, é deiz ar varn,
égéd d'é-hoc'h :
15. Ha té, Kafarnaom, péhini a zô
bét savet bétég ann éñv, bétég enn
ifern é vézi diskaret.
16. Néb a zélaou ac'hanoc'h, a zé-
laou ac'hanoun : ha néb a zispriz
ac'hanoc'h, a zispriz ac'hanoun. Hô-
gen néb a zispriz ac'hanoun, a zispriz
ann hini en deûz va c'haset.
17. Hôgen ann daouzék ha tri-ugeñt
a zistrôaz gañt laouénidigez, ô lava-
rout : Aotrou, ann diaoulou hô-unan
a zouj ac'hanomp enn da hanô.
18. Hag héñ a lavaraz d'ézhô : Sa-
tan a wélenn ô kouéza eûz ann éñv
é-c'hiz eul luc'héden.
19. Chétu em eûz rôed d'é-hoc'h ar
galloud da vac'ha ann aéred hag ar
grusged, hag holl ners ann énébour :
ha nétrâ na helliô hô kwalla.
20. Koulskoudé n'en em laouénait
két dré ma zouj ac'hanoc'h ar spéré-
dou ; hôgen en em laouénait dré m'az
eo skrivet hoc'h hanôiou enn éñvou.
21. Enn heur-zé Jézuz en em laoué-
naaz gañd ar Spéred-Sañtel, hag a la-
varaz : Da drugarékaad a rann, va Zâd,
Aotrou ann éñv hag ann douar, dré ma
éc'h eûz kuzed ann traou-zé oud ar
ré fûr, hag oud ar ré boellek, ha dré
ma éc'h eûz hô diskleriet d'ar ré vi-
han. Ia, va Zâd, dré ma'z eo bét plijet
ann dra-zé gan-ez.
22. Pép trâ a zô bét lékéad étré va
daouarn gañt va Zâd. Ha dén na oar
pétrâ eo ar Mâb, néméd ann Tâd ; ha
dén na oar pétrâ eo ann Tâd, néméd
ar Mâb, hag ann hini da béhini é vézô
fellet gañt ar Mâb hé ziskleria.

23. Hag ô tistrei oud hé ziskibled, é lavaraz : Euruz ann daoulagad a wél ar péz a wélit.

24. Râk hel lavaroud a rann d'éhoc'h, pénaoz kalz a brofédéd hag a rouéed hô deûz bét c'hoañt da wélout ar péz a wélit, ha n'hô deûz két gwélet : ha klevoud ar péz a glevit, ha n'hô deûz két klevet.

25. Ha chétu eunn dén gwiziek el lézen a zavaz hag a lavaraz d'ézhañ évid hé dempti : Mestr, pétrâ a dléannmé da ôber évit kaout ar vuez hirbaduz ?

26. Hôgen Jézuz a lavaraz d'ézhañ : Pétrâ a zô skrivet el lézen ? Pétrâ a lennit-hu enn-hi ?

27. Hé-mañ a respouñtaz hag a lavaraz : Karoud a ri ann Aotrou da Zoué a greiz da galoun, a greiz da éné, a greiz da ners, hag a greiz da spéred, ha da nésa ével-d-oud daunan.

28. Ha Jézuz a lavaraz d'ézhañ : Respouñtet éc'h eûz ervâd : gra kément-sé hag é vévi.

29. Hôgen hé-mañ, péhini a fellé d'ézhañ en em zizamalloud hé-unan, a lavaraz da Jézuz : Ha piou eo va nésa ?

30. Hôgen Jézuz a gomzaz, hag a lavaraz : Eunn dén a ziskenné eûz a Jéruzalem da Jériko, hag a gouézaz é-touez laéroun, péré a ziwiskaz anézhañ, ha goudé béza hé c'hôlôed a c'houliou, éz éjoñt-kuit hag é lezchoñt anézhañ hañter varv.

31. Neûzé é c'hoarvézaz pénaoz é tiskennaz eur Bélek dré ann heñt-sé : hag ô véza gwélet anézhañ, éz éaz é-biou.

32. Eul Lévit, ô véza ivé tréméned dré ann heñt-sé, a wélaz anézhañ, hag a iéaz é-biou.

33. Hôgen eur Samariad, ô voñd enn hé heñt, a dréménaz dré énô, ha pa wélaz anézhañ, en doé truez outhañ.

34. Tóstaad a réaz out-hañ, hag é lienennaz hé c'houliou, goudé béza skulet enn-hô éôl ha gwîn : lakaad a réaz anézhañ war hé varc'h hé-unan, kâs a réaz anézhañ enn eunn hostaléri, hag é prédériaz anézhañ.

35. Hag añtrônôz é tennaz daou ziner, é rôaz anézhô d'ann hostiz, hag é lavaraz d'ézhañ : Az péz préder eûz a hé-mañ : ha pétrâ-bennâg a rôi ouc'h-penn, é tistaolinn d'id, pa zistrôinn.

36. Péhini eûz ann tri-zé, war da vénôz, eo béd ann nésa d'ann hini a zô bét kouézet é-touez al laeroun ?

37. Hag héñ a lavaraz : Ann hini en deûz bét truez out-hañ. Ha Jézuz a lavaraz d'ézhañ : Kéa, ha grâ ével-t-hañ.

38. Hôgen pa oañt enn heñt, Jézuz a iéaz enn eur vourc'h : hag eur vaouez hanvet Marta, a zigéméraz anézhañ enn hé zi.

39. Hou-mañ é doa eur c'hoar hanvet Mari, péhini a ioa azézet ouc'h treid ann Aotrou, hag a zélaoué hé gomsiou.

40. Hôgen Maria a ioa prédériet brâz, oc'h aoza pép trâ : hi a arzaôaz, hag a lavaraz : Aotrou, ha na évésaez-té két pénaoz va c'hoar am lez da zervicha va-unan ? Lavar éta d'ézhi doñd d'am skoazia.

41. Hag ann Aotrou a respouñtaz hag a lavaraz d'ézhi : Marta, Marta, difréuz-brâz oud, ha saouzanet oc'h gañd kalz a draou (a).

42. Hôgen eunn dra hép-kén a zô réd. Mari é deûz dilennet ar gwella lôden, ha na vézô két lamet digañt-hi.

XI. PENNAD.

1. Eunn deiz, pa édo Jézuz enn eul léac'h ô pidi, goudé m'en doé ébanet, unan eûz hé ziskibled a lavaraz d'ézhañ : Aotrou, desk d'é-omp da bidi, ével ma en deûz desket Iann d'hé ziskibled.

2. Hag héñ a lavaraz d'ézhô : Pa bédot, livirit : Tâd, da hanô bézet meûlet. Da rouañtélez deûed d'é-omp.

3. Rô d'é-omb hirió hor bara pemdéziek ;

4. Ha distaol d'é-omp hor péc'héjou, ével ma tistaolomp d'ar ré holl péré a dlé d'é-omp. Ha n'hol laosk kéd da gouéza é gwall-ioul.

5. Lavaroud a réaz c'hoaz d'ézhô : Péhini ac'hanoc'h mar en défé eur miñoun, ha m'az ajé d'hé gaout da hañter-nôz, hag a lavarjé d'ézhañ : Va miñoun, rô d'in évid eunn amzer teir dors vara ;

6. Râg eur miñoun d'in a zô deûed eûz ann heñt d'am c'havout, ha n'em eûz nétrâ da lakaad dira-z-hañ.

7. Ha ma lavar ann dén-zé eûz hé dl d'ézhañ : Na heskin kéd ac'hanoun : serred eo va dôr ; va bugalé a zô kousket em gwélé ; na hellann két sével évit rei d'îd ar péz a c'houlennez.

8. Ha ma keñdalc'h da skei hel lavaroud a rann d'é-hoc'h ; ma na zâv kéd évit rei d'ézhañ dré ann abek ma eo miñoun d'ézhañ ; hôgen dré ann abek d'hé heskin é savô, hag é rôiô d'ézhañ kémeñd ha ma en dévézô ézomm.

9. Ha mé a lavar d'é-hoc'h : Goulennit, hag é vézô rôed d'é-hoc'h : klaskit, hag é kéfot : stokit, hag é vézô digored d'é-hoc'h.

10. Râk néb a c'houlenn, é véz rôed d'ézhañ : ha néb a glask a gâv : ha da néb a stok é vézô digoret.

11. Hôgen péhini eo ann tâd ac'hanoc'h, péhini a rôjé d'hé vâb eur méan, pa c'houlenn bara, pé eunn aer, pa c'houlenn pésked ?

12. Pé a rôjé d'ézhañ eur grug, pa c'houlenn eur vi ?

13. Mar gouzoc'h éta, ha c'houi drouk, rei traou mâd d'hô pugalé, gañt péger braz préder hô tâd péhini a zô enn éñv na rôi-héñ két eur spéred mâd d'ar ré a c'houlennô digañt-hañ ?

14. Hag héñ a gasaz-kult eunn diaoul péhini a ioa mûd. Ha pa en doé kaset-kuld ann diaoul, ann dén mûd a gomzaz, hag ann holl bobl a oé sonézet-brâz.

15. Hôgen lôd anézhô a lavaraz : Dré Véelzébub, penn ann diaoulou eo é kas-kuld ann diaoulou.

16. Lôd all évid hé dempti, a c'houlennaz digañt-hañ eunn arouéz enn éñv.

17. Hôgen Jézuz oc'h anaoud hô ménosiou, a lavaraz d'ézhô : Pép rouañtélez dizunvan out-hi hé-unan, a vézô dismañtret, ha pép tî dizunvan out-hañ hé-unan, a vézô diskaret.

18. Mar d-eo éta Satan dizunvan out-hañ hé-unan, pénaoz é choumô hé rouañtélez enn hé zâ ? Râk c'houi a lavar pénaoz eo dré Véelzékub é kasann-kult ann diaoulou.

19. Mar kasann-kult ann diaoulou dré Véelzébub, dré biou hô c'hâs-kult hô pugalé ? Râk-sé é véziñd hô-unan hô parnerien.

20. Hôgen mar kasann-kult ann diaoulou dré viz Doué, rouañtélez Doué a zô éta deûet bétég enn-hoc'h.

21. Pa éma ann dén kré armet évid diwalloud hé dl, kémeñd en deûz a zô é péoc'h.

22. Hôgen, mar teû eur ré kréoc'h égét-hañ, ha péhini a drec'hô anézhañ, hé-mañ a gasô gañt-hañ hé holl armou, é péré é fisié, hag a zarnaouô hé ziwisk.

23. Nép n'éma két gan-én, a zô aénep d'in : ha nép na zastum két gan-én, a skiñ.

24. Pa eo éat ar spéred louz er-méaz eûz a eunn dén, é valé dré al lec'hiou séac'h, ô klaskoud ar péoc'h : hag ô véza n'hé c'hâv két, é lavar : Distrei a rinn d'am zi a béléac'h ounn deûet.

25. Ha pa zeû, é kâv anézhañ skubet ha kempennet.

26. Neûzé éz â, hag é kémer gañthañ seiz spéred all gwasoc'h égét-hañ, hag ô voñd enn tî é choumoñd énô : hag ar stâd divéza eûz ann dén-zé a zô gwasoc'h éged ar stâd keñta.

27. Hôgen pa lavaré kémeñt-sé, eur vaouez ô sével hé mouéz eûz a greiz ar bobl, a lavaraz d'ézhañ : Euruz ar c'hôv en deûz da zouget, hag ann divronn éc'h eûz sunet.

28. Ha Jézuz a lavaraz d'ézhi : Pé keñtoc'h, euruz ar ré a zélaou gér Doué, hag a vir anézhañ.

29. Hôgen ô véza ma tirédé ar bobl war hé drô, é téraouaz lavarout : Ar wenn-mañ a zô eur wenn drouk : eunn arwéz a c'houlenn, ha na vézô rôed d'ézhi néméd arwéz ar profed Jonaz.

30. Râk ével ma oé Jonaz eunn arwéz évid ann Ninivéed, ével-sé é vézô Mâb ann dén eunn arwéz évid ar wenn-mañ.

31. Rouanez ar C'hresteiz a zavô é deiz ar varn gañd ar wenn-mañ, hag a damallô anézhi dré ma eo deûed eûz a harzou ann douar da zélaoui furnez Salomon : ha chétu amañ mui égét Salomon.

32. Tûd Niniva a zavô é deiz ar varn gañd ar wenn-mañ, hag a damalliñt anézhi dré ma hô deûz gréat pinijen goudé prézégen Jonaz : ha chétu amañ mui égét Jonaz.

33. Dén na énaou eur c'hleûzeur, évid hé lakaad enn eul léac'h kuzet, pé diñdan ar boézel : hôgen hé lakaad a réeur war eur c'hañtoler, évit ma sklerai ar ré a zeûi ébarz.

34. Da lagad a zô kleûzeur da c'horf. Mar d-eo eeun da lagad, da gorf holl a vézô lugernuz : hôgen mar d-eo drouk, da gorf a vézô téval.

35. Diwall éta na vé tévalien ar goulou a zô enn-oud.

36. Mar d-eo éta da gorf holl lugernuz, hép kévren déval é-béd, lugernuz é vézô holl, hag é sklerai ac'hanod, é-c'hiz eur c'hleûzeur lufruz.

37. Ha pa gomzé, eur Farizian a bédaz anézhañ da leina enn hé dî. Hag héñ ô véza éad ébarz, en em lékéaz ouc'h taol.

38. Hôgen ar Farizian a zéraouaz lavaroud enn-hañ hé-unan : Pérâk na walc'h kéd hé zaourn abarz leina?

39. Hag ann Aotrou a lavaraz d'ézhañ : C'houi, Farizianed, a néta ann diavéaz eûz ar c'hôp hag eûz ar plâd : hôgen ann diabarz ac'hanoc'h a zô leûn a laéroñsi hag a zrougiez.

40. Tûd diboell, ann hini en deûz gréad ann diavéaz, ha n'en deûs-héñ két gréad ivé ann diabars?

41. Hôgen rôid ann aluzen diwar ar péz a hellid da zioüéri ; ha chétu pép trâ a vézô glân d'é-hoc'h.

42. Hôgen gwa c'houi, Farizianed, péré a baé ann déog war ar veñt, war ar rû, ha war ann holl louzou, ha péré a drémen dreist ar varn hag ar garañtez a Zoué. Ann traou-zé a zô réd hô ôber, hép lézel ar ré all da ôber.

43. Gwa c'houi, Farizianed, péré a gâr ar c'hadoriou keñta er sinagogou, hag ar stouou er marc'hallec'h.

44. Gwa c'houi, péré a zô ével bésiou ha na wéleur két, ha war béré é valé ann dûd, héb hô anaout.

45. Neûzé unan eûz a zoktored al lézen a respouñtaz, hag a lavaraz d'ézhañ : Mestr, ô komza évél-sé, é tirogez ivé ac'hanomp.

46. Ha Jézuz a lavaraz d'ézhañ : Gwa ivé c'houi, doktored ad lézen, dré ma kargid ann dûd a vec'hiou ha na helloñt kéd da zougen, ha c'houi na fiñvfac'h kéd anézhô gañd hô piz.

47. Gwa c'houi, péré a zâv bésiou d'ar Broféded ; hag hô tadou hô deûz hô lazet.

48. Évit-gwir é rôid da anaout pénaoz é kavit-mâd ar péz hô deûz gréad hô tadou : râg hi hô deûz hô lazet, ha c'houi hoc'h eûz savet bésiou d'ézhô.

49. Dré-zé furnez Doué é deûz lavaret : Kâs a rinn d'ézhô Proféded hag Abostoled, hag é laziñt lôd, hag éc'h heskiniñt lôd all.

50. Évit ma vézô goulennet digañd ar wenn-mañ goâd ann holl Broféded, a zô skulet adalek derou ar béd,

51. Adalek goâd Abel bété goâd Zakariaz, péhini a zô bét lazet étré ann aoter hag ann templ. Ia, hé lavaroud a rann d'é-hoc'h, kémeñt-sé a vézô goulennet digañd ar wenn-mañ.

52. Gwa choui, doktored al lézen, dré ma hoc'h eûz kéméret alc'houéz ar wiziégez, ha n'oc'h kéd éad enn-hi, hag hoc'h eûz diarbennet ar ré a fellé d'ézhô moñd ébarz.

53. Hôgen pa gomzé ével-sé d'ézhô, ar Farizianed ha doktored al lézen a zéraouaz hé eñkrézi stard, hag hé skuiza gañd holl draou a c'houlenneñt digañt-hañ.

54. Oc'h aoza lindagou d'ézhañ, hag ô klaskout tenna eunn dra eûz hé c'hénou, évit tamalloud anézhañ.

XII. PENNAD.

1. Hôgen ô véza ma en em zastumaz kalz a dûd, enn hévélep doaré ma valéeñt ann eil war égilé, é téraonaz Jézuz lavaroud d'hé ziskibled :

En em ziwallid out goell ar Farizianed, péhini eo ann ipokrizi.

2. Hôgen n'eûz nétrâ a c'hôlôet ha na vézô dizôlôet, ha nétrâ a guzet ha na vézô gwézet.

3. Râg ar péz hoc'h eûz lavared enn amc'houlou, a vézô lavared er goulou : hag ar péz hoc'h eûz lavared er skouarn er kamprou, a vézô prézéget war ann tôennou.

4. Lavaroud a rann éta d'é-hoc'h, va miñouned : N'hô pézet kéd a aoun râg ar ré a lâz ar c'horf, ha péré goudé-zé n'hô deûz mui nétrâ da ôber.

5. Hôgen mé a ziskouézô d'é-hoc'h rak piou é tléit kaoud aoun : hô pézed aoun râg ann hini péhini, goudé béza hô lazet, a hell hô teûrel enn ifern. Ia, hel lavaroud a rann d'é-hoc'h, hô pézed aoun râg hen-nez.

6. Ha na werzeur két pemp golvan daou wennek : hag unan anézhô na gouéz két é añkounac'h dirâk Doué?

7. Hôgen bleô hô penn a zô nivéred holl. N'hô pézet két 'ta a aoun : muioc'h é talit égét kalz a c'holvaned.

8. Hôgen hel lavaroud a rann d'é-hoc'h : Piou-bennâg a añsavô ac'hanoun dirâg ann dûd, Mâb ann dén a añsavô anézhañ dirâg Élez Doué.

9. Ha piou-bennâg a zinac'hô ac'hanoun dirâg ann dûd, é tinac'hinn anézhañ dirâg Élez Doué.

10. Ha piou-bennâg en dévézô komzed a-énep Mâb ann dén, é vézô distaoled d'ézhañ : hôgen piou-bennâg en dévézô komzed oud ar Spéred-Glân, na vézô kéd distaoled d'ézhañ.

11. Hôgen pa viot kased dirâg ar sinagogou, ha dirâg ar pennou-brô hag ar ré vrâz, n'en em likit kéd é poan pénaoz na pétrâ a lévérot.

12. Râg ar Spéred-Sañtel a zeskô d'é-hoc'h enn heur-zé ar péz a dléod da lavarout.

13. Neûzé eur ré eûz ar bobl a lavaraz d'ézhañ : Aotrou, lavar d'am breûr ma rannô gan-éñ ann digouéz.

14. Hôgen Jézuz a lavaraz d'ézhañ : Dén, piou en deûz va lékéad da varner pé da ranner war-n-hoc'h?

15. Goudé é lavaraz d'ézhô : Gwélit hag en em virit out pép pizoni : râg é pé paodder-bennâg ma véz eunn dén, hé vuez na zalc'h kéd oud ar péz en deûz.

16. Neûzé é tanévellaz d'ézhô ar barabolen-mañ, ô lavarout : Douar eunn dén pinvidik en doa rôet kalz a frouez :

17. Hag é venné enn-hañ hé-unan, ô lavarout : Pétrâ a rinn-mé, ô véza n'em eûz léac'h é-béd é péhini é likiinn va frouézou?

18. Hag héñ a lavaraz : Chétu pétrâ a rinn ; va soliérou a ziskarinn, hag é savinn soliérou brasoc'h. hag é tastuminn énô va holl frouézou ha va holl vadou ;

19. Hag é livirinn d'am éné : Va éné, kalz a vadou éc'h eûz a dû évit meûr a vloaz : arzaô, debr, év, ha gra banvez.

20. Hôgen Doué a lavaraz d'ézhañ : Dén diboell, enn nôz-mañ é vézô goulenned da éné digan-éz ; da biou é vézô ar péz éc'h eûz dastumet?

21. Kémeñt-sé a c'hoarvez da néb a zastum madou évit-hañ ha péhini né d-eo két pinvidik dirâk Doué.

22. Hag héñ a lavaraz d'hé ziskibled : Dré-zé é lavarann d'é-hoc'h : Na vézit két nec'het évit hô puez pétrâ a zebrot, nag évid hô korf pétrâ a wiskot.

23. Ar vuez a zô gwelloc'h égéd ar boéd, hag ar c'horf gwelloc'h égéd ann dilad.

24. Sellid ouc'h ar brini ; na hadoñt két ; na védoñt két ; n'hô deûz na kaô na solier ; ha koulskoudé Doué a voet anézhô. Pégémeñt n'oc'h-hu két gwelloc'h égét-hô?

25. Hôgen piou ac'hanoc'h gañd hé holl bréder a hellfé kreski hé veñt eûz a eunn ilinad héñ-kén?

26. Ma na hellid éta ôber eunn dra zister, pérâg oc'h-hu nec'het gañd ar ré all?

27. Sellid ouc'h al lili ha pénaoz é kreskoñt : na labouroñt, ha na nézoñt két. Hel lavaroud a rann d'é-hoc'h pénaoz Salomon é-kreiz hé holl c'hloar né oa két gwisket ével unan anézhô.

28. Mar gwisk éta Doué er-c'hls-sé eul louzaouen péhini a zô er park birviô hag a vézô taolet war-c'hoaz er

feurn ; gañt péger brâz préder n'hô kwiskô-héñ két, tûd a nébeûd a feiz?

29. Ha c'houi na glaskit két pétrâ a zebrot, na pétrâ a évot : ha na vézit két figuz.

30. Râg ann dudou holl a eñklask kémeñt-sé. Hôgen hô tâd a oar pénaoz hoc'h eûz ézomm eûz ann holl draou-zé.

31. Klaskit 'ta da geñta rouañtélez Doué hag hé wirionez, hag ann holl draou-zé a vézô rôed d'é-hoc'h ouc'h-penn.

32. N'hô pézet kéd a aoun, tropel bihan, râk hétet eo deûz hô tâd rei d'é-hoc'h hé rouañtélez.

33. Gwerzit kémeñd hoc'h eûz, ha rôit-héñ d'ar béorien. Grîd évid-hoc'h sierigou péré na gôsaint két ; grîd eunn teñzor enn éñv, péhini na vézô kéd diframmet ; eûz a béhini na dôstai kéd al laéroun, ha péhini na vézô két kriñet gañd ar préved.

34. Râg el léac'h ma éma hô teñzor, énô ivé é vézô hô kaloun.

35. Ra vézô gourizet hô kroazel, ha dougid enn hô taouarn kleûzeûriou béô ;

36. Ha bézid héñvel oud ar ré a c'hortoz hô aotrou pa zistrôi eûz ann eûreûd ; évit, pa zeûi, ha pa stôkô oud ann ôr, ma tigoriñd d'ézhañ râk-tâl.

37. Euruz ar vévellou-zé, péré a vézô kaved dihun pa zeûi ann aotrou : é-gwirionez hel lavarann d'é-hoc'h, pénaoz en em c'hourizô, ha pénaoz, goudé béza hô lékéad ouc'h taol, é tréménô, hag é servichô anézhô.

38. Ha mar teû d'ann eil dihun, ha mar teû d'ann trédé dihun, ha mar hô c'hâv évei-sé, euruz eo ar vévellou-zé.

39. Hôgen gwézit pénaoz ma oufé ar penn-tiégez pé da heur é tiéfé doñd al laer, é choumfé dihun hép-mâr, ha na lezfé két toulla hé dî.

40. Ha c'houi bézid ivé reiz ; râk Mâb ann dén a zeûi d'ann heur ha na ouzoc'h két.

41. Hôgen Per a lavaraz d'ézhañ : Aotrou, ha d'é-omp-ni eo é lévérez ar barabolen-zé, pé d'ann holl?

42. Hag ann Aotrou a lavaraz d'ézhañ : Piou eo, war da vénô, ann darnaouer léal ha poellek, péhini a zô bét lékéat gañd hé aotrou dreist hé holl dûd, évit ma rôi d'ézhô enn amzer eur boézellad gwiniz?

43. Euruz ar mével-zé, pa zeûi hé aotrou, mar béz kavet-gañt-hañ oc'h ôber évei-sé.

44. É-gwirionez hel lavarann d'é-hoc'h, pénaoz war hé holl vadou hel lakai da benn.

45. Ma lavar ar mével-zé enn-hañ hé-unan : Va aotrou a zalé da zoñt ; ha ma téraou skei gañd hé vévellou ha gañd hé vitisien, ha dibri, hag éva, ha mezvi :

46. Aotrou ar mével-zé a zeûi d'ann deiz na c'hortozô két, ha d'ann heur na wézô két ; hag é rannô anézhañ, hag é lakai eur gévren anézhañ gañd ann dûd disléal.

47. Ar mével péhini a anavez ioul hé aotrou, ha n'en dévézô két gréat hervez hé ioul, a vézô kannet kaer :

48. Hôgen ann hini péhini n'en dévézô kéd anavézet hé ioul, hag a zellez gwanérez, hen-nez a vézô kannet eunn nébeût. Kalz é vézô goulennet digañd ann hini da béhini é vézô rôet kalz, ha muioc'h c'hoaz a vézô goulennet digañd ann hini da béhini é vézô rôet muioc'h.

49. Deûed ounn da deûrel ann tân war ann douar ; ha pétrâ a c'hoañtaann-mé némét ma teûfé da énaoui?

50. Badézet é tléann béza : ha pégémeñt eo mall gan-éñ é vé sévénet kémeñt-sé?

51. Ha c'houi a gred é venn deûed da gâs ar péoc'h war ann douar? Nann, a livirinn d'é-hoc'h, hôgen deûed ounn da gâs ar rann.

52. Râk mar béz pemp dén enn eunn ti, é véziñt dizunvanet, tri ouc'h daou, ha daou ouc'h tri.

53. Ann tâd ouc'h hé vâb, hag ar mâb ouc'h hé dâd ; ar vamm ouc'h hé merc'h, hag ar verc'h ouc'h hé mamm, ar vamm-gaer ouc'h hé merc'h-kaer, hag ar verc'h-kaer oud hé mamm-gaer.

54. Lavaroud a réa ivé d'ar bobl : Pa wélit eur goabren ô sével eûz ar

c'hus-héol, é livirit râk-tâl : Doñd a rai glaô ; hag é teû.

55. Ha pa c'houéz avel ar c'hresteiz, é livirit : Tomm é vézô ; hag é teû da véza tomm.

56. Pilpouzed, anaoud a oouzoc'h doaréou ann éñv hag ann douar ; hôgen pénaoz na anavézit-hu két ann amzer-mañ ;

57. Pénaoz na anavézit-hu kéd ac'hanoc'h hoc'h-unan (a) ar péz a zô gwirion ?

58. Hôgen p'az éz gañd da énébour dirâg ar penn-brô, laka évez d'en em zieûbi anézhañ, gañd aoun na lakajé ac'hanod étré daouarn ar barner, n'az lakajé ar barner étré daouarn ar ministr, hag ar ministr er vâc'h.

59. Hel lavaroud a rann d'id ; na zeûi két kuld alesé, kén n'az pézô distaoled ann divéza gwennek.

XIII. PENNAD.

1. Enn hévéleb amzer é teûaz hiniennou da lavaroud da Jézuz diwarbenn ar Galiléed, goâd péré en doa meskèt Pilat gañd hô sakrifisou.

2. Hag héñ a respouñtaz hag a lavaraz d'ézhô : Ha c'houi a gred pénaoz ar Chaliléed-zé a zô ar brasa péc'herien eûz ann holl C'haliléed, dré ma hô deûz gouzañvet kémeñt-sé ?

3. Nann, a lavarann d'é-hoc'h ; hôgen ma na rît pinijen, é varvod holl ével-t-hô.

4. Ha c'houi a gréd ivé pénaoz ann triouec'h dén war béré eo kouézet tour Siloé, ha gañd péhini iñt bét lazet, a ioa brasoc'h dléourien *da Zoué* égéd ann holl dud a choumé é Jéruzalem ?

5. Nann, a lavarann d'é-hoc'h ; hôgen ma na rît pinijen, é varvod holl ével-t-hô.

6. Lavaroud a réaz ivé ar barabolen-mañ : Eunn dén en doa eur wézen fiez plañtet enn hé winien, hag é teûaz da glask frouez enn-hi, ha na gavaz két.

7. Hôgen lavaroud a réaz da labourer hé winien : Chétu tri bloaz zô aba ma teûann da glask frouez er wézen fiez-mañ, ha na gavann két : trouc'h-hi 'ta ; râk pérâg ivé é talc'h ann douar ?

8. Hag héñ a respouñtaz, hag a lavaraz d'ézhañ : Aotrou, lez-hi c'hoaz eur bloaz, évit ma toullinn war-drô, ha ma likinn teil.

9. Ha martézé é tougô frouez : anéz pelloc'h é trouc'hi anézhi.

10. Hôgen Jézuz a gélenné er sinagog da zeiz ar sabbat.

11. Ha chétu é teûaz eur vaouez, péhini a ioa eñkrézet gañd eur spéred hag a lékéa anézhi da véza klañ triouec'h bloaz a ioa, hag hi a ioa kroummet, enn hévelep doaré na hellé két selloud a-ûz d'ézhi.

12. Jézuz ô véza hé gwélet, hé galvaz, hag a lavaraz d'ézhi : Maouez, dieûbed oud eûz da c'hléñved.

13. Hag é lékéaz hé zaouarn warn-ézhi ; hag hi a oé eeunet râk-tâl, hag a veûlaz Doué.

14. Hôgen eur penn-sinagog péhini a ioa droug enn-hañ ô véza ma iac'héé Jézuz é deiz ar sabbat, a lavaraz d'ar bobl : C'houéac'h dervez zô é péré é tléeur laboura, deûid éta enn deisiou-zé évit béza iac'héet, ha na zeûit kéd é deiz ar sabbat.

15. Neûzé ann Aotrou a respouñtaz hag a lavaraz : Pilpouzed, ha na zistag két pép-hini ac'hanoc'h é deiz ar sabbat hé éjenn pé hé azen, évid hé denna eûz ar c'hraou hag hé gâs d'ann dour ?

16. Ha né oa két réd ivé, é deiz ar sabbat, dieûbi hou-mañ, péhini a zô merc'h da Abraham, ha péhini a ioa eñkrézet gañt Satan triouec'h bloaz a ioa ?

17. Ha pa lavaraz kémeñt-sé, hé holl éuébourien a rusiaz : hag ann holl bobl em em laouénaé oc'h hé wéloud oc'h ôber kémeñd a draoù meûleûduz.

18. Lavaroud a réaz c'hoaz : Ouc'h pétrâ eo héñvel rouañtéléz Doué, pé ouc'h pétrâ éc'h hévélébékainn-mé anézhi ?

19. Héñvel eo oud eur c'hreûnen sézô a gémer eunn dén hag a laka enn hé liors. Kreski a ra, hag é teû

da véza eur wézen vrâz ; ha laboused
ann éñv a arzaô war hé skourrou.

20. Lavaroud a réaz c'hoaz : Ouc'h
pétrâ éc'h hévélébékainn rouañtélez
Doué ?

21. Héñvel eo oud ar goell a gémer
eur vaouez évid hé guza é tri feûr
bleûd, bété ma teûi holl da c'hôi.

22. Ha Jézuz a iéa dré ar c'heriou,
dré ar bourc'hiou enn eur gélenna,
hag enn eur dôstaad ouc'h Jéruzalem.

23. Hôgen unan-bennâg a lavaraz
d'ézhañ : Aotrou, ha nébeûd a hini
a vézô salvet ? Hag héñ a lavaraz
d'ézhô.

24. Strivid évit moñd dré ann ôr
eñk : râg hel lavaroud a rann d'é-
hoc'h, kalz a dûd a glaskô moñd
ébarz, ha na helliñt két.

25. Hôgen pa vézô éad ar penn-tî
ébarz, ha pa en dévézô serred ann ôr,
é choumod er-méaz, hag é téraouot
skei war ann ôr, ô lavarout : Aotrou,
digor d'é-omp ; hag héñ a respouñtô
hag a lavarô d'é-hoc'h : Na ouzonn
kéd a béléac'h oc'h.

26. Neûzé é téraouot lavarout : De-
bret hag évet hon eûz dira-z-od ha té
éc'h eûz kélennet enn hor marc'ha-
lec'hiou.

27. Hag héñ a lavarô d'é-hoc'h : Na
ouzonn kéd a béléac'h oc'h : tec'hid
diouz-in, tûd disléal.

28. Énô é vézô gwélvan ha skrîñ-
deñt ; pa wélot Abraham, hag Izaak,
ha Jakob, hag ann holl Broféded é
rouañtélez Doué, ha c'houi kased er-
méaz.

29. Doñd a rai lôd eûz ar saô-héol,
hag eûz ar c'hûs-héol, hag eûz ann
hañter-nôz, hag eûz ar c'hresteiz,
péré a azézô é rouañtélez Doué.

30. Hag ar ré zivéza a vézô ar ré
geñta, hag ar ré geñta a vézô ar ré
zivéza.

31. Enn deiz-zé é teûaz d'hé ga-
vout biniennou eûz ar Farizianed, ô
lavaroud d'ézhañ : Kéa-kuit, ha kerz
ac'hann ; râg Hérodez a fell d'ézhañ
da laza.

32. Hag héñ a lavaraz d'ézhô : It,
ha livirid d'al louarn-zé : Chétu é ka-
sann-kuit ann diaoulou, hag é rôann
ar iéc'hed d'ar ré glañv hiriô ha war-
c'hoaz, hag ann trédé deiz é vézinn
kased-da-benn.

33. Koulskoudé réd eo d'in kerzoud
hiriô ha war-c'hoaz hag añtrônôz ;
râg eur Profed na dlé két béza lékéad
d'ar marô er-méaz eûz a Jéruzalem.

34. Jéruzalem, Jéruzalem, té péhini
a lâz ar Broféded, hag a labez ar ré a
zô kased d'id, péd gwéac'h em eûz-mé
mennet strolla da vugalé, é-c'hiz ma
stroll eul labous hé neiz diñdân hé
ziou-askel, ha né két felled d'id ?

35. Chétu hô tî a vézô lézed d'é-
hoc'h dibeñtet. Râk hel lavaroud a
rann d'é-hoc'h pénaoz n'am gwélot
mui, kén na zeûot da lavarout : Ben-
niget ra vézô ann hini a zeû enn hanô
ann Aotrou.

XIV. PENNAD.

1. Jézuz enn eunn deiz sabbat a
iéaz é tî eur penn-dén eûz ar Fari-
zianed, évid dibri bara, hag hi a ar-
vesté anézhañ.

2. Ha chétu eunn dén klañv gañd
ar c'hoenv a ioa dira-z-hañ.

3. Neûzé Jézuz a gomzaz oud dok-
tored al lézen, hag oud ar Farizianed,
hag a lavaraz d'ézhô : Hag aotréed eo
iac'haad ar ré glañv é deiz ar sabbat ?

4. Hag hi a davaz. Hôgen héñ ô
véza kroged é dourn ann dén-zé, a
iac'héaz anézhañ, hag hen c'hasaz-
kuit.

5. Goudé é lavaraz d'ézhô : Péhini
ac'hanoc'h mar bé kouézet hé azen
pé hé éjenn er puñs, na dennjé kéd
anézhañ râk-tâl da zeiz ar sabbat zô-
kén ?

6. Ha na helleñt respouñta nétrâ
ouc'h kémeñt-sé.

7. Neûzé ô lakaad évez pénaoz ar
ré a ioa péded da zibri a zilenné al
lec'hiou keñta ouc'h taol, é tanévellaz
ar barabolen-mañ d'ézhô, ô lavarout :

8. Pa vézi péded da eunn eûreûd,
n'en em laka két el léac'h keñta ouc'h
taol, gañd aoun n'en em gafché é-
touez ar ré bédet eunn dén a vrasoc'h
stâd égéd-od ;

9. Ha na zeûfé ann hini en deûz

pédet ann eil hag égilé, ha na lavarfé d'id : Rô al léac'h-zé da hé-mañ ; n'az afez neûzé enn eur rusia el léac'h divéza.

10. Hôgen pa vézi pédet, kéa, hag en em laka el léac'h divéza, évit, pa zeûi ann hini en deûz da bédet, ma lavarô d'id :.Va miñoun, piñ uc'hé-loc'h. Neûzé é vézi meûlet gañd ar ré a vézô ouc'h taol gan-éz :

11. Râk piou-bennâg en em uc'hé-lai a vézô izéléet ; ha piou-bennâg en em izélai a vézô uc'héléet.

12. Lavaroud a réaz ivé d'ann hini en doa hé bédet : Pa réz eul lein, pé eur goan, na béd na da viñouned, na da vreûdeûr, na da géreñt, na da amézeien pinvidik ; gañd aoun na bédcheñt ivé ac'hanod, ha na zistaol-cheñd d'id ar péz hô deûz bét.

13. Hôgen pa réz banvez, péd ar béorien, ar ré vac'hañ, ar ré gamm, hag ar ré dall.

14. Hag euruz é vézi, dré n'hô deûz két péadrâ da zisteûrel d'id ; râk distaoled é vézô d'id da adsav ar ré wirion.

15. Unan eûz ar ré a ioa ouc'h taol, ô véza klevet kémeñt-sé, a lavaraz d'ézhañ : Euruz eo ann hini a zebr bara é rouañtélez Doué.

16. Ha Jézuz a lavaraz d'ézhañ : Eunn dén a réaz eur goan vrâz, hag a bédaz kalz a dûd.

17. Ha da bréd ar goan é kasaz hé vével da lavaroud d'ar ré a ioa bét pédet da zoñt, râk daré é oa pép trâ.

18. Hôgen ann holl a zéraouaz en em zigarézi, hag ar c'heñta a lavaraz d'ézhañ : Préned em eûz eur c'heñkiz, ha réd eo d'in moñd d'hé wélout : da bidi a rann, didamall ac'hanoun.

19. Eunn all a lavaraz : Préned em eûz pemp koublad éjenned, hag éz ann da wélet hag hi a zô mâd (r) ; da bidi a rann, didamall ac'hanoun.

20. Eunn all a lavaraz : Euz vaouez em eûz kéméret, hagével-sé na hel-lann két moñt.

21. Hag ar mével ô véza distrôet a zanévellaz kémeñt-mañ d'hé vestr. Neûzé ar penn-ti a zavaz droug enn-hañ, hag a lavaraz d'hé vével : Kéa râk-tâl er marc'halec'hiou, hag é ruiou kéar ; ha digas amañ ar ré baour, hag ar ré vac'hañ, hag ar ré zall, hag ar ré gamm.

22. Hag ar mével a lavaraz d'ézhañ : Aotrou, ar péz éc'h eûz gourc'hé-menned a zô gréat, ha léac'h éz eûz c'hoaz.

23. Hag ann Aotrou a lavaraz d'hé vével : Kéa dré ann heñchou, hag a-héd ar girsier, ha laka ann dûd da zoñd-ébarz dré rédi, évit ma vézô leûn va zi.

24. Hôgen lavaroud a rann d'é-hoc'h pénaoz hini eûz ar goazed-zé péré a zô galvet, na dañvai va c'hoan.

25. Eul lôd brâz a dûd a iéa gañt Jézuz : hag héñ ô tistrei a lavaraz d'ézhô :

26. Mar teû eur ré d'am c'havout, ha na gasa kéd hé dâd, hag hé vamm, hag hé c'hrég, hag hé vugalé, hag hé vreûdeûr, hag hé c'hoarézed, hag ivé hé vuez hé-unan, na hell két béza diskibl d'in.

27. Ha piou-bennâg na zoug kéd hé groaz, ha na heul kéd ac'hanoun, na hell két béza diskibl d'in.

28. Râk piou ac'hanoc'h, mar en défé c'hoañt da zével eunn tour, na niverfé da geñta war hé c'horrégez ann dispiñ a vézô réd da ôber, évit gouzout mar en dévézô péadrâ da beûr-ôber ;

29. Gañd aoun, goudé m'en dévézô taoled ann diazez, ha n'en dévézô két gellet peûr-ôber, na deûfé ar ré holl a wélô kémeñt-sé da ôber-goab anézhañ,

30. O lavarout : Ann dén-mañ en doa déraouet sével *eunn tour*, ha n'en deûz két gellet hé beûr-ôber.

31. Pé piou eo ar roué péhini ô voñd enn heñt évid ôber brézel oud eur roué all, na goun da geñta enn hé c'horrégez, mar gell kerzout gañt dék mil dén, a-éneb ar ré a zeû d'hé ziarbenna gañd ugeñt mil dén ?

32. Anéz, ha pa vé c'hoaz pell, é kâs kannaded, hag é c'houlenn ar péoc'h.

33. Ével-sé piou-bennâg ac'hanoc'h ha na zilez két kémeñd en deûz, na hell két béza diskibl d'in.

34. Ar c'hoalen a zô mâd. Hôgen mar teû ar c'hoalen da véza dizall, gañt pétrâ é vézô hiliennet ?

35. N'eo mui mâd nag évid ann douar, nag évid ann teil; hôgen hé deûrel a reur er-méaz. Ra zélaouô néb en deûz diskouarn da zélaoui.

—

XV. PENNAD.

1. Hôgen ar Bublikaned hag ar béc'herien a dôstéé out-hañ; évid hé glevout;
2. Hag ar Farizianed, hag ar Skriked a grôzé, ô lavarout: Pérâg ann dén-zé a zigémer-héñ péc'herien, hag a zebr gañt-hô?
3. Ha Jézuz a lavaraz d'ézhô ar barabolen-mañ:
4. Péhini ac'hanoc'h, mar en défé kañt dañvad, ha mar teûfé da goll unan anézhô, na lezché kéd ann naoñték ha pévar-ugeñd all el léac'h-distrô, évit moñd da glask ann hini a ioa diañket, bété m'en défé hé gavet?
5. Ha goudé m'en deûz hé gavet, é laka anézhañ laouen-brâz war hé ziskoaz;
6. Hag ô toñd d'ar géar, é stroll hé viñouned hag hé amézeien, hag é lavar d'ézhô: En em louénait gan-éñ, râk kaved em eûz ann dañvad em boa kollet.
7. Lavaroud a rann d'é-hoc'h pénaoz é vézô ivé muioc'h a laouénidigez enn éñv évid eur péc'her péhini a ra pinijen, égéd évit naoñték ha pévar-ugeñd dén gwirion, péré n'hô deûz kéd ézomm a binijen.
8. Pé piou eo ar vaouez, mar é défé dék péz-arc'hañt, ha ma kollché unan anézhô, ha na énaoufé kéd ar c'hleûzeur, ha na skubfé kéd ann ti, évid hé glask gañt préder, bété ma é défé hé gavet?
9. Ha goudé ma é deûz hé gavet, é stroll hé miñounézed hag hé amézégézed, ô lavaroud: En em laouénait gan-éñ, râk kaved em eûz ar péz-arc'hañt em boa kollet.
10. Ével-sé hel lavarann d'é-hoc'h, pénaoz é vézô laouénidigez é-touez ann Élez, pa zeûi eur péc'her hép-kén da ôber pinijen.
11. C'hoaz é lavaraz: Eunn dén en doa daou vab:
12. Hag ar iaouañka anézhô a lavaraz d'hé dâd: Va zâd, rô d'in al lôden zanvez a zigouéz d'in. Hag héñ a rannaz hé zanvez gañt-hô.
13. Hag eunn nébeûd dervésiou goudé, ar mâb iaouañka, ô véza dastumet kémeñd en doa, en em lékéaz enn heñt évit moñd étrézég eur vrô bell-meûrbéd, hag énô é tispiñaz hé zanvez ô véva gañt gadélez.
14. Ha pa en doé dispiñet kémeñd en doa, é c'hoarvézaz eunn naounégez vrâz er vrô-zé, hag é teûaz da ézommékaat.
15. Kuid éz éaz éta, hag en em lakaad a réaz é gôpr gañd eunn dén eûz ar vrô. Hag hé-mañ hen kasaz enn eunn ti d'ézhañ war ar méaz, évit mesa ar môc'h.
16. C'hoañtéed en divijé leunia hé gôf gañd ar c'hlosou a zebré ar môc'h: ha dén na rôé d'ézhañ.
17. Hôgen ô véza distrôed enn-hañ hé-unan, é lavaraz: A béd gôpraer zô é ti va zâd hag en deûz bara é leiz, ha mé a varv amañ gañd ann naoun?
18. Sével a rinn, hag éz inn étrézé va zâd, hag é livirinn d'ézhañ: Va zâd, péc'hed em eûz a-éneb ann éñv hag enn da énep;
19. N'ounn két talvoudek pelloc'h da véza galved da vâb: va zigémer ével unan eûz da c'hôpraerien.
20. Hag é savaz, hag é teûaz étrézég hé dâd. Hôgen pa édo c'hoaz pell, hé dâd hen gwélaz, hag en doé truez out-hañ; hag ô tirédek é lammaz d'hé c'houzouk, hag é pokaz d'ézhañ.
21. Hag hé vâb a lavaraz d'ézhañ: Va zâd, péc'hed em eûz a-éneb ann éñv hag enn da énep; n'ounn két talvoudek pelloc'h da véza galved da vâb.
22. Hôgen ann tâd a lavaraz d'hé vévellou: Digasit buan hé zaé geñta, ha gwiskit-hi d'ézhañ, ha likid eur walen ouc'h hé viz, ha boutou enn hé dreid:
23. Digasid ivé al leûé lard, ha lazit-héñ; debromp ha gréomb banvez.
24. Râg ar mâb-mañ d'in a ioa marô, hag eo asbévet: diañked oa.

hag eo askavet. Hag en em lakaad a
réjoñd da óber banvez.

25. Hôgen hé vap héna a ioa er
park : ha pa zistrôaz ha pa dôstaaz
ouc'h ann tl, é klevaz ar c'hân hag
ar c'horol :

26. Hag é c'halvaz unan eûz ar vé-
vellou, hag é c'houlennaz pétrâ oa
kémeñt-sé.

27. Hag hé-mañ a lavaraz d'ézhañ :
Da vreûr a zô deûet, ha da dâd en
deûz lazed al leûé lard, ô véza ma 'z
eo distrôet iac'h.

28. War gémeñt-sé é savaz droug
enn-hañ ha na fellé kéd d'ézhañ moñd
ébarz. Hôgen hé dâd ô véza éad-er-
méaz, en em lékéaz d'hé bidi.

29. Hag hé-mañ a respouñtaz, hag
a lavaraz d'hé dâd : Chétu meûr a
vloaz zô aba émounn dindân da
c'hourc'hémennou, ha biskoaz n'ounn
tréménet dreist hini anézhô : ha bis-
koaz n'éc'h eûz rôed eur c'havrik d'in,
évid ôber banvez gañt va miñouned.

30. Hôgen kerkeñt ha ma eo deûed
ar mâb-mañ d'id, péhini en deûz de-
bret hé zanvez gañt merc'hed, éc'h
eûz lazed évit-hañ al leûé lard.

31. Hag ann tâd a lavaraz d'ézhañ :
Va mâb, té a zô bépréd gan-éz, ha
kémeñd em eûz a zô d'Id :

32. Hôgen réd é oa ôber banvez
hag en em laouénaat, râg ar breûr-
mañ d'Id a ioa marô, hag eo asbévet :
diañked é oa hag eo askavet.

XVI. PENNAD.

1. Jézuz a lavaraz ivé d'hé ziski-
bled : Eunn dén pinvidik en doa eur
mérer : hag hé-mañ a oé tamalled
dira-z-hañ da véza trézet hé vadou.

2. Hag hén a c'halvaz anézhañ, hag
a lavaraz d'ézhañ : Pétrâ a glevann-
mé diwar da benn ? Daskor kouñt d'in
eûz da vérérez ; râg hiviziken na helli
mui méra va madou.

3. Hôgen ar mérer a lavaraz enn-
hañ hé-unan : Pétrâ a rinn-mé, pa
lamm va aotrou mérérez hé vadou
digan-én ? Na hellfenn két laboura
ann douar, ha rusia a rafenn ô korka.

4. Gouzoud a rann pétrâ a rinn, évit,
pa vézô lamet ar mérérez digan-én,
ma tigémériñd ac'hanoun enn hô ziez.

5. O véza éta galvet kémeñd hini a
dlié d'hé aotrou, é lavaraz d'ar c'heñta :
Pégémeñd a dléez-té d'am aotrou ?

6. Hag hén a lavaraz : Kañt barazik
éôl. Hag hén a lavaraz d'ézhañ : Ké-
mer da zléad, azez azé, ha skrîv han-
ter-kañt.

7. Da eunn all é lavaraz : Ha té,
pégémeñt é tléez-té ? Hag hé-mañ a
lavaraz : Kañt feûr gwiniz. Hag hén
a lavaraz d'ézhañ : Kémer da skrîd,
ha skrîv pevar-ugeñt.

8. Hag ann aotrou a veûlaz ar mé-
rer disléal-zé, dré m'en doa méret
gañt furnez : râk bugalé ar béd-mañ
a zô furoc'h enn hô gwenn égét bu-
galé ar goulou.

9. Ha mé a lavar d'é-hoc'h : Grît
miñouned d'é-hoc'h gañd ar madou
disléal, évit, pa zeûod da gouéza, ma
tigémériñd ac'hanoc'h enn teltou hír-
baduz.

10. Néb a zô léal enn traou dister,
a zô léal enn traou brâz : ha néb a zô
disléal enn traou dister, a zô disléal
enn traou brâz.

11. Ma n'hoc'h két bét éta léal er
madou disléal, piou a fisiô enn-hoc'h
ar madou gwirion ?

12. Ha ma n'hoc'h két bét léal er
madou a-ziavéaz, piou a rôi d'é-hoc'h
ar péz a zô d'é-hoc'h ?

13. Dén é-béd na hell servicha
daou aotrou : râk pé é kasaô unan,
hag é karô égilé ; pé en em stagô oud
unan, hag é faéo égilé. Na hellit két
servicha Doué hag ar madou (a).

14. Hôgen ar Farizianed, péré a
ioa tûd piz, a glevé kémeñt-sé, hag a
réa goab anézhañ.

15. Hag hén a lavaraz d'ézhô : Évid-
hoc'h-hu en em ziskouézit gwirion
dirâg ann dûd ; Doué a anavez hô ka-
lounou : râg ar péz a zô huel war
ménoz ann dûd a zô eunn dra argar-
zuz dirâk Doué.

16. Al lézen hag ar Brofédéd a zô
bét bété Iann : adaleg ann amzer-zé
rouañtélez Doué a zô bét prézéget ;
ha pép-hini a laka hé strîv évit moñd
enn-hi.

17. Keñtoc'h é trémenô ann éñv
hag ann douar, égét na vézô tennet
eul lizéren eûz al lézen.
18. Piou-bennâg a gâs-kuld hé
c'hrég, hag a gémer eunn all, a gouéz
enn avoultriez : ha piou-bennâg a zi-
mez gañd eur c'hrég kaset-kult gañd
hé ozac'h, a gouéz enn avoultriez.
19. Béz' éz oa eunn dén pinvidik,
péhini a ioa gwisket a vouk hag a lien
moan : hag é réa banvez bemdez gañt
mizou brâz.
20. Béz' éz 'oa ivé eunn dén paour
hanvet Lazar, péhini a ioa gourvézet
ouc'h hé zôr, gôlôed a c'houliou,
21. Péhini en défé bét c'hoañt d'en
em walc'ha gañd ar bruzun a gouézé
diwar daol ann dén pinvidik, ha dén
na rôé d'ézhañ : hôgen ar chås a zeûé,
had a lipé hé c'houliou.
22. Hôgen c'hoarvézoud a réaz pé-
naoz é varvaz ann dén paour, hag é
oé douget gañd ann Élez é askré
Abraham. Ann dén pinvidig a varvaz
ivé, hag é oé liénet enn ifern.
23. Hôgen pa édo enn eñkrez, é
savaz hé zaou-lagad, hag é wélaz
Abraham a-bell, ha Lazar enn hé
askré.
24. Hag héñ enn eur c'harmi a la-
varaz : Tâd Abraham, az péz truez
ouz-in ; kâs Lazar, évit ma lakai penn
hé viz enn dour, ha ma freskai va
zéôd ; râg gwall eñkrézed ounn er
flamm-mañ.
25. Hag Abraham a lavaraz d'éz-
hañ : Va mâb, ar péz koun pénaoz
éc'h eûz bét da vadou enn da vuez,
ha pénaoz Lazar n'en deûz bét némét
poaniou : hôgen brémañ héñ a vézô
dizoaniet, ha té a vézô eñkrézet.
26. Hag é kémeñt-sé holl, éz eûz
eur poull brâz étré ni ha c'houi : enn
hévélep doaré na hellé hini moñd
ac'hann étrézég enn-hoc'h, na doñd
amañ a-les-sé.
27. Hag ann dén pinvidik a lavaraz
d'ézhañ : Va zâd, da bidi a rann d'hé
c'hâs da dî va zâd ;
28. Râg pemb breûr em eûz : évit
ma testéniô kémeñt-mañ d'ézhô, gañd
aoun na zeûfeñd ivé hô-unan el léac'h
eñkrézuz-mañ.
29. Hag Abraham a lavaraz d'éz-
hañ : Moizez hag ar Broféded hô deûz ;
sélaoueñt anézhô.
30. Nann, émé-z-hañ, tâd Abraham ;
hôgen mar d-a unan eûz ar ré varô
d'hô c'havout, é raiñt pinijen.
31. Abraham a lavaraz d'ézhañ :
Ma na zélaouoñt na Moizez nag ar
Broféded, na grédiñt két ken nébeût,
ha pa'z afé unan eûz a douez ar ré-
varô.

—

XVII. PENNAD.

1. Ha Jézuz a lavaraz d'hé ziski-
bled : Réd eo é teûfé gwall skouériou
hôgen gwa d'ann hini eûz a béhini é
teûoñt.
2. Gwelloc'h é vé d'ézhañ é vé sta-
get ouc'h hé c'houzoug eur méan mi-
lin, hag é vé taoled er môr, égét ma
rôfé gwall skouér da unan eûz ar vu-
galigou-mañ.
3. Likid évez ouz-hoc'h. Mar en
deûz péc'hed da vreûr enn da énep,
tamall anézhañ : ha ma en deûz keûz,
distaol d'ézhañ.
4. Ha mar péc'h enn da énep seiz
gwéach enn deiz, ha mar distrô seiz
gwéach enn deiz d'az kavout, enn
eul lavarout : Keûz em eûz ; distaol
d'ézhañ.
5. Hag ann Ébestel a lavaraz d'ann
Aotrou : Kresk hor feiz-ni.
6. Hôgen ann Aotrou a lavaraz :
Ma hô pé feiz ével eur c'hreûnen
zézô, hag é lavarfac'h d'ar wézen-
vouar-zé : En em zic'hrisienn, ha kéa
d'en em blañta er môr ; señti a rajé
ouz-hoc'h.
7. Piou ac'hanoc'h ma en deûz eur
mével oc'h ara pé ô vesa, a lavarfé
d'ézhañ pa eo distrô eûz ar park : Kéa
râk-tâl, hag en em laka ouc'h taol ;
8. Ha na lavarfé két keñtoc'h d'éz-
hañ : Aoz koan d'in, en em c'houriz,
ha servich achanoun, bété ma em
bézô debret hag évet ; ha goudé-zé é
tebri hag éc'h évi ?
9. Ha n'en dévézô kéd a drugarez
d'ar mével-zé, mar gra kémeñt en
deûz gourc'hémennet d'ézhañ ?
10. Na grédann két. Ével-sé c'houi

ivé, p'hô pézô gréat kémeñd a zô
gourc'hémennet d'é-hoc'h, livirit:
Mévellou didalvez omp: kémeñd hor
boa da ôber, hon eûz gréat.
11. Eunn deiz pa 'z éa da Jéruza-
lem, é tréméné Jézuz dré greiz Samari
hag ar Galiléa.
12. Ha pa 'z éa ébarz eur vourc'h,
é oé diarbennet gañt dék dén lovr,
péré en em zalc'hé a bell;
13. Hag ô sével hô mouéz, a lavaré:
Mestr, ar péz truez ouz-omp.
14. Pa wélaz anézhô, é lavaraz: Id,
hag en em ziskouézid d'ar véleien.
Ha pa 'z éjoñt, é oeñt iac'héet.
15. Hôgen unan anézhô, ô wélout
pénaoz é oa paré, a zistrôaz war hé
c'hiz, hag a veûlaz Doué gañd eur
vouéz gré;
16. Hag en em daolaz oud hé dreid,
oç'h hé drugarékaat: hag hé-mañ a
ioa eur Samaritan.
17. Neûzé Jézuz a lavaraz: Ha né
d-eo két bét iac'héet ann dég holl?
Péléac'h éma ann naô all?
18. N'eûz két bét kaved hini a gé-
meñt a vé distrôet, hag en défé meûlet
Doué, néméd ann diavésiad-mañ.
19. Ha Jézuz a lavaraz d'ézhañ:
Saô, ha kéa, da feiz en deûz da ia-
c'héet.
20. Ar Farizianed ô véza-goulenned
digañt-hañ peûr é teûjé rouañtélez
Doué, é respouñtaz d'ézhô ô lavarout:
Rouañtélez Doué na zeûi két enn
eunn doaré arwézuz.
21. Ha na vézô két lavaret: Éma
amañ, pé éma azé. Râk chétu éma
rouañtélez Doué enn hô kreiz.
22. Neûzé é lavaraz d'hé ziskibled:
Doñd a rai eunn amzer é péhini hô
pézô c'hoañt da wéloud unan eûz a
zeisiou Mâb ann dén, ha n'hen gwé-
lot két.
23. Hag hi a lavarô d'é-hoc'h: Éma
amañ, pé éma ahoñt. N'az it kéd di,
ha na heulit kéd anézhô.
24. Râg é-c'hiz ma teû eul luc'hé-
den da lugerni eûz a eur penn d'ar
penn all eûz ann éñv; ével-sé é teûi
Mâb ann dén enn hé zeiz.
25. Hôgen araok neûzé eo réd d'éz-
hañ gouzañvi kalz ha béza distaolet
gañd ar wenn-mañ.
26. Hag é-c'hiz ma co c'hoarvézet
é deisiou Noé, évél-sé é c'hoarvézô
da zeisiou Mâb ann dén.
27. Ann dûd a zebré hag a évé;
dimizi a réañt hag é réañt dimiziou
bétég ann deiz m'az éaz Noé enn
arc'h: hag al livaden a zeûaz, hag a
gasaz ann holl gañt-hi.
28. Hag é-c'hiz ma c'hoarvézaz ivé
é deisiou Lot: ann dûd a zebré hag a
évé, a brêné hag a werzé, a blañté
hag a zavé tiez:
29. Hôgen enn deiz m'az éaz Lot
er-méaz eûz a Zodoma, é c'hlaôiaz
tân ha soufr eûz ann éñv, hag a gasaz
ann holl gañt-hô.
30. Ével-sé é c'hoarvézô ivé pa en
em ziskouézô Mâb ann dén.
31. Enn heur-zé, néb a vézô war
hé dôen, hag hé listri enn tî, na zis-
kennet két évid hô c'hémérout; ha
néb a vézô er park, na zistrôet kéd
ivé war hé c'hiz.
32. Hô pézet koun eûz a c'hrég Lot.
33. Piou-bennâg a fellô d'ézhañ sa-
vétei hé vuez, hé c'hollô: ha piou-
bennâg hé c'hollô a zavétéô anézhi.
34. Hel lavaroud a rann d'é-hoc'h
pénaoz enn nôz-zé, eûz a zaou a vézô
enn eur gwélé, unan a vézô kéméret,
hag égilé a vézô lézet:
35. Eûz a ziou a vézô ô vala kévret,
unan a vézô kéméret, hag ébén a
vézô lézet. Eûz a zaou a vézô enn eur
park, unan a vézô kéméret, hag égilé
a vézô lézet.
36. Hag hi a respouñtaz hag a la-
varaz d'ézhañ: É péléac'h, Aotrou?
37. Hag héñ a lavaraz d'ézhô: É
péléac'h-bennâg ma vézô ar c'horf,
énô en em strollô ann éred.

XVIII. PENNAD.

1. Lavaroud a réaz ivé ar barabo-
len-mañ d'ézhô, évid diskouéza pé-
naoz eo réd pidi bépréd, hag héb
ébana,
2. O lavarout: Béz' éz oa eur bar-
ner enn eur géar, ha na zoujé kéd
Doué, ha n'en doa koun é-bed râg
ann dûd;

.Béz' éz oa ivé eunn iñtañvez er géar-zé, hag a zeûaz d'hé gavout, ô lavarout : Kastiz va énébour.

4. Hag é-pâd pell-amzer na fellaz kéd d'ézhañ hé ôber. Hôgen goudé-zé é lavaraz enn-hañ hé-unan : Pétrâ-bennâg na zoujann kéd Doué, ha n'em eûz aoun é-béd râg ann dûd,

5. Koulskoudé, ô véza ma teû ann iñtañvez-zé da heskina ac'hanoun, é kastizinn hé énébour, gañd aoun na zeûfé enn-divez da vézékaad ac'hanoun.

6. Neûzé ann Aotrou a lavaraz : Klevit pétrâ a lavar ar barner disléal.

7. Hôgen Doué ha na veñjô-hén két hé ré zilennet, péré a léñv out-hañ nôz-deiz, hag habaskded en dévézô enn hô c'héñver ? (a).

8. Hel lavaroud a rann d'é-hoc'h pénaoz é veñjô anézhô hep dalé (a). Hôgen pa zeûi Mâb ann dén, ha c'houi a venn pénaoz é kavô feiz war ann douar ?

9. Lavaroud a réaz ivé ar barabolen-mañ da hinienneu, péré a fisié enn-hô hô-unan é-c'hiz tûd gwirion, hag a réa faé eûz ar ré all :

10. Daou zén a biñaz enn templ évit pidi : unan a ioa Farizian, hag égilé Publikan.

11. Ar Farizian oc'h en em zerc'hel enn hé zâ, a bédé évet-henn enn-hañ hé-unan : Va Doué, da drugarékaad a rann ô véza n'ounn kéd ével ar ré all eûz ann dûd, péré a zô laéroun, disléal, hag avoultrerien : na zô-kén ével ar Publikan-mañ.

12. Diou wéach ar zizun é iunann : ann déog a rôann war gémeñd em eûz.

13. Hag ar Publikan oc'h en em zerc'hel a bell, na grédé két sével hé zaou-lagad étrézég ann éñv : hag é skôé war boull hé galoun, ô lavarout : Va Doué, az péz truez ouz-in-mé péc'her.

14. Hel lavaroud a rann d'é-hoc'h pénaoz hé-mañ a zistrôiô diskarg d'hé dl, hag égilé na rai két : râk piou-bennâg en em uc'héla a vézô izéléet : ha piou-bennâg en em izéla a vézô uc'héléet.

15. Neûzé é oé kased d'ézhañ bugaligou, évit ma lakajé hé zaouarn war-n-ézhô. Hôgen hé ziskibled pa weljoñd anézhô, en em lékéaz d'hô c'hrôza enn eunn doaré dichek.

16. Ha Jézuz a c'halvaz anézhô enn-drô d'ézhañ, hag a lavaraz d'hé ziskibled : List ar vugaligou da zoñd d'am c'havout, ha na virit kéd out-hô ; râk rouañtélez Doué a zô évid ar ré a zô héñvel out-hô.

17. É-gwirionez hel lavarann d'é-hoc'h ; piou-bennâg na zigémérô két rouañtélez Doué ével eur bugel bihan, n'az ai kéd ébarz.

18. Ha chétu eur priñs a zeûaz hag a lavaraz d'ézhañ : Aotrou mâd, oc'h ôber pétrâ em bézô-mé ar vuez peûr-baduz ?

19. Ha Jézuz a lavaraz d'ézhañ : Pérâg am galvez-té mâd ? Doué hép-kén a zô mâd.

20. Ar gourc'hémennou a anavézez : Na lazi két : Na avoultri két : Na laéri két : Na zougi kéd a fals testéni : Enor da dâd ha da vamm.

21. Hag héñ a lavaraz : Mired em eûz kémeñt-sé adalek va iouañkiz.

22. Jézuz ô véza hé glevet, a lavaraz d'ézhañ : Eunn dra éc'h eûz c'hoaz da ôber : gwerz kémeñd éc'h eûz, ha rô-héñ d'ar béorien, hag ez pézô eunn teñzor enn éñv : ha deûz, hag heul ac'hanoun.

23. Hé-mañ pa glevaz kémeñt-sé a oé glac'haret-brâz ; râk pinvidik-brâz é oa.

24. Hôgen Jézuz pa hen gwélaz deûet trist, a lavaraz : Pégen diez eo da eunn dén pinvidik moñd é rouañtélez Doué !

25. Râg easoc'h eo da eûr c'hañval treménoud dré graouen eunn nadoz, égéd da eunn dén pinvidik moñd é rouañtélez Doué.

26. Hag ar ré a zélaoué anézhañ a lavaraz : Piou éta a hellô béza salvet ?

27. Hag héñ a lavaraz d'ézhô : Ar péz a zô dic'halluz d'ann dûd, a zô galluz da Zoué.

28. Hôgen Per a lavaraz d'ézhañ : Évid-omp-ni hon eûz dilézet pép-trâ, hag hon eûz da heûliet.

29. Ha Jézuz a lavaraz d'ézhô : É-gwirionez hel lavarann d'é-hoc'h pé-

naoz dén na zilézô hé dl, pé hé dâd
hag hé vamm, pé hé vreûdeûr, pé hé
c'hrég, pé hé vugalé, évit rouañtélez
Doué,

30. Ha n'en dévézô enn amzer-mañ
kalz ouc'h-penn, hag enn amzer da
zoñt àr vuez peûr-baduz.

31. Neûzé Jézuz a géméraz gañt-hañ
ann daouzék, hag a lavaraz d'ézhô :
Chétu éz éomp da Jéruzalem, ha ké-
meñd a zô bét skrivet gañd ar Bro-
féded diwar-benn Mâb ann dén a vézô
sévénet.

32. Râk lékéat é vézô étré daouarn
ar Jeñtiled, péré a rai goab anézhañ,
a skourjékô anézhañ hag a skôpô
out-hañ :

33. Ha goudé béza hé skourjézet,
é laziñd anézhañ, hag ann trédé deiz
é savô a varô da véô.

34. Hag hi na boellé nétrâ eûz a
géméñt-sé ; al lavar-zé a oa kuzet
d'ézhô, ha na wieñt két pétrâ a fellé
d'ézhañ da lavarout.

35. Ha pa édo tôst da Jériko, eunn
dén dall a ioa azézet war ann heñt,
hag a c'houlenné ann aluzen.

36. Ha pa glevaz ar bobl ô trémé-
nout, é c'houlennaz pétrâ é oa ké-
meñt-sé.

37. Hag hi a lavaraz d'ézhañ pénaoz
é tréméné Jézuz a Nazaret.

38. Hag héñ en em lékéaz da c'har-
mi, ô lavarout : Jézuz, mâb David, az
péz truez ouz-in.

39. Hag ar ré a iéa a-raok a grôzé
anézhañ évid hé lakaad da dével. Hô-
gen héñ a c'harmé c'hoaz kréoc'h, ô
lavarout : Mâb David, az péz truez
ouz-in.

40. Hôgen Jézuz ô véza arzaouet,
a c'hourc'hémennaz hé gâs d'ézhañ.
Ha pa dôstaaz, é c'houlennaz digañt-
hañ :

41. Pétrâ a fell d'id é rajenn évid-
od ? Hag ann dén dall a lavaraz d'éz-
hañ : Aotrou, gra ma wélinn.

42. Ha Jézuz a lavaraz d'ézhañ :
Gwél, da feiz en deûz da zavétéet.

43. Ha râk-tâl é wélaz, hag éc'h
heûlié Jézuz ô veûli Doué. Hag ann
holl bobl ô wélout kémeñt-sé a veûlaz
Doué.

—

XIX. PENNAD.

1. Jézuz ô vèza éat é Jériko a dré-
méné dré géar.

2. Ha chétu eunn dén hanvet Za-
kéuz péhini a ioa da benn d'ar Bubli-
kaned, hag a ioa pinvidik,

3. En doa c'hoañt da wélout Jézuz
ha d'hé anaout : ha na bellé két, dré
ann abek d'ann eñgroez, râg gwall
vihan é oa.

4. En em lakaad a réaz da rédek
bag é piñaz war eur wézen zikomor
évid hé wélout : râk dré énô é tlié
tréménout.

5. Ha pa zeûaz Jézuz el léac'h-zé, é
savaz hé zaou-lagad hag é wélaz anéz-
hañ ; hag é lavaraz d'ézhañ : Zakéuz,
diskenn râk-tâl ; râk réd eo d'in hiriô
moñd da choum enn da dl.

6. Hag héñ a ziskennaz râk-tâl, hag
a zigéméraz Jézuz gañt laouénidigez.

7. Ha pa wélaz ann holl kémeñt-sé,
é soroc'heñt, ô lavarout : Ê-tl eur
péc'her eo éad da choum.

8. Hôgen Zakéuz, oc'h en em zer-
c'hel dirâg ann Aotrou, a lavaraz
d'ézhañ : Chétu, Aotrou, é rôann ann
hañter eûz va madou d'ar béorien :
ha mar em eûz gréat gaou ouc'h
unan-bennâg, é tistaolinn d'ézhañ pé-
der gwéach kémeñd all.

9. Jézuz a lavaraz d'ézhañ : Ar zil-
vidigez a zô bét rôed hiriô d'ann ti-
mañ : dré ma'z eo ivé hé-mañ mâb da
Abraham.

10. Râk Mâb ann dén a zô deûet
évit klaskout hag évit savétei ar péz a
ioa kollet.

11. O véza ma silaoué ann dûd-zé
kémeñt-sé gañt striv, é lavaraz c'hoaz
eur barabolen, dré ma'z oa tôst da
Jéruzalem, ha ma venneñt pénaoz
rouañtélez Doué en em ziskouézché
abars némeûr.

12. Lavaroud a réaz 'ta d'ézhô :
Eunn dén nobl a iéaz enn eur vrô
bell évit kémérout eur rouañtélez
évit-hañ, hag évit doñt-kuit goudé.

13. Hag ô véza galvet hé zék mével,
é rôaz d'ézhô dék péz arc'hañt, hag é
lavaraz d'ézhô : Likid ann arc'hañt-zé
da c'hounid, kén na zistrôinn.

14. Hôgen tûd hé vrô a gasaé anézheñ; hag é kaschoñt kannaded war hé lerc'h, évit lavaroud d'ézhañ : Na fell kéd d'é-omp é vé hé-mañ hor roué.

15. Hag é tistrôaz goudé béza digéméret hé rouañtélez : hag é c'hourc'hémennaz gervel ar mévellou da béré en doa rôed hé arc'hañt, évit gouzout pégémeñt en doa gounezet pép-hini.

16. Hôgen ar c'heñta a zeûaz hag a lavaraz : Aotrou, da béz arc'hañt en deûz gounézed dég all.

17. Hag hé aotrou a lavaraz d'ézhañ : Braô, mével mâd, dré ma'z oud bét léal war nébeûd a drà, ez pézô galloud war zék kéar.

18. Eunn all a zeûaz hag a lavaraz : Aotrou, da béz arc'hañt en deûz gounézet pemp all.

19. Hag ann Aotrou a lavaraz da hé-mañ : Ha té, ez pézô galloud war bemp kéar.

20. Eunn all a zeûaz hag a lavaraz : Aotrou, chétu da béz arc'hañt, em eûz lékéad enn eunn tamm lien,

21. Râg aoun em eûz bét ra-z-od, dré ma'z oud eunn dén garô : kéméroud a réz ar péz n'éo'h eûz két rôet, médi a réz el léac'h n'éc'h eûz kéd hadet.

22. Hé aotrou a lavaraz d'ézhañ : Dré da c'hénou da-unan, é varnann ac'hanod, mével fall : té a wié pénaoz ounn eunn dén garô, pénaoz é kéméraun ar péz n'em eûz két rôet, ha pénaoz é védann el léac'h é pehini n'em eûz kéd hadet :

23. Pérâg éta n'éc'h eûs-té két lékéat va arc'hañt war daol ar werz, évit, pa zistrôjenn, ma hé dennjenn gañt kampi?

24. Hag é lavaraz d'ar ré a ioa énô : Tennit digañt-hañ ar péz arc'hañt en deûz, ha rôit-héñ d'ann hini en deûz dék péz arc'hañt.

25. Hag hi a lavaraz d'ézhañ : Aotrou, dék péz arc'hañt en deûz.

26. Hôgen, émé-z-hañ, mé a lavar d'é-hoc'h pénaoz da gémeñd en deûz é vezô rôet, hag é founnô : hôgen da nép n'en deûz két, é vézô lamet digañt-hañ kémeñd en deûz.

27. É-keñver va énébourien péré né két fellet d'ézhô é vijenn da roué d'ézhô, digasit-hô amañ, ha lazit-hô dira-z-oun.

28. Hag ô véza lavaret kémeñt-sé, é piñaz da Jéruzalem, ô voñd a-raog ar ré all.

29. Ha pa dôstajoñd out Bétfajé hag out Bétania, war ar ménez a c'halveur Olived, é kasaz daou eûz hé ziskibled,

30. Hag é lavaraz d'ézhô : Id d'ar vourc'h a zô râg-énep d'é-hoc'h, ha pa viod éad enn-hi, é kéfot eunn azen iaouañk stâg, war béhini n'eo c'hoaz piñed dén ; distagit-héñ ha digasit-héñ d'in.

31. Ha ma lavar eur ré d'é-hoc'h : Pérâg é tistagit-hu hen-nez? Lavirid d'ézhañ : Dré ma en deûz ann Aotrou ézomm anézhañ.

32. Ar ré a gasé a iéaz éta, hag a gavaz ann azen iaouañk é-c'hiz m'en doa lavared d'ézhô.

33. Hôgen pa zistageñt ann azen, hé berc'henned a lavaraz d'ézhô : Pérâg é tistagit-hu ann azen iaouañk-zé?

34. Hag hi a lavaraz : Dré m'en deûz ann Aotrou ézomm anézhañ.

35. Hag é tigaschoñd anézhañ da Jézuz. Ha goudé béza taolet hô dilad war ann azen, é lékéjoñt Jézuz war-n-ézhañ.

36. Ha dré ma'z éa, é skiñé ann dûd hô dilad war ann heñt.

37. Hôgen pa dôstéé eûz a ziskenn ménez Olived, ann holl ziskibled laouen-brâz, a zéraouaz meûli Doué a bouéz-penn eûz ann holl vurzudou hô doa gwélet,

38. O lavarout : Benniget ra vézô ar roué a zeû enn hanô ann Aotrou : péoc'h enn éñv, ha gloar enn uc'héla eûz ann éñvou.

39. Neûzé hiniennou eûz ar Farizianed péré a ioa é-touez ar bobl, a lavaraz d'ézhañ : Mestr, krôz da ziskibled.

40. Hag héñ a lavaraz d'ézhô : Hel lavaroud a rann d'é-hoc'h pénaoz ma tâv ar ré-mañ, ar vein hô-unan a c'harmô.

41. Ha pa dôstéé, ha pa wélaz kéar, é léñvaz war-n-ézhi, ô lavarout :

42. Ma anavézchez enn deiz-mañ ar

pé

péz a hell digas ar péoc'h d'Id : hôgen bréma kémeñt-sé a zô kuzed ouz da zaou-lagad.

43. Râk doñd a rai eunn amzer war-n-od, é péhini da énébourien a rai kleûsiou enn-drô d'Id, hag a strôbô ac'hanod, hag a strizô ac'hanod a bép tû :

44. Da ziskara a raiñd d'ann douar, té hag ar vugalé a zô enn-od, ha na léziñt két méan war véan ; ô véza n'éc'h eûz kéd anavézet ann amzer eûz da wéladen.

45. Hag ô véza éad enn templ, é téraouaz kâs-kuit ar ré a werzé hag ar ré a bréné,

46. O lavaroud d'ézhô : Skrived eo : Va zi a zô ti ar béden. Ha c'houi hoc'h eûz gréad anézhañ eur c'héô laéroun.

47. Ha bemdéz é kélenné enn templ. Hôgen Priñsed ar véleien, ar Skribed, ha Pennou ar bobl a glaské ann darvoud d'hé golla.

48. Ha na gaveñt nétrâ da ôber enn hé énep ; râg ann holl bobl a ioa souézet-brâz oc'h hé glevout.

XX. PENNAD.

1. Unan eûz ann deisiou-zé, pa édo ô kélenna ar bobl enn templ, hag ô prézégi ann aviel, Priñsed ar véleien, ar Skribed hag ann Hénaoured en em strollaz,

2. Hag a lavaraz d'ézhañ : Lavar d'é-omp gañt pé c'halloud é réz kémeñt-sé, pé piou en deûz rôed d'Id ar galloud-zé ?

3. Hôgen Jézuz a respouñtaz hag a lavaraz d'ézhô : Eur gér a c'houleninn ivé digan-é-hoc'h. Respouñtid d'in :

4. Badez Iann, hag héñ a zeûé eûz ann éñv, pé eûz ann dûd ?

5. Hag hi a venné enn-hô hô-unan, ô lavarout : Ma lévéromp eûz ann éñv, é lavarô : Pérâg éta n'hoc'h eûs-hu két krédèd d'ézhañ ?

6. Hôgen ma lévéromp eûz ann dûd, ann holl bobl a labézô ac'hanomp ; râk kridi a réoñt évit-gwir pénaoz Iann a ioa Profed.

7. Hag hi a respouñtaz pénaoz na wieñt kéd a béléac'h é teûé.

8. Ha Jézuz a lavaraz d'ézhô : Ha mé na livirinn kéd d'é-hoc'h gañt pé c'halloud é rann kémeñt-sé.

9. Neûzé é téraouaz lavaroud d'ar bobl ar barabolen-mañ : Eunn dén a blañtaz eur winien, hag a rôaz anézhi é gôbr da labourerien, hag a iéaz enn eur vrô bell évit pell amzer.

10. Pa oé deûed ann amzer, é kasaz eur mével étrézég al labourerien, évit ma rôjend d'ézhañ frouez hé winien. Hôgen ar ré-mañ goudé béza hé gannet, a gasaz kuit anézhañ hép rei nétra d'ézhañ.

11. Eur mével all a gasaz d'ézhô. Hôgen hi, goudé béza ivé hé gannet, ha gréad d'ézhañ meûr a zismégañs, hé c'hasaz-kuit hép rei nétrâ d'ézhañ.

12. Eunn trédé a gasaz : Hag hi, goudé béza hé c'houliet, hé c'hasaz ivé kuit.

13. Hôgen aotrou ar winien a lavaraz : Pétrâ a rinn-mé ? Kâs a rinn va mâb kér d'ézhô : martézé, pa hen gwéliñt, é toujiñd anézhañ.

14. Hôgen al labourerien pa wéljoñd anézhañ, a vennaz enn-hô hô-unan, ô lavarout : Hé-mañ eo ann her, lazomp-hén, hag hé zigwéz a vézô d'é-omp.

15. Hag ô véza hé daolet enn tû all d'ar winien, é lazjoñd anézhañ. Petrâ éta a rai d'ézhô aotrou ar winien ?

16. Doñd a rai, hag é kollô al labourerien-zé, hag é rôi hé winien da labourerien all. Priñsed ar véleien ô véza klevet kémeñt-sé, a lavaraz d'ézhañ : Doué ra virô.

17. Hôgen Jézuz ô selloud out-hô a lavaraz d'ézhô : Pétrâ éta eo ann dra-mañ a zô skrivet : Ar méan a zô bét distaolet gañd ar ré a zavé ann tî, a zô deûed da véza ar méan keñta eûz ar c'horn.

18. Piou-bennâg a gouézô war ar méañ-zé a vézô brévet ; hag ann hini war béhini é kouézô a vézô friket.

19. Priñsed ar véleien hag ar Skribed hô doé c'hoañt da gregi enn-hañ enn heur-zé ; râg anavézed hô doa pénaoz en doa danévellet ar barabo-

len-zé eûn hô énep : hôgen aoun hô doa râg ar bobl.
20. Hag ô lakaad évez out-hañ, é kaschoñd d'ézhañ tûd péré a aozaz spiou d'ézhañ, a géméraz doaré tûd gwirion, évid hé gémérond enn hé gomsiou, évid hé lakaat goudé étré daouarn ar penn-kéar, ha mérer ar vrô.
21. Hag é réjoñd eur goulenn d'ézhañ, ô lavarout : Mestr, gouzoud a réomp pénaoz é komzez hag é teskez gañt gwirionez, ha pénaoz n'éc'h eûz azaouez é-béd évid dén, hôgen é teskez heñd Doué er wirionez :
22. Ha réd eo d'é-omp rei ar gwir da Zézar, pé n'eo két réd ?
23. Hôgen Jézuz péhini a wélé hô zouellérez, a lavaraz d'ézhô : Pérâg é temptit-hu ac'hanoun ?
24. Diskouézid d'in eunn diner. Eûz a biou en deûz ann hévélédigez hag ar skrid ? Hag hi a respouñtaz hag a lavaraz d'ézhañ : Eûz a Zézar.
25. Hag héñ a lavaraz d'ézhô : Distaolid da Zézar ar péz a zô da Zézar, ha da Zoué ar péz a zô da Zoué.
26. Ha na helljoñt két tamallond hé lavar dirâg ar bobl : hag ô véza souézet-brâz oc'h hé glevout, é tavchoñt.
27. Neûzé hiniennou eûz ar Saduséed péré a nac'h é savché ann dûd a varô da véô, a zeûaz d'hé gavout, hag a réaz eur goulenn out-hañ,
28. O lavarout : Mestr, Moizez en deûz skrived d'é-omp, pénaoz mar marv eunn dén, hä ma na lez kéd a vugalé, é tlé dimézi hé vreûr da c'hrég hé-mañ, évit ma tigasô hâd d'hé vreûr.
29. Hôgen seiz breûr a ioa : hag ar c'heñta a géméraz eur c'hrég, hag a varvaz héb bugalé.
30. Ann eil a ziméraz gañt-hi, hag a varvaz héb bugalé.
31. Ann trédé a ziméraz gañt-hi, hag ar ré goudé, hag ar seiz holl a varvaz hép lézel hâd.
32. Enn-divez-holl ar c'hrég a varvaz ivé.
33. Pa zavô éta ann dûd eûz a varô da véô, eûz a péhini eûz ar ré-mañ é vézô-hi grég ? Râg hô seiz iñt bét dimézet d'ézhi.
34. Ha Jézuz a lavaraz d'ézhô : Bugalé ar béd-mañ a gémer gragez, hag ar gragez a gémer goazed :
35. Hôgen ar ré a vézô kavet dellézeg eûz ar béd all, pa zeûi ann dazorc'hidigez, n'hô dévézô kéd a c'hragez, nag ar gragez a oazed.
36. Râk na helliñt mui mervel : héñvel é véziñd ouc'h ann Élez, hag ô véza mipien ann dazorc'hidigez, é véziñt mipien da Zoué.
37. Hôgen é-kéñver dazorc'hidigez ar ré varô, Moizez hen diskouéz hé-unan er vôden, pa c'halv ann Aotrou Doué Abraham, ha Doué Izaak, ha Doué Jakob.
38. Râk Doué, né kéd Doué ar ré varô, hôgen Doué ar ré véô : râg ann holl a zô béô dira-z-hañ.
39. Hôgen hiniennou eûz ar Skribeb a respouñtaz hag a lavaraz d'ézhañ : Mestr, lavaret mâd éc'h eûz.
40. Ma na grédchoñt mui ôber goulenn é-héd out-hañ.
41. Hôgen Jézuz a lavaraz d'ézhô : Pérâg é lévéreur pénaoz eo ar C'hrist mâb da Zavid ?
42. Pa eo gwir pénaoz David hé-unan a lavar é levr ar Salmou : Ann Aotrou en deûz lavared d'ann Aotrou : Azez war va dourn déou,
43. Bété ma likiinn da énébourien da skabel d'az treid.
44. Mar galv éta David hé-unan anézhañ hé Aotrou, pénaoz ef-héñ hé vâb ?
45. Neûzé é-pâd ma sélaoué ann holl bobl, é lavaraz d'hé ziskibled :
46. Diwallid ouc'h ar Skribed, péré a fell d'ézhô kerzout gañt saéou lôstek ; a gâr kaout stouou er marc'hallec'h, béza azézed er c'hadoriou keñta er sinagogou, ha béza gourvézed war ar gwéléou keñta er banvésiou ;
47. Péré a zismañtr tiez ann iñtañvézed, war zigarez ma réoñt pédennou hir. Ar ré-zé hô dévézô eur varnédigez wasoc'h.

—

XXI. PENNAD.

1. Eur wéach Jézuz a zellé ouc'h

ar ré binvidik péré, a daolé hô aluzennou er c'hêf.

2. Gwéloud a réaz ivé eunn iñtañvez paour péhini a lékéaz daou bézig arc'hañt enn-hañ.

3. Hag é lavaraz : É-gwirionez hel lavarann d'é-hoc'h, pénaoz ann iñtañvez paour-zé, é deûz lékéat muioc'h égéd ar ré all.

4. Râg ar ré-zé holl hô deûz gréat rôou da Zoué diwar ar péz a founné d'ézhô : hôgen hou-mañ é deûz rôed eûz hé diénez kémeñd é doa évid hé buézégez.

5. O vésa ma lavaré hiniennou d'ézhañ pénaoz ann templ a oa savet gañt mein kaer, ha kiñklet gañt rôou pinvidik, é lavaraz d'ézhô :

6. Deûd a rai eunn amzer é péhini kémeñd a wélit amañ a vézô dismañtret, ha na joumô két méan war véan.

7. Neûzé é réjoñd ar goulenn-mañ digañt-hañ : Mestr, peûr é c'hoarvézô kémeñt-sé, ha pé arwéz a vézô, pa zinésai ann traou-zé ?

8. Ha Jézuz a lavaraz : Likid évez na deûfé dén d'hô touella : râk kalz a zeûi em hanô, ô lavarout : Mé eo *ar C'hrist*; hag ann amzer a zô tôst : n'az it két 'ta war hô lerc'h.

9. Hôgen pa glevot komza eûz a vrézelioù, hag eûz a zispac'hiou, na spouñtit két. Réd eo é teûfé kémeñt-sé da geñta, hôgen na vézô két kerkeñt ann divez.

10. Neûzé é lavaraz d'ézhô : Sével a rai pobl out pobl, ha rouañtélez out rouañtélez.

11. Ha béz' é vézô é meûr a léac'h krénou douar, ha bosennou, ha naounégézou, hag é vézô gwélet enn éñv traou spouñtuz hag arwésiou direiz.

12. Hôgen a-raog ann holl draou-zé é krogiñd enn-hoc'h, hag éc'h heskiniñt ac'hanoc'h, é kasiñt ac'hanoc'h enn hô sinagogou hag er bac'hiou, ha dirâg ar rouéed hag ar rénerien, enn abek d'am hanô :

13. Hag ann dra-zé a dalvézô d'é-hoc'h da desténi.

14. Likid éta enn hô kalounou pénaoz na dléot két kouna-araok é pé doaré é respouñtot.

15. Râk rei a rinn va-unan d'é-hoc'h eur génou hag eur furnez out péhini hoc'h holl énébourien na helliñt két ôber penn, ha na helliñt kéd da zislavarout.

16. Hôgen c'houi a vézô gwerzet gañd hô tûd, gañd hô preûdeûr, gañd hô kéreñt, gañd hô miñouned, ha lôd ac'hanoc'h a vézô kased d'ar marô :

17. Ha c'houi a vézô kaséet gañd ann holl enn abek d'am hanô :

18. Koulskoudé na vézô két kollet eur vléven eûz hô penn.

19. Enn hoc'h habasked é piaouot hoc'h énéou.

20. Hôgen pa wélot eunn armé ô kelc'hia Jéruzalem, gwézit neûzé pénaoz eo tôst hé dismañtr.

21. Neûzé ar ré a vézô é Judéa, éañt war ar ménésiou : ar ré a vézô é kreiz ar vrô, r'az aiñt-kuit : hag ar ré a vézô war hé drô, n'az aiñt kéd enn-hi :

22. Râk neûzé é vézô deision ar veñjañs, évit ma vézô sévénet kémeñd a zô skrivet.

23. Hôgen gwa ar c'hragez vrazez hag ar magérézed enn deisiou zé. Râk brâz é vézô ar gwask war ann douar, ha brâz ar vuanégez a gouézô war ar bobl-zé.

24. Diñdân dremm ar c'hlézé é kouéziñt (G); hag é véziñt kased da sklaved enn holl vrôiou ; ha Jéruzalem a vézô faéet gañd ar boblou, bété ma vézô leûniet amzer ann dudou.

25. Arwésiou a vézô enn héol, el loar hag er stéred; hag enn douar é vézô eunn eñkrez brâz é-touez ann dudou, gañd ann trouz a rai ar môr, hag hé goummou.

26. Ann dûd a zizec'hô gañd ar spouñt, é gortoz eûz ar péz a dlé c'hoarvézout gañd ar béd holl. Râk nersou ann éñvou a vézô kéflusket :

27. Ha neûzé é wéliñt Mâb ann dén ô toñd war eur goabren gañd eur galloud hag eur veûrdez vrâz.

28. Hôgen pa zeûiô kémeñt-sé, savid hô taou-lagad ha sellid a ziouc'h d'é-hoc'h; râg hô tasprénidigez a zô tôst.

29. Hag héñ a lavaraz d'ézhô ann hévélébédigez-mañ : Sellid ouc'h ar wézen fiez, hag oud ar gwéz all :

30. Hôgen pa rôoñd hô frouez, é ouzoc'h pénaoz é tôsta ann hañv.

31. Évél-sé ivé c'houi pa wélot kémeñt-sé ô c'hoarvézout, gwézit pénaoz eo tôst rouañtélez Doué.

32. É-gwirionez hel lavarann d'é-hoc'h, pénaoz na dréménô kéd ar wenn-mañ, kén na vézô sévénet kémeñt-sé.

33. Ann éñv hag ann douar a dréménô; hôgen va geriou na drémé-niñt két.

34. Likid éta évez ouz-hoc'h, gañd aoun na zeûfé hô kalounou da bounnéraat, gañd al loñtégez hag ar vézveñti, ha gañt préderiou ar vuez-mañ; ha na zeûfé ann deiz-zé enn-eunn-taol évid hô souéza :

35. Râk doñd a rai ével rouéjou da strôba kémeñd hini a zô war ann douar holl.

36. Choumid dihun éta, ha pédit bépréd, évit ma viot kavet dellézek da dec'houd diouc'h ann holl draouzé péré a dlé c'hoarvézout, ha da zével dirâk Mâb ann dén.

37. Hôgen é-pâd ann deiz é kélenné Jézuz enn templ; ha pa zeûé ann nôz éz ea er-méaz hag en em denné war eur ménez hanvet Olived.

38. Hag ann holl bobl a iéa miñtin mâd enn templ évid hé zélaoui.

—

XXII. PENNAD.

1. Hôgen tôstaad a réa gouél ar bara dic'hoell, a hanveur ar Pask :

2. Ha Priñsed ar véleien hag ar Skribed a glaské ann doaré da lakaat Jézuz d'ar marô, râg aoun hô doa râg ar bobl.

3. Hôgen Satan a iéaz é Iuzaz, les-hanvet Iskariot, unan eûz ann daouzék.

4. Hag hé-mañ a iéaz, hag a lavaraz da Briñsed ar véleien ha da Bennou ar vrô é pé doaré hen lakajé étré hô daouarn.

5. Hag ar ré-mañ a oé laouen-brâz, hag a réaz marc'had évit rei arc'hañd d'ézhañ.

6. Hag héñ a rôaz hé c'hér, hag a glaské eunn darvoud déréad évid hé lakaad étré hô daouarn hép gouzoud d'ar bobl.

7. Koulskoudé deiz gouél ar bara dic'hoell a zeûaz, é péhini é oa réd laza ar Pask.

8. Ha Jézuz a gasaz Per ha Iann, ô lavarout : Id da aoza d'é-omp ar Pask, évit ma tebrimp anézhañ.

9. Hag hi a lavaraz d'ézhô : É péléac'h é fell d'id éz ajemp d'hé aoza ?

10. Hag héñ a lavaraz d'ézhô : P'az éod é kéar, é kefot dira-z-hoc'h eunn dén péhini a zougô eur pôdad dour : Id war hé lerc'h enn tí m'az ai enn-hañ.

11. Hag é léverrot da benn tiégez ann tî : Ar Mestr a c'houlenn ouz-Id : Péléac'h éma ar gambr é péhini é tebrinn ar Pask gañt va diskibled ?

12. Hag héñ a ziskouézô d'é-hoc'h eur gambr huel, brâz hag annézet : énô éc'h aozot pép-trâ.

13. Moñd a réjoñt 'ta, hag é kafchoñt ar péz en doa lavaret, hag éc'h aozjoñt ar Pask.

14. Pa oé deûed ann heur, en em lékéaz ouc'h taol, hag ann daouzég Abostol gañt-hañ.

15. Hag é lavaraz d'ézhô : C'hoañtéet stard em eûz dibri ar Pask-mañ gan-é-hoc'h abars ma c'houzañvinn.

16. Râg hel lavaroud a rann d'é-hoc'h, pénaoz na zebrinn mui eûz anézhañ, kén na vézô sévénet é rouañtélez Doué.

17. Hag ô véza kéméred ar c'hôp, é trugarékéaz, hag é lavaraz : Kémérit, ha rannit étré-z-hoc'h ;

18. Râg hel lavaroud a rann d'é-hoc'h, pénaoz na évinn mui eûz a frouez ar winien, kén na zeûi rouañtélez Doué.

19 Hag ô véza kéméret bara, é trugarékéaz, é torraz anézhañ, hag hé rôaz d'ézhô, ô lavarout : Ann dramañ eo va c'horf, péhini a zô rôed évid-hoc'h : grit kémeñt-mañ é koun ac'hanoun.

20. Kéméroud a réaz ivé ar c'halir, goudé koan, ô lavarout : Ar c'halirmañ a zô ann testamañt nevez em goâd, péhini a vézô skulet évit-hoc'h.

21. Koulskoudé chétu dourn ann

hini a dlé va gwerza a zô gan-éñ war
ann daol.

22. É-kéñver Màb ann dén, moñd
a ra ével ma eo merket: hôgen gwa
ann dén-zé gañt péhini é vézô gwerzet.

23. Hag é téraoujoñt klask enn hô
zouez péhini a dlié ôber kémeñt-sé.

24. Hôgen sével a réaz striv étré-z-
hô évit gouzout péhini anézhô a dlié
béza kéméred évid ar brasa.

25. Hôgen Jézuz a lavaraz d'ézhô:
Rouéed ar bobiou a aotrouni anézhô.
hag ar ré hô deûz ar galloud war-n-
ézhô, a zô galvet màd-ôbérourien.

26. Hôgen na vézô kéd ével-sé étré-
z-hoc'h: râk néb a zô ar brasa étré-z-
hoc'h, a dlé béza ar bihana; hag ann
hini a rén, ével ann hini a zervich.

27. Râk péhini eo ar brasa, pé ann
hini a zô ouc'h taol, pé ann hini a
zervic'h? Ha n'eo kéd ann hini a zô
ouc'h taol? Hôgen mé a zô enn hô
touez é-c'hiz ann hini a zervich.

28. Hôgen c'houi eo ar ré a zô
choumet stard gañ-én em temptasio-
nou:

29. Ha mé a aoz d'é-hoc'h ar rouañ-
télez, é-c'hiz ma en deûz va Zàd hé
aozed d'in,

30. Évit ma tebrot ha m'ac'h évot
oul va zaol em rouañtélez-mé: ha
m'ac'h azézot war drônou évit barna
ann daouzék vreûriez eûz a Israel.

31. Ann Aotrou a lavaraz c'hoaz:
Simon, Simon, chétu Satan en deûz
hô koulennet évit krouéria é-c'hiz
gwiniz:

32. Hôgen mé em eûz péded évid-
od, évit na fallai kéd da feiz: ha té
pa vézi eur wéach distrôet, kréva da
vreûdeûr.

33. Per a lavaraz d'ézhañ: Aotrou,
daré ounn da voñt gan-éz hag er vàc'h
ha d'ar marô.

34. Hôgen Jézuz a lavaraz d'ézhañ:
Hel lavaroud a rann d'id, Per, ar
c'hilek na ganô kéd hiriô, n'az pézô
nac'het teir gwéach d'am anaout. La-
varoud a réaz ivé d'ézhô:

35. Pa em eûz hô kaset hép sâc'h,
héb ézef hag héb boutou, hag eunn
dra-bennâg hoc'h eûz-hu diouéret?

36. Hag hi a lavaraz: Nétrâ. Neûzé
é lavaraz d'ézhô: Hôgen bréma, néb
en deûz eur sac'h hag eunn ézef, ké-
méret-hô: ha néb n'en deûz két,
gwerzet hé zaé, ha prénet eur c'hlézé.

37. Râg hel lavaroud a rann d'é-
hoc'h pénaoz eo réd c'hoaz é vé sé-
vénet enn-oun ar péz a zô skrivet:
Râg é-touez ann dûd fallagr eo bét
lékéat. Râg ar péz a zô bét lavaret
diwar va fenn a zô war ann divez.

38. Hag hi a lavaraz d'ézhañ: Ao-
trou, chétu amañ daou glézé. Hag
héñ a lavaraz d'ézhô: A-walc'h eo.

39. Hag ô véza éad er-méaz, éz éaz,
hervez hé voaz, war vénez Olived. Hé
ziskibled a iéaz war hé lerc'h.

40. Ha pa oé arruet el léac'h-zé, é
lavaraz d'ézhô: Pédit, gañd aoun na
zeûfac'h é gwall-ioul.

41. Hag ô pellaad diout-hô war héd
eunn taol méan, en em striñkaz war
daoulin hag é pédaz,

42. O lavarout: Va Zàd, mar fell
d'id, pella ar c'halir-zé diouz-in.
Koulskoudé na vézet két gréat hervez
va ioul, hôgen hervez da hini.

43. Neûzé eunn Éal a zeûaz eûz
ann éñv évid hé grévaat. Hag ô véza
kouézet enn añkou, é pédé c'hoaz
starloc'h.

44. Hag é teûaz d'ézhañ eur c'houé-
zen é-c'hiz béradou goâd a zirédé
bétég ann douar.

45. Ha pa oé saved eûz hé béden,
é teûaz é-trézég hé ziskibled, péré a
ioa kousket dré ma oañt trist.

46. Hag é lavaraz d'ézhô: Pérâg é
kouskit-hu? Savit ha pédit, gañd aoun
na zeûfac'h é gwall-ioul.

47. Komza a réa c'hoaz, ha chétu é
teûaz eul lôd brâz a dûd: hag unan
eûz ann daouzék péhini a c'halvet
Iuzaz a ziraogé anézhô: hag é tôs-
taaz ouc'h Jézuz évit poki d'ézhañ.

48. Hôgen Jézuz a lavaraz d'ézhañ:
Iuzaz, gañd eur pok é werzez 'ta Màb
ann dén?

49. Hôgen ar ré a ioa enn-drô d'éz-
hañ, ô wélout pétrâ a oa daré da
c'hoarvézout, a lavaraz d'ézhañ:
Aotrou, ha skei a raimp-ni gañd ar
c'hlézé?

50. Hag unan anézhô a skôaz gañd
unan eûz a vévellou ar bélek-brâz, hag
a drouc'haz é skouarn zéou d'ézhañ.

51. Hôgen Jézuz a lavaraz : List bété vréma. Hag ô véza lékéad hé zourn war skouarn ann dén-zé, é paréaz anézhañ.

52. Neûzé é lavaraz d'ar ré a ioa deûed évit kregi enn-hañ, da Briñsed ar véleien, da Bennou ann templ ha d'ar Sénatored : Deûed oc'h gañt klézeier ha gañt bisier ével da géméroud eul laer.

53. Évid-oun da véza bemdéz gané-hoc'h enn templ, n'hoc'h eûz két lékéat hô taouarn war-n-oun : hôgen hou-mañ eo hoc'h heur, ha galloud ann dévalien.

54. Hôgen goudé béza kroged ennhañ, é kaschoñt anézhañ da dî ar Bélék-brâz : ha Per a heûlié anézhañ a bell.

55. Ann dûd-zé ô véza gréat tân é kreiz ar pors, a ioa azézet enn-drô d'ézhañ, ha Per a heûlié anézhañ a bell.

56. Eur vatez péhini hé wélaz azézet out sklerijen ann tân, a zellaz piz out-hañ, hag a lavaraz : Hé-mañ a ioa ivé gañt-hañ.

57. Hôgen héñ a nac'haz anézhañ, ô lavarout : Maouez, na anavézann kéd anézhañ.

58. Ha nébeût goudé eunn all ô wéloud anézhañ a lavaraz : Ha té a zô ivé eûz ar ré-zé. Hôgen Per a lavaraz : O dén, n'ounn két.

59. Ha war-drô eunn heur goudé eunn all a doué, ô lavarout : Évitgwir hé-mañ a ioa ivé gañt-hañ ; râg eûz a C'haliléa eo ivé.

60. Ha Per a lavaraz : Dén, na ouzonn két pétrâ a lévérez. Ha râk-tâl, ha pa gomzé c'hoaz, ar c'hilek a ganaz.

61. Hag ann Aotrou ô tistrei a zellaz oue'h Per. Ha Per en doé konneûz a c'hér ann Aotrou, pa lavaré : Abarz ma kanô ar c'hilek, ez pézô va dinac'het teir gwéach :

62. Ha Per ô véza éad er-méaz a wélaz gañt c'houervder.

63. Hôgen ar ré a zalc'hé Jézuz, a réa goab anézhañ, hag a skôé gañt-hañ.

64. Hag ô véza hé vouchet, é skôeñt war hé zremm, hag é lavareñd d'ézhañ : Diougan piou en deûz skôet gan-éz ?

65. Ha kalz kunuc'hennou all a lavareñd d'ézhañ.

66. Ha pa oé deûed ann deiz, Hénaoured ar bobl, ha Priñsed ar véleien hag ar Skribed en em strollaz, hag a gasaz anézhañ enn hô léz, hag a lavaraz d'ézhañ : Mar d-eud ar C'hrist, lavar d'é-omp.

67. Hag héñ a lavaraz d'ézhô : Ma lavarann d'é-hoc'h éz ounn, na grédot kéd ac'hanoun.

68. Ha ma rann goulenn é-béd d'éhoc'h, na respouñtot kéd d'in, ha n'em laoskot két.

69. Hôgen pelloc'h Mâb ann dén a vézô azézet enn tu déou da c'halloud Doué.

70. Neûzé ann holl a lavaraz d'ézhañ : Té a zô éta Mâb Doué ? Hag héñ a lavaraz : Hé lavaroud a rit ; béz' éz ounn.

71. Hag hi a lavaraz : Pétrâ hon eûz-ni ézomm a dést ? Ha n'hon eûzni két klevet kémeñt-sé hon-unan eûz hé c'hénou ?

XXIII. PENNAD.

1. Hag ann holl dûd-zé ô véza savet, a gasaz Jézuz dirâk Pilat.

2. Hôgen hi a zéraouaz hé damallout, ô lavarout : Kaved hon eûz hémañ ô touella hon broiz, ô viroud na baéet ar gwiriou da Zézar, hag ô lavarout pénaoz é oa Roué hag ar C'hrist.

3. Ha Pilat a réaz ar goulenn-mañ digañt-hañ : Ha té eo Roué ar Iuzevien ? Hag héñ a respouñtaz hag a lavaraz : Hé lavaroud a réz.

4. Neûzé Pilat a lavaraz da Briñsed ar véleien ha d'ar bobl : Na gavann gwall é-bed enn dén-zé.

5. Hôgen hi a geñdalc'hé stard, ô lavarout : Lakaad a ra ar bobl da zispac'ha, ô kéienna dré ann holl Judéa, ô téraoui adaleg ar Galiléa bétég amañ.

6. Pilat ô klevout komza eûz a C'haliléa, a c'houlennaz ma oa ann dén-zé Galiléad.

7. Ha kerkeñt ha ma klevaz pénaoz

é oñ eûz a zalc'h Hérodez, é kasaz anézhañ da Hérodez, péhini a ioa ivé é Jéruzalem enn deisiou-zé.
8. Laouen-brâz é oé Hérodez ô wélout Jézuz : râk pell a ioa en doa c'hoañt d'hé wélout, ô véza m'en doa klevet kalz traou diwar hé benn, hag é c'hortozé gwélout eur burzud-bennâg diout-hañ.
9. Meûr a c'houlenn a réaz 'ta outhañ. Hôgen Jézuz na respouñtaz nétrâ d'ézhañ.
10. Hôgen Priñsed ar véleien hag ar Skribed a joumé énô, hag a damallé anézhañ gañt frouden.
11. Koulskoudé Hérodez, gañd hé armé a zisprizé anézhañ : hag évid ôber goab anézhañ é lékéaz d'ézhañ eur zaé wenn, hag hé gasaz adarré da Bilat.
12. Hag enn deiz-zé Hérodez ha Pilat a zeûaz da véza miñouned ; râg a-raok é oañt énébourien.
13. Hôgen Pilat ô véza strollet priñsed ar véleien, pennou ar vrô, hag ar bobl,
14. A lavaraz d'ézhô : Digased hoc'h eûz ann dén-zé d'in é-c'hiz ma en défé lékéad ar bobl da zispac'ha ; ha chétu mé goudé béza gréat goulennou outhañ dira-z-hoc'h, na gavann abek é-béd enn dén-zé, eûz a géméñd a damallid d'ézhañ.
15. Hérodez ken-nébeût : râg hô kased em eûz dira-z-hañ, ha chétu n'en deûz kaved enn-hañ nétrâ a géméñd a zellézé ar marô.
16. Moñd a rann éta d'hé gâs-kuit, goudé ma vézô bét kastizet.
17. Hôgen réd é oa d'ézhañ leûskel unan d'ézhô é deiz ar goél.
18. Ann holl bobl a griaz kévret, ô lavarout : Kâs hé-mañ kuit, ha laosk d'é-omp Barabbaz.
19. Hen-nez a oa bét lékéad er prizoun enn abek da eunn dispac'h a ioa bét é kéar, hag évit béza lazet eunn dén.
20. Hôgen Pilat a gomzaz c'hoaz out-hô, gañd ar c'hoañt en doa da leûskel Jézuz.
21. Hag hi a griaz kré, ô lavarout : Stâg-héñ, stâg-héñ ouc'h ar groaz.
22. Hag héñ a lavaraz d'ézhô évid ann trédé gwéach : Pé zroug éta en deûs-héñ gréat ? Na gavann nétrâ enn-hañ a géméñd a zellez ar marô : lakaad a rinn éta hé gastiza, hag é laoskinn anézhañ.
23. Hôgen hi a c'houlenné hébéhan ha gañt kriou kré ma vijé staged ouc'h ar groaz : hag hô c'hriou a oé tréac'h.
24. Ha Pilat a varnaz ôber é-c'hiz ma c'houlenneñt.
25. Leûskel a réaz éta d'ézhô ann hini a c'houlenneñt, péhini a ioa bét lékéad er prizoun dré ann abek m'en doa lazet ha ma oa en em zispac'het ; hag é tilézaz Jézuz enn hô ioul.
26. Pa gaschoñt anézhañ, é kémerchoñt eunn dén eûz a Ziren, hanvet Simon, péhini a zeûé eûz hé vaner : hag é lékéjoñd anézhañ da zougen ar groaz war lerc'h Jézuz.
27. Doñd a réa war hé lerc'h eul lôd brâz a bobl, hag a verc'hed, péré a geiné hag a wélé diwar hé benn.
28. Hôgen Jézuz, ô véza distroet out-hô, a lavaraz : Merc'hed Jéruzalem, na wélit két diwar va fenn, hôgen gwélit diwar hô penn hoc'h-unan, ha diwar benn hô pugalé.
29. Râk chétu é teûi enn amzer, é péhini é vézô lavaret : Euruz ar ré vréc'hañ, hag ar c'hôvou n'hô deûz két ganet, hag ann divron n'hô deûz két maget.
30. Neûzé é téraouiñt lavarout d'ar ménésiou : Kouézit war-n-omp ; ha d'ar c'hréc'hennou : Gôlôit ac'hanomp.
31. Râk mar gréoñt ével-sé d'ar c'hoad glâz, pétrâ a raiñd-hi d'ar c'hoad séac'h ?
32. Kâs a réad ivé gañt-hañ daou zén all, péré a ioa daou waller, évid hô lakaad da vervel.
33. Ha pa oeñd deûed el léac'h hanvet Kalvar, é stagchoñt Jézuz oud ar groaz ; hag ann daou laer, unan a zéou, hag égilé a gleiz.
34. Hôgen Jézuz a lavaraz : Va Zâd, distaol d'ézhô ; râk na ouzoñt két pétrâ a réoñt. Neûzé é rannjoñd hé zilad étré-z-ho oc'h hô deûrel d'ar sort.
35. Hag ar bobl en em zalc'hé énô, hag a zellé out-hañ ; hag ar Sénatored

korkouls hag hi, a réa goab anézhañ, ô lavarout : Ar ré all en deûz savétéet, r'en em zavétai hé-unan, mar d-eo ar C'hrist, ann dilennet gañd Doué.

36. Ar zoudarded hô-unan a réa goab anézhañ, a dôstéé out-hañ, hag a ginnigé d'ézhañ gwin-egr,

37. O lavarout : Mar d-oud roué ar Iuzevien, en em zavété.

38. Lékéad é oé a-ziouc'h hé benn eur skrid, gañt lizérennou Grégach, ha Latin, hag Hébrach : HÉ-MAÑ EO ROUÉ AR IUZEVIEN.

39. Hôgen unan eûz al laéroun a ioa staged oud ar groaz gañt-hañ, a gomzé out-hañ, ô lavarout : Mar d-oud ar C'hrist, en em zavété da-unan, ha nî gan-éz.

40. Hôgen égilé ô krôza anézhañ, a lavaraz : Ha té na zoujez-té kéd Doué, ô véza ma oud barnet d'ann hévélep poan ?

41. Ha nî a zô barnet gañt gwir ; râk diouc'h hon ôberiou eo bét gréad d'é-omp : hôgen hé-mañ n'en deûz gréat droug é-béd.

42. Hag é lavaraz da Jézuz : Aotrou, az péz koun ac'hanoun, pa vézi éad enn da rouañtélez.

43. Ha Jézuz a lavaraz d'ézhañ : É-gwirionez hel lavarann d'id, hiriô é vézi gan-éñ er baradoz.

44. Édo neûzé war-drô ar c'houec'hved heur, ha bétég ann naved heur é oé gôlôed ann douar holl a dévalien.

45. Ann héol a dévalaaz ; ha gwél ann templ a rogaz dré greiz.

46. Ha Jézuz ô c'harmi gañd eur vouéz kré, a lavaraz : Va Zâd, étré da zaouarn é lakaann va éné. Hag ô lavarout kémeñt-sé, é varvaz.

47. Hôgen ar C'hañténer ô wélout pétrà a oa c'hoarvézet, a veûlaz Doué, ô lavarout : Évit-gwir ann dén-zé a ioa eunn dén gwirion.

48. Hag ann holl dud péré a ioa énô, hag a wélé kémeñt-sé a iéa-kuit ô skei war boull hô c'haloun.

49. Hôgen ar ré holl a anavézé anézhañ, hag ar merc'hed a ioa deûed war hé lerc'h eûz a C'haliléa, a zellé a bell.

50. Ha chétu eunn dén hanvet Jozef, péhini a oa Dékurion, dén-mâd ha gwirion,

51. Péhini n'en doa kéd aotréet nag ali nag ôberiou ar ré all, péhini a oa eûz a Arimatéa, kéar eûz a Judéa, péhini a c'hortozé ivé rouañtélez Doué ;

52. Hen-nez a iéaz da gavout Pilat, hag a c'houlennaz korf Jézuz.

53. Hag ô véza hé ziskennet d'ann douar, é lékéaz eul liénen war hé drô, hag é lékéaz anézhañ enn eur béz a oa bét toulled er roc'h, é péhini né ioa bét c'hoaz lékéad dén é-béd.

54. Ann deiz-zé a ioa ar gousper, hag ar sabbat a oia nés.

55. Hôgen ar merc'hed péré a ioa deûed da heûl Jézuz adaleg Galiléa, a iéaz war-lerc'h, a zellaz oud ar béz, ha pénaoz é oa bét lékéad ar c'horf ébarz :

56. Hag ô véza distrôet ac'hanô éc'h aozchoñt louzou-c'houés-vâd ha Iréatou : hag éc'h éhanjoñt da zeiz ar sabbat hervez ar gourc'hémenn.

XXIV. PENNAD.

1. Hôgen ar c'heñta deiz eûz ar zizun é teûjoñd d'ar béz mintin mâd, hag é tougchoñt al louzou-c'houés-vâd hô doa aozet :

2. Hag é kavchoñt é oa bét rulet ar méan a ziràg ar béz.

3. Hag ô véza-hi éad ébarz, na gavchoñt két korf ann Aotrou Jézuz.

4. Ha pa édoñt saouzanet gañt kémeñt-sé, chétu daou zén en em ziskouézaz d'ézhô gañt saéou lugernuz.

5. Hag ével m'hô doa-hi aoun, ha ma soubleñt hô fennou war zû ann douar, ar ré-mañ a lavaraz d'ézhô : Pérâg é klaskit-hu ann hini a zô béô é-touez ar ré varô ?

6. N'éma kéd amañ, hôgen saved eo a varô da véô : éñvorit é pé zoaré en deûz komzed ouz-hoc'h, pa édo c'hoaz é Galiléa,

7. O lavarout : Réd eo da Vâb ann dén béza lékéad étré daouarn ar béc'herien, béza staged ouc'h ar groaz, hag ann trédé deiz sével a varô da véô.

8. Hag éc'h éñvorchoñt komsiou Jézuz.

9. Hag ô véza distrôed eûz ar béz é tisklerchoñt kémeñt-sé d'ann unnég *abostol*, ha d'ar ré all holl.

10. Ar ré a lavaraz ann dra-zé d'ann Ébestel a ioa Mari Madalen, Janned, ha Mari mamm Jakez, hag ar ré all péré a ioa gañt-hô.

11. Hag ar geriou-zé a oé kéméret gañt-hô évit sorc'hennou : ha na grédchoñt kéd d'ézhô.

12. Hôgen Per a zavaz hag a rédaz d'ar béz : hag ô véza soublet na wélaz néméd al liénennou a oa choumed énô, hag éz éaz kuit, souézet brâz enn-hañ hé-unan eûz ar péz a ioa c'hoarvézet.

13. Ha chétu enn deiz-zé, daou anézhô a iéa enn eur vourc'h hanvet Emmauz, war-héd tri-ugeñt stad diouc'h Jéruzalem.

14. Hag hi a gomzé étré-z-hô eûz a gémeñd a ioa c'hoarvézet.

15. Ha pa gomzeñt, ha ma brézégeñt kévret, Jézuz hé-unan a dôstaaz out-hô, hag a gerzaz gañt-hô :

16. Hôgen hô daou-lagad a ioa dalc'het, évit na helljeñt kéd hé anaout.

17. Hag héñ a lavaraz d'ézhô : Pétrâ a livirit-hu étré-z-hoc'h enn eur gerzout, ha pérâg oc'h-hu trist ?

18. Hag unan anézhô hanvet Kléofaz a respouñtaz hag a lavaraz d'ézhañ : Ha té hép-kén eo ann diavésiad é Jéruzalem ha na oufé kéd ar péz a zô c'hoarvézed enn-hi enn deisiou-mañ ?

19. Hag héñ a lavaraz d'ézhô : Pétrâ ? Hag é léverchoñt : Diwar-benn Jézuz a Nazaret, péhini a oé eur Profed, galloudek enn hé ôberiou hag enn hé lavariou, dirâk Doué ha dirâg ann holl bobl :

20. Ha pénaoz Priñsed ar véleien hag hor Priñsed hô deûz hé varned d'ar marô, hag hé staged ouc'h ar groaz.

21. Hôgen ni a c'hortozé pénaoz é tasprénjé Israel : ha koulskoudé goudé kémeñt-sé holl, chétu ann trédé deiz abaoa eo c'hoarvézet kémeñt-sé.

22. Hôgen merc'hed péré a ioa gané-omp hô deûz souézet brâz ac'hanomp : éad iñd d'ar béz a-raog ann deiz,

23. Ha n'hô deûz két kaved hé gorf ; hag iñd deûed da lavarout pénaoz hô deûz gwélet Élez, péré hô deûz lavared d'ézhô é oa béô.

24. Hag hiniennou ac'hanomp a zô éad d'ar béz : hag hô deûz kavet péptrâ ével m'hô doa lavared ar merc'hed ; hôgen héñ, n'hô deûz kéd hé gavet.

25. Hag héñ a lavaraz d'ézhô : O tûd diboell, péré a zô diek a galoun évit kridi ar péz hô deûz lavaret ar Broféded !

26. Ha né oa két réd é c'houzañvché kémeñt-sé ar C'hrist, ha m'az ajé ével-sé enn hé c'hloar ?

27. Hag ô téraoui dré Voizez, ha goudé dré ann holl Broféded, é tisklerié d'ézhô enn holl Skrituriou, kémeñd a ioa bét lavared diwar hé benn hé-unan.

28. Ha pa dôstajeñt oud ar vourc'h é péhini éz éañt, héñ a réaz neûz da voñt pelloc'h.

29. Hôgen hi a viraz out-hañ na d-ajé, ô lavarout : Choum gan-é-omp, râk divézad eo, hag izéléet brâz eo ann deiz : hag éz éaz enn tí gañt-hô.

30. Neûzé pa édo ouc'h taol gañt-hô, é kéméraz bara, hag é bennigaz anézhañ, hé dorraz hag hé rôaz d'ézhô.

31. Hô daou-lagad a zigoraz, hag éc'h anavézchoñt anézhañ : hag héñ a steûziaz a zirâg hô daou-lagad.

32. Neûzé é léverjoñd ann eil d'égilé : Hor c'haloun ha né oa-hi két birvidik enn-omp, pa gomzé ouz-omp enn heñt, ha pa zisklerié d'é-omp ar Skrituriou ?

33. Hag ô véza savet war ann heur, é tistrôjoñd da Jéruzalem ; hag é kavchoñt ann unnék péré a oa strollet, hag ar ré a ioa gañt-hô :

34. Hag a lavaré : Évit-gwir dazorc'hed eo ann Aotrou ; hag eo en em ziskouézet da Zimon.

35. Ar ré-mañ a zanévellaz ivé ar péz a ioa c'hoarvézet gañt-hô enn heñt ; ha pénaoz hô doa hé anavézet pa dorré ar bara.

36. Hôgen pa lavareñt kémeñt-sé, Jézuz en em ziskouézaz enn hô c'hreiz,

hag a lavaraz d'ézhô : Ra vézô ar péoc'h gan-é-hoc'h ; mé eo, n'hô pézet kéd a aoun.

37. Hôgen hi a oé saouzanet ha spouñtet, hag a grédé pénaoz é wéleñt eur spéred.

38. Ha Jézuz a lavaraz d'ézhô : Pérâg oc'h-hu saouzanet, ha pérâg é sâv kémeñd a vénosiou enn hô kalounou ?

39. Sellid ouc'h va daouarn, hag ouc'h va zreid, hag é wélod eo mé : dournatit ha gwélit ; eur spéred n'en deûz kéd a gik nag a eskern, é-c'hiz ma wélit em eûz.

40. Ha goudé béza lavaret kémeñt-sé, é tiskouézaz d'ézhô hé zaouarn hag hé dreid.

41. Hôgen ô véza na grédeñt két c'hoaz, gañd al laouénidigez hag ar souez brâz hô doa, é lavaraz : Ha béz' hoc'h eûs-hu amañ eunn drabennâg da zibri ?

42. Hag hi a rôaz d'ézhañ eunn tamm pésk rôstet, hag eunn direnvél.

43. Ha goudé béza debret dira-z-hô, é kéméraz ann dilerc'h hag hé rôaz d'ézhô :

44. Hag é lavaraz d'ézhô : Chétu pétrâ em eûz lavared d'é-hoc'h pa édonn c'hoaz gan-é-hoc'h, pénaoz é oa réd ma vijé sévénet kémeñd a zô bét skrivet é lézen Moizez, gañd ar Brofédeđ, hag er Salmou.

45. Neûzé é tigoraz hô spéred évit ma poelcheñt ar Skrituriou.

46. Hag é lavaraz d'ézhô : Ével-sé é oa skrivet, hag ével-sé é oa réd é c'houzañvché ar C'hrist, hag é savché a varô da véô ann trédé deiz ;

47. Ha ma vijé prézéget enn hé hanô ar binijen hag ann distol eûz ar péc'héjou é-touez ann holl boblou, ô téraoui dré Jéruzalem.

48. Hôgen c'houi a zô tést eûz a gémeñt-mañ.

49. Ha mé a gasô enn-hoc'h ann hini a zô bét diouganed d'é-hoc'h a berz va Zâd : hôgen c'houi choumid é kêar, kén na viot gwisket gañd ann ners eûz ann néac'h.

50. Neûzé é kasaz anézhô er-méaz étrézé Bétania ; hag ô véza saved hé zaouarn, é bennigaz anézhô ;

51. Ha pa vennigé anézhô, é pellaaz diout-hô, hag é piñaz enn éñv.

52. Hag hi goudé béza hé azeûlet, a zistrôaz da Jéruzalem laouen-brâz.

53. Ha bépréd édoñt enn templ ô veûli hag ô trugarékaat Doué. Amen.

AVIEL SANTEL JÉZUZ-KRIST

HERVEZ

SANT IANN.

I. PENNAD.

1. Er penn-keñta édo ar Gér, hag ar Gér a ioa gañd Doué, hag ar Gér a ioa Doué.

2. Hé-mañ a ioa er penn-keñta gañd Doué.

3. Kémeñt trâ a zô bét gréat gañt-hañ : ha nétrâ eûz a gémeñd a zô bét gréat, n'eo bét gréat hép-z-hañ.

4. Enn-hañ édo ar vuez, hag ar vuez a oa goulou ann dûd :

5. Hag ar goulou a luc'h enn dévalien, hag ann dévalien né deûz kéd hé boellet.

6. Béz' é oé eunn dén kaset gañd Doué, péhini a ioa hanvet Iann.

7. Hé-mañ a zeûaz da dést, da rei testéni d'ar goulou, évit ma krédché ann holl dré-z-han.

8. Né kéd héñ a oa ar goulou ; hôgen *deûed é oa* évit rei testéni d'ar goulou.

9. Hen-hoñt a oa ar gwir c'houlou, péhini a sklera kémeñd dén a zeû er béd-mañ.

10. Er béd édo, hag ar béd a zô bét gréat gañt-hañ, hag ar béd n'en deûz kéd hé anavézet.

11. Enn hé drâ eo deûet, hag hé dûd n'hô deûz két hé zigéméret.

12. Hôgen da géméñd hini en deûz hé zigéméret, en deûz rôed ar galloud da véza gréat bugalé Doué, d'ar ré a gréd enn hé hanô :

13. Péré n'iñt két ganet eûz ar goâd, nag eûz a ioul ar c'hik, nag eûz a ioul ann dén, hôgen euz a Zoué.

14. Hag ar Gér a zô bét gréat kik, hag eo bét ô choum enn hon touez : ha gwélet hon eûz hé c'hloar, gloar é-c'hiz eûz a Vâp penn-her ann Tâd, leûn a drugarez hag a wirionez.

15. Iann a zô testéni anézhañ hé-unan, hag é krî, ô lavarout : Hé-mañ eo ann hini diwar-benn péhini em eûz lavared d'é-hoc'h : Ann hini a dlé doñt war va lerc'h a zô bét lékéat em raok, râg em raog é oa.

16. Hag holl hon eûz digéméret eûz hé leûnder, ha trugarez évit trugarez.

17. Râg al lézen a zô bét rôet gañt Moizez, hôgen ann trugarez hag ar wirionez a zô bét gréat gañt Jézuz-Krist.

18. Dén n'en deûz biskoaz gwélet Doué : ar Mâp penn-her, péhini a zô é askré ann Tâd en deûz hép-kén komzed anézhañ.

19. Chétu ann desténi a rôaz Iann, pa oé kased d'ézhañ béleien ha lévited gañt Iuzevien Jéruzalem évid ôber ar goulenn-mañ digañt-hañ : Piou oud ?

20. Hag éc'h añsavaz, ha na na-

c'haz két : hag eo'h añsavaz : Né két mé eo ar C'hrist.

21. Hag hi a c'houlennaz digañthañ : Piou 'ta ? Hag Éliaz oud-dé ? Hag héñ a lavaraz : N'ounn két. Ha Profed oud-dé ? Hag héñ a respouñtaz : Nann :

22. Lavaroud a réjoñd éta d'ézhañ : Piou oud, évit ma respouñtimp d'ar ré hô deûz hor c'haset ? Pétrâ a lévérez ac'hanod da-unan ?

23. Hag héñ a lavaraz : Mé eo mouéz ann hini a léñv el léac'h distrô : Grit ma vézô éeun heñd ann Aotrou, ével ma en deûz lavaret ar Profed Izaiaz.

24. Hôgen ar ré a ioa bét kased d'ézhañ a oa Farizianed.

25. Eur goulenn all a réjoñd outhañ, ô lavarout : Pérâg éta é vadézezté, ma n'oud nag ar C'hrist, nag Éliaz, nag eur Profed ?

26. Iann a respouñtaz hag a lavaraz d'ézhô : Mé a vadez enn dour : hôgen béz' éz eûz unan enn hô touez, ha na anavézit két :

27. Hen-nez eo a dlé doñt war va lerc'h, hag a zô bét lékéad em raok : ha na zellézann két diéréa liamm hé vontou.

28. Kémeñt-mañ a c'hoarvézaz é Bétania enn tû all d'ar Jourdan, é péléac'h é badézé Iann.

29. Añtrônôz Iann a wélaz Jézuz péhini a zeûé d'hé gavout, hag é lavaraz : Chétu Oan Doué, chétu ann hini a lam péc'héjou ar béd.

30. Hen-nez eo, diwar-benn péhini em eûz bét lavaret : Doñd a ra war va lerc'h eunn dén, péhini a zô bét lékéad em raok ; râg em raog é oa.

31. Ha mé na anavézenn kéd anézhañ ; hôgen deûed ounn da vadézi enn dour, évid hé rei da anaout enn Israel.

32. Ha Iann a rôaz ann desténi-mañ, ô lavarout : Gwéled em eûz ar Spéred ô tiskenni eûz ann éñv é doaré eur goulm, hag eo choumet war-n-ézhañ.

33. Ha mé na anavézenn kéd anézhañ ; hôgen ann hini en deûz va c'hased da vadézi enn dour, en deûz lavared d'in : Ann hini war béhini é wéli ar Spéred ô tiskenni, hag ô choum war-n-ézhañ, hen-nez eo a vadez er Spéred-Sañtel.

34. Ha mé em eûz gwélet ; hag em eûz rôet testéni pénaoz eo hé-mañ Mâb Doué.

35. Añtrônôz Iann a ioa c'hoaz énô, gañd daou eûz hé ziskibled ;

36. Hag ô sellout ouc'h Jézuz péhini a valéé, é lavaraz : Chétu Oan Doué.

37. Ann daou ziskibl-zé ô véza hé glevet ô komza ével-sé, a iéaz war lerc'h Jézuz.

38. Jézuz ô véza trôed hé benn, hag ô wélout pénaoz é teûeñd war hé lerc'h, a lavaraz d'ézhô : Pétrâ a glaskit-hu ? Ar ré-mañ a lavaraz d'ézhañ : Rabbi (da lavaroud eo, Mestr), péléac'h é choumez ?

39. Hag héñ a lavaraz d'ézhô : Deûit ha gwélit. Doñt a réjoñt hag é choumjoñt gañt-hañ ann deiz-zé ; râk wardrô ann dékved heur é oa.

40. Añdré breûr Simon-Per a ioa unan eûz ann daou hô doa klevet Iann, hag a ioa éat war lerc'h Jézuz.

41. Hé-mañ a gavaz da geñta hé vreûr Simon, hag a lavaraz d'ézhañ : Kaved hon eûz ar Mési (da lavaroud eo ar C'hrist).

42. Hag é kasaz anézhañ da Jézuz. Hôgen Jézuz ô véza selled out-hañ, a lavaraz d'ézhañ : Té eo Simon mâb Jona : Kéfaz é vézi hanvet, da lavaroud eo Méan.

43. Añtrônôz Jézuz a fellaz d'ézhañ moñd da C'haliléa, hag a gavaz Filip. Ha Jézuz a lavaraz d'ézhañ : Deûz war va lerc'h.

44. Hôgen Filip a ioa eûz a Vetsaida, kéar Añdré ha Per.

45. Ha Filip ô véza kavet Natanael, a lavaraz d'ézhañ : Kaved hon eûz ann hini diwar-benn péhini hô deûz skrivet Moizez hag ar Brôféded ; kaved hon eûz Jézuz a Nazaret mâb Jozef.

46. Ha Natanael a lavaraz d'ézhañ : Hag eûz a Nazaret é hell doñd eunn dra-bennâg a vâd ? Filip a lavaraz d'ézhañ : Deûz ha gwél.

47. Jézuz ô wélout Natanael ô toñd d'hé gavout, a lavaraz anézhañ : Chétu eur gwir Israélit, é péhini n'eûz kéd a drôidel.

48. Natanael a lavaraz d'ézhañ : A béléac'h éc'h anavézez-té ac'hanoun? Jézuz a respouñtaz hag a lavaraz d'ézhañ : Abars ma en deûz Filip da c'halvet, em eûz da wélet, pa édot dindân ar wézen-fiez.

49. Natanael a respouñtaz hag a lavaraz d'ézhañ : Mestr, Mâb Doué out, Roué Israel out.

50. Jézuz a respouñtaz hag a lavaraz d'ézhañ : Dré ma em eûz lavared d'id em boa gwélet ac'hanod diñdân ar wézen fiez, é krédez: brasoc'h traou a wéli égéd ar ré-mañ.

51. Hag héñ a lavaraz d'ézhañ : É gwirionez hel lavarann d'é-hoc'h, pénaoz é wélot ann éñv digor, hag Élez Doué ô piña hag ô tiskenni war Mâb ann dén.

II. PENNAD.

1. Tri deiz goudé é oé gréad eunn eûreûd é Kana é Galiléa : ha mamm Jézuz a ioa énô.

2. Jézuz a oé ivé pédet da voñd d'ann eûreûd gañd hé ziskibled.

3. Hag ô véza n'hô doa kéd a win, mamm Jézuz a lavaraz d'ézhañ : N'hô deûz kéd a win.

4. Ha Jézuz a lavaraz d'ézhi : Maouez : pétrâ a zô étré té ha mé? Né két c'hoaz deûet va heur?

5. Hé vamm a lavaraz d'ar zervicherien : Grit kémeñd a lavarô d'é-hóc'h.

6. Hôgen béz' é oa énô c'houéac'h pôd-dour mein évit ar skarzérez a réa ar Iuzevien, ha pép-hini anézhô a zalc'hé daou pé dri goñvor.

7. Jézuz a lavaraz d'ézhô : Kargid ar pôdou a zour. Hag hi hô c'hargaz bété ar barr.

8. Neûzé Jézuz a lavaraz d'ézhô : Tennit bréma, ha kasid d'ar c'heñta mével. Hag é kaschoñt.

9. Hôgen kerkeñt ha ma en doé ar c'heñta mével tañvéet ann dour a ioa deûed da win, ô véza na wié kéd a béléac'h é teûé, hôgen ar mévellou péré hô doa tenned ann dour a wié, a c'halvaz ar pried,

10. Hag a lavaraz d'ézhañ : Pép dén a rô da-geñta ar gwin mâd : ha pa hô deûz ann dûd évet kalz, é rô d'ézhô neûzé ann distéra : hôgen té éc'h eûz miret ar gwin mâd bété vréma.

11. Hen-nez a oé ar c'heñta eûz a vurzudou Jézuz, a réaz é Kana eûz a C'haliléa : hag ével-sé é rôaz da anaout hé c'hloar, hag hé ziskibled a grédaz enn-hañ.

12. Goudé-zé é tiskennaz da Gafarnaom, gañd hé vamm, hé vreûdeûr hag hé ziskibled : ha na joumchoñt kéd énô némeûr a zeisiou.

13. Ha Pask ar Iuzevien a ioa tôst, ha Jézuz a biñaz da Jéruzalem.

14. Hag é kavaz enn templ tûd péré a werzé éjenned, déñved ha koulmed, ha marc'hadourien arc'hañt azézet énô.

15. Goudé béza gréad eur skourjez gañd kerdin voan, é kasaz anézhô holl eûz ann templ, gañd ann déñved, hag ann éjenned : hag é taolaz d'ann douar arc'hañt ar varc'hadourien arc'hañt, hag é tiskaraz hô zaoliou,

16. Hag é lavaraz d'ar ré a werzé koulmed : Tennid ann dra-zé ac'hann, ha na rít két eûz a dí va Zâd eunn tí a werzidigez.

17. Hôgen hé ziskibled hô doé koun pénaoz eo bét skrivet : Ann oaz eûz da dí a wast ac'hanoun.

18. Neûzé ar Iuzevien a lavaraz d'ézhañ : Dré bé arouéz é tiskouézi d'é-omp é helfez ôber kémeñt-sé?

19. Jézuz a respouñtaz hag a lavaraz d'ézhô : Dismañtrid ann templmañ, hag é savinn anézhañ a-nevez a-benn tri deiz.

20. Hag ar Iuzevien a lavaraz d'ézhañ : C'houéac'h vloaz ha daou-ugeñt eux bét ô sével ann templ-zé, ha té a zavô anézhañ a-benn tri deiz?

21. Hôgen héñ a gomzé eûz a dempl hé gorf.

22. Ha pa oé saved a varô da véô, hé ziskibled hô doé koun pénaoz en doa lavared ann dra-zé, hag é krédchoñt er Skritur, hag er gér en doa lavaret Jézuz.

23. Hag é-pâd ma édo é Jéruzalem da c'houél Bask, kalz a dûd a grédaz

enn hé hanô, ô wélout ar vurzudou a réa.

24. Hôgen Jézuz na fisié kéd ennhô, râg hô anaout a réa holl,

25. Ha n'en doa kéd a ézomm é teûjé dén da rei testéni d'ézhañ diwarbenn eunn dén, râg héñ a wié pétrâ a ioa enn dén.

III. PENNAD.

1. Hôgen béz' éz oa eunn dén étouez ar Farizianed, hañvet Nikodémuz, péhini a ioa Priñs ar Iuzevien.

2. Hé-mañ a zeûaz enn nôz da gavout Jézuz, hag a lavaraz d'ézhañ : Mestr, gouzoud a réomp pénaoz oud deûed a berz Doué da gélenner d'éomp : râk dén na hell ôber ar vurzudou a réz, néméd Doué a vé gañt-hañ.

3. Jézuz é respouñtaz hag a lavaraz d'ézhañ : É-gwirionez hel lavarann d'Id, pénaoz dén na hell gwélout rouañtélez Doué, ma n'eo két ganet a-nevez.

4. Nikodémuz a lavaraz d'ézhañ : Pénaoz éc'h hell béza ganet eunn dén, hag héñ kôz ? Hag héñ a hell moñd eur wéach é kôv hé vamm, ha béza ganet eunn eil gwéach ?

5. Jézuz a respouñtaz d'ézhañ : É-gwirionez hel lavarann d'Id, pénaoz ma na véz ganet eunn dén a-nevez enn dour hag er Spéred-Sañtel, na hell két moñd é rouañtélez Doué.

6. Ar péz a zô ganet eûz ar c'hik, a zô kik : hag ar péz a zô ganet eûz ar spéred, a zô spéred.

7. Na vézez két souézet em bé lavared d'Id, pénaoz eo réd d'Id béza ganet eunn eil gwéach.

8. Ar Spéred a c'houéz el léac'h ma kâr : hag é klevez hé vouéz ; hôgen na ouzoud kéd a béléac'h é teû, na péléac'h éz â : évei-sé é c'hoarvez gañt kémeñd hini a zô ganet eûz ar spéred.

9. Nikodémuz a respouñtaz hag a lavaraz d'ézhañ : Pénaoz éc'h hell c'hoarvézout kémeñt-sé ?

10. Jézuz a respouñtaz hag a lavaraz d'ézhañ : Pétrâ, té a zô mestr enn Israel, ha na ouzoud két kémeñt-sé ?

11. É-gwirionez hel lavarann d'Id, pénaoz é lévéromp ar péz a ouzomp, ha pénaoz é rôomp testéni eûz ar péz hon eûz gwélet, ha kouiskoudé na zigémérit két hon testéni.

12. Ma na grédit kéd d'In pa gomzann d'é-hec'h eûz a draou ann douar, pénaoz é krédot-hu d'In ma komzann d'é-hec'h eûz a draou ann éñv ?

13. Dén n'eo piñed enn éñv, néméd ann hini a zô diskenned eûz ann éñv, Mâb ann dén péhini a zô enn éñv.

14. Hag ével m'en deûz Moizez saved eunn aer enn distrô, ével-sé eo réd é vé savet Mâb ann dén :

15. Évit na varvô két kémeñd hini a gréd enn-hañ, hôgen m'en dévézô ar vuez peûr-baduz.

16. Râk Doué en deûz karet kémeñt ar béd, ma en deûz rôed hé Vâb penn-her : évit na varvô két kémeñd hini a gréd enn-hañ, hogen m'en dévézô ar vuez peûr-baduz.

17. Râk Doué n'en deûz két kased hé Vâb er béd, évit barna ar béd, hôgen évit ma vézô salvet ar béd gañt-hañ.

18. Néb a gréd enn-hañ, né két barnet : hôgen néb na gréd két, a zô barnet a-vréma : ô véza na gréd kéd é hanô Mâb penn-her Doué.

19. Hôgen chétu a béléac'h é teû ar varnédigez-zé : dré ma eo deûed ar goulou er béd, hag eo bét gwell gañd ann dûd ann dévalien égéd ar goulou : râg hô ôberiou a zô fall.

20. Râk piou-bennâg a ra drouk, a gasa ar goulou, ha na zeû kéd ouc'h ar goulou, évit na vézô két diskleriet hé ôberiou.

21. Hôgen piou-bennâg a ra diouc'h ar wirionez, a zeû ouc'h ar goulou, évit ma vézô gwélet hé ôberiou ; râg hé Doué iñt bét gréat.

22. Goudé-zé é teûaz Jézuz, gañd hé ziskibled, é douar Judéa ; choum a réa énô gañt-hô, hag é vadézé.

23. Iann a vadézé ivé é Aennon tôst da Zalim ; râg énô éz oa kalz a zoureier, ha kalz a zeûé hag a oa badézet.

24. Neûzé Iann né oa két bét c'hoaz lékéad er vâc'h.

25. Hôgen eur striv a zavaz étré

diskibled Iann hag ar Iuzevien diwar-
benn ar Skarzidigez.
26. Hag é teûjoñt da gavout Iann,
hag é léverjoñt d'ézhañ : Mestr, ann
hini a ioa gan-éz enn tu all d'ar
Jourdan, ha da béhini éc'h eûz rôet
testéni, a vadez bréma, hag ann holl
a iâ d'hé gavout.
27. Iann a respouñtaz hag a lavaraz :
Dén na hell digémérout nétrâ, némét
rôed é vé bét d'ézhañ eûz ann éñv.
28. C'houi hoc'h-unan a zô testéni
d'in pénaoz em eûz lavared d'é-hoc'h :
Né két mé eo ar C'hrist ; hôgen kased
ounn bét enn hé raok.
29. Néb en deûz eur c'hrég, a zô
ozac'h : hôgen miñoun ann ozac'h,
péhini a zô enn hé zâ, hag a zélaou
anézhañ, a zô laouen-brâz pa glev
mouéz ann ozac'h. Leûn eo éta a lé-
vénez.
30. Réd eo éta d'ézhañ kreski, ha
d'in bihanaat.
31. Néb a zô deûed eûz ann néac'h,
a zô dreist ann holl. Néb a zô eûz
ann douar, a zô eûz ann douar, hag
hé lavar a zalc'h eûz ann douar. Néb a
zeû eûz ann éñv, a zô dreist ann holl.
32. Testénia a ra ar pêz en deûz
gwélet ha klevet : ha dén na zigémer
hé desténi.
33. Néb en deûz digéméret hé des-
téni, en deûz diskouézet pénaoz é oa
Doué gwirion.
34. Râg ann hini en deûz kaset
Doué, a lavar komsiou Doué : ha
Doué na rô kéd d'ézhañ hé spéred
dré gemm.
35. Ann Tâd a gâr ar Mâb : hag en
deûz lékéat pép-trâ étré hé zaouarn.
36. Néb a gréd er Mâb, en deûz ar
vuez peûr-baduz : hôgen néb na gréd
kéd er Mâb, na wélô kéd ar vuez
peûr-baduz : hôgen buanégez Doué a
joumô war-n-ézhañ.

—

IV. PENNAD.

1. Jézuz éta ô véza klevet pénaoz
ar Farizianed a wié é réa muioc'h a
ziskibled égét Iann, hag é vadézé
muioc'h a dûd égét-hañ.
2. Pétrâ-bennâg na vadézé két Jézuz,
hôgen hé ziskibled hép-kén),
3. A iéaz-kuld eûz ar Judéa, hag a
zistrôaz é Galiléa.
4. Râk réd é oa d'ézhañ tréménoud
dré ar Samari.
5. Doñd a réaz 'ta enn eur géar
eûz a Samari, hanvet Sikar, tôst
d'ann digwéz a rôaz Jakob d'hé vâb
Jozef.
6. Hôgen énô éz oa feunteun Jakob.
Ha Jézuz ô véza skulz eûz ann heñt,
a azézaz war ar feunteun-zé. War-drô
ar c'houec'hved heur édo.
7. Doñd a réaz eur vaouez eûz a
Zamari évit tenna dour, ha Jézuz a
lavaraz d'ézhi : Rô da éva d'in.
8. (Râg é ziskibled a ioa éad é kéar
évit préna boéd).
9. Hôgen ar vaouez-zé eûz a Zamari
a lavaraz d'ézhañ : Pénaoz té pa oud
eûz a Judéa, é c'houlennez-té da éva
digan-éñ, ha mé eûz a Zamari ? Râg
ar Iuzevien na vourroñt két gañd ar
Samaried.
10. Jézuz a respouñtaz hag a lava-
raz d'ézhi : Ma anavézchez rô Doué,
ha piou eo ann hini a lavar d'id : Rô
da éva d'in, martézé ez pé da-unan
goulenned da éva digañt-hañ, hag en
défé rôed d'id dour béô.
11. Ar vaouez a lavaraz d'ézhañ :
Aotrou, n'éc'h eûz két péadrâ da
denna dour, hag ar puñs a zô doun :
a béléac'h éta éz pé dour béô ?
12. Ha brasoc'h oud égéd hon tad
Jakob, péhini en deûz rôed d'é-omp
ar puñs-mañ, ha péhini en deûz évet
dour anézhañ, kerkoulz hag hé vu-
galé, hag hé loéned ?
13. Jézuz a respouñtaz, hag a la-
varaz d'ézhi : Piou-bennâg a év eûz
ann dour-mañ, en dévézô c'hoaz se-
c'hed : hôgen piou-bennâg a évô eûz
ann dour a rôinn d'ézhañ, n'en dé-
vézô bikenn a zec'hed :
14. Hôgen ann dour a rôinn d'éz-
hañ, a zeûi enn-hañ ar vammen eûz
a eunn dour a zilammô bétég er vuez
peûr-baduz.
15. Ar vaouez a lavaraz d'ézhañ :
Rô d'in eûz ann dour-zé, évit n'am
bézô kéd a zec'hed, ha na zeûinn kéd
amañ da denna dour.

16. Jézuz a lavaraz d'ézhi : Kéa, galv da ozac'h, ha deûz amañ.

17. Ar vaouez a respouñtaz hag a lavaraz d'ézhañ : N'em eûz kéd a ozac'h. Jézuz a lavaraz d'ézhi : Lavaret mâd éc'h eûz : N'em eûz kéd a ozac'h :

18. Râk pemp ozac'h éc'h eûz bét, hag ann hini éc'h eûz bréma né kéd da ozac'h : lavaret mâd éc'h eûz.

19. Ar vaouez a lavaraz d'ézhañ : Aotrou, gwéloud a rann pénaoz oud eur Profed.

20. Hon tadou hô deûz azeûlet war ar ménez-mañ, ha c'houi a lavar pénaoz é Jéruzalem éma ar léac'h é péhini eo réd azeûli.

21. Jézuz a lavaraz d'ézhi : Maouez, kréd d'in, doñd a ra ann heur, é péhini na azeûlot mui ann Tâd, na war ar ménez-sé, nag é Jéruzalem.

22. C'houi a azeûl ar péz na anavézit két : ni a azeûl ar péz a anavézomp ; râg ar zilvidigez a zeû eûz ar Iuzevien.

23. Hôgen doñd a ra ann heur, ha deûed eo, é péhini ar gwir azeûlerien a azeûlô ann Tâd é spéred hag é gwirionez. Râg ann dûd-zé eo a glask ann Tâd évid hé azeûli.

24. Doué a zô spéred, réd eo d'ar ré a azeûl anézhañ, hé azeûli é spéred hag é gwirionez.

25. Ar vaouez a lavaraz d'ézhañ : Gouzoud a rann pénaoz é tié doñd ar Mési (da lavaroud eo ar C'hrist) ; pa vézô deûed éta, é tisklerió d'é-omp pép trâ.

26. Jézuz a lavaraz d'ézhi : Mé eo péhini a gomz gan-éz.

27. Ha neûzé é teûaz hé ziskibled, hag é oañt souézet ô véza ma komzé oud eur vaouez. Hôgen dén na lavaraz d'ézhañ : Pétrâ a glaskez, pé pérâg é komzez oud-hou-mañ ?

28. Hôgen ar vaouez a lézaz hé fôd dour, hag a iéaz é kéar, hag a lavaraz d'ann dûd ac'hanô :

29. Deûit ha gwélid eunn dén, péhini en deûz lavared d'in kémeñd em eûz gréat : ha né kéd héñ ar C'hrist ?

30. Moñd a réjoñd éta er-méaz eûz a géar, hag éz éjoñd d'hé gavout.

31. Koulskoudé hé ziskibled a dôstaaz out-hañ, hag a lavaraz d'ézhañ : Mestr, debr.

32. Hôgen héñ a lavaraz d'ézhô : Eur boéd em eûz da zibri ha na anavézit két.

33. Neûzé ann diskibled a lavaraz ann eil d'égilé : Hag unan-bennâg en défé kased da zibri d'ézhañ ?

34. Ha Jézuz a lavaraz d'ézhô : Va boéd eo ôber ioul ann hini en deûz va c'haset, évit ma peûrc'hrinn hé ôber.

35. Ha na livirit-hu két c'houi, pénaoz da benn pévar miz é teûi ar médérez ? Chétu mé a lavar d'é-hoc'h : Savid hô taou-lagad, ha sellid oud ar mésiou, gwenn iñd évid ar médérez.

36. Ha néb a véd a zigémer ar gôbr, hag a zastum frouez évid ar vuez peûr-baduz : évit ma eh em laouénaî néb a hâd kerkoulz ha néb a véd.

37. Râk é kémeñt-mañ eo gwir ar gér a lavar : pénaoz unan a hâd, hag eunn all a véd.

38. Hô kased em eûz da védi ar péz n'hoc'h eûz két labouret : ré all hô deûz labouret, ha c'houi a zô éad enn hô labour-hi.

39. Kalz eûz a Zamaritaned ar géarzé a grédaz enn-hañ, dré ann abek d'ar gér-mañ é doa lavared ar vaouezzé : Lavared en deûz d'in kémeñd em eûz gréat.

40. Ar Zamaritaned éta ô véza deûed d'hé gavout, a bédaz anézhañ da choum énô. Hag héñ a joumaz énô daou zervez.

41. Ha kalz muioc'h a grédaz ennhañ dré ann abek d'hé brézek.

42. Hag é lavareñd d'ar vaouez-zé : N'eo muj évid ar péz éc'h eûz lavaret é krédomb bréma ; râg hé glevet hon eûz hon-unan, hag é ouzomp pénaoz eo évit-gwir Salver ar béd.

43. Daou zervez goudé éz éaz-kuid ac'hanô ; hag éz éaz é Galiléa.

44. Râk Jézuz a lavaré hé-unan, pénaoz eur Profed a zô héb hanô-mâd enn hé vrô hé-unan.

45. O véza éta deûed é Galiléa, ar C'haliléaded hen digéméraz ervâd, dré m'hô doa gwélet ar péz en doa gréat é Jéruzalem é deiz ar goél ; râg é deiz ar goél éz éjoñd dî.

46. Jézuz a zeûaz éta a-nevez da Gana

Gana é Galiléa, é péléac'h en doa
gréat gwin gañd dour. Hag énô éz oa
eur Priñs péhini en doa eur mâb klañ
é Kafarnaom.
47. Hé-mañ ô véza klevet pénaoz
Jézuz a ioa deûed eûz a Judéa é Gali-
léa, a iéaz d'hé gavout, hag a bédaz
anézhañ da ziskenni d'hé dî, évit ia-
c'haad hé vâb : rak daré é oa da vervel.
48. Hôgen Jézuz a lavaraz d'ézhañ :
Ma na wélit arwésiou ha burzudou,
na grédit két.
49. Hag ar Priñs a lavaraz d'ézhañ :
Aotrou, disken abarz ma vézô marô
va mâb.
50. Jézuz a lavaraz d'ézhañ : Kéa,
da vâb a zô béô. Ann dén-mañ a gré-
daz er gér en doa lavaret Jézuz d'éz-
hañ, hag a iéaz-kuit.
51. Hôgen pa édo hé-mañ enn heñt,
hé vévellou a ziarbennaz anézhañ,
hag a lavaraz d'ézhañ : da vâb a zô béô.
52 Hag héñ ô véza goulenned di-
gañd-hô da bé heur é oa en em gavet
gwelloc'h, é léverjoñt d'ézhañ : Déac'h
d'ar seizved heur ann dersien é deûz
hé lézet.
53. Ann tâd a anavézaz pénaoz é oa
enn heur-zé en doa Jézuz lavared
d'ézhañ : Da vâb a zô béô ; hag é kré-
daz héñ hag hé holl dûd.
54. Hen-nez a oé ann eil vurzud a
réaz Jézuz pa zeûaz a Judéa é Galiléa.

—

V. PENNAD.

1. Goudé-zé goél ar Iuzevien ô véza
deûet, Jézuz a biñaz da Jéruzalem.
2. Hôgen béz' éz oa é Jéruzalem
piñsin ann déñved, péhini é iéz Hébré
a zô hanvet Betsaida, hag en doa
pemp poñdalez ;
3. É péré é oa gourvézet eul lôd
brâz a dûd klañv, a dûd dall, a dûd
kamm, a dûd dizec'het, péré a c'hor-
tôzé ma vé kéflusket ann dour.
4. Râg Éal ann Aotrou a ziskenné
a-amzer-é-amser er piñsin ; hag ann
dour a oa kéflusket. Ha piou-bennâg
a ziskenné da-geñta er piñsin, goudé
ma oa bét kéflusket ann dour, a ia-
c'héé, daoust pé gléñved en doa.
5. Hôgen béz' é oa énô eunn dén
péhini a ioa klañv eiz vloaz ha tré-
goñt a ioa.
6. Pa wélaz Jézuz hé-mañ gourvé-
zet, hag ô véza ma anavézé pénaoz é
oa klañv pell amzer a ioa, é lavaraz
d'ézhañ : Ha té a fell d'id béza iac'h ?
7. Ann dén klañv a respouñtaz
d'ézhañ : Aotrou, n'em eûz dén évit
va lakaad er piñsin, goudé ma eo bét
kéflusket ann dour : hag é-pâd émgunn
ô voñt, eunn all a ziskenn em raok.
8. Jézuz a lavaraz d'ézhañ : Saô,
kémer da vélé, ha kerz.
9. Hag ann dén-zé a zeûaz iac'h
râk-tâl : hag é kéméraz hé wélé, hag
é kerzaz. Hôgen ann dervez-zé a ioa
deiz ar sabbat.
10. Ar Iuzevien a lavaraz éta d'ann
hini a ioa bét iac'héet : Ar sabbat eo,
né kéd aotréed d'id dougen da wélé.
11. Hag héñ a respouñtaz d'ézhô :
Ann hini en deûz va iac'héet, en deûz
lavared d'in : Kémer da wélé, ha kerz.
12. Hag hi a c'houlennaz digañt-
hañ : Piou eo ann dén-zé péhini en
deûz lavared d'id : Kémer da wélé,
ha kerz ?
13. Hôgen ann hini a ioa bét ia-
c'héet, na wié két piou é oa. Râk
Jézuz a ioa en em dennet eûz a eñ-
groez ar bobl a ioa énô :
14. Goudé, Jézuz a gavaz anézhañ
enn templ, hag a lavaraz d'ézhañ :
Chétu oud deûet iac'h : na bec'h mui
hiviziken, gañd aoun na c'hoarvézché
gwasoc'h gan-éz.
15. Ann dén-zé a iéaz da gavoud ar
Iuzevien, hag a lavaraz d'ézhô pénaoz
é oa Jézuz en doa hé iac'héet.
16. Dré-zé eo é teûé ar Iuzevien da
heskina Jézuz ô véza m'en doa gréat
kémeñt-sé é deiz ar sabbat.
17. Hôgen Jézuz a respouñtaz d'éz-
hô : Va Zâd en deûz labouret bété
vréma, ha mé a labour ivé.
18. Évit-sé éta ar Iuzevien a glaské
c'hoaz mui ann doaré d'hel laza : râk
né dorré két hép-mui-kén ar sabbat,
hôgen lavaroud a réa pénaoz Doué a
ioa hé Dâd, oc'h en em ôber kévatal
da Zoué. Jézuz éta a respouñtaz hag
a lavaraz d'ézhô :
19. É-gwirionez hel lavarann d'é-

hoc'h : Ar Mâb na hell ôber nétrâ anézhañ hé-unan, ha na ra néméd ar péz a wél hé Dàd oc'h ôber; râk kémeñd a râ ann Tàb, ar Màb a ra ivé ével-t-hañ.

20. Râg ann Tàd a gâr ar Mâb, hag é tiskouéz d'ézhañ kémeñd a râ : hag é tiskouézô d'ézhañ ôberiou brasoc'h égéd ar ré-mañ, enn hévélep doaré ma viot souézet-brâz hoc'h-unan.

21. Râg ével ma teû ann Tâd da zazorc'hi ar ré varô, ha da rei d'ézhô ar vuez, ével-sé ar Mâb a rô ar vuez da néb a gâr.

22. Hôgen ann Tâd na varn dén é-béd : râk péb barnédigez en deûz rôed d'ar Mâb,

23. Évit ma teûi ann holl da énori ar Mâb, ével ma énoroñt ann Tâd. Nép na énor kéd ar Mâb, na énor kéd ann Tâd péhini en deûz hé gaset.

24. É-gwirionez hel lavarann d'é-hoc'h, pénaoz piou-bennâg a zélaou va gér, hag a gréd enn hini en deûz va c'haset, en deûz ar vuez peûr-baduz, ha na zeû kéd er varn, hôgen tréménoud a ra eûz ar marô d'ar vuez.

25. É-gwirionez hel lavarann d'é-hoc'h, pénaoz é teû ann heur, hag eo deûet, é péhini ar ré varô a glev mouéz Mâb Doué : hag ar ré a glevô a vévô.

26. Râg é-c'hiz ma en deûz ann Tâd ar vuez enn-hañ hé-unan, rôed en deûz ivé d'ar Mâb ar galloud da gaoud ar vuez enn-hañ hé-unan :

27. Hag en deûz rôed d'ézhañ ar galloud da varna, ô véza ma eo Mâb ann dén.

28. Na vézit két souézet eûz a gé-meñt-mañ : râk doñd a ra ann heur é péhini ar ré holl a zô er bésiou a glevô mouéz Mâb Doué :

29. Hag ar ré hô dévézô gréat mâd a zavô évit moñd é dazorc'hidigez ar vuez; hôgen ar ré hô dévézô gréat fall, évit moñt é dazorc'hidigez ar varn (G).

30. Na hellann-mé ôber nétrâ ac'ha-noun va-unan. Diouc'h ma klevann, é varnann : ha va barn a zô gwirion ; râk na glaskann két va ioul, hôgen ioul ann hini en deûz va c'haset.

31. Ma rôann testéni ac'hanoun va-unan, va zesténi né két gwir.

32. Béz' éz eûz eunn all hag a rô testéni ac'hanoun : ha gouzoud a rann pénaoz ez gwir ann desténi a rô ac'hanoun.

33. Kased hoc'h eûz étrézég Iann ; hag héñ en deûz rôet testéni d'ar wi-rionez.

34. Évid-oun-mé né kéd eûz a eunn dén é kémérann testéni : hôgen ann dra-mañ a lavarann évit ma viot salvet.

35. Héñ a ioa eur c'hleûzeur leski-dik ha lugernuz. Hôgen fellet eo béd d'é-hoc'h en em laouénaad évid eunn amzer ond hé c'houlou.

36. Hôgen mé am eûz eunn testéni brasoc'h égéd hini Iann. Râg ann ôbe-riou en deûz rôet va Zâd ar galloud d'in da beûr-ôber : ann ôberiou a rann, a rô ann desténi ac'hanoun, pénaoz ounn kaset gañt va Zâd :

37. Ha va Zâd péhini en deûz va c'haset, en deûz hé-unan rôet testéni ac'hanoun : ha c'houi n'hoc'h eûz bis-koaz kleved hé vouéz, na gwéled hé zremm

38. Hag hé c'hér na joum kéd enn-hoc'h ; râk na grédit kéd enn hini en deûz va c'haset.

39. C'houilid er Skrituriou, pa ven-nit pénaoz é kéfot enn-hô ar vuez peûr-baduz : hag hi eo a rô testéni ac'hanoun.

40. Ha na fell kéd d'é-hoc'h doñd d'am c'havout évit kaoud ar vuez.

41. Na gémérann két va skéd eûz ann dûd.

42. Hôgen hoc'h anavézet em eûz : ô véza n'hoc'h eûz kéd enn-hoc'h ka-rañtez Doué.

43. É hanô va Zâd ounn deûet, ha n'hoc'h eûz két va zigéméret : mar teû eunn all enn hé hanô hé-unan, é tigémérot anézhañ.

44. Pénaoz éc'h hellit-hu kridi, c'houi péré a zigémer ar skéd a zeû eûz ann eil d'égilé, ha na glask két ar skéd a zeû eûz a Zoué hép-kén.

45. Na vennit két pénaoz eo mé a damallô ac'hanoc'h dirâk va Zâd : Moizez eo é péhini éma hô kortoz a damall ac'hanoc'h.

46. Râk ma krédac'h é Moizez, é krédac'h ivé martézé enn-oun ; râk skrived en deûz diwar va fenn.

47. Hôgen ma na grédit két ar péz en deûz skrivet, pénaoz é krédot-hu ar péz a lavarann d'é-hoc'h ?

—

VI. PENNAD.

1. Goudé-zé Jézuz a iéaz enn tu all da vôr Galiléa, é péléac'h éma lagen Tibériad :
2. Hag eul lôd brâz a dûd a heûlié anézhañ, ô véza m'hô doa gwélet ar vurzudou en doa gréat war ar ré glañv.
3. Jézuz a biñaz éta war eur ménez ; hag éc'h azézaz énô gañd hé ziskibled.
4. Hôgen tôst é oa ar Pask, péhini a zô goél ar Iuzevien.
5. Jézuz éta ô véza savet hé zaoulagad, hag ô wélout pénaoz eul lôd brâz a dûd a zeûé d'hé gavout, a lavaraz da Filip : A béléac'h é prénimp-ni bara évit ma tebrô ann holl dûd-zé ?
6. Hôgen kémeñt-mañ a lavaré évid hé dempti ; râg hén a wié pétrà en doa da ôber.
7. Filip a respouñtaz d'ézhañ : Na vé kéd a-walc'h gañd daou c'hañt diner a vara évit rei eunn tammik da bép-hini.
8. Unan eûz hé ziskibled, André, breûr Simon-Per, a lavaraz d'ézhañ :
9. Béz' éz eûz eur bugel péhini en deûz pemp tors heiz, ha daou bésk ; hôgen pétrà eo ann dra-zé évit kémeñd a dûd ?
10. Ha Jézuz a lavaraz d'ézhañ : Grid d'ann dûd azéza. Hôgen kalz a c'héot a ioa énô. Hag éc'h azézaz wardrô pemp mil dén.
11. Jézuz éta a géméraz ar baraou : ha goudé béza trugarékéet, é rannaz anézhô étré ar ré a ioa azézet. Rei a réaz ivé eûz ar pésked kémeñt ha ma fellaz d'ézhô.
12. Goudé m'hô doé a-walc'h, é lavaraz d'hé ziskibled : Dastumid ann tammou a zô choumet a zilerc'h, évit na véziñt két kollet.
13. Hô dastumi a réjoñd éta hag é leûnchoñt daouzék paner gañd ann tammou eûz ar pemb bara heiz, a oa choumet a zilerc'h ar ré hô doa debret.
14. Ann dûd-zé éta pa wéljoñt ar burzud en doa gréat Jézuz, a lavaraz : Hen-nez eo évit-gwir ar Profed a dlé doñd er béd.
15. Hôgen Jézuz ô c'houzout pénaoz é tlieñt doñd da grapa enn-hañ évid hé lakaad da Roué, a dec'haz adarré war ar ménez hé-unan.
16. Hôgen pa oé deûed ar pardaez, hé ziskibled a ziskennaz étrézég ar môr.
17. Ha pa oeñt piñet enn eur vag, éz éjoñt enn tû all d'ar môr é Kafarnaom. Ha daré é oa ann nôz, ha Jézuz né oa két c'hoaz deûet d'hô c'hayout.
18. Koulskoudé ar môr a zavé, ô véza ma c'houézé kré ann avel.
19. Hôgen goudé m'hô doé roévict war-héd pemp stad war-n-ugeñt pé trégoñt stad, é wéljoñt Jézuz ô kerzoud war ar môr, hag ô tôstaad ouc'h ar vâg ; hag hô doé spouñt.
20. Hôgen hén a lavaraz d'ézhô : Mé eo, na spouñtit két.
21. Hag é fellaz d'ézhô hé géméroud er vâg : ha râk-tâl ar vâg eo em gavaz oud ann douar é péhini éz éañt.
22. Añtrônôz, ar bobl péhini a ioa enn tû all d'ar môr, a wélaz pénaoz né oa béd énô néméd eur vag, pénaoz né oa kéd éat Jézuz er vâg gañd hé ziskibled, hôgen pénaoz ann diskibled a oa éad ho-unan :
23. (Râk deûed é oa bagou all eûz a Dibériad, tôst d'al léac'h é péhini Jézuz, goudé béza trugarékéet ann Aotrou, en doa rôet bara da zibri d'ézhô) :
24. Pa wélaz éta ar bobl pénaoz Jézuz na oa kéd énô, nag hé ziskibled kén-nébeût, é piñchoñt war ar bagou-zé, hag é teûjoñd da Gafarnaom évit klaskout Jézuz.
25. Ha pa hô doé hé gavet enn tu all d'ar môr, é léverjoñd d'ézhañ : Mestr, peûr oud-dé deûed amañ ?
26. Jézuz a respouñtaz hag a lavaraz d'ézhô : É-gwirionez, é gwirionez hel lavarann d'é-hoc'h : va c'hlaskoud a rit, ha né kéd évit béza gwélet burzudou, hôgen évit béza debret bara, hag évit béza bét a-walc'h anézhañ.
27. Labourit, nann évid ar boéd a

ia da goll, hôgen évid ann hini a bâd bétég er vuez peûr-baduz, a rôi d'é-hoc'h Mâb ann dén. Râg hé-mañ eo en deûz arouézed Doué ann Tâd.

28. Hag hi a lavaraz d'ézhañ : Pétrà a raimp-ni évid ôber ôberiou Doué ?

29. Jézuz a respouñtaz hag a lavaraz d'ézhô : Hé-mañ eo ôber Doué, ma krédot enn hini en deûz kaset.

30. Hag hi a lavaraz d'ézhañ : Pé arouéz a réz-té, évit pa hé gwélimp ma krédimp d'Id ? Pétrà a réz-té ?

31. Hon tadou hô deûz debret ar mann enn distrô, hervez ma eo skrivet : Rôed en deûz d'ézhô da zibri bara ann éñv.

32. Neûzé Jézuz a lavaraz d'ézhô : É-gwirionez, é-gwirionez hel lavarann d'é-hoc'h : Moizez n'en deûz két rôed d'é-hoc'h bara ann éñv, hôgen va Zâd eo a rô d'é-hoc'h ar gwir vara eûz ann éñv.

33. Râk bara Doué eo ar bara a zô diskenned eûz ann éñv, hag a rô ar vuez d'ar béd.

34. Hôgen hi a lavaraz d'ézhañ : Aotrou, rô d'é omp bépréd ar bara-zé.

35. Ha Jézuz a lavaraz d'ézhô : Mé a zô ar bara a vuez : néb a zeû d'am c'havout n'en dévézô kéd a naoun ; ha néb a gréd enn-oun n'en dévézô bikenn a zec'hed.

36. Hôgen hel lavared em eûz d'é-hoc'h, va gwélet hoc'h eûz, ha n'hoc'h eûz két krédet enn-oun.

37. Ar ré holl a rô va Zâd d'in, a zeûi d'am c'havout : ha na daolinn két er-méaz ann hini a zeûi d'am c'havout ;

38. Râk diskenned ounn eûz ann éñv, nann évid ôber va ioul, hôgen évid ôber ioul ann hini en deûz va c'haset.

39. Hôgen hou-mañ eo ioul va Zâd péhini en deûz va c'haset ; pénaoz na gollinn hini eûz ar ré holl en deûz rôed d'in, hôgen ma tazorc'hinn anézhô enn deiz divéza.

40. Hôgen hou-mañ eo ioul va Zâd péhini en deûz va c'haset ; pénaoz piou-bennâg a wél ar Mâb, hag a gréd enn-hañ, en dévézô ar vuez peûr-baduz, hag é tazorc'hinn anézhañ enn deiz divéza.

41. Ar Iuzevien a voudé out-hañ, ô véza m'en doa lavaret : Mé a zô ar bara buézek a zô diskennet eûz ann éñv.

42. Hag é lavareñt : Ha né kéd hé-mañ Jézuz mâb Jozef, eûz a béhini éc'h anavézomp ann tâd hag ar vamm ? Pénaoz éta é lavar-héñ eo diskenned eûz ann éñv ?

43. Hôgen Jézuz a respouñtaz hag a lavaraz d'ézhô : Na voudit kéd étré-z-hoc'h :

44. Dén é-béd na hell dond d'am c'havout, néméd didennet é vé gañt va Zâd péhini en deûz va c'haset : ha mé a zazorc'hô anézhañ enn deiz divéza.

45. Ha skrived eo er Broféded : Hag é véziñd holl desket gañd Doué. Piou-bennâg en deûz klevet ann Tâd hag en deûz desket, a zeûi d'am c'havout.

46. Né kéd en défé dén gwélet ann Tâd, néméd ann hini a zeû eûz a Zoué : hen-nez en deûz gwélet ann Tâd.

47. É-gwirionez, é-gwirionez hel lavarann n'é-hoc'h : Néb a gréd enn-oun, en deûz ar vuez peûr-baduz.

48. Mé a zô ar bara a vuez.

49. Hô tadou hô deûz debret ar mann enn distrô, hag iñt marô.

50. Hôgen hé-mañ eo ar bara a zô diskenned eûz ann éñv ; évit na varvô két néb en deûz debret eûz anézhañ.

51. Mé a zô ar bara buézek a zô diskennet eûz ann éñv.

52. Mar tebr eur ré eûz ar bara-zé, é vévô da vikenn : hag ar bara a rôinn, eo va c'hîk a rôinn évit buez ann dûd.

53. Koulskoudé ar Iuzevien a strivé étré-z-hô, ô lavarout : Pénaoz éc'h hell hen-nez rei d'é-omp hé gîk da zibri ?

54. Hôgen Jézuz a lavaraz d'ézhô : É-gwirionez, é-gwirionez, hel lavarann d'é-hoc'h : Ma na zebrit két kîk Mâb ann dén, ha ma na évit kéd hé c'hoad n'hô pézô kéd ar vuez enn-hoc'h.

55. Néb a zebr va c'hîk, hag a év va goâd, en deûz ar vuez peûr-baduz, ha mé hen dazorc'hô enn deiz divéza.

56. Rák va c'hik a zô eur gwir voéd, ha na goàd a zô eur gwir vraoued.
57. Néb a zebr va c'hik, hag a év va goàd, a choum enn-oun, ha mé enn-hañ.
58. É-c'hiz ma eo béô va Zàd, péhini en deûz va c'haset, hag ounn béô dré va Zàd; ével-sé néb a zebrô ac'hanoun a vévô dré-z-oun.
59. Hen-nez eo ar bara a zô diskennet eûz ann êñv. Né kéd ével ar mann hô deûz debret hô tadou, hag hi a zô marô koulskoudé. Néb a zebr ar bara-mañ, a vévô da vikenn.
60. Ann traou-zé a lavaraz pa gélenné er sinagog é Kafarnaom.
61. Hôgen kalz eûz hé ziskibled, ô klevoud ann dra-zé, a lavaraz : Garô eo ar geriou-zé, ha piou a hell hô sélaoui ?
62. Hôgen Jézuz, péhini a wié ennhañ hé-unan pénaoz hé ziskibled a voudé diwar-benn kémeñt-sé, a lavaraz d'ézhô : Gwall-skouér a géméridi eûz a géméñt-sé ?
63. Ha mar gwélit Màb ann dén ô piña el léac'h ma édo keñt ?
64. Ar Spéred eo a rô ar vuez : ar c'hik na hell nétrà : ar geriou em euz lavared d'é-hoc'h a zô spéred ha buez.
65. Hôgen béz' éz eûz hiniennou enn hô touez ha na grédoñt két ; ràk Jézuz a wié adaleg ar penn-keñta péré a ioa ha na grédeñt két, ha piou é oa ann hini a dlié hé werza.
66. Hag é lavaraz : Dré-zé eo em eûz lavared d'é-hoc'h pénaoz dén na hell doñd d'am c'havout, ma n'eo rôed d'ézhañ doñt gañt va Zàd.
67. A neûzé kalz eûz hé ziskibled en em dennaz adré; ha n'az éañt mui d'hé beûl.
68. Ha Jézuz a lavaraz d'ann daouzék : Ha c'houi, ha na fell kéd d'éhoc'h ivé moñt-kuit ?
69. Simon Per a respouñtaz d'ézhañ : Aotrou, étrézé piou éz ajemp ? Té éc'h eûz geriou ar vuez peûr-baduz.
70. Ha ni a gréd hag a anavez pénaoz oud ar C'hrist Màb Doué.
71. Kémeñt-mañ a lavaré diwar-benn Iuzaz Iskariot màb Simon ; ràg hen-nez eo a dlié hé werza, évit-hañ da véza unan eûz ann daouzék.

VII. PENNAD.

1. Hôgen abaoé neûzé Jézuz a gerzé é Galiléa ; ràk na fellé kéd d'ézhañ kerzoud er Judéa, dré ma klaské ar Iuzevien ann doaré d'hé laza.
2. Tôst é oa goél ar Iuzevien, hanvet goél ann Teltou.
3. Hé vreûdeûr a lavaraz éta d'ézhañ : Kéa ac'hann, ha kéa er Judéa, évit ma wélô ivé da ziskibled ar péz a réz.
4. Ràk dén na labour é-kùz, ma fell d'ézhañ béza anavézet gañt ann holl : pa réz kémeñt-sé, en em rô da anaoud d'ar béd holl.
5. Ràg hé vreûdeûr na grédeñt kéd enn-hañ.
6. Jézuz éta a lavaraz d'ézhô : Né két c'hoaz deûet va amzer ; hôgen hoc'h amzer-c'houi a zô bépréd daré.
7. Ar béd na hell kéd hô kasaat : hôgen va c'hasaat a ra ; dré ma rôann testéni diwar hé benn, pénaoz eo fall hé ôberiou.
8. Id c'houi d'ar goél-mañ ; évidouna-mé né d-ann kéd d'ar goél-mañ ; ràk va amzer né kéd deûet c'hoaz.
9. Goudé béza lavaret kémeñt-sé, é choumaz é Galiléa.
10. Hôgen pa oé éad hé vreûdeûr kuit, éz éaz ivé d'ar goél, nann enn eunn doaré anat, hôgen é-c'hiz é-kùz.
11. Ràg ar Iuzevien a glaské anézhañ é-pàd ar goél, hag a lavaré : Péléac'h éma heñ-nez ?
12. Hag eur bood bràz a ioa diwar hé benn é-touez ar bobl. Ràk lôd a lavaré : Eunn dén màd eo. Hôgen ré all a lavaré ; Nann, hôgen touella a ra ar bobl.
13. Koulskoudé dén na gomzé huel diwar hé benn, gañd aoun ràg ar Iuzevien.
14. Hôgen war-drô kreiz ar goél, Jézuz a biñaz d'ann templ, hag en em lékéaz da gélenna.
15. Hag ar Iuzevien a ioa souézet bràz, hag a lavaré : Pénaoz é oar hémañ ar Skrituriou, pa n'en deûz kéd hô desket ?
16. Jézuz a respouñtaz hag a lavaraz d'ézhô : Va c'hélénnadurez né kéd

d'in, hôgen d'ann hini en deûz va c'haset.

17. Mar fell da unan-bennâg ôber ioul Doué, éc'h anavézô mar teû va c'hélénnadurez diout-hañ, pé mar komzann ac'hanoun va-unan.

18. Néb a gomz anézhañ hé-unan a glask hé c'hloar hé-unan : hôgen néb a glask gloar ann hini en deûz hé gaset, hen-nez a zô gwirion, ha n'eûz kéd a c'haou enn-hañ.

19. Ha n'en deûz két Moizez rôed al lézen d'é-hoc'h ; hag hini ac'hanoc'h na vir al lézen ?

20. Pérâg é likit-hu hô poell d'am laza ? Ar bobl a respouñtaz hag a lavaraz : Ann diaoul a zô gan-éz ; piou a laka hé boell d'az laza ?

21. Jézuz a respouñtaz hag a lavaraz d'ézhô : Eunn ôber em eûz gréat, hag holl oc'h souézet-brâz.

22. Koulskoudé Moizez en deûz rôed d'é-hoc'h ann trô-drouc'h : (né kéd é teûfé eûz a Voizez, hôgen eûz ann tadou) hag é trô-drouc'hid ann den da zeiz ar sabbat.

23. Mar tigémer eunn dén ann trô-drouc'h da zeiz ar sabbat, hép terri lézen Moizez, pérâg é sàv droug enn-hoc'h ô véza ma em eûz iac'héet eunn dén penn-da-benn é deiz ar sabbat ?

24. Na varnit kéd hervez ann doaré, hôgen dougid eur varn gwirion.

25. Neûzé hiniennou eûz a Jéruzalem a lavaraz : Ha né kéd hen-nez a glaskoñt évid hé laza ?

26. Ha chétu é komz dirâg ann holl, ha na lévéroñt nétrâ d'ézhañ Ha n'hô deûz két anavézet Pennou ar vrô pénaoz évit-gwir eo ar C'hrist ?

27. Gouzoud a réomp koulskoudé a béléac'h é teû hé-mañ : hôgen pa zeûi ar C'hrist, dén na wézô a béléac'h eo.

28. Hôgen Jézuz a gomzé kré enn templ, ô kélenna, hag ô lavarout : Va anaoud a rit : ha gouzoud a rit, a béléac'h ounn : ha n'ounn két deûed ac'hanoun va-unan ; hôgen gwir eo ann hini en deûz va c'haset, ha na anavézit kéd anézhañ.

29. Évid-oun-mé a anavez anézhañ, râg anézhañ ounn, hag héñ eo en deûz va c'haset.

30. Hôgen klaskoud a réañd ann tû da gregi enn-hañ ; ha dén na lékéé hé zourn war-n-ézhañ, ô véza né oa két c'hoaz deûed hé heur.

31. Koulskoudé kalz eûz ar bobl a grédaz enn-hañ, hag é lavareñt : Pa zeûi ar C'hrist, hag héñ a rai muioc'h a vurzudou égét na ra hé-man ?

32. Ar Farizianed a glevé ar bobl ô lavarout kémeñt-sé diwar hé benn : hag ar Farizianed a gasaz soudarded évit kregi enn-hañ.

33. Hôgen Jézuz a lavaraz d'ézhô : Émoun c'hoaz gan-é-hoc'h eunn nébeûd amzer : hag éz inn da gavoud ann hini en deûz va c'haset.

34. Va c'hlaskoud a réot, ha n'em c'héfot két : ha na hellit kéd doñt el léac'h ma émounn.

35. Hôgen ar Iuzevien a lavaraz étré-z-hô : Péléac'h éz ai, ha na hellimp kéd hé gavout ? ha moñd a rai é-touez ar Jeñtiled a zô skiñet dré holl, ha kélenna a rai ar Jeñtiled ?

36. Pétrâ eo ar gér-zé en deûz lavaret : Va c'hlaskoud a réot, ha na hellit kéd doñt el léac'h ma émounn ?

37. D'ann deiz divéza, pébini é oa ar brasa eûz ar goél, Jézuz a zavaz, hag a lavaraz a-boéz-penn : Néb en deûz sec'hed, deûed d'am c'havout, hag évet.

38. Néb a gréd enn-oun, hervez ma lavar ar Skritur, é rédô eûz hé gôv steriou dour béô.

39. Kémeñt-sé a lavaré eûz ar Spéred a dlié doñd er ré a grédé enn-hañ ; râk né oa két c'hoaz rôed ar Spéred, ô véza né oa két c'hoaz éat Jézuz enn hé c'hloar.

40. Koulskoudé lôd eûz ar bobl, ô klevoud ar brézégou-zé, a lavaré : Évit-gwir eur Profed eo hé-mañ.

41. Lôd all a lavaré : Ar C'hrist eo. Hôgen ré all a lavaré : Hag eûz a C'haliléa é teûi ar C'hrist ?

42. Ha na lavar kéd ar Skritur, pénaoz ar C'hrist a zeûi eûz a wenn David, hag eûz a géar Vétléhem é péléac'h é oa David ?

43. Evel-sé é oa dizunvaniez é-touez ar bobl diwar hé benn.

44. Hôgen lôd anézhô a fellé d'ézhô kregi enn-hañ : koulskoudé dén é-béd na lékéaz hé zourn war-n-ézhañ.

45. Ar zoudarded a zistrôaz éta
étrézég ar Véleien hag ar Farizianed.
Hag ar ré-mañ a lavaraz d'ézhô :
Pérâk n'hoc'h eûs-hu kéd hé zigaset?
46. Ar zoudarded a respouñtaz :
Biskoaz dén na gomzaz ével ann
dén-zé.
47. Ar Farizianed a lavaraz d'ézhô :
Ha n'oc'h kéd ivé touellet?
48. Ha n'eûz kéd unan-bennâg eûz
ar Briñsed, pé eûz ar Farizianed hag
a grédché enn-hañ :
49. Râg évid ar bobl-mañ, péhini na
anavez kéd al lézen, milliged eo.
50. Nikodémuz, ann hini a ioa éad
d'hé gavout é-pâd ann nôz, hag a
ioa unan eûz hé ziskibled, a lavaraz
d'ézhô :
51. Hag hol lézen a varn dén, hép
ma eo bét sélaouet da geñta, hag hép
ma anavézeur pétrâ en deûz gréat?
52. Ar ré-mañ a respouñtaz hag a
lavaraz d'ézhañ : Ha Galiléad oud-dé
ivé? Lenn gañt préder ar Skrituriou,
ha gwél pénaoz na zâv kéd a Brofed
eûz a C'haliléa.
53. Ha pép-hini en em dennaz enn
hé dl.

VIII. PENNAD.

1. Hôgen Jézuz a iéaz war Ménez
Olived :
2. Ha da c'houlou-deiz é teûaz
adarré enn templ, hag ann holl bobl
a zeûaz d'hé gavout, hag ô véza azé-
zet é kélenné anézhô.
3. Neûzé ar Skribed hag ar Fari-
zianed a gasaz d'ézhañ eur vaouez
péhini a ioa bét kéméret enn avoul-
triez : hag ô véza hé lékéad é-kreiz,
4. É léverjoñd da Jézuz : Mestr, ar
vaouez-mañ a zô bét kéméret enn
avoultriez.
5. Hôgen Moizez en deûz gourc'hé-
mennet d'é-omp el lézen labéza ann
hévélep tûd-zé. Ha té, pétrâ a lévérez?
6. Hôgen kémeñt-mañ a lavareñt
évid hé dempti, hag évit gelloud hé
damallout. Ha Jézuz ô taou-bléga a
skrivé gañd hé viz war ann douar.
7. Ével éta ma keñdalc'heñt ôber
goulennou out-hañ, é savaz, hag é
lavaraz d'ézhô : Ann hini ac'hanoc'h
a zô dibéc'hed ra daolô ar c'heñta
méan out-hi.
8. Hag ô taou-bléga adarré, é skri-
vaz war ann douar.
9. Hôgen pa glefchoñt kémeñt-sé,
éz éjoñt-kuit ann eil goudé égilé, ar
ré gôsa ô voñd da geñta : ha Jézuz a
joumaz hé-unan, gañd ar c'hrég a ioa
é-kreiz.
10. Neûzé Jézuz a zavaz, hag a la-
varaz d'ézhi : Grég, péléac'h éma ar
ré a damall ac'hanod? Ha dén n'en
deûs-héñ da varnet?
11. Hag hi a lavaraz : Dén, Aotrou.
Hôgen Jézuz a lavaraz : Ha mé na
varninn kéd ac'hanod ken-nébeût ;
kéa, ha na bec'h mui bivizikenn.
12. Hôgen Jézuz a gomzaz adarré
oud ar bobl, ô lavarout : Goulou ar
béd oun ; néb a zeû war va lerc'h na
valé kéd enn amc'houlou, hôgen gou-
lou ar vuez en dévézô.
13. Hôgen ar Farizianed a lavaraz
d'ézhañ : Té a rô testéni ac'hanod da-
unan ; da desténi né két gwir.
14. Jézuz a respouñtaz hag a lava-
raz d'ézhô : Pétrâ-bennâg ma rôann
testéni ac'hanoun va-unan, va desténi
a zô gwir : râg gouzoud a rann a-bé-
léac'h é teûann, ha péléac'h éz ann ;
hôgen c'houi na ouzoc'h nag a bé-
léac'h é teûann, na péléac'h éz ann.
15. C'houi a varn hervez ar c'hik ;
évid-oun-mé na varnann dén ;
16. Ha ma varnann, va barn a zô
gwir, râk n'ounn két va-unan ; hôgen
mé, ha va Zâd péhini en deûz va
c'haset.
17. Hag enn hô lézen eo skrivet,
pénaoz testéni daou zén a zô gwir.
18. Mé a rô testéni ac'hanoun va-
unan ; ha va Zâd péhini en deûz va
c'haset a rô ivé testéni ac'hanoun.
19. Hôgen hi a lavaraz d'ézhañ :
Péléac'h éma da Dâd? Jézuz a res-
pouñtaz : Na anavézit na mé na va
Zâd ; mar anavézchac'h ac'hanoun,
éc'h anazvéçhac'h ivé va Zâd.
20. Jézuz a lavaré kémeñt-sé ô ké-
lenna enn templ, el léac'h ma édo
ann teuzor : ha dén na grogaz enn hañ,
râg hé heur né oa kéd deûet c'hoaz.

21. Jézuz a lavaraz c'hoaz d'ézhô : Mond a rann kuit, hag é klaskod ac'hanoun, hag é varvot enn hô péc'hed. Na hellot kéd doñt el léac'h ma'z ann.

22. Hôgen ar Iuzevien a lavaré : Hag héñ en em lazô hé-unan, pa en deûz lavaret : Na hellot kéd doñt el léac'h ma'z ann?

23. Hag héñ a lavaraz d'ézhô : C'houi a zô eûz a-îz ; ha mé a zô eûz a-ûz. C'houi a zô eûz ar béd-mañ, ha mé n'ounn kéd eûz ar béd-mañ.

24. Lavared em eûz éta d'é-hoc'h pénaoz é varvot enn hô péc'héjou : râk ma na grédit két pénaoz ounn ar péz éz ounn, é varvot enn hô péc'hed.

25. Hag hi a lavaraz d'ézhañ : Piou oud-dé? Ha Jézuz a lavaraz d'ézhô : Ar penn-keñta, mé péhini a gomz ouz-hoc'h.

26. Kals a draou em eûz da lavaroud ac'hanoc'h, ha da damallout : hôgen ann hini en deûz va c'haset, a zô gwirion ; ha mé a lavar er béd ar péz em eûz klevet gañt-hañ.

27. Ha na anavézchoñt két pénaoz é lavaré ez oa Doué hé Dâd.

28. Jézuz a lavaraz éta d'ézhô : Pa hô pézô gorroet Mâb ann dén, neûzé éc'h anavézchot piou ounn, ha pénaoz na rann nétrâ ac'hanoun va-unan ; hôgen ma komzann ével m'en deûz va Zâd desked d'in.

29. Hag ann hini en deûz va c'haset, a zô gan-éñ ; ha n'en deûz két va lézet va-unan, ô véza ma rann bépred ar péz a blij d'ézhañ.

30. Pa lavaraz kémeñt-sé, kalz a grédaz enn-hañ.

31. Jézuz a lavaraz éta d'ar Iuzevien a grédé enn-hañ : Mar mirit va gér, é viot va gwir ziskibled ;

32. Hag éc'h anavézchot ar wirionez, hag ar wirionez hô tieûbô.

33. Hag hi a respouñtaz d'ézhañ : Eûz a wenn Abraham omp, ha biskoaz n'omp bét sklaved da zén : pénaoz éta é lévérez é vézimp dieûbet?

34. Jézuz a respouñtaz d'ézhô : É-gwirionez, é-gwirionez hel lavarann d'é-hoc'h, pénaoz piou-bennâg a ra ar péc'hed, a zô sklâv d'ar péc'hed.

35. Hôgen ar sklâv na choum két bépréd enn tî, hag ar mâb a choum bépréd.

36. Mar tieûb éta ar mâb ac'hanoc'h, é viot dieûb évit-gwir.

37. Gouzoud a rann pénaoz oc'h bugalé da Abraham : hôgen va laza a fell d'é-hoc'h, ô véza na gouéz két va lavar enn-hoc'h.

38. Évid-oun-mé a lavar ar péz em eûz gwélet gañt va Zâd : ha c'houi a ra ar péz hoc'h eûz gwélet gañd hô tâd.

39. Ar ré-mañ a respouñtaz hag a lavaraz d'ézhañ : Abraham eo hon tâd. Jézuz a lavaraz d'ezhô : Mar d-oc'h bugalé da Abraham, grid ar péz en deûz gréad Abraham.

40. Hôgen bréma c'houi a glask ann tû da laza ac'hanoun, mé péhini a zô eunn dén hag em eûz lavared d'é-hoc'h ar wirionez em eûz klevet gañd Doué : Abraham n'en deûz két gréat kémeñt-sé.

41. C'houi a ra ar péz en deûz gréat hô tâd. Hag hi a lavaraz d'ézhañ : N'omp két ganet eûz ar c'hadèlez : eunn tad n'hon eûz kén péhini eo Doué.

42. Hôgen Jézuz a lavaraz d'ézhô : Ma vé Doué hô tâd, c'houi a garfé ac'hanoun ; râk mé a zô savet ha deûet eûz a Zoué : ha n'ounn két deûet ac'hanoun va-unan, hôgen hén eo en deûz va c'haset.

43. Pérâk na anavézit-hu két va lavar? O véza na hellit két sélaoui va frézégen.

44. Eûz a eunn tad diaoul oc'h : hag é fell d'é-hoc'h ôber ioulou hô tâd. Lazer-dén eo bét adaleg ar penn-keñta, ha né két choumet er wirionez ; râg ar wirionez n'éma kéd enn-hañ : pa lavar gaou, é lavar ar péz a zô enn-hañ, râg gaouiad eo, ha tâd ar gevier.

45. Hôgen mé, ma lavarann ar wirionez, na grédit kéd d'in.

46. Piou ac'hanoc'h a damallô ac'hanoun a béc'hed? Ma lavarann d'é-hoc'h ar wirionez, pérâk na grédit kéd d'in?

47. Néb a zô a Zoué a zélaou gerîou Doué. Dré-zé eo n'hô sélaouit két, ô véza n'och kéd a Zoué.

48. Hôgen ar Iuzevien a respouñtaz

hag a lavaraz d'ézhañ : Ha na lévéromp két mâd, pénaoz oud eur Samariad, hag éma ann diaoul gan-éz?

49. Jézuz a lavaraz : N'éma kéd ann diaoul gan-éñ ; hôgen mé a énor va Zâd, ha c'houi a zizénor ac'hanoun.

50. Évid-oun-mé na glaskann két va gloar : eunn all a zô hag hé c'hlask, hag am barnô.

51. É-gwirionez, é-gwirionez hel lavarann d'é-hoc'h : Néb a virô va gér, na wélô két ar marô da-vikenn.

52. Hôgen ar Iuzevien a lavaraz d'ézhañ : Bréma éc'h anavézomp pénaoz éma ann diaoul gan-éz. Abraham hag ar Broféded a zô marô, ha té a lavar : Néb a virô va gér, na dañvai kéd ar marô da-vikenn.

53. Ha brasoc'h oud éged Abraham hon tâd, péhini a zô marô ? Ar Broféded a zô marô ivé. Pétrâ a lévérez oud-dé ?

54. Jézuz a respouñtaz : Ma en em veûlann va-unan, va meûleûdi n'eo nétrâ : va Zâd eo a veûl ac'hanoun ; ha c'houi a lavar eo hô Toué.

55. Ha na anavézit két anézhañ ; hôgen mé hé anavez : ha ma lavarann pénaoz na anavézann két anézhañ, é vézinn eur gaouiad ével-d-hoc'h. Hôgen hé anaoud a rann, hag é virann hé c'hér.

56. Abraham hô tâd en deûz c'hoañtéet brâz gwélout va deiz : hé wélet en deûz, hag eo en em laouénéet.

57. Hôgen ar Iuzevien a lavaraz d'ézhañ : N'éc'h eûz két c'hoaz hañter-kañt vloaz, hag éc'h eûz gwéled Abraham.

58. Jézuz a lavaraz d'ézhô : É-gwirionez, é-gwirionez hel lavarann d'é-hoc'h, abarz ma oa Abraham, édounn.

59. Neûzé é kémerchoñt mein évit teûrel out-hañ : hôgen Jézuz en em guzaz hag a iéaz er-méaz eûz ann templ.

IX. PENNAD.

1. Ha pa dréméné Jézuz, é wélaz eunn dén péhini a ioa dall abaoé ma oa ganet :

2. Hag hé ziskibled a c'houlennaz out-hañ : Mestr, pé béc'hed en deûz gréad hé-mañ, pé hé dûd, pa'z eo ganet dall ?

3. Jézuz a respouñtaz : N'en deûz két péc'het, nag hé dûd ken-nébeût : hôgen évit ma vézô diskleriet ôberiou Doué enn-hañ eo.

4. Réd eo d'in ôber ôberiou ann hini en deûz va c'haset, é-pâd ma eo deiz : ann nôz a zeû, ha dén na hell mui ôber nétra.

5. É-pâd émeunn er béd, ounn gouleu ar béd.

6. Goudé m'en doé lavaret kémeñtsé, é skôpaz d'ann douar, hag é réaz fañk gañt skôp, hag é frotaz daoulagad ann dén dall gañd ar fañk-sé,

7. Hag é lavaraz d'ézhañ : Kéa, hag en em walc'h é kibel Siloé (da lavaroud eo, Kaset). Moñd a réaz 'ta ; en em walc'hi a réaz, ha pa zeûaz é wélé.

8. Amézeien hé-mañ, hag ar ré hô doa hé wélet keñtoc'h ô korka, a lavaré : Ha né kéd hen-nez a ioa azézet, hag a gorké ? Ré all a lavaré : Hén eo.

9. Ré all a lavaré : Né két, eunn all eo hag a zô heñvel out-hañ. Hôgen hén a lavaré : Mé eo.

10. Hôgen hi a lavaré d'ézhañ : Pénaoz eo bet digoret da zaou-lagad d'id?

11. Hag hén a respouñtaz : Ann dén-zé a c'halveur Jézuz, en deûz gréat fañk : hag en deûz frotet va daou-lagad, hag en deûz lavared d'in : Kéa da gibel Siloé, hag en em walc'h. Hag ounn éat, hag ounn en em walc'het, hag é wélann.

12. Hag hi a lavaraz d'ézhañ : Péléac'h éma ? Hag hén a lavaraz : Na ouzonn két.

13. Kâs a réjoñd d'ar Farizianed ann hini a ioa béd dall.

14. Hôgen deiz ar sabbat oa, pa en doa Jézuz gréat ar fañk, hag en doa digored hé zaou-lagad d'ézhañ.

15. Ar Farizianed a c'houlennaz ivé digañt-hañ pénaoz é wélé. Hôgen hén a lavaraz d'ézhô : Fañk en deûz lékéat war va daou-lagad, en em walc'hed ounn, hag é wélann.

16. Hôgen lôd eûz ar Farizianed a lavaré : Hen-nez né kéd eunn dén a berz Doué, pa na vir két ar sabbat.

Ha ré all a lavaré : Pénaoz eunn dén
péc'her a hellfé ôber ar vurzudou-zé?
Ha dizunvaniez a ioa étré-z-hô.
17. Lavaroud a réjoñd adarré d'ann
dén dall : Na té, pétrâ a lévérez eûz
ann hini en deûz digored da zaou-
lagad? Hag héñ a lavaraz : Eur Pro-
fed eo.
18. Hôgen ar Iuzevien na grédeñt
két é oa bét dall, hag é wélé bréma,
ken n'hô doé galvet hé dâd hag hé
vamm.
19. Hag é léverjoñd d'ézhô : Hag
hen-nez eo hô mâb, péhini a livirit a
zô ganed dall? Pénaoz éta é wél
bréma?
20. Ann tâd hag ar vamm a res-
pouñtaz hag a lavaraz : Gouzoud a
réomp pénaoz hé-mañ a zô hor mâb,
ha pénaoz eo ganed dall :
21. Hôgen pénaoz é wél bréma, na
ouzomp két : ha na ouzomp két ken-
nébeût piou en deûz digored hé zaou-
lagad d'ézhañ : Goulennit out-hañ ;
éma enn oad, ra gomzô anézhañ hé-
unan.
22. Hé géreñt a gomzé ével-sé, ô
véza m'hô doa aoun rag ar Iuzevien
hô doa lékéad enn hô fenn pénaoz
piou-bennâg a anavézché Jézuz évid
ar C'hrist, a vijé kaset-kuit eûz ar
sinagog.
23. Dré-zé hé dûd a lavaraz : Oad
en deûz, goulennid digañt-hañ hé-
unan.
24. Gervel a réjoñd éta adarré ann
dén a ioa bét dall, hag é léverjoñd
d'ézhañ : Meûl Doué : gouzoud a
réomp pénaoz ann dén-zé a zô eur
péc'her.
25. Hag héñ a lavaraz d'ézhô : Mar
d-eo eur péc'her, n'ouzonn doaré :
eunn dra a ouzonn, pénaoz é oann
dall, ha brémañ é wélann.
26. Hag ar ré-mañ a lavaraz d'éz-
hañ : Pétrâ en deûz gréat d'id? Pénaoz
en deûz digoret da zaou-lagad d'id?
27. Hag héñ a respouñtaz d'ézhô :
Hel lavared em eûz kéñtoc'h d'é-
hoc'h, hag hé gleved hoc'h eûz : pé-
râg é fell d'é-hoc'h hé glevoud adarré?
Ha c'houi a fell d'é-hoc'h ivé doñd
da véza diskibled d'ézhañ?
28. Hôgen hi a gunuc'haz anézhañ,
hag a lavaraz : Béz té diskibl d'ézhañ :
évid-omp-ni omp diskibled da Voizez.
29. Gouzoud a réomp pénaoz Doué
en deûz komzet out Moizez : hôgen hé-
mañ na ouzomp kéd a béléac'h é teû.
30. Ann dén-zé a respouñtaz hag a
lavaraz d'ézhô : Eunn dra souézuz
brâz eo, pénaoz na ouzoc'h két a bé-
léac'h eo, hag héñ en deûz digoret va
daou-lagad.
31. Gouzoud a réomp pénaoz Doué
na zélaou kéd ar péc'herien : hôgen
mar teû eur ré d'hé azeûli, ha da ôber
hé ioul, é sélaouô hen-nez.
32. Né két bét klevet bété vrémañ
pénaoz en défé dén digored hé zaou-
lagad da eunn dén ganed dall.
33. Ma n'eo kéd hen-nez eunn dén
a Zoué, na hellfé kéd ôber kémeñt-sé.
34. Ar ré-mañ a respouñtaz hag a
lavaraz d'ézhañ : Er péc'hed oud ga-
ned holl, hag é kélennez ac'hanomp?
Hag é lékéjoñd anézhañ er-méaz.
35. Jézuz a glevaz pénaoz hô doa
hé lékéad er-méaz ; hag ô véza kijet
out-hañ, é lavaraz d'ézhañ : Ha kridi
a réz é Mâb Doué?
36. Hag héñ a respouñtaz hag a la-
varaz : Piou eo, Aotrou, évit ma kré-
dinn enn-hañ?
37. Ha Jézuz a lavaraz d'ézhañ :
Hé wélet éc'h eûz, hag ann hini a
gomz ouz-id eo.
38. Hag héñ a lavaraz : Aotrou,
kridi a rann. Hag ôc'h en em striñka
d'ann douar, éc'h azeûlaz anézhañ.
39. Ha Jézuz a lavaraz : Deûed
ounn er béd-mañ évit barna : évit
ma wélô ar ré na wéloñt két, ha ma
teûiô dall ar ré a wél.
40. Ha lôd eûz ar Farizianed, péré
a ioa gañt-hañ, ô véza klevet kémeñt-
sé, a lavaraz d'ézhañ : Ha dall omp
ivé ni?
41. Jézuz a lavaraz d'ézhô : Ma
véac'h dall, n'hô pé kéd a béc'hed :
hôgen bréma é livirit : Ni a wél. Hag
hô péc'hed a choum enn-hoc'h.

X. PENNAD.

1. Hel lavaroud a rann d'é-hoc'h

pénaoz piou-bennâg na'z â két dré ann ôr é kraou ann déñved, hôgen a bîñ dré eul léac'h all, a zô eul laer hag eur skarzer.

2. Hôgen ann hini a zeû dré ann ôr, a zô meser ann déñved.

3. Da ben-nez eo é tigor ar porsier, hag ann déñved a gleô hé vouéz, hag é c'halv hé zéñved hé-unan dré hô hanô, hag hô laka da voñd er-méaz.

4. Ha pa en deûz hô lékéad hé-unan da voñd er-méaz, éz â enn hô raok : hag ann déñved a ia war hé lerc'h, ô véza ma anavézoñt hé vouéz.

5. Ha na'z éoñt két war lerc'h eunn diavésiad ; hôgen tec'hi a réoñt diout-hañ, ô véza na anavézoñt két mouéz ann diavésidi.

6. Jézuz a lavaraz d'ézhô ar barabolen-zé. Hôgen hi na anavézchoñt két ar péz a lavaré d'ézhô.

7. Jézuz a lavaraz c'hoaz d'ézhô : É gwirionez, é-gwirionez hel lavarann d'é-hoc'h, pénaoz eo mé eo dôr ann déñved.

8. Ar ré holl a zô deûet, a zô laéroun ha skarzerien, hag ann déñved n'hô deûz kéd hô c'hlevet.

9. Mé eo ann ôr. Mar teû eur ré ébarz dré-z-oun, é vézô salvet : moñd a rai ébarz, moñd a rai er-méaz, hag é kavô peûri.

10. Al laer na zeû néméd évit laéra, évit laza, évit kolla. Mé a zô deûet évit ma hô dévézô ar vuez, ha ma hô dévézô anézhi gañt mui a founder.

11. Mé a zô ar Meser mâd. Ar meser mâd a rô hé vuez évid hé zéñved.

12. Hôgen ar gôpraer, hag ann hini né két meser, ha da béhini né kéd ann déñved, pa wél ar bleiz ô toñt, a zilez ann déñved, hag a dec'h : hag ar bleiz a skarz hag a zismañtr ann déñved.

13. Ar gôpraer a dec'h, ô véza ma eo gôpraer, ha na gémer kéd a bréder gañd ann déñved.

14. Mé eo ar meser mâd : anaoud a rann va ré, ha va ré am anavez.

15. Ével ma anavez va Zâd ac'hanoun, éc'h anavézann va Zâd : hag é rôann va buez évit va déñved.

16. Bez' em eûz c'hoaz déñved all, péré n'iñt kéd eûz ann dropel-mañ : hag eo réd é tigaschenn anézhô. Va mouéz a gleviñt, ha na vézô néméd eunn tropel hag eur meser.

17. Dré-zé eo é kâr va Zâd ac'hanoun, ô véza ma lézann va éné, évid hé géméroud adarré.

18. Dén na gémer anézhañ digan-éñ : hôgen mé hé rô ac'hanoun va-unan : ar galloud em eûz d'hé leûskel, hag ar galloud em eûz d'hé géméroud adarré. Ar gourc'hémenn-zé em eûz bét digañt va Zâd.

19. Dizunvaniez a zavaz adarré étouez ar Iuzevien diwar-benn ar geriou-zé.

20. Kalz anézhô a lavaré : Éma ann diaoul enn-hañ ; diskiañtet eo ; pérâg é sélaouit-hu anézhañ ?

21. Ré all a lavaré : Ar geriou-zé n'iñt kéd eûz a eunn dén é péhini é vé ann diaoul : ann diaoul hag héñ a hell digeri daoulagad ar ré zall ?

22. Hôgen ôber a réad é Jéruzalem goél al Lid-Iliz : hag er goañv édot.

23. Ha Jézuz a valéé enn templ, é porched Salomon.

24. Hôgen ar Iuzevien en em lékéaz war hé drô, hag a lavaraz d'ézhañ : Bété pégeit é talc'hi ac'hanomp enn arvar ? Mar d-oud ar C'hrist, lavar-héñ d'é-omp splann.

25. Jézuz a respouñtaz d'ézhô : Komza a rann ouz-hoc'h, ha na grédit kéd d'in. Ann ôberiou a rann é hanô va Zâd, a rô testéni ac'hanoun :

26. Hôgen c'houi na grédit két, ô véza n'oc'h kéd eûz va déñved.

27. Va déñved a anavez va mouéz : hô anaoud a rann, hag é teûoñt war va lerc'h :

28. Ha mé a rô d'ézhô ar vuez peûr-baduz : ha na véziñt két kollet da-vikenn, ha dén n'hô skrapô eûz va daouarn.

29. Ar péz en deûz rôet va Zâd d'in, a zô brasoc'h égét pép trâ ; ha dén na hell hé skrapa diouc'h dourn va Zâd.

30. Mé ha va Zâd a zô eunn hévélep trâ.

31. Hôgen ar Iuzevien a géméraz mein évid hé lakéza.

32. Jézuz a laváraz d'ézhô : Meûr a ôber mâd em eûz diskouézet d'é-hoc'h a berz va Zâd : évit péhini eûz ann

ôberiou-zé é labézit-hu ac'hanoun ?
33. Ar Iuzevien a respouñtaz d'éz-
hañ : Né kéd évid eunn ôber mâd é
labézomp ac'hanod, évid eur gér a-
énep Doué eo ; ô véza n'oud néméd
eunn dén, hag en em réz Doué.
34. Jézuz a respouñtaz d'ézhô. Ha
n'eo két skrivet enn hô lézenn : Lava-
red em eûz, doueed oc'h.
35. Mar galv doueed ar ré évit pieu
é oa gréat geriou Doué, ha ma na hell
két ar Skritur béza torret :
36. Pérâg é livirit-hu pénaoz é kom-
zann a-énep Doué, mé péhini a zô bét
sañtel ha kased er béd gañt va Zâd,
dré ma em eûz lavaret é oann Mâb
Doué ?
37. Ma na rann két ôberiou va Zâd,
na grédit kéd enn-oun.
38. Hôgen ma hô grann, ma na fell
kéd d'é-boc'h kridi enn-oun, krédit
em ôberiou, évit ma anavézot, ha ma
krédot pénaoz éma va Zâd enn-oun,
ha mé enn-hañ.
39. Neûzé é klaskchoñt kregi enn-
hañ : hôgen héñ en em donnaz eûz
hô daouarn.
40. Hag éz éaz adarré enn tu all
d'ar Jourdan, el léac'h ma édo Iann ô
vadézi da-geñta : hag é choumaz énô.
41. Kalz a zeûaz d'hé gavout, hag
é lavareñt : Iann n'en deûs gréat bur-
zud é-béd.
42. Hôgen kémeñd en deûz lavaret
Iann diwar-benn hé-mañ a ioa gwir.
Ha kalz a grédaz enn-hañ.

XI. PENNAD.

1. Hôgen béz' éz oa eunn dén klañv,
hanvet Lazar, eûz a Vétania, bourc'h
é péléac'h é choumé Mari ha Marta
hé c'hoar.
2. (Mari a ioa houn-nez péhini a
skulaz louzou c'houés-vâd war ann
Aotrou, hag a zec'haz hé dreid gañd
hé bleô : Lazar breûr houn-nez eo a
ioa klañv.)
3. Hé c'hoarézed a gasaz éta eur
ré-bennâg da lavaroud da Jézuz :
Aotrou, chétu ann hini a garez a zô
klañv.
4. Pa glevaz kémeñt-sé é lavaraz
d'ézhô : Ar c'hléñved-zé n'az ai két
bétég ar marô ; hôgen évit gloar Doué
eo, hag évit ma vézô meûlet Mâb
Doué dré-z-hañ.
5. Hôgen Jézuz a garé Marta, ha
Mari hé c'hoar, ha Lazar.
6. Hôgen pa en doé klevet lavaroud
pénaoz é oa klañv hé-mañ, é choumaz
daou zervez c'hoaz el léac'h ma édo.
7. Ha goudé-zé é lavaraz d'hé zis-
kibled : Déomp c'hoaz er Judéa.
8. He ziskibled a lavaraz d'ézhañ :
Mestr, n'eûz két pell é klaské ar Iu-
zevien ac'hanod évid da labéza, hag
éz éz c'hoaz di ?
9. Jézuz a respouñtaz : Ha n'éz eûz
két daouzég heur enn deiz ? Ma valé
eunn dén enn deiz, na stok é nétrâ,
râg gwéloud a râ goulou ar béd-mañ :
10. Hôgen ma valé enn nôz, é stok
enn eunn dra, ô véza n'eûz kéd a
c'houlou enn-hi.
11. Kémeñt-sé a lavaraz, ha goudé-
zé é lavaraz d'ézhô : Lazar hor mi-
ñoun a zô kousket : hôgen mond a
rann d'hé zihuna.
12. Hé ziskibled a lavaraz d'ézhañ :
Aotrou, mar d-eo kousket, é vézô
iac'h.
13. Hôgen Jézuz en doa komzet
eûz hé varô, hag hi a grédé pénaoz
en doa komzet eûz ann hûn kousk.
14. Neûzé Jézuz a lavaraz d'ézhô
fréaz : Lazar a zô marô ;
15. Ha da eo gan-éñ, enn abek
d'é-hoc'h na venn két bét énô, évit
ma krédot. Hôgen déomp d'hé gavout.
16. Neûzé Tomaz, les-hanvet Didi-
muz a lavaraz d'hé gen-ziskibled :
Déomp ivé ni, évit ma varvimp gañt-
hañ.
17. Jézuz éta a iéaz hag a gavaz
pénaoz ez oa er béz pévar dervez
a ioa.
18. (Râk Bétania a ioa pell diouc'h
Jéruzalem é-trô pemzék stad.)
19. Kalz a Iuzevien a oa deûed da
wélout Marta ha Mari, évid hô fréalzi
diwar-benn hô breûr.
20. Marta ô véza klevet pénaoz é
teûé Jézuz, a iéaz d'hé ziambrouga :
hôgen Mari a joumaz azézet enn ti.
21. Neûzé Marta a lavaraz da Jé-

zaz : Aotrou, ma vijez bét amañ, va
breûr na vijé két marô :

22. Hôgen gouzoud a rann bréma
pénaoz kémeñt trà a c'houlenni di-
gañd Doue, hé rôi Doué d'id.

23. Jézuz a lavaraz d'ézhi : Da
vreûr a zazorc'hô.

24. Marta a lavaraz d'ézhañ : Gou-
zoud a rann pénaoz é tazorc'hô enn
dazorc'hidigez enn deiz divéza.

25. Jézuz a lavaraz d'ézhi : Mé eo
ann dazorc'hidigez hag ar vuez : néb
a gréd enn-oun, ha pa vé marô, a
vévô.

26. Ha piou-bennâg a vév, hag a
gréd enn-oun, na varvô kéd da-vikenn.
Ha kridi a réz kémeñt-sé?

27. Hag hi a lavaraz d'ézhañ : Ia,
Aotrou, mé a gréd pénaoz oud ar
C'hrist Mâb ann Doué béô, péhini a
zô deûet er béd-mañ.

28. Goudé ma é doé lavaret kémeñt-
sé, éz éaz-kuit, hag é c'halvaz goustad
Mari hé c'hoar, ô lavarout : Ar Mestr
a zô deûet, hag é c'halv ac'hanod.

29. Kerkeñt ha ma klevaz-hi ké-
meñt-sé, é savaz hag éz éaz d'hé ga-
vout.

30. Râk Jézuz né oa két c'hoaz
deûet er vourc'h; hôgen béz' édo el
léac'h é péhini é oa bét diambrouget
gañt Marta.

31. Hôgen ar Iuzevien a ioa gañt
Mari enn ti, ha péré a fréalzé anézhi,
pa wéljoñt pénaoz é oa savet ker buan
hag éad er-méaz, a iéaz war hé lerc'h,
ô lavarout : Moñd a ra d'ar béz, évit
gwéla énô.

32. Pa oé deûet Mari el léac'h é
péhini édo Jézuz, ha pa wélaz anéz-
hañ, en em daolaz d'hé dreid, hag é
lavaraz d'ézhañ : Aotrou, ma vijez bét
amañ, va breûr na vijé két marô.

33. Hôgen Jézuz pa wélaz anézhi ô
léñva, kerkoulz hag ar Iuzevien a ioa
deûet gañt-hi, a skrijaz, hag a zaou-
zanaz.

34. Hag é lavaraz : Péléac'h hoc'h
eûs-hu hé lékéat? Hag hi a lavaraz
d'ézhañ : Aotrou, deûez ha gwél.

35. Ha Jézuz en em lékéaz da wéla.

36. Hôgen ar Iuzevien a lavaraz :
Chétu pénaoz é karé anézhañ.

37. Koulskoudé lôd eûz ar ré-mañ
a lavaré : Ha na hellé kéd hé-mañ,
péhini en deûz digoret hé zaou-lagad
da eunn dén ganed-dall, miroud out-
hañ na varvché?

38. Hôgen Jézuz ô skrija a-nevez
enn-hañ hé-unan, a zeûaz d'ar béz.
Eur c'héô é oa; hag eur méan a oa
bét lékéat war-n-ézhañ.

39. Ha Jézuz a lavaraz d'ézhô : La-
mid ar méan. Marta, c'hoar ann hini
a oa marô, a lavaraz d'ézhañ : Aotrou,
fleria a ra dijâ, râk pévar dervez zô
éma azé.

40. Jézuz a lavaraz d'ézhi : Ha n'em
eûz két lavared d'id, pénaoz mar
krédez, é wéli gloar Doué?

41. Tenna a réjoñd éta ar méan.
Hôgen Jézuz ô sével hé zaou-lagad
étrézég ann éñv, a lavaraz : Va Zâd,
da drugarékaad a rann ô véza ma
éc'h eûz va sélaouet.

42. Évid-oun-mé a wié pénaoz é
sélaouez bépréd ac'hanoun; hôgen
kémeñt-mañ a lavarann évid ar bobl
péhini a zô war va zrô : évit ma kré-
diñt pénaoz éc'h eûz va c'haset.

43. Goudé béza lavaret kémeñt-sé,
é kriaz a-bouéz-penn : Lazar, deûz
er-méaz.

44. Ha râk-tâl ann hini a oa marô
a zeûaz er-méaz, gañd hé dreid hag
hé zaouarn éréet, hag hé zremm gô-
lôet gañd eul liser. Ha Jézuz a lavaraz
d'ézhô : Diéréit anézhañ, ha list-héñ
da voñt.

45. Neûzé kalz eûz ar Iuzevien a
ioa deûed da wélout Mari ha Marta,
pa wéljoñt ar péz en doa gréat Jézuz,
a grédaz enn-hañ.

46. Hôgen lôd anézhô a iész da
gavoud ar Farizianed, hag a lavaraz
d'ézhô ar péz en doa gréat Jézuz.

47. Priñsed ar véleien hag ar Fari-
zianed en em strollaz éta, hag é lava-
reñt : Pétrâ a réomp? Ann dén-zé a
ra kalz a vurzudou.

48. Ma hé lézomp ével-sé, ann holl
a grédô enn-hañ : hag ar Romaned a
zeûi, hag é tismañtriñt hol léac'h hag
hoñ tûd.

49. Hôgen unan anézhô hañvet
Kaifaz, péhini a ioa Bélek-brâz er
bloaz-zé, a lavaraz d'ézhô : C'houi na
ouzoc'h nétrâ.

50. Ha na vennit két pénaoz eo gwelloc'h évid-hoc'h é varvché eunn dén hé-unan évid ar bobl, égét na vé kollet ann holl vrôad.

51. Hôgen na lavaré két kémeñt-sé anézhañ hé-unan ; ô véza ma édo Bélék-brâz er bloaz-zé, é tiouganaz pénaoz Jézuz a dlié mervel évid ar vrôad,

52. Ha nann hép-kén évid ar vrôad-zé, hôgen évit strolla enn eur vrôad hép-kén bugalé Doué, péré a ioa skiñet.

53. Adaleg ann dervez-zé éta é venchoñt hé lakaad da vervel.

54. Hógen Jézuz na gerzé mui dirâg ann holl é-toucz ar Iuzevien ; hag en em denna a réaz enn eur vrô tôst d'ann distrô, enn eur géar hanvet Éfrem ; hag é choumaz énô gañd hé ziskibled.

55. Hôgen Pask ar Iuzevien a ioa tôst ; ha kalz a dûd eûz ar vrô-zé a iéaz da Jéruzalem évid en em c'hlana.

56. Klaskoud a réañt Jézuz, hag é lavareñt ann eil d'égilé pa édoñt enn templ : Pétrâ a vennit-hu, ô véza n'eo kéd deûet é deiz ar goél ? Râk Priñsed ar véleien hag ar Farizianed hô doa rôed urz pénaoz ma oufé eur ré pélac'h édo, é teûfé d'hé ziskulia, évit ma hellfeñt kregi enn-hañ.

—

XII. PENNAD.

1. C'houéac'h dervez abarz ar Pask, Jézuz a zeûaz é Bétania, é péléac'h é oa marvet Lazar, ha saved a varô da véô.

2. Hôgen énô é oé aozed da goan d'ézhañ. Ha Marta a zervichê, ha Lazar a oa unan eûz ar ré a ioa ouc'h taol gañt-hañ.

3. Neûzé Mari a géméraz eul livr nard kré, hag a dalié kalz, hag é taolaz anézhañ war dreid Jézuz, hag hô zec'haz gañd hé bléô : hag ann ti a roé leûn gañd al louzou c'houés vâd.

4. Neûzé unan eûz hé ziskibled, Iuzaz Iskariot péhini a dlié hé werza, a lavaraz :

5. Pérâk né deûz két gwerzet al louzou-zé tri c'hañt diner, évit rei d'ar béorien ?

6. Kémeñt-sé a lavaré, né kéd é prédérié eûz ar béorien, hôgen ô véza ma'z oa eul laer, hag ô terc'hel ar ialc'h, é tougé ann arc'hañt a lékéad enn-hi.

7. Hôgen Jézuz a lavaraz : List-hi da ôber, râg ann dra-mañ a vézô mâd évit va liéna.

8. Râk péorien boc'h eûz bépréd gan-é-hoc'h ; hôgen n'hô pézô kéd ac'hanoun bépréd gan-é-hoc'h.

9. Hôgen eul lôd brâz a Iuzevien a wézaz pénaoz édo énô ; hag é teûjoñt, nann hép-kén évit Jézuz, hôgen évit gwélout Lazar, péhini en doa savet a varô da véô.

10. Priñsed ar véleien a vennaz ivé laza Lazar ;

11. O véza ma pellaé kalz a Iuzevien diout-hô enn abek d'ézhañ, ha ma krédeñt é Jézuz.

12. Hôgen añtrônôz eul lôd brâz a dûd péré a ioa deûed, ô véza klevet évid ar goél pénaoz é teûé Jézuz da Jéruzalem ;

13. A géméraz skourrou palmez, hag a iéaz d'hé ziambrouga, hag é krieñt : Hosanna, benniget ra vézô Roué Israel, péhini a zeû é hanô ann Aotrou.

14. Ha Jézuz a gavaz eunn azénik, hag a azézaz war-n-ézhañ, ével ma eo skrivet :

15. N'az pé kéd a aoun, merc'h Sion, chétu da Roué a zeû azézet war ébeûl eunn azen.

16. Hé ziskibled na anavézchoñt két kémeñt-sé da-geñta : hôgen pa oé éat Jézuz enn hé c'hloar, neûzé é teûaz koun d'ézhô eûz ar péz a oa skrivet diwar hé benn, hag eûz ar péz hô doa gréat d'ézhañ.

17. Al lôd tûd a ioa gañt-hañ pa c'halvaz Lazar eûz ar béz, ha pa lékéaz anézhañ da zével eûz a douez ar ré varô, a rôé testéni d'ézhañ.

18. Dré-zé eo é teûaz kalz a dûd d'hé ambrouga ; ô véza m'hô doa klevet pénaoz en doa gréat ar burzud-zé.

19. Ar Farizianed a lavaraz neûzé étré-z-hô : Gwéloud a rit pénaoz n'hon

eûz gonnézet nétrâ ; chétu ar béd holl a ia war hé lerc'h.

20. Hôgen bez éz oa Jeñtiled, éfouez ar ré a ioa deûet évid azeûli é deiz ar goél ;

21. Ar ré-mañ a iéaz da gavout Filip, péhini a ioa eûz a Vetsaida é Galiléa, hag é pédchoñt anézhañ, ô lavarout : Aotrou, ni a garré gwélout Jézuz.

22. Filip a zeûaz hag hé lavaraz da Añdré : hag Añdré ha Filip hé lavaraz adarré da Jézuz.

23. Hôgen Jézuz a respouñtaz d'ézhô, ô lavarout : Deûed eo ann heur, ma vézô meûlet Mâb ann dén.

24. É-gwirionez, é-gwirionez hel lavarann d'é-hoc'h, ma na varv két ar c'hreûnen winiz a gouéz d'ann douar, é chonmô hé-unan ; hôgen mar marv, é tigas kalz a frouez.

25. Néb a gâr hé vuez, hé c'hollô : ha néb a gasa hé vuez er béd-mañ, hé mir évid ar vuez peûr-baduz.

26. Mar servich eur ré ac'hanoun, ra zeûi war va lerc'h : hag el léac'h ma vézinn, énô ivé é vézô va servicher. Mar en deûz eur ré servichet ac'hanoun, va Zâd a énorô anézhañ.

27. Bréma va éné a zô eñkrézet. Ha pétrâ a livirinn-mé ? Va Zâd, savété ac'hanoun eûz ann heur-mañ. Hôgen évit-sé eo ounn deûed enn heur-mañ.

28. Va Zâd, meûl da hanô. Neûzé é oé klevet eur vouéz eûz ann éñv : Ha meûlet em eûz, ha c'hoaz é veûlinn.

29. Ar bobl a ioa énô, hag hô doa klevet, a lavaré é oa bét kurun. Ré all a lavaré : Eunn Éal en deûz komzet out-hañ.

30. Jézuz a respouñtaz, hag a lavaraz : Né kéd enn abek d'in eo deûed ar vouéz-zé, hôgen enn abék d'é-hoc'h.

31. Bréma é vézô barnet ar béd : bréma priñs ar béd-mañ a vézô taolet er-méaz.

32. Ha mé pa vézinn gorrôet a-ziouc'h ann douar, a dennô pép trâ étrézég enn-oun.

33. (Kémeñt-sé a lavaré évit merka a bé varô é tlié mervel.)

34. Ar bobl a respouñtaz d'ézhañ : Ni hon eûz klevet eûz al lézen, pénaoz ar C'hrist a dlé choum da-vikenn : ha pénaoz é lévérez-té eo réd é vé gorrôet Mâb ann dén ? Piou eo Mâb ann dén-zé ?

35. Jézuz a lavaraz d'ézhô : Éma c'hoaz ar goulou gan-é-hoc'h évid eunn nébeûd amzer. Kerzit é-pâd hoc'h eûz ar goulou, évit na viot két kéméret gañd ann dévalien : râk néb a gerz enn dévalien, na oar két péléac'h éz â.

36. É-pâd hoc'h eûz ar goulou, krédit er goulou, évit ma viot bugalé ar goulou. Jézuz ô véza lavaret ann dra-zé, a iéaz-kuit, hag en em guzaz ra-z-hô.

37. Hôgen évit-hañ da véza gréat kémeñd a vurzudou dira-z-hô, na grédeñt kéd eun-hañ :

38. Évit ma vijé sévénet gér ar profed Izaiaz, pa lavaré : Aotrou, piou en deûz krédet d'hor lavar ? Ha da biou eo bét diskleriet bréac'h ann Aotrou ?

39. Dré-zé na helleñt két kridi pénaoz Izaiaz en deûz lavaret c'hoaz :

40. Dallet en deûz hô daou-lagad, ha kalédet en deûz hô c'haloun évit na wéliñt két gañd hô daou-lagad, na boelliñt két gañd hô c'haloun, gañd aoun na zistrôjeñd ouc'h Doué, ha na iac'haenn anézhô.

41. Izaiaz en deûz lavaret kémeñtsé, pa en deûz gwélet hé c'hloar, ha pa en deûz komzet diwar hé benn.

42. Koulskoudé kals eûz ar Briñsed zô-kén a grédaz enn-hañ : hôgen enn abek d'ar Farizianed na añsaveñt két kémeñt-sé, gañd aoun na veñt kasetkuid eûz ar sinagog.

43. Râk muioc'h hô deûz karet gloar ann dûd égét gloar Doué.

44. Hôgen Jézuz a griaz, hag a lavaraz : Néb a gréd enn-oun, na gréd két enn-oun, hôgen enn hini en deûz va c'haset.

45. Ha néb a wél ac'hanoun, a wél ann hini en deûz va c'haset.

46. Da c'houlou ounn deûed er béd : évit na joumô két enn dévalien kémeñd hini a gréd enn-oun.

47. Ma éz eûz unan-bennâg hag a zélaou va geriou, ha n'hô mir két ; na varnann két anézhañ : râk n'ounn

kéd deûet évit barna ar béd, hôgen évit savétei ar béd.

48. Néb a zispriz ac'hanoun, ha na zigémer két va geriou, a vézô barnet. Ar gér em eûz lavaret eo a varnô anézhañ enn deiz divéza.

49. Râk né kéd ac'hanoun va-unan em eûz komzet, hôgen va Zâd péhini en deûz va c'haset eo en deûz gourc'hemennet d'in pétrâ em eûz da lavarout, ha pénaoz é tléann komza.

50. Ha gouzoud a rann pénaoz hé c'hourc'hémenn a zô ar vuez peûrbaduz. Ar péz éta a lavarann, hel lavarann hervez m'en deûz va Zâd hé lavared d'in.

XIII. PENNAD.

1. Abarz deiz goél Pask, Jézuz ô c'houzout pénaoz é oa deûed ann heur da dreménout eûz ar béd-mañ étrézég hé Dâd, évei m'en doa karet hé dûd péré a ioa er béd, é karaz anézhô enn-divez.

2. Ha goudé koan, ô véza m'en doa ann diaoul lékéat dijâ é kaloun Iuzaz, mâb Simon Iskariot, ar c'hoañt d hé werza:

3. Jézuz ô c'houzout pénaoz en doa Doué lékéat pép trâ étré hé zaouarn, pénaoz é oa deûed eûz a Zoué, hag é tistrôé da Zoué;

4. A zavaz diouc'h koan, hag a ziwiskaz hé zilad: ha goudé béza kéméred eul liénen, hel lékéaz war hé drô.

5. Goudé-zé é lékéaz dour enn eur vasin, hag é téraouaz gwalc'hi treid hé ziskibled, hag hô zec'ha gañd al liénen a ioa war hé drô.

6. Doñd a réaz ivé da Zimon Per. Hag hé-mañ a lavaraz d'ézhañ: Aotrou, ha té a walc'h va zreid d'in?

7. Ha Jézuz a respouñtaz hag a lavaraz d'ézhañ: Na ouzoud két bréma pétrâ a rann, hôgen gouzoud a ri divézatoc'h.

8. Per a lavaraz d'ézhañ: Bikenn na walc'hi va zreid d'in. Jézuz a respouñtaz d'ézhañ: Ma na walc'hann kéd ac'hanod, n'az pézô kéd a lôd gan-éñ.

9. Simon Per a lavaraz d'ézhañ: Aotrou, nann hép-kén va zreid, hôgen ivé va daouarn, ha va fenn.

10. Jézuz a lavaraz d'ézhañ: Néb a zô bét gwalc'het, n'en deûz mui ézomm néméd da walc'hi hé dreid, hag héñ a zô glàñ holl. Ha c'houi a zô glàñ ivé; hôgen n'oc'h kéd holl.

11. Râg gouzoud a réa piou é oa ann hini a dlié hé werza; hag évit-sé eo en doa lavaret: N'oc'h két glàñ holl.

12. Pa en doé éta gwalc'het hô zreid d'ézhô, é kéméraz hé zilad: hag ô véza en em lékéat c'hoaz ouc'h taol, é lavaraz d'ézhô: Ha gouzoud a rit-hu pétrâ em eûz gréad d'é-hoc'h?

13. Va gervel a rit Mestr, hag Aotrou: ha mâd é livirit; râk bez' éz ounn.

14. Ma em eûz éta gwalc'het hô treid, ha mé Aotrou ha Mestr, c'houi a dlé ivé gwalc'hi hô treid ann eil d'égilé.

15. Râk rôed em eûz ar skouér d'é-hoc'h, évit ma réot évei ma em eûz gréad d'é-hoc'h.

16. É-gwirionez, é-gwirionez hel lavarann d'é-hoc'h: Ar mével né két brasoc'h éged hé Aotrou; hag ann Abostol né két brasoc'h éged ann hini en deûz hé gaset.

17. Mar gouzoc'h kémeñt-sé, ha ma her grit, é viot gwenvidik.

18. Na lavarann két kémeñt-mañ ac'hanoc'h holl: gouzoud a rann péré em eûz dilennet; hôgen évit ma vézô sévénet ar Skrituriou: Ann hini a zebr bara gan-éñ a zavô hé zeûl em énep.

19. A-vrémañ hel lavarann d'é-hoc'h, hag abars ma c'hoarvézô: évit pa c'hoarvézô, ma krédot pénaoz eo mé eo.

20. É-gwirionez, é gwirionez hel lavarann d'é-hoc'h; pénaoz néb a zigémer ann hini em eûz kaset, a zigémer ac'hanoun: ha néb a zigémer ac'hanoun, a zigémer ann hini en deûz va c'haset.

21. Pa en doé Jézuz lavaret kémeñt-sé, é oé eñkrézet enn hé spéred: hag é lavaraz splann: É-gwirionez, é-gwirionez hel lavarann d'é-hoc'h, pé-

naoz

naoz unan ac'hanoc'h a werzô ac'hanoun.

22. Hôgen ann diskibled a zellé ann eil ouc'h égilé, ô véza na wieñt két eûz a biou é komzé.

23. Hôgen unan eûz hé ziskibled, péhini a ioa karet gañt Jézuz, a ioa kousket war askré Jézuz.

24. Ha Simon Per a réaz eunn aroué hag a lavaraz d'ézhañ : A biou eo é komz ?

25. Ann diskibl éta péhini a ioa kousket war askré Jézuz a lavaraz d'ézhañ : Aotrou, piou co ?

26. Ha Jézuz a respouñtaz : Hennez eo da béhini é rôinn bara soubet. Ha goudé béza soubet bara, hé rôaz da Iuzaz màb Simon Iskariot.

27. Ha goudé m'en doé kéméret ar génaouad-zé, Satan a iéaz enn-hañ. Ha Jézuz a lavaraz d'ézhañ : Gra râktâl ar péz a réz.

28. Hôgen hini eûz ar ré a ioa ouc'h taol na wié péràg en doa lavaret kémeñt-sé d'ézhañ.

29. Ràk hiniennou a venné pénaoz dré ann abek en doa Iuzaz ar ialc'h, en doa lavaret Jézuz d'ézhañ : Prén ar péz a zô réd d'é-omp évit ar goél : pé évit rei eunn dra-bennâg d'ar béorien.

30. Goudé m'en doé Iuzaz kéméret hé c'hénaouad, éz éaz-kuit râk-tâl ; râk nôz é oa.

31. Hôgen pa oé éat-kuit, Jézuz a lavaraz : Bréma Màb ann dén a zô meûlet ; ha Doué a zô meûlet ennhañ.

32. Mar d-eo Doué meûlet enn-hañ, Doué a veûlô ivé anézhañ enn-hañ hé-unan : hag abarz némeûr hen meûlô.

33. Va bugaligou, émounn c'hoaz gan-é-hoc'h évid eunn nébeûd amzer. Va c'hlaskoud a réot : hag ével ma em eûz lavaret d'ar Iuzevien : Na hellot két doñt el léac'h ma'z ann : hel lavaroud a rann ivé d'é-hoc'h évit bréma.

34. Eur gourc'hémenn nevez a rôann d'é-hoc'h : évit ma en em gerrot ann eil égilé, ha ma en em gerrot ann eil égilé ével ma em eûz hô karet.

35. Dré-zé éc'h anavézô ann holl pénaoz oc'h va diskibled, mar hoc'h eûz karañtez ann eil évid égilé.

36. Simon Per a lavaraz d'ézhañ : Aotrou, péléac'h éz éz ? Jézuz a respouñtaz : Na hellez két évit bréma doñt war va lerc'h el léac'h ma'z ann : hôgen doñd a ri goudé war va lerc'h.

37. Per a lavaraz d'ézhañ : Péràk na hellann-mé két moñd a-vréma war da lerc'h ? Va buez a rôinn évid-oud.

38. Jézuz a respouñtaz d'ézhañ : Da vuez a rôi évid-oun ? É-gwirionez, é-gwirionez hel lavarann d'id : Na ganô kéd ar c'hilek, n'az pézô va dinac'het teir gwéach.

XIV. PENNAD.

1. Na vézet két eñkrézet hô kaloun. Krédi a rid é Doué, krédit ivé enn-oun.

2. É-tí va Zâd éz eûz meûr a géar. Ma né vé két, em bijé hé lavaret d'é-hoc'h ; râk moñd a rann da aoza al léac'h d'é-hoc'h.

3. Ha goudé ma vézinn éat-kuit, ha ma em bézô aozet al léac'h d'é-hoc'h, é teûinn adarré, hag hô kémérinn gan-én, évit ma viot el léac'h ma'z ounn.

4. Gouzoud a rid ervâd péléac'h éz ann, hag ann heñt a ouzoc'h.

5. Tomaz a lavaraz d'ézhañ : Aotrou, na ouzomp két péléac'h éz éz : ha pénaoz é hellomp-ni gouzoud ann heñt ?

6. Jézuz a lavaraz d'ézhañ : Mé eo ann heñt, hag ar wirionez, hag ar vuez : dén na zeû étrézég ann Tâd néméd dré-z-oun.

7. Ma hô pé va anavézet, hô pé ivé anavézet va Zâd ; hag abarz némeûr hen anavézot, hag hé wélet hoc'h eûz.

8. Filip a lavaraz d'ézhañ : Aotrou, diskouéz d'é-omp da Dâd, hag eo a-walc'h évid-omp.

9. Jézuz a lavaraz d'ézhañ : Keid amzer zô émounn gan-é-hoc'h, ha n'am anavézit két c'hoaz ? Filip, néb a wél ac'hanoun, a wél ivé va Zâd. Pénaoz é lévérez-té : Diskouéz d'é-omp da Dâd ?

10. Ha na grédit-hu két pénaoz ém'ounn em Zâd, ha va Zâd enn-oun? Ar geriou a lavarann d'é-hoc'h né kéd ac'hanoun va-unan hô lavarann. Hôgen va Zâd péhini a choum ennoun a ra hé-unan va ôberiou.

11. Ha na grédit-hu két pénaoz ém'ounn em Zâd, ha va Zâd enn-oun?

12. Da vihana krédit enn abek d'ann ôberiou hô-unan. É-gwirionez, é-gwirionez hel lavarann d'é-hoc'h, néb a gréd enn-oun, a rai hé-unan ann ôberiou a rann, hag a rai c'hoaz ôberiou brasoc'h; ô véza ma'z ann étrézék va Zâd.

13. Ha pétrâ-bennâg a c'houlennot dlgañt va Zâd em hanô, hel likiinn da véza; évit ma vézô meûlet ann Tâd er Mâb.

14. Mar goulennid eunn dra diganéñ em hanô, her grinn.

15. Mar karit ac'hanoun, mirit va gourc'hémennou.

16. Hag é pédinn va Zâd, hag é rôi d'é-hoc'h eunn Dic'hlac'harer all, évit ma choumô gan-é-hoc'h da-vikenn,

17. Ar Spéred a wirionez, péhini na hell két béza digéméret gañd ar béd, ô véza na wél kéd anézhañ, ha na anavez kéd anézhañ: hôgen c'houi a anavézô anézhañ, ô véza ma choumô gan-é-hoc'h, ha ma vézô enn-hoc'h.

18. N'hô lézinn két emzivaded: doñd a rinn étrézég enn-hoc'h.

19. C'hoaz eunn nébeûd amzer, hag ar béd n'am gwélô mui. Hôgen c'houi a wélô ac'hanoun; ô véza ma vévann, ha ma vévod ivé.

20. Enn deiz-zé éc'h anavézot pénaoz ém'ounn em Zâd, ha c'houi ennoun, ha mé enn-hoc'h.

21. Ann hini en deûz va gourc'hémennou, hag a vir anézhô, hen-nez eo a gâr ac'hanoun. Hôgen néb a gâr ac'hanoun a vézô karet gañt va Zâd: ha mé a garô anézhañ, hag en em ziskouézô d'ézhañ va-unan.

22. Iuzaz, péhini né oa két ann Iskariot, a lavaraz d'ézhañ: Pénaoz é c'hoarvézô pénaoz en em ziskouézi da-unan d'é-omp, ha n'en em ziskouézi kéd d'ar béd?

23. Jézuz a respouñtaz hag a lavaraz d'ézhañ: Mar kâr eur ré ac'hanoun, é mirô va gér, ha va Zâd a garô anézhañ; hag é teûimp étrézég-héñ, hag é choumimp enn-hañ.

24. Nép na gâr kéd ac'hanoun, na vir két va gér. Hag ar gér hoc'h eûz klevet né két va gér, hôgen gér va Zâd péhini en deûz va c'haset.

25. Kémeñt-ma em eûz lavared d'é-hoc'h, é-pâd é choumenn gan-é-hoc'h.

26. Hôgen ann Dic'hlac'harer péhini eo ar Spéred-Sañtel, hag a vézô kaset gañt va Zâd em hanô, hen-nez a zeskô pép trâ d'é-hoc'h, hag a zigasô koun d'é-hoc'h eûz a gémeñt em eûz lavared d'é-hoc'h.

27. Ar péoc'h a lézann gan-é-hoc'h: va féoc'h a rôann d'é-hoc'h: n'hé rôann kéd d'é-hoc'h é-c'hiz ma hé rô ar béd. Na vézet két eñkrézet hô kaloun, ha na spouñtit két.

28. Kleved hoc'h eûz pénaoz em eûz lavared d'é-hoc'h: Moñd a rann kuit, hag é tistrôann étrézég-enn-hoc'h. Mar karfac'h ac'hanoun, é laouénafac'h, ô véza ma'z ann étré-zé va Zâd: râk va Zâd a zô brasoc'h égéd-oun.

29. Ha bréma hel lavarann d'é-hoc'h keñt ma teûi; évit pa vézô deûet, ma krédot.

30. Pelloc'h na gomzinn mui némeûr gan-é-hoc'h; râk priñs ar béd-mañ a zeû, ha n'en deûz nétrâ ennoun.

31. Hôgen évit ma c'hanavézô ar béd pénaoz é karann va Zâd, hag é rann ar péz en deûz va Zâd gourc'hémennet d'in. Savit, ha déomb ac'hann.

—

XV. PENNAD.

1. Mé eo ar wir winien; ha va Zâd eo al labourer.

2. Kémeñt skourr ha na zougô kéd a frouez enn-oun, e trouc'hô anézhañ: ha kémeñd hini a zoug frouez, é skarzô anézhañ, évit ma tigasô mui a frouez.

3. C'houi a zô glân a vréma, enn abek d'ar geriou em eûz lavared d'é-hoc'h.

4. Choumid enn-oun, ha mé enn-

hoc'h. É-c'hiz na hell két ar skourr gwini dougen frouez anézhañ hé-unan, hag héb béza stâg ouz ar winien : ével-sé é c'hoarvézô enn hô kéñver, ma na joumid enn-oun.

5. Mé eo ar winien, ha c'houi ar skourrou : néb a choum enn-oun, ha mé enn-hañ, hen-nez a zoug kalz a frouez : rák hép-z-oun na hellit ôber nétrà.

6. Ma na joum kéd eur ré enn-oun, é vézô taolet er-méaz é-c'hiz ar skourr gwini, hag é tizec'hô ; hag é tastumiñt anézhañ, hag é taoliñt anézhañ enn tân, hag é vézô devet.

7. Mar choumid enn-oun, ha mar choum va gériou enn-hoc'h, goulennit ar péz a gerrot, hag é vézô rôed d'é-hoc'h.

8. Gloar va Zâd eo é tougac'h kalz a frouez, hag é teûac'h da ziskibled d'in.

9. É-c'hiz ma en deûz va Zâd va c'haret, em eûz ivé hô karet. Choumid em c'harañtez.

10. Mâr mirit va gourc'hémennou, é choumod em c'harañtez, ével ma em eûz miret gourc'hémennou va Zâd, ha ma choumann enn hé garañtez.

11. Kémeñt-sé em eûz lavared d'é-hoc'h, évit ma'z aí va laouénidigez enn-hoc'h, ha ma vézô leûniet hô laouénidigez.

12. Va gourc'hémenn eo é teûfac'h d'en em garout ann eil égilé, ével ma em eûz hô karet.

13. Dén na hell kaout brasoc'h karañtez, égét rei hé vuez évid hé viñouned.

14. Va miñouned oc'h, mar grid ar péz em eûz gourc'hémenned d'é-hoc'h.

15. N'hô kalvinn mui mévellou ; rag ar mével na oar két pétrà a rà hé vestr. Hôgen va miñouned am eûz hô kalvet, ô véza ma em eûz rôed da anaoud d'é-hoc'h kémeñd em eûz klevet gañt va Zâd.

16. Né két c'houi hoc'h eûz va dilennet ; hôgen mé eo em eûz hô tilennet, hag em eûz hô lékéat évit ma'z éot, ha ma tougot frouez, ha ma talc'hô hô frouez ; hag évit ma rôi va Zâd d'é-hoc'h kémeñd a c'houlennod em hanô digañt-hañ.

17. Ar péz a c'hourc'hémennann d'é-hoc'h, eo ma en em gerrot ann eil égilé.

18. Mar d-oc'h kaséet gañd ar béd, gwézit pénaoz en deûz va c'haséet enn hô raok.

19. Ma vec'h eûz ar béd, ar béd a garfé ar péz a vijé d'ézhañ : hôgen ô véza n'oc'h kéd eûz ar béd, hag em eûz hô tilennet eûz ar béd, dré-zé ar béd a gasa ac'hanoc'h.

20. Hô pézet koun eûz ar gér-mañ em eûz lavared d'é-hoc'h : Ar mével né két brasoc'h égéd hé aotrou. Ma hô deûz va heskinet, éc'h heskiniñt ivé ac'hanoc'h : Ma hô deûz miret va gér, é miriñt ivé hoc'h-hini.

21. Hôgen kémeñt-sé a raiñt d'é-hoc'h enn abek d'am hanô ; ô véza na anavézoñt két ann hini en deûz va c'haset.

22. Ma na venn kéd deûet, ha ma n'am bé két komzet out-hô, n'hô défé kéd a béc'hed ; hôgen bréma n'hô deûz kéd a zidamall eûz hô féc'hed.

23. Néb a gasa ac'hanoun, a gasa ivé va Zâd.

24. Ma n'em bé két gréat enn hô c'hreiz ôberiou ha n'en doa gréat dén all é-béd, n'hô défé kéd a béc'hed ; hôgen bréma hô deûz gwélet, hag é kasaoñt ac'hanoun, ha va Zâd ivé,

25. Évit ma vézô sévénet al lavar a zô skrivet enn hô lézen : Va c'haséet hô deûz héb abek.

26. Hôgen pa zeûi ann Dic'hlac'harer a gasinn d'é-hoc'h a bers va Zâd, ar Spéred a wirionez, péhini a zeû eûz ann Tâd ; hen-nez a rôi testéni ac'hanoun.

27. Ha c'houi a rôi ivé testéni, ô véza ma émoc'h gan-éñ adaleg ar penn keñta.

XVI. PENNAD.

1. Kémeñt-sé em eûz lavaraz d'é-hoc'h, évit na gémérot kéd a wall skouér.

2. Hô kâs a raiñt kuld eûz hô sinagogou : hôgen dond a ra ann heur, é péhini piou-bennâg a lazô ac'hanoc'h,

a vennô béza gréad gaññt-hañ eunn dra hétuz da Zoué.

3. Kémeñt-sé a raiñd d'é-hoc'h, ô véza na anavézoñt na va Zâd, na mé.

4. Hôgen kémeñt-sé em eûz lavared d'é-hoc'h, évit pa vézô deûet ann heur, ma teûi koun d'é-hoc'h eûz ar péz em eûz lavared d'é-hoc'h.

5. N'am eûz két lavaret kémeñt-sé d'é-hoc'h adaleg ar penn-keñta, ô véza ma oann gan-é-hoc'h. Hôgen bréma éz ann étrézég ann hini en deûz va c'haset; ha nikun ac'hanoc'h na c'houlenn digan-éñ: Péléac'h éz éz?

6. Hôgen ô véza ma em eûz lavaret kémeñt-sé d'é-hoc'h, eo leûn hô kaloun a c'hlac'har.

7. Koulskoudé ar wirionez a lavarann d'é-hoc'h: mâd eo d'é-hoc'h éz ajenn-kuit; râk ma na'z ann két-kuit, ann Dic'hlac'harer na zeûi kéd d'hô kavout: hôgen ma'z ann kuit, é kasinn anézhañ d'é-hoc'h.

8. Ha pa vézô deûet, é kendrec'hô ar béd war béc'hed, war wir ha war varn.

9. War béc'hed, ô véza n'hô deûz két krédet enn-oun.

10. War wir, ô véza ma'z ann étrézé va Zâd, ha n'am gwélot mui.

11. War varn, ô véza ma eo dijâ barnet priñs ar béd-mañ.

12. Kalz em eûz c'hoaz da lavaroud d'é-hoc'h; hôgen na hellit kéd hô dougen bréma.

13. Pa vézô deûet ar Spéred a wirionez-zé, é teskô d'é-hoc'h ar wirionez holl: râk na gomzô két anézhañ hé-unan, hôgen kémeñd en deûz klevet a lavarô, hag é tiouganô d'é-hoc'h ar péz a dlé c'hoarvézout.

14. Va meûli a raî, ô véza ma kémérô eûz ar péz a zô d'in, hag hen disklériô d'é-hoc'h.

15. Kémeñd en deûz va Zâd a zô d'in: dré-zé eo em eûz lavaret: O véza ma kémérô eûz ar péz a zô d'in, hag hen disklériô d'é-hoc'h.

16. Eunn nébeût, ha n'am gwélot mui: ha c'hoaz eunn nébeût, hag em gwélot: râk moñd a rann étrézé va Zâd.

17. Hôgen lôd eûz hé ziskibled a lavaraz ann eil d'égilé: Pétrâ eo ann dra-zé a lavar d'é-omp: Eunn nébeût, ha n'am gwélot mui, ha c'hoaz eunn nébeût, hag em gwélot: râk moñd a rann étrézé va Zâd?

18. Lavaroud a réañd éta: Pétrâ eo ann dra-zé a lavar: Eunn nébeût? Na ouzomp két pétrâ a fell d'ézhañ da lavarout.

19. Hôgeu Jézuz a wézaz pénaoz é fellé d'ézhô ôber eur goulenn outhañ, hag é lavaraz d'ézhô: C'houi a c'houlenn étré-z-hoc'h pérâg em eûz lavaret: Eunn nébeût, ha n'am gwélot mui, ha c'hoaz eunn nébeût, hag em gwélot.

20. É-gwirionez, é-gwirionez hel lavarann d'é-hoc'h, pénaoz é wélot hag é léñvot, hag ar béd a laouénai: tristaad a réot, hôgen hô tristidigez a vézô trôed é laouénidigez.

21. Eur vaouez pa c'hân, a zô trist, ô véza ma eo deûed hé heûr: hôgen goudé ma é deûz ganet eur mab, n'é deûz mui a goun eûz hé eñkrez, gañd al lévénez da véza lékéad eunn dén er béd.

22. Evel-sé c'houi a zô trist bréma: hôgen hô kwéloud a rinn c'hoaz, ha dén na lamô hô lévénez digan-é-hoc'h.

23. Enn deiz-zé na c'houlennot mui nétrâ digan-éñ. É-gwirionez, é-gwirionez hel lavarann d'é-hoc'h, mar goulennit eunn dra-bennâg digañt va Zâd em hanô, her rôi d'é-hoc'h.

24. Bété vréma n'hoc'h eûz goulennet nétrâ em hanô. Goulennit, hag é vézô rôed d'é-hoc'h, hag hô lévénez a vézô leûn.

25. É parabolennou em eûz lavaret kémeñt-sé d'é-hoc'h. Doñd a ra ann heur é péhini na gomzinn mui d'é-hoc'h é parabolennou: hôgen komza a rinn d'é-hoc'h skléar diwar-benn va Zâd.

26. Enn deiz-zé é c'houlennot em hanô; ha na lavarann kéd d'é-hoc'h é pédinn va Zâd évid-hoc'h.

27. Râk va Zâd hé-unan a gâr ac'hanoc'h, ô véza ma hoc'h eûz va c'haret, ha ma hoc'h eûz krédet pénaoz ounn deûed eûz a Zoué.

28. Eûz va Zâd ounn deûed, hag ounn deûed er béd; bréma é kuitaann ar béd, hag éz ann étrézé va Zâd.

29. Hé ziskibled a lavaraz d'ézhañ :
Chétu bréma é komzez skléar, ha na
lévérez parabolen é-béd.
30. Bréma é wélomp pénaoz é wé-
zez pép trà, ha pénaoz n'éc'h eûz kéd
a ézomm é vé gréat gañd dén gou-
lennou ouz-id ; dré-zé é krédomp pé-
naoz oud deûed a Zoué.
31. Jézuz a respouñtaz d'ézhô :
Bréma é krédit?
32. Chétu é teû ann heur, ha dijà
eo deûet, é péhini é viot skiñet pép-
hini enn hé dû ; hag am dilézot va-
unan ; hôgen n'ounn két va-unan,
rák va Zâd a zô gan-éñ.
33. Kémeñt-sé em eûz lavared d'é-
hoc'h, évit ma hô pézô ar péoc'h enn-
oun. Eñkrez hô pézô er béd, hôgen
hô pézet fisiañs, trec'het eo bét ar béd
gan-éñ.

—

XVII. PENNAD.

1. Jézuz ô véza lavaret kémeñt-se,
a zavaz hé zaou-lagad étrézég ann
éñv, hag a lavaraz : Va Zâd, deûed
eo ann heur, meûl da vâb, évit ma
vézi meûlet gañd da vâb :
2. Ével ma éc'h eûz rôed d-ézhañ
galloud war bép kik, évit ma rôi ar
vuez peûr-baduz da géméñd hini éc'h
eûz rôed d'ézhañ.
3. Hôgen ar vuez peûr-baduz eo,
ma anavéziñd ac'hanod, hép-kén ar
gwir Zoué, ha Jézuz-Krist, péhini
éc'h eûz kaset.
4. Da veûlet em eûz war ann douar ;
peûr-c'hréad eo gan-éñ al labour éz
poa rôed d'in da ôber.
5. Ha bréma, va Zâd, meûl ac'ha-
noun enn-od da-unan, eûz ar c'hloar-
zé em eûz béd enn-od, abarz ma oa
ar béd.
6. Rôed em eûz da anaoud da hanô,
d'ann dûd éc'h eûz rôed d'in er béd.
D'id é oañt, hag éc'h eûz hô rôed d'in,
hag hô deûz mired da c'hér.
7. Bréma é c'houzoñt pénaoz ké-
meñd éc'h eûz rôed d'in a zeû ac'ha-
nod.
8. O véza ma em eûz rôed d'ézhô
ar gerioù éc'h eûz rôed d'in, hag hô
digéméred hô deûz ; anavézet hô deûz
évit-gwir pénaoz ounn deûed ac'ha-
nod, hag hô deûz krédet pénaoz éc'h
eûz va c'haset.
9. Mé a béd évit-hô. Na bédann
két évid ar béd, hôgen évid ar ré éc'h
eûz rôed d'in, ô véza ma'z iñt d'id.
10. Kémeñd em eûz a zô d'Id, ha
kémeñd éc'h eûz a zô d'in, hag ounn
meûlet enn-hô.
11. Ha dijà n'ounn mui er béd, hag
hi a zô er béd, ha mé a zistrô étrézég
enn-od. Tâd sañtel, mir enn da hanô
ar ré éc'h eûz rôed d'in, évit ma vé-
ziñd unan, ével-d-omp.
12. Pa édoun gañt-hô, é virenn
anézhô enn da hanô. Mired em eûz
ar ré éc'h eûz rôed d'in, ha n'eûz bét
kollet hini anézhô, némét mâb ar
gollidigez, évit ma vijé sévénet ar
Skritur.
13. Hôgen bréma é teûann étrézég
enn-od, hag ann dra-mañ a lavarann
er béd, évit ma hô dévézô va lévénez
enn-hô gañt leûnder.
14. Da c'hér em eûz rôed d'ézhô,
hag ar béd en deûz hô c'haséet, ô véza
n'iñt két eûz ar béd, ével n'ounn két
va-unan eûz ar béd.
15. N'az pédann két m'hô zenni eûz
ar béd, hôgen m'hô miri a zrouk.
16. N'iñt kéd eûz ar béd, ével
n'ounn kéd eûz ar béd va-unan.
17. Sañtéla anézhô er wirionez. Da
c'hér eo ar wirionez.
18. Ével ma éc'h eûz va c'haset er
béd, em eûz ivé hô c'haset er béd.
19. Hag en em zañtéla a rann va-
unan évit-hô, évit ma véziñd ivé sañ-
télet er wirionez.
20. Hôgen na bédann kéd évit-hô
hép-kén, hôgen c'hoaz évid ar ré a
dlé kridi enn-oun dré hô gér.
21. Évit na véziñd holl néméd
unan, é-c'hiz ma émoud enn-oun, va
Zâd, ha mé enn-od, ha ma véziñd ivé
unan enn-omp, évit ma krédô ar béd
pénaoz éc'h eûz va c'haset.
22. Ha rôed em eûz d'ézhô ar c'hloar
éc'h eûz rôed d'in, évit ma véziñt
unan, ével ma'z omp unan.
23. Mé a zô enn-hô, ha té a zô enn-
oun, évit ma véziñt peûr-c'hréat enn
unan, ha ma anavézô ar béd pénaoz

éc'h eûz va c'haset, hag éc'h eûz hé c'haret, evel éc'h eûz va c'haret.

24. Va Zâd, mé a venn é teûfé el léac'h ma'z ounn ar ré éc'h eûz rôed d'in, évit ma wéliñt va gloar éc'h eûz rôed d'in, ô véza ma éc'h eûz va c'haret abarz krouidigez ar bed.

25. Tâd gwirion, ar béd n'en deûz kéd da anavézet ; hôgen mé em eûz da anavézet ; hag ar ré-mañ hô deûz anavézet pénaoz éc'h eûz va c'haset.

26. Rôed em eûz da anaoud d'ézhô da hanô, hag é rôinn da anaout, évit ma vézô enn-hô ar garañtez éc'h eûz bét évid-oun, ha ma vézinn ivé enn-hô.

—

XVIII. PENNAD.

1. Pa en doé Jézuz lavaret kémeñt-sé, éz éaz gañd hé ziskibled enn tû all da Froud Sedron, é péléac'h é oa eul liorz, é péhini éz éaz héñ hag hé ziskibled.

2. Hôgen Iuzaz péhini a werzé anézhañ, a anavézé al léac'h-zé, ô véza ma oa éad aliez Jézuz énô gañd hé ziskibled.

3. Iuzaz éta ô véza kéméret gañt-hañ eur vañden soudarded, gañd ar vévellou a oa bét kaset gañd ar Véleien-vrâz ha gañd ar Farizianed, a zeûaz di gañt léternou, gañt goulou ha gañd armou.

4. Hôgen Jézuz péhini a wié kémeñd a dlié c'hoarvézout gañt-hañ, a ziambrougaz anézhô, hag a lavaraz d'ézhô : Piou a glaskit-hu ?

5. Hag hi a respouñtaz d'ézhañ : Jézuz a Nazaret. Jézuz a lavaraz d'ézhô : Mé eo. Hôgen Iuzaz péhini en doa hé werzet, en em zalc'hé ivé énô gañt-hô.

6. Pa lavaraz d'ézhô Jézuz : Mé eo, é argilchoñt, hag é konézchoñt d'ann douar.

7. Eur wéach c'hoaz é c'houlennaz out-hô : Piou a glaskit-hu ? Hag hi a lavaraz : Jézuz a Nazaret.

8. Jézuz a respouñtaz : Lavared em eûz d'é-hoc'h pénaoz eo mé. Mar d-eo mé éta a glaskit, list ar ré-mañ da vont-kuit.

9. Évit ma vijé sévénet ar gér-mañ en doa lavaret : Eûn ar ré éc'h eûz rôed d'in, n'am eûz kollet hini.

10. Hôgen Simon Per péhini en doa eur c'hlézé, a dennaz anézhañ, a skôaz gañd unan eûz a vévellou ar Bélek-brâz, hag a drouc'haz hé skouarn zéou. Ann dén-zé a ioa hanvet Malkuz.

11. Hôgen Jézuz a lavaraz da Ber : Laka da glézé enn hé feûr. Ha n'eo két réd é évchenn ar c'halir en deûz rôed d'in va Zâd ?

12. Ar zoudarded, hô c'habitan, hag ann dûd kaset gañd ar Iuzevien a grogaz éta é Jézuz, hag a éréaz anézhañ :

13. Hag é kaschoñd anézhañ da-geñta da dî Annaz, ô véza ma oa tâd-kaer Kaifaz, péhini a ioa Bélek-brâz er bloaz-zé.

14. Ha Kaifaz a ioa ann hini en doa rôed ann ali d'ar Iuzevien, pénaoz é oa talvoudus é varvché eunn dén évid ar bobl.

15. Hôgen Simon Per a iéa war lerc'h Jézuz, gañd eunn diskibl all. Hag ann diskibl-zé a ioa anavézet gañd ar Bélek-brâz, hag éz éaz gañt Jézuz é-tî ar Bélek-brâz.

16. Ha Per a choumaz er-méaz ouc'h ann ôr. Neûzé ann diskibl all-zé, péhini a ioa anavézet gañd ar Bélek-brâz, a iéaz er-méaz, a gomzaz gañd ar borsiérez, hag a lékéaz Per da vond é-barz.

17. Hôgen ar plac'h borsiérez-zé a lavaraz da Ber : Ha n'oud kéd ivé eûz a ziskibled ann dén-zé ? Hag héñ a lavaraz : N'ounn két.

18. Koulskoudé mévellou ha tûd ar Bélek-brâz a ioa enn hô zâ dirâg ar glaou (râk ién oa) hag é tommeñt. Ha Per a ioa ivé gañt-hô, hag a dommé.

19. Neûzé ar Bélek-brâz a réaz goulennou out Jézuz diwar-benn hé ziskibled, ha diwar-benn hé gélen-nadurez.

20. Jézuz a respouñtaz d'ézhañ : Dirâg ann holl em eûz komzet ouc'h ann dûd : kélennet em eûz bépred er sinagog hag enn templ, é péléac'h en em stroll ann holl Iuzevien : ha n'em eûz lavaret nétrâ enn am-c'houlou.

21. Pérâg é rés goulennou ouz-in? Gra goulennou eud ar ré hô deûz klevet ar pés em eûz lavaret d'ézhô: chétu ar ré a oar pétrâ em eûz lavaret.

22. Hôgen pa en doé lavaret kémeñt-sé, unan eûz a bennou-kéar a ioa énô a rôaz eur javédad da Jézuz, ô lavarout: Hag ével-sé eo é respouñtez d'ar Bélek-brâz?

23. Jézuz a respouñtaz d'ézhañ: Mar em eûz komzet fall, rô testéni eûz ann drouk: hôgen ma em eûz komzet mâd, pérâg é skôez gan-éñ?

24. Hag Annaz a gasaz anézhañ éréet da Gaifaz ar Bélek-brâz.

25. Hôgen Simon Per a ioa enn hé zâ ô tomma. Hag é léverchoñd d'ézhañ: Ha n'oud kéd ivé eûz hé ziskibled? Ha nac'ha a réaz-héñ, ô lavarout: N'ounn két.

26. Neûzé unan eûz a vévellou ar Bélek-brâz, kâr d'ann hini en doa Per trouc'het hé skouarn d'ézhañ, a lavaraz d'ézhañ: Ha n'em eûz két da wélet gañt-hañ el liors?

27. Per hen nac'haz eur wéach all; ha râk-tâl ar c'hilek a ganaz.

28. Neûzé é kaschoñt Jézuz eûz a dî Kaifaz d'al léz. Hôgen édo ar miñtin; ha n'az éjoñt kéd el léz, évit n'en em saotrcheñt két, ha ma helleheñt dibri ar Pask.

29. Pilat a zeûaz éta d'hô c'havout er-méaz, hag a lavaraz d'ézhô: Pé damall a rit-hu oud ann dén-zé?

30. Ar ré-mañ a respouñtaz hag a lavaraz d'ézhañ: Ma na vé két eur gwaller, n'hor bijé kéd hé zigased d'id.

31. Hôgen Pilat a lavaraz d'ézhô: Kémérit-heñ hoc'h-unan, ha barnithéñ hervez hô lézen. Hag ar Iuzevien a lavaraz d'ézhañ: Né kéd aotréet d'é-omp laza dén.

32. Évit ma vijé sévénet ar péz en doa lavaret Jézuz, pa en doa merket a bé varé é tlié mervel.

33. Pilat a zeûaz adarré el léz, hag ô véza galvet Jézuz, é lavaraz d'ézhañ: Ha Roué ar Iuzevien oud?

34. Jézuz a respouñtaz d'ézhañ: Hag ac'hanod da-unan é lévérez kémeñt-sé, pé ma hô deûz ré all hé lavared d'id ac'hanoun?

35. Pilat a respouñtaz: Ha Iuzev ounn-mé? Da vroiz ha pennou ar véleien hô deûz da lékéad étré va daouarn: pétrâ éc'h eûs-té gréat?

36. Jézuz a respouñtaz: Va Rouañtélez né kéd eûz ar béd-mañ. Ma vijé va Rouañtélez eûz ar béd-mañ, va zûd hô divijé stourmet évit na gouézchenn két étré daouarn ar Iuzevien: Hôgen évit bréma va rouañtélez né kéd ac'hann.

37. Neûzé Pilat a lavaraz d'ézhañ: Roué oud éta? Ha Jézuz a respouñtaz: Hel lavaroud a réz pénaoz ounn Roué. Évit-sé eo ounn ganet, hag ounn deûed er béd, évit rei testéni d'ar wirionez: piou-bennâg a zalc'h oud ar wirionez, a zélaou va mouéz.

38. Pilat a lavaraz d'ézhañ: Pétrâ eo ar wirionez? Ha goudé m'en doé lavaret kémeñt-sé, éz éaz adarré er-méaz étrézég ar Iuzevien, hag é lavaraz d'ézhô: Na gavann abek é-béd enn dén-zé.

39. Hôgen ô véza ma'z eo ar boaz ma laoskfenn d'é-hoc'h eur ré da c'hoél Bask; ha c'houi a fell d'é-hoc'h é laoskfenn d'é-hoc'h Roué ar Iuzevien?

40. Ar ré-mañ en em lékéaz holl da gria, ha da lavarout: Na laosk kéd hé-mañ, hôgen laosk Barabbaz. Hôgen Barabbaz a ioa eul laer.

XIX. PENNAD.

1. Neûzé éta Pilat a géméraz Jézuz, hag a lékéaz hé skourjéza.

2. Hag ar zoudarded goudé béza gwéet eur gurunen gañt spern, a lékéaz anézhi war hé benn: hag é lékéjoñt war hé gein eur vañtel tané.

3. Hag é teûeñt étrézég enn-hañ, hag é lavareñt: Dématid, Roué ar Iuzevien: hag é rôeñt karvadou d'ézhañ.

4. Pilat a iéaz eur wéach c'hoaz er-méaz, hag é lavaraz d'ar Iuzevien: Chétu é kasann anézhañ d'é-hoc'h er-méaz, évit mac'h anavézot pénaoz n'em eûz kavet abeg é-béd enn-hañ.

5. (Jézuz éta a oé kaset er-méaz, ô tougen eur gurunen spern, hag eur

zaé tané) ha Pilat a lavaraz d'ézhô : Chétu ann dén.

6. Hôgen pa oé gwélet gañd ar véleien ha gañd hô zûd, ar ré-mañ a griaz, ô lavarout : Stâg-héñ, stâg-héñ oud ar groaz. Pilat a lavaraz d'ézhô : Kémérit-héñ, c'houi, ha stagit-héñ oud ar groaz ; râg évid-oun-mé na gavann abek é-béd enn-hañ.

7. Ar Iuzevien a respouñtaz d'ézhan : Eul lézen hon eûz, ha diouc'h al lézen-zé é tlé mervel, ô vêza ma eo en em rôet évit Mâb da Zoué.

8. Pilat éta ô véza klevet ar geriou-zé, en doé aoun vrâz.

9. Hag ô véza distrôed el léz, é lavaraz da Jézuz : A béléac'h oud-dé ? Hôgen Jézuz na rôaz respouñt é-béd d'ézhañ.

10. Neûzé Pilat a lavaraz d'ézhañ : Na gomzez kéd ouz-in ? Ha na wézez-té két pénaoz em eûz ar galloud d'az lakaad oud ar groaz, hag em eûz ivé ar galloud d'az leûskel da vont ?

11. Jézuz a respouñtaz d'ézhañ : N'az pé galloud é-béd war-n-oun, ma na vé két bét rôed d'id diwar-laez. Dré-zé ann hini en deûz va gwerzet d'id, en deûz gréat brasoc'h péc'hed.

12. Hag a neuzé Pilat a glaské ann doaré d'hé leûskel. Hôgen ar Iuzevien a grié, ô lavarout : Mar laoskez ann dén-zé, n'oud két miñoun da Gézar ; râk piou-bennâg en em c'hra Roué, en em laka a-énep Kézar.

13. Hôgen Pilat pa en doé klevet ar geriou-zé, a gasaz Jézuz er-méaz : hag éc'h azézaz war hé gador-barner, el léac'h hanvet *é Grégach* Litrostrotos, hag é Hébrach Gabbata.

14. Añtrônôz ar Pask oa, ha wardrô ar c'houec'hved heur, hag é lavaraz d'ar Iuzevien : Chétu hô Roué.

15. Hôgen hi a grié : Tenn-héñ, tenn-héñ a-les-sé, ha laka-héñ oud ar groaz. Pilat a lavaraz d'ézhô : Ha lakaad a rinn hô Roué oud ar groaz ? Priñsed ar véleien a respouñtaz : n'hon eûz Roué é-béd némét Sézar.

16. Neûzé éta é rôaz anézhañ d'ézhô évit béza lékéad oud ar groaz. Évelsé é kémerjoñt Jézuz hag é kasehoñd anézhañ gañt-hô.

17. Hag ô tougen hé groaz, é teûaz enn eul léac'h galvet *Ménez ar C'hlôpenn* (a), hag a zô hanvet é Hébrach Golgota :

18. É péléac'h é lékéjoñt anézhañ oud ar groaz, ha daou all gañt-hañ ; unan enn eunn tu, eunn all enn tu all, ha Jézuz é-kreiz.

19. Hôgen Pilat a réaz eur skrid, hag a oé lékéat war ar groaz. Kémeñt-mañ a ioa skrivet war-n-ézhañ : JÉZUZ A NAZARET, ROUÉ AR IUZEVIEN.

20. Kalz eûz ar Iuzevien a lennaz ar skrid-zé ; râg al léac'h é péhini é oa bét lékéat Jézuz oud ar groaz a ioa tôst da géar. Hag ar skrid a ioa é Hébrach, é Grégach hag é Latin.

21. Koulskoudé Béléien vrâz ar Iuzevien a lavaraz da Bilat : Na skriv két Roué ar Iuzevien, hôgen ma en deûz lavaret héñ : Roué ar Iuzevien ounn.

22. Pilat a respouñtaz : Ar péz em eûz skrivet, em eûz skrivet.

23. Hôgen ar zoudarded goudé ma hô doé hé staget oud ar groaz, a géméraz hé zilad (hag é réjoñt pévar lôd, unan évit pép-hini eûz ar zoudarded), hag hé zaé a gémerchoñt ivé. Hôgen hé zaé a ioa dic'hri hag eûz a eur wéaden penn-da-benn.

24. Lavaroud a réjoñd éta étré z-hô : Na drouc'homp kéd anézhi, hôgen tennomp d'ar sort da biou é vézô. Évit ma vijé sévénet ar Skritur, pa lavar : Rannet hô deûz étré-z-hô va dilad ; hag hô deûz taolet va zaé d'ar sort. Chétu pétrâ a réaz ar zoudarded.

25. Hôgen mamm Jézuz, hag hé c'hoar, Mari grék Kléofaz, ha Mari Madalen a ioa enn hô zâ é-tâl ar groaz.

26. Pa wélaz éta Jézuz hé vamm, hag enn hé zâ enn hé c'hichen ann diskibl a garé, é lavaraz d'hé vamm : Grék, chétu da vâb.

27. Neûzé é lavaraz d'ann diskibl : Chétu da vamm. Hag adalek ann heur-zé ann diskibl a géméraz anézhi da vamm.

28. Goudé zé Jézuz ô c'houzout pénaoz é oa sévénet pép-trâ, évit ma vijé sévénet ar Skritur, a lavaraz : Sec'hed em eûz.

29. Hôgen béz' éz oa énô eur pôd

leûn a win-egr. Hag hi ô véza lékéad eur spoué er gwin-egr, hag ô véza lékéat sikadez war hé drô, é tougchoñt anézhi oud hé c'hénou.

30. Pa en doé éta Jézuz kéméret ar gwin-egr, é lavaraz : Peûr-c'hréad eo. Hag ô véza soublet hé benn é roaz hé spéred.

31. Hôgen ar Iuzevien, ô véza ma oa ar gousper, hag évit na choumjé kéd ar c'horfou oud ar groaz é deiz ar sabbat, (râk deiz brâz ar sabbat é oa hen-nez) a bédaz Pilat ma lakajé terri hô divesker d'ézhô, hag hô zenna a-les-sé.

32. Doñd a réaz 'ta soudarded, péré a dorraz hô divesker d'ar c'heñta, ha d'égilé péhini a oa bét staget oud ar groaz gañt-hañ.

33. Hôgen pa oeñt deûet étrézé Jézuz, pa wéljoñt é oa dijâ marô, na dorjoñt két hé zivesker d'ézhañ ;

34. Hôgen unan eûz ar zoudarded a doullaz hé gostez gañd eur goaf, ha râk-tâl é tilammaz anézhañ goâd ha dour.

35. Ha néb en deûz gwélet a zoug testéni ; hag hé desténi a zô gwir. Hag héñ a oar pénaoz é lavar gwir, évit ma krédot ivé.

36. Râg ann traou-zé a zô bét gréat, évit ma vijé sévénet ar Skritur : Na dorrot hini eûz hé eskern.

37. Hag eur Skritur all a lavar c'hoaz : Gwélout a raiñt ann hini hô deûz toullet.

38. Goudé-zé Jozef a Arimatéa (ô véza ma oa diskibl da Jézuz é-kûz gañd aoun râg ar Iuzevien) a bédaz Pilat ma helljé kémérout korf Jézuz. Ha Pilat hen aotréaz d'ézhañ. Doñd a réaz 'ta, hag é kéméraz korf Jézuz.

39. Nikodémuz, ann hini a ioa éat ar c'heñta gwéach da gaout Jézuz é-pâd ann nôz, a zeûaz ivé gañt mirr hag aloez mesket, war-drô kañt lur.

40. Kéméroud a réjoñt éta korf Jézuz, hag é lékéjoñt war hé drô liseriou gañt lousou c'houés vâd, ével ma eo kiz ar Iuzevien évit liéna.

41. Béz' éz oa el léac'h é péhini é oa bét lékéad oud ar groaz eul liors, hag el liors-zé eur béz nevez, é péhini né oa bét c'hoaz lékéad dén.

42. Énô éta, ô véza ma oa gousper goél ar Iuzevien, ha ma oa tôst ar béz, é lékéjoñt Jézuz.

—

XX. PENNAD.

1. Enn deiz keñta eûz ar sabbat, Mari Madalen a zeûaz mintin mâd, ha pa oa c'hoaz téñval, étrézég ar béz : hag é wélaz ar méan tennet diwar ar béz.

2. En em likaad a réaz 'ta da rédek, hag é teûaz da gavout Per, hag ann diskibl all-zé a garé Jézuz, hag é lavaraz d'ézhô : Tennet hô deûz ann Aotrou eûz ar béz, ha na ouzomp két péléac'h hô deûz hé lékéat.

3. Per éta a iéaz er-méaz, hag ann diskibl all-zé, hag éz éjoñd d'ar béz.

4. Rédek a réañt kévret, hôgen ann diskibl all-zé a rédaz buanoc'h égét Per, hag a zeûaz da-geñta d'ar béz.

5. Hag ô vézâ soublet hé benn, é wélaz al liénennou a ioa choumet énô, hôgen na'z éaz két ébarz.

6. Simon Per péhini a ioa war hé lerc'h a zeûaz ivé, hag a iéaz er béz, hag a wélaz al liénennou a ioa choumet énô,

7. Hag al liénen a ioa bét war hé benn, péhini né oa két lékéat gañd al liénennou all, hôgen a oa pléget enn eul léac'h a dû.

8. Neûzé ann diskibl all-zé, péhini a oa deûed da-geñta d'ar béz, a iéaz ivé ébarz hag a wélaz, hag a grédaz :

9. Râk na anavézeñt két c'hoaz ar Skritur a lavaré pénaoz é oa réd é savché a varô da véo.

10. Neûzé ann diskibled-zé a zistrôaz d'ar géar.

11. Hôgen Mari a choumaz er-méaz, ô wéla. Hag enn eur wéla é soublaz hé fenn, hag é sellaz er béz :

12. Hag é wélaz daou Éal gwisket é gwenn, péré a ioa azézet el léac'h ma oa bét Jézuz, unan ouc'h ar penn, hag égilé ouc'h ann treid.

13. Ar ré-mañ a lavaraz d'ézhi : Grék, pérâg é wélez-té ? Hag hi a lavaraz d'ézhô : O véza ma hô deûz krapet va Aotrou, ha na ouzonn két péléac'h hô deûz hé lékéat.

14. O véza lavaret kémeñt-sé, é distrôaz, hag é wélaz Jézuz enn hé zâ : hôgen na wié két pénaoz é oa Jézuz.

15. Jézuz a lavaraz d'ézhi : Grék, pérâg é wélez-té ? Piou a glaskez ? Hi ô kridi pénaoz é oa al liorser, a lavaraz d'ézhañ : Aotrou, mar d-eo té éc'h eûz hé c'hrapet, lavar d'in péléac'h éc'h eûz hé lékéat, hag é kémérinn anézhañ.

16. Jézuz a lavaraz d'ézhi : Mari. Hag hi ô tróirei a lavaraz d'ézhañ : Rabboni (da lavarout eo, Mestr).

17. Jézuz a lavaraz d'ézhi : Na stok kéd ouz-in, râk n'ounn két c'hoaz piñet étrézé va Zâd : hôgen kéa da gavout va breûdeûr, ha lavar d'ézhô : Piña a rann étrézé va Zâd, hag hô Tâd, étrézé va Doué, hag hô Toué.

18. Mari Madalen a zeûaz da zisklêria d'ann diskibled pénaoz é doa gwélet ann Aotrou, ha pétrâ en doa lavared d'ézhi.

19. War ar pardaez eûz ann deiz-zé, péhini é oa ar c'heñta eûz ar zizun, ann ôriou eûz al léac'h é péhini é oa strollet ann diskibled ô véza serret gañd aoun râg ar Iuzevien, Jézuz a zeûaz, hag en em lékéaz enn hô c'hreiz, hag a lavaraz d'ézhô : Ar péoc'h ra vézô gan-é-hoc'h.

20. Goudé m'en doé lavaret kémeñtsé, é tiskouézaz d'ézhô hé zaouarn hag hé gostez. Laouen-brâz é oé ann diskibled, pa wéljoñt ann Aotrou.

21. Neûzé é lavaraz d'ézhô eur wéach all : Ar péoc'h ra vézô gan-é-hoc'h. Ével ma en deûz va c'haset va Zâd, é kasann ivé ac'hanoc'h.

22. Pa en doé lavaret kémeñt-sé, é c'houézaz war-n-ézhô, hag é lavaraz d'ézhô : Digémérid ar Spéred-Sañtel :

23. Ar ré da béré hô pézô distaolet hô féc'héjou, é vézô distaolet d'ézhô ; hag ar ré da béré hô pézô hô dalc'het, é vézô dalc'het d'ézhô.

24. Tomaz unan eûz ann daouzék, lés-hanvet Didimuz, né oa két gañthô pa zeûaz Jézuz.

25. Ann diskibled all a lavaraz 'ta d'ézhañ : Ni hon eûz gwélet ann Aotrou. Hôgen héñ a lavaraz d'ézhô : Ma na wélann enn hé zaouarn arouéz toullou ann tachou, ha ma na lakaann va biz é toull ann tachou, ha va dourn enn hé gostez, na grédinn két.

26. Da benn eiz dé goudé, ann diskibled a ioa adarré enn hévélep léac'h, ha Tomaz gañt-hô. Jézuz a zeûaz, ann ôriou ô véza serret, hag en em lékéaz enn hô c'hreiz, hag a lavaraz : Ar péoc'h ra vézô gan-é-hoc'h.

27. Goudé é lavaraz da Domaz : Laka da viz amañ, ha gwél va daouarn ; tôsta ivé da zourn, ha lakahéñ em c'hostez : ha na véz két diskrédik, hôgen krédik.

28. Tomaz a respouñtaz hag a lavaraz d'ézhañ : Va Aotrou, ha va Doué.

29. Jézuz a lavaraz d'ézhañ : O véza ma éc'h eûz va gwélet, Tomaz, éc'h eûz krédet : euruz ar ré n'hô deûz két gwélet, hag hô deûz krédet.

30. Jézuz en deûz gréat meûr a vurzud all dirâg hé ziskibled, ha n'eo két skrivet el levr-mañ.

31. Hôgen kémeñt-mañ a zô skrivet, évit ma krédot pénaoz Jézuz a zô ar C'hrist Mâb Doué, hag ô kridi m'hô pézô ar vuez enn hé hanô.

—

XXI. PENNAD.

1. Goudé-zé Jézuz en em ziskouézaz adarré d'hé ziskibled war aot môr Tibériaz ; ha chétu pénaoz en em ziskouézaz :

2. Simon Per, ha Tomaz lés-hanvet Didimuz, ha Natanael péhini a ioa eûz a Gana é Galiléa, ha mipien Zébédé, ha daou all eûz hé ziskibled a ioa kévret.

3. Simon Per a lavaraz d'ézhô : Mond a rann da béskéta. Hag hi a lavaraz d'ézhañ : Mond a réomb ivé gan-éz. Hag éz éjoñt, hag é piñjoñt enn eur vag : hôgen enn nôz-zé na gémerchoñt nétrâ.

4. Pa oa deûed ar miñtin, Jézuz en em ziskouézaz war ann aot : hôgen ann diskibled na anavézchoñt két pénaoz é oa Jézuz.

5. Jézuz éta a lavaraz d'ézhô : Bugelé, ha n'hoc'h eûs-hu nétrâ da zibri? Hag hi a respouñtaz : Nann.

6. Hag héñ a lavaraz d'ézhô : Taolid ar rouéjou enn tu déou eûz ar vâg, hag é kéfot. Hé deûrel a réjoñt éta, ha na belleñt mui hé denna gañd ail lôd pésked a ioa enn-hañ.

7. Neûzé ann diskibl a garé Jézuz a lavaraz da Ber : Ann Aotrou eo. Simon Per pa glevaz pénaoz é oa ann Aotrou, a lékéaz hé zaé (râg enn noaz édo) hag en em daolaz er môr.

8. Ann diskibled all a zeûaz er vâg (râk né oañt két pell diouc'h ann douar, hôgen war-héd daou c'hañt ilinad hép-kén) ô sacha ar rouéjou leûn a bésked.

9. Pa oeñt éta diskenned d'ann douar, é wéljoñt glaou béô, ha pésked war-n-ézhañ, ha bara.

10. Ha Jézuz a lavaraz d'ézhô : Digasid eûz ar pésked hoc'h eûz kéméret bréma.

11. Simon Per 'a biñaz, hag a dennaz ar rouéjou d'ann douar, hag héñ leûn a gañt tri hag hañter-kañt pésk brâz. Ha pétrâ-bennâg ma ioa kémeñt, na dorraz kéd ar rouéjou.

12. Jézuz a lavaraz d'ézhô : Deûid, ha leinit. Hag hini eûz ar ré a ioa ouc'h taol na grédé goulenni digañtbañ : Piou oud-dé ? Râg gouzoud a réañt pénaoz é oa ann Aotrou.

13. Ha Jézuz a zeûaz, hag a géméraz bara, hag hé rôaz d'ézhô, ha pésked enn hévélep doaré.

14. Ann trédé wéach eo en em ziskouézaz Jézuz d'hé ziskibled, goudé ma oé savet a varô da véô.

15. Goudé éta m'hô doé leinet, Jézuz a lavaraz da Zimon Per : Simon mâb Iann, ha karoud a réz ac'hanoun muioc'h égéd ar ré-mañ ? Hag héñ a lavaraz d'ézhañ : Ia, Aotrou, gouzoud a réz pénaoz é karann ac'hanod. Jézuz a lavaraz d'ézhañ : Pask va ein.

16. Lavaroud a réaz c'hoaz d'ézhañ : Simon mâb Iann, ha karoud a réz ac'hanoun ? Ha Per a lavaraz : Ia, Aotrou, gouzoud a réz pénaoz é karann ac'hanod. Jézuz a lavaraz d'ézhañ : Pask va ein.

17. Evid ann trédé gwéach é lavaraz d'ézhañ : Simon mâb Iann, ha karoud a réz ac'hanoun ? Glac'hared é oé Per, ô véza ma lavaré d'ézhañ évid ann trédé gwéach : Ha karoud a réz ac'hanoun ? Hag é lavaraz d'ézhañ : Aotrou, té a oar pép trâ ; gouzoud a réz pénaoz é karann ac'hanod. Jézuz a lavaraz d'ézhañ : Pask va déñved.

18. É-gwirionez, é-gwirionez hel lavarann d'id ; pa oaz iaouañk, té en em c'hourizé da-unan, hag éz éez el léac'h ma kérez : hôgen pa gôsai, éc'h astenni da zaouarn, hag eunn all a gasô ac'hanod el léac'h na giri két.

19. Hôgen kémeñt-sé a lavaraz, évit merka gañt pé varô é tlié meûli Doué. Ha goudé béza lavaret kémeñt-sé, é lavaraz d'ézhañ : Deûz war va lerc'h.

20. Per ô véza troet hé benn a wélaz ô toñt war hé lerc'h ann diskibl a garé Jézuz, ha péhini é-pâd ar goan-fask a oa gourvézet war hé askré, hag a lavaraz : Aotrou, piou eo ann hini a werzô ac'hanod ?

21. Hôgen Per pa en doé hé wélet, a lavaraz da Jézuz : Aotrou, pétrâ a zeûi hé-mañ ?

22. Jézuz a lavaraz d'ézhañ : Mar fell d'in é choumfé bété ma teûinn, pé vern d'id ? Deûz war va lerc'h.

23. Hôgen sôdek a réaz ar brûd étouez ar vreûdeûr, pénaoz ann diskibl-zé na varvché két. Koulskoudé Jézuz n'en doa két lavaret ? Na varvô két ; hôgen : Mar fell d'in é choumfé bété ma teûinn, pé vern d'id ?

24. Ann diskibl-zé eo a rô testéni eûz a gémeñt-mañ, hag en deûz hé skrivet : ha gouzoud a réomp pénaoz hé desténi a zô gwirion.

25. Kalz traou all en deûz gréat Jézuz : ha ma veñt skrivet gañd ann holl zarvoudou, na venn ann bed hé-unan dere'hel al levriou a vé skrivet.

OBÉRIOU

ANN ÉBESTEL.

I. PENNAD.

1. Em frézégen geñta, ô Téofil, em eûz komzet eûz a gémeñt en deûz gréat ha desket Jézuz adalek ar penn keñta,

2. Bétég ann deiz é péhini, goudé béza desket hé Ébestel gañd ar Spéred-Sañtel, é piñaz enn Éñv :

3. Ha goudé hé varô é tiskouézaz d'ézhô gañt kalz a arouésiou, pénaoz é oa béô, oc'h en em ziskouéza d'ézhô é-pâd daou-ugeñt dervez, hag ô komza out-hô diwar-benn rouañtélez Doué.

4. Hag ô tibri gañt-hô, é c'hourc'hémennaz d'ézhô na'z ajeñt két kuit eûz a Jéruzalem, hôgen ma c'hortozcheñt gér ann Tâd, hoc'h eûz klevet, émé-z-hañ, dré va génou :

5. Râk Iann en deûz badézet enn dour; hôgen c'houi abarz néméûr a zeisiou a vézô badézet er Spéred-Sañtel.

6. Neûzé ar ré a ioa strollet énô a c'houlennaz out-hañ : Aotrou, hag enn amzer-zé eo é savi adarré rouañtelez Israel ?

7. Hôgen héñ a lavaraz d'ézhô : Né két c'houi a dlé anaout ann amzeriou hag ar prédigou en deûz lékéat ann Tâd dré hé c'halloud :

8. Hôgen c'houi a zigémérô ners ar Spéred-Sañtel a ziskennô war-n-hoc'h, hag é viot téstou d'in é Jéruzalem, hag enn holl Judéa, hag é Samaria, ha bété penn ar béd.

9. Ha goudé m'en doé lavaret kémeñt-sé, é savaz dira-z-hô, hag eur goabren a guzaz anézhañ ouc'h hô daou-lagad.

10. Ha pa zelleñt piz out-hañ ô voñd enn Éñv, chétu daou zén gwisket é gwenn en em gavaz enn hô c'hichen,

11. Hag a lavaraz d'ézhô : Tûd a C'haliléa, pérâg émoc'h-hu enn hô sâ ô selloud ouc'h ann Éñv ? Ar Jézuz-zé péhini oc'h hô kuitaat a zô piñet énn Éñv, a zeûi enn hévélep doaré ma hoc'h eûz hé wélet ô voñd enn Éñv.

12. Neûzé é tistrôjoñt da Jéruzalem, eûz ar ménez a c'halveur Olived, pell diouc'h Jéruzalem, war-drô eunn dervez heñt.

13. Ha pa oeñd éad enn tî, é piñchoñd er gampr é péhini édo Per ha Iann, Jakez hag André, Filip ha Tomaz, Bertélé ha Mazé, Jakez mâb Alfé, ha Simon Zélotez, ha Judaz breûr Jakez.

14. Ar ré-mañ a geñdalc'hé da bidi a-unvan gañd ar gragez, ha Mari mamm Jézuz, hag hé vreûdeûr.

15. Enn deisiou-zé Per a zavaz é-kreiz ann diskibled (hôgen hi a ioa kévret war-drô c'houéac'h ugeñt dén), hag a lavaraz :

16. Tûd, va breûdeûr, réd eo é vé sévénet ar péz en deûz diouganet ar Spéred-Sañtel er Skritur dré c'hénou David diwar-benn Iuzaz, péhini a ioa é penn ar ré hô deûz kéméret Jézuz.

17. Enn hon touez é oa nivéret, ha galvet é oa d'ann hévélep karg ha nî.

18. Hag hé-mañ goudé béza prénet eur park gañt gôbr hé béc'hed, a zô en em grouget hag a zô tarzet dré greiz; hag hé holl vouzellou a zô en em skiñet.

19. Ha kémeñt-mañ a zô bét anavézet gañd holl dud Jéruzalem; enn hévélep doaré ma eo bét hanvet ar park-zé, enn hô iéz, Haseldama, da lavarond eo, park ar Goâd.

20. Râk skrived eo é levr ar Salmou: Ra vézô hô c'héar dibeñtet, ha na vézô dén a choumô enn-hi: ha ra gémérô eunn all hé eskobded.

21. Réd eo éta pénaoz, étré ar ré a zô bét enn hon touez, é-pâd ann amzer ma eo bét gan-é-omp ha ma eo éat-kuit ann Aotrou Jézuz,

22. O téraoui adalek badisiant Iann bétég ann deiz é péhini eo savet digan-é-omp, eo réd é tilennchemp unan da dést eûz hé zazorc'hidigez.

23. Hag é kémerchoñt daou, Jozef hanvet Barsabaz, ha lés-hanvet ar Gwirion, ha Matiaz.

24. Hag ô pidi é léverchoñt: Aotrou, té péhini a anavez kaloun ann dud holl, diskouéz d'é-omp péhini eûz ann daou-mañ éc'h eûz dilennet,

25. Évit ma'z ai er garg, hag enn Abostolach é péré eo faziet Iuzaz, évit moñd enn hé léac'h.

26. Hag é taolchoñt anézhô d'ar sort, hag ar sort a gouézaz war Vatiaz, hag é oé nivéret gañd ann unnék Abostol.

II. PENNAD.

1. Pa oa peûr-zeûet deisiou ar Peñtékost, édoñt holl enn eunn hévélep léac'h.

2. Enn-eunn-taol é teûaz eûz ann Éñv eunn trouz brâz, é-c'hiz da eunn avel gré, hag a leûniaz ann tî holl é péhini é oañt azézet.

3. Hag é wéljoñt ével téôdou tân, péré en em rannaz, hag en em lékéaz war bép hini anézhô.

4. Neûzé é oeñt holl leûn eûz ar Spéred-Sañtel, hag é téraouchoñt komza meûr a iéz, hervez m'hô lékéa ar Spéred-Sañtel da lavarout.

5. Hôgen béz' éz oa é Jéruzalem Iuzevien, tûd a zoujañs Doué eûz a bép brôad a zô dindân ann Éñv.

6. Pa zeûaz ar vrûd eûz a gémeñtsé, en em strollaz eul lôd brâz anézhô, hag é oeñt saouzanet, ô véza ma klevchoñt anézhô ô komza enn hô iéz hôunan.

7. Sébézet é oañt holl, hag enn hô souez vrâz é lavareñt: Ar ré-mañ a gomz, ha n'iñt-hi kéd holl eûz a C'haliléa?

8. Pénaoz éta é klevomp-ni anézhô ô komza é iéz ar vrô eûz a bép-hini ac'hanomp?

9. Ar Parted, ar Méded, ann Élamited, ar ré a choum er Mézopotamia, er Judéa, er C'hapadosia, er Poñt, hag enn Azia,

10. Er Frijia, hag er Pamfilia, enn Éjipt, hag é kévrennou al Libia, a zô tôst da Ziren, hag ar ré a zeû eûz a Rom,

11. Iuzevien ivé, ha Prozélited, Kréted hag Arabed, hô c'hlevoud a réomp ô komza enn hon iézou diwarbenn ôbériou brâz Doué.

12. Sébézet é oañt éta holl, hag enn hô souez vrâz é lavareñt: Pétrâ eo kémeñt-mañ da lavarout?

13. Hôgen ré all oc'h ôber goap a lavaré: Leûn iñt a win nevez.

14. Neûzé Per ô sével gañd ann unnég *Abostol*, a zavaz hé vouéz, hag a lavaraz d'ézhô: Iuzevien, ha c'houi holl péré a choum é Jéruzalem, likid évez out kémeñt-mañ, ha sélaouit mad va c'homzou.

15. Râg ar ré-mañ n'iñt két mézô, ével ma krédit, ô véza n'eo c'hoaz néméd ann trédé heur eûz ann deiz:

16. Hôgen kémeñt-sé eo a zô bét lavaret gañd ar Profed Joel:

17. Hag enn deisiou divéza (émé ann Aotrou), é skuïinn va Spéred war ann holl gik, hag hô mipien hag hô merc'hed a ziouganô: hô tûdiaouañk a wélô gwélédigésiou, hag hô tûd-kôz a huvréô huvréou.

18. Hag enn deisiou-zé é skuïinn va Spéred war va mévellou, ha

war va mitisien, hag é diougañt :
19. Hag é rôinn burzudou euc'h-
kréac'h enn Éñv, hag euc'h-traouñ
arwésiou war ann douar, goâd, tân,
ha moren môged.
20. Ann héol a vézô trôet é téval-
jen, hag al loar é goâd, abarz ma teûi
ann deiz brâz ha skéduz eûz ann Ao-
trou.
21. Hag é vézô : piou-bennâg a
c'halvô hanô ann Aotrou, a vézô
salvet.
22. Tûd a Israel, klevid ar gerio-
mañ : Jézuz a Nazaret, a zô bét eunn
dén grateet gañd Doué enn hô touez,
dré ar c'hallondou, ar vurzudou hag
ann arwésiou en deûz great Doué dré-
z-hañ enn hô kreiz, é vel ma ouzoc'h :
23. Hen-nez eo a zô bét rôed d'é-
hoc'h dré eur c'hrazul mennet mâd ha
dré râg-gwiziéges Doué, hag hoc'h
eûz hé lékéat étré daouarn ann dûd
fall évid hé lakaad da vervel oud ar
groaz.
24. Hen-nez eo en deûz Doué savet
euz a varô da véô, ô véza lékéat da
baouéza poaniou ann ifern, râk na
hellet kéd hé zerc'hel énô.
25. Râk David en deûs lavared di-
war hé benn : Gwélout a réann bé-
préd ann Aotrou dira-z-oun ; râg enn
hu déou d'in éma, gañd aoun na venn
kéflusket :
26. Dré-zé eo laouénéet va c'ha-
loun, ha va zéôd en deûz tridet : hag
euc'h-penn va c'hik a éhanô er gortoz :
27. O véza na zilézi két va éné enn
ifern, ha na c'houzañvi két é welfé da
Zañt ar vreinadurez.
28. Rôed éc'h eûz d'in anaoud ann
heñd ar vuez ; ha va leûnia a ri a lé-
vénez gañd ar gwél ac'hanod.
29. Tûd, va breûdeûr, lavirî-mâd é
komzfenn ouz-hoc'h gañd herder di-
war-benn ann tâd-brâz David, pénaoz
eo marô, eo bét liénet, ha ma éma hé
véz enn hor c'hreiz bété vréma.
30. O véza éta ma oa Profed, ha
ma wié pénaoz Doué en doa rôed hé
c'hér gañt lé é teûjé ar frouez eûz hé
groazel da azéza war hé gador :
31. O wéloud ann traou a dlié
c'hoarvézout en deûz komzet eûz a
zavorc'hidigez ar C'hrist, péhini né
két bét dilézet enn ifern, hag eûz a
béhini ar c'hik n'en deûz két gwélet
ar vreinadurez.
32. Doué en deûz lékéat ar Jézuz-zé
da zével a varô da véô, ha ni holl a
zô tést eûz a gémeñt-sé.
33. Goudé éta ma eo bét savet gañd
dourn déou Doué, ha goudé ma eo
bét rôet d'ézhañ ar Spéred-Sañtel
gwestlet d'ézhañ gañd hé Dâd, en deûz
skulet ar Spéred-zé, péhini a wélit
hag a glevit.
34. Râk David né két piñet enn
Éñv : hôgen lavaroud a ra hé-unan :
Ann Aotrou en deûz lavaret d'am Ao-
trou, azez em dourn déou.
35. Bété ma likiinn va énébourien
da skabel d'az treid.
36. Ra wézô éta a-dra-wir holl di
Israel, pénaoz Doué en deûz lékéat
da Aotrou ha da Grist, ar Jézuz-zé,
péhini hoc'h eûz staget oud ar groaz.
37. Pa glevchoñt kémeñt-sé, é oeñt
mañtret enn hô c'haloun, hag é lé-
verchoñt da Ber, ha d'ann Ébestel all :
Tûd, va breûdeûr, pétrâ a raimp-ni ?
38. Ha Per a lavaraz d'ézhô : Grit
pinijen, ha ra vézô badézet pép-hini
ac'hanoc'h é hanô Jézuz-Krist, enn
distol eûz hô péc'héjou ; hag é ligé-
mérot rô ar Spéred-Sañtel.
39. Râg ar c'hen-wéstl a zô d'é-
hoc'h, ha d'hô pugalé, ha d'ar ré holl
a zô pell, kémeñt ha ma c'halvô ann
Aotrou hon Doué.
40. Ê meûr a c'herion all é rôez
testéni d'ézhô, hag é erbédé anézhô,
ô lavarout : En em zavétéit diouc'h
ar wenn fall-zé.
41. Ar ré éta a zigémeraz hé c'hér,
a oé badézet : hag enn deiz-zé enn
em unanaz oud enn diskibled war-drô
tri mil éné.
42. Hôgen kenderc'hel a réañt é
kéléennadurez ann Ébestel, é lôd ar
bara torret, hag er pédennou.
43. Hôgen ar spouñt a grogaz é
péb éné : ha kalz a vurzudou hag a
arwésiou a réa ann Ébestel é Jéruza-
lem, hag ann heûz a iea brâz dré-holl.
44. Ar ré a grédé, a vévé kévret,
ha pép trâ a iea boutin gañt-hô.
45. Gwerza a réañt hé douarou hag
hé madou, hag é ranneñt anézhô

étré-z-hô holl hervez ann ézomm en doa pép-hini.

46. Keñderc'hel a réañt ivé bemdéz enn templ gañd eunn unvaniez vráz, hag é torreñt ar bara a-di-é-ti, hag é kéméreñt hô boéd gañt lévénez, ha gañt eeunder a galoun,

47. O veûli Doué, ha karet é oañt gañt ann holl bobl. Hôgen ann Aotrou a greské bemdéz ann niver eûz ar ré a dlié béza salvet enn hévéleb Iliz.

—

III. PENNAD.

1. Hôgen Per ha Iann a biñé d'ann templ da heur ar béden péhini é oa ann naved heur.

2. Dougen a réad eunn dén, péhini a ioa kamm a gôv hé vamm, ha bemdéz é lékéad anézhañ é tâl dôr ann templ, a c'halvet ann Or Gaer, évit ma c'houlenjé ann aluzen digañd ar ré a iéa enn templ.

3. Pa wélaz hé-mañ Per ha Iann, péré a ioa daré da voñd enn templ, é pédé anézhô da rei ann aluzen d'ézhañ.

4. Ha Per, kerkoulz ha Iann, oc'h arvesti ann dén-zé, a lavaraz d'ézhañ : Sell ouz-omp.

5. Hag héñ a zellé piz out-hô, é géd ma rôjeñt eunn dra-bennâg d'ézhañ.

6. Neûzé Per a lavaraz d'ézhañ : N'em eûz nag aour nag arc'hañt ; hôgen ar péz em eûz a rôann d'id. É hanô Jézuz-Krist a Nazaret, saô ha balé.

7. Hag ô véza kroget enn hé zourn déou, é savaz anézhañ, ha kaloun hé dreid a startaaz.

8. Hag oc'h ôber eul lamm é savaz, hag é valéaz : hag éz éaz enn templ gañt-hô, ô valéa, ô lammout, hag ô veûli Doué.

9. Hag ann holl bobl a wélaz anézhañ ô valéa, hag ô veûli Doué.

10. Hôgen anaoud a réañt pénaoz é oa ann hini péhini a ioa azézet ond ann Ôr Gaer eûz ann templ évit goulenni ann aluzen : hag é oañt leûn a zouez hag a estlamm gañd ar péz a oa c'hoarvézet gañt-hañ.

11. Hag ô véza ma talc'hé Per ha Iann, ann holl bobl souézet a rédaz étrézég ann-hô bétég ar pondalez a c'halveur Salomon.

12. Hôgen Per ô wélout kémeñt-sé, a lavaraz d'ar bobl : Tûd a Israel, pérâg oc'h-hu souézet eûz a gémeñt-mañ, pé pérâg é sellit-hu ouz-omp, é-c'hiz ma hor bé lékéat hé-mañ da valéa gañd hon ners hag hor galloud ?

13. Doué Abraham, Doué Izaak ha Doué Jakeb, Doué hon Tadou en deûz meûlet hé Vap Jézuz, péhini hoc'h eûz gwerzet, ha dinac'het dirâk Pilat, péhini en doa barnet leûskel anézhañ da voñt.

14. Hôgen c'houi hoc'h eûz dinac'het ann dén sañtel ha gwirion, hag hoc'h eûz goulennet é vé róet d'é-hoc'h eunn dén lazer :

15. Ha penn-abek ar vuez hoc'h eûz lékéad d'ar marô ; hôgen Doué en deûz hé zazorc'het eûz a-douez ar ré varô ; ha ní a zô téat eûz a gémeñt-sé.

16. É feiz hé hanô eo, en deûz hé hanô starléet ann dén-zé, péhini hoc'h eûz gwélet, hag a anavézit ; hag ar feiz a zeû anézhañ en deûz róet ar iéc'hed klôk-zé dira-z-hoc'h holl.

17. Hôgen, va breûdeûr, gouzoud a rann pénaoz hoc'h eûz gréat kémeñt-sé dré ziwiziégez, kerkoulz ha pennou hô pré.

18. Hôgen Doué péhini en doa diouganet dré c'hénou hé holl Broféded pénaoz é c'houzañvché hé Grist, en deûz hé zévénet ével-sé.

19. Grid éta pinijen, ha distrôid ouc'h Doué, évit ma vézô lamet hô péc'héjou ;

20. Pa vézô deûet amzer ar fréskadurez dré wél ann Aotrou, hag en dévézô Doué kaset Jézuz-Krist, péhini a zô bét diouganet d'é-hoc'h,

21. Péhini a dlé béza digéméret gañd ann Éñv, bétég ann amzer é péhini é vézô lékéat pép trâ er stad keñta, amzer hag a zô bét diouganet gañd Doué adaleg ar penn-keñta dré c'hénou hé Broféded sañtel.

22. Hôgen Moizez en deûz lavaret : Ann Aotrou hô Toué en deûz savet enz a greiz hô preûdeûr eur Profed ével-d-oun : sélaouit-héñ é kémeñt ha ma lavarô d'é-hoc'h.

23. Râk chétu pétrâ a c'hoarvézó : Kémeñd hini ha na zélaouó kéd ar Profed-zé, a vézó lamet eûz a-douez ar bobl.

24. Hag ann holl Broféded, péré hó deûz komzet, adalek Samuel, hag hé-c'houdé, hó deûz diouganet ann deisiou-zé.

25. C'houi a zó bugalé ar Broféded, hag eûz ar gévrédigez en deûz gréat Doué gañd hon Tadou, ó lavaront da Abraham : Hag enn da wenn é vézó benniget ann holl vrôadou eûz ann douar.

26. Évid-hoc'h eo da-geñta en deûz Doué saved hé Vâb, hag en deûz hé zigaset évid hó penniga, évit ma tistrôi pép-hini eûz hé zrougiez.

—

IV. PENNAD.

1. Hógen pa gomzeñt oud ar bobl, ar véléien ha rénérien ann templ, hag ar Saduséed a zeûaz énó ;

2. Ha droug enn-hó, ó véza ma kélenné ar ré-mañ ar bobl, ha ma diouganeñt é Jézuz dazorc'hidigez ar ré varó :

3. Hag é krôgchoñt enn-hó, hag é lékéjoñt anézhó er vâc'h bétég añtrônôz ; râk divézad oa dijâ.

4. Hógen kalz eûz ar ré a glevaz ar brézégen-zé, a grédaz : ha niver ann dûd-zé a oé eûz a bemp mil.

5. Añtrônôz Pennou ar bobl, hag ann Hénaoured, hag ar Skribed en em strollaz é Jéruzalem ;

6. Hag Annaz, Priñs ar véleien, ha Kaifaz, ha Iann, hag Aleksañdr, ha kémeñd hini a ioa eûz a wenn ar véleien.

7. Hag ó véza hó lékéat enn hó c'hreiz, é réjoñd ar goulenn-mañ out-hó : Gañt pé ners, pé gañt pé hanó hoc'h eûs-hu gréat kémeñt-sé ?

8. Neûzé Per leûn eûz ar Spéred-Sañtel, a lavaraz d'ézhó : Pennou ar bobl, ha c'houi Hénaured, sélaouit :

9. Pa c'houlenneur hirió digan-éomp périg hon eûz gréat vâd da eunn dén klañv, hag é pe'zeará eo bét iac'héet,

10. Diskleria a réomp d'é-hoc'h holl, ha da holl bobl Israel, pénaoz eo dré hanó hon Aotrou Jézuz-Krist a Nazareth, péhini hoc'h eûz staget oud ar groaz, ha péhini en deûz savet Doué a varó da véó, eo bét iac'héet ann dén-zé, ha ma eo enn hé zâ dira-z-hoc'h.

11. Hen-nez eo ar méan hoc'h eûz distaolet, c'houi saverien-tiez, hag a zó deûet da benn da gorn ann tl :

12. Ha n'eûz kéd a zilvidigez dré hini all é-béd ; râg hanó all é-béd dindan ann éñv n'eo bét rôed d'ann dûd, dré béhini é tléfemp béza salvet.

13. Hógen pa wéljoñt stardder Per ha Iann, ó véza ma wieñt pénaoz é oa ar ré-mañ tûd diwiziek ha louad, é oeñt souézet-brâz ; gouzoud a réañd ivé pénaoz é oañt bét oc'h heûlia Jézuz.

14. Koulskoudé pa wéleñt enn hé zâ dira-z-hó ann hini a oa bét iac'héet, n'hó doa nétrâ da lavarout a-énep.

15. Gourc'hémenni a réjoñd éta d'ézhó ma'z ajeñt er-méaz eûz hó stroll, hag é kuzulieñt étré-z-hó,

16. O lavarout : Pétrâ a raimp-ni d'ann dûd-mañ ? Râk eur burzud hó deûz gréat, hag a zó anavézet gañd holl dud Jéruzalem : anat eo, ha na hellomp kéd hé nac'ha.

17. Hógen, évit na vézó két brudet mui é-touez ar bobl, difennomp out-hó gañt gourdrouz na gomzcheñt mui enn hanó-zé da zén é-béd.

18. Hag ó véza galved anézhó, é tifenchoñt out-hó na gomzcheñt mui, na na gélencheñt é hanó Jézuz.

19. Hógen Per ha Iann a respouñtaz hag a lavaraz d'ézhó : Barnit hoc'h-unan mar d-eo déréad dirâg Doué sélaoui ac'hanoc'h keñtoc'h égét sélaoui Doué ;

20. Râk ni na hellomp két tével war ar péz hon eûz gwélet ha klevet.

21. Hógen hi a gasaz anézhó enn eur c'hourdrouza : ha na gaveñt abek é-béd évit hó c'hastiza enn abek d'ar bobl, ó véza ma veûleñt holl Doué eûz a gémeñt a ioa c'hoarvézet ;

22. Râg ann dén péhini a ioa bét iac'héet gañd ar burzud-zé, en doa ouc'h-penn daou-ugeñt vloaz.

23. Goudé ma oeñt laosket, é teûjoñt étrézég hô zûd; hag é tanéveljoñd d'ézhô kémeñt a ioa bét lavared d'ézhô gañt priñsed ar véleien ha gañd ann hénsoured.

24. Pa glevaz ar ré-mañ kémeñt-sé, é savchoñt kévret hô mouéz étrézé Doué, hag é léverchoñt : Aotrou, té eo éc'h eûz gréat ann éñv hag ann douar, ar môr, ha kémeñd a zô enn-hô :

25. Té eo éc'h eûz lavaret dré ar Spéred-Sañtel, dré c'hénou hon tâd David da zervicher : Pérâg é tispac'h ar brôadou, ha pérâg ar boblou hô deûs-hi meunet traou gwân ?

26. Saved eo rouanez ann douar, hag ar briñsed a zô en em strolled a-unan a-énep ann Aotrou, hag a-éneb hé C'hrist.

27. Râg Hérodez ha Poñs-Pilat, gañd ar Jeñtiled ha gañd ar bobl a Israel, a zô évit-gwir en em strollet er géar-mañ a-énep da Vâp sañtel Jézuz, péhini éc'h eûz éoliet,

28. Évid ôber ar péz a oa bét reizet gañd da c'halloud, ha gañd da vénoz.

29. Ha bréma, Aotrou, sell ouc'h hô gourdrouzou, ha rô d'az goazed ann ners da ziskleria da c'hér gañt pép herder,

30. Évit ma astenni da zourn da iac'haad ar ré glañv, ha da ôber arouésiou ha burzudou é hanô da Vâp sañtel Jézuz.

31. Goudé m'hô doé gréad hô féden, al léac'h é péhini édoñt strollet a grénaz; leûniet é oeñd holl gañd ar Spéred-Sañtel, hag é tisklerchoñt gér Doué gañd herder.

32. Hôgen al lôd brâz eûz ar ré a grédé n'hô doa néméd eur galoun hag eunn éné : hag hini anézhô na lavaré é oa d'ézhañ hé-unan ar péz en doa : hôgen kémeñt trâ a ioa boutin étréz-hô.

33. Ann Ébestel a rôé testéni gañd eunn ners vrâz eûz a zazorc'hidigez hon Aotrou Jézuz-Krist : hag ar c'hrâs a ioa brâz enn-hô holl.

34. Râk na oa dén paour é-bédenn hô zouez; ha kémeñd hini en doa douarou pé tiez, a werzé anézhô, hag a zigasé ann dalvoudégez eûz ar péz en doa gwerzet,

35. Hag a lékéa anézhi da dreid ann Ébestel. Neûzé éranneñd ann arc'hañt étré pép-hini dioud hô ézomm.

36. Hôgen Jozef, les-hanvet Barnabaz gañd ann Ébestel, (da lavaroud eo Mâb ar fréalzidigez), péhini a oa Lévit, ha ginidik eûz a Sipra,

37. A werzaz parkou en doa, hag a gasaz arc'hañt ar werz da dreid ann Ébestel.

V. PENNAD.

1. Neûzé eunn dén hanvet Ananiaz, gañd hé c'hrég Safira, a werzaz douarou.

2. Hag a viraz enn tu diout-hañ lôd eûz a arc'hañt gwerz ann douarou, a-unan gañd hé c'hrég : hag é kéméraz al lôd all, hag hen kasaz da dreid ann Ébestel.

3. Hôgen Per a lavaraz : Ananiaz, pérâk Satan en deûs-héñ temptet da galoun, évit da lakaad da lavaroud eur gaou d'ar Spéred-Sañtel, ha da viroud enn tu diouz-id lôd eûz a arc'hañt da zouarou ?

4. Ha na veñt két choumet gan-éz, mar ez pé karet; ha goudé béza hô gwerzet, ha né oa két c'hoaz ann arc'hañt d'id ? Pérâg éc'h eûs-té lékéat ar ménoz-zé enn da galoun ? Né kéd d'ann dûd éc'h eûz lavaret gaou, da Zoué eo.

5. Hôgen pa glevaz Ananiaz ar gériou-zé, é kouézaz hag é varvaz. Hag ar ré holl a glevaz kémeñt-sé a oé spouñtet-brâz.

6. Neûzé tûd-iaouañk a zavaz, a géméraz anézhañ, hé zougaz hag hé zouaraz.

7. War-drô teir heur goudé, hé c'hrég, péhini na wié kéd ar péz a ioa c'hoarvézet, a zeûaz.

8. Ha Per a lavaraz d'ézhi : Lavar d'in, grég, hag azé éma kémeñd hoc'h eûz gwerzet hô touarou ? Hag hi a lavaraz : Ia, kémeñt-sé eo.

9. Neûzé Per a lavaraz d'ézhi : Pénaoz oc'h-hu en em unanet ével-sé évit tempti Spéred ann Aotrou ? Chétu oud ann ôr treid ar ré hô deûz doua-

ret da ozac'h, moñd a réoñd ivé d'az tougen.

10. Râk-tâl é kouézaz d'hé dreid, hag é varvaz. Ann dûd-iaouañg éta ô véza deûed ébarz, hé c'havaz marô, hag ô véza hé c'héméret, hé douaraz é-kichen hé fried.

11. Hag eur spouñt brâz a zavaz enn Iliz holl hag é-touez ar ré holl a glevaz méneg eûz a gémeñt-mañ.

12 Hôgen ann Ébestel a réa kalz a arwésiou hag a vurzudou dirâg ar bobl. Hag en em strolla a réañd holl a-unan é poñdalez Salomon.

13. Hini eûz ar ré all na grédé en em unani gañt-hô : hôgen ar bobl a veûlé kalz anézhô.

14. Hôgen ann niver eûz ar ré a grédé, ken goazed, ken merc'hed, a greské mui-oc'h-vui.

15. Enn hévélep doaré ma touget ar ré glañv war al leûriou ker, ha m'hô lékéad war wéléou ha war ñédou, évit pa drémenfé Per, ma teûfé da-vihana hé skeûd da c'hôlei unan-bennâg anézhô, ha ma vijeñt iac'héet eûz hô c'hléñvéjou.

16. Eunn niver brâz a dûd a zirédé ivé eûz ar c'heriou nés da Jéruzalem, hag é tigaseñt hô zûd klañv, hag ar ré a ioa heskinet gañd ar spéréjou louz : hag hô faréeñt holl.

17. Hôgen Priñs ar véleien a zavaz, hag ar ré a ioa gañt-hañ (péré a zô eûz a hérézi ar Zaduséed) ô véza leûn a warizi,

18. Hag é taolchoñt hô daouarn war ann Ébestel, hag hô lékéjoñt er gen-brizoun.

19. Hôgen Éal ann Aotrou a zigoraz é-pâd ann nôz dôriou ar prizoun, hag ô véza hô c'hasel er-méaz, é lavaraz :

20. Id, ha savid enn templ, ha livirid d'ar bobl ann holl c'heriou eûz ar vuez-zé.

21. Pa glevaz ar ré-mañ kémeñt-sé, éz éjoñt enn templ miñtin mâd, hag en em lékéjoñt da brézégi. Koulskoudé Priñs ar véleien, hag ar ré a ioa gañt-hañ a zeûaz, hag a strollaz ann alierien hag ann holl Hénaoured eûz a bobl Israel ; hag é kaschoñt tûd d'ar prizoun évid hô digas.

22. Ann oviserien ô véza deûet, a zigoraz ar prizoun, ha n'hô c'hafchoñt két, hag é tistrôjoñt, hag hé rôjoñt da anaout,

23 O lavarout : Kavet hon eûz ar prizoun serret gañt kalz a bréder, hag ar gwarded enn hô zâ é-tâl ann ôriou : hôgen pa hon eûz digoret, n'hon eûz kavet dén ébarz.

24. Hôgen mérer ann templ ha priñsed ar véleien pa glefchoñt kémeñt-sé, a oé nec'het diwar-benn ar péz a dlié da c'hoarvézout.

25. Hôgen unan-bennâg a zeûaz hag a lavaraz d'ézhô : Chétu ann dûd-zé hô poa lékéad er prizoun a zô enn templ, hag a gélenn ar bobl.

26. Neûzé mérer ann templ a iéaz gañd hé oviserien, hag a zigasaz anézhô hép rédi : râg aoun hô doa na zeûfé ar bobl d'hô labéza.

27. Pa hô doé hô digaset, é lékéjoñd anézhô dirâg ann alierien : hag ar Bélek-brâz a réaz eur goulenn out hô,

28. O lavarout : Dré hor gourc'hémennou hor boa gourc'hémennet d'é-hoc'h na gélenjac'h kéd enn hanô-zé : ha chétu hoc'h eûz leûniet Jéruzalem gañd hô kélennadurez, hag é fell d'é-hoc'h dougen war-n-omp goâd ann dén-zé.

29. Hôgen Per hag ann Ébestel a respouñtaz : Réd eo keñtoc'h señti ouc'h Doué égéd ouc'h ann dûd.

30. Doué hon tadou en deûz dazorc'het Jézuz péhini hoc'h eûz lékéad da vervel, oc'h hé staga oud ar prenn.

31. Hen-nez eo a zô bét savet gañd dourn déou Doué da Briñs ha da Zalver, évit rei da Israel ar binijen, hag ann distol eûz ar péc'héjou.

32. Ha ni a zô téstou eûz ar péz a lévéromp, hag ar Spéred-Sañtel ivé, péhini a zô bét rôet gañd Doué d'ar ré a zeñt out-hañ.

33. Pa glevchoñt kémeñt-sé é savaz droug enn-hô, hag é venneñt hô lakaad da vervel.

34. Hôgen eur Farizian hanvet Gamaliel, péhini a ioa doktor eûz al lézen, hag énoret brâz gañd ar bobl holl, a zavaz é-touez ann alierien, hag a c'hourc'hémennaz lakaad ann Ébestel er-méaz évit berr amzer.

35. Hag é lavaraz d'ar ré-mañ : Tûd a Israel, likid évez oud ar péz a réod d'ann dûd-zé.

36. Râg abarz ann deisiou-mañ é savaz Téodaz, péhini a lavaré éz oa héñ eunn dra-bennâg a vrâz. War-drô pévar c'hañt dén a heûliaz anézhañ ; hôgen lazed é oé, hag ar ré holl hô doa krédet enn-hañ en em skiñaz, hag a zeûaz da nétra.

37. Goudé hen-nez é savaz Judaz ar C'haliléad é amzer ann nivéréz, hag é tidennaz ar bobl war hé lerc'h : hôgen lazed é oé, hag ar ré holl hô doa hé heûliet a oé skiñet.

38. Dré-zé bréma é lavarann d'éhoc'h, tec'hid diouc'h ann dûd-zé, ha list-hô da ôber : râk mar teû ar c'huzul-zé, pé ann ôber-zé a berz ann dûd, é vézô kaset-da-nétra :

39. Hôgen mar teû a berz Doué, na hellot kéd hé gas-da-nétra, néméd en em lakafac'h da stourmi oud Doué hé-unan. Hag é rôjoñd hô grâd da gémeñt-sé.

40. Hag ô véza galvet ann Ébestel, goudé béza lékéad hô skourjéza, é tifennchoñt out hô na gomzcheñt mui é hanô Jézuz, hag hô c'haschoñt-kuit.

41. Hag hi a iéaz laouen eûz a zirâg ar c'huzulierien, ô véza ma oañt bét kavet dellézek da c'houzañvi ann dis-mégañs-sé é hanô Jézuz,

42. Ha na éhaneñt két bemdéz da gélenna ha da brézégi diwar-benn Jézuz-Krist, enn templ ha a-dî-da-dî.

—

VI. PENNAD.

1. Hôgen enn deisiou-zé, ô véza ma kreské niver ann diskibled, é savaz gourdrouz é-touez ar Grésianed a-éneb ar Iuzevien, ô véza ma réañt faé eûz hô iñtañvézed-hi er servich pem-déziek.

2. Neûzé ann douzég Abostol ô véza strollet ann holl ziskibled, a lavaraz : Né kéd a zoaré é kuitafemp gér Doué, évid évésaad ouc'h ann taoliou.

3. Dilennid éta, va breûdeur, seiz dén enn hô touez eûz a eul léalded anat, leûn eûz ar Spéred-Sañtel hag a furnez, hag é lakaimb anézhô d'al labour zé.

4. Ha ni en em rôiô enn-holl-d'ann holl d'ar béden, ha d'ar brézégen.

5. Ar c'homsiou-zé a blijaz d'ézhô holl ; hag é tilennchoñt Stéfan, dén leûn a feiz hag euz ar Spéred-Sañtel, ha Filip, ha Prokoruz, ha Nikanor, ha Timon, ha Parménaz, ha Nikolaz, diavésiad eûz a Añtiokia.

6. Hag é kaschoñt anézhô dirâg ann Ébestel : hag enn eur bidi é lédchoñt hô daouarn war-n-ézhô.

7. Ha gér Doué a greské, ha niver ann diskibled a greské kalz é Jéruzalem : kalz ivé eûz ar véleien a zeñté ouc'h ar feiz.

8. Hôgen Stéfan leûn a c'hrâs hag a ners, a réa burzudou hag arouésiou brâz é-touez ar bobl.

9. Neûzé hiniennou eûz ar Sinagog, péré a ioa hanvet Libertined, hag ar Sirénéed, hag ann Aleksañdrined, hag ar ré a ioa eûz a Silisia hag eûz a Azia a zavaz hag a strivé gañt Stéfan.

10. Ha na helleñt két énébi oud ar furnez, hag oud ar Spéred a gomzé enn-hañ.

11. Neûzé é c'hounézchoñt tûd da lavarout pénaoz hô doa hé glevet ô lavarout touadellou a-énep Moizez hag a-énep Doué.

12. Dispac'ha a réjond éta ar bobl, hag ann Hénaoured, hag ar Skribed : hag oc'h en em deûrel war-n-ézhañ, é krôgchoñt enn-hañ, hag her c'haschoñt dirâg ann alierien ;

13. Hag é lékéjoñt testou faoz, péré a lavaraz : Ann dén-zé na baouez da gomza a-éneb al léac'h sañtel, hag a-éneb al lézen.

14. Râg hé glevet hon eûz ô lavarout : Pénaoz ar Jézuz-zé a Nazaret a zismañtrô al léac'h-mañ, hag a gemmô ar géléunadurésiou a-c'hénou en deûz rôet Moizez d'é-omp.

15. Hag ar ré holl a ioa azézet el léz ô selloud out-hañ, a wélaz hé zremm ével dremm eunn Éal.

—

VII. PENNAD.

1. Neûzé ar Bélek-brâz a lavaraz d'ézhañ : Ha gwîr eo ar péz a lévéreur ?

2. Hag héñ a lavaraz : Tûd, va breûdeûr, ha va zadou, klevit : Ann Doué a c'hloar en em ziskouézaz da Abraham hon tâd pa édo er Mézopotamia, abarz ma choumaz é Karan,

3. Hag é lavaraz d'ézhañ : Kéa erméaz eûz da vrô, hag eûz da géreñtiez, ha deûz enn douar a ziskouézinn d'id.

4. Neûzé éz éaz er-méaz eûz a zouar ar C'haldéed, hag éz éaz da choum é Karan. Hag ac'hanô, goudé ma oé marô hé dâd, Doué a zigasaz anézhañ enn douar-mañ, é péhini é choumit bréma.

5. Ha na rôaz d'ézhañ madou é-béd enn-hañ : na rôaz két zô-kén béd eunn troad : hôgen rei a réaz hé c'hér pénaoz her rôjé d'ézhañ enn hé gers, ha d'hé wenn hé-c'houdé, pa n'en doa c'hoaz mâb é-béd.

6. Ha Doué a lavaraz d'ézhañ pénaoz hé wenn a choumché enn eunn douar a-ziavéaz, a vijé lékéad é sklavérez, ha gwall gaset é-pâd pévar c'hañt vloaz.

7. Hôgen, émé ann Aotrou, barna a rinn ar vrôad gañt péhini é véziñt bét lékéad é sklavérez. Ha goudé-zé é teûiñt er-méaz, hag é servichiñt ac'hanoun el léac'h-mañ,

8. Hag é rôaz d'ézhañ kévrédigez ann trô-drouc'h : hag évél-sé *Abraham* a eñgeheñtaz Izaak, hag a drô-drouc'haz anézhañ ann eizved dervez, hag Izaak *a eñgéheñtaz* Jakob ; ha Jakob *a eñgéheñtaz* ann douzék Tad-brâz.

9. Hag ann Tadou-brâz dré warizi, a werzaz Jozef enn Éjipt ; hôgen Doué a ioa gañt-hañ :

10. Hag é tieûbaz anézhañ eûz hé holl eñkrézou : hag é rôaz d'ézhañ ar gaerded hag ar furnez dirâk Faraon roué ann Éjipt, péhini hel lékéaz da réner war ann Éjipt, ha war hé holl dî.

11. Hôgen doñd a réaz eunn naounégez vrâz enn holl Éjipt hag é Kanaan, ha brâz é oé ann eñkrez : hag hon tadou na gaveñt kéd a vouéd.

12. Pa glevaz Jakob pénaoz é oa éd enn Éjipt, é kasaz dî hon tadou eur wéach geñta.

13. Ha d'ann eil gwéach é oé anavézet Jozef gañd hé vreûdeûr, ha Faraon a anavézaz hé wenn.

14. Neûzé Jozef a gasaz da gerc'hout Jakob hé dâd, hag hé holl géreñt ; pemzék dén ha tri-ugeñt.

15. Ha Jakob a ziskennaz enn Éjipt, hag a varvaz énô, hag hon tadou ivé.

16. Ha dizouget é oeñt é Sichem, ha lékéad er béz a oa bét prénet gañd arc'hañt Abraham digañt mipien Hémor mâb Sichem.

17. Hôgen ô véza ma tôstéé amzer ar gwéstl en doa gréad Doué da Abraham, ar bobl a greskaz, hag a baottaz enn Éjipt,

18. Bété ma savaz enn Éjipt eur roué all, péhini n'en doa két anavézet Jozef.

19. Hen-nez leûn a drôidellérez a-énep hon tûd a eñkrézaz hon tadou, bétég hô lakaad da deûrel er-méaz hô bugalé, évit na zeûjeñt kén da baotta.

20. Enn amzer-zé éo é oé ganet Moizez, péhini a oé mâd dirâk Doué. E-pâd tri miz é oé maget é tî hé dâd.

21. Hôgen ô véza bét lékéad er-méaz, é oé kéméret gañt merc'h Faraon, péhini a vagaz anézhañ ével eur mab d'ézhi.

22. Ha Moizez a oé desket é holl furnez ann Éjipsianed, hag é teûaz da véza galloudus é gerieu hag é ôbériou.

23. Hôgen pa oé deûed d'ann oad a zaou-ugeñt vloaz, é teûaz c'hoañt enn hé galoun da voñd da wéloud hé vreûdeûr bugalé Israel.

24. Hag ô wéloud eur ré oc'h ôber drouk da unan anézhô, é tifennaz anézhañ ; hag ô véza skôet gañd ann Éjipsian, é veñjaz ann hini da béhini é oa bét gréad drouk.

25. Hôgen héñ a grédé é teûjé hé vreûdeûr da boella pénaoz oa dré hé zourn é tlié Doué hô dieûbi : hag hi na boeljoñt két kémeñt-sé.

26. Añtrônôz en em gavaz pa édo

lôd anézhô oc'h en em zaéla, hag héñ
a glaské lakaad ar péoc'h étré-z-hô,
hag a lavaré : Tudou, breûdeûr oc'h,
pérâg en em grôzit-hu ann eil égilé?
27. Hôgen ann hini a grôzé hé nésa
a bellaaz anézhañ, ô lavarout : Piou
en deûz da lékéad da briñs ha da var-
ner war-n-omp.
28. Ha na fell kéd d'Id va laza, é-
c'hiz ma éc'h eûz lazet déac'h eunn
Éjipsian?
29. Hôgen Moizez pa glevaz ar gér-
zé a dec'haz kuit : hag é oé diavésiad
é douar Madian, é péléac'h en déé
daou vab.
30. Ha goudé ma oé tréménet daou-
ugeñt vloaz, en em ziskouézaz d'ézhañ
eunn Éal é distrô ménez Sina, é-kreiz
tân eur vôden leskidik.
31. Pa wélaz Moizez kémeñt-sé, é
oé souézet-brâz eûz ar péz a wélé,
hag ô véza tôstéet évid arvesti, é kle-
vaz mouéz ann Aotrou, a lavaré:
32. Mé eo Doué da dadou, Doué
Abraham, Doué Izaak, ha Doué Jakob.
Hôgen Moizez a gréné, ha na grédé
kéd sellet.
33. Hag ann Aotrou a lavaraz d'éz-
hañ : Tenn da voutou eûz da dreid ;
râg al léac'h é péhini émoud a zô
eunn douar sañtel.
34. O wélout em eûz gwélet eñkrez
va fobl, péhini a zô enn Éjipt ; kleved
em eûz hô c'heinvanou, hag ounn
diskennet évid hô dieûbi. Deûz 'ta
brémañ, hag é kasinn ac'hanod enn
Éjipt.
35. Ar Moizez, péhini hô doa dinac'het,
pa léverjoñt : Piou en deûz da
lékéad da briñs ha da varner? Hen-
nez a zô bét kaset gañd Doué da briñs
ha da zieûber dré zourn ann Éal, a
oa en em ziskouézed d'ézhañ er vôden.
36. Hen-nez eo hô lékéaz da zoñd
er-méaz, oc'h ôber burzudou hag
arouésiou é douar ann Éjipt, er môr
Rûz, hag enn distrô é-pâd daou-ugeñt
vloaz.
37. Hen-nez eo ar Moizez-zé, péhini
en deûz lavaret da vugalé Israel :
Doué a lakai da zével é-touez hô preû-
deûr eur Profed ével-d-oun ; sélaouit-
héñ.
38. Hen-nez eo a oé enn Iliz enn
distrô gañd ann Éal, péhini a gomzé
out-hañ é ménez Sina, ha gañd hon
tadou : héñ eo en deûz bét ar geriou
a vuez évid hô rei d'é-omp.
39. Hon tadou na fellaz két d'ézhô
señti out-hañ : hôgen hé bellaad a
réjoñt, hag é tistrôjoñt a galoun enn
Éjipt.
40. Hag é léverjoñd da Aaron : Gra
d'é-omp douéou hag a gerzô enn hor
raok ; râg ar Moizez-zé péhini en deûz
hon tennet eûz a zouar ann Éjipt, na
ouzomp két pétrâ eo deûed da véza.
41. Hag é réjoñd eul leûé enn dei-
siou-zé, hag é kennigchoñt eunn ané-
val d'ann idol, hag en em laouéné-
choñt é labour hô daouarn.
42. Hôgen Doué a zistrôaz diout-
hô, hag hô lézaz da zervicha armé
ann Éñv, é-c'hiz ma éo skrivet é levr
ar Broféded : Ti Israel, ha kenniged
éc'h eûz-té d'in sakrifisou hag anévaled
enn distrô é-pâd daou-ugeñt vloaz?
43. Ha c'houi hoc'h eûz kéméret telt
Molok, ha stéren hô Toué Remfam,
skeûdennou péré hoc'h eûz gréat évid
hô azeûli. Dré-zé é kasinn ac'hanoc'h
enn tû all da Vabilon.
44. Hon tadou hô doé enn distrô
telt ann desténi, ével m'en doa Doué,
ô komza out Moizez, gourc'hémennet
d'ézhañ hé ôber hervez ann doaré ma
en doa gwélet.
45. Hag hon tadou ô véza hé gé-
méret, a gasaz anézhañ gañt-hô, din-
dân rénadur Jézuz é perc'henniez ar
vrôadou, péré a gasaz Doué a-ziaraog
hon tadou, bété deisiou David,
46. Péhini a gavaz trugarez dirâk
Doué, hag a c'houlennaz out-hañ
ma helljé sével eunn telt da Zoué
Jakob.
47. Hôgen Salomon eo a zavaz eunn
ti d'ézhañ.
48. Koulskoudé ann Uc'héla na
choum kéd enn templou gréat gañd
daouarn ann dûd, é-c'hiz ma lavar
ar Profed :
49. Ann Éñv eo va c'hador, hag
ann douar skabel va zreid. Pé dî a
zafod d'in, émé ann Aotrou? Ha pé
léac'h a hellfé béza da arzaô d'in?
50. Ha n'eo két va dourn en deûz
gréat kémeñt-sé?

51. Pennou kalet, tûd dienwadet a galoun hag a skouarn, c'houi a éneb bépréd oud ar Spéred-Sañtel, hag a zô héñvel oud hô tadou.

52. Péhini eûz ar Broféded n'hô deûz két heskinet hô tadou? Lazed hô deûz ar ré a ziougané d'ézhô donédigez ann Dén Gwirion, péhini hoc'h eûz c'houi gwerzet ha lazet :

53. O véza ma eo bét rôed d'é-hoc'h al lézen gañd ann Élez, ha n'hoc'h eûz két hé miret.

54. Hôgen pa glefchoñt kémeñt-sé é oé rannet hô c'halounou, hag é skriñchoñt hô deñt out-hañ.

55. Koulskoudé ô véza ma oa héñ leûn eûz ar Spéred-Sañtel, é savaz hé zaou-lagad étrézég ann Ênv, é wélaz gloar Doué, ha Jézuz péhini a ioa enn hé zâ enn tu déou da Zoué. Hag é lavaraz : Chétu é wélann ann Ênvou digor, ha Mâb ann dén enn hé zâ enn tu déou da Zoué.

56. Hôgen hi en em lékéaz da gria a-boéz-penn ô stañka hô diskouarn, hag en em dôljoñt war-n-ézhañ wareunn-drô.

57. Hag ô véza hé zachet er-méaz eûz a géar, é labézc'hoñt anézhañ : hag ann testou a lékéaz hé zilad out treid eunn dén-iaouañk hanvet Saul.

58. Hi a labézé Stéfan, hag héñ a bédé, hag a lavaré : Aotrou Jézuz, digémer va spéred.

59. Hag ô véza en em daolet war hé zaoulin, é c'harmaz gañd eur vouéz gré, ô lavarout : Aotrou, na damall két d'ézhô ar péc'hed-mañ. Ha gondé béza lavaret kémeñt-sé é kouskaz enn Aotrou. Hôgen Saul en doa rôed hé c'hrâd d'ar marô-zé.

VIII. PENNAD.

1. Hôgen enn deisiou-zé é savaz eunn heskin brâz enn Iliz a ioa é Jéruzalem, hag ann holl, néméd ann Ébestel, a oé skiñet dré vrô Judéa ha Samaria.

2. Koulskoudé tûd a zoujañs Doué hô doé pridiri eûz a Stéfan, hag a réaz eur c'haoñ brâz d'ézhañ.

3. Hôgen Saul a zismañtré ann Iliz, hag ô voñd enn tiez, é tenné anézhô ar goazed hag ar merc'hed, hag hô lékéé er prizoun.

4. Ar ré a ioa skiñet a brézégé gér Doué dré ma tréméneñt.

5. Filip a ziskennaz da géar Samaria, hag a brézégaz énô ar C'hrist.

6. Ar bobleu a zélaoué ar péz a lavaré Filip, oc'h hé glevout gañd eunn hévéleb évez, hag ô wélout ann arouésiou a réa.

7. Râg ar spéréjou louz a iéa erméaz eûz a gorf meûr a hini, enn eur gria a-boéz-penn.

8. Ha kalz a baralitiked hag a grammeien a oé iac'héet.

9. Eul laouénidigez vrâz a c'hoarvézaz éta er géar-zé. Hôgen béz' éz oa enn hévélep kéar eunn dén hanvet Simon, péhini abars neûzé a ioa bét eur strôbineller, hag en doa touellet pobl Samaria, ô lavarout pénaoz é oa héñ eunn dra-bennâg a vrâz :

10. Ann holl, brâz ha bihañ, a grédé d'ézhañ, hag a lavaré : Hé-mañ eo ar galloud brâz eûz a Zoué.

11. Hôgen hé zélaoui a réañt, ô véza m'en doa hô zouellet pell a ioa gañd hé strôbinellou.

12. Koulskoudé ô véza krédet ar péz a brézégé Filip diwar-benn rouantélez Doué, é oeñt badézet, goazed ha merc'hed, é hanô Jézuz-Krist.

13. Neûzé Simon a grédaz ivé héunan : goudé ma oé bét badézet, éc'h heûliaz Filip. Hag ô wélout ann arouésiou hag ar vurzudou brâz a réa, é oé souézet-meûrbéd.

14. Hôgen pa glevaz ann Ébestel, péré a ioa é Jéruzalem, pénaoz tûd Samaria hô doa digéméret gér Doué, é kaschoñt étrézég enn-hô Per ha Iann.

15. Pa oé deûed ar ré-mañ, é pédchoñt évit-hô, évit ma tigémercheñt ar Spéred-Sañtel :

16. Râk né oa két c'hoaz diskennet war hini anézhô ; hôgen badézet é oañt bét hép-kén, é hanô ann Aotrou Jézuz.

17. Neûzé é lékéjoñd hô daouarn war-n-ézhô, hag é tigémerchoñt ar Spéred-Sañtel.

18. Hôgen pa wélaz Simon pénaoz

ann Ébestel a roé ar Spéred-Sañtel
oc'h astenna hô daouarn, é kennigaz
arc'hañt d'ézhô,
19. O lavarout : Rôid ivé d'in ar
galloud-zé, ma tigémérô ar Spéred-
Sañtel kémeñd hini em bézô lékéat
va daouarn war-n-ézhañ. Hôgen Per
a lavaraz d'ézhañ :
20. Ra vézô kollet da arc'hañt gan-
éz, ô véza ma éc'h eûz mennet é helfez
kaout rô Doué gañd arc'hañt.
21. N'éch eûz na lôd, na kévren er
brézégen-mañ ; râk da galoun né kéd
éeun dirâk Doué.
22. Gra éta pinijen eûz ann droug-
giez-zé ac'hanod ; ha péd Doué, évit
ma tistolô d'id, mar d-eo galluz, ar
ménoz-zé eûz da galoun.
23. Râg gwéloud a rann pénaoz
émoud é bêstl ar c'houervder, hag é
éréou ann direisted.
24. Hôgen Simon a respouñtaz,
hag a lavaraz : Pédit c'houi ann Ao-
trou évid-oun, évit na zigouézô nétrâ
d'in eûz ar péz hoc'h eûz lavaret.
25. Hag hi goudé béza rôet testéni
d'ann Aotrou, ha goudé béza diskle-
riet hé c'hér, a zistrôaz da Jéruzalem,
enn eur brézégi ann Aviel é meûr a
bann eûz a vrô ar Zamaritaned.
26. Hôgen Éal ann Aotrou a gom-
zaz ouc'h Filip, ô lavarout : Saô, ha
kéa étrézég ar c'hresteiz, war-zû ann
heñt a ziskenn eûz a Jéruzalem da
C'haza, péhini a zô enn eul léac'h
distrô.
27. Hag héñ a zavaz hag a iéaz. Ha
chétu eunn dén eûz ann Étiopia, eur
spaz, eunn dén galloudek eûz a lêz
Kañdasez rouanez ann Étiopianed,
péhini a ioa da benn war hé holl den-
zoriou, a ioa deûed da Jéruzalem évid
azeûli ;
28. Hag ô tistrei é oa azézet war
hé garr, hag é lenné ar Profed Izaiaz.
29. Neûzé ar Spéred a lavaraz da
Filip : Difré, ha dinesa oud ar
c'harr-zé.
30. Ha Filip a rédaz, hag a glevaz
anézhañ ô lenna ar Profed Izaiaz, hag
é lavaraz d'ézhañ : Ha menna a réz-té
é poelfez ar péz a lennez ?
31. Hag hé-mañ a lavaraz : Ha pé-
naoz é hellfenn, ma na ziskouéz dén
d'in ? Hag é pédaz Filip da biña, ha
da azéza gañt-hañ.
32. Hôgen al léac'h eûz ar Skritur
a lenné a oa hé-mañ : É c'hiz eunn
dañvad eo bét kaset da laza ; hag é-
c'hiz eunn oan péhini a choum mûd
dirâg ar c'hrévier, ével-sé n'en deûz
kéd digoret hé c'hénou.
33. Enn hé vuelded hé varn a zô
bét lamet. Piou a zanévellô hé c'ha-
nédigez, ô véza ma vézô lamet hé
vuez diwar ann douar ?
34. Hag ar spâz a respouñtaz hag
a lavaraz da Filip : Lavar d'in, mé az
péd, diwar-benn piou é lavar ar Pro-
fed kémeñt-sé, pé diwar-benn hé-
unan, pé diwar-benn eunn all bennâg?
35. Neûzé Filip ô tigeri hé c'hénou,
a zéraouaz dré ar Skritur-zé, hag a
brézégaz d'ézhañ Jézuz.
36. Ha pa'z éañt enn heñt, é kaf-
choñt dour, hag ar spâz a lavaraz :
Chétu dour, pétrâ a vir na venn ba-
dézet :
37. Ha Filip a lavaraz : Mar krédez
a wir galoun, é hell béza gréat. Hag
héñ a respouñtaz hag a lavaraz : Mé
a gréd pénaoz Jézuz-Krist a zô Mâb
da Zoué.
38. Hag é c'hourc'hémennaz harza
ar c'harr : hag é tiskenchoñt hô daou
enn dour, ha Filip a vadézaz ar spâz.
39. Hôgen pa oeñt savet eûz ann
dour, ar Spéred a skrapaz é Filip,
hag ar spâz n'her gwélaz mui : hôgen
moñd a réaz laouen enn hé heñt.
40. Koulskoudé Filip en em gavaz
é Azot, hag ô treménout é prezégé
ann Aviel dré ar c'heriou, bété ma
teûaz da Zézaréa.

IX. PENNAD.

1. Hôgen Saul péhini a ioa c'hoaz
leûn a c'hourdrouzou, ha péhini a
glaské marô diskibled ann Aotrou, a
iéaz da gavout ar Bélek-brâz,
2. Hag a c'houlennaz digañt-hañ
lizéri évit sinagogou Damaz : évit mar
kafché war ann heñt-zé, goazed pé
merc'hed, hô c'hasché stâg da Jéru-
zalem.

3. Ha pa édo enn heñt, ha ma tôstéé oud Damaz, eur c'houlaouen eûz ann Éñv a gelc'hiaz anézhañ enn-eunn-taol;
4. Hag ô kouéza d'ann douar é klevaz eur vouéz a lavaré d'ézhañ: Saul, Saul, pérâg éc'h heskinez-té ac'hanoun?
5. Hag héñ a lavaraz: Piou oud-dé, Aotrou? Hag ann Aotrou a lavaraz: Mé eo Jézuz péhini a heskinez; fall a rez herzel oud ar broud (M).
6. Hag héñ ô kréna, ha spouñtet brâz a lavaraz: Aotrou, pétrâ a fell d'id é rafenn?
7. Hag ann Aotrou a lavaraz d'ézhañ: Saô, ha kéa da géar, hag énô é vézô lavared d'id pétrâ éc'h eûz da ôber. Hôgen ann dûd a ioa gañt-hañ a choumaz souézet-brâz, ô véza ma kleveñt eur vouéz, ha na wéleñd dén.
8. Saul éta a zavaz diwar ann douar, ha pétrâ-bennâg ma oa digor hé zaou-lagad, na wélé bérad. Hôgen hi ô kregi enn hé zaouarn, a gasaz anézhañ da Zamaz.
9. Choum a réaz énô tri dervez hép gwélout, ha na zebraz na na évaz.
10. Hôgen béz' éz oa eunn diskibl é Damaz, hanvet Ananiaz: hag ann Aotrou a lavaraz d'ézhañ enn eur wélédigez: Ananiaz. Hag héñ a lavaraz: Chétu mé, Aotrou.
11. Hag ann Aotrou a lavaraz d'ézhañ: Saô, ha kéa er rû a hanveur ar Rû Vrâz: ha klask é ti Judaz eunn dén hanvet Saul eûz a Dars; râg ô pidi éma.
12 (Ha *Saul* a wélaz eunn dén hanvet Ananiaz, péhini a zeûé enn ti, hag é lékéé hé zaouarn war-n-ézhan évit ma askafché ar gweled.)
13. Hôgen Ananiaz a respouñtaz: Aotrou, kleved em eûz gañt meûr a hini pénaoz ann dén-zé en deûz gréat kalz a zrouk d'ar zeñt é Jéruzalem;
14. Ha pénaoz eo bét rôed ar galloud d'ézhañ gañt Priñsed ar véleien da éréa kémeñd hini a c'halvô da hanô.
15. Hag ann Aotrou a lavaraz d'ézhañ: Kéa, râg hen-nez a zô eul léstr em eûz dilennet évid dougen va hanô dirâg ar vrôadou, ar rouanez, ha bugalé Israel.
16. Râk mé a ziskouézô d'ézhañ pétrâ a vézô réd d'ézhañ da c'houzañvi évit va hanô.
17. Hag Ananiaz a iéaz, hag ô véza éad enn ti, éc'h astennaz hé zaouarn war-n-ézhañ, hag é lavaraz: Saul va breûr, ann Aotrou Jézuz, péhini a zô en em ziskouézed d'id enn heñd dré béhini é teûez, en deûz va digaset, évit ma wéli, ha ma vézi leûniet gañd ar Spéred-Sañtel.
18. Ha râk-tâl é kouézaz eûz hé zaou-lagad é-c'hiz skañt, hag é teûaz adarré ar gwéled d'ézhañ: hag ô véza savet é oé badézet.
19. Hag ô véza kéméret boéd, é teûaz ners d'ézhañ. Hag é choumaz eunn dervez-bennâg gañd ann diskibled a ioa é Damaz.
20. Ha râk-tâl é prézégaz er sinagogou, pénaoz Jézuz a ioa Mâb Doué.
21. Hôgen ar ré holl a glevé anézhañ a oa souézet, hag a lavaré: Ha né két hen-nez eo a heskiné é Jéruzalem ar ré a c'halvé ann hanô-zé, ha péhini a zô deûed ac'hanô amañ évid hô éréa hag hô c'hâs da Briñsed ar véleien?
22. Koulskoudé Saul a zistroé é iéc'hed mui-oc'h-vui, hag é faézé luzevien a ioa é Damaz, ô testénia d'ézhô pénaoz Jézuz a ioa ar C'hrist.
23. Hôgen pell-amzer goudé ar luzevien en em guzuliaz kévret évit hé laksad da vervel.
24. Hô spiou a oé rôed da anaoud da Zaul; râk nôz-deiz é tiwalleñd ann ôriou, évid hé laza.
25. Hôgen ann diskibled a géméraz anézhañ é-pâd ann nôz, hag ô véza hé lékéad enn eur gést, é tiskenchoñd anézhañ a-béd ar vôger.
26. Pa oé deûed da Jéruzalem, é klaskaz en em unani gañd ann diskibled; hôgen holl hô doa aoun rag-z-hañ, ô véza na grédeñt két é oa diskibl.
27. Hôgen Barnabaz a géméraz anézhañ, hag hé c'hasaz d'ann Ébestel: hag é tanévellaz d'ézhô en doa gwélet enn heñt ann Aotrou, péhini en doa komzet out-hañ, ha pénaoz en doa prézéget, gañt fisiañs é Damaz, hanô Jézuz.

28. Choum a réaz éta gant-hô, ô vond hag ô tond é Jéruzalem, hag ô prézégi gant fisians é hanô ann Aotrou.
29. Komza a réa ivé oud ar Jentiled, hag é strivé oud ar C'hrésianed: hag ar ré-man a glaské ann tû d'hé laza.
30. Pa glevaz ar vreûdeûr kémentsé, hé rénchont bété Sézaréa, hag hen c'haschont da Darsa.
31. Koulskoudé ann Iliz é doa ar péoc'h dré ann holl Judéa, dré ar C'haliléa ha dré Samaria, hag é savé ô kerzout é doujans ann Aotrou, ha leûn é oa gant fréalzidigez ar Spéred-Santel.
32. Hôgen c'hoarvézoud a réaz pénaoz Per ô tréménoud dré ann holl *geriou*, a zeûaz da wéloud ar zent a choumé é Lidda.
33. Hag é kavaz énô eunn dén, hanvet Énéaz, péhini ô véza paralitik, a ioa gourvézet war hé wélé, eiz bloaz a ioa.
34. Ha Per a lavaraz d'ézhan: Énéaz, ann Aotrou Jézuz-Krist az iac'ha: saô, hag aoz da wélé. Ha râktâl é savaz.
35. Ar ré holl a choumé é Lidda hag é Sarona a wélaz anézhan; hag é distrôjond oud ann Aotrou.
36. Béz' éz oa ivé é Joppé eunn diskiblez hanvet Tabita, pé Dorkaz hervez ann drôidigez. Hou-man a oa leûn gand ar mâd-ôbériou hag ann aluzennou a réa.
37. Hôgen c'harvézoud a réaz pénaoz ô véza kouézet klanv enn deisiou-zé, é varvaz: ha goudé béza bét gwalc'het, é oé lékéad enn eur gambr huel.
38. Hag ô véza ma oa Lidda tôst da Joppé, ann diskibled ô véza klevet pénaoz Per a ioa énô, a gasaz daou zén d'ézhan, évid hé bidi da zont affô d'hô c'héar.
39. Ha Per a zavaz hag a iéaz gant-hô. Ha pa oé deûet, é kaschont anézhan er gambr huel: hag ann holl intanvézed a zeûaz war hé drô enn eur wéla, hag ô tiskouéza d'ézhan ar gwiskou hag ar saéou a réa Dorkaz d'ézhô.
40. Neûzé Per, ô véza kased ann holl er-méaz, en em daolaz war hé zaoulin hag a bédaz: hag ô véza trôed oud ar c'horf é lavaraz: Tabita, sâv. Hag hi a zigoraz hé daou-lagad; hag ô véza gwélet Per, en em lékéaz enn hé c'hoazez.
41. Neûzé é rôaz hé zourn d'ézhi, hag hé savaz; hag ô véza galved ar zent hag ann intanvézed, hé rôaz d'ézhô béô.
42. Hôgen kément-sé a oé gwézet dré holl géar Joppé; ha kalz a dûd a grédaz enn Aotrou.
43. Ha Per a choumaz meûr a zervez é Joppé, é tî eur c'hourrézer hanvet Simon.

X. PENNAD.

1. Béz' éz oa eunn dén é Sézaréa, hanvet Kornéliuz, péhini a ioa kanténer enn eur gobort galvet ann Italianez,
2. Dén dévot hag a zoujans Doué gand hé holl dî, péhini a réa aluzennou brâz d'ar bobl, hag a bédé Doué bépréd.
3. Hé-man a wélaz splann enn eur wélédigez, war-drô ann naved heur eûz ann deiz, eunn Éal eûz ann Aotrou a zeûaz d'hé gavout, hag a lavaraz d'ézhan: Kornéliuz.
4. Hôgen hén ô selloud out-han, en doé aoun brâz, hag a lavaraz: Pétrâ eo, Aotrou? Hag ann *Éal* a lavaraz d'ézhan: Da bédennou, ha da aluzennou a zô pinet é koun dirâk Doué.
5. Kâs éta tûd da Joppé, ha digémenn Simon, les-hanvet Per:
6. Choum a ra é tî eur c'hourrézer hanvet Simon, hag ann tî-zé a zô tôst d'ar môr: hen-nez a lavarô d'id petrâ éc'h eûz da ôber.
7. Ha pa oé éat-kuit ann Éal a gomzé out-han, é c'halvaz daou eûz hé vévellou, hag eur brézéliad a zoujans Doué eûz ar ré a ioa dindân hé véli.
8. Ha goudé béza danévellet pép trâ d'ézhô, hô c'hasaz da Joppé.
9. Antrônôz, pa oant enn hent, ha

pa dôstéeñt ouc'h kéar, Per a biñaz er penn uc'héla eûz ann tî, war-drô ar c'houec'hved heur, évit pidi.

10. Hag ô véza m'en doa naoun, é fellaz d'ézhañ dibri. Hôgen é-pâd ma aozeñt eunn dra-bennâg, é kouézaz war-n-ézhañ eunn estlam a spéred :

11. Hag é wélaz ann Éñv digor, hag eul léstr ô tiskenni, ével eunn dousier vrâz a-ispil dré ar pévar c'horn eûz ann Éñv d'ann douar ;

12. Ha war béhini éz oa a bép seurt loéned pevar-zroadek, ha loéned-stlech diwar ann douar, hag evned eûz ann éñv.

13. Hag eur vouéz a lavaraz d'ézhañ : Saô, Per, lâz ha debr.

14. Hôgen Per a lavaraz : Doué ra virô, Aotrou : râk biskoaz n'em eûz debret eûz a géméñt a vé louz na dic'hlan.

15. Hag ar vouéz ô komza out-hañ eunn eil gwéach, a lavaraz : Na lavar kéd é vé louz ar péz a zô glanet gañd Doué.

16. Kémeñt-sé a c'hoarvézaz a-héd teir gwéach : ha neûzé al léstr é oé sachet enn éñv.

17. Hag é-pâd ma oa nec'het Per, évit gouzout pétrâ é oa da lavarout ar wélédigez en doa gwélet, chétu ar goazed a ioa bét kaset gañt Kornéliuz, ô véza goulennet péléac'h édô tî Simon, en em gavaz oud ann ôr.

18. Ha goudé béza galvet, é c'houlenchoñt ma né oa kéd énô é choumé Simon, les-hanvet Per.

19. Hôgen ô véza ma kouné Per er wélédigez, ar Spéred a lavaraz d'ézhañ : Chétu tri dén a glask ac'hanod.

20. Saô éta, diskenn, ha kéa gañt-hô héb arvar é-béd ; râk mé eo em eûz hô c'haset.

21. Ha Per ô véza diskennet da gavoud ann dûd-zé, a lavaraz : Mé eo ann hini a glaskit. Pétrâ eo ann abek évit péhini oc'h deûet ?

22. Hag hî a lavaraz : Kornéliuz ar c'hañténer, dén gwirion, hag a zoujañs Doué, hervez ann desténi a rô d'ézhañ ann holl bobl a Judéa, a zô bét kélennet gañd eunn Éal sañtel, da zigémenna ac'hanod d'hé dî, ha da zélaoui da c'heriou.

23. Per éta a réaz d'ézhô doñt enn tî, hag hô herberc'hiaz. Hôgen añtrônôz é savaz hag éz éaz gañt-hô : ha lôd eûz ar vreûdeûr a Joppé a iéaz kévret gañt-hañ.

24. Añtrônôz éc'h errujoñt é Sézaréa, é péléac'h Kornéliuz ô véza galvet hé géreñt hag hé viñouned vrâz, a c'hédé anézhô.

25. Ha pa oé éat Per enn tî, Kornéliuz a ziambrougaz anézhañ, hag ô véza en em daolet d'hé dreid, éc'h azeûlaz anézhañ.

26. Hôgen Per a lékéaz anézhañ da zével, ô lavarout : Saô ; ha mé ivé n'ounn néméd eunn dén.

27. Hag ô komza out-hañ éz éaz enn tî, hag é kavaz kalz a dûd a oa strollet énô :

28. Hag é lavaraz d'ézhô : C'houi a oar pénaoz eo eunn dra argarzuz évid eunn dén eûz ar Judéa en em unani gañd eunn diavésiad, pé moñd d'hé gavout : hôgen Doué en deûz diskouézed d'in pénaoz na dléeur gervel dén louz na dic'hlan.

29. Dré-zé ounn deûed héb arvar d'az kavout, pa éc'h eûz va digémennet. Bréma é c'houlennann dré bé abek éc'h eûz va digémennet.

30. Ha Kornéliuz a lavaraz : Béz' éz eûz bréma pevar dervez, é oann ô pidi em zî enn naved heur, ha chétu eunn dén gwisket é gwenn en em ziskouézaz d'in, hag a lavaraz :

31. Kornéliuz, da bédeu a zô bét klevet, ha da aluzennou a zô bét kaset da goun dirâk Doué.

32. Kâs éta da Joppé, ha digémenn Simon, les-hanvet Per : choum a ra é-tî Simon ar c'hourrézer é-tâl ar môr.

33. Kased em eûz éta râk-tâl d'az kavout ; ha té éc'h eûz gréad eunn dra dudiuz d'in ô toñt. Chétu ni éta bréma dira-z-od, évit klevout kémeñd en deûz Doué kémennet d'id da lavarout.

34. Neûzé Per a zigoraz hé c'hénou hag a lavaraz : É gwirionez é wélann pénaoz Doué n'en deûz kemm é-béd évid dén ;

35. Hôgen pénaoz é péb brôad, piou-bennâg a zouj anézhañ, hag a ra ôbériou eeun, a zô hétuz d'ézhañ.

36. Doué en deûz komzet out bugalé Israel, ô tiougani d'ézhô ar péoc'h dré Jézuz-Krist (ben-nez eo Aotrou ann holl):

37. C'houi a oar pétrâ eo bét ar vrûd eûz a gémeñt a zô bét c'hoarvézet er Judéa holl, ô téraoui dré ar C'haliléa, goudé ar vadisiañt en deûz prézéget Iann:

38. Pénaoz en deûz Doué sakret Jézuz a Nazaret gañd ar Spéred-Sañtel ha gañd ann ners; ha pénaoz eo tréménet Jézuz enn eur ôber vâd hag enn eur baréa ar ré holl a ioa mac'het gañd ann diaoul, ô véza ma oa Doué gañt-hañ.

39. Ha ni a zô téstou eûz a gémeñt en deûz gréat é brô ar Iuzevien, hag é Jéruzalem; koulskoudé hé lazet hô deûz oc'h hé staga oud eur groaz prenn.

40. Hôgen Doué en deûz hé lékéad da zével ann trédé deiz a varô da véô, hag en deûz gréat ma eo bét gwélet splann;

41. Nann gañd ar bobl holl, hôgen gañd ann téstou dilennet a-raok gañd Doué; gan-é-omp, ni péré hon eûz debret hag évet gañt-hañ, goudé ma eo bét savet a varô da véô.

42. Ha gourc'hémennet en deûz d'é-omp prézégi d'ar bobl, ha tésténia pénaoz eo héñ a zô bét lékéat gañd Doué da varner d'ar ré véô ha d'ar ré varô.

43. Ann holl Broféded a rô tésténi d'ézhañ, pénaoz ar ré holl a grédô enn-hañ, a zigémérô enn hé hanô ann distol eûz hô féc'héjou.

44. Per a lavaré c'hoaz ar geriouzé, pa ziskennaz ar Spéred-Sañtel war ar ré holl a zélaoué ar gér.

45. Hag ann dud léal a oa bét trôdrouc'het, hag a oa deûed gañt Per, a oé souézet brâz, ô véza ma oa ivé skuĵet grâs ar Spéred-Sañtel war ar Jeñtiled.

46. Râg hô c'hlevoud a réañt ô lavaroud ann iézou, hag ô veûli Doué.

47. Neûzé Per a lavaraz: Ha dén a hell dinac'ha dour, évit mirout na vé badézet ar ré hô deûz digéméret ar Spéret-Sañtel ével-d-omp-ni?

48. Hag é c'hourc'hémennaz hô badézi é hanô ann Aotrou Jézuz-Krist. Neûzé é pédchoñt anézhañ da choum gañt-hô eunn dervez-bennâg.

—

XI. PENNAD.

1. Ann Ébestel, hag ar vreûdeûr a ioa é Judéa, a glevaz pénaoz ar Jeñtiled hô-unan hô doa digéméret gér Doué.

2. Hôgen pa oé piñet Per é Jéruzalem, ar ré a oa bét trô-drouc'het a strivé out-hañ,

3. O lavarout: Pérâg oud-dé éat da gavout tûd ha n'iñt két trô-drouc'het, ha pérâg éc'h eûz-dé debret gañt-hô?

4. Hôgen Per a zéraonaz danévella ann traou enn hô reiz, ô lavarout:

5. Édounn ô pidi é kéar Joppé, hag enn eunn estlam a spéred em eûz bét eur wélédigez é péhini em eûz gwélet eul léstr ô tiskenni ével eunn dousier vrâz a-ispil dré ar pevar c'horn eûz ann éñv, hag a zeûé bétég enn-oun.

6. Hag ô véza sellet piz out-hañ, em eûz gwélet anévaled pevar-zroadek eûz ann douar, ha loéned gouez, ha loéned stléc'h, ha laboused eûz ann éñv.

7. Hag em eûz klevet eur vouéz a lavaré d'in: Saô, Per, lâz, ha debr.

8. Hôgen mé a lavaraz: Doué ra virô, Aotrou; râk biskoaz nétrâ a louz nag a zic'hlan n'eo éad em génou.

9. Hag ar vouéz a gomzaz eunn eil gwéach eûz ann éñv, hag a lavaraz: Na lavar két é vé louz ar péz a zô glanet gañd Doué.

10. Kémeñt-sé a c'hoarvézaz a-héd teir gwéach: ha pép trâ a oé tennet adarré enn éñv.

11. Ha chétu tri dén péré a oa bét kaset eûz a Zézaréa étrézég enn-ouñ a zeûaz enn ti.

12. Hôgen ar Spéred a lavaraz d'in moñt gañt-hô héb arvar. Ar c'houéac'h breûr-mañ a zeûaz ivé gan-éñ, hag éz éjomb da dí ann dén.

13. Hag héñ a zanévellaz pénaoz

en doa gwélet eunn Éal enn hé zâ hag a lavaraz d'ézhañ : Kâs da Joppé, ha digémenn Simon, les-hanvet Per,

14. Péhini a lavarô d'id geriou, dré béré é vézi salvet, té ha da holl di.

15. Ha pa em boé déraouet komza, ar Spéred-Sañtel a gouézaz war-n-ézhô, é-c'hiz war-n-omp enn derou.

16. Neûzé é teûaz koun d'in eûz a c'hér ann Aotrou, pa lavaraz : Iann évit-gwir en deûz badézet enn dour ; hôgen c'houi a vézô badézet er Spéréd-Sañtel.

17. Pa en deûz êta Doué rôed d'ézhô ann hévélep grâs ha d'é-omp-ni, ni péré hon eûz krédet enn Aotrou Jézuz-Krist, pétrâ oann-mé, évit gellout énébi ouc'h Doué ?

18. Pa hô doé klevet kémeñt-sé, é tavchoñt : hag é veûljoñt Doué, ô lavarout : Doué en deûz éta rôed ar binijen d'ar Jeñtiled évid ar vuez.

19. Hôgen ar ré a oa bét skiñet gañd ann heskin a oa kouézet war Stéfan, a drémênaz bétég é Fénisia, é Kipruz hag é Añtiokia, ha na léverchoñt gér ouc'h dén, néméd ouc'h ar Iuzevien hép-kén.

20. Koulskoudé lôd eûz ar ré a ioa eûz a Chipr hag eûz a Ziren, ô véza éat é Añtiokia, a gomzaz ivé oud ar C'hrésianed, ô prézégi ann Aotrou Jézuz.

21. Ha dourn ann Aotrou a ioa gañt-hô : hag eunn niver brâz a grédaz hag a drôaz oud ann Aotrou.

22. Ar brûd eûz a gémeñt-sé ô véza deûet bétég iliz Jéruzalem, é kaschoñt Barnabaz da Añtiokia.

23. Pa oé deûed hé-mañ, ha pa wélaz grâs Doué, é oé laouen ; hag é erbédaz pép-hini da geñderc'hel é servich ann Aotrou gañd eur galoun stard ;

24. Râg eunn dén mâd é oa, ha leûn eûz ar Spéred-Sañtel, hag eûz a feiz. Hag eul lôd brâz a dûd en em unanaz gañt ann Aotrou.

25. Neûzé Barnabaz a iéaz da Darsuz, évit klask Saul : ha pa en doé hé gavet, hen kasaz da Añtiokia.

26. Eur bloaz krenn é choumjoñt enn Iliz-zé : hag é teskchoñt eul lôd brâz a bobl ; enn hévélep doaré ma oé rôet da geñta ann hanô a Gristenien da ziskibled Antiokia.

27. Enn deisiou-zé é teûaz Proféded eûz a Jéruzalem da Añtiokia :

28. Hag unan anézhô, hanvet Agabus, a zavaz hag a ziouganaz dré ar Spéred, pénaoz é c'hoarvéché eunn naounégez vrâz dré ar béd holl ; hag é c'hoarvézaz dindân ann *impalaer* Klodiuz.

29. Hôgen ann diskibled a géméraz ann dézô da gâs, pép-hini dioud hé c'halloud, aluzennou d'ar vreûdeûr a choumé er Judéa.

30. Hag é réjoñt ivé, oc'h hô c'hâs d'ann hénaoured dré zaouarn Barnabaz ha Saul.

XII. PENNAD.

1. Hôgen enn hévéleb amzer ar roué Hérodez a astennaz hé zaouarn, évid eñkrézi hiniennou eûz ann Iliz.

2. Hag héñ a lazaz Jakez, breûr Iann, gañd eur c'hlézé.

3. Hag ô wélout pénaoz é plijé kémeñt-sé d'ar Iuzevien, é lékéaz ivé kregi é Per. Edo neûzé deisiou ar Bara hep goell.

4. Goudé m'en doé lékéat kregi ennhañ, é kasaz anézhañ er vâc'h, hag hen rôaz da viroud da béder bagad a bevar soudard pép-hini, gañd ioul d'hé lakaad étré daouarn ar bobl goudé ar Pask.

5. Ével-sé é oa miret Per er vâc'h : hôgen ann Iliz a réa héb éhana pédennou da Zoué évit-hañ.

6. Hôgen enn nôz araok ann deiz é péhini é tlié Hérodez hé gâs d'ar marô, Per a ioa kousket étré daou zoudard, ha staget gañd diou chaden : hag ar warded a ioa é-tâl ann ôr a ziwallé ar vâc'h.

7. Ha chétu Éal ann Aotrou a zavaz enn he gichen : hag ar goulou a lugernaz er vâc'h ; hag ô véza stoket oul kostez Per, é tihunaz anézhañ, ô lavarout : Saô buan. Hag ar chadennou a gouézaz eûz hé zaouarn.

8. Hag ann Éal a lavaraz d'ézhañ : Laka da c'houriz, ha gwisk da voutou.

Hag hén a réaz ével-sé. Neûzé é la-
varaz d'ézhañ : Taol da zaé war da
drô, deûz war va lerc'h.
9. Hag hén a iéaz er-méaz hag a
iéa war hé lerc'h ; hôgen na wié két
é oa gwir ar péz a réa ann Éal : râk
kridi a réa é wélé eur wélédigez.
10. Hôgen goudé béza tréménet
gañt-hô ar c'heñta hag ann eil gward,
é teûjoñt d'ann ôr houarn, a gâs da
géar : hag hou-mañ a zigoraz anézhi
hé-unan dira-z-hô. Hag ô véza éat er-
méaz, éz éjoñt a-héd eur ru ; ha râk-
tâl ann Éal a iéaz-kuit diout-hañ.
11. Neûzé Per, ô véza distrôed enn-
hañ hé-unan, a lavaraz : Bréma éc'h
ouzonn ervâd pénaoz en deûz Doué
kaset hé Éal, ha pénaoz en deûz va
zennet eûz a zaouarn Hérodez, hag
eûz ann holl c'héd eûz a bobl ar Iu-
zevien.
12. Ha goudé béza prédériet, é
teûaz da di Mari mamm Iann, les-
hanvet Mark, é péléac'h é oa kalz a
dûd strollet, hag ô pidi.
13. Ha pa en doé Per stoket war
ann ôr, é teûaz eur plac'h, hanvet
Rodé, évit sélaoui.
14. Hag ô véza anavézet mouéz Per,
gañt al lévénez, na zigoraz kéd ann
ôr, hôgen dirédek a réaz hag é tis-
kleriaz d'ar ré a oa enn ti pénaoz é oa
Per é-tâl ann ôr.
15. Hôgen ar ré-mañ a lavaraz
d'ézhi : Diskiañta a réz. Hôgen hi a
desténié pénaoz é oa ével ma é doa
lavaret. Hag ar ré all a lavaré : Hé
Éal eo.
16. Koulskoudé Per a skoé bépréd.
Ha pa hô doé digoret, é wéljoñt anéz-
hañ, hag é oeñt souézet-brâz.
17. Hag hén ô véza rôed araoué
d'ézhô gañd ann dourn da dével, a
zanévellaz d'ézhô pénaoz en doa ann
Aotrou hé dennet er-méaz eûz ar
vâch, hag é lavaraz : Roid da anaout
kémeñt-mañ da Jakez ha d'hé vreû-
deûr. Hag ô véza éad er-méaz, éz éaz
enn eul léac'h all.
18. Hôgen pa oé deûed ann deiz é
oé eur reûst brâz é-touez ar zoudar-
ded, évit gouzout pétrâ oa deûet Per.
19. Koulskoudé Hérodez ô véza lé-
kéat hé glask, ha n'en doa két hé ga-
vet, goudé béza gréat meûr a c'hou-
lenn oud ar warded, a c'hourc'hé-
mennaz hô c'hâs : hag ô véza diskennet
eûz a Judéa da Gézaréa, é choumaz
énô.
20. Hôgen droug en doa oud ann
dûd eûz a Dir hag eûz a Zidon. Hag
hi a zeûaz a-ioul pép-hini d'hé gavout,
ha goudé béza gounézet gañt arc'hañt
Blastuz, péhini a oa é penn da gampr
ar Roué, é c'houleñchont ar péoc'h,
ô véza ma oa gañt-hañ é oa maget
hô brô.
21. Ann deiz éta ô véza merket,
Hérodez a wiskaz hé zaé a Roué, a
azézaz war hé drôn, hag a brézégen-
naz anézhô.
22. Hag ar bobl a c'harmé, ô lava-
rout : Mouéz eunn Doué eo, né kéd
hini eunn dén.
23. Hôgen râk-tâl eunn Éal eûz
ann Aotrou a skôaz gañt-hañ, ô véza
n'en doa két rôet meûleûdi da Zoué :
ha debret gañd ar prêñved, é varvaz.
24. Koulskoudé gér ann Aotrou a
greské hag a baotté.
25. Ha Barnabaz ha Saul, goudé
béza leûniet hô c'harg, a zistrôaz eûz
a Jéruzalem, ô kémérout gañt-hô
Iann, les-hanvet Mark.

—

XIII. PENNAD.

1. Béz' éz oa neûzé enn Iliz a ioa
enn Añtiokia, proféded ha doktored,
é-touez péré édo Barnabaz, ha Simon
a c'halved ann Dû, ha Lusiuz eûz a
Ziren, ha Manahen breûr-léaz da
Hérodez ann Tétrark, ha Saul.
2. Hôgen ével ma'z édoñt oc'h ôber
hô c'harg dirâg ann Aotrou, hag ô
iuni, ar Spéred-Sañtel a lavaraz
d'ézhô : Pellait Saul ha Barnabaz ann
eil dioc'h égilé (m), évid ann ôber da
béhini em eûz hô c'halvet.
3 Neûzé goudé béza iunet ha pédet,
éc'h astenchoñt hô daouarn war-n-
ézhô, hag hô c'haschoñt-kuit.
4. Hag hi kaset gañd ar Spéred-
Sañtel a iéaz da Zéleûkia, hag énô é
piñchoñt enn eul léstr évit moñd da
Ghipr.

5. Ha pa oeñt deûed da Zalamina, é prézégchoñt gér Doué é sinagogou ar Iuzevien. Iann hô doa ivé gañt-hô da skoazel.

6. Ha goudé m'hô doa baléed dré ann énézen bété Pafoz, é kafchoñt eur Iuzéô, péhini a ioa kelc'hier ha fals-profed, hag a ioa hanvet Barjézu;

7. Hé-mañ a ioa gañd ar prokonsul Serjiuz-Paoluz dén fûr. Hé-mañ, ô véza lékéat Barnabaz ha Saul da zoñt, en doa c'hoañt da glevout gér Doué.

8. Hôgen Élimas ar c'helc'hier (râg ével sé eo hé hanô da lavarout) a énébé out-hô, ô klaskout distrei ar prokonsul eûz ar feiz.

9. Neuzé Saul, péhini a zô ivé hanvet Paol, ô véza leûn eûz ar Spéred-Sañtel, a zellaz stard out-hañ,

10. Hag a lavaraz : O dén leûn a bép touellérez, hag a bép trôidel, mâb ann diaoul, énébour da bép eeunder, ha na baouézi-dé két da wara heñchou eeun ann Aotrou?

11. Ha bréma chétu éma dourn ann Aotrou war-n-oud, hag é vézi dall, ha na wéli két ann héol bétég eunn amzer. Râk-tâl é kouézaz war-n-ézhañ amc'houlou ha tévalien, hag ô trei a bép tû, é klaské eur ré da rei ann dourn d'ézhañ.

12. Neûzé ar prokoñsul, pa wélaz ar péz a ioa c'hoarvézet, a grédaz, souézet-brâz eûz a géléennadurez ann Aotrou.

13. Paol hag ar ré a oa gañt-hañ a iéaz kuit eûz a Bafoz, hag a zeûaz da Bergen é Pañfilia. Hôgen Iann ô véza kuitéet anézhô, a zistrôaz da Jéruzalem.

14. Hôgen hi ô treûzi Pergen, a zeûaz da Añtiokia, é Pizidia; hag ô véza éat er sinagog da zeiz ar sabbat, éc'h azézchoñt.

15. Hôgen goudé ma oé lennet al lézen hag ar Broféded, ar pennou eûz ar sinagog a gasaz da lavarout d'ézhô : Tûd, hor breûdeûr, mar hoc'h eûz eur gér a erbéd da lavaroud d'ar bobl, komzit.

16. Paol a zavaz éta, hag ô véza rôed arouéz gañd ann dourn da dével, é lavaraz : Tûd a Israel, ha c'houi péré a zouj Doué, sélaouit :

17. Doué pobl Israel en deûz dilennet hon tadou, hag en deûz huéléet meûrbéd ar bobl-zé é-pâd ma choumé é douar ann Ejipt, ha gañd eur vréac'h huel en deûz hé dennet anézhañ.

18. Hag é-pâd daou-ugeñt vloaz amzer en deûz gouzañvet ho buézegez enn distrô.

19. Hag ô véza gwastet seiz brôad é douar Kanaan, é lôdennaz ann douar étré-z-hô dioud ar sort,

20. War-drô pevar c'hañt bloaz hag hañter-kañt goudé : ha neûzé é rôaz d'ézhô barnerien, bété Samuel ar Profed.

21. Hag a neûzé é c'houlenchoñt eur Roué, ha Doué a rôaz d'ézhô Saul, mâb Kis, dén eûz a vreûriez Beñjamin, é-pâd daou-ugeñt vloaz.

22. Ha goudé béza hé dennet, é savaz David da Roué d'ézhô : hag ô rei testéni d'ézhañ, é lavaraz : Kavet em eûz David, mâb Jessé, dén hervez va c'haloun, péhini a zévénô va holl ioulou.

23 Eûz hé wenn eo en deûz Doué, hervez hé c'hér, savet Jézuz da Zalver da Israel,

24. Iann ô véza prézéget, abarz hé zonédigez, ar vadisiañt a binijen da holl bobl Israel.

25. Pa en doé Iann peûr-c'hréat hé rédaden, é lavaraz : Piou a vennit-hu ounn-mé? Né két mé eo, hôgen chétu é teû eunn all war va lerc'h, ha na zellézann két diérés hé voutou d'ézhañ.

26. Tûd, hor breûdeûr, bugalé a wenn Abraham; ha c'houi enn hô zouez péré a zouj Doué, d'é-hoc'h eo eo bét kaset ar gér a zilvidigez-mañ.

27. Râg ar ré a choumé é Jéruzalem, hag hô friñsed, héb anaout anézhañ na lavariou ar Broféded, a lenneur da bép sabbat, oc'h hô barnout, hô deûz hô sévénet.

28. Ha pétrâ-bennâg na gavchoñt abeg é-béd a varô enn-hañ, é c'houleñchoñt out Pilat m'hen lakajé d'ar marô.

29. Ha pa oé sévénet kémeñt ha ma oa bét skrivet diwar hé benn, é tiskeñchoñt anézhañ eûz ar prenn, hag é lékéjoñt anézhañ er béz.

30. Hôgen Doué a zavaz anézhañ ann trédé deiz eûz a-douez ar ré varô : hag héñ a oé gwélet é-pâd meûr a zervez gañd ar ré,

31. Péré a oa piñet gañt-hañ eûz a Jéruzalem ; hag ar ré-mañ a zô c'hoaz bréma testou d'ézhañ dirâg ar bobl.

32. Ha ni a rô da anaout d'é-hoc'h ar gér a zô bét rôed d'hon tadou :

33. O véza ma en deûz Doué sévénet anézhañ enn hor c'héñver-ni hô bugalé, ô tazorc'hi Jézuz, ével ma eo skrivet enn eil Salm : Va Mâb oud, té, hiriô em eûz da eñgéheñtet.

34. Hag ô véza ma en deûz hé zavet eûz a-douez ar ré varô, évit na zistrôiô mui é breinadurez, en deûz lavaret ével-henn : Rei a rinn d'é-hoc'h ann diouganou sañtel em eûz gréad da Zavid.

35. Hag enn eul léac'h all é lavar c'hoaz : Na lézi két da Zañt da wélout ar vreinadurez.

36. Râk David, goudé béza servichet enn hé amzer da ioul Doué, a gouskaz : hag é oé lékéat gañd hé dadou, hag é wélaz ar vreinadurez.

37. Hôgen ann hini en deûz saved Doué eûz a-douez ar ré varô, n'en deûz két gwélet ar vreinadurez.

38. Ra vézô anat éta d'é-hoc'h, tûd hor breûdeûr, pénaoz eo dré-z-hañ eo diouganet d'é-hoc'h distaol ar béc'héjou : ha pénaoz eûz ar ré holl ha n'hoc'h eûz két gellet béza diskarget gañt lézen Moizez,

39. Kémeñt dén a gréd enn-hañ a vézô diskarget.

40. Likid évez éta na c'hoarvézché gan-é-hoc'h ar péz a zô bét lavaret gañd ar Broféded.

41. Likid évez, tûd disprizuz, bézit souézet ha glac'haret : râk mé a rai eunn ôber enn hô teisiou, eunn ôber ha na grédot két, ha pa vézô danévellet d'é-hoc'h.

42. Pa'z éjoñt-kuit, é oeñt pédet da brézégi ann hévélep gerîou d'ar sabbat war-lerc'h.

43. Ha pa oé rannet ar sinagog, meûr a hini eûz ar Iuzevien, hag eûz ann diavésidi péré a zoujé Doué, a iéaz war-lerc'h Paol ha Barnabaz : hag ar ré-mañ a erbédé anézhô ma keñdalc'heñt é grâs Doué.

44. Ar sabbat war-lerc'h ann holl géar hôgoz en em strollaz évit sélaoui gér Doué.

45. Hôgen ar Iuzevien ô wélout al lôd tûd-zé, a oé leûn a érez, hag éc'h énebchoñt gañt touadellou oud ar péz a lavaré Paol.

46. Neûzé Paol ha Barnabaz a lavaraz stard : Réd é oa rei da anaout d'é-hoc'h da geñta gér Doué ; hôgen pa hellait anézhañ, ha pa en em varnit hoc'h-unan ével tûd dizellézek eûz ar vuez peûr-baduz, chétu é trôomp oud ar Jeñtiled.

47. Râg ével-henn en deûz ann Aotrou hé c'hourc'hémenned d'é-omp : Da lékéad em eûz da c'houlou évid ar Jeñtiled, évit ma vézi hô silvidigez bété penn ann douar.

48. Ar Jeñtiled ô klevout kémeñtmañ en em laouénaaz hag a veûlaz gér ann Aotrou : ha kémeñd hini a ioa keñt-toñket d'ar vuez peûr-baduz a grédaz.

49. Ével-sé gér Doué en em skiñaz dré ann holl vrô-zé.

50. Hôgen ar Iuzevien a geñtraouaz ar gragez a zoujañs Doué hag ar ré geñta eûz a géar, hag é lékéjoñd da zével eunn heskin a-énep Paol ha Barnabaz, hag é kaschoñt anézhô ermèaz eûz hô brô.

51. Hag hi, goudé béza éjet ar poultr eûz hô zreid enn hô énep, a zeûaz da Ikoniom.

52. Koulskoudé ann diskibled a ioa leûn a lévénez hag eûz ar Spéred-Sañtel.

XIV. PENNAD.

1. Hôgen c'hoarvézoud a réaz é Ikoniom, pénaoz éz éjoñt kévret é sinagog ar Iuzevien, hag é komzchoñt énô enn hévélep doaré ma krédaz eul lôd brâz a Iuzevien hag a C'hrésianed.

2. Koulskoudé ar ré eûz ar Iuzevien a choumaz diskrédik a geñtraouaz ar Jeñtiled, hag a lékéaz drouk da zével enn-hô a-énep ar vreûdeûr.

3. Choum a réjoñt éta énó pell-amzer, oc'h embréga gañd herder ékeñver ann Aotrou, péhini a zougé testéni da c'hér hé c'hrâs, oc'h hô lakaad da ôber arwésiou ha burzudou gañd hô daouarn.

4. Ével-sé holl dud kéar a oé rannet; lôd a oé gañd ar Iuzevien, ha lôd gañd ann Ébestel.

5. Hôgen pa'z éa ar Jeñtilez hag ar Iuzévien gañd hô friñsed d'en em deûrel war-n-ézhô, évid hô c'hunuc'ha hag ô labéza,

6. Pa wézchoñt kémeñt-sé é tec'hchoñt étrézé Listra ha Derbé, keriou eûz a Likaonia, hag enn holl vrô wardrô, hag é prézégeñt énó ann Aviel.

7. Béz' éz oa é Listra eunn dén péluzet enn hé dreid, a ioa kamm a gôv hé vamm, ha n'en doa kerzet biskoaz.

8. Hé-mañ a glevaz Paol ô prézégi: ha Paol ô véza selled out-hañ, hag ô wélout pénaoz en doa ar feiz é vijé paréet,

9. A lavaraz gañd eur vouéz gré: Saô eeun war da dreid. Hag héñ a réaz eul lamm, hag en em lékéaz da gerzout.

10. Hôgen pa wélaz ar bobl ar péz en doa gréat Paol, é savchoñt hô mouéz, hag é léverchoñt é iéz Likaonia: Douéou héñvel ouc'h tûd a zô diskennet étrézég enn-omp.

11. Hag é c'halveñt Barnabaz Jupiter, ha Paol Merkur, ô véza ma oa héñ a zougé ar gér.

12. Bélek Jupiter ivé, péhini a oa tôst da géar, a zigasaz tirvi ha garlañtésiou é-tâl ann ôr, hag a fellé d'ézhañ azeûli gañd ar bobl.

13. Ann Ébestel Barnabaz ha Paol pa glevchoñt kémeñt-sé, a rogaz hô dilad, hag a lammaz é-kreiz ar bobl, ô kria,

14. Hag ô lavarout: Tudou, Pérâg é rît-hu ann dra-zé? Tûd omp héñvel ouz-hoc'h, ha dalc'hed d'ar marô ével-d-hoc'h, hag é prézégomp d'éhoc'h évit ma tistrôot diouc'h ann traou gwân-zé étrézég ann Doué béô, péhini en deûz gréat ann éñv, hag ann douar, hag ar môr, ha kémeñt trâ a zô enn-hô:

15. Péhini enn amzeriou trémenet en deûz lézet ann holl vrôadou da gerzout enn hô heñchou.

16. Ha koulskoudé n'eo két en em lézet hé-unan hép testéni, oc'h ôber vâd, ô rei glaôiou eûz ann éñv, hag amzeriou frouézuz, ha boéd founn, hag ô leûnia hor c'halonou a lévénez.

17. Ha pétrâ-bennâg ma léverchoñt, hô doé béac'h ô viroud oud ar bobl na azeûlcheñt anézhô.

18. Hôgen doñd a réaz di Iuzevien eûz a Añtiokia hag eûz a Ikoniom: hag ô véza gounézet ar bobl, é labézchoñt Paol, hag é kaschoñt anézhañ er-méaz eûz a géar, ô venna pénaoz é oa marô.

19. Hôgen ann diskibled ô véza en em zastumet enn-drô d'ézhañ, é savaz hag éz éaz é kéar; hag añtrônôz éz éaz-kuit da Zerbé, gañt Barnabaz.

20. Ha goudé béza prézéget ann Aviel er géar-zé, ha béza kélennet kalz a dûd, é tistrôjoñt da Listra, da Ikoniom, ha da Antiokia,

21. O krévaat énéou ann diskibled, hag oc'h hô erbédi da geñderchel er feiz: ô véza ma eo réd d'é-omp *tréménout* dré galz a eñkrézou évit moñd é rouañtélez Doué.

22. Ha goudé béza lékéat d'ézhô béleien é péb Iliz, gañt pédennou ha gañt iunou, éc'h erbédchoñt anézhô d'ann Aotrou, é péhini hô doa krédet.

23. Hag ô treûzi ar Pizidia, é teûjoñt er Pamfilia.

24. Ha goudé béza prézéget gér ann Aotrou é Perga, é tiskenchoñt da Attalia:

25. Hag ac'hanô é verdéechoñt étrézég Añtiokia, a béléac'h é oañt bét kaset gañt grâs Doué, évid ôber ar péz hô dôa gréat.

26. Hôgen pa oeñt deûet, ha pa hô doé strollet ann Iliz, é tanévelchoñt kémeñt en doa Doué gréat gañt-hô, ha pénaoz en doa digoret d'ar Jeñtiled dôr ar feiz.

27. Hag é choumchoñt énô pell-amzer gañd ann diskibled.

—

XV. PENNAD.

XV. PENNAD.

1. Hôgen hiniennou péré a oa diskennet eûz a Judéa, a zeské *ann dramañ* d'ar vreûdeûr : Ma na vézit trôdrouc'het hervez kiz Moizez, na hellit két béza salvet.

2. Paol ha Barnabaz ô véza éta stourmet kré enn hô énep, é oé reizet pénaoz Paol ha Barnabaz, hag hiniennou eûz ar ré all a biñché é Jéruzalem, da gavout ann Ébestel hag ar véleien, diwar-benn kémeñt-sé.

3. Ar ré-mañ goudé béza bét ambrouget gañd ann Iliz, a dreûzaz ar Fénisia hag ar Samaria, ô tanévella distrô ar Jeñtiled : hag hi a réa eul lévénez vrâz d'ann holl vreûdeûr.

4. Pa oeñt deûed da Jéruzalem, é oeñt digéméret gañd ann Iliz ha gañd ann hénaoured ; hag é rôjoñd da anaout ann holl draou en doa gréat Doué gañt-hô.

5. Hôgen hiniennou eûz a hérézi ar Fariziáned, hag a oa deûet da gridi, a zavaz, ô lavarout pénaoz é oa réd trô-drouc'ha ar Jeñtiled, ha gourc'hémenni d'ézhô mirout lézen Moizez.

6. Ann Ébestel éta hag ann hénaoured en em strollaz évit selloutpiz oud kémeñt-sé.

7. Ha goudé béza bét en em guzuliet kévret, Per a zavaz hag a lavaraz d'ézhô : Tûd va breûdeûr, c'houi a oar pénaoz pell amzer zô en deûz Doué va dilennet enn hon touez, évit ma klevché dré va génou ar Jeñtiled gér ann Aviel, ha ma teûjeñt da gridi.

8. Ha Doué péhini a anavez ar c'halounou, en deûz douget testéni d'ézhô, enn eur rei d'ézhô ar Spéred-Sañtel, kerkouls ha d'é-omp-ni ;

9. Ha n'en deûz gréat kemm é-béd étré ni hag hi, ô glana hô c'halounou dré ar feiz.

10. Pérâg éta bréma é temptit-hu Doué, ô lakaad eur iéô war chouk ann diskibled, ha n'hô deûz két gellet hon tadou hé dougen, na ni ken-nébeût?

11. Hôgen ni a gréd pénaoz eo dré c'hrâs ann Aotrou Jézuz-Krist é vézimp salvet, kerkouls hag hi.

12. Neûzé ar bobl holl a davaz : hag é sélaouéñt Barnabaz ha Paol, péré a zanévellé d'ézhô ann arwésiou hag ar vurzudou en doa gréat Doué gañt-hô é-touez ar Jeñtiled.

13. Ha goudé m'hô doé tavet, Jakez a respouñtaz hag a lavaraz : Tûd va breûdeûr, sélaouit ac'hanoun.

14. Simon en deûz danévellet d'é-hoc'h pénaoz Doué en deûz sellet da geñta oud ar Jeñtiled, évit kémérout enn hô zouez eur bobl enn hé hanô.

15. Ha geriou ar Broféded a zô héñvel out kémeñt-sé, ével ma eo skrivet :

16. Goudé-zé é tistrôinn, hag é savinn a-nevez teil David, a zô kouézet ; hag é savinn a-nevez hé zariou, évid hé lakaad enn hé zâ :

17. Évit ma teûi ann dilerc'h eûz ann dûd, hag ann holl Jeñtiled a vézô galvet eûz va hanô, da glaskout ann Aotrou. Ével-sé é lavar ann Aotrou péhini en deûz gréat ann traou-zé.

18. Doué a anavez hé ôber a bép amzer.

19. Dré-zé é vennann pénaoz na dléeur két eñkrézi ar ré eûz a douez ar Jeñtiled péré a zistrô ouc'h Doué :

20. Hôgen skriva d'ézhô ma tiouériñt saotrou ann idolou, hag ar c'hadélez, hag ar *c'hik* mouget, hag ar goâd.

21. Rag é-kéñver Moizez, béz' éz eûz a béb amzer tûd é pép kéar hag a brézeg anézhañ er sinagogou, é péléac'h é lenneur anézhañ pép sabbat.

22. Neûzé é oé kavet mâd gañd ann Ébestel, ha gañd ann hénaoured hag ann holl Iliz, dilenna tûd enn hô zouez évid hô c'hâs da Añtiokia gañt Paol ha Barnabaz. *Dilenna a réjoñt* Judaz a les-hanveur Barsabaz, ha Silaz, tûd eûz ar ré geñta é-touez ar vreûdeûr ;

23. Hag hi a skrivaz gañt-hô ével-henn : Ann Ébestel, hag ann hénaoured, hag ar vreûdeûr, d'hor breûdeûr eûs a-douez ar Jeñtiled péré a zô é Antiokia, é Siria hag é Silisia, dématéoc'h.

24. O véza ma hon eûz klevet pénaoz hiniennou, péré a zeûé digan-é-omp, hô deûz hoc'h eñkrézet gañd hô

geriou, hag hô deûz gwanet hoc'h
enéou, pétrâ-bennâg n'hor boa két
gourc'hémennet d'ézhô :
25. Nî hon eûz kavet mâd, goudé
béza en em strollet a-unan, dilenna
ha kâs d'é-hoc'h tûd gañt Barnabaz
ha Paol péré a garomp meûrbéd ;
26. Tûd péré hô deûz rôet hô buez
évid hanô hon Aotrou Jézuz-Krist.
27. Nî a gâs éta d'é-hoc'h Judaz ha
Silaz, péré a lavarô d'é-hoc'h a-c'hé-
nou ann hévélep traou.
28. Râk kavet eo bét mâd gañd ar
Spéred-Sañtel, ha gan-é-omp-ni, na
vijé két rôed a véac'h d'é-hoc'h néméd
ann hini a zô réd :
29. Diouéri ar péz a vézô bét lazet
évid ann idolou, hag ar goâd, hag ar
c'hik mouget, hag ar c'hadélez ; mar
en em virit diouc'h ann traou-zé, é
réot mâd. Bézit iac'h.
30. Hôgen ar ré a oa bét kaset, a
ziskennaz da Añtiokia ; ha goudè béza
strollet ar bobl, é rôjoñd al lizer
d'ézhô.
31. Pa hô doé lennet, hô doé laoué-
nidigez ha dizoan.
32. Judaz ha Silaz ô véza Proféded
hô-unan, a fréalzaz hag a grévaaz ar
vreûdeûr gañt meûr a brézégen.
33. Goudé ma oeñt choumet énô
eunn nébeûd amzer, é oeñt kaset gañd
ar vreûdeûr é péoc'h étrézég ar ré hô
doa hô digaset.
34. Hôgen gwélout a réomp pénaoz
Silaz a choumaz énô : Judaz a zistrôaz
hé-unan da Jéruzalem.
35. Koulskoudé Paol ha Barnabaz a
choumaz é Añtiokia, ô kélenna, hag ô
prézégi gér ann Aotrou gañt kalz ré all.
36. Hag eunn nébeûd dervésiou
goudé, Paol a lavaraz da Varnabaz :
Distrôomp ha déomp da wélout hor
breûdeûr dré ann holl c'heriou é péré
hon eûz prézéget gér ann Aotrou,
évit gouzout pénaoz émiñt.
37. Barnabaz a fellé d'ézhañ kémé-
rout gañt-hañ Iann les-hanvet Mark.
38. Hôgen Paol a bédé anézhañ da
wélout pénaoz né oa két déréad ké-
mérout gañt hô ann hini a oa éat-kuit
diout-hô é Pamfilia, ha na oa kéd eat
gañt hô enn hô labour.
39. Striv a zavaz éta étré-z hô, enn
hévélep doaré ma en em rannchoñt
ann eil diouc'h égilé ; ha Barnabaz ô
véza kéméret Mark gañt-hañ a iéaz
dré vôr da Gipruz.
40. Ha Paol ô véza dilennet Silaz a
iéaz-kuit, goudé béza bét laosket é
grâs Doué gañd ar vreûdeûr.
41. Hag héñ a dreûzaz ar Siria hag
ar Silisia, enn eur grévaat ann Ilizou ;
hag enn eur c'hourc'hémenni d'ézhô
mirout kélénnadurésiou ann Ébestel,
hag ann hénaoured.

—

XVI. PENNAD.

1. Hôgen Paol a zeûaz da Zerbé,
ha da Listra. Ha chétu é oa énô eunn
diskibl hanvet Timotéuz, mâb da eur
c'hrég luzévez ha pébini é doa feiz,
hag eûz a eunn tad Jeñtil.
2. Ar vreûdeûr a ioa é Listra hag é
Ikoniom a zougé eunn testéni mâd
diwar-benn hé-mañ.
3. Paol a fellaz d'ézhañ é teûjé gañt-
hañ : hag ô véza hé géméret é trô-
drouc'haz anézhañ, enn abek d'ar
Iuzevien péré a ioa el lec'hiou-zé.
Râg gouzoud a réañd holl pénaoz hé
dâd a oa Jeñtil.
4. Hôgen pa'z éañt dré ar c'heriou,
é réañt d'ann dûd mirout ar c'hour-
c'hémennou a oa bét rôet gañd ann
Ébestel hag ann hénaoured a ioa é
Jéruzalem.
5. Ével-sé ann Ilizou a grévéé er
feiz, hag a greské é niver bemdez.
6. Hôgen goudé m'hô doé treûzet
ar Frijia, ha brô ar Galasia, é oé
berzet out-hô gañd ar Spéred-Sañtel
na brézégcheñt két gér Doué enn
Azia.
7. Pa oeñt deûed é Mizia, é poel-
ladchoñt da voñd er Vitinia : hôgen
Spéred Jézuz n'hô lézaz kéd da voñt.
8. Goudé éta m'hô doé treûzet ar
Mizia, é tiskenchoñd enn Troad ;
9. Ha Paol en doé ar wélédigez-
mañ é-pâd ann nôz : Eunn dén eûz a
Vasédonia en em ziskouézaz enn hé
zâ, hag a bédaz anézhañ, ô lavarout :
Didrémen er Masédonia, ha deûz d'hor
skoazia.

10. Kerkeñt ha ma en doé gwélet
ar wélédigez-zé, é klaskchomp moñd
er Masédonia, ô kridi ervâd pénaoz
hor galvé Doué évit prézégi ann Aviel
d'ézhô.
11. O véza éta en em léstrel é Troad,
é teûjomp râg-eeun da Zamotrasia,
hag añtrônôz da Néapoliz :
12. Hag ac'hanô da Filippoz, péhini
eo ar geñta kéar eûz ar gévren-zé eûz
ar Masédonia, hag eur golonia. Choum
a réjomb eunn nébeût dervésiou er
géar-zé, oc'h en em guzulia.
13. Ha da zeiz ar sabbat éz éjomp
er-méaz eûz a géar, tôst d'ar ster, el
léac'h ma wéled é oa ar béden : hag
ô véza azézet é komschomp oud ar
merc'hed a ioa strollet énô.
14. Eur vaouez hanvet Lidia, péhini
a werzé mouk er géar ann Tiatiréned,
hag a azeûlé Doué, a zélaoué ac'ha-
nomp : hag ann Aotrou a zigoraz hé
c'haloun da boella ar péz a lavaré
Paol.
15. Ha goudé ma oé badézet, hi hag
holl dûd hé zi, é pédaz ac'hanomp ô
lavarout : Ma vennit é venn-mé léal
d'ann Aotrou, deûid d'am zi, ha
choumid enn-hañ. Hag hi hor rédiaz
da voñt.
16. Hôgen c'hoarvézoud a réaz pé-
naoz pa'z éamp d'ar béden é kijchomp
oud eur plac'h péhini é doa eur spé-
red a Biton, hag a zigasé eur gounid
brâz d'hé mistri ô tiougani.
17. Houn-nez ô voñt war lerc'h
Paol, ha war hol lerc'h, a grié ô lava-
rout : Ann dud-zé a zô servicherien
Doué uc'hel-meûrbéd, péré a brézeg
d'é-hoc'h heñt ar zilvidigez.
18. Ober a réaz kémeñt-sé é-pâd
meûr a zervez. Hôgen Paol ô véza
doaniet gañt kémeñt-sé, a zistrôaz,
hag a lavaraz d'ar spéred : Mé a
c'hourc'hémenn d'id, é hanô Jézuz-
Krist da voñd er méaz anézhi. Hag
héñ a iéaz-kuit râk-tâl.
19. Hôgen pa wélaz mistri ar plac'h
pénaoz géd hô gounid a oa éat kuit,
é krôgchoñt é Paol hag é Silaz, hag é
kaschoñt anézhô d'al léz dirâk pen-
nou kéar :
20. Hag ô véza hô lékéat dirâg ar
pennou-brô, é léverchoñt : Ann dûd-
zé a reûstl hon holl géar, dré ma'z
iñt Iuzevien :
21. Ha deski a réoñt d'é-omp boa-
siou, ha na hellomp kéd da géméroul,
na da ôber, pa'z omp Romaned.
22. Hag ar bobl a rédaz a-énep
d'ézhô, hag ar pennou-brô goudé béza
lékéat regi hô saéou, a c'hourc'hé-
mennaz hô c'hanna gañt gwial.
23. Ha goudé ma oé rôet meûr a
daol d'ézhô, é kaschoñt anézhô er
vâc'h, enn eur c'hourc'hémenni d'ar
gward hô mirout gañd évez brâz.
24. Hé-mañ ô véza bét rôed d'éz-
hañ ar gourc'hémenn-zé, a lékéaz
anézhô er vâc'h zoun, hag a waskaz
hô zreid é keñiou.
25. Hôgen war-drô hañter-nôz, Paol
ha Silaz ô véza en em lékéad da bidi,
a gané meûleûdiou Doué : hag ar ré
a ioa er vâc'h hô c'hlevé.
26. Enn-eunn-taol é c'hoarvézaz
eur c'hrén-douar brâz, enn hévélep
doaré ma oé stroñset sôl ar vâc'h. Ha
râk-tâl ann holl zôriou a zigoraz, hag
éréou ann holl a dorraz.
27. Hôgen gward ar vâc'h ô véza
dihunet, pa wélaz dôriou ar vâc'h
digor, a dennaz hé glézé, hag a fellaz
d'ézhañ en em laza hé-unan, ô kridi
pénaoz ar brizounerien a ioa tec'het-
huit.
28. Hôgen Paol a griaz gañd eur
vouéz kré, ô lavarout : N'en em c'hra
droug é-béd ; râg émomb amañ holl.
29. Neûzé ar gward ô véza goulen-
net goulou, a iéaz ébarz, hag en em
striñkaz enn eur gréna da dreid Paol
ha Silaz :
30. Hag ô véza hô zennet er-méaz,
é lavaraz : Aotrounez, pétrâ eo réd
d'in da ôber évit béza salvet ?
31. Hag hi a lavaraz d'ézhañ : Kréd
enn Aotrou Jézuz hag é vézi salvet,
té ha tûd da dî.
32. Hag hi a lavaraz d'ézhañ gér
ann Aotrou, ha d'ar ré holl a ioa enn
hé dî.
33. Hag héñ a géméraz anézhô enn
heur-zé eûz ann nôz, hag a walc'haz
hô gouliou : ha kerkeñt é oé badézet,
héñ hag hé holl dûd.
34. Ha goudé m'en doé hô c'haset
enn hé dî, é rôaz boéd d'ézhô, hag en

em laouénaaz gañd holl dud hé dl, ô véza ma krédé é Doué.

35. Ha pa oé deûet ann deiz, pennou ar vrô a gasaz hucherien da lavarout : Laka er-méaz ann dûd-zé.

36. Hôgen gward ar vâc'h a zeûaz da lavaroud ann dra-mañ da Baol : Pennou ar vrô hô deûz kaset évit lavarout hô lakaad er-méaz : Id éta er-méaz râk-tâl, ha kerzid é péoc'h.

37. Hôgen Paol a lavaraz d'ann *hucherien* : Goudé béza hor c'hannet dirâg ann holl, héb hor barna, ha nl tûd Romaned, hô deûz hor c'hâset er vâc'h, ha bréma é felfé d'ézhô hol lakaad er-méaz enn-disgwél ? Na c'hoarvezô két kémeñt-sé : hôgen deûeñt hô-unan évid hor c'hâs-kult.

38. Ann hucherien a zanévellaz ar gerioù-mañ d'ar pennou-brô péré hô doé aoun, pa glevchoñt pénaoz é oañt Romaned.

39. Hag hi a zeûaz hag en em zidamallaz, ha goudé ma hô doé hô lékéad er-méaz eûz ar vâc'h, é pédchoñt anézhô da voñt-kult eûz hô c'héar.

40. Hag hi goudé béza éat er-méaz eûz ar vâc'h, a iéaz da di Lidia : hag ô véza gwélet ar vreûdeûr é fréalchoñt anézhô, hag éz éjoñt-kult.

—

XVII. PENNAD.

1. Goudé m'hô doé tréménet dré Añfipoliz ha dré Apollonia, é teûjoñt da Dessalonika, é péléac'h é oa eur sinagog a Iuzevien.

2. Ha Paol, hervez hé voaz, a iéaz ébarz, hag é-pâd tri sabbat é komzaz out-hô diwar-benn ar Skrituriou,

3 O tiskleria hag ô tiskouéza d'ézhô pénaoz é oa bét réd ma c'houzañvché ar C'hrist, ha ma savché eûz a douez ar ré varô : hag ar C'hrist-zé, émé-zhañ, eo Jézuz-Krist a brézégann d'éhoc'h.

4. Hag hiniennou anézhô a grédaz, hag en em unanaz gañt Paol ha Silaz ; hag ivé eul lôd brâz a Jeñtiled péré a zoujé Doué, ha kalz a c'hragez a wenn huel.

5. Hôgen ar Iuzevien leûn a warizi a géméraz gañt-hô tûd fall eûz a douez ar ré zispléd, hag ô véza gréat eunn eñgroez é lékéjoñt reûstl dré géar : hag ô véza en em strollet war-drô ti Jazon é klaskchoñt ann doaré d'hô c'hâs dirâg ar bobl.

6. Hag ô véza na gavchoñt két anézhô, é kaschoñt Jazon hag hiniennou eûz ar vreûdeûr dirâg ar pennou-kéar, enn eur gria : Ar ré-mañ eo a zô deûet, hag hô deûz lékéat reûstl dré géar,

7. Ha Jazon en deûz hô digéméret ; ar ré-mañ a ra holl a-énep gourc'hémennou Sézar, ô lavarout éz eûz eur roué all, *a hanvoñt* Jézuz.

8. Hag hi a zispac'haz ar bobl, hag ar pennou-kéar péré a glevé kémeñt-sé.

9. Hôgen goudé béza digéméret kréd digañt Jazon, ha digañd ar ré all, hô laoskchoñt da voñt.

10. Ar vreûdeûr râk-tâl a-héd ann nôz a ambrougaz Paol ha Silaz bété Béréa : hag ar ré-mañ ô véza erruet énô, a iéaz é sinagog ar Iuzevien.

11. Hôgen ar *Iuzevien*-man a ioa sévénoc'h égéd ar ré eûz a Dessalonika, hag é tigémerchoñt ar gér a-ioul-vrâz ; c'houilia a réañt bemdez ar Skrituriou, *évit gwélout* hag ez oa gwir kémeñt-sé.

12. Ével-sé kalz anézhô a grédaz, hag ivé é-leiz a c'hragez a-zoaré étouez ar Jeñtiled, hag eunn niver brâz a-walc'h a oazed.

13. Koulskoudé pa wézaz Iuzevien Tessalonika pénaoz en doa ivé Paol prézéget gér Doué é Béréa, é teûjoñt ivé di évit dispac'ha ar bobl ha lakaat reûstl enn hé douez.

14. Kerkeñt ar vreûdeûr a ambrougaz Paol bétég ar môr : hôgen Silaz ha Timotéuz a choumaz énô.

15. Hôgen ar ré a ambrougé Paol, a gasaz anézhañ bétég Aténaz : ha goudé m'en doé rôed d'ézhô ann urs da lavarout da Zilaz ha da Dimotéuz doñd affô d'hé gavont, éz éjoñt-kult.

16. É-pâd ma c'hortozé Paol anézhô é Aténaz, hé spéred a oa heskinet enn hañ, ô wélout ma oa rôed ar géar zé d'ann idolatri.

17. Striva a réa 'ta er Sinagog oud ar Iuzevien hag oud ar ré a zoujé Doué, ha bemdez er marc'had, oud ar ré en em gavé énô.

18. Béz' é oé ivé eur filozof-bennâg eûz ann Épikuried hag eûz ar Stoisied péré a gomzé out-hañ, ha lôd a lavaré : Pétrâ a fell d'ann téôdek-zé da lavarout? Ha ré all : mé gred ẽ prézeg douéou nevez : ô véza ma prézégé d'ézhô Jézuz, hag ann dazorc'hidigez.

19. Neûzé hi a grôgaz enn-hañ hag a gasaz anézhañ d'ann Aréopach, ô lavarout : Ha ni a hellfé gouzout pétrâ eo ar gèlénnadurez nevez-zé a zeskez d'é-omp?

20. Râk traou nevez d'hon diskouarn a lévérez d'é-omp : ni a garfé éta gouzout pétrâ iñt.

21. (Ann Atéuied holl, hag ann diavésidi a ioa énô, na dréméneñt hô holl amzer, néméd ô lavarout hag ô klevout eunn dra-bennâg a nevez).

22. Paol éta ô véza savet é-kreiz ann Aréopach, a lavaraz : Tûd eûz a Aténaz, mé gred éz oc'h dévot dreist pép-trâ.

23. Râg enn eur voñd é-biou, hag ô sellout ouc'h skeûdennou hô touéou, em eûz kavet eunn aoter, war péhini eo skrivet : D'ANN DOUÉ DIZANAF. Hennez eo éta hag a azeûlit héb hé anaout, hag a brézégann d'é-hoc'h.

24. Doué péhini en deûz gréat ar béd, ha kémeñd a zô enn-hañ, ô véza ma'z eo ann Aotrou eûz ann eñv hag eûz ann douar, na choum két enn templou gréat gañd daouarn ann dûd.

25. Ha n'eo kéd énoret gañd daouarn ann dûd,ével ma en défé ézomm eûz a unan-bennâg, pa eo héñ a rô d'ann holl ar vuez, ann alan, ha pép trâ.

26. Gréat en deuz eûz a unan holl wenn ann dûd a choum war c'horré ann douar holl, ô verka reiz ann amzeriou, hag harzou hô c'heriou,

27. Évit ma klaskfeñt Doué, mar gelloñt steki out-hañ hag hé gavout, pétrâ-bennâg n'eo két pell eûz a bép-hini ac'hanomp.

28. Râg enn-hañ eo é vévomp, é fiñvomp, éz omp : hag ével ma lavar biniennou eûz hô Parzed : Béz' éz omp zô-kén gwenn Doué.

29. Pa omb éta gwenn Doué, na dléomp két kridi é vé ann Douélez héñvel oud aour, oud arc'hañt, pé out méan, doaréet diouc'h iñjin ha diouc'h ménoz ann dûd.

30. Ha Doué ô tisprizout ann amzeriou a ziwiziégez-zé, a gélenn brémañ d'ann dûd ha dré-holl, ma raiñt pinijen ;

31. Ô véza ma en deûz merket eunn deiz é péhini é varnô ar béd hervez ar gwir, dré ann hini en deûz lékéat évit-sé, ô rei feiz da bép-hini, oc'h hé lakaad da zével eûz a douez ar ré varô.

32. Hôgen pa glevchoñt komza eûz a zazorc'hidigez ar ré varô, lôd a réa goab, lôd all a lavaré : Da glevoud a raimp eur wéach all war gémeñt-sé.

33. Ével-sé Paol a iéaz-kuld eûz hô zouez.

34. Koulskoudé biniennou en em stagaz out-hañ, hag a grédaz : é-touez péré é oé Dénez ann Aréopajiad, hag eur c'hrég hanvet Damariz, ha ré all gañt-hô.

—

XVIII. PENNAD.

1. Goudé-zé, Paol ô véza éat-kuld eûz a Aténaz, a zeûaz da Goriñt.

2. Hag ô véza kavet eur Iuzéô hanvet Akouila, ginidik eûz a Boñt, péhini a oa deûet, né oa két pell, eûz ann Itali, gañt Prisilla hé c'hrég (râg ann Impalaer Klôdiuz en doa gourc'hémennet d'ann holl Iuzevien moñd er-méaz eûz a Rom) ez éaz d'hô c'havout.

3. Hag ô véza ma oañt eûz ann hévélep micher (râk teltou a réañt), é choumé enn hô zi, hag é labouré gañt-hô.

4. Ha pép deiz sabbat é strivé er sinagag ; hag ô lakaad enn hé brézégennou hanô ann Aotrou Jézuz, é lékéa ar Iuzevien hag ar C'hrestianed da gridi.

5. Hôgen pa zeûaz Silaz ha Timotéuz eûz ar Masédonia, Paol a bré-

zégaz gañt mui a ners, hag a desténiaz d'ar Iuzevien pénaoz Jézuz a ioa ar C'hrist.

6. Ar Iuzevien oc'h énébi oul hañ gañt léou-douet, héñ a hejaz hé zilad, hag a lavaraz d'ézhô : Ra vézô hô koâd war hô penn : évid-oun-mé a zô dinam, hag a-vrémañ éz ann étrézég ar Jeñtiled.

7. Hag ô véza éat-kult alesé, éz éaz é-tl eunn dén hanvet Tituz Justuz, péhini a zoujé Doué; hag hé dl a ioa é-harz ar sinagog.

8. Krispuz penn eur sinagog a grédaz enn Aotrou gañd holl dûd hé dl : ha kalz a Goriñtied, ô véza klevet, a grédaz hag a oé badézet.

9 Neûzé ann Aotrou a lavaraz da Baol é gwélédigez é-pâd ann nôz : N'az pé kéd a aoun, hôgen komz, ha na dâv két.

10. Râk mé a zô gan-éz, ha dén na hellô ôber droug d'id; râg eur bobl brâz em eûz er géar-mañ.

11. Choum a réaz 'ta énô eur bloaz ha c'houéac'h miz, ô kélenna gér Doué enn hô-zouez.

12. Hôgen pa édo Gallion da bennbrô enn Akaia, ar Iuzevien a zavaz oul Paol a-ioul pép-hini, hag é kaschoñt anézhañ d'hé léz,

13 O lavarout : Hé-mañ a ali ann dûd da azeûli Doué a-énep al lézen.

14 Hag ével ma téraoué Paol digeri hé c'hénou, Gallion a lavaraz d'ar Iuzevien : Ma vijé mének eûz a eunn dra disgwir-lennâg, pé eûz a eur gwall-ôber, Iuzevien, mé hô tiwalfé gañt reiz.

15. Hôgen ma éz eûz mének eûz a c'hér, eûz a hanvou, hag eûz hô lézen, é wélot ann dra-zé hoc'h-unan : Na fell kéd d'in béza barner é kémeñt-sé.

16. Hag héñ hô c'hasaz kuld eûz hé léz.

17. Hag hl holl ô véza krôget é Sosténez penn eur sinagog, a skoé gañthañ dirâg al léz, ha Gallion na réa vân eûz a gémeñt-sé.

18. Koulskoudé Paol goudé béza c'hoaz choumet énô kalz dervésiou, a gimiadaz diouz ar vreûdeûr, hag a iéaz dré vôr d'ar Siria, gañt Prisilla hag Akouila ; hag é réaz touza hé benn é Keñkréa, enn abek da eur gwéstl en doa gréat.

19. Hag é teûaz da Éfézuz, hag é lézaz anézhô énô. Hôgen héñ ô véza éat er sinagog, a strivaz oud ar Iuzevien.

20. Ar ré-mañ a bédaz anézhañ da choum pelloc'h amzer gañt-hô, ha na aotréaz két.

21. Hag é kimiadaz diout-hô, ô lavarout : Doñd a rinn adarré d'hô kwélout, mar d-eo ioul Doué : hag éz éaz-kult eûz a Éfézuz.

22. Ha goudé béza douaret é Sézaréa, é piñaz hag é lavaraz dématéoc'h d'ann Iliz, hag é tiskennaz da Añtiokia.

23. Ha goudé béza choumed énô eunn nébeûd amzer, éz éaz-kult, hag é treûzaz, dré reiz, brô ar Galasia, hag ar Frijia, ô krévaad ann holl ziskibled.

24. Hôgen eur Iuzéô hanvet Apollo, ginidig eûz a Aleksañdria, dén élavar ha galloudek er Skrituriou, a zeûaz da Éfézuz.

25. Hé-mañ a ioa gwiziek é heñt ann Aotrou. Komza a réa gañt tomder a spéred, hag é kélenné gañt préder ar péz a zellé ouc'h Jézuz, ha na anavézé koulskoudé némét badisiañt Iann.

26. Déraoui a réaz éta komza gañt herder er sinagog. Pa glevaz kémeñtmañ Prisilla hag Akouila, é tigémerchoñt anézhañ, hag é tiskouézchoñt skleroc'h d'ézhañ heñt ann Aotrou.

27. Ha pa fellaz d'ézhañ mond enn Akaia, ar vreûdeûr goudé béza hé aliet, a skrivaz d'ann diskibled évit ma hen digémerchent. Ha pa oé deûet dl, é ken-nerzaz kalz ar ré a grédé.

28. Râk keñdrec'hi a réa gañt ners ar Iuzevien, ô tiskouéza d'ézhô dré ar Skrituriou pénaoz Jézuz a ioa ar C'hrist.

—

XIX. PENNAD.

1. Hôgen pa édo Apollo é Koriñt, é c'hoarvézaz pénaoz Paol, ô véza treûzet ar brôiou huel, a zeûaz da Éfézuz, hag a gavaz énô eul lôd diskibled :

2. Hag é lavaraz d'ézhô : Ha digéméret hoc'h eûs-hu ar Spéred-Sañtel abaoé ma hoc'h eûz krédet ? Hag hi a lavaraz d'ézhañ : N'hon eûz két klevet zô-kén éz oa eur Spéred-Sañtel.

3. Hag héñ a lavaraz d'ézhô : É pétra éta oc'h-hu bét badézet ? Hag hi a lavaraz : É badez Iann.

4. Neûzé Paol a lavaraz d'ézhô : Iann en deûz badézet gañt badisiañt ar binijen, hag en deûz lavared d'ar bobl pénaoz é tlieñt kridi enn hini a zeûé war hé lerc'h, da lavaroud eo é Jézuz.

5. O véza klevet kémeñt-sé, é oeñt badézet é hano ann Aotrou Jézuz.

6. Ha pa en doé Paol astennet hé zaouarn war-n-ézhô, ar Spéred-Sañtel a ziskennaz war-n-ézhô, hag é komzeñt é meûr a iéz, hag é tiouganeñt.

7. Béz' é oa anézhô war-drô daouzék dén.

8. Hag héñ a iéaz er sinagog, é péléac'h é komzaz gañd herder é-pâd tri miz, ô striva hag oc'h alia diwarbenn rouañtélez Doué.

9. Hôgen ô véza ma oa lôd hag en em galédé, ha na grédé két, hag a lavaré droug eûz a heñt ann Aotrou, dirâg ann holl bobl, héñ en em dennaz, hag a rannaz hé ziskibled eûz hô zouez ; hag é strivé bemdez é skôl eunn dén hanvet Tiran.

10. Kémeñt-sé a réaz é-pâd daou vloaz. Hag ével-sé ar ré holl a choumé enn Azia, ken ar Iuzevien, ken ar C'hrésianed, a glevaz gér ann Aotrou.

11. Ha Doué a réa burzudou brâz meûrbéd dré zaouarn Paol.

12. Enn hévélep doaré ma lékéad war ar ré glañv al liénennou hag ar gourizou hô doa stoket oud hé gorf, ar ré-mañ a oa paré eûz hô c'hléñvéjou, hag ann drouk-spéréjou a iéa er-méaz.

13. Hôgen hiniennou eûz ann Ekzorsisted Iuzevien péré a rédé dré ar vrôiou a arnodaz gervel hanô ann Aotrou Jézuz war ar ré é péré é oa drouk-spéréjou, ô lavarout : Mé hô kâs-kuit dré Jézuz péhini a brézeg Paol.

14. Seiz mab Séva, Iuzéô ha priñs ar véleien, eo a réa kémeñt-sé.

15. Hôgen ann drouk-spéred a lavaraz d'ézhô : Anaoud a rann Jézuz, ha gouzoud a rann piou eo Paol ; hôgen c'houi, piou oc'h-hu ?

16. Hag eunn dén é péhini é oa eunn diaoul drouk brâz a lammaz war zaou anézhô, hag ô véza tréac'h d'ézhô, é gwall-gasaz anézhô, enn hévélep doaré ma tec'hchoñt enn noaz ha gouliet eûz ann ti-zé.

17. Kément-sé a oé anavézet gañt kémeñt Iuzéô ha kémeñt Grésian a choumé é Élézuz : ar spouñt a grôgaz enn-hô holl, hag é veûlchoñt hanô ann Aotrou Jézuz.

18. Ha kalz eûz ar ré a grédé a zeûé, a govéséé hag a zisklerié hô ôberiou.

19. Kalz ivé anézhô péré hô doa heûliet ar skiañchou dibaot, a zigasaz hô levriou, hag hô devaz dirâg ann holl : ha pa oé prizet ann dalvoudégez anézhô, é oé kavet é talieñt hañter-kañt mil péz arc'hañt.

20. Ével-sé gér Doué a greské kalz, hag a zeûé da grévaat.

21. Goudé-zé Paol a lékéaz enn hé spéred, goudé béza treûzet ar Masédonia hag ann Akaia, mond da Jéruzalem, ô lavarout : Goudé ma vézinn bét énô, eo réd ivé d'in gwélout Rom.

22. Hag ô véza kaset er Masédonia daou eûz ar ré a zerviché gañt-hañ, Timotéuz hag Érastuz, é choumaz c'hoaz héñ eunn nébeûd amzer enn Azia.

23. Hôgen enn amzer-zé é c'hoarvézaz é heñd ann Aotrou eunn dispac'h ha né oa két bihan.

24. Râg eunn orféber hanvet Démétriuz, péhini a réa templou *bihan* arc'hañt eûz a Ziana, a lékéa da c'hounid kalz ar ré eûz ar micher-zé :

25. O véza hô strollet, ha ré all péré a réa eunn hévélep labour, é lavaraz d'ézhô : Tudou, c'houi a oar pénaoz eo eûz al labour-zé é teû hor gounid :

26. Ha koulskoudé é wélit hag é klevit pénaoz ar Paol-zé gañd hé lavariou, en deûz distrôet eul lôd brâz a dûd, nann hép-kén é Élézuz, hôgen ivé bôgoz dré ann holl Azia, ô lavarout pénaoz n'eo kéd douéou ar

ré zò gréat gañd daouarn ann dûd.

27. Hag hor micher hép-kén na vézò két gwall-vrudet, hôgen templ Diana-veûr a zeûi da nétrâ, hag bé meûrdez péhini a zò azeûlet enn holl Azia hag er béd holl. a zeûi da nétra.

28. Pa glevchoñt kémeñt-sé é savaz eunn drouk brâz enn-hô, hag en em lékéjoñt da gria ha da lavarout : Brâz eo Diana a Éfézuz.

29. Hag ar géar holl a oé leûn a zireiz ; hag en em daolchoñt enn eur rumm brâz war ann téatr, hag é krôgchoñt é Gaiuz hag é Aristarkuz eûz a Vasédonia péré a oa deûet gañt Paol.

30. Paol a fellé d'ézhañ en em ziskouéza d'ar bobl, hôgen ann diskibled a viraz out-hañ.

31. Hiniennou ivé eûz a briñsed ann Azia, péré a ioa miñouned d'ézhañ a gasaz d'hé bidi na d-ajé kéd d'ann téatr.

32. Hôgen lòd a grié enn eunn doaré, hag lòd all enn eunn doaré all ; râg ann eñgroez a ioa kemmesket enn Iliz : ha kalz anézhô na wieñt két pérâg é oañt strollet.

33. Neûzé Aleksañder a oé tennet er-méaz eûz ann eñgroez, ha bouñtet gañd ar Iuzevien. Hag Aleksañder ô véza goulennet gañd ann dourn ma tavcheñt, a fellé d'ézhañ en em zidamallout dirâg ar bobl.

34. Hôgen pa anavézchoñt pénaoz é oa-héñ eur Iuzéô, ann holl enn eur vouéz, é-pâd diou heur a griaz : Brâz eo Diana a Éfézuz.

35. Neûzé skrivañer *kéar* ô véza hô péoc'héet, a lavaraz d'ézhô : Tûd a Éfézuz, piou eo ann dén ha na oar két pénaoz ar géar a Éfézuz a azeûl Diana ar vrâz, merc'h da Jupiter?

36. Pa na helleur kéd éta dislavarout kémeñt-sé, eo réd é choumfac'h é péoc'h, ha na rafac'h nétrâ hép gwir abek.

37. Râg ann dûd-zé hoc'h eûz digaset amañ n'iñt na dibourc'herien templou, na touerien a-éneb hô touéez.

38. Ma en deûz Démétriuz, hag ar ré a labour gañt-hañ eunn tamallbennâg da ôber a-éneb eur ré, al léz a zalc'heur ; barnerien a zò ; r'en em zamalliñt ann eil égilé.

39. Ma hoc'h eûz eunn dra-bennâg all da c'houlenni, é helló béza barnet enn eur stroll hervez ar reiz.

40. Râg é-tâl émomp da véza tamallet ével dispac'herien évid ar péz a zò c'hoarvezet hirió, pa na hellomp két rei abek é-béd évid didamallout ann dispac'h-mañ. Hag ô véza lavaret kémeñt-sé, é kasaz-kuit ar stroll tûd.

XX. PENNAD.

1. Hôgen pa oé éhanet ann dispac'h, Paol a c'halvaz ann diskibled, ha goudé béza hô aliet, é kimiadaz diout-hô, hag en em lékéaz enn heñt évit moñd er Masédonia.

2. Ha goudé béza bét é meûr a léac'h eûz ar vrô-zé, ha goudé béza aliet ar bobl é meûr a brézégen, é teûaz é Grés.

3. Pa oé choumet énô tri miz, ô véza m'hô doa ar Iuzevien aozet spiou d'ézhañ war ann heñt a dlié ôber évit moñd dré vôr er Siria, é kéméraz ann dézô da zistrei dré ar Vasédonia.

4. Gañt-hañ éz éaz Sopater mâb Pirruz eûz a Véréa, Aristarkuz ha Sékoñduz eûz a Dessalonika, ha Gaiuz eûz a Zerbé, ha Timotéuz ; ha Tikikuz ha Trofimuz eûz ann Azia.

5. Ar ré-mañ ô véza éat a-raok, a c'hortozaz ac'hanomp é Troad.

6. Évid-omp-ni, goudé deisiou ar bara dic'hoell, é piñchomp enn eul léstr é Filippoz, hag é teûjomp d'hô c'havoud é Troad é pemp dervez ; hag é chomchomp énô seiz dervez.

7. D'ann deiz keñta eûz ar zizun pa oa strollet ann diskibled évit terri ar bara, Paol péhini a dlié moñt-kuit añtrônôz a strivé gañt-hô, hag a gasaz hé brézégen bétég hañter-nôz.

8. Kalz a gleûzeûriou a ioa er gambr huel é péhini é oamp strollet.

9. Hag ô véza ma oa hirr prézégen Paol, eunn dén-iaouañk banvet Eûtikuz péhini a oa azézet war eur prénestr, a gouskaz, hag ô véza kousketmik é kouézaz eûz ann trédé kembot d'ann traoñ, hag é oé savet marô ac'hanô.

10. Hôgen Paol ô véza diskennet, en em astennaz war-n-ézhañ ; hag ô véza hé vriatéet é lavaraz : N'en em c'hlac'harit két, éma hé éné enn-hañ.

11. Goudé, ô véza piñet adarré, ha goudé béza torret ar bara, ha debret, é komzaz c'hoaz out-hô bété gouloudeiz, hag éz éaz-kuit.

12. Hag hi a zigasaz ann dén-iaouañk béô, hag é oeñt dizoaniet brâz.

13. Évit-omp-ni a biñaz enn eul léstr, hag éz éjomp ével-sé bétég Asson, é péléac'h é tliemp kémérout Paol : râg ével-sé en doa reizet ann traou, pénaoz é rajé ann heñd war droad.

14. Pa en doé tizet ac'hanomp é Asson, éz éjomp kévret hag é teûjomp da Vitiléné.

15. Hag ac'hanô ô voñd dré vôr, é teûjomp añtrônôz dirâk Kioz ; hag ann deiz all é touarchomp é Samoz, hag añtrônôz é teûjomp da Vilet.

16. Râg Paol en doa lékéad enn hé bann tréménout é-biou Éfézuz, gañd aoun na zaléfé enn Azia. Hasta a réa, évid en em gavout, mar boa galluz, é Jéruzalem é deiz ar Peñtékost.

17. Hôgen eûz a Vilet é kasaz da Éfézuz, évit gervel hénaoured ann Iliz.

18. Ha pa oeñt deûet d'hé gavout, ha ma oeñt kévret, é lavaraz d'ézhô : C'houi a oar pénaoz, adaleg ann deiz keñta ma ounn deûed enn Azia, ma ounn en em rénet enn hô kéñver a béb amzer :

19. Pénaoz em eûz servichet ann Aotrou gañt pép vuelded, é-kreiz ann daérou, hag ann eñkrézou a zô c'hoarvézet d'in gañt spiou ar Iuzevien ;

20. Pénaoz n'em eûz kuzet nétrâ ouz-hoc'h a gémeñt a hellé béza talvouduz, hag em eûz zô-kén hé brézéget d'é-hoc'h ô kélenna ac'hanoc'h dirâg ann holl, hag enn hô tiez,

21. O testénia d'ar Iuzevien, kerkouls ha d'ar Jeñtiled ar binijen é-kéñver Doué, hag ar feiz é-kéñver hon Aotrou Jézuz-Krist.

22. Ha bréma chétu mé ô veza éréet gañt ar spéred, éz ann da Jéruzalem, hép ma ouzonn pétrâ a c'hoarvézô gan-éñ énô ;

23. Német ma tiougann d'in ar Spéred-Sañtel é pép kéar ma'z ann, pénaoz chadennou hag eñkrézou a c'hortoz ac'hanoun é Jéruzalem.

24. Hôgen n'ounn két spouñtet gañt kémeñt-sé ; ha na rann stâd é-béd eûz va buez, gañt m'az inn é penn va ergerz, ha ma *sévéninn* ar garg em eûz digéméret digañt ann Aotrou Jézuz, évit prézégi Aviel grâs Doué.

25. Ha bréma chétu é ouzonn pénaoz na wélot mui va dremm, c'houi holl é-touez péré ounn tréménet ô prézégi rouañtélez Doué.

26. Dré-sé é tiskleriann d'é-hoc'h hirió, pénaoz ounn glân eûz a c'hoad pép-hini ac'hanoc'h.

27. Râk n'em eûz két gréat vân da rei da anaout d'é-hoc'h holl ali Doué.

28. Likid évez ouz-hoc'h hoc'h-unan, hag oud ann holl dropel war béhini en deûz ar Spéred-Sañtel hô lékéad da eskep, évit réna Iliz Doué, en deûz prénet gañd hé c'hoad.

29. Râk mé a oar pénaoz, pa vézinn éat-kuit, é teûi enn hô touez bleizi skrapuz, péré n'hô dévézô azaouez é-béd évid ann tropel.

30. Hag eûz hô kreiz hoc'h-unan é savô tûd péré a brézégô traou fall, évit tenna ann diskibled war hô lerc'h.

31. Râk-sé belit, hag hô pézet koun pénaoz é-pâd tri bloaz n'em eûz éhanet na nôz na deiz da gélenna gañd daérou pép-hini ac'hanoc'h.

32. Ha bréma éc'h erbédann ac'hanoc'h da Zoué, da c'hér hé c'hrâs, d'ann hini a hell peûr-zével, ha rei digwéz é kreiz hé holl zeñt.

33. N'em eûz c'hoañtéet digañt dén nag aour, nag arc'hañt, na dilad :

34. Ha c'houi a oar hoc'h-unan pénaoz ann daouarn-mañ hô deûz va bastet eûz a géméñt em boa ézomm, hag ivé ar ré a ioa gan-éñ.

35. Diskouézet em eûz d'é-hoc'h pép-trâ, ha pénaoz eo réd kén-nerza ar ré wân dré al labour, ha kaout koun eûz ar geriou-mañ en deûz lavaret ann Aotrou Jézuz hé-unan : Muioc'h a zudi zô ô rei égéd ô tigéméroul.

36. Ha goudé m'en doé lavaret kémeñt-sé, en em daolaz war hé zaoulin hag é pédaz gañt-hô holl.

37. Eur gwélvan vrâz a zougchoñt holl : hag ô lammout da c'houzouk Paol, é pokeñt d'ézhañ,

38. Glac'haret brâz ô véza m'en doa lavared d'ézhô pénaoz na welcheñt mui hé zremm. Hag éc'h ambrougchoñt anézhañ bétég al léstr.

—

XXI. PENNAD.

1. Goudé ma oamb en em rannet diout-hô, ha ma oamb éad el léstr, é teûjomb râg-ceun da Goos, hag añtrônôz da Rodez, hag ac'hanô da Batara.

2. Hag ô véza kavet eul léstr hag a iéa da Fénisé, é piñchomp enn-hañ, hag é verdééchomp.

3. Hôgen pa wélchomp Kipruz, hé lézchomp enn dourn kleiz, hag ô véza éat er Siria, é touarchomp é Tiruz : râg énô eo é tlieñt diskarga al léstr.

4. O véza kavet diskibled énô, é choumchomp gañt-hô seiz dervez ; hag ar ré-mañ a lavaré da Baol dré ar Spéred na d-ajé da Jéruzalem.

5. Goudé ma oé tréménet ar *seiz* dervez-zé éz éjomp kult, hag é teûjoñd holl gañd hô gragez hag hô bugalé da ambrouga ac'hanomp bétég er-méaz a géar : hag ô véza daoulinet war ann aot, é pédchomp.

6. Ha goudé béza kimiadet ann eil dioc'h égilé, ni a biñaz el léstr, hag hi a zistrôaz d'ar géar.

7. Eûz a Diruz é teûjomp da Ptolémaiz, é péléac'h é oé penn d'hor merdéadurez : ha goudé béza lavaret dématéoc'h d'ar vreûdeûr, é choumchomp eunu dervez gañt-hô.

8. Añtrônôz ô véza éat-kuit, é teûjomp da Zézaréa. Hag ô véza éat da dí Filip ann Aviéler, péhini a ioa unan eûz ar seiz, é choumchomp enn hé dí.

9. Hé-mañ en doa péder merc'h gwerc'hézed hag a ziouganê.

10. Hagével ma choumchomb *énô* eunn dervez-bennâg, é teûaz eûz a Judéa eur Profed hanvet Agabuz.

11. Hé-mañ ô véza deûet d'hor gwélout, a géméraz gouriz Paol, hag oc'h éréa hé dreid hag hé zaouarn, é lavaraz : Ar Spéred-Sañtel a lavar ann dra-mañ : Ann dén da biou eo ar gouriz-mañ a vézô éréet ével-henn é Jéruzalem gañd ar Iuzevien, ha lékéat gañt-hô étré daouarn ar Jeñtiled.

12. Pa glevchomp kémeñt-sé, ni, hag ar ré eûz al léac'h-zé, é pédchomp anézhañ na d-ajé kéd da Jéruzalem.

13. Hôgen Paol a respouñtaz, hag a lavaraz : Pétrâ a rít-hu ô wéla évelsé, hag ô c'hlac'hari va c'haloun ? Râk mé a zô daré, nann hép-kén da véza éréet, hôgen ivé da vervel é Jéruzalem, évid hanô ann Aotrou Jézuz.

14. Ha pa wélchomp na hellemp kéd hé geñdrec'hi, éc'h éhanchomp, ô lavarout : Ra vézô gréad ioul ann Aotrou.

15. Pa oé tréménet ann deisiou-zé, en em gempenchomp, hag éz éjomp da Jéruzalem.

16. Hiniennou eûz a ziskibled Sézaréa a zeûaz ivé gan-é-omp, hag é kaschoñt gañt-hô eunn diskibl kôz hanvet Mnason, ginidik eûz a Gipruz, é tí péhini é tliemp loja.

17. Pa arrujomp é Jéruzalem, ar vreûdeûr a zigéméraz ac'hanomp gañt lévénez.

18. Hag añtrônôz Paol a zeûaz gan-é-omp da wélout Jakez, é tí piou é oa en em strollet ann holl hénaoured.

19. Goudé m'en doé lavaret d'ézhô dématéoc'h, é tanévellaz dré ar munud, kémeñt trâ en doa gréad Doué, dré hé bañtérourez é-kéñver ar Jeñtiled.

20. Pa glevchoñt kémeñt-sé, é veûlchoñt Doué ; hag é léverchoñt d'ézhañ : Gwélout a réz, va breûr, péd mil zô é-touez ar Iuzevien péré hô deûz krédet ; ha koulskoudé iñt oazuz holl évid al lézen.

21. Hôgen klevet hô deûz pénaoz é teskez d'ar Iuzevien a zô é-touez ar Jeñtiled en em ranna diouc'h Moizez, ô lavarout na dléoñt két trô-drouc'ha hô bugalé, na kerzout hervez al lézen.

22. Pétrâ éta eo réd da ôber ? Réd eo hô strolla holl : râk klevoud a raiñt pénaoz oud deûet.

23. Grâ éta ar péz a livirimp d'id :

Béz' hon eûz amañ pevar dén péré hô deûz gréat eur gwéstl.

24. Kémer ar ré-mañ gan-éz, hag en em c'hlana gañt-hô : paé ar mizou évit-hô évit ma touziñt hô fennou, ha ma wézô ann holl pénaoz n'eo két gwir ar péz a zô bét lavared ac'hanod, hôgen pénaoz é mirez bépréd al lézen.

25. É-kéñver ar Jeñtiled péré hô deûz krédet, hon eûz skrivet d'ézhô pénaoz hor boa barnet ma tlieñt diouéri ann idolou, ar sakrifisou, ar goàd, ar c'hik mouget, hag ar c'hadélez.

26. Neûzé Paol, ô véza kéméret ann dûd-zé, hag ô véza en em c'hlanet gañt-hô, a iéaz enn templ ann deiz war-lerc'h, enn eur rei da anaout ann deision eûz ar peûr-c'hlanérez, bété ma vijé kenniget ar rô évit pép-hini anézhô.

27. Hôgen pa oé tréménet ar seiz dervez, Iuzevien ann Azia ô véza hé wélet enn templ, a zispac'haz ann holl bobl, hag en em daolaz war-n-ézhañ, ô kria :

28. Tûd a Israel, ken-nerzid ac'hanomp : chétu ann hini a brézeg dré-holl a-énep ar bobl-mañ, a-énep al lézen, hag a-énep al léac'h-mañ ; ha péhini zô-kén en deuz saotret al léac'h sañtel-mañ.

29. Râg hi hô doa gwélet Trofimuz eûz a Éfézuz é kéar gañt-hañ, hag é kréjeñt pénaoz Paol en doa hé gaset enn templ.

30. Hag ar géar holl a oé dispac'het, hag eunn eñgroez brâz a bobl en em zastumaz. Hag ô véza krôget é Paol, hé dennchoñt er-méaz eûz ann templ, hag é serrchoñt ann ôriou râk-tâl.

31. Ével ma klaskeñt hé laza, é teûaz ar vrûd da Gabitan ar gward, pénaoz ar géar holl a Jéruzalem a ioa dispac'het.

32. Hé-mañ a géméraz râk-tâl gañt-hañ soudarded ha kañténerien, hag a rédaz étrézég enn-hô. Ar ré-mañ pa wéljoñt ar C'habitan hag hé zoudarded, a ébanaz da skei gañt Paol.

33. Neûzé ar C'habitan ô tôstaat a grôgaz enn-hañ, hag a c'hourc'hémennaz hé éréa gañd diou chaden : ha neûsé é c'houlennaz piou é oa, ha pétrâ en doa gréat.

34. Hôgen enn eñgroez lôd a grié enn eunn doaré, ha lôd all enn eunn doaré all. Hag ô véza na hellet két anaoud ar wirionez enn abek d'ar reûstl, é c'hourc'hémennaz hé gâs d'ar c'hastel.

35. Ha pa oé deûed d'ann dérésiou, é oé réd d'ar zoudarded hé zougen, enn abek da frouden ar bobl.

36. Râg eul lôd brâz a bobl a iéa war-lerc'h, enn eur gria : Tenn-héñ.

37. Ha pa oa daré Paol da voñd er c'hastel, é lavaraz d'ar C'habitan : Hag aotréet eo d'in lavaroud eunn dra d'id ? Hag hé-mañ a lavaraz : Ha té a oar ar grégach ?

38. Ha n'oud-dé két ann Éjipsian-zé péhini abarz ann deisiou-mañ en deûz lékéat reûstl da zével, ha kaset enn distrô gañt-hañ pevar mil ribler ?

39. Ha Paol a lavaraz d'ézhañ : Iuzeô ounn évit-gwir, ginidik eûz a Darsuz é Silisia, bourc'hiz eûz ar géar-zé péhini n'eo kéd dizanaf. Da bidi a rann éta da aotréa ma komzinn oud ar bobl.

40. Ha pa en doé aotréet kémeñt-sé ar C'habitan, Paol enn hé zâ war ann dérésiou, a réaz aroué gañd ann dourn d'ar bobl, hag eunn tav brâz ô véza c'hoarvézet, é komzaz out-hô é iéz Hébré, ô lavarout :

—

XXII. PENNAD.

1. Tudou, va breûdeûr, ha va zadou, sélaouit bréma va diskarg.

2. Pa glevchoñt pénaoz é komzé out-hô é iéz Hébré, é virchoñt c'hoaz eur sioulded brasoc'h.

3. Hag é lavaraz : Iuzeô ounn, ginidik eûz a Darsuz é Silia. Diorroet ounn bét er géar-zé é treid Gamaliel, ha kélennet diouc'h gwir lézen hon tadou, ha leûn a oaz évid al lézen, ével ma'z oc'h c'hoaz holl hirió :

4. Mé eo em eûz heskinet bétég ar marô ar ré eûz ar gréden-zé, oc'h hô éréa hag oc'h hô lakaad er prizoun, goazed ha merc'hed,

5. Evel ma eo da dést d'in priñs ar véleien, hag ann holl hénaoured eûz a béré é kémériz lizéri, pa'z éann da gavout ar vreûdeûr eûz a Zamaz, évid hô éréa hag hô c'hâs da Jéruzalem évit béza kastizet.

6. Hôgen c'hoarvézoud a réaz pénaoz, pa oann enn heñt, ha pa dôstéenn eûz a Zamaz é-kreiz ann deiz, eur c'houlaouen vrâz a zeûaz enn-eunn-taol eûz ann êñv hag a gelc'hiaz ac'hanoun;

7. Hag ô véza kouézed d'ann douar, é kleviz eur vouéz a lavaraz d'in: Saul, Saul, pérâg éc'h heskinez-té ac'hanoun?

8. Ha mé a respouñtaz: Piou oud-dé, Aotrou? Hag héñ a lavaraz d'in: Mé eo Jézuz eûz a Nazaret péhini a heskinez.

9. Ar ré a ioa gan-éñ a wélaz ivé ar goulou, hôgen na glevchoñt két mouéz ann hini a gomzé ouz-in.

10. Neuzé é liviriz: Aotrou, pétrâ a rinn-mé? Hag ann Aotrou a lavaraz d'in: Saô, ha kéa da Zamaz, hag énô é vézô lavared d'id pétrâ éc'h eûz da ôber.

11. Hag ével na wélenn mui dré ann abek d'al lugern eûz ar goulouzé, ar ré a ioa gan-éñ a grôgaz em daouarn, hag a gasaz ac'hanoun da Zamaz.

12. Béz' éz oa énô eunn dén hanvet Ananiaz, dén hervez al lézen, da béhini ann holl Iuzevien a choumé énô a rôé eunn desténi vâd.

13. Doñd a réaz d'am c'havout, hag ô tôstaad ouz-in é lavaraz d'in: Va breûr Saul, gwél. Ha mé enn hévéleb heur a wélaz anézhañ.

14. Hag héñ a lavaraz: Doué hon tadou en deûz da geñd-dileûret évid anaoud hé ioul, évit gwélout ar wirionez, hag évit klevout ar vouéz eûz hé c'hénou;

15. Râk té a vézô tést d'ézhañ dirâg ann holl dûd, eûz ar péz ez pézô gwélet ha klevet.

16. Ha bréma pérâg é taléez-té? Saô, ha kémer ar vadisiañt, ha gwalc'h da béc'héjou, ô c'hervel hanô ann Aotrou.

17. O véza distrôed da Jézuzalem, pa oann ô pidi enn templ, é c'hoarvézaz d'in eunn estlamm a spéred,

18. Hag é wéliz anézhañ ô lavaroud d'in: Hast, ha kéa er-méaz eûz a Jéruzalem; râk na zigémériñt két ann desténi a rôi ac'hanoun.

19. Ha mé a lavaraz: Aotrou, hi a oar pénaoz eo mé a lékéa er vâc'h, hag a lékéa skourjéza er sinagogou ar ré a grédé enn-oud:

20. Ha pénaoz pa skuled goâd Stéfan da dést, édounn énô, hag é c'hratéenn hé varô, hag é virenn dilad ar ré a lazé anézhañ.

21. Hag héñ a lavaraz d'in: Kéa-kuit; râk da gâs a rinn pell étrézég ar Jeñtiled.

22. Ar Iuzevien hô doa hé zélaouet bétég ar gér-zé, hôgen sével a réjoñt hô mouéz ô lavarout: Tenn héñ évelsé diwar ann douar; rak né két reiz é vévché.

23. Hag évet ma krieñt, ha ma taoleñt hô dilad, ha ma stlapeñt poultr enn éar,

24. Ar C'habitan a c'hourc'hémennaz hé gâs d'ar c'hastel, hé skourjéza hag hé eñkrézi, évid hé lakaad da lavarout pérâg é krieñt évelsé out-hañ.

25. Hôgen pa hô doa hé éréet gañt eul leren, Paol a lavaraz da eur C'hañténer a ioa enn hé gichen: Hag aotréed eo d'é-hoc'h skourjéza eunn dén eûz a Rom, hag héb béza hé varnet?

26. Ar C'hañténer ô véza klevet kémeñt-sé a iéaz da gavout ar C'habitan, hag a lavaraz d'ézhañ: Pétrâ éz it-hu da ôber? Râg ann dén-zé a zô bourc'hiz eûz a Rom.

27. Neûzé ar C'habitan a zeûaz da gavout Paol, hag a lavaraz d'ézhañ: Lavar d'in ha té a zô bourc'hiz eûz a Rom? Hag héñ a lavaraz: Ia.

28. Hag ar C'habitan a respouñtaz: Kalz a arc'hañt em eûz rôet évid ar vourc'hizégez-zé. Ha Paol a lavaraz: Ha mé a zô ganet *Roman*.

29. Râk-tâl éta ar ré a dlié hé skourjéza a iéaz-kuit. Hag ar C'habitan en doé aoun, pa wézaz pénaoz Paol a ioa bourc'hiz eûz a Rom, ha pénaoz en dôa lékéad hé éréa.

30. Hôgen añtrônôz ô véza m'en

doa c'hoant da c'houzout évit-gwir pérâg ar Iuzevien a damallé anézhañ, é lékéaz hé ziéréa ; hag ô véza gourc'hémennet d'ar véleien ha d'ann holl alierien en em strolla, é tigémennaz Paol, hag é lékéaz anézhañ dira-z-hô.

—

XXIII. PENNAD.

1. Paol ô sellout stard oud ann alierien, a lavaraz : Tûd, va breûdeûr, bétég hirið em eûz servichet Doué gañt koustiañs vâd.
2 Hôgen Ananiaz Priñs ar véleien a c'hourc'hémennaz d'ar ré a ioa tôst d'ézhañ skei war hé c'hénou.
3. Neûzé Paol a lavaraz d'ézhañ : Doué a skôi gan-éz da-unan, môger gwennet. Râg azézet oud amañ évit va barnout hervez al lézen, hag aéneb al lézen é c'hourc'hémennez skei gan-éñ.
4. Hag ar ré a ioa énô a lavaraz d'ézhañ : Ha drouk-pidi a réz gañt Bélek-brâz Doué ?
5. Ha Paol a lavaraz : Na wienn két, va breûdeûr, pénaoz é oa ar Bélek-brâz ; râk skrived eo : Na zroukpédi két gañt Priñs da bobl.
6. Hôgen Paol ô c'houzout pénaoz lôd a ioa Sadduséed, ha lôd all Farizianed, en em lékéaz da gria er stroll : Tudou, va breûdeûr, Farizian ounn ha màb Farizian : enn abek d'ar géd eûz a zazorc'hidigez ar ré varô eo é varneur ac'hanoun.
7. Ha pa en doé lavaret kémeñt-sé é c'hoasvézaz dizunvaniez étré ar Farizianed hag ar Sudduséed, hag ar stroll en em rannaz.
8. Râg ar Sudduséed a lavar pénaoz n'éz eûz na dazorc'hidigez, nag éal, na spéred : hôgen ar Farisianed a añsav ann eil hag égilé.
9. Eunn trouz brâz a zavaz neûzé. Hag hiniennou eûz ar Farizianed en em lékéaz da striva ô lavarout : Na gavomp kéd a zroug enn dén-zé. Ha na hell kéd eur spéred, pe eunn éal béza komzed out-hañ ?
10. Hag ô véza ma kreské ar reûstl, ar C'habitan, gañd aoun na vé Paol dispennet gañt-hô, a c'hourc'hémennaz lakaat soudarded da zoñt, évid hé denna eûz hô c'hreiz, hag hé gâs d'ar c'hastel.
11. Hôgen enn nôz war-lerc'h ann Aotrou oc'h en em ziskouéza d'ézhañ, a lavaraz d'ézhañ : Béz kalounek ; râk ével ma éc'h eûz douget testéni ac'hanoun é Jéruzalem, ével-sé eo red ivé é tougfez testéni ac'hanoun é Rom.
12. Pa oé deûed ann deiz, eur Iuzéô-bennâg en em unvanaz, hag a réaz lé étré-z-hô pénaoz na zebrcheñt na na évcheñt, kén n'hô divijé lazet Paol.
13. Ouc'h-penn daou-ugeñt dén é oañt, péré hô doa gréat al lé-zé.
14. Hag éz éjoñt da gavout Priñsed ar véleien hag ann hénaoured, hag é léverchoñt d'ézhô : Gréad hon eûz lé na dañvimp nétrâ, kén n'hor bézô lazet Paol.
15. Pédid éta c'houi ar C'habitan eûz a berz ann alierien, d'hé zigas d'é-hoc'h, ével évid anaout gwelloc'h hé c'hrâ. Ha ni abarz ma tôstai, a vézô daré d'hé laza.
16. Hôgen màb c'hoar Paol ô véza klevet mének eûz al lé-zé, a zeûaz d'ar c'hastel, hag hé rôaz da c'houzout da Baol.
17. Neûzé Paol a c'halvaz unan eûz ar C'hañténerien, hag a lavaraz d'ézhañ : Kâs ann dén-iaouañk-mañ d'ar C'habitan, râg eunn dra-bennâg en deûz da ziskleria d'ézhañ.
18. Ar C'hañténer a géméraz ann dén-iaouañk, hag a gasaz anézhañ d'ar C'habitan, hag a lavaraz : Paol ar prizounier en deûz va fédet da zigas d'Id ann dén-iaouañk-mañ, péhini en deûz eunn drâ-bennâg da lavaroud d'Id.
19. Ar C'habitan ô kregi enn hé zourn, en em dennaz a dû gañt-hañ, hag a réaz ar goulenn-mañ out-hañ : Pétrâ éc'h eûs-dé da ziskleria d'in ?
20. Hag héñ a lavaraz : Ar Iuzevien a zô en em glevet évit pidi ac'hanod da gâs Paol war-c'hoaz da stroll ann alierien, ével pa hô défé c'hoañt da anaout gwelloc'h ar péz a zell out-hañ.
21. Hôgen na aotré kéd d'ézhô hô

goulenn : râk ouc'h-penn daou ugeñ
dén anézhô bô deûz aozet spiou d'éz-
hañ, hag hô deûz gréat lé na zebr-
cheñt, na na évcheñt, kén n'hô dévézô
bé lazet : ha bréma iñt daré, ô c'héda
ma aotréi d'ézhô hô goulenn.
22. Ar C'habitan éta a gasaz-kult
ann dén-iaouañk, ô c'hourc'hémenni
d'ézhañ na lavarché da zén pénaoz en
doa rôed ann ali-zé d'ézhañ.
23. Hag ô véza galvet daou Gañ-
téner, é lavaraz d'ézhô : Dalc'hit kem-
penn adaleg ann trédé heur eûz ann
nôz, daou c'hañt soudard, dék mar-
c'hek ha tri-ugeñt, ha daou c'hañt
goafer, évit moñt bété Sézaréa.
24. Kempennid ivé kézek, évit la-
kaat Paol war-n-ézhô, hag hé gâs bép
gwall da Féliks ar mérer.
25. Râg aoun en doé na zeûfé ar
Iuzevien da gregi enn-hañ, ha d'hé
laza, ha goudé-zé na vijé hén tamal-
let é-c'hiz ma en défé kéméret arc'hañt
évit sé.
26. Skriva a réaz ivé eul lizer enn
doaré-mañ : Klôdiuz Lisiaz d'ar mérer
mâd meûrbéd Féliks, deiz-mâd.
27. Ar Iuzevien hô doa kéméret ann
dén-zé hag a oa daré d'hé laza, pa
ounn deûet gañt soudarded, hag em
eûz hé dennet ac'hanô, ô véza ana-
vézet pénaoz é oa Roman.
28. Ha gañd ar c'hoañt da c'hou-
zout pé wall a damalleñt d'ézhañ,
em eûz hé gaset d'hô stroll.
29. Kavet em eûz pénaoz na damal-
leñt d'ézhañ némét traou a zell oud
hô lézen ; hôgen n'em eûz kavet gwall
é-béd enn-hañ a géméñt a vé dellézek
eûz ar marô pé eûz ar prizoun.
30. Hag ô véza ma eo bét gréat
mének d'in eûz ar spiou hô doa aozed
d'ézhañ, em eûz hé gased d'id ; lava-
ret em eûz ivé d'hé damallerien doñt
da lavaroud dira-z-od ar péz a ouzoñt
enn hé énep. Kénavézô.
31. Ar zoudarded éta hervez ann
urs a oa bét rôed d'ézhô, a géméraz
Paol, hag hé gasaz é-pâd ann nôz da
Añtipatriz.
32. Hag añtrônôz ô véza hé lézet
gañd ar varc'heien é tristrôjoñt d'ar
c'hastel.
33. Ar ré-mañ ô véza deûed da Zé-
zaréa, a rôaz al lizer d'ar mérer, hag
a gasaz Paol dira-z-hañ.
34. Ar mérer ô véza lennet al lizer,
a c'houlennaz a bé broviñs édo Paol :
ha pa wézaz pénaoz é oa eûz a Zilisia :
35. Da zélaoui a rinn, émé-z-hañ,
pa vézô deûet da damallerien. Hag é
c'hourc'hémennaz hé virout é léz Hé-
rodez.

—

XXIV. PENNAD.

1. Pemp dervez goudé, Ananiaz,
Priñs ar véleien, gañd lôd eûz ann
hénaoured, ha gañd eur prézéger
hanvet Tertulluz, a ziskennaz dl évit
tamallout Paol dirâg ar mérer.
2. Ha Paol ô véza bét galvet, Ter-
tulluz a zéraouaz hé damallout, ô la-
varout : O véza ma eo dré dé hon eûz
eur péoc'h brâz, ha ma eo bét gréat
meûr a wellaen gañd da geñt-préder ;
3. Hé anaout a réomp bépréd hag
é pép léac'h, Féliks mâd-meûrbéd,
gañt pép trugarez.
4. Hôgen na zaléinn kéd ac'hanod
pelloc'h, hag ez pédann da zélaoui
hor berr gomsiou gañd da vadélez a-
vépréd.
5. Kaved hon eûz ann dén-zé péhini
a zô eur vosen, péhini en deûz lékéat
ann dizunvaniez er béd holl é-touez
ann holl Iuzevien, ha péhini a zô da
benn da zekt dispac'huz ann Naza-
réened ;
6. Péhini ivé en deûz klasket saotra
ann templ ; ha goudé béza krôged
enn-hañ, hor boa c'hoañt d'hé var-
nout hervez hôl lézen.
7. Hôgen ar mérer Lisiaz a zô
deûet, hag en deûz hé dennet eûz a
greiz hon daouarn gañt kalz a ners,
8. O rei urs d'hé damallerien da
zoñd dira-z-od : hag é helli da-unan
hé varnout, hag anaoud ar wirionez
eûz ann traou a damalloñd d'ézhañ.
9. Ar Iuzevien a aotréaz kéméñt-sé,
hag a lavaraz é oa gwir.
10. Hôgen Paol a respouñtaz (goudé
m'en doé ar Mérer arouézed d'ézhañ
komza) : Pa ouzonn pénaoz éz eûz
meûr a vloaz émoud da varner war ar

bobl man, en em zidamallinn a galoun-vâd dira-z-od.

11. Râk béz' é hellez gouzout pénaoz n'eûz kéd ouc'h-penn daouzék dervez ounn piñet da Jéruzalem évid azeûli *Doué:*

12. Ha n'hô deûz két va c'havet ô striva gañd dén, nag ô strolla ar bobl, nag enn templ, nag er sinagogou,

13. Nag é kéar: ha na helloñt két rei da wir d'ld ar péz a damalloñt d'in.

14. Hôgen hé añsavoud a rann diraz-od, pénaoz hervez ar sekt a hanvoñt hérézi, é servichann Doué hon tadou, hag é krédann é kémeñt a zô skrivet el Lézen hag er Proféded:

15. O c'héda é Doué, ével ma c'hédoñt hô-unan, pénaoz é tazorc'hô ar ré vâd hag ar ré fall.

16. Râk-sé é poelladann bépréd da virout va c'haloun dinam dirâk Doué, ha dirâg ann dûd.

17. Hôgen goudé meûr a vloaz ounn deûet évid ôber aluzennou d'am brôiz, hag évit kenniga va rôou ha va gwéstlou *da Zoué.*

18. É-kreiz ann ôbériou-zé hô deûz va c'havet glanet enn templ, héb engroez hag hép trouz.

19. Ha Iuzevien ann Azia eo, péré a dlié doñd d'as kavout, ha d'am tamallout, hô doa eunn dra da lavarout em énep.

20. Hôgen lavareñt hô-unan ha hi hô deûz kaved enn-ounn eunn direizbennâg, pa ounn en em ziskouézet enn hô stroll;

21. Némét ma tamalcheñd d'in ar gér-mañ em eûz lavaret huel dira-z-hô: Enn abek da zazorc'hidigez ar ré varô eo ounn barnet hirio gan-é-hoc'h.

22. Féliks ô véza klevet kémeñt-sé, a gasaz anézhô kuit ô lavarout: Pa wézinn gwelloc'h pétrâ eo ar sekt-zé, ha pa vézô deûet ar C'habitan Lisiaz, neûzé é klevinn ac'hanoc'h.

23. Neûzé é c'hourc'hémennaz da eur C'hañténer diwalloud anézhañ, hag hé lézel é péoc'h, hép miroud out-hañ na vijé servichet gañd hé dûd.

24. Hôgen eunn nébeûd deryesiou goudé, Féliks, gañd Drusilla hé c'hrég, péhini a ioa Iuzévez, a réaz kerc'hout Paol, hag é sélaouaz ar péz a lavaraz d'ézhañ diwar-benn ar feiz é Jézuz-Krist.

25. Hag ô véza ma prézégé d'ézhañ diwar-benn ar wirionez, ar glanded, hag ar varn da zoñt, Féliks leûn a spouñt a lavaraz d'ézhañ: A-walc'h eo évit bréma, kéa-kuit. Pa vézô préd é galvinn ac'hanod.

26. Hag ô véza ma venné é rôjé Paol arc'hañt d'ézhañ, é c'halvé aliez anézhañ, hag é komzé gañt-hañ.

27. Hôgen a-benn daou vloaz é teûaz Porsiuz Festuz é léac'h Féliks. Ha Féliks gañt c'hoañt da ôber dudi d'ar Iuzevien, en doa lézet Paol er prizoun.

XXV. PENNAD.

1. Festuz éta ô véza arruet er proviñs, a zeûaz goudé tri dervez eûz a Zézaréa da Jéruzalem.

2. Neûzé Priñsed ar véleien hag ar ré-geñta eûz a douez ar Iuzevien a zeûaz d'hé gavout, évit tamallout Paol dira-z-hañ;

3. Hag é c'houlenneñt digañt-hañ ével eunn trugarez, ma lakajé anézhañ da zoñd da Jéruzalem, ô véza m'hô doa c'hoañt da aoza spiou war ann heñt évid hé laza.

4. Hôgen Festuz a respouñtaz pénaoz Paol a oa dalc'het é Sézaréa, é péléac'h éz ajé héñ abarz némeûr.

5. Râ zeûi éta, émé-z-hañ, gan-éñ ar ré vrâz ac'hanoc'h: ha mar d-eûz eunn dra-bennâg a zroug enn dén-zé, ra damalliñt anézhañ.

6. Goudé béza choumet gañt-hô eiz pé dék dervez d'ar-muia, é tiskennaz da Zézaréa: hag añtrônôz éc'h azézaz war hé gador-varner, hag é rôaz urs da zigas Paol.

7. Ha pa oé kaset, ar Iuzevien a oa deûed eûz a Jéruzalem en em lékéaz war hé drô, hag a damallaz Paol eûz a galz a wallou brâz, eûz a béré na helleñt rei merk anat é-béd.

8. Ha Paol en em zifenné ô lavaront: N'em eûz péchet é nép doaré nag a-énep lézen ar Iuzevien, nag a-

énep ann templ, nag a-énep Sézar.
9. Festuz péhini en doa c'hoañt da héta d'ar Iuzevien, a respouñtaz da Baol, hag a lavaraz : Ha té a fell d'id piña da Jéruzalem, ha béza barnet énó dira-z-oun war gémeñt-sé?
10. Hôgen Paol a lavaraz : Émounn amañ dirâk kador Sézar, amañ eo eo réd d'in béza barnet : n'em eûz gréat droug é-béd d'ar Iuzevien, ével ma ouzoud ervâd.
11. Mar em eûz gréat eunn droukbennâg d'ézhô, pé mar em eûz gréat eur gwall-bennâg hag a zellez ar marô, na zinac'hann két mervel : hôgen ma n'eûz nétrâ a wir é kémeñt a damalloñt d'in, dén na hell va lakaad étré hô daouarn. Da Zézar é c'halvann.
12. Neûzé Festuz, goudé béza komzet gañd hé alierien, a respouñtaz : Da Zézar éc'h eûs-té galvet? Da gavout Sézar éz-i.
13. Hag eunn nébeûd dervésiou goudé, ar Roué Agrippa ha Bernisé a zeûaz da Zézaréa évit lavarout deizmâd da Festuz.
14. Hag ô véza ma choumchoñt énó meûr a zervez, Festuz a gomzaz oud ar Roué diwar-benn Paol, ô lavarout : Béz' éz eûz amañ eunn dén hag a zô bét lézet er prizoun gañt Féliks :
15. Priñsed ar véleien hag hénaoured ar Iuzevien a zeûaz d'am c'havout pa édonn é Jéruzalem, évit goulenni digan-éñ ma varnfenn anézhañ *d'ar marô.*
16. Hôgen mé a respouñtaz d'ézhô, n'eo kéd ar boaz é-touez ar Romaned da varnoud eur ré, kén n'en déveûz dira-z-hañ ar ré a damall anézhañ, ha kén n'eo rôed d'ézhañ ar frañkiz d'en em wenna eûz hé wall.
17. Pa oeñt éta deûed amañ, añtrônôz, hép nép dalé, éc'h azéziz war ar gador, hag é rôiz urs da zigas ann dén-zé.
18. Hé damallerien ô véza dira-z-hañ na rébechaz d'ézhañ hini eûz ar wallou a vennenn a rébechfeñt :
19. Hôgen béz' hô doa gañt-hañ né ounn pé zael diwar-benn hô falskréden hô-unan, ha diwar-benn eur Jézuz marô, hag a lavaré Paol a oa béô.
20. Hôgen ô véza na wienn pé ratoz da gémérout war gémeñt-sé, é c'houlenniz digañt-hañ mar fellé d'ézhañ moñd da Jéruzalem, évit béza barnet énô diouc'h ann traou-zé.
21. Hôgen Paol ô véza gréat galv, évit ma vijé miret hé vreût da anaoudégez Aogustuz, em eûz gourc'hémennet hé zerc'hel, bété ma kasinn anézhañ da Zézar.
22. Neûzé Agrippa a lavaraz da Festuz : Mé em boa ivé c'hoañt da glevoud ann dén-zé. War-c'hoaz, émé-z-hañ, é klevi anézhañ.
23. Añtrônôz éta Agrippa ha Bernisé a zeûaz gañt kalz a fougé : ha pa oeñt éat é kambr ar breûdou gañd ar gabitaned hag ar ré geñta eûz a géar, é oé digaset Paol, dré urs Festuz.
24. Ha Festuz a lavaraz : Roué Agrippa, ha c'houi holl péré a zó amañ gan-é-omp, gwéloud a rid ann dén-zé a-énep péhini eo deûet holl bobl ar Iuzevien d'am c'havout é Jéruzalem gañt pédennou ha gañt krioù brâz, ô lavarout pénaoz né oa két déréad é vévché pelloc'h.
25. Koulskoudé n'em eûz kaved ennhañ nétrâ hag a zellezfé ar marô. Hag ô véza ma en deûz gréat galv da Aogustuz, em eûz kémeret ar ratoz d'hé gâs.
26. Hôgen n'em eûz nétrâ a wir da skriva d'ann Aotrou. Dré-zé eo em eûz hé gased dira-z-hoc'h, ha peûrgédgéd dira-z-od, Roué Agrippa, évit, goudé béza gréat goulennou out-hañ, ma wézinn pétrâ em bézô da skriva.
27. Râg a-énep reiz é kavann kâs eur prizounier, hép diskleria hé damallou.

—

XXVI. PENNAD.

1. Neûzé Agrippa a lavaraz da Baol : Aotréed eo d'id komza évid-od da-unan. Ha Paol ô véza astenned hé zourn a zéraouaz en em zidamallout ;
2. Euruz en em gavann, ô Roué Agrippa, da hellout hirió en em zifenni dira-z-od diwar-benn ann traou a damall d'in ar Iuzevien ;

3.

3. O véza ma anavézez ervâd holl voasiou hag holl strivou ar Iuzevien: dré-zé az pédann da zélaoui ac'hanoun gañd habaskded.

4. É-kéñver ar vuez em eûz rénet é Jéruzalem é-kreiz ar ré eûz va bobl aba ma oann isouañk, anavézet eo gañd ann holl Iuzevien.

5. Gouzoud a réoñt (mar fell d'ézhô dougen testéni) pénaoz em eûz bévet èvel eur Farizian hervez ar sekt ar gwella prizet eûz hor gréden.

6. Ha bréma, ô véza ma c'hédann ar gér en deûz rôed Doué d'hon tadou, ounn digaset amañ évit béza barnet:

7. *Gér* eûz a béhini hon daouzék breûriez, péré a zervich *Doué* nôz deiz, a c'héd ar zévénidigez. Diwarbenn ar c'héd-zé eo, ô Roué, ounn tamallet gañd ar Iuzevien.

8. Ha c'houi a venn é vé diskrédus é tazorc'hfé Doué ar ré varô?

9. Ha mé ivé em boa krédet pénaoz é oa réd d'in ôber kalz a draou a-énep hanô Jézuz a Nazaret.

10. Kémeñt-sé ivé em eûz gréat é Jéruzalem, ha kalz a zeñt em eûz serret er bac'hiou, goudé béza bét rôed d'in ar galloud gañt Priñsed ar véleien: ha pa oañt lazet, é rôenn va barn enn hô énep.

11. Aliez ounn bét enn holl zinagogou, hag ô kastiza anézhô hô rédienn da gomza a-énep Doué. Hag ô kounnari mui-oc'h-vui enn hô énep, éc'h heskinenn anézhô bétég er c'heriou a-ziavéaz.

12. Pa'z éann éta er râé-zé da Zamaz, gañd galloud ha kannadur a berz Priñsed ar véleien,

13. Pa édonn enn heñt, ô Roué, é wéliz é-kreiz ann deiz ô lugerni eûz ann éñv eur c'houlaouen skédusoc'h égéd hini ann héol, a gelc'hiaz ac'hanoun, hag ar ré holl a ioa gan-éñ.

14. Ha goudé ma oemp holl kouézet d'ann douar, é kleviz eur vouéz a lavaré d'in é iéz Hébré: Saul, Saul, pérâg éc'h heskinez-té ac'hanoun? Fall eo d'id herzel oud ar broud (m).

15. Ha mé a lavaraz: Piou oud-dé, Aotrou? Hag ann Aotrou a lavaraz: Mé eo Jézuz péhini a heskinez.

16. Hôgen saô hag en em zalc'h war da dreid; râg en em ziskouézet ounn d'id, évid da lakaad da zervicher ha da dést eûz ann traou éc'h eûz gwélet, hag eûz ar ré a ziskouézinn d'id;

17. Oc'h da zieûbi eûz ar bobl-mañ, hag eûz ar Jeñtiled, étrézék péré é kasann ac'hanod bréma,

18. Évid digeri hô daou-lagad, ma teûiñt da zistrei eûz ann dévalien d'ar goulou, hag eûz a c'halloud Satan da Zoué; ha ma tigémériñt, dré ar feiz hô dévézô enn-oun, ann distaol eûz hô féc'héjou, ha lôd é digwéz ar zeñt.

19. Goudé-zé, Roué Agrippa, na énébiz kéd oud gwélédigez ann Éñv:

20. Hôgen diskleriet em eûz dageñta d'ar ré a zô é Damaz, ha goudé d'ar ré a zô é Jéruzalem, hag enn holl Judéa, hag ivé d'ar Jeñtiled, pénaoz é oa réd ôber pinijen, ha distrei ouc'h Doué, oc'h ôber ôbériou mâd a binijen.

21. Chétu pérâg ar Iuzevien, ô véza krôget enn-oun enn templ, a glaskaz ann tû d'am laza.

22. Hôgen gañd ar skoazel en deûz Doué rôed d'in, ounn choumet bétég hiriô, ô testénia dirâg ar ré vihan ha dirâg ar-ré vrâz, hag ô lavarout nétrâ néméd ar péz hô deûz diouganet ar Broféded ha Moizez, a dlié da c'hoarvézout;

23. Da lavaroud eo pénaoz é c'houzañvché ar C'hrist, hag é vijé ar c'heñta a zazorc'hfé eûz a-douez ar ré varô, hag a rôjé da anaout ar goulou d'ar bobl-mañ ha d'ar Jeñtiled.

24. Ha pa lavaré kémeñt-sé, évid en em zifenni, Festuz a lavaraz gañd eur vouéz kré: Diskiañta a réz, Paol; da zeskadurez vrâz as laka da ziskiañta.

25. Ha Paol a respountaz: Na ziskiañtann két, ô Festuz mâd-meûrbéd, hôgen geriou gwir ha skiañtuz a lavarann.

26. Râg ar Roué a oar ervâd kémeñt-mañ, ha mé a gomz dira-z-hañ gañt fisiañs, ô véza ma ouzonn pénaoz n'eûz nétrâ a guzet eûz a gémeñt-mañ out-hañ. Râk nétrâ eûz ann traou-zé n'eo c'hoarvézet é-kôz.

27. O Roué Agrippa, ha té a gréd er Broféded? Mé a oar é krédez enn hô.

28. Hag Agrippa a lavaraz da Baol: Évit nébeûd a drâ é lakajez ac'hanoun d'en em ôber Kristen.

29. Ha Paol a lavaraz d'ézhañ: Plijet gañd Doué é teûfez, hag eunn nébeût, ha kalz, nann té hép-kén, hôgen ar ré holl a zélaou ac'hanoun, béñvel ouz-in, néméd ann éréou-mañ.

30. Neûzé ar Roué, ar Mérer ha Berenis, hag ar ré a ioa azézet gañt-hô a zavaz.

31. Ha goudé béza en em dennet a dû, é komzchoñt étré-z-hô, hag é léverchoñt: Ann dén-zé n'en deûz gréat nétrâ hag a zellézfé ar marô pé ann éréou.

32. Neûzé Agrippa a lavaraz da Festuz: Ann dén-zé a bellfé béza kaset-kuit, ma n'en divijé galved da Gézar.

XXVII. PENNAD.

1. Hôgen pa oé bét kéméred ann dézô da gâs Paol dré vôr d'ann Itali, ha d'hé lakaat gañd ar brizounerien all étré daouarn eunn dén hanvet Juliuz, kañténer é kohort Augustuz,

2. É piñchomp war eul léstr eûz a Adrumet, hag é savchomp ann héôr évit ribla douarou ann Azia, ha gan-é-omp Aristarkuz Masédoniad eûz a Dessalonika.

3. Añtrônôz éc'h arrujomb é Sidon. Ha Juliuz ô véza hégarad é-kéñver Paol, a aotréaz d'ézhañ moñd da wéloud hé viñouned, hag en em brédéria hé-unan.

4. Ha goudé béza éad ac'hanô, é verdééjomp dindân Kipruz, ô véza ma oa ann avel énep.

5. Ha goudé béza treûzet môr Silisia ha Pañfilia, é teûjomp da Listra *kéar* a Lisia:

6. Hag énô ar c'hañténer ô véza kavet eul léstr eûz a Aleksañdria hag a iéa d'ann-Itali, hol lékéaz ébarz.

7. Doñd a réjomp gañt gorrégez é-pâd meûr a zervez, hag é teûjomp gañt béac'h é-kéñver Gniduz, hag ann avel ô viroud ouz-omp, é riblchomp *énez* Kréta war-zû Salmoné.

8. Hag enn eur voñt gañt béac'h a-héd ann aot, é touarchomp enn eul léac'h hanvet Porsiou-mâd é-kichen péhini édo ar géar a Dalassa.

9. Hôgen ô véza ma oa tréménet kalz a amzer, ha ma teûé riskluz ar verdéadurez, dré ma oa éad é-biou *amzer* ar iûn, Paol a fréalzé anézhô,

10. Hag a lavaraz d'ézhô: Tudou, gwéloud a rann pénaoz ar verdéadurez a ia da zoñd diez ha riskluz brâz, nann hép-kén évid al léstr hag hé fard, hôgen ivé évid hor buésiou.

11. Hôgen ar c'hañtener a grédé keñtoc'h d'ar sturier ha da berc'hen al lestr, égéd d'ar péz a lavaré Paol.

12. Hag ô véza né oa két mâd ar pors-sé évit goañvi, kalz anézhô a aliaz distrei war ar môr, évit moñt, ma helljeñt, da c'hoañvi é Fénisé, péhini a zô eur porz eûz a Gréta, hag a zell oud ar merveñt hag oud ar gwalarn.

13. Hôgen avel ar c'hresteiz ô véza deûed da c'houéza, é venchont pénaoz é teûjeñd a-benn eûz hô dézô, hag ô véza saved ann héôr eûz a Asson, éz éjoñt a-héd *énez* Kréta.

14. Nébeûd amzer goudé é c'houézaz ann avel étré ar sâv-héol hag ann hañter-nôz, a hanveur biz.

15. Hag ô véza ma oa kaset al léstr gañd ann avel, ha na bellemp két miroud out-hañ, hel lézchomp da voñd a ioul ann avel.

16. Rédeg a réjomp war-zû eunn énézen hanvet Kôda, hag hor boa béach ô terc'hel ar vâg.

17. Goudé béza hé zennet alesé, gañt kalz a boan, éc'h éréjoñd al léstr trô-war-drô, gañd aoun na veñt taolet war eunn tréazen, ha goudé béza diskaret ar wern é oañd douget ével-sé.

18. Hôgen ével ma oamp gwall gaset gañd ar stourm, añtrônôz é taoljoñt ar varc'hadourez er môr.

19. Tri dervez goudé é taoljoñd ivé gañd hô daouarn hô-unan kerdin ha gwéliou al léstr.

20. Na wéljomp nag ann héol nag ar stéred é-pâd meûr a zervez, hag ar stourm ô véza bépréd ker gwaz, é koljomp ar géd d'en em zavétei.

21. Hag ô véza ma oa pell amzer n'hor boa két debret, Paol a zavaz enn hô c'hreiz, hag a lavaraz d'ézhô: Gwelloc'h é vijé bét, ô tudou, béza va sélaouet, ha béza choumet é Kréta, hag hor bijé tec'het dioud ar boan hag ar c'holl-mañ.

22. Hôgen bréma éc'h aliann ac'hanoc'h da gémérout kaloun; râk dén é-béd ac'hanoc'h na vézô kollet: na vézô kollet néméd al léstr.

23. Râg enn nôz-mañ eunn Ėal eûz ann Aotrou da biou ounn, hag a zervichann, a-zô en em ziskouézet d'in,

24. O lavarout: N'az péz kéd a aoun, Paol, réd eo en em ziskouézfez dirâk Sézar: ha chétu en deûz Doué rôed d'id ar ré holl a zô ô verdéi gan-éz.

25. Râk-sé, tudou, kalounékait: râk mé em eûz ar gréden-zé é Doué, pénaoz é c'hoarvézô ével ma eo bét lavared d'in.

26. Hôgen réd eo d'é-omp béza taolet war eunn énézen.

27. Ar pevarzékved nôzvez, ével ma verdéajemp war vôr Adria, ar vôrdéidi war-drô hañter-nôz a vennaz é wéleñt eunn douar-bennâg.

28. Hag hi ô véza taoled ar ploum, a gavaz ugeñt gouréd: hag eunn nébeût pelloc'h, é kavchoñt pemzék gouréd.

29. Neûzé gañd aoun n'az ajemp da skei war eur garrek-bennâg, é taolchoñt pevar héôr eûz a ziadré al léstr, hag é c'hortojoñt ann deiz.

30. Hôgen ô véza ma klaské ar vôrdréidi moñt-kuit eûz al léstr, hà m'hô doa diskennet ar vâg war ar môr, war zigarez moñd da deûrel héôriou é penn-araog al léstr,

31. Paol a lavaraz d'ar c'hañténer ha d'ar zoudarded: Ma na choum kéd ar ré-mañ el léstr, na hellit kéd en em zavétei.

32. Neûzé ar zoudarded a drouc'haz kerdin ar vâg, hag hé lézaz da gouéza.

33. Ha pa zéraouaz ann deiz, Paol a erbédaz anézhô holl da gémérout boéd, ô lavarout: Béz' éz eûz hiriô pevarzék dervez émoc'h war iûn, ha n'hoc'h eûz kéméret nétrâ.

34. Râk-sé éc'h erbédann ac'hanoc'h da gémérout boéd évit gelloud en em zavétei: râk na gouézô kéd eur vléven eûz a benn hini ac'hanoc'h.

35. Goudé béza lavaret kémeñt-sé, é kéméraz bara, hag ô véza trugarékéet Doué dirâg ann holl, é torraz anézhañ, hag é téraouaz hé zibri.

36. Ar ré all holl a galounékéaz, hag a géméraz boéd.

37. Hôgen béz' é oamb el léstr daou c'hañt c'houézék dén ha triugeñt enn-holl.

38. Pa hô doé debret a-walc'h, é skañvajoñt al léstr, ô teûrel ar gwiniz er môr.

39. Pa oé deûed ann deiz, na anavézchoñt két pé zouar é oa: hôgen gwéloud a réjoñd eur plégvôr é péhini é oa eunn aot, é lékéjoñt enn hô fennou, mar geljeñt, lakaad al léstr da steki énô.

40. Ha goudé béza savet ann héôriou, ha béza laosket stagou ar sturiou en em rôjoñd d'ar môr: ha goudé béza savet gwél ar wern-volosk hervez ann avel, é tenjoñt étrézég ann aot.

41. Hag ô véza kavet eur bék-douar étré daou vôr, é lékéjoñd al léstr da steki énô: hôgen ann diaraog ô véza éad-doun enn douar a choumaz diflach; hag ann diadré en em freûzé gañd ann er eûz ar môr.

42. Ménoz ar zoudarded é oa laza ar brizounerien; gañd aoun na zeûjé eur ré da dec'hout-kuit enn eur neûi.

43. Hôgen ar C'hañténer a viraz out-hô, dré ma fellé d'ézhañ savétei Paol: hag é c'hourc'hémennaz d'ar ré a hellé neûi, en em deûrel da geñta er môr, ha tec'hout étrézég ann douar:

44. Ar ré all en em lékéaz war bleñch, pé war dammou diframmet eûz al léstr. Ével-sé é c'hoarvézaz pénaoz é tizchoñt holl ann douar.

XXVIII. PENNAD.

1. Pa oemp savétéet, éc'h anavézchomp pénaoz ann énez-zé a oa hanvet Mélita. Hag ann dud-c'houéz a

zigéméraz ac'hanomp gañd eunn hégaradded ha né oa két biban.

2. Râg hon digéméroud a réjoñd holl, goudé béza gréat tân, enn abek d'ar glaò a gouézé, ha d'ar iénien.

3. Hôgen Paol ô véza dastumet eunn nébeût koat-gwini, hel lékéaz enn tân, ha chétu eunn aerviber kasetkuit gañd ann domder, a zilammaz oud hé zourn.

4. Pa wélaz ann dûd gouéz, ann amprévan-zé a-zispil oud hé zourn, é léverjoñt étré-z-hô: Eul lazer-bennàg eo ann dén-zé, pa eo gwir pénaoz goudé ma eo savétéet eûz ar môr, ar veñjañs n'hel lez kéd da véva.

5. Hôgen héñ ô véza hejet ann amprévan enn tân, na c'houzañvaz droug é-béd.

6. Ar ré-mañ a venné gañt-hô pénaoz é teûjé da goenvi, é kouézché râk-tâl hag é varvché. Hôgen goudé béza gortozet pell, pa wéljoñt pénaoz né oa c'hoarvézet droug é-béd gañthañ, é kemchoñt a vénoz, hag é léverchoñt pénaoz é oa eunn Doué.

7. El léac'h-zé éz oa douarou d'ann dén kéñta eûz ann énézen, hanvet Publiuz, péhini a zigéméraz ac'hanomp gañd hégaradded é-pâd tri dervez.

8. Hôgen c'hoarvézoud a réaz pénaoz tâd Publiuz a ioa gourvézet klañv gañd ann dersien ha gañd ar rédgoâd. Paol a iéaz d'hé wélout; ha goudé béza pédet, éc'h astennaz hé zaouarn war-n-ézhañ, hag é iac'héaz anézhañ.

9. Goudé m'en doé gréat ann dra-zé, ar ré holl eûz ann énez péré a oa klañv a zeûaz d'hé gavout, hag a oé iac'héet.

10. Énoriou brâz a réjoñd ivé d'éomp, ha pa'z éjomb adarré war ar môr, é lékéjoñt el léstr kémeñd a oa réd d'é-omp.

11. Hôgen goudé tri miz, é piñchomp war eul léstr eûz a Aleksañdria, péhini en doa goañvet enn énézen, hag a oa hanvet Kastor ha Polluks.

12. Ha goudé é oemp deûed da Zirakuza, é chomjomp énô tri dervez.

13. Hag ac'hanô enn eur voñd a-béd ann aot, éc'h arrujomp é Réjiom: hag eunn dervez goudé ann avel ô c'houéza diouc'h ar c'hresteiz, é teûjomp é daou zervez da Buzzol:

14. Kaoud a réjomb énô breûdeûr hag a bédaz ac'hanomp da choum seiz dervez gañt-hô: ha goudé-zé éz éjomp da Rom.

15. Pa glevaz ar vreûdeûr pénaoz é teûemp, é tiambrougchoñt ac'hanomp hété marc'had-Appiuz hag ann Teir-Lôg. Pa wélaz Paol anézhô, é trugarékéaz Doué, hag é kéméraz fisiañs.

16. Hôgen pa oemp arruet é Rom, é oé aotréed da Baol choum el léac'h ma karjé gañd eur soudard a viré anézhañ.

17. Tri deiz goudé Paol a c'halvaz d'hé gavout ar ré geñta eûz a douez ar Iuzevien. Ha pa oeñd deûet, é lavaraz d'ézhô: Tûd va breûdeûr, pétràbennâg n'am eûz gréat nétrà a-éneb ar bobl, nag a-énep boasiou hon tadou, eo bét kròget enn-oun é Jéruzalem, hag ounn bét lékéat étré daouarn ar Romaned;

18. Ar ré-mañ goudé béza gréat goulennou ouz-in, a fellé d'ézhô va leûskel da voñt, ô véza n'em boa gréat nétrà hag a zellézfé ar marô.

19. Hôgen ô véza ma énébé ar Iuzevien, ounn bét rédiet da ôber galv da Zézar, hép ma fellfé d'in tamallout tûd va brô é nép doaré.

20. Évit-sé eo em eûz bô pédet da zoñt, évid hô kwélout, ha komza ouzhoc'h. Râg évit géd Israel eo ounn bét éréet gañd ar chaden-mañ.

21. Hag hi a lavaraz d'ézhañ: N'hon eûz két bét a lizer eûz a Judéa diwar da benn, ha nikun eûz ar vreûdeûr a zô deûed ac'hanô n'en deûz lavaret d'é-omp droug ac'hanod.

22. Hôgen da bidi a réomp da lavaroud d'é-omp da vénoz: râk ni a oar pénaoz éc'h énébeur dré holl oud ar sekt-zé.

23. Pa hô doé éta merket ann deiz d'ézhañ, é teûjoñd enn eunn niver brâz d'hé gavoud el léac'h ma choumé: hag héñ a brézégaz d'ézhô rouañtélez Doué, hag adaleg ar mintin bétég ann nôz é klaské rei da gridi d'ézhô

feiz Jézuz dré lézen Moizez ha dré ar Broféded.

24. Ha lôd a grédé er péz a lavaré, ha lôd all na grédé két.

25. Hag ô véza na helleñt két en em glevoud étré-z-hô, éz éañt-kuit; ha Paol na lavaré néméd ar gér-mañ: Komzet mâd en deûz ar Spéred-Sañtel d'hon tadou dré c'hénou ar Profed Izaiaz,

26. O lavarout : Kéa étrézég ar bobl-zé, ha lavar d'ézhô : Sélaoui a réot gañd hô tiskouarn, ha na glevot két; selloud a réot gañd hô taoulagad, ha na wélot két.

27. Rák kaloun ar bobl-mañ a zô pounnéreet, hag hô diskouarn a zô deûet pounner-gleô, hag hô daoulagad hô deûz serret : gañd aoun na zeûjé hô daou-lagad da wélout, hô diskouarn da glevout, hô c'haloun da boella, na gemjeñd a vuez, ha na zeûjenn d'hô iac'haat.

28. Gwézid éta pénaoz ar zilvidigezzé eûz a Zoué a zô kased d'ar Jeñtiled, hag hi a zélaouô.

29. Ha goudé m'en doé lavaret kémeñt-sé, ar Iuzevien a dec'haz dioutbañ gañd eunn dael brâz étré-z-hô.

30. Paol a choumaz daou vloaz krenn enn eunn ti en doa gôpret évit-hañ hé-unan: hag énô é tigéméré kémeñd hini a zeûé d'hé wélout,

31. O prézégi rouañtélez Doué, hag ô teski ar péz a zell ouc'h ann Aotrou Jézuz-Krist, gañt péb herder, hag hép na viré dén out-hañ.

LIZER

SANT PAOL ABOSTOL

D'AR ROMANED.

I. PENNAD.

1. Paol, servicher Jézuz-Krist, galvet Abostol, dilennet évit *prézégi* Aviel Doué,
2. En doa diouganet a-raok gañd hé Broféded er Skriturioù sakr,
3. Diwar-benn hé Vâb, a zô bét ganet d'ézhañ eûz a weqn David hervez ar c'hik;
4. A zô bét keñd-dileûret da Vâb da Zoué er galloud, hervez ar Spéred a zañtélez, dré ann dazorc'hidigez a douez ar ré varô eûz a hon Aotrou Jézuz-Krist:
5. Dré béhini eo deûed d'é-omp ar c'hrâs hag ann Abostoliez évit lakaad ann holl vrôadou da zeñti oud ar feiz enn hé hanô;
6. É-mesk péré émoc'h ivé c'houi, ô véza bét galvet gañt Jézuz-Krist:
7. D'é-hoc'h holl, c'houi péré a zô é Rom, a zô karet stard gañd Doué, ha galvet da véza señt: Ra zeûi d'é-hoc'h ar c'hrâs hag ar péoc'h digañd Doué hon Tâd, ha digañt Jézuz-Krist hon Aotrou.
8. Da geñta é trugarékaann va Doué dré Jézuz Krist évid-hoc'h holl, ô véza ma eo brudet hô feiz dré ar béd holl.
9. Râg ann Doué a servichann em spéred é Aviel hé Vâb, a zô tést d'in pénaoz em eûz koun ac'hanoc'h béb éhan;
10. O c'houlenni bépréd digañt-hañ em pédennou ma tigôrô d'in enn-divez, mar-d-eo hé ioul, eunn heñt mâd évit moñd étrézég enn-hoc'h.
11. Râk c'hoañt brâz em eûz d'hô kwélout, évit rei lôd d'é-hoc'h eûz ar c'hrâs spéréduz d'hô krévaat;
12. Da lâvaroud eo, évit béza fréalzet kévret gan-é-hoc'h, dré eur feiz a zô hoc'h hini ha va hini.
13. Râk na fell kéd d'in na oufac'h két pénaoz em eûz kenniget meûr a wéach doñd d'hô kwélout évit kaoud eur frouez-bennâg enn hô touez, ével é-touez ar brôadou all, hôgen miret eo bét ouz-in bété vréma.
14. Dléour ounn d'ar C'hrésjaned ha d'ann dûd gouéz, d'ar ré wiziek ha d'ar ré ziwiziek.
15. Ével-sé, é kémeñt a zell ouz-in, ounn daré da brézégi ann Aviel d'é-hoc'h, c'houi péré a zô é Rom.
16. Râk n'em eûz kéd a véz eûz ann Aviel; râk ners Doué eo évit savétei ar ré holl a gréd, da geñta ar Iuzevien, ha goudé ar Jeñtiled.
17. Ha gwirionez Doué a zô disklériet d'é-omp enn-hañ eûz ar feiz er feiz, hervez ma eo skrivet: Ann dén-gwirion a vév eûz ar feiz.

18. Râk diskleriet eo ivé enn-hañ
buanégez Doué, a *gouézô* eûz ann
Néñv war zrougiez ha war zisgwir ann
dûd, péré a zalc'h gwirionez Doué
enn disgwir :
19. Râg anavézet hô deûz ar péz a
helleur da anaout eûz a Zoué, ô véza
ma en deûz Doué hé ziskleriet d'ézhô.
20. Râg ann traou eûz a Zoué né
wéler két anézhô : hé challoud peûr-
baduz, hag hé Zouélez, a hell béza
gwelet abaoé ma eo kroued ar béd, dré
ann anaoudégez anézhañ a rô d'é-omp
hé grouadurien : ével-sé ann dûd-zé
n'int két.didamall ;
21. O véza ma hô deûz anavézet
Doué, ha n'hô deûz kéd hé énoret
ével Doué, ha n'hô deûz kéd hé dru-
garékéet : hôgen fazied hô deûz enn
hô ménosiou, hag hô c'haloun dis-
kiañt a zô tévaléet.
22. Râg ô lavaroud iñt fûr, iñt
deûet foll ;
23. Hag hô deûz dizouget ann énor
a zô dléet da eunn Doué divréinuz,
war skeûden eunn dén breinuz, pé
laboused, pé loéned pevar-zroadek,
pé aéred.
24. Dré-zé eo en deûz Doué hô laos-
ket é ioulou hô c'haloun, el louzdoni :
enn hévélep doaré m'hô deûz hô-
unan mézékéet hô c'horf hô-unan ;
25. Hi péré hô deûz lékéad ar gaou
é léac'h gwirionez Doué, hag hô deûz
azeûlet ha servichet ar c'hrouadur
keñtoc'h égéd ar C'hrouer, péhini a
zô benniget é péb amzer. Amen.
26. Dré-zé eo en deûz Doué hô
laosket é ioulou mézuz. Râk hô gragez
hô deûz kemmet ar boaz hervez ann
natur, enn eur boaz all a-énep ann
natur.
27. Hag ar goazed ivé, ô véza lézet
ann ôber gañd ar c'hrég a zô hervez
ann natur, a loskaz enn hô ioulou
ann eil évid égilé, hag ar goâz a réaz
louzdôni gañd ar goâz ; hag ével-sé é
tigémerchoñt enn-hô hô-unan ar gôbr
a oa dléet d'hô fazi.
28. Hag ô véza né két fellet d'ézhô
anaout Doué, Doué en deûz hô laos-
ket enn eunn ioul direiz ; enn hévélep
doaré ma hô deûz gréat traou amzéré ;
29. Ma iñt bét leûn a bép drouk, a
falloni, a c'hadélez, a bizoni, a zrou-
giez ; béd iñt érézuz, lazerien, tabu-
terien, touellerien, gwallerien, krô-
zerien,
30. Labennerien, kaserien Doué,
kunuc'hennerien, balc'h, rok, klaske-
rien drouk, dizeñt é-kéñver hô zûd,
31. Hép furnez, hép reiz, hép-ka-
rañtez, hép feiz, hép trugarez
32. Ha goudé béza anavézet gwi-
rionez Doué, n'hô deûz két poellet
pénaoz ar ré a ra ann traou-zé a zellez
ar marô : ha nann hép-kén ar ré hô
grâ, hôgen ivé biou-bennâg a c'hrata
ar ré hô grâ.

II. PENNAD.

1. Dré-zé n'oud kéd didamall, ô
dén, piou-bennâg oud, mar barnez.
Râk ô varna eunn all, en em damallez
da-unan ; pa eo gwir pénaoz é réz
ann hévélep traou a damallez.
2. Râg gouzoud a réomp pénaoz
Doué a varn hervez ar wirionez ar ré
a ra ann traou-zé.
3. Té éta, ô dén, péhini a damall ar
ré a ra ann traou-zé, hag hô grâ da-
unan, ha menna a réz-té é hellfez te-
c'houd diouc'h barn Doué ?
4. Ha disprizoud a réz-té madou hé
vadélez, hé siouldéd, hag hé hir-c'hor-
tozidigez ? Ha na ouzoud-dé két pé-
naoz madélez Doué a zoug ac'hanod
d'ar binijen ?
5. Koulskoudé dré da galéder, hag
ô véza ma pella da galoun dioud ar
binijen, é tastumez évid-oud eunn
tenzor a vuanégez évid deiz ar vua-
négez, hag ann diskleriadur eûz ar
varn gwirion a Zoué,
6. Péhini a zistaol da bép-unan her-
vez hé ôbériou ;
7. D'ar ré péré dré ar c'heñdalc'h
er mâd-ôberiou, a glask ar c'hloar,
ann énor hag ann divreinadurez, *é rôi*
ar vuez peûr-baduz ;
8. D'ar ré a gâr ann dael, ha na
c'hrata két ar wirionez, hôgen en em
rô d'ann direiz, *é rôi* hé vuanégez
hag hé vroez.
9. Ar c'hlac'har hag ann añken a

wiskô kémeñd hini a rai drouk, ar Iuzevien da geñta, ar Jeñtiled goudé;

10. Hôgen ar c'hloar, ann énor, hag ar péoc'h a zeûi da gémeñd hini a rai mâd, d'ar Iuzevien da geñta, ha d'ar Jeñtiled goudé.

11. Râk Doué n'en deûz kemm ébéd évid dén.

12. Ha dré-zé piou-bennâg en dévézô péc'het héb al lézen, a vézô kollet héb al lézen: ha piou-bennâg en dévézô péc'het hag héñ el lézen, a vézô barnet hervez al lézen.

13. Râk né kéd ar ré a zélaou al lézen a zô gwirion dirâk Doué; hôgen ar ré a vir al lézen eo a vézô didamallet.

14. Pa zeû éta ar Jeñtiled, péré n'hô deûz kéd al lézen, da ôber hervez ar reiz ar péz a zô el lézen, ô véza n'hô deûz kéd al lézen, hi a zô al lézen évit-hô hô-unan;

15. Hi a ziskouéz pénaoz ar péz a zô gourc'hémennet gañd al lézen a zô skrivet enn hô c'haloun, ével ma rô testéni hô c'houstiañs, dré ann dishévélédigez eûz ar vénosiou a damall, pé a zifenn anézhô,

16. Enn deiz é péhini é varnô Doué dré Jézuz-Krist, hervez ann Aviel a brézégann, war gémeñt a zô kuzet enn dûd.

17. Hôgen té péhini a zô galvet Iuzéô, en em arzaô war al lézen, hag en em veûl é Doué;

18. Té péhini a anavez hé ioul, hag ô véza desket dré al lézen, a oar anaout pétrâ eo ann talvoudusa;

19. A gréd d'id béza réner ar ré zall, goulou ar ré a zô enn dévalien;

20. Doktor ar ré ziwiziek, mestr ar vugalé vihan, pa éc'h eûz el lézen ar reiz eûz ar wiziégez hag eûz ar wirionez:

21. Té éta péhini a zesk ar ré all, n'en em zeskez kéd da-unan; té péhini a brézeg na dléeur két laéra, é laérez:

22. Té péhini a lavar na dléeur kéd ôber avoultriez, é réz avoultriez; té péhini a argarz ann idolou, é saotrez ann traou sakr:

23. Té péhini en em veûl el lézen, é tizénorez Doué ô terri al lézen.

24. Râg hanô Doué, enn abek d'é-hoc'h, a zô mézékéet é-touez ar broadou, ével ma eo skrivet.

25. Ann enwad a zô talvoudus évit-gwir, mar mirez al lézen; hôgen mar torrez al lézen, pétrâ-bennâg ma oud enwadet, é teûez ével eunn dén dienwadet.

26. Mar teû éta eunn dén dienwadet da virout gourc'hémennou al lézen, ha na vézô két sellet pétrâ-bennâg ma eo dienwadet, ével pa vé enwadet?

27. Hag ével-sé ann hini a zô dré natur dienwadet, hag a vir al lézen, a varnô ac'hanod, té péhini éc'h eûz bét lizéren al lézen hag a zô bét enwadet, ma éc'h eûz torret al lézen.

28. Râg ar *gwir* Iuzéô né két ann hini en em ziskouéz dirâg ar goulou; hag ar *gwir* enwad né kéd ann hini eu em ziskouéz dirâg ar goulou, war ar c'hik:

29. Hôgen ar *gwir* Iuzéô eo ann hini a choum enn amc'houlou; hag ar *gwir* enwad eo hini ar galoun, a réeur dré ar spéred, ha naon hervez al lizéren: hen-nez a denn hé veûleûdi, nann digañd ann dûd, hôgen digañd Doué.

III. PENNAD.

1. Pétra eo éta talvoudégez eur Iuzéô, na pétrâ eo mâd ann enwad?

2. Brâz iñt é pép doaré; ha da geñta ô véza ma eo bét fisiet enn-hô komsiou Doué.

3. Râk ma éz eûz eur ré anézhô ha n'hô deûz két krédet, hag hô digrédôni a gâs-da-gét feiz Doué? Né ra két.

4. Doué a zô gwirion, hôgen pép dén a zô gaouiad, hervez ma eo skrivet: Évit ma vézi kavet gwirion enn da c'heriou, ha tréac'h pa vézi barnet.

5. Mar teû hon disléalded da ziskouéza gwelloc'h léalded Doué, pétrâ a livirimp-ni? Ha disléal eo Doué (évit komza hervez ann dén), mar laoi hé vouanégez war-n-omp?

6. N'eo két: anéz pénaoz Doué a varnfé-héñ ar béd?

7. Hôgen dré va disléalded mar teû léalded Doué da greski évid hé c'hloar,

pérâg é varneur c'hoaz ac'hanoun évei péc'her ?

8. Ha pérâk na raimp-ni kéd ann drouk, évit ma c'hoarvézô mâd dioutban ? (é-c'hiz hinieunou, évid hon dua, hon tamall da lavarout.) Barnédigez ann dûd-zé a vézô hervez ar gwir.

9. Pétrâ éta a livirimp-ni ? Ha gwelloc'h omp-ni égét-hô ? É-nép doaré. Râk diskouézet hon eûz ével gwir, d'ar Iuzevien ha d'ar Jeñtiled, pénaoz é oañd holl dindân ar péc'hed,

10. Ével ma eo skrivet : N'eûz dén gwirion é-béd :

11. N'eûz dén poellek ; n'eûz dén hag a glaskfé Doué.

12. En em zihiñchet iñt holl ; didalvez iñd deûed holl ; n'eûz két enn hô zouez hag a rajé ar mâd, n'eûz hini é-béd.

13. Eur béz digor eo hô gargaden ; hô zéodou hô deûz gréat touellérézou ; eur c'hoñtam aspik a zô war hô muzellou.

14. Hô génou a zô leûn a zroukpéden a c'houervder.

15. Buan eo hô zreid évit skuja ar goâd.

16. Mac'hérez ha reûz a zô enn hô heñchou.

17. Na anavézoñt két heñt ar péoc'h.

18. N'éma kéd doujañs Doué dirâg hô daou-lagad.

19. Hôgen ni a oar pénaoz holl c'heriou al lézen a véz lavaret d'ar ré a zô dindân al lézen ; évit ma vézô serret pép génou, ha ma vézô ar béd holl dindân barn Doué ;

20. Râk dén é-béd na vézô didamallet dira-z-hañ diouc'h ôbériou al lézen. Râk dré al lézen eo hon eûz anavézet ar péc'hed.

21. Ha bréma héb al lézen gwirionez Doué a zô bét diskleriet d'é-omp, ha testéniet dré al lézen ha dré ar Broféded.

22. Ar wirionez-zé eûz a Zoué *en em gav* dré ar feiz é Jézuz-Krist é pép-hini, ha war bép-hini eûz ar ré a gréd enn-hañ ; râk n'eûz kemm é-béd :

23. O véza ma hô deûz péc'het holl, ha ma hô deûz ézomm eûz a c'hloar Doué,

24. Pa iñd didamallet évit-nétrâ dré hé c'hrâs, dré ann dasprénadurez hô deûz é Jézuz-Krist,

25. En deûz kenniget Doué évit gôbr, dré ar feiz enn hé c'hoad, évid diskouéza hé wirionez, ô tisteûrel ar péc'héjou trémének, goudé siouldéd Doué ;

26. Évid diskouéza hé wirionez enn amzer-mañ ; évit ma vézô gwirion, ha ma didamallô ann hini en deûz feiz é Jézuz-Krist.

27. Péléac'h éma éta ann abek eûz hô fougé ? Kased eo kuit. Dré hé lézen ? Dré lézen ann ôbériou ? Nann, hôgen dré lézen ar feiz.

28. Râk menna a réomp pénaoz ann dén a zô didamallet dré ar feiz héb ôbériou al lézen.

29. Doué hag héñ n'ef-héñ néméd Doué ar Iuzevien : Ha n'ef-héñ kéd ivé Doué ar Jeñtiled ? Ia, évit-gwir, Doué ar Jeñtiled eo ivé.

30. Râk n'eûz néméd eunn Doué hép-kén, péhini a zidamall, ar ré enwadet enn abek d'ar feiz, hag ar ré zienwadet dré ar feiz.

31. Terri a réomp éta al lézen dré ar feiz ? Na réomp két ; hôgen hé starda a réomp.

IV. PENNAD.

1. Pétra a livirimp-ni éta en défé kavet Abraham hon tâd hervez ar c'hik ?

2. Râk mar d-eo didamallet Abraham diouc'h hé ôbériou, é hell en em veûli, hôgen na hell kéd dirâk Doué.

3. Koulskoudé pétrâ a lavar ar Skritur ? Abraham a grédaz é Doué ; hag *hé feiz* a oé nivéret d'ézhañ ével gwirionez ;

4. Hôgen d'ann hini en deûz gréad eunn dra, na véz két nivéret ar gôbr ével eur c'hras, hôgen ével eunn dlé.

5. Hôgen d'ann hini n'en deûz gréat trâ é-béd, hag en deûz krédet enn hini a zidamall ar péc'her, é véz nivéret hé feiz ével gwirionez, hervez ménoz grâs Doué.

6. Ével-sé eo é lavar David pénaoz

eo euruz eunn dén da biou Doué a
niver ar wirionez héb ann ôbériou.
7. Euruz ar ré da béré eo distaolet
ar wallou, hag eûz a béré eo gôlôet
ar péc'héjou.
8. Euruz ann dén da béhini n'en
deûz kéd Doué nivéret a béc'hed.
9. Ann eurusted-zé hag héñ n'ef-
héñ rôet néméd d'ar ré enwadet, ha
n'ef-héñ két rôed ivé d'ar ré zien-
wadet? Râk lavaroud a réomp pénaoz
feiz Abraham a zô bét nivéret d'ézhañ
ével gwirionez.
10. Peûr éta eo bét nivéret d'ézhañ?
Pa eo bét enwadet, pé ha oa c'hoaz
dienwadet? Né két goudé ma eo bét
enwadet, hôgen pa oa c'hoaz dien-
wadet.
11. Hag héñ a zigéméraz arouéz
ann enwad, ével siel ar wirionez en
doa bét dré ar feiz, pa édo c'hoaz
dienwadet; évit béza ann tâd eûz ar
ré holl a gréd, hag hi n'iñt kéd enwa-
det, évit ma vézô nivéret hô feiz ével
gwirionez:
12. Évit béza ivé ann tâd eûz ar ré
enwadet, péré hô deûz, nann hép-kén
digéméret ann enwad, hôgen ivé a
heûl roudou feiz Abraham hon tâd,
pa édo c'hoaz dienwadet.
13. Ével-sé né két dré al lézen eo
bét rôed ar gér da Abraham ha d'hé
wenn en divijé da zigwéz ar béd holl,
hôgen dré wirionez ar feiz.
14. Râk mar d-eo ar ré hô deûz bét
al lézen a zô ann héred, ar feiz a zô
didalvez, ha gér *Doué* a zô torret.
15. Râg al lézen a zigas ar vuané-
gez. Hag el léac'h n'eûz kéd a lézen,
n'eûz kéd a derridigez al lézen.
16. Dré-zé eo dré ar feiz *omp héréd,*
évit ma vézô stard dré ar c'hrâs ar
gér a zô bét rôet da Abraham ha d'hé
holl wenn nann hép-kén évid ar ré hô
deûz digéméret al lézen, hôgen ivé ar
ré a heûl feiz Abraham, péhini eo tâd
d'é-omb holl,
17. (Hervez ma eo skrivet: Da lé-
kéad em eûz da dâd da galz a vrôa-
dou) dirâk Doué, é péhini en deûz
krédet ével ann hini a énaou a nevez
ar ré varô, hag a c'halv ar péz n'eo
két, ével ar péz a zô.
18. Hé-mañ, a-énep *péb* espérañs,
en deûz krédet enn espérañs: krédet
en deûz é teûjé da dâd da galz a vrôa-
dou, hervez ma oa bét lavared d'éz-
hañ: Ével-sé é vézô da wenn.
19. Hé feiz na gollaz kéd eûz hé
nerz, ha na vennaz két pénaoz hé gorf
a oa peûz-varô, ô véza ma en doa
war-drô kañt vloaz, ha ma oa peûz-
varô ivé kôv Sara.
20. Fisiout a réaz héb-arvar é béd é
gér Doué, hag en em nerza a réaz er
feiz, enn eur rei gloar da Zoué,
21. O kridi-stard pénaoz é hell ôber
eunn dra, pa en deûz rôed hé c'hér
d'hé ôber.
22. Dré-zé eo eo bét nivéret d'ézhañ
hé feiz ével gwirionez.
23. Hôgen né kéd évit-hañ hép-kén
eo skrivet, pénaoz eo bét nivéret d'éz-
hañ ével gwirionez:
24. Hôgen évid-omp-ni ivé da béré
é vézô nivéret, mar krédomp enn hini
en deûz savet Jézuz-Krist hon Aotrou
eûz a douez ar ré varô;
25. Péhini a zô bét lékéat d'ar marô
évid hor péc'héjou, hag a zô bét da-
zorc'het évid hon didamallout-*ni.*

V. PENNAD.

1. O véza ével-sé didamallet dré ar
feiz, hor bézet ar péoc'h gañd Doué
dré Jézuz-Krist hon Aotrou,
2. Dré béhini hon eûz ivé digémer
dré ar feiz er c'hrâz-zé é péhini é
choumomp stard, ha dré béhini en
em veûlomp enn espérañs eûz a c'hloar
bugalé Doué.
3. Ha nann hép-kén *enn esperanz-
zé,* hôgen ivé en em veûlomp enn
añkeniou: ô c'houzout pénaoz ann
añken a ra ar siouldded.
4. Ar siouldded a ra ann arnod, hag
ann arnod ann espérañs.
5. Hôgen ann espérañz-zé né két
touellus: dré ma eo skulet karañtez
Doué enn hor c'halounou gañd ar
Spéred-Sañtel a zô bét rôed d'é-omp.
6. Râk pérâk, pa édomp c'hoaz
gwân, eo marô ar C'hrist évid ar bé-
c'herien hervez ann amzer?
7. Hag évit-gwir a véac'h unan-

bennâg a feliñé d'ézhañ mervel évid eunn dén gwirion : martézé koulskoudé unan-bennâg a grétfé mervel évid eunn dén éeun.

8. Hôgen ar péz a ziskouéz ar muia karañtez Doué enn hor c'héñver, eo pénaoz, enn amzer ma édomp c'hoaz péc'herien,

9. Ar C'hrist a zô marô évid-omp : évei-sé pa'z omp bréma didamallet dré hé c'hoad, keñt-sé é vézimp dieûbet dré-z-hañ eûz a vuanégez *Doué.*

10. Râk mar d-omp en em unanet gañd Doué dré varô hé vâb, ha ni c'hoaz hé énébourien, keñt-sé é vézimp salvet dré hé vuez-héñ, bréma pa'z omp didamallet.

11. Ha nann hép-hén *omp en em unanet*, hôgen ivé en em veûlomp é Doué dré hon Aotrou Jézuz-Krist, digañt péhini eo deûed d'é-omp ann unvaniez-zé.

12. Dré-zé ével mar d-eo deûed ar péc'hed er béd dré eunn dén hép-kén, hag ar marô dré ar péc'hed, ével-sé ar marô a zô treménet enn holl dud *dré ann hini* é péhini hô deûz péc'het holl.

13. Râk bétég al lézen eo bét ar péc'hed er béd : hôgen pa né oa két c'hoaz al lézen, né oa két nivéret ar péc'hed.

14. Koulskoudé ar marô en deûz rénet adaleg Adam bété Moizez, ékéñver zô-kén ar ré ha n'hô doa két péc'het dré derri lézen Doué, ével ma réaz Adam, péhini eo ar skeûden eûz ann hini da zoñt.

15. Hôgen né d-eo két ar c'hrâs ével ar péc'hed ; râk évit péc'hed unan hép-kén mar d-eo marô kalz a dûd, keñt-sé trugarez ha grâs Doué a zô en em skiñet gañt founder war veûr a hini dré c'hrâs eunn dén hép-kén péhini eo Jézuz-Krist.

16. Ha né d-eo két ar c'hrâz-zé ével ar péc'hed ; râk tamallet omb bét dré ar varn évid eur péc'hed hép-kén ; ha didamallet omp dré ar c'hrâs goudé meûr a béc'hed.

17. Râk ma en deûz rénet ar marô dré eunn dén hép-kén, enn abek da béc'hed eunn dén hép-kén, keñt-sé ar ré da béré eo rôet eur founder a c'hrâs, a drugarez hag a wirionez, a rénô er vuez dré eunn dén hép-kén péhini eo Jézuz-Krist.

18. Ével éta ma eo dré béc'hed unan hép-kén eo kouézet ann dûd holl er varnédigez, ével-sé ivé eo dré wirionez unan hép-kén eo bét rôed d'ann holl dud didamall ar vuez.

19. Râk ével meûr a hini a zô deûed da béc'herien dré zizeñti oud eunn dén hép-kén ; ével-sé ivé meûr a hini a zeûi da dud-gwirion dré zeñti oud unan hép-kén.

20. Al lézen a zô deûet évid digas eul lôd brâz a béc'héjou. Hôgen el léac'h ma'z eûz eul lôd brâz a béc'héjou, éz eûz eul lôd brasoc'h a c'hrasou.

21. Évit ével ma en deûz rénet ar péc'hed *ô rei* ar marô, é rénô ivé ar c'hrâs dré ar wirionez *ô rei* ar vuez peûr-baduz dré Jézuz-Krist hon Aotrou.

—

VI. PENNAD.

1. Pétra éta a livirimp-ni ? Ha choum a raimp-ni er péc'hed évit ma founnô ar c'hrâs ?

2. Doué ra virô. Râk mar d-omp marô er péc'hed, pénaoz é vévimp-ni c'hoaz enn-hañ ?

3. Ha na ouzoc'h-hu két pénaoz kémeñd hini ac'hanomp a zô bét badézet é Jézuz-Krist, a zô bét badézet enn hé varô ?

4. Liénet omb bét gañt-hañ dré ar vadisiañt er marô, évit, ével ma eo savet Jézuz-Krist eûz a douez ar ré varô dré c'hloar hé Dâd, ma valéimp ivé ni enn eur vuez nevez.

5. Râk mar bézomp emboudet dioud hévélédigez hé varô, é vézimb ivé emboudet dioud hévélédigez hé zazorc'hidigez :

6. O c'houzout pénaoz hon dén kôz a zô bét staget oud ar groaz gañt-hañ, évit ma vézô dispennet korf ar péc'hed, ha na vézimp mui dindân dalc'h ar péc'hed.

7. Râk néb a zô marô, a zô dieûbet eûz ar péc'hed.

8. Ha mar d-omp marô gañd ar C'hrist, é krédomp pénaoz é vévimb ivé gañd ar C'hrist;

9. Dré ma ouzomp pénaoz ar C'hrist ô véza saved a douez ar ré varô na varvô mui, ha pénaoz ar marô n'en dévézô mui a c'halloud war-n-ézhañ.

10. Râg ével ma eo marô, eo marô eur wéach évid ar péc'hed : hag ével ma eo béô, eo béô évid Doué.

11. Ével-sé c'houi ivé en em zellit ével pa vec'h marô d'ar péc'hed, ha ma vec'h béô évid Doué é Jézuz-Krist hon Aotrou.

12. Na rénet kéd éta ar péc'hed enn hô korf marvel, évit ma señtot oud hé wall-ioulou.

13. Ha na rôit kéd hoc'h izili d'ar péc'hed évid armou d'ann drouk : hôgen en em rôid da Zoué ével tûd deûed eûz a varô da véô, ha rôid d'ézhañ hoc'h izili évid armou d'ar wirionez.

14. Râg ar péc'hed na drec'hô kéd ac'hanoc'h, ô véza n'oc'h két dindân al lézen, hôgen dindân ar c'hrâs.

15. Pétrâ 'ta? Ha péc'hi a raimp-ni ô véza n'émomp mui dindân al lézen, hôgen dindân ar c'hrâs? Doué ra virô.

16. Ha na ouzoc'h-hu két pénaoz da biou-bennâg oc'h en em rôed da sklaved évit señti out-hañ, é choumit sklaved d'ann hini out péhini é señtit, pé d'ar péc'hed évit kaout ar marô, pé d'ar zeñtidigez, évit kaout ar wirionez?

17. Hôgen Doué ra vézô meûlet ô véza pénaoz goudé béza bét sklaved d'ar péc'hed, hoc'h eûz koulskoudé señtet a wéled hô kaloun oud ar géléennadurez-zé war skouér péhini oc'h bét keñtéliet.

18. Ével-sé, goudé béza bét dieûbet eûz ar péc'hed, oc'h deûet sklaved d'ar wirionez.

19. É doaré ann dûd é komzann ouz-oc'h, enn abek da wander hô kîk : ével ma hoc'h eûz lékéat hoc'h izili da zervicha d'al louzdoni ha d'ar gaou évid ôber ann drouk, likit bréma hoc'h izili da zervicha d'ar wirionez évid hô sañtélédigez.

20. Râk pa édoc'h sklaved d'ar péc'hed, édoc'h dieûb é-kéñver ar wirionez.

21. Pé frouez hoc'h eûs-hu tennet neûzé eûz ann traou-zé, eûz a béré é teûid da rusia bréma? Râk hô divez eo ar marô.

22. Hôgen bréma ô véza dieûbet eûz ar péc'hed, hag ô véza deûet sklaved da Zoué, éma hô frouez er sañtelez, hag hô tivez er vuez peûr-baduz.

23. Râg ar marô a zô gôbr ar péc'hed. Hôgen ar vuez peûr-baduz eo grâs Doué é Jézuz-Krist hon Aotrou.

VII. PENNAD.

1. Ha na ouzoc'h-hu két, va breûdeûr (râk komza a rann oud ar ré a anavez al lézen), pénaoz al lézen na aotrouni ann dén néméd é-pâd ann amzer ma vév-hi?

2. Râg eur c'hrég péhini a zô dindân galloud eur goaz, a zô éréet oud hé goaz dré al lézen é-pâd ma eo béôbéñ : hôgen mar d-eo marô hé goaz, hi a zô diéréet eûz a lézen hé goaz.

3. Ével-sé, mar d-eo béô hé goaz, ha ma'z a gañd eur goaz all, é vézô galvet avoultrez : hôgen mar d-eo marô hé goaz, hi a zô diéréet eûz a lézen hé goaz, ha né kéd avoultrez ma'z a gañd eur goaz all.

4. Dré-zé, va breûdeûr, c'houi a zô ivé marô d'al lézen dré gorf ar C'hrist, évit béza da eunn all, péhini a zô dazorc'het eûz a douez ar ré varô, évit ma tougimp frouez da Zoué.

5. Râk pa édomp er c'hîk, ar gwallioulou, péré a zeûé eûz al lézen, a luské hon izili, hag hô lékéa da zougen frouez ar marô.

6. Hôgen bréma omp dieûbet eûz a lézen ar marô, é péhini édomp dalc'het, enn hévélep doaré ma servichomp *Doué* enn eur spéred nevez (M), ha nann é hénañded al lizéren.

7. Pétrâ éta a livirimp? Ha péc'hed eo al lézen? Doué ra virô; hôgen n'am eûz anavézet ar péc'hed néméd dré al lézen; râk n'em bijé két anavézet ann droug-ioul, ma n'en défé

két lavaret al lézen : N'az pézô kéd a wall-ioulou.

8. Hôgen ar péc'hed dré ann abek eûz ar gourc'hémenn, en deûz lékéad da zével enn-oun a bép seurt gwall-ioul. Râk héb al lézen ar péc'hed a ioa marô.

9. Hôgen mé a vévé gwéachall héb al lézen ; hôgen pa eo deûet ar gourc'hémenn, ar péc'hed a zô asbévet ;

10. Ha mé a zô marô : hag en em gaved eo pénaoz ar gourc'hémenn péhini a dlié rei ar vuez, en deûz rôed ar marô.

11. Râg ar péc'hed, dré ann abek d'ar gourc'hémenn, en deûz va zouellet, ha va lazet dré ar gourc'hémenn hé unan.

12. Ével-sé évit-gwir al lézen a zô sañtel, hag ar gourc'hémenn a zô sañtel, gwirion ha mâd.

13. Ar péz a zô mâd, hag héñ en deûz éta rôed ar marô d'in ? N'en deûz két ; hôgen ar péc'hed, évid diskouéza eo ar péc'hed, en deûz rôed ar marô d'in dré eunn dra hag a ioa mâd : enn hévélep doaré ma eo deûet ar péc'hed dré ar gourc'hémenn brasoc'h kirieg a béc'hed.

14. Râg gouzoud a réomp pénaoz al lézen a zô spéred : hôgen mé a zô kik, ô véza bét gwerzet dindân ar péc'hed.

15. Râk na ouzonn pétrâ a rann. Na rann kéd ar mâd a fell d'in ; hôgen ôber a rann ann droug a gasaann.

16. Hôgen mar grann ar péz na fell kéd d'in, é roann va grâd d'al lézen, hag *éc'h anavézann* pénaoz eo mâd.

17. Ével-sé bréma n'eo mui mé a ra ann dra-zé, hôgen ar péc'hed péhini a choum enn-oun.

18. Râg gouzoud a rann pénaoz n'eûz nétrâ a vâd enn-oun, da lavaroud eo em c'hik. Râk kavoud a rann ann ioul da ôber ar mâd, hôgen na gavann kéd ar galloud d'hé ôber.

19. Râk né rann kéd ar mâd a fell d'in da ôber, hôgen ôber a rann ann drouk na fell kéd d'in da ôber.

20. Mar grann ar péz na fell kéd d'in, n'eo mui mé her grâ, hôgen ar péc'hed eo péhini a choum enn-oun.

21. Pa fell éta d'in ôber ar mâd, é kavann eul lézen *hag a énéb out kémeñt-sé*, ô véza ma choum ann droug enn-oun.

22. Râg en em blijoud a rann é lézen Doué hervez ann dén a-ziabarz:

23. Hôgen kavoud a rann em izili eul lézen all, hag a stourm a-énep lézen va spéred, hag am laka da sklâv da lézen ar péc'hed, péhini a zô em izili.

24. Dén reûzeûdik ma'z ounn ! Piou a zieûbô ac'hanoun eûz ar c'horf a varô-mañ ?

25. Grâs Doué é vézô dré Jézuz-Krist hon Aotrou. Ével-sé va-unan émounn dindân galloud lézen Doué, hervez ar spéred, ha dindân galloud lézen ar péc'hed, hervez ar c'hik.

VIII. PENNAD.

1. N'eûz kéd éta bréma a varnédigez évid ar ré a zô é Jézuz-Krist, ha péré na gerzoñt kéd hervez ar c'hik ;

2. Râk lézen ar spéred a vuez péhini a zô é Jézuz-Krist é deûz va dieûbet eûz a lézen ar péc'hed hag ar marô.

3. Râg ar péz na hellé kéd da ôber al lézen, ô véza ma'z oa gwanet gañd ar c'hik, Doué *en deûz hé c'hréat*, ô kâs hé Vâb hé-unan gañd eur c'hik héñvel out kig ar péc'hed : hag enn abek d'ar péc'hed en deûz barnet ar péc'hed er c'hik ;

4. Évit ma vézô sévénet didamall al lézen enn-omp, ni péré a valé nann hervez ar c'hik, hôgen hervez ar spéred.

5. Râg ar ré a zô hervez ar c'hik, a gâv mâd traou ar c'hik ; hag ar ré a zô hervez ar spéred, a gâv mâd traou ar spéred.

6. Râk skiañt ar c'hik eo ar marô ; hôgen skiañt ar spéred eo ar vuez hag ar péoc'h.

7. Râk skiañt ar c'hik a zô énébour da Zoué : na zeñt kéd out lézen Doué, ha na hell kéd hé ôber.

8. Ar ré éta a vév hervez ar c'hik, na helloñt két plijoñd da Zoué.

9. Hôgen c'houi na vévit két hervez

ar c'hik, hôgen hervez ar spéred, mar d-éma koulskoudé Spéred Doué enn-hoc'h. Mar d-eo unan-bennâg hép Spéred ar C'hrist gañt-hañ, hen-nez n'eo kéd d'ézhañ.

10. Hôgen mar d-éma ar C'hrist enn-hoc'h, pétrâ-bennâg ma eo marô ar c'horf enn abek d'ar péc'hed, ar Spéred a zô béô enn abek d'ar wirionez.

11. Mar d-éma ô choum enn-hoch Spéred ann hini en deûz savet Jézuz eûz a douez ar ré varô, ann hini en deûz savet Jézuz-Krist eûz a douez ar ré varô, a rôi ivé ar vuez d'hô korfou marvel dré hé Spéred péhini a choum enn-hoc'h.

12. Ével-sé, va breûdeûr, n'omp két dléourien d'ar c'hik, évit béva hervez ar c'hik.

13. Râk mar bévit hervez ar c'hik, é varvot. hôgen ma likiid da vervel dré ar Spéred ôberiou ar c'hiz, é vévot.

14. Râk ar ré a zô aliet gañd Spéred Doué, ar ré-zé a zô bugalé Doué.

15. Râk n'hoc'h eûz kéd digéméret ar Spéred a sklavérez évit béza c'hoaz é spouñt; hôgen digéméret hoc'h eûz ar Spéred hô laka bugalé (m), dré béhini é kriomp: (Abba) va Zâd.

16. Ar Spéred-zé eo a rô testéni d'hor spéred-ni, pénaoz omp bugalé da Zoué.

17. Mar d-omp bugalé, omb ivé héred, héred Doué, ha ken-héred ar C'hrist: ha mar gouzañvomp gañt-hañ, é vézimp ivé meûlet gañt-hañ.

18. Râk menna a rann pénaoz gloasiou ann amzer-mañ n'iñt két kévatal oud ar c'hloar da zoñt, a vézô diskleriet enn-omp.

19. Râk ar grouadurien a c'héd gañd eur c'hoañt brâz diskleriadur bugalé Doué.

20. Rag ar c'hrouadur a zô dalc'het er fougé a-éneb hé ioul; hôgen enn abek d'ann hini en deûz hé zalc'het enn espérañs;

21. Er géd da véza dieûbet eûz a zalc'h ar saofr, évid kaoud hé lôd é frañkiz gloar bugalé Doué.

22. Râg gouzoud a réomp pénaoz hété vréma ann holl grouadurien a hirvoud, hag a zô ével pa wilioudfeñt.

23. Ha nann hép-kén hi; hôgen c'hoaz ni péré a biaouomp ar c'heñta frouez eûz ar Spéred, éc'h hirvoudomp enn-omp, ô c'héda ma vézimp gréat bugalé Doué, ha ma vézô dasprénet hor c'horf. (m).

24. Râk dré ann espérañs eo omp salvet. Hôgen ann espérañs a wéleur, n'eo mui eunn espérañs: Râk piou a esper ar péz a wél?

25. Hôgen ma espéromp ar péz na wélomp két, hé c'héda a réomp gañt sioulded.

26. Ével-sé ivé ar Spéred a skoazell hor fillidigez: râk na ouzomp két pétrâ a dléomp da c'houlenni, évit pidi ével ma eo dléet; hôgen ar Spéred hé-unan hé c'houlenn évid-omp gañt keinvanou dilavaruz.

27. Hag ann hini a hell furc'ha é gwéled ar c'halounou, a oar pétrâ a c'hoañta ar Spéred; râk na c'houlenn nétrâ évid ar zeñt néméd hervez Doué.

28. Hôgen gouzoud a réomp pénaoz pép-trâ a drô é mâd évid ar ré a gâr Doué, évid ar ré a zô galvet hervez hé ratoz évit béza señt.

29. Râg ar ré en deûz anavézet dré hé râg-gwiziégez, en deûz ivé hô keñd-dileûret da véza héñvel out skeûden hé Vâb, évit ma vijé ar c'heñta mâb é-touez kals a vreûdeûr.

30. Hag ar ré en deûz keñd-dileûret, en deûz hô galvet, hag ar ré en deûz galvet, en deûz hô didamallet; hag ar ré en deûz didamallet, en deûz hô meûlet.

31. Goudé-zé pétrâ a livirimp-ni? Mar d-éma Doué évid-omp, piou a vézô a-énep d'é-omp?

32. Ma n'en deûz két bét a azaouez évid hé Vâb hé-unan, hôgen ma en deûz hé rôed évid-omp holl; pénaoz, goudé béza hé rôet, na rôi-héñ két pép-trâ d'é-omp?

33. Piou a damallô ar ré zilennet gañd Doué? Doué hé-unan eo a zidamall anézhô.

34. Piou hô barnô? Jézuz-Krist a zô marô, hag ouc'h-penn eo dazorc'het: hag *azézet* enn tu déou da Zoué, é péléac'h é péd évid-omp.

35. Piou éta a bellai ac'hanomp eûz

a garañtez Jézuz-Krist? Hag ar c'hla-c'har *é vézô?* Pé ann añken, pé ann naoun, pé ann noazder, pé ar riskl, pé ann beskinou, pé ar c'hlézé?

36. (Ével ma eo skrivet: Kased omp d'ar marô bemdez enn abek d'id: hor selloud a réeur é-c'hlz déñved mâd da véza lazet.)

37. Hôgen trec'hi a réomp ann traou-zé holl dré ann hini en deûz karet ac'hanomp.

38. Râg gouzoud a rann évit-gwir pénaoz nag ar marô, nag ar vuez, nag ann Éled, nag ar briñsélézou, nag ar galloudou, nag ann traou a vréma, nag ann traou da zoñt, nag ann ners,

39. Nag ann uc'helder, nag ann dounder, na krouadur all é-béd na bellô pellaad ac'hanomp eûz a garañtez Doué, a zô é Jézuz-Krist hon Aotrou.

—

IX. PENNAD.

1. Ar wirionez a lavarann é Jézuz-Krist; na lavarann kéd a c'hevier; va c'houstiañs a rô ann désténi-zé d'in dré ar Spéred-Sañtel;

2. Pénaoz em eûz eunn dristidigez vrâz, ha ma'z eo gwasket bépréd va c'haloun gañd ar c'hlac'har:

3. Râg c'hoañtéet em bijé béza anaouéet, *ha rannet* diouc'h Jézuz-Krist évit va breûdeur, péré a zô kéreñt d'in hervez ar c'hik,

4. Péré a zô ann Israélited, da béré eo béza gréat (a) bugalé *Doué*, hé c'hloar, hé gévrédigez, hé lézen, hé wazoniez, hag hé wéstlou:

5. A béré é oa ann tadou, hag eûz a béré eo deûet hervez ar c'hik Jézuz-Krist, péhini a zô Doué dreist pép-trâ ha benniget enn *holl* amzeriou. Amen.

6. Né két koulskoudé é vé torret gér Doué. Râg ar ré holl a zô eûz a Israel n'iñt két Israélited:

7. Nag ar ré holl a zô eûz a wenn Abraham, n'iñt kéd hé vugalé: hôgen, é Izaak, *émé Doué*, é vézô galvet da wenn.

8. Da lavaroud eo pénaoz ar ré a zô bugalé hervez ar c'hik n'iñt két évit-sé bugalé Doué; hôgen pénaoz ar ré a zô bugalé ar gwéstl, a zô krédet béza eûz ar wenn.

9. Râk chétu gerioù ar gwéstl: A-benn ann amzer-zé é teûinn, ha Sara é dévézô eur mâb.

10. Ha né kéd enn-hi hép-kén é wéleur ann dra-zé; hôgen ivé é Rébekka, péhini é doé enn eur gwilioud hép-kén *daou vab* eûz a Izaak, hon tâd.

11. Râg a-raok ma oeñt ganet, ha ma hô doé gréat mâd pé zrouk, évit ma choumfé ratoz Doué hervez hé zilenn,

12. Nann enn abek d'hô ôberiou, hôgen enn abek da c'halv Doué, é oé lavared d'ézhi:

13. Ann héna a blégô dindân ar iaouañka, ével ma eo skrivet: Karet em eûz Jakob, ha kaséet em eûz Ézau.

14. Pétrâ éta a livirimp-ni? Ha gaou a zô é Doué? Doué ra virô.

15. Râk lavaroud a ra da Voizez: Trugarez em bézô oud ann hini a fellô d'in; truez em bézô oud ann hini a fellô d'in kaout truez out-hañ.

16. Dré-zé kémeñt-sé na zeû nag eûz ann hini a c'hoañta, nag eûz ann hini a réd, hôgen eûz ann drugarez a Zoué.

17. Râk lavaroud a ra da Faraon er Skritur: Évit-sé eo em eûz da geñtraouet, évit ma tiskouézinn enn-od va galloud; ha ma vézô brudet va hanô dré ann douar holl.

18. Dré-zé éta en deûz trugarez oud néb a gâr, hag é teû da galédi néb a gâr.

19. Martézé é liviri d'in: Pérâg éta en em glemm *Doué?* Râk piou a éneb oud hé ioul?

20. Hôgen, ô dén, piou oud-dé évid dael'a oud Doué? Hag eur pôd-pri a lavar d'ann hini en deûz hé c'hréat: Pérâg éc'h eûs-té va gréatével-sé?

21. Ha na hell kéd ar pôder ôber eûz a eunn hévélep toizen bri, eul léstr évid ann énor, hag eunn all évid ar véz?

22. Mar fell da Zoué, évid diskouéza hé vuanégez, hag évit rei da anaoud hé c'halloud, gouzañvi gañd eur sioulded brâz al listri a vuanégez aozet évid ar gollidigez,

23. Évid diskouéza pinvidigez hé c'hloar war al listri a drugarez en deûz aozet évid hé c'hloar.

24. Hor galvet en deûz nann bépkén eûz a douez ar Iuzevien, hôgen ivé eûz a douez ar Jeñtiled,

25. Ével ma lavar hé-unan enn Ozéé : Gervel a rinn va fobl, ar ré né oant két va fobl ; va c'harañtez, ann hini né oa két va c'harañtez ; ha dellézek a drugarez, ar ré da béré n'em boa két gréad a drugarez.

26. Hag é c'hoarvézô pénaoz enn hévélep léac'h ma eo bét lavaret d'ézhô *gwéchall :* N'oc'h két va fobl ; énô é véziñt galvet bugalé ann Doué béô.

27. Hôgen diwar-benn Israel, Izaiaz a c'harm : Ha pa vé ann niver eûz a vugalé Israel kévatal da hini tréaz ar môr, na vézô néméd eunn dilerc'h bihan a zalvet.

28. Râk Doué a zismañtrô hag a verrai *hé bobl* gañt gwirionez. Ann Aotrou a rai eur c'hrennadur *brâz* war ann douar.

29. Hag ével ma lavaraz Izaiaz araok : Ma n'en défé Aotrou ann arméou miret gwenn d'é-omp, é vijemp deûed béñvel oud Sodoma ha Gomorra.

30. Pétrâ éta a livirimp-ni ? Pénaoz ar Jeñtiled péré na glaské két ar wirionez, hô deûz digéméret ar wirionez, hôgen ar wirionez a zeû eûz ar feiz.

31. Ha pénaoz enn-énep ann Israélited péré a glaské lézen ar wirionez, n'hô deûz két tizet lézen ar wirionez.

32. Pérâg ? O véza n'hô deûz kéd *hé c'hlasket* dré ar feiz, hôgen dré ôberiou *al lézen ;* rak stoket hô deûz oud ar méan-fazi,

33. Ével ma eo skrivet : Chétu é lakaann é Sion eur méan-fazi, eur garrek a barz : ha néb a grédô ennhañ na vézô két mézékéet.

X. PENNAD.

1. Évit-gwir, va breûdeûr, ioul va c'haloun, ha va fédennou da Zoué, a zô holl évit silvidigez Israel.

2. Râk rei a rann ann testéni d'ézhô pénaoz hô deûz oaz évid Doué, hôgen *ann oaz-zé* né kéd hervez ar wiziégez.

3. Râg ô véza na anavézoñt két gwirionez Doué, ha ma klaskoñt hô gwirionez hô-unan, na blégoñt két da wirionez Doué.

4. Râg ar C'hrist eo ann divez eûz al lézen, évid didamallout néb a gréd enn-hañ.

5. Hôgen Moizez en deûz skrivet pénaoz ann dén a heûliô ar wirionez a zeû eûz al lézen, a vévô enn-hi.

6. Hôgen diwar-benn ar wirionez a zeû eûz ar feiz, chétu pétrâ a lavar : Na lavar két enn da galoun : Piou a biñô enn Éñv ? Da lavaroud eo, évit lakaad ar C'hrist da ziskenni ac'hanô :

7. Pé piou a ziskennô é gwéled ann douar ? Da lavaroud eo, évit gervel ar C'hrist eûz a douez ar ré varô.

8. Hôgen pétrâ a lavar ar Skritur ? Ar gér a zo tôst d'Id, enn da c'hénou, hag enn da galoun, da lavaroud eo, gér ar feiz a brézègomp.

9. Ma añsavez a c'hénou pénaoz Jézuz eo ann Aotrou, ha mar krédez a galoun pénaoz Doué en deûz hé zavet a douez ar ré varô, é vézi salvet.

10. Râk réd eo kridi a galoun évit béza didamallet, hag añsavout a c'hénou évit béza salvet.

11. Dré-zé ar Skritur a lavar : Piou-bennâg a gréd enn-hañ na vézô két mézékéet.

12. Râk n'eûz kemm é-béd étré ar Iuzevien hag ar Jeñtiled ; ha n'hô deûz holl néméd eunn Aotrou, péhini a rô hé vadou d'ar ré holl a c'halv anézhañ.

13. Râk piou-bennâg a c'halvô hanô ann Aotrou, a vézô salvet.

14. Pénaoz éta é c'halviñt-hi ann hini é péhini na grédoñt két ? Pé penaoz é krédiñt-hi enn hini eûz a béhini n'hô deûz két kleved hanô ? Pé pénaoz é kleviñt hanô anézhañ, ma na véz két prézéget d'ézhô ?

15. Hôgen pénaoz é vézô prézéget d'ézhô ma na vézeur két kaset ? Ével ma eo skrivet : Péger kaer eo treid ar ré a brézeg ar péoc'h, ar ré a brézeg ar *gwir* vadou.

16. Hôgen na zeñtoñt két holl oud ann Aviel. Râg Izaiaz a lavar : Aotrou, piou en deûz krédet d'hor prézégen ?

17. Ével-sé ar feiz a zeû eûz ar c'hleved, hag ar c'hleved eûz a c'hér ar C'hrist.

18.

18. Hôgen, émé-vé, ha n'hô deûs-hi kéd bé glevet ? Hag évit-gwir hô mouéz a zô bét klevet dré ann douar holl, hag hô geriou a zô éat bété penn ar béd.

19. Hôgen, émé-vé, ha n'en deûs-héñ kéd Israel hé anavézet ? Moizez eo en deûz lavared da geñta : Mé hô lakai da véza hérézuz eûz a eur bobl ha né kéd hô pobl ; hô lakaad a rinn da vuanékaad oud eur bobl diskiañt.

20. Hôgen Izaiaz a lavar gañd herder : Kavet ounn bét gañd ar ré ha na glaské kéd ac'hanoun : hag en em ziskouézet ounn bét d'ar ré ha na c'houlenné kéd ac'hanoun.

21. Hag é lavar a-énéb Israel : A-héd ann deiz em eûz astennet va daouarn d'ar bobl diskrédik hag araouz-zé.

—

XI. PENNAD.

1. Mé a lavar éta : Ha Doué en deûs héñ distaolet hé bobl ? N'en deûz két. Râk mé a zô va-unan Israélit, eûz a wenn Abraham, hag eûz a vreûriez Beñjamin.

2. Doué n'en deûz két distaolet hé bobl, péhini en deûz anavézet dré hé râg-wiziégez. Ha na ouzoc'h-hu két pétrâ a lavar ar Skritur diwar-benn Éliaz ? É pé zoaré é komz oud Doué a-énep Israel :

3. Aotrou, lazed hô deûz da Broféded, diskared hô deûz da aoteriou ; choumed ounn va-unan, hag é klaskoñt va buez.

4. Hôgen pétrâ a respouñt Doué d'ézhañ ? Mired em eûz évid-oun seiz mil dén, péré n'hô deûz két pléget hô glin dirâk Baal.

5. Ével-sé éta eunn niver bihan a zô bét salvet enn amzer-zé hervez dilenn ar c'hrâs.

6. Hôgen mar d-eo dré ar c'hrâs, né kéd éta dré ann ôberiou : anéz ar c'hrâs na vijé mui ar c'hrâs.

7. Pétrâ éta a livirimp ? Pénaoz Israel n'en deûz két kavet ar péz a glaské : hôgen ar ré zilennet hô deûz kavet ; hag ar ré all a zô dallet,

8. Ével ma eo skrivet : Doué en deûz rôed d'ézhô eur spéred a vorgousk : ha bété vréma hô deûz daoulagad ha na wéloñt két, hô deûz diskouarn ha na glevoñt két.

9. Ha David a lavar : Ra zeûi hô zaol ével eur roued, ével eul lindag, ével eul lamm, évit béza da c'hôbr d'ézhô.

10. Ra dévalai hô daou-lagad évit na wéliñt két : ha laka hô c'hein da véza kroumm bépréd.

11. Mé a lavar éta : Ha kouézet iñt hép gellout sével adarré ? Doué ra virô. Hôgen hô lamm a zô bét eunn abeg a zilvidigez évid ar Jeñtiled, hag évit-hô eunn abeg a geñdamouez.

12. Mar d-eo bét hô lamm da binvidigez d'ar béd, hag hô digresk da binvidigez d'ar Jeñtiled ; pégémeñt na zigasô-héñ kéd hô leûnder ?

13. Râg hel lavaroud a rann d'éhoc'h, c'houi péré a zô Jeñtiled : Keit ha ma vézinn Abostol ar Jeñtiled éc'h énorinn va c'harg,

14. Évit kentraoui keñdamouez ar ré eûz a eur c'hig gan-éñ, hag é savétéinn, *mar gellann*, lôd anézhô.

15. Râk mar d-eo bét hô c'holl da unvaniez d'ar béd, pétrâ é vézô hô adsaô, néméd *ann distrô* eûz ar marô d'ar vuez ?

16. Mar d-eo sañtel ar boulc'h, ann dors a zô sañtel ivé : ha mar d-eo sañtel ar c'hrisien, ar skourrou a zô sañtel ivé.

17. Mar d-eo bét torret unan-bennâg eûz ar skourrou, ha mar d-oud deûet, té péhini a zô eur wézen olivez c'houéz, da véza emboudet war-n-ézhô, ha da gaoud da lôd eûz a c'hrisiou hag eûz a lard ar wézen-olivez,

18. Na vugad két a-éneb ar skourrou. Mar teûez da vugadi, *gwéz* pénaoz né két té a zoug ar c'hrisien, hôgen ar c'hrisien eo a zoug ac'hanod.

19. Hôgen té a lavarô : Ar skourrou-zé a zô bét torret évit ma vijenn emboudet.

20. Mâd : torret iñt bét enn abek d'hô digrédoni ; ha té a choum stard dré da feiz : hôgen n'en em uc'héla két, hag az péz aoun.

21. Râk ma n'en deûz két Doué espernet ar skourrou natural, martézé

na esperñò két ac'hanod ken-nébeût.

22. Gwél éta madélez ha garveñtez Doué : hé c'harveñtez é-kéñver ar ré a zô kouézet, hag hé vadélez enn da géñver-té, mar choumez stard enn hé vadélez : anéz é vézi ivé skejet.

23. Hôgen hi, ma na choumoñt két enn hô digrédoni, a vézô emboudet *a-nevez ;* râk Doué a hell hô embouda adarré.

24. Râk mar d-oud bét trouc'het eûz a eur wézen-olivez c'houéz, péhini a oa da géf natural, évit béza emboudet a-énep da natur war eur gwir wézen-olivez, keñt-sé ar skourrou natural eûz ar wézen-olivez ha na véziñt-hi két emboudet war hô c'héf hô-unan ?

25. Mé a fell d'in, va breûdeûr, é oufac'h ar mister-mañ (évit na viot két fûr enn hô taou-lagad hoc'h-unan) pénaoz lôd eûz a Israel a zô kouézet enn dalleñtez, bété ma vézô deûed ébarz *ann ilix* al leûnder eûz ar bobiou ;

26. Hagével-sé Israel holl a vézô salvet,ével ma eo skrivet : Doñd a rai eûz a Zion eunn daspréner, péhini a ziframmô hag a bellai ar fallagriez eûz a Jakob.

27. Hag houn-nez eo ar gévrédigez a rinn gañt-hô, pa'm bézô lamet hô féc'héjou.

28. Ével-sé hervez ann Aviel iñt énébourien enn abek d'é-hoc'h : hôgen hervez ann dilenn iñt karet stard enn abek d'hô zadou.

29. Râk rôou ha galvédigez Doué a zô hép keûz.

30. Râg ével gwéchall na grédac'h kéd é Doué, hag eo rôed d'é-hoc'h bréma ann trugarez, enn abek da zigrédoni *ar Iuzevien ;*

31. Ével-sé *ar Iuzevien* na grédoñt két bréma é rajé Doué trugarez enn hô kéñver-hu, évit ma kaviñt trugarez dré hô trugarez-hu.

32. Râk Doué en deûz strobet ann holl enn digrédoni, évid ôber trugarez é-kéñver pép-hini.

33. O dounder madou furnez ha gwiziégez Doué ! Pégen diboelluz eo hé varnou, ha pégen didreûzuz eo hé heñchou !

34. Râk piou en deûz anavézet ménoz ann Aotrou ? Pé piou a zô bét hé alier ?

35. Pé piou en deûz rôed eunn dra d'ézhañ da geñta, évit ma vé dléet gôbr d'ézhañ ?

36. Râk pép-trâ a zô anézhañ, dré-z-hañ hag enn-hañ : Ra vézô d'ézhañ ar c'hloar enn holl amzeriou. Amen.

XII. PENNAD.

1. Hô pidi a rann éta stard, va breûdeûr, dré ann drugarez a Zoué, ma rôod d'ézhañ hô korfou *ével* eunn hostif béô, sañtel hag hétuz d'ézhañ, évit ma vézô hoc'h azeûlidigez hervez ar reiz.

2. Na blégit két d'ann amzer-mañ, hôgen gwellait ô tinévézi hô skiañt, évit ma anavézot pénaoz ioul Doué a zô mâd, hag hétuz, ha klôk.

3. Râk lavaroud a rann da bép-hini ac'hanoc'h, dré ar c'hrâs a zô bét rôed d'in, na rai két muioc'h a stâd anézhañ hé-unan égét na dlé ôber, hôgen ma rai stâd anézhañ gañt poell, hervez ar c'hemm eûz ar feiz en deûz rannet Doué gañt pép-hini.

4. Râg ével ma hon eûz enn eur c'horf hép-kén kalz a izili, ha n'hô deûz két ann holl izili-zé ann hévélep ôber :

5. Ével-sé omp meûr a hini ha n'omp néméd eur c'horf hép-kén é Jézuz-Krist, hag éz omp pép-hini izili ann eil égilé.

6. Dré-zé, ével ma hon eûz holl talvoudégésiou dishéñvel hervez ar c'hrâs a zô bét rôed d'é-omp ; néb a ziougan, ra *ziouganê* hervez reiz ar feiz ;

7. Néb a zervich *ann ilix,* ra zervichô *gañd aket ;* néb a gélenn, ra gélennô *ervdd ;*

8. Néb a ali, ra aliô *gañt kuñvélez ;* néb a ra ann aluzen, r'hé c'hrai *gañd* eeunder ; néb a rén *hé vreûdeûr,* r'hô rénô gañt préder ; néb a ra trugarez, r'hé c'hrai gañt lévénez.

9. *Ra vézô* hô karañtez hép trôidel-

léret. Kassid ann drouk, hag en em rôit stard d'ar mâd.

10. En em garit ann eil égilé gañd eur garañtez a vreûr. En em ziaraogit oc'h en em énori ann eil égilé.

11. Na vézit két diek en hô tléad. Bézit birvidik a spéred. Servichit *mâd* ann Aotrou.

12. Bézit laouen enn espérans. Bézit habask enn eñkrézou. Bézit kéñdalc'huz er béden.

13. Bézit karañtézuz évit gwalc'ha ézommou ar zeñt. Rôid digémer enn hô ti.

14. Bennigit ar ré a heskin ac'hanoc'h; bennigit-hô, ha na zrouk-pédit két gañt-hô.

15. En em laouénait gañd ar ré a zô laouen, ha gwélit gañd ar ré a wél.

16. Bézid unvanet enn bévélep ménosiou. Na glaskit kéd ann traou uc'hel, hôgen kavit mâd ann traou izéla. Na vézit két fûr enn hô ménoz hoc'h-unan.

17. Na zistaolit da zén droug évid drouk. Grid ar mâd, nann hép-kén dirâg Doué, hôgen ivé dirâg ann dûd holl.

18. Mar d-eo galluz, ha kémeñt ha ma'z eo enn-hoc'h, bévid é péoc'h gañt péb-unan.

19. N'en em zifennit két hoc'hunan, va breûdeûr keiz, hôgen rôit léac'h d'ar vuanégez; râk skrived eo: D'in eo ar veñjañs, mé eo ké rôi, émé ann Aotrou.

20. Hôgen ma en deûz naoun da énébour, rô da zibri d'ézhañ; ma en deûz sec'hed, rô da éva d'ézhañ: râg enn eur ôber ével-sé, é tastumi glaou tân war hé benn.

21. Na véz két trec'het gañd ann drouk; hôgen trec'h ann drouk gañd ar mâd.

XIII. PENNAD.

1. Ra blégô pép dén dindân galloud rénerien ar vrô: râk n'eûz béli é-béd ha na zeûfé a berz Doué; ha kémeñd hini a zô, a zô bét lékéat gañd Doué.

2. Piou-bennâg éta a ra penn d'ar galloud, a ra penn da reiz Doué, hag ar ré a ra penn d'ézhañ, a denn ar varnédigez war-n-ézhô hô-unan:

3. Râg ar briñsed n'iñt kéd da zouja d'ar ré a ra vâd, hôgen d'ar ré a ra drouk. Ha té éta a fell d'id béza héb aoun râg ar galloud? Grâ ar mâd, hag é vézi meûlet gañd-hi.

4. Râg ar priñs a zô ministr Doué évid da vâd. Hôgen mar grez drouk, az péz aoun; râk né kéd héb abek é toug ar c'hlézé. Râk ministr Doué eo, évit teûrel hé veñjañs war ann hini a ra drouk.

5. Réd eo éta d'é-hoc'h pléga, nann hép-kén gañd aoun râg ar c'hastiz, hôgen ivé dré zléad ar goustiañs.

6. Dré-zé eo é paéit ar gwiriou; râg *ar briñsed* a zô ministred Doué, ha n'hô deûz kén karg.

7. Distaolid éta da bép-hini ar péz a zô dléed d'ézhañ; ar gwiriou da nép ma eo *dléet* ar gwiriou; ann tellou da nép ma eo *dléet* ann tellou; ann doujañs da nép ma *tléid* ann doujañs; ann énor da nép ma *tleid* ann énor.

8. Na choumit dléour é-kéñver dén, néméd eûz ar garañtez a dléeur ann eil d'égilé: râg ann hini a gâr ann nesa, en deûz sévénet al lézen.

9. Râg *gourc'hémennou Doué:* Na gouézi kéd enn avoultriez: Na lazi két: Na laéri két: Na zougi kéd a fals testéni: Na c'hoañtai két *madou da nésa;* ha ma éz eûz unan-bennâg all héñvel, holl iñt dalc'het er gérmañ: Karoud a ri da nesa ével-d-oud da-unan.

10. Ar garañtez évid ann nesa na *c'houzañv* két é vé gréad drouk d'ézhañ. Ével-sé ar garañtez a zô al lézen holl. (m).

11. Gouzoud a réomp é tôsta ann amzer, hag eo deûed dijâ ann heur da zihuna eûz hor c'housk. Râk bréma eo tôstoc'h hor silvidigez égét pa hon eûz *déraouet* kridi.

12. Ann nôz a ia a-raok, hag ann deiz a dôsta. Dilézomb éta ôberiou ann dévalien, ha gwiskomb armou ar goulou.

13. Baléomp déréad ével ma réeur enn deiz. N'en em rôit kéd d'al loñtégez ha d'ar vézveñti, d'ar c'hadélez

ha d'al lousdoni, d'ar strivou ha d'ann hérez ;

14. Hôgen gwiskit hon Aotrou Jésus-Krist, ha na gémérit kéd a bréder eûz hô kik, ô walc'ha hé c'hoañtou.

—

XIV. PENNAD.

1. Digémérid ann hini a zô gwân er feiz, hép striva gañt-hañ diwarbenn hé vénosiou.

2. Râg unan a gréd é hell dibri a bép trâ : eunn all péhini a zô gwân er feiz, na zebr némét louzou.

3. Néb a zebr, na zisprijet két nép na zebr két ; ha nép na zebr két, na varnet két néb a zebr : râk Doué en deûz hé zigéméret.

4. Piou oud-dé, té, évit barnont gwâz eunn all ? Mar choum enn hé zâ, pé mar kouéz, kémeñt-sé a zell oud hé Aotrou : hôgen choum a rai enn hé zâ, râg galloudek eo Doué évid hé zerc'hel stard.

5. Unan a laka kemm étré ann deisiou ; hag eunn all a varn iñt kévatal. Ra rai pép-hini ével ma venn.

6. Ann hini a gemm ann deisiou, a gemm anézhô *é gwél* ann Aotrou. Ann hini a zebr a bép trâ, a zebr é *gwél* ann Aotrou, hag é trugaréka Doué ; ann hini na zebr két a bép trâ, na zebr két *é gwél* ann Aotrou, hag é trugaréka Doué.

7. Râg hini é-béd ac'hanomp na vév évit-hañ hé-unan, nag hini é-béd ac'hanomp na varv évit-hañ hé-unan.

8. Daoust pé é vévomp, évid ann Aotrou eo é vévomp ; daoust pé é varvomp, évid ann Aotrou eo é varvomp. Ével-sé 'ta, daoust pé é vévomp, daoust pé é varvomp, émomp bépréd d'ann Aotrou.

9. Râg évit-sé eo eo marô ar C'hrist hag eo saved a varô da véô ; évit kaout galloud war ar ré varô ha war ré véô.

10. Hôgen té, pérâg é varnez-té da vreûr ? Ha té, pérâg é tisprijez-té da vreûr ? Râg holl éz aimp dirâk kador ar C'hrist.

11. Râk skrived eo : Béô ounn, émé ann Aotrou ; pép penn-glin a blégô dira-z-oun, ha pép téôd a añsavô ounn Doué.

12. Dré-zé pép-hini ac'hanomp a zistaolô kouñt da Zoué évit-hañ hé-unan.

13. N'en em varnomp kéd éta mui ann eil égilé : hôgen keñtoc'h barnit pénaoz na dléit két rei d'hô preûr eunn abeg a lamm pé a wall-skouér.

14. Mé a oar, hag é fisiann enn Aotrou Jézuz, pénaoz n'eûz nétrâ a zic'hlan anézhañ hé-unan, ha pénaoz n'eo dic'hlan néméd évid ann hini a venn é vé dic'hlan.

15. Hôgen mar doaniez da vreûr enn abek d'ar boéd, na valéez mui hervez ar garañtez. Na goll két enn abek d'az boéd ann hini évit péhini eo marô ar C'hrist.

16. Likid évez éta na vé lavaret drouk eûz hor mâd-ni.

17. Râk rouañtélez Doué n'en em gav két enn dibri hag enn éva, hôgen er wirionez, er péoc'h hag é lévénez ar Spéred-Sañtel.

18. Râk néb a zervich ar C'hrist enn doaré-zé, a blij da Zoué, hag a zô meûlet gañd ann dûd.

19. Dré-zé éta eñklaskomp ar péz a zell ouc'h ar péoc'h, ha rôomp skouérvâd ann eil d'égilé.

20. Na zispennit két ôber Doué enn abek d'ar boéd. Râk pép-trâ a zô glân ; hôgen fall eo da eunn dén dibri eûz a eunn dra, mar teû da rei gwall-skouér oc'h hé zibri.

21. Mâd eo na zebrfez kéd a gik, ha na évfez kéd a win, na na rafez nétrâ a gémeñt a hellfé lakaad da vreûr da gouéza, rei gwall skouér d'ézhañ, pé hé lakaad da véza gwân.

22. Ha feiz éc'h eûs-té ? Az péz-hi enn-od da-unan dirâk Doué. Euruz ann hini n'en em varn két hé-unan er péz a venn béza mâd.

23. Hôgen ann hini a zô enn arvar, mar lebr, a vézô barnet ; ô véza né ra két hervez ar feiz. Râk kémeñt trâ na véz két gréad hervez ar feiz, a zô péc'hed.

—

XV. PENNAD.

1. Béz' é tléomb éta, ni péré a zô kréoc'h, skoazia gwanderiou ar ré ziners, ha na *dléomp* két klaskout hon dudi hon-unan.

2. Ra blijô pép-hini ac'hanoc'h d'hé nesa é kémeñd a zô mâd, ha skouériuz évit-hañ.

3. Râg ar C'hrist n'en deûz két klasket hé zudi hé-unan, hôgen ével ma eo skrivet : Ann dismégañsou a zô bét gréad d'Id a zô kouézet warn-oun.

4. Hôgen kémeñd a zô skrivet, a zô skrivet évid hor c'hélenna, évit ma hor bézô ann espérañs, dré ann habaskded, ha dré fréalzidigez ar Skrituriou.

5. Doué ann habaskded hag ar fréalzidigez ra rôi d'é-hoc'h ar c'hrâs da véza unvanet ann eil gañd égilé hervez Jézuz-Krist :

6. Évit ma hellot gañd eunn hévélep kaloun, gañd eunn hévélep génou meûli Doué, ha Tâd hon Aotrou Jézuz-Krist.

7. Dré-zé en em zigémérit ann eil égilé, ével ma en deûz ar C'hrist hô tigéméret évit gloar Doué.

8. Râk lavaroud a rann d'é-hoc'h pénaoz Jézuz-Krist, a zô bét ministr ann enwad évid ar wirionez eûz a Zoué, évit krétaat ar gér a oa bét rôed d'hon tadou.

9. É-keñver ar Jeñtiled, n'hô deûz da veûli Doué néméd diwar-benn hé drugarez, ével ma eo skrivet : Dré-zé, Aotrou, éc'h añsavinn ac'hanod dirâg ar Jeñtiled, hag é kaninn da hanô.

10. Hag é lavar adarré : En em laouénait, Jeñtiled, gañd hé bobl.

11. Hag adarré : Jeñtiled, meûlid Doué holl : pobled, énorit-héñ holl.

12. Hag Izaiaz a lavar ivé : Jessé a vézô ar c'hrisien, hag ann hini a zavô anézhi a rénô war ar Jeñtiled, hag ar Jeñtiled a espérô enn-hañ.

13. Doué ann espérañs r'hô kargô a bép lévénez hag a béoc'h ô kridi : évit ma kreskô hoc'h espérañs dré ners ar Spéred-Sañtel.

14. Évid-oun-mé, va breûdeûr, é ouzonn ervâd hag évit-gwir pénaoz oc'h leûn a garañtez hag a bép gwiziégez, enn hévélep doaré ma hellit en em gélenna ann eil égilé.

15. Koulskoudé, va breûdeûr, em eûz skrivet ann dra-mañ gañd herder d'é-hoc'h, évid hép-kén hé zigas da goun d'é-hoc'h, hervez ar c'hrâs a zô bét gréad d'in gañd Doué;

16. Da véza ministr Jézuz-Krist é-touez ar Jeñtiled, ô sañtéla Aviel Doué, évit ma vézô digéméret gwéstl ar Jeñtiled, ha ma vézô sañtélet gañd ar Spéred-Sañtel.

17. Béz' é hellann étà en em veûli é Jézuz-Krist eûz ar péz en deûz gréad Doué dré-z-oun.

18. Râk na grédfenn két komza d'é-hoc'h eûz ar péz n'en deûz két gréat ar C'hrist dré-z-oun, évit lakaad ar Jeñtiled da zeñti dré ar gér ha dré ann ôberiou ;

19. Dré ners ann arwésiou hag ar vurzudou, dré ners ar Spéred-Sañtel : enn hévélep doaré ma em eûz douget Aviel ar C'hrist eûz a Jéruzalem, oc'h ôber ann drô bétég ann Illiria.

20. Ével-sé n'em eûz két prézéget ann Aviel el lec'hiou é péré é oa bét anavézet hanô ar C'hrist, évit na zavchenn kéd eunn ti war ziazez eunn all : hôgen ével ma eo skrivet :

21. Ar ré da béré n'eo két bét diouganet, a wélô anézhañ ; hag ar ré n'hô doa két klévet méneg anézhañ, a glevô anézhañ.

22. Sé eo en deûz mired ouz-in aliez na'z ajenn d'hô kavout, ha mired ounn bét bété vréma.

23. Hôgen bréma, ô véza n'em eûz mui a léac'h da choum er vrô-mañ, ha gañd ar c'hoañt em eûz meûr a vloaz zô da voñd d'hô kwélout;

24. Pa'z inn da Spâñ, éc'h espérann hô kwélout ô voñd é-biou, ha goudé béza choumet eunn nébeûd amzer gan-é-hoc'h, é teûoc'h d'am ambrouga bétég énô.

25. Bréma éz ann da Jéruzalem évit kâs eunn aluzen-bennâg d'ar zeñt.

26. Râg ar ré eûz a Vasédonia hag eûz a Akaia hô deûz kavet-mâd rei lôd eûz hô madou d'ar béorien a zô é-touez ar zeñt eûz a Jéruzalem.

27. Kémeñt-sé hô deûz kavet-mâd ; ha dléourien iñd d'ézhô. Râk ma hô deûz ar Jeñtiled bét hô lôd é traou spéréduz *ar Iuzevien*, é tléoñd ivé rei lôd d'ézhé eûz hô zraou kigoz.

28. Goudé éta em bézô gréat ar *géfridi-zé*, hag em bézô rannet ann aluzen-zé étré-z-hô, é tréméninn dré hô prô ô voñd da Spâñ.

29. Hôgen mé a oar pénaoz pa'z inn d'hô kwéloul, é teûinn gañt eur vennoz pûl a Aviel ar C'hrist.

30. Hô pidi a rann éta, va breûdeûr, dré hon Aotrou Jézuz-Krist, ha dré garañtez ar Spéred-Sañtel, ma skoaziot ac'hanoun dré ar pédennou a réod da Zoué évid-oun ;

31. Évit ma vézinn dieûbet eûz ar ré zifeiz a zô é Judéa, ha ma vézô digéméret mâd gañd ar zeñt eûz a Jéruzalem ar géfridi em eûz évit-hô ;

32. Évit ma'z inn d'hô kwélout gañt lévénez, mar d-eo ioul Doué, ha ma en em zizoaninn gan-é-hoc'h.

33. Ha Doué ar péoc'h ra choumô gan-é-hoc'h holl. Amen.

—

XVI. PENNAD.

1. Mé a erbéd d'é-hoc'h Foébé hor c'hoar, diagonez é Iliz Kéñkréa ;

2. Évit ma tigémérot anézhi *enn hanô* ann Aotrou évet ma tléeur digéméroud ar zeñt : ha ma kennerzot anézhi é kémeñt trâ é hellfé kaoud ézomm ac'hanoc'h ; râg hi hé-unan é deûz ken-nerzet meûr a hini, ha mé va-unan.

3. Saludit Priska hag Akouila péré hô deûz labouret gan-éñ évit servich Jézuz-Krist.

4. (Ar ré-zé hô deûz lékéad é gwall hô fennou évit va buez, ha né két mé hép-kén a zô dléour d'ézhô, hôgen ivé Ilizou holl ar Jeñtiled.)

5. *Saludid* ivé ann Iliz a zô enn hô zi. Saludit Épénétuz va miñoun ker, péhini a zô bét ar c'heñta frouez eûz a Gristénien ann Azia.

6. Saludit Mari, péhini é deûz labouret kalz évid-hoc'h.

7. Saludit Añdronikuz ha Junia, va c'hérent ha va c'hen-sklaved, péré a zô brudet-mâd é-touez ann Ébestel, ha péré a zô bét en em rôed d'ar C'hrist em raok.

8. Saludit Ampliaz a garann kalz enn Aotrou.

9. Saludit Urbanuz péhini en deûz labouret gan-éñ évit Jézuz-Krist ; ha Stakiz va miñoun kér.

10. Saludit Apellez péhini a zô eunn dén a zoaré dirâg ar C'hrist.

11. Saludid ar ré eûz a dî Aristobuluz. Saludid Hérodion va c'hâr. Saludid ar ré eûz a dî Narsissuz, péré a zô *hor breûdeûr* enn Aotrou.

12. Saludit Triféna ha Trifoza, péré a labour évit servich ann Aotrou. Saludit Persidez a garomp kalz, péhini é deûz labouret kalz évit servich ann Aotrou.

13. Saludit Rufuz péhini a zô dilennet gañd ann Aotrou, hag hé vamm, ha va hini.

14. Saludit Asinkrituz, Flégon, Hermaz, Patrobaz, Hermez, hag hor breûdeûr a zô gañt-hô.

15. Saludit Filologuz ha Julia, Néréuz hag hé c'hoar, hag Olimpiad, hag ann holl zeñt a zô gañt-hô.

16. En em zaludit ann eil égilé gañd eunn af sañtel. Holl Ilizou ar C'hrist a zalud ac'hanoc'h.

17. Hôgen hô pidi a rann, va breûdeûr, da ziwalloud oud ar ré péré a laka da zével strivou ha gwall-skouériou diwar-benn ar gélennadurez hoc'h eûz desket ; ha tec'hid diout-hô.

18. Râg ann dûd-zé na zervichoñt két hon Aotrou Jézuz-Krist, hôgen *servicha a réoñt* hô c'hôv : ha gañt komsiou kaer ha gwén, é touelloñt kalounou ar ré zizrouk.

19. Râg hô señtidigez a zô anavézet dré holl. En em laouénaad a rann eûz a gémeñt-sé évid-hoc'h ; hôgen mé a garré é vec'h fûr er mâd, ha didrôidel enn drouk.

20. Doué ar péoc'h ra vrévô Satan abarz-némeûr dindân hô treid. Grâs hon Aotrou Jézuz-Krist *ra vézô* gan-é-hoc'h.

21. Timotéuz va eil, ha Lusiuz, ha Jazon, ha Sozipater, péré a zô kérend d'in, a zalud ac'hanoc'h.

22. Mé hô salud é hanô ann Aotrou, mé Tersiuz péhini em eûz skrivet al lizer-mañ.

23. Kaiuz va hostiz, hag ann Iliz holl a zalud ac'hanoc'h. Érastuz tenzorier kéar, hag ar breûr Kwartuz a zalud ac'hanoc'h.

24. Grâs hon Aotrou Jézuz-Krist ra vézô gan-é-hoc'h holl. Amen.

25. Gloar ra vézô d'ann hini en deûz ar galloud d'hô krévaat enn Aviel, hag é kélénadurez Jézuz-Krist a brézégann hervez diskleriadur ar mister a zô bét kuzet enn amzeriou trémének,

26. Hag a zô bét dizôlôet bréma dré Skrituriou ar Broféded hervez gourc'hémenn ann Doué peûr-baduz, hag a zô anavézet gañd ann holl boblou, évit ma señtiñt oud ar feiz;

27. Da Zoué péhini hép-kén a zô fûr, énor ha gloar dré Jézuz-Krist enn holl amzeriou. Amen.

KENTA LIZER

SANT PAOL ABOSTOL

D'AR GORINTIED.

I. PENNAD.

1. Paol galvet Abostol Jézuz-Krist dré ioul Doué, ha Sosténez *hé* vreür,

2. Da Iliz Doué a zô é Koriñt, d'ar ré en deûz sañtélet Jézuz-Krist, hag en deûz galvet da véza señt; ha d'ar ré holl, é pé léac'h-bennâg ma'z iñt, hag a c'halv hanô hon Aotrou Jézuz-Krist, péhini a zô hô *Aotrou ével* hon hini.

3. Ra zeûi d'é-hoc'h ar c'hrâs hag ar péoc'h digañd Doué hon Tâd, ha digañt Jézuz-Krist hon Aotrou.

4. Trugarékaad a rann va Doué bépréd évid-hoc'h, enn abek da c'hrâs Doué, en deûz rôed d'é-hoc'h é Jézuz-Krist;

5. Eûz ann holl vadou a béré en deûz hô karget enn-hañ, eûz a bép gér, hag eûz a bép gwiziégez:

6. Ével ma eo krétéet testéni ar C'hrist enn-hoc'h.

7. Enn hévélep doaré na zioućrit grâs é-béd, ô véza war-c'héd eûz a ziskleriadur hon Aotrou Jézuz-Krist;

8. Péhini a geñdalc'hô ac'hanoc'h hép gwall bétég ann divez, é deiz donédigez hon Aotrou Jézuz-Krist.

9. Doué, dré béhini oc'h bét galvet é kévrédigez hé vâb Jézuz-Krist hon Aotrou, a zô gwirion.

10. Hôgen hô pidi a rann, va breûdeûr, dré hanô hon Aotrou Jézuz-Krist, da gaoud holl eunn hévélep lavar, ha na vézet két a zizunvaniez étré-z-hoc'h : hôgen bézid unvan kévret enn eunn hévélep skiañt, hag enn eunn hévélep ménoz.

11. Râk rôed eo bét da anaoud d'in, va breûdeur, gañd ar ré eûz a dl Kloé, pénaoz éz eûz strivou enn hô touez.

12. Ar péz a fell d'in da lavaroud eo, pénaoz pép-hini ac'hanoc'h a lavar: Évid-oun-mé a zô da Baol, ha mé da Apollo; ha mé da Géfaz; ha mé d'ar C'hrist.

13. Ha rannet eo ar C'hrist? Ha Paol eo a zô bét lékéad oud ar groaz évid-hoc'h? Pé badézet oc'h-hu bét é hanô Paol?

14. Mé a drugaréka Doué ô véza n'em eûz badézet hini ac'hanoc'h, némét Krispuz ha Kaiuz:

15. Évit na lavarô dén pénaoz oc'h bét badézet em hanô.

16. Badézet em eûz c'hoaz ar ré eûz a dl Stéfanaz: na ouzonn két em bé badézet hini all é-béd.

17. Râg ar C'hrist n'en deûz két va c'haset évit badézi, hôgen évit prézégi ann Aviel: nann é furnez ar gér, évit na vé két lékéad didalvez kroaz ar C'hrist.

18. Râg ar gér eûz ar groaz a zô folleñtez évid ar ré a ia da goll : hôgen évid ar ré a zô savétéet, da lavaroud eo évid-omp eo ners Doué.

19. Râk skrived eo : Kolla a rinn furnez ar ré fûr, ha disteûrel a rinn poell ar ré boellek.

20. Péléac'h éma ann dén-fur? Péléac'h éma ar skrib? Péléac'h éma eñklasker ar béd-mañ? Ha n'en deûz kéd Doué lékéad da folleñtez furnez ar béd-mañ?

21. Râk Doué ô wélout pénaoz ar béd gañd hé furnez n'en deûz kéd anavézet Doué enn hé furnez, a zô felled d'ézhañ savétei dré folleñtez ar brézégen ar ré a grédfé enn-hañ.

22. Ar Iuzevien a c'houlenn arouésion, hag ar Jeñtiled a glask ar furnez :

23. Hôgen nî a brézeg ar C'hrist lékéad oud ar groaz : ar péz a zô eur gwall-skouér évid ar Iuzevien, hag eur folleñtez évid ar Jeñtiled ;

24. Ar C'hrist péhini eo ners Doué ha furnez Doué, d'ar ré a zô galvet Iuzevien ha Jeñtiled ;

25. Râg ar péz a zô folleñtez é Doué war hô ménoz, a zô furoc'h éget *furnez* ann dûd ; hag ar pez a zô gwander é Doué war hô ménoz, a zô kréoc'h éget *ners* ann dûd.

26. Sellit, va breûdeûr, oud hô kalvédigez ; nébeûd ac'hanoc'h a zô fûr hervez ar c'hik, nébeûd a zô galloudek, nébeûd a zô nobl.

27. Hôgen Doué en deûz dilennet a ré a zô foll hervez ar béd, évit mézékaad ar ré fûr ; Doué en deûz dilennet ar ré wân hervez ar béd, évit mézékaat ar ré gré.

28. Doué en deûz dilennet ar péz a ioa ann distéra hag ann displéta hervez ar béd, hag ar péz né oa nétrâ, évit kâs-da-nétra ar péz a ioa :

29. Évit na zeûjé nép dén da fougéa dira-z-hañ.

30. Dré énô eo oc'h lékéat é Jézuz-Krist, péhini a zô bét rôet gañd Doué d'é-omp évit béza hor furnez, hor gwirionez, hor sañtélédigez hag hon dasprénadurez ;

31. Évit, ével ma eo skrivet : Mar teû eur ré da fougéa, ra fougéô enn Aotrou.

II. PENNAD.

1. Évid-oun-mé, va breûdeûr, pa ounn deûet étrézég enn-hoc'h, évid diskleria d'é-hoc'h Aviel ar C'hrist, n'ounn kéd deûet gañt komsiou hélavar, gañt komsiou ar furnez.

2. Râk n'ounn kéd en em varnet gwiziek enn hô touez é nétrâ, néméd é-kéñver Jezuz-Krist, ha Jézuz-Krist staget oud ar groaz.

3. Hag é-pâd ounn bét enn hô touez, ounn bét bépréd er gwander, er spouñt hag er c'hrén.

4. Hag em c'homsiou, hag em prézégennou, n'em eûz két lékéat geriou keñdrec'huz furnez ann dén, hôgen diskleriadur ar spéred hag ann ners ;

5. Évit n'en em gavô kéd hô feiz é furnez ann dûd, hôgen é ners Doué.

6. Hôgen nî a brézeg ar furnez d'ar ré zinam, nann furnez ar béd-mañ, na furnez priñsed ar béd-mañ, péré a ia é dismañt :

7. Hôgen prézégi a réomp furnez Doué er mister, péhini a zô kuzet, hag en deûz keñd-dileûret Doué araog ann amzeriou évid hor gloar ;

8. Péhini n'eo bét anavézet gañd hini eûz a briñsed ar béd-mañ : râk ma hô défé hé anavézet, n'hô défé biskoaz staged oud ar groaz Aotrou ar c'hloar.

9. Hôgen ével ma eo skrivet : Al lagad n'en deûz két gwélet, ar skouarn n'é deûz két klevet, kaloun ann dén n'é deûz két poellet ar péz en deûz aozed Doué évid ar ré a gâr anézhañ.

10. Hôgen Doué en deûz hé zisklériet d'é-omp dré hé Spéred. Râg ar Spéred a furch pép-trâ béleg ann traou donna eûz a Zoué.

11. Râk piou eûz ann dûd a oar ar péz a zô enn dén, néméd spéred ann dén, a zô enn-hañ? Ével-sé dén na anavez ar péz a zô é Doué, néméd Spéred Doué.

12. Hôgen nî, n'hon eûz két digéméret spéred ar béd, hôgen Spéred Doué, évit ma wézimp ar péz a zô rôed d'-omp gañd Doué.

13. Ha nî a brézeg ann dra-zé, nann gañd ar geriou a zesk furnez

ann dén, hôgen gañd ar ré a zesk ar Spéred, oc'h bévélébékaad gañt spéred ann traou spérédûz.

14. Hôgen ann dén anéval na hell kéd digéméroud ann traou a zeû eûz a Spéred Doué : râk folleñtez iñt évithañ, ha na bell két hô foella : râk enn eunn doaré spéréduz eo é tléeur hô ardamézi.

15. Hôgen ann dén spéréduz a varn pép-trâ : hag héñ n'eo barnet gañd dén.

16. Râk piou a anavez mennoz ann Aotrou, ha piou a hell hé gélenna ? Hôgen ni hon eûz mennoz ar C'hrist.

III. PENNAD.

1. Évid-oun-mé, va breûdeûr, n'em eûz két gellet komza ouz-hoc'h ével out tûd spéréduz, hôgen ével out bugaligou er C'hrist.

2. Rôed em eûz d'é-hoc'h léaz da éva, ha n'em eûz két rôed a voéd ; râk na hellec'h kéd *dibri* ; na na hellit két bréma ; râk tûd kiguz oc'h c'hoaz.

3. Râk pa éz eûz étré-z-hoc'h hérez ha strivou, ha n'oc'h-hu két tûd kiguz, ha na gerzit-hu két hervez ann dén ?

4. Ha pa lavar unan : Mé a zô da Baol ; hag eunn all : Mé a zô da Apollo, ha n'oc'h-hu két tûd kiguz ? Piou éta eo Paol, ha piou eo Apollo ?

5. Servicherien iñt d'ann hini é péhini hoc'h eûz krédet, ha pép-hini hervez ar péz a zô bét rôed d'ézhañ gañd Doué.

6. Mé em eûz plañtet, Apollo en deûz douret ; hôgen Doué eo en deûz rôed ar c'hrésk.

7. Ével-sé ann hini a blañt n'eo nétrâ, ken-nébeût hag ann hini a zoura ; hôgen Doué péhini a rô ar c'hrésk.

8. Hôgen ann hini a blañt, hag ann hini a zoura n'iñt néméd unan ; ha pép-hini en dévézô hé c'hôbr hé-unan, hervez hé labour.

9. Râk ni a zô ken-ôbérourien Doué ; ha c'houi a zô ar park a c'hounid Doué, ann ti a zâv Doué.

10. Hervez ar c'hrâs en deûz rôed Doué d'in, ével eur penn-masouner fûr em eûz taoled ann diazez : eunn all a vasoun war-c'horré. Hôgen gwélet pép-hini pénaoz é vasounô war-c'horré.

11. Râk dén na hell lakaad diazez all é-béd, néméd ann hini a zô lékéat, péhini eo Jézuz-Krist.

12. Mar masoun eur ré war ann diazez-zé aour, arc'hañt, mein skéduz, koat, foenn, kôlô ;

13. Labour pép-hini a vézô anat : râk deiz ann Aotrou hel lakai da véza skléar, ô véza ma vézô dizôlôet gañd ann tân : hag ann tân a ziskouézô pétrâ é vézô labour pép-hini.

14. Mar choum *heb béza devet* al labour en dévézô savet unan-bennâg, hé-mañ en dévézô gôbr.

15. Mar d-eo devet labour eur ré, é c'houzañvô ar c'holl : hôgen héñ a vézô salvet, ével ô tréménout dré ann tân.

16. Ha na ouzoc'h-hu két pénaoz oc'h templ Doué, ha Spéred Doué a choum enn-hoc'h ?

17. Hôgen mar teû eur ré da zaotra templ Doué, Doué her c'hollô. Râk templ Doué a zô sañtel, ha c'houi eo a zô *ann templ-zé.*

18. N'en em douellet dén hé-unan : mar d-eûz hini enn hô touez hag ha grédfé béza fûr hervez ar béd-mañ, ra zeûi foll évit ma teûi fûr.

19. Râk furnez ar béd-mañ a zô folleñtez dirâk Doué ; ével ma eo skrivet : Mé a zalc'hô ar ré fûr enn hô folleñtez.

20. Ha c'hoaz : Ann Aotrou a anavez ménosiou ar ré fûr, hag a oar pénaoz iñt gwân.

21. Na fougéet éta dén enn dûd.

22. Râk pép-trâ a zô d'é-hoc'h, pé Paol, pé Apollo, pé Kéfaz, pé ar béd, pé ar vuez, pé ar marô, pé ann traou a-vréma, pé ann traou da-zoñt : pép-trâ a zô d'é-hoc'h ;

23. Ha c'houi a zô d'ar C'hrist, hag ar C'hrist a zô da Zoué.

IV. PENNAD.

1. Ra zellô ann dûd ac'hanomp ével

ministred ar C'hrist, ha darnaouerien misteriou Doué.

2. Ar péz a glaskeur enn darnaouerien, eo ma véziñt kavet féal.

3. Évid-oun-mé na gémérann kéd a bréder da véza barnet gan-é-hoc'h, na gañd dén é-béd : na grédann két zô-kén en em varna va-unan.

4. Râk pétrâ-bennâg na rébech va c'houstiañs nétrâ d'in, n'ounn két didamallet évit kémeñt-sé; hôgen ann Aotrou eo eo va barner.

5. Râk-sé na varnit két abarz ann amzer, kén na zeûi ann Aotrou, péhini a sklerai ar péz a zô kuzet enn dévalien, hag a zizôlôi ménosiou ar c'halounou : ha neûzé pép-hini en dévézô hé veûleûdi digañd Doué.

6. Hôgen kémeñt-sé em eûz disklériet em hanô, hag é hanô Apollo, enn abek d'é-hoc'h; évit ma teskot drézomp na dléit két menna enn tû all d'ar péz a zô skrivet; ha na zeûi dén, évid en em staga oud eur ré, d'en em c'houéza a-énep eunn all.

7. Râk piou a zishével ac'hanod? Pétrâ éc'h eûs-té ha na vé két rôed d'id? Hôgen mar d-eo bét rôed d'id, pérâg é fougéez-té, ével pa né vé két bét rôed d'id?

8. A-walc'h hoc'h eûz dijâ, pinvidik oc'h dijâ; réna a rit hép-z-omp-ni : ha plijét gañd Doué é rénfac'h, évit ma rénfemb ivé gan-é-hoc'h.

9. Râk mé a gréd pénaoz Doué a ziskouéz ac'hanomp-ni Ébestel ével ar ré zivéza, ével ar ré a zô barned d'ar marô, oc'h hol lakaad da arvest d'ar béd, d'ann Éled ha d'ann dûd.

10. Nl a zô foll enn abek d'ar C'hrist; hôgen c'houi a zô fûr er C'hrist : nl a zô gwân, c'houi a zô kré : c'houi a zô prizet, ha nl a zô disprizet.

11. Bété vréma hon eûz naoun ha sec'hed, omb enn noaz ha gôlôed a daoliou : dibosteg omp;

12. Laboura a réomp gañd hon daouarn : milliged omp, ha nl a vennig; heskined omp, ha nl a c'houzañv;

13. Kunuc'het omp, hag é pédomp : deûed omp ével karz ar béd-mañ, ével ar skubien a zô taoled er-méaz gañd ann holl.

14. Né kéd évit mézékaad ac'hanoc'h é skrivann ann dra-mañ, hôgen évid hô kélenna ével va mipien karet meûrbéd.

15. Râk ha pa hô pé dék mil mestr er C'hrist, n'hoc'h eûz két koulskoudé meûr a dâd. Râk mé eo em eûz hô kanet é Jézuz-Krist dré ann Aviel.

16. Hô pidi a rann éta da gémérout skouér diouz-in, ével ma kémérann skouér diouc'h ar C'hrist.

17. Dré-zé eo em eûz kazed d'é-hoc'h Timotéuz, péhini a zô va mâb kér, ha féal enn Aotrou; évit ma tigasô da goun d'é-hoc'h ann doaré é péhini é vévann é Jézuz-Krist, hervez ar péz a gélennann dré-holl enn holl ilizou.

18. Béz' éz eûz eun hô touez lôd péré a zô c'houézet, ével pa na dléfenn mui moñd d'hô kwélout.

19. Moñd a rinn koulskoudé d'hô kwélout abars némeûr, mar béz ioul ann Aotrou : hag éc'h anavézinn nann al lavar eûz ar ré a zô c'houézet, hôgen hô galloud.

20. Râk rouañtélez Doué n'éma kéd el lavar, hôgen er galloud.

21. Pétrâ a fell d'é-hoc'h? Ha moñd a rinn-mé d'hô kavout gañd eur wialen, pé gañt karañtez, ha gañd eur spéred a guñvélez?

—

V. PENNAD.

1. Klevoud a réeur éz eûz enn hô touez gadélez, hag eunn hévélep gadélez n'eûz két biskoaz gwélet bétével é-touez ar Baganed, bété ma teû unan ac'hanoc'h da walla grég hé dâd.

2. Ha c'hoaz oc'h c'houézet : hag enn-énep n'hoc'h eûz két skujet daérou, évit ma vézô tennet eûz hô touez ann hini en deûz gréad ann dra-zé.

3. Évid-oun-mé ô véza ezvézañd a gorf, hôgen bézañd a spéred, em eûz barnet dijâ, ével bézañd,

4. Pénaoz, c'houi ha va spéred ô véza strollet kévret, é hanô hon Aotrou Jézuz-Krist, ann hini en deûz gréad ann dra-zé, a vézô, dré c'halloud hon Aotrou Jézuz,

5. Lékéad ével-sé étré daouarn Sa-

tan, évid dispenna hé gik, ha ma vézô salved hé éné é deiz hon Aotrou Jézuz-Krist.

6. Né két mád hô fougé. Ha na ouzoc'h-hu két pénaoz eunn nébeût goell a laka da c'hôi ann toaz holl ?

7. Karzid ar goell kôz, évid ma viot eunn toaz nevez, é vel ma'z oc'h bara dic'hoell. Râg ar C'hrist hor Pask-ni a zô bét lazet.

8. Râk-sé grêomp lîd, nann er goell kôz hag é goell ann drougiez hag ar fallagriez, hôgen er bara dic'hoell ann éeunder hag ar wirionez.

9. Skrived em eûz d'é-hoc'h enn eul lizer : N'en em veskit két gañd ar c'hadaled.

10. Na fell kéd d'in komza eûz a c'hadaled ar béd-mañ, nag eûz ar ré bîz, nag eûz ar skraperien, nag eûz ar ré a azeûl ann idolou : anéz é vijé réd d'é-hoc'h moñd er-méaz eûz ar béd-mañ.

11. Hôgen bréma em eûz skrived d'é-hoc'h n'en em veskit két, mar béz unan eûz ar ré a hanvit hô preûdeûr hag a vé gadal, pé bîz, pé azeûler ann idolou, pé drouk-komzer, pe vezvier, pé skraper ; na zebrit két gañd eunn hévélep dén.

12. Râk pérâg é varnfenn-mé ar ré a zô er-méaz *eûz ann Iliz ?* Ha né kéd ar ré a zô ébarz a hellid da varnout ?

13. Doué a varnô ar ré a zô er-méaz. Hôgen c'houi, distaolit ar fallagr-zé eûz hô louez.

VI. PENNAD.

1. Ma en défé unan ac'hanoc'h eur striv oud eunn all, hag hén a gretté hé c'hervel é barn dirâg ar ré fallagr ha nann dirâg ar ré zeñt ?

2. Ha na ouzoc'h-hu két pénaoz ar Zeñt a varnô ar béd-mañ ? Ha mar d-eo dré-z-hoc'h é vézô barnet ar béd, ha didalvoudeg oc'h-hu é-kéñver barnout traou distéroc'h ?

3. Ha na ouzoc'h-hu két pénaoz é varnimp ann Éled *hô-unan ;* keñt-sé traou ar béd-mañ ?

4. Ma hoc'h euz éta eunn dra-ben-nâg da varnout é-kéñver traou ar béd-mañ, kémérid évid hé varnout ar ré zistéra eûz ann Iliz.

5. Enn hô méz hel lavarann d'é-hoc'h. Ha n'eûs-héñ kéd enn hô touez eunn dén fûr-bennâg, hag a hellfé béza barner étré hé vreûdeûr ?

6. Hôgen ar breûr a vreûta a-éneb hé vreûr ; ha c'hoaz dirâg ann dûd diskrédik.

7. Eur péc'hed eo dijâ enn hô touez, ô véza ma hoc'h eûz breûdou ann eil ouc'h égilé. Pérâk na zigémérit-hu két keñtoc'h ar gunuc'hen ? Pérâk na c'houzañvit-hu két keñtoc'h ann touellérez ?

8. Hôgen c'houi eo a ra kunuc'hen ha touellérez, ha c'hoaz é-kéñver hô preûdeûr.

9. Ha na ouzoc'h-hu két pénaoz ar ré zisgwirion na biaouiñt két rouañtélez Doué ? Na faziit két : Nag ar c'hadaled, nag ann idolatred, nag ann avoultrerien,

10. Nag ar ré a ra louzdôni gañt-hô hô-unan, nag ar ré a ra louzdôni étré goazed, nag al laéroun, nag ar ré bîz, nag ar vezvierien, nag ann drouk-komzerien, nag ar skraperien, na biaouiñt két rouañtélez Doué.

11. Ha lôd ac'hanoc'h a zô bét é vel-sé ; hôgen gwalc'het oc'h bét, sañtélet oc'h bét, didamallet oc'h bét, enn hanô hon Aotrou Jézuz-Krist, ha dré Spéred hon Doué.

12. Pép-trâ a zô aotréed d'in, hôgen pép-trâ n'eo két talvoudus. Pép-trâ a zô aotréed d'in, hôgen n'en em likiinn dindân galloud nétrâ.

13. Ar boéd a zô évid ar c'hôv, hag ar c'hôv évid ar boéd ; hôgen Doué a gasô-da-nétra ann eil hag égilé. Ar c'horf n'eo kéd d'ar c'hadélez, hôgen d'ann Aotrou ; hag ann Aotrou a zô d'ar c'horf.

14. Râg é vel en deûz Doué dazorc'het ann Aotrou, é tazorc'hô ivé ac'hanomp dré hé ners.

15. Ha na ouzoc'h-hu két pénaoz hô korfou a zô izili ar C'hrist ? Ha diframma a rinn éta hé izili d'ar C'hrist, évid hô lakaad da véza izili eur c'hrek fall ? Doué ra virô.

16. Ha na ouzoc'h-hu két pénaoz

néb en em unvan gañd eur c'hrek
fall, a zeû da véza eunn hévélep korf
gañt-hi? Râk, émé ar *Skritur*, daou
é véziñt enn eur c'hik hép-kén.

17. Hôgen néb en em unvan gañd
ann Aotrou, a zô eur spéred hép-kén
gañt-hañ.

18. Tec'hid diouc'h ar c'hadélez.
Kémeñt péc'hed *all* a ra ann dén a zô
er-méaz eûz ar c'horf: hôgen néb a
ra gadélez a bec'h a-éneb hé gorf hé-
unan.

19. Ha na ouzoc'h-hu két pénaoz
hô korf a zô templ ar Spéred-Sañtel,
péhini a zô enn-hoc'h, péhini a zô bét
rôed d'é-hoc'h gañd Doué, ha pénaoz
n'oc'h mui d'é-hoc'h hoc'h-unan?

20. Râg gañd eûr c'houst brâz oc'h
bét prénet. Meûlid *éta* ha dougid Doué
enn hô korf.

VII. PENNAD.

1. Hôgen diwar-benn ar péz hoc'h
eûz skrived d'in: Mâd eo d'ann dén
na stokfé kéd oud ar c'hrég.

2. Koulskoudé gañd aoun râg ar
c'hadélez, ra vévô péb ozac'h gañd hé
c'hrég, ha pép grég gañd hé ozac'h.

3. Ra rôi ann ozac'h ar péz a dlé
d'hé c'hrég; hag ivé ar c'hrég ar péz
a dlé d'hé ozac'h.

4. Korf ar c'hrég n'éma kéd enn hé
galloudégez hé-unan, hôgen é hini hé
ozac'h. Enn hévélep doaré korf ann
ozac'h n'éma kéd enn hé c'halloudé-
gez hé-unan, hôgen é hini hé c'hrég.

5. N'en em douellit kéd ann eil
égilé, néméd gañt grâd-vâd ann eil
égilé évid eunn amzer, évid en em
rei d'ar béden: ha goudé distrôid
adarré d'ann hévélep trâ, gañd aoun
na zeûfé Satan d'hô tempti enn abek
d'hô kadélez.

6. Hôgen kémeñt-sé a lavarann d'é-
hoc'h ével eunn aotré, ha nann ével
eur gourc'hémenn.

7. Râk mé a garré é vec'h holl ével-
d-oun va-unan: hôgen pép-hini en
deûz hé rô hé-unan digañd Doué,
unan ével-henn, égilé ével-sé.

8. Lavaroud a rann koulskoudé d'ar
ré n'iñt kéd dimézet, ha d'ann iñtañ-
vien, pénaoz eo mâd d'ézhô choum
ével-sé, é-c'hiz ma rann va-unan.

9. Ma na helloñt két en em virout,
priétaeñt: râg gwell eo priétaat, égét
leski.

10. Hôgen d'ar ré a zô dimézet é
c'hourc'hémennann, nann ac'hanoun
va-unan, hôgen a berz ann Aotrou,
na guitai kéd ar c'hrég hé ozac'h:

11. Mar kuita anézhañ, choumet
dizémez, pé en em unvanet a-nevez
gañd hé ozac'h. Hag ann ozac'h na
zilézet kéd hé c'hrég.

12. É-kéñver ar ré all, né kéd ann
Aotrou, hôgen mé eo a lavar, pénaoz
ma en deûz eur breûr eur c'hrég di-
feiz, ha mar grata hou-mañ choum
gañt-hañ, na zilézet kéd anézhi:

13. Ha ma é deûz eur c'hrég féal
eunn ozac'h difeiz, ha mar grata hé-
mañ choum gañt-hi, na zilézet kéd
anézhañ.

14. Râg ann ozac'h difeiz a zô sañ-
télet gañd ar c'hrég féal; hag ar
c'hrég difeiz a zô sañtélet gañd ann
ozac'h féal: anéz hô pugalé a vijé
dic'hlan, é léac'h ma iñt señt bréma.

15. Mar fell da eunn dén difeiz
moñt-kuit, ra'z ai kuit: râg eur breûr
pé eur c'hoar ne két kabestret enn
darvoud-zé: hôgen Doué en deûz hor
galvet évit béva é péoc'h.

16. Râg gouzoud a réz-té, grég, ha
na zavétei kéd da ozac'h? Ha gouzoud
a réz-té, ozac'h, ha na zavétei kéd
da c'hrég?

17. Hôgen ra vévô pép-hini hervez
ma eo bét mennet gañd ann Aotrou
hervez ma eo bét galvet gañd Doué
da ôber, hag ével ma em eûz kélennet
enn holl Ilizou.

18. Ha galved eo *d'ar feiz* eunn
dén trô-drouc'het? N'en em ziskoué-
zet két ével eunn dén ha na vé két
bét trô-drouc'het. Ha galved eo néb
béza trô-drouc'het? Na lakaet kéd hé
drô-drouc'ha.

19. Ann trô-drouc'h n'eo nétrâ;
hag ann didrô-drouc'h n'eo nétrâ: hô-
gen miridigez gourc'hémennou Doué.

20. Ra joumô pép-hini er stâd ma
édo pa eo bét galvet gañd Doué.

21. Ha sklâv oud bét galvet? N'en

em nec'h kéd eûz a gément-sé : hôgen ha pa hellfez donñ da véza dieûb, ra dalvézô muioc'h d'id.

22. Râg ann' hini a zô galvet enn Aotrou, hag héñ sklâv, a zeû da frañk d'ann Aotrou : hag enn hévélep doaré ann hini a zô galvet, hag héñ dieûb, a zeû da sklâv d'ar C'hrist.

23. Enn eur c'houst *brâz* oc'h prénet, na zeûit kéd da sklaved d'ann dûd.

24. Ra joumô éta, va breûdeûr, pép-hini dirâk Doué, er stâd é péhini eo bét galvet.

25. É-kéñver ar ré-werc'h n'em eûz két bét a c'hourc'hémenn digañd ann Aotrou : hôgen chétu ann ali a rôann, ével eunn dén feal d'ann Aotrou, dré ann trugarez en deûz gréad d'in.

26. Mé a gréd éta pénaoz eo mâd ann dra-zé enn abek d'ann ézommou a vréma, ô véza ma eo mâd d'ann dén béza ével-sé.

27. Hag éréed oud ouc'h eur c'hrég? Na glask kéd en em ziéréa. Ha n'oud-dé kéd éréed ouc'h eur c'hrég ? Na glask kéd a c'hrég.

28. Hôgen mar kémérez eur c'hrég, na béc'hez két : ha mar timez eur plac'h, na beç'h kéd ivé ; hôgen gouzañvi a raiñt gloasiou enn hô c'hik. Ha mé a garré hô fellaad diouz-hoc'h.

29. Ann dra-mañ éta a lavarann d'é-hoc'h, va breûdeûr : Berr eo ann amzer ; hag ével-sé, ar ré zô-kéñ hô deûz gragez, ra véziñt ével pa n'hô défé két :

30. Ar ré a wél, ével pa na wélfeñt két ; ar ré a laouéna, ével pa na laouénafeñt két : ar ré a brén, ével pa na biaoufeñt két :

31. Hag ar ré en em zervich eûz ar béd-mañ, ével pa n'en em zervichfeñt kéd anézhañ ; râk doaré ar béd-mañ a drémen.

32. Évid-oun-mé a garré é vec'h dizoan. Ann hini a zô hép grég, a zô prédériuz eûz ann traou a zell ouc'h ann Aotrou, hag eûz ar péz a dlé da ôber évit plijoud da Zoué.

33. Hôgen ann hini a zô gañd eur c'hrég, a zô prédériuz eûz ann traou a zell ouc'h ar béd, hag eûz ar péz a dlé da ôber évit plijoud d'hé c'hrég ; hag ével-sé eo rannet.

34. Enn hévélep doaré eur c'hrég dizémez hag eur werc'hez a venn enn traou a zell ouc'h ann Aotrou, évit ma vézô sañtel a gorf hag a spéred. Hôgen ann hini a zô dimézet, a venn enn traou a zell ouc'h ar béd, hag ouc'h ar péz a dlé da ôber évit plijoud d'hé ozac'h.

35. Hôgen ann dra-mañ a lavarann d'é-hoc'h évit hô mâd : nann évid aoza lindagou d'é-hoc'h, hôgen évid hô tougen d'ar péz a zô déréad, hag a rôi d'é-hoc'h ar galloud da bidi ann Aotrou héb harz é-béd.

36. Mar kréd unan-bennâg é vé eunn dismégañs évit-hañ, é trémenfé hé verc'h bâr ann oad dizémez, hag é vé réd hé dimézi ; graet ével ma karô ; na béc'hô két, mar timéz-hi.

37. Hôgen ann hini n'en deûz ézomm é-béd, hag a hell ôber ar péz a gâr, hag a gémer eur ménoz stard enn hé galoun, hag a varn enn-hañ hé-unan é tlé miroud hé verc'h dizémez, a ra ervâd.

38. Ével-sé ann hini a ziméz hé verc'h a ra ervâd : hag ann hini na ziméz kéd anézhi, a ra c'hoaz gwell.

39. Ar c'hrég a zô éréed oud al lézen, é keid amzer ma eo béô hé ozac'h : hôgen mar teû hé ozac'h da vervel, eo diéréet ; dimizi a ra gañt néb a gâr ; koulskoudé hervez ann Aotrou.

40. Hôgen eurusoc'h é vézô mar choum ével ma lavarann d'ézhi : râk mé a gréd pénaoz em eûz ivé Spéred Doué.

—

VIII. PENNAD.

1. É-kéñver ar gigou a zô bét lazet dirâg ann idolou, gouzoud a réomp pénaoz hon eûz boll gwiziégez a-walc'h. Ar wiziégez a c'houéz, hôgen ar garañtez a vasoun.

2. Mar menn eur ré é oar eunn dra, na anavez két c'hoaz zô-kén pénaoz eo réd é oufé.

3. Hôgen mar kâr eur ré Doué, hen-nez a zô anavézet gañt-hañ.

4. É-kéñver éta ar boédou a lazeur dirâg ann idolou, éc'h ouzomp pénaoz

-eunn idol n'eo nétrâ er béd, ha pé-
-naoz n'eûz Doué all é-béd, néméd
eunn Doué bép-kén.
5. Râk pétrâ-bennâg ma éz eûz hag
a zô hanvet douéou, pé enn éñv, pé
war ann douar (hag éz eûz ével-sé
meûr a zoué ha meûr a aotrou),
6. Koulskoudé n'eûz évid-omp né-
méd eunn Doué bép-kén, ann Tâd, a
béhini é teû pép-trâ, ha péhini en
deûz hor gréad évit-hañ; hag eunn
Aotrou hép-kén, Jézuz-Krist, dré bé-
hini eo bét gréat pép-trâ, ha ni ivé
dré-z-hañ.
7. Hôgen ann holl n'bô deûz kéd
ar wiziégez. Râk béz' éz eûz tûd hag
hag a zebr kigou kinniged d'ann ido-
lou, ô kridi bété vréma pénaoz ann
idol a zô eunn dra: hag hô c'hous-
tiañs, ô véza gwân, a zô saotret.
8. Né kéd ar boéd hol laka da véza
hétuz da Zoué: râk mar tebromp,
n'hor bézô két muioc'h; ha ma na ze-
bromp két, n'hor bézô két nébeûtoc'h.
9. Hôgen likid évez na vé hô frañkiz
eunn abek a lamm évid ar ré wân.
10. Râk mar gwél unan eûz ar ré-
mañ unan-bennâg eûz ar ré wiziek,
azézed ouc'h taol é templ ann idolou,
ha na vézô kéd douget, héñ péhini en
deûz eur goustiañs wân, da zibri ivé
eûz ar c'hik kinniged d'ann idolou?
11. Ha na vézô ket kollet dré da
wiziégez eur breûr gwân, évit péhini
eo marô ar C'hrist?
12. Ével-sé ô péc'hi a-énep hô
breûdeûr, hag ô c'hlaza hô c'hous-
tiañs wân, é péc'hid a-éneb ar C'hrist.
13. Mar teû éta va boéd da rei gwall-
skouér d'am breûr, na zebrinn mui
bikenn a gik, gañd aoun na rôjenn
gwall-skouér d'am breûr.

—

IX. PENNAD.

1. Ha n'ounn-mé két frañk? Ha
n'ounn-mé ked Abostol? Ha n'em eûz
két gwélet Jézuz-Krist hon Aotrou?
Ha n'oc'h-hu két c'houi va ôber enn
Aotrou?
2. Ha ma n'ounn kéd Abostol é-
kéñver ar ré all, éz ounn diana enn
hô kéñver; râk c'houi a zô siel va
Abostolicz enn Aotrou.
3. Chétu va difenn oud ar ré a da-
mall ac'hanoun.
4. Ha n'hon eûz-ni kéd ar gwir da
zibri ha da éva?
5. Ha n'hon eûz-ni kéd ar gwir da
gâs gan-é-omp dré-holl eur vaouez
hag a vé hor c'hoar *é Jézuz-Krist*,
évél ma râ ann Ébestel all; breûdeûr
ann Aotrou, ha Kéfaz?
6. Ha n'eûz néméd-oun, ha Barna-
baz, a gémeñt n'hor bé kéd ar gwir
da ôber ével-sé?
7. Piou a ra népred ar brézel diwar
hé goust? Piou a blañt eur winien,
ha na zebr kéd eûz hé frouez? Piou a
gâs ar saoud da beûri, ha na év kéd
eûz hô léaz?
8. Hag hervez ann dén eo é lava-
rann kémeñt-mañ? Ha n'hel lavar
kéd ivé al lézen?
9. Râk skrived eo é lézen Moizez:
Na éréot kéd hé c'hénou d'ann éjenn
a zô ô tourna. Ha prédéria a ra Doué
ann éjenned?
10. Ha né két keñtoc'h évid-omp
en deûz lavared ann dra-zé? Râg évid-
omp-ni eo bét skrivet pénaoz néb a gas
ann alar a dlé arat gañd eunn espérañs-
bennâg, ha néb a zourn a dlé dourna
gañd espérañs da gaoud hé lôd.
11. Mar hon eûz hadet madou spé-
réduz enn-hoc'h, hag eunn dra vrâz
eo é védfemp eûz hô madou kiguz?
12. Mar teû ré all da zével ar gwir-
zé war-n-hoc'h, pérâk na rajemp-ni
két keñtoc'h? Hôgen n'omp kéd en
em zervichet eûz ar gwir-zé, hag hon
eûz gouzañvet pép-trâ, évit na rôjemp
gwall-skouér é-béd da Aviel ar C'hrist.
13. Ha na ouzoc'h-hu két pénaoz ar
ré a labour enn templ, a zebr eûz ar
péz a zô kinniget enn templ; hag ar
ré a zervich ann aoteriou hô deûz hô
lôd enn aoteriou?
14. Ével-sé ann Aotrou en deûz
gourc'hémenned d'ar ré a brézeg ann
Aviel, béva diouc'h ann Aviel.
15. Hôgen mé n'ounn kéd en em
zerviched eûz ar gwiriou-zé. Ha na
skrivann kéd ann dra-mañ d'é-hoc'h
évit ma véziñt rôed d'in: râg gwell é

vé gañ-éñ mervel, égét koll va gloar
enn abek da unan-bennâg.
16. Râk mar prézégann ann Aviel,
né kéd d'in ar c'hloar, râk da gémeñt-
sé ounn dalc'het. Ha gwâ mé, ma na
brézégann kéd ann Aviel.
17. Ma her graan a-galoun-vâd,
em bézô gôbr : hôgen ma her grann
gañd hérez, né rann néméd darnaoui
ar péz a zô bét fisiet enn-oun.
18. Pénaoz é kavinn éta va gôbr? O
prézégi ann Aviel, enn hévélep doaré
ma hé brézéginn hép mizou, hag hép
gwall-ôber eûz ar galloud em eûz ô
prézégi ann Aviel.
19. Râk ô véza dieûb é-kéñver ann
holl, ounn en em lékéad da sklâv
d'ann holl, évit gonnid kalz *a dûd*.
20. Ével eur Iuzéô ounn en em lé-
kéat é-touez ar Iuzevien, évit gounid
ar Iuzevien.
21. É-touez ar ré a zô dindân al
lézen, ounn en em lékéad ével pa vi-
jenn dindân al lézen (pétrâ-bennâg
na oann két dindân al lézen), évit
gounid ar ré a ioa dindân al lézen.
É-touez ar ré a ioa hép lézen, ounn
en em lékéad ével pa vijenn hép lézen
(pétrâ-bennâg m'am boa eul lézen
dirâk Doué, ô véza m'am boa lézen
ar C'hrist), évit gounid ar ré a ioa
hép lézen.
22. Gwân ounn en em lékéat gañd
ar ré wân, évit gounid ar ré wân.
Holl ounn en em lékéad d'ann holl,
évit savétei ann holl.
23. Hôgen kémeñt-sé a rann évid
ann Aviel, évit m'am bézô va lôd er
péz a *ziougann*.
24. Ha na ouzoc'h-hu két pénaoz
pa rédeur enn eunn dachen, ann holl
a réd, hôgen unan hép-kén a c'hounid
ar gôbr? Rédid éta évid hé c'hounid.
25. Hôgen ar ré holl a striv enn
dachen, a ziouer pép-trâ : ha kémeñt-
sé évit kaoud eur gurunen vreinuz;
ha nî a c'héd unan divreinuz.
26. Évid-oun-mé a réd, nann ével
diouc'h ann darvoud : striva a rann,
nann ével ma skôfenn enn éar.
27. Hôgen kastiza a rann va c'horf,
hag hel lakaann da véza sklâv, gañd
aoun goudé béza prézégét d'ar ré all,
na zeûfenn da véza kollet va-unan.

X. PENNAD.

1. Hôgen na vennann két, va breû-
deûr, é vec'h hep gouzout pénaoz hon
tadou a zô bét holl dindân ar goabren,
ha pénaoz hô deûz holl treûzet ar
môr *Rûz*;
2. Pénaoz iñt bét holl badézet *din-
dân rén* Moizez, er goabren hag er
môr :
3. Pénaoz hô deûz holl debret eûz a
eunn hévélep kik spéréduz;
4. Ha pénaoz hô deûz holl évet eûz
a eunn hévélep dour spéréduz (râg
éva a réañd dour eûz ar méan spé-
réduz a iéa war hô lerc'h : hag ar
méan-zé a oa ar C'hrist) :
5. Hôgen nébeûd eûz al lôd brâz
anézhô a zô bét hétuz da Zoué : râk
hogos holl é oeñt diskaret enn distrô.
6. Hôgen kémeñt-sé a zô bét eur
skeûden ac'hanomp, évit n'en em
rôimp kéd d'ar gwall-ioulou, ével ma
iñt en em rôet.
7. Évit na zeûimp kéd da idolatred
ével lôd anézhô, diwar-benn péré
eo skrivet : Ar bobl a azézaz évid di-
bri hag éva, hag é savchoñt évit
c'hoari.
8. Évit na raimp kéd a c'hadélez,
ével ma réaz lôd anézhô, eûz a béré
é kouézaz marô enn eunn dervez tri
mil war-n-ugeñt.
9. Évit na demptimp kéd ar C'hrist,
ével ma temptaz lôd anézhô, péré a
oé lazet gañd ann aéred.
10. Évit na zôroc'hot két, ével ma
soroc'haz lôd anézhô, péré a oé lazet
gañd *ann éal* gwaster.
11. Hôgen kémeñt-sé holl a c'hoar-
vézaz gañt-hô dré skeûden; ha skri-
vet iñt bét évid hor c'hélenna, nî péré
a zô deûet é divez ann amzeriou.
12. Râk-sé néb a venn béza enn hé
zâ, lakaed évez da gouézché.
13. N'hoc'h eûz bét *c'hoaz* némét
temptasionou ével m'hô deûz ann dûd :
hôgen Doué a zô féal, ha na c'hou-
zañvô két é vec'h temptet enn tû all
d'hô ners; hôgen lakaad a rai da zoñd
eûz ann demptasion eur gounid évid-
hoc'h, hag évid hô keñderc'hel.
14. Râk-sé, va *breûdeûr* kér-meûr-
béd,

béd, tec'hid diouc'h azeûlidigez ann idolou.
15. Komza a rann ouz-hoc'h ével ouc'h tûd fûr : barnit hoc'h-unan ar péz a lavarann.
16. Ar c'halir a vennoz hon eûz benniget, ha né két ken-unvaniez goâd ar C'hrist? Hag ar bara a dorromp, ha né két ken-unvaniez korf ann Aotrou?
17. Râg évid-omp da véza kalz, n'omp néméd eur bara hag eur c'horf, ô véza ma hon eûz holl hol lôd enn hévéleb bara.
18. Gwélit Israel hervez ar c'hik: ar ré a zebr eûz a voéd ar sakrifiz, ha n'hô deûs-hi kéd hô lôd enn aoter?
19. Pétrâ éta? Ha lavaroud a rannmé é vé eunn dra ar péz a zô lazet d'ann idolou, pé é vé eunn dra ann idol?
20. Hôgen lavaroud a rann pénaoz ar péz a lâz ar Jeñtiled, a zô lazet gañt-hô d'ann diaoulou, ha nann da Zoué. Hôgen na fell kéd d'in é teûfac'h da gen-vreûdeûr d'ann diaoulou : na hellit két éva kalir ann Aotrou, ha kalir ann diaoulou.
21. Na hellit két kaond hô lôd é taol ann Aotrou, hag é taol ann diaoulou.
22. Ha nî a fell d'é-omp rei gwarizi d'ann Aotrou? Ha nî a zô kréoc'h égét-hañ? Pép-trâ a zô aotréed d'in, hôgen pép-trâ n'eo két talvouduz.
23. Pép-trâ a zô aotréed d'in, hôgen pép-trâ na rô kéd a skouér-vâd.
24. Na glasked dén ar péz a zô d'ézhañ hé-unan, hôgen ar péz a zô da eunn all.
25. Debrit eûz a gémeñt trâ a werzeur er gigérez, héb ôber goulenn ébéd enn abek d'ar goustiañs.
26. Ann douar a zô d'ann Aotrou, ha kémeñd a zô enn-hañ.
27. Mar teû eunn dén difeiz-bennâg d'hô pidi, ha mar fell d'é-hoc'h moñt, dibrit eûz a gémeñt trâ a vézô lékéad dira-z-hoc'h, héb ôber goulenn é-béd enn abek d'ar goustiañs.
28. Ma lavar eur ré d'é-hoc'h : Ann dra-mañ a zô bét lazet évid ann idolou, na zebrit két, enn abek d'ann hini en deûz hé ziskuljet d'é-hoc'h, hag enn abek d'ar goustiañs :
29. Na lavarann két d'hô-koustiañs, hôgen da goustiañs eunn all. Râk pérâk va frañkiz a vijé-hi barnet gañt koustiañs eunn all?
30. Mar kémérann va lôd enn eur drugarékaat, pérâk é lévéreur droug ac'hanoun évid eunn dra évit péhini em eûz trugarékéet?
31. Pé é tebrot éta, pé éc'h évot, pé é réot eunn dra-bennâg all, grit pép-trâ é gloar Doué.
32. Na rôit gwall-skouér, na d'ar Iuzevien, na d'ar Jeñtiled, na da Iliz Doué :
33. Ével ma fell d'in va-unan plijoud d'ann holl é pép-trâ, hép klaskoud ar péz a zéré d'in, hôgen ar péz a zéré da galz, évit ma véziñt salvet.

XI. PENNAD.

1. Bézit heûlierien d'in, ével ma'z ounn heûlier d'ar C'hrist.
2. Hô meûli a rann, va breûdeûr, ô véza ma hoc'h eûz koun ac'hanoun é pép-trâ, ha ma virit va c'hélénnadurésiou ével ma em eûz hô rôed d'é-hoc'h.
3. Hôgen mé a fell d'in é oufac'h pénaoz ar C'hrist eo ar penn eûz ar goâz, ar goâz ar penn eûz ar vaouez, ha Doué ar penn eûz ar C'hrist.
4. Pép goâz a béd pé a ziougan, hé benn gôlôet, a vézéka hé benn.
5. Hôgen pép maouez a béd pé a ziougan, hé fenn dizôlô, a vézéka hé fenn : râg ével pa vijé lékéad da véza moal eo.
6. Râk ma na c'hôlô kéd eur vaouez hé fenn, ra vézô touzet. Râk mar d-eo mézuz da eur vaouez béza touzet, pé béza moal, ra wéliô hé fenn.
7. Hôgen ar goâz na dlé két gôlei hé benn; râk skeûden ha gloar Doué eo : hag ar vaouez a zô gloar ar goâz.
8. Râg ar goâz né két bét tennet eûz ar vaouez, hôgen ar vaouez eûz ar goâz.
9. Hag ar goâz n'eo két bét krouet évid ar vaouez, hôgen ar vaouez évid ar goâz.

10. Dré-zé é tlé ar vaouez kaoud ar galloud war hé fenn enn abek d'ann Élez.

11. Koulskoudé n'eo kéd ar goâz héb ar vaouez ; nag ar vaouez héb ar goâz enn Aotrou.

12. Râg ével ma eo deûed ar vaouez eûz ar goâz, ével-sé ar goâz a zeû eûz ar vaouez : ha pép-trâ a zeû eûz a Zoué.

13. Barnid hoc'h-unan, mar d-eo déréad é pédfé eur vaouez héb eur wél war hé fenn.

14. Ann natur hé-unan ha na zesk kéd d'é-hoc'h pénaoz co mézuz da eur goaz lézel hé vleô da greski :

15. Ha pénaoz eo énoruz da eur vaouez lézel hé bleô da greski, ô véza ma iñt bét rôed d'ézhi ével eur wél ?

16. Hôgen mar kâr eûr ré béza strivuz, *é livirimp* pénaoz né kéd azé hor boaz, nag hini Iliz Doué.

17. Hôgen lavaroud a rann d'é-hoc'h, ha na hellann kéd hô meûli, pénaoz en em strollit, nann évid ar gwella, hôgen évid ar gwasa.

18. Râk da geñta é klevann pénaoz pa en em strollit enn Iliz, éz eûz drouk-rañs étré-z-hoc'h, ha mé a gréd lôd eûz a géměñt-sé;

19. Râk réd eo é vé ivé hérézíou, évit ma vézô anavézet splann ar ré ac'hanoc'h a zô poellek-brâz.

20. Pa en em strollid éta enn eul léac'h, n'eo mui azé dibri koan ann Aotrou.

21. Râk pép-hini a gémer évid dibri hé goan hé-unan. Hag ével-séunan en deûz naoun, hag eunn all a zô mezô.

22. Ha n'hoc'h eûs-hu kéd hô tiez évid dibri hag éva ? Pérak é faéit-hu Iliz Doué hag é mézékait ar ré n'hô deûz két péadrâ ? Pétrâ a livirinn-mé d'é-hoc'h ? Hag hô meûli a rinn-mé ? N'hô meûlann kéd eûz a géměñt-sé.

23. Râk gañd ann Aotrou eo em eûz desket ar péz em eûz lavaret d'é-hoc'h, pénaoz ann Aotrou Jézuz enn nôz é péhini é oé gwerzet, a géméraz bara,

24. Hag ô véza trugarékéet, é torraz anézhañ, hag é lavaraz : Kémérit ha debrit : ann dra-mañ a zô va c'horf, péhini a vézô rôed évid-hoc'h ; grît kéměñt-mañ é koun ac'hanoun.

25. Kéméroud a réaz ivé ar c'halir, goudé béza koaniet, ô lavarout : Ar c'halir-mañ a zô ann testamañt nevez ém goâd. Grîd ann dra-mañ é koun ac'hanoun kenn aliez gwéach ma évot anézhañ.

26. Râk kenn aliez gwéach ma debrot ar bara-mañ, ha m'ac'h évot ar c'halir-mañ, é rôot da anaout marô ann Aotrou bété ma teûiô.

27. Ével-sé piou-bennâg a zebrô ar bara-mañ, pé a évô ar c'halir-mañ é gwall zoaré, a vézô kabluz eûz a gorf hag eûz a c'hoad ann Aotrou.

28. En em arnodet éta ann dén hé-unan : ha debret eûz ar bara-zé, hag évet eûz ar c'halir-zé.

29. Râk piou-bennâg a zebr pé a év anézhô é gwall zoaré, a zebr pé a év hé varnédigez hé-unan, ô véza na zilenn kéd ervâd korf ann Aotrou.

30. Dré-zé eo éz eûz enn hô touez kalz a dûd klañv ha môréduz, ha kalz hag a zô kousket.

31. Ma en em varnomp hon-unan, na vézimp két barnet.

32. Hôgen pa omb barnet enn doaré-zé, omp kastizet gañd ann Aotrou, évit na vézimp kéd daonet gañd ar béd-mañ.

33. Dré-zé, va breûdeûr, pa en em strollit évid dibri, en em c'hortozit ann eil égilé.

34. Mar en deûz naoun eur ré, debret enn hé dl, évit n'en em strollot két enn hô barnédigez. Ann traou all a reizinn, pa vézinn deûet.

XII. PENNAD.

1. É-kéñver ar *róou* spéréduz, va breûdeûr, na fell kéd d'in é vec'h diwiziek.

2. Gouzoud a rit pénaoz pa oac'h paganed, éz éac'h da gaout ann idolou mûd ével ma kased ac'hanoc'h.

3. Diskleria a rann éta d'é-hoc'h pénaoz dén ô komza dré Spéred Doué, na lavar argarzidigez eûz a Jézuz. Ha dén na hell lavarout pénaoz eo Jézuz

ann Aotrou, néméd dré ar Spéred-Sañtel.

4. Hégon béz' éz eûz meûr a c'hrâs, hôgen n'eûz néméd eur Spéred.

5. Béz' éz eûz meûr a garg, hôgen n'eûz néméd eunn Aotrou.

6. Béz' éz eûz meûr a ôbéridigez, hôgen n'eûz néméd eunn Doué, pébini a ra pép-trâ enn holl.

7. Hôgen diskleriadur ar Spéred a zô rôed da bép-hini évid ar gounid.

8. Râk unan en deûz dré ar Spéred lavar ar furnez : eunn all lavar ar wiziégez. dré ann hévélep Spéred :

9. Eunn all ar feiz dré ann hévélep Spéred ; eunn all ar c'hrâs da rei ar iéc'hed dré ann hévélep Spéred :

10. Eunn all *ar galloud* da ôber burzudou ; eunn all *ar galloud* da diougani ; eunn all *ar galloud* da zilenna ar spéréjou ; eunn all *ar galloud* da gomza meûr a iéz ; eunn all *ar galloud* da ziskleria ann iézou.

11. Hôgen eunn hévelep Spéred, hag héñ hép-kén, eo a ra ann holl draou-zé, ô ranna étré pép-hini,ével ma kâr.

12. Râg ével ma'z eo unan hor c'horf, ha ma en deûz kalz a izili, hôgen pétrâ-bennâg ma éz eûz kalz a izili, na réoñt koulskoudé néméd eur c'horf ; ével-sé éma ar C'hrist.

13. Râk badézet omb béd holl enn hévélep Spered, ével pa vemb holl eur c'horf hép-kén, pé Iuzevien, pé Jeñtiled, pé tûd sklâv, pé tûd frañk : hag holl hon eûz évet enn eunn hévélep Spéred.

14. Râg ar c'horf ivé né kéd eunn ézel hép-kén, hôgen meûr a ézel.

15. Mar lavarfé ann troad : Pa n'ounn kéd ann dourn, n'ounn kéd eûz ar c'horf ; ha na vé kéd évit-sé eûz ar c'horf ?

16. Ha mar lavarfé ar skouarn : Pa n'ounn kéd al lagad, n'ounn kéd eûz ar c'horf ; ha na vé kéd évit-sé eûz ar c'horf ?

17. Ma vé ar c'horf holl lagad, péléac'h é vé ar c'hleved ? Ha ma vé holl kleved, péléac'h é vé ar c'houésa ?

18. Hôgen Doué en deûz lékéad ann izili er c'horf, hag hô lékéad en deûz ével ma eo felled d'ézhañ.

19. Ma veñd holl eunn ézel hép-kén, péléac'h é vé ar c'horf ?

20. Hôgen bréma éz eûz meûr a ézel, ha n'eûz néméd eur c'horf.

21. Hag al lagad na hell két lavaroud d'ann dourn : N'am eûz kéd a ézomm ac'hanod ; nag ivé ar penn d'ann treid : N'oc'h két réd d'in.

22. Hôgen enn-énep ann izili eûz ar c'horf hô deûz doaré da véza ar ré wana, a zô ar ré ar muia réd.

23. Hag izili ar c'horf a grédomp a vé ann dislébéra, é lékéomp war hô drô ar muia a énor : hag ar ré a zô hudur war hor ménô, a c'hôlôomp gañt muia a zéréadégez.

24. Hôgen ar ré zéréad n'hô deûz ézomm a nétrâ : ha Doué en deûz reizet ar c'horf enn hévélep doaré ma énoreur muia ar péz a zô ann nébeûta déréad,

25. Évit na vézô kéd a rann er c'horf, hôgen ma prédériô ann izili ann eil évid égilé.

26. Ha mar teû unan-bennâg eûz ann izili da gaout poan, ann holl izili hô deûz poan gañt-hañ : pé mar béz énoret unan eûz ann izili, ann holl izili en em laouéna gañt-hañ.

27. Hôgen c'houi a zô korf ar C'hrist, hag izili ann eil égilé.

28. Ével-sé chétu ar ré en deûz lékéad Doué enn Iliz ; da geñta Ébestel, d'ann eil Proféded, d'ann trédé Doktored : goudé ar ré a ra burzudou ; goudé-zé ar ré hô deûz ar c'hrâs da baréa *ar ré glañv* ; ar ré a gen-nerz *ar vreûdeûr* ; ar ré a rén *ar ré all* ; ar ré a gomz meûr a iéz ; ar ré a hell diskleria ann iézou.

29. Hag ann holl a zô Ébestel ? Hag ann holl a zô Proféded ? Hag ann holl a zô Doktored ?

30. Hag ann holl a ra burzudou ? Hag ann holl a iac'ha ar ré glañv ? Hag ann holl a gomz meûr a iéz ? Hag ann holl a hell diskeria ann iézou ?

31. Hôgen hô pézed hirrez évid ar gwella grasou. Ha moñd a rann da ziskouéza d'é-hoc'h c'hoaz eunn heñt gwelloc'h.

XIII. PENNAD.

1. Mar komzann *holl* iézou ann dûd, hag hini ann Élez, ha ma n'em eûz kéd ar garañtez, n'ounn néméd ével arem a zon, pé ével eur simbal skiltruz.

2. Ha pa'm bé ar galloud da ziouganì; hag éc'h anavézfenn ann holl visteriou, hag em bé ar wiziégez eûz a bép-trâ; ha pa'm bé ann holl feiz réd évit lakaad ar vénésiou da gerzout; ma n'em eûz kéd ar garañtez, n'ounn nétrà.

3. Ha pa'm bé darnaouet va holl vadou évit boéta ar béorien; ha pa'm bé rôet va c'horf évit béza losket; ma n'em eûz kéd ar garañtez, na dâl nétrâ d'in.

4. Ar garañtez a zô habask: kûn eo. Ar garañtez né kéd érézuz: né két balc'h; né két stambouc'het;

5. Né két fougéuz; na glask két ar péz a zô d'ézhi hé-unan; na vuanéka két; na venn kéd a zrouk;

6. N'en em laouéna két eûz ann drougiez, hôgen en em laouénaad a ra eûz ar wirionez;

7. Herzel a ra ouc'h pép-trâ; kridi a ra pép-trâ; espéroud a ra pép-trâ; gouzañvi a ra pép-trâ.

8. Ar garañtez na baouézô bikenn. Hôgen ann diouganou a fallô, hag ann iézou a éhanô, hag ar wiziégez a ziaézô.

9. Râk na ouzomp némét lôd, ha na ziouganomp némét lôd.

10. Hôgen pa vézô deûet ar péz a zô klôk, ar péz a ioa lôd a fallô.

11. Pa oann eur bugel, é komzenn ével eur bugel, é oann fûr ével eur bugel, é vennenn ével eur bugel. Hôgen pa ounn deûed da zén, em eûz kuitéet ar péz a zalc'hé eûz ar bugel.

12. Bréma é wélomp dré eur mellézour ha gañd eul lavar gôlôet; hôgen neûzé dremm ouc'h dremm. Bréma éc'h anavézann lôd; hôgen neûzé éc'h anavézinn ével ma ounn anavézet.

13. Bréma ann tri-mañ, ar feiz, ann espérañs hag ar garañtez a choum; hôgen ar brasa anézhô eo ar garañtez.

XIV. PENNAD.

1. Eñklaskid ar garañtez; c'hoañtait ar *grasou* spéréduz; ha dreist-holl ar c'hrâs ma tiouganot.

2. Râg ann hini a gomz eunn iéz *dizanaf*, na gomz kéd ouc'h ann dûd, hôgen ouc'h Doué; râk dén na glev anézhañ, ha komza a ra é spéred eûz ann traou kuzet.

3. Hôgen ann hini a ziougan, a gomz oud ann dûd évid hô c'heñtélia, hô alia, hô fréalzi.

4. Ann hini a gomz eunn iéz *dizanaf*, a zeû d'en em geñtélia hé-unan; hôgen ann hini a ziougan, a zeû da geñtélia Iliz Doué.

5. Mé a garfé é komzfac'h holl iézou *dizanaf*; hôgen keñtoc'h é tiouganfac'h. Râk brasoc'h eo ann hini a ziougan, égéd ann hini a gomz iézou *dizanaf*, némét trei a rafé ar péz a lavar, évit ma tigémérô ann Iliz ar geñtel.

6. Hôgen bréma, va breûdeûr, mar teûann da gomza ouz-hoc'h é iézou *dizanaf*, da bétrâ é vézô mâd d'é-hoc'h, néméd é komzfenn ouz-hoch pé dré wélédigez, pé dré wiziégez, pé dré ziougan, pé dré gélénnadurez?

7. Ha na wélomp-ni kéd ivé enn traou diéné a rô soniou, ével ar zutel hag ann délen, pénaoz ma na réoñt toniou dishéñvel, pénaoz é ouzeur ar péz a ganeur war ar zutel, pé war ann délen?

8. Ma rô ar c'horn eur soun arvaruz, piou en em aozô évid ar brézel?

9. Ével-sé c'houi, ma né két splamm ann iéz a gomzit, pénaoz é vézô gwézet ar péz a livirit? C'houi a vézô ével pa gomzfac'h enn éar.

10. Évit-gwir éz eûz kenn aliez a iéz dishéñvel er béd-mañ: ha n'eûz pobl é-béd héb bé iéz.

11. Ma na ouzonn kéd éta talvoudégez ar geriou, mé a vézô tréfoed évid ann hini ouc'h péhini é komzinn; hag ann hini a gomz ouz-in a vézô tréfoed évid-oun.

12. Ével-sé, c'houi, pa eñklaskit ar *grasou* spéréduz, ioulit c'hoañtait kalz anézhô évit keñtélia ann Iliz.

13. Dré-sé ann hini a gomz eunn iéz *dizanaf*, pédet évit ma helló béza troet.

14. Rák mar pédann enn eunn iéz *dizanaf*, va spéred a béd, hôgen va skiañt a zô difronez.

15. Pétrá éta a rinn-mé? Mé a bédô a spéred, mé a bédô ivé a skiañt. Mé a ganô a spéred, mé a ganô ivé a skiañt.

16. A-heñd-all mar meûlez a spéred, pénaoz ann hini a zô é léac'h ann dud dister a lavarô-héñ Amen war da veûleûdigez, pa na oar kéd ar péz a lévérez?

17. Da veûleûdigez évit-gwir a zô màd; hôgen né hell két rei keñtel d'ar ré all.

18. Meûli a rann va Doué, ô véza ma komzann hoc'h holl iézou.

19. Hôgen gwell é vé gan-éñ lavarout gañt va skiañt-vàd pemp gér enn Iliz, évid deski ivé ar ré all, égét lavarout dék mil enn eunn iéz *dizanaf*.

20. Va breûdeûr, na vézit két bugalé évid ar skiañt, hôgen bézit bugaligou évid ann drougiez; ha bézit dinam évid ar skiañt.

21. Skrived eo el lézen: Gañd iézou *dizanaf* ha gañd diweûz a-ziavéaz é komzinn oud ar bobl-zé, ha na gleviñt kéd ac'hanoun, émé ann Aotrou.

22. Ével-sé ann iézou *disheñvel* n'iñt kéd eunn arouéz évid ar ré a gréd, hôgen évid ar ré ziskrédik: enn-énep ar *galloud* da ziougani né kéd évid ar ré ziskrédik, hôgen évid ar ré a gréd.

23. Mar teûfé éta ann Iliz holl d'en em strolla enn eul léac'h, hag é komzfé ann holl iézou *dishenvel*, mar teûfé énô tûd diskrédik, ha na lavarfeñt két pénaoz é tiskiañtit?

24. Hôgen mar tiouganoñd holl, ha mar teû énô eunn dén diskrédik-bennâg, pé eunn dén diskiañt, holl é keñdrec'hoñt anézhañ, holl é barnoñt anézhañ.

25. Ar péz a ioa kuzet enn hé galoun a zô dizôlôet, hag héñ oc'h en em striñka war hé zremm a azeûlô Doué, ô lavarout pénaoz évit-gwir éma Doué enn hô touez.

26. Pétrâ éta a livirinn-mé, va breûdeûr? Pa'z oc'h strollet, pép-hini achanoc'h a ra kanaouennou, pé a rô kélennou, pé a ra diouganou, pé a gomz eunn iéz *dizanaf*, pé a zisplég anézhañ: ra vézô gréat kémeñt-sé é keñtel vàd.

27. Ma éz eûz lôd péré hô deûz ar galloud da gomza é iézou *dizanaf*, na vézet két ouc'h-penn daou, pé dri évid ar muia, ha ma komziñt ann eil goudé égilé; ha ma vézô unan-bennâg hag a ziskleriô ar péz hô dévézô lavaret.

28. Hôgen ma n'eûz kéd a ziskleriér, ra davô enn Iliz, ra gomzô out-hañ hé-unan, hag oud Doué.

29. É-kéñver ar Broféded, ra gomzô daou pé dri *anézhô*, ha ra varnô ar ré all.

30. Mar béz gréad eunn diskleriadur-bennâg da eunn all hag a vézô azézet, ra davô ar c'heñta.

31. Rák béz' é hellid holl diougani ann eil goudé égilé, évit ma teskô ann holl, ha ma vézô fréalzet ann holl.

32. Ha spéréjou ar Broféded a zeñt oud ar Broféded.

33. Rák Doué né kéd eunn Doué a reûstl, hôgen *eunn Doué* a béoc'h, ével ma kélennann é holl Ilizou ar zeñt.

34. Ra davô ar merc'hed enn Ilizou; rák né kéd aotréet d'ézhô komza *énô;* hôgen doujuz é tléoñt béza, hervez ma lavar al lézen.

35. Ha ma fell d'ézhô deski eunn dra-bennâg, ra c'houlenniñt enn tî digañd hô ézec'h. Rák mézuz eo d'ar merc'hed komza enn Iliz.

36. Hag ac'hanoc'h eo eo deûet gér Doué? Pé hag enn-hoc'h hép-kén eo deûet?

37. Mar kréd eur ré é vé Profed pé spérédek, ra anavézô ar péz a skrivann d'é-hoc'h, pénaoz iñt goure'hémennou ann Aotrou.

38. Hôgen mar béz eur ré héb hô c'houzout, na vézô két gwézet hé-unan.

39. Dré-zé, va breûdeûr, bézit c'hoañtek-brâz da ziougani, ha na virit kéd oud ar ré a helló komza é iézou *dizanaf*.

40. Hôgen bézet gréat pép-trà gañd déréadégez, hervez ar reiz.

—

XV. PENNAD.

1. Digas a rann bréma da koun d'é-hoc'h, va breûdeûr, ann Aviel em eûz prézéget d'é-hoc'h, hoc'h eûz digéméret, é péhini é choumit stard,
2. Ha dré kéhini oc'h salvet; évit ma wélot ma hoc'h eûz hé zalc'het ével ma em eûz hé brézéget d'é-hoc'h; anéz é vé enn-aner hô pé krédet.
3. Râk da geñta em eûz rôed da anaoud d'é-hoc'h ar péz a zô bét ivé rôed d'in, pénaoz eo marô ar C'hrist évid hor péc'héjou hervez ar Skri-turiou;
4. Pénaoz eo bét liénet, hag eo da-zorc'het ann trédé deiz hervez ar Skrituriou;
5. Pénaoz eo bét en em ziskouézet da Zéfaz, ha goudé-zé d'ann unnék *Abostol;*
6. Pénaoz goudé-zé eo bét gwélet enn eur wéach gañt mui égét pemp kañt breûr, eûz a béré éz eûz c'hoaz kalz hag a zô béô bréma, hag hinien-nou a zô kousket;
7. Pénaoz goudé eo bét gwélet gañt Jakez, ha pelloc'h gañt ann holl Ébestel;
8. Ha pénaoz enn-divez goudé ar ré all holl eo en em ziskouézet d'in, mé péhini n'ounn néméd eur sioc'han.
9. Râk mé a zô ann distéra eûz ann Ébestel, ha na zellézann két béza hanvet Abostol, ô véza ma em eûz heskinet Iliz Doué.
10. Hôgen dré c'hras Doué eo ounn ar péz éz ounn, hag hé c'hrâs n'eo két bét difrouez enn-oun; hôgen muioc'h égéd ar ré all holl em eûz labouret; nann mé koulskoudé, hôgen grâs Doué péhini a zô gan-éñ.
11. Ével-sé pé eo mé, pé eo hi, chétu pétrâ a brézégomp d'é-hoc'h, ha chétu pétrâ hoc'h eûz krédet.
12. Pa eo gwir éta pénaoz eo bét prézéget d'é-hoc'h eo bét dazorc'het ar C'hrist eûz a douez ar ré varô, pérâg é lavar hiniennou ac'hanoc'h, pénaoz na zazorc'hô kéd ar ré varô?
13. Râk ma na zazorc'h kéd ar ré varô, né kéd ivé dazorc'het ar C'hrist.
14. Ha ma né kéd dazorc'het ar C'hrist, hor prézégen a zô didalvez, hag hô feiz a zô ivé didalvez.
15. Testou faoz zô-kén é vézimp kavet é-kéñver Doué, ô véza ma hon eûz rôed ann desténi-mañ a-énep Doué, pénaoz en deûz dazorc'het ar C'hrist; ha padâl n'en deûz kéd hé zazorc'het, ma na zeû kéd ar ré varô da zazorc'hi.
16. Râk ma na zazorc'h kéd ar ré varô, ar C'hrist né kéd ivé dazorc'het.
17. Ma né kéd dazorc'het ar C'hrist, hô feiz a zô didalvez, râk enn hô péc'héjou émoc'h c'hoaz.
18. Ével-sé 'ta ar ré a zô kousket er C'hrist, a zô ivé kollet.
19. Ma n'hor bé espérañs er C'hrist néméd évid ar béd-mañ, ni a vé ar ré druézusa eûz ann dûd.
20. Hôgen bréma ar C'hrist a zô dazorc'het eûz a douez ar ré varô, ével ar c'heñta-frouez eûz ar ré gousket.
21. Ével-sé, pa eo deûet ar marô dré eunn dén, dazorc'hidigez ar ré varô a dlé ivé donñd dré eunn dén.
22. Râg ével ma varv ann holl é Adam, ével-sé ann holl a asbévô er C'hrist.
23. Hôgen pép-hini a zeûi enn hé reiz, hag ar C'hrist ével ar c'heñta-frouez: goudé, ar ré a zô d'ar C'hrist, ha péré hô deûz krédet enn hé zoné-digez.
24. Ha neûzé é teûi ann divez, pa en dévézô rôed hé rouañtélez da Zoué hé Dâd, pa en dévézô kaset-da-gét kémeñt rouañtélez, kémeñt aotrou-niez, ha kémeñt ners.
25. Râk réd eo d'ézhañ réna, bété ma vézô lékéad hé énébourien dindân hé dreid.
26. Hôgen ann divéza énébour a vézô diskaret eo ar marô: râk lakaad a rài pép-trâ dindân hé dreid. Hôgen pa lévéreur:
27. Pénaoz pép-trâ a dlé pléga din-dân-hañ, héb arvar eo néméd ann hini en deûz lékéat pép-trâ da bléga dindân-hañ.

28. Ha pa vézô pléget pép-trâ dindân-hañ, ar Mâb hé-unan a blégô dindân ann hini en dévézô lékéat pép-trâ da bléga dindân-hañ, évit ma vézô Doué holl enn holl.

29. Anéz pétrâ a rai ar ré a zô badézet évid ar ré varô, mar d-eo gwir pénaoz ar ré varô na zazorc'hoñt két? Pérâg iñt-hi badézet évid ar ré varô?

30. Ha pérâk ni hon-unan en em lékéomp-ni da béb beur é-tâl da gôlla hor buez?

31. Bemdéz é varvann, va breûdeûr, dré hô kloar, a zeû d'in é Jézuz-Krist hon Aotrou.

32. Ma em eûz stourmet é Éfézuz oud al loéned (évit komza hervez ann dûd), da bétrâ eo talvézed d'in, ma na zazorc'h kéd ar ré varô? Debromp hag évomp, râk war-c'hoaz é varvimp.

33. Na vézit két touellet: ann drouk-komsiou a zaotr ar vuézégezvâd.

34. Tûd gwirion, bézit war évez ha na béc'hit két. Râk lôd ac'hanoc'h na anavézoñt két Doué: évid hô mézékaat hel lavarann d'é-hoc'h.

35. Hôgen unan-bennâg a lavarô d'in: Pénaoz é tazorc'hô ar ré varô? É pé gorf é teûiñt-hi?

36. Dén diskiañt, ar péz a hadez na zeû kéd da véza béô, ma na varv kéd a-raok.

37. Hag ar péz a hadez, né kéd ar c'horf a dlé sével a hadez, hôgen eur c'hreûnen noaz, pé eûz a winiz, pé eûz a eunn dra all.

38. Hôgen Doué a rô d'ézhi ar c'horf a gâr; ha da béb hâd hé gorf hé-unan.

39. Pép kik né kéd eunn hévélep kik: râg eunn all eo kig ann dûd, eunn all hini al loéned, eunn all hini al labouzed, hag eunn all hini ar pésked.

40. Béz' éz eûz ivé korfou éñvek, ha korfou douarek: hôgen eunn all eo skéd ar ré éñvek, eunn all hini ar ré zouarek.

41. Eunn all eo skéd ann héol, eunn all skéd ar stéred: diskeñvel eo ivé skéd eur stéren eûz a skéd eunn all.

42.Ével-sé é c'hoarvézô da zazorc'hidigez ar ré varô. Haded eo ar c'horf er vreinadurez, hag é tazorc'hô enn divreinadurez.

43. Haded eo bét enn diforc'hled, hag é tazorc'hô er c'hloar. Haded eo bét er gwander, hag é tazorchô enn ners.

44. Haded eo korf anévalek, hag é tazorc'hô korf spérédek. Ével ma éz eûz eûr c'horf anévalek, éz eûz ivé eur c'horf spérédek, ével ma eo skrivet:

45. Adam ar c'heñta dén a zô bét gréat gañd eunn éné buézek, hag ann divéza Adam a zô deûed enn eur spéred bividik.

46. Hôgen né kéd ar *c'horf* spérédek a zô bét gréat da geñta, hôgen ar *c'horf* anévalek; ha goudé ann hini spérédek.

47. Ar c'heñta dén péhini a zeû eûz ann douar, a zô douarek; hag ann eil dén péhini a zeû eûz ann éñv, a zô éñvek.

48. Ével ma eo bét douarek, é véziñt ivé douarek: hag ével ma eo bét spérédek, é véziñt ivé spérédek.

49. Ével éta hon eûz douget skeûden ann *dén* zouarek, dougomb ivé skeûden ann *dén* éñvek.

50. Hôgen ann dra-mañ a lavarann, va breûdeûr, ô véza na hell kéd ar c'hik hag ar goâd piaoua rouañtélez Doué; ha na hell két ar vreinadurez piaoua ann divreinadurez.

51. Chétu amañ eunn dra-guzet a lavarann d'é-hoc'h: Dazorc'hi a raimb holl, hôgen na vézimp két névézet holl.

52. Enn eur prédik, enn eur serrlagad, é soun ann divéza drompil; râg ann drompil a zounô, hag ar ré varô a zazorc'hô divreinuz, ha ni a vézô névézet.

53. Râk réd eo d'ar *c'horf* breinuzmañ gwiska ann divreinadurez, ha d'ar *c'horf* marvuz-mañ gwiska ann diverveñti.

54. Ha pa en dévézô ar *c'horf* marvuz-mañ gwisket ann diverveñti, neûzé é c'hoarvézô al lavar a zô skrivet: Louñket eo bét ar marô gañd ar gounid.

55. O marô, péléac'h éma da c'hounid? O marô, péléac'h éma da vroud?

56. Hôgen broud ar marô eo ar pé-

c'hed : ha ners ar péc'hed eo al lézen.

57. Trugarékaomp éta Doué, pébini
en deûz rôed d'é-omp ar gounid dré
hon Aotrou Jézuz-Krist.

58. Dré-zé, va breûdeûr kér, bézit
stard ha digéflusk : labourit bépréd
da ôber ann Aotrou, ô c'houzout pé-
naoz hô labour na vézô kéd hép gôpr
dirâg ann Aotrou.

XVI. PENNAD.

1. É-kéñver ann aluzennou a zas-
tumeur évid ar zeñt, grît ével ma em
eûz gourc'hémennet da Iliz Galatia.

2. Ra lakai a dû pép-hini ac'hanoc'h
enn hé dî, d'ann deiz keñta eûz ar
zizun, ar péz a garô da zastumi ; évit
na c'hortozot két bété ma vézinn
deûet évid dastumi *ann aluzennou*.

3. Ha pa vézinn deûet, é kasinn ar
ré hô pézô merket d'in dré hô lizéri,
da zougen hô rô da Jéruzalem.

4. Ha mar tâl ar boan éz afenn va-
unan, é teûiñt gan-én.

5. Hôgen moñd a rinn d'hô kwé-
lout, pa'm bézô tréménet dré ar Va-
sédonia ; râk dré ar Vasédonia é tre-
méninn.

6. Ha martézé é chouminn *eunn
nébeût* gan-é-hoc'h, hag é tréméninn
zô-kén ar goañv, évit ma ambrougot
ac'hanoun é pé léac'h-bennâg ma'z
inn.

7. Râk na fell kéd d'in ar wéach-
mañ hô kwélout hép-kén enn eur
dréménout, hag éc'h espérann é
chouminn gan-é-hoc'h eur pennad
amzer, mar deo ioul ann Aotrou.

8. Hôgen choum a rinn é Éfezuz
bétég ar Peñtékost.

9. Râk digor eo d'in énô eunn ôr
vrâz ha splann, ha kalz énébourien
a zô.

10. Mar d-a Timotéuz d'hô kavout,
likid évez é vé hép aoun enn hô touez :
râk da ôber ann Aotrou é labour,
kerkouls ha mé.

11. Na vézed éta disprizet gañd dén
hôgen ambrougit-héñ é péoc'h, évit
ma teûi d'am c'havout ; râg hé c'hor-
tozi a rann gañd ar vreûdeûr.

12. É-kéñver ar breûr Apollo, mé a
rô da anaoud d'é-hoc'h pénaoz em
eûz hé bédet kaer da voñd d'hô kwé-
lout gañd ré all eûz hor breûdeûr :
ha koulskoudé né két bét hé ioul
moñt bété vréma ; hôgen moñd a rai
pa gavô ann drô.

13. Bézit akétuz, choumit stard er
feiz, grît *pép-trâ* gañt béôder, hag en
em grévait.

14. Grît gañt karañtez kémeñt ha
ma réot.

15. Anaoud a rît, va breûdeûr, tûd
Stéfanoz, ha Fortunatuz, hag Akaikuz.
Gouzoud a rît pénaoz iñd ar c'heñta-
frouez eûz ann Akaia, ha pénaoz iñd
en em wéstlet da zervich ar zeñt :

16. Râk-sé mé hô péd da gaoud
évit-hô ann azaouez a dleit d'ar seurt
tûd-zé, ha da gémeñt a zeû d'hor
skoazia dré hô foan ha dré hô labour.

17. En em laouénaad a rann é vé
deûet Stéfanoz, Fortunatuz hag Akai-
kuz ; râk gréad hô deûz évid-hoc'h ar
péz na hellec'h kéd da ôber hoc'h-
unan ;

18. Râk fréalzed hô deûz va spéred,
kerkoulz hag hoc'h hini. Anavézit
éta ar ré a zô ével-sé.

19. Ilizou ann Azia a zalud ac'ha-
noc'h. Akouila ha Prisilla, é-ti péré é
choumann, hag ann Iliz a zô enn hô
zi a zalud kalz ac'hanoc'h enn Aotrou.

20. Hon holl vreûdeûr a zalud ac'ha-
noc'h. En em zaludit ann eil égilé
dré eunn aff sañtel.

21. Mé Paol eo em eûz skrivet gañt
va dourn va-unan ar salud-mañ.

22. Ma éz eûz unan-bennâg ha na
garfé kéd hon Aotrou Jézuz-Krist, ra
vézô anaouéet ; Maran Atha.

23. Grâs hon Aotrou Jézuz-Krist
ra vézô gan-é-hoc'h.

24. Ra vézô va c'harañtez gan-é-
hoc'h holl é Jézuz-Krist. Amen.

EIL LIZER

SANT PAOL ABOSTOL

D'AR GORINTIED.

I. PENNAD.

1. Paol, Abostol Jézuz-Krist dré
ioul Doué, ha Timotéuz *hé* vreûr, da
Iliz Doué a zô é Koriñt, ha d'ann holl
zeñt a zô enn Akaia holl :
2. Ra vézô gan-é-hoc'h ar c'hrâs
hag ar péoc'h digañd Doué hon Tâd,
ha digañt Jézuz-Krist hon Aotrou.
3. Ra vézô benniget Doué, Tâd
hon Aotrou Jézuz-Krist, Tâd ann tru-
garézou, ha Doué ann holl fréalzi-
digez,
4. Péhini a zic'hlac'har ac'hanomp
enn hon holl zoaniou : évit ma hel-
limp ivé dic'hlac'hari ar ré a zô enn
doan, dré ann hévélep fréalzidigez
gañt péhini omp fréalzet hon-unan
gañd Doué.
5. Râg ével ma kresk gloasiou ar
C'hrist enn-omp, ével-sé ivé é kresk
hon dic'hlac'har dré ar C'hrist.
6. Mar bézomp doaniet eo évid hô
fréalzidigez hag hô silvidigez ; mar
bézomp dic'hlac'haret eo évid hô dic'h-
lac'har : mar bézomp fréalzet eo évid
hô fréalzidigez hag hô silvidigez,
péhini a zô sévénet ô c'houzañvi ann
hévélep gloasiou ha ma c'houzañ-
vomp ;
7. Évit ma vézô stard hon espérañs
évid hoc'h, pa ouzomp pénaoz pa
hoc'h eûz hô lôd er gloasiou, hô pézô
ivé hô lôd enn dic'hlac'har.
8. Râk na fell kéd d'é-omp, va breû-
deûr, é vec'h héb anaout ann doan a
zô bét c'hoarvézet gan-é-omp enn
Azia, pénaoz omb bét mac'het dreist-
penn ha dreist pép ners, enn hévélep
doaré ma oa kasauz ar vuez d'é-omp.
9. Hôgen ni hon eûz enn-omp hon-
unan barn ar marô, évit na lakaimp
két hor fisiañs enn-omp hon-unan,
hôgen é Doué, péhini a zazorc'h ar
ré varô ;
10. Péhini en deûz hon tennet eûz
a gémeñd a wallou, hon tenn *bépréd*,
hag hon tennô c'hoaz hervez ma es-
péromp :
11. Ha c'houi hor skoaziô ivé ô pidi
évid-omp ; évit ma teûi ar c'hrâs hon
eûz digéméret é azaouez meûr a hini,
da véza anavézet dré ann trugarez a
rai meûr a hini évid-omp.
12. Râg hor c'hloar eo testéni hor
c'houstiañs, da véza en em rénet er
béd-mañ, dreist-holl enn hô kéñver,
enn éeunder a galoun hag é gwirionez
Doué, nann é furnez ar c'hik, hôgen
é grâs Doué.
13. Na skrivomp d'é-hoc'h néméd
ar péz hoc'h eûz lennet hag anavézet.
Ha mé a esper pénaoz hé anavézot
bétég ann divez,

14. Ével ma hoc'h eûz anavézet omp hô kloar, ével ma *viot* hon hini, é deiz hon Aotrou Jézuz-Krist.

15. Hag er fisiañs-sé eo felled d'in doñd d'hô kavout da geñta, évit ma teûjé d'é-hoc'h eunn eil c'hras;

16. Ha tréménoud dré hô prô enn eur voñd d'ar Masédonia, ha doñd adarré eûz ar Masédonia d'hô prô, hag ac'hanô béza ambrouget gan-é-hoc'h er Judéa.

17. P'am boa éta ann ioul-zé, ha dré skañbennidigez eo n'em eûz kéd hé sévénet? Pé pa ioulann eunn dra, hag hé iouli a rann-mé hervez ar c'hik, évit ma vijé enn-oun ia ha nann?

18. Hôgen Doué péhini a zô gwirion, *a oar* pénaoz n'eûz kéd ia ha nann er brézégen em eûz gréad d'é-hoc'h.

19. Râk Mâb Doué, Jézuz-Krist, péhini a zô bét prézéget d'é-hoc'h gan-é-omp-ni, *da lavaroud eo* gan-éñ, gañt Silvanuz ha gañt Timotéuz, né két bét ia ha nann, hôgen ia a zô bét enn-hañ.

20. Râg holl c'heriou Doué a zô ia enn-hañ: Dré-zé Amen da Zoué dré-z-hañ hag évid hor gloar-ni.

21. Hôgen ann hini a gréva ac'hanomp gan-é-hoc'h er C'hrist, hag en deûz hon éôliet eo Doué;

22. Péhini en deûz ivé hor siellet, ha rôed d'é-omp évit gwéstl ar Spéred-Sañtel enn hor c'halounou.

23. Évid-ounn-mé a c'halvann Doué da dést em éné, pénaoz eo dré azaouez évid-hoc'h né két c'hoaz felled d'in moñd enn tû all da Goriñt; né kéd éc'h aotrouniemp war hô feiz, hôgen skoazia a réomp hô lévénez: râk stard é choumit er feiz.

II. PENNAD.

1. Hôgen lakaad a riz em penn na'z ajenn mui d'hô kwélout enn dristidigez.

2. Râk mar tristaann ac'hanoc'h, piou a laouénai ac'hanoun, némédhoc'h péré a vijé tristéet gan-éñ?

3. Ha kémeñt-sé em eûz skrived d'é-hoc'h, évit pa zeûinn na gavinn két tristidigez war dristidigez a berz ar ré a dlié va laouénaat: ô fisioud enn-hoc'h holl, pénaoz va lévénez a vézô hoc'h hini holl.

4. Râk neûzé é skriviz d'é-hoc'h gañd eunn añken vrâz, gañd eur mañtr kaloun, hag é-kreiz kalz a zaérou; nann évid hô tristaat, hôgen évid diskouéza péger brâz eo ar garañtez em eûz évid-hoc'h.

5. Hôgen mar en deûz unan-bennâg tristéed ac'hanoun, né két mé hép-kén en deûz tristéet; hôgen évid-lôd, évit na zeûinn két d'hô pec'hia holl.

6. A-walc'h eo évid ann hini a zô ével-sé, ar c'hélen a zô bét rôed d'ézhañ gañt meûr a hini:

7. Hag é tléit keñtoc'h bréma béza trugarézuz enn hé géñver, hag hé frealzi, gañd aoun na vé mañtret gañd eunn dristidigez direiz.

8. Dré-zé é pédann ac'hanoc'h da grévaad hô karañtez évit-hañ.

9. Dré-zé eo ivé em eûz skrivet d'é-hoc'h, évid arnodi ac'hanoc'h, ha gouzout mar señtit é pép-trâ.

10. Ar péz a zistolit, a zistolann ivé; ha pa zistolann, é tistolann enn abek d'é-hoc'h é dén ar C'hrist.

11. Évit na vézimp két touelliet gañt Satan; râk n'omp kéd hép gouzout hé vénosiou.

12. Hôgen pa ounn bét deûed é Troad évit *prézégi* Aviel ar C'hrist, hag é oa digoret ann ôr d'in gañd ann Aotrou,

13. N'em eûz két bét a éhan em spéred, ô véza n'em boa két kaved énô va breûr Tituz: hôgen goudé béza lavaret kénavézô d'ézhô, éz iz étrézé Masédonia.

14. Trugarékaad a rann Doué, péhini hol laka bépréd da véza tréac'h é Jézuz-Krist, ha péhini a zoug dré-z-omp é pép léac'h ar c'houéz eûz a anaoudégez *hé hanô*.

15. Râk ni a zô dirak Doué c'houés vâd ar C'hrist, hag é-kéñver ar ré a zô kollet;

16. Da lôd c'houéz ar marô hô laka da vervel, ha da lôd all c'houéz ar vuez hô laka da véva. Ha piou a zô galloudek é-kéñver ann traou-zé?

17. Râk n'omp két ével meûr a hini, péré a zaotr gér Doué; hôgen ni a gomz gañd eeunder, ével a *berz* Doué, dirâk Doué, hag é dén ar C'hrist.

—

III. PENNAD.

1. Ha déraoui a raimp-ni c'hoaz en em erbédi hon-unan ? hag ézomm hon eûz-ni, ével biniennou, a lizéri erbéd évid-hoc'h, pé digan-é-hoc'h ?
2. C'houi eo hol lizer, péhini a zô skrivet enn hor c'halounou, péhini a zô gwézet ha lennet gañd ann dûd holl :
3. Ha c'houi a ziskouéz pénaoz oc'h lizer ar C'hrist, a zô bét gréat gan-é-omp, hag a zô bét skrivet, nann gañt liou, hôgen gañt Spéred ann Doué béô ; nann war daolennou mein, hôgen war daolennou kiguz péré eo hô kalounou.
4. Dré ar C'hrist eo hon eûz eunn hévéled fisiañs é Doué :
5. Né kéd ô hellfemp kaoud ac'hanomp hon-unan eur ménoz-bennâg, ével ac'hanomp hon-unan ; hôgen hor galloud a zeû eûz a Zoué :
6. Hag héñ eo en deûz hol lékéat da vézâ mâd da vinistred ann testamañt nevez, nann el lizer, hôgen er Spéred ; râg al lizer a lâz, hag ar Spéred a rô ar vuez.
7. Ma é deûz bét karg ar marô, merkét ha skrivet war ar vein eunn hévélep gloar, na hellé két bugalé Israel selloud out Moizez, enn abek da skéd hé zremm, péhini a dlié moñd-da-gét,
8. Pégémeñt na dlé két béza brasoc'h gloar karg ar Spéred ?
9. Râk ma é deûz bét gloar karg ar varnédigez, péger brasoc'h c'hoaz é vézô gloar karg ar wirionez.
10. Râg ar c'hloar a wéleur enn tû-zé n'eo nétrâ é-skoaz *hini ann Aviel* a zô kalz dreist.
11. Râk ma éz eûz gloar er garg a ia-da-gét, pégémeñt é tlé béza mui a c'hloar er garg a badô *da vikenn*.
12. Pa hon eûz éta eunn hévélep espérañs, é kémérompkalz a fisiañs :
13. Ha na réomp kéd ével Moizez péhini a lékéa eur wél war hé zremm, évit na vijé két gwélet gañt bugalé Israel hé zremm péhini a dlié moñd-da-nétra ;
14. Hôgen hô skiañchou a zô dallet ; râk c'hoaz biriô pa lennoñt ann Testamañt kôz, ar wel-zé a choumm war hô c'haloun, héb béza savet, râk n'eûz néméd ar C'hrist a gémeñd a hellé hé sével.
15. Ével-sé bété vréma, pa lenneur Moizez d'ézhô, hô deûz eur wél war hô c'haloun.
16. Hôgen pa zistrôi *hô c'haloun* oud ann Aotrou, é vézô lemmet ar wél.
17. Hôgen ann Aotrou a zô Spéred ; hag el léac'h ma éma Spéred ann Aotrou, énô éma ivé ar frañkiz.
18. Ével-sé ni holl, ô véza dizôlô hon dremm, é wélomp gloar ann Aotrou, omp kemmet enn eunn hévélep skeûden eûz a eur sklerder enn eur sklerder all, évél gañt Spéred ann Aotrou.

—

IV. PENNAD.

1. Dré-zé pa hon eûz eunn hévélep karg, bervez ann trugarez a zô bét gréad d'é-omp, na fallomp két ;
2. Hôgen pellaad a réomp diouzomp ar vézégez kuzet, hép kerzoud enn trôidel, hép saotra gér Doué ; hôgen ô tiskleria ar wirionez, hag ô tellézout meûleûdi ann dûd holl dirâk Doué.
3. Mar d-eo c'hoaz kuzet hon Aviel, évid ar ré gollet eo eo kuzet ;
4. Évid ar ré ziskrédik eûz a béré Doué ar béd-mañ en deûz dallet ar skiañchou, évit na lugernô kéd enn-hô goulou Aviel gloar ar C'hrist, péhini a zô skeûden Zoué.
5. Râk n'en em brézégomp kéd honunan, hôgen prézégi a réomp Jézuz-Krist bon Aotrou : ha ni a zô hô servicherien évit Jézuz :
6. Râg ann Doué en deûz gourc'hémennet d'ar goulou luc'ha eûz a greiz ann dévalien, en deûz ivé lékéad hé c'houlou enn hor c'halounou, évit ma hellfemp goulaoui gwiziégez gloar Doué, é dremm Jézuz-Krist.

7. Hôgen ann tenzor-zé a zougomp é listri pri, évit ma vézô anavézet pénaoz ar c'houékder anézhañ a zeû eûz a c'halloud Doué, ha nann ac'hanomp-ni.

8. É pép-trâ omp glac'haret, hôgen n'omp két mañtret : diénez hon eûz, hôgen na ziouéromp két pép-trâ :

9. Heskinet omp, hôgen n'omp két dilézet : distaolet omp, hôgen n'omp két kollet.

10. Dougen a réomp bépréd marô Jézuz enn hor c'horf, évit ma vézô gwélet ivé buez Jézuz enn hor c'horf.

11. Râk ni, é-pâd hor buez, éz omp bépréd kased d'ar marô évit Jézuz ; évit ma vézô gwélet ivé buez Jézuz enn hor c'hik marvuz.

12. Ével-sé *hé* varô en deûz hé c'halloud war-n-omp, hag *hé* vuez war-n-hoc'h.

13. Hag ô véza ma hon eûz eunn hévélep spéred a feiz, ével ma eo skrivet : Krédet em eûz, ha dré-zé em eûz komzet : ha ni a gréd ivé, ha dré-zé ivé é komzomp.

14. O c'houzout pénaoz ann hini en deûz dazorc'het Jézuz, a zazorc'hô ivé ac'hanomp gañt Jézuz, hag hol lakai dirâg gan-é-hoc'h.

15. Râg pép-trâ a zô évid-hoc'h, évit mar béz pûl ar c'hrâs, ma vézô ivé brasoc'h gloar Doué, dré ann drugarez a lavarô meûr a hini.

16. Dré-zé eo na zigalounékaomp két : hôgen pétrâ-bennâg ann dén ac'hanomp a zô enn diavéaz a zeû da vreina ; koulskoudé ann hini a zô enn diabars a zeû da névézi a-zeiz-é-deiz.

17. Râg ar prédik ker berr ha ker skañv eûz ann doaniou hon eûz *er béd-mañ*, a laka enn-omp ar pouéz peûr-baduz eûz a eur c'hloar ar vrasa :

18. Ével-sé na zellomp kéd ouc'h ann traou a wéleur, hôgen ouc'h ann traou na wéleur két. Râg ann traou a wéleur a zô évid eunn amzer, hôgen ar péz na wéleur két a zô peûr-baduz.

—

V. PENNAD.

1. Râg gouzoud a réomp pénaoz mar teû ann ti douar-mañ é péhini é-choumomp, d'en em ziforc'ha, Doué a rôi d'é-omp enn Ênv eunn ti all, eunn ti ha na vézô két gréat gañd dourn ann dén, hag a badô da vikenn.

2. Ann dra-zé eo hol laka da huanadi, gañd ar c'hoañt hon eûz da véza ével gwisket gañd ann ti-zé péhini a zô enn Ênv ;

3. Mar bézomp koulskoudé kavet gwisket, ha nann enn noaz.

4. Râg é-pâd ma'z omp *er c'horf-mañ* ével enn eunn telt, éc'h huanadomp dindân hé véac'h, ô véza na c'hoañtaomp két béza dibourc'het anézhañ, hôgen béza gwisket war-n-ézhañ, évit ma vézô louñket gañd ar vuez ar péz a zô marvel *enn-omp*.

5. Râk Doué eo en deûz hor gréat évit kémeñt-sé, hag en deûz rôed d'é-omp hé Spéred évid arrez.

6. Fisiout a réomp éta bépréd, ô c'houzout pénaoz é-pâd ma'z omp er c'horf-mañ, émomp ével pirc'hirined, *pell* diouç'h ann Aotrou :

7. Râk dré ar feiz éz éomp, ha nann dré ar gwél.

8. Hôgen ni hon eûz fisiañs hag eo gwell gan-é-omp mond er-méaz eûz ar c'horf-zé ha mond da gaoud ann Aotrou.

9. Dré-zé é lékéomp hor striv da blijoud da *Zoué*, daoust pé omp er c'horf, daoust pé omp er-méaz anézhañ.

10. Râk réd eo d'é-omp holl en em ziskouéza dirâk kador ar C'hrist, évit ma tigémérô pép-hini ar péz a zô dléet d'ann ôberiou en deûz gréat, mâd pé fall, é-pâd ma édo enn hé gorf.

11. O c'houzoud éta pénaoz eo ann Aotrou da zouja, en em zidamallomp dirâg ann dûd ; hôgen Doué a anavez pétrâ omp. Mé a esper omb ivé anavézet enn-hô koustiañs.

12. N'en em erbédomp két c'hoaz d'é-hoc'h, hôgen rei a réomp d'é-hoc'h ann tû d'en em veûli enn abek d'é-omp, évit ma bellot *en em zifenni* oud ar ré en em veûl er péz a wéleur, ha nann er péz a zô er galoun.

13. Râk mar buanékaomp, eo évid Doué : ha mar poellomp, eo évid-hoc'h.

14. Râk karantez ar C'hrist a vroud ac'hanomp; hag é vennomp pénaoz mar d-eo marô unan évid ann holl, ann holl éta a zô marô:

15. Ha pénaoz ar C'hrist a zô marô évid ann holl; évit na vévô mui ar ré a zô béô, évit-hô hô-unan, hôgen évid ann hini a zô marô ha dazorc'het évit-hô.

16. Dré-zé nî na anavézomp mui dén bervez ar c'hik. Ha ma hon eûz anavézet ar C'hrist hervez ar c'hik, n'hen anavézomp mui bréma *évél-sé.*

17. Ma éz eûz éta dén er C'hrist, eo eur c'hrouadur nevez; ann traou kôz a zô tréménet: chétu pép-trâ a zô deûed da véza nevez.

18. Ha pép-trâ a zeû eûz a Zoué, péhini en deûz hon unvanet gant-hañ hé-unan dré ar C'hrist, ha péhini en deûz rôed d'é-omp ar garg a unvaniez.

19. Râk Doué en deûz unvanet ar béd gañt-hañ hé-unan er C'hrist, hép tamalloud d'ézhô hô féc'héjou; hag héñ eo en deûz lékéad enn-omp ar gér a unvaniez.

20. Ober a réomp éta ar garg a gannaded évid ar C'hrist, ha Doué hé-unan eo a erbéd ac'hanoc'h dré-z-omp. *Évél-sé* é pédann stard ac'hanoc'h *é hanô* ar C'hrist d'en em unvani gañd Doué.

21. Gréad en deûz enn abek d'é-omp é-kéñver ann hini na anavézé kéd ar péc'hed, é-c'hiz pa vijé bét ar péc'hed *hé-unan*, évit ma teûjemp *gwirion* eûz a wirionez Doué enn-hañ.

—

VI. PENNAD.

1. O véza éta ken-ôbérourien *Doué,* éc'h erbédomp ac'hanoc'h na zigémérot két grâs Doué enn-aner.

2. Râg héñ a lavar: Kleved em eûz ac'hanod enn amzer vâd; da gennerzet em eûz é deiz ar zilvidigez. Chétu bréma ann amzer vâd, chétu bréma deiz ar zilvidigez.

3. Ha nî, na rôomp gwall-skouér é-béd, évit na vézô két tamallet hor c'harg.

4. Hôgen é pép-trâ en em ziskouézomp hon-unan éveI ministred Doué, gañd eunn habaskded brâz enn doaniou, enn ézommou, enn añkeniou,

5. Er c'houliou, er bac'hiou, enn dispac'hion, el labouriou, er beloù, er iunou,

6. Er glañded, er wiziégez, enn hirr-c'hortozidigez, er guñvélez, er Spéred-Sañtel, er garañtez gwirion,

7. Er gér a wirionez, é ners Doué, dré armou ar wirionez a zéou hag a gleiz;

8. Dré ann énor ha dré ann dismégañs; dré ann hanô-fall ha dré ann hanô-mâd: évél touellerien, ha *koulskoudé* tûd gwirion; évél tûd dizanaf, ha *koulskoudé* tûd anavézet;

9. Évél tûd daré da vervel, ha chétu omb béô; évél tûd kastizet, hag héb béza lazet;

10. Évél tûd trist, hôgen laouen bépréd: évél tûd paour, hôgen ô pinvidikaat meûr a hini; évél tûd hép tra é-béd, hag ô piaoua pép-trâ.

11. Hor génou a zigor évid-hoc'h, ô Koriñtied, hor c'haloun en em léd.

12. N'oc'h két strizet enn-omp: hôgen strized oc'h enn hô pouzellou:

13. Hôgen rôid d'in eunn hévélep gôbr: komza a rann ouz-hoc'h évél out va bugalé; lédid ivé *hô kaloun.*

14. Na zougit két ann hévélep iéô hag ar ré ziskrédik. Rak pé unvaniez a hell béza étré ar wirionez hag ar gaou? Ha pé gévrédigez a zô étré ar goulou hag ann dévalien?

15. Pé varc'had zô étré ar C'hrist ha Bélial? Ha pé rann zô étré ann dén krédik hag ann dén diskrédik?

16. Pé hévélédigez étré templ Doué hag ann idolou? Râk c'houi a zô templ ann Doué béô, évél ma lavar Doué *hé-unan:* Mé a choumô enn-hô, hag é valéinn enn hô c'hreiz. Mé a vézô hô Doué, hag hi a vézô va fobl.

17. Dré-zé tec'hid eûz a greiz ann dûd-zé, émé ann Aotrou, en em rannit diout-hô, ha na likiit kéd hô tourn war ar péz a zô dic'hlan;

18. Ha mé hô tigémérô: mé a vézô hô tâd, ha c'houi a vézô va mipien ha va merc'hed, émé ann Aotrou holl-c'halloudek.

VII. PENNAD.

1. Pa eo bét rôed éta ar gwéstlou-zé d'é-omp, va breûdeûr kér, en em garzomp eûz a gémeñt saotr ar c'hik hag ar spéred, ô peûr-ôber sañtélédigez é doujañs Doué.

2. Digémérid ac'hanomp. N'hon eûz gréat gaou oc'h dén ; n'hon eûz saotret dén ; n'hon eûz touellet dén.

3. Na lavarann kéd ann dra-mañ évid hô tamallout ; râk lavared em eûz d'é-hoc'h dijâ pénaoz émoc'h enn hor c'halounou d'ar marô ha d'ar vuez.

4. Komza a rann ouz-hoc'h gañt kalz a fisiañs ; en em veûli a rann kalz diwar hô penn : leûn ounn a zizoan, karged ounn a lévénez é-kreiz hon holl eñkrez.

5. Râk pa omp deûed er Masédonia, hor c'hik n'en deûz bét éhan é-béd, hôgen a bép seurt eñkrez hon eûz gouzañvet ; enn diavéaz emgannou, enn diabarz spouñtou.

6. Hôgen Doué, péhini a fréalz ar rê zoaniet, en deûz hor fréalzet dré zonédigez Titus.

7. Ha nann hép-kén dré hé zonédigez, hôgen ivé dré ar fréalzidigez en deûz bét digan-é-hoc'h, ô véza rôed da anaoud d'é-omp hô c'hoañt brâz *d'am gwélout*, hô taérou, hô karañtez vrâz évid-oun ; enn hévélep doaré ma em eûz bét eul lévénez vrasoc'h.

8. Râk pétrâ-bennâg ma em eûz hô tristéest gañt va lizer, n'em eûz kéd a geûz keulskoudé ; pétrâ-bennâg ma em eûz bét keûz a-raok, ô wélout pénaoz va lizer é doa hô tristéest évid eunn amzer.

9. Bréma en em laouénaan ; nann ô véza ma oc'h bét trist, hôgen ô véza ma é deûz hô tristidigez hô touged d'ar binijen. Râk trist oc'h bét hervez Doué, hag ével-sé ar boan hon eûz gréad d'é-hoc'h n'é deûz kaset gaou é-bed d'é-hoc'h.

10. Râg ann dristidigez a zô hervez Doué a zigas évid ar zilvidigez eur binijen stard ; hôgen tristidigez ar béd a zigas ar marô.

11. Sellit pégémeñt a draou ann distidigez-zé hervez Doué é deûz digaset enn-hoc'h, *nann hép-kén* a bréder, hôgen ivé a zidamallidigez, a hérez *évid ann drouk*, a zoujañs, a ioul *vâd*, a gendamouez, a veñjañs *eûz ann drouk*. Diskouézet hoc'h eûz é pép-trâ pénaoz é oac'h didamall é kémeñt-sé.

12. Dré-zé pa em eûz skrivet d'é-hoc'h, né két bét enn abek d'ann hini en deûz gréat ann drouk, nag enn abek d'ann hini en deûz hé c'houzañvet ; hogen évit rei da anaout ar préder brâz hon eûz évid-hoc'h dirâk Doué.

13. Râk-sé omp en em laouénéet. Hag enn hol lévénez omp bét c'hoaz laouénoc'h eûz a lévénez Titus, ô véza ma eo bét péoc'héet hé spéred gan-é-hoc'h holl.

14. Ha mar d-ounn en em veûlet ac'hanoc'h ô komza out-hañ, n'em eûz kéd a véz da gaout : hôgen ével ma eo gwir kémeñt hor boa lavared d'é-hoc'h, ével-sé ar veûleûdi hon eûz gréad d'é-hoc'h eûz a Titus a zô en em gavet gwir.

15. Hag heñ en deûz enn hé galoun eur garañtez vrasoc'h, pa zeû da goun d'ézhañ ar zeñtidigez ac'hanoc'h holl, ha pénaoz hoc'h eûz hé zigéméret gañd douj ha gañt krén.

16. En em laouénaad a rann éta ô véza ma hellann fisioud enn-hoc'h é pép-trâ.

VIII. PENNAD.

1. Hôgen réd eo d'é-omp rei da anaoud d'é-hoc'h, va breûdeûr, ar c'hrâs en deûz rôed Doué da Ilizou Masédonia :

2. Pénaoz ô véza bét arnodet gañt kalz a eñkrézou, hô lévénez a zô deûed da véza brâz-meûrbéd, hag hô faourentez vrâz é deûz skiñet gañt founder madou hô eeunder :

3. Râk, ha rei a rann ann testéni-zé d'ézhô, rôed hô deûz anézhô hô-unan kémeñt ha ma helleñt, hag ivé enn tu all d'ar péz a helleñt ;

4. O pidi ac'hanomp gañt kalz a striv da zigémérout hô aluzennou, ha da gémérout lôd eûz a bréder ar ré hô c'hasé d'ar Zeñt.

5. Ha n'hô deûz két gréat hép-kén ar péz a c'hédemp, hôgen en em rôed ïñt hô-unan da geñta d'ann Aotrou, ha goudé d'é-omp-ni dré ioul Doué.

6. Enn hévélep doaré ma hon eûz pédet Tituz, évei ma en deûz déraouet, da beûr-ôber ar c'hrâs-zé enn-hoc'h.

7. Hôgen ével ma founnit é pép-trâ, é feiz, é geriou, é gwiziégez, é pép préder, hag ouc'h-penn er garañtez hoc'h eûz évid-omp, é founnot ivé er c'hrâs-zé.

8. Na lavarann két koulskoudé ann drâ-mañ évid ôber eur gourc'hémenn d'é-hoc'h : hôgen hép-kén évid hô tougen dré ar skouér eûz a bréder ar ré all, da rei merkou mâd eûz hô karañtez.

9. Râk c'houi a anavez madélez hon Aotrou Jézuz-Krist, péhini, hag héñ pinvidik, a zô deûed da véza paour enn abek d'é-hoc'h, évit ma teûjac'h da binvidik dré hé baoureñtez.

10. Eunn ali eo a rôann amañ d'é-hoc'h, ô véza ma eo gounidus d'é-hoc'h ; c'houi péré hoc'h eûz déraouet nann hép-kén d'hé ôber, hôgen ivé d'hé iouli adaleg ar bloaz all.

11. Peûr-c'hrit éta bréma ar péz hoc'h eûz déraouet ; évit, ével ma eo bét téar hoc'h ioul *da ôber vâd d'hô preûdeûr,* ével-sé ivé é teûod d'hé sévéni gañd ar péz hoc'h eûz.

12. Râk mar d-eo téar ioul eur ré, é véz digéméret évid ar péz en deûz, ha nann évid ar péz n'en deûz két.

13. Ha na fell kéd d'in é vé diboaniet ar ré all, hag é vec'h ré garget : hôgen kémeñd-ha-kémeñt.

14. Ra zalc'hô léac'h bréma hô founder d'hô faoureñtez, évit ma vézô fréalzet hô paoureñtez gañd hô founder, ha ma teûi ar geit,

15. Ével ma eo skrivet : Ann hini *a zastumaz* kalz, n'en doé két muioc'h, hag ann hini *a zastumaz* nébeût, n'en doé két nébeûtoc'h.

16. Hôgen trugarékaad a rann Doué, ô véza ma en deûz rôed da galoun Tituz ann hévélep préder em eûz évid-hoc'h.

17. Râk digéméret mâd eo va féden gañt-hañ ; hag ô véza lékéat c'hoaz muioc'h a bréder, eo éat d'hô kavout anézhañ hé-unan.

18. Kaset hon euz ivé gañt-hañ hor breûr, péhini a zô meûlet brâz dré ann Aviel enn holl Ilizou ;

19. Ha péhini ouc'h-penn a zô dilennet gañd ann Ilizou évit mont gan-é-omp enn heñt, er c'hrâs-mañ a réomp évit gloar ann Aotrou, hag évit skoazia hon ioul vâd.

20. Hag é fell d'é-omp mirout na vemp tamallet évid ar founder-zé hon eûz méret.

21. Râg ôber a reomb ar mâd gañd évez brâz, nann hép-kén dirâk Doué, hôgen ivé dirâg ann dûd.

22. Kaset hon eûz c'hoaz gañt-hô hor breûr, péhini hon eûz anavézet évit béza évésiek é meur a zarvoud : ha kalz eo évésiékoc'h brémañ, ni a esper ervâd *hen digémérot*.

23. Hag ivé Tituz, péhini a zô va eil, ha va skoazel enn hô kounid, hag ivé hor breûdeûr *all*, Ébestel ann Ilizou, gloar ar C'hrist.

24. Diskouézid éta d'ézhô dirâg ann Ilizou pétrâ eo hô karañtez, ha pénaoz é tellézit ar meûleûdi hon eûz rôed d'é-hoc'h.

IX. PENNAD.

1. Didalvez é vé d'in skriva c'hoaz d'é-hoc'h diwar-benn ann aluzennou a dléeur da rei d'ar zeñt.

2. Râg gouzoud a rann pénaoz hô kaloun a zô trumm : ha dré-zé eo en em veûlann ac'hanoc'h dirâg ar Vasédonied, ô lavaroud d'ézhô pénaoz ann Akaia a zô daré abaoé ar bloaz tréménet, ha pénaoz hé keñdamouez é deûz keñtraouet meûr a hini.

3. Râk-sé em eûz kaset hor breûdeûr : évit n'am bézô két hô meûlet enn-aner diwar-benn kémeñt-sé, ha ma viot kavet daré, ével ma em eûz hé lavaret :

4. Gañd aoun, pa zeûi ar Vasédo-

nied gan-éñ, na gafcheñt ac'hanoc'h
dibaré, ha na zeûcheñt da rusia (évit
na livirimp két é vé c'houi) diwar-
benn kémeñt-sé.
5. Réd em eûz kavet éta pidi hor
breûdeûr da voñd d'hô kavout em
raok, évit ma vézô daré ann aluzen é
oac'h en em wéstlet da ôber, hôgen
ével eur bennoz, ha nann ével dré
bizôni.
6. Hé lavaroud a rann d'é-hoc'h,
pénaoz néb a hâd gañt pizôni, a védô
gañt pizôni, ha néb a had gañd foun-
der, a védô gañt founder.
7. Ra rôi pép-hini ar péz en dévézô
lékéad enn hé galoun da rei, nann
gañt tristidigez, pé ével dré rédi;
râk Doué a gâr ann hini a rô gañt
lévénez.
8. Ha Doué a zô galloudek évid hô
karga a béb seurt grasou, évit pa hô
pézô é péb amzer hag é pép trâ ké-
meñt ha ma hoc'h eûz ézomm, hô
pézô gañt founder péadrâ da brédéria
a bép seurt mâd-ôberiou :
9. Ével ma eo skrivet : Darnaoui a
ra *hé vadou*; hô rei a ra d'ar béorien :
hé wirionez a badô da virvikenn.
10. Ann hini a rô ann hâd d'ann
hader, a rôi d'é-hoc'h bara da zibri,
hag a greskô taoliou frouez hô kwi-
rionez;
11. Évit ma viot pinvidik é pép-trâ
ha gañt pép largeñtez; ar péz hol laka
da drugarékaat stard Doué.
12. Râg ar péz a rôit dré hon
daouarn-ni, na zalc'h két léac'h hép-
kén da ziouér ar Zeñt, hôgen ivé é
founna dré ann holl drugarézou a
zigas da Zoué;
13. Hag ar ré hô deûz lôd enn hô
largeñtez *dré hon daouarn*, a veûl
Doué eûz ann doujañs a añsavit évid
Aviel ar C'hrist, hag eûz ar vadélez
gañt péhini é rôit lôd *eûz hô madou*,
ha d'ézhô, ha d'ar ré all holl;
14. Hag a béd évid-hoc'h, hag a
c'hoañta hô kwélout, enn abek d'ar
c'hrâs c'houék hoc'h eûz béd digañd
Doué.
15. Ra vézô meûlet Doué eûz hé rô
dilavaruz.

—

X. PENNAD.

1. Hôgen mé va-unan Paol, é pé-
dann ac'hanoc'h dré guñvélez ha dré
boell ar C'hrist, mé péhini pa'z ounn
bézañd a zô disléber dira-z-hoc'h, ha
pa'z ounn ézvézañd a zô her enn hô
kéñver;
2. É pédann ac'hanoc'h na vézô két
réd d'in, pa vézinn bézañd, d'en em
réna gañd herder, ével ma venneur,
é-kéñver hiniennou, péré a laka enn
hô fenn pénaoz é kerzomp hervez ar
c'hik.
3. Râk pétrâ-bennâg ma kerzomp
er c'hik, na stourmomp két hervez ar
c'hik.
4. Armou hor soudarded-ni n'iñt
két kiguz; hôgen galloudus iñt é Doué
évid diskara ar c'hestel, hag évit terri
ar c'huzuliou,
5. Ha kémeñd a zâv ré huel a-énep
gwiziégez Doué, hag évit lakaad é
sklavérez ann holl spéréjou é dou-
jañs ar C'hrist ;
6. Pa hon eûz étré hon daouarn ar
galloud da wana ann holl zizeñtidigez,
pa vézô leûniet hô señtidigez.
7. Sellid ouc'h ann traou diouc'h
ann doaré. Ma venn eur ré enn-hañ
hé-unan pénaoz éma d'ar C'hrist, ra
vennô ivé enn-hañ hé-unan pénaoz,
ével ma éma d'ar C'hrist, émomb ivé
d'ar C'hrist.
8. Râk, ha pa en em veûlfenn
muioc'h eûz ar galloud en deûz rôed
ann Aotrou d'é-omp évit rei keñtel
vâd d'é-hoc'h, ha nann évid hô tiskar,
na zeûjenn kéd da rusia.
9. Hôgen évit na vézô két krédet
pénaoz é fell d'é-omp hô spouñta
gañt lizéri :
10. Râk lizéri *Paol*, émé-z-hô, a zô
poelluz ha kré ; hôgen pa éma bézañd,
hé gorf a zô gwân, hag hé lavar a zô
dister :
11. Ra vennô ann hini a lavar ével-
sé, pénaoz ével ma komzomp enn hol
lizéri ha ni ezvézañd, enn hévélep
doaré en em rénomp enn hon ôberiou
ha ni bézañd.
12. Râk na grédomp két en em la-
kaad *é reñk* hiniennou péré en em

veûl

veûl hô-unan, nag en em geida out-
hô : hôgen en em veñla a réomp war
ar péz omp évit-gwir enn-omp hon-
unan, hag en em geida a réomp ouz-
omp hon-unan.
13. Évei-sé nî n'en em veûlimp két
dreist-meñt, hôgen hervez meñt ar
reiz, en deûz Doué rannet d'é-omp,
ar veñt da véza deûet bétég enn-hoc'h.
14. Râk n'en em astennomp két
enn tu all d'ar péz a dléomp, ével pa
na vijemp két deûet bétég enn-hoc'h;
pa omp deûet bétég enn-hoc'h enn
eur brézégi Aviel ar C'hrist.
15. N'em em veûlomp kéd *éta* dreist-
meñt, é labouriou ar ré all : hôgen nî
a esper pénaoz ma kresk hô feiz, en
em veûlimp enn-hoc'h gañt founder
hervez hor reiz,
16. O prézégi ann Aviel d'ar ré a zô
enn tu all d'é-hoc'h : ha n'en em veû-
limp két é reiz eunn all er péz en dé-
vézô aozet dijâ.
17. Hôgen mar teû eur ré d'en em
veûli, r'en em veûlô enn Aotrou.
18. Râk né kéd ann hini en em
veûl hé-unan a zô da brizout, hôgen
ann hini a zô meûlet gañd Doué.

—

XI. PENNAD.

1. Plijet gañd Doué é bellfac'h gou-
zañvi eunn nébeût va diévézded ; ha
gouzañvit ac'hanoun.
2. Râk gañt gwarizi hô karann, hô-
gen gañt gwarizi Doué ; râg hô timé-
zet em eûz ével eur werc'hez dinam
da eur pried hép-kén, pébini eo ar
C'hrist.
3. Hôgen aoun em eûz pénaoz, ével
ma en deûz ann aer touellet Éva dré
hé ijinou, ével-sé ivé na vézô saotret
hô skiañchou, ha na zeûiñt da zis-
téraat eûz ann eeunder a zô er C'hrist.
4. Râk mar prézeg ann hini a zeû
eur C'hrist all égéd ann hini hon eûz
prézéget ; pé mar rô d'é-hoc'h eur
Spéred all égéd ann hini hoc'h eûz
digéméret ; pé mar prézeg eunn Aviel
all égéd ann hini a zô bét rôed d'é-
hoc'h, gañt gwir abek é c'houzañvit.
5. Râk mé a venn pénaoz n'em eûz
gréat nétrâ a nébeûtoc'h égéd ar ré
vrasa eûz ann Ebestel.
6. Mar d-ounn amzéré em c'hom-
siou, n'ounn kéd enn hévélep trâ er
wiziégez : hôgen en em ziskouézet
omp enn hô touez é pép trâ.
7. Hag eur gwall em eûz-mé gréat,
pa ounn en em izéléet évid hoc'h hué-
laat, ô prézégi d'é-hoc'h Aviel Doué
évit nétrâ ?
8. Dibourc'het eo ann Ilizou all
gan-éñ, ô tigéméroul gôbr digañt-hô
évit servicha ac'hanoc'h.
9. Ha pa oann gan-é-hoc'h, hag em
boa ézomm, n'em eûz béc'hiet dén :
râg ar vreûdeûr a zô deûed eûz a
Vasédonia hô deûz rôed d'in ar péz
em boa ézomm ; hag é pép trâ em eûz
hô servichet, hag hô servichinn héb
hô péc'hia.
10. Ével éma gwirionez ar C'hrist
enn-oun, na vézô két lamet ar veû-
leûdi-zé digan-éñ é brôiou ann Akaia.
11. Pérâg ? Ha n'hô karann-mé két ?
Doué her goar.
12. Hôgen ann dra-zé a rann, hag
a rinn, évit trouc'ha ann darvoud d'en
em veûli d'ar ré bé glask, ô fellout
d'ézhô en em ziskouéza héñvel ouz-
omp, évit kaout énô eunn abek a veû-
leûdi.
13. Râg ar seurt tûd-zé a zô fals
Ébestel, labourerien touelluz, péré a
fell d'ézhô kéméroud doaré Ébestel
ar C'hrist.
14. Ha né kéd eunn dra souézuz ;
râk Satan hé-unan a gémer ann doaré
eûz a eunn Éal-goulaouek.
15. Né kéd éta estlammuz mar teû
hé vinistred da géméroud doaré mi-
nistred ar wirionez : hôgen hô divez
a vézô héñvel oud hô ôberiou.
16. Hel lavaroud a rann c'hoaz d'é-
hoc'h (na vennô dén é venn eunn dén
diskiañt, pé da vihana digémérid
ac'hanoun ével eunn dén diskiañt,
évit ma hellinn ivé en em veûli eunn
nébeût) :
17. *Krédit, mar kirit*, pénaoz ar
péz a lavarann, n'hel lavarann két
hervez ann Aotrou, hôgen ével dré
ziboell, ar péz a zeû da abek d'in d'en
em veûli.

18. Pa en em veùl meùr a hini ber-
vez ar c'hik, mé en em veùló ivé.
19. Râg gouzañvi a rìd ar ré zis-
kiañt, pa'z oc'h fûr boc'h-unan.
20. Gouzañvi a rìt zô-kén é teûfé
eur ré d'hô lakaad é sklavérez, d'hô
tibri, da géméroud *hô trà*, d'hô tigé-
mérout gañt balc'hder, da skei war
hô tremm.
21. Em méz hel lavarann, ô véza
ma selleur ac'hanomp ével ré wan é-
kéñver ann dra-zé. Hôgen pa éz eûz
unan-bennâg hag a zô her (gañd di-
boell é komzann), mé a vézô her ivé.
22. Hag Hébréed iñt-hi? Ha mé
ivé. Hag Israélited iñt-hi? Ha mé ivé.
Hag eûz a wenn Abraham iñt-hi? Ha
mé ivé.
23. Ha Ministred ar C'hrist iñt-hi
(ével eunn dén diskiañt é komzann)?
Ha mé ivé mui égét-hô. Mui a labour
em eûz gréat; mui a daoliou em eûz
bét; mui a vac'hiou em eûz gou-
zañvet; aliesoc'h ounn bét daré da
vervel.
24. Digañd ar Iuzevien em eûz bét
é pemp gwéac'h, daou-ugeñt *taol
skourjez* neméd unan.
25. Teir gwéach ounn bét kannet
gañt gwial; eur wéach ounn bét la-
bézet; teir gwéach em eûz gréat
peñsé; eunn nôzvez hag eunn dervez
ounn bét é gwéled ar môr.
26. Aliez ounn bét enn ergersiou
é-gwall war ar steriou, é-gwall a berz
al laéroun, é-gwall a berz tûd va brô,
é gwall a berz ar Jeñtiled, é-gwall er
c'hériou, é-gwall enn distrô, é-gwall
war ar môr, é-gwall é-touez falz
vreûdeûr:
27. *En em gaved ounn* el labour hag
er skuizder, é kalz a zihunou, enn
naoun hag er séc'hed, é kalz a iunou,
er iénien hag enn noazded:
28. Ouc'h-penn ar poaniou-zé, péré
a zô a ziavéaz, va gêfridi pemdéziek,
ar préder em eûz eûz ann holl Ilizou.
29. Piou a zô gwân, hép ma wa-
nann gañt-hañ? Piou a gémer gwall-
skouér, hép ma loskann?
30. Mar d-eo réd en em veùli, mé
en em veùló eûz va foaniou.
31. Doué Tàd hon Aotrou Jézuz-
Krist, péhini a zô benniget enn holl
amzeriou, a oar pénaoz na lavarann
kéd a c'hevier.
32. É Damaz, ann hini a ioa penn-
brô évid ar Roué Arétaz a lékéa tûd
é kéar, évit va c'hémérout:
33. Hôgen diskennet é oenn dré
eur prénestr enn eur gést a-héd ar
vôger, hag ével-sé é tec'hiz dioud hé
zaouarn.

XII. PENNAD.

1. Mar d-eo réd en em veùli (ha né
kéd déréad hé ôber), é teûinn bréma
d'ar gwélédigésiou ha d'ann diskle-
riaduriou eûz ann Aotrou.
2. Anaoud a rann eunn dén er
C'hrist, péhini a oé skrapet ouc'h-
penn pevarzék vloaz zô (mar boé gañd
hé gorf, pé mar boé héb hé gorf, na
ouzonn két, Doué a oar), a oé skrapet
bété ann trédé Éñv.
3. Ha mé a oar pénaoz ann dén-zé
(mar boé gañd hé gorf, pé mar boé
héb hé gorf, na ouzonn két, Doué a
oar),
4. A oé skrapet er baradoz; hag é
klevaz *énô* komsiou kusct, ha né kéd
aotréed da eunn dén hô lavarout.
5. Mé a hellfé en em veùli *ô komza*
eûz a eunn dén ével-sé: hôgen évid-
oun-mé na fell d'in en em veùli né-
méd eûz va foaniou.
6. Râk ma fellfé d'in en em veùli,
na venn két diskiañt; râg ar wirionez
a lavarfenn: hôgen en em zerc'hel a
rann, gañd aoun na zeûfé eur ré da
brizout ac'hanoun enn tû all d'ar péz
a wél enn-oun, pé d'ar péz a glev
diwar va fenn.
7. Ha gañd aoun na zeûfé ar bras-
der eûz ann diskleriaduriou da uc'hé-
laad ac'hanoun, eo bét rôed d'in eur
broud em c'hik, *péhini eo* éal Satan,
évit va c'harvanata.
8. Râk-sé em eûz pédet teir gwéach
ann Aotrou, évit ma tec'hché *hen-nez*
diouz-in:
9. Hag héñ en deûz lavared d'in:
A-walc'h eo d'id kaout va c'hrâs; râk
va ners a wella er gwanded. En em
veùli a rinn éta a galoun vâd em

gwanderiou, évit ma choumô enn-oun ners ar C'hrist.

10. Dré-zé en em blijann em gwanderiou, enn disméganñsou, enn ézommou, enn heskinou, enn añkeniou évid ar C'hrist : râk pa ounn gwân, neûzé eo ounn kré.

11. Dibeell ounn deûet, ha c'houi eo hoc'h eûz va rédiet da véza. Râg gan-é-hoc'h eo é tlienn béza meûlet : pa n'ounn két bét distéroc'h égéd ar ré vrasa eûz ann Ébestel, pétrâ-bennâg n'ounn nétrâ.

12. Koulskoudé merkou va Abostoliez a zô en em ziskouézet enn hô touez gañt péb habaskded, gañd arouésiou, gañt burzudou, ha gañd ôberiou nerzuz.

13. Râk pétrâ hoc'h eûs-hu bét a nébeûtoc'h égéd ann Ilizou all, némét n'em eûz kéd hô péc'hiet ? Distaolid d'in ar gaou-zé.

14. Chétu ann trédé gwéach ounn en em reizet évit moñd d'hô kwélout, ha na rôinn kéd a véac'h d'é-hoc'h. Râk na glaskann kéd ar péz a zô d'é-hoc'h, hôgen c'houi eo a glaskann. Râk né kéd ar vugalé a dlé dastumi tenzoriou évid hô zadou, ann tadou eo a dlé dastumi évid hô bugalé.

15. Ha mé a rôi a galoun vâd *kémeñd em eûz*, hag en em rei a rinn c'hoaz va-unan évid hoc'h énéou, pétrâ-bennâg évid hô karoud ével ma rann, é karit nébeût ac'hanoun.

16. Hôgen bézet : n'em eûz két hô péchiet ; hôgen, *war hô menô,* eunn dén troidelluz ounn, hag eo felled d'in hô kéméroud dré ijin.

17. Ha lékéad em eûz-mé unan-bennâg eûz ar ré em eûz kaset étrézég enn-hoc'h da denna eunn dra digané-hoc'h ?

18. Pédet em eûz Tituz *da voñd d'hô kwelout*, hag em eûz kaset gañt-hañ unan eûz hor breûdeûr. Ha Tituz en deûs-héñ tennet eunn dra digané-hoc'h ? Ha n'hon eûz-ni kéd heûliet ann hévélep spéred ? Ha n'hon eûz-ni két kerzet war ann hévélep roudou ?

19. Ha menna a rit-hu c'hoaz pénaoz en em zidamallimp dirâz hoc'h ? Komza a réomb ouz-hoc'h dirâk Doué er C'hrist : ha kémeñd a lévéromp d'é-hoc'h, va breûdeûr kér, eo évid skouér-vâd d'é-hoc'h.

20. Râg aoun em eûz, pa'z inn d'hô kwélout, n'hô kavinn kéd ével ma fell d'in, ha na gavot két ac'hanoun ével ma fell d'é-hoc'h : *aoun em eûz* na vé enn hô touez reûstlou, gwariziou, drougiézou, strivou, drouk-komsiou, c'houibanadou, stambouc'hiou, dispac'hiou :

21. Hag ével-sé, pa zeûinn adarré d'hô kwévoul, na vézékajé Doué ac'hanoun enn hô prô, ha na vé réd d'in gwéla war veûr a hini péré hô doa péc'het a-raok, ha n'hô deûz két gréad pinijen eûz hô lousdôni, eûz hô gadélez, hag eûz hô likaouérez.

XIII. PENNAD.

1. Chétu évid ann trédé gwéach éz ann d'hô kwélout. É génou daou pé dri dést é savô pép gér.

2. Lavaret em eûz dijâ d'é-hoc'h, ha lavaroud a rann c'hoaz ha mé ézvézañd, hôgen ô véza ma vézinn bézañd *abarz néméur,* pénaoz ma teûann eur wéach all, na esperninn kéd ar ré hô deûz péc'het, nag ar ré all holl.

3. Ha felloud a ra d'é-hoc'h arnodi galloud ar C'hrist péhini a gomz dré va génou, péhini né két bét gwân, hôgen gallouduz enn hô touez ?

4. Râk pétrâ-bennâg ma eo bét staget oud ar groaz hervez ar gwander ; hôgen héva a ra bréma dré ners Doué. Ha ni ivé a zô gwân gañt-hañ, hôgen héva a raimp gañt-hañ dré ners Doué péhini a wéleur enn-hoc'h.

5. Eñklaskid hoc'h-unan mar d-émoc'h er feiz : en em arnodit hoc'h-unan. Ha na anavézit-hu kéd hoc'h-unan pénaoz éma Jézuz-Krist enn-hoc'h ? Némét kollet é vec'h a-grenn.

6. Hôgen mé a esper pénaoz éc'h anavézchot n'omp két ni kollet a-grenn.

7. Hôgen ni a béd Doué évit na réat droug é-béd ; nann évit ma vézimp kavet mâd, hôgen évit ma réot ar péz a zô mâd da ôber, ha pa dléfemp ni béza kollet.

8. Râk na bellomp nétrà a-énep ar wirionez, hôgen évid ar wirionez.

9. Ha laouen omp pa wélomp éz omp gwân, hag éz oc'h c'houi kré. Pidi a réomp évit ma teûod da vézô klôk.

10. Dré-zé é skrivann ann dra-mañ d'é-hoc'h ha mé ezvézañd, évid pa vézinn bézañd n'en em ziskouézinn két garvoc'h, hervez ar galloud en deûz rôed ann Aotrou d'in évit sével, ha nann évid diskara.

11. Enn-divez, va breûdeûr, en em laouénait, bézit dinam, en em galounékait, bézit fûr, bévid é péoc'h, ha Doué ar péoc'h hag ar garañtez a vézô gan-é-hoc'h.

12. En em zaludit ann eil égilé gañd eunn af sañtel. Ann holl zeñt a zalud ac'hanoc'h.

13. Grâs hon Aotrou Jézuz-Krist, ha karañtez Doué, ha hévrédigez ar Spéred-Sañtel ra vézô gan-é-hoc'h holl. Amen.

LIZER

SANT PAOL ABOSTOL

D'AR C'HALATED.

I. PENNAD.

1. Paol Abostol, nann a berz ann dûd, na dré eunn dén, hôgen dré Jézuz-Krist, ha Doué hé Dâd, péhini en deûz hé zazorc'het a douez ar ré varô :

2. Hag ann holl vreûdeûr a zô ganéñ, da Ilizou ar Galatia.

3. Ra vézô gan-é-hoc'h ar c'hrâs hag ar péoc'h digañd Doué ann Tâd, ha digañd hon Aotrou Jézuz-Krist,

4. Péhini a zô en em rôet hé-unan évid hor péc'héjou, hag évid hon tenna eûz a fallôni ar béd bézañd, hervez ioul Doué hon Tâd,

5. Da bioù eo ar c'hloar enn holl amzeriou. Amen.

6. Souézed ounn hô pé dilézet ker buan ann hini en deûz hô kalvet da c'hrâs ar C'hrist, évid heûlia eunn Aviel all.

7. Né kéd é vé eunn all ; hôgen béz' éz eûz hiniennou hag a nec'h ac'hanoc'h, hag a fell d'ézhô diskara Aviel ar C'hrist.

8. Hôgen ha pa zeûfemp-ni, pé eunn Éal eûz ann Éñv da brézégi d'é-hoc'h eunn Aviel dishével diouc'h ann hini hon eûz prézéget d'é-hoc'h, ra vézô milliget.

9. Ével ma hon eûz hé lavaret d'é-hoc'h koñtoc'h, hag hé lavaroud a rann c'hoaz bréman : Mar teû eur ré da brézégi eunn Aviel dishével diouc'h ann hini a zô bét rôed d'é-hoc'h, ra vézô milliget.

10. Râk piou a fell d'in da geñdre-c'hi bréma, pé ann dûd, pé Doué ? Ha klaskout a rann-mé plijoud d'ann dûd ? Mar fellfé d'in c'hoaz plijoud d'ann dûd, na vijenn két servicher ar C'hrist.

11. Diskleria a rann éta d'é-hoc'h, va breûdeûr, pénaoz ann Aviel em eûz prézéged d'é-hoc'h, na zeû kéd a berz ann dén :

12 O véza n'em eûz hé zigéméret, ha n'em eûz hé zesket gañd dén é-béd, hôgen dré ziskleriadur Jézuz-Krist.

13. Râk kleved hoc'h eûz pénaoz em eûz bévet gwéchall é kréden ar Iuzevien ; pénaoz em eûz heskinet enn eunn doaré direiz Iliz Doué, hag em eûz gwastet anézhi,

14. Ha pénaoz en em ziskouézenn gañt moi a ziboell é krédenn ar Iuzevien, égét meûr a hini eûz va oad hag eûz va brô, ô terc'hel gañd eunn oaz direiz kélénnadurésiou a-c'hénou hon tadou.

15. Hôgen pa eo plijet gañd *Doué*, péhini en deûz va dilennet adalek kôv va mamm, hag en deûz va galvet dré hé c'hrâs,

16. Diskleria d'in hé Vâb, évit ma prézégfenn anézhañ é-touez ar Jeñtiled; râk-tâl em eûz hé c'hréat hép sélaoui ar c'hik nag ar goâd;

17. Ha n'ounn kéd deûed da Jéruzalem da gavoud ar ré a ioa Ébestel em raok; hôgen éad ounn enn Arabia, hag ounn distrôet c'hoaz da Zamaz.

18. A-benn tri bloaz é teûiz da Jéruzalem da wélout Per, hag é choumiz pemzék déz gaût-hañ.

19. Hôgen na wéliz Abostol all é-béd, némét Jakez breûr ann Aotrou.

20. É kémeñd a skrivann d'é-hoc'h, chétu hel lavarann dirâk Doué, n'eûz gaou é-béd.

21. Ac'hanô éz iz da vrôiou ar Siria hag ar Silisia.

22. Hôgen né oann két anavézet a zremm gañd ann Ilizou a Judéa a grédé er C'hrist.

23. Klevet hô doa hép-kén pénaoz ann hini hô heskiné kéñt a brézégé neûzé ar feiz, out péhini é stourmé keñt;

24. Hag é veûleñt Doué divar va fenn.

II. PENNAD.

1. Pévarzék vloaz goudé éz iz adarré da Jéruzalem gañt Barnabaz, hag ô véza ivé kéméret Tituz gan-éñ.

2. Hôgen moñd a riz di hervez eur wélédigez; ha mé a zisklériaz gañt-hô d'ar bobl ann Aviel a brézégann d'ar Jeñtiled, ha dreist-holl d'ar ré vrasa anézhô; gañd aoun n'am bé rédet, pé na rédchenn enn-aner.

3. Hôgen na oé két rédiet Tituz, péhini a ioa gan-éñ, hag a ioa Jeñtil, da véza enwadet:

4. Hag enn abek d'ar fals-vreûdeûr a ioa deûed *enn Iliz*, hag a ioa en em lékéad enn hon touez évit spia ar frañkiz hon eûz é Jézuz-Krist, évid hol lakaad é sklavérez.

5. Na fellaz kéd d'é-omp pléga évid eur prédik, évit ma choumché gañ-é-hoc'h gwirionez ann Aviel.

6. Évelsé ar ré hô doa ann doaré da véza eunn dra-bennâg (ar péz iñt bét gwéchall né kéd em kers, ha Doué n'en deûz kemm é-béd évid dén), ar ré éta hô doa évid-oun ann doaré da véza eunn dra-bennâg, n'hô deûz desket d'in nétrâ a nevez;

7. Hôgen enn-énep pa wéljoñt pénaoz ar garg da brézégi ann Aviel d'ar ré zienwadet a oa bét rôed d'in, ével da Ber ar garg da brézégi d'ar ré enwadet;

8. (Râg ann hini en deûz lékéat Per da Abostol d'ar ré enwadet, en deûz ivé va lékéad da Abostol d'ar ré zienwadet)

9. Pa anavézaz Jakez, ha Kéfaz, ha lann, péré a hévélé beza ar peûliou *eûz ann Iliz*, ar c'hrâs a ioa bét rôed d'in, é rôjoñt hô dourn déou d'in ha da Varnabaz enn arouéz kévrédigez, évit ma prézégfemp-ni d'ar Jeñtiled, hag hi d'ar ré enwadet.

10. *Erbédi a réjoñt* hép-kén d'é-omp kaout koun eûz ar béorien; ar péz em eûz préder brâz da ôber.

11. Hôgen pa zeûaz Kéfaz da Añtiokia, mé a énébaz out-hañ enn hé zaou-lagad, ô véza ma oa tamalloz.

12. Râg a-raok ma oa deûet hiniennou a berz Jakez, héñ a zebré gañd ar Jeñtiled; hôgen goudé ma oeñd deûet, héñ en em dennaz hag en em rannaz diout-hô, gañd aoun râg ar ré a ioa enwadet.

13. Ar Iuzevien all a heûliaz hé drôidellérez, ha Barnabaz hé-unan a oé didennet enn hévélep trôidellérez.

14. Hôgen pa wéliz pénaoz na gerzeñt két eeun hervez gwirionez ann Aviel, é liviriz da Géfaz dirâg ann holl: Ma vévez é doaré ar Jeñtiled, ha té Iuzev, ha nann é doaré ar Iuzevien, pérâg é rédiez-té ar Jeñtiled da véva é-c'hiz Iuzevien?

15. Iuzevien omp ganet, ha n'omp két Jeñtiled, péré a zô péc'hérien.

16. Hôgen ô c'houzout pénaoz ann dén né két didamallet dré ôberiou al lézen, hôgen dré ar feiz é Jézuz-Krist, ni hon eûz hon-unan krédet é Jézuz-Krist, évit ma vézimp didamallet dré ar feiz er C'hrist, ha nann dré ôberiou al lézen: râk dén é-béd na vézô didamallet dré ôberiou al lézen.

17. Pa glaskomp béza didamallet

dré ar C'hrist, ma vemp kavet ivé péc'herien, hag ar C'hrist a vé ministr ar péc'hed? Doué ra virô.

18. Râk ma savann a nevez ar péz em eûz diskaret, ével torrer al lézen en em likiinn.

19. Hôgen marô ounn d'al lézen dré al lézen hé-unan, évit na vévinn mui néméd évid Doué. Staged ounn bét oud ar groaz gañd ar C'hrist.

20. Hag é vévann, pé geñtoc'h né két mé a vév, hôgen ar C'hrist eo a vév enn-oun. Ha mar bévann brémañ er c'hik, é vévann é feiz Mâb Doué, péhini en deûz va c'haret, hag a zô en em rôed hé-unan évid-oun.

21. Na zistaolann két grâs Doué. Râk mar teû ar wirionez dré al lézen, ar C'hrist a zô éta marô évit nétrâ.

—

III. PENNAD.

1. O Galated diskiañt, piou en deûz hô strôbinellet évit ma teûfac'h dizeñt d'ar wirionez, c'houi dirâk daou-lagad péré eo bét disrévellet Jézuz-Krist ével pa vijé bét staget oud ar groaz enn hô touez?

2. Eunn dra hép-kén a fell d'in da c'houzout diouz-hoc'h : ha dré ôberiou al lézen eo hoc'h eûz digéméret ar Spéred-Sañtel, pé dré ar feiz hoc'h eûz klevet?

3. Ha diskiañt a-walc'h oc'h-hu, évit, goudé béza déraouet dré ar Spéred, é teûfac'h bréma da beûr-ôber dré ar c'hik?

4. Hag enn-aner eo hô pézô gouzañvet kémeñt? Mé a gréd né vézô kéd enn-aner.

5. Ann hini a rô d'é-hoc'h ar Spéred, hag a ra burzudou enn hô touez, hag'hén her grâ dré ôberiou al lézen, pé dré ar feiz hoc'h eûz klevet?

6. Ével ma eo skrivet : Abraham a grédaz é Doué, hag *hé feiz* a oé nivéret d'ézhañ ével gwirionez.

7. Gwézit éta pénaoz ar ré a zô *bugalé* ar feiz, a zô ivé bugalé Abraham.

8. Ével-sé Doué ô râg-gwélout er Skritur pénaoz é tidamalché ar bobiou dré ar feiz, a réaz ann diouganmañ da Abraham : Ann holl boblou eûz ann douar a vézô benniget ennoud.

9. Dré-zé ar ré en em skoazel war ar feiz, a zô benniget gañd Abraham ar féal.

10. Hôgen piou-bennâg en em skoazel war al lézen, a zô dindân ar valloz; pa eo skrivet : Milliget ra vézô kémeñd hini na vir két kémeñd a zô skrivet é Levr al lézen.

11. Hag anad eo pénaoz dén n'eo didamallet dré al lézen dirâk Doué; râg ann dén gwirion a vév dré ar feiz.

12. Hôgen al lézen n'en em skoazel két war ar feiz; hôgen néb a virô ann traou-mañ, a vévô enn-hô.

13. Ar C'hrist en deûz hon dasprénet eûz a valloz al lézen, ô véza ma eo en em c'hréat malloz évid-omp; ével ma eo skrivet : Milliged eo néb a zô krouget oud ar prenn;

14. Évit ma teûjé bennoz Abraham war ar Jentiled é Jézuz-Krist, ha ma tigémerchemp dré ar feiz ar Spéred diouganet.

15. Va breûdeûr (hervez eunn dén é komzann), pa en deûz eunn dén gréad eur marc'had dré skrid, hag bén krétéet mâd, dén na zispriz anézhañ, ha na'z a dreist.

16. Doué en deûz rôed hé c'hér da Abraham, ha d'hé wenn. Na lavar két : Ha d'hé wennou, ével pa fellfé d'ézhañ komza eûz a veûr a hini; hôgen, ha d'hé wenn, da lavaroud eo, da unan eûz hé wenn, péhini eo ar C'hrist.

17. Ar péz a fell éta d'in da lavarout eo pénaoz eo bét krévéet ar gévrédigez gañd Doué, ha pénaoz al lézen péhini n'eo bét rôet némét pevar c'hant bloaz ha trégoñt goudé, na hell két béza bét lamet gañt-hañ évid hé lakaad da derri hé c'hér.

18. Râk mar d-eo dré al lézen eo rôed ann digouéz d'é-omp, n'eo mui éta dré ar gwéstl. Hôgen dré ar gwéstl eo en deûz Doué hé rôed da Abraham.

19. Pétrâ éta eo al lézen? Lékéad eo évid anaout ar gwallou a réad oc'h hé zerri, bété ma teûjé ar wenn da béhini é oa diouganet. Hag al lézen-

zé a zô bét rôet gañd ann Éled dré zourn eunn bañtérour.

20. Hôgen eunn bañtérour né kéd eûz a unan hép-kén : ha Doué n'eo néméd unan.

21. Hag al lézen éta a zô a-énep gwéstlou Doué? Doué ra virô. Râk ma é défé gellet al lézen a zô bét rôet, rei ar vuez, ar wirionez hép mâr é-béd a zeûfé eûz al lézen.

22. Hôgen ar Skritur é deûz serret, pép trâ dindân ar péc'hed, évit ma vijé rôet ar péz a oa gwéstlet dré feiz Jézuz-Krist d'ar ré a grédché enn-hañ.

23. Hôgen abarz ma oé deûed ar feiz, é oamp serret dindân al lézen, évit en em aoza d'ar feiz a dlié béza diskleriet.

24. Ével-sé al lézen a zô bét hor skôlier er C'hrist, évit ma vijemp didamallet dré ar feiz.

25. Hôgen pa eo deûed ar feiz, n'émomp mui dindân ar skôlier.

26. Bugalé Doué oc'h holl dré ar feiz é Jézuz-Krist.

27. Râk kémeñd hini ac'hanoc'h a zô bét badézet er C'hrist, en deûz gwisket ar C'hrist.

28. N'eo na Iuzeô na Jeñtil, na sklâv na frañk, na goâz na maouez; hôgen n'oc'h holl néméd unan é Jézuz-Krist.

29. Hôgen mar d-oc'h d'ar C'hrist, éz oc'h éta gwenn Abraham, hag ann héred hervez ann diougan.

—

IV. PENNAD.

1. Lavaroud a rann c'hoaz : Keit ha ma eo bugel ann her, né két disheñvel diouc'h eur mével, pétrâ-bennâg ma eo ann aotrou eûz a bép trâ :

2. Hôgen dindân ar warded ha dindân ar vérerien éma, bétég ann amzer merket gañd hé dâd.

3. Ével sé ni pa édomp bugalé, édomp sklaved dindân keñteliou ar béd.

4. Hôgen pa eo bét deûet sévénidigez ann amzer, Doué en deûz kaset hé Vâb, gréad eûz a eur c'hrég, gréad dindân al lézen ;

5. Évid daspréna ar ré a ioa dindân al lézen, hag hol lakaad da véza bugalé ann dilenn.

6. Hag ô véza ma'z oc'h bugalé, Doué en deûz kaset Spéred hé Vâb enn hô kalounou, péhini a gri Abba, va Zâd.

7. Dré-zé *hini ac'hanoc'h* n'eo bréma mével, hôgen mâb eo. Mar d-eo mâb, eo ivé her Doué dré Jézuz-Krist.

8. Gwéach all, pa na anavézac'h kéd Doué, é servichac'h ar ré na oa két douéed dré natur.

9. Hôgen bréma pa hoc'h eûz anavézet Doué, pé gwelloc'h pa oc'h bét anavézet gañd Doué, pénaoz é tistrôithu c'hoaz d'ar c'hélennou keñta-zé ker gwân ha ker paour, dindân péré é fell d'é-hoc'h servicha adarré?

10. Miroud a rid ann deisiou, hag ar misiou, hag ann amzeriou, hag ar bloasiou.

11. Aoun em eûz évid-hoc'h, n'em bé laboured évid-hoc'h enn-aner.

12. Bézid ével-d-oun, râk mé a zô ével-d-hoc'h : mé hô péd eûz a gémeñt-sé ; n'hoc'h eûz gréad droug é-béd d'in.

13. Râg gouzoud a rit pénaoz er penn-keñta em eûz prézéged d'é-hoc'h ann Aviel é gwander ar c'hik,

14. Ha pénaoz n'hoc'h eûz két va disprizet, na va distaolet *enn abek da wall-ioulou va c'hik* : hôgen va digéméred hoc'h eûz é-c'hiz eunn Éal Doué, ével Jézuz-Krist *hé-unan.*

15. Péléac'h éma éta hoc'h eurusded? Râk ann desténi-mañ a rôann d'é-hoc'h pénaoz *neûzé* hô pijé tennet, mar boa galluz, hô taoulagad, évid hô rei d'in.

16. Ha deûed oonn éta da énébour d'é-hoc'h, évit béza lavaret ar wirionez d'é-hoc'h?

17. En em rei a réoñt d'é-hoc'h, hôgen n'eo kéd évid ar mâd : hô pellaad a fell d'ézhô diouz-omp, évit ma en em rôot d'ézhô.

18. Hôgen c'houi en em rôid d'ar mâd évit-mâd é péb amzer, ha nann hép-kén pa en em gavann enn hô touez.

19. Va bugaligou, péré a c'hanann

c'hoaz, kén na vézô doaréet ar C'hrist enn-hoc'h,

20. Mé a garré bréma béza gan-é-hoc'h, ha kemma va mouéz; râg é poan émoun *évit komza* ouz-hoc'h.

21. Livirid d'in, c'houi péré a fell d'é-hoc'h béza dindân al lézen, ha n'hoc'h eûs-hu két lennet al lézen?

22. Râk skrived eo, pénaoz Abraham en deûz bét daou vab, unan eûz ar vatez, hag eunn all eûz ar c'hrég frañk.

23. Hôgen ann hini a zô deûed eûz ar vatez, a zô ganet hervez ar c'hik; hag ann hini a zô deûed eûz ar c'hrég frañk, a zô ganet dré ar gwéstl.

24. Ann traou-mañ a zô bét lavaret dré allégori. Râg ann diou vaouez-zé a zô daou destamañt. Unan anézhô a zô bét rôet war vénez Sina, ha n'é deûz ganet néméd sklaved: hag hennez eo Agar.

25. Râk Sina a zô eur ménez enn Arabia, war-barz al léac'h a zô bréma Jéruzalem, hag a zô sklâv gañd hé bugalé.

26. Hôgen ar Jéruzalem a zô d'ann néac'h, a zô dieûb: houn-nez eo a zô hor mamm.

27. Râk skrivet eo: Laouéna, grég vréc'hañ, pa na c'hanez két: strâk, ha garm, pa na wilioudez két: râg ann hini a zô dilézet é deûz mui a vugalé, égéd ann hini é deûz eunn ozac'h.

28. Ni a zô éta, va breûdeûr, bugalé ar gwéstl èvel Izaak.

29. Hag évcl neûzé ann hini a oa ganet hervez ar c'hik a heskiné ann hini *a oa ganet* hervez ar spéred, èvel-sé ivé *é c'hoarvez* bréma.

30. Hôgen pétrâ a lavar ar Skritur? Kâs-kuit ar vatez hag hé mâb; râk mâb ar vatez na vézô kéd da her gañt mâb ar c'hrég frañk.

31. Râk-sé, va breûdeûr, ni n'omp két bugalé ar vatez, hôgen *bugalé* ar c'hrég frañk: hag ar C'hrist eo en deûz hon dieûbet dré ar frañkiz-zé.

—

V. PENNAD.

1. Choumid enn hô sâ, ha n'en em likit mui dindân iéô ar sklavérez.

2. Chétu mé Paol é lavarann d'é-hoc'h, pénaoz ma likiid hoc'h enwada, ar C'hrist na dalvézô nétrâ d'é-hoc'h.

3. Hag oc'h-peun é tiskleriann da gémeñd dén a lakai hé enwada, pénaoz é tlé miroud al lézen holl.

4. C'houi péré a fell d'é-hoc'h béza didamallet gañd al lézen n'hoc'h eûz mui hô lôd er C'hrist, kouézed oc'h eûz ar c'hrâs.

5. Hôgen ni, dré ar feiz eo é c'hédomp digéméroud ar wirionez a berz ar Spéred-Sañtel.

6. Râg é Jézuz-Krist, nag ann enwad, nag ann dienwad na dâl nétrâ, hôgen ar feiz a zeû eûz ar garañtez.

7. Mâd é rédac'h; piou en deûz mired ouz-hoc'h na zeñtac'h oud ar wirionez?

8. Ann ali-zé na zeû kéd eûz ann hini en deûz hô kalvet.

9. Eunn nébeût goell a lakâ da c'hôi ann holl doaz:

10. Géda a rann eûz a vadélez ann Aotrou, pénaoz n'hô pézô kéd a vénosiou all *némét va ré;* hôgen néb a eñkrez ac'hanoc'h, a zougô ar varnidigez, piou-bennâg é vézô.

11. Ha mé, va breûdeûr, mar prézégann c'hoaz ann enwad, pérâg é c'houzañvann-mé c'hoaz ann heskinou? Gwall-skouér ar groaz a zô éta éad-da-nétra?

12. A-ioul é vé diskolpet ar ré a héskin ac'hanoc'h.

13. Râk c'houi, va breûdeûr, a zô galvet er frañkiz: hôgen likid évez na zeûfé kéd ar frañkiz-zé da abek d'é-hoc'h da véva hervez ar c'hik; hôgen en em zervichit ann eil égilé gañt karañtez ar Spéred.

14. Râg ann holl lézen a zô dalc'het er gér-mañ hép-kén: Karond a ri da nésa èvel-d-od da-unan.

15. Ma en em grogit, ma en em zibrit ann eil égilé, likid évez n'en em wastac'h ann eil égilé.

16. Hé lavaroud a rann éta d'é-hoc'h: Kerzid er Spéred, ha na zévénot két ioulou ar c'hik.

17. Râg ar c'hik a c'hoañta a-éneb ar spéred, hag ar spéred a-éneb ar c'hik; hag ann eil a zô énébour d'é-

gilé : eon hévélep doaré na rit két ar péz a garrac'h.

18. Mar d-oc'h rénet gañd ar Spéred, n'émoc'h kéd dindân al lézen.

19. Hôgen ôberiou ar c'hik a zô anat, ha c'hétu hi : Ar c'hadélez, al lousdôni, al likaouérez, ann oriadez,

20. Azeûlidigez ann idolou, ar goñtammérézou, ann énébiézou, ar reûstlou, ann hérésiou, ann drougiézou, ar strivou, ann droulañsou, ann hérésiou,

21. Ar gwariziou, al lazérézou, ar merveñtiou, ann dirollou, ha traou all héñvel : ha mé a ziougan d'é-hoc'h, ével ma em eûz diouganet, pénaoz ar ré a ra ann hévélep traou, na véziñt kéd héred rouañtélez Doué.

22. Hôgen frouez ar Spéred eo ar garañtez, al lévénez, ar péoc'h, ann habaskded, ann hégaradded, ar vadélez, ann hir-c'hortozidigez,

23. Ar guñvélez, ar feiz, ar poell, ann dalc'h, ar glanded. N'eûz kéd a lézen a-éneb ann hévéleb ôberiou-zé.

24. Hôgen ar ré a zô d'ar C'hrist, hô deûz staget hô c'hik oud ar groaz, gañd hé wallou, hag hé wall-ioulou.

25. Ma vévomp dré ar spéred, é kerzomb ivé dré ar spéred.

26. Na c'hoañtaomp két ar c'hloar wân, oc'h en em vrouda ann eil égilé, oc'h en em hérézi ann eil égilé.

VI. PENNAD.

1. Va breûdeûr, mar béz kouézet eur ré dré douellérez enn eur péc'hedbennâg, c'houi, péré a zô spéréduz, kélennit-héñ gañd eur spéred a guñvélez, pép-hini ô selloud out-hañ hé-unan, gañd aoun na vé temptet.

2. Dougit bec'hiou ann eil égilé ; ével-sé é sévénot lézen ar C'hrist.

3. Râk ma venn eur ré é vé euun dra-bennâg, pa n'eo nétrâ, en em douell hé-unan.

4. Ra arwestô pép-hini hé labour hé-unan, ha neûzé é kavô hé c'hloar enn-hañ hé-unan, ha nann er ré all.

5. Râk pép-hini a zougô hé véac'h hé-unan.

6. Néb a zô kélennet gañd ar gér, ra rôi lôd eûz hé holl vadou d'ann hini a gélenn anézhañ.

7. Na faziit két ; na réeur kéd a c'hoab eûz a Zoué.

8. Râg ann dén a védô ar péz en dévézô hadet. Néb a hâd er c'hik, a védô eûz ar c'hik ar vreinadurez ; hag ann hini a hâd er spéred, a védô eûz ar spéred ar vuez peûr-baduz.

9. Na skuizomp kéd éta oc'h ôber vâd ; râk ma na skuizomp két, é védimp pa vézô deûed ann amzer.

10. Dré-zé pa hon eûz ann amzer, gréomp vâd d'ann holl, ha dreist-holl d'ar ré hô deûz ann hévélep feiz gan-é-omp.

11. Gwélit pé lizer em eûz skrivet d'é-hoc'h gañt va dourn va-unan.

12. Râg ar ré a fell d'ézhô plijoud er c'hik, na rédioñt ac'hanoc'h d'en em enwada, néméd évid na c'houzañviñt kéd a heskin enn abek da groaz ar C'hrist.

13. Râg ar ré en em enwad, na viroñt kéd al lézen ; hôgen hi a fell d'ézhô é vec'h enwadet, évit ma en em veûliñt enn-hô kik.

14. Hôgen évid-oun-mé, a ioul ma *teûfenn* d'en em veûli, néméd é kroaz hon Aotrou Jézuz-Krist, dré béhini ar béd a zô bét staget oud ar groaz évid-oun, ha mé évit ar béd.

15. Râg é Jézuz-Krist ann enwad nag ann dienwad na dâl nétrâ, hôgen hép-kén ar c'hrouadurez nevez.

16. D'ar ré a heûlió ar reiz-zé ra vézô ar péoc'h hag ann trugarez, hag ivé da Israel Doué.

17. A-heñd-all na zeûi dén da eñkrézi ac'hanoun ; râk merkou ann Aotrou Jézuz a zougann war va c'horf.

18. Grâs hon Aotrou Jézuz-Krist *ra vézô* gañd hô spéred, va breûdeûr. Amen.

LIZER

SANT PAOL ABOSTOL

D'ANN ÉFÉZIED.

I. PENNAD.

1. Paol Abostol Jézuz-Krist dré ioul Doué, d'ann holl zeñt a zô é Éfézuz, ha d'ann dûd féal é Jézuz-Krist.

2. Ra vézô gan-é-hoc'h ar c'hrâs hag ar péoc'h digañd Doué hon Tâd, ha digañt Jézuz-Krist hon Aotrou.

3. Ra vézô benniget Doué ha Tâd hon Aotrou Jézuz-Krist, péhini en deûz hor benniget gañt péb bennoz spéréduz er C'hrist évid ann Éñvou;

4. É-c'hiz ma en deûz hon dilennet enn-hañ abarz krouidigez ar béd, évit ma vijemp señt ha dinam dira-z-hañ er garañtez;

5. Péhini en deûz hor c'heñd-dileûret, dré hé ioul vâd, évit béza hé vipien a zilennidigez dré Jézuz-Krist;

6. É meûleûdi gloar hé c'hrâs, dré béhini en deûz hol lékéad da véza hétuz enn hé Vâb karet-mâd,

7. É péhini hon eûz ann dasprénadurez dré hé c'hoâd, hag ann distaol eûz ar péc'héjou, hervez madou hé c'hrâs,

8. Péhini en deûz lékéat gañt founder enn-omp, é pép furnez hag é pép poell:

9. Évit ma tiskouézché d'é-omp disgwél hé ioul, hervez hé c'hrâd-vâd, dré béhini en deûz lékéad enn hé benn,

10. Pénaoz, pa vijé sévénet ann amzerioù reizet *gañt-hañ*, é c'hrounché pép-trâ er C'hrist, ken ar péz a zô enn Éñvou, ken ar péz a zô war ann douar;

11. Hag enn-hañ eo ivé omb bét galvet *ével* dré ann darvoud, ô véza bét keñd-dileûret hervez ratoz ann hini a ra pép-trâ diouc'h ali hé ioul hé-unan:

12. Évit ma vézimp meûleûdi hé c'hloar, nî péré hon eûz er penn-keñta lékéad hon espérañs er C'hrist;

13. Hag enn-hañ eo ivé c'houi, goudé béza klevet ar gér a wirionez (Aviel hô silvidigez), ha goudé béza bét krédet enn-hañ, oc'h bét arouézet gañd ar Spéred-Sañtel diouganet,

14. Péhini eo ann arrez eûz hon digouéz, bétég hon dasprénadurez, é meûleûdi hé c'hloar.

15. Dré-zé pa em eûz klevet *méneg* eûz hô feiz enn Aotrou Jézuz-Krist, hag eûz hô karañtez évid ann holl zeñt,

16. Na éhanann két da drugarékaad *Doué* évid-hoc'h, ô kaout koun ac'hanoc'h em pédennou;

17. Évit ma teûi Doué hon Aotrou Jézuz-Krist, Tâd ar c'hloar, da rei d'é-hoc'h ar spéred a furnez hag a zisklêriadur, évid hé anaout;

18. Ma sklérai daou-lagad hô kaloun, évit ma wézot pétrâ eo espérañz hô kalvidigez, ha pétrâ eo madou ha gloar hé zigouéz é-kéñver ar zeñt:

19. Ha péger braz eo hé c'halloud enn-omp-ni, péré a gréd hervez hé c'halloud hag hé ners,

20. En deûz diskouézet er C'hrist, oc'h hé zazorc'hi eûz a douez ar ré varô, hag oc'h hé lakaad enn tu déou d'ézhañ enn Éñvou;

21. Dreist pép priñsélez, ha pép galloud, ha pép ners, ha péb aotrouniez, ha péb hanô a hanveur, nann hép-kén er béd-mañ, hôgen ivé enn hini da zoñt.

22. Lékéad en deûz pép-trà da bléga dindân hé dreid, hag hé rôed en deûz da benn d'ann Iliz holl,

23. Péhini eo hé gorf, hag hé leûnder, héñ péhini a zeû da leûnia ann holl enn holl.

—

II. PENNAD.

1. Héñ eo en deûz hô *lékéad da véva* a nevez, pa oac'h marô enn hô kwallou hag enn hô péc'héjou,

2. É péré é kerzac'h keñt hervez boaz ar béd-mañ, hervez priñs galloud ann éar, ar spéred-zé, péhini a labour bréma war ar ré zifeiz.

3. É péré omb bét ivé holl keñt é ioulou hor c'hik, oc'h ôber c'hoañt ar c'hik hag hor ménosiou; hag é oamp dré hon natur bugalé ar vuanégez,ével ar ré all.

4. Hôgen Doué, péhini a zô pinvidig é trugarez, dré ann abek d'ar garañtez vrâz en deûz bét évid-omp,

5. Pa édomp marô dré hor péc'héjou, en deûz hol lékéad da gen-véva er C'hrist (dré c'hrâs péhini oc'h bét salvet),

6. Hag en deûz hor c'hen-zazorc'het, hag hol lékéad da gen-azéza enn Éñvou é Jézuz-Krist;

7. Évit ma tiskouézché enn amzeriou da zoñt ar madou founnuz eûz hé c'hrâs, dré ar vadélez en deûz béd évid-omb é Jézuz-Krist.

8. Râk dré ar c'hrâs eo oc'h bét salvet gañd ar feiz; hag ann dra-zéna zeû kéd ac'hanoc'h; râg eur rô eo eûz a Zoué:

9. Na zeû kéd eûz hon ôberiou, évit n'en em veûlô dén.

10. Râg hé labour omp, ô véza bét krouet é Jézuz-Krist enn ôberiou mâd en deûz aozet Doué, évit ma kerzchemp enn-hô.

11. Dré-zé hô pézet koun pénaoz, ô véza ma oac'h Jeñtiled keñt er c'hik, hag eûz ar ré a c'halved dienwadet, é kemm eûz ar ré a c'halved enwadet, dré ann abek d'ann enwad gréat er c'hik gañd ann dourn;

12. N'hô poa két neûzé a lôd er C'hrist; rannet é oac'h eûz a unvaniez Israel; diavésidi é oac'h é-kéñver ar gévrédigézou, héb espérañs é gér *ann Aotrou*, hag hép Doué er béd-mañ.

13. Hôgen bréma pa émoc'h é Jézuz-Krist, c'houi, péré keñt a oa pell, oc'h deûed tôst dré c'hoâd ar C'hrist.

14. Râg héñ eo hor péoc'h, péhini, eûz a zaou en deûz gréad unan, péhini en deûz torret enn hé gik ar vôger kreiz, a ioa da gasôni *d'ézhô;*

15. Péhini dré hé gélénnadurez en deûz torret lézen ar c'hourc'hémennou, évid ôber eûz a zaou enn-hañ hé-unan, eunn dén nevez hép-kén, ô lakaad ar péoc'h;

16. Hag évid hô unvani hô daou gañd Doué enn eur c'horf hép-kén dré hé groaz, ô laza enn-hañ ar gasôni.

17. Ével-sé eo deûet hag en deûz prézéget ar péoc'h, ha d'é-hoc'h péré a oa pell, hag ivé d'ar ré a oa tôst.

18. Râk-sé dré-z-hañ eo hon eûz digémer ann eil hag égilé étrézég ann Tâd enn eunn hévélep Spéred.

19. N'oc'h mui éta diavésidi ha divrôidi; hôgen ken-vourc'hisien ar Zeñt oc'h, ha mévellou Doué:

20. Pa oc'h savet war ziazez ann Ébestel hag ar Brofédèd, hag é Jézuz-Krist, péhini a zô hé-unan ar c'heñta méan-korn;

21. War béhini eo diazézet ann ti holl, hag é sâv ével eunn templ sañtel d'ann Aotrou:

22. Ha péhini a gen-zavit ivé, c'houi, ével eunn ti da Zoué dré ar Spéred-Sañtel.

III. PENNAD.

1. Dré-zé eo *ounn deúet*, mé Paol, *da véza* sklâv Jézuz-Krist évid-hoc'h, Jeñtiled;
2. Râk kleved hoc'h eûz *hêb arvar* pénaoz en deûz Doué rôed hé c'hrâs d'in évid *hé disteûrel* d'é-hoc'h;
3. Pénaoz eo diskleried d'in dré ziougan ann disgwél-zé, évcl ma em eûz skrivet d'é-hoc'h a-raog é berr gomsiou;
4. Dré bétrâ é hellit anaout, oc'h hé lenna, ar poell em eûz eûz a vister ar C'hrist,
5. Péhini n'eo két bét anavézet enn amzeriou all gañt bugalé ann dûd, évcl ma eo diskleriet bréma gañd ar Spéred-*Sañtel*, d'hé Ébestel sañtel, ha d'ar Broféded;
6. Pénaoz ar Jeñtiled a zô ken-héred, ken-gorfek, ha ken-lôdek é gér Doué é Jézuz-Krist dré ann Aviel,
7. Eûz a béhini ounn bét gréat ar ministr, hervez ar rô eûz a c'hrâs Doué, a zô bét rôed d'in hervez nerz hé c'halloud.
8. Rôed eo béd éta d'in, mé péhini a zô ann distéra eûz ar zeñt holl, ar c'hrâs da brézégi d'ar Jeñtiled pinvidigézou diboelluz ar C'hrist,
9. Ha da ziskleria d'ann holl péger kaer eo ar reiz eûz ann disgwél kuzet adalek derou ann amzeriou é Doué, péhini en deûz krouet pép-trâ:
10. Évit ma vézô anad dré ann Iliz d'ar briñsélézou ha d'ar c'halloudou eûz ann Éñvou, Doué é meûr a drâ dishenvel,
11. Hervez ar ménoz a-viskoaz en deûz sévénet é Jézuz-Krist hon Aotrou;
12. É péhini hon eûz fisiañs, hag é krédomp tôstaad out-hañ, dré ar feiz hon eûz enn-hañ.
13. Dré-zé na zigalounékait két, mé hô péd, oc'h va gwélout enn eñkrez évid-hoc'h: hô kloar eo kémeñt-sé.
14. Râk-sé eo é plégann va daoulin dirâk Tâd hon Aotrou Jézuz-Krist,
15. Eûz a béhini é kémer hé hanô ann holl dadélez a zô enn Éñv ha war ann douar,
16. Évit m'hô lakai hervez madou hé c'hloar da grévaat enn dén a-ziabars dré nerz hé Spéred:
17. *Ma lakai* ar C'hrist da choum dré ar feiz enn hô kalounou; évit, goudé ma viot bét grisiennet ha diazézet er garañtez;
18. Ma hellot poella gañd ann holl zeñt pétrâ co al léd, ann héd, ann uc'helded hag ann dounder,
19. Hag anaout karañtez ar C'hrist enn hor c'héñver, péhini a zô dreist pép gwiziégez, évit ma viot leûniet hervez pép leûnder Doué.
20. Hôgen d'ann hini péhini, dré ann nerz a zô gréat enn-omp, a hell ôber kals muioc'h éget kémeñt ha ma c'houlennomp, ha kémeñt ha ma vennomp,
21. Ra vézô ar c'hloar enn Iliz dré Jézuz-Krist, enn holl rummou é amzeriou ann amzeriou. Amen.

IV. PENNAD.

1. Hô pidi a rann éta stard, mé péhini a zô chadennet évid ann Aotrou, ma kerzot gañt pép déréadégez er c'halvédigez é péhini oc'h bét galvet,
2. Gañt pép vuelded, gañt pép kuñvélez, gañt péb habaskded, oc'h en em c'houzañvi ann eil égilé gañt karañtez;
3. O prédéria miront ann unvez a Spéred dré éré ar péoc'h.
4. Eur c'horf *oc'h* hag eur Spéred, évcl ma'z oc'h galvet enn eunn espérañs eûz hô kalvédigez.
5. *N'eûz néméd* eunn Aotrou, eur feiz, eur vadisiañt.
6. *N'eûz néméd* eunn Doué Tâd ann holl, péhini a zô dreist ann holl, ha dré ann holl, hag enn-omp holl.
7. Hôgen ar c'hrâs a zô bét rôet da bép-hini ac'hanomp hervez ar c'hemm eûz a rô ar C'hrist.
8. Dré-zé eo é lavar: O véza piñet d'ann néac'h en deûz kaset sklâv ar sklavérez, ha rôed en deûz hé rôou d'ann dûd.
9. Hôgen pérâg ef-hén lavaret co piñet, néméd dré ma'z co diskennet

da geñta er c'hévrennou douna eûz ann douar?

10. Ann hini a zô diskennet eo ivé ann hini a zô bét piñet dreist ann holl Ëñvou, évit sévéni pép trâ.

11. Hâg hén eo en deûz rôet lôd da Ébestel, lôd da Broféded, ré all da Aviélérien, ré all da Bastored, ré all da Zoktored;

12. Évit klôkaad ar zeñt é labour hô c'harg, hag évit sével korf ar C'hrist;

13. Bété ma tizimp holl unvez ar feiz, hag anaoudégez Mâb Doué, enn eunn dén klôk, é kemm ann oad eûz a leûnder ar C'hrist;

14. Évit na vézimp mui ével bugalé arvaruz, ha na vézimp két trôzouget gañt péb avel ann deskadurez, dré zrougiez ann dûd, ha dré ann touellérez gant péhini é tougoñd d'ar fazi;

15. Hôgen oc'h heûlia ar wirionez er garañtez, ma kreskimp é pép-trâ é Jézuz-Krist, péhini eo hor penn;

16. Dré béhini ar c'horf holl frammet hag unvanet dré bép mell, a zigémer ar c'hresk, hervez ar veñt a zéré da bép-hini eûz ann izili, évit ma savô ével-sé dré ar garañtez.

17. Hel lavaroud a rann éta d'éhoc'h, ha tést ounn eûz a gémeñt-sé dirâg ann Aotrou, pénaoz na gerzot mui ével ma kerz ar Jeñtiled *all*, é fougé hô ménoz,

18. Péré hô deûz hô skiañt leûn a dévalien, *péré a zô* pelléet eûz a vuez Doué; enn abek d'ann diwiziégez a zô enn-hô, ha da zalleñtez hô c'haloun:

19. Péré ô véza kollet pép fisiañs gañt-hô, a zô en em rôet d'al lousdôni, évid en em deûrel gañt fô é péb hudurnez, hag er bizôni.

20. Hôgen c'houi, né kéd ar péz hoc'h eûz desket *é skôl* ar C'hrist,

21. Pa eo gwir hoc'h eûz klevet ha desket énô, hervez ar wirionez eûz a *gélénnadurez* Jézuz:

22. Pénaoz *é tléit* kâs-kuit ann dén kôz, hervez hô puez keñta, péhini a zeû da vreina dré ar c'hoañtou touelluz;

23. Hag en em névézi é spéred hô ménoz,

24. Ha gwiska ann dén nevez, péhini a zô krouet hervez Doué er wirionez hag é sañtélez ar wirionez.

25. Dré-zé ô tisteûrel pép gaou, ra lavarô pép-hini ar wirionez d'hé nésa, ô véza ma'z omp ann izili ann eil eûz égilé.

26. Buanékait, ha na béc'hit két: na guzet két ann héol war hô puanégez.

27. Na rôit kéd a léac'h d'ann diaoul:

28. Néb a laéré, na laéret mui; hôgen labouret, ha gréat eunn dra-bennâg a vâd gañd hé zaouarn, évit ma en dévézô péadrà da rei d'ar ré a zô diénez gañt-hô.

29. Na zeûet er-méaz eûz hô kénou lavar droug é-béd: hôgen na zeûet némét lavariou mâd évit sével ar feiz, hag évid digas ar c'hrâs d'ar ré hô sélaou.

30. Ha na dristait két Spéred-Sañtel Doué, é péhini oc'h bét arouézet évit deiz ann dasprénadurez.

31. Taolid er-méaz ac'hanoc'h pép c'houervder, péb buanégez, pép frouden, pép garmérez, pép téôdad, ha pép drougiez.

32. Hôgen bézit mâd ann eil ékéñver égilé; *bézit* trugarézuz, ha distaolit *hô kwallou* ann eil d'égilé, ével ma en deûz Doué distaoled d'éhoc'h é Jézuz-Krist.

V. PENNAD.

1. Bézit éta heûlierien Doué, ével bugalé karet-mâd:

2. Ha kerzit er garañtez, ével ma en deûz ar C'hrist hor c'haret, hag en em rôed hé-unan évid-omp da Zoué, ével eur c'hinnig hag eunn hostiv a c'houés vâd.

3. Hôgen na vézet két klevet hanô enn hô touez nag eûz a c'hadélez, nag eûz a lousdôni é-béd, nag eûz a bizôni, ével ma téré da zeñt:

4. Na komsiou hudur, na ré foll, na ré farsuz, ar péz na zéré kéd oud hô stâd; hôgen keñtoc'h lavirit trugarez.

5. Râg gwézid ervâd pénaoz kémeñd hini a zô gadal, pé hudur, pé ré biz, ar péz a zô azeûli ann idolou, na zeûi

kéd da her da rouañtélez ar C'hrist ha Doué.

6. Na douelled dén ac'hanoc'h gañt komsiou gwân ; râg enn abek da gémeñt-sé eo é kouéz buanégez Doué war vugalé diskrédik.

7. Na vézit kéd éta kévrenneien gañt-hô.

8. Râk keñt é oac'h enn dévalien, hôgen bréma oc'h goulou enn Aotrou. Kerzid ével bugalé ar goulou ;

9. Râk frouez ar goulou a zô é pép mâd, enn eeunder, hag er wirionez.

10. Eñklaskid ar péz a zô hétuz da Zoué ;

11. Ha na gémérit kéd a lôd é ôberiou difrouez ann dévalien, hôgen enn-énep tamallit-hô.

12. Râk mézuz é vé zô-kén lavarout ar péz a réoñt enn disgwél.

13. Hôgen kémeñd a hell béza tamallet, a zô skléréet gañd ar goulou : râk kémeñd a sklera, a zô goulou.

14. Dré-zé eo bét lavaret : Saô, té péhini a zô kousket, saô eûz a douez ar ré varô, hag ar C'hrist a c'houlaouô ac'hanod.

15. Likid évez éta, va breûdeûr, da gerzout gañt furnez ; nann ével tud diboell,

16. Hôgen ével tud poellek, péré a zasprén ann amzer ; râg ann deisiou a zô drouk.

17. Na vézit kéd éta diévez, hôgen poellit pétrâ eo ioul Doué.

18. Ha na vezvit két gañt gwin, é péhini éma al likaouérez ; hôgen en em-leûñit eûz ar Spéred-Sañtel,

19. O komza étré-z-hoc'h eûz a zalmou, eûz a himnou, hag eûz a ganaouennou spéréduz ; ô kana hag ô salmi enn hô kalounou *meûleûdiou* ann Aotrou :

20. O trugarékaat bépréd eûz a bép-trâ Doué ann Tâd, é hanô hon Aotrou Jézuz-Krist.

21. O pléga ann eil d'égilé é doujañs ar C'hrist.

22. Ra blégô ar gragez d'hô ézec'h, ével d'ann Aotrou ;

23. Râg ann ozac'h a zô ar penn eûz ar c'hrég, ével ma eo ar C'hrist ar penn eûz ann Iliz ; hag héñ a zô ivé salver hé c'horf.

24. Ével éta ma plég ann Iliz d'ar C'hrist, ével-sé é tlé ivé ar gragez pléga d'hô ézec'h é pép-trâ.

25. Ézec'h, karid hô kragez, ével ma en deûz ar C'hrist karet hé Iliz, ha ma'z eo en em rôed hé-unan évit-hi,

26. Évid hé sañtéla, goudé béza hé glanet é kibel ann dour dré ar gér a vuez ;

27. Évit ma hé lakajé da zoñd diraz-hañ leûn a c'hloar, hép namm, hép roufen, ha netrâ all ével-sé, hôgen ô véza sañt ha dinamm.

28. Ével sé ann ézec'h a dlé karoud hô gragez ével hô c'horf hô-unan. Néb a gâr hé c'hrég, en em gar hé-unan.

29. Râk dén na gasa népréd hé gik hé-unan : hôgen hé vaga hag hé geñderc'hel a ra, ével ma ra ar C'hrist é-kéñver hé Iliz ;

30. Râk ni a zô izili hé c'horf, *gréat* eûz hé gik hag eûz hé eskern.

31. Dré-zé ann ozac'h a guitai hé dâd hag hé vamm, hag en em stagô oud hé c'hrég ; hag é véziñd daou-enn eur c'hik hép-kén.

32. Ar sakramañt-zé a zô brâz ; mé a lavar er C'hrist hag enn Iliz.

33. Hôgen ra garô pép-hini ac'hanoc'h hé c'hrég ével-t-hañ hé-unan ; ha ra zoujô ar c'hrég hé ozac'h.

—

VI. PENNAD.

1. Bugalé, señtit ouc'h hô tadou hag ouc'h hô mammou enn Aotrou ; râg eunn dra dléed eo.

2. Énor ha dâd ha da vamm (ar c'heñta gourc'hémenn eo da béhini en deûz Doué diouganet eur gôbr) ;

3. Évit ma teûiô mâd d'id, ha ma vévi pell war ann douar.

4. Ha c'houi, tadou, na hégit két hô pugalé ; hôgen savid anézhô oc'h hô deski hag oc'h hô zamallout hervez ann Aotrou.

5. Mévellou, señtit oud ar ré a zô hoc'h aotrounez hervez ar c'hik, gañd aoun ha gañd doujañs, é eeunder hô kaloun, ével oud ar C'hrist *hé-unan* :

6 Nann évid hô servicha hép-kén

a-zirâg, évei pa bô pé c'hoañt da bli-
joud d'ann dûd, hôgen évei mévellou
ar C'hrist, oc'h ôber ioul Doué a ga-
loun;
7. O servicha anézhô a ioul vâd é
gwél ann Aotrou, ha nann *é gwél*
ann dûd:
8. O c'houzout pénaoz pép-hini en
dévézô digañd ann Aotrou ar gôbr
eûz ar mâd en dévézô gréat, daoust
pé sklâv, pé frañk *é vézô*.
9. Ha c'houi, mistri, grid enn hé-
vélep trâ é-kéñver hô *mévellou*, ha na
c'hourdrouzit két anézhô, ô c'houzout
pénaoz émâ hô Aotrou hag hoc'h hini
enn Éñvou? péhini n'en deûz kemm
é-béd évid dén.
10. Enn divez, va breûdeûr, krévait
enn Aotrou, hag é ners hé holl-c'hal-
loud.
11. Gwiskit holl armou Doué, évit
ma hellot énébi out spiou ann diaoul.
12. Râk béz' hon eûz da stourmi,
nann oud ar c'hig hag oud ar goâd,
hôgen oud ar priñsed, hag ar ré c'hal-
loudek, out rénerien ar béd téval-
mañ, hag oud ar spéréjou droug a zô
enn éar.
13. Dré-zé kémérid armou Doué,
évit ma hellot ôber-penn enn deiz
drouk, ha choum stard é pép mâd.
14. Bézit stard éta, ha kémérid da
c'houriz ar wirionez ha da harnez ann
eeunder.
15. Likit boutou enn hô treid hag a
aozô ac'hanoc'h da Aviel ar péoc'h.
16. Kémérid dreist-holl tiren ar
feiz, gañt péhini é hello mouga holl
zarédou tanuz ann drouk.
17. Kémérid ivé tôg ar feiz, ha klézé
ar spéred, péhini eo gér Doué:
18. O pidi Doué é spéred é péb am-
zer dré ar béden ha dré ar brézégen;
hag oc'h en em brédéria gañt pép striv
ô pidi évid ann holl zeñt;
19. Hag évid-oun, évit ma vézô
rôed d'in geriou, ô tigeri va genou,
ma prézéginn gañd herder mister ann
Aviel,
20. Eûz a béhini é rann al leûri-
digez er chadennou: ha ma komzinn
anézhañ gañd ar frañkiz a zô dléet.
21. Hôgen évit ma wiot ar péz a
zell ouz-in, hag ar péz a rann, Tiki-
kuz, hor breûr kér, bélek féal ann
Aotrou, a rôi da anaoud d'é-hoc'h
pép-trâ;
22. Hag évit-sé eo em eûz hé gaset
étrézég enn-hoc'h, évit ma wézot pé-
trâ a c'hoarvez war-drô d'é-omp; ha
ma tizoaniô hô kalounou.
23. Ra vézô ar péoc'h d'hor breû-
deûr, hag ar garañtez gañd ar feiz,
digañd Doué ann Tâd, ha digañd hon
Aotrou Jézuz-Krist.
24. Ra vézô ar c'hrâs gañd ar ré
holl a gâr hon Aotrou Jéuz-Krist er
glanded. Amen.

LIZER

SANT PAOL ABOSTOL

D'AR FILIPPIED.

I. PENNAD.

1. Paol ha Timotéuz, servicherien Jézuz-Krist, d'ann holl zeñt é Jézuz-Krist péré a zô é Filippoz, ha d'ann diagoned.

2. Ra vézô gan-é-hoc'h ar c'hrâs hag ar péoc'h digañd Doué ann Tâd, ha digañd hon Aotrou Jézuz-Krist.

3. Trugarékaad a rann va Doué, kenn aliez gwéach ma teû koun d'in ac'hanoc'h;

4. Ha bépréd em fédennou é pédann évid-hoc'h holl gañt lévénez,

5. O véza ma hoc'h eûz bét hô lôd é Aviel ar C'hrist adaleg ann deiz keñta bété vréma.

6. Râk kridi a rann gañt fisiañs pénaoz ann hini en deûz déraouet ar mâd enn hô touez, hé beûr-c'hrai bété deiz Jézuz-Krist,

7. Déréad eo em bé ar gréden-zé ac'hanoc'h holl, ô véza ma hô tougann em c'haloun, dré ma oc'h holl ken-vreûdeûr va lévénez, hag em éréou, hag em difenn, hag é krévadurez ann Aviel.

8. Râk Doué a zô tést d'in pégémeñt hô karann holl é kaloun Jézuz-Krist.

9. Hag ar péz é pédann anézhañ da aotréa, eo ma kreskô hô karañtez mui-oc'h-vui é gwiziégez hag é pép skiañt:

10. Évit ma hellot anaoud ar péz a zô gwelloc'h, évit ma viot gwirion hag hép gwall é deiz ar C'hrist:

11. *Ha ma viot* leûn a frouez ar wirionez dré Jézuz-Krist: évit gloar ha meûleûdi Doué.

12. Hôgen mé a fell d'in, va breûdeûr, é oufac'h pénaoz ar péz a zô c'hoarvézet gan-éñ, a zô deûet évit kreskadurez ann Aviel:

13. Enn hévélep doaré ma éz eûz brûd eûz va éréou er C'hrist enn holl léz, hag é meûr a léac'h all;

14. Ha kalz eûz hor breûdeûr enn Aotrou ô kémérout fisiañs dré va éréou, hô deûz krédet mui-oc'h-vui prézégi gér Doué héb aoun.

15. Hiniennou zô évit-gwir hag a brézeg ar C'hrist dré hérez ha dré striv, lôd all a ioul vâd;

16. Lôd dré garañtez, ô c'houzout pénaoz ounn bét lékéat évit difenn ann Aviel;

17. Lôd all a brézeg ar C'hrist dré striv, ha nann gañd eeunder, ô kridi pénaoz é eñkrézoñt ac'hanoun em éréou.

18. Hôgen pé vern? Gañt ma vézô prézéget ar C'hrist enn eunn doaré-bennâg, daoust dré zarvoud, daoust dré wirionez: en em laouénaad a rann, hag en em laouénainn.

19. Râg gouzoud a rann pénaoz ké-

meñt-sé a zeûi da zilvidigez d'in, dré hô pédennou, ha dré skoazel Spéred Jézuz-Krist,

20. Gañd ar géd hag ann espérañs em eûz, pénaoz na faziinn két é nétrà; hôgen pénaoz ma komzann gañt péb herder, é vézô c'hoaz bréma meûlet er C'hrist em c'horf, daoust dré va buez, daoust dré va marô.

21. Râk Jézuz-Krist eo va buez, hag ar marô a zô eur gounid évid-oun.

22. Ma choumann béô em c'hik, é tenninn frouez eûz va labour; hag ével-sé na ouzonn pétrà da zilenna.

23. Eñkrézet ounn enn daou du: c'hoañt em eûz da véza dieûbet *eûz va c'horf*, ha da voñt gañd ar C'hrist; ar péz a zô ar gwella kalz:

24. Hôgen talvoudusoc'h eo évid-hoc'h é choumfenn em c'horf.

25. Dré-zé em eûz fisiañs é choumiun gan-é-hoc'h, hag é choumiun pell a-walc'h évid hô kwellaen, hag évit lévénez ar feiz;

26. Évit ma vézô brasoc'h hô trugarez é-kéñver Jézuz-Krist, pa'z inn adarré d'hô kwélout.

27. Likid évez hép-kén d'en em geñderc'hel ével ma'z eo dléet é Aviel ar C'hrist; évit ma wélinn, mar teûann étrézég enn-hoc'h, pé ma klevinn diwar hô penn, mar choumann ezvézañd, pénaoz é choumit stard enn eunn hévélep spéred, hag é labourit évit feiz ann Aviel;

28. Ha pénaoz hoc'h énébourien n'hô laka kéd da spouñta; ar péz a zô d'ézhô eunn abek a gollidigez, hôgen d'é-hoc'h eunn abek a zilvidigez, ha kémeñt-sé dré Zoué.

29. Râg eur c'hrâs eo en deûz grêad d'é-hoc'h ar C'hrist, nann hép-kén dré ma krédit enn-hañ, hôgen ivé dré ma c'houzañvit évit-hañ;

30. O véza ma'z oc'h enn hévélep stourmou, é péré hoc'h eûz va gwélet, hag é péré é klevit émounn bréma.

II. PENNAD.

1. Ma éz eûz éta eunn dizoan-bennâg er C'hrist, ma éz eûz eur fréalzidigez-bennâg er garañtez, ma éz eûz unvaniez er spéred, ma éz eûz karañtez enn trugarez,

2. Leûñit va lévénez, ô kaout ann hévélep ménosiou, ann hévélep karañtez, ann hévélep spéred, ann hévélep skiañchou;

3. Ével na *réot* nétrà dré striv pé dré fougé; hôgen ma krédô pép-hini dré vuelded ar ré all dreist-hañ;

4. Ma sellô pép-hini, nann oud ar péz en deûz hé-unan, hôgen oud ar péz hô deûz ar ré all.

5. Hô pézet ann hévélep ménoz hag en deûz bét Jézuz-Krist,

6. Péhini, hag héñ a oa Doué ennhañ, n'en deûz két krédet é vé eunn aloubérez évit-hañ da véza pâr da Zoué:

7. Hôgen en em zistéréed eo hé-unan, ô kémérout aoz eur servicher, oc'h en em lakaad héñvel oud eunn dén, hag ô véza kéméred dré hé zoaré évid eunn dén.

8. En em izéléet eo hé-unan, ô toñd da véza señtuz bétég ar marô, ha marô ar groaz.

9. Dré-zé eo en deûz Doué hé huéléet, hag en deûz rôed d'ézhañ eunn hanô, péhini a zô dreist péb hanô:

10. Évid é hanô Jézuz ma plégô pép glin enn env, war ann douar, hag enn ifernou;

11. Ha ma añsavô pép téôd pénaoz hon Aotrou Jézuz-Krist a zô é gloar Doué ann Tâd.

12. Dré-zé, va breûdeûr kér, ével ma hoc'h eûz señtet bépréd, hô pézet préder, nann hép-kén pa émounn bézañd enn hô touez, hôgen ivé bréma muioc'h pa ounn ezvézañd, da ôber hô silvidigez gañd aoun ha gañt krén.

13. Râk Doué eo a ra enn-hoc'h ann ioul hag ann ôber, hervez hé c'hrâd-vâd.

14. Hôgen grît pép-trâ hép krôzou, hag hép rendaélou:

15. Évit ma viot didamall, ha gwirion ével mipien Doué, ha dinam é-kreiz eur vrôad diroll ha saotret: é-touez péhini é luc'hit ével goulaouennou er béd;

16. O tougen enn-hoc'h ar gér a vuez é meûleûdi d'in é deiz ar C'hrist,

ô véza n'em eûz két rédet enn-aner, ha n'em eûz két labouret enn-aner.

17. Hôgen ha pa dléfenn rei va buez war ar sakrifiz ha war ann hostiv eûz hô feiz, en em laouénaad a rann, hag é ken-laouénainn gan-é-hoc'h holl.

18. En em laouénaid ivé, ha ken-louénait gan-éñ.

19. Mé a esper gañt *grâs* hon Aotrou Jézuz, é kasinn abars némeûr Timotéuz étrézég enn-hoc'h, évit ma vézinn ivé dizoaniet, ô klevout eûz hô kelou.

20. Rak n'em eûz dén a vé ken unvan gañ-éñ, hag en défé eur garañtez ker gwir évid-hoc'h.

21. Râk pép-hini a glask ar péz a zô d'ézhañ hé-unan, ha nann ar péz a zô da Jézuz-Krist.

22. Hôgen c'houi a oar pénaoz em eûz hé arnodet, ha pénaoz en deûz servichet gan-éñ ô prézégi ann Aviel, ével ma servich eur mab hé dâd.

23. Espéroud a rann éta hé gâs d'é-hoc'h, kerkeñt ha m'am bézô gwélet ar péz a zô enn-drô d'in.

24. Fisiañs em eûz enn Aotrou, pénaoz éz inn ivé hép-dalé étrézég enn-hoc'h.

25. Koulskoudé em eûz krédet é oa réd kâs adarré d'é-hoc'h Epafroditus va breûr, péhini eo va skoazel em c'harg, va eil em stourmou, hoc'h Abostol c'houi, ha va zervicher em ézommou.

26. Râk c'hoañt brâz en doa d'hô kwéloud holl, ha trist é oa ô véza ma hô poa klevet é oa klañv.

27. Râg évit-gwir klañv eo bét bétég ar marô : hôgen Doué en deûz bét truez out-hañ ; ha nann hép-kén out-hañ, hôgen ivé ouz-in, gañd aoun n'am bé tristidigez war dristidigez.

28. Hé gaset em eûz éta gañt mui a wall, évit ma laouénaot pa her gwélot adarré, ha ma vézinn dic'hlac'haret va-unan.

29. Digémérid éta anézhañ gañt pép lévénez enn Aotrou, hag énorit ar seurt tûd ;

30. Râg enn abek da ôber ar C'hrist eo bét tôstéed d'ar marô, ô rei hé vuez, évit sévéni ar skoazel na hel-lac'h két rei d'in hoc'h-unan.

III. PENNAD.

1. A-heñd-all, va breûdeûr, en em laouénait enn Aotrou. Né kéd doaniuz d'in, ha talvouduz eo d'é-hoc'h é skrifenn d'é-hoc'h ann hévélep traou.

2. Tec'hid diouc'h ar chas, tec'hid diouc'h ann droug-ôbérourien, tec'hid diouc'h ann trouc'h.

3. Râk ni a zô ann trô-drouc'h, ni péré a zervich Doué a spéred, hag en em veûl é Jézuz-Krist, ha nann ô fisiout er c'hik.

4. Né két na helfenn kaout fisiañs er c'hik ; ha ma hell eur ré fisioud er c'hik, é hellann c'hoaz hé ôber muioc'h ;

5. Pa ounn bét enwadet ann eizved derved, pa ounn eûz a wenn Israel, eûz a vreûriez Beñjamin, Hébré ganet eûz a Hébréed, hervez al lézen Farizian,

6. Hervez ar geñdamouez, heskiner Iliz Doué, hervez ar wirionez, a zô el lézen, ô véza rénet eur vuez didamall.

7. Hôgen ar péz a zellenn *neûzé* ével eur gounid, em eûz sellet ével eur c'holl enn abek d'ar C'hrist.

8. Ouc'h-penn é vennann pénaoz pép-trâ a zô eur c'holl é-skoaz ann anaoudégez buel eûz a Jézuz-Krist hon Aotrou, évit péhini em eûz diouéret pép-trâ, oc'h hé zellout ével teil, évit ma c'hounézfenn ar C'hrist,

9. Hag é vijenn kavet enn-hañ, nann ô kaout va gwirionez va-unan, péhini a zeû eûz al lézen, hôgen ann hini a zeû eûz ar feiz é Jézuz-Krist, ar wirionez a zeû eûz a Zoué dré ar feiz ;

10. Ha ma anavézinn anézhañ, ha ners hé zavorc'hidigez, hag al lôd enn hé c'hloasiou, ô véza hévélébékéet oud hé varô :

11. Évit ma hellinn enn-divez tizoud dazorc'hidigez ar ré varô.

12. Né kéd em bé a-vréma digéméret ar péz a c'hédann, pé é venn klôk a-vréma : hôgen da heûl éz ann, évit ma hellinn tizout ar péz évit péhini ounn bét kéméret gañt Jézuz-Krist.

13. Va breûdeûr, na vennann két em bé tizet. Hôgen ar péz a rann

bréma eo, goudé béza añkounac'héet
ar péz a zô war va lerc'h, hag ô tiar-
benna ar péz a zô em raok,
14. E rédann étrézék penn ann da-
chen, évit gounid ar gôbr eûz a c'hal-
védigez huel Doué é Jézuz-Krist.
15. Mar d-omp éta klôk, ra ven-
nimpével-sé : ha ma vennit enn eunn
doaré all, Doué a zisklerió d'é-hoc'h
ar péz a dléid *da gridi*.
16. Hôgen é-kéñver ar péz a ou-
zomp a-vréma, hor bézet ann hévélep
ménosiou, ha choumomp enn hévélep
reiz.
17. Grid ével-d-oun, va breûdeûr,
ha sellid oud ar ré a gerz hervez ar
skouér hoc'h eûz gwélet enn-omp.
18. Râk kalz a zô, eûz a béré em
eûz aliez komzed d'é-hoc'h, hag eûz a
béré é komzann c'hoaz bréma enn eur
wéla, hag a gerz ével énébourien da
groaz ar C'hrist ;
19. Péré hô dévézô da zivez ar marô
peûr-baduz ; péré a râ hô Doué eûz
hô c'hôv ; a laka hô gloar enn hô
méz, ha na venn némét traou ann
douar,
20. Hôgen evid-omp-ni hon ti a zô
enn eñvou ; hag ac'hanô eo ivé é c'hé-
domp hor Salver, hon Aotrou Jézuz-
Krist.
21. Péhini a gemmô hor c'horf dis-
léber, évid hé lakaad da véza héñvel
oud hé gorf leûn a c'hloar, dré ann
ôbéridigez *nerzuz* gañt péhini é hell
lakaat pép-trâ da bléga d'ézhañ.

—

IV. PENNAD.

1. Dré-zé, va breûdeûr kér ha ka-
ret-mâd, va lévénez ha va gurunen,
choummit stard ével-sé enn Aotrou, va
breûdeûr kér.
2. Mé a béd Évodiaz, mé a béd
stard Siñtiké da gaout ann hévélep
kréden enn Aotrou.
3. Da bidi a rann ivé, té péhini a zô
bét da eil d'in, da skoazella *ar gragez*
péré hô deûz labouret gan-éñ évit rei
da anaoud ann Aviel, hag ivé Klé-
meñt, hag ar ré all hô deûz va skoa-
ziet enn c'harg, hag hanôiou péré a
zô skrivet el levr a vuez.
4. En em laouénait bépréd enn Ao-
trou : hel lavarond a rann adarré, en
em laouénait.
5. Ra vézô anavézet hô poell gañd
ann dûd holl. Ann Aotrou a zô tôst.
6. Na vézit nec'het gañt nétrâ : hô-
gen é pé stâd m'en em géfot, rôid da
anaoud da Zoué hô koulennou, gañt
pédennou ha gañt trugarézou.
7. Ha péoc'h Doué, péhini a zô
dreist pép ménoz, ra virô hô kalon-
nou hag hô spéréjou é Jézuz-Krist.
8. Enn divez, va breûdeûr, kémeñd
a zô gwir, kémeñd a zô déréad, ké-
meñd a zô eeun, kémeñd a zô sañtel,
kémeñd a zô karadek, kémeñd a zô
meûluz, kémeñt a zô hervez ann
doaré-vad hag hervez ar reiz, men-
nit-hô.
9. Grid ar péz hoc'h eûz desket
gan-éñ, hoc'h eûz kéméret digan-éñ,
hoc'h eûz klevet gan-éñ, hoc'h eûz
gwélet enn-oun ; ha Doué ar péoc'h
a vézô gan-é-hoc'h.
10. Hôgen en em laouénéet kaer
ounn enn Aotrou, ô véza ma hoc'h
eûz névézet ar préder hô poa gwé-
chall évid-oun. Ann hévélep préder
hô poa, hôgen harzet é oac'h.
11. Né kéd enn abek d'am diénez é
lavarann kémeñt-sé ; râk desket em
eûz, é pé stâd ma vézann, d'en em
gavont mâd.
12. Mé a oar béva enn distervez,
mé a oar béva er founder ; ha diouc'h
pép léac'h, ha diouc'h pép trâ ounn
boazet, diouc'h ar gwalc'h ha diouc'h
ann naoun, diouc'h ar pulder ha
diouc'h ann diénez.
13. Pép-trâ a hellann enn hini a
gréva ac'hanoun.
14. Koulskoudé gréat mâd hoc'h
eûz, ô kémérout lôd eûz va glac'har.
15. Râg gouzoud a rit, Filippied,
pénaoz pa zéraouiz prézégi d'é-hoc'h
ann Aviel, pa'z iz-kuit eûz ar Masé-
donia, Iliz all é-béd n'é deûz rannet hé
madou gan-éñ, néméd hoc'h hép-kén ;
16. C'houi péré hoc'h eûz kaset diou
wéach d'in é Tessalonika kémeñd em
boa ézomm.
17. Né kéd é klaskfenn hô roou,

hôgen klaskoud a rann ar frouez founnuz eûz hô préder.

18. Râk béz' em eûz pép-trâ, hag a-walc'h em eûz. Leûn ounn gañd ar péz hoc'h eûz kased d'in dré Épafroditus, ével eunn hostiv c'houés-vâd, digéméret gañd Doué, ha kavet-mâd gañt-hañ.

19. Ra leûnió va Doué hoc'h holl ézommou, hervez bé vadou, é gloar Jézuz-Krist.

20. Hôgen meûleûdi *ra vézô* d'hon Tâd enn holl amzeriou. Amen.

21. Saludid ann holl zeñt é Jézuz-Krist.

22. Ar vreûdeûr a zô gan-éñ a zalud ac'hanoc'h. Ann holl zeñt a zalud ac'hanoc'h, ha dreist-holl ar ré a zô é ti Kézar.

23. Grâs hon Aotrou Jézuz-Krist ra vézô gañd hô spéred. Amen.

LIZER

SANT PAOL ABOSTOL

D'AR GOLOSSIED.

I. PENNAD.

1. Paol Abostol Jézuz-Krist dré ioul
Doué, ha Timotéuz hé vreûr,
2. D'ar zeñt ha d'ar vreûdeûr léal é
Jézuz-Krist a zô é Kolossa.
3. Ra zeûi d'é-hoc'h ar c'hrâs, hag
ar péoc'h digañd Doué hon Tâd, ha
digañ hon Aotrou Jézuz-Krist. Truga-
rékaad a réomp Doué, Tâd hon Aotrou
Jézuz-Krist, hag é pédomp anézhañ
bépréd évid hoc'h ;
4. O véza klevet *komza* eûz hô feiz
é Jézuz-Krist, hag eûz ar garañtez
hoc'h eûz évid ann holl zeñt,
5. Enn espérañs eûz ar *madou* a zô
mired d'é-hoc'h enn eñvou, hag eûz
a béré hoc'h eûz klevet mének er gér
a wirionez eûz ann Aviel ;
6. Péhini a zô deûet bétég enn-
hoc'h, ével ma éma er béd holl, é
péléac'h é toug frouez hag é kresk,
é-c'hiz ma en deûz gréat enn hô touez,
abaoé ann deiz é péhini hoc'h eûz
klevet hag anavézet grâs Doué er wi-
rionez,
7. Ével ma hoc'h eûz desket gañd
Épafraz hon eil kér, péhini a zô évid-
hoc'h eunn ôbérer féal da Jézuz-Krist,
8. Ha péhini en deûz rôed da anaoud
d'é-omp hô karañtez spéréduz.
9. Dré-zé abaoé ann deiz é péhini
hon eûz klevet *kémeñt-sé,* na éhanomp
két da bidi évid-hoc'h, ha da c'hou-
lenni *digañd Doué,* ma leûnið ac'ha-
noc'h eûz a anaoudégez hé ioul é pép
furnez hag é pép skiañt spéréduz :
10. Évit ma kerzot enn eunn doaré
dìn a Zoué, ô plijoud d'ézhañ é pép-
trâ, ô tougen frouez a bép seurt mâd-
ôberiou, hag ô kreski é gwiziégez
Doué ;
11. Ma viot krévéet a bép ners her-
vez ar galloud eûz hé c'hloar, évit
kaoud é pép-trâ ann habasked, ann
hir-c'hortozidigez gañd al lévénez ;
12. O trugarékaad Doué ann Tâd,
péhini en deûz hol lékéad da véza dìn
da gaout lôd é digwéz ar zeñt er
goulou ;
13. Péhini en deûz hon tennet eûz
a c'halloud ann dévalien, hag en deûz
hon dizouget é rouañtélez hé Vâb kér;
14. Dré c'hoad péhini omb bét das-
prénet, hag hon eûz bét ann distaol
eûz hor péc'héjou :
15. Péhini eo ar skeûden ann Doué
diwéluz, ar c'henta ganet eûz ann
traou krouet :
16. Râk pép-trâ a zô bét krouet
gañt-hañ enn eñvou ha war ann
douar, ann traou a wéler, hag ann
traou na wéler két, ann trônou, ann ao-
trouniézou, ar priñsélézou, ar gallou-

doû : pép-trà a zô bét krouet gañt-hañ hag évit-hañ.

17. Hag héñ a zô keñt pép-trà, ha pép-trà a zô enn-hañ.

18. Héñ eo ar penn eûz a gorf ann Iliz; héñ eo ann derou, ar c'heñtaganet eûz ar ré varô, évit ma vézô ar c'heñta é pép-trà.

19. O véza ma eo plijet gañd ann *Tâd* é choumfé enn-hañ pép leûnder;

20. É vijé unvanet pép-trà dré-z-hañ hag enn-hañ, ô véza péoc'héed dré ar goâd en deûz skuJet war ar groaz, hag ar péz a zô war ann douar, hag ar péz a zô enn eñvou.

21. Ha c'houi hoc'h-unan a ioa gwéchall diavésidi, hag énébourien *Doué* dré hô *kwall* vénosiou ha dré hô kwall ôberiou.

22. Hôgen bréma *Jézuz-Krist* en deûz hoc'h unvanet dré hé varô enn hé gorf marvel, évid hô lakaad da véza señt, ha dinam, ha didamall dira-z-hañ :

23. Mar choumit koulskoudé diazézet, ha stard er feiz : ha postek é espérañs ann Aviel hoc'h eûz klevet, a zô bét prézéged d'ann holl grouadurien a zô dindân ann eñv, hag eûz a béhini ounn bét, mé Paol, lékéat da ôbérer,

24. Mé péhini en em laouéna bréma er c'hloasiou a c'houzañvann évidhoc'h, hag a zeû da leûnia em c'hik ar péz a zô c'hoaz da c'houzañvi d'ar C'hrist, évid hé gorf, péhini eo ann Iliz;

25. Eûz a béhini ounn bét lékéad da ôbérer hervez ar garg en deûz rôed Doué d'in, évid hé frédéria enn hô kéñver, ô leûnia gér Doué :

26. O prézégi d'é-hoc'h ar mister a zô bét kuzed d'ann holl amzeriou ha d'ann holl boblou, hag a zô bét diskleriet bréma d'hé zeñt,

27. Da béré eo felled da Zoué rei da anaout madou gloar ann disgwél-zé er Jeñtiled, péhini eo ar C'hrist, espérañs hô kloar ;

28. Péhini a brézégomp, ô kélenna pép dén, ô keñtélia pép dén enn holl furnez, ô lakaat pép dén da véza klôk é Jézuz-Krist.

29. Évit-sé eo é labourann, ô stourmi dré hé ners a zô galloud enn-oun.

II. PENNAD.

1. Rak mé a fell d'in é oufac'h péger brâz eo ar prêder em eûz évidhoc'h, évid ar ré a zô é Laodiséa, hag évid ar ré n'hô deûz biskoaz gwélet va dremm hervez ar c'hik.

2. Évit ma vézô fréalzet hô c'halounou, hag ô véza unvanet étré-z-hô dré ar garañtez, ma véziñt leûn eûz a holl vadou ar skiañt, évid anaout mister Doué ann Tâd, ha Jézuz-Krist.

3. É péhini eo kuzet holl denzoriou ar furnez hag ar wiziégez.

4. Hôgen kémeñt-mañ a lavarann, évit na zeûi dén d'hô touella gañt lavariou huel.

5. Râg évid-oun da véza ezvézañd a gorf, éz ounn koulskoudé gan-éhoc'h a spéred : hag é wélann gañt lévénez hô reiz, hag ar stardder eûz hô feiz er C'hrist.

6. Keñdalc'hid da véva é Jézuz-Krist hon Aotrou, é-c'hiz *ar gélennadurez* en deûz rôed d'é-hoc'h;

7. Grisiennit, ha savid ével eunn ti war-n-ézhañ, ha krévait er feiz, ével ma hoc'h eûz hé zesket, ha kreskit enn-hañ enn trugarézou.

8. Likid évez na zeûfé dén d'hô touella gañd ar filosofi, gañt barradou gwân hervez tradision ann dûd, hervez keñtéliou ar béd, ha nann hervez ar C'hrist.

9. Râg enn-hañ é choum holl leûnder ann Douélez gañd hé gorf.

10. Ha c'houi a zô leûn enn-hañ, héñ péhini a zô da benn da bép priñsélez, ha da bép galloud :

11. É péhini oc'h bét enwadet, nann dré eunn enwad gréat gañd ann dourn évid digroc'henna kig ar c'horf, hôgen dré enwad ar C'hrist :

12. O véza bét liénet gañt-hañ er vadisiañt, é péhini oc'h bét ivé dazorc'het dré ar feiz é ôber Doué, péhini en deûz hé zazorc'het eûz a douez ar ar ré varô.

13. Râk c'houi pa oac'h marô enn hô kwallou, hag é dienwad hô kik, éc'h asbévit gañt-hañ, goudé m'en deûz distaoled d'é-hoc'h hô kwallou ;

14. O tiverka ar skrid a ioa a-énep

d'é-omp, ô terri al lézen a damallé ac'hanomp, hag oc'h hé staga oud hé groaz.

15. Hag ô véza dibourc'het ar briñsélézou hag ar c'halloudou, eo deûz hô c'hased dirâg ann holl, goudé béza hô zrec'het enn-hañ hé-unan.

16. Na varned éta dén ac'hanoc'h évid ann dibri, pé évid ann éva, pé enn abek d'ann deisiou goél, pé évid al loar nevez, pé évid ann deisiou sabbat :

17. Pa n'eo ann traou-zé néméd ar skeûd eûz ann traou da zoñt, ha ma'z eo ar C'hrist ar c'horf.

18. Na douelled dén ac'hanoc'h, gañd ioul ar vuelded, gañd azeûlidigez ann élez, oc'h en em vouñta enn traou n'en deuz két gwélet, oc'h en em c'houéza gañt ménosiou gwân hé gik,

19. Hag hép derc'hel d'ar penn, a béhini ar c'horf holl a zô doaréet ha frammet gañt koulmou ha gañd éréou, hag a gresk dré ar greskadurez a rô Doué d'ézhañ.

20. Mar d-oc'h éta marô gañd ar C'hrist da geñtéliou ar béd-mañ, pérâg oc'h-hu reizet c'hoaz ével pa vec'h béô er béd?

21. Na zournatit két, *a lévéreur d'éhoc'h*, na dañvait két, na dastournit két :

22. Kémeñt-sé a zô traou hag hô dévézô holl ho divez er boaz, hervez lézennou ha kélénnadurésiou ann dûd:

23. Pétrâ-bennâg hô deûz doaré ar furnez er gwall-gréden hag er vuelded, ha nann évid espernoud ar c'horf, nann enn eunn énor-bennâg évit gwalc'ha ar c'hik.

—

III. PENNAD.

1. Mar d-oc'h éta dazorc'het gañd ar C'hrist, klaskid ar péz a zô a-ziouc'h, é péléac'h éma ar C'hrist azézet enn tu déou da Zoué.

2. Kavit-mâd ar péz a zô a-ziouc'h, ha nann ar péz a zô war ann douar.

3. Râk marô oc'h, hag hô buez a zô kuzet gañd ar C'hrist é Doué.

4. Pa en em ziskouézô ar C'hrist, péhini eo hô puez, neûzé en em ziskouézot ivé gañt-hañ er c'hloar.

5. Gwanid éta hoc'h izili douarek ; *gwanid* ar c'hadélez, ann dic'hlanded, al lousdôni, ar gwall-ioul, ar bizôni, péré a zô azeûlidigez ann idolou :

6. Enn abek da béré é teû buanégez Doué *da gouéza* war vugalé ann digrédôni ;

7. É péré hoc'h eûz kerzet gwéchall, pa vévac'h enn hô c'hreiz.

8. Hôgen bréma dilézid ivé c'houi ann holl béc'héjon-zé, ar vuanégez, ar c'harveñtez, ann drougiez, al lédouet : ha na zeûi eûz hô kénou gér louz é-béd.

9. Na livirit kéd a c'hevier ann eil oud égilé : diwiskit ann dén kôz gañd hô ôberiou,

10. Ha gwiskit ann dén nevez, péhini a zô névézet enn anaoudégez, hervez skeûden ann hini en deûz hé grouet :

11. É péléac'h n'eûz na Jeñtil, na Iuzéô, nag enwad, na-dienwad, na dén gouéz, na Sitiad, na sklâv, na frañk ; hôgen ar C'hrist, péhini a zô holl enn holl.

12. Gwiskid éta, ével tûd dilennet gañd Doué, señt ha karet-mâd, kalounou trugarézuz, kuñvélez, vuelded, poell hag habaskded :

13. En em c'houzañvit ann eil égilé, ha ra zistaolô pép-hini da néb en deûz gwall c'hréat enn hé géñver ; ével ma en deûz Doué distaoled d'é-hoc'h, distaolid ivé.

14. Hôgen dreist-holl hô pézet ar garañtez, péhini eo ann éré eûz ar c'hlôkded.

15. Ra zavô enn hô kalounou péoc'h ar C'hrist, é péhini oc'h bét galvet enn eur c'horf hép-kén ; ha bézid anaoudek.

16. Gér ar C'hrist ra choumô ennhoc'h gañt paodder, hag é pép furnez : oc'h en em zeski, oc'h en em gélenna ann eil égilé gañt salmou, gañd himnou, gañt kanaouennou spéréduz, ô kana gañt grâs enn hô kalounou meûleûdiou ann Aotrou.

17. Kémeñt trâ éta a réot, pé dré gomz pé dré ôber, grit pép-trâ é hanô

hon Aotrou Jézuz-Krist, ô trugarékaad dré-z-hañ Doué ann Tâd.
18. Gragez, plégid d'hoc'h ézec'h, ével ma eo réd, enn Aotrou.
19. Ézec'h, karid hô kragez, ha na vézit két c'houerô enn hô c'héñver?
20. Bugalé, señtid oud hô tadou hag oud hô mammou é pép trâ; râk kéméñt-sé a zô hétuz d'ann Aotrou.
21. Tadou, na hégit két hô pugalé, gañd aoun na zeûfeñd da zigalounékaat.
22. Mévellou, señtit é pép trâ oud ar ré a zô hoc'h Aotrounez hervez ar c'hik, nann oc'h hô servicha hép-kén a zirâg, ével pa hô pé c'hoañt da blijoud d'ann dûd, hôgen é eeuûder hô kaloun, gañd doujañs Doué.
23. Kéméñt trâ a réot, grît-héñ a galoun, é gwél ann Aotrou, ha nann é gwél ann dûd;
24. O c'houzout pénaoz eo digañd ann Aotrou hoc'h eûz bét ar gôbr eûz ann digwéz, eo ann Aotrou Jézuz-Krist a dléid da zervicha.
25. Hôgen néb a ra drouk, en dévézô ar boan eûz hé zrougiez: ha Doué n'en deûz kemm é-béd évid dén.

IV. PENNAD.

1. Mistri, grîd é-kéñver hô mévellou ar péz a zô hervez ar gwir hag ar reiz, ô c'houzout pénaoz hoc'h eûz ivé eur mestr enn eñv.
2. Keñdalc'bit er béden, ha belit enn-hi, enn eur drugarékaat.
3. Pédit ivé évid-omp, évit ma tigorô Doué hor génou da brézégi hé c'hér ha mister ar C'hrist, évit péhini émounn éréet:
4. Évit ma *hellinn* hé ziskleria ével ma eo réd d'in.
5. Kerzit gañt furnez étrézég ar ré a zô er-méaz *eûz ann Iliz,* ô taspréna ann amzer.
6. Ra vézô bépréd hô lavar séven, ha poellet gañt c'hoalen, évit ma wiot pénaoz é tléit respouñta da bép-hini.
7. Tikikuz, hor breûr kér, bélek féal, ha va eil é servich ann Aotrou, a rôi da anaout d'é hoc'h kéméñt trâ a zell ouz-in;
8. Hag évit-sé eo em eûz hé gaset étrézég enn-hoc'h, évit ma wézô pétrâ a c'hoarvez enn-drô d'é-hoc'h, ha ma tizoaniô hô kalounou.
9. Kâs a rann ivé Onézimuz, hor breûr kér ha féal, péhini a zô eûz hô prô. Hi a rôi da anaout d'é-hoc'h kéméñd a réeur ama.
10. Aristarkuz va c'hen-brizonnier a zalud ac'hanoc'h, ha Mark ivé keñderf Barnabaz, a béhini hoc'h eûz klevet mének: mar teû d'hô kwélout, digémérit-héñ mâd;
11. Ha Jézuz, a c'halveur ar Gwirion. Ar ré-zé a zô bét enwadet. N'eûz némét-hô bréma a géméñd a labour gan-éñ évit rouañtélez Doué, péré hô deûz va dizoaniet.
12. Épafraz, péhini a zô eûz hô prô a zalud ac'hanoc'h. Eur servicher eo eûz a Jézuz-Krist, péhini a stourm bépréd évid-hoc'h enn hé bédennou, évit ma viot stard ha klôk, ha leûn eûz a béb ioul Doué.
13. Râk béz' é hellann rei ann testéni-mañ d'ézhañ, pénaoz eo prédériet brâz évid-hoc'h, hag évid ar ré eûz a Laodiséa, hag eûz ar Hiérapoliz.
14. Lukaz al louzaouer, hor breûr kér, ha Démaz a zalud ac'hanoc'h.
15. Saludit hor breûdeûr a zô é Laodiséa, ha Nimfaz hag ann Iliz a zô enn hé dî.
16. Ha pa vézô lennet al lizer-mañ gañ é-hoc'h, grit ma vézô lennet ivé é Iliz Laodiséa, ha ma vézô lennet ivé d'é-hoc'h hini al Laodiséed.
17. Ha livirid da Arkippuz: Sell oud ar garg a zô bét rôed d'îd gañd ann Aotrou, évit ma vézô gréat mâd.
18. Ar salud-mañ a rann, mé Paol, gañt va dourn va-unan. Hô pézet koun eûz va éréou. Ar c'hrâs ra vézô gan-é-hoc'h. Amen.

KENTA LIZER

SANT PAOL ABOSTOL

D'ANN TESSALONIED.

I. PENNAD.

1. Paol, ha Silvanuz, ha Timotéuz, da Iliz ann Tessalonied, é Doué hon Tâd, hag é Jézuz-Krist hon Aotrou.
2. Ra vézô rôed d'é-hoc'h ar c'hrâs hag ar péoc'h. Bépréd é trugarékaomp Doué évid-hoc'h holl, ô kaout koun ac'hanoc'h héb éhan enn hor pédennou :
3. Oc'h anaout ôberiou hô feiz, labouriou hô karañtez ha stardder hoc'h espérañs é Jézuz-Krist hon Aotrou, dirâk Doué hon Tâd.
4. O c'houzout, va breûdeûr karet gañd Doué, pétrâ eo bét hô tilenn :
5. Râg hon Aviel né két bét anavézet gan-é-hoc'h gañt geriou hép-kén, hôgen ivé gañt burzudou, ha gañt ners ar Spéred-Sañtel, hag enn eul leûnder brâz : ha c'houi a oar ivé pétrâ em eûz gréad évid-hoc'h pa oann enn hô touez.
6. Évei-sé c'houi a zô deûed da heûlierien d'é-omp, ha d'ann Aotrou, ô véza digéméret ar gér enn eunn eñkrez brâz, gañt lévénez ar Spéred-Sañtel.
7. Enn hévélep doaré ma oc'h deûed da skouér d'ar ré holl a gréd er feiz er Masédonia hag enn Akaia.
8. Râk né két bét hép-kén rôet mâd da anaout gan é-hoc'h gér ann Aotrou er Masédonia hag enn Akaia; hôgen ar feiz hoc'h eûz é Doué a zô ker brudet é pep léac'h, né két réd d'é-omp komza anézhañ.
9. Râg ann holl a zanévell pénaoz omp deûet enn hô touez, ha pénaoz hoc'h eûz kuitéet ann idolou, évit trei ouc'h Doué, hag évit servicha ann Doué béô ha gwir,
10. Hag évit gorlozi eûz ann eñv hé Vap Jézuz, péhini en deûz dazorc'het eûz a douez ar ré varô, ha péhini en deûz hon tennet eûz ar vuanégez da zoñt.

II. PENNAD.

1. Rak c'houi hoc'h-unan a oar, va breûdeûr, pénaoz hon donédigez enn hô touez né két bét difrouez :
2. Hôgen goudé béza bét gouzañvet kalz a-raok, ha béza bét kargei a gunuc'hennou, ével ma ouzoc'h, é Filipoz, hor boé fisiañs enn hon Doué, hag é prézégchomp d'é-hoc'h Aviel Doué gañt kalz a bréder.
3. Râg hor c'hélen n'en deûz két *desket* d'é-hoc'h ar fazi, nag al lousdôni, ha n'hon eûz két hô touellet ;

4. Hògen ével ma omp bét dilennet
gañd Doué évit fisiout enn-omp hé
Aviel, komza a réomp ivé, nann évit
plijoud d'ann dùd, hògen évit plijoud
da Zoué, péhini a arnod hor c'ha-
lounou.
5. Râk n'omp két bét labennérien
enn hor prézégennou, ével ma ou-
zoc'h ; na pervez enn darvoud, Doué
a zô tést.
6. Ha n'hon eûz két ken-nébeût
klasket meûleûdi ann dùd, nag hoc'h
hini, nag hini ar ré all.
7. Nî a hellé bec'hia ac'hanoc'h ével
Ebestel ar C'hrist ; hògen é doaré
bugaligou omp deûet enn hô kreiz,
ével eur vagérez a zorlot hé bugalé.
8. Ével-sé gañd ar garañtez hor boa
évid-hoc'h, nî hor bijé c'hoañtéet rei
d'é-hoc'h nann hép kén Aviel Doué,
hògen ivé hor buez hon-unan, ô véza
ma oac'h deûet kér brâz d'é-omp.
9. Râk koun hoc'h eûz, va breû-
deûr, eûz hol labour hag eûz hor
skuizder, ha pénaoz hon eûz prézéget
Aviel Doué d'é-hoc'h, ô laboura nôz-
deiz, gañd aoun na zeûfemp da ve-
c'hia hini ac'hanoc'h.
10. C'houi a zô tést, ha Doué ivé,
péger sañtel, péger gwirion, pégen
didamall eo bét *hor buezégez* enn
hô touez, c'houi péré hoc'h eûz
krédet.
11. Ha c'houi a oar pénaoz ounn
en em rénet enn hô kéñver, ével eunn
tad é-kéñver hé vugalé,
12. O kuzulia, ô fréalzi ac'hanoc'h,
hag oc'h hô pidi stard d'en em réna
enn eunn doaré dlû eûz a Zoué, pé-
hini en deûz hô kalvet d'hé rouañ-
télez ha d'hé c'hloar.
13. Dré-zé ivé é trugarékaomp
Doué bépréd, pénaoz pa hoc'h eûz
klevet gér Doué a brézégemp d'é-
hoc'h, hoc'h eûz hé zigéméret, nann
ével gér ann dùd, hògen (é-c'hiz ma
eo évit-gwir) ével gér Doué, péhini a
ziskouéz hé ners enn-hoc'h, c'houi
péré a gréd enn-hañ.
14. Râk c'houi, va breûdeûr, a zô
deûet da heûlierien da ilizou Doué,
péré a zô é Judéa é Jézuz-Krist : ô
véza ma hoc'h eûz gouzañvet ann hé-
vélep heskinou a berz hô keñvrôiz,
ével ma hô deûz gouzañvet a berz ar
Iuzevien,
15. Péré hô deûz lazet ann Aotrou
Jézuz hé-unan, hag hé Broféded ; péré
hô deûz hon heskinet ; péré na blijoñt
kéd da Zoué, hag a zô énébourien
d'ann dùd holl ;
16. Péré a vir ouz-omp na brézég-
femp d'ar Jeñtiled ar gér a dlé hô
savétei ; évit ma teûiñt ével-sé da
leûnia ar veñt eûz hô féc'héjou : râk
buanégez Doué a zô en em astennet
war-n-ézhô bétég ann divez.
17. Ével-sé, va breûdeûr, o véza
bét évid eunn nébeûd amzer rannet
diouz-hoc'h, a gorf, nann a galoun, hon
eûz c'hoañtéet gañt mui a wall d'hô
kwélout.
18. Dré-zé hon eûz bét c'hoañt da
voñd d'hô kwélout : ha mé Paol em
eûz bét ann dézô-zé meûr a wéach ;
hògen Satan en deûz mired ouz-omp.
19. Râk pétrâ eo hon espérañs, hol
lévénez, pé kurunen hor gloar ? Ha
né két c'houi eo, dirâg hon Aotrou
Jézuz-Krist, é *deiz* hé zonédigez ?
20. Râk c'houi eo hor gloar hag hol
lévénez.

III. PENNAD.

1. Ével-sé ô véza na hellemp mui
choum hép kelou ac'hanoc'h, eo bét
gwell gan-éñ choum va-unan é Aténaz :
2. Hag em eûz kaset d'é-hoc'h Ti-
motéuz, hor breûr ha bélek Doué é
Aviel ar C'hrist, évit rei ners d'é-hoc'h
hag évid hoc'h erbédi da choum stard
enn hô feiz :
3. Évit na vézo saouzanet dén gañd
ann heskinou a c'hoarvez gan-é-omp :
râk c'houi a oar pénaoz eo da géméñt-
sé omp toñket.
4. Râk pa édomp c'hoaz enn hô
touez, é diouganemp d'é-hoc'h pénaoz
hor bijé eñkrézou da c'houzañvi, ével
ma hon eûz bét, ha ma ouzoc'h.
5. Hag ô véza na hellenn mui gor-
tozi, em eûz hô kaset d'é-hoc'h évid
anaoud hô feiz : gañd aoun n'en défé
ann templer hô templet, ha lékéad
hol labour da véza difrouez.

6. Hôgen bréma pa eo distrôet Timotéuz, goudé béza bét oc'h hô kwélout, ha béza komzet d'é-omp eûz hô feiz hag eûz hô karañtez; goudé béza lavaret pénaoz hoc'h eûz bépréd eur c'houn mâd ac'hanomp, gañd eur c'hoañt brâz d'hor gwélout, ével ma hon eûz ivé c'hoañt d'hô kwélout:

7. Dré-zé, va breûdeûr, é kavomp enn-hoc'h hon dizoan, é pép ézomm hag é pép glac'har, dré hô feiz;

8. Râk béva a réomp bréma, mar choumit stard enn Aotrou.

9. Hôgen pénaoz é hellimp ni trugarékaad Doué évid-hoc'h, évid ann holl lévénez gañt péhini omp laouen enn abek d'é-hoc'h dirâg hon Doué.

10. Néméd oc'h hé hidi nôz-deiz mui-oc'h-vui, évit ma hellimp hô kwélout, ha peûr-rei d'é-hoc'h ar péz a ziouer d'hô feiz?

11. *Pidi a rann* éta Doué hon Tâd, hag hon Aotrou Jézuz-Krist, da hiñcha ac'hanomp étrézég enn-hoc'h.

12. Ra baottô ann Aotrou ac'hanoc'h, ha ra lakai da greski hô karañtez ann eil évid égilé, hag é-kéñver ann holl, é-c'hiz ma réomp-ni enn hô kéñver.

13. Ra grévai hô kalounou, oc'h hô lakaad da véza didamall dré ar zañtélez, dirâk Doué hon Tâd, é donédigez hon Aotrou Jézuz-Krist gañd hé holl zeñt. Amen.

—

IV. PENNAD.

1. A-heñd-all éta, va breûdeûr, ni hô péd, hag hô péd stard dré ann Aotrou Jézuz, goudé béza desket gan-é-omp pénaoz é tléit kerzout, ha plijoud da Zoué, ma kerzot évit-gwir enn hévélep doaré ma'z éot a-raok mui-oc'h-vui.

2. Râk c'houi a oar pé gélénnadurésiou em eûz rôed d'é-hoc'h a berz ann Aotrou Jézuz.

3. Râg ioul Doué eo é vec'h señt; é tiouérfac'h ar c'hadélez;

4. É oufé pép-hini ac'hanoc'h piaoua léstr *hé gorf* er zañtélez hag enn énor;

5. Ha naon er gwall-ioulou, ével ar baganed, péré na anavézoñt két Doué:

6. Ha na zeûi dén da waska, pé da douella hé vreûr é nép trâ; râg ann Aotrou eo ar veñjer eûz ann holl walloù-zé, ével ma hon eûz keñt hé lavared d'é-hoc'h, hag é *hellomp* da desténia.

7. Râk Doué n'en deûz két hor galvet évit béza dic'hlan, hôgen évit béza señt.

8. Ann hini éta a zispriz kémeñt-sé, a zispriz nann eunn dén, hôgen Doué, péhini en deûz ivé rôed enn-omp hé Spéred-Sañtel.

9. É kémeñd a zell oud ar garañtez a vreûr, né két réd é skriffenn d'é-hoc'h; pa en deûz Doué hé-unan desket d'é-hoc'h en em garout ann eil égilé.

10. Hag évit-gwir é rit kémeñt-sé é-kéñver hor breûdeûr enn holl Vasédonia; hôgen hô pidi a rann, va breûdeûr, da greski mui-oc'h-mui *er garantez-zé;*

11. Da lakaad hô poan da véva é péoc'h, da boella oud ar péz hoc'h eûz da ôber, da laboura gañd hô taouarn, ével ma em eûz hé c'hourc'hémennet d'é-hoc'h:

12. Évit ma kerzot gañd déréadégez é-kéñver ar ré a zô er-méaz *eûz ann Iliz,* ha na c'hoañtaot nétrâ eûz a zén.

13. Hôgen na fell kéd d'é-omp, va breûdeûr, é vec'h hép gouzout ar péz a zell ouc'h ar ré a zô kousket, évit na zeûot két da dristaat, ével ma ra ar ré all péré n'hô deûz kéd a espérañs.

14. Râk mar krédomp pénaoz eo marô Jézuz hag eo dazorc'het, é tléomp kridi ivé pénaoz é kasô ivé Doué gañt Jézuz ar ré a vézô kousket enn-hañ.

15. Ével-sé é lévéromp d'é-hoc'h hervez gér ann Aotrou, pénaoz ni péré a zô béô, hag a zô miret bété donédigez ann Aotrou, na ziraogimp két ar ré a zô kousket.

16. Râk da vouéz ann arc'hel, ha da zoun trompil Doué, ann Aotrou hé-unan a ziskennô eûz ann eñv;

hag ar ré a vézô marô er C'hrist a zaźorc'hô da geñta.

17. Ha neûzé nl, péré a zô béô, hag a vézô lézet, é vézimp dizouget gañt-hô er goabrou, évid diambrouga ar C'hrist enn éar, hag ével-sé é vézimb bépréd gañd ann Aotrou.

18. Ével-sé en em zizoañit ann eil égilé gañd ar geriou-zé.

—

V. PENNAD.

1. Hôgen, va breûdeûr, diwar-benn ann amzeriou hag ar prédou, né két réd é skriffenn d'é-hoc'h.

2. Râg c'houi a oar ervâd hoc'h-unan pénaoz deiz ann Aotrou a dlé doñt ével eul laer enn nôz.

3. Râk pa liviriñt : *Chétu émomp* é péoc'h, hag é diwall, neûzé é c'hoarvézô gañt-hô eunn dismañt téar, é-c'hiz ma c'hoarvez ar gweñtrou gañd eur c'hrég vrazez, ha na *helliñt két* tec'hout.

4. Hôgen c'houi, va breûdeûr, n'émoc'h két enn dévalien, évit béza barket gañd ann deiz-zé ével gañd eul laer.

5. C'houi a zô holl bugalé ar goulou ha bugalé ann deiz : n'omp két *bugalé* ann nôz, nag ann dévalien.

6. Na gouskomp kéd éta ével ar ré all ; hôgen beliomp ha bézomp poellek.

7. Râg ar ré a gousk, a gousk enn nôz ; hag ar ré a vezv, a vezv enn nôz.

8. Hôgen nî, pa'z omp *bugalé* ann deiz, bézomp poellek ; gwiskomp évid harnez ar feiz hag ar garañtez, hag évit tôg espérañs ar zilvidigez ;

9. Râk Doué n'en deûz két hon dilennet évit *teûrel* bé vuanégez *war-n-omp*, hôgen évit ma *kavimp* ar zilvidigez dré hon Aotrou Jézuz-Krist,

10. Péhini a zô marô évid-omp ; évit pé é velimp, pé é kouskimp, ma vévimp kévret gañt-hañ.

11. Râk-sé en em fréalzit ann eil égilé, ha rôit skouér-vâd ann eil d'égilé, ével ma rit.

12. Hôgen nî hô péd, va breûdeûr, da anaoud ar ré a labour enn hô touez, a rén ac'hanoc'h hervez ann Aotrou, hag a gélenn ac'hanoc'h,

13. Évit ma hô pézô muioc'h a garañtez évit-hô enn abek d'hô labour : hô pézet ar péoc'h gañt-hô.

14. Hôgen nî hô péd, va breûdeûr, kélennit ar ré zireiz, fréalzit ar ré zoaniet, skorit ar ré wân, bézid habask é-kéñver ann holl.

15. Likid évez na zistaolfé dén ann droug da eunn all : hôgen grît vâd bépréd ann eil d'égilé, ha d'ann holl.

16. Bézit laouen bépréd.

17. Pédid héb éhan.

18. Trugarékait é pép trâ ; râg ioul Doué eo é rajac'h holl kémeñt-sé é Jézuz-Krist.

19. Na vougit két ar Spéred.

20. Na zisprizit két ann diouganou.

21. Arnodit pép-trâ : dalc'hit ar péz a zô mâd.

22. En em virit diouc'h doaré a zrouk.

23. Ann Doué a béoc'h ra rañtélô hé-unan ac'hanoc'h é pép-trâ ; évit ma en em virô didamall *kémeñd a zô enn-hoc'h*, hô spéred, hoc'h éné hag hô korf da zonédigez hon Aotrou Jézuz-Krist.

24. Ann hini en deûz hô kalvet a zô gwirion : hag héñ eo a rai kémeñt-sé enn-hoc'h.

25. Va breûdeûr, pédid évid-omp.

26. Saludid hon holl vreûdeûr enn eunn aff sañtel.

27. Mé hô péd dré ann Aotrou, ma vézô lennet al lizer-mañ d'ann holl vreûdeûr sañtel.

28. Grâs hon Aotrou Jézuz-Krist *ra vézô* gan-é-hoc'h. Amen.

EIL LIZER

SANT PAOL ABOSTOL

D'ANN TESSALONIED.

I. PENNAD.

1. Paol, ha Silvanuz, ha Timotéuz, da Iliz ann Tessalonied, é Doué hon Tâd, hag é Jézuz-Krist hon Aotrou.

2. Ra vézô *róed* d'é-hoc'h ar c'hrâs hag ar péoc'h gañd Doué hon Tâd, ha gañt Jézuz-Krist hon Aotrou.

3. Trugarékaad a dléomp Doué bébrép évid-hoc'h, va breûdeûr, évél ma eo dléet, ô véza ma kresk hô feiz mui-oc'h-vui, ha ma prasa hô karañtez ann eil évid égilé;

4. Enn hévélep doaré ma en em veûlomp enn-hoc'h é Ilizou Doué, évid hoc'h habaskded hag hô feiz, enn holl heskinou, hag enn holl eñkrézou a c'houzañvit;

5. Ével ar merk eûz ar varn gwirion a Zoué, péhini hô laka da véza dellézek eûz a rouañtélez Doué, évit péhini ivé é c'houzañvit.

6. Râk déréad eo dirâk Doué, é tistaolfé ann eñkrez d'ar ré a zeû bréma d'hoc'h eñkrézi:

7. Hag é rôjé d'é-hoc'h ar péoc'h gan-é-omp, c'houi péré a zô eñkrézet, pa ziskennô hon Aotrou Jézuz eûz ann eñv, hag en em ziskouézô gañd elez hé ners;

8. Pa zeûi d'en em veñji é-kreiz ar flammou tân, eûz ar ré na anavézoñt két Doué, ha na zeñtoñt két oud Aviel hon Aotrou Jézuz-Krist;

9. Péré a c'houzañvô ar boan eûz a eunn daonidigez peûr-baduz, *pell* diouc'h dremm ann Aotrou, ha diouc'h gloar hé ners.

10. Pa zeûi évit béza meûlet enn hé zeñt, hag évit béza sellet gañt souez er ré holl hô deûz krédet ennhañ: râg hon testéni a zô bét fisiet war-n-hoc'h *é gortoz* eûz ann deiz-zé.

11. Râk-sé é pédomp évid-hoc'h bépréd; hag é *c'houlennomp* digañd hon Doué m'hô lakai da véza dellézek eûz hé c'halvédigez, ha ma sévénô holl ioul hé vadélez, ha labour ar feiz enn ners;

12. Évit ma vézô meûlet hanô hon Aotrou Jézuz-Krist enn-hoc'h, ha c'houi enn-hañ, hervez grâs hon Doué, hag hon Aotrou Jézuz-Krist.

II. PENNAD.

1. Hôgen hô pidi a réomp, va breûdeûr, dré zonédigez hon Aotrou Jezuz-Krist, ha dré hor stroll enn-hañ;

2. Na zeûot két buan da zaouzani enn hô ménoz, na da strafila, *ó kridi* pé dré ar spéred, pé dré eur brézégen,

pé dré eul lizer a lavared deñed di-
gan-é-omp, pénaoz é tôsta deiz ann
Aotrou.

3. Na zouelled dén ac'hanoc'h é nép
doaré : râk *na zeùi két ann deiz-zé*,
kén na vézô deûet ann dizunvaniez
a-raok, ha na vézô gwélet ô toñt dén
ar péc'hed, mâb ar gollidigez,

4. Péhini a énébô, hag a zavô dreist
kémeñt a c'halveur Doué, pé a azeû-
leur : enn hévélep doaré ma azézô é
templ Doué, oc'h en em rei hé-unan
évid Doué.

5. Ha n'hoc'h eûs-hu kéd a goun
pénaoz, pa édoun c'hoaz gan-é-hoc'h,
em eûz lavaret kémeñt-sé d'é-hoc'h ?

6. Ha c'houi a oar ervâd pétrâ a
zalc'h anézhañ bréma, évit ma en em
ziskouézô enn hé amzer.

7. Râk mister ann drougiez en em
aoz a vréma. Hôgen néb a zalc'h
bréma, dalchet bété ma vézé kased-
da-gét,

8. Ha neûzé é vézô gwélet ann dén-
drouk, a vézô lazet gañd ar c'houéz
eûz a c'hénou ann Aotrou Jézuz, hag
a vézô kaset-da-gét gañd ar skéd eûz
hé zonédigez.

9. Ann dén-zé a dlé doñt dré ôber
Satan, gañt pép galloud, gañd aroué-
sioù ha burzudou gaou,

10. Ha gañd ann holl douellérez
ann drougiez é-kéñver ar ré a ia da
goll, ô véza n'hô deûz kéd digéméret
karañtez ar wirionez évit béza salvet.
Dré-zé Doué a gasô d'ézhô eunn dal-
leñtez vrâz, évit ma krédiñd d'ar gaou ;

11. Évit ma vézô barnet ar ré holl
péré n'hô deûz két krédet d'ar wirio-
nez, hag a zô en em rôet d'ann drou-
giez.

12. Hôgen nî a dlé trugarékaad
Doué bépréd évid-hoc'h, va breûdeûr
karet mâd gañd ann Aotrou, ô véza
ma en deûz hô tilennet ével ar c'heñta-
frouez, évid hô savétei dré zañtélédigez
ar Spéred, ha dré feiz ar wirionez ;

13. É péhini en deûz hô kalvet dré
hon Aviel, évit gounid gloar hon Ao-
trou Jézuz-Krist.

14. Dré-zé, va breûdeûr, choumit
enn hô sà, ha mirit ann tradisionou
hoc'h eûz desket pé dré hor prézégen-
nou, pé-dré hon lizéri.

15. Hon Aotrou Jézuz-Krist, ha
Doué hon Tâd, péhini en deûz hor
c'haret, ha péhini en deûz rôed d'é-
omp dré hé c'hrâs eunn dizoan peûr-
baduz hag eunn espérañs vâd,

16. Ra zizoaniô hô kalounou, ha
r'hô krévai é pép mâd-ôber hag é pép
lavar mâd.

III. PENNAD.

1. Enn-divez, va breûdeûr, pédid
évid-omp, évit ma rédô gér Doué, ha
ma vézô meûlet, ével ma'z eo enn hô
touez ;

2. Hag évit ma vézimp dieûbet eûz
ann dûd rec'huz ha drouk ; râg ar feiz
n'éma két gañt pép-hini.

3. Hôgen Doué a zô féal, hag a
grévai ac'hanoc'h, hag hô mirô a
zrouk.

4. Rag ar fisiañs-zé hon eûz diwar
hô penn enn Aotrou, pénaoz é mirit
hag é mirot ar péz a c'hourc'hémen-
nomp d'é-hoc'h.

5. Ra rôi ann Aotrou d'é-hoc'h eur
galoun eeun, é karañtez Doué, hag é
habaskded ar C'hrist.

6. Hôgen nî a c'hourc'hémenn d'é-
hoc'h, va breûdeûr, é hanô hon Ao-
trou Jézuz-Krist, ma tec'hot diouc'h
ar ré eûz hô preûdeûr péré a gerz
enn eunn doaré direiz, ha nann her-
vez ann tradision hon eûz rôed d'ézhô.

7. Râg gouzoud a rid hoc'h-unan
pétrâ a zô réd da ôber évid heûlia
ac'hanomp : pa eo gwir n'omp két bét
direiz enn hô touez ;

8. Ha n'hon eûz debret bara dén
évit nétrâ : hôgen labouret hon eûz
nôz-deiz gañt skuizder, gañd aoun na
zeûfemp da vec'hia hini ac'hanoc'h.

9. Né két n'hor bé bét ar galloud
d'hé ôber : hôgen fellet eo bét d'é-
omp en em rei hon-unan da skouér,
évit ma teûfac'h d'hon heûlia.

10. Ével-sé pa édomp gan-é-hoc'h,
hon eûz diskleriet d'é-hoc'h, pénaoz
nép na fell két d'ézhañ laboura, na
dlé kéd dibri.

11. Râk klevoud a réomp pénaoz éz

eûz hiniennou enn hô touez péré a gerz enn eunn doaré direiz, péré na réoñt nétrâ, hôgen en em vouñt er péz na zell kéd out-hô.

12. Hôgen d'ar ré a zô ével-sé, é c'hourc'hémennomp, hag é pédomp stard anézhô dré ann Aotrou Jézuz-Krist, ma tebriñt hô bara ô laboura war daô.

13. Hôgen c'houi, va breûdeûr, na skuizit két oc'h ôber vâd.

14. Mar béz unan-bennâg ha na zeñtfé két oud ar péz a lévéromp enn hon lizer, arouézit-héñ, ha na zarem-prédit kéd anézhañ, évit ma en dévéző méz.

15. Na gémérit két *koulskoudé* anézhañ ével eunn énébour, hôgen kélennit-héñ ével eur breûr.

16. Doué ar péoc'h hé-unan ra rôi d'é-hoc'h ar péoc'h é péb amzer hag é pép léac'h. Ra vézô ann Aotrou gan-é-hoc'h holl.

17. Mé hô salud gañt va dourn va-unan, Paol. Houn-nez eo va arouéz em holl lizéri; ével-sé é skrivann.

18. Grâs hon Aotrou Jézuz-Krist *ra vézô* gan-é-hoc'h holl. Amen.

KEÑTA

KENTA LIZER

SANT PAOL ABOSTOL

DA DIMOTÉUZ.

1. PENNAD.

1. Paol Abostol Jézuz-Krist, hervez gourc'hémenn Doué hor Salver, ha Jézuz-Krist hon espérañs,

2. Da Dimotéuz hé vâb kér er feiz. Ar c'hrâs, ann drugarez, hag ar péoc'h ra zeûi d'id digañd Doué ann Tâd, hag hon Aotrou Jézuz-Krist.

3. *Da bidi a rann*, évél ma em eûz hé c'hréat pa ounn éad er Masédonia, da choum é Éfézuz, ha da alia hiniennou évit na zeskiñt két eur gélénnadurez dishéñvel *dioud hon hini*,

4. Ha n'en em rôiñt két da zorc'hennou ha da nestédou dizivez, péré a zô mâd keñtoc'h évid digas strivou, égéd évit lakaad sével tî da Zoué dré ar feiz.

5. Hôgen divez ar gourc'hémenn eo ar garañtez a zeû eûz a eur galoun glân, eûz a eur goustiañs vâd, hag eûz a eur feiz gwirion.

6. Hiniennou ô fazia diwar-benn ann traou-zé, a zô trôet é lavariou gwân,

7. O felloud d'ézhô béza doktored al lézen, hép gouzout nag ar pez a lévéroñt, nag ar péz a douoñt.

8. Hôgen ni a oar pénaoz al lézen a zô mâd, ma en em dalvézeur anézhi hervez ar reiz :

9. O c'houzout pénaoz al lézen né két gréat évid ann dén gwirion, hôgen évid ar ré zireiz hag ar ré amzeñt, ar ré fallagr hag ar béc'herien, ann haléboded hag ar mastokined, lazerien hô zâd ha lazerien hô mamm, lazerien tûd,

10. Ar c'hadaled, ar ré a gousk gañt goazed all, al laéroun tûd, ar c'haouiaded, ann touerien é-gaou, ha kémeñd a zô énep d'ar gélénnadurez vâd,

11. Péhini a zô hervez Aviel gloar Doué benniget, hag a zô bét fisiet enn-oun.

12. Trugarékaad a rann hon Aotrou Jézuz-Krist, péhini en deûz va nerzet, ô véza ma en deûz mennet é oann féal, pa en deûz va lékéat é karg :

13. Mé péhini a-raok a ioa eunn touer-Doué, eunn heskiner, eur c'hunuc'her ; hôgen trugarez em eûz kavet dirâk Doué, ô véza ma em eûz gréat *kémeñt-sé* dré ziwiziégez, pa édounn c'hoaz diskrédik :

14. Ha grâs hon Aotrou a zô en em skiñet war-n-oun gañt founder, *oc'h va leúnia* eûz ar feiz hag eûz ar garañtez a zô é Jézuz-Krist.

15. Gwir eo ar gér, ha dellézuz eûz a bép digémer, pénaoz Jézuz-Krist a zô deûed er béd-mañ évit savétei ar béc'herien, a béré ounn ar c'heñta.

16. Hógen trugarez em eûz kavet,
évit ma tiskouézfé Jézuz-Krist da geñta
enn-oun hé holl habaskded, évit béza
da skouér d'ar ré a grédô enn-hañ,
évit *gounid* ar vuez peûr-baduz.
17. Da Roué ann amzeriou, peûr-
baduz, diwéluz, da Zoué hép-kén, *ra
vézô* énor ha gloar enn amzeriou ann
amzeriou. Amen.
18. Ar gourc'hémenn-mañ a rôann
d'id, va màb Timotéuz, évid, hervez
ann diouganou keñta diwar da benn,
ma stourmi enn-hô eûz a stoûrm màd,
19. O kaoud ar feiz hag eur gous-
tiañs vâd, péhini ô véza bét pelléet
gañd hiniennou, en deûz hô lékéat da
beñséa é-kéñver ar feiz;
20. Eûz a béré eo Himénéuz hag
Aleksañdr, péré em eûz rôed da Za-
tan, évit ma teskiñt na dléeur két
toui-Doué.

—

II. PENNAD.

1. Pidi a rann éta stard abars ké-
meñt trà, ma vézô gréat goulennou,
pédennou, gwéstlou, trugarézou évid
ann dûd holl:
2. Évid ar Rouéed, hag ar ré holl
a zô er c'hargou uc'hel, évit ma ré-
nimp eur vuez péoc'huz ha sioul, é
pép karañtez Doué hag é pép glanded.
3. Ràk kémeñt-sé a zô màd hag
hétuz dirak Doué hor Salver,
4. Péhini a fell d'ézhañ é vé salvet
ann holl dud, hag é teûfeñt da anaoud
ar wirionez.
5. Ràk n'eûz néméd eunn Doué, hag
eunn hantérour étré Doué hag ann
dûd, Jézuz-Krist dén,
6. Péhini a zô en em rôed hé-unan
évid dasprénadurez ann holl, é testéni
eûz hé amzeriou.
7. Évit-sé eo ounn bét lékéad da
Brézéger ha da Abostol (ar wirionez
a lavarann, ha na lavarann kéd a
c'hevier), ha da Zesker ar Jeñtiled er
wirionez.
8. Mé a fell d'in éta é pédfé ann
dûd é pép léac'h, ô sével daouarn
c'hlân héb buanégez hag hép striv;
9. *É pédfé* ivé ar merc'hed gañd di-
lad déréad, kempennet gañd méz-fûr
ha gañt poell, ha nann gañt bléô tor-
tiset, na gañd aour, na gañt perlez,
na gañd dilad koustuz brâz;
10. Hógen gañd ôberiou màd, ével
ma téré out merc'hed péré hô deûz
doujañs Doué.
11. *R'en em zalc'hô* ar vaouez war
daô hag é pép señtidigez pa gélenneur
anézhi.
12. Na aotréann két d'ar merc'hed
kélenna, na kémérout galloud war hô
ézec'h; hógen choum war daô.
13. Ràg Adam a zô bét gréat ar
c'heñta, ha goudé Éva.
14. Hag Adam né két bét touellet;
hógen ar c'hrég goudé béza bét touel-
let, a zô kouézed enn dizeñtidigez.
15. Koulskoudé é vézô salvet dré
ar vugalé a lakai er béd, ma hô laka
da choum er feiz, er garañtez, er zañ-
télez hag er poell.

—

III. PENNAD.

1. Eunn dra wir eo: Mar c'hoañta
eunn dén ann Eskopded, é c'hoañta
eunn ôber màd.
2. Réd eo éta da eunn Eskop béza
didamall, béza *bét* eur c'hrég hép-kén,
béza poellek, fûr, kempenn, glân,
herberc'hiad, kélenner;
3. Na vézet két téchet d'ar gwin, na
téar da skei, hógen habask; na vézet
két breûtaer, na ré biz;
4. Hógen ra rénô ervâd hé dî hé-
unan; ra lakai hé vugalé da zouja ha
da véva gañt pép glanded.
5. Ràk ma na oar két eur ré réna
hé dî hé-unan, pénaoz é helló hén
prédéria Iliz Doué?
6. Na vézet két nevez-badézet, gañd
aoun na zeûfé da véza balc'h, ha na
gouézfé enn hévélep barnédigez gañd
ann diaoul.
7. Réd eo c'hoaz en défé eunn des-
téni màd eûz ar ré a zô er-méaz *eûz
ann Iliz*, gañd aoun na gouézfé er
vézégez, hag é lindagou ann diaoul.
8. Ra vézô ivé ann Diagoned glân;
na vézeñt két a zaou c'hér, na téchet
da éva kalz a win; na glaskeñt két
eur gounid mézuz.

9. Ra virîñt misler ar feiz gañd eur goustiañs dinam.
10. Béz' é tléoñd ivé béza arnodet da geñta, ha goudé béza lékéad é karg, ma na gaveur gwall é-béd enn-hô.
11. Ra vézô ivé ar gragez glân, hép drouk-komz, poellek ha féal é pép-trâ.
12. Ann Diagoned na dléoñt béza *bét* néméd eur c'hrég hép-kén : ra réniñt mâd hô bugalé hag hô ziez hô-unan.
13. Râg ar ré a ra mâd hô c'harg, a c'hounézô enn dérez mâd, hag hô dévézô eur fisiañs vrâz é feiz Jézuz-Krist.
14. Ann dra-mañ a skrivann d'id, pétrâ-bennâg m'ac'h espérann moñd étrézég enn-od abarz némeûr ;
15. Ha mar taléann, ma wézi pénaoz eo réd en em réna é ti Doué, péhini eo Iliz ann Doué béô, ar peûl hag ar skôr eûz ar wirionez.
16. Hag héb-arvar, brâz eo ann disgwél a garañtez-zé, péhini a zô en em ziskouézet er c'hik, a zô bét sañtélet dré ar Spéred, a zô bét gwélet gañd ann élez, a zô bét prézéget d'ar boblou, a zô bét krédet er béd, a zô bét digéméret er c'hloar.

—

IV. PENNAD.

1. Hôgen ar Spéred a lavar splann, pénaoz enn amzeriou divéza, binien-nou a guitai ar feiz, évid heûlia spé-réjou ann dalleñtez, ha kélennadurésiou ann diaoulou,
2. Péré a lavarô gevier gañd ipokrizi, ô véza ma vézô hô c'houstiañs ével krinet gañd eunn houarn devuz ;
3. Péré a zifennô ar briédélez, hag a lavarô en em zIouéri eûz ar boédou en deûz krouet Doué évit béza digéméret enn eur drugarékaat gañd ann dûd féal, ha gañd ar ré hô deûz anavézet ar wirionez.
4. Râk kémeñd en deûz krouet Doué a zô mâd, ha na dléeur disteûrel nétrâ eûz ar péz a géméreur enn eur drugarékaat :
5. Râk sañtélet eo gañt gér Doué, ha gañd ar béden.

6. Mar teskez ann dra-mañ d'ar vreûdeûr, é vézi eur bélek mâd da Jézuz-Krist, ô véza maget gañt gériou ar feiz, hag ar gélénnadurez vâd éc'h eûz heûliet.
7. Tec'h diouc'h ar sorc'hennou diod hag a c'hroac'hed : hag en em rô d'ar garañtez évid Doué.
8. Râk poellad ar c'horf n'eo mâd néméd da nébeûd a drâ ; hôgen ar garañtez évid Doué a zô mâd da bép-trâ ; ha d'ézhi eo eo bét diouganet ar vuez a vréma hag ar vuez da zoñt.
9. Ar péz a lavarann a zô gwir, ha dîn da véza digéméret gañt pép-hini.
10. Râk ma labouromp, ha ma c'houzañvomp ann drouk-pédennou, eo m'ac'h espéromp enn Doué béô, péhini eo ar Salver eûz ann holl dûd, ha dreist-holl eûz ann dud féal.
11. Gourc'hémenn ha desk ann traou-zé.
12. Na zisprizet dén ac'hanod enn abek d'az iaouañkiz : hôgen béz skouér ar ré féal dré da c'heriou, dré da zoaréou, dré da garañtez, dré da feiz, dré da c'hlanded.
13. Kén na zeûinn, en em rô d'al lennadur, d'ann ali, d'ar c'hélen.
14. Na añkounac'ha két ar c'hrâs a zô enn-od, a zô bét rôed d'id dré ann diougan, pa eo bét lékéat war-n-od daouarn ar bélek.
15. Laka da bréder é kémeñt-mañ ; laka bépréd da goun enn-hañ, évit ma vézô da gresk anavézet gañd ann holl.
16. Laka évez ouz-id hag oud ar gélénnadurez : choum stard é kémeñt-sé. Râg oc'h en em réna enn doaré-zé, en em zavétei da-unan hag ar ré a zélaouô ac'hanod.

—

V. PENNAD.

1. Na grôz két ar ré gôz, hôgen kélenn anézhô ével da dadou ; ar ré iaouañk ével da vreûdeûr :
2. Ar gragez kôz ével da vammou ; ar ré iaouañk ével da c'hoarézed, gañt pép glañded.
3. Enor ann iñtañvézed péré a zô gwir iñtañvézed.

4. Mar deûz eunn iñtañvez-bennâg mipien pé nized, ra zeskiñt da keñta da véra hô zi, ha da zisteûrel d'hô c'héreñt ar péz hô deûz bét digañt-hô : râk kémeñt-sé a zô hétuz dirâk Doué.
5. Hôgen ann hini a zô gwir iñtañvez, ha dilézet, ra espérô é Doué, ha ra geñdalc'hô nôz-deiz er goulennou hag er pédennou.
6. Hôgen ann hini a zô enn dudi, a zô marô, hag hi béô *da wélout*.
7. Gourc'hémenn ann dra-mañ, évit ma véziñt didamall.
8. Ma éz eûz unan-bennâg ha n'é deûz kéd a bréder évid hé zûd, ha dreist-holl évit ré hé zi, é deûz dilézet ar feiz, ha gwasoc'h eo égéd eunn dén difeiz.
9. Ra vézô dilennet *évit béza likéat é reñk* ann iñtañvézed, ann hini é dévézô da vihana tri-ugeñt vloaz, ha n'é dévézô bét néméd eunn ozac'h ;
10. Eûz a ôberiou mâd péhini é vézô testéni : mar é deûz diorret mâd bugalé, mar é deûz rôed digémer, mar é deûz gwalc'het hô zreid d'ar zeñt, mar é deûz fréalzet ar ré c'hlac'haret, mar d-eo en em rôet d'ann holl ôberiou mâd.
11. Hôgen pella diouc'h ann iñtañvézed iaouañk. Râg hô likaouérez hô laka da derri iéô ar C'hrist, hag é fell d'ézhô asdimizi :
12. Hag é kavoñt ar varnédigez, ô véza torret ar feiz keñta.
13. Hôgen ouc'h-penn é teûoñd da véza didalvez, hag é rédoñt a dì é tì ; ha nann hép-kén didalvez, hôgen ivé labennek ha debronuz, ô komza eûz ar péz ha na zéré két.
14. Gwell eo gan-éñ éta é timézché ar ré iaouañka anézhô, hô défé bugalé, é teûjeñt da bennou-tiégez, égét na rôjeñt abek é-béd d'hon énébourien da damallout ac'hanomp.
15. Râg hiniennou anézhô a zô faziet évid heûlia Satan.
16. Mar en deûz eunn dén féal-bennâg iñtañvézed *eûz hé géreñt*, ra skoaziô anézhô, ha na vézet két bec'hiet ann Iliz ; évit ma é dévézô a-walc'h évid ar gwir iñtañvézed.
17. Ar vélejen a vér ervâd, ra véziñt énoret diou wéach ; ha dreist-holl ar ré a labour d'ar brézégen ha d'ar gélen.
18. Râg ar Skritur a lavar : Na éréi két génou ann éjen a zourn ann éd. Ha c'hoaz : Ann hini a labour a dâl hé c'hôbr.
19. Na zigémer kéd a ziskuliadurez a-éneb eur bélek, némét gréad é vé gañd daou pé dri dést.
20. Tefis dirâg ann holl ar ré hô deûz péc'het, évit ma hô dévézô aoun ar ré all.
21. Mé az péd stard dirâk Doué ha Jézuz-Krist, hag ann élez dilennet, da virout kémeñt-sé hép râk-varn, héb ôber nétrâ a drô all.
22. Na astenn két da zaouarn war zén gañd diévézded, ha n'en em gra két kévrennek é péc'héjou ar ré all. En em vir glân da-unan.
23. Na év mui dour hép-kén, hôgen év ivé eunn nébeût gwin, enn abek d'az poull-kaloun ha d'az kléñvéjou paot.
24. Péc'héjou lôd eûz ann dûd a zô anat, hag anavézet abarz ar varn : péc'héjou lôd all n'iñt anavézet némét goudé.
25. Béz' éz eûz ivé ôberiou mâd hag a zô anat : hag ar ré né d-iñt két, né helloñt két béza kuzet *pell amzer*.

VI. PENNAD.

1. Ra vennô kémeñt mével a zô dindân ar iéô, pénaoz é tlé rei péb énor d'hé vestr, gañd aoun na vé drouk-prézéget gañd hanô ann Aotrou ha gañd hé gélénnadurez.
2. Ar ré hô deûz mistri féal, na zisprizeñt két anézhô, ô véza ma iñt hé breûdeûr : hôgen ra zervicheñt gwelloc'h anézhô, ô véza ma *talléxoñt béza* karet, pa iñt kévrennek enn *hévéleb* lévézoun. Desk ann dra-zé, ha rô ann ali-zé.
3. Mar tesk eur ré eur gélénnadurez all, ha ma na rô két hé aotréadur da brézégennou gwirion hon Aotrou Jézuz-Krist, ha d'ar gélénnadurez a zô hervez karañtez Doué,

4. Balc'h eo, ha né oar nétrâ ; hôgen môrédi a ra é daélou, hag é stourmou a c'hériou, a béré é sâv ann hérez, ar strivou, ann touadellou, ann droug-arvariou,

5. Ann tagou eûz ann dûd péré hô deûz eur spéred gwallet, ha péré na anavézoñt két ar wirionez, hag a venn pénaoz karañtez Doué a dlé béza da binvidigez d'ézhô.

6. Hôgen eur binvidigez vrâz eo karañtez Doué, mar goar en em walc'ha.

7. Râk n'hon eûz digaset nétrâ er béd-mañ, hag héb-arvar na hellimp kâs nétrâ anézhañ gan-é-omp.

8. Ma hon eûz éta péadrâ d'en em vaga ha d'en em wiska, é tlé béza dâ gan-é-omp.

9. Râg ar ré a fell d'ézhô doñd da binvidik, a gouéz é gwall-ioul, hag é lindagou ann diaoul, hag é meûr a c'hoañt didalvez ha gwalluz, péré a stlap ann dûd er gwastadur hag er gollidigez.

10. Râg ar c'hoañt direiz da gaout madou eo ar c'hrisien eûz ann holl zrougou : hag hiniennou ô véza hô c'hoañtéet kré, a zô diañket eûz ar feiz, hag a zô en em reûstlet é kalz a c'hlac'hariou.

11. Hôgen té, ô dén Doué, tec'h diouc'h ann traou-zé ; hag heûl ar wirionez, karañtez Doué, ar feiz, ar garañtez, ann habaskded, ar guñvélez.

12. Stourm stard é stourm ar feiz, kémer dré ners ar vuez peûr-baduz, évit péhini oud bét galvet, goudé béza prézéget ervâd ar feiz dirâk kalz a déstou.

13. Gourc'hémenni a rann d'id dirâk Doué, péhini a rô ar vuez da béptrâ, ha dirâk Jézuz-Krist, péhini en deûz rôet eunn testéni ker mad dindân Poñs-Pilat,

14. Ma viri ar gélénnadurez-mañ hép namm, hag hép tamall, bété donédigez hon Aotrou Jézuz-Krist,

15. A dlé diskouéza enn hé amzer ann hini a zô gwenvidik, ha galloudek hép-kén, Roué ar rouéed, hag Aotrou ann aotrounez ;

16. Péhini hép-kén en deûz ar beûrbadélez, hag a choum enn eur goulou didôstauz n'eo bét gwélet gañd dén, ha na hell gwélout dén ; da béhini eo ann énor, hag ar galloud peûr-baduz. Amen.

17. Gourc'hémenn d'ar binvidien eûz ar béd-mañ na zeûiñt két da véza balc'h, ha na lakaiñt két hô espérañs er madou arvaruz, hôgen enn Doué béô, péhini a rô d'é-omp gañt founder ar péz hon eûz ézomm ;

18. Ober vâd, béza pinvidik é ôberiou-mâd, rei ann aluzen a galoun vâd, rei lôd eûz hô madou ;

19. Dastumi eunn tenzor évit-hô hô-unan hag eunn diazez mâd enn amzer da zoñt, évit ma arruiñt d'ar gwir vuez.

20. O Timotéuz, mir ar péz a zô bét fisiet enn-od, ô tec'hout diout névéziñtiou saotret ar geriou, ha diout pép kélénnadurez énep, a hanveur égaou gwiziégez ;

21. Oc'h heûlia péhini, hiniennou a zô faziet war heñt ar feiz. Ar c'hrâs *ra vézô* gan-éz. Amen.

EIL LIZER

SANT PAOL ABOSTOL

DA DIMOTÉUZ.

I. PENNAD.

1. Paol, Abostol Jézuz-Krist dré ioul Doué, hervez gwéstl ar vuez a zô é Jézuz-Krist,

2. Da Dimotéuz hé vâb kér. Ar c'hrâs, ann drugarez, ar péoc'h digand Doué ann Tâd, ha Jézuz-Krist hon Aotrou.

3. Trugarékaad a rann Doué, péhini a zervichann ével ma hô deûz gréat va gourdadou, gañd eur goustiañs dinam, dré ma em eûz bépréd koun ac'hanod em pédennou nôz-deiz;

4. Koun em eûz ivé eûz da zaérou, hag em eûz c'hoañt d'az gwélout, évit béza leûn a lévénez;

5. Pa lakaann em spéred ar gwir feiz a zô enn-od, a zô bét da geñta enn da vamm-gôz Lois, hag enn da vamm Eunisé, hag é krédann stard a zô enn-od.

6. Râk-sé éc'h aliann ac'hanod da énaoui a nevez *tân* grâs Doué, a zô deûet enn-od dré astennadur va daouarn.

7. Râk Doué n'en deûz két rôed d'é-omp eur spéred a spouñt, hôgen eur spéred a ners, a garañtez, hag a boell.

8. Na zeû kéd éta da rusia eûz a desténi hon Aotrou, nag ac'hanoun hé sklâv: hôgen gouzañv gan-éñ évid ann Aviel, hervez ners Doué,

9. Péhini en deûz hor savétéet, hag hor galvet dré hé c'halvidigez sañtel, nann hervez hon ôberiou, hôgen hervez hé ioul, hag hé c'hrâs, a zô bét rôed d'é-omp é Jézuz-Krist abarz ann holl amzeriou;

10. Hag a zô deûet anat bréma dré zonédigez hor Salver Jézuz-Krist, péhini en deûz kaset ar marô da nétra, ha digaset é goulou dré ann Aviel ar vuez hag ann divreinadurez.

11. Dré-zé eo ounn bét lékéat da brézéger, da abostol, da vestr ar brôadou.

12. Dré-zé ivé eo é c'houzañvann ann traou-mañ: hôgen n'em eûz kéd a véz. Râg gouzoud a rann é piou ounn en em fisiet, ha gouzoud a rann évit-gwir pénaoz eo galloudek a-walc'h évit mirout bétég ann deiz-zé ar péz em eûz fisiet d'ézhañ.

13. Kémer évit skouér ar prézégennou gwirion, éc'h eûz klevet gan-éñ diwar-benn ar feiz hag ar garañtez a zô é Jézuz-Krist.

14. Mir dré ar Spéred-Sañtel a choum enn-omp, ann dra vâd a zô bét fisiet enn-od.

15. Gouzoud a réz pénaoz ar ré holl a zô enn Azia, a zô pelléed diouz-in; é-

touez péré Figelluz hag Hermogénez.
16. Ra roi ann Aotrou bé drugarez da dûd Onéziforuz ; râg aliez en deûz va fréalzet, ha va chadennou n'hô deûz két hé lékéad da rusia ;
17. Hôgen pa eo deûed da Rom, en deûz va c'hlasket gañt kals a bréder, hag en deûz va c'havet.
18. Ra lakai ann Aotrou anézhañ da gavout trugarez dira-z-hañ enn deiz-zé. Té a oar gwelloc'h égéd dén pégémeñd a vâd en deûz gréad d'in é Éfézuz.

—

II. PENNAD.

1. Té éta, va mâb, en em nerz er c'hrâs a zô é Jézuz-Krist.
2. Ar péz éc'h eûz klevet gan-éñ dirâk meûr a dést, laka-héñ é trédéek da dûd gwirion, péré a zô mâd évid deski ar ré all.
3. Labour ével eur soudard mâd da Jézuz-Krist.
4. Néb a zô soudard da Zoué n'en em vouñtet két é kéfridiou ar béd, mar fell d'ézhañ plijoud d'ann hini en deûz hé eñgwéstlet.
5. Râk néb a c'hourenn, na véz két kurunet némét gourennet en défé hervez al lézen.
6. Eul labourer gounidek mâd a dlé da geñta kutula ar frouézou.
7. Poell ar péz a lavarann : râg ann Aotrou a rôi d'id ar skiañt é pép trâ.
8. Az péz koun pénaoz hon Aotrou Jézuz-Krist eûz a wenn David, a zô dazorc'het eûz a douez ar ré varô, hervez ann Aviel a brézégann ;
9. Évit péhini é c'houzañvann bété béza er chadennou, ével eur fallagr : hôgen gér Doué né két chadennet.
10. Râk-sé é c'houzañvann pép-trâ enn abek d'ar ré zilennet, évit ma zelléziñt ivé ar zilvidigez a zô é Jézuz-Krist, gañt gloar ann Éñv.
11. Gwir eo ar gér : Râk mar varvomp gañt-hañ, é vévimp ivé gañt-hañ.
12. Mar c'houzañvomp gañt-hañ, é rénimp ivé gañt-hañ. Mar tinac'homp anézhañ, é tinac'hô ivé ac'hanomp.
13. Mar d-omp diskrédik, héñ a choumô féal ; râk na hell két en em nac'ha hé-unan.
14. Rô ann aliou-zé, oc'h hô zesténia dirâg ann Aotrou. Na strîv két war ar geriou ; râg ann dra-zé n'eo mâd da nétrâ, néméd da zistrei diwar al lézen ar ré a zélaou.
15. En em ziskouéz da-unan dirâk Doué ével eunn dén hétuz d'ézhañ, péhini n'en deûz két da rusia eûz hé ôberiou, hag a rann ével ma eo réd ar gér a wirionez.
16. Tec'h diouc'h ar geriou gwân ha didalvez ; râk kriski a réoñt kalz er fallagriez ;
17. Hag hô lavar en em léd ével ar c'hriñ béô : é-touez péré éma Himénéuz ha Filétuz,
18. Péré a zô pelléet diouc'h ar wirionez, ô lavarout pénaoz eo deûed a-vréma ann dazorc'hidigez ; hag hô deûz diskaret feiz hiniennou.
19. Hôgen diazez kré Doué a choum enn hé zâ, ô véza ma en deûz évit siel ar gér-mañ ; Ann Aotrou a anavez ar ré a zô d'ézhañ : ha c'hoaz : Piou-bennâg a c'halv hanô ann Aotrou, a bella diouc'h ann drougiez.
20. Enn eunn ti brâz n'eûz két bépkén listri aour hag arc'hañt, hôgen ivé *listri* prenn ha *listri* prî : ha lôd anézhô a zô évit traou énoruz, ha lôd all évit traou mézuz.
21. Piou-bennâg éta en em zalc'hô glân eûz ann traou-zé, a vézô eul léstr énoruz ha sañtélet, mâd évit *servich* ann Aotrou, hag aozet évit pép ôber mâd.
22. Hôgen tec'h diouc'h c'hoañtou ar iaouañkiz, hag heûl ar wirionez, ar feiz, ar garañtez, hag ar péoc'h, gañt ar ré a c'halv ann Aotrou gañd eur galoun dinam.
23. Pella diouc'h al lavariou diskiañt ha diwiziek, ô c'houzout pénaoz é vagoñt ar strivou.
24. Ha na zéré két oud eur servicher d'ann Aotrou striva : hôgen *béz' é tlé* béza kûñ é-kéñver ann holl, mâd da rei kélenn, hag habask,
25. Teñsa gwestad ar ré a zeû da énébi oud ar wirionez, er géd ma teûfé Doué da rei d'ézhô ar binijenn évid hô lakaad d'hé anaout ;

26. Ha ma teûfeñt *évél-sé* d'en em denna eûz a lindagou ann diaoul, péhini a zalc'h anézhô sklâv, diouc'h hé ioul

—

III. PENNAD.

1. Gwéz koulskoudé, pénaoz enn deisiou divéza é teûi amzeriou rec'hus.

2. Râk béz' é vézô tûd hag en em garô hô-unan, ré biz, rok, balc'h, touerien-Doué, dizeñt d'hô zûd, dizanaoudek, fallagr,

3. Digar, dibéoc'h, hibouderien, diboelluz, diguñ, dibégarad,

4. Ganaz, her, stambouc'het, ha douget d'ar plijadur muioc'h égéd da Zoué;

5. Péré hô devézô ann doaré eûz a garañtez Doué, hôgen a zinac'hô hé ners. Tec'h diout-hô.

6. Râg eûz ar ré-zé eo ar ré péré a ia enn tiez, hag a denn war hô lerc'h *évél* sklavézed, groagézigou karged a béc'héjou, ha leûn a bép gwall-ioul;

7. Péré a zesk bépréd, ha na anavez népréd ar wirionez.

8. Hôgen évél ma savaz Jannez ha Mambrez a-énep Moizez, évél-sé ivé ar ré-mañ a zô savet a-éneb ar wirionez; tûd iñt hag a zô brein er spéred, ha gwallet er feiz;

9. Hôgen na d-aiñt két pelloc'h; râg hô folleñtez a vézô anat da béphini, évél ma oé hini ar ré-zé.

10. Évid-od éc'h anavézez va gélénnadurez, va deskadurez, va ménoz, va feiz, va hir-c'hortozidigez, va c'harañtez, ha va habaskded;

11. Va heskinou, ha va eñkrézou, évél ma eo c'hoarvézet gan-éñ é Añtiokia, é Ikoniom, hag é Listra; *té a oar* péger braz eo bét ann heskinou em eûz gouzañvet, pénaoz en deûz ann Aotrou va zennet anézhô holl.

12. Évél-sé ar ré a fell d'ézhô béva gañt reiz é Jézuz-Krist, a vézô heskinet.

13. Hôgen ann dud fall, hag ann touellerien a iélô gwâz-oc'h-wâz, ô véza touellet, hag ô touella *ar ré all.*

14. Hôgen té, keñdalc'h enn traou éc'h eûz desket, hag a zô bét fisiet enn-od, pa oûzoud gañt piou éc'h eûz hô desket;

15. Hag ô véza ma éc'h eûz anavézet a-vihanik al lizérou sakr, a hell da zeski évid ar zilvidigez, dré ar feiz a zô é Jézuz-Krist.

16. Pép skritur aliet gañd Doué a zô mâd évid deski, évit tamallout, évit kastiza, évid hiñcha étrézég ar wirionez.

17. Évit ma vézô klôk ann dén a Zoué, hag aozet évit péb ôber mâd.

—

IV. PENNAD.

1. Da bidi a rann stard éta dirâk Doué, ha dirâk Jézuz-Krist, péhini a dlé barna ar ré véô hag ar ré varô enn hé zonédigez, hag évid hé rén,

2. Da brézégi ar gér. Difré ann dud é-préd hag é-dibréd: tamall, péd, gourdrouz gañt péb habaskded ha pép kélen.

3. Râk doñd a rai eunn amzer é péhini na helliñt két gouzañvi ar gwir gélénnadurez; hag é strolliñt skôlierien évit-hô diouc'h hô c'hañtou hô-unan, hag hô dévézô debron d'hô c'hlevout;

4. Hag é tistrôiñt hô diskouarn diouc'h ar wirionez, évid hô zrei out sorc'hennou.

5. Hôgen te, bel, gouzañv é pép trâ, grâ labour eunn Aviéler, grâ dléad da garg, béz poellek.

6. Râg a-vréma ounn daré da vervel, hag amzer va diforc'hidigez a dôsta.

7. Stourmet mâd em eûz, peûrc'hréat eo va ergerz gan-éñ, ar feiz em eûz miret.

8. Mired eo évid-oun enn amzer da zoñt ar gurunen a wirionez, a zistaolô d'in ann Aotrou, évél eur barner gwirion enn deiz-zé; ha nann hép-kén d'in, hôgen ivé d'ar ré holl a gâr hé zonédigez. Hast affô da zoñd d'am c'havout.

9. Râk Démaz en deûz va dilézet ô

karout ar béd-mañ, hag eo éat da Dessalonika :

10. Kresseñs er Galasia, Tituz enn Dalmasia.

11. Na choum gan-éñ némét Lukaz. Kémer Mark, ha digas-héñ gan-éz : râk béz' é helló servicha d'in em c'harg.

12. Titikuz em eûz kaset ivé da Éfézuz.

13. Digas gan-éz, pa zeûi, ar vañtel em boa lézet é Troad é-ti Karpuz, hag al levriou, ha dreist-holl ar bapériou.

14. Aleksañdr ar mañouner en deûz gréat kalz a zroukd'in : ra zistaoló ann Aotrou d'ézhañ hervez hé ôberiou.

15. Tec'h diout-hañ ; râk énébet en deûz kalz oud hor geriou.

16. Em difenn keñta, dén n'eo savet gan-éñ, hôgen dilézet ounn bét gañd ann holl : na vézet két tamallet d'ézhô.

17. Hôgen ann Aotrou a zô savet gan-éñ, hag en deûz va nerzet, évit ma vijé peûr-brézéget añn Aviel gan-éñ, ha ma vijé klevet gañd ann holl boblou : ha dieûbet ounn bét eûz a c'henou al léon.

18. Ann Aotrou en deûz va miret a bép gwall ôber : hag ô savétei ac'hanoun am c'hasô enn hé rouañtélez éñvuz. D'ézhañ *ra vézô* ar c'hloar é amzeriou ann amzeriou. Amen.

19. Salud Priska hag Akuila, ha tûd Onéziforuz.

20. Érastuz a zô choumet é Koriñt. Ha Trofimuz em eûz lézet klañv é Milet.

21. Hast da zoñt abarz ar goañv. Eubuluz, ha Pudeñs, ha Linuz, ha Któdia, hag ar vreûdeûr holl a zalud ac'hanod.

22. Ann Aotrou Jézuz-Krist *ra vézô* gañd da spéred. Ar c'hrâs *ra vézô* gan-é-hoc'h. Amen.

LIZER

SANT PAOL ABOSTOL

DA DITUZ.

I. PENNAD.

1. Paol servicher Doué, hag Abostol Jézuz-Krist hervez feiz ar ré zilennet gañd Doué, hag anaoudégez ar wirionez, a zô hervez karañtez Doué ;
2. Enn espérañs cûz ar vuez peûrbaduz, en deûz diouganet Doué, péhini na lavar kéd a c'haou, abarz ann holl amzeriou :
3. Hôgen diskleriet en deûz hé c'hér enn hé amzer dré ar brézégen, a zô bét fisiet enn-oun hervez gourc'hémenn Doué hor Salver.
4. Da Dituz hé vâb karet-mâd hervez ar gen-feiz, grâs, ha péoc'h digañd Doué ann Tâd, ha Jézuz-Krist hor Salver.
5. Râk-sé em eûz da lézet é Kréta, évit ma reizi kémeñd a choum da reiza, ha ma likii béleien é pép kéar, ével ma em eûz hé c'hourc'hémennet d'id.
6. O tilenna néb a vézô didamall, a vézô *bét* eur c'hrég hép-kén, en dévézô bugalé féal, péré na vézô két tamallet a c'hadélez, nag a zizeñtidigez.
7. Râk réd eo da eunn Eskop béza didamall, ével da vérer Doué : na vézet két rôk, na buanek, na téchet d'ar gwin, na téar da skei, na douget da eur gounid mézuz :
8. Hôgen *bézet* herberc'hiad, kûñ, poellek, eeun, sañt, diloñtek ;
9. R'en em stagô stard oud ar gér féal, ével ma eo bét desket d'ézhañ, évit ma belló alia enn eur gélénnadurez vâd, ha keñdrec'hi ar ré a énep dré gomz.
10. Râk kalz a zô amzeñt, téôdeien ha touellerien, dreist-holl é-touez ar ré a zô enwadet.
11. Réd eo serra hô génou d'ar ré-zé, péré a ziskar holl dûd eunn ti, ô teski ar péz na dléeur kéd da zeski, évid eur gounid mézuz.
12. Unan anézhô hô-unan, péhini a zelloñt ével eur profed, en deûz lavaret : Ar Grétied a zô bépréd gaouiaded, loéned zrouk, kôvou diek.
13. Ann desténi-zé a zô gwir. Râk-sé krôz-hi stard, évit ma véziñt dinam er feiz ;
14. Héb en em rei da zorc'hennou Iuzevien, ha da c'hourc'hémennou tûd, péré a drô hô c'hein d'ar wirionez.
15. Dinam eo pép-trâ d'ar ré zinam : hôgen nétrâ n'eo dinam d'ar ré a zô dic'hlan ha difeiz ; hag hô ménoz, hag hô c'houstiañs a zô dic'hlan.
16. Diskleria a réoñt éc'h anavézoñt Doué, hôgen hé zinac'ha a réoñt dré hô ôbériou, ô véza ma'z iñt argarzuz, ha diskrédik, ha didalvez é-kéñver pép mad-ôber.

II. PENNAD.

1. Hôgen té, komz hervez ar gélénnadurez vâd.
2. *Desk* d'ar goazed-kôz béza poellek,

dëréad, fûr, dinam er feiz, er garañtez, hag enn habaskded.

3. *Desk* ivé d'ar gragez-kôz en em zerc'hel enn eunn doaré sañtel, héb béza labennérézed, na rôet kalz d'ar gwin, hôgen da rei keñteliou mâd,

4. Évit ma lakaiñt ar gragez iaouañk da véza fûr, da garout hô ézec'h hag hô bugalé,

5. *Da véza* poellek, diañtek, diloñtek, prédériek évid hô ziégez, kûñ, señtuz d'hô ézec'h, évit na vézô két drouk-prézéget gér Doué.

6. Ali ivé ann dud-iaouañk da véza poellek.

7. En em rô da-unan évit skouér eûz a ôberiou-mâd é pép-trâ, er gélénnadurez, el léalded, er poell.

8. *Ra vézô* déréad, ha didamall da lavar, évit ma teûi hon énébourien da gaout méz, ô véza n'hô dévézô droug é-béd da lavaroud ac'hanomp.

9. *Ali* ar vévellou da bléga dindân hô mistri, da blijoud d'ézhô é pép-trâ, n'hô disliviriñt két;

10. Na duiñt nétrâ d'ézhô, hôgen ma tiskouéziñt é pép-trâ eur féalded brâz, évit ma kaéraiñt kélénnadurez Doué hor Salver é pép-trâ;

11. Râk grâs Doué hor Salver a zô en em ziskouézed d'ann holl dud;

12. O teski d'é-omp da zinac'ha ar fallagriez, ha c'hoañtou ar béd, ha da véva er béd-mañ gañt poell, gañd eeunder, ha gañt karañtez-Doué;

13. War-c'héd eûz ann espérañs gwenvidik, hag eûz a zonédigez c'hloriuz ann Doué brâz hag hor Salver Jézuz-Krist;

14. Péhini a zô en em rôed hé-unan évid-omp, évit hon daspréna eûz a bép drougiez, hag évid hor glana ével eur bobl hétuz d'ézhañ, ha rôed d'ann ôberiou mâd.

15. Prézeg anndra-mañ, erbéd ha teñs gañt pép galloud. Na zeûed dén d'az disprizout.

—

III. PENNAD.

1. Ali anézhô da bléga dindân ar briñsed hag ar pennou-brô, da zeñti outhô, ha da véza daré da bép mâd-ôber:

2. Na zrouk-prézégeñt gañd dén, na vézeñt két breûtaerien, hôgen poellek, ô tiskouéza ann hévélep kuñvélez é-kéñver ann holl.

3. Râk ni a ioa ivé keñt diskiañt, diskrédik, faziet, trec'het gañd eunn niver brâz a c'hoañtou hag a ioulou fall, ô véva enn drougiez hag enn érez, kasauz, hag oc'h en em gasaad ann eil égilé.

4. Hôgen pa eo en em ziskouézet madélez ha karañtez Doué hor Salver évid ann dûd,

5. En deûz hor savétéet, nann eun abek d'ann ôberiou mâd hor bé gréat, hôgen enn abek d'hé drugarez, dré ar walc'hidigez eûz ann eil-vuez, ha dré ann névézadurez eûz ar Spéred-Sañtel,

6. En deûz skulet war-n-omp gañt founder dré Jézuz-Krist hor Salver.

7. Évit, goudé béza bét didamallet gañd hé c'hrâs, é teûimp da béred hervez ann espérañs eûz ar vuez peûr-baduz.

8. Gwir eo ar gér, hag é fell d'in é krétaez enn-hañ, pénaoz ar ré a gréd é Doué a dlé béza ar ré geñta oc'h ôber mâd-ôberiou. Ann traou-zé a zô mâd ha talvouduz d'ann dûd.

9. Hôgen pella diouc'h al lavariou diskiañt, hag ar mabérézou, hag ar rendaélou, ha strivou al lézen; râk dic'hounid ha gwân iñt.

10. Tec'h diouc'h ann dén a zô hérétik, goudé béza hé gélennet eur wéach hag eunn eil wéach;

11. O c'houzout pénaoz néb a zô ével-sé, a zô trôet a-énep, hag é péc'h, pa eo gwir en em varn dré hé skiañt hé-unan.

12. Pa'm bézô kased d'id Artémaz pé Tikikuz, hast affô doñd d'am c'havout da Nikopoliz; râg énô é vennann goañvi.

13. Kâs da ziambrouga Zénaz ar gwiraour, hag Apollo, ha laka évez na ziouerfeñt nétrâ.

14. Ra zeskô ivé hor ré da véza ar ré-geñta oc'h ôber mâd-ôberiou pa vézô réd, évid na véziñt két difrouez.

15. Ar ré holl a zô gan-éñ a zalud ac'hanod: Salud ar ré a gâr ac'hanomp er feiz. Grâs Doué *ra vézô* gan-é-hoc'h holl. Amen.

LIZER

SANT PAOL ABOSTOL

DA FILÉMON.

I. PENNAD.

1. Paol prisounier Jézuz-Krist, ha
Timotéuz hé vreûr, da Filémon hor
miñoun kér, hag hor c'hen-ôbérer,
2. Ha da Appia hor c'hoar gér, ha
da Arkippuz hor c'hen-stourmer, ha
d'ann iliz a zô enn da dî.
3. Grâs d'é-hoc'h digañd Doué hon
Tâd, hag hon Aotrou Jézuz-Krist.
4. Trugarékaad a rann va Doué, oc'h
ôber méneg bépréd ac'hanod em pé-
dennou ;
5. O klevout péger braz eo da ga-
rañtez, hag ar feiz éc'h eûz é-kéñver
ann Aotrou Jézuz, hag é-kéñver ann
holl zéñt :
6. Pénaoz é rûez lôd eûz da feiz
enn eunn doaré anat, dré ann anaou-
dégez eûz ann holl vad-ôberiou, a zô
enn hô touez é Jézuz-Krist.
7. Râg eul lévénez hag eunn dizoan
vrâz em eûz bét eûz da garañtez, ô
véza ma eo bét kalounou ar zeñt fréal-
zet gan-ez, va breûr.
8. Dré-zé pétrâ-bennâg ma hellann,
dré ar fisiañs em eûz é Jézuz-Krist,
gourc'hemenni d'id ar péz a zô déréad ;
9. Koulskoudé, dré ann abek eûz va
c'harañtez évid-od, eo gwell gan-éñ
da bidi, évid-oun da véza ann hévéleb
hini, *da lavaroud eo* Paol kôz, ha
bréma prizounier Jézuz-Krist.
10. Da bidi a rann évit va mâb Oné-
zimuz, péhini em eûz eñgéheñtet em
éréou :
11. Péhini a zô bét keñt didalvou-
duz d'id, hôgen a vézô bréma talvou-
duz d'id ha d'in ivé.
12. Hé gas a rann adarré d'id :
digémer-héñ ével va bouzellou é vé.
13. C'hoañt em boa d'hé zere'hel
gan-éñ : évit ma hellfé va zervicha
enn da léac'h enn éréou ann Aviel ;
14. Hôgen né két felled d'in ôber
nétrâ hép da ali, évit na zeûi két da
vâd ével eunn dra réd, hôgen diouc'h
da c'hrâd-vâd.
15. Râk martézé eo bét pelléed
diouz-id évid eunn amzer, évit ma
hé zigémerfez goudé da-vikenn ;
16. Nann mui ével eur sklâv, hôgen
ével unan deûed eûz a sklâv da vreûr
kér d'é-omp, ha dreist-holl d'in, hag
a dlé c'hoaz béza kéroc'h d'id, pa eo
d'id hag er c'hîk hag enn Aotrou ?
17. Mar d-oud éta va c'hen-vreûr,
digémer anézhañ ével-d-oun va-unan.
18. Hôgen ma en deûz gréat eur
gaou-bennâg d'id, pé mar dlé eunn
dra d'id, taol-héñ war-n-oun.
19. Mé Paol a skriv d'id gañt va
dourn va-unan : hé zisteûrel a rinn
d'id, évit na livirinn két pénaoz en
em zléez da-unan d'in.
20. Ia, va breûr, rô al lévénez-zé
d'in enn Aotrou : fréalz va c'haloun
enn Aotrou.
21. Gañt fisiañs enn da zeñtidigez em
eûz skrivet d'id, ô c'houzout pénaoz é
ri c'hoaz muioc'h égét na lavarann.
22. Aoz ivé d'in eunn ti ; râg espé-
roud a rann dré hô pédennou é vézinn
c'hoaz rôed d'é-hoc'h.
23. Épafraz va c'hen-brizounier é
Jézuz-Krist a zalud ac'hanod ;
24. Mark, Aristarkuz, Démaz ha
Lukaz, va eiled.
25. Grâs hon Aotrou Jézuz-Krist *ra
vézô* gañd hô spéred. Amen.

LIZER

SANT PAOL ABOSTOL

D'ANN HÉBRÉED.

I. PENNAD.

1. Doué goudé béza komzet gwéchall oud hon tadou meûr a wéach hag ó meûr a zoaré dré ar Broféded, a zeû da gomza ouz-omp enn deisiou divéza-mañ dré hé Vâb hé-unan,

2. Péhini en deûz lékéad da her da bép-trâ, ha dré béhini en deûz gréad ar bédou,

3. Péhini ô véza ar skéd eûz hé c'hloar, hag ann doaré eûz hé zén, hag a zoug pép-trâ dré ar gér eûz hé ners, goudé béza hor c'hazet eûz hor péc'héjou, a zô azézet enn tu déou d'ar Veûrdez el léac'h uc'héla :

4. Brasoc'h dreist ann élez, kémeñt ha ma eo gwelloc'h ann hanô a zô bét rôed d'ézhañ égéd hô hini.

5. Râk piou eo ann éal da béhini en deûd biskoaz lavared *Doué :* Va Mâb oud, da eñgébeñtet em eûz hirió? Hag adarré : Da Dâd é véinn d'ézhañ, ha da Vâb é vézô d'in ?

6. Hag adarré pa laka bé geñtaganet er béd, é lavar : Hag holl élez Doué ra azeûliñt anézhañ.

7. Ha diwar-benn ann élez é lavar ivé : Héñ a laka hé spérédou da véza hé élez, hag ar flammou tân da véza hé gannaded.

8. Hógen d'hé Vâb *é lavar :* Da drôn, ô Doué, a badó da-vikenn : gwalen da rén a vézó eur walen a eeunder.

9. Kared éc'h eûz ar wirionez, ha kaséed éc'h eûz ann drougiez : dré-zé Doué, da Zoué en deûz da éôlet gañd eunn éôl a lévénez dreist da grévrenneien.

10. Ha *c'hoaz :* Té, Aotrou, éc'h eûz diazézet ann douar er penn-keñta ; ha labour da zaouarn eo ann éñvou.

11. Hí a zeûi da nétra, hôgen té a choumô ; hi holl a gôsai ével eur zaé :

12. Hag ével eur vañtel é kemmi anézhô : hag é véziñt kemmet : hôgen té a zô ann hévélep hini, ha da vloavésiou n'hô dévézô kéd a zivez.

13. Hógen da biou eûz ann élez en deûs-héñ lavaret bisboaz : Azez enn tu déou d'in, bété ma'm bézô lékéad da énébourien da skabel d'az treid ?

14. Hag ann élez n'iñt-hi kéd holl spéréjou lékéad da zervicherien, kaset évit servich ar ré a dlé béza héred ar zilvidigez ?

II. PENNAD.

1. Rak-sé é tléomp mirout gañt mui a bréder ar péz hon eûz klevet, gañd aoun na zeûfemp da nétra.

2. Râk mar d-eo choumet stard ar gér a zô bét lavaret gañd ann élez, ha mar d-eo bét rôet da bép terridigez, da bép dizeñtidigez ar gwir c'hôbr a ioa dléed d'ézhô ;

3. Pénaoz é hellimp-ni tec'hout,

mar tilézomp eur zilvidigez ker braz, péhini goudé béza bét da geñta diskleriet gañd ann Aotrou, a zô bét krétéet enn-omp gañd ar ré bô deûz hé c'hlevet;
4. Ha da béré en deûz Doué rôet testéni dré arouésiou, ha burzudou, ha meûr a ners, ha dré rannou ar Spéred-Sañtel hervez hé ioul?
5. Râk Doué n'en deûz két lékéad dindân galloud ann élez ar béd da zoñt, eûz a béhini é komzomp.
6. Hôgen unan-bennâg en deûz lavaret enn eul léac'h *eûz ar Skritur:* Pétrâ eo ann dén évit ma'z pézô koun anézhañ, pé *pétrâ eo* Mâb ann dén évit ma teûi d'hé emwélout?
7. Hé lékéad éc'h eûz évid eunn nébeûd amzer izéloc'h égéd ann élez; a c'hloar hag a énor éc'h eûz hé gurunet; hag hé lékéad éc'h eûz da Aotroû war ôberiou da zaouarn.
8. Lékéad éc'h eûz pép-trâ da bléga dindân hé dreid. Râg ô lakaat pép-trâ da bléga dindân-hañ, n'en deûz lézet nétrâ ha na vé pléget dindân-hañ. Hôgen na wélomp két c'hoaz é plégfé pép-trâ dindân-hañ.
9. Hôgen gwéloud a réomp pénaoz Jézuz, péhini a ioa bét lékéad évit eunn nébeûd amzer izéloc'h égéd ann élez, enn abek d'ar marô en deûz gouzañvet, a zô bét kurunet a c'hloar hag a énor; évit dré c'hrâs Doué ma varvché évid ann holl.
10. Râk déréad é oa d'ann hini évit piou ha dré biou eo pép-trâ, péhini fellé d'ézhañ kâs kalz a vugalé er c'hloar, da glôkaat dré ar c'hloasiou ar penn-abek eûz hô zilvidigez.
11. Râk néb a zañtéla, hag ar ré a zô sañtélet, a zeû holl eûz ann hévélep *penn-abek*. Dré-zé n'en deûz kéd a véz oc'h hô gervel hé vreûdeûr;
12. O lavarout: Diskleria a rinn da hanô d'am breûdeûr: é-kreiz ann Iliz é veûlinn ac'hanod.
13. Hag adarré: Mé a fisiô enn-hañ. Hag adarré: Chétu mé, hag ar vugalé en deûz rôed Doué d'in.
14. Râg ô véza ma eo doaréet ar vugalé gañt kik ha gañt goâd, eo bét fellet d'ézhan ivé kaoud hé lôd enn hévélep doaré; évit ma tiskarjé dré ar marô ann hini a ioa ar penn-abek eûz ar marô, da lavaroud eo, ann diaoul:
15. Ha ma tieûbché ar ré, péré gañd ar spouñt râg ar marô a ioa é sklavérez héd hô buez.
16. Râk n'en deûz két kéméret *doaré* ann élez, hôgen *doaré* gwenn Abraham en deûz kéméret.
17. Dré-zé eo bét réd d'ézhañ béza héñvel é pép-trâ oud hé vreûdeûr, évit ma teûjé da véza eur bélek-brâz trugarézuz ha féal dirâk Doué; évit dic'haoui péc'héjou ar bobl.
18. Râk enn hé c'hloasiou hag enn hé demptasionou hé-unan é kémer ann ners da skoazella ar ré a zô tomptet.

III. PENNAD.

1. Râk-sé, va breûdeûr sañtel, c'houi péré a zô kévrennet er c'halvédigez éñvuz, arvestit Jézuz péhini a zô ann Abostol hag ar bélek-brâz eûz hor c'hélénnadurez,
2. Péhini a zô féal d'ann hini en deûz hé lékéad é karg, ével ma eo bét féal Moizez enn hé holl di.
3. Râk kavet eo bét dellézek eûz a eur c'hloar ker braz dreist hini Moizez, ével ma'z eo énorusoc'h ann hini a zâv ann ti égéd ann ti hé-unan.
4. Râk pép ti a zô savet gañd unan-bennâg: hôgen ann hini en deûz krouet pép-trâ a zô Doué.
5 Ha Moizez ivé a zô bét féal é holl di *Doué* ével eur mével, évit testénia ar péz en doa da lavarout;
6. Hôgen ar C'hrist, ével ar mâb enn hé dî; ha ni eo a zô ann ti-zé, ma viromp bétég ann divez eur fisiañs stard, ha gloar ann espérañs.
7. Râk-sé ar Spéred-Sañtel en deûz lavaret: Mar sélaouit hirið hé vouéz,
8. Na galédit két hô kalounou, ével enn énébiez, da zeiz ann arnod enn distrô,
9. É péléac'h hô tadou hô deûz va zemptet, va arnodet, hag é péléac'h hô deûz gwélet va ôberiou é-pâd daou-ugeñt vloaz:
10. Râk-sé eo savet droug enn-oun

oud ar bobl-zé, hag em eûz lavaret: Fazia a réoñt bépréd enn hô c'halounou; ha n'hô deûz két anavézet va heñchou:

11. Évet-sé em eûz touet em brouez: Pénaoz na zeûiñt két é *léac'h* va éhan.

12. Likid évez éta, va breûdeûr, na vé é hini ac'hanoc'h eur galoun falléet gañd ann disgrédôni, a zeûi d'hé bellaad diouc'h ann Doué béô.

13. Hôgen en em gélennit ann eil égilé bemdéz, é-pâd ma émoc'h *enn amzer* a zô hanvet Hiriô, évit n'eu em galédô hini ac'hanoc'h dré douellérez ar péc'hed.

14. Kévrenneien d'ar C'hrist omp deûet évit-gwir: Ia, mar miromp stard bétég ann divez ann derou eûz hé zén.

15. É-pâd ma lévéreur *d'é-omp*: Hiriô mar sélaouit hé vouéz, na galédit két hô kalounou, ével enn énébiez.

16. Râk lôd ô véza hé c'hlevet a énébaz, hôgen ar ré holl a ioa bét lékéat er-méaz eûz ann Ejipt gañt Moizez na énébchoñt két.

17. Hôgen out péré é savaz droug enn-hañ é-pâd daou-ugeñt vloaz? Ha né oé két oud ar ré hô doa péc'het, hag eûz a béré ar c'horfou a choumaz gourvézet enn distrô?

18. Ha da béré é touaz-héñ na'z ajeñt két enn hé éhan, néméd d'ar ré a ioa bét diskrédik?

19. Ha gwéloud a réomp pénaoz na helljoñt két mond-ébarz enn abek d'hô digrédôni.

—

IV. PENNAD.

1. Hor bézed aoun éta, ô tilézel ar gér a zô bét rôet éz ajemp é éhan Doué, na vé unan-bennâg ac'hanomp ha n'az ajé kéd enn-hañ.

2. Râk diskleriet eo bét d'é-omp kerkouls ha d'ézhô, hôgen ar gér hô doa klevet na oé két talvouduz d'ézhô, ô véza né oa kéd ar feiz kévret er ré hô doa klevet.

3. Évid-omp-ni péré hon eûz krédet, éz aimp enn éhan, ével ma en deûz lavaret: Ével ma em eûz touet em brouez: Pénaoz na zeûiñt két é *léach* va éhan: hag *ann éhan* eo a zeûaz goudé ôberiou *Doué* é krouidigez ar béd.

4. Râk lavared en deûz enn eul léac'h-bennâg diwar-benn ar seizved dervez, ével-henn: Ha Doué a éhanaz ar seizved dervez goudé hé holl ôberiou.

5. Hag aman c'hoaz: Na zeûiñt két em éhan.

6. Pa eo réd éta é teûjé-ébarz eur ré-bennâg, ha pénaoz ar ré da béré eo bét diskleriet *ar gér* da geñta, n'iñt két éad-ébarz enn abek d'hô digrédôni:

7. C'hoaz é verk eunn dervez, a c'halv Hiriô, ô lavaroud dré Zavid, pell amzer goudé, ével ma eo lavaret diaraok: Hiriô mar sélaouit hé vouéz, na galédit két hô kalounou.

8. Râk ma en défé Jézuz hô lékéat enn éhan-zé, n'en divijé két komzet abaoé eûz a eunn deiz all.

9. Dré-zé eo bét lézet miridigez ar sabbat da bobl Doué.

10. Râk néb a zô éat enn hé éhan, a éhan ivé hé-unan goudé hé ôberiou, ével ma réaz Doué goudé hé ré.

11. Akétomp éta da voñd enn éhan-zé, gañd aoun na gouézché unan-bennâg enn eunn hévélep skouér a zigrédôni.

12. Râg gér Doué a zô béô, ha nerzuz, ha lemmoc'h égéd eur c'hlézé a ziou zremm: moñd a ra bété rann ann éné hag ar spéred, bétég er mellou hag er mélou; hag é tibab ar vénosiou hag ann ioulou eûz ar galoun.

13. Krouadur é-béd n'eo digwél dira-z-hañ: pép-trâ a zô enn-noaz ha dizôlô-kaer da zaou-lagad ann hini eûz a biou é komzomp.

14. Pa hon eûz éta da vélek-brâz Jézuz Mâb Doué, péhini a zô éat enn éñvou; miromp hor c'hréden.

15. Râk n'hon eûz két eur bélek-brâz ha na hellfé két truéza hor gwanderiou: râk temptet eo bét ével-d-omp é pép-trâ, néméd er péc'hed.

16. Déomp éta gañt fisiañs étrézé trôn ar c'hrâs, évit ma vézô rôet trugarez d'é-omp, ha ma kavimp ar c'hrâs da gen-ners talvouduz.

V. PENNAD.

1. Râk pép bélek-brâz savet eûz a douez ann dûd, a zô lékéad évid ann dûd é kémeñd a zell ouc'h Doué, évit ma gennigô rôou ha sakrifisou évid ar péc'héjou ;

2. Ha ma hellô kaout truez oud ar ré a zô enn diwiziégez hag er fazi ; ô véza ma eo bét hé-unan strôbet gañd ar gwander.

3. Ha dré-zé é tlé kinniga ar sakrifiz a zistol ar péc'héjou, kerkouls évit-hañ hé-unan, évet évid ar bobl.

4. Ha dén na gémer ann énor zé évit-hañ hé-unan, néméd ann hini a zô galvet gañd Doué, évet Aaron.

5. Évet-sé ar C'hrist né két en em veûlet hé-unan évit béza bélek-brâz ; hôgen meûlet eo bét gañd ann hini en deûz lavared d'ézhañ : Va Mâb oud ; hiriô em eûz da eñgéheñtet.

6. Hervez ma lavar enn eul léac'h all : Té eo ar bélek peûr-bâduz, hervez urs Melkisédek.

7. Évet-sé é deisiou hé gik, ô véza kinnniget gañd garm ha gañd daérou hé bédennou hag hé c'houlennou d'ann hini a hell hé zavétei eûz ar marô, eo bét sélaouet enn abek d'hé zoujañs ;

8. Hag héñ, évit-hañ da véza Mâb Doué, en deuz desket ar zeñtidigez dré gémeñt en deûz gouzañvet :

9. Hag ô véza éad da benn, eo deûed da benn-abek d'ar zilvidigez peûr-baduz évid ar ré holl a zeñt out-hañ ;

10. Doué ô véza hé c'halvet bélek-brâz hervez urs Melkisédek.

11. War gémeñt-sé hor bé kalz traou da lavarout, hag a vé diez da zisplêga, dré ma oc'h deûet diakétuz évid hô sélaoui.

12. Rak pa dléfac'h évid ann amzer béza deûed da vistri, ha ma hoc'h eûz c'hoaz ézomm koulskoudé é vé desket d'é-hoc'h ar c'heñteliou keñta eûz a zerou komsiou Doué, ha deûed oc'h évet tûd da béré é vé rei léaz, ha nann boéd kré.

13. Râk néb a zô maget gañt léaz, a zô dic'halloudek é-keñver lavar ar wirionez, ô véza ma'z eo eur bugel.

14. Hôgen ar boéd kré a zô évid ar ré glôk, ar ré péré dré voaz hô deûz skiañchou doaréet évid dibaba ar mâd hag ann drouk.

VI. PENNAD.

1. Rak-sé ô kuitaat ann derou eûz a géléannadurez ar C'hrist, en em rôomp d'ar péz a zô klôkoc'h, héb teûrel adarré ann diazez eûz a binijen ann ôberiou marô, hag eûz ar feiz é Doué ;

2. Eûz a géléannadurez ar badisiañchou, eûz a astennidigez ann daouarn, eûz a zazorc'hidigez ar ré varô, eûz ar varn peûr-baduz.

3. Ha kémeñt-sé a raimp, ma aotré Doué.

4. Râk na hell két béza pénaoz ar ré a zô bét eur wéac'h skléréet, hô deûz tañvéet rô ann éñv, hag a zô bét kévrennek eûz ar Spéred-Sañtel,

5. Hô deûz ivé tañvéet gér mâd Doué, ha nersiou ann amzer da zoñt,

6. Hag a zô kouézet goudé-zé ; *na hell két béza* é teûjeñt da véza névézet dré ar binijen ; râk enn-hô hô-unan é lékéoñt adarré oud ar groaz Mab Doué, hag é rôoñt anézhañ d'ar vézégez.

7. Râk mar teû eunn douar-bennâg, goudé béza bét évet aliez ar glaô a zô bét kouézet war-n-ézhañ, da zougen ar géot a rô mâd d'ar ré a c'hounid anézhañ, é teû war-n-ézhañ ar vennoz a Zoné.

8. Hôgen ma na zoug némét spern hag askol, eo dispriset, ha tôst da véza milliget ; hag enn divez da véza losket.

9. Hôgen gwelloc'h é vennomp ac'hanoé'h, hag eûz hô silvidigez, va breûdeûr kér, évid-omp da gomza ével-sé.

10. Râk Doué né kéd dizanaoudek, évit béza añkounac'héet hoc'h ôberiou, hag ar garañtez hoc'h eûz diskouézet enn hé hanô, pa hoc'h eûz skoazellet ar zeñt, évet ma skoazellit c'hoaz.

11. Hôgen ni a garfé é tiskouézché pép-hini

pép-hini ac'hanoc'h ann bévélep préder bétég ann divez évit sévénidigez hoc'h espérañs :

12. Évit na zeûot két da véza lézirek, hôgen ma teûot da heûlia ar ré péré dré hô habaskded a zô deûed da héred d'ann diouganou.

13. Râk Doué enn diougan en deûz gréad da Abraham, ô véza n'en deûz kaved dén dré béhini é hellfé toui, en deûz touet dré-z-hañ hé unan,

14. O lavarout : Da leûnia a rinn a vénosiou, ha da lakaad a rinn da greski.

15. Hag ével-sé ô véza gédet gañd habaskded, en deûz kavet ann diougan.

16. Râg ével ma tou ann dûd dré ann hini a zô brasoc'h égét-hô, ha ma'z eo ann douadel ar brasa kréd eûz ann divez eûz hô strivou ;

17. Doué ô felloud d'ézhañ ivé diskouéza da héred ann diougan ar starddcr eûz hé ali, en deûz lékéat hé lé ouc'h-penn.

18. Évit goudé béza bét skoret gañd ann diou dra-zé, péré na hell két Doué fazia, ma hor bézô eunn dizoan c'hallouduz, évit kaout ar madou a zô diouganet d'é-omp dré ann espérañs,

19. Péhini a zô stard ha gwirion enn hon éné ével eunn heôr, ha péhini a ia bétég enn diabarz eûz ar wél ;

20. É péléac'h Jézuz ével diaraoger a zô éat évid-omp, ô véza bét lékéat da Vélek-brâz peûr-baduz hervez urs Melkisédek.

—

VII. PENNAD.

1. Rag ar Melkisédez-zé, Roué Salem, Bélek ann Doué huel meûrbéd, péhini a ziambrougaz Abraham, a zistrôé eûz a wastadur ar rouéed, hag a vennigaz anézhañ,

2. Gañt péhini é rannaz Abraham ann déog eûz a gémeñt en doa kéméret, péhini a zô galvet roué a wirionez, hag ivé roué a Salem, da lavaroud eo, roué a béoc'h,

3. Hép Tâd, hép mamm, hép mabérez, hép deroù d'hé zeisiou, hép divez d'hé vuez, ô véza ével-sé skeûden Mâb Doué, a zô choumet bélek da vikenn.

4. Sellid éta péger braz é tlié béza, pa eo gwir pénaoz ann tâd-brâz Abraham en deûz rôed d'ézhañ ann déog eûz hé breiz.

5. Ével-sé ar ré péré ô véza eûz a wenn Lévi hô deûz kéméret ar vélégiez, hô deûz ar gwir da géméroud ann déog hervez al lézen digañd ar bobl, da lavaroud eo, digañd hô breûdeûr, pétrâ-bennâg ma eo deûed ar ré-mañ eûz a zigroazel Abraham.

6. Hôgen ann hini eûz a béhini ar mabérez né két nivéret gañt-hô, en deûz kéméret ann déog digañd Abraham, hag en deûz benniget ann hini da béhini é oa gréat ann diouganou.

7. Hôgen héb arvar eo pénaoz ann hini a vennigeur a zô distéroc'h égéd ann hini a vennig.

8. Hag amañ évit-gwir ar ré a zigémer ann déog a zô tûd marvuz : énô enn-énep eo eunn dén béô.

9. Hag (évid hé lavarout) Lévi péhini a zigémer ann déog, a zô bét déoget dré Abraham ;

10. Râg édo c'hoaz é digroazel hé dâd, pa zeûaz Melkisédek da ziambrouga Abraham.

11. Hôgen ma oa deûet ar zévénidigez dré vélégiez Lévi (râk dindânhañ en doa ar bobl digéméret al lézen), da bétrâ é oa réd é savché eur béleg all hervez urs Melkisédek, ha nann hervez urs Aaron ?

12. Râk pa eo bét dizouget ar vélégiez, é oa réd ivé é vijé dizouget al lézen.

13. Hôgen ann hini diwar-benn péhini eo bét lavaret kémeñt-sé, a zô eûz a eur vreûriez all, eûz a béhini dén n'en deûz servichet ann aoter.

14. Râg anad eo pénaoz hon Aotrou a zô savet eûz a Juda, é breûriez péhini n'en deûz Moizez lavaret nétrâ eûz ar vélégiez.

15. Hag anatoc'h eo c'hoaz, mar sâv eur béleg all héñvel out Melkisédek,

16. Péhini a zô gréat, nann hervez lézen gourc'hémenn ar c'hik, hôgen hervez ners eur vuez peûr-baduz.

17. Râk testéniet eo, *ô lavarout*.

Té a zô ar bélek peûr-baduz, hervez urs Melkisédek.

18. Râg ar gourc'hémenn all a zô bét torret dré ma oa gwân ha didalvez.

19. Râg al lézen na gâs kéd d'ar c'hlôkder; eunn derou eo da gaout eunn espérañs gwelloc'h, dré béhini é tôstaomp ouc'h Doué.

20. Ouc'h-penn, ar vélégiez-zé né két bét lékéat hép lé.

21. (Râg ar ré all a zô bét lékéad da véleien hép lé; hôgen hé-mañ a zô bét lékéat dré lé gañd ann hini en deûz lavaret d'ézhañ: Touet en deûz ann Aotrou, ha n'en dévézô kéd a geûz, pénaoz oud ar bélek peûr-baduz.)

22. Ha gwir eo pénaoz Jézuz a zô deûed da gréd eûz a eunn testamañt gwelloc'h.

23. Ével-sé kalz a véleien all a zô bét gréat, ô véza ma viré ar marô out-hô na choumcheñt bépréd;

24. Hôgen hé-mañ ô véza ma choum da-vikenn, en deûz eur vélégiez peûr-baduz.

25. Dré-zé é hell savétei da-vikenn ar ré a dôsta ouc'h Doué dré-z-hañ; pa eo béô bépréd évid erbédi évidomp.

26. Râk déréad é oa hor-bijé eur bélek-brâz sañtel, dizrouk, dinam, rannet diouc'h ar béc'herien, hag uc'héloc'h égéd ann éñvou;

27. Péhini né két bét réd d'ézhañ bemdéz, ével d'ar véleien all, kinniga hostivou da geñta évid hé béc'héjou hé-unan, ha goudé évit ré ar bobl; ar péz en deûz gréat eur wéach oc'h en em genniga hé-unan.

28. Râg al lézen a laka évit béleien tûd gwân: hôgen gér al lé, péhini a zô deûet goudé al lézen, *en deûz lékéat da vélek* ar Mâb, péhini a zô klôk da-vikenn.

—

VIII. PENNAD.

1. Ann diverr eûz ar péz hon eûz lavaret *diaraog* eo, Pénaoz hon eûz eur bélek ker braz, ma'z eo azézet enn tu déou da gador ar veûrdez enn éñvou,

2. Bélek ar sañtuer, hag ar gwir dabernakl, en deûz savet ann Aotrou, ha nann eunn dén.

3. Râk péb bélek-brâz a zô lékéat évit kinniga rôou, hag hostivou: dré-zé eo réd en défé ivé hé-mañ eunn dra-bennâg da ginniga.

4. Ma vijé éta war ann douar, na vijé két bélek: pa ioa anézhô évit kinniga rôou hervez al lézen,

5. Hag a zervich Doué hervez skouériou ha skeûdennou eûz ann éñv; ével ma lavaraz Doué da Voizez, pa réa ann tabernakl: Laka évez, émé-z-hañ, da ôber pép-trâ hervez ar skouér a zô bét diskouézet d'id war ar ménez.

6. Hôgen bréma eo gwelloc'h ar vélégiez, ô véza ma eo hañtérour enn eur gévrédigez gwelloc'h, ha ma eo savet war wéstlou gwelloc'h.

7. Râk ma vijé bét difazi ann hini geñta, na vijé két bét klasket léac'h d'ann eil.

8. Hôgen oc'h hô zamallout é lavar: Doñd a rai eunn amzer, émé ann Aotrou, é péhini é rinn gañt ti Israel ha gañt ti Juda eur gévrédigez névez;

9. Nann hervez ar gévrédigez em eûz gréat gañd hô zadou, enn deiz é péhini hô c'hémériz dré ann dourn évid hô zenna eûz a zouar ann Éjipt; râk n'iñt két choumet em gévrédigez, ha mé em eûz hô dilézet, émé ann Aotrou.

10. Râk chétu ar gévrédigez a rinn gañt ti Israel goudé ann deisiou-zé, émé ann Aotrou: Va lézennou a likiinn enn hô spéred, hag é skrivinn anézhô enn hô c'haloun: ha mé a vézô hô Doué, hag hi a vézô va fobl.

11. Ha pép-hini anézhô na zeskô két hé nesa, hag hé vreûr, ô lavarout: Anavez ann Aotrou; râg ann holl am anavézô, adaleg ann distéra bétég ann uc'héla.

12. Râk trugarez em bézô évid hô drougiézou, ha n'am bézô mui a goun eûz hô féc'héjou.

13. Hôgen ô lavarout eo nevez *ar gevrédigez-mañ, en deûz diskouézet* pénaoz eo kôséet ar *gévrédigez* geñta. Hôgen ar péz a zeû da véza oadet ha kôz, a zô tôst d'hé zivez.

IX. PENNAD.

1. Ar gévrédigez geñta-zé é deûz bét ivé lézennou évid azeûlidigez *Doué*, hag eur sañtuer douarek.

2. Râg enn tabernakl a oé gréat, é oa da geñta ar c'hañtoler-brâz, ann daol, hag ar baraou a gennig, ar péz a hanvet ar Sañt.

3. Goudé ann eil wél édo ann tabernakl, hañvet Sañt ar zeñt,

4. É péhini é oa eunn ézañsouer aour, hag ann arc'h a gévrédigez gôlôed holl a aour; é péhini é oa eul léstr aour leûn a vann, ha gwialen Aaron, péhini a oa deûed da vleûñvi, ha taoliou ar gévrédigez.

5. Ha war hé gorré é oa daou Gérubin a c'hloar, péré a c'hôlôé ar goulc'her *gañd hô eskel.* Hôgen né kéd amañ al léac'h da gomza eûz ann traou-zé gañd ann holl zarvoudou.

6. Ann traou-zé éta ô véza aozet ével-sé, ar véleien a iéa bépréd er c'heñta tabernakl, pa réañt ar servich eûz hô c'harg :

7. Ar bélek-brâz hép-kén a iéa enn eil eur wéach ar bloaz, nann hép goâd, a ginnigé évid hé ziwiziégez hé-unan hag hini ar bobl.

8. Hag ar Spéred-Sañtel a ziskouézé dré énô pénaoz né oa kéd digor heñt ar Sañtuer, eñdra ma édo ar c'heñta tabernakl enn hé zà.

9. Ann hévélébédigez eo eûz ann amzer a neûzé, é péhini é kinniged rôou hag hostivou, péré na helleñt két klôkaat koustiañs ar ré a zervichê *Doué;*

10. Pa né oa némét boédou ha braouédou, ha meûr a walc'h, ha boasiou kiguz, péré na oa bét rôed d'ézhô némét bétég ann amzer eûz ann difazi.

11. Hôgen ar C'hrist, bélek-brâz ar madou da zoñt, a zô deûet dré eunn tabernakl brasoc'h ha klôkoc'h, péhini né két bét gréat gañd dourn *ann dén,* da lavaroud eo, eûz ar grouidigez-mañ :

12. Hag éad eo eur wéach ébarz ar Sañtuer, nann gañt goâd ar bouc'hed hag al leûéou, hôgen gañd hé c'hoâd hé-unan, ô véza kavet ann daspréna-durez peûr-baduz.

13. Râk mar teû goâd ar bouc'hed hag ann tirvi, ha ludu eunn ounner striñket gañd eur sparf, da zañtéla ar ré a zô saotret, ô c'hlana hô c'hik;

14. Pégémeñt muioc'h goâd ar C'hrist, péhini dré ar Spéred-Sañtel a zô en em ginniget hé-unan dinam da Zoué, a c'hlanô hôr c'houstiañs eûz ann ôberiou marvel, évid *hol lakaad* da zervicha ann Doué béô?

15. Dré-zé eo ann hañtérour eûz ann testamañt névez; évid, dré ar marô en deûz gouzañvet da zazpréna ann drougiézou a réad dindân ann testamañt keñta, ma teûi ar ré a zô galvet da gaout ann digouéz peûrbaduz a zô bét diouganet d'ézhô.

16. Râg el léac'h ma éz eûz testamañt, eo réd é c'hoarvézché marô ann testamañter.

17. Râg eunn testamañt na dâl némêd dré ar marô ; ha n'en deûz ners é-béd é-pâd ma vév ann testamañter.

18. Ével-sé ar c'heñta *testamañt* a zô bét startéet gañd ar goâd.

19. Moizez goudé béza lennet dirâg ar bobl holl c'hourc'hémennou al lézen, a géméraz goâd leûéou ha bouc'hed, gañd dour, gañt gloan tané, ha gañt sikadez, hag é tadlaz gañd eur sparf war al levr hé-unan, ha war ar bobl holl,

20. O lavarout : Hé-mañ eo ar goâd eûz ann testamañt en deûz gourc'hémennet Doué d'é-hoc'h.

21. Goâd a daolaz ivé war ann tabernakl ha war ann holl listri eûz a zervich *Doué.*

22. Hag hervez al lézen, ann darnvuia eûz ann traou a zô glanet gañd ar goâd ; ha n'eûz kéd a zistol hép skûl goâd.

23. Réd é oa éta é vijé glanet dré ann traou-zé ar péz a ioa ar skouér eûz a draou ann éñv : hôgen ma vijé *glanet* ann traou eûz ann éñv gañd hostivou gwelloc'h égéd ar ré-mañ.

24. Râk Jézuz-Krist né kéd éad er sañtuer gréat gañd dourn *ann dén,* péhini oa ar skouér eûz ar gwir *sañtuer;* hôgen enn éñv hé-unan, évid en em ziskouéza bréma dirâk Doué évid-omp.

25. Ha né kéd éad ébarz évid en em

ginniga hé-unan aliez, ével ma'z a ar bélek-brâz bép ploaz er sañtuer gañt goâd éunn all;

26. Anéz é vijé bét réd d'ézhañ gouzañvi meûr a wéach adalek pennkeñta ar béd : bréma n'eo en em zizkouézet néméd eur wéach war zivez ar béd, évid kâs-da gét ar péc'hed, oc'h en em rei da hostiv hé-unan.

27. Hag ével ma eo mennet pénaoz ann dûd a dlé mervel eur wéach, ha béza barnet goudé :

28. Ével-sé ivé ar C'hrist a zô bét kinniget eur wéach évit lémel péc'héjou meûr a hini ; hag eunn eil gwéach é teûi hép péc'hed, évit silvidigez ar ré a c'hortoz anézhañ.

—

X. PENNAD.

1. Râg ô véza n'é deûz al lézen néméd ar skeûd eûz ar madou da zoñt, ha nann ar gwir-hévélédigez eûz ann traou, na hell népréd dré ar c'hinnig a réoñt bép ploaz eûz ann hévélep hostivou, lakaad da véza klôk ar ré a dôsta.

2. Anéz é vijé éhanet d'hô c'hinniga: râg ma vijé bét glanet eur wéach ann azeûlierien, n'hô divijé bét mui ar ar goustiañs eûz hô féc'hed.

3. Hôgen bép ploaz é réeur enn hô zouez méneg a béc'héjou.

4. Râg goâd ann tirvi hag ar bouc'hed na hell két lémel ar péc'héjou.

5. Ével-sé ô toñd er béd en deûz lavaret : Né két felled d'id kaout nag hostiv na kennig; hôgen eur c'horf éc'h eûz gréad d'in.

6. Né két kavet-mâd gan-éz ann hostivou poaz.

7. Neûzé em eûz lavaret : Chétu é teûann : *ével* ma eo skrivet diwar va fenn, é penn al levr : Évit ma rinn, va Doué, da ioul.

8. Goudé béza lavaret uc'héloc'h : O véza né két fellet d'id kaout hostivou ha rôou, hag hostivou poaz évid ar péc'hed, péré a ginnigeur hervez al lézen,

9. Neûzé em eûz lavaret : Chétu é teûann, évit ma rinn, va Doue, da ioul. Tenna a ra ar c'heñta ; évit lakaad ann eil.

10. Hag enn ioul-zé omb bét sañtélet dré ar c'hinnig a zô bét gréad eur wéach eûz a gorf Jézuz-Krist.

11. Hag é léac'h ma teû ar véleien holl da zervicha Doué bemdéz, ô kenniga d'ézhañ aliez ann hévéleb hostivou, péré na helloñt népréd lémel ar péc'héjou ;

12. Hé-mañ ô véza kinniget eunn hostiv hép-kén évid ar béc'héjou, a zô azézed da-vikenn enn tu déou da Zoué ;

13. É péléac'h é c'hortoz ma vézô lékéat hé énébourien da skabel d'hé dreid.

14. Râk dré eur c'hinnig hép kén en deûz klôkéet évit bépréd ar ré en deûz sañtélet.

15. Hag ar Spéréd-Sañtel hé-unan en deûz hé desténiet d'é-omp : râg goudé en deûz lavaret :

16. Chétu ar gévrédigez a rinn gañt-hô, goudé ann deisiou-zé, émé ann Aotrou : Mé a lakai va lézennou enn hô c'haloun, hag a skrivô anézhô enn hô spéred ;

17. Ha n'am bézô mui a goun eûz hô féc'héjou, nag eûz hô drougiézou.

18. Hôgen el léac'h ma éz eûz distol d'ézhô, n'eûz mui a gennig évid ar péc'hed.

19. Dré-zé, va breûdeûr, pa hon eûz ar frañkiz da voñd er sañtuer dré c'hoad Jézuz-Krist,

20. *Oc'h heûlia* ann heñt névez ha béô en deûz diskouézed d'é-omp da geñta dré wél, da lavaroud eo, dré hé gik;

21. Ha ma hon eûz eur bélek-brâz *lékéat* war di Doué ;

22. Tôstaomp out-hañ a wir galoun, gañd eur feiz leûn, goudé béza glanet hor c'haloun eûz a eur goustiañs fall, ha goudé béza gwalc'het hor c'horf gañd dour glân.

23. Dalc'homp stard ann añsav hon eûz gréat eûz hor feiz (râg gwirion eo ann hini en deûz rôed hé c'hér d'é-omp).

24. Gréomp stâd ann eil eûz égilé, évid en em zougen d'ar garañtez ha d'ann ôberiou mâd ;

25. Héb en em denna eûz hor strolladou, ével ma eo boazet hiniennou da ôber, hôgen oc'h en em fréalzi mui-oc'h-vui, pa wélomp é tôsta ann deiz.

26. Râk mar péc'homp a-ioul goudé béza bét digéméret gan-é-omp anaoudégez ar wirionez, n'eûz mui hivizikenn a hostiv évid ar péc'héjou;

27. Ha n'eûz mui néméd ar géd eûzuz eûz ar varn, ha grouez ann lân a dlé gwasta énébourien *Doué*.

28. Néb en deûz torret lézen Moizez a zô barnet d'ar marô, hép truez é-béd gañd daou pé dri dést :

29. Péger brasoc'h kastiz é venn d'é-hoc'h é tellézfé ann hini en dévézô gréat faé eûz a Vâb Doué; en dévézô sellet ével eunn dra louz goâd ar gévrédigez, dré béhini eo bét sañtélet; hag en dévézô gwallet Spéred ar c'hras?

30. Râk ni a oar piou en deûz lavaret : Ar veñjañs a zô d'in, ha mé hé rôi. Ha c'hoaz : Ann Aotrou a varnô hé bobl.

31. Eunn dra eûzuz eo kouéza étré daouarn ann Doué béô.

32. Hôgen digasid enn hô koun ann deisiou keñta, é péré, goudé béza bét skleréet, hoc'h eûz gouzañvet stourmou brâz enn añkéniou :

33. O véza bét enn eunn tu mañtret a zisméganś hag a asrec'h dirâg ann holl, hag enn eunn tu all ô véza deûed da eil d'ar ré hô deûz gouzañvet kémeñt-sé.

34. Râk truez hoc'h eûz bét oud ar ré a zô éréet, ha gwélet hoc'h eûz gañt lévénez ar skrapérez eûz hô madou, ô c'houzout pénaoz hô poa madou all gwelloc'h, hag a badô bépréd.

35. Na gollit kéd éta hô fisiañs, péhini en dévézô eur gôbr brâz.

36. Râg ann habaskded a zô réd d'é-hoc'h, évit, goudé béza gréat ioul Doué, ma tigémérot ar péz a zô diouganet d'é-hoc'h.

37. Râk c'hoaz eunn nébeûd amzer, hag ann hini a dlé doñt a zeûi, ha na zaléô két.

38. Hôgen ann dén gwirion hag a zô d'in a vév dré ar feiz : ma en em denn adré, na vézô két hétuz d'am éné.

39. Évid-omp-ni n'omp két bugalé ar ré en em denn a dû enn hô c'holl ; hôgen choum a réomp er feiz évit silvidigez hon énéou.

—

XI. PENNAD.

1. Hôgen ar feiz a zô ann diazez eûz ann traou a espéreur, hag ann arouéz anat eûz ann traou na wéleur két.

2. Râg er feiz eo hô deûz ar ré gôz kavet testéni.

3. Dré ar feiz eo é wézomp pénaoz ar béd a zô bét gréat gañt gér Doué, ha pénaoz ar péz a wéleur a zô bét gréat eûz ar péz na wéleur két.

4. Dré ar feiz eo é kinnigaz Abel da Zoué eunn hostiv c'houékoc'h égéd hini Kain. Dré-z-hañ eo eo bét kavet gwirion, Doué hé-unan ô véza douget testéni é tigéméré hé rôou : dré-z-hañ eo é komz c'hoaz goudé hé varô.

5. Dré ar feiz eo eo bét skrapet Énok, évit na wéljé kéd ar marô ; ha né oé kavet mui, ô véza ma oa bét skrapet gañd Doué ; râg ann desténi a rôeur d'ézhañ pénaoz abarz béza bét skrapet é plijé da Zoué.

6. Hôgen heb ar feiz na helleur két plijoud da Zoué. Râk réd eo é krétfé néb a dôsta ouc'h Doué pénaoz eo, ha pénaoz eo, ha pénaoz é c'hôprai ar ré her c'hlask.

7. Dré ar feiz eo Noé, ô véza bét rôet da anaoud d'ézhañ ar péz na oa két bét gwélet c'hoaz, a grogaz aoun enn-hañ hag a zavaz ann arc'h évit savétei hé dûd, hag oc'h hé ôber é tamallaz ar béd, hag é teûaz da her d'ar wirionez dré ar feiz.

8. Dré ar feiz eo ann hini a oé hanvet Abraham, a zeñtaz ô voñd el léac'h a oa bét rôed é digouéz d'ézhañ : hag éz éaz-kuit hép gouzout péléac'h éz éa.

9. Dré ar feiz eo é choumaz é douar ar gwéstl, ével enn eunn douar a-ziavéaz, ô véva dindân teltou, gañd Izaak ha Jakob ken-héred ann hévélep gwéstl.

10. Râg géda a réa ar géar-zé savet war eunn diazez *stard*, eûz a béhini eo Doué hé-unan ann diazézer hag ann ôbérer.

11. Dré ar feiz eo ivé é teûaz Sara, hag hi eur zec'hen, da gaoud ann ners da eñgéheñta eur bugel, pétrâ-bennâg ma oa tréménet ann oad gañt-hi ; ô véza ma é doa krédet pénaoz é oa gwirion ann hini en doa hé wéstlet.

12. Dré-zé eo savet eûz a eunn dén hép-kén (hag héñ peûz-varô), eunn nésted ker stañk ha stéred ann éñv, ha kenn diniver ha tréaz aot ar môr.

13. Holl iñt marô er feiz, hép béza bét ar péz a oa bét gwéstlet d'ézhô, hôgen goudé béza bét hé wélet a bell, goudé béza hé zaludet, ha goudé béza añsavet pénaoz é oañt pirc'hirined ha diavésidi war ann douar.

14. Râg ar ré a gomz évél-sé, a ziskouéz pénaoz é klaskoñt hô brô.

15. Ha ma hô doa koun eûz ann hini a béhini é oañt deûet, hô doa amzer a-walc'h évid distrei enn-hi.

16. Hôgen bréma é c'hoañtaoñt gwelloc'h *brô*, da lavaroud eo, *brô* ann éñvou. Évél-sé Doué n'en deûz kéd a véz ô véza galvet hô Doué, ô véza ma en deûz aozet eur géar d'ézhô.

17. Dré ar feiz eo é kinnigaz Abraham Izaak, pa oé templet ; râg hé vâp-pennher eo a ginnigé, da béhini é oa gréat ar wéstlou ;

18. Ha da béhini é oa bét lavaret : É Izaak é vézô galvet eur wenn d'id.

19. Menna a réaz pénaoz é helljé Doué hé zazorc'hi eûz a douez ar ré varô, hag évél-sé hen digéméraz ével eunn hévélébédigez.

20. Dré ar feiz eo é vennigaz Izaak Jakob hag Ézau war ann traou da zoñd.

21. Dré ar feiz eo é teûaz Jakob, pa oa daré da vervel, da rei hé vennoz da holl vugalé Jozef, ha da azeûli penn hé vâz.

22. Dré ar feiz eo é teûaz Jozef, pa oa daré da vervel, da ôber mének eûz a ergerz bugalé Israel, hag é rôaz gourc'hémenn diwar-benn hé eskern.

23. Dré ar feiz eo, pa oé ganet Moizez, é oé kuzet é-pâd tri miz gañt hé dûd, ô véza gwélet é oa kaer ar bugel ; ha n'hô doé kéd a aoun râg gourc'hémenn ar Roué.

24. Dré ar feiz eo, pa oé deûet brâz Moizez, é tinac'haz béza mâb da verc'h Faraon ;

25. Hag é kavaz gwelloc'h béza glac'haret gañt pobl Doué, égét kaoud dudi ar péc'hed évid eunn amzer ;

26. O sellout disméganß ar C'hrist ével brasoc'h madou, égét teñzoriou ann Éjipt ; râg arvesti a réa ar gôbr.

27. Dré ar feiz eo éz éaz-kuit eûz ann Éjipt, hép kaoud aoun râk buanégez ar Roué ; râk stard é chounnaz ével pa en défé gwélet ann diwélus.

28. Dré ar feiz eo é lidaz ar Pask, hag ar skôl goâd ; évit na zeûjé kéd ann hini a lazé ar ré geñta-ganet, da skei gañt-hô.

29. Dré ar feiz eo é treûzchoñt ar Môr rûz, ével pa vijé bét douar séac'h ; hag ann Éjiptianed, ô véza hé arnodet ivé, a oé beûzet.

30. Dré ar feiz eo é kouézaz môgeriou Jériko, goudé ma oé gréad ann drô anézhô é-pâd seiz dervez.

31. Dré ar feiz eo na oé két kollet gañd ann dûd diskrédik, Rabab ar c'hrek fall, péhini é doa digéméret é péoc'h *enn hé zi* spierien *Jozué*.

32. Pétrâ a livirinn-mé ouc'h-penn ? Na gavinn kéd ann amzer évit komza eûz a Jédéon, eûz a Varak, eûz a Zamson, eûz a Jefté, eûz a Zavid, eûz a Zamuel hag eûz ar Broféded,

33. Péré dré ar feiz hô deûz gounézet rouañtelésiou, hô deûz heûliet ar wirionez, hô deûz digéméret ann diouganou, hô deûz serret géôl al loéned ;

34. *Péré* hô deûz mouget fô ann tân, hô deûz tec'het diouc'h lemm ar c'hlézé, a zô bét paréet eûz hô c'hléñvéjou, a zô bét nerzet er brézel, hô deûz lékéad da dec'hi arméou ann diavésidi ;

35. *Péré* hô deûz distaolet d'ar gragez hô bugalé, goudé ma oañt marô. Ré all a zô bét heskinet brâz, ô véza né két fellet d'ézhô en em zaspréna, évit ma kavcheñt *eur vuez* gwelloc'h enn dazorc'hidigez.

36. Ré all hô deûz gouzañvet goapérézou ha skourjézou, éréou ha prizoniou :
37. Labézet iñt bét ; heskennet iñt bét ; gañd ar c'hlézé iñt bét lazet ; kañtréet hô deûz, gôlôet gañt krec'hin déñved ha gañt krec'hin gevr, paour, glac'haret hag héskinet,
38. (Eûz a béré ar béd na oa kéd dîn), *péré* a gildrôé enn distrôiou, er ménésiou, er c'héviou hag é mougéviou ann douar.
39. Hag ar ré-zé holl péré a zô bét graléet enn abek d'hô feiz, n'hô deûz két bét ar gôbr diouganet ;
40. Doué ô véza bét felled d'ézhañ enn abek d'é-omp, na zévenjé két *hô gwenvidigez* hép-z-omp.

XII. PENNAD.

1. Pa'z omb éta ével bec'hiet gañd eur goabren a destou, distaolomp pép pouez, hag ar péc'hed a strôb ac'hanomp, ha rédomp dré ann habaskded d'ar stourm a zô lºñket d'é-omp :
2. O selloud oud Jézuz penn-abek ha peûr-ôbérour ar feiz, péhini é léac'h al lévénez a bellé da gaout, en deûz gouvañvet ar groaz, ô tisprizoud ar vézégez, hag a zô azézet *bréma* enn tu déou da Zoué.
3. Hô pézet koun éta eûz ann hini péhini en deûz gouzañvet eunn bévélep dael eûz ar béc'herien enn hé énep, évit na skuizot két, ha na vézô két saouzanet hoc'h énéou.
4. Râk n'hoc'h eûz két énébet c'hoaz bétég ar goâd, ô stourmi oud ar péc'hed.
5. Hag añkounac'héet hoc'h eûs-hu ann ali-mañ a zô bét rôed d'é-hoc'h ével da vugalé : Va mâb, na zilez két kélen ann Aotrou ; ha na véz két digalounékéet pa grôz ac'haned:
6. Râg ann Aotrou a gastiz néb a gâr, hag a skourjez ar mâb a zigémer.
7. En em geñdalc'hit éta dindân ar gélen : Doué en em rô d'é-hoc'h ével d'hé vugalé ; râk piou eo ar mâb péhini n'eo két kastizet gañd hé dâd ?
8. Hôgen ma n'oc'h kastizet ével ar ré all holl, bestered oc'h éta, ha n'oc'h két bugalé.
9. Ma omb bét kastizet gañt tadou hor c'hik, ha ma hon eûz bét doujañs évit-hô ; pégémeñt é tléomp-ni kaout muioc'h a zoujañs évit Tâd ar spéréjou, évit ma vévimp ?
10. Râg hì a gastizé ac'hanomp, hervez hô ioul, évit nébeûd a zervésiou ; hôgen Doué a gastiz ac'hanomp diouc'h ma eo talvouduz, évid hol lakaad da véza kévrennek enn hé zañtélez.
11. Hôgen pép kastiz a hével béza a-vréma eunn abek a zoan ha nann a zizoan : hôgen goudé é rôi frouez ar wirionez d'ar ré a zô bét kélennet gañt-hañ.
12. Dré-zé, savid hô taouarn diners, hag hô taoulin distéber ;
13. Likid hô treid da ôber kammêjou eeun, évit ma éz eûz eur ré hag a horell, na zeûi kéd da gildrei, hôgen ma en em zalc'hô éeun,
14. Hô pézet ar péoc'h gañd ann holl, hag ar zañtélez, hép péhini dén na hellô gwélout Doué :
15. O lakaad évez na zeûfé dén da golla grâs Doué ; na zafché eur c'hrisien c'houerô-bennâg, ha na vé saotret meûr a hini gañt-hi :
16. Na zeûfé da eunn orgéder pé da eunn dén dizoujuz ével Ézau, péhini évid eur boéd hép-kén a werzaz hé hénañded.
17. Râk c'houi a oar pénaoz ô véza c'hoañtéet goudé kaout bennoz *hé dâd*, é oé pelléet ; ha na gavaz kéd a léac'h da binijen, pétrâ-bennâg ma en doa hé goulennet gañd daélou.
18. Hôgen c'houi n'oc'h két tôstéet oud eur ménez méruz, pé oud eunn tan loskuz, pé out kourveñtennou, pé tévalijen, pé barrou-amzer,
19. Pé out soun eunn drompil, ha mouéz eur gér, pa glevchoñt anézhi, é pédchoñt stard na gomzché mui out-hô.
20. Râk na helleñt két gouzanvi ar péz a lavaré : Ha ma en divijé eul loen stoket oud ar ménez, é vijé bét labézet.
21. Ha ken eûzuz oa ar péz a wélet,

ma lavaré Moizez : Spouñtet ounn, ha kréna a rann.

22. Hôgen tôstéed oc'h out ménez Sion, out kéar ann Doué béô, oud ar Jéruzalem éñvuz, hag oud eur stroll dinivéruz a élez ;

23. Hag oud Iliz ar ré geñta-ganet, *hanvou* péré a zô skrivet enn éñvou, hag oud Doué a zô barner ann holl, hag out spérejou ar ré wirion ha klók.

24. Hag out Jézuz hañtérour ann Testamañt nevez, hag oud ar skûl goâd-zé péhini a gomz gwelloc'h égéd hini Abel.

25. Likid évez na zisprizac'h ann hini a gomz *ouz-hoc'h*. Râk mar d-eo bét kastizet ar ré hô deûz disprizet ann hini a gomzé out-hô war ann douar ; pégémeñt é vézimp *kastizet* muioc'h, ni péré hor bézô pelléet ann hini a gomz ouz-omp eûz ann éñv ;

26. Ann hini eûz a béhini ar vouéz é deûz neûzé lékéad ann douar da gréna ; péhini en deûz rôed eur gér nevez d'é-omp, ô lavarout : C'hoaz eur wéach hag é likinn da gréna nann hép-kén ann douar, hôgen ivé ann éñv.

27. Hôgen ô lavarout : C'hoaz eur wéach, é teû da ziskleria pénaoz é lakai da éhana ann traou loc'hûz, é-c'hiz traou gréat *évid eunn amzer*, évit na choumô néméd ann traou a zô diloc'huz.

28. Dré-zé piaouomp ar rouañtélez diloc'huz, ha miromp ar c'hrâs, dré béhini éc'h azeûlimp Doué hervez hé ioul, gañt spouñt ha gañd doujañs.

29. Râg hon Doué a zô eunn tan gwastuz.

XIII. PENNAD.

1. Ra choumô gan-é-hoc'h ar garañtez a vreûr.

2. Na añkounac'hait két rei digémer enn hô tí, râg hiniennou oc'h ôber kémeñt-sé hô deûz digéméret élez enn hô zí.

3. Hô pézet koun eûz ar ré a zô er chadennou, ével pa vec'h chadennet gañt-hô ; hag eûz ar ré a zô er c'hlac'har, ével pa vec'h eun hô c'horf.

4. Ra vézô reiz ar briédelez da bép-bini, ha dinam ar gwélé ; râk Doué a varnô ar c'hadaled hag ann avoultrerien.

5. Bévit hép pizôni, ha kavit-mâd ar péz hoc'h eûz ; râg héñ hé-unan en deûz lavaret : N'az dilézinn két, ha n'az kuitainn két.

6. Dré-zé é levéromp gañt fisiañs : Ann Aotrou a zô skoazel d'in : n'am bézô kéd a aoun râg ar péz a helló ann dûd da ôber d'in.

7. Hô pézet koun eûz hô pléñerien, péré hô deûz prézéget d'é-hoc'h gér Doué : sellid oud divez hô frézégennou hag heûlid hô feiz.

8. Jézuz-Krist a oa déac'h, a zô hirió, hag a vézô ann hévélep hini enn holl amzeriou.

9. N'en em rôit két da géléunadurésiou dishével hag a ziavéaz. Râg gwelloc'h eo krévaad hé galoun gañd ar c'hrâs, éget gañd ar boédou, péré n'iñt két bét talvoudek d'ar ré hô deûz hô miret.

10. Eunn aoter hon eûz, eûz a béhini na dlé két dibri ar ré a zervich ann tabernakl ;

11. Râk korfou al loéned eûz a béré ar goâd a zô douget gañd ar Bélek-brâz er Sañtuer évid ar péc'hed, a zô devet er-méaz eûz ar c'hamp.

12. Râk-sé Jézuz, évit sañtéla ar bobl dré hé c'hoad, en deûz gouzañvet er-méaz eûz ar pors.

13. Déomp éta d'hé gavout er-méaz eûz ar c'hamp, ô tougen hé zismégañs.

14. Râg n'hon eûz kéd amañ a géar paduz ; hôgen klask a réomp ann hini da zoñt.

15. Kinnigomp éta bépred da Zoué eunn hostiv a veûleûdi, da lavaroud eo, frouez ann diveûz péré a añsav hé hanô.

16. Na añkounac'hait két ar garañtez, ha kévrennidigez *hô madou* : râk dré ann hévélep hostivou-zé eo é teû Doué trugarézuz enn hor c'héñver.

17. Señtid oud hô pléñerien, ha plégit dindân-hô ; râg hi a vel, é-c'hiz ma tléfeñt derc'hel kouñt eûz hoc'h énéou ; évit ma raiñt kémeñt-sé gañt lévénez, ha nann gañt keinvan ; rak na vé két talvouduz d'é-hoc'h.

18. Pédid évid-omp : râk nî a gréd pénaoz hon eûz eur goustiañs vâd, ha c'hoañt da véza déréad é pép-trà.

19. Ha mé hô péd stard da ôber kémeñt-sé, évit ma vézinn keñtoc'h rôed d'é-hoc'h.

20. Doué ar péoc'h, péhini en deûz savet eûz a douez ar ré varô hon Aotrou Jézuz-Krist, meser brâz ann déñved, dré c'hoad ann testamañt peûrbaduz,

21. R'hô lakai da véza déréad da bép mâd-ôber, évit ma réot hé ioul ; pa ra enn-hoc'h ar péz a blij d'ézhañ, dré Jézuz-Krist, da béhini eo ar c'hloar é amzeriou ann amzeriou. Amen.

22. Mé hô péd, va breûdeûr, da aotréa ar péz em eûz lavared d'é-hoc'h évid hô tizoania, pétrâ-bennâg ma em eûz skrived d'é-hoc'h é berr gomsiou.

23. Gwézit pénaoz hor breûr Timotéuz a zô lékéat er-méaz *a brizoun :* mar teû hép dalé, éz inn d'hô kwélout gañt-hañ.

24. Saludit hoc'h holl vléñerien, hag ann holl zeñt. Hor breûdeûr eûz ann Itali a zalud ac'hanoc'h.

25. *Ra vézô* ar c'hrâs gan-é-hoc'h holl. Amen.

LIZER KATOLIK

SANT JAKEZ ABOSTOL

I. PENNAD.

1. Jakez, servicher Doué hag hon Aotrou Jézuz-Krist, d'ann daouzék vreûriez a zô skiñet, salud.

2. Va breûdeûr, likid hoc'h holl lévénez enn holl c'hlac'harieu a c'hoarvez gan-é-hoc'h;

3. O c'houzout pénaoz arnod hô feiz a zigas ann habaskded.

4. Hôgen ann habaskded a dlé béza klôk enn hé ôberiou, évit ma viot *hoc'h-unan* klôk ha dinam, ha na ziouérot nétrâ.

5. Ma éz eûz hini ac'hanoc'h hag a ziouerfé furnez, goulennet digañd Doué, péhini a rô d'ann holl gañt largeñtez, hag hép rébech: hag é vézô rôed d'ézhañ.

6. Goulennet gañt feiz, héb arvar é-béd: râk néb a zô arvaruz, a zô héñvel out koumm ar môr, péhini a zô kéflusket ha feltret gañd ann avel.

7. Na vennet kéd éta en défé ann dén-zé eunn dra digañd ann Aotrou.

8. Néb a zô daou-blég a spéred, a zô kildrô enn hé holl heñchou.

9. Ar breûr a zô enn eur stad izel, ra en em veûlô enn hé uc'helded;

10. Hôgen ann hini pinvidik enn hé izelded; râg ével bleûen ar géot é t éménô.

11. Râk mar sâv ann héol gañt grouez, ar géot a zec'h, hé vleûen a gouéz, hag hé gaerded a zô kollet: ével-sé ann dén pinvidik a vézô gwévet enn hé heñchou.

12. Euruz ann hini a c'houzañv ann heskinou; râk pa vézô bét arnodet, é vézô rôed d'ézhañ ar gurunen a vuez, en deûz diouganet Doué d'ar ré a gâr anézhañ.

13. Na lavaret dén, pa vézô temptet, pénaoz eo temptet gañd Doué: râk Doué na hell két tempti évid ann drouk, ha na dempt dén.

14. Hôgen pép-hini a zô temptet gañd hé wall-ioul hé-unan a zeû d'hé gâs ha d'hé zidenna.

15. Ha neûzé ar gwall-ioul, pa é deûz eñgéheñtet, a c'hân ar péc'hed; hag ar péc'hed pa eo kaset-da-benn, a c'hân ar marô.

16. Na faziit kéd éta, va breûdeûr kér.

17. Pép grâs c'houék, pe pép rô klôk a zeû eûz ann néac'h, hag a ziskenn eûz a Dâd ar goulaou, é péhini n'eûz kemm é-béd, na skeûd é distrô é-béd.

18. Héñ eo en deûz hor c'hrouet hervez hé ioul dré c'hér ar wirionez, évit ma vijemp ével ar frouez-keñta eûz hé grouadurien.

19. Ével-sé, va breûdeûr kér, ra vézô pép-hini ac'hanoc'h téar da zélaoui, ha diek da gomza, diek da vuanékaat.

20. Râk buanégez ann dén na zéven két gwirionez Doué.

21. Dré-zé goudé béza pelléet péb hudurnez, hag ann holl zrougiez, di-

gémérit gañt kuñvélez ar gér a zô bét emboudet *enn-hoc'h*, hag a hell savétei hoc'h éneou.

22. Mirid ar gér, ha n'hé zelaouit két hép-kén, oc'h en em douella hoc'h-unan.

23. Râg néb a zélaou ar gér héb hé virout, a zô héñvel oud eunn dén péhini a zell oud hé zremm hé-unan enn eur mellézour :

24. Râg goudé béza sellet out-hañ hé-unan, éz a-kuit, hag é añkounac'ha râk-tâl pétrâ é oa.

25. Hôgen ann hini a zellô-piz out lézen klôk ar frañkiz, hag a geñdalc'hô enn-hi, hen-nez péhini na zélaou két hép-kén évid añkounac'haat râktâl, hôgen a ra ar péz a glev, *hen-nez* a vézô euruz enn hé ôber.

26. Ma venn eur ré é vé eunn dén a zoujañs Doué, hép derc'hel hé déód, hôgen ô touella hé galonn hé-unan : hé gréden a zô dídalvez.

27. Ar gréden c'hlân ha dinam dirâk Doué hon Tâd eo hou-mañ : Emwélout ann emzivaded hag ann intañvézed enn hô glac'har, hag en em viroud dinam eûz a *zrougiez* ar bédmañ.

—

II. PENNAD.

1. Va breûdeûr, n'hô pézet kéd a feiz é gloar hon Aotrou Jézuz-Krist gañt kemm évid ann dûd.

2. Râk mar teû enn hô strollad eunn dén gañd eur walen aour ha dilad kaer, ha mar teû ivé eur paour gañd dilad fall ;

3. Hag ô selloud oud ann hini a zô gwisket gañd dilad kaer, ma livirid d'ézhañ : Azez amañ, té, el léac'h mâd ; ha ma livirid d'ar paour : Choum amañ enn da zâ, té, pé-azez war skabel va zreid :

4. Ha na gemmit-hu két enn-hoc'h hoc'h-unan, ha na varnit-hu két gañt gwall vénosiou ?

5. Sélaouit, va breûdeûr kér, ha n'en deûz két Doué dilennet ar ré a zô paour er béd-mañ, évit béza pinvidik er feiz, hag héred ar rouañtélez, en deûz diouganet Doué d'ar ré a gâr anézhañ ?

6. Hôgen c'houi a vézéka ar paour. Ha né kéd ar ré binvidik a vâc'h ac'hanoc'h gañd hô galloud, hag a gâs ac'hanoc'h dirâg ar varnerien ?

7. Ha né kéd hi a zrouk-prézeg gañd ann hanô mâd eûz a béhini eo tennet hoc'h hini ?

8. Mar peûr-zalc'hit al lézen a rouémañ, hervez ar Skritur : Karoud a ri da nésa ével d-od da-unan, é réot mâd ;

9. Hôgen ma rit kemm ouc'h ann dûd, é rid eur péc'hed, hag oc'h tamallet gañd al lézen, ével torrerien.

10. Râk piou-bennâg en dévézô miret al lézen holl, hág en dévézô hé zorret enn eul lôden, a zô tamalluz enn-hô holl.

11. Râg ann hini en deûz lavaret : Na gouézi kéd enn avoultriez, en deûz lavaret ivé : Na lazi két. Ma na gouézez kéd enn avoultriez, hôgen ma lazez, é torrez al lézen.

12. Komzit ével-sé, ha grit ével-sé, pa dléit béza barnet hervez lézen ar frañkiz.

13. Râk nep n'en dévézô két bét a drugarez, a vézô barnet hép trugarez : râg ann drugarez a zavô dreist ar varn.

14. Va breûdeûr, pétrâ a dalvézô da eur ré lavarout en deûz ar feiz, ma n'en deûz kéd ann ôberiou ? Hag ar feiz a hellô hé zavétei ?

15. Mar d-éma unan eûz hô preûdeûr pé eûz hô c'hoarézed enn-noaz, ha ma tiouéroñt hô boéd pemdéziek,

16. Ha ma lavar unan ac'hanoc'h d'ézhô : Id é péoc'h, tommit ha debrit, hép rei d'ézhô ar péz a zô réd évid hô c'horf, pétrâ a dalvézô d'ézhô ?

17. Ével-sé ivé ar feiz, ma n'en deûz kéd a ôberiou, a zô marô enn-hañ hé-unan.

18. Hôgen eur ré a lavarô : Té éc'h eûz ar feiz, ha mé em eûz ann ôberiou : diskouéz d'in da feiz héb ôberiou, ha mé a ziskouézô d'id va feiz gañt va ôberiou.

19. Té a gréd pénaoz n'eûz néméd eunn Doué : ervâd a réz ; ann diaoulou ivé a gréd hag a grén.

20. Hôgen ha té a fell d'id gouzout,

ô dén gwân, pénaoz ar feiz héb ann ôberiou a zô marô?

21. Abraham hon Tâd, ha na oé két sañtélet dré hé ôberiou, pa ginnigaz hé vâb Izaak war ann aoter?

22. Ha na wélez-té két pénaoz ar feiz a oa unanet gañd hé ôberiou, ha pénaoz hé feiz a oé klôkéet gañd hé ôberiou;

23. Hag ar Skritur a zô sévénet, pa é deûz lavaret: Abraham a grédaz é Doué, ha kémeñt-sé a oé nivéred d'ézhañ évit gwirionez, hag é oé galvet miñoun da Zoué.

24. Gwéloud a rîd éta pénaoz ann dén a zô sañtélet dré hé ôberiou, ha nann héd-kén dré ar feiz.

25. Hag ével-sé Rahab ar c'hrek fall, ha na oé-hi két didamallet dré hé ôberiou, ô tigémérout ar spierien, hag ô kâs anézhô dré eunn heñt all?

26. Râg ével ma eo marô eur c'horf héb éné, ével-sé ivé eo marô ar feiz héb ôberiou.

III. PENNAD.

1. Na vézet két kalz ac'hanoc'h mistri, va breûdeûr, ô c'houzout pénaoz é tennit war-n-hoc'h eur varnédigez vrasoc'h.

2. Râg é meûr a drâ é faziomb holl. Ma éz eûz unan-bennâg ha na fazi két pa gomz, eunn dén klôk eo, hag a hell réna hé gorf holl gañd ar wesken.

3. *Chétu* é lékéomp gweskennou é génou ar c'hézek évid hô lakaad da zeñti ouz-omp, hag ével-sé é lékéomp hô c'horf holl da drei el léac'h ma karomp.

4. Chétu ivé al listri, péger brazbennâg iñt, hag hi bouñtet gañd avélou kré, a véz trôet koulskoudé à bép tû gañd eur stur bihan, el léac'h ma kâr al lévier.

5. Ével-sé ann téôd a zô eunn ézel bihan, ha koulskoudé é ra traou brâz. Chétu eunn tan bihan a hell eñtana eur c'hoad brâz!

6. Ann téôd ivé a zô eunn tan, hag eur béd a zrougiez. Ann téôd a zô unan eûz hon izili, hag a zaotr hor c'horf holl; eñtana a ra rôd hor buez, ô kémérout tân ann ifern.

7. Râk natur ann dén a hell doñva, hag en deûz doñvet al loéned, al laboused, ann aéred hag ar pésked:

8. Hôgen dén na hell doñva ann téôd: eunn drouk rec'huz *eo*; leûn *eo* eûz a eur c'hoñtamm marvel.

9. Gañt-hañ é veûlomp Doué hon Tâd: ha gañt-hañ é villigomp ann dûd a zô bét gréat diouc'h skeûden Zoué.

10. Eûz ann hévélep génou é teû ar vennoz hag ar valloz. Né kéd ével-sé, va breûdeûr, é tléeur ôber.

11. Eur feunteun hag hi a daol eûz ann hévelep toull dour c'houék ha dour c'houerô?

12. Eur wézen fiez, va breûdeûr, hag hi a hell dougen rezin, pé eur winien *dougen* fiez? Ével-sé *eur feuñteuñ* zall na hell két rei dour c'houék.

13. Piou a zô fûr ha gwiziek enn hô touez? Ra ziskouézô hé ôberiou enn eur brézégen vâd gañd eur furnez c'houék.

14. Hôgen ma hoc'h eûz eunn hérez c'houerô, ha strivou enn hô kalounou, n'en em veûlit két, ha na livirit kéd a c'haou a-éneb ar wirionez.

15. Râg ar furnez-zé na ziskenn két diouc'h-kréac'h, hôgen douareg eo, anévalek ha diaoulek.

16. Râg el léac'h ma éz eûz hérez ha strîv, énô éz eûz ivé diboell ha pép ôber drouk.

17. Hôgen ar furnez a zeû diouc'h-kréac'h, a zô da-geñta glân, ha goudé péoc'huz, poelloz, reiz, galloudek é pép mâd, leûn a drugarez hag a frouez mâd, divarn ha didrôidel.

18. Hôgen frouez ar wirionez a véz hadet er péoc'h, gañd ar ré a ra ar péoc'h.

IV. PENNAD.

1. A bé léac'h é teû ar vrézéliou hag ar vreûdou enn hô touez? Ha na zeûoñt-hi két ac'hann? Eûz hô kwallioulou a stourm enn hoc'h izili?

2. C'hoañtaad a rít, ha n'hoc'h eûz

két, laza a rit, hag hérez hoc'h eûz, ha na hellit két kaout ar péz a glaskit : breûtaad ha brézélékaad a rit, ha n'hoc'h eûz két ar péz a c'hoañtait, ô véza n'hé c'houlennit kéd *digañd Doué.*

3. Goulenni a rit, ha né két rôet d'é-hoc'h, ô véza ma c'houlennit fall, hag évit gwalc'ha hô kwall-ioulou.

4. Avoultrerien, ha na ouzoc'h-hu két pénaoz karañtez ar béd-mañ a zô énébour da Zoué ? Piou-bennâg éta a fellô d'ézhañ béza miñoun d'ar béd-mañ, en em lakai da énébour da Zoué.

5. Ha c'houi a venn pénaoz ar Skritur a lavar enn-aner : Ar spéred a choum enn-hoc'h a c'hoañta gañd hérez ?

6. Hôgen rei a ra eur c'hras vrasoc'h. Dré-zé eo é lavar : Dôué a éneb oud ar ré rôk, hag a rô hé c'hrâs d'ar ré vuel.

7. Plégid éta da Zoué : énébid ouc'h ann diaoul, hag é tec'hô diouz-hoch'.

8. Tôstaid ouc'h Doué, hag é tôstai ouz-hoc'h. Glanit hô taouarn, péc'herien ; ha skarzit hô kalounou, c'houi péré hoc'h eûz spéréjou daou-blég.

9. En em c'hlac'harit, gwélit ha léñvit : ra vézô trôet hô c'hoarz é gwélvan, hô lévénez é tristidigez.

10. En em izélait dirâg ann Aotrou, hag é uc'hélai ac'hanoc'h.

11. Na livirit kéd a zroug ann eil eûz égilé, va breûdeûr. Néb a lavar droug eûz hé vreûr, pé a varn hé vreûr, a lavar droug eûz al lézen, hag a varn al lézen. Hôgen mar barnez al lézen, n'oud mui mirer al lézen, hôgen ar barner anézhi.

12. N'eûz néméd eul lézenner, hag eur barner, a hell kolla ha savétei.

13. Hôgen té piou oud-dé évit barnoud da nésa ? Chétu bréma é livirit : Hiriô pé war-c'hoaz éz aimp d'ar géarma-kéar, hag é choumimb énô eur bloaz, hag é werzimp, hag é c'hounézimp :

14. Pétrâ-bennâg na ouzoc'h két pétrâ a c'hoarvézô war-c'hoaz.

15. Râk pétra eo hô puez ? Eunn aézen eo péhini en em ziskouéz évid eunn nébeûd amzer, hag a zeû da steûzia goudé. É léac'h ma tléfac'h da lavarout : Mar fell d'ann Aotrou, ha mar d-omb béô, é raimb ann dra-mañ pé ann dra-zé.

16. Hôgen c'houi bréma en em uc'hélait enn hô rôgoni. Eunn hévelep uc'helded a zô drouk.

17. Néb éta a anavez ar mâd a dlé da ôber, ha n'her gra két, a béc'h.

—

V. PENNAD.

1. Bréma c'houi, tûd pinvidik, gwélid ha iouc'hid diwar-benn ar reûz a c'hoarvézô gan-é-hoc'h.

2. Hô madou a vrein, hô tilad a zô debret gañd ar préñved.

3. Hoc'h aour hag hoc'h arc'hañt a zô merklet ; hag ar merkl-zé a zavô da dést enn hoc'h énep, hag a zebrô hô kik ével eunn tan. Eunn tenzor a vuanégez a zastumit évit ann deisiou divéza.

4. Chétu gôbr al labourerien hô deûz médet hô parkou, hag hoc'h eûz dalc'het, a gri *enn hoch énep ;* hag hô c'hri a zô savet bété diskouarn Aotrou ann arméou.

5. Banvézet hoc'h eûz war ann douar, ha maget hoc'h eûz hô kalounou gañt mizou-brâz, ével évid deiz al lazérez.

6. Barnet ha lazet hoc'h eûz ann dén gwirion, hép ma en deûz énébét ouz-hoc'h.

7. Hôgen c'houi, va breûdeûr, bézid habask, bété donédigez ann Aotrou. Chétu ar gounidek oc'h bada ar frouez talvouduz eûz ann douar, a hâd gañd habaskded, bété ma vézô rôed d'ézhañ ar *glaô* abréd, hag ar *glaô* divézad.

8. Bézid éta habask, c'houi ; ha krévait hô kalounou ; râk donédigez ann Aotrou a dôsta.

9. N'en em heskinit kéd ann eil égilé, va breûdeûr, évit na viot két barnet. Chétu éma ar barner oud ann ôr.

10. Kémérit, va breûdeûr, ével skouér a añken, a labour hag a ha-

baskded, ar Brofédéd péré hô deûz komzet é hanô ann Aotrou.

11. Chétu é tiskleriomp gwenvidik ar ré hô deûz gouzañvet. Klevet hoc'h eûz komza eûz a habaskded Job, ha gwélet hoc'h eûz divez ann Aotrou; râg ann Aotrou a zô leûn a druez hag a drugarez.

12. Hôgen dreist pép-trâ, va breûdeûr, na douit két, na dré ann éñv, na dré ann douar, na dré nétrâ all é-béd. Hôgen ra vézô hô lavar : Ia, ia; pé ann, nnann; évit na gouézot kéd dindân ar varnédigez.

13. Ha trist eo unan ac'hanoc'h? Pédet. Ha laouen eo? Kanet *meûleûdiou Doué*.

14. Ha klañv eo unan ac'hanoc'h? Galvet béleien ann Iliz, péré a bédô war-n-ézhañ, hag a lardô anézhañ gañd éôl é hanô ann Aotrou :

15. Ha péden ar feiz a zavétei ann dén-klañv, hag ann Aotrou a fréalzô anézhañ : ha ma eo deûz gréat péc'héjou, é véziñt distaolet d'ézhañ.

16. Kovésait hô péc'héjou ann eil d'égilé, ha pédit ann eil évid égilé évit ma viot salvet : râk péden stard eunn dén gwirion a hell kalz.

17. Éliaz a ioa eunn dén reûzeûdik ével-d-omp; hôgen goudé m'en doé pédet évit na gouézché kéd a c'hlaô war ann douar, na gouézaz kéd a c'hlaô é-pâd tri bloaz ha c'houéac'h miz.

18. Hag héñ a bédaz adarré; hag ann éñv a rôaz glaô, hag ann douar a zougaz hé frouez.

19. Va breûdeûr, mar teû eur ré ac'hanoc'h da fazia diouc'h ar wirionez, ha mar béz distrôet gañd unan-bennâg;

20. Gwézet pénaoz ann hini a zistrôiô eur péc'her eûz a fazi hé heñt, a virô hé éné diouc'h ar marô, hag a c'hôlôi kalz a béc'héjou.

KENTA LIZER

SANT PER ABOSTOL.

I. PENNAD.

1. Per, Abostol Jézuz-Krist, d'ann diavésidi a zô skiñet war-béd Poñtuz, Galatia, Kappadosia, Azia, ha Bitinia,

2. Péré a zô dilennet hervez râg-gwiziégez Doué ann Tâd, dré zañtélez ar Spéred, dré zeñtidigez, ha dré sparférez goâd Jézuz-Krist. Grâs d'é-hoc'h, ha kalz a béoc'h.

3. *Ra vézô* benniget Doué ha Tâd hon Aotrou Jézuz-Krist, péhini dré hé drugarez vrâs en deûz hon eil-c'hanet enn eunn espérañs béô, dré zazorc'hidigez Jézuz-Krist eûz a douez ar ré varô,

4. Enn eunn digouéz divreinuz, dizaotr, diwév, a zô mired évid-hoc'h enn éñvou;

5. C'houi péré dré c'halloud Doué a zô miret dré ar feiz er zilvidigez, a dlé béza diskouézet splann enn amzer zivéza.

6. En em laouénait é kémeñt-sé, ha pa vé réd d'é-hoc'h béza glac'haret eunn nébeûd amzer gañt meûr a zrouk:

7. Évit ma vézô kavet hô feiz arnodet ével-sé, ha talvoudusoc'h égéd ann aour, a véz arnodet gañd ann tân, dln a veûleûdi, a c'hloar, hag a énor, pa en em ziskouézô Jézuz-Krist:

8. Péhini a garit, pétrâ-bennâg n'hoc'h eûz két hé wélet, é péhini é krédit, pétrâ-bennâg n'her gwélit két bréma: hag ô kridi, é tridit gañd eul lévénez dilavaruz ha leûn a c'hloar,

9. O véza ma teû d'é-hoc'h silvidigez hoc'h énéou, ével divez hô feiz.

10. Ar zilvidigez-zé eo hô deûz klasket, hô deûz eñklasket ar Brofé-ded, péré hô deûz diouganet diwar-benn ar c'hrâs a dlié doñd enn-hoc'h;

11. Oc'h eñklaskout é pé trâ hag é pé amzer spéred ar C'hrist a ioa enn-hô, a verké é tlié c'hoarvézout gou-zañvou ar C'hrist, hag ar c'hloar é-c'houdé hô doa diouganet.

12. Diskleriet é oé d'ézhô pénaoz né oa kéd évit-hô hô-unan, hôgen évid-hoc'h éc'h aozeñt kémeñt-sé, a zô diskleriet d'é-hoc'h gañd ar ré a brézeg ann Aviel d'é-hoc'h, dré ar Spéred-Sañtel kaset eûz ann éñv, hag hô deûz c'hoantéet ann élez da wélout.

13. Dré-sé gourizit kroazel hô ménoz, hag ô véza deûet poellek, gédit gañd eunn espérañs klôk ar c'hrâs a zô kinniget d'é-hoc'h da wélédigez Jézuz-Krist,

14. Ével bugalé señtuz, ha nann ével ma oac'h gwéchall, diwiziek ha leûn a wall-ioulou:

15. Hôgen ével ma eo Sañt ann hini en deûz hô kalvet, bézit señt ivé é pép darvoud;

16. Râk skrived eo: Bézit señt, ô véza ma ounn Sañt.

17. Ha mar galvit hô Tâd ann hini péhini n'en deûz kemm é-béd évid

dén, hag a varn pép-hini hervez hé ôberiou, bévit gañd doujañs é-pâd ma viot *diavésidi :*

18. O c'houzout pénaoz né két dré draou breinuz, ével aour pé arc'hañt, oc'h bét dasprénet eûz hô puézégez gwân, hervez ma oa deûed d'é-hoc'h digañd hô tadou;

19. Hôgen dré c'hoad talvouduz ar C'hrist, ével eûz ann oan dinam ha difazi,

20. Péhini a zô bét râg-anavézet abarz krouidigez ar béd, hag a zô en em ziskouézet enn amzeriou divéza enn abek d'é-hoc'h,

21. C'houi péré dré-z-hañ a *gréd* é Doué, péhini en deûz hé zazorc'het eûz a douez ar ré varô, ha rôed d'ézhañ ar c'hloar, évit ma lékéot hô feiz, hag hoc'h espérañs é Doué.

22. Likid hô kalounou da véza glân gañd eur zeñtidigez a garañtez, gañd eur garañtez a vreûr, oc'h en em garout ann eil égilé a wir galoun;

23. C'houi péré a zô eil-ganet, nann eûz a eunn had breinuz, hôgen eûz a eunn had divreinuz, dré c'hér ann Doué béô, a bâd bépréd.

24. Râk pép kig a zô ével ar géot; ha pép gloar *ann dén* a zô ével bleûñ ar géot: ar géot a zec'h, hag hé vleûñ a gouéz:

25. Hôgen gér ann Aotrou a choum da-vikenn; hag ar gér-zé eo a zô bét prézéget d'é-hoc'h enn Aviel.

—

II. PENNAD.

1. Goudé éta béza dilézet pép drougiez, ha pép touellérez, hag ann trôidellérez, hag ann hérez, hag ann drouk-komsiou,

2. Ével bugalé vihan névez-ganet, c'hoañtait al léaz reiz ha didouelluz; évit m'hô lakai da griski évid ar zilvidigez;

3. Ma hoc'h eûz koulskoudé tañvéet pégémeñt eo kûn ann Aotrou.

4. Hag ô tôstaad out-hañ, ével oud ar méan béô, a oa bét distaolet gañd ann dûd, hôgen m'en doa Doué dilennet, hag énoret,

5. Savid hoc'h-unan, ével ma'z oc'h mein béô eunn ti spéréduz, eur vélégiez sañtel, évit kinniga da Zoué hostivou spéréduz hag hétuz d'ézhañ dré Jézuz-Krist.

6. Dré-zé eo lavaret er Skritur: Chétu é lakaann é Sion méan penn ar c'horn, *ar méan* dilennet ha talvoudus brâz: ha piou-bennâg a grédô enn-hañ na vézô két mézékéet.

7. Énored eo éta gan-é-hoc'h, c'houi péré a gréd: hôgen évid ar ré ziskrédik, ar méan hô deûz distaolet ar saverien-tiez, a zô deûed da benn méan korn,

8. Da véan stok, da véan gwallskouér, évid ar ré a stok oud ar gér, ha na gréd kéd enn-hañ.

9. Hôgen, c'houi, a zô ar wenn zilennet, ar vélégiez a roué, ar bobl sañtel, ar vrôad c'hounézet, évit ma embannot galloud ann hini en deûz hô kalvet eûz ann dévalien d'hé c'houlou estlammuz;

10. C'houi péré gwéchall né oac'h kéd hé bobl, hôgen bréma a zô pobl Doué; c'houi péré n'hô poa két gounézet hé drugarez, hag hoc'h eûz hé gounézet bréma.

11. Va *breûdeûr* kér, mé hô péd ével diavésidi ha pirc'hirined, d'en em viroud diouc'h ar c'hoañtou kiguz, a stourm oud ann éné.

12. En em rénit ervâd é-touez ar Jeñtiled, évit, é léac'h ma lévéreñt droug ac'hanoc'h ével eûz a wallerien, ma teûiñt, goudé béza gwélet hô mâdôberiou, da veûli Doué é deiz hé wélédigez.

13. Plégid éta, enn abek da Zoué, dindân pép dén, pé dindân ar roué, péhini eo ann uc'héla,

14. Pé dindân ar rénerien, péré a zô kaset gañt-hañ évit gwana ar ré a ra drouk, hag évit meûli ar ré a ra vâd.

15. Râg ioul Doué eo é teûfac'h dré hô mâd-ôberiou da lakaad da dével diwiziégez ann dûd diboell:

16. Ével tûd frañk, ha nann ével pa vé hô frañkiz é-c'hiz eur wél évit *gôlei* hô trougiez, hôgen ével servicherien Doué.

17. Énorid ann holl: karid hô preûdeûr;

deûr; doujid Doué : señtid ouc'h ar
Roué.
18. Mévellou, plégit gañt pép dou-
jañs d'hô mistri, nann hép-kén d'ar
ré a zô mâd hag habask, hôgen d'ar
ré a zô asrec'huz.
19. Râg ar péz a zô hétuz da Zoué,
eo ma teûfemp enn abek d'ézhañ da
zougen ann dristidigez, ha da c'hou-
zañvi pép gaou.
20. Pé c'hloar a zeûi d'é-hoc'h, mar
gouzañvit karvanatou, ha c'houi pé-
c'herien? Hôgen ma hô gouzañvit
gañd habaskded, ha c'houi oc'h ôber
mâd, ann dra-zé eo a zô hétuz da
Zoué.
21. Râk da gémeñt-sé eo oc'h bét
galvet : râg ar C'hrist hé-unan en
deûz gouzañvet évid-omp, ô lézel d'é-
hoc'h eur skouér, évit ma kerzot war
hé lerc'h :
22. *Hén* péhini n'en deûz két gréad
a béc'hed, hag é génou péhini n'eûz
két bét kaved a drôidel;
23. *Hén* péhini pa oa milliget, n'en
deûz két milliget : pa oa gwall-gaset,
n'en deûz két gourdrouzet : hôgen eo
en em lékéat étré daouarn ann hini a
varné anézhañ é-gaou;
24. *Hén* péhini en deûz douget hor
péc'héjou enn hé gorf war ar prenn,
évit, goudé béza marô d'ar péc'héjou,
ma vévimp d'ar wirionez. Dré hé vloñ-
saduriou eo oc'h bét iac'héet.
25. Râk c'houi a oa ével déñved
diañket : hôgen bréma oc'h distrôet
étrézék Mésaer hag Eskob hoc'h énéou.

—

III. PENNAD.

1. Ra blégô ar gragez d'hô ézec'h,
évit ma éz eûz eur ré ha na gréd kéd
d'ar gér, é véziñt gounézet héb ar
gér dré vuézégez-vâd hô gragez :
2. Oc'h arvesti pénaoz eo doujañs
Doué a ali d'é-hoc'h eur vuézégez
c'hlân.
3. N'en em gempennit két a-ziavéaz
ô rodella hô pleô, oc'h en em c'hôlei
a aour, ô wiska dilad kaer;
4. Hôgen bézit ével eunn dén kuzet
a galoun : é diwastidigez eur spéred
péoc'huz hag habask, a zô talvouduz
brâz dirâk Doué.
5. Râg ével-sé eo gwéchall en em
gempenné ar gragez sañtel a espéré é
Doué, ô pléga dindân hô ézec'h;
6. Ével ma señté Sara oud Abra-
ham, oc'h hé c'hervel hé aotrou : ha
c'houi a zô hé merc'hed pa embrégit
ervâd, ha pa na grénit gañd aoun
é béd.
7. Ha c'houi ivé, ézec'h, bévit gañt
furnez gañd hô kragez, oc'h énori
anézhô ével ar gwana léstrik, hag
ével ar gen-hérézed eûz ar c'hrâs a
vuez; évit na vézô enn-hoc'h harz
é-béd oud ar béden.
8. Hôgen enn-divez bézid holl un-
van, truézek, karañtézuz ével breû-
deur, trugarézuz, habask ha vuel.
9. Na rôit kéd droug évid droug,
na malloz évit malloz; hôgen enn-
énep rôid hô pennoz; râg évit kémeñt-
sé oc'h galvet, évit ma piaouot bennoz
ann digwéz.
10. Râk mar kâr eur ré ar vuez, ha
mar fell d'ézhañ gwélout deisiou
mâd, ra zistrôi hé déôd diouc'h ann
drouk, ha ra bellai hé vuzellou diouc'h
ann touellérez.
11. Ra zistrôi diouc'h ann drouk,
ha ra râi ar mâd : ra glaskô ar péoc'h,
ha ra heûliô anézhañ.
12. Râk daou-lagad ann Aotrou a
zô war ar ré wirion, hag hé ziskouarn
a zélaou hô fédennou : hôgen dremm
ann Aotrou a zô trôet a-éneb ar ré a
ra drouk.
13. Ha piou a rai gaou ouz-hoc'h,
ma na rit néméd vâd?
14. Hôgen ma c'houzañvit eunn
dra évid ar wirionez, é viot euruz.
N'hô pézet kéd a aoun râg hô aoun-
hi, ha na zaouzanit két.
15. Hôgen sañtélit ann Aotrou enn
hô kalounou : ha bézit daré é péb
amzer da ziskleria da bép-hini pétrâ
eo ann espérañs a zô enn-hoc'h :
16. Hôgen gañt poell ha gañd douj,
hag ô viroud eur goustiañs vâd; évit
ma teûi da véza mézékéet ar ré a lavar
droug ac'hanoc'h, hag eûz hô puézé-
gez-vâd er C'hrist.
17. Râg gwelloc'h eo, mar fell gañd

Doué, gouzanvi oc'h ôber vâd, égéd oc'h ôber drouk.

18. Pa eo gwir pénaoz ar C'hrist a zô marô eur wéach évid hor péc'héjou, ann dén-gwirion évid ar ré zisgwirion; évit ma kinnigché ac'hanomp da Zoué, goudé béza marô enn hé c'hik, ha béza asbévet enn hé spéred,

19. Dré béhini é prézégaz d'ar ré a ioa dalc'het er prizoun;

20. Péré a oa bét diskrédig gwéchall, ô c'hortozi habaskded Doué é deisiou Noé, pa réad ann arc'h, é péhini nébeûd a dûd, da lavaroud eo eiz dén hép-kén, a oé savétéet é-kreiz ann doun:

21. É pé zoaré é teû bréma ar vadisiañt d'hô savétei; nann ann hini a zeû da c'hlana ar c'hik, hôgen ann hini a rô eur goustiañs vâd é Doué, dre zazorc'hidigez Jézuz-Krist,

22. Péhini a zô é dourn déou Doué, goudé béza bét tañvéet ar marô évid hol lakaad da béred d'ar vuez peûrbaduz; a zô piñed enn éñv, goudé béza lékéad da bléga dindân-hañ ann élez, ann aotrouniézou, hag ar c'halloudou.

IV. PENNAD.

1. Pa en deûz éta ar C'hrist gouzañvet enn hé gik, en em armit ivé c'houi eûz ar ménoz-mañ, pénaoz néb en deûz gouzañvet enn hé gik, a zô divec'h a béc'hed:

2. Évit na vévô mui hervez c'hoañtou ann dûd, hôgen hervez ioul Doué, é-pâd ann amzer ma choumô c'hoaz er c'hik.

3. Râg a-walc'h eo d'é-hoc'h enn amzer dréménet béza heûliet ioulou ar baganed, ô kerzoud er gadélésiou, er gwall-ioulou, er mézvéñtiou, enn debrérézou, enn évérézou, hag é azeûlidigez argarzuz ann idolou.

4. Souézet iñt bréma ô véza na gerzit mui gañt-hô enn hévélep direiz a c'hadélez, hag é trouk-pédoñt gan-é-hoc'h.

5. Hôgen hi a zistaolô kouñt d'ann hini a zô daré da varna ar ré véô hag ar ré varô.

6. Râk dré-zé eo eo bét prézéged ann Aviel d'ar ré varô; évit ma véziñt barnet hervez ann dûd er c'hik, ha ma véviñt hervez Doué er spéred.

7. Hôgen divez pép-trâ a dôsta: râk-sé bézit fûr, bélit ha pédit.

8. Hôgen dreist pép-trâ hô pézet eur garañtez keñdalc'huz ann eil évid égilé; râg ar garañtez a c'hôlô meûr a béc'hed.

9. *Rôid* digémer ann eil d'égilé hép krôz.

10. Ra rôi pép-hini ac'hanoc'h ével ma en deûz bét, pa'z oc'h rannerien holl c'hrasou Doué.

11. Mar komz eur ré, komzet ével pa rajé Doué: mar mér eur ré, méret ével dré c'halloud Doué; évit ma vézô meûlet Doué é pép-trâ dré Jézuz-Krist, da béhini eo ar c'hloar hag ar galloud é amzeriou ann amzeriou. Amen.

12. Va *Breûdeûr* ker, na vézit két souézet pa'z oc'h arnodet dré danijen ar gwall-ioulou, ével ma c'hoarvézché eunn dra-bennag a névez gan-é-hoc'h.

13. Hôgen laouénait ô véza ma hoc'h eûz hô lôd é gloasiou ar C'hrist; évit ma en em laouénéot pa en em ziskouézô enn hé c'hloar.

14. Mar d-oc'h kunuc'hennet enn hanô ar C'hrist, c'houi a zô euruz; râg ann énor, ar c'hloar, ann ners a Zoué, hag hé spéred a arzaô war-n-hoc'h.

15. Hôgen na c'houzañvet dén ac'hanoc'h ével eul lazer, pé ével eul laer, pé ével eunn droug-ôbérour, pé ével eur ré a c'hoañtafé traou ar ré all.

16. Mar gouzañv ével kristen, na rusiet két; hôgen meûlet hanô Doué.

17. Râk chétu ann amzer é péhini é téraouô ar varn dré dî Doué. Ha ma téraou dré-z-omp-ni, pétrâ é vézô ann divez eûz ar ré ha na grédoñt két é Aviel Doué?

18. Ha mar bêz a-véac'h savet ann dén-gwirion, péléac'h en em ziskouézô ar fallagr hag ar péc'her?

19. Dré-zé ar ré a c'houzañv hervez ioul Doué, oc'h ôber mâd-ôberiou, erbédeñt hô énéou d'hô C'hrouer féal, oc'h ôber vâd.

V. PENNAD.

1. Mé a béd éta ar véleien a zô enn hô touez, ha mé béleg évet-t-hô, tést eûz a c'hloasiou ar C'hrist, hag ivé kévrenneg eûz ar c'hloar a dlé béza gwélet eunn deiz da zoñt :

2. Paskit déñved Doué a zô enn hô kreiz, oc'h évésaad anézhô nann dré rédi, hôgen a-ioul-vâd hervez Doué : nann dré eur gounid mézuz, hôgen a-c'hrâd-vâd :

3. Nann oc'h aotrounia war zigwéz *Doué*, hôgen oc'h en em rei da skouér d'ann déñved a-greiz-kaloun.

4. Ha pa en em ziskouézô priñs ar vésaerien, é vézô rôed d'é-hoc'h ar gurunen diwévuz a c'hloar.

5. Ha c'houi ivé, tûd-iaouañk, señtid oud ar ré gôz. Diskouézid holl ar vuelded ann eil d'égilé : râk Doué a éneb oud ar ré rôk, hag a rô hé c'hrâs d'ar ré vuel.

6. En em vuélaid éta dindân ann dourn c'halloudeg a Zoué, évit ma uc'hélai ac'hanoc'h é amzer hé wélédigez :

7. O teûrel enn-hañ hoc'h holl eñkrez, ô véza ma teû d'hô prédéria.

8. Bézid diloñtek ha belit ; râg ann diaoul, hoc'h énébour, a drô war hô trô ével eul léon iuduz, ô klaskout néb a helld da louñka.

9. Énébid out-hañ ô choum stard er feiz ; ô c'houzout pénaoz hô preûdeûr péré a zô *skiñet* dré ar béd a c'houzañv ann hévélep eñkrézou ha c'houi.

10. Ha Doué pép grâs, péhini en deûz hor galvet enn hé c'hloar peûrbaduz dré Jézuz-Krist, goudé m'hô pézô gouzañvet eunn nébeûd amzer, r'hô klôkai, r'hô krévai, r'hô stardô.

11. D'ézhañ *ra vézô* ar c'hloar hag ar galloud, é amzeriou ann amzeriou. Amen.

12. Berr *a-wale'h* em eûz skrivet d'é-hoc'h, war va ménô, dré Zilvanuz hor breûr kér ; ô tiskleria hag ô testénia ac'hanoc'h pénaoz gwir c'hras Doué eo ann hini é péhini é choumit stard.

13. Ann Iliz a zô é Babilon, hag a zô dilennet ével-d-hoc'h, a zalud ac'hanoc'h, ha Mark, va mâb ivé.

14. En em zaludit ann eil égilé dré eunn aff sañtel. *Ra vézô* ar c'hrâs gan-é-hoc'h holl, c'houi péré a zô é Jézuz-Krist. Amen.

EIL LIZER

SANT PER ABOSTOL.

I. PENNAD.

1. Simon-Per, servicher hag Abostol
Jézuz-Krist, d'ar ré hô deûz bét ann
hévélep feiz gan-é-omp, é gwirionez
hon Doué ha Salver Jézuz-Krist.
2. Ar c'hrâs hag ar péoc'h ra greskô
enn-hoc'h dré ann anaoudégez a Zoué,
hag a Jézuz-Krist hon Aotrou.
3. Ével ma en deûz rôed d'é-omp,
dré hé c'halloud a Zoué, kémeñt trâ a
zell oud ar vuez hag out karañtez
Doué : ô rei da anaout d'é-omp ann
hini en deûz hor galvet dré hé c'hloar
ha dré hé ners hé-unan ;
4. Dré béhini en deûz rôed d'é-omp
ar grasou brâz ha talvouduz en doa
diouganet ; évit ma teûfac'h gañt-hô
da véza kévrennek enn natur divin,
goudé béza tec'het diouc'h saotr ar
gwall-ioulou a zô er béd ;
5. C'houi a dlé ivé lakaad hoc'h holl
bréder évit framma oud hô feiz ann
ners ; oud ann ners ar wiziégez ;
6. Oud ar wiziégez ann diloñtégez ;
oud ann diloñtégez ann habaskded ;
oud ann habaskded karañtez Doué ;
7. Out karañtez Doué karañtez
breûr ; hag out karañtez breûr ka-
rañtez ann nésa.
8. Ma en em gav ar *grasou-zé* enn-
hoc'h, ha mar d-éoñt war-gresk, é
raiñt pénaoz na vézô két didalvouduz
ha difrouez enn-hoc'h ann anaou-
dégez hoc'h eûz eûz hon Aotrou
Jézuz-Krist.
9. Hôgen ann hini é péhini n'éma
két kémeñt-sé, a zô dall, hag a gerz
enn eur dastourni, oc'h añkounac'haat
pénaoz eo bét glanet eûz hé béc'hé-
jou kôz.
10. Râk-sé, va breûdeûr, likid hô
striv da grévaad hô kalvédigez hag
hô tilenn dré hô mâd-ôberiou ; râg
oc'h ôber kémeñt-sé na béc'hot bi-
kenn.
11. Râg ével-sé é vézô rôed d'é-
hoc'h eunn donédigez vâd é rouañ-
télez peûr-baduz hon Aotrou ha Sal-
ver Jézuz-Krist.
12. Dré-zé é tigasinn bépréd ann
traou-zé da goun d'é-hoc'h ; pétrâ-
bennâg ma'z oc'h gwiziek ha krétéct
er wirionez-zé.
13. Hôgen mé a venn pénaoz é vé
reiz, é-pâd ma émounn enn taber-
nakl-mañ, é savchenn ac'hanoc'h er
c'houn-zé :
14. O c'houzout pénaoz abarz né-
meûr é tilézinn ann tabernakl-mañ,
ével ma en deûz bé rôed da anaoud
d'in hon Aotrou Jézuz-Krist.
15. Ha mé a lakai évez ma hellot
bépréd, ha mé marô, kaout koun eûz
ann traou-mañ.
16. Râk né kéd oc'h heûlia sor-
c'hennou gwén, hon eûz rôed da
anaoud d'é-hoc'h ann ners hag ann
donédigez eûz hon Aotrou Jézuz-
Krist : hôgen goudé béza gwélet hon-
unan hé veûrdez.
17. Râk rôed é oé d'ézhañ gañd
Doué ann Tâd ann énor hag ar c'hloar,
pa laoskaz ar gér-mañ gañd eur skéd

brâz : Hé-mañ eo va Mâb ker, é péhini em eûz lékéat va holl garañtez; sélaouit-héñ.

18. Hag ar vouéz-zé hon eûz klevet ô toñd eûz ann éñv, pa édomp gañthañ war ar ménez sañtel.

19. Ha béa' hon eûz lavariou startoc'h ar broféded, da béré é talc'hit ervâd, ével da eur c'hleûzeur a luc'h enn eul léac'h téval, bété ma c'houlaou ann deiz, ha ma sâv ar wérélaouen enn hô kalounou :

20. O poella da-geñta pénaoz pép diougan eûz ar Skritur né két displéged dré eunn diskleriadur a-zevri.

21. Râk né kéd dré ioul ann dûd eo bét digaset d'é-omp gwéchall ann diouganou : hôgen dré ali ar Spéred-Sañtel eo hô deûz komzet tûd sañtel Doué.

—

II. PENNAD.

1. Hôgen ével ma éz eûz bét falsbroféded é-touez ar bobl, é vézô ivé fals-vistri enn hô touez, péré a zigasô héréziou kolluz, ha péré ô tinac'ha ann Aotrou en deûz hô frénet, a dennô war-n-ézhô hô-unan eur gollidigez buan.

2. Ha meûr a hini a heûliô hô direisiou, hag a lakai heñt ar wirionez da véza drouk-prézéget :

3. Hag évit hô fizôni é werziñt ac'hanoc'h gañt komsiou trôidelluz; hôgen hô barnédigez douget pell-zô na éhan két, hag hô c'hollidigez na gousk két.

4. Râk ma n'en deûz két bét Doué a azaouez évid ann élez hô deûz péc'het, hôgen ma en deûz hô zaolet enn ifern, hag hô chadennet enn dévalien, évit hô mirout bétég ar varn;

5. Ma n'en deûz két bét a azaouez évid ar béd kôz, ô véza n'en deûz miret da eizved némét Noé prézégour ar wirionez, pa skulaz dour al livaden war véd ann dûd fallagr;

6. Ma en deûz dismañtret keriou Sodoma ha Gomorra, oc'h hô lakaad é ludu, évid hô rei da skouér d'ar ré a vévô er fallagriez;

7. Ma en deûz dieûbet Lot ann dén gwirion, péhini a ioa heskinet gañt kunuc'hennou ha gañt gadélez ann dûd fallagr;

8. Ann dén gwirion-zé péhini a choumé enn hô zouez, ha péhini a ioa heskinet enn hé éné a-zeiz-é-deiz, gañd hô gwall-ôberiou er gwéled hag er c'hleved.

9. Ann Aotrou a oar tenna eûz ann arnod ar ré a gâr Doué, ha miroud ar ré fallagr da zeiz ar varn évid hô gwana :

10. Ha dreist-holl ar ré péré évit gwalc'ha hô ioul hudur a heûl froudennou ar c'hik, a zispriz ann aotrouniez, a zô rôk, en em gar hôunan : ha n'hô deûz kéd a aoun ô tigas rannou fallagr :

11. É léac'h ann élez, pétrâ-bennâg m'az iñt brasoc'h é ners hag é galloud, na zougoñt két a wall varn ann eil ouc'h égilé.

12. Hôgen ar ré-mañ, héñvel out loéned direiz, péré hervez ann natur a zô kéméret ha lazet, ô taga gañd hô drouk-komsiou ar péz na anavézoñt két, a vézô kollet enn hô breinadurez ;

13. Ha rôed é vézô d'ézhô ar gôbr eûz hô fallagriez, hi péré a gâr tréménout ann deisiou enn dudiou, a zô gôlôed a zaotr hag a nammou, en em zireiz er banvésiou a réoñt gan-ého-c'h ;

14. A zô leûn hô daou-lagad a avoultriez, hag eûz a eur péc'hed ha na éhan népréd ; a zidenn étrézég ennhô ann énéou édrô ; hô deûz hô c'haloun boazet d'ar bizôni ; a zô bugalé ar valloz.

15. Hô deûz dilézet ann heñt eeun, hag a zô faziet, oc'h heûlia heñt Balaam *mâb* Bosor, péhini a garaz gôbr hé fallagriez :

16. Hôgen héñ a gavaz ann trec'h eûz hé folleñtez ; eunn azen mûd, péhini a gomzaz gañt monéz eunn dén a énébaz out folleñtez ar profed-zé.

17. Ar ré-zé a zô feuñteûniou dizour, ha kommoul horellet gañd ar gourveñtennou ; hag eunn dévalien zû a zô évit-hô.

18. Râg ô komza gañt gerion-balc'h ha rok, é tidennoñt dré c'hoañtou lik

ar c'hik, ar ré péré nébeûd a-raok a ioa téc'het dioud ar ré a ioa é fazi ;

19. O tiougani d'ézhô ar frañkiz, pétrâ-bennâg ma iñd hô-unan sklaved eûz ar vreinadurez : râk piou-bennâg a zô bét trec'het, a zô sklâv eûz ann hini en deûz hé drec'het.

20. Râg, goudé beza en em dennet eûz a vreinadurez ar béd dré anaoudégez hon Aotrou ha Salver Jézuz-Krist, mar d-iñt trec'het oc'h en em rei a-nevez d'ann traou-zé, hô stâd divéza a zô goâz égéd ar c'heñta :

21. Râg gwell é vé bét d'ézhô na anavézcheñt két heñt ar wirionez, égét goudé béza hé anavézet distrei diouc'h ar gourc'hémenn sañtel a ioa bét rôed d'ézhô.

22. Hôgen c'hoarvézet eo gañt-hô ar péz a lévéreur dré eur gwir lavar : Ar c'hi a zô distrôet d'hé c'houéden ; hag ann houc'h goudé béza bét gwalc'het, a zô en em rujet a-nevez er fañk.

—

III. PENNAD.

1. Chétu ann eil lizer a skrivann d'é-hoc'h, va *breûdeûr* kér ; hag ennhô hô-diou é keñtraouann hô spéred gwirion dré va alioù :

2. Évit ma hô pézô koun eûz a c'heriou ar Bréféded sañtel, a béré em eûz komzet d'é-hoc'h, hag eûz a c'hourc'hémennou ann Ébestel en deûz ann Aotrou ha Salver rôed d'é-hoc'h.

3. Gwézit da geñta pénaoz é teûi enn deisiou divéza touellérien péré a heûliô hô gwall-ioulou hô-unan,

4. O lavarout : Péléac'h éma ann diougan eûz hé zonédigez ? Râg abaoé ma eo kousket ann tadou, pép-trâ a choum er stâd ma édo é derou ar béd.

5. Râk dré hô ioul eo na ouzoñt két pénaoz ann éñvou a zô bét gréat da geñta dré c'hér Doué, kerkouls hag ann douar, péhini a zô savet eûz ann dour, hag a bâd dré ann dour ;

6. Ha pénaoz koulskoudé ar béd a neûzé a iéaz-da-nétra dré ann traou-zé, ô véza beûzet gañd dic'hlann ann dour.

7. Hôgen ann éñvou hag ann douar a-vréma, a zô miret, dré ann hévélep gér évid ann tân, é deiz ar varn ha kollidigez ann dûd fallagr.

8. Hôgen eunn dra zô war béhini na dléit két béza diwiziek, va *breûdeûr* kér, pénaoz dirâg ann Aotrou eunn deiz a zô ével mil bloaz, ha mil bloaz ével eunn deiz.

9. Ann Aotrou n'en deûz két gourzézet sévénidigez hé c'hér, é-c'hiz ma gred hiniennou ; hôgen hé hir-c'hortozidigez a ziskouez d'é-omp, pa na fell kéd d'ézhañ é vé kollet dén, hôgen ma tistrôjé pép-hini d'ar binijen.

10. Hôgen deiz ann Aotrou a zeûi ével eul laer-*nôz* : ha neûzé gañd eunn trouz brâz éz ai ann éñvou é-biou : ann elfennou a deûzô gañd ar c'hrouéz, hag ann douar ha kémeñt a zô enn-hañ a vézô losket.

11. Pa dlé éta kémeñt-sé holl moñd-da-nétra, pétrâ é tléit-hu da véza enn hô lavariou hag enn hô karañtez évid Doué ?

12. O c'hortozi hag oc'h hasta donédigez deiz ann Aotrou, é péhini ann éñvou a vézô losket ha diforc'het, hag ann elfennou a vézô teûzet gañt grouéz ann tân.

13. Râk ni a c'hortoz, hervez hé c'hér, éñvou névez, hag eunn douar névez, é péhini é choumô ar wirionez.

14. Râk-sé, va *breûdeûr* kér, pa c'hortozit kémeñt-sé, labourid é péoc'h, évit ma viot kavet gañt-hañ dinam ha didamall.

15. Ha sellit hir-c'hortozidigez hon Aotrou ével eunn dra vâd évid hô silvidigez : é-c'hiz ma en deûz skrivet d'é-hoc'h hor breûr kér Paol, hervez ar furnez a zô bét rôed d'ézhañ ;

16. Evel ma ra ivé enn hé holl lizériou, é péré é komz eûz ann traou-zé ; é péré éz eûz lec'hiou diez da boella, hag a zistrô ann dûd diwiziek hag édrô, ével ar Skrituriou all, enn hô c'holl.

17. C'houi éta, va breûdeûr, péré a oar kémeñt-sé, likid évez ouz-hoc'h, gañd aoun, oc'h en em rei da fazi ann dûd diskiañt-zé, na zeûfac'h da gouéza eûz hô starder.

18. Hôgen kreskid er c'hrâs hag é anaoudégez hon Aotrou ha Salver Jézuz-Krist. D'ézhañ *ra vézô* ar c'hloar bréma, hag é deiz ann éternité. Amen.

KENTA LIZER

SANT IANN ABOSTOL.

I. PENNAD.

1. *Ni a brézeg d'é-hoc'h* ar gér a vuez, péhini a ioa er penn-keñta, péhini hon eûz klevet, péhini hon eûz gwélet gañd hon daou-lagad, péhini hon eûz arvestet ha war béhini hon eûz lékéat hon daouarn ;

2. Râg ar vuez a zô en em ziskouézet, ha nl hon eûz hé gwélet, ha nl hon eûz hé zesténiet, ha nl hon eûz diskleriet d'é-hoc'h ar vuez peûr-baduz, a ioa enn Tâd, hag a zô en em ziskouézet d'é-omp ;

3. Hon eûz gwélet ha klevet, hag hon eûz prézéget d'é-hoc'h, évit ma hô pézô kévrédigez gan-é-omp, ha ma vézô hor c'hévrédigez gañd ann Tâd, ha gañd hé Vâb Jézuz-Krist.

4. Ha kémeñt-mañ a skrivomp d'é-hoc'h, évit ma en em laouénaot, ha ma vézô leûn hô lévénez.

5. Chétu ann diskleriadur hon eûz klevet gañt-hañ, hag a rôomp da anaoud d'é-hoc'h : Pénaoz Doué a zô ar goulou, ha pénaoz n'eûz tévalien é-béd enn-hañ.

6. Ma lévéromp pénaoz hon eûz kévrédigez gañt-hañ, hag é kerzomp enn dévalien, é lévéromp gaou, ha na heûliomp kéd ar wirionez.

7. Hôgen mar kerzomp er goulou, ével ma éma er goulou, hon eûz kévrédigez ann eil gañd égilé, ha goâd Jézuz-Krist hé Vâb a c'hlân ac'hanomp a péb péc'hed.

8. Ma lévéromp n'eûz kéd a béc'hed enn-omp, en em douellomp hon-unan, hag ar wirionez n'éma kéd enn-omp.

9. Mar kovésaomp hor péc'héjou, héñ a zô féal ha gwirion, évid disteûrel d'é-omp hor péc'héjou, hag hor glana eûz a bép fallagriez.

10. Ma lévéromp n'hon eûz két péc'het, hel lékéomp da c'haouiad, hag hé c'hér n'éma kéd enn-omp.

II. PENNAD.

1. Va bugaligou, mé a skriv ann dra-mañ d'é-hoc'h, évit na béc'hot két. Hôgen mar péc'h unan-bennâg, hon eûz eunn erbéder dirâg ann Tâd, Jézuz-Krist ar gwirion :

2. Hag héñ eo ann hostiv évid hor péc'héjou ; ha nann hép-kén évid hor ré, hôgen ivé évit ré ar béd holl.

3. Hag é kémeñt-mañ é c'houzomp ma anavézomp anézhañ, ma viromp hé c'hourc'hémennou.

4. Néb a lavar pénaoz éc'h anavez anézhañ, ha na vir kéd hé c'hourc'hémennou, a zô eur gaouiad, hag ar wirionez n'éma kéd enn-hañ.

5. Hôgen mar mir eur ré hé c'hér, évit-gwir karañtez Doué a zô klôk enn-hañ. Dré-zé eo éc'h ouzomp pénaoz émomp enn-hañ.

6. Néb a lavar é choum enn-hañ, a dlé kerzout ével ma en deûz kerzet.

7. Va *breûdeûr* kér, na skrivann két d'é-hoc'h eur gourc'hémenn nevez, hôgen àr gourc'hémenn kôz hoc'h eûz bét er penn-keñta. Ar gourc'hémenn kôz-zé eo ar gér hoc'h eûz klevet.

8. Koulskoudé é skrivann d'é-hoc'h eur gourc'hémenn nevez, ar péz a zô gwir hag enn-hañ, hag enn-hoc'h; pénaoz eo tréménet ann dévalien, ha ma teû a-vréma ar gwir c'houlou da luc'ha

9. Néb a lavar pénaoz éma er goulou, hag a gasa hé vreûr, a zô c'hoaz enn dévalien.

10. Néb a gâr hé vreûr, a choum er goulou, ha n'eûz két a wall-skouér enn-hañ.

11. Hôgen néb a gasa hé vreûr, a zô enn dévalien : enn dévalien é kerz, ha né oar péléac'h éz â : rag ann dévalien é deûz dallet hé zaou-lagad.

12. Skriva a rann d'é-hoc'h, bugaligou, ô véza ma eo distaolet d'é-hoc'h hô péc'héjou enn abek d'hé hanô.

13. Skriva a rann d'é-hoc'h, tadou, ô véza ma hoc'h eûz anavézet ann hini a zô adaleg ar penn-keñta. Skriva a rann d'é-hoc'h, tûd-iaouañk, ô véza ma hoc'h eûz trec'hed ar *spéred* droug.

14. Skriva a rann d'é-hoc'h, bugalé, ô véza ma hoc'h eûz anavézet ann Tâd. Skriva a rann d'é-hoc'h, tûd-iaouañk, ô véza ma óc'h kré, ma choum gér Doué enn-hoc'h, ha ma hoc'h eûz trec'het ar *spéred* droug.

15. Na girit kéd ar béd, nag ar péz a zô er béd. Mar kar eur ré ar béd, n'éma két karañtez ann Tâd enn-hañ.

16. Râg kémeñd a zô er béd a zô droug-ioul ar c'hik, ha droug-ioul ann daou-lagad, ha balc'hder ar vuez; ar péz na zeû kéd eûz ann Tâd, hôgen eûz ar béd.

17. Ar béd a drémen, hag hé zroug-ioul ivé. Hôgen néb a ra iQul Doué, a choum da-vikenn.

18. Bugaligou, ann heur zivéza eo, hag ével ma hoc'h eûz klevet pénaoz é tlé doñd ann Añtikrist, bréma éz eûz meûr a Añtikrist : hag achanô éc'h ouzomp pénaoz eo deûed ann heur zivéza.

19. Ac'hanomp iñt savet, hôgen né oañt kéd ac'hanomp : râk ma oañt béd ac'hanomp, é vijeñd ivé choumet gan-é-omp; hôgen évit ma vijé gouézet pénaoz n'iñt kéd holl ac'hanomp.

20. Hôgen c'houi hoc'h eûz bét nerz ar *Spéred-Sañtel*, hag éc'h anavézit pép-trâ.

21. N'em eûz két skrivet d'é-hoc'h ével da dûd péré na anavézoñt kéd ar wirionez, hôgen ével d'ar ré hé anavez; hag ar gaou na zeû kéd eûz ar wirionez.

22. Piou a zô gaouiad, néméd ann hini a nac'h pénaoz Jézuz eo ar C'hrist? Hen-nez eo eunn Añtikrist, péhini a nac'h ann Tâd hag ar Mâb.

23. Piou-bennâg a nac'h ar Mâb, na anavez kéd ann Tâd; ha piou-bennâg a añsaô ar Mâb, a anavez ivé ann Tâd.

24. Ra choumô enn-hoc'h ar péz hoc'h eûz klevet adaleg ar penn-keñta. Ma choum enn-hoc'h ar péz hoc'h eûz klevet adaleg ar penn-keñta, é choumod ivé c'houi er Mâb hag enn Tâd.

25. Ha kémeñt-sé eo en deûz gwéstlet d'é-omp, ô wéstla ar vuez peûrbaduz.

26. Chétu pétrâ a skrivann d'é-hoc'h diwar-benn ar ré a zeû d'hô touella.

27. Ha c'houi, ra choumô enn-hoc'h ann nerz a zô bét rôed d'é-hoc'h gañt *Mab Doué*. Ha n'hoc'h eûz kéd a ézomm é teûfé dén d'hô teski : hôgen ével ma teû ann nerz-zé da ziski d'é-hoc'h pép-trâ, ha ma'z eo ar wirionez, ha nann ar gaou, ével sé choumid er péz en deûz desket d'é-hoc'h.

28. Bréma éta, va bugaligou, choumid enn-hañ : évit, pa en em ziskouézô, ma hor bézô fisiañs, ha na vézimp két mézékéet gañt-hañ pa zeûi.

29. Mar gouzoc'h pénaoz eo gwirion *Doué*, gwézit pénaoz kémeñd dén a vév hervez ar wirionez, a zô ganed diout-hañ.

—

III. PENNAD.

1. Gwélit pébez karañtez en deûz rôed ann Tâd d'é-omp, oc'h hol lakaad da véza galvet ha da véza *évit-gwir* bugalé da Zoué. Dré-zé eo na

anavez kéd ar béd ac'hanomp, ô véza na anavez kéd anézhañ.

2. Va *breûdeûr* kér, bugalé Doué omb bréma ; hôgen n'en em ziskouéz két c'hoaz ar péz a vézimp. Gouzoud a réomp pénaoz pa en em ziskouézô *Jézuz-Krist*, é vézimp héñvel out-hañ, râg hé wéloud a raimp ével ma éma.

3. Ha piou-bennâg en deûz ann espérañz-zé enn-hañ, en em zañtélô ével ma eo sañt hé-unan.

4. Piou-bennâg a ra eur péc'hed, a ra ivé eunn direiz ; râg eunn direiz eo ar péc'hed.

5. Ha c'houi a oar pénaoz eo en em ziskouézet évit lémel hor péc'héjou ; ha n'eûz kéd a béc'hed enn-hañ.

6. Piou-bennâg a choum enn-hañ, na béc'h két : ha piou-bennâg a béc'h, na wél kéd anézhañ, ha na anavez kéd anézhañ.

7. Va bugaligou, na douellet dén ac'hanoc'h. Néb a ra ar wirionez, a zô gwirion, ével ma eo gwirion *Jézuz-Krist*.

8. Néb a ra ar péc'hed, a zeû eûz ann diaoul ; râg ann diaoul a béc'h abaoé ann derou. Ha dré-zé eo deûet Mab Doué, évid diskara ôberiou ann diaoul.

9. Piou-bennâg a zô ganet eûz a Zoué, na ra kéd a béc'hed ; râg hé hâd a choum enn-hañ, ha na hell két péc'hi, ô véza ma eo ganet eûz a Zoué.

10. É kémeñt-sé eo anat bugalé Doué, ha bugalé ann diaoul. Piou-bennâg n'eo két gwirion, na zeû kéd a Zoué, ken-nébeûd hag ann hini ha na gâr kéd hé vreûr.

11. Râg ar péz a zô bét rôed da anaoud d'é-hoc'h, hag hoc'h eûz klevet adaleg ar penn-keñta, eo ma en em gerrot ann eil égilé.

12. Nann ével Kain, péhini a oa deûed eûz ann drouk, hag a lazaz hé vreûr. Ha pérâg é lazaz-héñ anézhañ? O véza ma oa droug hé ôberiou, ha ma oa mâd ré hé vreûr.

13. Na vézit két souézet, va breûdeûr, mar teû ar béd d'hô kasaat.

14. Ni a oar pénaoz omp tréménet eûz ar marô d'ar vuez, ô véza ma karomp hor breûdeûr. Nép na gâr két, a choum er marô.

15. Piou-bennâg a gasa hé vreûr, a zô lazer-dén : ha c'houi a oar pénaoz lazer-dén é-béd n'en deûz ar vuez peûr-baduz ô choum enn-hañ.

16. Anaoud a réomp karañtez Doué enn hor c'héñver, ô véza ma en deûz rôed hé vuez évid-omp. Ha ni a dlé ivé rei hor buez évid hor breûdeûr.

17. Mar en deûz unan-bennâg madou ar béd-mañ, hag é wélô hé vreûr enn ézomm, hag é serrô hé galoun d'ézhañ, pénaoz é choumô enn-hañ karañtez Doué?

18. Va bugaligou, na garomp két dré c'hér, pé dré zéôd, hôgen gañd ôber ha gañt gwirionez.

19. Ha dré-zé eo éc'h anavézomp pénaoz é teûomp eûz ar wirionez, ha pénaoz é krétaimp hor c'halounou dira-z-hañ.

20. Mar teû hor c'haloun da damallout ac'hanomp, Doué a zô brasoc'h égéd hor c'haloun, hag éc'h anavez pép-trâ.

21. Va *breûdeûr* kér, ma na zeû két hor c'haloun d'hon tamallout, hon eûz fisiañs dirâk Doué,

22. Ha pétrâ-bennâg ma c'houlennimp digañt-hañ, hé rôiô d'é-omp ; ô véza ma viromp hé c'hourc'hémennou, ha ma réomb ar péz a blij d'ézhañ.

23. Hag hé-mañ eo hé c'hourc'hémenn : Ma krédimp é hanô Jézuz-Krist hé Vâb, ha ma en em girimp ann eil égilé, ével ma en deûz hé c'hourc'hémenned d'é-omp.

24. Hag ann hini a vir hé c'hourc'hémennou, a choum é *Doué*, ha *Doué* enn-hañ : ha dré ar Spéred en deûz rôed d'é-omp eo é c'houzomp pénaoz é choum enn-omp.

—

IV. PENNAD.

1. Va *breûdeûr* kér, na grédit kéd da bép spéred, hôgen arnodit mar d-eo spéréjou eûz a Zoué : râk meûr a fals-profed a zô saved er béd.

2. Chétu diouc'h pétrâ éc'h anavézot spéred Doué. Kémeñt spéred a añsav pénaoz Jézuz-Krist a zô deûet er c'hik, a zô eûz a Zoué.

3. Ha kémeñt spéred a rann Jézuz-Krist, né kéd eûz a Zoué; hag hennez eo ann Añtikrist, péhini hoc'h eûz klevet a dlié doñt, hag a zô a-vréma er béd.

4. C'houi a zô eûz a Zoué, va bugaligou, hag hoc'h eûz hé dréc'het, ô véza ma eo brasoc'h ann hini a zô enn-hoc'h, égéd ann hini a zô er béd.

5. Eûz ar béd iñt; râk-sé é komzoñt hervez ar béd, hag ar béd a zélaou anézhô.

6. Nî a zô eûz a Zoué. Néb a anavez Doué, a zélaou ac'hanomp: nép né kéd eûz a Zoué, na zélaou kéd ac'hanomp. Diouc'h kémeñt-sé eo éc'h anavézomp ar spéred a wirionez, hag ar spéred a c'haou.

7. Va *breûdeûr* kér, en em garomp ann eil égilé: râg ar garañtez a zô eûz a Zoué. Ha kémeñd hini a gâr, a zô ganet eûz a Zoué, hag a anavez Doué.

8. Nép na gâr két, na anavez kéd Doué: râk Doué a zô karañtez.

9. É kémeñt-mañ eo en em ziskouézet karañtez Doué enn hor c'héñver, ma en deûz kased hé Vâp pennher er béd, évit ma vévimp dré-z-hañ.

10. É kémeñt-mañ éma ar garañtez; nann ô véza ma hon eûz kared Doué, hôgen ô véza ma en deûz hor c'haret da-geñta, ha ma en deûz kased hé Vâp da hostiv évid hor péc'héjou.

11. Va *breûdeûr* kér, ma en deûz Doué hor c'haret ével-sé, é tléomb ivé en em garout ann eil égilé.

12. Dén n'en deûz biskoaz gwélet Doué. Ma en em garomp ann eil égilé, Doué a choum enn-omp, hag hé garañtez a zô klôk enn-omp.

13. Diouc'h kémeñt-mañ éc'h anavézomp pénaoz é choumomp enn-hañ, hag héñ enn-omp, ô véza ma en deûz rôed d'é-omp lôd eûz hé spéred.

14. Ha nî hon eûz gwélet, ha nî a hell da desténia, pénaoz ann Tâd en deûz kased hé Vâb da Zalver d'ar béd.

15. Piou-bennâg a añsavô pénaoz Jézuz a zô Mâb Doué, Doué a choum enn-hañ, hag héñ é Doué.

16. Ha nî hon eûz anavézet ha krédet ar garañtez en deûz Doué évid-omp. Doué a zô karañtez; ha néb a zô er garañtez, a choum é Doué, ha Doué enn-hañ.

17. É kémeñt-mañ eo klôk karañtez Doué enn-omp, ma hon eûz fisiañs é deiz ar varn: râk ével ma éma-héñ, émomb ivé er béd-mañ.

18. Ann aoun n'éma két er garañtez: hôgen ar garañtez klôk a gâskult ann aoun; râg ann aoun é deûz poan *gañt-hi*; ha néb en deûz aoun, né két klôk er garañtez.

19. Karomp éta Doué nî, ô véza ma en deûz Doué hor c'haret da-geñta.

20. Piou-bennâg a lavar; Doué a garann, hag a gasa hé vreûr, a zô eur gaouiad. Râk nép na gâr kéd hé vreûr péhini a wél, pénaoz é hellô-héñ karoud Doué péhini na wél két?

21. Hag ar gourc'hémenn-mañ hon eûz bét digañd Doué: Pénaoz néb a gâr Doué, a dlé ivé karoud hé vreûr.

V. PENNAD.

1. Kémeñd hini a gréd pénaoz Jézuz eo ar C'hrist, a zô ganet eûz a Zoué: ha kémeñd hini a gâr ann hini en deûz ganet, a gâr ivé ann hini a zô bét ganet gañt-hañ.

2. Diouc'h kémeñt-mañ éc'h anavézomp pénaoz é karomp bugalé Doué, pa garomp Doué, ha pa viromp hé c'hourc'hémennou.

3. Râk karañtez Doué eo, ma viromp hé c'hourc'hémennou; hag hé c'hourc'hémennou n'iñt két bec'hiuz.

4. Râk kémeñt trâ a zô ganet eûz a Zoué, a drec'h ar béd: hag ar gounid-zé péhini a drec'h ar béd, eo hor feiz.

5. Piou eo ann hini a drec'h ar béd, néméd ann hini a gréd pénaoz Jézuz a zô Mâb Doué.

6. Ann hévélep Jézuz-Krist eo péhini a zô deûed dré ann dour ha dré ar goâd: nann dré ann dour hép-kén, hôgen dré ann dour ha dré ar goâd. Hag ar spéred eo, péhini a zeû da desténia pénaoz ar C'hrist eo ar wirionez.

7. Râk trî iñt a rô testéni enn éñv: ann Tâd, ar Gér, hag ar Spéred-

Sañtel ; hag ann tri-zé n'iñt néméd eunn hévélep trâ.

8. Ha tri iñt a rô testéni war ann douar : ar Spéred, ann Dour, hag ar Goâd : hag aun tri-zé n'iñt néméd eunn hévélep trâ.

9. Ma hon eûz digéméret testéni ann dûd, testéni Doué a zô brasoc'h : ha chétu ann desténi vrâz-zé en deûz rôed Doué hé-unan diwar-benn hé Vâb.

10. Néb a gréd é Mâb Doué, en deûz testéni Doué enn-hañ. Nép na gréd kéd er Mâb, a laka *Doué* da c'haouiad, ô véza na gréd két enn desténi en deûz rôed Doué diwar-benn hé Vâb.

11. Hag ann desténi-zé eo, pénaoz Doué en deûz rôed d'é-omp ar vuez peûr-baduz, ha ma'z eo ar vuez-zé enn hé Vâb.

12. Néb en deûz ar Mâb, en deûz ar vuez ; nép n'en deûz kéd ar Mâb, n'en deûz kéd ar vuez.

13. Kémeñt-mañ a skrivann d'é-hoc'h, évit ma wiot pénaoz hoc'h eûz ar vuez peûr-baduz, c'houi péré a gréd é hanô Mâb Doué.

14. Hag hé-mañ eo ar fisiañs hon eûz enn-hañ, pénaoz pétrâ-bennâg ma c'houlennimp digañt-hañ hervez hé ioul, é sélaonô ac'hanomp.

15. Ha gouzoud a réomp pénaoz é sélaou ac'hanomp é kémeñd a c'houlennomp digañt-hañ : hag hé c'houzoud a réomp, ô véza ma hon eûz bét ar péz hon eûz goulennet digañt-hañ.

16. Mar gwél eur ré hé vreûr oc'h ôber eur péc'hed ha na'z a kéd d'ar marô, pédet, hag é vézô rôed ar vuez d'ar péc'her, ma na'z a kéd hé béc'hed d'ar marô. Eur péc'hed zô hag a ia d'ar marô, né kéd évid hen-nez é lavarann pidi.

17. Pép drougiez a zô péc'hed ; hôgen eur péched zô hag a ia d'ar marô.

18. Gouzoud a réomp pénaoz kémeñd hini a zô ganet a Zoué, na béc'h két : hôgen ar ganédigez a Zoué a vir anézhañ, hag ann drouk na stok kéd out-hañ.

19. Gouzoud a réomp pénaoz éz omp a Zoué : hag ar béd holl en em gav dindân ann drouk-*spéred*.

20. Ha gouzoud a réomp pénaoz eo deûet Mâb Doué, hag en deûz rôed d'é-omp ar poell évid anaoud ar gwir Zoué, hag évit béza enn hé wir Vâb. Hén eo ar gwir Zoué, hag ar vuez peûr-baduz.

21. Va bugaligou, en em ziwallit diouc'h ann idolou. Amen.

EIL LIZER

SANT IANN ABOSTOL.

1. Ar bélek d'ann itroun Élekta, ha d'hé bugalé, péré a garann er wirionez, ha nann mé va-unan, hôgen ar ré holl a anavez ar wirionez;

2. Enn abek d'ar wirionez a choum enn-omp, hag a vézô gan-é-omp da virvikenn.

3. Ra vézô gan-é-hoc'h ar c'hrâs, ann trugarez, hag ar péoc'h digañd Doué ann Tâd, ha *digañt* Jézuz-Krist Mâb ann Tâd, er wirionez hag er garañtez.

4. En em laouénéet brâz ounn ô wélout hiniennou eûz da vugalé ô kerzout er wirionez, hervez ar gourc'hémenn a zô rôed d'é-omp gañd ann Tâd.

5. Ha bréma é pédann ac'hanod, itroun, nann ével ma skriffenn d'id eur gourc'hémenn névez, hôgen é-c'hiz ma eo bét rôed d'é-omp adalek ar penn-keñta, ma en em girimp ann eil égilé.

6. Hag hou-mañ eo ar garañtez, ma kerzimp hervez gourc'hémennou *Doué*. Rag hé-mañ eo ar gourc'hémenn, ma kerzot enn-hañ, ével ma hoc'h eûz hé gleved adaleg ar penn-keñta.

7. Râk kalz touellérien a zô savet er béd, péré na añsavoñt két pénaoz eo deûet Jézuz-Krist er c'hik: hen-nez eo ann toueller hag ann Añtikrist.

8. Likid évez, c'houi gañd aonn na gollfac'h ar péz hoc'h euz gréat, hôgen ma vézô rôed d'é-hoc'h eur gôpr brâz.

9. Piou-bennâg a dec'h, ha na choum két é kélénnadurez ar C'hrist, n'en deûz kéd Doué: ha néb a choum er gélénnadurez, hen-nez en deûz hag ann Tâd hag ar Mâb.

10. Mar teû eur ré d'hô kavout, ha ma na zoug két ar gélénnadurez-zé, zigémérit kéd anézhañ enn hô ti, ha na livirit két deiz-mâd d'ézhañ.

11. Râk néb a lavar deiz-mâd d'ézhañ, zô kévrennek enn hé wall ôberiou.

12. Pétrâ-bennâg m'am boa kalz a draou da skriva d'é-hoc'h, né két felled d'in hé ôber gañt paper ha liou: râk mé a esper moñd d'hô kwélout, ha komza ouz-hoc'h bég-ouc'h-vég; évit ma vézô leûn hô lévénez.

13. Bugalé da c'hoar Élekta a zalud ac'hanod.

TRÉDÉ LIZER

SANT IANN ABOSTOL.

1. Ar bélek da Gaiuz va miñoun kér, péhini a garann er wirionez.

2. Va *miñoun* kér, mé a béd *Doué* ma vézi euruz ha iac'h, ével ma eo euruz da éné.

3. En em laouénéet-bráz ounn, pa eo deûet ar vreûdeûr, ha pa hô deûz rôet testéni d'az gwirionez, ô lavarout pénaoz é kerzez er wirionez.

4. N'em eûz kéd a vrasoc'h lévénez, égét klevout pénaoz va bugalé a gerz er wirionez.

5. Va *miñoun* kér, eunn dra vâd a réz, pa brédériez ar vreûdeûr, ha dreist-holl ann diavésidi,

6. Péré hô deûz rôet testéni d'az karañtez dirâg ann Iliz : hag ervâd é rí lakaad hô ambrouga enn eunn doaré dín a Zoué.

7. Râg évid hé hanô eo iñd éat enn heñt, hép kémérout nétrâ digañd ar jeñtiled.

8. Ní a dlé éta hô digémérout enn doaré-zé, évit ma vézimp ken-ôberourien ar wirionez.

9. Skrivet em bijé martézé d'ann Iliz ; hôgen Diotréfez péhini a gâr béza ar c'heñta enn-hi, na fell kéd d'ézhañ hon digémérout.

10. Râk-sé mar teûann, é tiskouézinn d'ézhañ pébez droug a ra pa wallgomz diwar hor penn ; ha pa na vé kéd a-walc'h, na zigémer kéd hé-unan ar vreûdeûr ; hôgen miroud a ra c'hoaz oud ar ré a fellfé d'ézhô hô digémérout, hag hô c'hâs er-méaz eûz ann Iliz.

11. Va *miñoun* kér, na heûl két ar péz a zô drouk, hôgen ar péz a zô mâd. Néb a ra vâd a zô eûz a Zoué ; ha néb a ra fall na wél kéd Doué.

12. Ann holl a rô testéni vâd da Zémétriuz, hag ar wirionez hé-unan : ha ní hon-unan a rô testéni d'ézhañ ; ha c'houi a oar pénaoz hon testéni a zô gwir.

13. Meûr a drâ em boa da skriva d'id, hôgen na fell két d'in skriva d'id gañt liou ha gañd eur bluen :

14. Râk mé a esper da wélout abarz némeûr, hag é komzimp bég-ouc'h-vég. Péoc'h d'id. Hor miñouned *ac'hann* a zalud ac'hanod. Salud hor miñouned dré hô hanô.

LIZER KATOLIK

SANT JUDAZ ABOSTOL.

1. Judaz, servicher Jézuz-Krist, ha breûr Jakez, d'ar ré a zô ditennet gañd Doué ann Tâd, hag a zô miret gañt Jézuz-Krist, goudé béza hô galvet.

2. Ra greskô enn-hoc'h ann Trugarez, ar péoc'h hag ar garañtez.

3. Va *minouñed* kér, c'hoañt em boa da skriva d'é-hoc'h diwar-benn hor c'hen-feiz, hag biriô eo réd d'in skriva d'é-hoc'h, évid hoc'h erbédi da vrézélékaat évid ar feiz a zô bét rôed eur wéach d'ar zeñt,

4. Râg en em ruzed éz eûz enn hô touez tûd fallagr (diwar-benn péré é oa bét diouganet ar varnédigez-zé), péré a gemm gras hon Doué évid al likaouérez, hag a nac'h Jézuz-Krist, péhini eo ar Mestr hép-kén hag hon Aotrou.

5. Hôgen mé a fell d'in digas da gonn d'é-hoc'h ar péz hoc'h eûz desket eur wéach, pénaoz ann Aotrou goudé béza dieûbet ar bobl eûz a zouar ann Éjipt, a gollaz d'ann eil wéach ar ré n'hô doa két krédet;

6. Pénaoz é talc'h enn dévalien hag é vir bété barn ann deiz brâz, goudé béza hô staget gañd éréou peûr-baduz, ann élez, péré n'hô deûz két miret hô aotrouniez, hag a zô éat-kuit eûz hô zi hô-unan.

7. Ével ma eo deûet Sodoma ha Gomorra, hag ar c'heriou war hô zrô, péré a ioa en em zirollet ével-t-hô er c'hadélez; hag a ioa éat war-lerc'h eur c'hik a-ziavéaz, da véza skouér d'ann tân peûr-baduz gañd ar boan hô deûz gouzañvet;

8. Enn hévélep doaré ar ré-mañ a zaotr ivé hô c'hik, a zispriz ann aotrouniez, hag a zrouk-prézeg gañd ar veûrdez.

9. Hôgen Mikéal ann Archel, pa strivé gañd ann diaoul diwar-benn korf Moizez, na grédaz két hé varna gañd drouk-prézeg; hôgen lavarout a réaz: Ra drec'hô ann Aotrou ac'hanod.

10. Hôgen ar ré-mañ a zrouk-prézeg eûz ar péz ha na ouzoñt két: hag en em zaotra a réoñt é kémeñt a anavézoñt, ével loéned direiz.

11. Gwâ hi, râk kerzet hô deûz é heñt Kain, touellet iñt bét dré ar gôbr ével Balaam, kollet iñt bét évid hô énébiez ével Koré.

12. Ar ré-zé a zô ann dismégañs eûz hô panvésiou *a garañtez*, pa zebroñt enn-hô héb aoun, ha na glaskeñt néméd en em vaga hô-unan; koabr dizour iñt, péré a zô kaset tu-mañ ha tu-hoñt gañd ann avel: gwéz ann diskar-amzer iñt, *péré a zô* difrouez, diou wéach marô, ha dic'hrisiennet:

13. Koummou diboell eûz ar môr *iñt*, péré a daol ével eunn éon hô lousdôni: stéred réd *iñt*, évit péré eo miret eur stourm téñval da vikenn.

14. Diwar hô fenn eo en deûz diouganet Énok, péhini eo bét ar seizved

adaleg Adam, ô lavarout : Chéto ann Aotrou a zeû gañd eunn niver brâz eûz hé zeñt,

15. Évid dougen hé varn war ann holl dud, hag évit keñdrec'hi ann holl gomsiou flemmuz a lavar ar fallagredzé a-énep Doué.

16. Ar ré-zé a zô krôzerien flemmuz, péré a gerz hervez hô c'hoañtou, hag a lavar komsiou balc'h, oc'h énori ann dûd diouc'h ar gounid a zeû d'ézhô.

17. Hôgen évid-hoc'h, va *breûdeûr* kér, hô pézet koun eûz ar geriou a zô bét diouganet gañd Ébestel hon Aotrou Jézuz-Krist,

18. Péré a lavaré d'é-hoc'h pénaoz enn amzer zivéza é teûiô touellerien péré a gerzô er fallagriez hervez hô c'hoañtou hô-unan.

19. Ar ré-zé a zô tûd hag en em rann hô-unan, ével loéned, ô véza n'éma kéd ar Spéred gañt-hô.

20. Hôgen c'houi, va *breûdeûr* kér, oc'h en em zével hoc'h-unan ével eunn ti war hô feiz sañtel-meûrbéd, hag ô pidi dré ar Spéred-Sañtel,

21. En em virit é karañtez Doué, ô c'hortozi trugarez hon Aotrou Jézuz-Krist er vuez peûr-baduz.

22. Tamallid ar ré a zô barnet :

23. Savétéit lôd oc'h hô zenna eûz ann tân. Hô pézet truez oud ar ré all dré aoun ; ha kasait ével eur zaé saotret kémeñd a zalc'h eûz a vreinadurez ar c'hik.

24. Hôgen d'ann hini a zô galloudek a-walc'h évid hô mirout hép péc'hed, hag évid hô tigas dinam dirâg hé c'hloar, hag el lévénez é donédigez hon Aotrou Jézuz-Krist,

25. Da Zoué hép-kén hor Salver, dré Jézuz-Krist hon Aotrou, *ra vézô* ar c'hloar hag ar veûrdez, ar galloud hag ann aotrouniez, abarz ann holl amzeriou, ha bréma, hag é holl amzeriou ann amzeriou. Amen.

APOKALIPS PÉ DISRÉVED

SANT IANN ABOSTOL.

I. PENNAD.

1. Disrével Jézuz-Krist, a zô bét
rôed d'ézhañ gañd Doué, évid diskle-
ria d'hé zervicherien ann traou a dlé
c'hoarvézout abarz némeûr; hag en
deûz rôed da anaoud dré hé Éal en
deûz kaset da Iann hé zervicher,
2. Péhini en deûz rôet testéni da
c'hér Doué, hag a rô testéni da Jézuz-
Krist, eûz a gémeñt en deûz gwélet.
3. Euruz ann hini a lenn hag a zé-
laou geriou ann diougan-mañ, hag a
vir ann traou a zô skrivet enn-hañ;
râg ann amzer â zô tôst.
4. Iann d'ar seiz Iliz a zô enn Azia:
Ar c'hrâs hag ar péoc'h ra vézô gan-
é-hoc'h dré ann hini a zô, hag a zô
bét, hag a dlé doñt: ha dré ar seiz
Spéred, a zô dirâg hé drôn;
5. Ha dré Jézuz-Krist, péhini eo
ann tést gwirion, ar C'heñta-ganet
eûz a douez ar ré varô, hag ar Priñs
eûz a Rouéed ann douar; péhini en
deûz hor c'haret, hag hor gwalc'het
eûz hor péc'héjou enn hé c'hoad;
6. Ha péhini en deûz hol lékéat da
rouañtélez ha da véleien da Zoné hé
Dâd: d'ézhañ *ra vézô* ar c'hloar hag
ar galloud é amzeriou ann amzeriou.
Amen.
7. Chétu é teû gañd ar c'hoabr; ha
pép lagad her gwélô, ar ré *zô-ken* hô
deûz hé doullet: hag holl boblou ann
douar a geinô pa her gwéliñt. Évelsé
eo. Amen.
8. Mé eo Alfa hag Oméga, ann de-
rou hag ann divez, émé ann Aotrou
Doué, péhini a zô, hag a zô bét, hag
a dlé doñt, ann Holl-c'halloudek.
9. Mé Iann hô preûr, ha péhini em
eûz va lôd enn eñkrez, er rouañtélez,
hag é habaskded Jézuz-Krist, oann
bét enn énézen a c'halveur Patmos,
enn abek da c'hér Doué, ha da des-
téni Jézuz-Krist.
10. Eur zulvez é oenn *estlammet* é
spéred, hag é kleviz adré d'in eur
vouéz é-c'hiz son eunn drompil.
11. Hag a lavaré: Skriv enn eul
levr ar péz a wélez, ha kâs héñ d'ar
seiz Iliz a zô enn Azia, da Éfézuz, ha
da Smirna, ha da Bergamuz, ha da
Diatira, ha da Zardis, ha da Filadelfia,
ha da Laodiséa.
12. Ha mé a drôaz, évit gwélout *a
biou* é oa ar vouéz a gomzé ouz-in:
ha pa oenn trôet é wéliz seiz kañtoler
aour;
13. Hag é-kreiz ar seiz kañtoler
aour, *unan* héñvel out Mâb ann dén,
gwisket gañd eur zaé hir, ha gou-
rizet a-iz hé zivronn gañd eur gouriz
aour.
14. Hé benn hag hé vléô a ioa gwenn
ével gloan gwenn, hag ével ann erc'h;
hag hé zaou-lagad a ioa ével eur
flamm tân;
15. Hag hé dreid a ioa héñvel oud
arm, pa éma enn eur fourn dân; hag
hé vouéz ével ann trouz eûz a galz a
doureier.

16. Enn hé zourn déou en doa seiz stéren : hag eûz hé c'hénou a teûé eur c'hlézé a zaou lemm : hàg hé zremm a oa ker skéduz hag ann héol enn hé ners.

17. Ha pa wéliz anézhañ, é kouéziz d'hé dreid évcl marò Hag héñ a lékéaz hé zourn déou war-n-oun, ô lavarout : N'az péz kéd a aoun ; mé eo ar c'heñta hag ann divéza :

18. Béò ounn, hag ounn bét marò ; ha chétu ounn béò é amzeriou ann amzeriou, hag éma gan éñ alc'houésiou ar marò hag ann ifern.

19. Skriv éta ar péz éc'h eûz gwélet, hag ar péz a zô, hag ar péz a dlé béza goudé.

20. Chétu ann diskleriadur eûz ar seiz stéren éc'h eûz gwélet em dourn déou, hag eûz ar seiz kañtoler aour. Ar seiz stéren, eo ann élez eûz ar seiz Iliz : hag ar seiz kañtoler, eo ar seiz Iliz.

—

II. PENNAD.

1. Skriv da éal Iliz Éfézuz : Chétu pétrà a lavar ann hini a zalc'h ar seiz stéren enn hé zourn déou, hag a gerz é-kreiz ar seiz kañtoler aour :

2. Mé a anavez da ôberiou, ha da labour, ha da habaskded ha pénaoz na hellez két gouzañvi ar ré zrouk : ha pénaoz ô véza arnodet ar ré a lavar iñt Ébestel, ha n'iñt két, éc'h eûz hô c'havet gaouiaded :

3. Pénaoz oud habask, hag éc'h eûz gouzañvet enn abek d'am hanô, ha n'éc'h eûz két kollet kaloun.

4. Hôgen eunn dra em eûz da rébecha d'id ; pénaoz éc'h eûz dilézet da garañtez geñta.

5. Az péz koun éta a béléac'h out kouézet ; grà pinijen, ha distrô d'as ôberiou keñta : anéz é teûinn d'az kavout, hag é tenninn da gañtoler eûz hé léac'h, ma na réz pinijen.

6. Hôgen ann dra-mañ éc'h eûz *a vdd*, é kaséez ôberiou ann Nikolaited, péré a gasaann ivé.

7. Néb en deûz diskouarn, ra zélaouô ar péz a lavar ar Spéred d'ann Ilizou : D'ar gounidek é rôinn da zibri eûz ar wézen a vuez, a zô é-kreiz baradoz va Doué.

8. Skriv ivé da éal Iliz Smirna : Chétu pétrà a lavar ann hini a zô ar c'heñta hag ann divéza, ann hini a zô bét marô, hag a zô béô :

9. Mé a anavez da eñkrez ha da baoureñtez ; hôgen pinvidig oud, ô véza ma lavar droug ac'hanoud ar ré a lavar iñt Inzevien, ha n'iñt két, hôgen péré a zô sinagog Satan.

10. N'az péz kéd a aoun eûz ar péz az lakaiñt da c'houzañvi. Chétu ann diaoul a lakai hiniennou ac'hanoc'h er vâc'h, évit ma viot arnodet, hag é viot eñkrézet é-pâd dék dervez. Béz féal bétég ar marô, hag é rôinn d'id ar gurun-n a vuez.

11. Néb en deûz diskouarn, ra zélaouô ar péz a lavar ar Spéred d'ann Ilizou : Néb a vézô gounidek, na vézô két gloazet gañd ann eil varô.

12. Skriv ivé da éal Iliz Pergamuz : Chétu pétrà a lavar ann hini en deûz eur c'hlézé a zaou lemm :

13. Mé a oar pénaoz é choumez el léac'h ma éma trôn Satan ; pénaoz éc'h eûz dalc'het va hanô, ha n'éc'h eûz két nac'het va feiz, enn deisiou zô-kén é péré é oé lazet Añtipaz va zést féal, enn hô touez, é péléac'h é choum Satan.

14. Hôgen eunn dra-bennâg em eûz da rebecha d'Id, pénaoz éc'h eûz tûd enn da douez hag a zalc'h kélénnadurez Balaam, péhini a zeské da Valak lakaat gwall-skouér dirâk bugalé Israel, dré ar péz a zébreñt ha dré hô gadélez.

15. Béz' éc'h eûz ivé gan-éz hag a zalc'h kélénnadurez ann Nikolaited.

16. Grà ivé pinijen : anéz é teûinn d'az kavout abarz némeûr, hag é stourminn out-hô gañt klézé va génou.

17. Néb en deûz diskouarn, ra zélaouô ar péz a lavar ar Spéred d'ann Ilizou : D'ar gounidek é rôinn ar mann kuzet, hag é rôinn ivé eur méan gwenn, ha war ar méan-zé é vézô skrivet eunn hanô nevez, ha na anavez dén néméd ann hini da béhini eo bét rôet.

18. Skriv ivé da éal Iliz Tiatira :

Chétu pétrâ a lavar Mâb Doué, péhini
en deûz daou-lagad ével eur flamm
tân, ha treid ével arm :
19. Anaoud a rann da ôberiou, ha
da feiz, ha da garañtez, ha da zervich,
ha da habaskded, ha pénaoz da ôbe-
riou zivéza a zô bét gwelloc'h égéd ar
ré geñta.
20. Hôgen eunn dra-bennâg em
eûz da rébecha d'id, pénaoz é lézez
Jézabel, péhini a gémer ann hanô a
brofédez, da gélenna ha da douella
va servicherien, oc'h hô lakaad da
gouéza er c'hadélez, ha da zibri eûz
ar boéd gwéstlet d'ann idolou.
21. Ha mé em eûz rôed amzer
d'ézhi da ôber pinijen, ha né két fel-
led d'ézhi kaout keûz eûz hé gadélez.
22. Chétu éz ann d'hé gâs war hé
gwélé; hag ar ré a gouéz enn avoul-
triez gañt-hi, a vézô glac'haret-brâz,
ma na réont kéd a binijen eûz hô
ôberiou.
23. Lakaad a rinn da vervel hé bu-
galé, hag ann holl Ilizou a wezô pé-
naoz eo mé eo ann hini a c'houil ann
digroazel hag ar c'halounou : hag é
rôinn da bép-hini ac'hanoc'h hervez
hé ôberiou. Hôgen d'é-hoc'h-hu é
lavarann,
24. Ha d'ar ré all ac'hanoc'h péré
a zô é Tiatira, ha na heûlioñt kéd ar
gélénnadurez-zé, ha na anavézoñt két
dounderiou Satan, ével ma lévéroñt,
pénaoz na likiinn kéd eur béac'h all
war-n-hoc'h.
25. Hôgen mirit ar péz hoc'h eûz
hété ma teûinn.
26. Ha néb a vézô bét gounidek,
hag en dévézô miret va ôberiou béteg
ann divez, é rôinn d'ézhañ ar galloud
war ar boblou.
27. Hag héñ a vérô anézhô gañd
eur walen houarn; hag ével listri pri
é véziñt brévet;
28. Ével ma eo bét rôed ivé d'in *ar
galloud* gañt va Zâd : ha mé a rôi
d'ézhañ ar wérélaouen.
29. Néb en deûz diskouarn, ra zé-
laouô ar péz a lavar ar Spéred d'ann
Ilizou.

III. PENNAD.

1. Skriv ivé da éal Iliz Sardis :
Chétu pétrâ a lavar ann hini en deûz
ar Spéred Doué, hag ar seiz stéren :
Mé a anavez da ôberiou : ann hanô
éc'h eûz da véza béô, hag oud marô.
2. Béz évésiek, ha kréta ar ré all,
péré a zô daré da vervel : râk na ga-
vann kéd da ôberiou leûn dirâk va
Doué.
3. Az péz koun éta eûz ar péz éc'h
eûz digéméret ha klevet; mir-héñ, ha
grâ pinijen. Râk ma na velez két, é
teûinn ével eul laer : ha na wézi két
pé da beur é teûinn.
4. Béz' éc'h eûz koulskoudé é Sardis
eur ré-bennâg, péré n'hô deûz két
saotret hô dilad; hag hi a gerzô gan-
éñ gwisket é gwenn, ô véza ma iñt
dellézek.
5. Néb a vézô gounidek, a vézô
ével-sé gwisket gañd dilad gwenn, ha
na laminn kéd hé hanô eûz al levr a
vuez, hag éc'h añsavinn hé hanô dirâk
va Zâd, ha dirâg hé élez.
6. Néb en deûz diskouarn, ra zé-
laouô ar péz a lavar ar Spéred d'ann
Ilizou.
7. Skriv ivé da éal Iliz Filadelfia :
Chétu pétrâ a lavar ann hini a zô
Sañt ha Gwirion, ann hini en deûz
alc'houez David; péhini a zigor, ha
dén na zerr; péhini a zerr ha dén na
zigor;
8. Mé a anavez da ôberiou. Chétu
em eûz digored d'id eunn ôr, ha na
hell dén da zerra; ô véza ma éc'h eûz
nébeûd a ners, ha ma éc'h eûz miret
va gér, ha n'éc'h eûz két diañsavet va
hanô.
9. Chétu é kasinn d'id lôd eûz ar ré
a zalc'h sinagog Satan, eûz ar ré a
lavar iñt Iuzevien, ha n'iñt két, hôgen
a zô gaouiaded. Hô lakaad a rinn da
zoñd d'ez em striñka d'az taoulin,
hag é wéziñt pénaoz é karann ac'ha-
nod.
10. Dré ma éc'h eûz miret gér va
habaskded, az mirinn ivé diouc'h heur
ann arnod, a dlé doñd er béd holl évid
arnodi ar ré a choum wâr ann douar.
11. Chétu é teûinn abars némeûr :

dalc'h ar péz éc'h eûz, évit na vézô róed da zén da gurunen.

12. Néb a vézô gounidek, é likiinn anézhañ da beûl é templ va Doué, ha na'z ai mui er-méaz : hag é skrivinn war-n-ézhañ hanô va Doué, hag hanô kéar va Doué, Jéruzalem nevez, a ziskenn eûz ann éñv digañt va Doué, ha va hanô nevez.

13. Néb en deûz diskouarn, ra zélaouô ar péz a lavar ar Spéred d'ann Ilizou.

14. Skriv ivé da éal Iliz Laodiséa : Chétu pétrà a lavar ann hini a zô ar wirionez hé-unan, ann tést féal ha gwirion, penn-abek krouidigez Doué :

15. Mé a anavez da ôberiou, *hag a oar* pénaoz n'oud na ién, na tomm. Mé a garfé é vijez ién pé domm ;

16. Hógen ô véza ma'z oud klouar, ha na'z oud na ién, na tomm, éz ann d'az c'houéda eûz va génou.

17. Lavaroud a réz : Pinvidig ounn, ha karged a vadou, ha n'em eûz ézomm a nétrà ; ha na ouzoud két pénaoz oud reûzeûdik, ha kéaz, ha paour, ha dall, ha noaz.

18. Alia a rann d'id préna digan-éñ aour arnodet gañd ann tân, évid doñd da véza pinvidik ; ha dilad gwenn, évid en em wiska, hag évit kuza da noazder ; hag eul louzou da larda da zaou-lagad, évit ma wéli.

19. Mé a grôz hag a gastiz ar ré a garann. Béz éta oazuz, ha grâ pinijen.

20. Chétu émounn é-tâl ann ôr, hag é skôann. Mar klev eur ré va mouéz, ha mar tigor ann ôr d'in, éz inn enn hé dî, hag é koaniinn gañt-hañ, hag héñ gan-éñ.

21. Néb a vézô gounidek, é likiinn anézhañ da azéza gan-éñ war va zrôn ; ével goudé béza bét gounidek vaunan, ounn béd azézet gañt va Zàd war hé drôn.

22. Néb en deûz diskouarn, ra zélaouô ar péz a lavar ar Spéred d'ann Ilizou.

—

IV. PENNAD.

1. Goudé-zé é selliz : ha chétu é wéliz eunn ôr digor enn éñv : hag ar geñta mouéz em boa klevet é c'hiz soun eunn drompil, a lavaraz d'in : Piñ amañ, hag é tiskouézinn d'id ann traou a dlé c'hoarvézout goudé-hen.

2. Ha râk-tâl é oenn *estlammet* é spéred : ha chétu é wéliz eunn trôn savet enn éñv, hag eur ré azézet war ann trôn.

3. Hag ann hini a oa azézet a oa héñvel a zoaré oud eur méan japs ha sardin : hag eur ganévéden a ioa enn-drô d'ann trôn-zé, hag a oa heñvel a zoaré oud eunn émérôden.

4. Hag enn-drô d'ann trôn-zé éz oa pevar-ugeñt trôn bihanoc'h : ha war ann trônou-zé pévar-ugeñt dén-kôz, gwisket gañd dilad gwenn, gañt kurunennou aour war hô fennou.

5. Hag eûz ann trôn é tilammé luc'hed, kurunou, ha mouésiou : ha dirâg ann trôn éz oa seiz kleûzeûr eñtanet, péré eo seiz Spéred Doué.

6. Ha dirâg ann trôn *éz oa* ével eur môr gwer héñvel out strink : hag é-kreiz ann trôn, hag enn-drô d'ann trôn *éz oa* pévar loen leûn a zaoulagad araog hag adréñ.

7. Al loen keñta a oa héñvel oud eul léon, hag ann eil loen a oa héñvel oud eul leûé, hag ann trédé loen en doa eunn dremm ével hini eunn dén, hag ar pévaré loen a oa héñvel oud eunn er war-nich.

8. Ar pévar loen hô doa péb a c'houéac'h askel ; ha leûn é oañt a zaou-lagad war-drô hag enn diabarz : ha na éhaneñt da lavarout nôz-deiz ; Sañt, Sañt, Sañt eo ann Aotrou Doué holl-c'halloudek, péhini a oa, hag a zô, hag a dlé doñt.

9. Ha pa rôé al loéned-zé gloar, hag énor, ha trugarez d'ann hini a zô azézet war ann trôn, hag a zô béô é amzeriou ann amzerion :

10. Ar pevar-ugeñt dén-kôz a stoué dirâg ann hini a oa azézet war ann trôn, hag a azeûlé ann hini a zô béô é amzeriou ann amzeriou, hag a daolé hô c'hurunennou dirâg ann trôn, ô lavarout :

11. Dellézeg oud, Aotrou hon Doué, da gaoud ar c'hloar, ann énor, hag ar galloud ; râk té éc'h eûz krouet pép-

trâ, ha dré da ioul eo émaiñt, hag iñt bét krouet.

V. PENNAD.

1. Ha mé a wélaz é dourn déou ann hini a oa azézet war ann trôn, eul levr skrivet enn diabarz hag enn diavéaz, siellet gañt seiz siel.
2. Hag é wéliz eunn eal kré, péhini a lavaré gañd eur vouéz uc'hel : Piou a zô dellézek da zigeri al levr, ha da ziskoulma hé ziellou ?
3. Ha dén na bellé, nag enn éñv, na war ann douar, na dindân ann douar, digeri al levr, na selloud out-hañ.
4. Ha mé a wélé kalz, ô véza né oa bét kaved dén dellézek da zigeri al levr, na da zelloud out-hañ.
5. Hag unan eûz ar ré-gôz a lavaraz d'in : Na wél két : chétu al léon eûz a vreûriez Juda, ar brouñs eûz a Zavid en deûz bét dré hé c'hounidégez ar galloud da zigeri al levr, ha da ziskoulma ar seiz siel anézhañ.
6. Hag é selliz, hag é wéliz é-kreiz ann trôn hag ar pevar loen, hag é-kreiz ar pevar-ugeñt dén-kôz, eunn oan ével marô a oa enn hé zâ, hag en doa seiz korn, ha seiz lagad, péré eo seiz Spéred Doué kased dré ar béd holl.
7. Hag é teûaz, hag é kéméraz al levr eûz a zourn déou ann hini a oa azézet war ann trôn.
8. Ha pa oé digored al levr gañt-hañ, ar pevar loen, hag ar pevar-ugeñt dén-kôz a stouaz dirâg ann Oan, gañt péb a délen, ha péb a gôp aour leûn a louzou-c'houés-vâd, péré eo pédennou ar zeñt.
9. Hag hi a gané eur ganaouen névez, ô lavarout : Dellézeg oud, Aotrou, da géméroud al levr, ha da zigeri hé ziellou : ô véza ma oud bét lazet, ha ma éc'h eûz hor préned da Zoué gañd da c'hoad, eûz a bép iéz, eûz a bép pobl, hag eûz a béb brôad.
10. Ha ma éc'h eûz hol lékéad da rouéed ha da véleien évid hon Doué, ha ma rénimp war ann douar.
11. Hag é selliz, hag é kleviz mouéz kalz a élez enn-drô d'ann trôn, ha d'al loéned, ha d'ar ré-gôz : hag ann niver anézhô a oa eûz a viled a viled.
12. Péré a lavaré gañd eur vouéz uc'hel : Dellézeg eo ann Oan a zô bét lazet, da gaout galloud, ha douélez, ha furnez, ha ners, hag énor, ha gloar, ha bennoz.
13. Hag é kleviz kémeñt krouadur a zô enn éñv, ha war ann douar, ha dindân ann douar, hag ar ré a zô er môr, hag ar ré a zô amañ, ô lavarout : D'ann hini a zô azézet war ann trôn, ha d'ann Oan, bennoz, hag énor, ha gloar, ha galloud é amzeriou ann amzeriou.
14. Hag ar pevar loen a lavaré : Amen. Hag ar pevar-ugeñt dén-kôz a gouézaz war hô dremm, hag a azeûlaz ann hini a vév é amzeriou ann amzeriou.

VI. PENNAD.

1. Ha mé a wélaz pénaoz ann Oan en doa digoret unan eûz ar seiz siel, hag é kleviz unan eûz ar pevar loen ô lavarout, gañd eur vouéz heñvel out trouz ar gurun : Deûz, ha gwél.
2. Hag é wéliz : ha chétu eur marc'h gwenn, hag ann hini a oa azézet war-n-ézhañ en doa eur warek ; hag é oé rôed d'ézhañ eur gurunen, hag é iéazkult ével eunn trec'her évit moñd da drec'hi.
3. Ha pa en doé digoret ann eil siel, é kleviz ann eil loen ô lavarout : Deûz, ha gwél.
4. Hag é teûaz er-méaz eur marc'h all hag a oa gell : hag é oé rôed d'ann hini a oa azézet war-n-ézhañ *ar galloud* da deuna ar péoc'h diwar ann douar, ha da lakaad ann dûd d'en em laza ann eil égilé : hag eur c'hlézé brâz a oé rôed d'ézhañ.
5. Ha pa en doé digoret ann trédé siel, é kleviz ann trédé loen ô lavarout : Deûz, ha gwél. Ha chétu *é wéliz* eur marc'h dû ; hag ann hini a oa azézet war-n-ézhañ en doa eur c'hrôk-pouéz enn hé zourn.

6. Hag é kleviz ével eur vouéz é-kreiz ar pevar loen hag a lavaré : eur muzul gwiniz *a daló* eunn diner, ha tri muzul heiz *a daló* eunn diner ; na walli kéd ar gwin nag ann éôl.

7. Ha pa en doé digoret ar pévaré siel, é kleviz mouéz ar pévaré loen a lavaré : Deûz, ha gwél.

8. Ha chétu *é wéliz* eur marc'h glâz ; hag ann hini a oa azézet war-n-ézhañ a oa hañvet ar Maró, hag ann ifern a iéa war hé lerc'h ; hag ar véli a oé rôed d'ézhañ war ar bévaré gévren eûz ann douar, évit lakaad da vervel gañd ar c'hlézé, ha gañd ann naoun, ha gañd ar verveñt, ha gañd loéned féró ann douar.

9. Ha pa en doé digoret ar pempved siel, é wéliz dindân ann aoter énéou ar ré a oa bét lazet évit gér Doué, hag évid ann desténi hô doa rôet.

10. Hag é c'harmeñt gañd eûz vouéz uc'hel, ô lavarout : Pé vété keit, Aotrou, sañt ha gwir, é choumi hép barna, hag hép veñji hor goâd eûz ar ré a choum war ann douar ?

11. Rôed é oé d'ézhô péb a zaé wenn ; hag é oé lavared d'ézhô arzaôi c'hoaz eunn nébeûd amzer, bété ma vijé leûn *ann niver* eûz hô c'hen-zervicherien, hag eûz hô breûdeûr, péré a dlé béza lazet kerkouls hag hi.

12. Ha mé a wélaz ivé pa zigoraz ar c'houec'hved siel ; ha chétu é c'hoarvézaz eur c'hrén-douar brâz ; hag ann héol a zeûaz dû ével eur sac'h bléô ; hag al loar holl a zeûaz ével goâd :

13. Ha stéred ann éñv a gouézaz war ann douar, ével ma taol eur wézen-fiez hé fiez c'hlâz, pa eo héjet gañd eunn avel vrâz.

14. Hag ann éñv en em dennaz ével eul levr a rolleur : hag ann holl vénésiou, hag ann inizi a oé loc'het eûz hô léac'h.

15. Ha rouéed ann douar, hag ar briñsed, ha pennou ar vrézélidi, hag ar ré binvidik, hag ar ré c'halloudek, hag ar sklaved, hag ar ré zieûb en em guzaz er c'héviou, hag é réier ar ménesiou ;

16. Hag é léverjoñd d'ar ménésiou ha d'ar réier : Kouézit war-n-omp, hag hor c'huzit a zirâg ann hini a zô azézet war ann trôn, hag eûz a vuanégez ann Oan : .

17. Râk deûed eo deiz brâz hô puanégez ; ha piou a helló choum a zâ ?

VII. PENNAD.

1. Goudé-zé é wéliz pévar éal enn hô zâ war bevar c'horn ann douar, péré a zalc'hé ar pévar avel eûz ann douar, évit na c'houézcheñt két war ann douar, na war ar môr, na war wézen é-béd.

2. Mé a wélaz eunn éal all a biñé eûz ar sâv-héol, ha siel ann Doué béô gañt-hañ : hag héñ a c'harmaz gañd eur vouéz gré d'ar pevar éal da béré é oa bét rôed *ar galloud* da walla ann douar, hag ar môr,

3. O lavarout : Na wallit kéd ann douar, nag ar môr, nag ar gwéz, ken n'hor bézô merket enn hô zâl servicherien hon Doué.

4. Hag é kleviz pénaoz ann niver eûz ar ré a oa bét merket, a oa eûz a bevar mil ha seiz-ugeñt mil eûz a holl vreûriézou bugalé Israel.

5. Eûz a vreûriez Juda, *é oé* daouzék mil merket : Eûz a vreûriez Ruben, daouzék mil merket : Eûz a vreûriez Gâd, daouzék mil merket :

6. Eûz a vreûriez Aser, daouzék mil merket : Eûz a vreûriez Neftali, daouzék mil merket : Eûz a vreûriez Manasé, daouzék mil merket :

7. Eûz a vreûriez Siméon, daouzék mil merket : Eûz a vreûriez Lévi, daouzék mil merket : Eûz a vreûriez Isakar, daouzék mil merket :

8. Eûz a vreûriez Zabulon, daouzék mil merket : Eûz a vreûriez Jozef, daouzék mil merket : Eûz a vreûriez Beñjamin, daouzék mil merket.

9. Goudé-zé é wéliz eunn eñgroez brâz, ha na helle dén nivéri, a béb brôad, a béb breûriez, a bép pobl, hag a béb iéz, a ioa enn hô zâ é-harz ann trôn, ha dirâg ann Oan, gwisket gañt saéou gwenn, ha péb a bar-palmez enn hô dourn.

10. Hag é c'harmeñt gañd eur vouéz

uc'hel, ô lavarout : Gloar d'hon Doué, péhini a zô azézet war ann trôn, ha d'ann Oan.

11. Hag ann holl élez a oa enn hô zâ enn-drô d'ann trôn ha d'ar ré gôz, ha d'ar pévar loen, hag en em daoljoñd diràg ann trôn war hô genou, hag éc'h azeûljoñd Doué,

12. O lavarout : Amen. Bennoz, ha gloar, ha furnez, ha trugarez, hag énor, ha galloud, ha ners d'hon Doué, e amzeriou ann amzeriou. Amen.

13. Hag unan eûz ar ré gôz a lavaraz d'in : Piou eo ar ré-zé a zô gwisket gañt saéou gwenn ? Hag a béléac'h iñd deûet ?

14. Ha mé a lavaraz d'ézhañ : Aotrou, té her goar. Hag héñ a lavaraz d'in : Ar ré-zé eo ar ré a zô deûed amañ goudé eunn eñkrez brâz, hag hô deûz gwalc'het ha gwennet hô saéou é goâd ann Oan.

15. Dré-zé émiñd diràk trôn Doué, hag é servichoñd anézhañ nôz-deiz enn hé dempl : hag ann hini a zô azézet war ann trôn a choumô enn hô c'hreiz.

16. N'hô dévézô mui na naoun, na séc'hed ; nag ann héol, na grouéz ébéd na gouézô war-n-ézhô ;

17. Râg ann Oan a zô é-kreiz ann trôn a rénô anézhô, hag hô c'hasô da feunteûniou ann doureier a vuez, ha Doué a zéc'hô ann holl zaérou eûz hô daou-lagad.

VIII. PENNAD.

1. Ha pa en doé digoret *ann Oan* ar seizved siel, é c'hoarvézaz eunn tav enn éñv é-pâd eunn hañter-heur, pé war-drô.

2. Hag é wéliz ar seiz éal a zô enn hô zâ diràk Doué : ha rôed é oé d'ézhô seiz trompil.

3. Hag eunn éal all a zeûaz, hag en em lékéaz enn hé zâ diràg ann aoter gañd eunn ézañsouer aour enn hé zourn : ha rôed é oé d'ézhañ kalz a ézañs, évit ma kennigché pédennou ann holl zeñt war ann aoter aour a zô diràk trôn Doué.

4. Ha môged ann ézañs gañt pédennou ar zeñt, a biñaz diràk Doué dré zourn ann éal.

5. Neûzé ann éal a géméraz ann ézañsouer, hag hé leûniaz gañt tân ann aoter, hag hé daolaz war ann douar ; hag é c'hoarvézaz kurunou, ha mouésiou, ha luc'hed, hag eur c'hrén-douar brâz.

6. Hag ar seiz éal péré hô doa ar seiz trompil, en em aozaz évit lakaad da zeni hô zrompilou :

7. Ann éal keñta a lékéaz hé drompil da zeni, hag é c'hoarvézaz kazarc'h, ha tân kemmesket gañt goâd a oé taolet war ann douar ; hag ann drédé gévren eûz ann douar hag eûz ar gwéz a oé losket, hag ann holl c'héot glâz a oé devet.

8. Hag ann eil éal a lékéaz hé drompil da zeni, ha doaré eur ménez brâz entanet holl a oé taoled er môr, hag ann drédé gévren eûz ar môr a zeûaz da c'hoad.

9. Hag ann drédé gévren eûz ar grouadurien a oa béô er môr a varvaz, hag ann drédé gévren eûz al listri a oé kollet.

10. Hag ann drédé éal a lékéaz hé drompil da zeni ; hag eur stéren vrâz leskidig ével eur c'houlaouen-déô a gouézaz eûz ann éñv war ann drédé gévren eûz ar steriou, ha war feunteûniou ann doureier.

11. Ar stéren-zé a oa hanvet Huélen-c'houerô, hag ann drédé gévren eûz ann doureier a zeûaz da huélen : ha kalz a dûd a varvaz gañd ann doureier, ô véza ma oañt deûed da véza c'houerô.

12. Hag ar pévaré éal a lékéaz hé drompil da zeni ; hag é oé skôet war ann drédé gévren eûz ann héol, war ann drédé gévren eûz al loar, ha war ann drédé gévren eûz ar stéred, enn hévélep doaré ma oé tévaléet ann drédé gévren anézhô, ha na luc'haz kéd ann drédé gévren eûz ann deiz, nag eûz ann nôz ken-nébeût.

13. Neûzé é wéliz, hag é kleviz mouéz eunn er a nijé dré greiz ann éñv, ô lavarout gañd eur vouéz uc'hel : Gwa, gwa, gwa d'ar ré a choum war ann douar, eùn abek da vouéz ann

tri éal all a dlé lakaad hô zrompilou da zéni.

—

IX. PENNAD.

1. Hag ar pempved éal a lékéaz hé drompil da zeni ; hag é wéliz eur stéren a oa kouézet eûz ann éñv d'ann douar, hag alc'houez puñs al louñk a oé rôed d'ézhi.

2. Hag hi a zigoraz puñs al louñk ; hag é savaz eûz ar puñs eur môged, héñvel out môged eur fourn vrâz ; hag ann héol hag ann éar a oé tévaléet gañt môged ar puñs :

3. Hag eûz a vôged ar puñs é savaz kileien-raden war ann douar ; ha rôed é oé d'ézhô eur galloud,ével ma hô deûz kruged ann douar.

4. Ha gouc'hémennet é oé d'ézhô na rajeñd droug é-béd da c'héod ann douar, na da nétrâ a c'hlâz, na da wézen é-béd ; hôgen hép-kén d'ann dûd ha n'hô divijé két merk Doué war hô zâl.

5. Ha rôed é oé d'ézhô *ar galloud*, nann d'hô laza, hôgen d'hô heskina é-pâd pemp miz : hag ann droug a réoñt a zô héñvel oud ann hini a ra ar grûg pa flemm ann dén.

6. Enn deisiou-zé ann dûd a glaskô ar marô, ha n'her c'haviñt két ; c'hoañt hô dévézô da vervel, hag ar marô a dec'hô diout-hô.

7. Ar rumm kileien-raden-zé a oa héñvel out kézek aozed évid ar brézel. Béz' hô doa war hô fennou ével kurunennou héñvel oud aour ; hag hô dremmou a oa ével dremmou tûd.

8. Bléô hô doa ével bléô merc'hed : hô deñt a oa héñvel oud deñt léoned.

9. Hobrégonou hô doa ével hobrégonou houarn ; ha trouz hô diou-askel a oa ével trouz kirri gañt kalz a gézek ô rédek d'ar brézel.

10. Hô lôst a oa héñvel oud hini ar gruged : râk flemmou a ioa oud hô lôst : hag ar galloud hô doa da walla ann dûd é-pâd pemp miz.

11. Da roué hô doa éal al louñk, hanvet é Hébrach Abaddon, hag é Grégach Apollion, da lavaroud eo, Gwaster.

12. Eur reûz a zô éad é-biou ; ha chétu daou reûz all a zeû warlerc'h.

13. Hag ar c'houec'hved éal a lékéaz hé drompil da zeni, hag é kleviz eur vouéz a zeûé eûz a bévar c'horn ann aoter aour, a zô dirâk Doué,

14. Hag a lavaraz d'ar c'houec'hved éal, péhini en doa eunn drompil : Distag ar pévar éal a zô stâg war ar ster vrâz Eûfratez.

15. Hag é oé distaget ar pevar éal, péré a oa daré évid ann heur, hag ann deiz, hag ar miz, hag ar bloaz, évit laza ann drédé gévren eûz ann dûd.

16. Hag ann niver eûz ann armé a varc'heien-zé a ioa eûz a zaou c'hañt milion : râk mé a glevaz ann niver anézhô.

17. Hag ével-henn é wéliz ar c'hézek er wélédigez : hag ar ré a ioa azézet war-n-ézhô hô doa hobrégonou *ével* a dân, hag a hiasiñt hag a zoufr ; ha pennou ar c'hézek a oa héñvel out pennou léoned ; hag eûz hô génou é tilammé tân, ha môged, ha soufr.

18. Ha gañd ann tri gouli-zé, gañd ann tân, ha gañd ar môged, ha gañd ar soufr, a zeûé er-méaz eûz hô génou, é oé lazet ann drédé gévren eûz ann dûd.

19. Râg galloud ar c'hézek-zé a zô enn hô génou, hag enn hô lôst ; râg hô lôst a zô héñvel oud aéred, ha pennou gañt-hô, gañt péré é réoñd drouk.

20. Hag ann dûd all, péré né oañt két bét lazet gañd ar gouliou-zé, na réjoñt kéd a binijen eûz a ôberiou hô daouarn, oc'h éhana da azeûli ann diaoulou, ha skeûdennou aour, hag arc'hañt, hag arm, ha mein, ha prenn, péré na helloñt na gwélout, na klevout, na kerzout :

21. Ha na réjoñt kéd a binijen eûz hô lazérézou, nag eûz hô strôbinellou, nag eûz hô gadélésiou, nag eûz hô laéroñsiou.

—

X. PENNAD.

1. Ha mé a wélaz eunn éal all kré a ziskenné eûz ann éñv, hag héñ-

gwisket gañd eur goabren, ha gañd eur ganévéden war hé benn : hag hé zremm a ioa ével ann héol, hag hé dreid ével peûliou tân :

2. Hag héñ en doa enn hé zourn eul levr bihan digor : hag é lékéaz hé droad déou war ar môr, hag hé droad kleiz war ann douar ;

3. Hag é c'harmaz gañd eur vouéz gré, ével pa iûd eul léon. Ha goudé m'en doé garmet, seiz kurun a roaz da glevout hô mouésiou.

4. Ha p'hô doé ar seiz kurun rôed da glevout hô mouésiou, éz éann da skriva ; pa gleviz eur vouéz eûz ann éñv a lavaraz d'in : Siell ar péz hô deûz lavaret ar seiz kurun, ha na skriv kéd anézhañ.

5. Hag ann éal em boa gwélet enn hé zâ war ar môr ha war ann douar, a zavaz hé zourn étrézég ann éñv,

6. Hag a douaz dré ann hini a zô béô é amzeriou ann amzeriou, péhini en deûz krouet ann éñv, ha kémeñd a zô enn-hañ, hag ann douar, ha kémeñd a zô enn-hañ, hag ar môr, ha kémeñd a zô enn-hañ, pénaoz na vijé mui a amzer;

7. Hôgen pénaoz é deiz mouéz ar seizved éal, pa lakafé hé drompil da zeni, mister Doué a vijé peûr-c'hréat, ével ma en deûz hé ziouganet dré ar Broféded hé zervicherien.

8. Hag ar vouéz em boa kleved eûz ann éñv a gomzaz c'hoaz ouz-in, hag a lavaraz : Kéa, ha kémer al levr bihan a zô digor é dourn ann éal a zô enn hé zâ war ar môr ha war ann douar.

9. Ha mé a iéaz da gavout ann éal, hag é liviriz d'ézhañ : Rô d'in al levr. Hag héñ a lavaraz d'in : Kémer al levr, ha louñk-héñ : c'houervaad a rai da gôv ; hôgen enn da c'hénou é vézô c'houék ével mél.

10. Ha mé a géméraz al levr eûz a zourn ann éal, hag é louñkiz anézhañ : hag em génou éz oa c'houék ével mél ; hôgen goudé ma em boé hé louñket, é c'houervaaz va c'hóv.

11. Hag héñ a lavaraz d'in : Réd eo c'hoaz d'id diougani da dûd a galz a vrôadou, hag a boblou, hag a iézou, ha da galz a rouéed.

XI. PENNAD.

1. Ha rôed é oé d'in eur gorsen héñvel oud eur walen, hag é oé lavared d'in : Saô, ha meñt templ Doué, hag ann aoter, hag ar ré azeûl enn-hañ.

2. Hôgen leûr ann ôr-dâl, péhini a zô er-méaz eûz ann templ, léz-hi, ha na veñt kéd anézhi ; râk rôed eo bét d'ar Jeñtiled, hag hi a vac'hô ar géar zañtel é-pâd daou viz war-n-ugeñt.

3. Ha mé a rôi *galloud* d'am daou dést, hag é tiouganiñt é-pâd mil daou c'hañt ha tri-ugeñd dervez, gwisket gañt seier.

4. Ar ré-zé a zô diou olivézen, ha daou gañtoler, lékéad dirâk Doué ann douar.

5. Ha mar fell da zén gwalla anézhô, é teûi tân er-méaz eûz hô génou, hag a wastô hô énebourien : ha mar fell da zén ôber-drouk d'ézhô, eo réd d'ézhañ béza lazet enn doaré-zé.

6. Ar galloud hô deûz da zerra ann éñv, évit na c'hlavió két enn deisiou ma tiouganiñt : hag ar galloud hô deûz ivé war ann dourcier évid hô c'hemma é goâd, ha da zarc'haoui gañd ann douar a bép seurt gouli, kenn aliez ha ma kiriñt.

7. Ha pa hô dévézô peûr-rôed hô zesténi, al loen a zâv eûz al lounk, a vrézélékai out-hô, a drec'hô anézhô, hag hô lazô.

8. Hag hô c'horfou a choumô gourvézet war ruou ar géar vrâz, a zô galvet enn eunn doaré spérédus Sodoma, hag Éjipt, é péléac'h hô Aotrou hé-unan a zô bét lékéad oud ar groaz.

9. Ha tûd eûz a veûr a vreûriez, eûz a veûr a bobl, eûz a veûr a iéz, hag eûz a veûr a vrôad, a wélô hô c'horfou é-pâd tri dervez hañter, ha na léziñt két hô lakaad er béz.

10. Hag ar ré a choumô war ann douar en em laouénai diwar hô fenn, hag a vragô : hag é kasiñt rôou ann eil d'égilé, ô véza ma hô dévézô ann daou Brofed-zé gwall heskinet ar ré a choumé war ann douar.

11. Ha goudé tri dervez hañter, ar

spéred a vuez a Zoué a iéaz enn-hô : hag é savchoñt war hô zreid, hag eur spouñt brâz a gouézaz war ar ré a wélaz anézhô.

12. Hag hi a glevaz eur vouéz uc'hel eûz ann éñv, hag a lavaré d'ézhô : Piñid amañ. Hag hi a biñaz enn éñv enn eur goabren ; hag hô énébourien a wélaz anézhô.

13. Hag enn heur-zé é c'hoarvézaz eur c'hrén-douar brâz, hag ann dékved gévren eûz ar géar a gouézaz : hag er c'hrén-douar-zé é oé lazet seiz mil dén ; hag ar ré all a oé spouñtet brâz, hag a veûlaz Doué ann éñv.

14. Ann eil reûz a zô éad é-biou ; ha chétu eunn trédé reûz a zeûi abarz némeûr.

15. Hag ar seizved éal a lékéaz hé drompil da zeni ; hag é c'hoarvézaz mouésiou brâz enn éñv, hag a lavaré : Rouañtélez ar béd-mañ a zô tréménet da hon Aotrou ha d'hé C'hrist ; hag héñ a rénô é amzeriou ann amzeriou. Amen.

16. Hag ar pevar dén-kôz war-n-ugeñt ; péré a zô azézet war hô zrônou dirâk Doué, a gouézaz war hô génou, hag a azeûlaz Doué, ô lavavarout :

17. Da drugarékaad a réomp, Aotrou Doué holl-c'halloudek péhini a zô, hag a oa, hag a dlé doñt ; ô véza ma éc'h eûz digéméred da c'halloud brâz, ha ma éc'h eûz rénet.

18. Hag ar brôadou hô deûz buanékéet ; ha da vuanégez a zô deûet, hag ann amzer da varna ar ré varô, ha da rei hô gôbr d'ar Broféded da zervicherien, ha d'ar zeñt, ha d'ar ré a zouj da hanô, d'ar ré vihan ha d'ar ré vrâz, ha da wasta ar ré hô deûz saotret ann douar.

19. Ha templ Doué enn éñv a oé digoret ; hag é oé gwélet arc'h hé gévrédigez enn hé dempl : hag é c'hoarvézaz luc'hed, ha mouésiou, ha krénou-douar, ha kazarc'h brâz.

—

XII. PENNAD.

1. Hag eur burzud brâz a oé gwélet enn éñv : eur c'hrég gwisket gañd ann héol, hag al loar dindân hé zreid, ha war hé fenn eur gurunen a zaouzék stéren :

2. Hag hi brazez, a c'harmé gañd ar gweñtrou, ô véza é poan vugalé.

3. Hag eur burzud all a oé gwélet enn éñv : ha chétu eunn aérouañt brâz gell, péhini en doa seiz penn, ha dék korn ; ha war hé bennou seiz kurunen.

4. Hag hé lôst a dennaz *gañt-hañ* ann drédé gévren eûz a stéred ann éñv, hag hô zaolaz war ann douar. Hag ann aérouañt a zavaz dirâg ar c'hrég a oa daré da wilioudi ; évit louñka hé mâb, pa vijé gwilioudet.

5. Hag hi a c'hanaz eur mab goaz, a dlié réna ann holl vrôadou gañd eur wialen houarn : hag hé mâb a oé skrapet étrézé Doué, hag étrézég hé drôn.

6. Hag ar c'hrég a dec'haz el léac'h-distrô, é péléac'h é doa eul léac'h aozet gañd Doué, évit béza maget énô é-pâd mil daou c'hañt dervez ha tri-ugeñt.

7. Hag eunn emgann brâz a c'hoarvézaz enn éñv ; Mikéal hag hé élez en em ganné oud ann aérouañt, hag ann aérouañt gañd hé élez en em ganné *out-hañ*.

8. Hag ar ré-mañ na oeñt két tréac'h, ha na oé mui kaved a léac'h évit-hô enn éñv.

9. Hag ann aérouañt brâz-zé, ann aer gôz, péhini a zô galvet Diaoul ha Satan, péhini a douell ar béd holl, a oé stlapet d'ann douar, hag hé élez a oé kaset gañt-hañ.

10. Hag é kleviz eur vouéz gré enn éñv hag a lavaré : Bréma eo deûet ar zilvidigez, hag ann ners, ha rouañtélez hon Doué ; ha galloud hé C'hrist ; râk tamaller hor breûdeûr, péhini a damallé anézhô dirâg hon Doué nôzdeiz, a zô bét diskaret.

11. Hag hi a oé tréac'h d'ézhañ dré c'hoad ann Oan, ha dré ann abek da c'her hé desténi ; ha n'hô deûz két karet hô énéou bétég ar marô.

12. Râk-sé laouénait, éñvou, ha c'houi péré a choum enn-hô. Gwa ann douar hag ar môr, râg ann diaoul

a zô diskennet étrézég enn-hoc'h, gañd eur vuanégez vrâz, ô c'houzout pénaoz en deûz nébeûd a amzer.

13. Ha pa wélaz ann aérouañt pénaoz é oa bét stlapet d'ann douar, é heskinaz ar c'hrég péhini é doa ganet eur mab goaz.

14. Ha rôed é oé d'ar c'hrég diouaskel eunn er brâz, évit ma nijché el léach-distrô, enn hé léac'h hé-unan, ma eo maget é-pâd eunn amzer, hag amzeriou, hag ann hañter eûz a eunn amzer, pell diouc'h dremm ann aérouañt.

15. Hag ann aérouañt a daolaz eûz hé c'henou, war-lerc'h ar c'hrég, dour ével eur ster, évid hé didenna gañd ar ster.

16. Hag ann douar a gen-nerzaz ar c'hrég; digéri a réaz ann douar hé c'hénou, hag é louñkaz ar ster en doa taolet ann aérouañt eûz hé c'hénou.

17. Hag ann aérouañt a zavaz droug enn-hañ oud ar c'hrég; hag éz éaz da vrézélékaad gañd ann dilerc'h eûz hé gwenn, péré a vir gourc'hémennou Doué, hag a rô testéni da Jézuz-Krist.

18. Hag é choumaz war dréaz ar môr.

—

XIII. PENNAD.

1. Ha mé a wélaz eul loen ô sével eûz ar môr, péhini en doa seiz penn, ha dék korn, ha war hé gerniel dék kurunen, ha war hé bennou hanvou a zrouk-prézek.

2. Hag al loen a wéliz a oa héñvel oud eul léonpard, hag hé dreid ével treid eunn ours, hag hé c'hénou ével génou eul léon: hag ann aérouañt a rôaz d'ézhañ hé ners, hag eur galloud brâz.

3. Ha mé a wélaz unan eûz hé bennou ével gouliet d'ar marô; hag hé c'houli marvel a oé iac'héet: hag ann douar holl a oé souézet gañd al loen.

4. Hag hi a azeûlaz ann aérouañt, péhini en doa rôed hé c'halloud d'al loen: hag éc'h azeûljoñt al loen, ô lavaroul: Piou a zô héñvel oud al loen? Ha piou a helló en em ganna out-hañ?

5. Ha rôed é oé d'ézhañ eur génou hag a lavaré traou brâz ha drouk-prézégou: hag ar galloud a oé rôed d'ézhañ da ôber *ével-sé* é-pâd daou miz ha daou-ugeñt.

6. Hag héñ a zigoraz hé c'hénou évid drouk-prézégi ouc'h Doué, évid drouk-prézégi oud hé hanô, hag oud hé dabernakl, hag oud ar ré a choum enn éñv.

7. Rôed é oé ivé d'ézhañ *ar galloud* da ôber ar brézel oud ar zeñt, ha d'hô zrec'hi: ha rôed é oé d'ézhañ béli war béb breûriez, ha pobl, ha iéz, ha brôad.

8. Hag azeûlet é oé gañd ar ré holl a choum war ann douar, hag eûz a bére né két skrivet ann hanvou el levr a vuez ann Oan, a zô bét lazet adalek penn-keñta ar béd.

9. Ma en deûz eur ré diskouarn, sélaouet.

10. Néb en dévézô kasel é sklavézez, az ai é sklavérez. Néb en dévézô lazet gañd ar c'hlézé, eo réd é vé lazet gañd ar c'hlézé. Amañ éma habaskded, ha feiz ar Zeñt.

11. Ha mé a wélaz eul lôen all a zavé eûz ann douar, hag en doa daou gorn héñvel out ré ann Oan, hag a gomzé ével ann aérouañt.

12. Hag héñ a ziskouézaz holl c'halloud al loen keñta dira-z-hañ: hag é lékéaz ann douar, hag ar ré a choumé enn-hañ da azeûli al loen keñta, péhini a oa bét iac'héet eûz hé c'houli marvel.

13. Hag héñ a réaz burzudou brâz, bété lakaad da ziskenni ann tân eûz ann éñv war ann douar dirâg ann dûd.

14. Ha touella a réaz ar ré a choum war ann douar, gand ar burzudou a oa rôed d'ézhañ da ôber dirâg al loen, ô lavaroud d'ar ré a choum war ann douar, ôber eur skeûden d'al loen, péhini a vézô bét glazet gañd ar c'hlézé, hag a vézô *c'hoaz* béô.

15. Ha rôed é oé d'ézhañ *ar galloud* da rei ar vuez da skeûden al loen, ha d'hé lakaad da gomza: ha lakaad a rai da laza kémeñd hini na azeûlô kéd al loen.

16. Lakaad a rai ivé ann holl dud, bihan ha brâz, pinvidik ha paour,

frañk ha sklâv, da gaoud eur merk
enn dourn déou pé war hô zâl :

17. Ha na helló dén na préna, na
gwerza, néméd ann hini en dévézô
ar merk, pé ann hanô eûz al loen, pé
ann niver eûz hé hanô.

18. Amañ éma ar furnez. Néb en
deûz poell, kouñtet niver al loen.
Râk niver eunn dén eo ; hag hé niver
eo c'houec'h kañt c'houec'h ha tri-
ugeñt.

—

XIV. PENNAD.

1. Ha mé a zellaz, ha chétu ann
Oan a oa enn hé zà war vénez Sion,
ha gañt-hañ pevar mil ha seiz-ugeñt
mil *dén*, péré hô doa hé hanô, hag
hanô hé Dâd skrivet war hô zâl.

2. Ha mé a glevaz eur vouéz eûz
ann éñv, héñvel out trouz eur dourreier
brâz, hag héñvel out trouz eur gurun
vrâz ; hag ar vouéz a gleviz a oa héñ-
vel out télennerien a délenné war hô
zélennou.

3. Hag hi a gané é-c'hiz eur gana-
ouen nevez, dirâg ann trôn, ha dirâg
ar pevar loen, hag ar ré gôz : ha dén
na hellé kana ar ganaouen, néméd ar
pevar mil ha seiz-ugeñt mil, péré a
zô bét prénet eûz ann douar.

4. Ar ré-zé eo péré n'iñt két en em
zaotret gañd ar merc'hed, râg gwerc'h
iñt. Ar ré-zé a heûl ann Oan da bé-
léac'h-bennâg ma'z a. Ar ré-zé a zô
bét prénet eûz a douez ann dûd évit
keñta-frouez da Zoué, ha d'ann Oan.

5. Ha n'eûz két bét kavet a c'haou
enn hô génou : râk dinam iñt dirâk
trôn Doué.

6. Ha mé a wélaz eunn éal all a
nijé dré greiz ann éñv, hag ann Aviel
peûr-baduz gañt-hañ, évid hé brézégi
d'ar ré a choum war ann douar, da
béd brôad, ha da béb breûriez, ha da
béb iéz, ha da bép pobl ;

7. O lavarout gañd eur vouéz gré :
Doujid ann Aotrou, ha meûlit-héñ,
râk deûed eo heur hé varn : hag
azeûlid ann hini en deûz gréad ann
éñv, hag ann douar, ar môr, ha mam-
mennou ann dourcier.

8. Hag eunn éal all a zeûaz war-
lerc'h, hag a lavaraz : Kouézed eo,
kouézed eo Babilon, ar *géar* vrâz-zé,
péhini é deûz rôed da éva d'ann holl
vrôadou gwin buanégez hé c'hadélez.

9. Hag eunn trédé éal a zeûaz war-
lerc'h ar ré-mañ, hag a lavaraz gañd
eur vouéz gré : Mar teû eur ré da
azeûli al loen, hag hé skeûden, ha
da zigéméroud hé verk war hé dâl,
pé enn hé zourn ;

10. Hen-nez a évô eûz a win bua-
négez Doué, a zô aozet gañt gwin di-
gemmesk é kalir hé vuanégez : hag
héñ a vézô heskinet enn tân hag er
soufr dirâg ann élez sañtel, ha dirâg
ann Oan.

11. Ha môged hô heskinoû a biñô
é amzeriou ann amzeriou : ha na vézô
éhan é-béd na deiz na nôz, évid ar
ré hô dévézô azeûlet al loen, hag hé
skeûden, pé évid ar ré hô dévézô di-
géméret merk hé hanô.

12. Amañ éma habaskded ar zeñt,
péré a vir gourc'hémennou Doué, ha
feiz Jézuz.

13. Ha mé a glevaz eur vouéz eûz
ann éñv, hag a lavaraz d'in : Skrîv :
Gwenvidig ar ré varô, péré a varv
enn Aotrou. A-vrémañ, émé ar Spé-
red, é éhaniñt oud hô labouriou :
râg hô ôberiou a heûl anézhô.

14. Ha mé a zellaz, ha chétu eur
goabren wenn ; ha war ar goabren
unan azézet hag a oa héñvel out Mâb
ann dén, ha war hé benn eur guru-
nen aour, hag enn hé zourn eur falc'h
lemm.

15. Hag eunn éal all a zeûaz er-
méaz eûz ann templ, hag a griaz gañd
eur vouéz gré d'ann hini a oa azézet
war ar goabren : Taol da falc'h, ha
méd ; râk deûed eo ann heur da védi,
ha médérez ann douar a zô darev.

16. Hag ann hini a oa war ar goa-
bren a daolaz fé falc'h war ann douar,
hag ann douar a oé médet.

17. Hag eunn éal all a zeûaz er-
méaz eûz ann templ a zô enn éñv,
ha gañt-hañ ivé eur falc'h lemm.

18. Hag eunn éal all a zeûaz er-
méaz eûz ann aoter, hag héñ en doa
galloud war ann tân ; hag héñ a griaz
gañd eur vouéz gré d'ann hini en doa
eur falc'h lemm, ô lavarout : Taol da

falc'h lemm, ha trouc'h bodou gwini ann douar; râg hé rezin a zô darev.

19. Hag ann éal a daolaz hé falc'h lemm war ann douar, hag a drouc'haz bodou gwini ann douar, hag hô zaolaz é béol vrâz buanégez Doué.

20. Hag ar véol a oé gwasket er-méaz eûz a géar, hag ar goâd a zeûaz er-méaz eûz ar véol bété gwesken ar c'hézek a-héd mil c'houec'h kañt stâd.

—

XV. PENNAD.

1. Ha mé a wélaz eunn arouéz all enn éñv, brâz ha souézuz, seiz éal, péré hô doa ar seiz gouli divéza; râg gañt-hô eo sévénet buanégez Doué,

2. Ha mé a wélaz é-c'hiz eur môr gwér, mesket gañt tân; hag ar ré hô doa trec'hel al loen, hag hé skeûden, hag ann niver eûz hé hanô, a ioa war ar môr gwéz-zé, ha télennou Doué gañt-hô.

3. Hag hi a gané kanaouen Moizez servicher Doué, ha kanaouen ann Oan, ô lavarout: Brâz ha souézuz eo da ôberiou, ô Aotrou Doué holl-c'halloudek: da heñchou a zô gwirion ha gwir, ô Roué ann amzeriou

4. Piou na zoujô ked ac'hanod, ô Aotrou, ha na veûlô két da hanô? Râk n'eûz néméd-od a gémeñd a vé mâd: râg ann holl vrôadou a zeûi, hag a azeûlô ac'hanod, ô véza ma eo splann da varniou.

5. Ha goudé-zé é selliz, ha chétu *é wéliz* templ tabernakl ann desténi digor enn éñv:

6. Hag ar seiz éal péré hô doa ar seiz gouli a zeûaz er-méaz eûz ann templ, gwisket gañt lin glân ha kann, ha gourizet enn hô dargreiz gañt gourizou aour.

7. Hag unan eûz ar pevar loen a rôaz d'ar seiz éal seiz kôb aour, leûn gañt buanégez Doué, péhini a vév é amzeriou ann amzeriou.

8. Hag ann templ a oé leûniet gañd ar môged eûz a veûrdez Doué, hag eûz hé ners: ha dén na hellé moñd enn templ, ken na vijé-bét peûr-skulet seiz kôb ar seiz éal.

XVI. PENNAD.

1. Ha mé a glevaz eur vouéz gré a zeûé eûz ann templ, hag a lavaraz d'ar seiz éal: Id, ha skulit ar seiz kôb eûz a vuanégez Doué war ann douar.

2. Hag ar c'heñta a iéaz, hag a skulaz hé c'hôb war ann douar: hag eur gouli drouk ha gwalluz a gouézaz war ann dûd péré hô doa merk al loen, ha war ar ré péré a azeûlé hé skeûden.

3. Hag ann eil éal a skulaz hé gôb war ar môr, hag é teûaz ével goâd eunn dén marô; ha kémeñd en doa buez er môr a varvaz.

4. Hag ann trédé éal a skulaz hé gôb war ar steriou, ha war vammennou ann doureier; hag é oeñt trôed é goâd.

5. Ha mé a glevaz éal ann doureier ô lavarout: Té a zô gwirion, ô Aotrou, té péhini a zô hag a oa Sañt, pa éc'h eûz barnet kémeñt-sé.

6. O véza ma hô deûz skulet goâd ar Zeñt hag ar Broféded, hag éc'h eûz rôet goâd d'ézhô da éva; râk dellézeg é oañt eûz a gémeñt-sé.

7. Ha mé a glevaz eunn all eûz ann aoter hag a lavaraz: Ia, Aotrou Doué holl-c'halloudek, da varnou a zô gwir ha gwirion.

8. Hag ar pevaré éal a skulaz hé gôb war ann héol; hag *ar galloud* a oé rôed d'ézhañ da eñkrézi ann dûd gañd ar c'hrouéz ha gañd ann tân.

9. Hag ann dûd a oé poazet gañd eur c'hrouéz vrâz, hag é trouk-prézégchoñt gañd hanô Doué péhini en deûz ar galloud war ar c'houliou-zé; ha na réjoñd kéd a binijen évit rei glear d'ézhañ.

10. Hag ar pempved éal a skulaz hé gôb war drôn al loen; hag hé rouañtélez a zeûaz da véza téñval, hag é chaokchoñt hô zéôdou gañd hô glac'har:

11. Hag é trouk-prézégchoñt gañd Doué ann éñv, enn abek d'hô glac'harioù ha d'hô gouliou; ha na réjoñt kéd a binijen eûz hô ôberiou.

12. Hag ar c'houec'hved éal a skulaz hé gôb war ar ster vrâz Eufratez;

hag é lizéc'haz hé dour, évid aoza
ann heñt da rouéed ar sâv-héol.
13. Ha mé a wélaz tri spéred louz
héñvel out gweskléved, péré a zeûé
er-méaz eûz a c'héôl ann aérouañt,
hag eûz a c'héôl al loen, hag eûz a
c'hénou ar fals-profed.
14. Râk spéréjou diaoulou iñt péré
a ra burzudou, hag a ia étrézég rouéed
ann douar holl, évid hô strolla d'ar
brézel é deiz brâz ann Doué holl-
c'halloudek.
15. Chétu é teûann ével eul laer.
Euruz ann hini a vel, hag a vir hé
zilad, gañd aoun na gerzfé enn-noaz,
ha na wélfeñt hé vézégez.
16. Hag héñ a strollô anézhô el
léac'h a zô galvet enn Hébrac'h Ar-
magédon.
17. Hag ar seizved éal a skulaz hé
gôb enn éar; hag eur vouéz gré a
zeûaz eûz ann templ, *ével* eûz ann
trôn, hag a lavaré : Gréad eo.
18. Hag é c'hoarvézaz luc'hed, ha
mouésiou, ha kurunou; hag é teûaz
eur c'hrén-douar brâz, eur c'hrén-
douar ker braz, ha na oé biskoaz
cunn hévélep abaoé ma éz eûz tûd
war ann douar.
19. Hag ar géar vrâz a oé rannet é
teir gévren, ha keriou ar brôadou a
gouézaz : ha Babilon ar vrâz a zeûaz
da goun dirâk Doué, évit rei d'ézhi
da éva ar c'halir eûz a win broez hé
vuanégez.
20. Hag ann holl énézi a dec'haz,
ha na oé két kaved ar ménésiou.
21. Hag eur c'hazarc'h brâz é-c'hlz
eunn talañt a gouézaz eûz ann éñv
war ann dûd : hag ann dûd a zrouk-
prézégaz gañd Doué enn abek da
c'houli ar c'hazarc'h; râg gwall vraz
é oa ar gouli-zé.

—

XVII. PENNAD.

1. Hag unan eûz ar seiz éal péré
hó doa ar seiz kôb, a zeûaz, hag a
lavaraz d'in : Deûz, hag é tiskouézinn
d'id barnédigez ar c'hrek fall, péhini
a zô azézet war ann doureier brâz;
2. Gañt péhini rouéed ann douar a
zô en em zaotret, hag eo mezviet gañt
gwin hé gadélez ar ré a choum war
ann douar.
3. Hag héñ a gasaz ac'hanoun el
léac'h-distrô; hag é wéliz eur c'hrég
azézet war eul loen a liou tané, leûn
a hanôiou drouk-prézek, ha gañt-hañ
seiz penn ha dék korn.
4. Hag ar c'hrég a ioa gwisket gañd
dilad mouk ha tané; kiñklet é oa gañd
aour, ha gañt mein talvouduz, ha
gañt perlez : enn hé dourn é doa eur
c'hôb aour, leûn a argarzidigez, hag
eûz a hudurnez hé gadélez.
5. Ha war hé zâl ann hanô-mañ a
oa skrivet : Mister; Babilon vrâz,
mamm ar gadésiou, hag argarzidigé-
siou ann douar.
6. Ha mé a wélaz ar c'hrég-zé mezô
gañt goâd ar zeñt, ha gañt goâd mer-
zerien Jézuz : ha pa hé gwéliz é oenn
souézet-brâz.
7. Hag ann éal a lavaraz d'in : Pérâg
oud-dé souézet? Mé a lavarô d'id ar
mister eûz ar c'hrég, hag eûz al loen
a zoug anézhi, péhini en deûz seiz
penn ha dék korn.
8. Al loen éc'h eûz gwélet, a zô bét,
ha n'eo mui; piña a dlé eûz al louñk,
ha moñd-da-nétra : ha souézet é vézô
ar ré a choumô war ann douar (ar ré
na vézô két skrivet hô hanôiou el levr
a vuez adalez penn-keñta ar béd), pa
wéliñt al loen, péhini a ioa, ha n'eo
mui.
9. Chétu ann dalvoudégez eûz a
gémeñt-sé, hag a zô leûn a furnez.
Ar seiz penn, eo ar seiz ménez war
béré eo azézet ar c'hrég : seiz roué
iñd ivé.
10. Pemp a zô marô; unan a zô;
hag égilé né kéd deûet c'hoaz : ha pa
vézô deûet é tlé choum nébeût.
11. Hag al loen a ioa ha n'eo két,
a zô ivé ann eizved, hag eûz ar seiz
eo, ha moñd a ra da nétra.
12. Ann dék korn éc'h eûz gwélet,
a zô dék roué, da béré né két bét
c'hoaz rôed ar rouañtélez; hôgen
rôed é vézô d'ézhô ar galloud ével
rouéed évid eunn heur goudé al loen.
13. Ar ré-zé hô dévézô holl eunn
hévélep ménoz, hag é rôiñt hô ners
hag hô galloud d'al loen.

14. Ar ré-zé en em gannô oud ann
Oan, hag ann Oan a vézô tréac'h
d'ézhô : ô véza ma eo Aotrou ann ao-
trounez, ha Roué ar rouéed : hag ar
ré a zô gañt-hañ, a zô ar ré c'halvet,
ar ré zilennet, ar ré féal.
15. Lavaroud a réaz c'hoaz d'in :
Ann doureier éc'h eûz gwélet el léac'h
ma eo azézet ar c'hrek fall, eo ar po-
blou, ar brôadou, hag ann iézou.
16. Ann dék korn éc'h eûz gwélet
el loen, eo ar ré a gasai ar c'hrek fall,
hag hé lakai da véza glac'haret hag
enn noaz, a zebrô hé c'hik, hag a
loskô anézhi gañd ann tân.
17. Râk Doué en deûz lékéad enn
hô c'halounou ôber ar péz a fell d'éz-
hañ ; évit ma rôjeñt hô rouañtélez
d'al loen, bété ma vézô peûr-zévénet
geriou Doué.
18. Hag ar c'hrég éc'h eûz gwélet,
eo ar géar vrâz, péhini é deûz ar
rouañtelez war rouéed ann douar.

XVIII. PENNAD.

1. Ha goudé-zé mé a wélaz eunn
éal all a ziskenné eûz ann éñv, péhini
en doa eur galloud brâz : hag ann
douar a oé goulaouet gañd hé c'hloar.
2. Hag héñ a griaz gañd eur vouéz
gré, ô lavarout : Kouézed eo, kouézed
eo Babilon ar vrâz : ha deûed eo da
géar d'ann diaoulou, ha da zigémer
da bép spéred louz, ha da zigémer da
bép labous louz ha kasauz :
3. O véza ma hô deûz ann holl bo-
blou évet eûz a win buanégez hé ga-
délez ; ha ma hô deûz rouéed ann
douar en em zaotret gañt-hi ; ha ma
hô deûz marc'hadourien ann douar
pinvidikéet gañd ann direiz eûz hé
dispiñ-brâz.
4. Ha mé a glevaz eur vouéz all
eûz ann éñv, hag a lavaré : Id er-
méaz eûz ar géar-zé, va fobl, gañd
aoun na zeûfac'h da véza kévrennek
enn hé féc'héjou, ha n'hô pé lôd enn
hé gouliou.
5. Râg hé féc'héjou a zô piñet bétég
ann éñv, ha Doué en deûz bét koun
eûz hé fallagriézou.
6. Distaolid d'ézhi évelma é deûz
distaoled d'é-hoc'h ; ha rôid d'ézhi
daou-c'hémeñd-all évid hé ôberiou.
Er c'hôb é péhini é deûz rôed da éva
d'é-hoc'h, rôid da éva d'ézhi daou
c'hémeñd-all.
7. Kémeñt ha ma eo en em veûlet,
ha ma eo en em gavet enn dudiou,
rôid d'ézhi eñkrézou ha glac'hariou :
râk lavared é deûz enn hé c'haloun :
Mé a zô azézet ével eur rouanez ; ha
n'ounn kéd iñtañvez ; ha na wélinn
kéd a gaoñ.
8. Dré-zé enn eunn deiz é teûi hé
gouliou, ar marô, ar c'haoñ hag ann
naoun, hag é vézô losket gañd ann
tân : râk kré eo ann Doué a varnô
anézhi.
9 Ha rouéed ann douar péré a zô
en em zaotret gañt-hi, hag hô deûz
bévet enn dudiou, a wélô, hag en em
c'hlac'harô war-n-ézhi, pa wéliñt mô-
ged hé eñtan.
10. En em zerc'hel a raiñt pell
diout-hi, gañd aoun râg hé eñkrézou,
hag é liviriñt : Gwa, kéar vrâz Babi-
lon, kéar gré ; râk da varn a zô deûet
enn eunn-taol.
11. Ha marc'hadourien ann douar a
wélô hag a geinô war-n-ézhi ; râk dén
na brénô mui hô marc'hadourésiou ;
12. Ar marc'hadourésiou aour, hag
arc'hañt, ha mein kaer, ha perlez, ha
lin moan, ha mouk, ha seiz, ha tané,
hag a bép koat c'houésvad, hag a bép
léstr olifañt, hag a bép léstr mein
kaer, hag arm, hag houarn, ha mein-
marellet.
13. Ha kinamom, ha c'houésiou-
mâd, ha louzou-c'houék, hag ézañs,
ha gwin, hag éôl, ha flour-bleûd, ha
gwiniz, ha loéned, ha déñved, ha ké-
zek, ha kirri, ha sklaved, ha tûd dieûb.
14. Hag ar frouez a c'hoañtaé da
éné a zô pelléed diouz-id, ha kémeñt
tra c'houék ha kaer a zô kolled évid-
oud, ha n'hô c'havi mui.
15. Marc'hadourien ann traou-zé,
péré a zô deûet pinvidik gañt-hi, en
em zalc'hô pell diout-hi, gañd aoun
râg hé eñkrézou, hag enn eul léñva,
hag enn eur wéla,
16. É liviriñt : Gwa, gwa ar géar
vrâz-zé péhini a oa gwisket gañt lin

moan, gañt mouk, ha gañt tané, hag a oa kiñklet gañd aour, gañt mein kaer, ha gañt perlez:

17. Râg enn eunn beur kémeñd all a vadou a zô kollet. Ha kémeñt sturier, ha kémeñd hini a ia war zour, hag ar verdéidi, hag ar ré a ra hô gwerz war vôr, a zô en em zalc'het pell;

18. Hag en em lékéjoñd da c'harmi, pa wéljoñd al léac'h eûz hé eñtan, hag é léverjoñt: Pé géar a zô béd héñvel oud ar géar vrâz-sé?

19. Hag hi a daolaz poultr war hô fennou, hag a c'harmaz enn eul léñva hag enn eur wéla, ô lavarout: Gwa, gwa ar géar vrâz-zé, é péhini eo pinvidikéet dré hé dispiñ, ar ré holl hô doa listri war ar môr: râg enn eunn beur eo éad-da-nétra.

20. Laouéna diwar hé fenn, ô éñv, ha c'houi, Abostoled ha Proféded; râk Doué en deûz hé gwanet enn abek d'é-hoc'h.

21. Hag eunn éal kré a zavaz eur méan héñvel oud eur méan-milin brâz, hag hé daolaz er môr, ô lavarout: Gañd ann herr-zé é vézô diskaret Babilon ar géar vrâz, ha na vézô kavet mui.

22. Ha mouéz ann délennerien hag ar varzed, hag ar zutellerien hag ann drompilerien na véziñt mui kleved enn-od: ha michérour é-béd na vézô mui kaved enn-od; ha trouz ar méan-milin na vézô mui kleved enn-od:

23. Ha goulou ar gleûzeûriou na vézô mui gwéled enn-od; ha mouéz ann ozac'h hag ar c'hrég na vézô mui kleved enn-od: râk da varc'hadourien a ioa priñsed ann douar, ô véza ma hô deûz touellet ann holl boblou gañd da vréou.

24. Ha kaved eo béd enn-hi goâd ar Brofdded hag ar Zeñt, hag eûz ar ré holl a zô bét lazet war ann douar.

—

XIX. PENNAD.

1. Goudé-zé é kleviz ével mouéz eul lôd brâz a dûd enn éñv, hag a lavaré: Alléluia: Salud, ha gloar, ha galloud d'hon Doué:

2. Râg hé varnou a zô gwir ha gwirion; ha ma en deûz barnet ar c'hrek fall, péhini é deûz saotret ann douar gañd hé gadélez; ha ma en deûz veñjet goâd hé zervicherien a zô bét skulet gañd hé daouarn-hi.

3. Hag é léverjoñd adarré: Alléluia. Hag hé môged a zavaz é amzeriou ann amzeriou.

4. Hag ar pevar dén-kôz war-n-ugeñt, hag ar pevar loén a stouaz, hag a azeûlaz Doué, a oa azézet war ann trôn, ô lavarout, Amen: Alléluia.

5. Hag eur vouéz a zeûaz eûz ann trôn, hag a lavaraz: Meûlid hon Doué-ni, c'houi holl hé zervicherien; ha c'houi péré a zouj anézhañ, bihan ha brâz.

6. Ha mé a glevaz ével mouéz eul lôd brâz a dûd, hag ével trouz doureier vrâz, hag ével trouz kurunou brâz, a lavaré: Alléluia; ô véza ma en deûz rénet ann Aotrou hon Doué holl-c'halloudek.

7. Laouénaomp, ha tridomp, ha réomp gloar d'ézhañ; râk deûed eo eûreûd ann Oan, hag hé c'hrég a zô en em aozet.

8. Ha rôed eo d'ézhañ ar galloud d'en em wiska gañt lin moan gwennkann: râg al lin moan eo mâd-ôberiou ar Zeñt.

9. Hag héñ a lavaraz d'in: Skrîv: Euruz ar ré a zô galved da goan eûreûd ann Oan. Hag héñ a lavaraz d'in: Gwîr eo ar geriou-zé a Zoué.

10. Ha mé en em striñkaz d'hé dreid, évid hé azeûli. Hag héñ a lavaraz d'in: Gwél na rî: da gen-zervicher ounn, hag hini ar ré eûz da vreûdeûr péré hô deûz rôet testéni da Jézuz. Azeûl Doué: râk testéni Jézuz eo ar spéred a ziougan.

11. Ha mé a wélaz ann éñv digor; ha chétu eur marc'h gwenn, hag ann hini a oa azézet war-n-ézhañ a oa galvet Féal ha Gwirion, ha gañt gwirionez é varn, hag é stourm.

12. Hé zaoulagad *a ioa* ével eur flamm tân; ha war hé benn *éz oa* kalz kurunennou: hag eunn hanô skrivet en doa, ha na anavez dén é-béd némét-hañ hé-unan.

13. Ha gwisket é oa gañd eur zaé

livet gañt goâd : hag hanved é oa, *Gér* pé Verb Doué.

14. Hag ann arméou a zô enn éñv a iéa war hé lerc'h war gézeg gwenn, hag hi gwisket gañt lin moan gwenn ha glân.

15. Hag eûz hé c'hénou é teûé eur c'hlézé lemm enn daou du, évit skei gañd ar boblou gañt-hañ : hag héñ a vérô anézhô gañd eur wialen houarn ; hag héñ eo a vâc'h ar véol eûz a frouden buanégez ann Doué holl-c'halloudek.

16. Ha skrived eo war hé zaé ha war hé vorzed : Roué ar rouéed, hag Aotrou ann aotrounez.

17. Ha mé a wélaz eunn éal enn hé zâ enn héol, péhini a c'harmaz gañd eur vouéz gré, enn eul lavaroud d'ann holl laboused a nijé dré greiz ann éñv : Deûit, hag en em strollit évit koan vrâz Doué ;

18. Évit ma tebrot kig ar rouéed, ha kig ar gabitaned, ha kig ann dûd kré, ha kig ar c'hézeg, hag ar ré a zô azézet war-n-ézhô, ha kig ar ré zieûb, hag ar sklaved, hag ar ré vihan hag ar ré vrâz.

19. Ha mé a wélaz al loen, ha rouéed ann douar, hag hô arméou péré a oa en em strollet, évit brézélékaad oud ann hini a oa azézet war ar marc'h, hag oud hé armé.

20. Hôgen paked é oé al loen, ha gañt-hañ ar fals-profed, péhini en doa gréat arouésiou dira-z-hañ, dré béré en doa touellet ar ré hô doa digéméret merk al loen, hag hô doa azeûlet hé skeûden. Hô daou é oeñt taolet beô-buézek el lenn leskidig a dân hag a zoufr.

21. Hag ar ré all holl a oé lazet gañt klézé ann hini a oa azézet war ar marc'h, hag a zeûé eûz hé c'hénou, hag ann holl laboused hô doé hô gwalc'h gañd hô c'hik.

XX. PENNAD.

1. Ha mé a wélaz eunn éal ô tiskenni eûz ann éñv, ha gañt-hañ al-c'houéz al louñk, hag eur chaden vrâz enn hé zourn.

2. Hag héñ a grogaz enn aérouañt, ann aer kôz, péhini eo ann diaoul ha Satan, hag é éréaz anézhañ évit mil bloaz.

3. Hag ô véza hé daolet el louñk, hé zerraz hag hé ziellaz war-n-ézhañ, évit na doueljé mui ar boblou, ken na vijé peûr drémenet ar mil bloaz-zé : ha goudé-zé é tlé béza diéréet évid eunn nébeûd amzer.

4. Ha mé a wélaz ivé trônou, ha *tûd* a oa azézet war-n-ézhô, hag ar varn a oé rôed d'ézhô : ha *mé a wélaz ivé* énéou ar ré a zô bét dibennet é testéni eûz a Jézuz, hag évit gér Doué, hag ar ré n'hô deûz kéd azeûlet al loen, nag hé skeûden, ha n'hô deûz két digéméret hé verk war hô zaliou pé enn hô daouarn ; hag hi hô deûz bévet ha rénet gañd ar C'hrist é-pâd mil bloaz.

5. Ar ré varô all na zistrôjoñt kéd d'ar vuez, abarz ma oé peûr-drémenet ar mil bloaz. Houn-nez eo ann dazorc'hidigez geñta.

6. Euruz ha sañtel eo ann hini, péhini en deûz lôd enn dazorc'hidigez geñta : ann eil varô n'en dévézô kéd a véli war-n-ézhô ; hôgen hi a vézô bélcien Doué hag ar C'hrist, hag é réniñt gañt-hañ é-pâd mil bloaz.

7. Ha pa vézô peûr-drémenet ar mil bloaz, Satan a vézô diéréet, hag é teûiô er-méaz eûz hé brizoun, hag é touellô ar boblou a zô é pevar c'horn ann douar, Gog ha Magog, hag é strollô anézhô évid ann emgann. Ann niver anézhô a vezô héñvel out tréaz ar môr.

8. Ha piña a réjoñt war léd ann douar, hag en em lékéjoñt enn-drô da gamp ar zeñt, ha d'ar géar karet-brâz.

9. Ha tân a ziskennaz digañd Doué eûz ann éñv, hag hô devaz : hag ann Diaoul, péhini en doa hô zouellet, a oé taolet el lenn a dân hag a zoufr, é péléac'h édo al loen,

10. Hag ar fals-profed, a vézô eñkrézet nôz-deiz é amzeriou ann amzeriou.

11. Ha mé a wélaz eunn trôn brâz gwenn, hag eur ré a oa azézet war-n-ézhañ,

n-éahañ, a zirâk péhini ê tec'haz ann
éñv hag ann douar, hag hô léac'h na
oé két kavet.

12. Ha mé a wélaz ar ré varô, brâz
ha bihan, a zavaz dirâg ann trôn; ha
levriou a oé digoret: hag eul levr all
a oé digoret, péhini eo *al levr* a vuez:
hag ar ré varô a oé barnet war ar péz
a oa skrivet el levriou-zé, hervez hô
ôberiou.

13. Hag ar môr a rôaz ar ré varô a
oa enn-hañ: ar marô hag ann ifern a
rôaz ivé ar ré varô a oa enn-hô; ha
pép-hini a oé barnet hervez hé ôberiou.

14. Hag ann ifern hag ar marô a
oé taolet el lenn a dân. Hen-nez eo
ann eil varô.

15. Hag ann hini ha na oé két kavet
skrivet el Levr a vuez, a oé taolet el
lenn a dân.

—

XXI. PENNAD.

1. Ha mé a wélaz eunn éñv nevez,
hag eunn douar nevez. Râg ann éñv
keñta hag ann douar keñta a oa éad
é-bieu, hag ar môr né oa mui.

2. Ha mé Iann a wélaz ar géar zañ-
tel, Jéruzalem nevez a ziskenné a
Zoué eûz ann éñv, aozet ével eur
c'hrég kempennet évid hé ozac'h.

3. Ha mé a glevaz eur vouéz a zeûé
eûz ann trôn, hag a lavaré: Chétu
tabernakl Doué gañd ann dûd; hag
héñ a choumô gañt-hô. Hag hi a vézô
hé bôbl, ha Doué ô véza gañt-hô a
vézô hô Doué.

4. Ha Doué a zec'hô ann holl zaé-
rou eûz hô daou-lagad: hag ar marô
na vézô mui, ha na vézô mui na doan,
na garm, na glac'har, râg ann traou
keñta a vézô éad é-biou.

5. Hag ann hini a oa azézet war
ann trôn a lavaraz: Chétu é rann
pép-trà nevez. Hag héñ a lavaraz
d'in: Skriv, pénaoz ar geriou-mañ a
zô gwir ha gwirion.

6. Hag héñ a lavaraz c'hoaz d'in:
Sévéned eo. Mé eo Alfa hag Oméga,
ann derou hag ann divéz. Mé a rôi
da éva évit-nétrâ, d'ar ré hô deûz
séc'hed, eûz a feuñteun ann dour a
vuez.

7. Néb a vézô gounidek, en dévézô
kémeñt-sé, ha mé a vézô Doué d'éz-
hañ, hag héñ a vézô Mâb d'in.

8. Hôgen é-kéñver ar ré aounik
hag ar ré ziskrédik, hag ar ré argar-
zuz, hag al lazerien, hag ar c'hadaled,
hag ar goñtammerien, hag ann idola-
tred, hag ann holl c'haouiaded, é vézô
hô lôd el lenn a dân loskuz hag a
zoufr: énô éma ann eil varô.

9. Ha doñd a réaz unan eûz ar seiz
éal hô doa ar seiz kôp leûn gañd ar
seiz gouli divéza, hag é komzaz ouz-
in, ô lavarout: Deûz, ha mé a zis-
kouézô d'id ar bried, grég ann Oan.

10. Hag héñ a zougaz ac'hanoun é
spéred war eur ménez brâz hag uc'hel,
hag é tiskouézaz d'in ar géar, Jéruza-
lem zañtel, péhini a zikenné eûz ann
éñv digañd Doué,

11. Ha sklerder Doué gañt-hi: hag
hé goulou a oa héñvel oud eur méan
kaer, oud eur méan jasp, boull ével
striñk.

12. Hag hi é doa eur vur vrâz hag
uc'hel, é péhini éz oa daouzék pors,
ha daouzég éal, unan out pép pors:
hag hanvou skrivet, péré eo hanvou
ann daouzék vreûriez eûz a vugalé
Israel.

13. War-zû ar Sâv-héol, teir zôr;
war-zû ann Hañter-nôz, teir zôr;
war-zû ar C'hresteiz, teir zôa; war-zû
ar C'hûs-héol, teir-zôr.

14. Ha mûr ar géar é doa daouzék
diazez, hag enn-hô hanvou ann daou-
zég Abostol eûz ann Oan.

15. Hag ann hini a gomzé ouz-in,
en doa eur gorsen aour, évit meñta ar
géar, hag hé fersier, hag hé mûr.

16. Hag ar géar a zô pevar-c'hor-
nek; ha keit eo hé héd hag hé léd.
Hag héñ a veñtaz ar géar gañd hé
gorsen aour, hag é *kavaz* daouzék
mil stad: hag hé héd, hé léd hag hé
uc'helded a zô kévatal.

17. Hag héñ a veñtaz ar vûr anézhi,
hag é *kavaz* pevar ilinad ha seiz-ugeñt,
diouc'h meñt eunn dén, péhini é oa
hini ann éal.

18. Hag ar vûr-zé a oa gréat gañd
eur méan jasp: hag ar géar a oa gréat
gañd aour glañ héñvel out gwér boull.

19. Ha diazézou mûr kéar a oa kiñ-

klet gañd a bép seurt mein kaer. Ar
c'heñta diazez a oa eûz a jasp ; ann
eil, safer ; ann trédé, kalsédon ; ar
pévaré, smaragduz ;
20. Ar pempved, sardoniz ; ar
c'houec'hved, sardiuz ; ar seizved,
krisolituz ; ann eizved, bérilluz ; ann
naved, topaziuz ; ann dékved, kriso-
prasuz ; ann unnékved, hiasintuz ;
ann daouzékved, amétistuz.
21. Hag ann daouzék porz, a ioa
daouzék perlézen ; ha péb a borz a
ioa eûz a eur berlézen : hag al leûr-
ger a ioa eûr a aour glân, ével gwér
boull.
22. Ha na wéliz kéd a dempl enn-
hi ; râg ann Aotrou Doué holl-c'hal-
loudek, hag ann Oan, eo ann templ
anézhi.
23. Hag ar géar-zé n'é deûz kéd a
ézomm a héol nag a loar, évid hé
goulaoui ; râk sklerder Doué eo a
c'houlaou anézhi, hag ann Oan eo hé
c'houlaouen.
24. Hag ar boblou a gerzô diouc'h
hé goulou : ha rouéed ann douar a
gasô enn-hi hô gloar hag hô énor.
25. Hag hé fersier na véziñt két
serret bemdez ; râk na vézô kéd a
nôz énô.
26. Ha gloar hag énor ar brôadou
a vézô kased enn-hi.
27. N'az ai é-barz nétrâ a zaotret,
nag hini eûz ar ré a ra argarzidigez,
pé a lavar gevier ; hôgen hép-kén ar
ré a zô skrivet *hô hanvou* é levr a
vuez ann Oan.

—

XXII. PENNAD.

1. Hag héñ a ziskouézaz d'in eur
ster dour béô, skléar ével striñk, hag
a zeûé eûz a drôn Doué hag ann
Oan.
2. É-kreiz al leûr-ger, hag enn
daou du eûz ar ster édo ar wézen a
vuez, péhini a zoug daouzék frouézen,
hag a rô hé frouez pép miz : ha de-
liou ar wézen-zé *a zô* évid iac'haad ar
brôadou.
3. Ha na vézô mui a valloz : hôgen
trôn Doué hag ann Oan a vézô énô,
hag hé zervicherien a zervichô anéz-
hañ.
4. Hag hi a wélô hé zremm ; hag
hé hanô a vézô *skrivet* war ha zaliou.
5. Ha na vézô mui a nôz énô : ha
n'hô dévézô mui a ézomm a c'houlou
a gleûzeur, nag a c'houlou a héol ;
râg ann Aotrou Doué eo a c'houlaouô
anézhô, hag é réniñt é amzeriou ann
amzeriou.
6. Hag héñ a lavaraz d'in : Ar ge-
riou-zé a zô gwir ha gwirion. Hag
ann Aotrou, Doué spéréjou ar Bro-
féded en deûz kased hé éal évid dis-
kouéza d'hé zervicherien ar péz a dlé
c'hoarvézout abarz némeûr.
7. Chétu é teûinn hép-dalé : Euruz
ann hini a vir geriou diougan al levr-
mañ.
8. Ha mé eo Iann, péhini em eûz
klevet ha gwélet ann traou-zé. Ha
goudé ma em boé klévet ha gwélet,
en em daoliz out treid ann éal hô
diskouézé d'in, évid hé azeûli :
9. Hôgen héñ a lavaraz d'in : Gwél
na ri ; râk da gen-zervicher ounn,
hag hini da vreûdeûr ar Broféded,
hag ar ré a vir geriou diougan al
levr-mañ. Azeûl Doué.
10. Hag héñ a lavaraz *c'hoaz* d'in :
Na ziel két geriou diougan al levr-
mañ : râk tôst eo ann amzer.
11. Néb a ra gaou, ra rai gaou
c'hoaz : ha néb en em zaotr, r'en em
zaotrô c'hoaz : ha néb a zô gwirion,
bézet gwirion c'hoaz ; ha néb a zô
sañt, r'en em zañtélô c'hoaz.
12. Chétu é teûinn hép-dalé ; ha va
gôbr a zô gan-éñ, évit rei da bép-hini
hervez hé ôberiou.
13. Mé eo Alfa hag Oméga, ar
c'heñta hag ann divéza, ann derou
hag ann divez.
14. Euruz eo ar ré a walc'h hô
zaéou é goâd ann Oan ; évit ma vézô
hô galloud er wézen a vuez, ha ma'z
aiñt er géar dré ar persier,
15. *Ra choumô* er-méaz ar châs,
hag ar goñtammerien, hag ar c'hada-
led, hag al lazerien, hag ann idola-
tred, ha kémeñd hini a gâr hag a ra
ar gaou.
16. Mé JÉZUZ em eûz kaset va éal,
évit testénia d'é-hoc'h ann traou-zé

enn lizou. Mé a zô grisien ha gwenn
David, ar stéren lugernuz, *ar stéren*
vintin.
17. Ar Spéred hag ar bried a lavar:
Deûz. Hag ann hini a glev, lavaret:
Deûz. Hag ann hini en deûz séc'hed,
deûet: hag ann hini a fell d'ézhañ,
kéméret dour a vuez évit-nétrâ.
18. Râk testénia a rann da gémeñd
hini a glev geriou diougan al levr-
mañ, pénaoz ma laka eunn dra ouc'h-
penn, Doué a lakai war-n-ézhañ ar
c'houliôu a zô skrivet el levr-mañ.
19. Ha mar tenn eur ré eunn dra
eûz a levr ann diougan-mañ, Doué a
lamô digañt-hañ hé lôd el levr a vuez,
hag er géar zañtel, hag enn traou a
zô skrivet el levr-mañ.
20. Néb a rô testéni eûz ann traou-
mañ a lavar: Évit-gwir é teûinn hép-
dalé. Amen. Deûz, Aotrou Jézuz.
21. Grâs hon Aotrou Jézuz-Krist
ra vézô gan-é-hoc'h holl. Amen.

DIVEZ.

TAOLEN.

LEVR KENTA.

EIL LEVR.

Lightning Source UK Ltd.
Milton Keynes UK
UKOW05f0640030817
306604UK00008B/436/P